MEGA

KARL MARX
FRIEDRICH ENGELS
GESAMTAUSGABE
(MEGA)

VIERTE ABTEILUNG

EXZERPTE · NOTIZEN · MARGINALIEN

BAND 18

HERAUSGEGEBEN VON DER
INTERNATIONALEN MARX-ENGELS-STIFTUNG
AMSTERDAM

KARL MARX
FRIEDRICH ENGELS
EXZERPTE
UND NOTIZEN

FEBRUAR 1864
BIS OKTOBER 1868,
NOVEMBER 1869,
MÄRZ, APRIL, JUNI 1870,
DEZEMBER 1872

APPARAT

Bearbeitet von
Teinosuke Otani, Kohei Saito und
Timm Graßmann

CCTP 中央编译出版社 Central Compilation & Translation Press DE GRUYTER

2024

KARL MARX
FRIEDRICH ENGELS
EXZERPTE UND NOTIZEN
FEBRUAR 1864 BIS OKTOBER 1868, NOVEMBER 1869, MÄRZ, APRIL, JUNI 1870, DEZEMBER 1872

APPARAT

Bearbeitet von
Teinosuke Otani, Kohei Saito und
Timm Graßmann

DE GRUYTER
AKADEMIE FORSCHUNG
2019

Dieser Band wurde im Rahmen der gemeinsamen Forschungsförderung im Akademienprogramm mit Mitteln des Bundesministeriums für Bildung und Forschung, der Senatskanzlei des Regierenden Bürgermeisters von Berlin – Wissenschaft und Forschung, des Thüringer Ministeriums für Wirtschaft, Wissenschaft und Digitale Gesellschaft sowie des Ministeriums für Wirtschaft, Wissenschaft und Digitalisierung des Landes Sachsen-Anhalt erarbeitet.

berlin-brandenburgische AKADEMIE DER WISSENSCHAFTEN

UNION DER DEUTSCHEN AKADEMIEN DER WISSENSCHAFTEN

ISBN 978-3-11-058369-4

Library of Congress Control Number: 2019937541.

Bibliografische Information der Deutschen Nationalbibliothek
Die Deutsche Nationalbibliothek verzeichnet diese Publikation in der Deutschen Nationalbibliografie; detaillierte bibliografische Daten sind im Internet über http://dnb.dnb.de abrufbar.

Satz: pagina GmbH, Tübingen
Druck und Bindung: Hubert & Co. GmbH & Co. KG, Göttingen

www.degruyter.com

Inhalt

Verzeichnis der Abbildungen

Verzeichnis der Abkürzungen, Siglen und Zeichen

1. Abkürzungen im Edierten Text

agric.	agricultural, agriculture
an.	annuel, annum
B. o. E.	Bank of England
Belg.	Belgian, Belgien, Belgium
Bk.	Bank
bes.	besonders
c. à. d.	c'est-à-dire
ch.	chapitre, chapter
cf.	confer
Co., Cos., cos.	Company, Companies
Cont., Contin.	Continuation
d. d.	de dato
d. f.	départements frontières
d. g., dgl.	dergleichen
d. h.	das heißt
d. i.	das ist
d. i.	départements intérieurs
d. m.	départements maritimes
dép., départ.	département
do., dtto	dito, ditto
E. C.	Eastern Central
Ew.	Einwohner
f.	für
f. e.	for example
f. i.	for instance
f. o. b.	free on board

for.	Foreign
Gvt, Gvt.	Government
gr.	Griechisch
Gr. Br.	Great Britain
Guill.	Guillaumin
H. M.	Her Majesty
H. o. C.	House of Commons
i. e.	id est
ib., ibid.	ibidem
id.	idem
incl.	including, inclusive
J.	Jahr
j. st.	joint stock
Jh., Jhdt., Jhh., Jhhd.	Jahrhundert
l. c.	loco citato
Lond.	London
m.	mit
mill.	Millionen, million
N., n.	Note, note
N.	Nummer
N. B., N. Br.	Nördliche Breite
N. J.	New Jersey
N. Rh. Z.	Neue Rheinische Zeitung
N. Y.	New York
occ.	occidentale
od.	oder
or., ori.	orientale
p.	par, per, pro
p.	page, pagina
p. a.	per annum
Pol. Ec., Pol. Econ.	Political Economy
pr.	preußisch, Prussian
Rail., Railw.	Railway
Resol.	Resolution
Rev.	Reverend, Revue
Rh. Z.	Rheinische Zeitung
Ric.	Ricardo
s. g., sog.	so genannt
S. W.	South West
sem., sm.	semence
sect.	section
sq., sqq.	sequens, sequentes (folgende)
t.	tome
ths	thousands

u.	und
U. K.	United Kingdom
u. s. f.	und so fort
U. St.	United States
v.	vom, von, vor
viz.	videlicet (nämlich)
W. C.	Western Central
z. Th.	zum Theil
zus.	zusammen
zw.	zwischen

2. Münzen, Währungen, Maße und Gewichte

□	Quadrat, square
bush.	bushels
c.	cent(s) bzw. centime(s)
C. M., CM	Conventionsmünze
Ctr.	Centner
cwt	hundredweight
d.	pence
dwts	denarius weights
f., fc., fcs, fr.	franc(s)
°F	Grad Fahrenheit
fl., flrs	Florin, Florins
gr.	Groschen
Gr.	Gramm
hect.	hectare
hect., hectol.	hectoliter
k., Kop.	Kopeke
Kr.	Kreuzer
kil., kilog., kilogr.	Kilogramm
l., £	pound sterling
l., liv.	livre
lb., lbs.	Pfund
mls.	Miles
o.	onces
p. c., p. ct.	Per cent
p. cwt.	per cwt.
Pdt., Pdts.	produit(s)
Pf., Pfd	Pfund
qr, qrs	quarter(s)
°R	Grad Réaumur
R., Rb, Rbl, rubl.	Rubel

s., sh., shill.	Shilling
Sgl., Sgr.	Silbergroschen
St.	Sterling
Th.	Thaler

3. Abkürzungen im Apparat

Agriculturchemie	Justus von Liebig: Die Chemie in ihrer Anwendung auf Agricultur und Physiologie. 7. Aufl. Bd. 1.2. Braunschweig 1862.
Br.	Brief
Daniels-Liste	Katalog der Bibliothek von Karl Marx. Zusammengestellt von Roland Daniels. Mit Vermerken von Karl Marx. In: MEGA② IV/5. S. 295–306.
Erl.	Erläuterung
Erster Band des „Kapital“	Karl Marx: Das Kapital. Erster Band. Hamburg 1867 (MEGA② II/5).
Grundrisse	Karl Marx: Grundrisse der Kritik der politischen Ökonomie (MEGA② II/1)
IAA	Internationale Arbeiterassoziation
IISG	Internationales Institut für Sozialgeschichte, Amsterdam.
IMĖL	Institut Marksa, Ėngelsa, Lenina; 1931 bis 1954 Bezeichnung des Moskauer Parteiinstituts.
Katalog der SPD-Bibliothek	Bibliothek der Sozialdemokratischen Partei Deutschlands. Systematischer Katalog. Berlin 1927.
Kor.	Korrektur
Manuskript zum dritten Buch des „Kapital“	Karl Marx: Das Kapital (Ökonomisches Manuskript 1863–1865). Drittes Buch. MEGA② II/4.2.
Manuskript zum ersten Buch des „Kapital“	Karl Marx: Das Kapital (Ökonomisches Manuskript 1863–1865). Erstes Buch. In: MEGA② II/4.1. S. 3–135.
Manuskript zum zweiten Buch des „Kapital“	Karl Marx: Das Kapital ⟨Ökonomisches Manuskript 1868–1870⟩. Zweites Buch: Der Zirkulationsprozeß des Kapitals. In: MEGA② II/11.
MEGA②	Karl Marx, Friedrich Engels: Gesamtausgabe (MEGA). Berlin 1975ff.
MEGAdigital	Marx-Engels-Gesamtausgabe digital. Hrsg. von der Internationalen Marx-Engels-Stiftung. Berlin-Brandenburgische Akademie der Wissenschaften, Berlin. URL: http://megadigital.bbaw.de
MEN	Marx-Engels-Nachlass. In: IISG.
Ms-S.	Manuskriptseite

NYDT	New-York Daily Tribune
RGASPI	Российский государственный архив социально-политической истории (Russländisches Staatliches Archiv für Sozial- und Politikgeschichte, Moskau).
SAPMO/Bibl.	Stiftung Archiv der Parteien und Massenorganisationen der DDR im Bundearchiv Berlin
Var.	Variante

4. Diakritische Zeichen und Siglen

[ ]	Redaktionelle Ergänzung
|	Beginn einer unpaginierten Seite der Textgrundlage
|1|	Beginn einer paginierten Seite der Textgrundlage
|	Ende einer Seite der Textgrundlage
\	Kennzeichnung für in der Handschrift übereinanderstehende Wörter
/	Abbrechung
xxxx	Unlesbare Buchstaben
]	Abgrenzung der Wiederholung aus dem Edierten Text (Lemmazeichen)
⌠	Absatz
H	Eigenhändige Niederschrift

Einführung

Der vorliegende Band enthält fünf Exzerpthefte und vier Notizbücher von Karl Marx mit Auszügen aus 49 Schriften von 40 Autoren, 39 Parlamentsberichten, zwei Broschüren, fünf Artikeln aus Enzyklopädien und 25 Zeitungsartikeln sowie Zeitungsausschnitten und Notizen. Er enthält außerdem zwei separate Exzerpte von Marx und drei Exzerpte von Friedrich Engels. Mit Ausnahme der Liste der von Wilhelm Wolff vererbten Bücher und den „Biographischen Notizen zu Wilhelm Wolff" werden alle Texte erstmals veröffentlicht.

Die Exzerpthefte und Notizbücher wurden von Marx während der Abfassung des ersten Bandes des „Kapital" und im Laufe der Vorbereitung und Überarbeitung des zweiten und dritten Buchs des „Kapital" angefertigt. Sie entstanden hauptsächlich zwischen Februar 1864 und Oktober 1868, wobei Marx im November 1869, März, April und Juni 1870 sowie Dezember 1872 auf sie zurückkam, um sie mit weiteren Materialien zu ergänzen. Der Großteil der Exzerpte in vier Heften behandelt das Themenfeld der Agrikultur: die Theorie der Grundrente, Naturwissenschaften wie Agrikulturchemie, Geologie und Botanik, die landwirtschaftlichen Verhältnisse in Ländern wie Großbritannien, USA, Frankreich, Japan, Russland, Irland und Indien sowie das Grundeigentum und die Agrarverfassungen in vorkapitalistischen Gesellschaften. Diese vier Hefte werden daher unter dem redaktionellen Titel „Hefte zur Agrikultur" geführt.

Marx klagte gegenüber Engels am 1. Mai 1865, dass er „in der That overworked" sei, „da einerseits das Fertigmachen meines Buchs, andrerseits die ‚Intern. Assoc.' meine Zeit ausserordentlich mit Beschlag" belegt hätten.[1] Zu dieser Zeit spielte Marx eine zentrale Rolle im Generalrat der im September 1864 gegründeten Internationalen Arbeiterassoziation (IAA), was durch die vorliegenden Auszüge dokumentiert ist. Zwischen Sommer 1863 und Ende 1865 verfasste er das erste Manuskript zu allen drei Büchern des „Kapital" und bearbeitete anschließend den ersten Band. In diese Zeit fällt die Entstehung des im vorliegenden Band veröffentlichten „Großheft 1865/1866" der „Hefte zur Agrikultur". Nach der Veröffentlichung des ersten Bandes des „Kapital" im September 1867 setzte Marx ab Januar 1868 seine Studien zum zweiten und dritten Buch des „Kapital" in drei weiteren „Heften zur Agrikultur", dem „Heft 1. 1868", „Heft 2. 1868" und „Heft 3. 1868", sowie dem „Heft zum fixen Kapital und Kredit 1868" fort und begann ab Frühjahr 1868 mit der Abfassung neuer ökonomischer Manuskripte. Die vorliegende Exzerptsammlung bildet das breite, dem damals geplanten Umfang des „Kapital" entsprechende Forschungsfeld ab und überschreitet es sogar. Sie ist Produkt einer der theoretisch und politisch fruchtbarsten Zeiten in Marx' Schaffen. Die Auszüge dokumentieren Fortsetzungen und Vertiefungen in Marx' Arbeitsprozess, aber auch Umdenken und Neuanfänge, welche die Fertigstellung des „Kapital" erschwert haben dürften. Die vielfältigen Inhalte der Hefte erinnern an die „Londoner Hefte 1850–1853", in denen Marx ebenfalls über die engere politische Ökonomie hinaus unterschiedliche Gebiete wie Agrikulturchemie, Geologie, Kolonialismus, vorkapitalistische Produktionsweisen und Kulturgeschichte studierte.

Neben den fünf Exzerptheften werden im Band vier Notizbücher von Marx veröffentlicht. Sie enthalten verschiedene Materialien: kurze Exzerpte aus Büchern und Zeitungen, Notizen, Wohnadressen von Freunden, IAA-Mitgliedern und Geschäften, umfangreiche bibliographische Notizen, Termine, Dokumentationen finanzieller Ausgaben und mathematische Berechnungen.

Das „Notizbuch Februar bis Juni 1864" (S. 5–31) beinhaltet u. a. eine Auflistung der von Wilhelm Wolff, einem langjährigen Freund und politischen Mitstreiter von Marx und Engels, hinterlassenen 250 Bücher, die Marx mit dessen Tod erbte (S. 11–17; Entstehung und Überlieferung S. 889–898).

Im „Notizbuch Mai 1864 bis Mitte des Jahres 1865" (S. 32–61) hält Marx Ereignisse des Jahres 1864 wie Krankheit und Tod von Wilhelm Wolff und den Tod Ferdinand Lassalles fest. Es enthält daneben unterschiedliche Berechnungen von Mehrwertrate und Profitrate, die er anschließend in das Manuskript zum dritten Buch des „Kapital" integrierte. (Siehe Entstehung und Überlieferung S. 920–922.)

---

[1] Marx an Engels, 1. Mai 1865. In: MEGA② III/13. Br. 239.5–7.

Zusätzlich verfasste Marx im Mai oder Juni 1864 „Biographische Notizen zu Wilhelm Wolff“, in denen er einige Stationen des Lebenswegs von Wolff festhielt. Er spielte mit dem Gedanken, einen biographischen Abriss zu Wolff zu schreiben. (S. 62; siehe Entstehung und Überlieferung S. 931/932.)

Das redaktionell betitelte „Notizbuch zur Internationalen Arbeiterassoziation“ (S. 65–102) schrieb Marx von Dezember 1864 bis Februar 1866, März bis Mai 1868 und im Juni 1870. Es dokumentiert seine Tätigkeiten in der IAA durch die Abschriften von Resolutionen, Adressen, Mitgliedschaften und Vollmachten und vor allem durch seine Vorbereitung für den in der IAA gehaltenen Vortrag „Value, Price and Profit“, in deren Zuge er eigens Exzerpte anlegte und gezielt statistische Angaben recherchierte (S. 74–83). Alle bislang nicht identifizierten Quellen für die statistischen Angaben in „Value, Price and Profit“ konnten in der vorliegenden Edition ermittelt werden. (Siehe Entstehung und Überlieferung S. 934–943.)

Das ebenfalls redaktionell betitelte „Notizbuch zum ersten Band des ‚Kapital‘“ (S. 328–347) entstand zwischen Mai und August 1867 sowie im Februar 1868 und steht in Zusammenhang mit der Veröffentlichung des ersten Bandes des „Kapital“. Es beinhaltet kurze Auszüge aus im „Kapital“ zitierten Werken von Dante Alighieri (S. 331) und Thomas Henry Huxley (S. 341) sowie Auszüge aus Werken von Rudolf Virchow (S. 336), Carl Friedrich Rammelsberg (S. 338) und Friedrich Benjamin Osiander (S. 340), die vermutlich während Marx' Deutschland-Reise 1867, während der er das Manuskript des „Kapital“ persönlich dem Verleger überbrachte, entstanden sind. Ferner enthält das Notizbuch rund dreißig beim Korrekturlesen der Druckbogen für den ersten Band des „Kapital“ entstandene Hinweise, die es erlauben, den Fortschritt des Korrekturlesens nachzuvollziehen (S. 328/329). (Siehe Entstehung und Überlieferung S. 1024–1032.)

Den Schwerpunkt des Bandes bilden die vier „Hefte zur Agrikultur“.

Im „Großheft 1865/1866“ der „Hefte zur Agrikultur“ (S. 105–326), das von den fünf in diesem Band veröffentlichten Exzerptheften als einziges vollständig vor der Publikation des ersten Bandes des „Kapital“ angefertigt wurde, behandelt Marx verschiedene Debatten zur Bildung von Bodenrente und Bodenpreis. Am Anfang dieser Studien steht seine folgenreiche Lektüre der siebten Auflage von Justus von Liebigs „Agriculturchemie“, in der dieser seine Theorie der Bodenerschöpfung formuliert. Es folgen Auszüge aus zwei Artikeln des Lexikons „Dictionnaire de l'Économie Politique“ von Gustave de Molinari und Hippolyte-Philibert Passy, Werken von Edmund James Smith, Hugh Smith, John Lockhart Morton und John Evelyn sowie Werken zur Entwicklung der Maschinerie in der Landwirtschaft (Wilhelm Hamm) und zur Landwirtschaft in England (Patrick Edward Dove), Frankreich (Léonce de Lavergne und Louis Mounier), in tropischen Ländern (Moritz Wagner), Japan (Hermann Maron) und den USA (James Finlay Weir Johnston). Weitere Themen des Hefts sind die Parlamentsberichte zu den Wirtschaftskrisen 1847 und 1857 und zum „Bank Act“ sowie die Lage der Arbeiterklasse in Belgien („Manifest der Maatschappij De Vlamingen

Vooruit!", Henri Grégoir und „Compte-Rendu du Meeting Démocratique de Patignies"). Schließlich gibt es Auszüge aus Adolphe Quételets „Du système social". (Siehe Entstehung und Überlieferung S. 957–986.)

Unmittelbar nach der Veröffentlichung des ersten Bandes des „Kapital" setzte Marx in der ersten Hälfte des Jahres 1868 die Vorbereitung zum zweiten und dritten Buch mit ökonomischen und naturwissenschaftlichen Studien fort. Insbesondere in den drei weiteren, hauptsächlich zwischen Januar und Sommer 1868 entstandenen „Heften zur Agrikultur" verfolgt Marx intensiv die Debatten um die Liebig'sche Theorie der Bodenerschöpfung. Die Kontinuität dieser drei „Hefte zur Agrikultur" ist dadurch gekennzeichnet, dass Marx seine in „Heft 1. 1868" begonnenen Exzerpte aus Eugen Dührings „Kritische Grundlegung der Volkswirthschaftslehre", Carl Nikolaus Fraas' „Die Natur der Landwirthschaft" und der von John Chalmers Morton herausgegebenen „A Cyclopedia of Agriculture" in „Heft 2. 1868" fortsetzt und die in „Heft 2. 1868" angefangenen Auszüge aus Georg Ludwig von Maurers „Einleitung zur Geschichte der Mark-, Hof-, Dorf- und Stadt-Verfassung" und Franz Xaver von Hlubeks „Die Landwirthschaftslehre ..." in „Heft 3. 1868" weiterführt.

Das „Heft 1. 1868" der „Hefte zur Agrikultur" (S. 348–452) enthält neben einer Reihe von kurzen, vor 1868 entstandenen Auszügen zu hauptsächlich französischer, nicht ökonomischer Literatur mehrere im Januar/Februar 1868 entstandene Auszüge aus Werken von Autoren wie Friedrich Albert Lange (S. 376–379), Karl Arnd (S. 380/381), Dühring (S. 382–385, 405–407 und 411/412) und Fraas (S. 393–404 und 413–434), die Liebigs Theorie der Bodenerschöpfung entweder anhingen oder ablehnten. (Siehe Entstehung und Überlieferung S. 1038–1058.)

Marx exzerpiert anschließend im Februar/März 1868 in „Heft 2. 1868" der „Hefte zur Agrikultur" (S. 453–584) aus weiteren ökonomischen Schriften, welche die Problematik der Grundrente bei Thomas Robert Malthus und David Ricardo behandeln: Thomas Wentworth Bullers Antwort auf Ricardo (S. 464–468), J. C. Ross' Kritik an Malthus und Ricardo (S. 482/483 und 499–510) sowie David Lows Abhandlung zu Bodenrente und Bodenpreis (S. 484–489). Die Auszüge aus Georg Brückners „Amerikas wichtigste Charakteristik nach Land und Leuten" (S. 517/518) können als Ergänzung zu Johnstons „Notes on North America" betrachtet werden. Marx liest zudem über die Entwicklung des „Trade Union Commission Act" und den Beschluss des im August 1866 in Baltimore tagenden allgemeinen Amerikanischen Arbeiterkongresses über den achtstündigen Arbeitstag (S. 374). Mit Franz Xaver von Hlubek nimmt er sich einen weiteren Liebig-Kritiker vor (S. 531–541 und 560–562; weiter exzerpiert in „Heft 3. 1868" S. 601–618). Hlubek und Fraas kritisieren Liebig aus verschiedenen Perspektiven: Hlubek gilt heute als einer der letzten Vertreter der Humustheorie, während Fraas, Professor an der Universität München, die „physikalischen" und „klimatischen" Dimensionen bei der Bestimmung der Bodenfruchtbarkeit betont und Liebig ihre Vernachlässigung vorwirft. Indem er Liebigs „Agrikulturchemie" aus verschiedenen Perspektiven analysiert, vertieft Marx gleichzeitig seine Kenntnisse über Bodenbeschaffenheit, Pflanzenphysiologie, Klima sowie die Ursachen der Bodenerschöpfung und die zu ihrer möglichen Verhinderung zu ergreifenden Maßnahmen. Auf diese Weise hat er seine Theorie der Grundrente mit empirischen, historischen und naturwissenschaftlichen Ansichten angereichert. (Siehe Entstehung und Überlieferung S. 1089–1101.)

In „Heft 3. 1868“ der „Hefte zur Agrikultur“ (S. 585–736) erweitert Marx ab März 1868 seine agrarwissenschaftlichen Studien auf die Landwirtschaft der griechischen Antike und germanischen Gesellschaft mit besonderem Augenmerk auf deren Eigentumssystem. Fraas' „Klima und Pflanzenwelt in der Zeit“ (S. 621–627) und Maurers „Einleitung zur Geschichte der Mark-, Hof-, Dorf- und Stadt-Verfassung“ (S. 589–600) – die Auszüge aus diesem Buch wurden in „Heft 2. 1868“ begonnen (S. 542–559 und 563–577) – gaben Marx Anlass zur Beschäftigung mit vorkapitalistischen Gesellschaften in den 1870er Jahren. Diese Auszüge sind sehr ausführlich, und Maurers Untersuchung spielte für Marx bis zu seinem Tod eine wichtige Rolle. (Siehe Entstehung und Überlieferung S. 1122–1145.)

Das im April/Mai 1868 entstandene „Heft zum fixen Kapital und Kredit 1868“ (S. 737–809) ist durch Marx' Studium der begrifflichen Unterscheidung zwischen „fixem“ und „flüssigem“ Kapital charakterisiert und diente bei der Vorbereitung des zweiten Buchs des „Kapital“. Hier exzerpiert Marx parallel aus verschiedenen Werken von Henry Dunning Macleod (S. 743–745, 769–776 und 780–785), John Laing (S. 746, 754, 760, 766–768, 777–779, 786–792 und 803–806), Robert Hogarth Patterson (S. 749–751, 755, 762–765, 793–802 und 807/808), Alexander Sandelin (S. 761) und Antoine-Élysée Cherbuliez (S. 752/753). Im Anschluss an seine Untersuchung zum fixen und zirkulierenden Kapital exzerpiert Marx weiter aus den gerade veröffentlichten Titeln von Macleod, Laing und Patterson u. a. zu Fragen des Kreditwesens, Geldmarkts, verleihbaren Kapitals und der Wirtschaftskrisen. Das Heft trägt daher den redaktionellen Titel „Heft zum fixen Kapital und Kredit 1868“. Es enthält des Weiteren kurze Auszüge aus Werken von John Lalor (S. 758/759) und Francis Davy Longe (S. 756), der sich gegen die u. a. von Henry Fawcett vertretene „Wage-Fund“-Theorie (von Marx in „Heft 1. 1868“ der „Hefte zur Agrikultur“ exzerpiert (S. 354/355)) wendete. (Siehe Entstehung und Überlieferung S. 1182–1194.)

Ungefähr parallel zum „Heft zum fixen Kapital und Kredit 1868“ fertigt Marx in „Heft 3. 1868“ der „Hefte zur Agrikultur“ nach den Auszügen aus Maurer, Fraas und Hlubek umfangreiche Auszüge in Form von Indizes aus 34 Parlamentsberichten an: aus 30 Handelsberichten britischer Botschafter und Konsuln (S. 628–664), drei Berichten zur Hungersnot im indischen Orissa (S. 670–676) und dem Bericht der „Royal Commission on Railways“ zum britischen Eisenbahnwesen (S. 679–698). Ein Fokus von Marx bei der Erstellung und Gliederung der Materialsammlung liegt auf der weiteren Ausarbeitung der beiden ausstehenden Bücher des „Kapital“. Er griff auf die vorliegenden Exzerpte bzw.

die Berichte selbst vor allem in Manuskript II zum zweiten Buch des „Kapital" zurück, zuerst in den Kapiteln über Transportindustrie und Vorratsbildung.

In „Heft 3. 1868" folgen später entstandene Auszüge aus Adolphus Slade „Turkey and the Crimean War" (S. 723–726), der Zeitschrift „Cobbet's Political Register" (S. 701/702) sowie die Teil-Übersetzung des damals unveröffentlichten Manuskripts von Nikolaj Gavrilovič Černyševskij „Pis'ma bez adresa" (S. 705–719).

So thematisch verschieden und umfangreich die vorliegenden Auszüge auch sind, schienen sie Marx für seine Forschung nicht ausreichend gewesen zu sein, so dass er während des Exzerpierens kontinuierlich bibliographische Notizen – z.B. aus den exzerpierten Büchern und aus den Katalogen des Britischen Museums und Londoner Buchhändler – erstellte. Auf diese Weise hat Marx im vorliegenden Band neben der Liste der von Wilhelm Wolff hinterlassenen Bücher insgesamt rund 700 Titel notiert.

Den zweiten Teil des Bandes bilden drei kurze Exzerpte von Friedrich Engels aus der „Deutschen Eisenbahn-Statistik für das Betriebs-Jahr 1864", aus „The Saturday Review" sowie aus „Moskovskija Vĕdomosti" über die „Schuja-Iwanowsche Eisenbahn" (S. 813–820). (Siehe Entstehung und Überlieferung S. 1207/1208 und 1210.)

Die Fertigstellung des ersten Bandes des „Kapital"

Infolge des Scheiterns der Revolution von 1848/1849 zogen Marx und seine Familie nach London, wo sie bis zu ihrem Tod lebten. Marx begann im Lesesaal des Britischen Museums mit umfangreichen Forschungen auf dem Gebiet der politischen Ökonomie. Er benötigte zirka zehn Jahre bis zur Veröffentlichung von „Zur Kritik der politischen Ökonomie"[2] und fast eine weitere Dekade, bis er den ersten Band des „Kapital" vorlegen konnte. Bei seiner gründlichen aber langsamen Arbeitsweise, die sich in zahlreichen Manuskripten und Exzerptheften niederschlug, lebte die Familie Marx meist in großen finanziellen Schwierigkeiten. Nicht ohne Grund bezeichnete Marx „Das Kapital" als „dieß ‚verdammte' Buch",[3] das ihn Glück, Gesundheit und Familie gekostet habe,[4] aber „sicher das furchtbarste Missile" sei, „das den Bürgern (Grundeigenthümer eingeschlossen) noch an den Kopf geschleudert worden ist".[5] Sein Hauptwerk hätte ohne die Unterstützung seiner Familie, Freunde und politischen Mitstreiter nicht entstehen können. Neben Engels war Wilhelm Wolff ein wich-

---

[2] Karl Marx: Zur Kritik der Politischen Oekonomie. Erstes Heft. Berlin 1859. In: MEGA② II/2. S. 95–245.

[3] Marx an Engels, 13. Februar 1866. (MEGAdigital.)

[4] „Ich mußte also *jeden* arbeitsfähigen Moment benutzen, um mein Werk fertig zu machen, dem ich Gesundheit, Lebensglück u. Familie geopfert habe." (Marx an Sigfrid Meyer, 30. April 1867. (MEGAdigital.))

[5] Marx an Johann Philipp Becker, 17. April 1867. (MEGAdigital.)

tiger Unterstützer. Marx und Wolff hatten sich 1846 kennengelernt und während der Revolution von 1848/1849 in der „Neuen Rheinischen Zeitung“ zusammengewirkt. Der ebenfalls nach England geflohene Wolff starb am 9. Mai 1864 in Manchester und vermachte Marx den Großteil seines Vermögens. In seinem „Notizbuch Mai 1864 bis Mitte des Jahres 1865“ führt Marx Buch über den Eingang einer Teilsumme von „235£ aus lupe's Nachlaß“ (S. 58.3) und die Ausgabe des Geldes in den folgenden Wochen. Insgesamt erhielt Marx rund 824 Pfund Sterling aus dem Erbe Wolffs.[6] (Siehe Entstehung und Überlieferung S. 890.)

Nach dem Erhalt der Erbschaft beglich die Familie Marx sofort ihre Schulden, wie Marx in seinen Notizbüchern festhielt. Diese Dokumente verdeutlichen, wie sehr ihr Leben durch Krankheit und Schulden geprägt war: Marx verzeichnet Ausgaben in Höhe von rund 40 Pfund Sterling allein für Pfandhäuser (S. 30.9, 58.14 und 86.7) und 29 Pfund Sterling für Arztrechnungen (S. 58.5). Anschließend spielte er mit dem Gedanken, einen biographischen Abriss zu Wolff zu verfassen. Auf einem Blatt Papier notierte er dazu relevante Informationen (siehe S. 62). Marx widmete Wolff, seinem „unvergeßlichen Freunde, dem kühnen, treuen, edlen Vorkämpfer des Proletariats“ den ersten Band des „Kapital“.[7]

Von einigem Wert für die Arbeit am „Kapital“ waren auch die von Wolff hinterlassenen 250 Bücher, die Marx erbte und im „Notizbuch Februar bis Juni 1864“ auflistete (siehe S. 11–17): Zwölf Titel der Liste verwendete er in den Manuskripten zum „Kapital“, acht Titel hat er später exzerpiert, 21 Titel sind in seiner persönlichen Bibliothek überliefert, zehn weitere konnten im Katalog der SPD-Bibliothek ermittelt werden, d.h. befanden sich bei seinem Tod wahrscheinlich in seinem Besitz (siehe Entstehung und Überlieferung S. 890–893).

Die vorliegenden Notizbücher und das „Großheft 1865/1866“ der „Hefte zur Agrikultur“ umfassen daneben eine Reihe ergänzender und vorbereitender Materialien zu den „Kapital“-Manuskripten bis 1867. Dazu zählen die „Berechnungen zum Verhältnis zwischen Mehrwertrate und Profitrate“ im Notizbuch 1864/1865 (S. 37–41, 43 und 45/46): Hier behandelt Marx bereits vor einer Bemerkung in seinem Handexemplar der zweiten deutschen Ausgabe des ersten „Kapital“-Bandes[8] Fälle, in denen mit dem Steigen der organischen Zusammensetzung des Kapitals auch die Profitrate steigen würde.[9] Ferner erinnern die im „Großheft 1865/1866“ erstellten Auszüge aus den Berichten über die Krise und die Wirkungsweise des „Bank Act“ an die parallel entstandene kommentierte Materialsammlung „Dịe Confusion“, die Marx dem fünften Kapitel

---

[6] Siehe Engels an Marx, 11. März 1865. In: MEGA② III/13. Br. 180.53.

[7] Karl Marx: Das Kapital. Kritik der politischen Ökonomie. Erster Band. Hamburg 1867. MEGA② II/5. S. 7.

[8] Siehe Marx: Das Kapital. Bd. 1. 3. Aufl. MEGA② II/8. S. 591.37–41.

[9] Ähnliche Rechnungen führte er in den Manuskripten von 1867/1868 durch. Siehe MEGA② II/4.3.

des Manuskripts zum dritten Buch des „Kapital“ beilegte.[10] Diese Auszüge wurden jedoch nicht im Abschnitt „Die Confusion“, sondern teilweise an anderen Stellen des fünften Kapitels verwendet. (S. 109–117 und 255–261; siehe Entstehung und Überlieferung S. 959–961.) Schließlich exzerpiert Marx im „Notizbuch zur Internationalen Arbeiterassoziation“ den Bericht der Bank of England vom 11. Oktober 1865, mit dem der Entwurf des „Kreditkapitels“ im dritten Buch des „Kapital“ schließt. (S. 83; siehe Entstehung und Überlieferung S. 940.)[11]

Im ersten Band des „Kapital“ verwendete Marx außerdem seine Exzerpte aus „Children's Employment Commission Report“ (S. 352), John Chalmers Mortons „On the Forces Used in Agriculture“ (bzw. der Wiedergabe dieses Vortrags im „Economist“ vom 21. Januar 1860) (S. 82.18–30), dem „Compte-Rendu du Meeting Démocratique de Patignies“, das Passagen aus Édouard Ducpétiaux' „Budgets économiques des classes ouvrières en Belgique“ zusammenfasst (S. 121/122), dem „Manifest der Maatschappij De Vlamingen Vooruit!“ (S. 118/119), Henri Gregoirs „Les typographes devant le Tribunal Correctionnel de Bruxelles“ (S. 120), dem Parlamentsbericht über die Krise von 1847 (S. 117), Dante Alighieri (S. 331) und Thomas Henry Huxley (S. 341) sowie ebenfalls eine Passage aus Engels' Brief vom 9. November 1864 (S. 91/92). Auch aus „Heft 1. 1868“ der „Hefte zur Agrikultur“, in das Marx schon ab 1864 kleinere Exzerpte eingetragen hatte, ehe er es Anfang 1868 mit der Wiederaufnahme seiner Studien erneut benutzte, verwendete er die Diskussion der von John Stuart Mill aufgestellten „Wage-Fund“-Theorie in seinen Exzerpten aus Henry Fawcetts „The Economic Position of the British Labourer“ (S. 354/355) im ersten Band des „Kapital“. Marx kommt im „Heft zum fixen Kapital und Kredit 1868“ in seinen Auszügen aus Francis Davy Longes Buch „A Refutation of the Wage-Fund Theory ...“, das als eine der entscheidenden Widerlegungen Mills gilt, auf diese Debatte zurück (Siehe S. 756). Zuvor erörterte er seine Kritik im ersten Band des „Kapital“.[12]

„Das Kapital“ und die Agrarfrage. Das „Großheft 1865/1866“ der „Hefte zur Agrikultur“

Der größte Beitrag des „Großheft 1865/1866“ der „Hefte zur Agrikultur“ zum „Kapital“ sind allerdings die dortigen Studien zur Vorbereitung des im Dezember 1865 geschriebenen Kapitels über die „Grundrente“ des dritten Buchs, die sich auch im vierten Kapitel „Maschinerie und große Industrie“ des ersten Bandes niederschlagen.[13] Während Marx in Vorbereitung auf das dritte Buch des

[10] Siehe Karl Marx: Das Kapital (Ökonomisches Manuskript 1863–1865). Drittes Buch. MEGA② II/4.2. S. 561–583 und 597–646.

[11] Ebenda. S. 664.9–29.

[12] Marx: Das Kapital. Bd. 1. MEGA② II/5. S. 493.

[13] Er bemerkte gegenüber Engels am 13. Februar 1866: „Was dieß ‚verdammte‘ Buch betrifft, so steht es so: Es wurde *fertig* Ende December. Die Abhandlung über die

„Kapital" bei der Abfassung des fünften Kapitels über das zinstragende Kapital auf seine umfangreiche Materialsammlung aus den „Londoner Heften 1850–1853" zurückgriff, befand er es für nötig, für das sechste Kapitel über die Grundrente abermals zu landwirtschaftlichen Fragen zu forschen. Er behandelt im „Großheft 1865/1866" ökonomische Fragen wie die Bildung der Rente und die Bestimmung des Bodenpreises, wofür die Auszüge der Artikel von Hippolyte-Philibert Passy „Rente du sol" und Gustave de Molinari „Céréales" aus dem Lexikon „Dictionnaire de l'Économie Politique" exemplarisch sind. Marx verwendete bei der Abfassung des Kapitels zur Grundrente mehrfach das Heft und kritisierte insbesondere Passy dafür, die Quelle der Bodenrente ohne nähere Formbestimmung in den Mehrprodukten des Bodens zu sehen.[14] Insofern Marx bereits im „Ökonomischen Manuskript 1861–1863" sowohl die „Differenzialrente" als auch die „absolute Rente" erläutert hatte,[15] besitzen die Auszüge im „Großheft 1865/1866" zum Teil den Charakter einer Ergänzung und Aktualisierung durch die Sekundärliteratur. So schrieb er bei Abschluss des „Großheft 1865/1866" an Engels: „Ich schloß meine theoretischen Untersuchungen über die Grundrente vor 2 Jahren. Und grade in der Zwischenzeit war vieles, übrigens ganz meine Theorie bestätigend, geleistet worden."[16]

Die Besonderheit des Marx'schen Studiums von 1865/1866 besteht allerdings in der Aufnahme naturwissenschaftlicher Untersuchungen der Bodenfruchtbarkeit. Marx interessierte sich für den genauen Mechanismus, durch den sich die Fruchtbarkeit durch sukzessive Kapitalanlagen verändert. Nach seiner Beschäftigung mit Geologie und Agrikulturchemie wies Marx auf das Manko der klassischen Ökonomen hin, welche die konkrete Bodenbeschaffenheit in seinen Augen nicht begriffen hätten und daher das Problem der sukzessiven Kapitalanlage nicht angemessen behandeln konnten: „die wirklichen naturgemässen Ursachen der Erschöpfung des Bodens [...] [waren] sämmtlichen Oekonomen, die über die Differentialrente geschrieben haben, natürlich unbekannt [...], wegen des Zustands der Agriculturchemie zu ihrer Zeit."[17] Was Marx hier im Blick hat, ist das Problem der damals voranschreitenden, u.a. aus der landwirtschaftlichen Intensivierung resultierenden Bodenerschöpfung.

Marx' Beschäftigung mit dem Problem der Bodenerschöpfung war die Folge seiner erneuten Auseinandersetzung mit Justus von Liebig. Die Bedeutung von Liebigs „Die Chemie in ihrer Anwendung auf Agricultur und Physiologie" (im Folgenden „Agriculturchemie") für Marx ist allein durch den Umfang seiner im

---

Grundrente allein, das vorletzte Kapitel, bildet beinahe, in der jetzigen Fassung, ein Buch. Ich ging bei Tag aufs Museum u. schrieb Nachts." (MEGAdigital.)

[14] Marx: Das Kapital (Ökonomisches Manuskript 1863–1865). Drittes Buch. MEGA② II/4.2. S. 725.

[15] Siehe Karl Marx: Zur Kritik der politischen Ökonomie ⟨Manuskript 1861–1863⟩. In: MEGA② II/3.3.

[16] Marx an Engels, 13. Februar 1866. (MEGAdigital.)

[17] Marx: Das Kapital (Ökonomisches Manuskript 1863–1865). Drittes Buch. MEGA② II/4.2. S. 723.

„Großheft 1865/1866" angefertigten Exzerpte ersichtlich (S. 129–180). Marx teilte gleich nach der Lektüre der „Agriculturchemie" Engels seine Begeisterung mit: „Die neue Agrikulturchemie in Dtschld, speziell Liebig u. Schönbein [...] wichtiger für diese Sache [Marx' Abhandlung über die Grundrente] als alle Oekonomen zusammen genommen".[18]

Liebig, Professor der Chemie in Gießen, gilt aufgrund seiner Experimente mit Friedrich Wöhler, die zur Entdeckung der Isomerie sowie der Benzoesäure führten, als „Vater der organischen Chemie" und zugleich als „Vater des chemischen Düngers", der seinen eigenen Patentdünger herstellte.[19] Dieser auf seinem epochemachenden Werk „Agriculturchemie" basierende Ruhm ging weit über die Grenzen Deutschlands hinaus. Die erste Auflage der „Agriculturchemie" erschien 1840 in Braunschweig und wurde zu Liebigs Lebzeiten mit mehreren Verbesserungen und Ergänzungen bis zur siebten Auflage nachgedruckt und von ihm bis auf mehr als 1000 Seiten Umfang erweitert. In diesem Buch stellte er mithilfe der neuesten Erkenntnisse der Chemie und Physiologie die Bedeutung der Lehre der anorganischen Pflanzennahrung und der chemischen Bodenanalyse für die praktische Landwirtschaft dar. Er argumentierte damit gegen die sogenannte Humustheorie von Gerardus Mulder (Utrecht) und Albrecht Thaer (Celle), die den Humus, das Verwesungsprodukt der abgestorbenen Pflanzen, in der Ackerkrume als für das Pflanzenwachstum unentbehrlichen Nährstoff betrachtete. Liebig zeigte dagegen anhand zahlreicher Labor-Experimente, dass Pflanzen nicht Humus oder in Wasser aufgelöste Humussäure, sondern Kohlendioxid und Wasser absorbieren. Noch bedeutsamer war sein Nachweis, dass Humus allein den Pflanzen nicht genügt, sondern ihr Wachstum unbedingt einer Reihe von Mineralsubstanzen bedarf. Daraus leitete Liebig das „Gesetz des Ersatzes" ab: Demzufolge muss jeder Landwirt dem Boden die von ihm entnommenen Mineralstoffe regelmäßig zurückgeben, um die Bodenfruchtbarkeit zu erhalten bzw. ihm mehr zuführen, um die Ernte zu steigern. Liebig hob damit die Bedeutung künstlichen Mineraldüngers für den landwirtschaftlichen Fortschritt hervor. Marx hatte schon im Juli/August 1851 im „Londoner Heft XIII" umfassend aus der vierten Auflage der „Agriculturchemie" (Braunschweig 1842) exzerpiert, als er sich mit der Bildung der Grundrente und mit der Kritik an Ricardos „Gesetz des abnehmenden Bodenertrags" beschäftigte.[20]

Mit seiner Mineraltheorie erzeugte Liebig jedoch hauptsächlich wegen seiner Übertreibung der Rolle der Mineralsubstanzen hitzige Debatten, und zwar in dem Maße, wie sich seine Polemik auch gegen die Stickstofftheorie, die den Ammoniak als pflanzliche Nahrungsquelle hervorhob, richtete. Marx verfolgte die Debatte zwischen Mineral- und Stickstofftheorie sehr genau und exzerpier-

---

[18] Marx an Engels, 13. Februar 1866. (MEGAdigital.)

[19] Siehe William H. Brock: Justus von Liebig. The Chemical Gatekeeper. Cambridge 2002. S. VII.

[20] Karl Marx: Exzerpte aus Justus Liebig: Die organische Chemie ... In: MEGA② IV/9. S. 172–213.

te 1862 aus Liebigs gegen John Bennet Lawes und Joseph Henry Gilbert (beide Rothamsted) gerichteter Schrift „Ueber Theorie und Praxis in der Landwirthschaft“ (Braunschweig 1856).[21] Gegen diese Verteidiger der Stickstofftheorie ging Liebig so weit, der künstlichen Zufuhr von Ammoniak im Dünger jedweden Nutzen abzusprechen, da der Boden durch Regenwasser und Atmosphäre eine hinreichende Menge von Stickstoff enthalte. Trotz ihres teilweise polemischen Charakters wurde Liebigs „Agriculturchemie“ im Allgemeinen hochgeschätzt.

Und Liebigs Werk sollte auch „Das Kapital“ beeinflussen. Marx wurde zu einer erneuten Beschäftigung mit Liebigs „Agriculturchemie“ veranlasst, weil dieser in der siebten Auflage von 1862 bedeutsame Änderungen vornahm. Das Werk erschien nun in zwei Bänden (Bd. 1: „Der chemische Prozeß der Ernährung der Vegetabilien“; Bd. 2: „Die Naturgesetze des Feldbaues“) und mit einer hundertseitigen, auch separat veröffentlichten Einleitung („Einleitung in die Naturgesetze des Feldbaues“). Im „Großheft 1865/1866“ der „Hefte zur Agrikultur“ exzerpierte Marx Liebigs „Agriculturchemie“ einschließlich der im Anhang wiedergegebenen Beiträge von Moritz Wagner und Hermann Maron (S. 183–190) sowie Liebigs Widerlegung der Stickstofftheorie in „Herr Dr. Emil Wolff in Hohenheim und die Agricultur-Chemie“.

Liebig konnte seinen etwas in Vergessenheit geratenen Ruhm mit der siebten Auflage der „Agriculturchemie“ schnell erneuern, da die Schrift abermals heftige Debatten hervorrief.[22] Liebig ergänzte sein Werk nicht nur um die neuesten Entwicklungen der Chemie und Physiologie, sondern trug in der Einleitung eine gründliche Kritik des modernen landwirtschaftlichen Systems als „Raubwirthschaft“ vor. Die moderne Landwirtschaft entnehme dem Boden pflanzliche Nahrungsstoffe, ohne sie ihm zurückzugeben, weil der Landwirt sich nur kurzsichtig für seinen Profit interessiere und somit die Bodenfruchtbarkeit ohne Rücksicht auf zukünftige Generationen durch den Verkauf des Ertrags schnell verarmen lasse. Dies sei, so Liebig, nichts anderes als „Raubbau“. Auch würden die Naturgesetze der Bodenfruchtbarkeit durch die Ausbildung des Stadt-Land-Gegensatzes verletzt, denn die in der Stadt verbrauchten Bodenbestandteile kehrten nicht in die Böden zurück, sondern würden als Abwasser in den verdreckten Flüssen der Metropolen landen. Liebig warnt vor einem Zeitalter der Hungersnöte, Rohstoffkriege und dem Zerfall der europäischen Zivilisation, die mit der Bodenerschöpfung die materielle Grundlage ihres Bestehens verlieren würde.

Wilhelm Hamm, dessen Werk „Die landwirthschaftlichen Geräthe und Maschinen Englands“ (Braunschweig 1856) Marx ebenfalls im „Großheft 1865/1866“ festhielt (siehe S. 299–310), beurteilte Liebigs neue „Agriculturchemie“ äußerst positiv: „In diesem Buche haben wir den Codex der Landwirth-

---

[21] Karl Marx: Exzerpte aus Justus von Liebig: Ueber Theorie und Praxis in der Landwirthschaft (IISG, MEN, Sign. B 93).

[22] Siehe Mark R. Finlay: The Rehabilitation of an Agricultural Chemist: Justus von Liebig and the Seventh Edition. In: Ambix. Vol. 38. 1991. Nr. 3. S. 155–166.

schaft empfangen für ewige Zeiten."[23] Mit diesem Urteil war Hamm nicht allein: Nicht nur Agrarwissenschaftler sondern auch politische Ökonomen hielten Liebigs Beitrag für bedeutend. Wilhelm Roscher wollte bereits 1865 „die Resultate der neueren agrikultur-chemischen Forschungen Liebigs" in „die Volkswirthschaftslehre" eingearbeitet und dabei „in allem Wesentlichen angenommen und nur nationalökonomisch besser formulirt"[24] haben. Marx verfolgte die neuen Auflagen von Roschers „System der Volkswirthschaft", die jeweils aktuelle bibliographische Informationen einschlossen und wurde möglicherweise durch die Lektüre der 1865er Auflage zur erneuten Auseinandersetzung mit Liebigs „Agriculturchemie" veranlasst.

Nach der Lektüre Liebigs kehrt Marx im „Großheft 1865/1866" zu einem zweiten bereits früher rezipierten Autor zurück: Es ist James Finlay Weir Johnston, aus dessen „Notes on North America" (S. 311–320) er nun exzerpiert. Johnston, ein schottischer Geologe, war mit seinem in früheren, von Marx in den „Londoner Heften" XIII und XIV exzerpierten Schriften[25] vorgebrachten Nachweis der Bedeutung der Mineralsubstanzen im Boden für das Pflanzenwachstum ebenfalls ein anerkannter Agrikulturchemiker. Johnston analysierte auch deshalb die geologische Formation des Bodens, um auf diese Weise die Chancen auf eine Entdeckung fruchtbarer Lagen zu erhöhen. Marx war damals von Johnstons Geologie beeindruckt und bezeichnete ihn als „de[n] englische[n] Liebig".[26]

In den „Notes on North America" behandelt Johnston anhand seiner Reise durch New England die konkrete Lage der Landwirtschaft Nordamerikas. Diese Schrift war Marx seit Anfang der 1850er Jahre bekannt, als er sie durch zwei Artikel aus dem „Economist"[27] rezipiert und Engels empfohlen hatte.[28] Dass er erneut Johnstons Reisebericht studiert, mag überraschen, da er vorgab, „im Durchschnitt, wo nicht professionell genöthigt, niemals Reisebeschreibun-

---

[23] [Wilhelm Hamm:] Justus von Liebig. In: Agronomische Zeitung. Jg. 20. 1865. Nr. 50. S. 791. Zitiert nach Wolfgang Böhm: Biographisches Handbuch zur Geschichte des Pflanzenbaus. München 1997. S. 189.

[24] Wilhelm Roscher: System der Volkswirthschaft. Bd. 2. Nationalökonomik des Ackerbaues und der verwandten Urproductionen. 4. verm. und verb. Aufl. Stuttgart 1865. S. VI. – Roscher schrieb sogar: „wenn er volkswirthschaftlich manche relevante Thatsache übersieht: so wird doch immer der Name dieses großen Naturforschers, ähnlich wie der Alexander Humboldts, auch in der Geschichte der Nationalökonomik einen Ehrenplatz behaupten." (Ebenda. S. 66.)

[25] Karl Marx: Exzerpte aus James Finlay Weir Johnston: Lectures on Agricultural Chemistry and Geology. In: MEGA② IV/9. S. 276–317; und ders.: Exzerpte aus James Finlay Weir Johnston: Catechism of Agricultural Chemistry and Geology. In: MEGA② IV/9. S. 372–386.

[26] Marx an Engels, 13. Oktober 1851. In: MEGA② III/4. S. 232. – Noch in der 1870er Jahren exzerpierte Marx aus Johnstons geologischer Schrift „Elements of Agricultural Chemistry and Geology" (Edinburgh 1842). Die Exzerpte in: MEGA② IV/26. S. 70–82.

[27] Karl Marx: Exzerpte aus: The Economist 1851. In: MEGA② IV/8. S. 88–90.

[28] Marx an Engels, 13. Oktober 1851. MEGA② III/4. S. 232.

gen"[29] zu lesen. Doch wie Liebig weist auch Johnston auf das dringende Problem hin, dass das landwirtschaftliche Raubsystem in Nordamerika die Bodenfruchtbarkeit schnell erschöpfe. Der Getreideexport aus den USA nach England kann Johnston zufolge nicht von Dauer sein, weil die amerikanischen Landwirte den Boden ohne Rücksicht auf die anorganischen Bodenbestandteile und ohne jeden Düngergebrauch kultivieren. Ist der Boden erschöpft, würden sie ihn verkaufen und weiter nach Westen wandern, um mit dem Geld noch unkultiviertes „virgin land" zu erstehen. Unter diesem System sei die Verschwendung und Auspressung der Naturkraft des Bodens der Normalzustand. Die amerikanische Landwirtschaft verschwende die Bodenfruchtbarkeit für kurzfristigen Gewinn.

Marx exzerpiert im „Großheft 1865/1866" einen weiteren Reisebericht zur Agrarfrage, und zwar den von Hermann Maron über die japanische Landwirtschaft, den Liebig in Auszügen im Anhang der siebten Auflage seiner „Agriculturchemie" wiedergab. Der Japan-Reisende Maron lobt die Vorzüge der japanischen gegenüber der europäischen Landwirtschaft, da sie mittels der effektiven Sammlung und Verwendung menschlicher Exkremente als Dünger und ohne die geringste Zufuhr von Guano oder Kunstdünger, ohne Viehhaltung und ohne Futterbau dauerhaft hohe Erträge erzielen könne. Wichtig ist hier der Begriff der „Nachhaltigkeit", den sowohl Maron zur Charakterisierung der japanischen Landwirtschaft (S. 186.26) als auch Liebig (S. 173.10) verwenden. Da das europäische Agrikultursystem die Bedingungen für eine nachhaltige Produktion nicht erfülle, sondern die Bodenkraft vergeude, kritisiert Maron sie als „Scheincultur" (S. 186.37), ebenso wie Liebig sie als „Raubbau" verwarf. Gegenüber Engels bezog Marx sich positiv auf Maron: „Auch der Aufschluß von Japan [...] war hier wichtig."[30] Mit Sicherheit hatte er Marons Bericht vor Augen, als er im ersten Band des „Kapital" von der „musterhafte[n] Agrikultur"[31] Japans schrieb.

Diese Analysen der erschöpfenden Tendenz der modernen Landwirtschaft fanden bei Marx großen Anklang. Dass Liebig und Johnston das Problem der Bodenerschöpfung als Folge der antagonistischen Beziehung zwischen Stadt und Land problematisierten, spezifizierte seine frühere, allgemeinere These des im Kapitalismus vorherrschenden geographischen Gegensatzes aus der „Deutschen Ideologie" und lieferte ihr eine wissenschaftliche Grundlage.[32] Er erfasste damit genauer als zuvor, wie vom Standpunkt der Naturwissenschaft der abnehmende Bodenertrag in einer spezifisch modernen Form erscheint. Anhand von Liebigs nuanciertem Umgang mit dem abnehmenden Bodenertrag konnte er begreifen, wie natürliche Grenzen sich in der kapitalistischen Produktionsweise konkretisieren. Somit interessiert er sich im „Großheft

[29] Marx an Engels, 13. Februar 1866. (MEGAdigital.)

[30] Marx an Engels, 13. Februar 1866. (MEGAdigital.)

[31] Marx: Das Kapital. Bd. 1. MEGA② II/5. S. 97.

[32] Karl Marx, Friedrich Engels: Deutsche Ideologie. Manuskripte und Drucke. In: MEGA② I/5. S. 71/72.

1865/1866" neben der Theorie der Grundrente auch für landwirtschaftliche Zustände in verschiedenen Ländern, ihren technologischen Entwicklungsstand, verschiedene Betriebsweisen, soziale Verhältnisse und insbesondere für die Untergrabung der materiellen Bedingungen einer nachhaltigen Produktion. Diesen Zusammenhang zeigen neben Liebig und Johnston seine Auszüge aus Lavergne, Mounier, Maron und Wagner.

Marx zog die Konsequenz, bei der nächsten Gelegenheit in die Debatte um die Bodenerschöpfung zu intervenieren, ohne auf die Vervollkommnung der Grundrententheorie im dritten Buch des „Kapital" zu warten. Während der Fertigstellung des ersten Bandes integrierte er seine aus Liebigs Theorie gewonnenen Einsichten in die vierte Sektion des vierten Kapitels „Maschinerie und große Industrie": „Mit dem stets wachsenden Uebergewicht der städtischen Bevölkerung, die sie in großen Centren zusammenhäuft, häuft die kapitalistische Produktion einerseits die geschichtliche Bewegungskraft der Gesellschaft, stört sie andrerseits den Stoffwechsel zwischen Mensch und Erde, d.h. die Rückkehr der vom Menschen in der Form von Nahrungs- und Kleidungsmitteln vernutzten Bodenbestandttheile zum Boden, also die ewige Naturbedingung dauernder Bodenfruchtbarkeit. Sie zerstört damit zugleich die physische Gesundheit der Stadtarbeiter und das geistige Leben der Landarbeiter."[33]

In einer Anmerkung wiederholte Marx seine hohe Wertschätzung von Liebigs „Agriculturchemie": „Die Entwicklung der negativen Seite der modernen Agrikultur, vom naturwissenschaftlichen Standpunkt, ist eins der unsterblichen Verdienste Liebig's."[34] Als er hinzusetzte, dass auch Liebigs „historisch[e] Aperçus über die Geschichte der Agrikultur, obgleich nicht ohne grobe Irrthümer, [...] mehr Lichtblicke [enthalten] als die Schriften sämmtlicher modernen politischen Oekonomen zusammengenommen",[35] dachte er vor allem an die Autoren der „Ricardo-Schule", die mit dem sogenannten „Gesetz des abnehmenden Bodenertrags" einen linearen Rückschritt der Bodenproduktivität hin zu immer weniger ertragreichen als ein für alle Gesellschaften gültiges Naturgesetz einfach unterstellten. Im Gegensatz zu Liebig vernachlässigten die Ricardianer sowohl die naturwissenschaftliche Untersuchung der Bodenfruchtbarkeit als auch die Spezifika der modernen landwirtschaftlichen Betriebsweise, welche eine historisch besondere Abnahme der Bodenfruchtbarkeit verursacht.

Auf diese Weise nutzte Marx also die neuesten naturwissenschaftlichen Erkenntnisse der Chemie, Geologie, Klimatologie und Physiologie für seine ökonomische Analyse. Seine Studien dienten nicht nur der Ausbildung eines Verständnisses der Naturbedingtheit der Produktion und der Beurteilung gesellschaftlicher Fortschritte, sondern auch der begrifflichen und methodologischen Grundlage zur Analyse der kapitalistischen Produktionsweise. So bereicherte Marx seine Kritik an dem kapitalistischen Raubbau gegenüber den beiden fundamentalen Produktionsfaktoren der Arbeits- und Naturkraft und

---

33 Marx: Das Kapital. Bd. 1. MEGA② II/5. S. 409.
34 Ebenda. S. 410.
35 Ebenda.

warnte im „Kapital“: „Von einer täglich bedrohlicher anschwellenden Arbeiterbewegung abgesehn, diktirte dieselbe Nothwendigkeit die Beschränkung der Fabrikarbeit, welche den Guano auf die englischen Felder ausgoß. Dieselbe blinde Raubgier, die in dem einen Fall die Erde erschöpft, hatte in dem andern die Lebenskraft der Nation an der Wurzel ergriffen.“[36] Auf der einen Seite war es Liebig, der vor der Vergeudung des Guanos – der als Dünger verwendeten Exkremente der Seevögel, von deren Importen aus Südamerika die Fruchtbarkeit der britischen Böden abhing – in der Landwirtschaft warnte. Auf der anderen Seite war es Marx selbst, der das Kapital durch einen „Heißhunger nach Mehrarbeit“[37] charakterisiert sah und die daraus resultierende „grausame“ Verlängerung des Arbeitstags und Intensivierung der Arbeit analysierte. Wie er Engels mitteilte, erweiterte er Anfang 1866 den Abschnitt über den „Arbeitstag“ anhand von britischen Parlamentsberichten wie den „Factory Reports“, „Children's Employment Commission Reports“ und den „Board of Health Reports“.[38] Marx schilderte ausführlich die Degradierung der Arbeitsbedingungen und interpretierte sie als Anlass neuer Klassenkämpfe für den zehnstündigen Arbeitstag. Von solchen inspiriert, lenkte er seine Aufmerksamkeit auf die Bodenerschöpfung, um seine Kritik der Untergrabung der materiellen Bedingungen einer nachhaltigen Produktion zu erweitern. Seine Darstellung gipfelt in der letzten Passage des Kapitels „Maschinerie und große Industrie“, das nicht etwa die Produktivkraftentwicklung durch die Bourgeoisie lobt, sondern ernüchtert feststellt: „Und jeder Fortschritt der kapitalistischen Agrikultur ist nicht nur ein Fortschritt in der Kunst den *Arbeiter*, sondern zugleich in der Kunst *den Boden zu berauben*, jeder Fortschritt in Steigerung seiner Fruchtbarkeit für eine gegebne Zeitfrist zugleich ein Fortschritt im Ruin der dauernden Quellen dieser Fruchtbarkeit. [...] Die kapitalistische Produktion entwickelt daher nur die Technik und Kombination des gesellschaftlichen Produktionsprozesses, indem sie zugleich die Springquellen allen Reichthums untergräbt: *Die Erde und den Arbeiter.*“[39]

Doch Marx konnte nicht alle ihm bekannten Aspekte der Stoffwechselstörung im ersten Band des „Kapital“ erörtern, da er das Problem ausführlich im dritten Buch zu diskutieren plante. Da er dies allerdings nicht verwirklichte und das dritte Buch zu Lebzeiten unveröffentlicht blieb, sind seine Exzerpthefte von großer Bedeutung für die Erforschung seines Denkens. Bevor auf die drei 1868 angefertigten „Hefte zur Agrikultur“ eingegangen wird, folgt, da ein zentrales Thema der im vorliegenden Band veröffentlichten Auszüge die Naturwissenschaften wie Chemie, Physiologie, Geologie und Botanik sind, zuerst ein Abschnitt über die Bedeutung der Naturwissenschaften für Marx' Kritik der politischen Ökonomie.

---

[36] Ebenda. S. 184/185.
[37] Ebenda. S. 183, 184 und 208.
[38] Marx an Engels, 10. Februar 1866. (MEGAdigital.)
[39] Marx: Das Kapital. Bd. 1. MEGA® II/5. S. 410–413.

Die Bedeutung der Naturwissenschaften für die Marx'sche Kritik der politischen Ökonomie

Es ist nicht zu bezweifeln, dass Marx naturwissenschaftliche Schriften mit allgemeinem Interesse und „mit Freude" las, wie Engels nach seinem Tod bemerkte.[40] Während der Abfassung des „Kapital" verlor er diese Neigung zu Naturwissenschaften wie Chemie und Physiologie nicht. An Engels schrieb er 1864: „In dieser Zeit, wo ich ganz arbeitsunfähig, gelesen: *Carpenter*, Physiologie, *Lord* ditto, *Kölliker* Gewebelehre, *Spurzheim*, Anatomie des Hirns u. Nervensystems, *Schwann u. Schleiden* über die Zellenscheisse. In der Popular Physiology v. Lord gute Kritik der Phrenologie, obgleich der Kerl religiös. Eine Stelle erinnert an Hegel's Phänomenologie [...]"[41] Marx setzte über seine naturwissenschaftlichen Studien hinzu, dass „alles 1) bei mir spät kommt, u. 2) ich immer in Deinen Fußtapfen nachfolge. So wahrscheinlich, daß ich in den Nebenstunden jezt viel Anatomie u. Physiology treiben, ausserdem Vorlesungen (wo das Zeug ad oculos demonstrirt u. secirt wird) besuchen werde".[42] Er stritt sich in Briefen mit Engels um Ursprünge und Geschichte der chemischen Molekulartheorie (siehe dazu Erl. 339.5–6) und las dazu die einschlägige Schrift von Charles Adolphe Wurtz.[43] Sein „Notizbuch Mai 1864 bis Mitte des Jahres 1865" zeigt sein Interesse für die astronomischen Forschungen von William Nassau Molesworth, mit dem er im August 1865 korrespondierte (S. 47.2–3).[44] Wahrscheinlich während seines Aufenthalts bei Louis Kugelmann 1867 in Hannover notierte er kurze Auszüge aus deutschsprachigen Werken des Arztes Rudolf Virchow (siehe S. 336), des Chemikers Carl Rammelsberg (S. 338) und des Gynäkologen Friedrich Benjamin Osiander (S. 340). Der Chemiker Carl Schorlemmer war ein enger Freund von Engels, und Marx exzerpierte mehrmals dessen deutsche Bearbeitung eines chemischen Lehrbuchs von Henry

---

40 „No man could feel a purer joy than he when a new scientific progress was secured anywhere, no matter whether practically applicable or not." (Friedrich Engels: Draft for the Speech over the Grave of Karl Marx. In: MEGA② I/25. S. 403.)

41 Marx an Engels, 4. Juli 1864. In: MEGA② III/12. Br. 375.32–36. – Diese Titel hatte sich Marx zuvor aus den Katalogen Londoner Buchhändler notiert. Siehe Erl. 23.22, 24.8, 24.9 und 24.10. Seine Erledigungsstriche deuten darauf hin, dass er vier weitere in dieser Bücherliste notierte naturwissenschaftliche Titel besorgt hatte: George Combe: The Constitution of Man (Erl. 23.24); P. Evers: The Student's Compendium of Comparative Anatomy (Erl. 23.38); William Lovett: Elementary Anatomy and Physiology (Erl. 23.31); Robert Bunsen: Gasometry (Erl. 24.11).

42 Marx an Engels, 4. Juli 1864. MEGA② III/12. Br. 375.44–47.

43 [Charles] Ad[olphe] Wurtz: Histoire des doctrines chimiques depuis Lavoisier jusqu'à nos jours. Paris, Londres, Leipzig 1869. Marx verfügte über dieses Buch in seiner Bibliothek (MEGA② IV/32. Nr. 1432). Zu seiner Beschäftigung mit der Molekulartheorie in den 1870er Jahren siehe MEGA② IV/31. S. 285–294.

44 Siehe William Nassau Molesworth an Marx, 23. und 25. August 1865. In: MEGA② III/13. Br. 296 und 297.

Enfield Roscoe[45] sowie ca. 1878 ein von Schorlemmer zusammen mit Roscoe verfasstes „Ausführliches Lehrbuch der Chemie".[46] Auch in seiner persönlichen Bibliothek befand sich eine Reihe von Schriften aus Gebieten wie Chemie, Geowissenschaften, Klimatologie, Astronomie, Physik, Botanik, Zoologie[47] von Autoren wie Schorlemmer, Roscoe, Wurtz, Matthias Jacob Schleiden, Theodor Schwann, Charles Lyell, John Tyndall und Édouard Hospitalier. Die Auszüge zur Chemie und Geologie, die mit den MEGA-Bänden IV/26 und IV/31 publiziert worden sind, zeigen das breite Forschungsfeld in seinen späten Jahren.

Zudem besuchte Marx regelmäßig naturwissenschaftliche Vorträge, etwa von Tyndall, August Wilhelm von Hofmann (siehe dazu Erl. 339.5–6) und des Darwin-Anhängers Thomas Henry Huxley[48] über die Evolution, wie es u.a. durch die Erinnerungen von Friedrich Leßner[49] und Wilhelm Liebknecht[50] belegt ist. Neben Einsichten von Liebig, Johnston, Maron, Huxley[51] und Wurtz[52] übernahm Marx auch die im vorliegenden Band exzerpierte Erkenntnis von William Robert Grove, der die Veränderbarkeit von verschiedenen Energiefor-

[45] Karl Marx: Exzerpte aus Henry Enfield Roscoe: Kurzes Lehrbuch der Chemie (IISG, MEN, Sign. B 108); und in: MEGA② IV/31. S. 3–463. Handexemplar mit Marginalien von Marx: RGASPI, Sign. f. 1, op. 1, d. 6407. (MEGA② IV/32. Nr. 1139.)

[46] Marx verwendete das „Ausführliche Lehrbuch der Chemie" in seinen Exzerpten aus Friedrich Schoedler: Das Buch der Natur, James Finlay Weir Johnston: Elements of Agricultural Chemistry and Geology. In: MEGA② IV/26. S. 45–94; und in: MEGA② IV/31. S. 3–463.

[47] Siehe das Register unter den Einträgen „Land- und Forstwirtschaft" und „Naturwissenschaften, Mathematik und Technikwissenschaften" (MEGA② IV/32. S. 730 und 737).

[48] Siehe Marx an Engels, 28. Januar 1863. In: MEGA② III/12. Br. 207.37; Marx an Engels, 9. März 1870 (IISG, MEN, Sign. L 4645). Ebenso erwähnt Jenny Marx im Brief an Johann Philipp Becker vom 29. Januar 1866 den Besuch einer Huxley-Vorlesung mit ihren Kindern (MEGAdigital). Siehe auch Jenny Marx (Tochter) an Eleanor Marx, Juni 1868 (RGASPI, Sign. f. 7, d. 253; wiedergegeben in: O. Worobjowa und I. Sinelnikowa: Die Töchter Marx. Berlin 1984. S. 56).

[49] „Ich besuchte regelmäßig die Vorträge, die auf der Londoner Universität von den Professoren Huxley, Tyndall und Hofmann über Physiologie, Geologie und Chemie gehalten wurden. [...] Auch hier war es Karl Marx, der uns dazu animierte. Marx selbst pflegte diese Vorträge zuweilen zu besuchen. (Friedrich Leßner: Vor 1848 und nachher. Erinnerungen eines alten Kommunisten. In: ders.: Ich brachte das „Kommunistische Manifest" zum Drucker. Berlin 1975. S. 98.)

[50] „Besonders auf dem Gebiet der Naturwissenschaft [...] verfolgte Marx jede neue Erscheinung, stellte er jeden Fortschritt fest; und Moleschott, Liebig, Huxley – dessen ‚Populären Vorträgen' wir gewissenhaft beiwohnten – waren in unserem Kreis Namen so oft genannt wie Ricardo, Adam Smith, MacCulloch und die schottischen und italienischen Nationalökonomen." (Wilhelm Liebknecht: Karl Marx zum Gedächtnis. In: Mohr und General. Erinnerungen an Marx und Engels. Berlin 1965. S. 81.)

[51] Marx: Das Kapital. Bd. 1. MEGA② II/5. S. 395.28–36.

[52] Siehe Karl Marx: Das Kapital. Kritik der politischen Ökonomie. Erster Band. 2. Aufl. Hamburg 1872. In: MEGA② II/6. S. 308.43–44 und Var.

men darstellte und eine mechanische Theorie der Wärme entwickelte, in den ersten Band des „Kapital", um zu behaupten, dass die Menge der Arbeit binnen 24 Stunden durch eine „examination of the chymical changes which had taken place in his body, *changed forms in matter indicating* the anterior exercise of dynamical force" (S. 327) berechnet werden könne.[53]

Gleichwohl stand Marx naturwissenschaftlichen Ansätzen nicht unkritisch gegenüber. Charles Darwin, von dem er eine hohe Meinung hatte, weil dieser in „The Origin of Species" der „Teleologie" in den Naturwissenschaften, d.h. der christlichen Lehre, die Entstehung der Arten folge dem Plan eines Schöpfers, „den Todesstoß"[54] gegeben habe, hielt er zugleich vor, die bürgerliche Konkurrenzgesellschaft in das Tierreich projiziert zu haben.[55] Und als Louis Kugelmann Marx mitteilte, das „Kapital" dem Berliner Pathologen Rudolf Virchow empfohlen zu haben, weil er die methodische Vorgehensweise im „Kapital" und in Virchows Zellularpathologie für identisch hielt,[56] zeigte sich Marx reserviert und ließ den von Kugelmann gesehenen Methoden-Zusammenhang zwischen ihm und Virchow, dessen „Cellularpathologie" zu lesen ihn „große Ueberwindung kostete", unkommentiert.[57] Aus gutem Grund: Marx sah in der „*Waarenform* des Arbeitsprodukts oder *[der] Werthform* der Waare die *ökonomische Zellenform*"[58] der bürgerlichen Gesellschaft, d.h. auch wenn die Ware am Anfang des „Kapital" untersucht wird (und auch der Wert, dessen Träger sie ist, wie die Zelle mit bloßem Auge nicht zu erkennen ist), sind in ihr Widersprüche der kapitalistischen Produktionsweise aufgehoben, die z.B. in Wirtschaftskrisen notwendig zum Ausbruch kommen müssen. Virchow hingegen sah die Krankheitsursache des Organismus in der Störung der Funktionsweise einer zuvor gesunden Körperzelle. Den Zellenbegriff entnahm Marx den physiologischen

---

53 Marx: Das Kapital. Bd. 1. MEGA② II/5. S. 427.35–39. – Der im vorliegenden Band veröffentlichte Auszug stammt aus dem in einer Zeitschrift abgedruckten Vortrag von Grove (siehe Entstehung und Überlieferung S. 1022).

54 Marx an Ferdinand Lassalle, 16. Januar 1861. In: MEGA② III/11. Br. 202.55–56.

55 „Es ist merkwürdig wie Darwin unter Bestien u. Pflanzen seine englische Gesellschaft mit ihrer Theilung der Arbeit, Concurrenz, Aufschluß neuer Märkte, ‚Erfindungen' u. Malthus'schem ‚Kampf ums Dasein' wiedererkennt. Es ist Hobbes' bellum omnium contra omnes, u. es erinnert an Hegel in der ‚Phänomenologie', wo die bürgerliche Gesellschaft als ‚geistiges Thierreich', während bei Darwin das Thierreich als bürgerliche Gesellschaft figurirt." (Marx an Engels, 18. Juni 1862. In: MEGA② III/12. Br. 82.38–45.)

56 Louis Kugelmann an Marx, 8. April 1868: „[...] mache ich ihn (Virchow) nun auf Ihr Werk aufmerksam, sage ihm wie Sie von Waarenform als Zelle ausgehend, die bürgerliche Gesellsch. analysiren etc, daß Sie in der polit. Oecon. dieselb. Methode, wie er in der Medicin, befolgen; daß man Ihr ‚Kapital' füglich die Cellular-Pathologie der bürgerlichen Gesellschaft nennen könne". (RGASPI, Sign. f. 1, op. 5, d. 1849.)

57 Marx an Kugelmann, 17. April 1868 (IISG, MEN, Sign. C 349). Marx meinte Rudolf Virchow: Die Cellularpathologie in ihrer Begründung auf physiologische und pathologische Gewebelehre. Berlin 1858.

58 Marx: Das Kapital. Bd. 1. MEGA② II/5. S. 12.

Arbeiten von Schwann, Schleiden,[59] Kölliker und Carpenter, die er 1864 las.[60] (Siehe Entstehung und Überlieferung S. 893/894.)

Der Gebrauch des Zellenbegriffs zeigt, dass Marx nicht nur ein „passiver“ Rezipient der Naturwissenschaften war, sondern sie für seine theoretische Entwicklung nutzte. Darüber hinaus studierte er sie in verschiedenen Phasen auch mit spezifischen Interessen für die eigene Forschung: So ist ein direktes Motiv für seine Auseinandersetzung mit den Naturwissenschaften im „Großheft 1865/1866“ der „Hefte zur Agrikultur“ die Verfeinerung seiner Theorie der Grundrente durch die Untersuchung der stofflichen Beschaffenheit des Bodens. Marx hat dazu empirische und naturwissenschaftliche Sachverhalte wie Bodenklassifikationen und -erträge, Pflanzen- und Tiergeschichte und chemische Zusammenhänge ausführlich untersucht.

Als der junge Marx mit dem Studium der politischen Ökonomie begann, erkannte er die zentrale Rolle der Natur in der Produktion, während er zugleich von Feuerbachs materialistischer und anthropologischer Philosophie der „Sinnlichkeit“ stark beeinflusst war. Dieser Zusammenhang ist in den „Ökonomisch-philosophischen Manuskripten“ von 1844 einsichtig, in denen Marx nicht nur die Entfremdung der Arbeit, sondern auch die von der Natur als spezifisch moderne Pathologie behandelte und folglich in der Formel „Humanismus = Naturalismus“ die Rekonstruktion der Einheit von Menschen und Natur forderte.[61] Nach seiner Distanzierung von Feuerbachs Philosophie hielt Marx an der Sichtweise der Abhängigkeit der menschlichen Produktion von der Natur fest. Er verwies in der „Deutschen Ideologie“ auf die Bedingtheit jeder Produktion durch die „von den Menschen vorgefundenen Naturbedingungen, die geologischen, oro-hydrographischen, klimatischen & andern Verhältnisse“[62] und auf die von der Arbeit vermittelte Wechselwirkung zwischen Menschen und Natur, die von jeder Geschichtsschreibung berücksichtigt werden müsse. In der „Misère de la philosophie“ (1847) erkannte er die Bedeutung des Fortschritts in den Naturwissenschaften, vor allem in der Chemie und Geologie, für die Bestimmung der Kategorie der Grundrente.[63] Die Naturwissenschaften waren ihm

---

[59] So ließ Marx Engels am 31. August 1864 wissen, Schleiden habe eine „angeborne Anlage zur Fadaise, obgleich er in Folge eines Mißverständnisses die Zelle entdeckt hat“. (MEGA② III/12. Br. 402.31–33.)

[60] Siehe Fn. 41. Siehe auch Seungwan Han: Die Metapher der Zelle. Zur Rekonstruktion Marxscher epistemischer Kontexte. In: Karl Marx – zwischen Philosophie und Naturwissenschaften. Hrsg. von Anneliese Griese und Hans-Jörg Sandkühler. Frankfurt a.M. u.a. 1997. S. 105–128.

[61] Karl Marx: Ökonomisch-philosophische Manuskripte. In: MEGA② I/2. S. 263.

[62] Marx, Engels: Deutsche Ideologie. MEGA② I/5. S. 8.

[63] „Anderseits kann die Rente nicht als beständiger Massstab für den Grad der Fruchtbarkeit eines Grundstückes dienen, da die moderne Anwendung der Chemie jeden Augenblick die Natur des Grundstückes ändern kann, und da gerade heute die geologischen Kenntnisse die ganze frühere Abschätzung der relativen Fruchtbarkeit umzuwälzen beginnen: es sind kaum zwanzig Jahre her, dass man in den östlichen Grafschaften Englands weite bisher unbebaute Gebiete in Anbau genommen hat, weil

also wichtig, um die Bildung der Grundrente über Ricardos Abstraktion des „Gesetzes des abnehmenden Bodenertrags“ hinaus thematisieren zu können; die Kritik dieses Gesetzes blieb ein zentrales Anliegen seiner naturwissenschaftlichen Forschungen.

Ricardos Gesetz unterstellte, dass der Boden trotz sukzessiv steigender Kapitalanlage immer geringere Erträge liefert. Da der Preis von der ungünstigsten Produktion bestimmt werde, könnten Produkte, die unter günstigeren Bedingungen produziert wurden, mit höherem Preis verkauft werden. Diese Differenz zwischen besseren und schlechteren Böden sei die Quelle der Grundrente. Weil infolge wachsender Bevölkerung immer ungünstigere Böden kultiviert werden müssten, leitete Ricardo hieraus die Tendenz steigender Getreidepreise ab, die wiederum proportional die Löhne steigen und damit die Profite fallen ließen, was zu einer Stagnation der Produktion auf lange Sicht führen müsse. Thomas Robert Malthus nahm pessimistisch an, dass die absolute Überbevölkerung eine unvermeidbare Tendenz der gesellschaftlichen Entwicklung sei, da die Bevölkerung geometrisch, aber die Nahrungsmittelproduktion nur arithmetisch zunehme.

Schon in der „Misère de la philosophie“ akzeptierte Marx weder Ricardos noch Malthus' Annahmen, auch wenn er prinzipiell der Logik der Differentialrente zustimmte.[64] Er versuchte sich an einer weniger abstrakten Analyse der Bildung der Grundrente, wie es die „Londoner Hefte 1850–1853“ dokumentieren, in denen Marx seine naturwissenschaftlichen Studien fortsetzte und landwirtschaftliche Fragen anhand der Schriften von Liebig, Johnston, James Anderson, John Morton und Henry Charles Carey behandelte (MEGA② IV/8 und IV/9). Dabei fiel es Marx nicht schwer, den weit verbreiteten Optimismus über den modernen Fortschritt aufzuspüren und sich mit ihm zu identifizieren. Bei Anderson erkannte er, dass dieser schon vor Ricardo die Differentialrente konzipiert hatte[65] und zugleich ein Anhänger der Idee des landwirtschaftlichen Fortschritts und steigender Erträge auch auf den schlechtesten Bodenklassen war.[66] Ähnlich kritisierte der amerikanische Ökonom Carey Ricardos System als „System der Discords“ und setzte ihm die Gesetzmäßigkeit steigender landwirtschaftlicher Produktion im Laufe der gesellschaftlichen Entwicklung entgegen.[67] Carey behauptete umgekehrt, dass die Kultivierung eines Landes mit

man den Zusammenhang zwischen dem Humus und der Zusammensetzung des Untergrundes erst neuerdings schätzen gelernt hatte. So sehen wir, wie die Geschichte, weit entfernt, in der Rente einen fertigen Kataster zu liefern, die bestehenden Kataster beständig verändert, vollständig umwälzt.“ (Karl Marx: Das Elend der Philosophie. In: MEGA② I/30. S. 325.)

64 Siehe ebenda. S. 327; und Marx an Engels, 7. Januar 1851. In: MEGA② III/4. S. 10.

65 Marx: Zur Kritik der politischen Ökonomie ⟨Manuskript 1861–1863⟩. MEGA② II/3. S. 765.

66 Siehe Karl Marx: Exzerpte aus James Anderson: An Inquiry into the Causes ... In: MEGA② IV/9. S. 119; ders.: Exzerpte aus James Anderson: Essays Relating to Agriculture and Rural Affairs. In: Ebenda. S. 124.

67 Siehe Karl Marx: Exzerpte aus Henry Charles Carey: The Past, The Present, and the Future. In: MEGA② IV/8. S. 745.

dem schlechtesten Boden beginne und infolge der Entwicklung der gesellschaftlichen Produktivität durch Kooperation, Verbesserung der Werkzeuge und Anwendung von Maschinerie immer bessere Böden kultiviert würden. Marx notierte damals aus Careys Werken viele Hinweise auf die Steigerungsmöglichkeit der landwirtschaftlichen Produktivität.[68]

Marx schien die Überwindbarkeit des Ricardo'schen „Gesetzes des abnehmenden Bodenertrags" durch die Entwicklung der Agrikulturchemie und Geologie möglich, weil sie zusammen mit der Entwicklung der Verkehrs- und Transportmittel eine rasante Steigerung der landwirtschaftlichen Produktion versprachen. Auch Liebig prognostizierte in der vierten Auflage seiner „Agriculturchemie" optimistisch, dass die mühsame Verstreuung von Stallmist und Knochen zwecks der Erhaltung der Bodenfruchtbarkeit unnötig würde: „in welcher Form dieß Wiedergeben geschieht, ob in der Form von Excrementen, oder von Asche oder Knochen, ist ziemlich gleichgültig. Es wird eine Zeit kommen, wo man den Acker mit einer Auflösung von Wassergas (kieselsaurem Kali), mit der Asche von verbranntem Stroh, wo man ihn mit phosphorsauren Salzen düngen wird, die man in chemischen Fabriken bereitet."[69] Daraus folgerte er, dass mit der fabrikmäßigen Massenproduktion chemischen Düngers mit vollwertigen mineralischen Substanzen die landwirtschaftliche Produktivität rasant steigen würde. So hatte er zunächst gehofft, dass die Probleme des Nahrungsmangels und der Bodenerschöpfung durch die Entwicklung der Chemie und ihrer Anwendung auf die Agrikultur überwunden werden könnten. Diese in die industrielle Massenproduktion von Kunstdünger gesetzten Hoffnungen teilte Marx mit Liebig. Für ihn war es wichtig, gegen Malthus' Unterstellung die wirkliche Steigerung der landwirtschaftlichen Produktion durch die Agrarrevolution des 19. Jahrhunderts zu halten: „Je mehr ich aber den Dreck treibe, um so mehr überzeuge ich mich, daß die Reform der Agricultur, also auch der darauf basirten Eigenthumsscheisse, das A und O der kommenden Umwälzung ist. Ohne das behält Vater Malthus recht."[70]

Ein weiterer Punkt in Bezug auf Marx' naturwissenschaftliche Forschung zu Beginn der 1850er Jahre ist zu betonen. Damals gelang Marx eine wichtige begriffliche Erweiterung mithilfe der Naturwissenschaften. Von großer Bedeutung war hierbei seine Freundschaft mit Roland Daniels, der ihn durch die Verwendung des Begriffs des „Stoffwechsels" inspirierte. Marx lernte das Wort durch Daniels kennen, als dieser ihm im Februar 1851 sein Manuskript mit dem Titel „Mikrokosmos" schickte und um gründliche Kritik bat.[71] In „Mikrokosmos"

---

[68] Ebenda. S. 743, 744, 746.

[69] Marx: Exzerpte aus Liebig: Die organische Chemie ... MEGA② IV/9. S. 209.

[70] Marx an Engels, 14. August 1851. In: MEGA② III/4. S. 183. Bereits Engels führte in „Umrisse zu einer Kritik der Nationalökonomie" Liebig namentlich an, um gegen Malthus' Annahmen die Fortschritte in der Wissenschaft zu halten (MEGA② I/3. S. 490).

[71] Roland Daniels: Mikrokosmos. Entwurf einer physiologischen Anthropologie [1851]. Frankfurt a.M. 1988. Roland Daniels an Marx, 8. Februar 1851. In: MEGA② III/4. S. 308.

verwendete Daniels den Begriff zur Charakterisierung einer gesellschaftlichen Dynamik. Obwohl Marx von Daniels' Versuch einer zwar materialistischen, aber ebenfalls mechanistischen Geschichtsschreibung nicht sehr beeindruckt war, benutzte er den Stoffwechsel-Begriff im März 1851 in seinem Manuskript „Reflection", um eher analogisch die Zirkulation des Geldes und der Waren als organischen und „lebendigen" Prozess darzustellen.[72] Daniels wurde kurz darauf verhaftet und starb 1855 infolge der schlechten Haftbedingungen.

Der Stoffwechsel-Begriff wurde seit Beginn des 19. Jahrhunderts von unterschiedlichen Autoren bei der Beschreibung der Interaktionen zwischen Lebendigem und seiner Umwelt verwendet, was Ernst Haeckel später „Ökologie" nannte.[73] Auch Liebig gebrauchte ihn in seiner „Agriculturchemie" zur Beschreibung des chemischen Prozesses der Assimilation und der Ausscheidung. Der Mensch ist ein Teil der Natur und kann nur in beständigem Verkehr mit ihr leben: Er atmet, isst, trinkt und scheidet aus. Die Kohlensäure wird von den Pflanzen wieder in Sauerstoff transformiert und Exkremente reichern den Boden an. Mit der breiten Rezeption der Liebig'schen Theorie über die Physiologie hinaus wurde der Begriff auf verschiedene Interaktionen zwischen Natur und Gesellschaft und innerhalb der Gesellschaft verwendet: etwa von der politischen Ökonomie zur Darstellung der gesellschaftlichen Dynamik von Produktion, Distribution und Konsumption, was der heutigen Verwendungsweise von „metabolism" – der englischen Übersetzung des Worts – entspricht.[74] Diese Perspektive wurde trotz großer Unterschiede zwischen den Autoren nicht nur von Liebig, sondern auch von Ludwig Feuerbach, Jakob Moleschott und Julius Robert Mayer geteilt.[75]

In den folgenden Jahren verwendete Marx den Stoffwechsel-Begriff, um „Arbeit" als Vermittlung des gesellschaftlichen Austauschs mit der Natur zu beschreiben: „ein Prozeß zwischen dem Menschen und der Natur, ein Prozeß, worin er seinen Stoffwechsel mit der Natur durch seine eigne That vermittelt, regelt und kontrolirt."[76] In vermutlich jeder Gesellschaft werde demnach die

[72] Karl Marx: Reflection. In: MEGA② IV/8. S. 233/234.

[73] Siehe Ernst Haeckel: Generelle Morphologie der Organismen. Allgemeine Grundzüge der organischen Formen-Wissenschaft, mechanisch begründet durch die von Charles Darwin reformirte Descendenz-Theorie. Bd. 1.2. Berlin 1866.

[74] Eugene P. Odum: The Strategy of Ecosystem Development. An Understanding of Ecological Succession Provides a Basis for Resolving Man's Conflict with Nature. In: Science. Vol. 164. 1969. Is. 3877. S. 262–270. Marx war auch Theodor Schwanns „Zellentheorie" bekannt, die chemische Veränderungen und Interaktionen von Zellen mit dem Adjektiv „metabolisch" beschreibt. Siehe Fn. 41.

[75] J[ulius] R[obert] Mayer: Die organische Bewegung in ihrem Zusammenhange mit dem Stoffwechsel. Ein Beitrag zur Naturkunde. Heilbronn 1845; Jac[ob] Moleschott: Die Physiologie der Nahrungsmittel. Ein Handbuch der Diätetik. Darmstadt 1850; ders.: Lehre der Nahrungsmittel. Für das Volk. Erlangen 1850; Ludwig Feuerbach: Die Naturwissenschaft und die Revolution [1850]. In: Gesammelte Werke. Bd. 10. Berlin 1971. S. 347–368.

[76] Marx: Das Kapital. Bd. 1. MEGA② II/5. S. 129.

Umwelt durch die menschliche Tätigkeit der Arbeit zweckmäßig und bewusst verändert, wobei die Besonderheit des kapitalistischen Naturverhältnisses darin bestehe, dass überhaupt erst „das Capital [...] die universelle Aneignung der Natur [schafft]“.[77] Die Art und Weise der Verausgabung der Arbeitskraft sei allerdings je nach Produktionsverhältnissen, Produktivkraftniveau und Produkten in den jeweiligen Gesellschaftsformationen sehr unterschiedlich. Laut Marx ist die kapitalistische Produktionsweise und das „Verhältniß von Lohnarbeit und Capital“ durch die *„Trennung“* der Menschen von den „natürlichen, unorganischen Bedingungen ihres Stoffwechsels mit der Natur“[78] charakterisiert. Er untersuchte in der Folge, wie Arbeits- und Naturkraft unter dem grenzenlosen Verwertungstrieb des Kapitals angewendet werden.

Marx machte weitere naturwissenschaftliche Termini für seine ökonomischen Manuskripte fruchtbar. Wie erwähnt, bezeichnete er die Ware als „die *ökonomische Zellenform*“ der bürgerlichen Gesellschaft. Da der Wert als vergegenständlichte Arbeit nicht sinnlich erfassbar sei, könne „[b]ei der Analyse der ökonomischen Formen [...] weder das Mikroskop dienen, noch chemische Reagentien. Die Abstraktionskraft muß beide ersetzen“.[79] Von Johnston übernahm er den Begriff der „geologischen Formation“[80] und aus der Physiologie griff er die Formel der „organischen Zusammensetzung“ auf, die z.B. Rudolph Wagner als Kombination der organischen Substanzen in seiner Analyse der chemischen physiologischen Prozesse verwendete,[81] und gebrauchte sie, um die Wertzusammensetzung des Kapitals in konstantes und variables Kapital zu bezeichnen. Er sah ferner eine methodologische Ähnlichkeit zwischen politischer Ökonomie und Physiologie,[82] und auch in Bezug auf Hegels „Wissen-

[77] „Die Natur wird erst rein Gegenstand für den Menschen, rein Sache der Nützlichkeit; hört auf als Macht für sich anerkannt zu werden; und die theoretische Erkenntniß ihrer selbstständigen Gesetze erscheint selbst nur als List um sie den menschlichen Bedürfnissen, sei es als Gegenstand des Consums, sei es als Mittel der Production zu unterwerfen.“ (Marx: Grundrisse. MEGA② II/1. S. 322.) Marx zählte dies in den „Grundrissen“ zum „great civilising influence of capital“.

[78] Ebenda. S. 393.

[79] Marx: Das Kapital. Bd. 1. MEGA② II/5. S. 12.

[80] Siehe Marx: Exzerpte aus Johnston: Lectures on Agricultural Chemistry and Geology. MEGA② IV/9. S. 288, 292/293, 312. Später schrieb er: „Wie man bei der Reihenfolge der verschiednen geologischen Formationen nicht an plötzliche, scharf getrennte Perioden glauben muß, so nicht bei der Bildung der verschiednen ökonomischen Gesellschaftsformationen.“ (Marx: Zur Kritik der politischen Ökonomie ⟨Manuskript 1861–1863⟩. MEGA② II/3. S. 1972.) – Siehe Anneliese Griese: Die naturwissenschaftlichen Studien von Marx. Versuch ihrer Einordnung in die Wissenschaftsentwicklung des 19. Jahrhunderts. In: Interaktionen zwischen Philosophie und empirischen Wissenschaften. Hrsg. von Hans Jörg Sandkühler. Frankfurt a.M. u.a. 1995. S. 263–287.

[81] Handwörterbuch der Physiologie mit Rücksicht auf physiologische Pathologie. Hrsg. von Rudolph Wagner. Bd. 1. Braunschweig 1842. S. XXI.

[82] Marx: Zur Kritik der politischen Ökonomie ⟨Manuskript 1861–1863⟩. MEGA② II/3. S. 817.

schaft der Logik“ schrieb er: „Der Geld- oder Waarenbesitzer verwandelt sich erst wirklich in einen Kapitalisten, wo die für die Produktion vorgeschossene Minimalsumme weit über dem mittelaltrigen Maximum steht. Hier, wie in der Naturwissenschaft, bewährt sich die Richtigkeit des von *Hegel* in seiner Logik entdeckten Gesetzes, daß bloß *quantitative* Veränderungen auf einem gewissen Punkt in *qualitative* Unterschiede umschlagen.“[83]

Doch die Rolle der Naturwissenschaften ist bei Marx nicht auf die Nutzung naturwissenschaftlicher Terminologie zur Bildung von Analogien für politökonomische Zusammenhänge beschränkt. Seine naturwissenschaftlichen Studien haben auch eine theoretische Bedeutung für seine Kritik der politischen Ökonomie, was nicht überraschend ist, da sich jede Produktion auf die Natur bezieht. Der Stoffwechsel zwischen Mensch und Natur wird durch das Kapital allerdings radikal transformiert und reorganisiert. Wie Marx die Erschöpfung der Arbeitskraft anhand zahlreicher parlamentarischer Berichte in den Kapiteln „Arbeitstag“ und „Große Industrie und Maschinerie“ ausführlich darstellte, ergänzen seine naturwissenschaftlichen Exzerpte den empirischen Inhalt der Erschöpfung der Naturkraft. Er kritisierte auf Basis seiner naturwissenschaftlichen Kenntnisse die destruktive Tendenz des Kapitalismus, die materiellen Bedingungen der Produktion zu verschlechtern. Den Anlass für diese Kritik gab seine Abfassung des Manuskripts zum dritten Buch des „Kapital“ und das dafür angelegte „Großheft 1865/1866“ der „Hefte zur Agrikultur“.

Raubbau und die Störung des Stoffwechsels zwischen Menschen und Natur

Die Agrarrevolution in England brachte eine rasante Steigerung der landwirtschaftlichen Produktivität mit sich, während gleichzeitig Bodenerschöpfung und exzessive Entwaldung zu gesellschaftlichen Problemen wurden, wie ein Beobachter „zumal hundertfältig nachgewiesen“ sah, „daß auch in Deutschland, ja sogar in dem erst seit so kurzer Zeit cultivirten Nord-Amerika an vielen Orten die Erträge des Bodens in bedenklicher Weise abzunehmen“[84] begonnen hatten. Die „rationelle Agrikultur“, die Albrecht Thaer begründete und in deren Tradition auch Liebig stand, war eine Reaktion auf das praktische Erfordernis, die Gesetze der Fruchtbarkeit und der Verarmung des Bodens zu ermitteln, weil dieses Problem, Erschöpfung und Erneuerung, zur „Lebensfrage“[85] der Landwirtschaft und damit der gesamten Gesellschaft geworden war.

---

[83] Marx: Das Kapital. Bd. 1. MEGA② II/5. S. 246.

[84] Lothar Meyer: Die Chemie in ihrer Anwendung auf Forstwirthschaft. In: Zeitschrift für Forst- und Jagdwesen. Hrsg. von Bernhard Danckelmann. Bd. 1. Berlin 1869. S. 312–341, hier: S. 320.

[85] H[enry] C[harles] Carey: Die Grundlagen der Socialwissenschaft. Bd. 1. München 1863. S. 350.

Im Kontext der zunehmenden Gefahr der Bodenerschöpfung veröffentlichte Liebig, nachdem das Werk fast zwanzig Jahre lang vergriffen war, die siebte Auflage der „Agriculturchemie“, hier seinen mahnenden Ton verstärkend.[86] In der neu hinzugefügten „Einleitung in die Naturgesetze des Feldbaues“ verschwand seine frühere optimistische Prognose auf die rasante Zunahme der Produktivität mithilfe des Kunstdüngers. Wie oben gesehen, exzerpierte Marx im „Großheft 1865/1866“ sehr sorgsam aus Liebigs „Einleitung“ und wurde dadurch zur Teilnahme an der Debatte um die Bodenerschöpfung angeregt, indem er die neuesten Erkenntnisse der Agrikulturchemie in den ersten Band des „Kapital“ aufnahm. Mithilfe der Liebig'schen Theorie lernte er verschiedene Ursachen der Bodenerschöpfung kennen und behandelte die Störung des gesellschaftlichen Stoffwechsels mit der Natur aus einer ausdrücklich ökologischen Perspektive als Widerspruch der kapitalistischen Produktionsweise. In diesem Kontext erhielt seine Einschätzung von Ricardos Theorie der Grundrente eine neue Dimension. Obwohl Ricardo die Logik der Differentialrente aufzeigte, war sein Modell des abnehmenden Bodenertrags nicht überzeugend, nicht nur weil es die steigende Produktivität nicht behandelte, sondern auch weil Marx eine andere gesellschaftliche Dynamik der Bodenerschöpfung (als Manifestation des kapitalistischen Widerspruchs) in Gang gesetzt sah.

Carey hatte bereits in den 1850er Jahren die Vergeudung der Bodenbestandteile in der amerikanischen Landwirtschaft als „Verbrechen“ an zukünftigen Generationen kritisiert.[87] Liebig nahm diese Warnung in seine Kritik am Raubbau auf und zitierte lange Absätze aus Careys Werk in der siebten Auflage der „Agriculturchemie“ und seinen „Chemischen Briefen“: „Arbeit zum Raube des Bodens ist schlimmer als hinweggeworfene Arbeit. In dem letztern Falle ist sie ein Verlust für die gegenwärtige Generation, im andern ist die Armuth die Erbschaft der Nachkommen.“[88] Auch Johnston berichtete in seinen „Notes on North America“ ausführlich über das „Raubbausystem in Nordamerika“, wie Marx im „Großheft 1865/1866“ notierte: „cheaper and more profitable to clear and crop new land, than to renovate the old. [...] And if the food be one which, like buckwheat, will grow upon a poor soil, they are apt to allow the soil to become poor, because it will still grow this crop.“ (S. 312.4–18) Charakteristisch ist hier die neue Einsicht, dass der Raubbau zu einer systemischen Frage

[86] Auch Max Wirth warnte vor dem Raub-Charakter der modernen Produktion: „Der Raubbau besteht nämlich darin, daß der Betrieb nur im Hinblicke auf einen möglichst raschen und hohen Gewinn geschieht, auf die Gefahr hin, daß das Bergwerk nach einer bestimmten Zeit gar nicht mehr mit Gewinn ausgebeutet werden kann [...]“ (Max Wirth: Grundzüge der National-Oekonomie. 2., umgearb., verm. und verb. Aufl. Bd. 2. Köln 1861. S. 292.)

[87] H[enry] C[harles] Carey: Letters to the President on the Foreign and Domestic Policy of the Union, and its Effects, as Exhibited in the Condition of the People and the State. Philadelphia 1858. S. 55.

[88] Justus von Liebig: Chemische Briefe. Wohlfeile Ausgabe. Leipzig, Heidelberg 1865. S. 487.

der modernen gesellschaftlichen Produktion geworden war, die nicht einfach individuellem moralischen Fehlverhalten zugeschrieben werden könne. So sprach auch der Agrikulturchemiker Adolf Mayer von der *„Constanz des Ausraubungssystems"*.[89]

Im Gegensatz zu den „Londoner Heften 1850–1853", in denen Marx solchen Warnungen von Carey und Johnston keine nennenswerte Aufmerksamkeit geschenkt hatte, integrierte er 1865/1866 das Problem des Raubbaus ins „Kapital" und in seine Vorträge in der IAA. So wies er in seinem Vortragsmanuskript auf die Bodenerschöpfung in Irland hin, Liebigs Theorie auf die koloniale Herrschaft Englands anwendend. Die englische Raubwirtschaft erschöpfe den Boden Irlands, als sie das Land in einen großen Agrikulturdistrikt verwandelte: „the land has been underfed and overworked, partly from the injudicious consolidation of farms, and, partly, because, under the cornacre system, the farmer in a great measure trusted to his labourers to manure the land for him. [...] So result: Gradual Expulsion of the natives. Gradual Deterioration and exhaustion of the source of national life, the soil."[90] Das Produkt des Bodens wurde von Irland nach England exportiert, ohne die dem Boden entnommenen Bestandteile zurückzugeben: „Wenn das Produkt *auch verhältnißmäßig per Acre* abnimmt, vergesse man nicht, daß England seit 1½ Jahrhunderten den *Boden von Irland exportirt hat*, ohne seinen Bebauern auch nur die Mittel zum Ersatz der Bodenbestandtheile zu gönnen."[91]

Mit dem internationalen Warenhandel schreite der Raubbau fort und werde „einen unheilbaren Riß" im Stoffwechsel zwischen Menschen und Natur hervorbringen, in dessen Folge „die Bodenkraft verwüstet und durch den Handel diese Verwüstung weit über die Grenzen des eignen Lands hinaus getragen wird. (Liebig)".[92] Marx formulierte somit die Gefahr der Erweiterung des Risses im natürlichen und gesellschaftlichen Stoffwechsel infolge der Globalisierung des Kapitals. Dadurch werde eine nachhaltige Produktion schlechthin unmöglich.

Dementsprechend sah Marx in der Notwendigkeit der Rehabilitierung des Stoffwechsels zwischen Mensch und Natur eine sozialistische Strategie und reformulierte auf diese Weise seine frühe philosophische Position „Humanismus = Naturalismus". Er forderte nun, „daß der vergesellschaftete Mensch, die associirten Producenten diesen ihren Stoffwechsel mit der Natur rationell regeln, ihn unter ihre gemeinschaftliche Controlle bringen, statt von ihm als einer

---

[89] Adolf Mayer: Das Düngerkapital und der Raubbau. Eine wirthschaftliche Betrachtung auf naturwissenschaftlicher Grundlage. Heidelberg 1869. S. 45.

[90] Karl Marx: Draft of a Speech on the "Fenian Question". In: MEGA② I/21. S. 19. Zu Marx' Einschätzung der De-Industrialisierung Irlands ab Ende des 18. Jahrhunderts siehe auch ders.: Entwurf des Vortrags über den Fenianismus im Arbeiterbildungsverein. In: Ebenda. S. 26/27.

[91] Marx: Das Kapital. Bd. 1. MEGA② II/5. S. 569.

[92] Marx: Das Kapital (Ökonomisches Manuskript 1863–1865). Drittes Buch. MEGA② II/4.2. S. 752/753.

blinden Macht controllirt zu werden, mit dem geringsten Kraftaufwand und unter den ihrer menschlichen Natur würdigsten und adaequatesten Bedingungen vollziehn."[93]

Das Problem des kapitalistischen Raubbaus an der Natur war für Marx nicht auf die Bodenerschöpfung beschränkt. William Stanley Jevons warnte in „The Coal Question", ebenfalls auf der Grundlage von Liebigs Theorie der Bodenerschöpfung, vor dem Aufbrauchen der englischen Kohlereserven.[94] Marx interessierte sich für dieses Problem und notierte in „Heft 3. 1868" der „Hefte zur Agrikultur" den Titel des Werks und versah ihn mit einer Ankreuzung (S. 587.14).[95] Das „Großheft 1865/1866" dokumentiert seine Aufmerksamkeit für weitere Bereiche der Landwirtschaft. Er las z.B. Louis Mouniers „Agriculture en France", das er auch im Manuskript zum dritten Buch des „Kapital" in Bezug auf die Preisbestimmung des Bodens und die Besonderheit des in Frankreich dominierenden Parzellengrundeigentums, das Mounier aus einer royalistischen Perspektive stark kritisierte, verwendete.[96] In seinen langen Auszügen aus Mouniers Schrift richtet Marx seine Aufmerksamkeit auch auf Berichte über die massive Entwaldung in den Alpen und Pyrenäen, die das lokale Klima veränderte und somit die traditionelle Landwirtschaft erschwerte (S. 195–198).

Zudem war sich Marx der Tatsache bewusst, dass auch die Viehzucht unter dem Einfluss der modernen Produktivkraftentwicklung stand. Eine wichtige Figur in diesem Kontext ist Robert Bakewell, der während der ersten englischen Agrarrevolution durch das „system of selection" Tierrassen züchtete, deren Knochen reduziert und deren Fleisch wesentlich vermehrt waren. Marx studiert Bakewell durch das Werk von Léonce de Lavergne, der diese Entwicklung als Vorzug der englischen Landwirtschaft gegenüber der französischen vorbehaltlos lobte. Marx scheint von dieser Entwicklung weniger angetan und bemerkt zu den „neuen" Tierrassen: „Precocity, im Ganzen sickliness, want of Knochen, viel development of fat u. flesh etc charakterisirt daher alle diese Kunstproducte. Disgusting!" (S. 234.33–35.)

Lavergne fand in Wilhelm Hamm einen Anhänger in Deutschland. In seinen Exzerpten aus Hamm distanziert sich Marx abermals von einer derart optimistischen Ansicht und kommentiert: „In diesen Gefängnissen werden die Thiere

---

[93] Ebenda. S. 838.

[94] W[illiam] Stanley Jevons: The Coal Question; an Inquiry Concerning the Progress of the Nation, and the Probable Exhaustion of Our Coal-Mines. London, Cambridge 1865.

[95] Am 19. Dezember 1882 schrieb Engels an Marx: „Was Podolinski total vergessen hat, ist, daß der arbeitende Mensch nicht nur ein Fixierer *gegenwärtiger*, sondern ein noch viel größerer Verschwender *vergangner* Sonnenwärme ist. Was wir in Verschleuderung von Energievorräten, Kohlen, Erze, Wälder usw. leisten, kennst Du besser als ich." (IISG, MEN, Sign. D 1878.)

[96] Marx: Das Kapital (Ökonomisches Manuskript 1863–1865). Drittes Buch. MEGA② II/4.2. S. 744–753. Siehe auch Entstehung und Überlieferung S. 968–970.

geboren u. bleiben drin bis sie are killed off. Die Frage ist, ob dieß System, verbunden mit dem der Züchtung, das die Thiere abnormal entwickelt, u. ihre Knochen unterdrückt hat, um sie in blosse Fleisch- u. Fettmassen zu verwandeln, früher aber (vor 1848) mitigirt war durch möglichsten Aufenthalt in freier Luft, nicht schließlich den Grund zu grossem Verderb der Lebenskraft legen muß?" (S. 303.7–13.) Marx erkannte in diesen Exzerpten, wie der kapitalistische Raubbau verschiedene Sphären der Landwirtschaft und der stofflichen Umwelt modifiziert und degradiert.

Patrick Edward Dove, dessen „The Elements of Political Science" Marx las, kritisierte den Raubbau vom ökologischen Standpunkt aus: „Man is but the *liferenter* of the Earth." (S. 284.17.) Ähnliche Gedanken finden sich bei Liebig (S. 133.22–38). Davon inspiriert, schrieb Marx im Manuskript zum dritten Buch des „Kapital": „Von dem Standpunkt einer höhern ökonomischen Gesellschaftsformation wird das Privateigenthum einzelner Individuen an dem Erdball ganz so abgeschmackt erscheinen wie das Privateigenthum eines Menschen auf einen andern Menschen. Selbst eine Gesellschaft, eine Nation, ja alle gleichzeitigen Gesellschaften zusammengenommen sind nicht *Eigenthümer* der Erde. Sie sind nur ihre *Besitzer*, ihre *usefruitiers* und haben sie als boni patres familias den nachfolgenden Generationen verbessert zu hinterlassen."[97]

Ein wichtiger Unterschied zwischen Marx und Dove besteht darin, dass Dove mit seiner Auffassung des Raubbaus zwar die Klasse der Bodeneigentümer kritisierte, aber als Lösung bloß eine staatliche Verwaltung des Bodens vorschlug. Eine ähnliche Idee der bewussten Bodenverwaltung findet man auch bei Eugen Dühring: „Die Gefahr der Bodenerschöpfung erfordert das Eingreifen politischer Funktionen, d.h. es muß die Gesellschaft als Gemeinde und als Staat Veranstaltungen treffen, daß der Kreislauf der Pflanzen-Nährstoffe hergestellt werde."[98] Johnston hingegen akzeptierte dies als notwendiges Schicksal,[99] weshalb wiederum Marx ihn als einen „[g]anz conservative[n] Agriculturchemiker"[100] charakterisierte. Als Mittel gegen die Degradierung der Naturbedingungen sah Marx die praktische Umwälzung des gesellschaftlichen Stoffwechsels mit der Natur jenseits der kapitalistischen Produktionsweise: Diese „zwingt zugleich durch die Zerstörung der bloß naturwüchsig entstandenen Umstände jenes Stoffwechsels ihn systematisch als regelndes Gesetz der gesellschaftlichen Produktion und in einer der vollen menschlichen Entwicklung adäquaten Form herzustellen".[101] Die Konkretisierung dieser Vision ist eine der theoretischen und praktischen Aufgaben, die Marx ab 1868 verfolgte.

---

97 Marx: Das Kapital (Ökonomisches Manuskript 1863–1865). Drittes Buch. MEGA② II/4.2. S. 718.

98 [Eugen] Dühring: Bodenvergeudung und Volkswirthschaft. In: Centralblatt für die gesammte Landeskultur. Jg. 17. Prag 1866. S. 135.

99 James F[inlay] W[eir] Johnston: Notes on North America. Agricultural, Economical, and Social. Vol. 1. London 1851. S. 54/55.

100 Marx: Das Kapital (Ökonomisches Manuskript 1863–1865). Drittes Buch. MEGA② II/4.2. S. 670.

101 Marx: Das Kapital. Bd. 1. MEGA② II/5. S. 409/410.

Die Erweiterung der Konzeption des Stoffwechsels in den drei „Heften zur Agrikultur“ 1868

Der vorliegende Band veröffentlicht nicht nur erstmalig das „Großheft 1865/1866“, das Marx während der Abfassung der Manuskripte zum „Kapital“ anlegte, sondern auch vier Exzerpthefte, die zum Teil einen neuen Ausgangspunkt für seinen Arbeits- und Studienprozess ab 1868 markieren.

Nachdem der erste Band des „Kapital“ im September 1867 erschienen war, machte sich Marx ab Januar 1868 an die Fertigstellung der weiteren Bücher. Die erste Jahreshälfte war für ihn äußerst produktiv: Er legte vier Exzerpthefte an und begann mit der Abfassung des Manuskripts II zum zweiten Buch des „Kapital“. Aus dieser Zeit stammt Marx' bekannter Ausspruch über sein Verhältnis zu Büchern, er sei „a machine, condemned to devour them and, then, throw them, in a changed form, on the dunghill of history“.[102] An Louis Kugelmann schrieb er zur gleichen Zeit, er habe „enorme Massen ‚Stoff‘, statistischen und anderen, heruntergewürgt, der Leuten, die nicht an diese Art Futter und rasche Verdauung desselben gewöhnten Magen besitzen, allein schon hätte sick machen können“.[103] Außerdem habe er „während der letzten 4 Monate so viel Geld in Blue Books, Enquêtes, u. Yankee Reports etc on Banks ausgegeben“, dass kein Geld für die Hochzeit seiner Tochter Laura „übrig blieb“,[104] womit u.a. die im Sommer 1868 in „Heft 3. 1868“ der „Hefte zur Agrikultur“ exzerpierten 34 Parlamentsberichte gemeint waren, die Marx zusammen mit dem „Heft zum fixen Kapital und Kredit 1868“ als Materialsammlung für die weitere Arbeit am „Kapital“ benutzte. Daneben studierte er in den drei 1868 entstandenen „Heften zur Agrikultur“ u.a. die Konstellation um die Theorie Liebigs und stieß dabei immer tiefer in naturwissenschaftliche Forschungen und die Agrarverfassungen vorkapitalistischer Gesellschaften vor.

Trotz des großen Lobs für Liebigs Kritik des modernen Raubbaus und der Bodenerschöpfung im „Kapital“, beendete Marx seine Forschung zu diesen Themen nicht. Im Gegenteil: Er studierte Naturwissenschaften noch intensiver nach 1868. Nach der Veröffentlichung des ersten Bandes des „Kapital“ sah er die akute Notwendigkeit, die Liebig'sche Theorie der Bodenerschöpfung und -fruchtbarkeit zu prüfen und sie mit der neuesten Entwicklung der relevanten Naturwissenschaften zu ergänzen. Sich fragend, ob Liebigs Behauptungen voreilig oder übertrieben waren, schrieb er am 3. Januar 1868 an Engels, Carl Schorlemmer um fachlichen Rat bittend: „Von Schorlemmer wünschte ich zu wissen, was nun das neueste u. beste Buch (deutsche) über Agrikulturchemie? Ferner, wie jezt die Streitfrage zwischen den Mineraldünger- u. Stickstoffdünger Männern steht? (Seit ich mich zulezt damit beschäftigt, ist allerlei Neues in

[102] Marx an Laura und Paul Lafargue, 11. April 1868 (RGASPI, Sign. f. 1, op. 1, d. 6052).

[103] Marx an Louis Kugelmann, 6. März 1868 (IISG, MEN, Sign. C 346).

[104] Marx an Louis Kugelmann, 17. März 1868 (IISG, MEN, Sign. C 347). – Was nicht ganz stimmt: Siehe seine Ausgaben S. 85.18.

Deutschland erschienen.) Ob er etwas von den neueren Deutschen weiß, die *gegen* Liebig's Bodenerschöpfungstheorie geschrieben? Ob ihm des Münchener Agronomen Fraas (Prof. an der Univ. zu München) Alluvionstheorie bekannt? Zu dem Kapitel über die Grundrente muß ich wenigstens to some extent mit dem neuesten Stand der Frage bekannt sein."[105] Doch als Engels kurz darauf antwortete, dass Schorlemmer „[d]as Buch von Fraas [...] unbekannt"[106] sei, begann Marx mit der eigenen Lektüre.[107] In der Folge entstanden drei weitere „Hefte zur Agrikultur".

Liebigs Theorie rief große Debatten hervor, sie avancierte zum „Tagesgespräch"[108] und bald wurde eine Reihe von Widerlegungsversuchen veröffentlicht.[109] Marx fand eine komplizierte Konstellation vor, da sich auch andere Ökonomen aktiv an der Bodenerschöpfungsdebatte beteiligten. Anfang 1868 exzerpierte er in „Heft 1. 1868" und „Heft 2. 1868" der „Hefte zur Agrikultur" einige Werke Eugen Dührings (S. 382–385, 405–407, 411/412 und 512–516),[110] unmittelbar dadurch veranlasst, dass dieser Berliner Privatdozent die erste Rezension des „Kapital" überhaupt verfasste (siehe Entstehung und Überlieferung S. 1047–1050). Es ist kaum denkbar, dass Marx dabei den Zusammenhang

---

[105] Marx an Engels, 3. Januar 1868 (IISG, MEN, Sign. L 4512).

[106] Engels an Marx, 6. Januar 1868 (IISG, MEN, Sign. D 1661).

[107] Anfang Februar antwortete Schorlemmer selbst negativ: „Ich habe die Fortschritte der Agrikulturchemie in den letzten Jahren wenig verfolgen können, da mir die Literatur nicht zu Gebote stand. Der Jahresbericht über Fortschritte der Chemie in 1866 ist noch nicht vollständig erschienen und den Theil, der die Agrikulturchemie enthält, werde ich erst nächsten Monat erhalten. Die Alluvionstheorie von Fraas ist mir nicht näher bekannt. [...] Verschiedne Abhandlungen von Lawes & Gilbert. Dieselben erhielten letztes Jahr einen Preis von der Royal Soc." (IISG, MEN, Sign. D 3986.) Diese Antwort war für Marx aller Wahrscheinlichkeit nach enttäuschend, da er bereits Anfang der 1860er Jahre die Debatte zwischen Lawes und Gilbert sowie Liebig verfolgt hatte, als er Liebigs Polemik „Ueber Theorie und Praxis" (Braunschweig 1856) las (IISG, MEN, Sign. B 93).

[108] „Die durch ihn angeregten Fragen bildeten das Tagesgespräch aller gebildeten Männer der Praxis: sie standen bald auf der Tagesordnung fast aller landwirthschaftlichen Versammlungen, und wurden zugleich eine ausgiebige Quelle für schriftstellerische und buchhändlerische Speculation." (Julius Au: Die Hilfsdüngemittel in ihrer volks- und privatwirthschaftlichen Bedeutung. Eine gekrönte Preisschrift. Heidelberg 1869. S. 85.)

[109] Neben Au: Die Hilfsdüngemittel ... (Fn. 108), das Marx besessen und ausführlich gelesen hat (MEGA② IV/32. Nr. 42), zählen dazu etwa J[ohannes] Conrad: Liebig's Ansicht von der Bodenerschöpfung und ihre geschichtliche, statistische und nationalökonomische Begründung kritisch geprüft. Jena 1864; Karl Arnd: Justus Liebig's Agrikulturchemie und sein Gespenst der Bodenerschöpfung. Frankfurt a.M. 1864; Mayer: Das Düngerkapital und der Raubbau (Fn. 89); Étienne Laspeyres: Justus von Liebig's Theorie der Bodenerschöpfung, vom nationalökonomischen Standpunkt beleuchtet. Riga 1869.

[110] Marx las zu dieser Zeit noch viele weitere Schriften Dührings. Siehe Entstehung und Überlieferung S. 1047–1050.

zwischen Liebig und Dühring übersah, denn Dühring, ein Anhänger Careys, erkannte eine Affinität zwischen Carey und Liebig und versuchte, indem er Liebigs Theorie der Bodenerschöpfung in Careys Theorie integrierte, seine Befürwortung protektionistischer Politik zu verstärken. Dühring behauptet: „Diese Erschöpfung entsteht durch Entziehungen ohne ausgleichende Zufuhren [...]. Man würde um ausreichenden Dünger oder vielmehr um die Beschaffung desselben in Verlegenheit gerathen. Die Ernten würden unvermeidlich abnehmen. Dieser Eventualität gegenüber, welche die Volksexistenz an ihrer Wurzel bedroht, giebt es nur ein einziges Mittel, nämlich die bewusste Regulirung der Stoffvertheilung."[111] Marx, der ebenfalls forderte, dass „die associirten Producenten [...] ihren Stoffwechsel mit der Natur rationell regeln, ihn unter ihre gemeinschaftliche Controlle bringen",[112] wurde durch diese Ähnlichkeit sicherlich zunehmend irritiert, als sich seine Einschätzung Dührings in den folgenden Jahren verschlechterte.

Andere Kritiker Liebigs richteten sich gegen dessen „Malthusianismus". Wie für Darwin fungierte Malthus' Bevölkerungsprinzip auch für Liebigs Theorie der Bodenerschöpfung als Quelle der Inspiration. Malthus' Annahmen über die Überbevölkerung erhielten mithilfe Liebigs den Schein wissenschaftlicher Gültigkeit, indem letzterer argumentierte, dass die Zunahme der Bevölkerung Europas die Steigerung der landwirtschaftlichen Produktivität übersteige und die weltweiten Guano-Reserven schnell aufgebraucht würden.[113] Malthus' Theorie schien in Gestalt des „Gespensts der Bodenerschöpfung" rehabilitiert worden zu sein. Es ist gerade diese mit Malthus'schen Untertönen gestellte Frage nach der Zukunft Europas, durch die das Problem der Bodenerschöpfung über die Naturwissenschaften hinaus zu einem Gegenstand der politischen Ökonomie wurde.

Gegen Liebigs Malthusianismus wandte Dühring ein: „Er verfährt hierin in ähnlicher Weise wie Malthus, der in dem Mißverhältniß von Nahrungsvorrath und Bevölkerungsmenge die entscheidende Ursache allen Elends und aller sittlichen Verderbniß erblickte. Er deutet auch für uns auf grauenvolle Zustände hin, die unfehlbar eintreten müßten, wenn der Bodenerschöpfung nicht vorge-

---

[111] E[ugen] Dühring: Kritische Grundlegung der Volkswirthschaftslehre. Berlin 1866. S. 230.

[112] Marx: Das Kapital (Ökonomisches Manuskript 1863–1865). Drittes Buch. MEGA② II/4.2. S. 838.

[113] „In wenigen Jahren werden die Guanovorräthe erschöpft sein und es werden alsdann keine wissenschaftlichen oder, wenn man will, keine theoretischen Auseinandersetzungen mehr erforderlich sein, um die Existenz des Naturgesetzes zu erweisen, welches den Menschen gebietet, für die Erhaltung der Bedingungen des Lebens Sorge zu tragen, und wie sich die Verletzung dieses Gesetzes rächt. Die Völker werden zu ihrer Selbsterhaltung gezwungen sein, sich ohne Aufhören gegenseitig in grausamen Kriegen zu zerfleischen und zu vertilgen, um das Gleichgewicht herzustellen, und wenn, was Gott verhüten möge, zwei Jahre wie die Jahre 1816 und 1817 einander folgen, so werden die, welche sie erleben, Hunderttausende auf den Straßen sterben sehen." (Liebig: Agriculturchemie. Einleitung. S. 125/126.)

beugt werde."[114] Dagegen hielt Dühring in Zustimmung mit Carey, dass die landwirtschaftliche Produktivität mit dem Bevölkerungswachstum steigen werde. Das „Malthus'sche Gespenst" ist, so Dühring, mit Careys Entdeckung der Gesetzmäßigkeit steigender landwirtschaftlicher Produktion „in Nichts zerflossen";[115] das „Gespenst der einstigen Bodenerschöpfung"[116] müsse somit endgültig beerdigt werden. Adolf Mayer stimmte zu: „So sehen wir das Gespenst des Raubbaus in sein Nichts zusammensinken, wenn wir nur wagen ihm fest in's Angesicht zu blicken."[117]

In „Heft 1. 1868" der „Hefte zur Agrikultur" exzerpiert Marx weitere Schriften, deren Autoren Liebigs Theorie kritisch gegenüber standen wie Karl Arnd, Friedrich Albert Lange und Franz Xaver von Hlubek. In seiner Privatbibliothek ist ferner eine Schrift von Julius Au überliefert.[118] Au wie auch Johannes Conrad – dessen Buch Marx später in einer Liste notierte und möglicherweise gelesen hat[119] – vertraten die Ansicht, dass Liebigs Behauptung, wodurch der Raubbau nicht ewig ausgeglichen werden könne, unbegründet sei, und Liebig die Rentabilität der Investition vernachlässige, die über die Brauchbarkeit der Düngstoffe entscheidet. Der Raubbau könne berichtigt werden, da Bodenstoffe im Überfluss vorhanden seien. Die Erschöpfung des Guanos und die Vergeudung der Bodensubstanzen könnten durch die technische Entwicklung überwunden werden. So schlug Conrad die Sammlung der Phosphorsäure im Meer mithilfe einer neuen Anlage vor. Auch wenn Marx sich zweifellos von solchen rein technologischen Heilmitteln distanzierte, erkannte er die Gefahr des Malthusianismus in Liebigs Theorie. Als Konsequenz war sowohl eine genauere historische Untersuchung der Bodenkultivierung als auch eine nuancierte, nichtfatalistische Kritik des Raubbaus notwendig.

Nicht jeder Teilnehmer der Debatte war Befürworter von solch technologischen und marktorientierten Lösungen. Eine wichtige Ausnahme bildet Carl Fraas, der in Marx' 1868er Studien im Mittelpunkt steht. Er ist der einzige Autor, aus dessen Werken Marx in allen drei „Heften zur Agrikultur" des Jahres 1868 exzerpierte: seine „Geschichte der Landwirthschaft" in „Heft 1. 1868" (S. 393–404), die beiden Bände der „Natur der Landwirthschaft" in „Heft 1. 1868" und „Heft 2. 1868" (S. 413–434, 459–463, 469–481, 490–498 und 519–530) sowie „Klima und Pflanzenwelt in der Zeit" in „Heft 3. 1868"

[114] [Eugen] Dühring: Liebigs Lehre von der Bodenerschöpfung. In: Ergänzungsblätter zur Kenntniß der Gegenwart. Hrsg. von H[ermann] J[ulius] Meyer. Bd. 1. H. 8. Hildburghausen 1869. S. 499.

[115] Eugen Dühring: Carey's Umwälzung der Volkswirthschaftslehre und Socialwissenschaft. München 1865. S. 67.

[116] Dühring: Liebigs Lehre von der Bodenerschöpfung (Fn. 114). S. 500.

[117] Mayer: Das Düngerkapital und der Raubbau (Fn. 89). S. 59.

[118] Siehe Fn. 109.

[119] Conrad: Liebig's Ansicht von der Bodenerschöpfung (Fn. 109). Von Marx vermerkt in: Exzerptheft 1875/1876 (IISG, MEN, Sign. B 139. S. 26).

(S. 621–627). Darüber hinaus besaß Marx eine Reihe weiterer Schriften von Fraas[120] und während seiner Lektüre schrieb er begeistert an Engels:

> „Sehr interessant ist v. Fraas (1847): *‚Klima und Pflanzenwelt in der Zeit, eine Geschichte beider‘*, nämlich zum Nachweis, daß in *historischer* Zeit Klima u. Flora wechseln. Er ist vor Darwin Darwinist, u. läßt die *Arten* selbst in der historischen Zeit entstehn. Aber zugleich Agronom. Er behauptet, daß mit der Kultur – u. entsprechend ihrem Grad – die v. den Bauern so sehr geliebte ‚Feuchtigkeit‘ verlorengeht (daher auch die Pflanzen v. Süden nach Norden wandern) u. endlich Steppenbildung eintritt. Die erste Wirkung der Kultur nützlich, schließlich verödend durch Entholzung etc. Dieser Mann ist ebenso sehr grundgelehrter Philolog (er hat *griechische* Bücher geschrieben) als Chemiker, Agronom etc. Das Facit ist, daß die Kultur – wenn naturwüchsig voranschreitend u. nicht *bewußt beherrscht* (dazu kommt er natürlich als Bürger nicht) – Wüsten hinter sich zurück läßt, Persien, Mesopotamien etc, Griechenland. Also auch wieder socialistische Tendenz unbewußt! [...] Auch seine Geschichte der Agrikultur wichtig. [...] Nöthig, das Neue und Neuste über Agricultur genau anzusehn. Die *physikalische* Schule steht der *chemischen* gegenüber."[121]

Diese Bemerkung scheint für einen Liebig-Anhänger überraschend, da Fraas die Bodenerschöpfungstheorie harsch kritisierte. Marx weist zum einen auf den Gegensatz zwischen der „chemischen" und der „physikalischen" Schule hin. Fraas, Vertreter der letzteren, lobte Liebigs Agrikulturchemie, weil sie die Bedeutung der Phosphorsäure für die Pflanzen enthüllte, problematisierte sie aber zugleich wegen ihrer Einseitigkeit, da sie sich auf die chemische Analyse der Nahrungsstoffe im Boden konzentrierte (siehe Entstehung und Überlieferung S. 1053/1054). Die Verwitterungsfähigkeit des Bodens sei aber ebenso wesentlich durch einen anderen Faktor bestimmt: das „physikalische Klima" wie Temperatur, Sonneneinstrahlung und Niederschlag. Schon in „Historisch-encyklopädischer Grundriß der Landwirthschaftslehre" (Stuttgart 1848) nannte Fraas denselben Gegensatz:[122] Wie er allerdings bemerkt, war diese Debatte damals bereits weitgehend vorüber, und Liebig selbst gab später, nachdem sein Patentdünger scheiterte, seine Übertreibung zu.[123] Marx wollte Anfang 1868 aber „das Neueste" in der Agrarwissenschaft (nicht die alte Debatte zwischen Mineral- und Stickstofftheorie aus den 1840er Jahren) studieren, denn es war ein neuer Gegensatz zwischen der „physikalischen" und der „chemischen" Schule entstanden, nachdem Fraas 1866 sein Werk „Die Ackerbaukrisen und ihre Heilmittel" veröffentlichte und diesmal Liebigs Bodenerschöp-

[120] Karl Fraas: Die Ackerbaukrisen und ihre Heilmittel. Ein Beitrag zur Wirthschaftspolitik des Ackerbauschutzes. Leipzig 1866 (SPD-Bibliothek. Nr. 33717); ders.: Historisch-encyklopädischer Grundriß der Landwirthschaftslehre. Stuttgart 1848 (MEGA② IV/32. Nr. 435); ders.: Das Wurzelleben der Kulturpflanzen und die Ertragssteigerung. 2. Ausg. Berlin 1872 (MEGA② IV/32. Nr. 437).

[121] Marx an Engels, 25. März 1868 (IISG, MEN, Sign. L 4527).

[122] Fraas: Historisch-encyklopädischer Grundriß der Landwirthschaftslehre (Fn. 120). S. 64.

[123] Ebenda. S. 111.

fungstheorie angegriffen hatte. Gerade in dieser Schrift kritisiert Fraas Liebigs Malthusianismus und seine einseitige Abhängigkeit von teurem Kunstdünger. Dagegen erkannte er in der Alluvion (vom Wasser transportierte Erde-, Sand- und Gesteinsmassen) einen in der Natur bereits existierenden Kreislauf pflanzlicher Nahrungsstoffe. Fraas schlägt eine künstliche Alluvion durch Dammbau und reguliertes Flusswasser vor, welche die Bodenfruchtbarkeit nicht gewaltsam erschöpfen, sondern regulierend erhalten und sogar steigern würde.

Zum anderen findet Marx in Fraas' Schriften eine ausführliche Erklärung eines innerhalb von Jahrhunderten durch menschliche Tätigkeit herbeigeführten lokalen Klimawandels. Seine Untersuchung in „Klima und Pflanzenwelt" in der Zeit offenbart, dass Südeuropa durch die antike Zivilisation ruiniert wurde, indem die flächendeckende Entwaldung, vor der auch Louis Mounier warnte, das lokale Klima veränderte, steigende Temperaturen und Trockenheit hervorrief und somit die Böden und den Wasserhaushalt zerstörte. Fraas' geschichtliche Untersuchung der Flora zeigt, dass dies die Pflanzen in die Migration von Süden nach Norden und von den Ebenen in die Berge trieb, so dass die Steppenbildung in den Ebenen fortschritt. Dieser Klimawandel erschwerte wiederum die bestehende Landwirtschaft, woraus Fraas folgert, dass alte Zivilisationen, die ihre Interaktion mit der Natur nicht bewusst regulierten, später unter nichtintendierten Konsequenzen leiden müssten, die ihr Fortbestehen unmöglich machten. Wie Liebig warnt er vor dem drohenden Zivilisationsuntergang: die moderne Technologie und Verkehrsmittel könnten die Entwaldung beschleunigen.

So entdeckte Marx neben Liebig weitere Autoren, die den Raubbau der kapitalistischen Produktion ernsthaft untersuchten. Er hatte seine Kenntnisse rasant erweitert, sich das Forschungsfeld um Liebigs Theorie erschlossen und konnte diesen somit relativieren. In der Folge revidierte er in der zweiten Ausgabe des „Kapital" von 1872 seine frühere Wertschätzung für Liebig und äußerte sich zurückhaltender über dessen „unsterblich[e] Verdienste": Sein Werk enthalte nun nicht länger „mehr Lichtblicke als die Schriften sämmtlicher modernen politischen Oekonomen zusammengenommen",[124] sondern nur noch „Lichtblicke"[125].

Indem Marx Fraas eine „socialistische Tendenz" zuschreibt, kommt zum Ausdruck, dass er die Rehabilitierung des Stoffwechsels zwischen Mensch und Natur weiter als zentrale Aufgabe einer Assoziation freier Individuen bestimmt. Diese Tendenz liege Fraas' Werk „unbewusst" zugrunde, denn trotz der Perspektive der in der modernen Gesellschaft bedrohten nachhaltigen Produktion komme Fraas zu der Einsicht in die Notwendigkeit der bewussten Beherrschung des Stoffwechsels „natürlich als Bürger nicht". Daneben bot Fraas' Vision einer nachhaltig betriebenen Landwirtschaft mit steigender Produktivität mithilfe der Naturkraft Marx möglicherweise eine Alternative zur kapitalistischen Vergeudung des Düngers.

[124] Marx: Das Kapital. Bd. 1. MEGA② II/5. S. 410.
[125] Marx: Das Kapital. Bd. 1. 2. Aufl. MEGA② II/6. S. 477.

Dagegen stritt Marx im eigenen Lager heftig über eine politische Perspektive und befürwortete eine gemeinschaftliche Regulierung des Bodens durch die assoziierten Produzenten. Nach der Fraas-Lektüre bot sich ihm etwa in den Diskussionen der Internationalen Arbeiterassoziation über die „Landfrage" („the question of landed property"[126]) die Gelegenheit, diese Positionen zu konkretisieren. In der Sitzung des Londoner Generalrats vom 6. Juli 1869 stand der Beschluss des Brüsseler Kongresses der IAA, auf dem Marx nicht anwesend war, zur Debatte. Die Brüsseler IAA-Mitglieder forderten, dass Kanäle, Telegraphen und Wälder Gemeinschaftseigentum („common property") sein sollten, zeigten sich aber in der Frage der Vergesellschaftung der Bergwerke, Eisenbahnen und des kultivierbaren Landes zögerlicher: der Staat solle den Boden an von Arbeitern betriebene landwirtschaftliche Unternehmen verpachten.[127] Marx sah diese Abschwächung durch proudhonistische Einflüsse verschuldet und meldete im Generalrat Revisionsbedürfnis an,[128] da ihm die Brüsseler Resolution nicht weit genug ging: „Cit. Marx was of opinion that Milner had not quite understood the nature of the controversy. There was no opposition to the mines & woods being made common property. The injury caused by the accumulation of land in the hands of the few was granted; it was only with regard to arable land that there was any dispute, the opposition came from the partisans of small farming, small property was the point in dispute."[129]

[126] Meeting of the General Council June 22, 1869. In: MEGA② I/21. S. 665.

[127] „The Congress thinks that the economical development of modern society will create the social necessity of converting arable land into the common property of society, and of letting the soil on behalf of the state to agricultural companies under conditions analogous to those stated in regard to mines and railways." (The International Working Men's Association. Resolutions of the Congress of Geneva, 1866, and the Congress of Brussels, 1868. London [1869]. S. 12/13 (MEGA② I/21. S. 1955).)

[128] Im Generalratsprotokoll vom 6. Juli 1869 heißt es, Marx „was not against giving a more emphatic form to the resolutions" (ebenda. S. 671). Er betonte, der Generalrat sei „not responsible" für die Resolutionen (ebenda. S. 672).

[129] Ebenda. S. 670/671. – In Marx' Kritik der proudhonistischen Position hallt auch Louis Mouniers royalistische, im „Großheft 1865/1866" der „Hefte zur Agrikultur" umfassend exzerpierte Kritik des parzellierten Grundeigentums nach, wonach in der Zersplitterung und der mangelnden Einhegung des Bodens in Frankreich die Ursache für die Abnahme der Produktivität der französischen Landwirtschaft wie für Entwaldung und Umweltzerstörung liege: „We see that both forms of private property in land have led to bad results. The small man is only a nominal proprietor but he is the more dangerous because he still fancies that he is a proprietor." (Ebenda. S. 672. Zu Mounier siehe Entstehung und Überlieferung S. 968–970.) Dass Marx dagegen war, bereits bestehendes Großgrundeigentum wie in England an Bauern- oder Arbeiterunternehmen zu verpachten, heißt indes nicht, dass er für eine sofortige Enteignung existierender Kleinbauern eintrat. Darauf kommt Marx in einem Manuskript zurück, das bisher unter dem redaktionellen Titel „The Nationalisation of the Land" (RGASPI, Sign. f. 1, op. 1, d. 2543) bekannt ist und in MEGA② I/23 veröffentlicht wird (siehe dazu Hal Draper: Karl Marx's Theory of Revolution. Vol. 2. The Politics of Social Classes. New York 1978. S. 408–410).

Marx war allerdings einverstanden mit der Argumentation der Brüsseler, die auf die „soziale Notwendigkeit" der Herstellung von Gemeinschaftseigentum abzielte, was wiederum bei einigen Londoner Generalratsmitgliedern auf wenig Gegenliebe stieß, da diese das individuelle Naturrecht auf den Boden stark machten, das sie durch das große Grundeigentum verletzt sahen. In der Perspektive des Naturrechts erkannte Marx eine Ähnlichkeit zu der Neigung zum kleinen Grundeigentum: „To push this natural right to its logical consequences would land us at the assertion of every individual to cultivate his own share."[130] Die Positionen beider Strömungen – einige Brüsseler Anhänger des kleinen Grundeigentums, einige Londoner abstrakte Naturrechtler – waren aus Marx' Sicht in den Kategorien der Warenproduktion befangen und ungeeignet, einen Bruch mit ihnen zu formulieren. Auf dem nächsten IAA-Kongress in Basel wurden beide Marx'schen Punkte mit großer Mehrheit beschlossen.[131]

Marx hielt es darüber hinaus für wichtig, auf lokale Verhältnisse Rücksicht zu nehmen. Hierbei kommt seinen Studien der landwirtschaftlichen Verhältnisse in den einzelnen Ländern auch eine politische Bedeutung zu, denn sie waren eine Voraussetzung, um politische Forderungen konkretisieren zu können. So trug er die Überlegung vor, den Übergang zur gemeinschaftlichen Verwaltung des Bodens an die gegebenen Situationen in den einzelnen Ländern auszurichten. Die französische Landwirtschaft war durch verschuldete Kleinbauern, denen das Land gehörte, das große Grundeigentum in England hingegen durch entlohnte Landarbeiter bestimmt, und Marx erwog daher, dass verschiedene Vorgehensweisen für unterschiedliche Ausgangslagen nötig würden: „In England the land could be transformed into common property by act of Parliament in the course of a fortnight. In France it must be accomplished by means of the proprietors indebtedness & liability to taxation."[132] Diese Problematik sollte für Marx in den folgenden Jahren für das Beispiel Russland große Bedeutung erlangen.

---

130 Meeting of the General Council July 6, 1869 (MEGA② I/21. S. 671).

131 Die Resolution lautet: „1. The congress declares that society has the right to abolish private property in land and transform it into common property; 2. The congress declares that this transformation is a necessity." (Report of the Fourth Annual Congress of the International Working Men's Association, held at Basle, in Switzerland. ... London 1869. S. 19.) – Diese Resolution fand ein großes öffentliches Echo. Etwa kritisierte Adolph Wagner in der Folge das kollektive Bodeneigentum anhand des Beispiels der russischen Agrargemeinde („Mir"). (Adolph Wagner: Die Abschaffung des privaten Grundeigenthums. Leipzig 1870. S. 20–24.) Robert Applegarth, Teilnehmer des Baseler Kongresses, wurde von einem Mitglied des britischen Oberhauses darauf angesprochen, ob er der Resolution über die Umwandlung des Grund und Bodens in Gemeinschaftseigentum zugestimmt habe. Applegarth wollte schriftlich antworten und bat Marx am 2. Dezember 1869 um Ausführungen darüber, „why Land ought to be made common property" (RGASPI, Sign. f. 1, op. 1, d. 2544). Marx gab an, ihm „8 enggeschriebne Seiten [...] über die landed property u. die necessity of its abolition" (Marx an Engels, 4. Dezember 1869 (IISG, MEN, Sign. L 4634)) geschickt zu haben, die nicht überliefert sind.

132 Ebenda. S. 672.

Die weitere Vorbereitung des zweiten und dritten Buchs des „Kapital“ in den Exzerptheften von 1868

Sein durch Fraas erwecktes Interesse für Fragen der Forstwirtschaft und Entwaldung ist auch durch Marx' persönliche Bibliothek belegt, in der sich gleich fünf nach 1868 erschienene Titel dazu befinden.[133] Marx studierte diese Fragen, während er weitere Manuskripte zum zweiten und dritten Buch des „Kapital“ verfasste. In seinen Manuskripten und Heften gibt es zahlreiche Hinweise darauf, dass er naturwissenschaftliche Einsichten weiter in seine Kritik der politischen Ökonomie integrieren wollte, auch über die Theorie der Grundrente hinaus. Bemerkenswert ist die Art und Weise, in der er ökonomische und ökologische Aspekte zu vereinen versuchte.

In diesem Zusammenhang ist der „Umschlag des Kapitals“ von Relevanz, den Marx in Manuskript II zum zweiten Buch des „Kapital“ von 1868–1870 behandelte. Das Kapital besitze eine Tendenz, die Umschlagszeit so weit wie möglich zu verkürzen. Solch ein Bestreben gerate in Konflikt mit der wesentlich längeren Reproduktionszeit in der Natur. Nach Zitaten aus Friedrich Kirchhofs „Handbuch der landwirthschaftlichen Betriebslehre“ (Dessau 1852) schließt Marx in Manuskript II auf eine Inkompatibilität zwischen dem „Trieb“ des Kapitals nach seiner kürzeren Umschlagszeit und der materiellen Bedingtheit einer langen Produktionszeit von Wäldern: „Die lange Produktionszeit (die einen neuen relativ nur geringen Umfang v. Arbeitszeit einschließt) der Waldzucht, daher die Länge ihrer Umschlagsperiode, macht sie zu ungünstigem Privatbetriebszweig u. daher kapitalistischem Betriebszweig, der essentiell Privatbetrieb ist (auch wenn statt des einzelnen Kapitalisten der associirte Kapitalist auftritt). Die Entwicklung der Kultur u. Industrie überhaupt hat sich v. jeher so thätig in der Zerstörung der Waldungen gezeigt, daß was sie umgekehrt zu ihrer Erhaltung u. Produktion gethan hat, eine vollständig verschwindende Grösse ist.“[134]

[133] Diese sind Eduard Ney: Die natürliche Bestimmung des Waldes und die Streunutzung. Dürkheim 1869 (MEGA② IV/32. Nr. 948); August Bernhardt: Die Waldwirthschaft und der Waldschutz ... Berlin 1869 (MEGA② IV/32. Nr. 120); Gustav Walz: Ueber den Dünger und die Waldstreu. Zur Beherzigung für Land- und Forstwirthe. 2. Aufl. Stuttgart 1870 (MEGA② IV/32. Nr. 1400); Georg Ludwig Hartig: Lehrbuch für Förster ... Berlin 1871 (MEGA② IV/32. Nr. 540); Heinrich Cotta: Grundriß der Forstwissenschaft. 6. Aufl. Leipzig 1872 (MEGA② IV/32. Nr. 256). Im Katalog der SPD-Bibliothek (Nr. 31621) befindet sich außerdem Georg von Vollmar: Der gegenwärtige Stand der Waldschutzfrage. Leipzig 1880.

[134] Karl Marx: Das Kapital ⟨Ökonomisches Manuskript 1868–1870⟩. Zweites Buch: Der Zirkulationsprozeß des Kapitals (Manuskript II). In: MEGA② II/11. S. 203. – Auch wies er in der zweiten Auflage des „Kapital“ von 1872 in neuen Fußnoten auf die Hindernisse der landwirtschaftlichen Entwicklung im Kapitalismus hin, indem fruchtbare Böden im schottischen Hochland zwecks der Profitabilität ohne Kultivierung als Wildwaldungen für die Jagd zugelassen waren. (Marx: Das Kapital. Bd. 1. 2. Aufl. MEGA② II/6. S. 658/659. Siehe Carl-Erich Vollgraf: Marx über die sukzessive Untergrabung des

In Manuskript II zum zweiten Buch des „Kapital" untersucht Marx ferner den kapitalistischen Einfluss auf die Viehzucht. Wie im „Großheft 1865/1866" kritisiert er Lavergnes Lob der Steigerung ihrer Produktivität in England und ergänzt dies mit William Walter Goods „Political, Agricultural and Commercial Fallacies" (London 1866).[135] Wie aus der Auffassung des Raubs folgt, ist die Steigerung der Produktivität eine nur scheinbare, wenn sie keine Nachhaltigkeit besitzt. Marx behauptet, dass die Tötung des Tieres „bevor es das ökonomische Normalalter erreicht hat" schließlich „zum grossen Schaden der Agrikultur" geschehen müsse.[136] Gehe die Entwicklung der Produktivität mit einer solchen Degradierung der materiellen Bedingungen der Produktion einher, bereite dies dem Kapital Schwierigkeiten, wie er im Manuskript zum dritten Buch des „Kapital" festhielt: „Es ist möglich, daß die Zunahme der gesellschaftlichen Entwicklung der Productivkraft in der Agricultur die Abnahme der Naturkraft nur compensirt oder vielleicht nicht einmal compensirt (diese Compensation kann immer nur für eine Zeit wirken.), so daß trotz der industriellen Entwicklung das Product nicht verwohlfeilert, sondern nur eine noch grössere Vertheurung desselben verhindert wird."[137] Gehe die zunehmende gesellschaftliche Produktivität mit dem Raubbau Hand in Hand,[138] wäre sogar diese „Compensation" nicht gesichert.

Marx meinte auch eine natürliche Schranke der Produktion von Roh- und Hilfsstoffen erkennen zu können, was für die Bestimmung der Profitrate von großer Bedeutung ist. Die Einführung einer Maschine könnte die Produktivität plötzlich verdoppeln oder verdreifachen, womit aber die Bereitstellung von Roh- und Hilfsstoffen nicht immer mithalten kann, da ihre Produktion stark von der Natur abhängig ist. Dazu könne sich eine unerwartete Missernte oder eine Erschöpfung von Minen und Böden gesellen. Aus der Verteuerung der Rohstoffe resultiere eine Verteuerung des konstanten Kapitals und damit eine Verminderung der Profitrate. Außerdem führe eine Störung bei der Lieferung notwendiger Rohstoffe zu einer physikalischen Unterbrechung der Produktion überhaupt. Doch andererseits ist Marx sich der Möglichkeit bewusst, dass plötzliche Preisänderungen von Rohstoffen zu „Spekulation" motivieren, und er notiert relevante Hinweise von Kirchhof als Erinnerung daran, dieses Problem

Stoffwechsels der Gesellschaft bei entfalteter kapitalistischer Massenproduktion. In: Beiträge zur Marx-Engels-Forschung. N.F. 2014/15. Hamburg 2016. S. 106–132.)

135 Marx: Das Kapital ⟨Ökonomisches Manuskript 1868–1870⟩. Zweites Buch. MEGA② II/11. S. 188.

136 Ebenda. S. 187.

137 Marx: Das Kapital (Ökonomisches Manuskript 1863–1865). Drittes Buch. MEGA② II/4.2. S. 709.

138 Dies scheint Marx' Annahme, als er schrieb: „Wenn sie sich dadurch ursprünglich scheiden, daß die erste mehr die Arbeitskraft und daher die Naturkraft des Menschen, die letztre mehr direkt die Naturkraft des Bodens verwüstet, und ruinirt, so reichen sich später, im Fortgang, beide die Hand, indem das industrielle System auf dem Land auch die Arbeiter entkräftet, und Industrie und Handel ihrerseits der Agricultur die Mittel zur Erschöpfung des Bodens verschaffen." (Ebenda. S. 753.)

später im dritten Buch zu analysieren.[139] Wie Marx 1878 in seinen Exzerpten aus John Yeats untersuchte, gibt es weitere Möglichkeiten für das Kapital, neue Transportmittel, Gebrauchswerte, Quellen und Märkte zu erfinden, womit es Gegenmittel für die Verteuerung der Rohstoffe erhält.[140]

Besondere Bedeutung für die weitere Ausarbeitung des zweiten und dritten Buchs des „Kapital" kommen Marx' Exzerpte in „Heft 3. 1868" der „Hefte zur Agrikultur" zu. Ungefähr parallel zum „Heft zum fixen Kapital und Kredit 1868" fertigt Marx umfangreiche Auszüge aus 34 Parlamentsberichten an: aus 30 Handelsberichten britischer Botschafter und Konsuln (S. 628–664),[141] drei Berichten zur Hungersnot im indischen Orissa (S. 670–676) und dem Bericht der „Royal Commission on Railways" zum britischen Eisenbahnwesen (S. 1126–1139).

Ein Fokus von Marx bei der Ausarbeitung und Gliederung der Materialsammlung liegt auf Landwirtschaft und den natürlichen Bedingungen der Produktion: Rohstoffvorkommen und ihr Abbau, Bodenschätze und Bodenerschöpfung (durch Kaffee-Monokultur in Brasilien und Baumwollanbau in Ägypten) ebenso wie das Brachliegen der Produktivkräfte eines Landes bzw. die Verschwendung stofflichen Reichtums durch fehlende Maschinerie (etwa bei der Ernte von Agaven in Mexiko), eine unzureichende Infrastruktur (in Spanien, Portugal, Griechenland und Österreich) oder mangelnde Besiedlung (Mexiko). Ein weiteres Thema der Auszüge betrifft die Energiequelle der Eisenbahn: die Kohle, ihre Kosten, Verfügbarkeit und Ersatzmöglichkeiten. Im Manuskript zum dritten Buch des „Kapital" hatte Marx angenommen, dass „die Productivkraft der Arbeit [...] an Naturbedingungen gebunden ist" und „die ganze Untersuchung, wie weit *Naturbedingungen* die Productivität der Arbeit unabhängig von, oft im Gegensatz zur Entwicklung der *gesellschaftlichen* Productivkraft, beeinflussen, [...] in die Betrachtung der *Grundrente* [gehört]."[142] Das gesammelte Material könnte zu einer solchen Untersuchung gedient haben.[143]

---

[139] Marx: Das Kapital ⟨Ökonomisches Manuskript 1868–1870⟩. Zweites Buch. MEGA® II/11. S. 214/215.

[140] Karl Marx: Exzerpte aus John Yeats: The Natural History of the Raw Materials of Commerce. In: MEGA® IV/26. S. 3–44.

[141] Die Exzerpte haben den Charakter ausführlicher Inhaltsverzeichnisse. Marx notiert jeweils Ländername und Jahr als Überschrift und darunter Stichworte und manchmal auch längere Zitate aus den Artikeln, hinter die er die Seitenzahlen aus dem Bericht vermerkt. Er verzeichnet auf diese Weise 100 Einträge zu über 35 Staaten, Regionen und einer freien Stadt (Frankfurt am Main) beinahe aller Kontinente. Er kondensiert diese Indices wiederum zu einem übergeordneten Inhaltsverzeichnis mit dem Titel „Abgekürztes Register zu Vorstehendem" (S. 666–669). Siehe Entstehung und Überlieferung S. 1130.

[142] Marx: Ökonomisches Manuskript 1863–1865. MEGA® II/4.2. S. 333.

[143] Weitere Themen sind u.a. das Verhältnis von Finanzsystem und agrarischen Produktionsverhältnissen, daneben Währung, Banken und Kreditgesellschaften sowie Staatsverschuldung (in Griechenland, Spanien, Österreich und der Türkei) und Wech-

Nach der intensiven Beschäftigung mit landwirtschaftlichen Fragen im Frühjahr 1868 wandte sich Marx der politischen Ökonomie im engeren Sinne zu: Zu Beginn des „Heft zum fixen Kapital und Kredit 1868" werden Konzeptionen von „flüssigem" (bzw. „zirkulierendem") und „fixem" Kapital bei verschiedenen Autoren verglichen (S. 743–753, 761). Diese Unterscheidung hatte er bereits in den „Grundrissen" und in Manuskript I zum zweiten Buch des „Kapital" von 1863–1865 behandelt und dort die frühere, seines Erachtens ungeeignete Unterscheidung der Begriffe bei Adam Smith und David Ricardo kritisiert. Das vorliegende Heft beinhaltet die neueste Literatur zum Thema und wurde in Manuskript II zum zweiten Buch des „Kapital" verwendet.[144] Bereits im Herbst/Winter 1867 hatte er Quellenauszüge nach Schlagworten geordnet,[145] und beide Hefte verwendete er in den Manuskripten II und IV für das zweite Buch des „Kapital".

Für den Abschnitt „Fixes Kapital und zirkulierendes Kapital", insbesondere die dort eingelegte 17-seitige Studie, sowie für die Abschnitte über die Vorratsbildung und die Transportindustrie zog Marx ebenfalls ausführlich Material u. a. aus in „Heft 3. 1868" der „Hefte zur Agrikultur" angefertigten Exzerpten aus dem Bericht der „Royal Commission on Railways" heran, das die Lebensdauer von Zügen, Motoren und Gleisen an verschiedenen Orten beschrieb.[146] Er griff dabei auf den Begriff des Verschleißes zurück: „Verschleiß ist der Werttheil, den das fixe Kapital allmählig durch seine Vernutzung an das Product abgiebt, in dem Durchschnittsmaaß, worin er seinen Gebrauchswerth verlirt."[147] Seine Unterscheidung zwischen dem Verschleiß durch den Gebrauch selbst und durch die Einwirkung von Naturkräften leitet er mit Beispielen aus dem Bericht her.[148]

Im ersten Kapitel des Manuskript II geht es um die Kosten der Getreidespeicherung,[149] den Zusammenhang von Wertzusatz durch die Transportindustrie und die Frachtgebühren, der zu einem Gegensatz zwischen den „Eisenbahnmagnaten" und „Industriellen u. Kaufleute[n]"[150] führe, sowie die Frage der Klassifikation der transportierten Artikel durch die Eisenbahngesellschaften.[151]

---

selkurse. Schließlich beschäftigt sich Marx mit dem Verlauf der Wirtschaftskrisen von 1857 und 1866 und ihre Entfaltung in Nassau, Genf, Frankfurt am Main, den Niederlanden, Spanien, Brasilien, China und Indien (siehe Entstehung und Überlieferung S. 1129/1130). Beide Krisen hat er ausführlich in anderen Exzerptheften untersucht (siehe MEGA② IV/14 und IV/19).

144 Marx: Das Kapital ⟨Ökonomisches Manuskript 1868–1870⟩. Zweites Buch. MEGA② II/11. S. 178.

145 Karl Marx: Thematisch ausgewählte Quellenauszüge für Buch 2 des „Kapitals". In: MEGA② II/4.3. S. 44–56.

146 Marx: Das Kapital ⟨Ökonomisches Manuskript 1868–1870⟩. Zweites Buch. MEGA② II/11. S. 101–105.

147 Ebenda. S. 114.

148 Ebenda. S. 112–114.

149 Ebenda. S. 66.

150 Ebenda. S. 71.

151 Ebenda. S. 84.

Den Interessenskonflikt zwischen Transport- und industriellem Kapital erläutert Marx bei seiner Diskussion der Bedeutung der Infrastruktur am Beispiel von Eisenbahn- und Telegraphenlinien für die Dauer des Umschlags des Kapitals, die das industrielle Kapital beständig zu verringern sucht: „Die Wichtigkeit dieses Umstands für den Umschlag des Kapitals zeigt sich in dem Krakehl der Repräsentanten (kaufmännischen u. industriellen) der verschiednen Plätze mit den engl. Eisenbahndirektionen. (Sieh das oben citirte Blaubuch des *Railway Committee*.)“[152] In den Exzerpten verweist Marx an zwei Stellen auf die „Chikanen“ der Eisenbahngesellschaften hinsichtlich der Güterklassifikation und des Umgangs mit Passagieren (S. 682.29 und 687.9).

Im Anschluss an seine Untersuchung zum fixen und zirkulierenden Kapital exzerpiert Marx im „Heft zum fixen Kapital und Kredit 1868“ weiter aus den damals jüngst veröffentlichten Titeln von Henry Dunning Macleod, John Laing und Robert Hogarth Patterson u.a. zu Fragen des Kreditwesens, Geldmarkts, verleihbaren Kapitals und der Wirtschaftskrisen. Diese Exzerpte bilden den Auftakt für Marx' erneutes Studium von Krise, Kredit- und Bankensystem, das er nach 1868 noch weitere Male in umfangreichen Exzerptheften unternahm.

An den Peripherien des Kapitalismus

Neben der Arbeit am „Kapital“ und den Exzerpten zu Krise, Kredit- und Bankwesen (sie werden in MEGA② IV/19 und IV/25 veröffentlicht) betrieb Marx in den letzten 15 Jahren seines Lebens auch naturwissenschaftliche Studien in Physiologie (sie werden in MEGA② IV/23 veröffentlicht), Chemie, Mineralogie, Geologie, Botanik und Zoologie (MEGA② IV/26 und IV/31).[153] Dieses Studium bedeutet allerdings nicht nur eine statistische oder sachliche Ergänzung oder Aktualisierung des Manuskripts zum dritten Band des „Kapital“ von 1863–1865; ebenso findet eine enorme Erweiterung seiner Kritik der politischen Ökonomie in den oben erwähnten theoretischen Bereichen statt, die über den früheren Plan des „Kapital“ hinauszugehen scheint und somit eine Vollendung des „Kapital“ wesentlich erschwert haben dürfte. So untersuchte Marx nach 1868 die Wechselwirkungen zwischen Menschen und Natur aus verschiedenen Perspektiven, um ihre spezifisch kapitalistischen Formen zu begreifen.[154] Schließ-

[152] Ebenda. S. 211.

[153] Engels behauptete nach Marx' Tod, die beiden konnten die Naturwissenschaften „nur stückweise, sprungweise, sporadisch verfolgen“ (Friedrich Engels: Herrn Eugen Dührings Umwälzung der Wissenschaft. Vorwort zu 3. Aufl. In: MEGA② I/27. S. 494).

[154] Dem wissenschaftlichen Weg in Marx' letzten Lebensjahren scheint zu entsprechen, was Hlubek im „Vorwort“ seiner „Landwirthschaftslehre“ bemerkt: „Diese genauen Erkenntnisse erstrecken sich [...] auf die ganze materielle Natur, in wie fern sie mit der Pflanzen- und Thierproduktion in einer Wechselwirkung stehen. Die Mannigfaltigkeit der Erkenntnißgegenstände und die Beschränktheit des menschlichen Verstandes machten es nothwendig, die Natur von verschiedenen Standpunkten aufzufassen, zu

lich erweiterte sich durch die Beschäftigung mit vorkapitalistischen und nicht-westlichen Gesellschaften (die Hefte werden in MEGA② IV/21 bis IV/24, IV/27 und IV/28 veröffentlicht) der geographische Raum seiner Kritik der politischen Ökonomie.[155] In seinen Exzerpten folgte Marx den Entwicklungen im internationalen Kredit- und Bankensystem, den rasanten Erkenntnisgewinnen der Naturwissenschaften und der geographischen Ausdehnung des Kapitalismus. Eventuelle theoretische Neuentwicklungen erläuterte er nicht immer in seinen ökonomischen Manuskripten, weshalb die von Engels edierten Bände des „Kapital" keine endgültige Fassung markieren, sondern auf Marx' Exzerpte stets Rücksicht genommen werden muss.

Zum Verständnis des Zusammenhangs zwischen seiner Kritik der politischen Ökonomie und den „neuen Themenfeldern" – Naturwissenschaften sowie vorkapitalistische und nicht-westliche Gesellschaften –, mit denen sich Marx in den letzten fünfzehn Jahren seines Lebens befasst hat, sind die im vorliegenden Band vorgelegten drei „Hefte zur Agrikultur" des Jahres 1868 aufschlussreich, weil sie einen Ausgangspunkt der neuen Forschungen des späten Marx zu markieren scheinen. Denn erstens beschäftigt sich Marx hier gerade mit jenen beiden Gebieten, und zwar durch die Lektüre der Werke von Fraas und Georg Ludwig von Maurer. Da ihre Werke miteinander verbunden sind, mag hierin die Genese des Zusammenhangs zweier zentraler Forschungsgebiete des späten Marx liegen.

Zweitens sind die Verhältnisse in agrarisch geprägten, zum Teil nicht-westlichen und zum Teil in kolonialer Abhängigkeit stehenden Ländern wie Russland, Irland, Indien, Ägypten und dem Osmanischen Reich ein kontinuierliches Thema des „Heft 3. 1868" der „Hefte zur Agrikultur". Marx hat dieses Heft zunächst von März bis Sommer 1868 geführt, kehrte aber später mehrmals zu ihm zurück, um die noch leeren Seiten mit neuen Exzerpten zu füllen. Im Oktober 1868 entstanden Auszüge aus Adolphus Slade „Turkey and the Crimean War", rund ein Jahr später Auszüge aus „Cobbett's Political Register", die auch

---

untersuchen, gleichartige Erkenntnisse zu erzeugen und diese in einen unsern Denkgesetzen entsprechenden oder systematischen Zusammenhang zu bringen, oder einzelne Naturwissenschaften durch Arbeitstheilung zu Tage zu fördern. Auf diesem Wege sind Geographie, Astronomie, Mineralogie, Geognosie, Geologie, Botanik, Zoologie, Naturlehre oder Physik, Chemie, Anatomie, Physiologie, Pathologie und Therapie entstanden, und ihre Erkenntnisse, im Zusammenhange aufgefaßt, machen das menschliche Wissen über die materielle Natur aus." (F[ranz] X[aver] Hlubek: Die Landwirthschaftslehre in ihrem ganzen Umfange ... 2., verb. Aufl. Bd. 1. Wien 1851. S. VIII.)

155 Diese Exzerpte erwiesen sich als aufschlussreich für die Forschung zu Fragen der Ökologie, Ethnizität und Geschlechterverhältnisse bei Marx. Siehe Kevin B. Anderson: Marx at the Margins. On Nationalism, Ethnicity, and non-Western Societies. Chicago 2010; Heather A. Brown: Marx on Gender and the Family. A Critical Study. Boston, Leiden 2012; Vollgraf: Marx über die sukzessive Untergrabung des Stoffwechsels ... (Fn. 134); Kohei Saito: Natur gegen Kapital. Marx' Ökologie in seiner unvollendeten Kritik des Kapitalismus. Frankfurt a.M. 2016.

die politische Ökonomie Irlands zum Thema haben; und schließlich notiert Marx hier wahrscheinlich im Dezember 1872 Auszüge aus Nikolaj Gavrilovič Černyševskijs unveröffentlichtem Manuskript „Pis'ma bez adresa", die den Charakter einer Teilübersetzung haben. Zunächst zu diesem zweiten Punkt.

Auch in seinen Auszügen aus den Parlamentsberichten geht Marx häufig auf die Verhältnisse in der Peripherie ein. Er dachte wahrscheinlich an seine Exzerpte aus dem Bericht der „Royal Commission on Railways", als er in Manuskript II zum zweiten Buch des „Kapital" schrieb: „Man wird an einem spätren Platz sehn, wie die englische Eisenbahnverwaltung in Irland[156] die Produktivkräfte des Landes brachlegt, statt sie zu entwickeln."[157] Er kam auf dieses Anliegen in seinen Manuskripten zum „Kapital" nicht mehr zurück, aber versammelt in seinen vorliegenden Exzerpten unter den Überschriften „Irish Fisheries u. Railw." und „Irish Railways" viele Stichworte, die nahelegen, wie der Ausbau der Eisenbahn in Irland nicht der irischen Entwicklung diente, sondern die britische Kolonialherrschaft vertiefte, da mittels der Eisenbahn Ressourcen besser aus Irland abtransportiert werden konnten: *„Decrease of fishery Population* [...] *simultaneously m. extension of railw.* [...] (*Zu bemerken*, daß *m. extension* of railways die Kerls ihre eignen Fische nicht mehr essen, sondern die *men in Dublin, London, Liverpool, Birmingham, Manchester*" (S. 690.11–14). Marx notiert weiter zum Ressourcenausverkauf aus Irland nach Großbritannien gerade durch den Ausbau der Eisenbahn: *„Cattle taken away f. England."* (S. 691.12.)

Für die Diskussion des Themas Vorräte oder Vorratsbildung im zweiten Buch des „Kapital" spielt außerdem die durch den Amerikanischen Bürgerkrieg verursachte Baumwollkrise „Cotton Famine" eine Rolle. In Ägypten habe sich der Landwert vervierfacht, da das Land während der „Cotton Famine" zum Exporteur von Baumwolle, aber wegen der veränderten Flächennutzung auch zum Importeur von Nahrungsmitteln geworden war, was Marx für eine nicht wünschenswerte Veränderung hielt: „Change (undesirable one)" (S. 659.3). In der Schweiz wiederum stellten sich die in den Jahren zuvor angehäuften Baumwollvorräte als „Vortheil während der cotton famine" (S. 661.15–16) dar. In Zeiten, in denen keine Krise herrscht, würde die Verwaltung und Aufbewahrung dieser Vorräte eine Erhöhung der Produktionskosten bedeuten. Für die Schweizer Spinner hätten sich diese Vorräte während der „Cotton Famine" aber ausnahmsweise als vorteilhaft erwiesen. In Großbritannien hingegen hätte die „Cotton Famine" eine große Krise der Baumwollindustrie verhindert, da diese zuvor zu große Baumwollvorräte aufgehäuft hatte, die bei weiteren Baumwollimporten einen massiven Preisverfall hätten erfahren müssen.[158]

---

[156] Die Entzifferung „in Irland" ist plausibler als die in MEGA② II/11 angebotene Lesart „im Inland".

[157] Marx: Das Kapital ⟨Ökonomisches Manuskript 1868–1870⟩. Zweites Buch. MEGA② II/11. S. 75.

[158] Ebenda. S. 68.

Für den Abschnitt „Die Vorrathsbildung" griff Marx auch auf seine Exzerpte aus drei Parlamentsberichten zu Indien zurück, von denen zwei – „East India (Bengal and Orissa Famine)" und „East India (Madras and Orissa) Famine" – die Hungersnot in der indischen Provinz Orissa (heute Odisha) behandeln, die von November/Dezember 1865 bis Ende des Jahres 1866 wütete und nach offiziellen Angaben eine Million Menschen, einem Drittel der damaligen Bevölkerung Orissas, das Leben kostete. Als unmittelbarer Anlass der Hungersnot gilt die durch den ausgebliebenen Monsun hervorgerufene Dürre im Winter 1865, die zu einer schwachen Winterreisernte führte. Dabei war die Regenmenge im Herbst genügend, aber es fehlte an einem Bewässerungssystem zur Aufbewahrung und Verteilung der Niederschläge. In der Forschungsliteratur wird der britischen Kolonialherrschaft eine indirekte Verantwortung zugesprochen: Orissas Schlüsselindustrien, vor allem die Salz- und Baumwollindustrie wurden von den Briten heruntergewirtschaftet, was zu hoher Arbeitslosigkeit und stagnierenden oder sogar fallenden Einkommen in der Region führte. Gleichzeitig stiegen die Reispreise, weshalb alte Vorräte an Reis und Weizen aufgebraucht sowie vor und selbst noch während der Engpässe aus Orissa wegexportiert wurden.[159] Das in Bengalen sesshafte „Board of Revenue" lehnte eine Preiskontrolle und eine außerordentliche Reiszufuhr nach Orissa im November 1865 mit dem Argument ab, in Orissa drohe keine Hungersnot, sondern lediglich eine ökonomische Rezession, zu deren Lösung es keiner staatlichen Intervention bedürfe.

Die Berichte hatte Marx bereits am 14. August 1867 bei seinem Buchhändler Philip Stephen King bestellt[160] und die Katastrophe an zwei Stellen im ersten Band des „Kapital" erwähnt. Im Kontext der gesellschaftlichen Kontrolle der Naturkräfte, vor allem der Frage der Bewässerung, schrieb er: „Eine der materiellen Grundlagen der *Staatsmacht* über die zusammenhangslosen kleinen Produktionsorganismen Indiens war Reglung der Wasserzufuhr. Die muhamedanischen Herrscher Indiens verstanden dieß besser als ihre englischen Nachfolger. Wir erinnern nur an die Hungersnoth von 1866, die mehr als einer Million Hindus in dem Distrikt von Orissa, Präsidentschaft Bengal, das Leben kostete."[161] In „Heft 3. 1868" der „Hefte zur Agrikultur" notiert Marx Stichworte zum Schriftverkehr der britischen Kolonialadministration, zum Verlauf der Hun-

[159] Siehe J. K. Samal: Economic History of Orissa, 1866–1912. New Delhi 1990; H. K. Mishra: Famines and Poverty in India. New Delhi 1991; Bidyut Mohanty: Orissa Famine of 1866: Demographic and Economic Consequences. In: Economic and Political Weekly. Vol. 28. 1993. Nr. 1/2. S. 55–57 und 59–66; Upamanyu Pablo Mukherjee: Natural Disasters and Victorian Empire. Famines, Fevers and Literary Cultures of South Asia. Basingstoke 2013.

[160] Marx an Philip Stephen King, 14. August 1867. (MEGAdigital.)

[161] Marx: Das Kapital. Bd. 1. MEGA② II/5. S. 419. – Im Kapitel über die ursprüngliche Akkumulation heißt es: „Im Jahr 1866 starben in der einzigen Provinz Orissa *mehr als eine Million Hindus am Hungertod.* [...] Nichtsdestoweniger suchte man die indische Staatskasse zu bereichern durch die Preise, wozu man den Verhungernden Lebensmittel abließ." (Ebenda. S. 603.)

gersnot, zu den geographischen Bedingungen Orissas und zum Wandel der Natur (z.B. über den Einfluss der Entwaldung auf die Flut), zum Missmanagement der britischen Kolonialverwaltung während des Notstands, aber auch grundsätzlich zu den Klassenverhältnissen auf dem indischen Land zwischen Pächtern („ryot") und Grundbesitzern („zemindar") und zur britischen Kolonialpolitik, etwa zur Besteuerung der indischen Bauern. In Marx' Exzerpten geht es häufig um einen Vergleich der traditionellen Ökonomie Indiens mit dem Zustand ihrer Zerstörung während ihrer Integration in den Weltmarkt Mitte des 19. Jahrhunderts. Das alte Indien habe über ein System der Preiskontrolle, den Primat der Konsumtionsfonds sowie eine Lebensmittelausgabe in Krisenzeiten verfügt, wohingegen im modernen Indien die Nahrungsvorräte abgebaut wurden, die Preise für Reis stiegen und ohne die moralische Ökonomie die Bauern als freie Lohnarbeiter vollkommen abhängig vom Markt wären. Marx notiert, dass *„das moderne Gesellschaftssystem schwerer Hungersnöthen widersteht"* (S. 672.21–22) als vormoderne Gesellschaften und versieht diesen Eintrag mit der deutlichsten Marginalie im vorliegenden Band.

Marx exzerpiert daneben aus der 1867 erschienenen Ausgabe der seit 1861 aufgelegten Serie „Statement of the Moral and Material Progress and Condition of India". Der Bericht erwähnt, dass die indischen Pächter und Grundbesitzer kaum auf die Bewässerungsanlagen zurückgreifen würden, da sie bei der Nutzung der Bewässerung eine Erhöhung der Pacht bzw. der Grundsteuer befürchteten: *„ryots kann sich nicht auf Wasser abonniren aus Furcht, daß ihm Rents increased"* (S. 672.34–35).[162]

In Manuskript II zum zweiten Buch des „Kapital" sah Marx die Ursache für die Preissteigerung von Reis und Weizen in der durch die „Cotton Famine" erhöhten Nachfrage nach Baumwolle, die vermehrt in Indien angebaut worden war, und zwar auf solchen Flächen, die zuvor noch für die Nahrungsmittelproduktion verwendet wurden. Die hohen Reispreise hätten dazu geführt, dass mit der tradierten Gewohnheit in Indien, Getreide für den Fall schlechter Ernte aufzuhäufen, gebrochen wurde und die alten Reisvorräte in den Agrikulturdistrikten verkauft wurden. Der Übergang „aus der Produktion für den Selbstbedarf in die Waarenproduktion" verursache somit „die heftigsten u. gefährlichsten Krisen in der Oekonomie der Gewese".[163] Marx resümierte, dass „Waarenform des Vorraths u. Vorrath selbst 2 verschiedne Dinge" sind und verwies bei den „Catastrophen bei Verwandlung des unmittelbaren Produktenvorraths in die Form v. Waarenvorrath" auf die Beispiele „Indien, Algerien".[164]

Diese Einschätzungen deuten eine neue Entwicklung in Marx' Geschichtsauffassung an. In einem Artikel der „New-York Daily Tribune" von 1853 wies er

[162] Die Frage der Bewässerung in der Landwirtschaft in Orissa durch die Einführung der „East India Irrigation and Canal Co." verfolgt Marx 1869 in seinen Exzerpten aus der „Money Market Review" (MEGA② IV/19).

[163] Marx: Das Kapital ⟨Ökonomisches Manuskript 1868–1870⟩. Zweites Buch. MEGA② II/11. S. 61.

[164] Ebenda. S. 535.

noch darauf hin, „that these idyllic village-communities, inoffensive though they may appear, had always been the solid foundation of Oriental despotism“,[165] weshalb ihm die britische Kolonialherrschaft als eine „soziale Revolution“ zur Modernisierung schien.[166] In den folgenden Jahren änderte sich jedoch seine Auffassung. In den „Grundrissen“ diskutierte er in den „Formen, die der kapitalistischen Produktion vorhergehen“ die germanische, klassische und asiatische Produktionsweise, um herauszufinden, dass jene „Trennung“ des Stoffwechsels zwischen Mensch und Natur nicht existierte. Allerdings befindet sich noch in der ersten Auflage des „Kapital“ die Aussage, dass „[d]as industriell entwickeltere Land [...] dem minder entwickelten nur das Bild der eignen Zukunft“[167] zeigt.

Diese Andeutung eines linearen Geschichtsverlaufs wurde bereits zu Marx' Lebzeiten diskutiert, besonders in Russland, nachdem dort 1872 die erste Übersetzung des ersten Bandes des „Kapital“ erschien. Für die Beschäftigung des späten Marx mit nicht-westlichen und vorkapitalistischen Gesellschaften sollte Russland eine große Rolle spielen; er lernte Russisch und las verschiedene Schriften zu diesem Land. Im damaligen Russland existierte noch die Umverteilungsgemeinde („Mir“) und es wurde unter den verschiedenen sozialistischen Strömungen diskutiert, ob diese als materielle Basis einer sozialistischen Gesellschaft fungieren könne oder ob sie, wie grausam der Modernisierungsprozess auch wäre, erst durch die kapitalistische Produktionsweise ersetzt werden müsse. Marx war persönlich mit einem der Übersetzer des ersten Bandes des „Kapital“ German Aleksandrovič Lopatin bekannt und stand mit zwei anderen Übersetzern Nikolaj Francevič Daniel'son und Nikolaj Nikolaevič Ljubavin im Briefwechsel, die einen besonderen Weg Russlands zum Sozialismus auf Basis der Dorfgemeinschaften propagierten. Durch vor allem Lopatin und Daniel'son lernte Marx das Werk Nikolaj Gavrilovič Černyševskijs, eines nach Sibirien verbannten Revolutionärs und Literaturkritikers, kennen, dessen Manuskript „Pis'ma bez adresa“ er in „Heft 3. 1868“ der „Hefte zur Agrikultur“ zu großen Teilen selbst ins Deutsche übersetzt (S. 705–719). (Siehe Entstehung und Überlieferung S. 1142–1144.) Černyševskij erörtert hier seine Kritik an der Agrarreform von 1861, die seines Erachtens im Interesse von Adel und Grundeigentümern erfolgte und keine Befreiung der Bauern mit sich brachte. Dagegen fordert er die Beibehaltung des „Mir“, die vollkommene Befreiung der Leibeigenen und die kostenlose Verteilung des Bodens zugunsten der Bauern.

Das „Heft 3. 1868“ der „Hefte zur Agrikultur“ dokumentiert, dass Marx sich schon 1868 verstärkt für vorkapitalistische und nicht-westliche Gesellschaften interessierte. Bereits in der französischen Auflage des „Kapital“ von 1872–1875 modifiziert er einen Absatz, um die Geschichte der ursprünglichen Akkumula-

---

[165] Karl Marx: The British Rule in India. In: MEGA② I/12. S. 172.
[166] Ebenda. S. 173.
[167] Marx: Das Kapital. Bd. 1. MEGA② II/5. S. 12.

tion auf Westeuropa zu beschränken,[168] worin sich seine intensive Beschäftigung mit nicht-westlichen Gesellschaften nach 1868 niederschlug. In der Konsequenz verdeutlichte er nicht nur Grenzen der Gültigkeit seiner Analyse im „Kapital", sondern sah auch eine neue Möglichkeit des nicht-westlichen sozialistischen Widerstands gegen die Macht des Kapitals.

In dem Maße wie Marx seine Kenntnisse über die russische und indische Gesellschaft vertiefte, präzisierte er bewusst seine früheren Einsichten. Seine Neubewertung der vorkapitalistischen Gesellschaften ist schlechthin in seinem Brief an Vera Ivanovna Zasulič und dessen Entwürfen markiert. Im Februar 1881 fragte diese russische Sozialistin Marx, ob die russischen Agrargemeinschaften der gesetzlichen Notwendigkeit der Geschichte zufolge erst aufgelöst werden müssten oder ob die Möglichkeit eines direkten Übergangs zum Sozialismus bestehe, wenn sie von der despotischen Herrschaft befreit werden könnten.[169] Marx schrieb vier Rohfassungen für eine Antwort, in denen er wiederholte, dass „die fatalité historique de ce mouvement est donc *expressément* restreinte aus *pays de l'Europe occidentale*", und eine progressive Wirkung der englischen Kolonialherrschaft auf die indische Gesellschaft verneinte.[170] Er hob nun die „vitalité" vorkapitalistischer Gesellschaften hervor, wobei er darauf hinwies, dass „la vitalité des communautés primitives était incomparablement plus grande que celle des sociétés sémites, grecques, romaines, etc, et, a fortiori, que celle des sociétés modernes capitalistes".[171] Er setzte fort: „nous trouvons l'empreinte de cette ‚commune agricole' si bien tracée sur la nouvelle commune qui en sortit, que Maurer, en déchiffrant celle-ci, put reconstruire celle-là. [...] Grâce aux caractères empruntés à son prototype, elle devenait pendant tout le moyen âge le seul foyer de liberté et de vie populaires."[172]

Es ist bemerkenswert, dass Marx in diesen Briefentwürfen auf die Erkenntnisse zweier im vorliegenden Band intensiv exzerpierter Autoren zu sprechen kommt. Es sind dieselben beiden Autoren, die er im Brief an Engels vom 25. März 1868 lobend hervorhob. Denn es war gerade Carl Fraas, der auf den Untergang der alten Zivilisation („sociétés sémites, grecques, romaines") infolge des aus der exzessiven Abholzung resultierenden Klimawandels hinwies. Während in diesen Gesellschaften bereits das private System des Bodeneigentums dominierte und der Boden kaum mehr gemeinschaftlich reguliert

---

[168] „Mais tous les autres pays de l'Europe occidentale parcourent le même mouvement, bien que selon le milieu il change de couleur locale, ou se resserre dans un cercle plus étroit, ou présente un caractère moins fortement prononcé, ou suive un ordre de succession différent." (Karl Marx: Le capital. Trad. de M. J. Roy, entièrement rev. par l'auteur. Paris 1872–1875. In: MEGA② II/7. S. 634.)

[169] Vera Zasulič an Marx, 16. Februar 1881 (RGASPI, Sign. f. 1, op. 5, d. 4255; veröffentlicht in: Marx-Engels-Archiv. Bd. 1. Hrsg. von David Rjazanov. Frankfurt a.M. [1926]. S. 316/317).

[170] Karl Marx: Lettre à Vera Ivanovna Zassoulitch. Troisième projet. In: MEGA② I/25. S. 235/236.

[171] Karl Marx: Lettre à Vera Ivanovna Zassoulitch. Premier projet. In: MEGA② I/25. S. 229.

[172] Marx: Lettre à Vera Ivanovna Zassoulitch. Troisième projet. MEGA② I/25. S. 235.

wurde, war das Privateigentum in den „communautés primitives"[173] vollständig abwesend. Gerade diese gemeinschaftliche regulierende Macht stattete sie mit einer starken „vitalité", d.h. der Nachhaltigkeit der materiellen Produktion, aus.

Den zweiten Autor nennt Marx namentlich: Es ist Georg Ludwig von Maurer, dessen „Einleitung zur Geschichte der Mark-, Hof-, Dorf- und Stadt-Verfassung und der öffentlichen Gewalt" Marx Anfang 1868 ausführlich las. In „Heft 2. 1868" und „Heft 3. 1868" der „Hefte zur Agrikultur" exzerpiert er aus fast jedem Abschnitt des Buchs (S. 542–559, 563–577 und 589–600), in dem der Rechtshistoriker Maurer die germanische Gesellschaft und ihr Eigentumssystem erörtert. Im Gegensatz zu Justus Möser und Nikolaus Kindlinger, die bereits die germanischen Gemeinschaften durch die Vorherrschaft des individuellen Eigentums geprägt sahen, will Maurer mit ausführlichen Beispielen die langjährige gemeinschaftliche Regulierung durch ihre eigenen Genossen beweisen. Die Mitglieder der Agrargemeinschaften hätten den Ackerbesitz u.a. über Lose jährlich wiederverteilt, dabei Gemeindeland mit Gärten, Feldern, Wiesen, Waldungen usw. für die gemeinsame Nutzung bereitgestellt und über demokratische Einrichtungen verfügt. Nach der Lektüre Maurers teilte Marx Engels mit, in einer „judicial blindness befangen"[174] gewesen zu sein. Er stimmte Maurer zu und erkannte die noch gegenwärtig existierenden Spuren des gemeinschaftlichen Grundeigentums an.

Auf den ersten Blick scheinen der Münchner Agrarwissenschaftler Fraas und der Münchner Rechtshistoriker Maurer kaum eine Gemeinsamkeit aufzuweisen. Doch Fraas zitiert in seinem Werk „Die Ackerbaukrisen und ihre Heilmittel", das Marx besaß, aus Maurers „Einleitung": Als Fraas auf die geschichtliche Gesetzlichkeit der steigenden Produktivität in der Landwirtschaft hinweist, erwähnt er dabei, Maurers Beweisführung lobend, das Beispiel der germanischen Agrargemeinden. Laut Fraas habe Maurer gezeigt, „daß die erste germanische Dorfbildung schon immer dem Gesetze der Nothwendigkeit der Bodenkraftsteigerung folgte".[175] Er interpretiert Maurer wie folgt: „Wenn dann freilich noch die Dorfmark weder Holz noch Heu und Stroh oder gar Mist, ja selbst Vieh (Schweine!), außer an die Dorfgenossen zu verkaufen erlaubte und gebot, daß alle innerhalb der Mark gezogenen Feldfrüchte, auch Wein, auch daselbst verzehrt werden sollten (woraus dann vielfach Bannrechte entstanden), so fehlte nicht blos nichts an den Mitteln zur Krafterhaltung der Felder, sondern durch die Nutzung der Wald- und Weidezuschüsse oder noch mehr der von Flüssen gedüngten Wiesen mußte überall Kraftsteigerung eintreten (Maurer [...])."[176] Dies ist nichts anderes als die materielle Grundlage der „vitalité", die einige vorkapitalistische Gesellschaften auszeichnete.

---

[173] Marx meinte, man dürfe sich von dem Wort „archaisch" nicht erschrecken lassen (Marx: Lettre à Vera Ivanovna Zassoulitch. Premier projet. (MEGA② I/25. S. 220)).

[174] Marx an Engels, 25. März 1868 (IISG, MEN, Sign. L 4527).

[175] Fraas: Die Ackerbaukrisen und ihre Heilmittel (Fn. 120). S. 209.

[176] Ebenda. S. 210.

Vermutlich inspirierte die Lektüre von „Die Ackerbaukrisen und ihre Heilmittel" Marx zur Lektüre von Maurers Werk. Im Brief an Engels vom 25. März 1868 sprach er beiden, Fraas und Maurer eine „unbewusste sozialistische Tendenz" zu. Einerseits wies Fraas darauf hin, dass die Abholzung zum Zerfall der Zivilisationen führe und die moderne Steigerung der Produktivkräfte zur Verschlechterung der Lage beitrage, wovon Marx einen bewussten Umgang mit der Natur als Aufgabe der zukünftigen Gesellschaft ableitete. Fraas selbst führte aus, wie die Nutzung der Naturkraft zu einer nachhaltig betriebenen Landwirtschaft beitragen kann. Andererseits zeigte Maurer, dass der Ackerbau in der Markgenossenschaft auf eine Weise organisiert war, welche die Gleichheit und Freiheit aller Genossen sicherte. Er fand damit „im Aeltesten das Neuste".[177] Während Fraas also die Nachhaltigkeit der Produktion selbst unter steigender Produktivität betonte, legte Maurer die Möglichkeit der Gleichheit dar. Es ist insofern verständlich, dass Marx in den folgenden Jahren beide Gebiete – Naturwissenschaft und vorkapitalistische Gesellschaften – gleichzeitig studierte, um die Bedingungen für eine Produktionsweise zu untersuchen, in der Freiheit, Gleichheit und Nachhaltigkeit herrschen würden.

Die Auseinandersetzung mit Maurer im Jahr 1868 scheint also ein neuer Ausgangspunkt der Untersuchung der vorkapitalistischen Gesellschaften des späten Marx zu sein, wie schon die auf Maurer folgenden Exzerpte zur Hungersnot in Orissa, „Cobbett's Political Register" und aus den Büchern von Slade und Černyševskij zeigen. Nach 1868 exzerpierte Marx zwei weitere Male aus vielen Schriften Maurers[178] und untersuchte darüber hinaus andere vorkapitalistische Gesellschaften. Die Veröffentlichung der in diesem Zeitraum entstandenen Exzerpte wird sowohl auf die Entwürfe des Zasulič-Briefs als auch auf das Vorwort zur zweiten russischen Ausgabe des „Manifest der kommunistischen Partei", Marx' letzter Publikation, neues Licht werfen. In letzterem schrieb er gemeinsam mit Engels: „Wird die russische Revolution das Signal einer proletarischen Revolution im Westen, sodass beide einander ergänzen, so kann das jetzige russische Gemeineigenthum am Boden zum Ausgangspunkt einer kommunistischen Entwicklung dienen."[179]

Marx sprach im ersten Entwurf des Zasulič-Briefs auch über die Wissenschaften im Kontext einer doppelten Schwierigkeit, mit der sich der Kapitalis-

---

[177] Marx an Engels, 25. März 1868 (IISG, MEN, Sign. L 4527).

[178] 1876 verfasste er drei Exzerpthefte (IISG, MEN, Sign. B 133, B 134 und B 135) mit neuen Auszügen aus der „Einleitung zur Geschichte der Mark-, Hof-, Dorf- und Stadt-Verfassung", des Weiteren der „Geschichte der Markenverfassung in Deutschland" (Erlangen 1856), der vierbändigen „Geschichte der Fronhöfe, der Bauernhöfe und der Hofverfassung in Deutschland" (Erlangen 1862/1863) und der zweibändigen „Geschichte der Dorfverfassung in Deutschland" (Erlangen 1865/1866). 1882 fertigte er abermals Auszüge aus der „Einleitung ..." und der „Geschichte der Markenverfassung in Deutschland" an (IISG, MEN, Sign. J 22 und J 44).

[179] Karl Marx, Friedrich Engels: Vorrede zur zweiten russischen Ausgabe des „Manifestes der Kommunistischen Partei". In: MEGA② I/25. S. 296.

mus konfrontiert sah:[180] Naturwissenschaftler wie Liebig und Fraas zeigten auf der einen Seite, dass die landwirtschaftliche Produktivität unter der kapitalistischen Produktionsweise nicht vermehrt werden kann, ohne den Stoffwechsel zwischen Menschen und Natur zu stören, so dass sich die Potentiale der Wissenschaften nicht vollkommen realisieren ließen. Auf der anderen Seite stoße das Kapital infolge seiner beständigen Akkumulation auf andere Gesellschaftsformen, die seinem „Trieb" nach Selbstverwertung nicht ohne weiteres untergeordnet werden können. An diesem Punkt sind Marx' Studien zu Naturwissenschaften und vorkapitalistischen Gesellschaften vereint. Sein Interesse an beiden Themenfeldern blieb bis zu seinem Tod 1883 bestehen.

Editorische Hinweise

Der vorliegende Band ist nach den seit 1993 geltenden Editionsrichtlinien bearbeitet.[181] Die Grundlage für den Edierten Text bilden die überlieferten Originalmanuskripte von Marx und Engels.

Die Exzerpthefte und Notizbücher sind chronologisch angeordnet, das heißt, sie werden in der Reihenfolge ihrer Entstehung wiedergegeben. Eine Ausnahme bilden die sich in „Heft 1. 1868" der „Hefte zur Agrikultur" befindlichen Notizen und Exzerpte auf Ms-S. [1]–[28], die zum Großteil zwischen 1864 und Ende 1867 entstanden sind, bevor Marx das Heft ab Januar 1868 zur Weiterführung seiner landwirtschaftlichen Studien benutzte. Eine Begründung der Datierung der Hefte erfolgt in den auf die einzelnen Hefte und Textzeugen bezogenen Apparatteilen Entstehung und Überlieferung.

Die Materialien innerhalb eines Exzerpthefts und Notizbuchs können zu einer unterschiedlichen Zeit entstanden sein. Der Edierte Text folgt der Paginierung der Hefte von Marx. Wenn Marx das Heft bzw. Notizbuch nicht paginiert hat, folgt der Edierte Text der Abfolge der Seiten vom physischen Beginn bis zum Ende des Hefts bzw. Notizbuchs. Insbesondere für die Notizbücher ist die unterschiedliche Entstehungszeit der hier enthaltenen Materialien durch unterschiedliche Schreibmaterialien angezeigt. Die Erläuterungen und Zeugenbeschreibungen informieren über die verwendeten Schreibmaterialien.

Marx und Engels exzerpierten aus Quellen vieler Sprachen, so dass der Edierte Text u. a. Deutsch, Englisch, Französisch, Russisch, Holländisch, Italie-

---

[180] „Une circonstance très favorable, au point de vue historique [...] c'est [...] qu'elle a survécu à l'époque où le système capitaliste se présentait encore intact, qu'elle le trouve au contraire dans l'Europe occidentale aussi bien que dans les Etats-Unis en lutte et avec les masses travailleuses, avec la science, avec les forces productives mêmes qu'il engendre – en un mot dans une crise qui finira par son élimination, par un retour des sociétés modernes à une forme supérieure d'un type ‚archaïque' de la propriété et de la production collectives." (Marx: Lettre à Vera Ivanovna Zassoulitch. Premier projet. In: MEGA② I/25. S. 225.)

[181] Siehe Editionsrichtlinien der Marx-Engels-Gesamtausgabe (MEGA). Berlin 1993.

nisch, Latein und Altgriechisch umfasst. Marx schrieb Textpassagen wörtlich ab oder fasste längere Abschnitte in zum Teil eigenen Worten zusammen, wodurch ein mehrsprachiger Mischtext entstanden ist, der grammatische, syntaktische und orthographische Eigentümlichkeiten sowie auch Fehler aufweist. Eine Vereinheitlichung oder Modernisierung der Orthographie wurde nicht vorgenommen. Übliche Abkürzungen (u., od., v., J.) und von Marx häufig verwendete Abkürzungen (Gvt., B. o. E.) wurden beibehalten (siehe Verzeichnis der Abkürzungen, Siglen und Zeichen), andere abgekürzte Wörter sowie die von Marx abgekürzten deutschen Artikel (d.) in Editorschrift (unterpunktet) ausgeschrieben (wie der, die, das). Die von Marx durch vielfach praktizierte Wortverkürzung ausgelassenen, zusammengezogenen oder verschliffenen Buchstaben werden im Edierten Text ohne Kennzeichnung ausgeschrieben. Als Beispiele seien genannt: „dch" (durch), „währd", „whd" (während) und „Engld" (England). Dies gilt ebenso für Wörter, bei denen für Doppel-n oder -m nur ein Buchstabe mit einem Querstrich darüber geschrieben wurde.

Die Exzerpthefte und Notizbücher enthalten drei eingeklebte Zeitungsausschnitte. Um eine Unterscheidung dieser Textart von handschriftlichen Texten zu ermöglichen, werden eingeklebte Zeitungsausschnitte im Druck in der Schriftgröße 8 Punkt wiedergegeben. Marx' und Engels' Handschrift wird in der Schriftgröße 10 Punkt und von ihnen handschriftlich erstellte größere Tabellen in 8 Punkt wiedergegeben.

Der Edierte Text umfasst Manuskripte und Notizen, die von Marx und Engels für den eigenen Gebrauch angefertigt wurden und daher eine Reihe von Unvollständigkeiten und Uneinheitlichkeiten aufweisen. Redaktionell korrigiert wurden eindeutige Schreib- beziehungsweise Abschreibfehler sowie Versehen bei Faktenangaben. Fehlende Satzzeichen, Anführungszeichen und Klammern wurden nur dann hinzugefügt, wenn sich dies als erforderlich für das Textverständnis erwies. Unleserliche Buchstaben werden durch großes „X" bzw. kleines „x" wiedergegeben. Alle diese Veränderungen am Text sind in den Korrekturenverzeichnissen ausgewiesen. Für das Textverständnis notwendige redaktionelle Einfügungen (z. B. fehlende Wörter oder fehlende Überschriften für einzelne Abschnitte der Exzerpte) werden in Editorschrift (Helvetica) gedruckt und in eckige Klammer eingeschlossen. Dazu erforderliche Hinweise bieten die Kommentare in den Korrekturenverzeichnissen.

Alle von Marx gesetzten Anführungszeichen zur Kennzeichnung der Wiedergabe von Quellentexten werden in einheitlicher Form als umgekehrt französische Anführungszeichen (» «) dargeboten. Wenn Marx exzerpierten Text in mit (» «) dargebotenen Anführungszeichen gesetzt hat, handelt es sich in der Regel um ein fast wörtliches Zitat. Die Anführungszeichen, die aus dem Quellentext in das Exzerpt übernommen wurden oder die keinen aus Quellen ausgezogenen Text umschließen, werden in üblicher Form („ ") wiedergegeben.

Beginn und Ende einer Handschriftenseite werden im Edierten Text kenntlich gemacht. Zugleich wird die Marx'sche Paginierung mitgeteilt beziehungsweise bei ihrem Fehlen in eckigen Klammern redaktionell ergänzt (siehe Verzeichnis der Abkürzungen, Siglen und Zeichen sowie die Zeugenbeschreibungen).

Fehlende oder unvollständige Angaben zu den von Marx exzerpierten Seiten der Quelle werden in Editorschrift und eckigen Klammern ergänzt. Der Methode des Autors entsprechend, befinden sich diese Ergänzungen am Ende von größeren Texteinheiten.

Alle Hervorhebungen im Text stammen von Marx und Engels. Die Unterstreichungen in exzerpiertem Text werden kursiv wiedergegeben, wenn sie mit dem gleichen Schreibmaterial wie die Exzerpte selbst erstellt wurden. Von Marx nicht mit dem Schreibmaterial des Exzerpts und daher wahrscheinlich zu einem späteren Zeitpunkt erstellte Unterstreichungen werden im Edierten Text wie folgt gekennzeichnet: Blaustift, Rotstift, Bleistift.

Marx' Unterstreichungen in ausgeschnittenem Text werden unterstrichen wiedergegeben. Hervorhebungen in Zeitungsauschnitten (durch kursiv oder gesperrt gedruckte Worte) werden kursiv wiedergegeben.

Randanstreichungen werden im Edierten Text durch senkrechte Linien wie folgt gekennzeichnet: Tinte | ; Bleistift | ; Blaustift ¦.

Andere Merkzeichen am Rand werden in adäquater Weise reproduziert.

Zu jedem im Band wiedergegebenen Textzeugen wird ein wissenschaftlicher Apparat geboten. Er setzt sich zusammen aus dem Teil Entstehung und Überlieferung (einschließlich Zeugenbeschreibung), dem Korrekturenverzeichnis und den Erläuterungen. Die Erläuterungen umfassen vor allem Angaben zu der von Marx den Quellen entnommenen Literatur sowie Hinweise auf andere Arbeiten von Marx. Einige Quellen der exzerpierten und eingeklebten Zeitungsartikel sind unbekannt; in manchen Fällen konnten fast identische Texte in anderen Zeitschriften als sogenannte „Ersatzquellen" ausgemacht werden.

Die Materialien umfassen umfangreiche bibliographische Notizen von Marx. Alle Titel werden mit vollständiger bibliographischer Beschreibung im Literaturregister erfasst. Sie werden erläutert, wenn a) der Titel in Marx' Notiz nicht eindeutig identifizierbar ist und daher nicht ohne Weiteres im Literaturregister gefunden werden kann, oder b) der Titel nur vermutet werden kann, oder c) Angaben zur Verwendung des Titels durch Marx gemacht werden können oder das Buch in Aufstellungen seiner Bibliothek nachgewiesen werden kann. Diese Aufstellungen sind das annotierte Verzeichnis des ermittelten Bestandes der Privatbibliotheken von Marx und Engels (MEGA② IV/32), die Daniels-Liste (MEGA② IV/5) und der Katalog der SPD-Bibliothek, in die viele Titel der Bibliotheken von Marx und Engels aufgenommen wurden.

Der Band enthält des Weiteren ein Namenregister, ein Literaturregister, ein Verzeichnis der im Apparat ausgewerteten Quellen und benutzten Forschungsliteratur sowie ein Sachregister, das die wichtigsten Schlagworte des Edierten Textes umfasst. Für seine Exzerpte aus den 30 Parlamentsberichten der britischen Botschafter und Konsuln hat Marx ein eigenes Sachregister erstellt (siehe „Abgekürztes Register zu Vorstehendem" (S. 666–669)). Im Namenregister werden alle von der authentischen Form abweichenden Namenschreibweisen im Edierten Text in runden Klammern angegeben.

Der vorliegende Band wurde an der japanischen MEGA-Arbeitsstelle in Tokio unter Leitung von Teinosuke Otani (Tokio) sowie von Timm Graßmann an der Berlin-Brandenburgischen Akademie der Wissenschaften (BBAW) bearbeitet. Zur Gruppe gehören Hideto Akashi (Tokio), Masami Asakawa (Sapporo), Kohei Saito (Osaka), Ryuji Sasaki (Tokio), Soichiro Sumida (Tokio), Tomonaga Tairako (Tokio), Akinao Takahata (Okinawa) und Hiromi Morishita (Sapporo). In verschiedenen Arbeitsphasen wirkten außerdem Mitsunori Amano (Chiba), Takeshi Ito (Osaka), Masashi Izumo (Kanagawa), Susumu Takenaga (Tokio), Nobuyoshi Torii (Tokio) und Hiroshi Uchida (Sapporo) mit. Die Gesamtredaktion und die Ausarbeitung der Apparatteile, der Entstehungs- und Überlieferungsgeschichten sowie der Einführung erfolgten durch Kohei Saito und Timm Graßmann. In die Einführung wurden Forschungsergebnisse aus Kohei Saito: Natur gegen Kapital. Marx' Ökologie in seiner unvollendeten Kritik des Kapitalismus (Frankfurt a.M. 2016) eingearbeitet. Die Zeugenbeschreibungen erarbeitete Teinosuke Otani unter Mitwirkung von Ljudmila Vasina (Moskau). Das Sachregister erstellten Kohei Saito, Hideto Akashi, Soichiro Sumida und Ryuji Sasaki.

Die Bearbeiter des Bandes danken den folgenden Personen für ihre Mitarbeit und Unterstützung: Ljudmila Vasina hat an der Edition der Exzerpte aus russischsprachigen Quellen mitgewirkt. Rolf Hecker war an Entzifferungsarbeiten beteiligt und hat mit Walter Schmidt die Erläuterungen zu den „Biographischen Notizen zu Wilhelm Wolff" verfasst. Die Übersetzung der Latein-Zitate für den Apparat erfolgte durch Ulrike Hohensee (BBAW) und Tomonaga Tairako. Guillaume Fondu und Jean Quétier haben den französischsprachigen Text Korrektur gelesen. Claudia Reichel (BBAW) hat zahllose Anregungen und Hinweise gegeben. Bei der Endredaktion halfen Johannes Bareuther (Berlin), Gerald Hubmann (BBAW), Claudia Reichel, Yuki Hajima, Shuji Kamioka, Satoru Kikuchi und Soichiro Sumida (alle Tokio). Weiterhin danken die Bearbeiter allen Institutionen, die sie bei der Vorbereitung und Edition des Bandes unterstützt haben, insbesondere dem Internationalen Institut für Sozialgeschichte Amsterdam (IISG) und dem Russländischen Staatlichen Archiv für Sozial- und Politikgeschichte (RGASPI) in Moskau. Der Berlin-Brandenburgischen Akademie der Wissenschaften schließlich ist für die umfassende Förderung der Arbeiten zu danken.

Die redaktionelle Arbeit an dem Band wurde im Dezember 2018 abgeschlossen.

ERSTER TEIL
EXZERPTE UND NOTIZEN VON KARL MARX

ENTSTEHUNG UND ÜBERLIEFERUNG

Das vorliegende „Notizbuch Februar bis Juni 1864“ enthält die von Marx erstellte Liste der ihm von Wilhelm Wolff vererbten Bücher (Ms-S. [18a]–[27a]), zwei eingeklebte Artikel der Zeitung „The Morning Star“ (Ms-S. [15b]–[16b]), kurze Notizen zu den Werken von John Potter und John Ramsay McCulloch (Ms-S. [17a]), bibliographische Notizen zu den Katalogen Londoner Buchhändler (Ms-S. [27b]–[35b]), Wohnadressen u.a. von IAA-Mitgliedern (Ms-S. [0b], [17a]/[17b], [71b]/[72b]) sowie von Jenny Marx erstellte Notizen über Ausgaben (Ms-S. [66a]). Das Heft ist frühestens im Februar 1864 entstanden, da der erste eingeklebte Artikel dem „Morning Star“ vom 4. Februar 1864 entnommen wurde. Folgende Indizien sprechen dafür, dass Marx in dieses Notizbuch bis Juni 1864 eingetragen hat: Marx berichtet Engels am 4. Juli 1864 von der Lektüre einiger in den bibliographischen Notizen verzeichneter Bücher; der letzte von ihm herangezogene Katalog ist vom Mai 1864, woraus er wahrscheinlich einen Termin am 6. Juli, an dem ein Buchhändler neue Kataloge veröffentlichte, entnahm und notierte (S. 29.24–25).

Auf Ms-S. [18a]–[27a] befindet sich die wahrscheinlich vollständige Auflistung der hinterlassenen Bibliothek des am 9. Mai 1864 verstorbenen Wilhelm Wolff, die Wolff Marx testamentarisch vermacht hatte. Marx eilte auf mehrmaliges, eindringlicher werdendes Bitten von Engels (siehe MEGA② III/12. Br. 335.22 und 337) am 3. Mai – wie Marx in seinen Kalender des Jahres 1864 eintrug (siehe S. 48.3) – nach Manchester, wo Engels und der schwer erkrankte Wolff lebten. Im vorliegenden Notizbuch notiert er: „Tell Engels, that I part this evening for Manchester“. (S. 8.18.) Eventuell war diese Notiz für ein Mitglied der Familie Marx bestimmt, als Bitte, Engels über Marx' Abreise zu telegraphieren. Marx ist 1864 zwei Mal nach Manchester gefahren. Wie er Engels am 11. März ankündigte, brach er zu seiner ersten Reise am 12. März am Morgen auf (MEGA② III/12. Br. 318), weshalb mit dieser Notiz offensichtlich seine zweite Reise am 3. Mai gemeint ist.

Wolff war Mitbegründer des „Bundes der Kommunisten“ und enger Freund von Marx und Engels. Er hatte sein Vermögen der Schiller-Anstalt in Manchester, Engels, Louis Borchardt und – als Haupterben – Marx vermacht, der darüber hinaus auch Wolffs Bibliothek erhielt (siehe auch MEGA② III/13. S. 706 Erl. 18.7–8). Im Juni 1864 formulierte Engels die Idee, „eine Art Biographie“ (MEGA② III/12. Br. 360.14) Wolffs zu „machen“, wofür Marx Notizen zu Wolffs Lebensdaten anfertigte, die im vorliegenden Band veröffentlicht werden (siehe S. 62 sowie Entstehung und Überlieferung S. 931/932).

Als Haupterbe war zunächst Marx mit der Testamentsvollstreckung beschäftigt. Nach dem Tode Wolffs am 9. Mai schrieb er an seine Frau Jenny: „Poor lupus hatte [...] durch unaufhörliche Arbeit ein Vermögen zusammengeschanzt. [...] Er vermacht [...] [d]en ganzen Rest, der an 6–700£ St. beträgt, an mich (an Dich u. die Kinder, falls ich *vor* ihm verstürbe, er hatte für alle Fälle gesorgt), ebenso seine Bücher u. alle übrigen Effecten. Ich muß jetzt nach seiner Wohnung, um die Papiere in Ordnung zu bringen." (MEGA② III/12. Br. 342.3–14.) Am 13. Mai fuhr Marx fort: „Ich bin gezwungen zur Beendigung der Geschäfte, Zahlung v. Erbschaftssteuer, Einschwörung u.s.w. noch wenigstens 3–4 Tage hier zu bleiben." (Ebenda. Br. 344.15–17.) Er reiste am 19. Mai gemeinsam mit Engels zurück nach London, von wo Engels am 22. Mai wieder nach Manchester zurückfuhr (siehe „Notizbuch Mai 1864 bis Mitte des Jahres 1865" S. 48.7). Später übernahm Engels die langwierige Testamentsvollstrekkung, die er im Brief an Marx vom 11. März 1865 für beendet erklärte: „Die Erbschaftssache ist abgewickelt" (MEGA② III/13. Br. 180.17). Laut Engels' Abrechnung erbte Marx eine Summe von rund 824 Pfund Sterling (ebenda. Br. 180.53). Im „Notizbuch Mai 1864 bis Mitte des Jahres 1865" führte Marx Buch über den Eingang einer Teilsumme von „235£ aus lupe's Nachlaß" (S. 58.3) in zwei Raten am 9. und 10. Juni und die Ausgabe des Geldes in den folgenden Wochen (siehe S. 58–60). Wahrscheinlich vergrößerte er diese Summe durch den Verkauf einiger Bücher aus Wolffs Bibliothek. Jenny Marx schrieb später, das Geld brachte ihrer Familie „Hilfe und Erleichterung und ein sorgenfreies Jahr" (Kurze Umrisse eines bewegten Lebens, in: Mohr und General, S. 232). Marx widmete Wolff, seinem „unvergeßlichen Freunde, dem kühnen, treuen, edlen Vorkämpfer des Proletariats" (MEGA② II/5. S. 7) den ersten Band des „Kapital", an dessen Entwurf er seit 1864 arbeitete und den er auch mithilfe der Wolff'schen Erbschaft vollenden konnte.

Die Bücher der Wolff'schen Bibliothek wurden später zu Marx nach London geschickt. Marx fragte Engels am 26. Mai 1864: „Sind die Bücher of our poor lupus nach London geschickt worden? Ihr Nichtankommen hier beunruhigt mich, weil – wie ich die Sache verstand – Deine warehousemen sie schon Donnerstag (vergangnen) expediren sollten." (MEGA② III/12. Br. 352.14–17.) Engels verneinte vier Tage später: „Die Bücher sind noch nicht abgegangen, auch nicht der Wein, gehen zusammen." (Ebenda. Br. 353.3–4.) Marx teilte Engels den Eingang der Bücher schließlich am 3. Juni mit (ebenda. Br. 357.47). Es ist möglich, dass er die Annotation der Bücher im vorliegenden Notizbuch nach ihrem Erhalt in London erstellte. Marx könnte die Bibliothek Wolffs jedoch noch in Manchester unmittelbar nach dessen Tod erfasst haben, beispielsweise um sie nach Ankunft in London auf ihre Vollständigkeit hin zu überprüfen.

Die mit Bleistift geschriebene Liste der Bücher umfasst 250 Titel. Marx versah die Titel mit einer arabischen Ordnungsnummer. Zwei Titeln gab er dieselbe Nummer (Nr. 133 und 201), zwei weitere Titel vergaß er zu nummerieren (S. 15.38 und 16.1), so dass er 246 Titel zählte. Die Marx'sche Nummerierung erfolgte mit Tinte, d.h. wahrscheinlich zu einem späteren Zeitpunkt als die Erstellung der Liste.

Marx erstellte in seinem Brief an Engels vom 18. November 1864 auf dessen Bitte vom 7. November (siehe MEGA② III/13. Br. 22.33–36) eine weitere Liste der Bücher und schätzte dort ihren Verkaufswert, um der Steuerbehörde Angaben über den Umfang des Wolff'schen Erbes zu machen (siehe ebenda. Br. 30). Marx notierte 43 Bücher namentlich und ergänzte „55 Pamphlets [...] 102 Elementary schoolbooks" (ebenda. Br. 30.110–111). Diese zweite Liste umfasst also 200 Titel und ist somit kleiner als die vorliegende. Dazu bemerkte Marx, in der Liste „fehlt auch allerlei, was ich mich nicht erinnere" (ebenda. Br. 30.114). Warum er zur Erstellung der zweiten Liste nicht auf die vorliegende Aufstellung zurückgegriffen hat, ist unbekannt. Wie er selbst behauptete, ging es ihm nicht darum, der Steuerbehörde eine kleinere Liste zukommen zu lassen und auf diese Weise Steuern zu sparen, denn er schrieb Engels: „Das Zeug ist alles viel höher veranschlagt als es beim Verkauf realisiren würde bei den Verkaufspreissen der secondhandbooks in England. Dahingegen fehlt auch allerlei, was ich mich nicht erinnere. So daß Compensation stattfindet. Willst Du noch wegen der sonstigen Habseligkeiten was zusetzen, so thu's." (Ebenda. Br. 112–116) Sofern die Bücher auch in Marx' Brief an Engels vom 18. November 1864 aufgeführt sind, wird dies in den Erläuterungen mitgeteilt.

Da Wolff in Manchester als Privatlehrer u.a. für Sprachen gearbeitet hatte, befinden sich unter den Titeln viele Schul-, Sprach- und Wörterbücher; ferner Bücher über Mathematik – wie etwa Feller/Odermann: Das Ganze der kaufmännischen Arithmetik ..., aus dem Marx später mehrmals umfangreich exzerpierte (siehe Erl. 13.40) –, Geschichte und klassische Literatur (etwa eine 12-bändige Schiller-Ausgabe) und drei Schriften von Marx sowie sechs Ausgaben der „Neuen Rheinischen Zeitung. Politisch-ökonomische Revue".

31 Titel der vorliegenden Liste sind mit Zeichen von Marx und eventuell auch von anderer Hand versehen, die während des Schreibdurchgangs oder später angebracht wurden. Sie sind im Einzelfall als +, × oder X zu entziffern und werden im Edierten Text durchgängig mit × dargeboten. Mit Ausnahme von Barth: Reisen und Entdeckungen in Nord- und Central-Afrika ... (siehe Erl. 15.21) und Weber: Lehrbuch der Weltgeschichte ... (Erl. 17.26) wurden diese Bücher von Marx vermutlich weder verwendet noch befanden sie sich in seiner Bibliothek. Mit der Markierung deutete Marx möglicherweise an, dass diese Bücher zum Verkauf standen oder sogar schon verkauft waren. Es sind vor allem Titel deutscher klassischer Literatur (Goethe, Lessing) und Autoren der griechischen und römischen Antike. Marx verfügte bereits seit 1850 mit dem Erhalt seiner Kölner Bibliothek über viele Klassiker-Ausgaben in London, darunter Titel von Xenophon, Herodot, Thucydides, Horatius, Homer sowie Goethe und Lessing (siehe die Daniels-Liste in MEGA② IV/5), die sich auch in der Wolff'schen Bibliothek befinden. Andere mit × markierte Titel sind Xenophons „Cyropädie", das Marx schon früher exzerpiert hatte (siehe Erl. 17.3), Alexander von Humboldt: Briefe an Varnhagen ..., von dem er schon ein Ex-

emplar besaß (Erl. 16.37) und Julius Caesar: Commentarii de Bello Gallico, das sich wahrscheinlich zwei Mal unter Wolffs Büchern befand (S. 12.35 und Erl. sowie S. 16.9), wobei Marx die deutsche Übersetzung mit × anmerkte (siehe S. 16.9). Ferner markierte er u.a. Bücher über Pferdezucht (S. 16.15), das Mikroskopieren (S. 12.24) und die germanische Mythologie (S. 12.14 und 14.20).

Zwölf Titel der Liste verwendete Marx in den Manuskripten zu den Büchern des „Kapital", an denen er seit 1863 arbeitete: Mommsen: Römische Geschichte (siehe Erl. 11.11); Reuter: Olle Kamellen (Erl. 11.21); Thucydides: De Bello Peloponnesiaco (Erl. 11.23); Publius Ovidius Naso: Metamorphoses (Erl. 12.1); Freytag: Neue Bilder aus dem Leben des deutschen Volkes (Erl. 12.7); Kiesselbach: Der Gang des Welthandels ... (Erl. 13.5); Schoedler: Das Buch der Natur ... (Erl. 13.8); Publius Vergilius Maro: Aeneis (Erl. 13.21); Feller/Odermann: Das Ganze der kaufmännischen Arithmetik (Erl. 13.40); Lassalle: Herr Bastiat-Schulze von Delitzsch ... (Erl. 15.32); Macaulay: The History of England ... (Erl. 16.34); Xenophon: Cyropädie (Erl. 17.3).

Acht Titel hat Marx später exzerpiert: Schlosser: Weltgeschichte für das deutsche Volk (Erl. 11.3); Lange: Römische Alterthümer (Erl. 11.10); Schoemann: Griechische Alterthümer (Erl. 11.14); Julius Caesar: Commentarii de Bello Gallico (Erl. 12.35); Feller/Odermann: Das Ganze der kaufmännischen Arithmetik (Erl. 13.40); Egli: Neue Handelsgeographie ... (Erl. 13.33); Schoedler: Das Buch der Natur ... (Erl. 13.8); Macaulay: The History of England ... (Erl. 16.34).

Vier Titel zur Antike rezipierte er durch Lewis Henry Morgan Morgans „Ancient Society", zu dem er ein Konspekt erstellte (wird veröffentlicht in MEGA② IV/27): Mommsen: Römische Geschichte (Erl. 11.11); Schoemann: Griechische Alterthümer (Erl. 11.14); Julius Caesar: Commentarii de Bello Gallico (Erl. 12.35); Adam: Roman Antiquities (Erl. 14.7).

21 Titel sind in der Marx'schen Bibliothek (MEGA② IV/32) überliefert. Der Standort des Originals wird in den Erläuterungen mitgeteilt. Schlosser: Weltgeschichte für das deutsche Volk (Erl. 11.3); Burmeister: Geschichte der Schöpfung (Erl. 11.5); Redslob: Thule (Erl. 11.7); Lange: Römische Alterthümer (Erl. 11.14); Pott: Die Ungleichheit menschlicher Rassen hauptsächlich vom sprachwissenschaftlichen Standpunkte ... (Erl. 11.12); Marx: Zur Kritik der politischen Oekonomie (Erl. 13.12); Mignet: Histoire de la Révolution Française (Erl. 13.25); Egli: Neue Handelsgeographie (Erl. 13.33); Ritter: Europa (Erl. 13.37); Feller/Odermann: Das Ganze der kaufmännischen Arithmetik (Erl. 13.40); Jacobs: Hellas (Erl. 14.6); Mommsen: Römische Forschungen (Erl. 15.13); del Vecchio: Le Siège de Rome (Erl. 15.40); Lau: Lucius Cornelius Sulla (Erl. 16.18); Friedrich Wilhelm IV.: Reden (Erl. 16.23); Müller-Tellering: Westdeutscher Zeitungsjammer (Erl. 16.27); Kiepert: Sieben Jahre Preußischer Verfassungsgeschichte ... (Erl. 16.35); Bernhardy: Grundriss der römischen Litteratur (Erl. 16.38); Ewerbeck: L'Allemagne et les Allemands (Erl. 16.39); Steinthal: Der Ursprung der Sprache ... (Erl. 16.40); Weber: Lehrbuch der Weltgeschichte ... (Erl. 17.26).

Zehn weitere Titel konnten im Katalog der SPD-Bibliothek ermittelt werden, d.h. befanden sich wahrscheinlich in Marx' Besitz: Reuter: Olle Kamellen (Erl. 11.21); Preller: Griechische Mythologie (Erl. 12.15); Kiesselbach: Der Gang des Welthandels ... (Erl. 13.5); Schiller: Sämmtliche Werke (Erl. 13.13); Neues Spanisch-Deutsches und Deutsch-Spanisches Wörterbuch (Erl. 13.24); Dictionnaire complet des langues française et allemande (Erl. 13.28); Mortimer Ternaux: Histoire de la terreur 1792–1794 ... (Erl. 14.11); Barth: Reisen und Entdeckungen in Nord- und Central-Afrika ... (Erl. 15.21); Komischer Volkskalender (Erl. 15.38); Lavallée: Histoire de Paris (Erl. 16.1).

Über die weitere Verwendung der Bücher in Briefen und Werken informieren die Erläuterungen.

Alle Titel werden mit vollständiger bibliographischer Beschreibung im Literaturregister erfasst. Konnte die Ausgabe eines Buchs nicht eindeutig identifiziert werden, wird die Erstausgabe oder die letzte Ausgabe vor 1864 aufgeführt. Die Titel werden erläutert, wenn a) der Titel in Marx' Notiz nicht eindeutig identifizierbar ist und daher nicht ohne Weiteres im Literaturregister gefunden werden kann, oder b) der Titel nur vermutet werden kann, oder c) Angaben zur Verwendung des Titels durch Marx gemacht werden können.

Im Anschluss an die Liste der von Wilhelm Wolff geerbten Bücher hat Marx auf Ms-S. [27b]–[35b] ca. 280 Buchtitel – vor allem der Sprachwissenschaft, Altertumswissenschaft, Anatomie, Physiologie, Mathematik sowie klassische Literatur, darunter viele arabische und persische Autoren – aus den Katalogen Londoner Buchhändler gesammelt. Er notiert zu beinahe jedem Titel auch dessen Preis und berechnet teilweise die Summen mehrerer Bücher. Marx hatte von Wolff viel Geld geerbt und vermerkt hier möglicherweise zu erwerbende Bücher.

Viele Titel sind mit einem Erledigungsvermerk versehen, die zum Teil während des Schreibdurchgangs, zum Teil mit Bleistift, also zu einem späteren Zeitpunkt angebracht wurden. Sie sind im Einzelfall als +, ×, ⌜, α, – oder X zu entziffern und werden im Edierten Text durchgängig mit × dargeboten.

Zehn Titel hat Marx mit einem Erledigungsstrich versehen, was möglicherweise bedeutet, dass er diese Titel gelesen oder erworben hat: Combe: The Constitution of Man (Erl. 23.24); Evers: The Student's Compendium of Comparative Anatomy (Erl. 23.28); Lovett: Elementary Anatomy and Physiology (Erl. 23.31); Carpenter: A Manual of Physiology (Erl. 24.5); Kölliker: Handbuch der Gewebelehre des Menschen (Erl. 24.8); Spurzheim: The Anatomy of the Brain (Erl. 24.9); Schwann and Schleiden's Microscopical Researches (Erl. 24.10); Bunsen: Gasometry (Erl. 24.11); Churchill: Poems (Erl. 24.18); Camoëns: The Lusiad (Erl. 25.9).

Die meisten Titel dieser Listen, auf die Marx später zurückgekommen ist, sind in seinem Brief an Engels vom 4. Juli 1864 erwähnt, in dem er schrieb: „In dieser Zeit, wo ich ganz arbeitsunfähig, gelesen: *Carpenter*, Physiologie, *Lord* ditto, *Kölliker* Gewebelehre, *Spurzheim*, Anatomie des Hirns u. Nervensystems, *Schwann u. Schleiden* über die Zellenscheisse. In der Popular Physiology v. Lord gute Kritik der Phrenologie, obgleich der Kerl religiös. Eine Stelle erinnert an Hegel's Phänomenologie [...]" (MEGA② III/12. Br. 375.32–36). Alle genannten Titel befinden sich in den vorliegenden bibliographischen Notizen: Carpenter: Animal Physiology (Erl. 23.22); Kölliker: Handbuch der Gewebelehre des Menschen (Erl. 24.8); Spurzheim: The Anatomy of the Brain ... (Erl. 24.9); Schwann and Schleiden's Microscopical Researches (Erl. 24.10).

Ferner sprach Marx in seinen Briefen an Lion Philips vom 17. August 1864 (MEGA② III/12. Br. 396.42–50) und Engels vom 31. August 1864 (ebenda. Br. 402.29–31) über Grove: On the Correlation of Physical Forces (Erl. 28.7; siehe auch Erl. 327.4). Engels erwähnte in seinen Briefen an Marx vom 8. April 1863 (MEGA② III/12. Br. 226.44–54) und vom 20. Mai 1863 (ebenda. Br. 240.25–31) den ebenfalls in der Liste enthaltenen Titel Lyell: The Geological Evidences of the Antiquity of Man (Erl. 28.8). Im Brief an Marx vom 30. Juli 1869 erwähnte Engels, dass Eleanor Marx, die gerade bei ihm weilte, Firdusi lese (Erl. 22.14–22.16).

Vier Titel konnten im Katalog der SPD-Bibliothek ermittelt werden, d.h. befanden sich wahrscheinlich in Marx' Besitz: Schwann and Schleiden's Microscopical Researches (Erl. 24.10); Hall: A Treatise on the Differential and Integral Calculus (Erl. 25.19); Grove: On the Correlation of Physical Forces (Erl. 28.7); Lyell: The Geological Evidences of the Antiquity of Man (Erl. 28.8).

Alle Titel werden mit vollständiger bibliographischer Beschreibung im Literaturregister erfasst. Sie werden erläutert, wenn a) der Titel in Marx' Notiz nicht eindeutig identifizierbar ist und daher nicht ohne Weiteres im Literaturregister gefunden werden kann, oder b) der Titel nur vermutet werden kann, oder c) Angaben zur Verwendung des Titels durch Marx gemacht werden können.

Das vorliegende Notizbuch enthält zudem auf Ms-S. [15b]–[16b] zwei eingeklebte und mit kurzen Kommentaren von Marx versehene Artikel aus „The Morning Star" des Jahres 1864 zur Landfrage. Der erste Ausschnitt ist aus James E. Thorold Rogers: Land and its Owners. In: The Morning Star, 4. Februar 1864. S. 4/5, hier: S. 5. Rogers, Autor des Buchs „A History of Agriculture and Prices in England", das Marx im vorliegenden Band vermerkte und im ersten Band des „Kapital" zitierte (siehe Erl. 354.1), verfasste im Januar/Februar 1864 mehrere Briefe an den „Morning Star" über die Landfrage. In Marx' Ausschnitt spricht Rogers über die Möglichkeit der Auswanderung des englischen Landarbeiters in die USA.

Der zweite Ausschnitt stammt aus: Mr. [John] Bright and Mr. Scholefield at Birmingham. In: The Morning Star, 27. Januar 1864. S. 2/3. Marx schneidet aus der Wiedergabe der am 26. Januar 1864 gehaltenen Rede John Brights, Gründer der Anti-Corn Law League und des „Morning Star", in Birmingham aus. Bright spricht über die Landfrage und die in seinen Augen furchtbaren Zustände der sozialen Verhältnisse in der englischen Landwirtschaft. Er schätzt das wöchentliche Einkommen eines Landarbeiters auf 10 Schilling und die Ungleichheit zwischen Grundbesitzern und Landarbeitern als so groß wie nie zuvor in der Geschichte. Er zitiert die „Saturday Review", die in ihrer Ausgabe vom 26. September 1863, S. 411/412 behauptete, das Weiterleben des Feudalismus bestimme die Klassenverhältnisse auf dem Land und die Geisteshaltung der englischen Bauern sei immer noch durch den Untertanengeist des feudalistischen Erbes belastet. Laut der „Saturday Review" werde von den Bauern erwartet, sich mit geringem Lohn zufrieden zu geben, die Grundeigentümer zu ehren, regelmäßig in die Kirche zu gehen und die Kneipen zu meiden.

Bright behandelt in dieser Rede auch ausführlich den Amerikanischen Bürgerkrieg, was Marx nicht ausgeschnitten hat. Dieser Teil der Rede wurde veröffentlicht in John Bright: Speeches on the American Question. Boston 1865. S. 261–264.

Marx schrieb zuvor schon in der „New-York Daily Tribune" vom 12. November 1858 über Bright (siehe MEGA② I/16. S. 471–473) und war mindestens bei einer Rede Brights anwesend. Am 9. April 1863 berichtete er Engels: „Ich wohnte dem Meeting bei, das Bright an dẹṛ Spitze dẹṛ Trade Unions hielt. Er hatte ganz das Aussehn eines Independent u. so oft er sagte ‚In the U. St. no kings, no bishops' war ein burst of applause." (MEGA② III/12. Br. 227.72–74.) Drei weitere Reden Brights, den Marx in seinem Artikel „Le gouvernement anglais et les prisonniers fénians" als „le chef et le vieux démagogue bourgeois" (MEGA② I/21. S. 177) charakterisierte, zitierte er im Brief an Engels vom 30. Januar 1865 (MEGA② III/13. Br. 104.48–52), im dritten Buch des „Kapital" (MEGA② II/4.2. S. 683/684) sowie in den Generalratsprotokollen der IAA (MEGA② I/21. S. 744). Engels bezeichnete in „Vorbemerkung zu ‚Der deutsche Bauernkrieg' (1870)" Bright als den „eigentlichen Repräsentanten" (MEGA② I/21. S. 170) der englischen Bourgeoisie.

Auf Ms-S. [17a] notiert Marx zwei Sätze. Der erste ist ein Ausspruch über ein Gesetz des antiken Athens und lautet „Niemand sollte 2 Künste zugleich treiben". Den Satz übersetzt Marx wahrscheinlich aus John Potter: Archæologia Græca ... T. 1. Venetiis 1702. S. 169/170. Der Erzbischof von Canterbury John Potter (um 1674 bis 1747) versammelte in diesem Buch über das antike Griechenland u.a. Gesetze der Zivilregierung Athens. Unter der Rubrik *„De Artibus"* findet sich der von Marx ins Deutsche übersetzte Satz *„Duas artes ne exerceto"* auf Griechisch und Latein. Marx hat nicht nach der deutschen Ausgabe exzerpiert, in der es heißt: „Niemand soll eine doppelte Kunst treiben." (Johann Potter: Griechische Archäologie, oder Alterthümer Griechenlands. Übers. von Johann Jacob Rambach. Halle 1775. S. 345.)

Darunter notiert Marx „Steigen u. Fallen dẹṛ Zahl dẹṛ Sterbefälle mit dẹṇ Fruchtpreissen in London u. Paris" und verwies anschließend ohne Angabe von Ausgabe oder Erscheinungsjahr auf J[ohn] R[amsay] McCulloch: A Descriptive and Statistical Account of the British Empire ... Vol. 1. S. 273. John Ramsay McCulloch (1789–1864) versammelte in diesem Werk geographische, botanische und landwirtschaftliche Angaben, Tabellen, Statistiken und Expertenmeinungen, um einen Entwicklungsvorsprung Großbritanniens zu beweisen oder zumindest den Eindruck zu vermitteln, dass Großbritannien über unerschöpfliche Ressourcen verfüge. Von McCullochs „Descriptive and Statistical Account ...“ sind bis 1854 vier, jeweils erweiterte und überarbeitete Ausgaben erschienen. Obwohl McCulloch im zweiten Band seines Werkes auch die Entwicklung der Sterberate, Epidemien und tödlichen Krankheiten behandelt, konnte der von Marx notierte Zusammenhang in keiner dieser Ausgaben gefunden werden.

Die Mortalität in den Großstädten war damals Tagesgespräch. Den von Marx notierten Zusammenhang entwickelte William Tite indirekt in seinem im September 1864 in der Stadt Bath vor der „British Association for the Advancement of Science“ gehaltenen Vortrag über die Sterblichkeitsraten in Paris und London. Der Vortrag wurde im Dezember 1864 veröffentlicht in William Tite: On the Comparative Mortality of London and Paris. In: Journal of the Statistical Society of London. Vol. 27. 1864. Nr. 4. S. 479–491. Tite behauptet, dass in Paris besseres Essen, wozu er Wein und Früchte zählt, zugänglicher wäre als in London, und in London die Mortalitätsrate dennoch niedriger sei, was auf die höhere Besiedlungsdichte sowie die schlechtere Belüftung und Wasserversorgung in Paris zurückzuführen sei. Da Marx das Heft vermutlich bis Juni 1864 angefertigt hat, ist es unwahrscheinlich, dass er diese Notiz erstellte, weil er Tites Vortrag in Bath oder die Veröffentlichung im „Journal of the Statistical Society of London“ zur Kenntnis nahm. Allerdings ist es möglich, dass er von dem notierten Zusammenhang anderenorts erfuhr und ihn dies an McCulloch erinnerte.

Denn in der dritten und vierten Auflage von McCullochs „Descriptive and Statistical Account ...“ (London 1847 bzw. London 1854) geht es auf der von Marx verwiesenen Seite 273 des ersten Bandes um die landwirtschaftliche Produktion in der schottischen Grafschaft Lanarkshire. McCulloch berichtet auf Seite 272/273, wie sich dort durch die Verwendung von Knochenstaub und Guano als Dünger sowie durch Trockenlegung die landwirtschaftliche Produktivität erhöht habe und ehemals brachliegende Flächen mittlerweile zu den ertragreichsten zählten, weshalb sich innerhalb der letzten 30 Jahre die Pacht der Gemeinde verdoppelt habe. Vor allem in der Schottischen Landschaft „Trough of the Clyde“, dem Tal des Flusses Clyde, seien nun – unüblich für Schottland – 550 Morgen Obstgärten mit Äpfel-, Birnen- und Pflaumenbäumen entstanden, die allerdings extrem schwankende Jahreserträge aufwiesen: „In one year, the fruit produced from half an acre of land may sell for 150*l*.; but in other years it may produce little or nothing.“ (Ebenda. S. 273.)

Zeugenbeschreibung

H *Originalhandschrift:* RGASPI, Sign. f. 1, op. 1, d. 1729.

Beschreibstoff: Gebundenes Notizbuch mit hartem, grünbraunem Umschlag aus neun mit Buchstaben von A bis I bezeichneten und im Falz mit weißen Fäden gehefteten Lagen. Auf dem vorderen Deckel ein Golddruck: „Renshaws Diary. 1862." Innere Vorsatzblätter gelb, eine Seite dieser Vorsatzblätter auf den vorderen und hinteren Umschlagdeckel geklebt, die andere Seite der Vorsatzblätter mit einer weißen Rückseite. Jede Lage bestehend aus vier Bogen (= 8 Blatt = 16 Seiten). Ursprünglich 36 Bogen (= 72 Blatt = 144 Seiten). Erste Lage aus Bogen weißen, starken, unlinierten Papiers; die anderen Lagen aus Bogen weißen, festen, linierten Papiers ohne Wasserzeichen. Format des Umschlags 110 mm × 165 mm; Format der Bogen 205 mm × 160 mm, gefaltet auf 102,5 mm × 160 mm.

Zustand: Papier der Rückseite des vorderen bzw. hinteren Vorsatzblattes sowie der Bogen der ersten Lage stark vergilbt. Von der zweiten Lage sind nur vier Blatt (13–16) vorhanden, die Blatt 9–12 (S. [9a]–[12b]) herausgerissen und nicht überliefert; das 13. Blatt (S. [13a]/[13b]) von oben und unten, das 14. Blatt (S. [14a]/[14b]) von unten abgerissen, dadurch mögliche Textverluste. Die anderen Bogen bzw. Blätter gut erhalten, keine Textverluste.

Schreiber: Karl Marx, Jenny Marx (Frau) (S. [66a] und S. [72b]).

Schreibmaterial: Schwarze, jetzt bräunlich verfärbte Tinte und Bleistift.

Beschriftung: Rückseite des vorderen Vorsatzblattes (S. [0b]) zu zwei Dritteln mit Tinte und Bleistift. Titelseite (S. [1a]) mit gedrucktem Text: „Renshaw's Diary and Almanack for 1862; being the Second after Bissextile, or Leap Year. No. 22. London; John Renshaw & Co. Price 1s. For a complete list of Renshaw's Diaries see over leaf." Die auf die Titelseite folgenden (angefangen mit ihrer Rückseite) Seiten [1b]–[8b] der ersten Lage mit gedrucktem Text. Auf S. [9a]–[61b] (S. [9a]–[12b] nicht überliefert) ein vorgedruckter Kalender für das Jahr 1862; S. [62a]–[65b] mit vorgedruckten „SUNDAY MEMORANDA" für 1862; S. [66a]–[71b] mit vorgedruckter Monatsnotiztafel von „JANUARY, 1862" bis „DECEMBER, 1862"; die letzten S. [72a]/[72b] tragen die vorgedruckte Überschrift „MEMORANDA for 1863".

S. [13a]–[15a], [36a]–[65b], [66b]–[71a], [72a], Rückseite und Innenseiten des hinteren Vorsatzblattes: leer.

S. [15b]–[16b]: eingeklebte Zeitungsausschnitte mit gedrucktem Text, Notizen mit Tinte und Bleistift (über die Zeitung und den Inhalt der Zeitungsausschnitte).

S. [30b], [34b], [71b]/[72b]: zu zwei Dritteln mit Tinte und Bleistift.

S. [31a]: eine Berechnung (siehe Abb. S. 19).

S. [34a]: zur Hälfte mit Tinte.

S. [35a]: zu drei Vierteln mit Tinte.

S. [35b]: drei Zeilen mit Tinte.

S. [66a]: zur Hälfte von Jenny Marx (Frau) mit Tinte und Bleistift.

S. [72b]: zwei Notizen von Jenny Marx (Frau).
Alle anderen Seiten vollständig mit Tinte und Bleistift beschrieben.
S. [72b]: eine Berechnung gestrichen.
Deutsche und lateinische Schrift.

Paginierung: Keine Paginierung von Marx. Ab der zweiten Lage die Vorderseiten jedes Blattes fortlaufend ab „9" (nicht überliefert) bis „72" in Druckschrift paginiert; die zweiten Blätter jeder Lage außerdem mit „A2" bzw. „[B2]" (nicht vorhanden), „C2", „D2", „E2", „F2", „G2", „H2" und „I2" in Druckschrift bezeichnet.

Vermerke fremder Hand: auf allen Blättern (einschließlich Vorsatzblätter) Archivstempel des IMĖL mit Zählung, S. [36b]–[65a] und S. [71b] haben die Paginierung des IMĖL mit Bleistift (ab „161/65" bis „161/122", noch einmal „161/65").

Hinweise zur Edition

Die Liste der von Wilhelm Wolff vererbten Bücher wurde zuerst veröffentlicht in: Rudjak, Dvorkina: Karl Marx erbt die Bibliothek von Wilhelm Wolff, 1864. Zur Geschichte der Bibliotheken von Marx und Engels. In: Beiträge zur Nachmärz-Forschung. Trier 1994. S. 187–244. (Schriften aus dem Karl-Marx-Haus. Nr. 47.)

Das Notizbuch wird hier erstmals veröffentlicht.

KORREKTURENVERZEICHNIS

6.13	[they are denied at home.]]
	Abgerissene Stelle des Ausschnitts redaktionell ergänzt.
11.7	*Redslob*] **H** *Redlob*
11.13	*Ludowieg*] **H** *Ludowig*
12.30	*Menzies*] **H** *Menzie*
13.7–8	Geschichtsunterricht. ʃ 73) *Buch der Natur.*] **H** 73) Geschichtsunterricht. ʃ *Buch der Natur.*
14.12	*Arendts*] **H** *Ahrendts*
15.28	*Stieffelius*] **H** *Stiffelius*
15.34	*Schäffer*] **H** *Schäfer*
16.13	*Schiefertafelzeichnungen*] **H** *Schiefeltafelzeichnungen*
16.14	Chrestomathie] **H** Crestomathie
16.38	*Bernhardy*] **H** *Bernhardi*
17.11	*Sallust*] **H** *Salust*
21.5	*Schleicher*] **H** *Scheicher*
21.12	*Rask.*] **H** *Rask (*
21.32	Kortfattet] **H** Kortfatted
22.7–8	Diwan *Abu* bis Araber.] **H** *Abu* bis Araber Divan.

22.34	*Kalidasa*] **H** *Kalisada*
22.39	*Amoureuse*] **H** *Amorese*
23.10	*Stereometrie*] **H** *Steometrie*
23.36	*Quain's*] **H** *Quian's*
24.7 u. 8	*Kölliker*] **H** *Kolliker*
24.28	Ages] **H** Age
25.39	*Aelfred*] **H** *Adelfred*
26.30	Works] **H** (Works
27.9	*d'Epreuve*] **H** *d'Epreuves*
27.16	*St. Evremond*] **H** *St. Evremont*
27.36	vol.] **H** vls.
28.1	vol.] **H** vls.
28.8	Man] **H** Men
28.18	Darley] **H** Darly
29.13	1808] **H** 1805

ERLÄUTERUNGEN

5.5 145 Leadenhall street] Adresse der Londoner Bankiers John Henry Schröder and Co. – Mit Bleistift geschrieben.

5.6 A. Stenger] Verfasser des Briefs an Marx vom 19. September 1862 (MEGA② III/12. Br. 151).

6.13 *M. Star* 4 Febr. 1864.] Von Marx mit Bleistift geschrieben.

6.2–13 Zeitungsausschnitt aus James E. Thorold Rogers: Land and its Owners. In: The Morning Star, 4. Februar 1864. S. 4/5, hier: S. 5.

6.26 Bright zitiert aus: The Saturday Review of Politics, Literature, Science, and Art. 26. September 1863. S. 411/412.

6.15–7.38 Zeitungsausschnitt aus Mr. [John] Bright and Mr. Scholefield at Birmingham. In: The Morning Star, 27. Januar 1864. S. 2/3. – Marx schneidet aus der Wiedergabe der am 26. Januar 1864 gehaltenen Rede John Brights in Birmingham aus.

8.2–3 Wahrscheinlich aus John Potter: Archæologia Græca, sive veterum Græcorum, præcipue vero Atheniensium, ritus civiles, religiosi, militares et domestici, fusius explicati. T. 1. Venetiis 1702. S. 169/170. Potter: „Duas artes ne exerceto." – Mit Bleistift geschrieben.

8.4–5 Mit Bleistift geschrieben. – J[ohn] R[amsay] McCulloch: A Descriptive and Statistical Account of the British Empire ... Vol. 1. – Marx meinte vermutlich die 3. oder 4. Auflage (London 1847 bzw. London 1854). Dort geht es auf S. 272/273 um die Erhöhung der landwirtschaftlichen Produktivität in Schottland und die Errichtung von Obstgärten.

8.11 Mit Bleistift geschrieben.

8.18 Wie er in seinen Kalender des Jahres 1864 eintrug (siehe S. 48.3), fuhr Marx am 3. Mai nach Manchester zu dem schwer erkrankten Wilhelm Wolff. Eventuell war die Notiz für ein Mitglied der Familie Marx bestimmt, als Bitte, Engels über Marx' Abreise nach Manchester zu telegraphieren.

8.19–20 Mit Bleistift geschrieben.

11.3 F[riedrich] C[hristoph] Schlosser: Weltgeschichte für das deutsche Volk. Bd. 1–19. Frankfurt a. M. 1843–1857. – Von Marx verzeichnet im Brief an Engels vom 18. November 1864 (MEGA② III/13. Br. 30.67), exzerpiert 1881/1882 (IISG, MEN, Sign. B 157–160) und erwähnt in „Vorarbeiten zum zweiten Abschnitt des ‚Anti-Dühring'" (MEGA② I/27. S. 144, 197). – Standort des Originals (Bd. 1–6) mit Marginalien von Marx: SAPMO/Bibl., 54/9526. (MEGA② IV/32. Nr. 1194.)

11.4 Vermutlich Albrecht v. Roon: Grundzüge der Erd-, Völker- und Staatenkunde. Ein Leitfaden für höhere Schulen, zunächst für die Königl. Preußischen Cadetten-Anstalten bestimmt. Berlin 1832.

11.5 Hermann Burmeister: Geschichte der Schöpfung. Eine Darstellung des Entwickelungsganges der Erde und ihrer Bewohner. Für die Gebildeten aller Stände. 5., verb. Aufl. Leipzig 1854. – Standort des Originals: SAPMO/Bibl., Ma 864. (MEGA② IV/32. Nr. 188.)

11.6 Daniel Völter: Lehrbuch der Geographie. 2. verm. u. umgearb. Aufl. der „Elementargeographie". Eßlingen 1859. – Von Marx verzeichnet im Brief an Engels vom 18. November 1864 (MEGA② III/13. Br. 30.77).

11.7 Gustav Moritz Redslob: Thule. Die phönicischen Handelswege nach dem Norden, insbesondere nach dem Bernsteinlande, sowie die Reise des Phytheas von Massilien. Neu nach den Quellen untersucht. Leipzig 1855. – Standort des Originals: SAPMO/Bibl., Ma 902. (MEGA② IV/32. Nr. 1097.)

11.9 Carl Wilhelm Böttiger: Die allgemeine Geschichte für Schule und Haus. Erlangen 1825.

11.10 Ludwig Lange: Römische Alterthümer. Bd. 1. Einleitung und der Staatsalterthümer erste Hälfte. Berlin 1856. – Von Marx verzeichnet im Brief an Engels vom 18. November 1864 (MEGA② III/13. Br. 30.74) und exzerpiert 1879/1880 (IISG, MEN, Sign. B 156). – Standort des Originals mit Marginalien von Marx: RGASPI, Sign. f. 1, op. 1, d. 6497. (MEGA② IV/32. Nr. 723.)

11.11 Theodor Mommsen: Römische Geschichte. Bd. 1–3. 2. Aufl. Berlin 1856–1857. – Von Marx erwähnt im Brief an Engels vom 23. April 1857 (MEGA② III/8. S. 108), verzeichnet im Brief an Engels vom 18. November 1864 (MEGA② III/13. Br. 30.72), erwähnt und zitiert im Manuskript zum dritten Buch des „Kapital" (MEGA② II/4.2. S. 398, 456, 648, 728) und im ersten Band des „Kapital" (MEGA② II/5. S. 120, 123; II/6. S. 184, 186; II/7. S. 136, 139; II/8. S. 183, 186; II/9. S. 145, 148; II/10. S. 153, 156) sowie erwähnt zwischen Ende 1880 und Anfang 1882 im Konspekt zu Lewis Henry Morgan: Ancient Society ... London 1877 (IISG, MEN, Sign. B 162).

11.12 Aug[ust] Friedr[ich] Pott: Die Ungleichheit menschlicher Rassen hauptsächlich vom sprachwissenschaftlichen Standpunkte, unter besonderer Berücksichtigung von des Grafen von Gobineau gleichnamigem Werke. Mit einem Ueberblicke über die Sprachverhältnisse der Völker. Ein ethnologischer Versuch. Lemgo, Detmold 1856. – Standort des Originals: SAPMO/Bibl., Ma 933. (MEGA② IV/32. Nr. 1053.)

11.14 G[eorg] F[riedrich] Schoemann: Griechische Alterthümer. Bd. 1.2. Berlin 1855–1859. – Von Marx verzeichnet im Brief an Engels vom 18. November 1864 (MEGA② III/13. Br. 30.73) und exzerpiert im Konspekt zu Lewis Henry Morgan: Ancient Society ... London 1877 (IISG, MEN, Sign. B 162). Von Engels ausgiebig zitiert in „Der Ursprung der Familie, des Privateigentums und des Staats" (MEGA② I/29) und im Brief an Joseph Bloch vom 21./22. September 1890 (MEGA② III/30. S. 469).

11.15 François Arago: Astronomie populaire. T. 1–4. Paris, Leipzig 1854–1857. – Von Marx verzeichnet im Brief an Engels vom 18. November 1864 (MEGA② III/13. Br. 30.79).

11.17 Edward Cheshire: The Results of the Census of Great Britain in 1851. With a Description of the Machinery and Processes Employed to Obtain the Returns. London 1854.

11.18 Vermutlich Carl Oltrogge: Deutsches Lesebuch. Elementar-Cursus. 4., sehr verb. und verm. Aufl. Hannover 1856.

11.21 Fritz Reuter: Olle Kamellen. T. 2. Ut mine Festungstid. Wismar, Ludwigslust 1863. – Von Marx verwendet in Manuskript II zum zweiten Buch des „Kapital" (MEGA② II/11. S. 436.25–27). – Verzeichnet im Katalog der SPD-Bibliothek (Nr. 33771).

11.23 Thucydides: De Bello Peloponnesiaco libri octo. – Titel verzeichnet in der Daniels-Liste (MEGA② IV/5. S. 301.14 l) und von Marx exzerpiert 1859–1863 in Heft VII „Political Economy Criticism of" (IISG, MEN, Sign. A 49 und B 91a) sowie zitiert in „Zur Kritik der politischen Ökonomie ⟨Manuskript 1861–1863⟩" (MEGA② II/3.1. S. 255) und im ersten Band des „Kapital" (MEGA② II/5. S. 298/299; II/6. S. 359/360; II/7. S. 314/315).

11.24 Herodot: Histories Apodeixis. – Titel verzeichnet in der Daniels-Liste (MEGA② IV/5. S. 300.40 l) und von Marx zitiert in „Debatten über Preßfreiheit und Publikation der Landständischen Verhandlungen" (MEGA② I/1. S. 169).

11.25 Titel unbekannt.

12.1 Publius Ovidius Naso: Metamorphoses. – Titel von Marx erwähnt in „Literarische Versuche" (MEGA② I/1. S. 636, 698) sowie zitiert in „Zur Kritik der politischen Ökonomie ⟨Manuskript 1861–1863⟩" (MEGA② II/3. S. 775.17) und im Manuskript zum dritten Buch des „Kapital" (MEGA② II/4.2. S. 843).

12.2 Debierne-Rey (Mme Lisbeth): Dictées de grammaire. Paris 1857–1859.

12.5 Publius Vergilius Maro: Bucolica. – Titel von Marx zitiert in „Herr Vogt" (MEGA② I/18. S. 106.6).

12.5 Publius Vergilius Maro: Aeneis. – Siehe Erl. 13.21.

12.7 Gustav Freytag: Neue Bilder aus dem Leben des deutschen Volkes. Leipzig 1862. – Von Marx verzeichnet im Brief an Engels vom 18. November 1864 (MEGA② III/13. Br. 30.88) sowie zitiert im Manuskript zum ersten Buch des „Kapital" (MEGA② II/4.1. S. 135.7–29) und im ersten Band des „Kapital" (MEGA② II/5. S. 588.38–42, 589.25, 594.37 und Erl.).

12.8 Gustav Freytag: Bilder aus der deutschen Vergangenheit. Th. 1.2. Leipzig 1859.

12.10 Jac[ob] Moleschott: Lehre der Nahrungsmittel. Für das Volk. 3. Aufl. Erlangen 1858. – Von Marx verzeichnet im Brief an Engels vom 18. November 1864 (MEGA② III/13. Br. 30.89).

12.12 Louis Thomas: Die Wunderwerke der alten und neuen Völker. Wanderungen durch die Ruinen der Vergangenheit und die Riesenwerke der Gegenwart. 2. Ausg. Leipzig 1857.

12.13 P[ieter] Harting: Die Macht des Kleinen sichtbar in der Bildung der Rinde unseres Erdballs oder Uebersicht der Gestaltung der geographischen und geologischen Verbreitung der Polypen, Foraminiferen und kieselschaligen Bacillarien. Aus dem Holländischen übers. von A. Schwartzkopf, mit einem Vorworte von M. J. Schleiden. Leipzig 1851. – Von Marx verzeichnet im Brief an Engels vom 18. November 1864 (MEGA② III/13. Br. 30.90).

12.15 L[udwig] Preller: Griechische Mythologie. Bd. 1.2. Leipzig 1854. – Von Marx verzeichnet im Brief an Engels vom 18. November 1864 (MEGA② III/13. Br. 30.75). – Verzeichnet im Katalog der SPD-Bibliothek (Nr. 32062).

12.17 A[ugust] W[ilhelm] Grube: Biographieen aus der Naturkunde, in ästhetischer Form und religiösem Sinne. 2. Aufl. Stuttgart 1851. – Von Marx verzeichnet im Brief an Engels vom 18. November 1864 (MEGA② III/13. Br. 30.91).

12.22 Wilh[elm] Baer: Electricität und Magnetismus. Die Gesetze und das Wirken dieser mächtigen Naturkräfte und ihre Bedeutung für das praktische Leben. Leipzig [1863]. – Von Marx verzeichnet im Brief an Engels vom 18. November 1864 (MEGA② III/13. Br. 30.81).

12.26 G[eorg] Fr[iedrich] Kolb: Grundriss der Statistik der Völkerzustands- und Staatenkunde. Ein Handbüchlein für Jedermann. Leipzig 1862. – Erwähnt im Brief von Engels an Marx vom 15. April 1870 (IISG, MEN, Sign. D 1792).

12.29 Karte der Umgegend von Wiesbaden. Carte des environs de Wiesbaden. Map of Wiesbaden and its environs. Aufgenommen von der Herz. Nassauischen Militairschule Wiesbaden. Hrsg. von H[ermann] Werren und H. Nass. Wiesbaden [ca. 1862].

12.31 Vermutlich Nicolas Hamel: A New Universal French Grammar, Being an Accurate System of French Accidence and Syntax, on a Methodical Plan. A New Ed. London 1825.

12.33 Titel unbekannt.

12.34 Carl Wilhelm Böttiger: Die allgemeine Geschichte von 1815 bis 1852. Ein Buch für's Haus und jeden Gebildeten. Frankfurt a.M., Erlangen 1854.

12.35 Wahrscheinlich Julius Caesar: Commentarii de Bello Gallico. – Titel von Marx exzerpiert zwischen Oktober 1869 und Juni 1870 in Heft XIII (IISG, MEN, Sign. J 39) und erwähnt zwischen Ende 1880 und Anfang 1882 im Konspekt zu Lewis Henry Morgan: Ancient Society ... London 1877 (IISG, MEN, Sign. B 162).

12.37 Max Duncker: Geschichte des Alterthums. Bd. 1–4. Leipzig 1857. – Von Marx verzeichnet im Brief an Engels vom 18. November 1864 (MEGA② III/13. Br. 30.71).

13.1 Georg Christian Raff: Naturgeschichte für Kinder. 16. Aufl. Göttingen 1861. – Erwähnt von Engels im „Anti-Dühring" (MEGA② I/27. S. 478).

13.3 Vermutlich [Marco Polo:] Die Reisen des Venezianers Marco Polo im dreizehnten Jahrhundert. 2. Ausg. Leipzig 1855. – Von Marx verzeichnet im Brief an Engels vom 18. November 1864 (MEGA② III/13. Br. 30.92).

13.5 Wilhelm Kiesselbach: Der Gang des Welthandels und die Entwicklung des europäischen Völkerlebens im Mittelalter. Stuttgart 1860. – Von Marx verzeichnet im Brief an Engels vom 18. November 1864 (MEGA② III/13. Br. 30.93) und erwähnt im Manuskript zum dritten Buch des „Kapital" (MEGA② II/4.2. S. 398). – Verzeichnet im Katalog der SPD-Bibliothek (Nr. 33517).

13.6 Titel unbekannt.

13.8 Friedrich Schoedler: Das Buch der Natur, die Lehren der Physik, Astronomie, Chemie, Mineralogie, Geologie, Physiologie, Botanik und Zoologie umfassend. 6., verm. und verb. Aufl. Braunschweig 1852. – Von Marx verwendet im Manuskript zum dritten Buch des „Kapital" (MEGA② II/4.2. S. 164.1–8 und Erl.) und 1878 exzerpiert (MEGA② IV/26. S. 45–69, 83–94 und 136–138).

13.9 Joh[ann] Müller: Grundriß der Physik und Meteorologie. Für Lyceen, Gymnasien, Gewerbe- und Realschulen, sowie zum Selbstunterrichte. 5. verm. und verb. Aufl. Braunschweig 1856. – Von Marx verzeichnet im Brief an Engels vom 18. November 1864 (MEGA② III/13. Br. 30.80).

13.11 A[ugust] Zachariä: Lehrbuch der Erdbeschreibung in natürlicher Verbindung mit Weltgeschichte, Naturgeschichte und Technologie für den Schul- und Privatunterricht. 7., durchgängig berichtigte, erg. und verm. Aufl. Leipzig 1854.

13.12 Karl Marx: Zur Kritik der politischen Oekonomie. H. 1. Berlin 1859. – Kopie des Originals mit Marginalien von fremder Hand: RGASPI, Sign. f. 1, op. 1, d. 1277. (MEGA② IV/32. Nr. 879.)

13.13 Friedrich Schiller: Sämmtliche Werke. In 12 Bd. Stuttgart, Tübingen 1847. – Von Marx verzeichnet im Brief an Engels vom 18. November 1864 (MEGA② III/13. Br. 30.69). – Verzeichnet im Katalog der SPD-Bibliothek (Nr. 33492).

13.14 Cornelius Nepos. Für Schüler mit erläuternden Anmerkungen von Johannes Siebelis. 3. Aufl. Leipzig 1862.

13.21 Publius Vergilius Maro: Aeneis. – Titel von Marx zitiert in „Bemerkungen über die neueste preußische Zensurinstruktion" (MEGA② I/1. S. 97.5–6), „Literarische Versuche" (ebenda. S. 694.31), „The Western Powers and Turkey" (MEGA② I/13. S. 17.7–8), „Herr Vogt" (MEGA② I/18. S. 281.32, 290.6, 312.41–42), „Grundrisse" (MEGA② II/1. S. 95, 146), „Zur Kritik der politischen Ökonomie. Erstes Heft" (MEGA② II/2. S. 194), „Zur Kritik der politischen Ökonomie ⟨Manuskript 1861–1863⟩" (MEGA② II/3. S. 187.38), im Manuskript zum ersten Buch des „Kapital" (MEGA② II/4.1. S. 133), im ersten Band des „Kapital" (MEGA② II/5. S. 108, 241, 607; II/6. S. 171, 303, 680; II/7. S. 123, 257, 676), in Manuskript II zum zweiten Buch des „Kapital" (MEGA② II/11. S. 34), in den Briefen an Andreas Stifft vom 6. Mai 1849 (MEGA② III/3. S. 22.2), an Joseph Weydemeyer vom 19. Dezember 1849 (ebenda. S. 51.6), an Engels vom 18. August 1853 (MEGA② III/6. S. 207.16), 28. Oktober 1853 (MEGA② III/7. S. 42.32), 12. Februar 1856 (ebenda. S. 231.16), 3. März 1859 (MEGA② III/9. Br. 195.34–35), 10. Mai 1861 (MEGA② III/11. Br. 297.89), 28. Januar 1863 (MEGA② III/12. Br. 207.124), 29. Mai 1863 (ebenda. Br. 242.50), an Moritz Elsner vom 8. November 1855 (MEGA② III/7. S. 213.15), an Ferdinand Lassalle vom 31. Mai 1858 (MEGA② III/9. Br. 87.5) und vom 8. Mai 1861 (MEGA② III/11. Br. 296.5) und an Sophie von Hatzfeldt vom 24. November 1864 (MEGA② III/13. Br. 38.14).

13.24 C[harles] F[rédéric] Franceson: Neues Spanisch-Deutsches und Deutsch-Spanisches Wörterbuch. 3., sehr verm. u. verb. Aufl. Th. 1: Spanisch-Deutsch. Leipzig [1862]. – Verzeichnet im Katalog der SPD-Bibliothek (Nr. 33336).

13.25 F[rançois] A[uguste Marie] Mignet: Histoire de la Révolution Française, depuis 1789 jusqu'en 1814. T. 1.2. Bruxelles, Leipzig, Livourne 1828. – Von Marx verzeichnet im Brief an Engels vom 18. November 1864 (MEGA② III/13. Br. 30.83) und von Engels erwähnt im Brief an F. D. Nieuwenhuis vom 4. Februar 1886. – Standort des möglichen Originals mit Marginalien von Engels: RGASPI, Sign. f. 1, op. 1, d. 6244, 6245. (MEGA② IV/32. Nr. 895.)

13.26 Louis Figuier: L'année scientifique et industrielle, ou exposé annuel des travaux scientifiques, des inventions et des principales applications de la science à l'industrie et aux arts, qui ont attiré l'attention publique en France et à l'étranger. 1. a. Paris 1857. – Von Marx verzeichnet im Brief an Engels vom 18. November 1864 (MEGA② III/13. Br. 30.82). Marx gibt dort an: „3 vls."

13.28 [Dominique Joseph] Mozin, [Adolphe] Peschier: Dictionnaire complet des langues française et allemande. 4. Aufl. Bd. 1–4. Stuttgart 1863. – Von Marx verzeichnet im Brief an Engels vom 18. November 1864 (MEGA② III/13. Br. 30.109). – Verzeichnet im Katalog der SPD-Bibliothek (Nr. 40726–40730).

13.29 William Smith: A Latin-English Dictionary, Based upon the Works of Forcellini and Freund. London 1857. – Von Marx verzeichnet im Brief an Engels vom 18. November 1864 (MEGA② III/13. Br. 30.95).

13.31 Valent[in] Christ[ian] Friedr[ich] Rost: Griechisch-deutsches Schulwörterbuch. Th. 1.2. 2., verb. Ausg. Erfurt, Gotha 1823. – Griechisch-deutsches Wörterbuch für den Schul- und Hausgebrauch. Bd. 1.2. 4., gänzlich umgearb. Aufl. 5. Abdr. Braunschweig 1862. – Von Marx verzeichnet im Brief an Engels vom 18. November 1864 (MEGA② III/13. Br. 30.96).

13.32 C[hristoph] G[ottfried Andreas] Giebel: Die Säugethiere in zoologischer, anatomischer und palaeontologischer Beziehung umfassend dargestellt. Leipzig 1855; 2. Ausg. Leipzig 1859. – Von Marx verzeichnet im Brief an Engels vom 18. November 1864 (MEGA② III/13. Br. 30.97).

13.33 J[ohann] J[akob] Egli: Neue Handelsgeographie. Erdkunde der Waarenerzeugung und des Waarenumsatzes. Ein Abriß für höhere Lehranstalten, sowie ein Hülfsbuch für angehende Kaufleute und zugleich eine Ergänzung zu jedem reingeographischen Lehrbuche. Nebst einer „Kleinen Waarenkunde“ als Anhang. St. Gallen, Leipzig 1862. – Von Marx verzeichnet im Brief an Engels vom 18. November 1864 (MEGA② III/13. Br. 30.84) und erwähnt im Brief an Engels vom 22. August 1865 (MEGA② III/13. Br. 295). – Standort des Originals mit Marginalien von Marx: RGASPI, Sign. f. 1, op. 1, d. 6300. (MEGA② IV/32. Nr. 355.)

13.34 Friedrich von Tschudi: Das Thierleben der Alpenwelt. Naturansichten und Tierzeichnungen aus dem schweizerischen Gebirge. Leipzig 1853. 7., verb. Aufl. 1864. – Von Marx verzeichnet im Brief an Engels vom 18. November 1864 (MEGA② III/13. Br. 30.98).

13.37 Carl Ritter: Europa. Vorlesungen an der Universität zu Berlin gehalten. Hrsg. von H[ermann] A[dalbert] Daniel. Berlin 1863. – Von Marx verzeichnet im Brief an Engels vom 18. November 1864 (MEGA② III/13. Br. 30.85). – Standort des Originals mit Marginalien von wahrscheinlich fremder Hand: RGASPI, Sign. f. 1, op. 1, d. 6291. (MEGA② IV/32. Nr. 1120.)

13.40 Fr[iedrich] E[rnst] Feller, C[arl] G[ustav] Odermann: Das Ganze der kaufmännischen Arithmetik. Für Handels-, Real- und Gewerbschulen, so wie zum Selbstunterricht für Geschäftsmänner überhaupt. 7., verm. und in Folge der im Münz- und Gewichtswesen eingetretenen Veränderungen z.Th. umgearb. Aufl. Leipzig 1859. – Von Marx exzerpiert 1869 (IISG, MEN, Sign. B 113 und B 114) und 1878 (ebenda, Sign. A 101, B 141 und B 142) sowie erwähnt in den Manuskripten zum dritten und zweiten Buch des „Kapital“ (MEGA② II/4.2. S. 386; II/11. S. 33). – Standort des Originals mit Marginalien von Marx: RGASPI, Sign. f. 1, op. 1, d. 6469. (MEGA② IV/32. Nr. 417.)

14.1 Vermutlich: Allgemeine deutsche Bilderfibel. Nordhausen 1848.

14.2 Titel unbekannt.

14.3 Robert Burns: Poetical Works. – Von Marx zitiert im Brief an Engels vom 13. Februar 1865 (MEGA② III/13. Br. 132.71–72).

14.5 Gustav Freytag: Soll und Haben. Roman in 6 Büchern. 6. Aufl. Leipzig 1856. – Von Marx verzeichnet im Brief an Engels vom 18. November 1864 (MEGA② III/13. Br. 30.99).

14.6 Friedrich Jacobs: Hellas. Vorträge über Heimath, Geschichte, Literatur und Kunst der Hellenen. Aus dem handschriftlichen Nachlaß des Verfassers hrsg. von E. F. Wüstemann. Berlin 1852. – Von Marx verzeichnet im Brief an Engels vom 18. November 1864 (MEGA② III/13. Br. 30.94). – Standort des Originals: SAPMO/Bibl., 60/2034. (MEGA② IV/32. Nr. 620.)

14.7 Alexander Adam: Roman Antiquities. 10. Ed., Corr. London 1825. – Titel erwähnt im Konspekt zu Lewis Henry Morgan: Ancient Society ... London 1877 (IISG, MEN, Sign. B 162).

14.10 Friedrich Schiller: Wilhelm Tell.

14.11 [Louis] Mortimer Ternaux: Histoire de la terreur 1792–1794. D'après des documents authentiques et inédits. T. 1.2. Paris 1862. – Von Marx verzeichnet im Brief an Engels vom 18. November 1864 (MEGA② III/13. Br. 30.78). – Verzeichnet im Katalog der SPD-Bibliothek (Nr. 40721, 40722).

14.13 Reinhold Pauli: Bilder aus Alt-England. Gotha, London [etc.] 1860. – Von Marx verzeichnet im Brief an Engels vom 18. November 1864 (MEGA② III/13. Br. 30.100).

14.18 Friedrich August Nösselt: Lehrbuch der Weltgeschichte für Töchterschulen und zum Privatunterricht heranwachsender Mädchen. Th. 1–4. 13., verb. und stark verm. Aufl. Breslau 1862. – Von Marx verzeichnet im Brief an Engels vom 18. November 1864 (MEGA② III/13. Br. 30.76).

14.24 Vermutlich William Martin: A New System of Natural Philosophy on the Principle of Perpetual Motion, with a Variety of other Useful Discoveries. Newcastle 1821.

14.25 Vermutlich August Wilhelm Grube: Charakterbilder deutschen Landes und Lebens für Schule und Haus. 5. Aufl. Leipzig 1854.

14.34 Chambers's Edinburgh Journal. London, Edinburgh 1845–62.

14.40 J[ohannes Adolf] Overbeck: Pompeji in seinen Gebäuden, Alterthümern und Kunstwerken für Kunst und Alterthumsfreunde dargestellt. Leipzig 1856. – Von Marx verzeichnet im Brief an Engels vom 18. November 1864 (MEGA② III/13. Br. 30.101). Titel von Marx 1879–1880 notiert im Exzerptheft „A" (IISG, MEN, Sign. B 156).

15.1 Ernst Guhl, Wilh[elm] Koner: Das Leben der Griechen und Römer. Nach antiken Bildwerken dargestellt ... Berlin 1862. – Von Marx verzeichnet im Brief an Engels vom 18. November 1864 (MEGA② III/13. Br. 30.102).

15.3 Karl Marx: Herr Vogt. London 1860.

15.5 Bernhard Cotta: Geologische Briefe aus den Alpen. Leipzig 1850. – Von Marx verzeichnet im Brief an Engels vom 18. November 1864 (MEGA② III/13. Br. 30.86).

15.6 Eduard Duller: Die Geschichte des deutschen Volkes. 3. Aufl. Berlin 1845. – Von Marx verzeichnet im Brief an Engels vom 18. November 1864 (MEGA② III/13. Br. 30.70).

15.10 Das Buch der Erfindungen, Gewerbe und Industrien. 3. gänzl. umgearb. Aufl. Bd. 1.2. Leipzig 1858. – Von Marx erwähnt im Brief an Engels vom 22. August 1865 (MEGA② III/13. Br. 295).

15.13 Th[eodor] Mommsen: Römische Forschungen. Bd. 1. Berlin 1864. – Standort des Originals mit Marginalien von Marx: SAPMO/Bibl., Ma 525. (MEGA② IV/32. Nr. 906.)

15.21 H[einrich] Barth: Reisen und Entdeckungen in Nord- und Central-Afrika in den Jahren 1849–1855. Im Ausz. bearb. Bd. 1.2. Gotha 1859–1860. – Verzeichnet im Katalog der SPD-Bibliothek (Nr. 32114).

15.25 Titel unbekannt.

15.27 A[ndrew] Bell: Elements of Plane Geometry, According to Euclid, as Improved by Simson and Playfair; with Several New Improvements and Additions. Edinburgh 1836. (Chamber's Educational Course. Ed. by W. and R. Chambers.)

15.29 Clef, ou thèmes traduits d'après la Grammaire comparée de Nicolas Hamel. Rev. et corr. par N. Lambert. Londres 1844.

15.32 Ferdinand Lassalle: Herr Bastiat-Schulze von Delitzsch, der ökonomische Julian, oder: Capital und Arbeit. Berlin 1864. – Titel von Marx erwähnt im Brief an Engels vom 3. Juni 1864 (MEGA② III/12. Br. 357), in „Der ‚Präsident der Menschheit'" (MEGA② I/20. S. 130) und im Vorwort zur ersten Auflage des ersten Bandes des „Kapital" (MEGA② II/5. S. 11). Lassalle hatte Marx schon am 26. April 1857 mitgeteilt, „an einem nationaloeconomischen Product" (MEGA② III/8. S. 390.13–19) schreiben zu wollen. Er erwähnte dieses Projekt erneut in seinem Brief an Marx vom 22. Oktober 1858 (MEGA② III/9. Br. 128.32–37) und in seinem Brief an Engels vom 21. März 1859 (ebenda. Br. 212.10–14). Das geplante Werk „Grundlinien einer wissenschaftlichen National-Oekonomie" kam jedoch nicht zustande, stattdessen schrieb Lassalle „Herr Bastiat-Schulze von Delitzsch". Nach Erscheinen des Pamphlets schrieb Wilhelm Liebknecht Marx darüber am 3. und 10. Juni 1864 (MEGA② III/12. Br. 356.33 und Br. 361.28).

15.38 Vermutlich: Komischer Volkskalender. Hrsg. von Adolf Brennglas [d. i. Adolf Glaßbrenner]. Jg. 4. Berlin [1849]. – Verzeichnet im Katalog der SPD-Bibliothek (Nr. 31783).

15.40 B[onaiuto] del Vecchio: Le Siège de Rome. Récit historique. Genève 1849. – Standort des Originals: SAPMO/Bibl., 57/6659. (MEGA② IV/32. Nr. 1358).

16.1 Vermutlich Théophile Lavallée: Histoire de Paris depuis le temps des Gaulois jusqu'a nos jours. 2. éd. T. 1.2. Paris 1857. – Verzeichnet im Katalog der SPD-Bibliothek (Nr. 40586, 40587). – Möglicherweise notierte Marx „de Chamouny" wegen Lavallées Mitarbeit an Conrad Malte-Brun: Précis de la géographie universelle, deren fünfte Auflage (Paris 1840) Engels 1846/1847 exzerpiert hat (MEGA② IV/5. S. 317–322). La Vallée schrieb dort über das Tal von Chamouny („La Vallée de Chamouny"). (Siehe Th[éophile] Lavallée: Géographie Universelle de Malte-Brun. Entièrement refondue et mise au courant de la Science. T. 3. Paris 1858.

16.5 Adelbert von Chamisso: Peter Schlemihls wundersame Geschichte.

16.9 Julius Caesar: Commentarii de Bello Gallico. – Siehe Erl. 12.35.

16.12 Decimus Junius Juvenalis, Aulius Persius Flaccus: Satyrae.

16.13 Vermutlich Schiefertafel-Bilder zu deutschen Kinderliedern. Nach v. Arnim, Brentano und Simrock. Leipzig [ca. 1852].

16.16 K. F. [von Koeckeritz]: Untersuchungen über die Kriegführung der Römer gegen die Deutschen in den Feldzügen des Cæsar, Drusus, Germanicus und Tiberius. Mit einer Karte des Kriegsfeldes. Mainz 1862.

16.18 Thaddaeus Lau: Lucius Cornelius Sulla. Eine Biographie. Hamburg 1855. – Von Marx verzeichnet im Brief an Engels vom 18. November 1864 (MEGA② III/13. Br. 30.103). – Standort des Originals mit Marginalien von Marx: SAPMO/Bibl., Ma 529. (MEGA② IV/32. Nr. 733.)

16.19 Chambers's Miscellany of Useful Tracts. Vol. 1–20. London 1844–47. – Chambers's Pocket Miscellany. Vol. 1–24. London 1851–53.

16.20 Josef von Auffenberg: Sämmtliche Werke. In 20 Bd. Bd. 1. Enth.: Pizarro, Die Spartaner, Der schwarze Fritz. Siegen, Wiesbaden 1843. – ders.: Dramatische Werke. Bd. 1. Enth.: Pizarro, Die Spartaner oder Xerxes in Griechenland, Victorin. Bamberg, Würzburg 1822.

16.23 Friedrich Wilhelm IV.: Reden Seiner Majestät des Königs Friedrich Wilhelm des Vierten seit Seiner Thronbesteigung. Gesammelt und mit einem Vorworte, sowie mit historischen Einleitungen versehen von Julius Killisch. 2. Aufl. Berlin 1843. – Verzeichnet in der Daniels-Liste (MEGA② IV/5. S. 298.34). – Standort des Orginals: SAPMO/Bibl., 53/4676. (MEGA② IV/32. Nr. 451.)

16.27 Vermutlich [Paul Eduard von] [Müller-]Tellering: Westdeutscher Zeitungsjammer. Düsseldorf 1850. – Von Marx erwähnt im Brief an Eduard von Müller-Tellering vom 12. März 1850 (MEGA② III/3. S. 68). – Standort des Originals: RGASPI, Sign. f. 1, op. 4, d. 205. (MEGA② IV/32. Nr. 927.)

16.28 Ernest Jones: Notes to the People. – Wochenblatt, Organ der Chartisten; erschien von Juni 1851 bis April 1852; redigiert von Ernest Jones; publizierte Artikel von Marx und Engels. Diese unterstützten Ernest Jones 1851–1856 bei der Herausgabe der Wochenblätter „Notes to the People“ und „The People's Paper“. (Ausführlicher siehe MEGA② I/10. S. 705–707; MEGA② I/11. S. 582–604; MEGA② I/12. S. 687–697; MEGA② I/13. S. 645–652.) – Titel erwähnt in den Briefen von Marx an Engels vom 31. Juli 1851 (MEGA② III/4. S. 160) und 4. November 1864 (MEGA② III/13. Br. 21) und an Joseph Weydemeyer vom 1./2. Januar und 20. Februar 1852 (MEGA② III/5. S. 5 und 50). Im Brief an Engels vom 4. November 1864 geht Marx möglicherweise auf die Exemplare aus Wolffs Bibliothek ein: „Durch

Zufall fielen mir ein paar numbers v. E. Jones's ‚Notes to the People' (1851, 1852) wieder in die Hand" (MEGA② III/13. Br. 21.40–41).

16.31 Titel unbekannt.

16.32 Karl Otto-Reventlow: Mnemotechnischer Commentar zur allgemeinen Weltgeschichte. Stuttgart 1861.

16.33 Neue Rheinische Zeitung. Politisch-oekonomische Revue. H. 1–6. London 1850. – Veröffentlicht in: MEGA② I/10.

16.34 Thomas Babington Macaulay: The History of England from the Accession of James the Second. 10. Ed. Vol. 1–5. London 1854–1861. – Von Marx verzeichnet im Brief an Engels vom 18. November 1864 (MEGA② III/13. Br. 30.104), zitiert in „Zur Kritik der politischen Ökonomie ⟨Manuskript 1861–1863⟩" (MEGA② II/3. S. 41, 199/200, 2006, 2299, 2320), im Manuskript zum dritten Buch des „Kapital" (MEGA② II/4.2. S. 654, 659), im ersten Band des „Kapital" (MEGA② II/5. S. 215, 218, 576, 581; II/6. S. 276, 280, 646, 651; II/7. S. 229/230, 233, 634, 640) sowie exzerpiert 1860/1861 (IISG, MEN, Sign. B 96), zwischen Oktober 1869 und Juni 1870 (ebenda, Sign. J 39) und zwischen April und Juni 1870 (ebenda, Sign. J 18).

16.35 H[einrich] Kiepert: Sieben Jahre Preußischer Verfassungsgeschichte erl. durch vergleichende graph. Darstellung der Parteien des Abgeordneten-Hauses von 1855 bis 1862. Berlin 1863. – Standort des Originals: Hochschule für Verwaltungswissenschaften Speyer/Bibl., A II a 246. (MEGA② IV/32. Nr. 671.)

16.37 Alexander von Humboldt: Briefe an Varnhagen von Ense aus den Jahren 1827 bis 1858. Nebst Auszügen aus Varnhagen's Tagebüchern und Briefen von Varnhagen und Andern an Humboldt. Leipzig 1860. – Von Marx bereits 1860 erwähnt in „Public Feeling in Berlin" (MEGA② I/18. S. 414) und im Brief an Nanette Philips vom 24. März 1861 (MEGA② III/11. Br. 261). Ferdinand Lassalle teilte Marx am 11. März 1860 mit, ihm ein Exemplar der zweiten Auflage des Buchs zu schicken (siehe MEGA② III/10. Br. 184.270–280). Lassalle bat Marx, Ferdinand Wolff vorzuschlagen, das Buch ins Französische zu übersetzen. Laut Engels' Aussage im Brief an Lassalle vom 15. März 1860 hat Marx einen Brief an Wolff geschrieben (siehe MEGA② III/10. Br. 188.46). Es ist aber auch möglich, dass Marx das Exemplar von Lassalle selbst behalten hat.

16.38 G[ottfried] Bernhardy: Grundriss der römischen Litteratur. 3. Ausg. Abth. 1. Braunschweig 1855. – Standort des Originals mit Marginalien von Marx: RGASPI, Sign. f. 1, op. 1, d. 6491. (MEGA② IV/32. Nr. 121.)

16.39 Hermann Ewerbeck: L'Allemagne et les Allemands. Paris 1851. – Von Marx bereits erwähnt in den Briefen an Engels vom 13. Oktober 1851 (MEGA② III/4. S. 232) und 23. Februar 1852 (MEGA② III/5. S. 52/53) sowie in den Briefen von Engels an Marx vom 15. Oktober 1851 (MEGA② III/4. S. 235), 2. März 1852 (MEGA② III/5. S. 67) und 25. April 1852 (ebenda. S. 98). – Standort des möglichen Originals mit Marginalien von u. a. Marx: Deutscher Bundestag/Bibl., M/E 9030. (MEGA② IV/32. Nr. 401.)

16.40 H[eymann] Steinthal: Der Ursprung der Sprache, im Zusammenhang mit den letzten Fragen alles Wissens. 2., umgearb. und erw. Ausg. Berlin 1858. – Standort des Originals mit Marginalien von Marx: RGASPI, Sign. f. 1, op. 1, d. 6268. (MEGA② IV/32. Nr. 1274.)

17.2 Fernando Garrido: Das heutige Spanien, seine geistige und äußerliche Entwickelung im 19. Jahrhundert. Deutsch von Arnold Ruge. Leipzig 1863. – Von Marx verzeichnet im Brief an Engels vom 18. November 1864 (MEGA② III/13. Br. 30.87).

17.3 Xenophon: Cyropädie. – Titel von Marx zwischen 1859 und 1863 exzerpiert in Heft VII „Political Economy Criticism of" (IISG, MEN, Sign. A 49 und B 91a) und zitiert in „Zur Kritik der politischen Ökonomie ⟨Manuskript 1861–1863⟩" (MEGA② II/3. S. 255/256), im ersten Band des „Kapital" (MEGA② II/5. S. 299; II/6. S. 360; II/7. S. 315).

17.6 Harriet Beecher Stowe: Uncle Tom's Cabin.

17.7 Titel unbekannt.

17.8 M[atthias] J[acob] Schleiden: Studien. Populäre Vorträge. Leipzig 1855. 2., umgearb. und verm. Aufl. Leipzig 1857. – Von Marx verzeichnet im Brief an Engels vom 18. November 1864 (MEGA② III/13. Br. 30.68).

17.10 Titel unbekannt.

17.14 M[oritz] L[udwig] Frankenheim: Völkerkunde. Charakteristik und Physiologie der Völker. Breslau 1852. – Von Marx verzeichnet im Brief an Engels vom 18. November 1864 (MEGA② III/13. S. 60.105).

17.16 Vermutlich August Petermann (1822–1878). Deutscher Kartograph; Begründer und Redakteur der Zeitschrift „Mitteilungen aus Julius Perthes' geographischer Anstalt".

17.17 [Adolf] Stieler: Hand-Atlas über alle Theile und über das Weltgebäude. Vollst. Ausg. Gotha 1859. – Von Marx verzeichnet im Brief an Engels vom 18. November 1864 (MEGA② III/13. S. 60.106).

17.19 Heinrich Berghaus: Physicalischer Schul-Atlas. Gotha 1850. – Von Marx verzeichnet im Brief an Engels vom 18. November 1864 (MEGA② III/13. Br. 30.107).

17.22 Karl von Spruner: Historisch-geographischer Schul-Atlas. Gotha 1856. 2. Aufl. Gotha 1860. – Von Marx verzeichnet im Brief an Engels vom 18. November 1864 (MEGA② III/13. Br. 30.108).

17.23 *Berghaus u. Stülpnagel*] Heinrich Berghaus (1797–1884) oder Hermann Berghaus (1828–1890), Neffe des ersteren; beide Kartographen. Friedrich von Stülpnagel (1787–1865); Geograph und Kartenzeichner, Mitarbeiter der Perthesschen Geographischen Anstalt, Gotha.

17.24 Titel unbekannt.

17.25 Leipziger Illustrirte Zeitung. Wöchentliche Nachrichten über alle wesentlichen Zeitereignisse, Zustände und Persönlichkeiten der Gegenwart, öffentl. und gesellschaftl. Leben, Wissenschaft und Kunst; [Zusatz wechselt]. Leipzig 1843–; Die Gartenlaube. Illustrirtes Familienblatt. Berlin, Leipzig 1853–.

17.26 Georg Weber: Lehrbuch der Weltgeschichte mit Rücksicht auf Cultur, Literatur und Religionswesen, und einem Abriß der deutschen Literaturgeschichte als Anhang. 8., verb. und erw. Aufl. Bd. 1.2. Leipzig 1859. – Standort des Originals: SAPMO/Bibl., Ma 847. (MEGA② IV/32. Nr. 1403.)

18.5 Vermutlich Johann Heinrich Voß: Homer's Werke. Bd. 1.2.

18.7–8 Mythische und magische Lieder der Ehsten. Gesammelt und hrsg. von Fr. Kreutzwald und H. Neus. St. Petersburg 1854.

18.9 Flore et Blanceflor, altfranzösischer Roman. Hrsg. von Immanuel Bekker. Berlin 1844.

18.12–13 Die alten Liederbücher der Portugiesen oder Beiträge zur Geschichte der portugiesischen Poesie vom 13. bis zum Anfang der 16. Jahrhunderts nebst Proben aus Handschriften und alten Drucken. Hrsg. von Christ[ian] Fr[iedrich] Bellermann. Berlin 1840.

18.27 Spanisches Theater. Hrsg. von August Wilhelm von Schlegel. Bd. 1.2. 2. Ausg. Leipzig 1845.

21.2–3 Franz Ed[uard] Christ[oph] Dietrich: Altnordisches Lesebuch. Aus der skandinavischen Poesie und Prosa bis zum XIV. Jahrhundert zusammengestellt und mit übersichtlicher Grammatik und einem Glossar versehen. Leipzig 1843. – Die 2. Auflage (Leipzig 1864) von Engels 1870 exzerpiert (IISG, MEN, Sign. J 19 und J 16).

21.13 Von Marx gestrichen: *Adrian* (V.) Grundzüge zu einer provenzalischen Grammatik. Frankfurt 1825 3

21.16–17 Blumenlese aus den Werken der Troubadours in den Originalen. Nebst provenzalischer Grammatik und Glossarium. Bearb. und hrsg. von Ed. Brinckmeier. Halle 1849.

21.21 Altdänische Heldenlieder, Balladen und Märchen. Übers. von Wilhelm Grimm. Heidelberg 1811.

21.24 Vermutlich Ferdinand Weckherlin: Beyträge zur Geschichte altdeutscher Sprache und Dichtkunst. Stuttgart 1811. – Es konnte nicht ermittelt werden, warum Marx „–36“ hinzugefügt hat.

21.25 Der Nibelunge Not mit der Klage. In der ältesten Gestalt mit den Abweichungen der gemeinen Lesart. Hrsg. von Karl Lachmann. 3. Aufl. Berlin 1851. – Die erste Auflage im Besitz von Engels. Standort des Originals mit Marginalien von Engels: RGASPI, Sign. f. 1, op. 1, d. 2. (MEGA② IV/32. Nr. 949.)

21.28–29 Lieder der alten Edda. Aus der Handschrift hrsg. und erkl. durch die Brüder Grimm. Berlin 1815.

21.30 Die Edda die ältere und jüngere nebst den mythischen Erzählungen der Skalda übers. und mit Erl. begleitet von Karl Simrock. Stuttgart, Tübingen 1851.

21.37 Wolfram von Eschenbach: Parzival und Titurel. Rittergedichte. Übers. und erl. von K. Simrock. Bd. 1.2. Stuttgart, Tübingen 1842.

22.9 Funkelnde Wandelsterne zum Lobe des besten der Geschöpfe; ein arabisches, insgemein unter dem Nahmen: Gedicht Burde bekanntes Gedicht von Scheïch Ebu Abdullah Mohammed Ben Ssaid Ben Hammad Ben Muhsin Ben Abdullah Ben Ssanhadsch Ben Hilalis-Ssanhadschi, genannt: Bussiri. Übers. und durch Anmerkungen erl. von Vincenz Edlem von Rosenzweig. Wien 1824.

22.10 Bidpai: Calila und Dimna oder die Fabeln Bidpai's. Aus dem Arab. von Philipp Wolff. Bd. 1.2. Stuttgart 1837.

22.11 Muallakat. Die sieben Preisgedichte der Araber ins Deutsche übertr. von Philipp Wolff. Rotweil 1857.

22.12 Von Marx gestrichen, da bereits notiert (siehe S. 18.6): ⌈ *Kalewala.* Nationalepos Finnen. v. A. Schiefner. 2 *Th.*

22.14 Firdusi: Epische Dichtungen aus dem Persischen. Von Adolph Friedrich von Schack. Bd. 1.2. Berlin 1853. – Von Engels erwähnt im Brief an Marx vom 30. Juli 1869 (IISG, MEN, Sign. D 1761).

22.15 Firdusi: Heldensagen. Zum ersten Male metrisch aus dem Pers. übers. nebst einer Einl. über das iranische Epos von Adolph Friedrich von Schack. Berlin 1851. – Von Engels erwähnt im Brief an Marx vom 30. Juli 1869 (IISG, MEN, Sign. D 1761).

22.16 Firdusi: Bischen und Menische. Eine persische Liebesgeschichte. Übers. von Adolph Friedrich von Schack. Berlin 1851. – Von Engels erwähnt im Brief an Marx vom 30. Juli 1869 (IISG, MEN, Sign. D 1761).

22.29 Spanische Dramen. Übers. von C[arl] A[ugust] Dohrn. Th. 1–4. Berlin 1841–1844.

22.31 Die Abenteuer des Simplicissimus. Ein Roman aus der Zeit des dreißigjährigen Krieges. Hrsg. von Eduard von Bülow. Leipzig 1836.

23.1 P. L[ouis] Jacob: Paris ridicule et burlesque au 17. siècle par Claude de Petit, Berthod, Scarron, François Colletet, Boileau, etc. Nouv. éd. Paris 1859.

23.4 Titel unbekannt.

23.22 William B[enjamin] Carpenter: Animal Physiology. New Ed., Thoroughly Rev., and Partly Re-Written. London 1859. – Von Marx erwähnt im Brief an Engels vom 4. Juli 1864 (MEGA② III/12. Br. 375.32–33).

23.24 George Combe: The Constitution of Man. Considered in Relation to External Objects. Boston 1836. – Mit einer Erledigungslinie versehen.

23.28 P. Evers: The Student's Compendium of Comparative Anatomy. Philadelphia 1839. – Mit einem Erledigungsstrich versehen.

23.29 Arthur Hill Hassall: Adulterations Detected, or Plain Instructions for the Discovery of Frauds in Food and Medicine. London 1857. – Die zweite Auflage (London 1861) von Marx zitiert im ersten Band des „Kapital" (MEGA② II/5. S. 127, 193; II/6. S. 190, 253; II/7. S. 142, 206).

23.31 William Lovett: Elementary Anatomy and Physiology, for Schools and Private Instruction; with Lessons on Diet, Intoxicating Drinks, Tobacco, and Disease. 2. Ed. London 1853. – Mit einem Erledigungsstrich versehen.

24.5 William Benjamin Carpenter: A Manual of Physiology, Including Physiological Anatomy. 2. Ed. London 1851. – Mit einem Erledigungsstrich versehen.

24.8 A[lbert] Kölliker: Handbuch der Gewebelehre des Menschen. Für Aerzte und Studirende. Leipzig 1852. – Mit einem Erledigungsstrich versehen. – Von Marx erwähnt im Brief an Engels vom 4. Juli 1864 (MEGA② III/12. Br. 375.33).

24.9 G[aspar] Spurzheim: The Anatomy of the Brain, with a General View of the Nervous System. Transl. from the Unpublished French by R. Willis. London 1826. – Mit einem Erledigungsstrich versehen. – Von Marx erwähnt im Brief an Engels vom 4. Juli 1864 (MEGA② III/12. Br. 375.33–34).

24.10 Th[eodor] Schwann: Microscopical Researches into the Accordance in the Structure and Growth of Animals and Plants. Transl. from the German by Henry Smith. London 1847. Rückent.: Schwann und Schleiden's Researches. Enth.: M[atthias] J[acob] Schleiden: Contributions to Phytogenesis Transl. from the German by Henry Smith. – Mit einem Erledigungsstrich versehen. – Von Marx erwähnt im Brief an Engels vom 4. Juli 1864 (MEGA② III/12. Br. 375.34). – Standort des Originals mit Marginalien von Marx: RGASPI, Sign. f. 1, op. 1, d. 6292. (MEGA② IV/32. Nr. 1219.)

24.11 Robert Bunsen: Gasometry. Comprising the Leading Physical and Chemical Properties of Gases. Transl. by Henry E. Roscoe. London 1857. – Mit einem Erledigungsstrich versehen.

24.13 Mit Bleistift geschrieben.

24.18 Charles Churchill: Poems. To which is Added, the Life of the Author. 4. Ed. Vol. 1.2. London 1769. – Mit einer Erledigungslinie versehen.

24.33–34 George Roberts: The Social History of the People of the Southern Counties of England in Past Centuries; Illustrated in Regard to Their Habits, Municipal Bye-Laws, Civil Progress, etc. London 1856. – Titel erwähnt von Marx im ersten Band des „Kapital" (MEGA② II/5. S. 579; II/6. S. 649/650; II/7. S. 638/639). – Standort des Originals: SAPMO/Bibl., Ma 551. (MEGA② IV/32. Nr. 1122.)

24.35–36 The Dramatic Works of Ben Jonson, and Beaumont and Fletcher: The First Printed from the Text, and with the Notes of Peter Whalley and George Colman. Vol. 1–4. London 1811.

25.9 Luis de Camoëns: The Lusiad: or, the Discovery of India. An Epic Poem. Transl. from the Original Portug. by William Julius Mickle. 3. Ed. Vol. 1.2. London 1798. – Mit einer Erledigungslinie versehen. – Titel von Marx und Engels verwendet in „Deutsche Ideologie“ (MEGA② I/5. S. 484/485).

25.9 Von Marx gestrichen: ⌈ 177) Chaucer

25.10 Edmund Gibson: Chronicon saxonicum. Oxonii 1692.

25.12 Wahrscheinlich Augustus De Morgan: Trigonometry and Double Algebra. London 1849.

25.19 T[homas] G[rainger] Hall: A Treatise on the Differential and Integral Calculus, and the Calculus of Variations. 3. Ed., Altered and Enl. Cambridge, London 1841. – Standort des Originals mit Marginalien und eigenen Berechnungen von Marx: RGASPI, Sign. f. 1, op. 1, d. 6480. (MEGA② IV/32. Nr. 531.)

25.20 David Hume: Essays and Treatises on Several Subjects. A New Ed. Vol. 1.2. Edinburgh 1817. – Eine frühere Ausgabe (Dublin 1779) im Besitz von Marx (Standort des Originals mit Marginalien von Marx: RGASPI, Sign. f. 1, op. 1, d. 6449 (MEGA② IV/32. Nr. 333)). – Titel von Marx exzerpiert 1851 (MEGA② IV/7. S. 496–499), 1856 (IISG, MEN, Sign. B 75) und 1859–1863 (ebenda, Sign. B 91A) sowie erwähnt in: „Vorarbeiten zum zweiten Abschnitt des ‚Anti-Dühring‘“ (MEGA② I/27. S. 132 passim), „Zur Kritik der politischen Ökonomie. Erstes Heft“ (MEGA② II/2. S. 220–222), „Zur Kritik der politischen Ökonomie ⟨Manuskript 1861–1863⟩“ (MEGA② II/3. S. 1891, 2120–2122), im Manuskript zum dritten Buch des „Kapital“ (MEGA② II/4.2. S. 448), im ersten Band des „Kapital“ (MEGA② II/5. S. 82; II/6. S. 146; II/7. S. 97) sowie im Brief an Engels vom 7. März 1877 (RGASPI, Sign. f. 1, op. 1, d. 3800).

25.33–35 English Translations from Ancient and Modern Poems by Various Authors. Ed. by Alexander Chalmers. Vol. 1–3. London 1816.

26.1 Titel unbekannt.

26.4 Charles Lamb: Specimens of English Dramatic Poets, Who Lived About the Time of Shakespeare. With Notes. London 1808.

26.5 Thomas Hawkins: The Origin of the English Drama, Illustr. in its Various Species, viz. Mystery, Morality, Tragedy, and Comedy, by Specimens from Our Earliest Writers: with Explan. Notes by Thomas Hawkins. Vol. 1–3. Oxford 1773.

26.9 G[eorge] R[ichardson] Porter: The Progress of the Nation, in its Various Social and Economical Relations, from the Beginning of the 19th Century. A New Ed. London 1847. – Die dritte Auflage (London 1851) von Marx bibliographisch erfasst im Notizbuch Mai 1864 bis Mitte des Jahres 1865 (S. 73.10), exzerpiert im „Notizbuch zur Internationalen Arbeiterassoziation“ (siehe S. 74–76), erwähnt in „Das Komitee zu Newcastle upon Tyne“ (MEGA② I/14. S. 714–716) und verwendet in „Value, Price and Profit“ (MEGA② I/20. S. 153). – Standort des Originals mit Marginalien von wahrscheinlich fremder Hand: SAPMO/Bibl., 51/5299. (MEGA② IV/32. Nr. 1050.)

26.11 Adam Smith: An Inquiry into the Nature and Causes of the Wealth of Nations ... Ed. by Edward Gibbon Wakefield ... A New Ed. In 4 Vol. London 1843.

26.29 A Complete Edition of the Poets of Great Britain. Ed. by Robert Anderson. Vol. 1–13. London 1792–1795.

26.30–31 The Works of Gianutio, and Gustavus Selenus, on the Game of Chess. Transl. and Arran. by J. H. Sarratt. Vol. 1.2. London 1817.

26.33 [Mademoiselle d’Albert:] Les confidences d’une jolie femme. Pt. 1–4. Amsterdam, Paris 1775.

27.6 Romancero e historia del Muy Valeroso Caballero. El Cid Ruy Diaz de Vibar, en lenguage antiguo, recopilado por Juan de Escobar. Madrid 1747.

27.9 [Friedrich Christoph Jonathan Fischer:] Les nuits d’épreuve des villageoises allemandes avant le mariage. Dissertation sur un usage singulier. Trad. de l’allemand et accomp. de notes et d’une postface. Paris 1861.

27.31 John Stuart Mill: Principles of Political Economy. With Some of Their Applications to Social Philosophy. In 2 Vol. London 1848.

27.32 Herodotus: The History. A New Engl. Version, Ed. with Notes and App., Illustr. the History and Geography of Herodotus, by George Rawlinson. In 4 Vol. London 1858–1860.

28.7 W[illiam] R[obert] Grove: On the Correlation of Physical Forces: Being the Substance of a Course of Lectures Delivered in the London Institution, in the Year 1843. London 1846. – Von Marx erwähnt in den Briefen an Lion Philips vom 17. August 1864 (MEGA② III/12. Br. 396.42–50) und an Engels vom 31. August 1864 (ebenda. Br. 402.29–33) sowie zitiert im ersten Band des

„Kapital“ (siehe Erl. 327.4). Die 4. Auflage (London 1862) verzeichnet im Katalog der SPD-Bibliothek (Nr. 41316).

28.8 Charles Lyell: The Geological Evidences of the Antiquity of Man. With Remarks on Theories of the Origin of Species by Variation. London 1863. – Titel erwähnt in den Briefen von Engels an Marx vom 8. April 1863 und 20. Mai 1863 (MEGA② III/12. Br. 226.44–54, 240.25–34). – Standort des Originals mit Marginalien von Marx: RGASPI, Sign. f. 1, op. 1, d. 6286. (MEGA② IV/32. Nr. 812.)

28.13–15 The Dramatic Works of Wycherley, Congreve, Vanbrugh, and Farquhar. With Biographical and Critical Notes by Leigh Hunt. London 1840.

28.21 Robert Greene, George Peele: The Dramatic and Poetical Works. With Memoirs of the Authors and Notes by Alexander Dyce. London 1861.

28.27 Achilles Tatius: Les amours de Clitophon et de Leucippe. Trad. libre du grec, avec des notes par D. D. La Haye 1735.

28.34 J[ean]-B[aptiste] Drouet de Maupertuy: La femme faible, où l'on représente les dangers auquels les femmes s'exposent par un commerce fréquent et assidu avec le hommes, par Mme de S. Amsterdam 1755.

28.37 Vermutlich [Patrick Delany:] Reflections upon Polygamy, and the Encouragement Given to that Practice in the Scriptures of the Old Testament. London 1737.

30.2–11 Mit Bleistift geschrieben.

31.2–9 Mit Bleistift geschrieben.

31.11–16 Von fremder Hand mit Bleistift geschrieben.

ENTSTEHUNG UND ÜBERLIEFERUNG

Das vorliegende Notizbuch enthält mit Bleistift geschriebene Berechnungen über das Verhältnis der Mehrwertrate zur Profitrate (Ms-S. [54]–[69], [72], [76]/[77]), die Marx zum Teil im dritten Buch des „Kapital" für das erste Kapitel „Verwandlung von Mehrwert in Profit" verwendet hat, das vermutlich in der ersten Hälfte des Jahres 1865 geschrieben wurde (siehe MEGA② II/4.2. S. 35.27–36.6, 92.28–93.10, 101.16). Hier behandelt Marx bereits vor einer Bemerkung in seinem Handexemplar der zweiten deutschen Ausgabe des ersten „Kapital"-Bandes (siehe MEGA② II/8. S. 591.37–41) Fälle, in denen mit dem Steigen der Wertzusammensetzung des Kapitals auch die Profitrate steigen würde (siehe S. 39–41). Ähnliche Rechnungen führte Marx auch in den Manuskripten zum zweiten und dritten Buch des „Kapitals" von 1867/1868 durch (siehe MEGA② II/4.3).

Das Notizbuch enthält außerdem „Bibliographische Notizen zu klassischer Literatur" (Ms-S. [50]/[51]), „Bibliographische Notizen zu Parlamentsberichten" (Ms-S. [148]) und eine weitere bibliographische Angabe (Ms-S. [78]); mit Bleistift geschriebene mathematische Notizen (Ms-S. [48]/[49]); kurze Auszüge aus einem Artikel „The Morning Advertiser", 24. August 1864, S. 4 (Ms-S. [167]/[168]) über die Entlohnung ungelernter Arbeiter und die Anzahl der Hungertoten in London; Wohnadressen und Notizen zu finanziellen Ausgaben (Ms-S. [0a]/[0b], [45]/[46], [52], [67], [71], [79], [150]–[155]), insbesondere der Erbschaft von Wilhelm Wolff (Ms-S. [156]–[162]). Wolff war am 9. Mai 1864 verstorben und hatte Marx den Großteil seines Vermögens vermacht. (Siehe Entstehung und Überlieferung S. 889/900 und S. 931.) Marx führt hier Buch über den Eingang einer Teilsumme von „235£ aus lupe's Nachlaß" (S. 58.3) in zwei Raten am 9. und 10. Juni und die Ausgabe des Geldes in den folgenden Wochen. Insgesamt erhielt Marx rund 824 Pfund Sterling aus dem Erbe Wolffs (siehe MEGA② III/13. Br. 180.53). Weitere Raten folgten Anfang Juli und am 9. November 1864 (siehe ebenda. Br. 183) sowie am 14./15. März 1865 (siehe ebenda. Br. 186 und 192.6). Diese Summe konnte er durch den Verkauf der Bücher aus Wolffs Bibliothek vergrößern, die dieser ihm ebenfalls vermacht hatte (siehe Entstehung und Überlieferung S. 889–893).

Auf Ms-S. [45]–[149] folgt ein vorgedruckter Notizkalender mit den Datumsangaben für jeden Tag des Jahres 1864 (siehe Abb. S. 48/49). Von 2. Mai bis 29. Dezember hat Marx „Notizen zu Ereignissen des Jahres 1864" in den Kalender eingetragen (Ms-S. [80]–[149]), die u. a. Krankheit und Tod von Wilhelm Wolff, den Tod von Ferdinand Lassalle, Engels' Aufenthalt in London sowie Marx' Brief-Korrespondenz betreffen.

Zeugenbeschreibung

H *Originalhandschrift:* RGASPI, Sign. f. 1, op. 1, d. 1737.

Beschreibstoff: In Leder gebundenes Notizbuch mit Verschluss und Bleistifttasche im Taschenformat aus elf im Falz mit weißen Fäden gehefteten Lagen. Auf dem hinteren Deckel ein Täschchen angebracht. Jede Lage bestehend aus vier Bogen (= 8 Blatt = 16 Seiten). Erstes und zweites Blatt der ersten Lage sowie siebtes und achtes Blatt der elften Lage sind mit dem vorderen bzw. hinteren gelben Vorsatz zusammengeklebt. Insgesamt 84 Blatt (= 168 Seiten) weißen, festen, unlinierten Papiers ohne Wasserzeichen. Format des vorderen Umschlags (mit Verschluss) 125 mm × 86 mm; des hinteren Umschlags 58 mm × 86 mm; Format der Bogen 112 mm × 85 mm, gefaltet auf 56 mm × 85 mm.

Zustand: Einband und Täschchen auf dem Umschlag beschädigt, Heft vom Einbanddeckel getrennt, die letzten sechs Blatt (S. [159] bis zur ersten Seite des hinteren Vorsatzes) von den vorhergehenden getrennt. Teilweise verwischte Notiz „46 Harding." auf der zweiten Seite des vorderen Vorsatzblattes. Papier leicht vergilbt. Sonst gut erhalten, keine Textverluste.

Schreiber: Karl Marx, Jenny Marx (Frau) (Bleistiftnotizen auf S. [45]), Eleanor Marx (auf S. [0b] und [169]), fremde Hand (auf S. [0b], [7], [46], [67] und [123]).

Schreibmaterial: Bleistift und schwarze, jetzt bräunlich verfärbte Tinte.

Beschriftung: Zwei Bleistiftnotizen von fremder Hand auf der zweiten Seite des vorderen Vorsatzblattes (S. [0a]): „From Marie Schwabe 24 December. 63." und „46 Harding." Rückseite dieses Blattes (S. [0b]) hauptsächlich von Marx mit Bleistift beschrieben, enthält auch eine Zeichnung eines Mädchens, die wahrscheinlich von Eleanor Marx angefertigt wurde. Titelseite (S. [1]) mit gedrucktem Text: „HARWOOD'S DIAMOND DIARY; with An Almanack, for 1864; being bissextile, or leap year. London: – Alex$^{r.}$ Cowan & Sons, 77; Cannon Street, West." S. [2]–[44] sind die gedruckten Seiten des „Almanack". Auf S. [45]–[149] folgt ein vorgedruckter Notizkalender mit den Tagesdaten und Wochentagen für das ganze Jahr 1864; auf S. [151]–[162] befinden sich vorgedruckte Monatsnotiztafeln von „January, 1864" bis „December, 1864"; S. [163]–[166] enthalten die gedruckten Annoncen der Veröffentlichungen des „Harwood's" Verlags.

S. [163]–[166]: gedruckte Seiten des „Almanack".

S. [73]–[75], [81], [84], [87], [96]–[108], [110]/[111], [121]/[122], [124]–[127], [131], [133]–[137]: leer.

S. [46], [52], [56], [112], [152], [144]: zur Hälfte mit Bleistift.

S. [70], [78], [80], [93], [95], [115], [119], [145]: zu einem Drittel mit Tinte bzw. Bleistift.

S. [71], [79], [89], [90]/[91], [109], [117], [139]: zu zwei Dritteln mit Tinte bzw. Bleistift.

S. [48], [58], [116], [118], [148]: zu drei Vierteln mit Tinte bzw. Bleistift.

S. [82]/[83], [86], [120]: eine Zeile mit Bleistift.

S. [85], [94]: zwei Zeilen mit Bleistift.
S. [88], [153]: drei Zeilen mit Bleistift.
Alle anderen Seiten vollständig mit Tinte bzw. Bleistift beschrieben.
S. [0a]: zwei Notizen von fremder Hand.
S. [0b]: Zeichnung eines Mädchens von fremder Hand (wahrscheinlich von Eleanor Marx)
S. [7]: eine Notiz von fremder Hand („79 Porter Str.").
S. [45]: vollständig mit Bleistift von Jenny Marx (Frau).
S. [52]/[53]: Berechnungen von fremder Hand.
S. [67]: ein Notiz von fremder Hand.
S. [123]: mit Bleistift von fremder Hand.
S. [169]: Zeichnung eines Mädchens von fremder Hand (wahrscheinlich von Eleanor Marx) mit Unterschrift „Miss Eleanor".
S. [128]–[130], [132]: je ein Kreuz mit Tinte gesetzt.
S. [47]: zwei Berechnungen und eine Sinuskurve.
S. [140]: eine Divisionsrechnung und einige Zahlen.
S. [141]: eine Divisionsrechnung.
S. [142]: eine Berechnung und Zahlen in fallender Progression.
S. [145]: eine Subtraktionsrechnung.
S. [162]: quer Zahlen, Zahlenreihen und eine Gleichung.
S. [168]: Divisionsrechnungen.
S. [169]: zwei Bruchzahlen.
Deutsche und lateinische Schrift.
Paginierung: Keine Paginierung von Marx.
Vermerke fremder Hand: auf allen Blättern Archivstempel des IMĖL mit Zählung, S. [104]/[105] haben die Paginierung des IMĖL mit Bleistift („164/106"/„164/107").

Hinweise zur Edition

Das Notizbuch wird hier erstmals veröffentlicht.

KORREKTURENVERZEICHNIS

35.9	*Witte*] **H** *Witt*
38.5	p′] **H** p
38.8	je] **H** um so
41.13	1500] **H** 150
48.24	Letztren] **H** Letzren
52.28	Deutsch.] **H** Deutsch
52.37	(London).] **H** . (London

ERLÄUTERUNGEN

32.2 Von fremder Hand, wahrscheinlich von Jenny Marx (Frau) mit Bleistift geschrieben.

32.2–3 Von fremder Hand mit Bleistift geschrieben.

32.7 *Mama*] Jenny Marx (Frau).

32.10 ἁπλῷ λόγῳ πάντας ἐχθαίρω τοὺς θεοὺς] Mit einem Wort, ganz hass' ich all' und jeden Gott (gr.) – Bekenntnis des Prometheus. Von Marx zitiert in seiner Dissertation „Differenz der demokritischen und epikureischen Naturphilosophie nebst einem Anhange" (MEGA② I/1. S. 14.33).

32.4–11 Mit Bleistift geschrieben.

32.12 Von fremder Hand mit Bleistift geschrieben.

32.13–21 Von Jenny Marx (Frau) mit Bleistift geschrieben.

32.22–26 Mit Bleistift geschrieben.

32.27–28 Von fremder Hand mit Bleistift geschrieben.

35.3–11 Mit Bleistift geschrieben.

35.5 Spanisches Theater. Hrsg. von W. A. v. Schlegel. Besorgt von Böcking. Bd. 1.2. Leipzig 1846.

35.9 Vermutlich Karl Witte: Dante und die italienischen Fragen. Ein Vortrag gehalten im März 1861. Halle 1861.

35.10 Miguel de Cervantes Saavedra: Der sinnreiche Junker Don Quixote von la Mancha. Übers. von D[ietrich] W[ilhelm] Soltau. Bd. 1–4. Königsberg 1800.

35.11 Dante Allighieri: La divina commedia. Ricorretta sopra quattro dei più autorevoli testi a penna da Carlo Witte. Berlino 1862.

37.8 Von Marx gestrichen: a – b – x = δ – x

37.4–17 Siehe Marx' Manuskript zum dritten Buch des „Kapital" (MEGA② II/4.2. S. 35.27–36.6).

38.1–7 Von Marx verwendet im Manuskript zum dritten Buch des „Kapital" (MEGA② II/4.2. S. 92.28–93.10).

38.11 Von Marx verwendet im Manuskript zum dritten Buch des „Kapital" (MEGA② II/4.2. S. 92.32–93.1).

40.12–13 Von Marx verwendet im Manuskript zum dritten Buch des „Kapital" (MEGA② II/4.2. S. 101.16).

42.2 Von fremder Hand mit Bleistift geschrieben.

43.8 Von Marx gestrichen: $c + v + \delta + \frac{\delta c}{v} - v - \delta - c = x$

44.2–6 Mit Bleistift geschrieben.

45.14 2400] Von Marx gestrichen: $+ \frac{1}{24}\frac{100}{240}$

47.2–3 W[illiam] N[assau] Molesworth: Plain Lectures on Astronomy. 2. Ed. London 1864. – Mit William Nassau Molesworth korrespondierte Marx im August 1865 (siehe MEGA② III/13. Br. 296 und 297).

47.4–6 Mit Bleistift geschrieben.

48.2–13 Ms-S. [80]–[89] mit Bleistift geschrieben.

48.2 Siehe Engels an Marx, 2. Mai 1864 (MEGA② III/12. Br. 331.20–21).

48.2–5 Siehe Entstehung und Überlieferung S. 889/900.

48.8–9 Zwei Solinger Arbeiter, Friedrich Wilhelm Moll und Julius Melchior, flüchteten vor der Polizei nach England und besuchten Marx in London mit einem Vorstellungsbrief von Carl Klings (siehe Marx an Engels, 3. Juni 1864 (MEGA② III/12. Br. 357)). Mit Unterstützung von Marx, der ihnen Geld gab (siehe S. 48.24 und 58.10) und den Kontakt zum New Yorker Arzt Abraham Jacobi vermittelte, flüchteten sie anschließend in die Vereinigten Staaten (siehe Friedrich Wilhelm Moll und Julius Melchior an Marx, September 1864 (MEGA② III/12. Br. 424)).

48.10 *Brief an Engels*] Marx an Engels, 3. Juni 1864 (MEGA② III/12. Br. 357).

48.11 Wisch v. Kertbeny aus Brüssel] Nicht überlieferter „Offener Brief“ von Károly Mária Kertbeny, eine zur Veröffentlichung vorgesehene Antwort an Lajos Kossuth (siehe MEGA② III/12. Br. 322.12–73).

48.11–12 Necrolog v. lupus bis Bresl. Z.).] [Moritz Elsner:] Kasematten-Wolff. In: Rheinische Zeitung. Düsseldorf. Nr. 145, 26. Mai 1864. 2. Blatt, S. 1. Rubrik: Feuilleton. Die Beilage ist nicht überliefert. Der Artikel war der „Breslauer Morgen-Zeitung“ entnommen.

48.12–13 Rh. Z. Nummer über feudalen Socialism.] Feudaler Socialismus. In: Rheinische Zeitung. Düsseldorf. Nr. 149, 30. Mai 1864. S. 1. Die Beilage ist nicht überliefert.

48.14–15 Siehe MEGA② III/12. Br. 355. Eines der Fotos von Wolff in: MEGA② III/12. S. 1303.

48.16–17 Brief v. bis same day] Mit Bleistift geschrieben.

48.16–17 Brief bis lupus.] Die beiden Briefe sind nicht überliefert. Liebknecht bedankte sich in seinem Brief vom 10. Juni 1864 für das Porträt von Wolff. Siehe MEGA② III/12. Br. 361.

48.17 with Photogramm of lupus] Mit Tinte geschrieben.

48.17–18 Sent to bis Photogr.] Mit Bleistift geschrieben. – Das Foto in: MEGA② III/12. S. 555. Siehe auch ebenda Erl. 359.7.

48.19 Mit Bleistift geschrieben – Der Brief von Marx an Engels vom 7. Juni 1864 in: MEGA② III/12. Br. 359.

48.20–51.1 Ms-S. [91] mit Tinte geschrieben.

48.22 Es handelt sich um die erste Teilsumme des Erbes von Wilhelm Wolff, die Marx offenbar in zwei Raten erhalten hat. Insgesamt erhielt Marx rund 824 Pfund Sterling aus dem Erbe Wolffs (siehe MEGA② III/13. Br. 180). Weitere Raten folgten Anfang Juli und am 9. November 1864 (siehe ebenda. Br. 183.3–6) sowie am 14./15. März 1865 (siehe ebenda. Br. 330, 339).

48.22–23 Siehe MEGA② III/13. Br. 362.

48.24 Letter v. Klings an die beiden Solinger.] Carl Klings an Friedrich Moll und Julius Melchior, 27. Mai 1864 (MEGA② III/12. S. 1311/1312).

48.24 Letztren 2£ gegeben.] Siehe Erl. 48.8–9 und MEGA② III/12. Br. 365.

48.24–25 Ein Brief an Dr Jacobi in New York.] Marx sprach gegenüber Engels davon, Moll und Melchior einen Brief für Abraham Jacobi mitzugeben (siehe MEGA② III/12. Erl. 365.17). Aus dem Brief von Friedrich Wilhelm Moll und Julius Melchior vom September 1864 an Marx geht nicht hervor, dass die beiden einen Brief übermittelt hätten. Sie betonen hingegen, Jacobi die Wohnadresse von Marx übermittelt zu haben. (Siehe MEGA② III/12. Br. 424.33.)

51.2–21 Ms-S. [92]–[113] mit Tinte geschrieben.

51.5 *Offley's Port*] Offley Port Vintage wine.

51.12–13 Siehe Edward Baines: Speech on Moving the 2. Reading of the Borough Franchise Bill, in the House of Commons, on the 10th April, 1861. London [1861].

51.18 *G.* 2 *Gr.* 3] Der Sinn dieser Aufzeichnungen ist unbekannt.

51.18 Die ab diesem Eintrag notierten Ereignisse fanden nicht an den Daten statt, unter denen Marx sie vermerkte.

51.22 Mit Bleistift geschrieben.

51.23–24 Mit Tinte geschrieben. Ferdinand Lassalle starb am 31. August 1864.

51.25–33 Ms-S. [115]–[117] mit Bleistift geschrieben.

51.34–37 Mit Tinte geschrieben.

51.34 Brief an Gräfin Hatzfeldt.] Marx an Sophie von Hatzfeldt, 12. September 1864 (MEGA② III/12. Br. 413).

51.34–35 *Brief v. Liebknecht.*] Nicht überlieferter Brief.

51.35 *Antwort an Liebknecht.*] Nicht überlieferter Brief. Siehe Liebknechts Antwort an Marx vom 16. September 1864 (MEGA② III/12. Br. 415). Nach dem Tod Lassalles wurde Bernhard Becker testamentarisch zu dessen Nachfolger für die Präsidentschaft des Allgemeinen Deutschen Arbeitervereins erklärt. Liebknecht zufolge befürwortete auch Becker eine Präsidentschaft Marx' (ebenda). Die Wahl sollte im November stattfinden; Liebknecht bat Marx am 2. September (MEGA② III/12. Br. 406) und Anfang Oktober (MEGA② III/13. Br. 3) um dessen Kandidatur.

51.38 Mit Bleistift geschrieben und durch eine Linie mit der Eintragung zu Montag, 12. September, verbunden.

52.1–3 Ms-S. [119]/[120] mit Bleistift geschrieben.

52.4 Von fremder Hand mit Bleistift geschrieben.

52.5–6 Mit Tinte geschrieben.

52.5 Marx erhielt die Wohnadresse Bakunins von Friedrich Leßner, der sie Marx am 26. Oktober 1864 anbot (siehe MEGA② III/13. Br. 13).

52.6 William Randall Cremer an Marx, 17. Oktober 1864. In: MEGA② III/13. Br. 8.

52.7–16 Ms-S. [128]–[138] mit Tinte geschrieben.

52.15 Vermutlich Henriëtte (Jettchen) van Anrooij, Ehefrau von Antonie Johann Wouter van Anrooij, Tochter von Lion Philips.

52.17–19 Mit Bleistift geschrieben.

52.20–21 Mit Tinte geschrieben – [Karl Marx:] Address and Provisional Rules of the Working Men's International Association, established September 28, 1864, at a public meeting held at St. Martin's Hall, Long Acre, London. [London] 1864. (MEGA② I/20. S. 3–15.) Marx vermerkt hier den Versand der „Address" an Louis Kugelmann am 29. November 1864 (siehe auch MEGA② III/13. Br. 45) und die Redaktion der „New-York Daily Tribune". Überliefert ist ferner der Versand der Schrift an Engels (MEGA② III/13. Br. 28),

William Randall Cremer (MEGA② III/13. Br. 49) und Ernest Jones (MEGA② III/13. Br. 50).

52.22–31 Mit Bleistift geschrieben.

52.25–31 Diese Notizen beziehen sich auf die Konferenz von London zur Beendigung des Deutsch-Dänisches Kriegs von 1864. Nach dem Tod des dänischen Königs im November 1863 trat eine von der internationalen Konferenz in London 1852 festgelegte neue Thronfolge in Kraft, nach der Dänemark und die beiden Herzogtümer vom gleichen Herrscherhaus regiert werden sollten. Die nationale Schleswig-Holstein-Bewegung, die sich nun besonders in den deutschen Mittelstaaten entfaltete, brachte eine starke politische Belebung in Deutschland, und Prinz Friedrich von Schleswig-Holstein-Sonderburg-Augustenburg erhob den in seinen Augen „legitimen" Anspruch, rechtmäßiger Herzog von Schleswig und Holstein zu sein. Marx und Engels diskutierten die Ereignisse mehrmals in ihrem Briefwechsel (siehe MEGA② III/12).

52.25 (an Prinz *Augustenburger Lob*)] Wahrscheinlich [Frederick L. Weinmann:] The Right of Succession in Denmark and Schleswig-Holstein, and the Treaty of London of 8th May, 1852: Being the Substance of a Letter Addressed, on the 26th January, 1864, to John Bright. With an App. London, Liverpool 1864. – Weinmann, der auf dem Titelblatt als „A German Resident in Liverpool" vorgestellt wird, ergreift in dieser Schrift Partei für den Anspruch von Prinz Friedrich von Schleswig-Holstein-Sonderburg-Augustenburg auf die Thronfolge Schleswig und Holsteins.

52.25 Weiman] Wahrscheinlich Frederick L. Weinmann.

52.26–27 Conferenz] Ende Februar 1864 schlug die britische Regierung vor, eine Konferenz der Mächte, die das Londoner Protokoll von 1852 unterzeichnet hatten, mit Beteiligung des Deutschen Bundes einzuberufen. Die Konferenz sollte den Konflikt zwischen Österreich und Preußen einerseits sowie Dänemark andererseits beilegen und über das weitere Schicksal Schleswigs und Holsteins befinden. Die Konferenz wurde auf den 20. April verschoben und am 25. April 1864 offiziell eröffnet. Sie tagte mit Unterbrechungen bis zum 25. Juni 1864. Aufgrund der gegensätzlichen Interessen der Teilnehmerstaaten führte sie zu keinen konkreten Ergebnissen.

52.31 *Weiman*] Wahrscheinlich Frederick L. Weinmann.

52.32–33 Mit Tinte geschrieben.

52.34–38 Ms-S. [143] mit Tinte geschrieben.

52.34 Marx fragte am 16. Juni 1864 Engels nach Jones' Wohnadresse (siehe MEGA② III/12. Br. 365.48), welche dieser ihm am 2. September 1864 mitteilte (ebenda. Br. 404.23). Marx bemerkte mit Erhalt des Briefes von Jones vom 1. Dezember 1864 (MEGA② III/13. Br. 50), dass die korrekte Adresse „55 Cross Street" lautete, was er gegenüber Engels am 2. Dezember vermerkte (MEGA② III/12. Br. 53).

52.35–36 Engels zog Mitte August 1864 in eine neue Wohnung um und teilte dies Marx am 2. September 1864 mit (siehe MEGA② III/12. Br. 404.20–22).

52.37 Gegenüber Engels kündigte Marx am 8. und 10. Dezember 1864 finanzielle Unterstützung für Wilhelm Liebknecht an (siehe MEGA② III/13. Br. 61.18–24, 63.7), wofür dieser sich am 15. Dezember bedankte (siehe MEGA② III/13. Br. 64.27–29). Auch Jenny Marx und ihre Töchter übermittelten der Familie Liebknecht Geschenke. (Siehe Jenny Marx an Ernestine Liebknecht, 10. Dezember 1864 (RGASPI, Sign. f. 6, op. 1, d. 55).)

53.1 Mit Bleistift geschrieben.

53.2 Von fremder Hand mit Bleistift geschrieben.

53.3–19 Ms-S. [146]/[147] mit Tinte geschrieben.

53.7–9 Es handelt sich um das internationale Arbeitermeeting, das für den 28. September 1864 in die Londoner St. Martin's Hall einberufen worden war und zur Gründungsversammlung der IAA wurde. Marx berichtete darüber Engels am 4. November 1864, der sich zu dieser Zeit auf der Reise nach Schleswig-Holstein befand: „Für 28 Sept. '64 wurde Public Meeting in St. Martins Hall ausgeschrieben von Odgers (Schuster) (Präsident des hiesigen Council of all London Trades' Unions u. speziell auch der Trades Unions' Suffrage Agitation Society, die mit Bright in Verbindung ist) u. Cremer, Mason u. Secretär der Mason's Union. (Diese zwei Leute hatten das grosse Meeting der Trade Unions unter Bright f. North America in St. James Hall zu Stande gebracht, ditto die Garibaldi Manifestations). Ein gewisser *Le Lubez* wurde zu mir geschickt, ob ich pour les ouvriers allemands Antheil nehme, speziell einen deutschen Arbeiter als Sprecher für das Meeting etc. liefern wollte. Ich lieferte den Eccarius, der sich famos herausbiß u. ich assistirte ditto als stumme Figur auf der Platform." (MEGA② III/13. Br. 21.65–75.)

53.10–11 Hatzfeldt teilte Marx ihre neue Adresse in ihrem Brief vom 21. November 1864 mit (siehe MEGA② III/13. Br. 34).

53.12 Vermutlich Marx an Sophie von Hatzfeldt, 24. November 1864 (MEGA② III/13. Br. 38).

53.17 Marx erhielt die Wohnadresse von Peter Fox André mit dessen Brief zwischen 29. Dezember 1864 und 3. Januar 1865 (MEGA② III/13. Br. 76).

53.18–19 Marx erhielt die Wohnadresse von Victor Le Lubez mit dessen Brief vom 1. Dezember 1864 (MEGA② III/13. Br. 51).

53.20 Mit Bleistift geschrieben.

53.21 Mit Tinte geschrieben. – Von Marx ist kein Brief an Esther Kosel aus den Jahren 1864/1865 überliefert.

54.3–6 Mit Bleistift geschrieben.

54.3 Statistical Abstract for the United Kingdom in Each of the Last 15 Years. Nr. 1–8. London 1861. – Marx verwendete den „Statistical Abstract", Nr. 11, London 1864, für seine „Notizen und Berechnungen zu statistischen Angaben bis 1865" und für „Value, Price and Profit" (siehe dazu Entstehung und Überlieferung S. 937–941). Er besaß den „Statistical Abstract", Nr. 8, London 1861 in seiner persönlichen Bibliothek und verwendete diesen in „Zur Kritik der politischen Ökonomie ⟨Manuskript 1861–1863⟩" (MEGA② II/3. S. 2081/2082) und im ersten Band des „Kapital" (MEGA② II/5. S. 343/344, 369; II/6. S. 406, 434/435, 592; II/7. S. 358 passim). – Standort des Originals mit Marginalien von Marx: RGASPI, Sign. f. 1, op. 1, d. 6276 (MEGA② IV/32. Nr. 1264).

54.4 Agricultural Statistics, Ireland. General Abstracts Showing the Acreage under the Several Crops and the Number of Live Stock, in Each Country and Province, for the Year 1861. Also, the Emigration from Irish Ports from 1 January to 31 July, 1861. Presented to both Houses of Parliament by Command of Her Majesty. Dublin 1861. – Von Marx verwendet im ersten Band des „Kapital" (MEGA② II/6. S. 635, 638; II/7. S. 618).

54.5 Reports of the Inspectors of Factories to Her Majesty's Principal Secretary of State for the Home Department, for the Half Year Ending 30 April 1863. London 1863. – Von Marx verwendet im Manuskript zum dritten Buch des „Kapital" (MEGA② II/4.2. S. 202) und im ersten Band des „Kapital" (MEGA② II/5. S. 237, 241, 350, 375, 444; II/6. S. 298, 302, 412/413, 440/441, 508/509; II/7. S. 252, 256, 365, 396/397, 472).

54.6 Reports by Her Majesty's Secretaries of Embassy and Legation, on the Manufactures, Commerce, &c., of the Countries in which They Reside. Nr. 6 ... London 1863. – Von Marx in „Heft 3. 1868" der „Hefte zur Agrikultur" exzerpiert (siehe S. 660/661).

55.2–10	Mit Bleistift geschrieben.
56.6	Adresse des Kontors der Firma Ermen & Engels in Manchester.
56.7	Mit Bleistift geschrieben.
56.8	Borkheim teilte Engels diese neue Adresse in seinem Brief vom 6. August 1864 mit (MEGA② III/12. Br. 391).
57.2–8	Mit Bleistift geschrieben.
57.8	*15.5* a.m.] Vermutlich gemeint: „*15.5* p.m." oder „*5.15* a.m."
58.3	Siehe Entstehung und Überlieferung S. 920 und Erl. 48.22.
58.10	*2l. dem Solinger*] Siehe Erl. 48.8–9.
59.1–60.9	Mit Bleistift geschrieben.
59.7	Möglicherweise Lion Philips an Marx, 12. Juni 1864 (MEGA② III/12. Br. 364).
59.8	Möhmchen] Jenny Marx (Frau).
60.6	*Möhmchen*] Jenny Marx (Frau).
61.3–6	The Morning Advertiser, 24. August 1864. S. 4.

Biographische Notizen zu Wilhelm Wolff
Mai oder Juni 1864
(S. 62)

ENTSTEHUNG UND ÜBERLIEFERUNG

Mit seinem Tod am 9. Mai 1864 hatte Wilhelm Wolff seinem langjährigen Freund Marx den größeren Teil seiner Ersparnisse sowie seine Bibliothek testamentarisch vererbt (siehe Enstehung und Überlieferung S. 889/900). Marx hielt am 13. Mai „eine kleine Grabrede" (MEGA② III/12. Br. 344.10) und später veröffentlichten Engels und er gemeinsam mit anderen Freunden Wolffs in mehreren deutschen Zeitungen Todesanzeigen. Eine Todesanzeige erschien am 23. Mai in der „Allgemeinen Zeitung" und war von Marx, Engels, Ernst Dronke, Louis Borchardt und Eduard Gumpert unterschrieben. Sie ließen dazu 24 Abzüge einer Fotografie des Verstorbenen anfertigen und sandten sie u.a. an Ernst Dronke, Johann Georg Eccarius, Ferdinand Freiligrath, Wilhelm Liebknecht, Carl Pfänder und Victor Schily. In diesem Zusammenhang entstand die Idee, „eine Art Biographie" Wolffs vorzubereiten, wie Engels gegenüber Marx am 9. Juni 1864 bemerkte: „Apropos Nekrolog für Lupus. Wir müssen eine Art Biographie machen, ich denke man läßt sie als Brochüre in Deutschland drukken, mit der ganzen Parlamentsverhandlung als Anhang. Laß uns die Sache nicht verschleppen." (MEGA② III/12. Br. 360.14–17.)

Dafür sammelten sie in Zeitungen erschienene Nachrufe (siehe MEGA② III/12. Br. 361.80 und Beilage sowie S. 1314–1316), und Jenny Marx erbat am 10. Juni 1864 von Moritz Elsner, Redakteur der „Breslauer Morgen-Zeitung", in der er einen Nachruf auf Wilhelm Wolff veröffentlichte ([Moritz Elsner:] Kasematten-Wolff. In: Breslauer Morgen-Zeitung. Nr. 118, 24. Mai 1864. S. 1), und Studiengefährte Wolffs aus der gemeinsamen Universitätszeit in Breslau, Angaben über Wolffs Jugendzeit. In diesem Brief wiederholte Jenny Marx die Marx'sche Absicht des Verfassens einer Biographie Wolffs: „Mein Mann möchte gern eine längere Biographie über ihn schreiben" (ebenda. Br. 363.7). Wahrscheinlich stellte Marx zu dieser Zeit, im Juni 1860, Wolffs Lebensdaten in dem vorliegenden Dokument zusammen. Es wäre aber auch möglich, dass er dies zur Vorbereitung seiner am 13. Mai gehaltenen Grabrede tat.

Friedrich Engels veröffentlichte 1876 in der „Neuen Welt" mit dem Artikel „Wilhelm Wolff" ein Lebensbild Wolffs (MEGA② I/25. S. 46–82). Den biographischen Teil des Artikels nahm er mit einer längeren Einfügung auch in seine Einleitung zur Broschürenausgabe von Wolffs Artikelserie „Die schlesische Milliarde" auf. (Wilhelm Wolf: Die Schlesische Milliarde. Abdruck aus der „Neuen Rheinischen Zeitung" März-April 1849. Mit Einleitung von Friedrich Engels. Hottingen-Zürich 1886. S. 3–14.) Marx widmete Wolff, seinem „unvergeßlichen Freunde, dem kühnen, treuen, edlen Vorkämpfer des Proletariats" (MEGA② II/5.

S. 7) den ersten Band des „Kapital“, den er auch mithilfe der Erbschaft Wolffs vollenden konnte.

Engels hat die vorliegenden Notizen nicht zur Abfassung seines Artikels verwendet. Marx’ Notizen konzentrieren sich auf die Verfolgungsgeschichte Wolffs, die Engels nicht ausführlich schildert. Wolff war viele Jahre in der Festung Silberberg interniert, dessen feuchten Kasematten ihm den Spitznamen „Kasematten-Wolff“ einbrachten, wurde später mehrmals steckbrieflich verfolgt und aus mehreren Ländern ausgewiesen. Daneben vermerkt Marx u.a. auch Wolffs Tätigkeit als Abgeordneter der Frankfurter Nationalversammlung.

Zeugenbeschreibung

H *Originalhandschrift:* RGASPI, Sign. f. 1, op. 1, d. 1759.

Beschreibstoff: Ein Blatt weißes Papier mit Wasserlinien im Format 112 mm × 175 mm, zweimal gefaltet.

Zustand: Gut erhalten, keine Textverluste. Papier stark vergilbt, an den Falzen verschmutzt.

Schreiber: Karl Marx.

Schreibmaterial: Schwarze, jetzt bräunlich verfärbte Tinte.

Beschriftung: Die erste Seite vollständig beschrieben, die zweite leer.

Paginierung: Keine Paginierung von Marx.

Vermerke fremder Hand: auf der ersten Seite Archivstempel des IMĖL.

Hinweise zur Edition

Die Notizen wurden bereits veröffentlicht im Apparat von MEGA② III/12. S. 1326.

ERLÄUTERUNGEN

62.3–4 Wolff saß vom 30. Juli 1835 bis 30. Juli 1838 im Gefängnis auf der schlesischen Festung Silberberg wegen Mitgliedschaft in der Breslauer Burschenschaft. Er war am 17. Dezember 1835 vom Kammergericht zunächst zu acht Jahren Festungsarrest verurteilt worden, die durch eine Kabinettsorder vom 17. Dezember 1836 auf drei Jahre reduziert wurde. Seit dem 20. Juli 1834 war er auf dem Inquisitoriat in Breslau inhaftiert. Wegen seines Artikels über die Breslauer Kasematten, ein Obdachlosenasyl, in der „Breslauer Zeitung“ vom 18. November 1843, der in Schlesien Furore machte, hieß er fortan Kasemattenwolff.

62.6 Anfang 1846 drohte Wolff nach einer erneuten Kriminaluntersuchung wegen eines in den Leipziger „Freikugeln“ vom 17. Februar 1845 erschienenen Artikels über eine vom Militär erschossene Wilddiebin in Schlesien ein Prozess. Um einer Verurteilung zu entgehen, floh er über Berlin und Mecklenburg nach Hamburg, gelangte mit dem Schiff nach London, übersiedelte aber schon im April nach Brüssel.

62.6–7 Aufsatz über den Schles. Weberaufstand] Wilhelm Wolff: Das Elend und der Aufruhr in Schlesien. In: Deutsches Bürgerbuch für 1845. Darmstadt 1845.

62.8 „Bureau de Correspondance."] „Deutsches Zeitungs- und Korrespondenzbüro", von Sebastian Seiler und Carl Reinhard 1845 in Brüssel gegründet und geleitet. In diesem „Büro", das Artikel verfasste und an die deutsche Presse sandte, arbeitete Wolff von 1846 bis zur Ausweisung aus Brüssel im Februar 1848. (Siehe dazu Walter Schmidt: Brüsseler Korrespondenzen in der „Mannheimer Abendzeitung". Zur Wirksamkeit des deutschen Zeitungs-Korrespondenzbüros in Brüssel. In: Marx-Engels-Jahrbuch. Bd. 10. Berlin 1987. S. 273–333; ders.: Carl Reinhard. Vom radikalen Burschenschafter zum Chef des Brüsseler „Zeitungs-Correspondenz-Bureaus". In: Cahiers d'Études Germaniques. Nr. 42. 2002. S. 17–32.)

62.14 Gemeint ist Wolffs einzige Rede vom 26. Mai 1849 in der Frankfurter Nationalversammlung, dem er als stellvertretender Abgeordneter von Mitte Mai 1849 bis zur Zersprengung des Parlaments am 18. Juni in Stuttgart angehörte. Er forderte darin „wohlorganisierte Sturmkolonnen" gegen die Konterrevolution und bezeichnete den Reichsverweser und alle Minister als „Volksverräter". Er wurde deshalb zur Ordnung gerufen, erregte aber weithin Aufsehen. Siehe auch Karl Marx: Herr Vogt (MEGA② I/18. S. 132–136). (Siehe auch Walter Schmidt: Wilhelm Wolff. Kampfgefährte und Freund von Marx und Engels, 1846–1864. Berlin 1979. S. 223–230.)

62.22–25 Der preußische Amnestieerlass erfolgte anlässlich der Krönung Wilhelms I. zum preußischen König am 12. Januar 1861. Wolff nutzte – wie auch Marx – den Erlass für Anträge zur Wiedererlangung der preußischen Staatsbürgerschaft, was durchweg abgelehnt wurde. Marx machte die preußischen Ablehnungen von Wolffs Anträgen durch die Presse, mit einem „Beitrag zur Amnestie", erschienen in der „Barmer Zeitung" vom 27. September 1862, öffentlich. (Siehe dazu Walter Schmidt: Die Kommunisten und der preußische Amnestieerlass vom 12. Januar 1861. Zu einem nicht beachteten Artikel von Karl Marx von September 1862. In: Zeitschrift für Geschichtswissenschaft. Jg. 25. 1977. H. 9. S. 166–179.)

Notizbuch zur Internationalen Arbeiterassoziation
Dezember 1864 bis Februar 1866, März bis Mai 1868, Juni 1870
(S. 65–102)

ENTSTEHUNG UND ÜBERLIEFERUNG

Das „Notizbuch zur Internationalen Arbeiterassoziation" enthält verschiedene Notizen von Marx zu Angelegenheiten der IAA: Notizen zu Mitgliederkarten der IAA (Ms-S. [2*]/[3*]), die Abschrift einer auf Marx ausgestellten Vollmacht als Korrespondierenden Sekretär des Zentralrats der IAA für Belgien (Ms-S. [17]), die Abschrift der Resolutionen des Zentralrats über den Konflikt in der Pariser Sektion der IAA (Ms-S. [14*]; siehe MEGA② I/20. S. 113) und Materialien, die bereits in der Werkabteilung der MEGA② veröffentlicht wurden: „Notizen zum Konflikt in der Section de Paris von IAA" (MEGA② I/20. S. 111) und einen Entwurf der „Resolutions of the Central Council on the Conflict in the Section de Paris" (ebenda. S. 112). Im Mittelpunkt des vorliegenden Notizbuchs stehen Notizen und Exzerpte, die Marx für die Abfassung von „Value, Price and Profit" (siehe MEGA② I/20 und II/4.1) erstellte, eines postum veröffentlichten Vortrags, den er am 20. und 27. Juni 1865 im Zentralrat der IAA gehalten hat. Das Notizbuch enthält Notizen zu dieser Schrift (Ms-S. [18*]–[21*]), zur Vorbereitung angefertige Exzerpte aus George Richardson Porter (Ms-S. [24]–[28]) und aus William Rathbone Greg (Ms-S. [29]–[34]) sowie eigens für diese Schrift gesammelte „Notizen und Berechnungen zu statistischen Angaben bis 1865" (Ms-S. [35]–[43]), für die Marx auf seine Exzerpte aus Porter sowie den „Statistical Abstract" für die Jahre 1849 bis 1863 und frühere Exzerpte aus dem „Economist" vom 21. Januar 1860, der einen Vortrag von John Chalmers Morton wiedergibt, zurückgegriffen hat.

Das Notizbuch enthält ferner Notizen und Entwürfe zum Marx'schen Briefwechsel (Ms-S. [2], [7]/[10], [10*]–[12*]), bibliographische Notizen (Ms-S. [0]/[1], [20]–[23], [45]), Notizen zu Ausgaben (Ms-S. [2], [48]–[51], [35*]) sowie Wohnadressen (Ms-S. [5*]/[6*], [14*], [33*]). Unter den bibliographischen Angaben gibt es zwei Listen mit Literatur hauptsächlich zu Japan („Bibliographische Notizen zu Japan u.a."; siehe S. 65 und 84). Möglicherweise suchte Marx infolge seiner wahrscheinlich im Januar/Februar 1866 entstandenen Exzerpte aus Hermann Marons Japan-Schrift im „Großheft 1865/1866" der „Hefte zur Agrikultur" (siehe S. 183–188), die Justus von Liebigs siebter Auflage der „Agriculturchemie" als Anhang beigefügt war, nach Studien zu diesem Land. Liebig und Maron lobten die japanische Landwirtschaft als nachhaltig (siehe Entstehung und Überlieferung S. 966/967).

Marx begann die Eintragungen im Notizbuch gleichzeitig von vorn und von hinten. Dadurch sind die Notizen auf Ms-S. [1*]–[35*] kopfstehend geschrieben. Marx hat in das Notizbuch nicht kontinuierlich von vorn bis hinten einge-

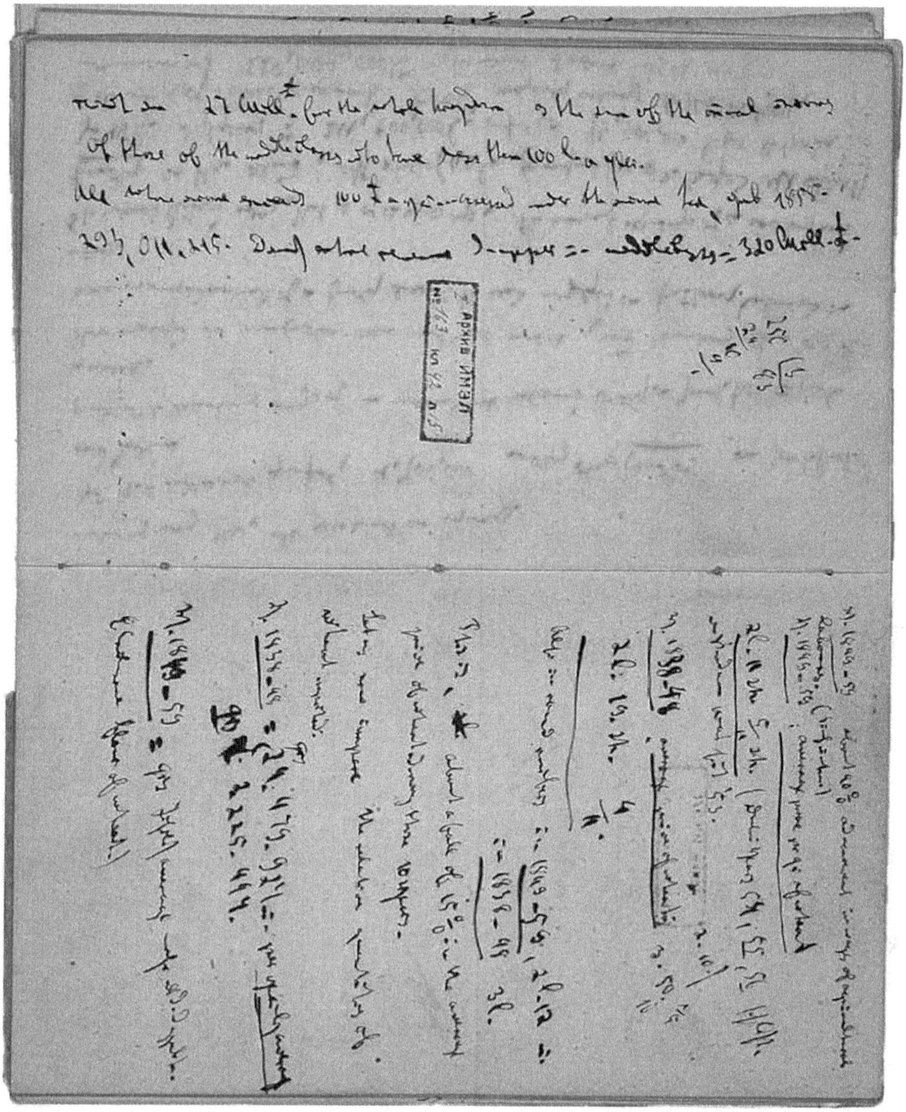

Notizbuch zur Internationalen Arbeiterassoziation. Seite [35]

3 Cotta   Thomas Mealy.   B 98

Report from the Select Committee of the H. of Lords appointed to inquire into the Causes of the Distress etc

Ordered by the H. o. Commons to be Printed, 28 July 1848.
(Reprinted, 1857)

Robert du Val. (Histoire de la Culture Ouvrière)

Dupétiaux. (Budgets économiques des classes ouvrières en Belgique)

Laurenti (Teodoro) Mécanique de l'échange. (Guillaumin) 1865. 3 f. 50 c.

Coullet (P. J.) Études sur la circulation monétaire, la Banque et le Crédit. (Guillaumin) 6 f. 50 c.

Lavergne (Léonce) Les Économistes français du XVIII siècle. Origines ... (Guillaumin) 6 fr.

Mr. Jenkins, manager of the Great Western Railway Depot, Glasgow.

$$160 \times 6 = 960.$$

$$160 + 160 = 320; \quad 20 = 320, \quad 40 = 640, \quad 60 = 960.$$

Darw. Geolog. Carry.

Darwin. Journal of Researches. p. 324.

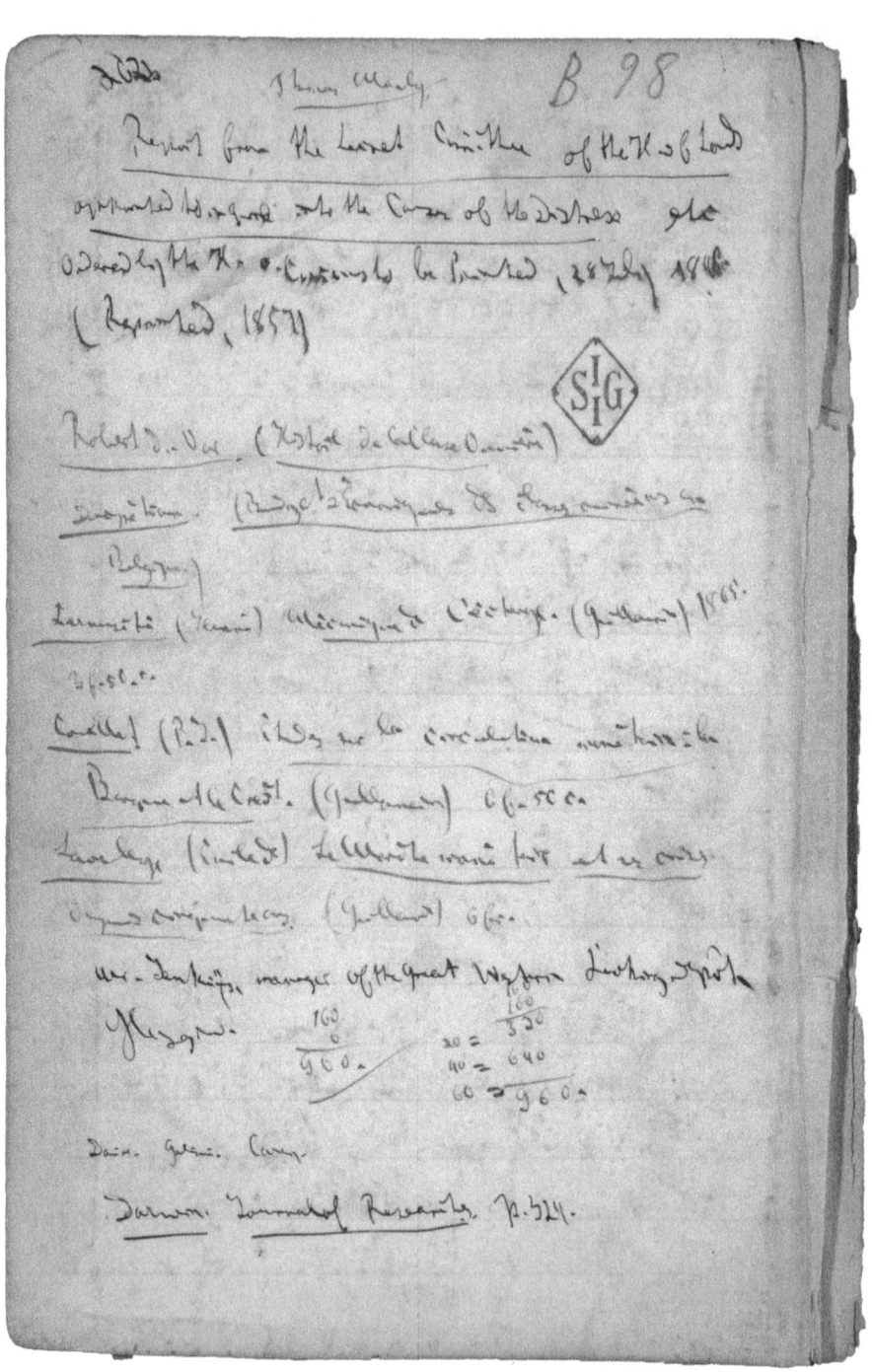

tragen; auf zunächst frei gelassenen Seiten erfolgten zum Teil spätere Eintragungen. Der Großteil der Notizen ist zwischen dem 17. Dezember 1864, dem von Marx auf Ms-S. [1*] notierten Datum des Anlegens des Notizbuchs, und Mitte Oktober 1865, dem Erscheinungsdatum der auf Ms-S. [43] exzerpierten Angaben über den Bericht der Bank of England vom 11. Oktober (veröffentlicht etwa in: The Economist, 14. Oktober 1865. S. 1244) angefertigt worden. Die beiden „Bibliographischen Notizen zu Japan u. a." sind vermutlich im Februar 1866 entstanden, als Marx Liebig und Maron las. Von März bis Mai 1868 sowie im Juni 1870 kam Marx auf dieses Notizbuch zurück, um einige wenige Vermerke über finanzielle Ausgaben, etwa für den Kauf einer Brille, einzutragen (Ms-S. [48]–[51] und [35*]).

Die verschiedenen Notizen zum Briefverkehr umfassen: einen Entwurf für den Brief von Marx an Léon Fontaine in Brüssel vom 15. April 1865 (siehe MEGA② III/13. Br. 222); einen Vermerk über den Versand von seiner Schrift „Enthüllungen über den Kommunisten-Prozeß zu Köln" (MEGA② I/11. S. 363–422) (siehe S. 66.4–5 und Erl.); einen Vermerk über den Versand des nicht überlieferten Briefes an Johann Georg Eccarius vom 22. Februar 1865; die Abschrift einer an Wilhelm Liebknecht am 23. Februar übermittelten Mitteilung; die Abschrift von von Liebknecht übersandten Wohnadressen; die Abschrift einer Einschätzung von Engels über die Beschäftigung von Arbeitslosen unter dem „Union Relief Aid Act", die Marx im ersten Band des „Kapital" verwendet hat (siehe S. 91.20–92.11 und Erl.); sowie die Abschrift der Beilage zum Brief von Marx an Engels vom 4. März 1865 (Ms-S. [7]/[10]). Marx legte diesem Brief eine von unbekannter Hand geschriebene Schilderung der Lebensweise einiger Mitglieder der Familie Bonaparte bei. Zuvor hatte er eine Abschrift davon mit einigen Abweichungen unter dem Titel „Bonapartes Lumpengesindel" im vorliegenden Notizbuch angefertigt. Die vollständige Beilage wurde veröffentlicht in: MEGA② III/13. S. 992–994.

Das Heft enthält zudem Entwürfe der Briefe von Marx an Johann Baptist von Schweitzer vom 16. Januar 1865 (Ms-S. [7*]–[9*]; veröffentlicht in: MEGA② III/13. Br. 92) und Léon Fontaine vom 25. Juli 1865 (Ms-S. [17]–[19]; veröffentlicht in: MEGA② III/13. Br. 279), die bereits in der Briefabteilung der MEGA② veröffentlicht wurden.

Im Mittelpunkt des Hefts stehen Notizen und Exzerpte für die Abfassung des Vortrags „Value, Price and Profit" (siehe MEGA② I/20 und II/4.1), den Marx am 20. und 27. Juni 1865 im Zentralrat der IAA gehalten hat. Er reagierte mit diesem Text auf den am 2. und 20. Mai 1865 gehaltenen Vortrag des Zentralratmitglieds John Weston. Über Westons Text wurde in den folgenden Zentralrat-Sitzungen am 23. Mai und am 6. Juni diskutiert. Im vorliegenden Notizbuch befinden sich kurze mit Bleistift geschriebene Notizen über diese Diskussion (S. 96). Marx gibt hier wahrscheinlich die Positionen der IAA-Mitglieder William Randal Cremer und George Howell in der Diskussion im Anschluss an den Vortrag wieder. Über Marx' Vortrag „Value, Price and Profit" wurde am 4. und

18. Juli im Zentralrat diskutiert. An dieser Diskussion nahmen viele Mitglieder des Zentralrats – Cremer, Johann Georg Eccarius, Peter Fox u.a. – teil, aber die Teilnahme von Howell ist für diese Treffen nicht überliefert (siehe The Minute Book of the Provisional Central Council of the International Working Men's Association October 5, 1864 to August 28, 1866 (MEGA② I/20. S. 334–341)), so dass sich die vorliegenden kurzen Notizen wahrscheinlich auf die Diskussion nach Westons Vortrag im Mai beziehen. Bei diesen Notizen scheint Marx zum Teil die Positionen von Howell und Cremer wiederzugeben und zum Teil Ansätze einer Entgegnung festzuhalten.

Anschließend verfasste Marx einen variantenreichen Entwurf für die Schlusspassage des Vortrags (Ms-S. [20*]/[21*]), der die drei Gegenanträge gegen die Beschlussanträge Westons enthält. Dieser „Draft for the Final Passage of ‚Value, Price and Profit'" wurde bereits veröffentlicht in: MEGA② I/20. S. 140.

Im Laufe der Vorbereitung des Vortrags, die vermutlich Ende Mai begonnen hat (siehe MEGA② I/20. S. 1125/1126), hat Marx neue Quellen studiert sowie aktuelle statistische Angaben recherchiert und eigenständig berechnet. Alle bislang nicht identifizierten Quellen für die statistischen Angaben in „Value, Price and Profit" konnten in der vorliegenden Edition ermittelt werden. Marx verwendete dazu vier Quellen: G[eorge] R[ichardson] Porter: The Progress of the Nation, in its Various Social and Economical Relations, from the Beginning of the 19th Century. New Ed. [3. Ed.] London 1851; [William Rathbone Greg:] British Taxation. In: The Edinburgh Review, or, Critical Journal. Januar 1860. Nr. 225. S. 236–272; The Economist, 21. Januar 1860. S. 64/65; Statistical Abstract for the United Kingdom in Each of the Last 15 Years, from 1849 to 1863. Nr. 11. Presented to both Houses of Parliament by Command of Her Majesty. London 1864. Anhand von diesen vier Quellen entnommenen Angaben führte Marx eigene Berechnungen in den „Notizen und Berechnungen zu statistischen Angaben bis 1865" (S. 80–83) durch, die er im Vortrag verwendete.

Obwohl Marx die zweite Ausgabe des Werkes (London 1847; siehe MEGA② IV/32. Nr. 1050) besaß, exzerpierte er aus der dritten und letzten Ausgabe von George Richardson Porters „Progress of the Nation ..." von 1851, die er zuvor im Notizbuch bibliographisch erfasst hatte (siehe S. 26.9 und Erl. sowie S. 73.10). Porter, seit 1841 Mitarbeiter des „Board of Trade", sammelte in diesem Werk aus parlamentarischen und offiziellen Berichten gewonnene statistische Angaben zu u.a. Produktion, Landwirtschaft, Staatseinnahmen, Bevölkerung und Kriminalität der britischen Gesellschaft. Porter war der Überzeugung, anhand dieser Daten einen „Fortschritt" der gesellschaftlichen Entwicklung nachweisen zu können. Sein Werk war vielgelesen. Auch Marx exzerpierte aus mehreren Werken, die Angaben aus Porter enthielten. Engels fertigte 1845 in seinem Manchester Heft 3 Auszüge aus Porter an (MEGA② IV/4. S. 485–508) und Marx erwähnte Porter und dessen Buch 1855 in seinem Artikel „Das Komitee zu Newcastle upon Tyne" (MEGA② I/14. S. 714–716). Im vorliegenden Exzerpt notiert Marx Angaben über u.a. Weizenimporte nach Großbritannien von 1801–1849 (sowie die von Porter errechneten Durchschnittswerte für die jeweiligen Dekaden) und über die Bevölkerungsentwicklung Großbritanniens. Porter zeigte, dass im Laufe der ersten Hälfte des 19. Jahrhunderts wie nach Abschaffung der „Corn Laws" die Weizenimporte zunahmen und immer mehr Briten mit ausländischem Getreide versorgt wurden. Er befürwortete den Freihandel, dem er eine positive Wirkung auf die „allgemeine Prosperität" Großbritanniens zuschrieb.

Marx verwendete seine Exzerpte aus Porter noch im selben Notizbuch in den „Notizen und Berechnungen zu statistischen Angaben bis 1865". Diese Materialsammlung legte er eigens zur Vorbereitung seines Vortrags „Value, Price and Profit" an, um mit den aktuellen empirischen Daten die Thesen John Westons zu widerlegen, wonach das Sozialprodukt und die Summe der Reallöhne unveränderliche Größen seien, eine Erhöhung der Löhne automatisch zum Ansteigen der Lebensmittelpreise führe, die Menge der Zirkulationsmittel unveränderlich sei und all diese Faktoren eine generelle Lohnerhöhung nicht zuließen. Im IAA-Generalratsprotokoll vom 20. Juni 1865 ist nachzulesen, dass sich Weston von Marx' Vortrag unbeeindruckt zeigte, Cremer aber gerade von den empirischen Angaben angetan war: „Cit Weston thought that in the part of the paper read by Cit Marx that nothing had been advanced or proved which in any way affected the principles *he* affirmed, Cit Cremer thought Cit Marx had given two or three practical illustrations or rather facts which completely destroyed the positions affirmed by Cit Weston" (MEGA② I/20. S. 334).

Aus Porter, der 1852 verstorben war, entnimmt Marx Angaben über den Weizenpreis bis 1849. Marx suchte nach Angaben zur Preisentwicklung des Weizens nach 1849 (Ms-S. [37]) und fand diese im „Statistical Abstract" der Jahre 1849 bis 1863. Hier war der Weizenpreis für jedes Jahr einzeln aufgeführt, Marx berechnet den durchschnittlichen Weizenpreis für die Epoche 1849–1859 selbst (siehe S. 80.5). Der „Statistical Abstract" wurde seit 1854 jährlich vom „Statistical Department" des „Board of Trade" unter Vorsitz des „Statistical Secretary" Albany William Fonblanque herausgegeben und versammelte Statistiken zur britischen Wirtschaft und Gesellschaft der jeweils vergangenen fünfzehn Jahre. Marx notierte bereits im „Notizbuch Mai 1864 bis Mitte des Jahres 1865" den Titel der ersten acht Ausgaben des „Statistical Abstracts" (siehe S. 54.3). Da Marx Angaben von 1849 bis 1863 exzerpierte, muss er die elfte Ausgabe des „Statistical Abstracts" von 1864 verwendet haben.

Aus dem „Statistical Abstract" übernimmt Marx eine Reihe von Angaben über die Entwicklung von Bevölkerung und Pauperismus, das im Eisenbahnsektor investierte Kapital und bringt Angaben über Münzprägungen und Berichte der Bank of England in Tabellenform. Mit beinahe all diesen Angaben führt er eigene Berechnungen durch. Um die Auswirkungen der Baumwollhungersnot *(cotton famine)* zu untersuchen, berechnete er Durchschnitte für 1861–1863, den „*3 Jahren der Crisis* etc *in Lancashire etc*", sowie 1858–1860, den „preceding *prosperity years*". (S. 80.16–27.)

Neben Porter und dem „Statistical Abstract“ zog Marx zwei weitere Quellen für die „Notizen und Berechnungen zu statistischen Angaben bis 1865“ heran. Zum einen den Economist vom 21. Januar 1860, der einen Vortrag in Auszügen wiedergibt J[ohn] C[halmers] Morton: On the Forces Used in Agriculture. In: Journal of the Society of Arts. Vol. 7. Nr. 368, 9. Dezember 1859. S. 53–61. Morton unterscheidet zwischen „three forces [...] steam power, horse-power, and manual labour“. Die moderne Landwirtschaft tendiere dazu, Pferdekraft zu verdrängen und die anderen beiden zu entwickeln. Die Anwendung von Maschinerie wirke sich positiv auf die Anzahl der Agrararbeiter und ihre Löhne aus. Morton berichtet von einer Erhebung, die er unter 93 Bauern in Schottland und England über die gezahlten Löhne an zwei Zeitpunkten, 1849 und 1859, durchführte. Dabei habe er eine Steigerung der Löhne festgestellt. Marx notiert diese Angaben in tabellarischer Form und errechnet die durchschnittliche Lohnsteigerung für die von Morton angeführten Daten selbst: „V. *1849–59* about 40% advancement in wages of agricultural labourers.“ (S. 80.3–4.) In „Value, Price and Profit“ bezeichnete er Mortons Vortrag als „conscientious and critical paper“ (MEGA② I/20. S. 153). Das IAA-Generalratsprotokoll der Sitzung vom 27. Juni 1865 hält fest, dass Weston auch von diesen Angaben nicht überzeugt war: „Cit Weston questioned the correctness of the statement contained in Cit Marx’ paper having reference to Agricultural Laborers.“ (MEGA② I/20. S. 336.)

Marx exzerpierte den „Economist“-Artikel im Heft 1859–1863 (IISG, MEN, Sign. B 91a. S. 179). Wahrscheinlich fertigte er das vorliegende Exzerpt aus seinen früheren Auszügen an. Er hat während seiner Recherche für „Value, Price and Profit“ gezielt auf diese Quelle zurückgegriffen und auch in sein früheres Exzerpt Berechnungen mit Bleistift hinzugefügt (siehe ebenda). Der „Economist“ jubelte: „These figures show a general and substantial advance to have taken place in the wages of labourers in husbandry during the last ten years.“ (The Economist, 21. Januar 1860. S. 64.) Im ersten Band des „Kapital“ kam Marx auf die Angaben von Morton über die „nur nominelle Lohnerhöhnung“ zurück und zitierte die Einschätzung des „Economist“: „Jedenfalls heulten die Pächter und schwatzte sogar der *‚London Economist‘* ganz ernsthaft von ‚a general and substantial advance‘ mit Bezug auf diese Hungerlöhne.“ (MEGA② II/5. S. 514; siehe auch MEGA② II/6. S. 581; II/7. S. 561.)

Die letzte statistische Angabe ist auf Ms-S. [43] der Bericht der Bank of England vom 11. Oktober, veröffentlicht zum Beispiel in: The Economist, 14. Oktober 1865. S. 1244. Marx entnimmt dem Bankbericht die Angaben, um abermals eigenständige Rechnungen durchzuführen. Er hat diese Auszüge als letztes Wort des Kapitels über das zinstragende Kapital im dritten Buch des „Kapital“ verwendet, das er im Oktober 1865 beendet hat (siehe MEGA② II/4.2. S. 664.9–29).

Zwischen den Exzerpten aus Porter und den „Statistischen Notizen und Berechnungen“ befinden sich Marx’ Exzerpte aus: [William Rathbone Greg:] British Taxation. In: Edinburgh Review. Nr. 225, Januar 1860. S. 236–272. Da der

Aufsatz, eine Sammelrezension von sieben zum Teil statistischen Schriften über das britische Steuerwesen, anonym erschien, konnte Marx glauben, bei dem Autor würde es sich um John Ramsay McCulloch handeln: „es ist der Sauhund McCulloch" (S. 78.36). McCulloch war nicht nur Verfasser eines statistischen Werks, des „Descriptive and Statistical Account of the British Empire..." (siehe Entstehung und Überlieferung S. 895/896), und veröffentlichte häufig Beiträge in der „Edinburgh Review", sondern auch Autor des viel gelesenen Artikels „Taxation" (in: Supplement to 4th, 5th and 6th Ed. of the Encyclopædia Britannica. Edinburgh 1824. S. 608–645). Dieser Artikel wurde ebenfalls im Jahr 1860 in neuer Auflage in der „Encyclopædia Britannica" (8. Ed. Edinburgh 1860. S. 37–75) sowie als eigenständiges Werk veröffentlicht: J[ohn] R[amsay] McCulloch: An Article, Practical and Theoretical, on Taxation. Written for the 8. Ed. of the Encyclopædia Britannica. 2. ed. Comprising Remarks on Some of the Measures Embodied in the Budget of 1860. Edinburgh 1860.

Da Marx die Januarausgabe der „Edinburgh Review" als bibliographische Angabe in das vorliegende Notizbuch aufgenommen hat (siehe S. 65.19), ist es unwahrscheinlich, dass das Greg-Exzerpt vor 1864 erstellt wurde. Wahrscheinlich suchte Marx gezielt nach der Ausgabe oder Gregs Artikel. Greg übt Kritik an der landläufigen Auffassung in Großbritannien, wonach das dortige Steuersystem ungerecht sei, die dortige Steuerlast immer mehr zunehme und die höchste der Welt sei. Marx interessiert sich für Besteuerung im Verhältnis zum Wohlstand, das eine abnehmende Rate zwischen 1803 und 1858 zeige. Als Quelle verwendet der Autor u.a. Porter (S. 78.34) sowie weitere Steuerbroschüren (siehe Erl. 77.4 und 77.5), die er jedoch oftmals kritisiert, und daher eigene Berechnungen vorschlägt.

Marx zweites Interesse bezieht sich auf die Schätzung des Einkommens britischer Klassen. Porter schätzte das durchschnittliche Einkommen einer Arbeiterfamilie auf wöchentliche 40 Pfund Sterling. Greg geht von 45 Pfund Sterling aus und beziffert das jährliche Gesamteinkommen der britischen Arbeiterklasse auf 225 Millionen Pfund Sterling (siehe S. 78.38). Marx hat diese Angabe ebenfalls in „Value, Price and Profit" verwendet und nach oben korrigiert: „According to the best calculations I know, the yearly income of the working class of this country may be estimated at 250 Millions of *l*." (MEGA② II/4.1. S. 397.)

In Manchester Heft 7 hatte Marx Gregs von der Anti-Corn-Law League herausgegebene Schrift „Agriculture and the Corn Law" (MEGA② IV/5. S. 146–155) sowie Passagen aus McCullochs Artikel „Taxation", wiedergegeben in Richard Hilditchs „Aristocratic Taxation" (ebenda. S. 159.11–19, 165.35–166.6, 166.16–23), exzerpiert.

Zeugenbeschreibung

H *Originalhandschrift:* RGASPI, Sign. f. 1, op. 1, d. 1797.

Beschreibstoff: Gebundenes Notizbuch aus sieben im Falz mit weißen Fäden gehefteten Lagen, mit Laschen für einen Stift zum Verschließen des Buchs. Auf dem vorderen Deckel ein Golddruck: „Notes". Innere Vorsatzblätter gelb, eine Seite dieser Vorsatzblätter an den vorderen bzw. hinteren Deckel geklebt, die andere Seite der Vorsatzblätter mit einer weißen Rückseite. An der Innenseite des hinteren Deckels eine Falttasche. Jede Lage bestehend aus sechs Bogen. Die ersten zwei Blatt der ersten Lage sowie die letzten zwei Blatt der siebten Lage fehlen. Insgesamt 80 Blatt (= 160 Seiten) weißen, mittelstarken, unlinierten Papiers, ohne Wasserzeichen. Format des Umschlags 84 mm × 133 mm (mit Laschen 90 mm × 133 mm); Format der Bogen 156 mm × 127 mm, gefaltet auf 78 mm × 127 mm.

Zustand: Einband an Rändern und Ecken leicht abgeschabt, vorderer Umschlagsdeckel mit dem Vorsatz abgelöst, innere Einbandseiten fleckig. In der ersten Lage zweites und drittes Blatt herausgerissen und nicht überliefert, dadurch mögliche Textverluste. Einige Blätter lose, Papier etwas vergilbt. Sonst gut erhalten.

Schreiber: Karl Marx, Jenny Marx (Frau) (Notiz „London" auf S. [2], Liebknechts Adresse auf S. [33*], fremder Hand (Bleistiftnotiz auf S. [2], eine Notiz mit Tinte auf S. [35*], eine andere auf S. [6*] vermutlich von Ernest Jones).

Schreibmaterial: Schwarze, jetzt bräunlich verfärbte Tinte, wenige kurze Notizen mit Bleistift.

Beschriftung: Marx begann die Eintragungen im Notizbuch gleichzeitig von vorn und von hinten. Dadurch sind die Notizen ab S. [1*] bis S. [35*] kopfstehend geschrieben. Marx hat in das Notizbuch nicht kontinuierlich von vorn bis hinten eingetragen; auf zunächst frei gelassenen Seiten erfolgten zum Teil spätere Eintragungen.

S. [3]–[6]: herausgerissen, nicht überliefert.

2. Umschlagseite, beide Seiten des vorderen Vorsatzes, S. [12]–[14], [36], [44], [46]/[47], [52]–[125], [4*], [22*], [32*], [34*], beide Seiten des hinteren Vorsatzes: leer.

S. [6*]: zwei Zeilen mit Tinte.

S. [20], [1*]: drei Zeilen mit Tinte.

S. [16], [51], [13*], [21*]: zu einem Drittel mit Tinte bzw. Bleistift.

S. [25], [28], [34], [3*], [9*]/[10*], [19*], [31*], [35*]: zur Hälfte mit Tinte bzw Bleistift.

S. [2], S. [19], [26], [45], [49], [2*], [11*]: zu zwei Dritteln mit Tinte bzw. Bleistift.

S. [1], [22], [42], [5*], [26*]: zu drei Vierteln mit Tinte bzw. Bleistift.

Alle anderen Seiten mit Tinte bzw. Bleistift vollständig beschrieben.

S. [28], [30]–[34]: quer beschrieben.

S. [1*]–[3*], [5*]–[21*], [23*]–[31*], [33*], [35*]: kopfstehend beschrieben.

S. [2]: ein Wort („London") mit Tinte von Jenny Marx (Frau),
S. [6*]: zwei Zeilen von fremder Hand (vermutlich von Ernest Jones) mit Tinte.
S. [33*]: ein Wort („Wilhelmchen") mit Tinte von Jenny Marx (Frau).
S. [41]: eine Divisionsrechnung und eine Zahl.
S. [1*]: quer und kopfstehend einige einfache Berechnungen und Brüche.
Deutsche und lateinische Schrift.

Paginierung: Keine durchgehende Paginierung von Marx. S. [48]–[50] von Marx mit Bleistift mit „1)", „2)" und „3)" paginiert.

Vermerke unbekannter Hand: auf allen beschriebenen Blättern Archivstempel des IMĖL mit Zählung.

Hinweise zur Edition

Abgesehen von den „Notizen zum Konflikt in der Section de Paris" (MEGA② I/20. S. 111), den „Resolutions of the Central Council on the Conflict in the Section de Paris (Original Draft)" (MEGA② I/20. S. 112), den „Resolutions of the Central Council on the Conflict in the Section de Paris" (Ebenda. S. 113), dem „Draft for the Final Passage of ‚Value, Price and Profit'" (Ebenda. S. 140) und den Entwürfen der Briefe an Johann Baptist von Schweitzer (MEGA② III/13. Br. 92) und Léon Fontaine vom 15. April 1865 und 25. Juli 1865 (MEGA② III/13. Br. 222 und 279) wird das Notizbuch hier erstmals veröffentlicht.

KORREKTURENVERZEICHNIS

65.17	*Board."*] **H** *Board.*
67.3	Rattazzi] **H** Ratazzi
67.11	eine] **H** ein
68.1	Kiseleff] **H** Kisseleff
68.21	Rattazzi] **H** Ratazzi
71.5	*Fontaine*] **H** *Fontanes*
71.11	Secret.«] **H** Secret.
71.12	Fontaine] **H** Fontanes
73.7	*F.*] **H** *G.*
73.14	*Bart.)*] **H** *Bart.*
73.14	*1859.)*] **H** *1859.*
73.25	. (8°)] **H** (.8)°)
73.26	T.] **H** F.
74.5	1,396,359] **H** 1,396,395 Korrigiert nach der Quelle.
75.28	estim.] **H** estim. at
78.22	living] **H** leaving
78.26	wages.«] **H** wages.

80.5	*d*] **H** *sh*
82.17	10,754,571] **H** 10,755,571
92.11	sparen.«] **H** sparen.
93.5 u. 7	Tolain] **H** Tolaine
94.8	society."] **H** society.)
98.10	appris] **H** apprend
98.12	fut] **H** fut fut
98.14	appelée] **H** appellée
99.5	renseignements] **H** renseignemens
99.14	croire] **H** croir
99.21–22	d'inconvénients] **H** d'inconvenients
99.25	Limousin.»] **H** Limousin.

ERLÄUTERUNGEN

65.2 Agricultural Statistics, Ireland. General Abstracts Showing the Acreage under the Several Crops and the Number of Live Stock, in Each Country and Province. – Siehe Erl. 54.4.

65.3 Vermutlich Reports of the Inspectors of Factories to Her Majesty's Principal Secretary of State for the Home Department for the Half Year Ending 31 October 1864. London 1864. – Von Marx verwendet im ersten Band des „Kapital" (MEGA② II/5. S. 238, 241; II/6. S. 299, 302; II/7. S. 253, 256).

65.9 Japan and Japanese, or Manners and Customs of the Japanese in the 19th Century, from Recent Dutch Travels, Especially the Narrative of [Philipp Franz] von Siebold. London 1852.

65.13 Titel unbekannt.

65.17–18 W[illiam] T[orrens] M[cCullagh] Torrens: Lancashire's Lesson; or, the Need of a Settled Policy in Times of Exceptional Distress. A Letter Addressed to Charles Pelham Villiers. London 1864. – Standort des Originals mit Marginalien von Marx: SAPMO/Bibl., Ma 552. (MEGA② IV/32. Nr. 1320.)

65.19 *Edinburgh Review Jan. 1860*] Mit Bleistift geschrieben. – Ein Artikel dieser Ausgabe von Marx im vorliegenden Notizbuch exzerpiert. Siehe S. 77–79.

65.20 Friedrich Engels: Die preußische Militärfrage und die deutsche Arbeiterpartei. Hamburg 1865. (MEGA② I/20. S. 71–108.)

66.2 Vom fremder Hand geschrieben.

66.4–5 Karl Marx: Enthüllungen über den Kommunisten-Prozeß zu Köln. Basel 1853 (MEGA② I/11. S. 363–422). Marx vermerkt,

128 Exemplare der „Enthüllungen“ an Wilhelm Liebknecht über die Wohnadresse von Joseph Dare gesandt zu haben. Liebknecht bestätigte den Empfang der Bücher in seinem Brief an Marx vom 3. Mai 1865 (MEGA② III/13. Br. 241).

66.6 Vom fremder Hand mit Bleistift geschrieben.

67.1 Marx legte dem Brief an Engels vom 4. März 1865 eine von unbekannter Hand geschriebene Schilderung der Lebensweise einiger Mitglieder der Familie Bonaparte bei (siehe MEGA② III/13. Br. 168): „Einliegend zum Sonntags*verjnügen* u. pour la bonne bouche geheime Beiträge zur crème bonapartiste. Du mußt die Zettel aufheben.“ Zuvor hatte er die vorliegende Abschrift der Beilage mit einigen Abweichungen unter dem Titel „Bonapartes Lumpengesindel“ angefertigt. Die vollständige Beilage wurde veröffentlicht in: MEGA② III/13. S. 992–994.

71.7–11 Siehe Meeting of the Central Council April 11, 1865 (MEGA② I/20. S. 315). – Marx teilte Léon Fontaine im Brief vom 15. April 1865 seine Ernennung zum zeitweiligen Korrespondierenden Sekretär des Zentralrats für Belgien mit und bat Fontaine um einen Bericht über den derzeitigen Stand der IAA in diesem Land (siehe MEGA② III/13. Br. 222). Er legte dem Schreiben eine Vollmacht bei, von der er die vorliegende Abschrift anfertigte.

73.2–3 The Publishers’ Circular. General Record of British and Foreign Literature, Containing a Complete Alphabetical List of All New Works Published in Great Britain and Every Work of Interest Published Abroad. Issued on the 1st and 15th of Each Month. London 1837–.

73.6 William Frederick Spackman: Statistical Tables of the Agriculture, Shipping, Colonies, Manufactures, Commerce and Population of the United Kingdom of Great Britain and its Dependencies. Brought Down to the Year 1843. London 1843. – Die London 1842 erschienene Ausgabe mit Angaben bis 1842 im Besitz von Marx. – Standort des Originals mit Marginalien von Marx: RGASPI, Sign. f. 1, op. 1, d. 6293. (MEGA② IV/32. Nr. 1258.)

73.10 G[eorge] R[ichardson] Porter: The Progress of the Nation, in its Various Social and Economical Relations, from the Beginning of the 19th Century. New Ed. [3. Ed.] London 1851. – Von Marx im vorliegenden Notizbuch exzerpiert (S. 74–76).

73.11–12 A Manual of Scientific Enquiry; Prepared for the Use of Her Majesty’s Navy; and Adapted for Travellers in General. Ed. by John F. W. Herschel. London 1849.

73.13–14 G[eorge] R[ichardson] Porter: Statistics. Rev. by W[illiam] Newmarch. In: A Manual of Scientific Enquiry; Prepared for the Use of Officers in Her Majesty's Navy; and Travellers in General. Originally Ed. by Sir John F. W. Herschel. 3. Ed. London 1859. S. 219–235.

73.17–18 Titel unbekannt.

73.19–20 Am 29. Juli 1865 eröffnete die „Anglo-French Working-Class Exhibition". Siehe The Journal of the Society of Arts, and of the Institutions in Union, 19. Mai 1865: „An International Working-Class Exhibition is now being organized by a committee of English workmen, with whom their French brethren appear to be heartily co-operating, and the present year being the fiftieth anniversary of peace between Great Britain and France, may be regarded as a peculiarly suitable opportunity for such an undertaking. It will be held at the Crystal Palace, Sydenham, and is to be opened on Saturday, July 29, and to remain open during the months of August, September, and October ... For further particulars, forms of application for space, etc., apply to Secretary, Mr. R. Coningsby, Cristal Palace, Sydenham or to M. Edmond Potonie, 3, Rue Baillet, Paris."

74.1–2 G[eorge] R[ichardson] Porter: The Progress of the Nation, in its Various Social and Economical Relations, from the Beginning of the 19th Century. New Ed. [3. Ed.] London 1851.

75.1–13 Anhand dieser Angaben berechnete Marx in seinen „Notizen und Berechnungen zu statistischen Angaben bis 1865" die durchschnittlich importierten Weizenmengen in den Jahren 1838–1848 (siehe S. 80.13).

76.1–9 Anhand dieser Angaben berechnete Marx in seinen „Notizen und Berechnungen zu statistischen Angaben bis 1865" den Durchschnittspreis des Weizens in den Jahren 1838–1848 (siehe S. 80.7).

77.1–2 [William Rathbone Greg:] British Taxation. In: The Edinburgh Review, or, Critical Journal. Januar 1860. Nr. 225. S. 236–272.

77.4 Tracts on the Financial Reform Association. 2. Series. Liverpool 1859.

77.5 The People's Blue Book, Taxation as It Is, and as It Ought to Be; with a Practical Scheme of Taxation. London 1857.

78.20–22 William Newmarch: On the Electoral Statistics of the Countries and Boroughs in England and Wales During the 25 Years from the Reform Act of 1832 to the Present Time. In: Journal of the Statistical Society of London. Vol. 20. 1857. Nr. 2. S. 169–234.

78.36 (es ist der Sauhund McCulloch)] Da Gregs Aufsatz anonym erschien, konnte Marx John Ramsay McCulloch als den Autor von „British Taxation" annehmen. McCulloch war nicht nur Verfasser eines statistischen Werks, des „A Descriptive and Statistical Account of the British Empire ..." (siehe Entstehung und Überlieferung S. 895/896), und veröffentlichte häufig Beiträge in der „Edinburgh Review", sondern auch Autor des viel gelesenen Artikels „Taxation" (in: Supplement to 4th, 5th and 6th Ed. of the Encyclopædia Britannica. Edinburgh 1824. S. 608–645). Dieser Artikel wurde ebenfalls im Jahr 1860 in neuer Auflage in der „Encyclopædia Britannica" (8. Ed. Edinburgh 1860. S. 37–75) sowie als eigenständiges Werk veröffentlicht: J[ohn] R[amsay] McCulloch: An Article, Practical and Theoretical, on Taxation. Written for the 8. Ed. of the Encyclopædia Britannica. 2. Ed. Comprising Remarks on Some of the Measures Embodied in the Budget of 1860. Edinburgh 1860.

78.38–39 225,000,000*l.* bis classes.] Von Marx verwendet in „Value, Price and Profit": „According to the best calculations I know, the yearly income of the working class of this country may be estimated at 250 Millions of *l.*" (MEGA② II/4.1. S. 397.)

80.3–4 Siehe die Tabelle S. 82.

80.5 Marx berechnete den Durchschnittswert nach den Angaben aus: Statistical Abstract for the United Kingdom in Each of the Last 15 Years, from 1849 to 1863. Nr. 11 ... London 1864. S. 73.

80.6 war] Gemeint ist der Krimkrieg (1853–1856).

80.6 Am rechten Rand der Seite Berechnungen. Siehe Abb. S. 935.

80.7 Die Angaben über den Durchschnittspreis des Weizens in den Jahren 1838–1848 von Marx berechnet nach seinem Exzerpt aus G[eorge] R[ichardson] Porter: The Progress of the Nation ... [3. Ed.] London 1851. S. 148. – Siehe S. 76.1–9 und Erl..

80.7–11 *V. 1838–48* bis years.] Von Marx verwendet in „Value, Price and Profit": „Despite the Russian war, and the consecutive unfavourable harvests from 1854–1856, the average price of wheat, which is the leading agricultural produce of England, fell from about 3*l.* per qr for the years 1838 to 1848 to about 2*l.* 10sh. per qr for the years 1849 to 1859. This constitutes a fall in the price of wheat of more than 16%, simultaneously with an average rise of agricultural wages, of 40%." (MEGA② II/4.1. S. 395.13–19.)

80.13 Die Angaben über die Weizenimporte in den Jahren 1838–1848 von Marx berechnet nach seinem Exzerpt aus G[eorge]

R[ichardson] Porter: The Progress of the Nation ... [3. Ed.] London 1851. S. 148. – Siehe S. 75.1–13 – Richtig wäre: 24,478,927 und 2,225,357.

80.14–15 Siehe Statistical Abstract for the United Kingdom in Each of the Last 15 Years, from 1849 to 1863. Nr. 11 ... London 1864. S. 73. – Von Marx verwendet in „Value, Price and Profit“: „It might be said that, consequent upon the abolition of the corn-laws, the import of Foreign corn was more than doubled during the period from 1849 to 1859, as compared to the period from 1838 to 1848.“ (MEGA② II/4.1. S. 395.23–25.)

80.16–27 Die Angaben aus: Statistical Abstract for the United Kingdom in Each of the Last 15 Years, from 1849 to 1863. Nr. 11 ... London 1864. S. 73. – Die Durchschnittswerte von Marx berechnet. – Von Marx verwendet in „Value, Price and Profit“: „Did the price of wheat fall? It *rose* from the annual average of 47sh. 8d. per qr. during the three years 1861–63.“ (MEGA② II/4.1. S. 398.20–23.)

80.21 55sh. 10d.] Schreibfehler von Marx. Richtig ist: 51sh. 10d.

80.27 47sh. 8d.] Rechenfehler von Marx. Richtig ist: 47sh. 1d.

81.1–4 Von Marx verwendet in „Value, Price and Profit“: „During the same period, if we compare its end with its beginning, 1859 with 1849, there was a decrease of official pauperism from 934,419 to 860,470, the difference being 73,949 [...]“ (MEGA② II/4.1. S. 395.19–21).

81.5–7 Die Angaben aus: Statistical Abstract for the United Kingdom in Each of the Last 15 Years, from 1849 to 1863. Nr. 11 ... London 1864. S. 84 und 87. – Die Zunahme von Marx berechnet. – Marx notierte Angaben nur für den Zeitraum 1849–59, obwohl die Statistik bis 1864 reicht. Laut der Quelle war 1864 die Zahl der Pauper wieder auf 981 300, die Bevölkerung auf 20 554 137 gestiegen.

81.8–30 Die Angaben aus: Statistical Abstract for the United Kingdom in Each of the Last 15 Years, from 1849 to 1863. Nr. 11 ... London 1864. Die Angaben der zweiten Spalte: S. 76; der dritten Spalte: S. 79/80; der vierten Spalte: S. 82; der fünften Spalte: S. 59; der sechsten Spalte: S. 62. – Die Durchschnittswerte von Marx berechnet.

81.31–32 Die Angaben aus: Statistical Abstract for the United Kingdom in Each of the Last 15 Years, from 1849 to 1863. Nr. 11 ... London 1864. S. 76. – Der Titel der Tabelle lautet: „Amount of Gold, Silver, and Copper Monies Coined at the Royal Mint“.

81.33–41 Von Marx anhand der vorherigen Tabelle berechnet.

82.3–9 Die Angaben aus: Statistical Abstract for the United Kingdom in Each of the Last 15 Years, from 1849 to 1863. Nr. 11 ... London 1864. S. 90. – Von Marx verwendet in „Value, Price and Profit": „Apart from the immense increase in the value and amount of commodities circulated, in 1862 the capital paid in regular terms, for shares, loans, etc, for the railways in England and Wales, amounted alone to *l.* 320,000,000 [...]" (MEGA② II/4.1. S. 398.32–35).

82.18–30 Die Angaben für diese Tabelle aus: The Economist, 21. Januar 1860. S. 64/65. Dort Auszüge aus J[ohn] C[halmers] Morton: On the Forces Used in Agriculture. In: Journal of the Society of Arts. Vol. 7. Nr. 368, 9. Dezember 1859. S. 53–61. Marx exzerpierte den „Economist"-Artikel im Exzerptheft 1859–1863 (IISG, MEN, Sign. B 91a. S. 179). Wahrscheinlich übernahm er die vorliegenden Angaben aus seinen früheren Exzerpten. – Von Marx verwendet im ersten Band des „Kapital" (MEGA② II/5. S. 514; II/6. S. 581; II/7. S. 561) und in „Value, Price and Profit": „Having premissed so much, I proceed to state that from 1849 to 1859 there took place *a rise of about 40%* in the average rate of the agricultural wages of Great Britain. I could give you ample details in proof of my assertion, but, for the present purpose, think it sufficient to refer you to the conscientious and critical paper, read in 1860, by the late Mr. *John C. Morton*, at the London Society of Arts, on *'The Forces used in agriculture'*. Mr. Morton gives the returns from bills and other authentic documents, which he had collected from about 100 farmers residing in 12 Scotch and 35 English counties." (MEGA② II/4.1. S. 395.1–9.)

82.31–33 Marx subtrahiert die „Imports of Gold and Silver Bullion in Specie" des Jahres 1861 (18,747,045) von den „Exports of Gold and Silver Bullion in Specie" desselben Jahres (20,811,648). Die Angaben aus der Tabelle S. 81.

82.34–36 Marx subtrahiert den Jahreswert des „Amount of Gold, Silver, and Copper Monies Coined at the Mint" für 1860 (3,378,102) vom Jahreswert für 1861 (8,673,232). Die Angaben aus der Tabelle S. 81. – Von Marx verwendet in „Value, Price and Profit": „As to the currency, there were coined in the mint in 1861 *l.* 8,673,232 against *l.* 3,378,102 in 1860. That is to say, there were coined *l.* 5,295,130 more in 1861 than in 1860." (MEGA② II/4.1. S. 398.23–25.)

82.37–39 Marx subtrahiert den Überschuss des importierten Gold und Silber Bullions des Jahres 1861 (siehe S. 82.34–36 und Erl.) von der Differenz der zwischen 1860 und 1861 geprägten Münzen (siehe S. 82.31–33 und Erl.).

83.1–3 Marx subtrahiert die „Notes in Circulation" des 9. März 1861 (20,109,000) von den „Notes in Circulation" des 10. März 1860 (21,428,000). Die Angaben aus der Tabelle S. 81. – Von Marx verwendet in „Value, Price and Profit": „It is true, the banknote circulation was in 1861 by *l.* 1,319,000 less than in 1860." (MEGA② II/4.1. S. 398.25–26.)

83.4–6 Marx subtrahiert die zuvor berechnete Differenz der „Notes in Circulation" von 1860–1861 (1,319,000; siehe S. 83.1–3 und Erl.) von der Differenz des Überschusses des importierten Gold und Silber Bullions des Jahres 1861 und der Differenz der zwischen 1860 und 1861 geprägten Münzen (3,230,427; siehe S. 82.37–39 und Erl.).

83.7–9 Marx subtrahiert „Bank Reserve of Notes" der Bank von England vom 11. Oktober 1865 (4,294,145) von den „Notes Issued" desselben Tages (26,606,340). Die Differenz (22,312,195) entspricht den „Notes in Circulation". Siehe S. 83.13. – Von Marx verwendet im Manuskript zum dritten Buch des „Kapital" (MEGA② II/4.2. S. 664.14–16).

83.10–23 Von Marx verwendet im Manuskript zum dritten Buch des „Kapital" (MEGA② II/4.2. S. 664.9–29).

84.2 [John Cunningham:] An Essay on Trade and Commerce ... London 1770. – Titel von Marx exzerpiert im Juni 1863 in den Beiheften F (IISG, MEN, Sign. B 101) und G (RGASPI, Sign. f. 1, op. 1, d. 5583) sowie zitiert in „Value, Price and Profit" (MEGA② II/4.1. S. 423) und mehrmals im ersten Band des „Kapital" (MEGA② II/5; II/6; II/7).

84.3 R[obert] Chambers: Vestiges of the Natural History of Creation. London 1844.

84.5 Léonce de Lavergne: The Rural Economy of England, Scotland, and Ireland. Transl. from the French with Notes by a Scottish Farmer. Edinburgh, London 1855. – Von Marx im „Großheft 1865/1866" der „Hefte zur Agrikultur" exzerpiert (siehe S. 231–250).

84.8 George Smith: Ten Weeks in Japan. London 1861.

85.2 1)] Mit Bleistift geschrieben. – Von Marx gestrichen: *V. den 20£* gegeben an Mama 2£

85.2 Montag 16 März] Dieses Datum hat es in den Jahren 1863 und 1868 gegeben. Die folgenden vier Heftseiten sind 1868 geschrieben worden, da Marx am 18. März mit Laura, die bald danach Paul Lafargue heiratete, Einkäufe erledigt hat. Siehe Marx an Engels, 18. März 1868 (IISG, MEN, Sign. L 4525).

85.5 Mama] Jenny Marx (Frau).

85.9 Von Marx gestrichen: ʃ 3£ an Jenny f. ʃ Laura's Corsette et

85.10 Lehnchen] Helena Demuth.

85.12–13 Mit Bleistift geschrieben.

85.16 Mama] Jenny Marx (Frau).

85.20–86.3 Mit Bleistift geschrieben.

85.23 Lehnchen] Helena Demuth.

86.7 *Lehnchen*] Helena Demuth.

86.7 *Mama*] Jenny Marx (Frau).

88.1 Jedes Mitglied existierender Gesellschaften, das Mitglied der IAA werden wollte, musste für seine Jahreskarte 1 Schilling und 1 Pence zahlen. Die Höhe des Mitgliederbeitrags wurde auf der Sitzung des provisorischen Zentralrats vom 29. November 1864 um 1 Pence erhöht. 1000 Karten wurden gedruckt.

88.13 Von Marx gestrichen: ʃ *An Wolff* in Berlin *3 Nos* 5427–5429

89.3 Victor Schily teilte Marx seine neue Adresse und die Adresse von Massol im Brief vom 3. Januar 1865 mit (siehe MEGA② III/13. Br. 80.92).

89.4–5 Mit Bleistift geschrieben.

89.6 Von fremder Hand geschrieben.

91.4 Johann Georg Eccarius: Wiedergabe einer Rede von Karl Marx auf dem 25. Stiftungsfest des Deutschen Arbeiterbildungsvereins in London. In: Der Social-Demokrat. Berlin. Nr. 24, 19. Februar 1865. S. 3. (MEGA② I/20. S. 451.)

91.4 Nicht überlieferter Brief von Marx an Eccarius, geschrieben am 22. Februar 1865.

91.5 Siehe Karl Marx an Wilhelm Liebknecht, 23. Februar 1865 (MEGA② III/13. Br. 150. App. S. 961). Die Veröffentlichung und Datierung des Briefes erfolgte nach dieser Marx'schen Notiz. Zum weiteren Inhalt des Briefes siehe Marx an Engels, 25. Februar 1865 (ebenda. Br. 154.45–48).

91.6 Siehe Karl Marx, Friedrich Engels: Erklärung. An die Redaktion des „Social-Demokraten". (MEGA② I/20. S. 109.) Mit dieser Erklärung kündigten Marx und Engels ihre Mitarbeit an der Zeitung „Social-Demokrat". Siehe dazu ebenda. S. 1045–1047.

91.10–11 Siehe Karl Marx an Wilhelm Liebknecht, 23. Februar 1865 (MEGA② III/13. Br. 150). Zum weiteren Inhalt des Briefes siehe ebenda. Br. 154.45–48. Der Auszug ist auch als Zitat in Marx' Brief an Engels vom 25. Februar 1865 überliefert (ebenda. Br. 154.23–27).

91.12–19 Diese Notizen, namentlich die Punkte 1) bis 4), wurden von Marx aus dem Brief von Liebknecht an Engels, 7. März 1865 herausgeschrieben: „*Alle beliebigen* Notizen etc. kannst Du schicken an: 1) Reform, Dr. Guido Weiß 2) Dr. V. Maÿer, Freiburg i. B. Baden (Oberrheinischer Courier) 3) Hn. *Rob. Schweichel*, Redaktion der ‚Neuen Hann. Anzeigen' Hannover, und, wenn nicht allzu revolutionären Inhalts, an Hn. A. *Liesecke* Buchdruckereibesitzer, Redlingerstraße 4 C, Osnabrück (Osnabrücker Zeitung). *Schweichel* ist der einzige durch und durch brave und *ganz* uns angehörende Bursche, den ich in Deutschland kennen gelernt. Er hat ein paar Bände recht guter Novellen geschrieben, which would be rather against him, if he was not in every sense an exception of the German rule. Apropos, da habe ich vergessen: Du mußt ein Exemplar Deiner Broschüre an Rittmeister Hn. von *Stramberg*, Lutzower Wegstraße 19, Berlin, schicken. Er ist selbst Militärschriftsteller, schreibt für *Koburger Wehrzeitung* und den (ich glaube *Wiener*) *Kamerad*, und ist als Rheinländer ein fanatischer Preußenhasser." (MEGA② III/13. Br. 173.)

91.17 Lützower Wegstrasse] Die Straße hieß bis 1842 Lietzower Weg, ab 1867 Lützowstraße.

91.20–92.11 Marx schrieb eine Passage aus Engels' Brief vom 9. November 1864 ab (MEGA② III/13. Br. 23.19–31). – Von Marx verwendet im ersten Band des „Kapital" (MEGA② II/5. S. 346, Fn. 183) und im Manuskript zum dritten Buch des „Kapital" (MEGA② II/4.2. S. 202–205). Von Engels in den dritten Band des „Kapital" aufgenommen (MEGA② II/15. S. 136–138). – Siehe auch MEGA② III/13. Br. 28.26–28.

92.2 ateliers nationaux] Die „Ateliers nationaux" wurden im März 1848 von der provisorischen Regierung in Frankreich als öffentliche Unterstützungsanstalten für beschäftigungslose Arbeiter gebildet. (Siehe République Française. Liberté, Égalité, Fraternité. In: Le Moniteur universel. Paris. Nr. 58, 27. Februar 1848. S. 507; Nr. 67, 7. März 1848. S. 555.) Minister für öffentliche Arbeiten war Pierre Marie de Saint-Georges. Die Arbeiter wurden ohne Berücksichtigung ihrer Berufe eingesetzt, militärisch organisiert und nur minimal entlohnt. Die Regierung wollte durch die Einrichtung der Nationalwerkstätten auch revolutionären Bestrebungen unter den Arbeitern entgegenwirken. Dies misslang jedoch: Arbeiter der Nationalwerkstätte bildeten den

Kern der Aufständischen während der Juni-Insurrektion 1848. Nach deren Unterdrückung beschloss die Regierung Cavaignac am 3. Juli 1848 ein Dekret zur Auflösung der „Ateliers nationaux" (République Française. Liberté, Égalité, Fraternité. Au nom du Peuple Français. In: Le Moniteur universel. Paris. Nr. 186, 4. Juli 1848. S. 1553). Siehe dazu auch Karl Marx: Die Klassenkämpfe in Frankreich 1848 bis 1850. In MEGA② I/10. S. 133/134.

92.8–9 Act for the relief of the distressed factory operatives] An Act to Enable Boards of Guardians of Certain Unions to Obtain Temporary Aid to Meet the Extraordinary Demands for Relief Therein. (25 and 26 Victoria, Cap. 110), 1862. – Auch als „Union Relief Aid Act" bekannt, wurde im Jahr 1863 mehrmals erweitert.

93.1–4 Abschrift der Resolutionen der Zentralrats über den Konflikt in der Pariser Sektion der IAA. Siehe MEGA② I/20. S. 113.

94.5–8 In der Instruktion an Victor Schily folgt der Absatz: „*This to be held out in terrorem,* but confidentially, to Fribourg et Co., in order to induce them to make the necessary concessions, supposed Lefort and Beluze (the director of the Banque du Peuple) are earnest in inducing their group to become members." (MEGA② I/20. S. 114.)

96.2–3 In seinen Schlussfolgerungen zu „Value, Price and Profit" schrieb Marx: „A general rise in the rate of wages would result in a fall of the general rate of profit, but, broadly speaking, not affect the prices of commodities" (MEGA② II/4.1. S. 432.26–28).

96.4–6 John Weston nahm an, dass eine Erhöhung des Lohns zu einer ebenso großen Steigerung der Warenpreise führen würde, was Marx bestritt (siehe MEGA② II/4.1. S. 395).

96.7–9 Marx bestritt eine Auswirkung der Zirkulationsmittel auf das Lohnniveau. Für die Zeit von 1858 bis 1861 verzeichnete er einen Lohnanstieg bei konstant bleibender Zirkulation (MEGA② II/4.1. S. 397/398).

98.1–3 Charles Limousin an Eugène Dupont, 6. Juli 1865 (RGASPI, Sign. f. 21, op. 1, d. 152/3). Der Brief ist ohne Datierung. Die Datierung stützt sich auf das Datum, das Marx auf die vorliegende Kopie notiert hat.

101.5 Wilhelmchen] Wilhelm Liebknecht.

101.5 Von fremder Hand geschrieben.

102.3 Möhme] Jenny Marx (Frau).

102.4 Helen] Helena Demuth.

102.9 Möhmlein] Jenny Marx (Frau).

Hefte zur Agrikultur

Großheft 1865/1866
Exzerpte aus Werken von Henri Gregoir, Patrick Edward Dove, Justus von Liebig, Hermann Maron, Moritz Wagner, Louis Mounier, Léonce de Lavergne, Adolphe Quételet, Edmund James Smith, Hugh Smith, John Lockhart Morton, Wilhelm Hamm, James Finlay Weir Johnston, John Evelyn, aus Dictionnaire de l'Économie Politique, Compte-Rendu du Meeting Démocratique de Patignies, Manifest der Maatschappij De Vlamingen Vooruit!, Parlamentsberichten und Zeitungsartikeln
August 1865 bis Februar 1866
(S. 105–326)

ENTSTEHUNG UND ÜBERLIEFERUNG

Das „Großheft 1865/1866" der „Hefte zur Agrikultur" enthält von August 1865 bis Februar 1866 von Karl Marx angefertigte Auszüge aus 20 Schriften von 14 Autoren, aus zwei Artikeln des „Dictionnaire de l'Économie Politique", vier Parlamentsberichten, zwei Broschüren und zwei Zeitungsartikeln sowie Notizen. Marx setzt mit diesem Heft, das er an anderer Stelle mehrfach „Großheft" genannt hat (MEGA② II/4.3. S. 240), seine Studien zur politischen Ökonomie und somit seine Vorbereitung der „Kapital"-Manuskripte fort. Den inhaltlichen Schwerpunkt bilden die Themen Landwirtschaft, Bodenrente und Agrikulturchemie sowie am Rande die Lage der Arbeiterklasse in Belgien und der Einfluss der Bankgesetzgebung auf die Wirtschaftskrisen von 1847 und 1857/1858. Damit steht das Heft in engem Zusammenhang mit der Vorbereitung des Manuskripts für das dritte Buch des „Kapital" und darüber hinaus auch mit der Fertigstellung der Druckvorlage des ersten Bandes. Durch die Studien in diesem Heft vertieft Marx sowohl seine naturwissenschaftlichen und ökonomischen Kenntnisse der Bodenrententheorie als auch sein Wissen über die belgische Gewerkschaftsbewegung, mit der er sich auch durch sein Engagement in der Internationalen Arbeiterassoziation politisch auseinandersetzte.

Marx recherchiert im vorliegenden Heft umfangreich die neue Konstellation um die Bodenrententheorie und behandelt dabei Themen wie Bodenfruchtbarkeit, Agrartechnologie und Bodenpreisbildung. Dazu liest er Werke von Ökonomen, Journalisten und Agrarwissenschaftlern, darunter auch solche Autoren wie Justus von Liebig und James F. W. Johnston, die er schon Anfang der 1850er Jahre in den „Londoner Heften" exzerpiert hatte (MEGA② IV/9). Die durch die Neulektüre erworbenen naturwissenschaftlichen Kenntnisse führen Marx vor allem zu einer differenzierten Behandlung des u. a. von David Ricardo und Thomas Robert Malthus vertretenen sogenannten „Gesetzes des abnehmenden Bodenertrags". Er studiert in diesem Kontext einerseits nach wie vor verschiedene Methoden der Steigerung der landwirtschaftlichen Produktivität durch Intensivierung (Anwendung der Agrikulturchemie, Fruchtwechsel, Maschinerie und Kreuzung). Andererseits lernt er durch die Lektüre von Liebig und

Johnston, die spezifisch moderne Form der abnehmenden landwirtschaftlichen Produktivität als „Raubbau" zu verstehen. Außer Liebig und Johnston wurden auch die im vorliegenden Heft exzerpierten Schriften zum Thema „Bodenrente" von Autoren wie Louis Mounier, Hugh Smith, John Lockhart Morton und Patrick Edward Dove in das Manuskript für das dritte Buch des „Kapital" integriert (MEGA② II/4.2). Marx beabsichtigte eine weitere Verwendung der Auszüge im dritten Buch des „Kapital": In seinen Notizen „Differentialrente" wertete er das vorliegende Heft zusammen mit früheren Exzerpten aus (MEGA② II/4.3. S. 235–243).

Marx paginierte das Heft mit Bleistift von Ms-S. 1–247, dann drehte er es um und setzte die Paginierung der restlichen Seiten 248–367 von der letzten Heftseite her fort. Trotz der Paginierung blieben die Ms-S. 241–247 leer. Auf Ms-S. 1–14 und 248–258 befinden sich Auszüge aus Parlamentsberichten über das Bankwesen. Sowohl die thematische Nähe der Auszüge als auch die Entstehungsgeschichte des Hefts, der zufolge Marx bei der Paginierung das Heft umdrehte und seine Auszüge auf der letzten, mit Ms-S. 248 paginierten Heftseite beginnend fortsetzte, deuten darauf hin, dass Marx das letzte Exzerpt inmitten seiner Studien zur Bodenrente anfertigte. Er verwendete diese Auszüge im bis Ende Oktober 1865 geschriebenen fünften Kapitel „Spaltung des Profits in Zins und Unternehmungsgewinn" in seinem Manuskript für das dritte Buch des „Kapital" – also vor dem Verfassen des Kapitels zur Bodenrente. (Siehe MEGA② II/4.2. S. 920.)

Marx begann dieses Heft wahrscheinlich im August 1865, wie sein Brief an Engels vom 19. August vermuten lässt: „Von dem absoluten Unsinn, der sich in den Parliamentary Reports v. 1857 und 1858 über Bankwesen etc. findet, u. die ich kürzlich wieder ansehn mußte, machst Du Dir auch nicht die entfernteste Vorstellung." (MEGA② III/13. Br. 292.83–85.) Im vorliegenden Heft befinden sich jeweils ein Parlamentsbericht von 1857 und 1858 über die Wirkungsweise der „Bank Acts" von 1844 (7 and 8 Victoria, Cap. 32) und 1845 (8 and 9 Victoria, Cap. 37 and 38). Im Brief meinte Marx möglicherweise nur den auf Ms-S. 248–258 exzerpierten Bericht von 1858, den er als „Reports Committees, Bank Acts. 1857–58" bibliographisch erfasste (S. 255.1–2).

Die zweite, unpaginierte Seite des Umschlags (Ms-S. [0b]) enthält eine bibliographische Notiz: „*Coullet* (P. J.) *Études sur la circulation monétaire: la Banque et le Credit.*" Sie wurde vermutlich im September oder Oktober 1865 erstellt, denn Coullets „Études sur la circulation monétaire" waren im September 1865 erschienen (siehe Séances et travaux de l'Académie des sciences morales et politiques, S. 472).

Auf der Außenseite des Deckels (Ms-S. [0a]) befindet sich ein Inhaltsverzeichnis des Hefts mit Angabe der Seitenzahlen von Engels. Auf der 3. Umschlagseite (Ms-S. [0c]) erstellte Marx ein Inhaltsverzeichnis ohne Angabe der Seitenzahlen. Die Reihenfolge des Verzeichnisses von Marx ist weder chronologisch, noch folgt sie der Paginierung. Auch fehlen dort die Auszüge aus dem „Compte-Rendu du Meeting Démocratique de Patignies" (Ms-S. 18–21) sowie die letzten Auszüge des Hefts aus Johnston, Evelyn und Lavergne (Ms-S. 345–367).

Das Heft wurde nicht in der Reihenfolge der Marx'schen Paginierung beschrieben. Während alle anderen Exzerpte mit Tinte angefertigt wurden, sind die Auszüge aus „House of Commons" vom 26. Februar 1866 (Ms-S. 240) mit Bleistift geschrieben. Mit demselben Bleistift paginierte Marx das Heft und fertigte die Randanstreichungen an. Die Vermutung liegt nahe, dass er erst nach der Anfertigung der mit Tinte geschriebenen Auszüge das Heft paginierte und wichtige Stellen anstrich, wobei er jene Auszüge aus „House of Commons" anschließend anfertigte, was darauf schließen lässt, dass er die Arbeit an dem Heft bis Ende Februar 1866 abgeschlossen hat. In manchen Fällen stimmen die Anstreichungen mit den Wiederverwendungen überein.

Für die Bearbeitung des Hefts bis Februar 1866 spricht außerdem Marx' Brief an Engels vom 13. Februar 1866, in dem er von dem Ende seiner im vorliegenden Heft durchgeführten Studien zu Liebig und den dort nicht namentlich erwähnten „Franzosen" Maron, Mounier, Lavergne und Passy berichtet. Im Brief an Engels vom 20. Februar 1866 kam Marx abermals auf Liebig zu sprechen. (Siehe beide Briefe in MEGAdigital.)

Die Textdarbietung folgt der Paginierung.

Die Exzerpte sind zum überwiegenden Teil wörtlich den Quellen entnommen und mit den Sprachen der Quellen identisch. Marx kommentiert sie nur sparsam. Anders als die Randanstreichungen sind die Hervorhebungen mit dem gleichen Schreibmaterial wie der Text selbst ausgeführt. Sie sind also wahrscheinlich im Prozess des Exzerpierens entstanden.

Marx beginnt das Heft mit Auszügen zur Wirkungsweise der Bankgesetzgebung. Da er das Heft bei der Paginierung umdrehte und seine Auszüge auf der letzten Heftseite (Ms-S. 248) beginnend fortsetzte, stehen die Auszüge aus den folgenden Parlamentsberichten sowohl am Beginn als auch am physischen Ende des Hefts. Die Auszüge stehen in Zusammenhang mit dem fünften Kapitel des dritten Buchs des „Kapital", wo Marx eine kommentierte Materialsammlung unter der Überschrift „Di̤e Confusion" zusammenstellte. Wie Engels im „Vorwort" zum dritten Band des „Kapital" bemerkte, handelt es sich bei der „Confusion" um „lauter Auszüg[e] aus den Parlamentsberichten über die Krisen von 1848 und 1857, worin die Aussagen von dreiundzwanzig Geschäftsleuten und ökonomischen Schriftstellern, namentlich über Geld und Kapital, Goldabfluß, Überspekulation etc. zusammengestellt und stellenweise humoristisch kurz glossirt sind." (MEGA② II/15. S. 9.) Marx hat die folgenden Auszüge vermutlich parallel mit dem zwischen Juli und Oktober 1865 verfassten fünften Kapitel des dritten Buchs des „Kapital" (siehe MEGA② II/4.2. S. 920) angefertigt. Die folgenden Auszüge hat Marx jedoch nicht im Abschnitt „Di̤e Confusion" verwendet, sondern an anderen Stellen des fünften Kapitels.

Report from the Select Committee on Bank Acts; together with the Proceedings of the Committee, Minutes of Evidence, App. and Index. Or-

dered, by the House of Commons, to be Printed, 30 July 1857. Pt. 1. [London 1857.] (Ms-S. 1–13; siehe S. 109–116.)

Report from the Secret Committee of the House of Lords Appointed to Inquire into the Causes of the Distress which has for Some Time Prevailed among the Commercial Classes, and how far it has been Affected by the Laws for Regulating the Issue of Bank Notes Payable on Demand. Together with the Minutes of Evidence, and an App. Ordered, by the House of Commons, to be Printed, 28 July 1848. (Ms-S. 13/14; siehe S. 117.)

Beide Berichte der Kommissionen zur Wirkungsweise der 1844 und 1845 verabschiedeten „Bank Acts" enthalten u.a. die Ansichten der jeweiligen Direktoren der Bank of England, Thomas Matthias Weguelin und James Morris, vor der Wirtschaftskrise von 1857 und während der Krise von 1847. Marx' Auszüge aus dem Bericht zur Krise 1847 sind sehr kurz, beinhalten neben einer Aussage von Morris auch ein Zitat von Thomas Tooke und werden einmal im ersten Band des „Kapital" erwähnt (MEGA② II/5. S. 85.43–46). Dagegen analysiert Marx die Parlamentsberichte über das Bankwesen von 1857 und 1858 ausführlicher, notiert u.a. auch Aussagen von John Stuart Mill und William Newmarch und zitierte sie mehrmals im Manuskript zum dritten Buch des „Kapital" (siehe MEGA② II/4.2. S. 1376/1377). Seine Exzerpte aus dem 1857er Bericht behandeln die Konstitution der einzelnen Posten der Bank of England wie Reserve, Depositen, Banknoten und Staatsschulden.

In seinem Brief an Engels vom 19. August 1865 erwähnte Marx seine Lektüre der „Parliamentary Reports v. 1857 u. 1858 über Bankwesen etc." (MEGA② III/13. Br. 292.83–84.) Wahrscheinlich meinte er damit den hier genannten Report vom 30. Juli 1857 sowie einen zweiten, 1858 veröffentlichten Parlamentsbericht zur Wirkungsweise der „Bank Acts" von 1844 und 1845 in der Krise, den er auf Ms-S. 248–258 des vorliegenden Hefts exzerpierte. Marx teilte Engels zudem mit: „Wie im Monetarsystem ist Capital = Gold. Dazwischen nun schamhafte Erinnerungen aus A. Smith, u. schauderhafte Versuche den Galimathias des money market mit seinen ‚aufgeklärten' Vorstellungen auszusöhnen. [...] Die Kritik dieser ganzen Sauce kann ich erst in einer spätern Schrift geben." (Ebenda.)

Report from the Select Committee on the Bank Acts; together with the Proceedings of the Committee, Minutes of Evidence, App. and Index. Ordered, by the House of Commons, to be Printed, 1 July 1858. [London 1858.] (Ms-S. 248–258; siehe S. 255–261.)

In den Auszügen aus dem Parlamentsbericht von 1858 über den Einfluss der „Bank Acts" von 1844 und 1845 auf die Weltwirtschaftskrise 1857/58 interessiert sich Marx zunächst für das Verhältnis von Goldvorräten und Notenzirkulation. Nach den Goldfunden in Kalifornien (1848) und Australien (1851) stiegen Großbritanniens Goldimporte an, was die Grundlage für eine Ausweitung der Geschäftsaktivitäten von Londoner *Joint Stock Banks* nach der Krise von 1847/48 bildete. Da zugleich die britischen Exporte wuchsen, schien diese Expansion gedeckt, weshalb sich der im Bericht befragte Direktor der Bank of England, Thomas Matthias Weguelin, von dem plötzlichen Ausbruch der Krise, hervorgerufen durch fallende Kurse von Eisenbahnaktien in den USA, überrascht zeigt. Marx notiert diverse Bankrotte von Finanzhäusern im Zuge der Krise von 1857/58 und verfolgt dadurch die Ausbreitung der Krise von den USA nach Liverpool, London, Schottland und Hamburg.

Marx verwendete seine Exzerpte im dritten Buch des „Kapital", wo er Passagen über die Expansion der Londoner *Joint Stock Banks* (MEGA② II/4.2. S. 548.41–549.18) sowie die Rolle der Wechselmakler (ebenda. S. 529.4–26) zitierte. Er gab auch Passagen wieder, die sich nicht im vorliegenden Exzerpt befinden (siehe ebenda. S. 1377).

Trade and Finance. In: The Daily News. Nr. 6073, 23. Oktober 1865. S. 4. (Ms-S. 22–25; siehe S. 123–125.)

Unter der Rubrik „Trade and Finance" behandelt der rund ein halbes Jahr vor dem Ausbruch der Finanzmarkt-Panik im Mai 1866 entstandene Artikel die hohe Nachfrage nach Münzen und Noten in Großbritannien. Marx notiert zwei tabellarische Vergleiche der Bestände der Bank of England hinsichtlich „Government Securities", „Other Securities", „Reserve" und „Bullion". Der erste Vergleich der jeweils ersten drei Wochen des Monats Oktober der Jahre 1862–1865 zeigt ein Auseinanderdriften der zunehmenden diskontierten Wechsel sowie der abnehmenden Reserve und der Edelmetallvorräte *(bullion)*, weshalb die Bank Staatsanleihen *(government securities)* als Kompensation verkauft hat. Ein zweiter Vergleich derselben vier Posten vom Dezember 1844, kurz nach der Verabschiedung des „Bank Act", mit der dritten Oktoberwoche 1865 bestätigt diese Tendenz für einen längeren Zeitraum. Die Bank habe diese Verluste durch eine Zunahme in den „Private Deposits" ausgeglichen. Die „Daily News" sorgt sich, dass bei einem Missverhältnis zwischen Reserve und diskontierten Wechseln von 1 : 4 die Ressourcen der Bank nicht mehr ausreichend wären, um das dreifach gewachsene Wirtschaftsleben mit finanziellen Mitteln zu versorgen, so dass selbst kleine Störungen den Geldmarkt schwer erschüttern könnten. Die „Daily News" argumentieren gegen die Verteidiger des „Bank Act", die immer wieder behauptet hatten, dass der „drain of notes and bullion" dem auswärtigen Handel Großbritanniens geschuldet war: Da Großbritannien aber über eine positive Handelsbilanz verfüge, sei der Edelmetallabfluss der hohen inländischen Nachfrage geschuldet. Anschließend spekuliert der Artikel über Einflüsse auf die Edelmetallvorräte der Bank of England (wie Schiffslieferungen von Gold und den Aufstand der Fenians in Irland) und warnt vor einer kommenden Finanzpanik. Die letzte Forderung nach „free trade in money" hat Marx nicht in sein Exzerpt übernommen.

Eine tabellarische Aufstellung der Posten der Bank of England von 1844 bis 20. Dezember 1855 hat Marx im ebenfalls im Oktober 1865 beendeten fünften Kapitel zum dritten Buch des „Kapital" angefertigt, dazu jedoch nicht die vorliegenden Auszüge, sondern den „Report from the Select Committee on Bank Acts ... 30 July 1857" verwendet (siehe MEGA② II/4.2. S. 496–499 und Erl.).

Die Unterscheidung zwischen einem Goldabfluss aus internen und dem aus externen Gründen behandelt Marx ebenda, S. 572/573, 579, 581.

Das zweite Thema des Hefts ist die Lage der belgischen Arbeiterklasse. Hierzu exzerpiert Marx aus drei Schriften der belgischen Arbeiterbewegung.

Manifest der Maatschappij De Vlamingen Vooruit! Brussel 1860. (Ms-S. 15/16; siehe S. 118/119.)

Das 20-seitige Manifest wurde am 14. Oktober 1859 veröffentlicht. Die Gesellschaft „Vlamingen Vooruit" (Flamen Vorwärts) trat für die Erhaltung der germanischen Nationalität der Flamen in Belgien (damals 2,7 Millionen Einwohner) gegen den französischen Einfluss ein, der nach der Unabhängigkeit Belgiens (1830) immer stärker geworden sei und zu einer Bevorzugung der französischsprachigen Wallonen (1,8 Millionen Einwohner) führe.

Marx exzerpiert Angaben über die belgische Armut sowie über den positiven Zusammenhang von Brotpreis und Verbrechen. Er besaß ein Exemplar dieses Manifests (MEGA② IV/32. Nr. 831) und verwendete sein Exzerpt im ersten Band des „Kapital" zusammen mit dem folgenden Exzerpt aus „Compte-Rendu du Meeting Démocratique de Patignies", um zu zeigen, dass die von den englischen Kapitalisten gelobte „Freiheit der Arbeit" ohne „Fabrikgesetze" und ohne den „Despotismus der Trade's Unions" in Belgien zu schwerer Armut führte (MEGA② II/5. S. 542/543).

Henri Gregoir: Les typographes devant le Tribunal Correctionnel de Bruxelles. Bruxelles 1865. (Ms-S. 17; siehe S. 120.)

Henri Gregoir war Sekretär der Vereinigung der Druckereiarbeiter „Association libre des compositeurs typographes" in Brüssel, welche die Einführung des „tarif des prix de la main-d'oeuvre typographique" forderte. Nach mehreren Verhandlungen zwischen den Unternehmern und der Assoziation wurden im Mai 1865 13 Arbeiter der Vereinigung einschließlich Gregoirs wegen der Gründung der Arbeiter-Assoziation angeklagt.

Die kleine Broschüre, die von diesen Geschehnissen berichtet, besteht aus zwölf Seiten und ist in vier Abschnitte gegliedert. In den ersten beiden Abschnitten beschreibt Gregoir den Verlauf bis zur Anklage. Im dritten Abschnitt, dem einzigen, aus dem Marx exzerpiert, schildert er die prekäre Lage der Drukker nach der Einführung des Stücklohnsystems. Marx verwendete Gregoirs Bericht im ersten Band des „Kapital" als konkretes Beispiel für den Vorteil des Stücklohns für die Kapitalisten, der zu einer freiwilligen Intensivierung der Arbeit motiviere (siehe MEGA② II/5. S. 451.41–46). Im letzten Abschnitt wiederholt Gregoir die Forderung der Assoziation nach einem Tariflohn.

[E. Steens, César de Paepe, D. Brismeée:] Compte-Rendu du Meeting Démocratique de Patignies. Bruxelles 1864. (Ms-S. 18–21; siehe S. 121/122.)

César De Paepe (1841–1890) war ein belgischer Typograph, Arzt und Jurist, eines der ersten Mitglieder der Internationalen Arbeiterassoziation und 1865

Mitbegründer von deren belgischer Sektion. In seiner Jugend war er stark von Pierre-Joseph Proudhon beeinflusst. De Paepe begründete 1860 „Le Peuple – Association de la Democratie militante" und betätigte sich in der belgischen demokratischen Bewegung „Vlamingen Vooruit". Obwohl er in enger Beziehung zu Anarchisten wie Michail Bakunin stand, vertrat er die Auffassung, dass die sofortige Abschaffung des Staates nicht möglich sei, sondern dessen Umformung angestrebt werden solle. De Paepe versuchte erfolglos, Sozialisten und Anarchisten zu vereinen und war 1885 Mitbegründer der „Parti Socialiste Belge". Marx und er waren sich 1865 auf Londoner Konferenz der IAA begegnet und standen anschließend in Briefwechsel.

Die Schrift „Compte-Rendu du Meeting Démocratique de Patignies" ist ein Bericht des Treffens von „Le Peuple – Association de la Democratie militante" vom 26. Dezember 1863 im wallonischen Patignies. Im Hauptteil des Berichts wird der dort gehaltene Vortrag von De Paepe wiedergegeben, in dem dieser seine Ansichten über Religion, Staatsform und Eigentum darlegt. Marx exzerpiert aus dem Abschnitt „Commerce", in dem De Paepe eine Kritik der Zwischenhändler („intermédiaire"), welche selbst nichts produzieren, die Waren verfälschen und die Arbeiter ausplündern („spoliation des travailleurs") würden, formuliert.

Im vorliegenden Exzerpt notiert Marx die Einschätzungen Michel Chevaliers und anderer Ökonomen über Lebensmittelhandel und Lebensmittelfälschungen in Paris.

Auf Ms-S. 72/73 befindet sich De Paepes von Marx zuerst exzerpierte Zusammenfassung von Éd[ouard] Ducpétiaux: Budgets économiques des classes ouvrières en Belgique. Bruxelles 1855. Édouard Ducpétiaux (1804–1868) war ein belgischer Journalist und als Generalinspektor der belgischen Gefängnisse und Wohltätigkeitsanstalten tätig. In „Budgets économiques des classes ouvrières en Belgique" schildert er anhand von durch die „Commission centrale de statistique de Belgique" gesammelten Statistiken und Angaben die materielle Lage der Arbeiterklasse in Belgien. De Paepe gibt aus Ducpétiaux' Werk die Seiten 154–156 über die Einkommens- und Wohnverhältnisse belgischer Arbeiterfamilien zusammenfassend wieder; keiner der von Marx notierten Sätze befindet sich folglich in Ducpétiaux' Original. Später, im Brief vom 1. Februar 1870 hat De Paepe Marx u.a. die Schrift von Ducpétiaux als Quelle über die belgische Landwirtschaft persönlich empfohlen. (RGASPI, Sign. f. 21, op. 1, d. 163/1.)

Marx benutzte seine Auszüge in einer Fußnote zum „allgemeinen Gesetz der kapitalistischen Akkumulation" im ersten Band des „Kapital", um die miserable Lage der Arbeiterfamilien in Belgien zu schildern (MEGA② II/5. S. 542/543). Später erwarb er auch ein Exemplar des Buchs von Ducpétiaux, in dem er auf S. 150–152 und 154–156 Markierungen mit Tinte und Rotstift vornahm (MEGA② IV/32. Nr. 335). In der französischen Ausgabe des „Kapital" ergänzte Marx die Fußnote unter Verwendung seines Handexemplars (MEGA② II/7. S. 593). Zwei weitere Bücher Ducpétiaux' hatte Marx schon früher besessen; sie sind in der Daniels-Liste verzeichnet (siehe MEGA② IV/5. S. 299.11–12 und 304.38 sowie Erl.).

Den inhaltlichen Schwerpunkt des Hefts bilden die Themen Landwirtschaft, Bodenrente und Agrikulturchemie.

Justus von Liebig: Einleitung in die Naturgesetze des Feldbaues. Braunschweig 1862. (Ms-S. 29–59; siehe S. 129–143.)
Justus von Liebig: Herr Dr. Emil Wolff in Hohenheim und die Agricultur-Chemie. Nachtrag zu den „Grundsätzen der Agricultur-Chemie". Braunschweig 1855. (Ms-S. 59[a]–61; siehe S. 144/145.)
Justus von Liebig: Die Chemie in ihrer Anwendung auf Agricultur und Physiologie. 7. Aufl. Bd. 1.2. Braunschweig 1862. (Ms-S. 62–120; siehe S. 146–180.)

Justus von Liebig (1803–1873) wurde mit 21 Jahren als Professor an die Universität Gießen berufen, wo er bis 1852 tätig war, ehe er 1853 nach München wechselte und dort als einer der bedeutendsten Naturwissenschaftler seiner Zeit ab 1860 als Präsident der Bayerischen Akademie der Wissenschaften wirkte.

Liebig gelangen wichtige Entdeckungen auf dem Gebiet der organischen Chemie. In der als sein Hauptwerk geltenden „Chemie in ihrer Anwendung auf Agricultur und Physiologie" (im Folgenden: Agriculturchemie) wird zum ersten Mal systematisch die Bedeutung der anorganischen Substanzen, vor allem der Phosphorsäure, für das Pflanzenwachstum erörtert. Bereits während seiner Londoner Studien 1850–1853 hatte Marx die vierte Auflage der „Agriculturchemie" (Braunschweig 1842) exzerpiert (MEGA② IV/9. S. 172–213), um gegen David Ricardos sogenanntes „Gesetz des abnehmenden Bodenertrags" die Steigerungsmöglichkeit der landwirtschaftlichen Produktivität durch die industrielle Produktion von Kunstdünger zu untersuchen.

Liebigs früherer Optimismus ist in der von Marx im vorliegenden Heft herangezogenen siebten Auflage der „Agriculturchemie" allerdings nicht mehr zu finden. Er fügte der siebten Auflage eine neue 156-seitige „Einleitung in die Naturgesetze des Feldbaues", die er auch als eigenständiges Buch veröffentlichte, hinzu und ergänzte auch den zweiten Band umfassend. Da Liebig die „Einleitung ..." von 1862 wortgleich in die siebte Auflage der „Agriculturchemie" übernahm, ist unbekannt, welche Ausgabe der „Einleitung ..." Marx herangezogen hat. In der „Einleitung ..." propagiert Liebig nicht mehr die Anwendung von Kunstdünger, sondern kritisiert die moderne landwirtschaftliche Praxis als „Raubbau", welche dem Boden seine anorganischen Bestandteile dauerhaft entnehme, ohne sie ihm zurückzugeben. Wegen des industriellen Lebensstils würde eine immer größere Menge landwirtschaftlicher Produkte zum Verkauf in die großen Städte geliefert. Diese Produkte würden aber nicht zum Boden zurückkehren, sondern nach ihrer Konsumtion und Verdauung als Abwasser in die Flüsse fließen. Der Kreislauf pflanzlicher Nahrungsstoffe ist, so Liebig, aufgrund der wachsenden Distanz zwischen Stadt und Land unterbrochen. Liebig warnt gar vor dem Untergang der gesamten europäischen Zivilisation – wie es dem antiken Griechenland und Rom widerfuhr –, wenn das sogenannte „Gesetz des Ersatzes“ weiter vernachlässigt und dem Raubbau nicht ernsthaft entgegengewirkt würde.

Nach der Lektüre schrieb Marx an Engels im Brief vom 13. Februar 1866: „Die neue Agrikulturchemie in Dtschld, speziell Liebig u. Schönbein die wichtiger für diese Sache als alle Oekonomen zusammen genommen [...] mußte durchgeochst werden.“ (MEGAdigital.) Im Brief an Engels vom 20. Februar setzte er sich mit Liebigs Entdeckungen auseinander und lobte diesen: „I feel proud of the Germans. It is our duty to emancipate this ‚deep‘ people.“ (MEGAdigital.) Seine Einschätzung wiederholte er in der ersten Auflage des ersten Bandes des „Kapital“: „Die Entwicklung der negativen Seite der modernen Agrikultur, vom naturwissenschaftlichen Standpunkt, ist eins der unsterblichen Verdienste Liebig's. Auch seine historischen Aperçus über die Geschichte der Agrikultur, obgleich nicht ohne grobe Irrthümer, enthalten mehr Lichtblicke als die Schriften sämmtlicher modernen politischen Oekonomen zusammengenommen.“ (MEGA② II/5. S. 410.) Marx erfasste damit genauer als zuvor, wie vom Standpunkt der Naturwissenschaft der abnehmende Bodenertrag in einer spezifisch modernen Form erscheint. Er begriff Liebigs Kritik an der Raubwirtschaft als Widerspruch der kapitalistischen Produktion und schrieb im „Kapital“ über die daraus resultierende Störung des Stoffwechsels zwischen Mensch und Natur (siehe Einführung S. 844–848).

Marx beginnt seine Auszüge im vorliegenden Heft mit dem letzten Abschnitt der „Einleitung“, „Die Nationalökonomie und die Landwirthschaft“, und kehrt anschließend an ihren Anfang zurück, um die ganze „Einleitung“ sorgsam zu exzerpieren.

Nach der „Einleitung“ exzerpiert Marx zunächst nicht weiter aus der „Agriculturchemie“, sondern aus einer älteren, gegen Emil Wolff gerichteten Schrift von Liebig. Liebigs Mineraltheorie, die u.a. behauptet, dass die Pflanzen ausreichend Stickstoff aus dem Ammoniak der Atmosphäre assimilieren können und daher der Stickstoffdünger überflüssig sei, rief in den 1850er Jahren große Debatten hervor. In England kritisierten John Bennet Lawes und Henry Gilbert diese These durch eine Reihe von Experimenten in Rothamsted. In Deutschland attackierte Emil Wolff, Professor für Agrikulturchemie an der Königlichen Württembergischen land- und forstwirthschaftlichen Akademie zu Hohenheim in „Die naturgesetzlichen Grundlagen des Ackerbaues“ (Bd. 1.2. Leipzig 1851–1854) und Artikeln in der „Zeitschrift für deutsche Landwirthe“ Liebigs Unterschätzung des Ammoniaks und erklärte dessen Abnahme als Ursache der Bodenerschöpfung. Als Nachtrag (zuerst in der „Zeitschrift für deutsche Landwirthe“. Heft 6. 1855) zur zweiten Auflage der „Grundsätze der Agricultur-Chemie“ (Brauschweig 1855) veröffentlichte Liebig einen 44-seitigen Text gegen Wolffs Polemik, in dem er seine alte These wiederholte, dass das Fehlen von Mineralsubstanzen die Ursache der Bodenerschöpfung sei.

Marx konzentriert sich bei der Lektüre aber nicht auf diese Debatte zwischen Liebig und Wolff, vermutlich weil er schon 1862 die Debatte zwischen der Mineral- und Stickstofftheorie anhand von Liebigs „Ueber Theorie und Praxis in der Landwirthschaft" (Braunschweig 1856) verfolgt hatte (IISG, MEN, Sign. B 93). Stattdessen exzerpiert er die Seiten 13–15 des Buchs, auf denen Liebig sein sogenanntes „Gesetz des Minimums" erörtert, wonach der Ertrag nicht von dem in größter, sondern von dem in kleinster Menge (im Minimum) vorhandenen Bodenbestandteil bestimmt sei.

Marx exzerpiert im Anschluss den ersten und zweiten Teil der siebten Auflage der „Agriculturchemie". Sein Exzerpt reflektiert Liebigs kritischen Ton der Bodenerschöpfungstheorie. Dies findet seinen Niederschlag im dritten Buch des „Kapital", in dem Marx Liebig in Bezug auf seine Theorie der Grundrente erwähnt: *„Ueber die abnehmende Productivität des Bodens bei successiven Capitalanlagen.* Hierüber ist Liebig nachzusehn. Man hat gesehn, daß die successive Abnahme der Surplusproductivkraft die Rente bei gleichbleibendem Productionspreiß stets vermehrt, per acre, und selbst bei fallendem vermehren kann." (MEGA② II/4.2. S. 833.) Ökonomen wie Ricardo und Malthus unterstellten das „Gesetz des abnehmenden Bodenertrags", ohne dessen Mechanismus naturwissenschaftlich zu erklären. Diese „flache" Annahme war, so Marx, historisch unvermeidlich, da „die wirklichen naturgemässen Ursachen der Erschöpfung des Bodens [...] sämmtlichen Oekonomen, die über die Differentialrente geschrieben haben, natürlich unbekannt waren, wegen des Zustands der Agriculturchemie zu ihrer Zeit" (MEGA② II/4.2. S. 723). In der siebten Auflage behauptet Liebig, dass sich der Bodenertrag nicht nur mit den im Boden vorhandenen anorganischen Substanzen steigern lasse, sondern auch durch organische Substanzen und andere physische Faktoren bedingt sei. Er berichtet von einigen Experimenten, nach denen die Ernte nicht verhältnismäßig mit der Menge der anorganischen Substanzen steigt, weil das Wachstum nicht allein darauf beruht. Marx exzerpiert diese Stellen mit Randanstreichungen, um den Zusammenhang mit seinem Manuskript zum dritten Band des „Kapital" zu markieren (S. 172.33–37 und Erl.). Anhand von Liebigs nuanciertem Umgang mit dem abnehmenden Bodenertrag konnte Marx begreifen, wie die natürlichen Grenzen sich im Kontext der kapitalistischen Produktionsweise konkretisieren.

Liebigs Theorie der Bodenerschöpfung rief große Debatten hervor, auf die Marx nach der Veröffentlichung des ersten Bandes des „Kapital" in den ersten vier Monaten des Jahres 1868 in weiteren drei „Heften zur Agrikultur" zurückkam.

H[ermann] Maron: Aus dem Bericht an den Minister für die landwirthschaftlichen Angelegenheiten in Berlin über die japanische Landwirthschaft. Berlin 1863. In: Justus von Liebig: Die Chemie in ihrer Anwendung auf Agricultur und Physiologie. 7. Aufl. Bd. 2. Braunschweig 1862. S. 417–438. (Ms-S. 121–131; siehe S. 183–188.)

Hermann Maron (1820–1882), der 1858–1859 als Dozent an der Landwirtschaftsakademie in Poppelsdorf bei Bonn und später auch an der höheren landwirtschaftlichen Lehranstalt zu Proskau bei Oppeln lehrte, wurde aufgrund seiner persönlichen Bekanntschaft mit dem preußischen Landwirtschaftsminister Erdmann Graf von Pückler-Limpurg als Mitglied der preußischen Expedition nach Ostasien 1860–1862 ausgewählt. Der vorliegende Text ist ein Bericht an den Landwirtschaftsminister, der auf der Basis seines fünfmonatigen Aufenthalts in Edo und Yokohama verfasst wurde, und der später in den „Annalen der Landwirthschaft in den Königlich Preußischen Staaten" (Jg. 20. Bd. 39. Berlin 1862) erschien. Der Bericht wurde damals auch in andere Sprachen übersetzt.

Maron stellt die japanische Landwirtschaft unter Berücksichtigung klimatischer, rechtlicher, kultureller und religiöser Elemente dar. Er lobt ihre Vorzüge gegenüber der europäischen Landwirtschaft, da sie mittels der effektiven Sammlung und Verwendung menschlicher Exkremente als Dünger ohne die geringste Zufuhr von Guano oder Kunstdünger, ohne Viehhaltung und ohne Futterbau dauerhaft hohe und nachhaltige Erträge erzielen könne. Dagegen kritisiert Maron die europäische Vergeudung der Bodenkraft als „Scheincultur", ebenso wie Liebig sie als „Raubbau" verwarf.

Justus von Liebig, der in Marons Japan-Bericht ein konkretes Beispiel einer nachhaltigen Agrikultur und einen Beweis für die irrationale europäische Raubwirtschaft gefunden hatte, bat Maron um Erlaubnis zum Abdruck des Berichts als Anhang der siebten Auflage seiner „Agriculturchemie". Liebig publizierte als „Anhang G" seiner „Agriculturchemie" nur die Abschnitte 1 und 2 des Berichts von Maron. Marx exzerpiert die Hauptideen aus beiden Abschnitten. In seinem Brief an Engels vom 13. Februar 1866 bezog er sich positiv auf Maron: „Auch der Aufschluß von Japan (ich lese sonst im Durchschnitt, wo nicht professionell genöthigt, niemals Reisebeschreibungen) war hier wichtig." (MEGAdigital.) Obwohl Marx Marons Bericht danach nie direkt erwähnte, benutzte er die Exzerpte vermutlich im ersten Band des „Kapital" als Quelle seiner Beschreibungen der „musterhafte[n] Agrikultur" (MEGA② II/5. S. 97) Japans (siehe z.B. ebenda. S. 558).

Marx erstellte im „Notizbuch zur Internationalen Arbeiterassoziation" wahrscheinlich infolge der Maron-Lektüre zwei Listen mit Literatur zu Japan (siehe S. 65 und 84).

Moritz Wagner: Aussage. In: Allgemeine Zeitung. Augsburg. Nr. 36, 5. Februar 1862. Beil.; Nr. 173, 22. Juni 1862. Beil. In: Justus von Liebig: Die Chemie in ihrer Anwendung auf Agricultur und Physiologie. 7. Aufl. Bd. 2. Braunschweig 1862. S. 439–442. (Ms-S. 131–134; siehe S. 189/190.)

Die vorliegenden Artikel erschienen in der „Allgemeinen Zeitung", für die Moritz Wagner (1813–1887) die Frankreich-Artikel redigierte, bis er 1842 mithilfe von Alexander von Humboldt eine Unterstützung der Berliner Akademie der Wissenschaften für eine Forschungsreise in die pontischen Küstenländer erhielt. Von 1852 bis 1855 und 1857 bis 1860 fuhr er zweimal nach Amerika, um dortige klimatische und geographische Lagen zu untersuchen und Materialien zur Naturgeschichte zu sammeln.

Anhand seiner naturwissenschaftlichen Erforschung der Anden berichtet Wagner in den Artikeln über die landwirtschaftliche Praxis in der tropischen Zone und widerlegt den alten Mythos der „Unerschöpflichkeit des Bodens tropischer Länder“. Der aus den Bergen stammende Schlamm sei die Hauptquelle von anorganischen Substanzen, die den Feldern diejenigen mineralischen Bestandteile zurückgeben, die „ihnen die dẹn grossen Städten zugeführten Ernten entzogen“ haben (S. 190.21–22).

Wagners Argumentation ist die theoretische Gemeinsamkeit zu Liebigs „Agriculturchemie“ deutlich anzusehen. In der Tat kannte Liebig ihn persönlich und bemühte sich nach Wagners Rückkehr nach Deutschland um dessen Beförderung. Außerdem druckte Liebig den vorliegenden Artikel in der siebten Auflage seiner „Agriculturchemie“ als „Anhang H“ ab, um seine Theorie der Bodenerschöpfung mit Beispielen aus Ländern der tropischen Zone zu untermauern. Obwohl kurz, behandeln Marx’ Auszüge auch Wagners Angaben über die Bodenerschöpfung in den tropischen Gegenden.

Engels setzte sich später in der „Dialektik der Natur“ mit dem 1874 in der „Allgemeinen Zeitung“ erschienenen Artikel „Naturwissenschaftliche Streitfragen“ Wagners auseinander (MEGA② I/26. S. 36–38, 528–530).

L[ouis] Mounier: De l’agriculture en France, d’après les documents officiels, avec des Remarques par M[aurice] Rubichon. T. 1.2. Paris 1846. (Ms-S. 135–182, 187/188 und 193–202; siehe S. 191–216, 220/221 und 224–230.)

Louis Mounier befürwortet im vorliegenden Werk, bestehend aus drei Büchern in zwei Bänden, das englische System der Landwirtschaft gegenüber dem französischen, dessen Produktivität wegen der Zersplitterung und mangelnden Einhegung des Grundeigentums rapide abnehme. Jedes Kapitel besteht aus zwei Teilen. Der jeweils erste Teil wurde von Mounier verfasst, wobei dieser hauptsächlich Auszüge aus unterschiedlichen öffentlichen Berichten und Umfragen zur französischen und englischen Landwirtschaft hinsichtlich Erbschaft, Produktivität und Agrarprodukten wiedergibt. Im jeweils zweiten Teil „Remarque“ ergänzt und analysiert Maurice Rubichon, Mouniers Onkel, diese Auszüge. Rubichon und sein Neffe Mounier sind Verteidiger der alten Ordnung vor der Französischen Revolution und kritisieren alles nach der Revolution Entstandene.

Marx hatte den Titel in seinen Auszügen aus John Stuart Mills „Principles of Political Economy“ in Londoner Heft I notiert (MEGA② IV/7. S. 41.19–20). Im Brief an Engels vom 13. Februar 1866 berichtete er von seinen Studien der französischen politischen Ökonomie zur Landwirtschaft: „[D]as enorme Material, das die Franzosen seit meiner letzten Beschäftigung mit diesem Punkt darüber geliefert hatten, mußte durchgeochst werden.“ (MEGAdigital.)

In den vorliegenden Exzerpten verschafft er sich ein umfangreiches Bild der Landwirtschaft Frankreichs zur Zeit des Zweiten Kaiserreichs: Bodenbesitzverteilung, landwirtschaftliche Erträge und Preisentwicklung agrikultureller Waren. Er exzerpiert kontinuierlich die ersten beiden Bücher des Werkes, besonders aus dem ersten Buch „De la propriété territoriale“: Hier interessiert sich Marx für die Entwicklung der Statistik, die erst in den 1830er Jahren die landwirtschaftliche Lage des ganzen Landes rekonstruieren konnte. Zum ersten Mal wurde unter Louis Philippe mit 100 000 Beamten ein extensives, 37 000 Gemeinden erfassendes landwirtschaftliches Register erstellt. Diese öffentlichen Statistiken wurden 1840–42 vom Ministère de l'Agriculture in vier Bänden mit dem Titel „Statistique de la France: Agriculture“ veröffentlicht. Mounier gibt diverse Tabellen, Angaben und Berichte daraus wieder.

Mounier will anhand öffentlicher statistischer Berichte im sechsten Kapitel „Des hypothèques“ über die steigenden Hypotheken auf Landbesitz und im siebten Kapitel „Du morcellement des terres et de la dispersion des parcelles“ über die französische Agrargesetzgebung auf das verbreitete Problem der Parzellierung aufmerksam machen. Marx notiert eine Reihe der von Mounier angeführten Nachteile des parzellierten Grundeigentums wie Zeitverlust, Zunahme der Produktionskosten, Erschwerung der notwendigen Kooperationen und Mangel an künstlichen Weiden.

Aus dem neunten Kapitel „Du déboisement des montagnes“ exzerpiert Marx ausführlich über die Abholzung der Wälder in den Alpen und Pyrenäen, durch welche die lokale Landschaft völlig, bis zur drohenden Desertifikation verändert worden sei. Er notiert vor allem die von Mounier angeführten Passagen aus einem in Januar-Ausgaben des „Moniteur universel“ erschienenen Bericht von Jérôme-Adolphe Blanqui: Rapport sur la situation économique des départements de la frontière des Alpes (siehe Erl. 195.31). Er sammelt Hinweise, wonach infolge der exzessiven Abholzung nicht nur die Bewohner unter Holzmangel leiden, sondern sich auch das lokale Klima wandelte und das häufige Hochwasser den Boden schnell verarmen ließ.

Aus dem zehnten Kapitel „Des divers modes de l'exploitation du sol“ exzerpiert Marx über die Klassenverhältnisse der französischen Landwirtschaft, insbesondere die Parzellenbauern. Er verfolgt Mouniers Kategorisierung des Pachtsystems wie „fermage à moitie“, „fermier à rente fixe“ und „bail congéable“. Hierin sieht Mounier eine Ursache der Rückständigkeit der französischen Landwirtschaft: Der Pächter, der häufig unter schlechten Verträgen den Boden kultiviert, investiere nur, wenn seine Auslagen im Laufe der Pachtzeit zurückfließen würden. In der Folge produzieren, so beklagen Mounier und Rubichon, die französischen Pächter nur zur Befriedigung der Bedürfnisse ihrer eigenen Familien, ohne die Früchte als Waren auf den Markt zu bringen. Als Gegenmaßnahme propagiert Mounier die Zusammenlegung des kleinen Bodeneigentums und die staatliche Intervention, welche allein die Bodenfruchtbarkeit gewährleisten könne.

Aus dem zweiten Buch „Des produits de l'agriculture“ übernimmt Marx aus dem zweiten Kapitel „Des produits ruraux de la France“ viele große Tabellen über die landwirtschaftlichen Erträge von Getreide, Kartoffeln, Gemüse etc.

sowie auf Wiesen und Weiden in verschiedenen Regionen Frankreichs, und notiert die Bestände der Viehzählung. Trotz des royalistischen Standpunktes von Mounier, den Marx „Schweinhund" (S. 202.22) nennt, bot ihm das Werk einen hilfreichen Überblick und eine detaillierte Analyse der landwirtschaftlichen Lage in Frankreich.

Marx' Auszüge aus dem zweiten Band sind etwas weniger umfassend als die aus dem ersten. Sie betreffen vor allem die Produktion und Konsumtion landwirtschaftlicher Erzeugnisse.

Marx verwendete seine Mounier-Exzerpte im dritten Buch des „Kapital" zur Darstellung des „Parzelleneigentums", unter dem freie Eigentümer ihren Boden kultivieren (siehe MEGA® II/4.2. S. 744–753). Er kam hier auf Mouniers Kritik am kleinen, Arbeit und Zeit verschwendenden Grundeigentum zurück: „Es schließt der Natur der Sache Entwicklung der gesellschaftlichen Productivkräfte der Arbeit, gesellschaftliche Formen der Arbeit, Concentration der Capitalien und die ihr entsprechende Verwandlung in die Naturalform dieser Capitalien, Viehzucht auf großem Maaßstab, progressive Anwendung der Wissenschaft aus." (Ebenda. S. 747.) Marx sah ferner das „spezifisch[e] Übel der *kleinen Agricultur*, wo sie mit freiem Eigenthum in Grund und Boden verknüpft ist" darin, dass beim Ankauf des Bodens Kapital investiert werde, so dass die Besitzveränderungen („mutations") wachsen, da bei jeder Erbteilung der Boden erneut als *„Capitalanlage"* eingeht und der Bodenpreis somit „überwiegendes Element der (individuellen) *faux frais de production*" wird. In der Fußnote dazu heißt es: „Sieh *Mounier und Rubichon*." (Ebenda. S. 748.) Die Schwierigkeit für den Parzelleneigentümer besteht darin, dass das Kapital, das er zwecks Kultivierung verwenden kann, abnehmen muss wegen des Ankaufs eines Bodenstücks. Dies unterwerfe ihn dem Wucher. Allerdings produziert dieser Boden unter dem Parzelleneigentum nur wenig für den Markt.

Marx verwies ein zweites Mal auf Mounier, als er schrieb: „Dem relativ niedrigen Zins, den der Bauer hier aus dem im Ankauf des Bodens ausgelegten Capital zieht, entspricht hier der hohe Zinsfuß, den er selbst seinen Hypothekargläubigern zu zahlen hat." (Ebenda. S. 751.) Mounier verweist auf die zunehmende Totalität der Hypotheken in Frankreich und auf hohen Zinsfuß, den der Bauer den Gläubigern zahlen muss: „Revenu net de la propriété foncière était officiellement évalué (1845) à 1,580,000,000, mais ... ce revenu était grevé de 600,000,000 pour les intérêts des sommes hypothéquées, indépendamment des dettes considérables non hypothéquées, de 300,000,000 d'impôt foncier, et 200,000,000 de frais d'enregistrement." (S. 194.1–5.)

H[ermann] Maron: Extensiv oder Intensiv? Ein Kapitel aus der landwirthschaftlichen Betriebslehre. Oppeln 1859. (Ms-S. 183–186 und 190–192; siehe S. 217–219 und 222/223.)

Während Marx die Auszüge aus Mounier anfertigte, las er gleichzeitig auch Hermann Marons 31-seitige Broschüre zur Landwirtschaft. Er hatte auf Ms-S. 121–131 desselben Exzerpthefts aus Marons Bericht über die japanische Landwirtschaft exzerpiert und sich positiv darüber geäußert. Vermutlich veranlasste dieser Japan-Bericht Marx dazu, sich mit der vorliegenden theoretischen Schrift über den Vergleich zwischen extensiver und intensiver Agrikultur zu befassen.

Der intensive Betrieb galt Maron zufolge damals als Ideal, da er durch den erhöhten Aufwand an Arbeit, Dünger und Betriebskapital den sukzessiven Anbau von beliebigen Früchten ermögliche und größere Erträge und höhere Gewinne verspreche als der extensive, welcher zwar über große Flächen verfüge, aber von mehrjähriger Weide und Brache begleitet sei. Maron hält diese Ansicht für falsch, da die allgemeine Anwendung intensiver Kultivierung ohne Rücksicht auf konkrete Umstände nicht in jedem Feld den maximalen Gewinn erzielen könne. Daher behauptet er: „Extensiv und intensiv sind zwei koordinirte und gleichberechtigte Wirthschaftsformen." (S. 5.) Die Faktoren, die nach Maron die Entscheidung der Wirtschaftsformen bestimmen, sind die „Größe des Areals", die „Qualität des Bodens" (chemische Bestandteile, Kohäsion, Konsistenz, Adhäsion etc.), das „Klima" sowie die „Verkehrslage des Gutes".

Maron unterscheidet zudem zwischen „Anlage-" und „Betriebskapital". Anlagekapital (Grund und Boden) sei an sich zinslos und biete „nur die Gelegenheit" zur Investition zinserzeugenden Kapitals. Allein Betriebskapital (Arbeitskraft und Dünger) sei produktiv und in der Lage, Zins zu generieren.

Marx exzerpiert diese wesentlichen Argumente Marons. Er schätzte Maron als Ökonom nicht besonders, denn als er dessen Unterscheidung der zwei Kapitalarten im Manuskript zum dritten Buch des „Kapital" erwähnte, kritisierte er Maron für dessen übergeschichtlichen Kapitalbegriff, welcher die ökonomische Formbestimmung und den Gebrauchswert verwechsle (MEGA② II/4.2. S. 748.35–43).

Léonce de Lavergne: The Rural Economy of England, Scotland, and Ireland. Transl. from the French with Notes by a Scottish Farmer. Edinburgh, London 1855. (Ms-S. 203–239; siehe S. 231–250.)
L[éonce] de Lavergne: L'agriculture et la population. Paris 1857. (Ms-S. 363–367; siehe S. 323–325.)

Der französische Ökonom, Agrarwissenschaftler und Politiker Léonce de Lavergne (1809–1880) war von 1850 bis 1852 Professor für Landwirtschaft am „Institut national agronomique" in Versailles, wo er Vorlesungen hielt, die zu dem Buch „Essai sur l'économie rurale de l'Angleterre, de l'Écosse et de l'Irlande" (Paris 1854) zusammengestellt wurden. Es wurde bald nach der Publikation von einem schottischen Landwirt mit dessen Anmerkungen ins Englische übersetzt und erschien als „The Rural Economy of England, Scotland, and Ireland". Marx verwendet diese englische Übersetzung und exzerpiert aus den ersten elf (von 25) Kapiteln, in denen Lavergne primär landwirtschaftliche Fragen wie Boden, Klima, Schafzucht, Viehhaltung und Rente behandelt. Die Bedeutung dieser Schrift für Marx zeigt sich dadurch, dass er dieses Buch mehrmals im „Kapital" und dessen Vorarbeiten erwähnte.

Lavergne bevorzugt die englische Landwirtschaft gegenüber der französischen und propagiert die Einführung des in England entwickelten Agrarsystems in Frankreich. Lavergne zufolge besitzt Frankreich bessere natürliche Bedingungen für die landwirtschaftliche Entwicklung als England; jedoch produziere das gleiche Stück Boden in England mehr als in Frankreich. Lavergne untersucht also, wie und warum die englische Landwirtschaft produktiver und reicher als die französische geworden ist.

Die Vehemenz, mit der er – auch mithilfe ab und zu falscher Statistiken und Daten – England prinzipiell positiv im Vergleich zu Frankreich darstellt, macht ihn in den Augen von Marx zu einem „blinde[n] Bewunderer Englands" (MEGA② II/5. S. 431). Marx' Ton gegenüber Lavergne ist im Allgemeinen kritisch. Er lehnt in seinen Auszügen Lavergnes Kalkulation als willkürlich ab, wenn dieser z.B. den Milchpreis in England doppelt so hoch veranschlagt, um „die *blossen Preißdifferenzen*" als „Vorzug" der englischen Landwirtschaft erscheinen zu lassen (MEGA② II/4.2. S. 682.20–37).

Marx kam aber immer wieder auf Lavergne zurück. Er verwendete seine Exzerpte für seine Diskussion des „Umschlags des Kapitals" in Manuskript II zum zweiten Buch des „Kapital" (MEGA② II/11. S. 189). Bemerkenswert ist in diesem Kontext sein Kommentar zu einem Absatz, in dem Lavergne verschiedene Schaf- und Viehrassen anführt, welche mithilfe des vom englischen Landwirt Robert Blackwell entwickelten „Systems der Selektion" so modifiziert wurden, dass sich ihre Zuchtzeit verringert und gleichzeitig ihre Fleischmasse vermehrt hat. Lavergne schildert offen, wie der Versuch des Kapitals, die Produktionsperiode zu verkürzen, die wesentlichen Züge des Tiers auf Kosten seines Lebens ändert. Im Gegensatz zu Lavergnes Lob für „the great principle of precocity, contended for by Bakewell" kritisiert Marx die kapitalistische Tierzucht und äußert seine eindeutige Ablehnung der künstlichen Modifikation der Tierkörper: „Precocity, im Ganzen sickliness, want of Knochen, viel development of fat u. flesh etc charakterisirt daher alle diese Kunstproducte. Disgusting!" (S. 234.33–35).

Lavergne spielt auch im Kontext von Liebigs Theorie der Bodenerschöpfung eine Rolle. Marx zitiert im dritten Buch des „Kapital" einige Stellen aus Lavergnes Werk, an denen dieser das sogenannte Norfolk-Fruchtfolge-System von Halmfrüchten, Blattfrüchten und Futterkräutern, welches gegen Ende des 17. Jahrhunderts im Osten von England eingeführt wurde, als nützliche Methode der Bodenertragssteigerung ohne Erschöpfung lobt. Marx jedoch kommentiert, dass „Herr Lavergne [...] diese Mährchen dem englischen country mind glaubt" (MEGA② II/4.2. S. 683). Marx' Interesse am Problem der Bodenerschöpfung ist hier sichtbar. Liebig folgend, verkennt Marx mit dieser Bemerkung scheinbar die Wirkung der Norfolk-Fruchtfolge: Die Bedeutung des Kleebaus für die Speicherung des Stickstoffgehalts im Boden haben Hermann Hellriegel und Hermann Wilfarth erst 1886 bewiesen. Jedoch besteht die Pointe der Liebig'schen und Marx'schen Kritik darin, dass die Fixierung des Stickstoffs bei Leguminosen allein keineswegs die Bodenerschöpfung verhindern kann, insofern Liebigs Gesetz des Ersatzes und des Minimums zufolge das Pflanzenwachstum nicht nur Stickstoff im Boden, sondern auch alle anderen verfügbaren Mineralsubstanzen benötigt. Der vermehrte Einsatz von Halmfrüchten unter dem Norfolk-System bereichert zwar den Boden mit Ammoniak, aber diese Art landwirtschaftlicher Intensivierung entnimmt ihm noch mehr anorganische Substanzen, was die Bodenerschöpfung ohne entsprechenden Ersatz nur beschleunigen würde.

Marx' Bemerkung über die ungleiche Verteilung der Steuern in verschiedenen Regionen – „dieß wichtig f. die Differentialrente" (S. 243.21–22), weil sie sowohl direkt als auch indirekt die Produktionskosten und den Profit modifiziert –, deutet ebenso eines seiner damaligen Ziele der Auseinandersetzung mit der Agrikulturchemie an.

Engels studierte dieselbe Schrift Lavergnes 1869, wobei er sich eher für dessen Darstellung der wirtschaftlichen Lage in Irland interessierte, die Lavergne für eine Katastrophe hält (siehe Engels an Marx, 17. November 1869 (IISG, MEN, Sign. D 1772)). Doch rechtfertigte er, fügt Marx in der französischen Ausgabe des „Kapital" hinzu, die Verwandlung des Ackerlands in Irland in eine englische Schaftrift und Viehweide, da in jener „northern latitude" der Boden schnell erschöpfe und daher nicht für den Getreideanbau geeignet sei (MEGA② II/7. S. 630.35–36).

Die zweite von Marx exzerpierte Schrift Lavergnes „L'agriculture et la population" wurde ursprünglich in einer Artikelserie von Juli 1855 bis Juni 1857 in der Zeitschrift „Revue des deux mondes" veröffentlicht, in denen Lavergne im Auftrag der „Académie des sciences morales et politiques" die offizielle Statistik zur Lage der landwirtschaftlichen Klasse analysiert. Marx' Auszüge stammen hauptsächlich aus dem achten Kapitel „Réponse à quelques critiques", in dem Lavergne vor allem die Kritik von Alfred Legoyt, des „chef de la statistique générale au ministère de l'agriculture et du commerce", zu widerlegen versucht. Marx exzerpiert anschließend das siebte Kapitel „Le dénombrement de 1856" und schließlich zwei Passagen aus dem sechsten Kapitel „Le paix".

Lavergne untersucht in diesen Kapiteln die Ursache der Preissteigerung der Nahrungsmittel in Frankreich und argumentiert gegen die Ansicht, wonach diese aus der vermehrten Nachfrage infolge der Bevölkerungszunahme resultiere. Marx fokussiert sich auf Lavergnes durch eigene Forschungen als Mitglied einer statistischen Kommission gewonnene Zahlen, die zeigen, dass die Bevölkerung in Frankreich zwischen 1854 und 1856 nicht wuchs, sondern zum ersten Mal sank (L'agriculture et la Population. S. 311). Lavergne gibt als Ursache den Krimkrieg, Cholera und Preissteigerungen bei Lebensmitteln an. Letztere bedrohe die Bevölkerung nicht nur wegen des schlechten Ertrags; auch wegen der Einwanderung in die großen Städte mangele es an Arbeit und Kapital auf dem Land, so dass die französische Landwirtschaft Industrialisierungsdefizite aufweise.

Mit Sympathie für Malthus' Bevölkerungstheorie verweist Lavergne auf die Wirkung von „continence volontaire *(moral restraint)*" in Frankreich, weil die landwirtschaftliche Produktivität trotz ihrer Verdoppelung von 1790 bis 1846 nicht schnell genug gestiegen sei (ebenda. S. 307). Ein anderes Symptom sei die sinkende Heiratsrate. Lavergne versucht mithilfe konkreter Zahlen seine Forderung nach der landwirtschaftlichen Intensivierung in Frankreich zu begründen. Dabei exzerpiert Marx eine Stelle, an der Lavergne im Gegensatz zu Liebig die Erweiterung des Marktes und den Ausbau der Kommunikationsmittel durch die Eisenbahn als einseitig positive Entwicklung für die Stadt und das Land ansieht (S. 325.10–17).

Auf der letzten Seite des Lavergne-Exzerptes notiert Marx eine bibliographische Angabe. Dort nennt er eine weitere Schrift von Lavergne: „Économie rural de la France depuis 1789" (Paris 1866). Ein mit Randanstreichungen versehenes Exemplar dieser Schrift befindet sich in der Privatbibliothek von Marx (MEGA② IV/32. Nr. 738). Vermutlich las er dieses Buch ungefähr zur selben Zeit.

Im Brief an Engels vom 13. Februar 1866 berichtete Marx von seinen Studien der französischen politischen Ökonomie zur Landwirtschaft: „[D]as enorme Material, das die Franzosen seit meiner letzten Beschäftigung mit diesem Punkt darüber geliefert hatten, mußte durchgeochst werden." (MEGAdigital.) Es gibt keine weitere spätere Verwendung und Erwähnung dieser Auszüge bei Marx.

House of Commons. 26. Februay 1866. In: Hansard's Parliamentary Debates. Vol. 181. London 1866. Sp. 1109. (Ms-S. 240; siehe S. 251.)

Marx exzerpiert kurz mit Bleistift aus den Berichten über die Parlamentsdebatte hinsichtlich der Lage der landwirtschaftlichen Bevölkerung im Westen Englands. Im vorliegenden Heft sind allein diese Auszüge mit Bleistift geschrieben, ebenso wie die Paginierung und die Randanstreichungen des Hefts, was eine spätere Anfertigung der Auszüge, etwa im Februar 1866 vermuten lässt.

Marx exzerpierte zwei agrarwissenschaftliche Artikel aus dem „Dictionnaire de l'Économie Politique". Dessen Brüsseler Ausgabe (T. 1.2. Bruxelles, Livourne, Leipzig 1853–1854) befand sich in seinem Besitz (MEGA② IV/32. Nr. 308).

H[ippolyte] Passy: Rente du sol. In: Dictionnaire de l'Économie Politique. Contenant l'exposition des principes de la science… Éd. par Ch[arles] Coquelin, [Gilbert-Urbain] Guillaumin. T. 1.2. T. 2. J-Z. Paris 1853. S. 509–519. (Ms-S. 259–271; siehe S. 262–267.)

Der französische Ökonom und Politiker Hippolyte-Philibert Passy (1793–1880) schlug der Nationalversammlung am 9. August 1849 einen Gesetzentwurf zur Einführung einer Einkommensteuer vor (siehe auch Marx an Engels, 20. Oktober 1857 (MEGA② III/8. S. 187)). Nach dem Staatsstreich Napoléons III vom 2. Dezember 1851 zog er sich aus der Politik zurück und konzentrierte sich auf eigene Forschungen zur politischen Ökonomie.

Sein Beitrag „Rente du sol" wurde 1854 im ersten Band eines Wörterbuchs der politischen Ökonomie veröffentlicht. Passy fasst dort verschiedene geschichtliche Ansichten über den Entstehungsmechanismus der Rente seit den Physiokraten zusammen und weist auf gegensätzliche Erklärungen des Ursprungs der Rente hin: Smith und Ricardo behaupteten diesen in der „kooperativen Macht" des Bodens; Carey und Bastiat argumentierten, dass er in der Anwendung von Kapital und Arbeit liege. Passy zufolge entsteht die Rente aus dem „Surplus", welches nach dem Abzug der zur eigenen Lebenserhaltung notwendigen Produkte bleibt. Diese „Frucht" sei nur mithilfe der singulären Naturkraft des Bodens möglich, denn die Arbeit allein könne keine Ernte produzieren. Somit läuft Passys These darauf hinaus, dass die Rente der Macht des Bodens entstammt und daher mit dem Fortschritt der landwirtschaftlichen Produktivität steigen wird, da die Surplusprodukte sich dementsprechend vermehren würden. Für Passy gelten demnach alle Überschüsse nach dem Abzug der Nahrung der Produzenten als Rente. Da er die Rente nicht aus dem Überschuss über den Durchschnittsprofit erklärt, hält Marx Passys Erklärung der Rente für „[s]ehr naiv" (S. 264.15), was er im Manuskript für das dritte Buch des „Kapital" wiederholte (siehe MEGA② II/4.2. S. 725). Hier kategorisierte er Passys Auffassung als die der „Vulgärökonomie" (ebenda. S. 727).

Marx liest zunächst den gesamten Beitrag, diskutiert seine kritischen Kommentare zu Passys Nachtrag schon an relevanten Stellen seiner Auszüge und ordnet sie dementsprechend ein. Bereits im Exzerpt kritisiert er Passys Ambivalenz: Einerseits lehne dieser Ricardos Theorie der Differenzialrente ab, welche die Entstehung der Rente nur als die aus der abnehmenden landwirtschaftlichen Produktivität stammende Differenz der Bodenfruchtbarkeit erkläre, akzeptiere jedoch andererseits schlicht John Stuart Mills „blosse Reproduction des Ric." (S. 264.20–21).

Im Brief an Engels vom 13. Februar 1866 berichtete Marx von seinen Studien der französischen politischen Ökonomie zur Landwirtschaft: „[D]as enorme Material, das die Franzosen seit meiner letzten Beschäftigung mit diesem Punkt darüber geliefert hatten, mußte durchgeochst werden." (MEGAdigital.) Er verwendet seine Auszüge im Manuskript zum dritten Buch des „Kapital", wo er einige von Passys Zahlenangaben über die steigende Rente und den sinkenden Getreidepreis anführt (MEGA② II/4.2. S. 723 und 730).

G[ustave] de Molinari: Céréales. In: Dictionnaire de l'Économie Politique. Contenant l'exposition des principes de la science ... Éd. par Ch[arles] Coquelin, [Gilbert-Urbain] Guillaumin. T. 1. A-I. Paris 1852. S. 301–326. (Ms-S. 271/272; siehe S. 268.)

Gustave de Molinari (1819–1912) wurde in Belgien geboren und war bis 1841 als Arzt tätig. Nach seinem Umzug nach Paris engagierte er sich aktiv in der von Frédéric Bastiat gegründeten Gruppe „Ligue du libre-échange" und arbeitete als Redakteur der Zeitschriften „Le libre éxchange" und „Journal des économistes". Da er die Idee des freien Marktes verteidigte und jedwede staatliche Intervention einschließlich des Merkantilismus und Protektionismus, aber auch des Kolonialismus und Imperialismus ablehnte, gilt er heute als Vorläufer des sogenannten „Anarchokapitalismus“.

Marx befasste sich bereits in einem Exzerptheft 1858/1862 mit Molinaris „Études économiques“ (Paris 1846; siehe IISG, MEN, Sign. B 91a) und erwähnte ihn auch im ersten Band des „Kapital“ (MEGA② II/5. S. 347). Vermutlich hat Passys Diskussion des sinkenden Getreidepreises in Frankreich Marx zur Lektüre des vorliegenden Artikels aus demselben Wörterbuch veranlasst, da er seine Auszüge aus Molinari mit aus Passy zitierten Angaben über den Getreidepreis beginnt. Allerdings beendet er sein Exzerpt schnell und bezieht sich nur auf zwei Seiten des Artikels, vielleicht weil Molinari in seiner geschichtlichen Darstellung der französischen Zollpolitik letztendlich nur den Getreidefreihandel propagiert. So nennt Marx ihn im „Kapital“ einen „sanfte[n], freihändlerische[n] Vulgärökonom“ (ebenda. S. 615).

Edmund James Smith: The Error of Mistaking Net Rental for Permanent Income. London 1850. (Ms-S. 279/280; siehe S. 273/274.)

Edmund James Smith (1817–1880) war ein englischer Landvermesser und Grundstücksmakler. Seine vorliegende Schrift über die Bodenrente und den Zins umfasst elf Seiten. Darin unterscheidet er das „permanent income“, welches aus dem Kapitalzins entspringt, von dem „net annual value“, welche den Zins und die Versicherung gegen die Kosten für Verkauf, Verwaltung, Abwertung etc. einschließt. Smith zufolge beträgt der „net return“ von im Land ausgelegten Kapital 3%. Er argumentiert, dass der Überschuss dieser Rate die „assurances, or a sinking fund, against the probability of the partial or total loss of the capital invested“ (S. 273.6–8) ist. Da der Überschuss also zwecks der Vermeidung verschiedener Schäden verwendet werden müsse, sei kein höherer Zins als 3% vom Boden zu erwarten. Die Unterscheidung von „permanent income“ und „net annual value“ ist bedeutsam für die Ermittlung des Bodenpreises, wobei nach Smith der Bodenpreis von 28 bis 30 „years purchase“ berechnet werden solle. Diesen Sachverhalt fasst Marx in seinen Notizen „Differentialrente“ neben anderen Autoren des vorliegenden Exzerpthefts – dort „Großheft“ genannt – knapp zusammen als „12) *E. J. Smith. The Error of mistaking Net Rental for Permanent Income.* 1850. Einfluß dẹṣ Risico etc auf Preis dẹṣ Bodens. (279–280 *Großheft*)“ (MEGA② II/4.3. S. 240.17–18).

Obwohl er Smith nicht namentlich erwähnt, bezieht sich Marx in seiner Bodenrententheorie im dritten Buch des „Kapital“ wahrscheinlich auf ihn. Dort kritisiert er die auch von Smith vertretene Auffassung der Bodenrente als Zins des Kapitals, als ob der gewöhnliche Zinsfuß einfach die Entstehung der Rente erklären könnte – „eine Verwechslung, die auf völliger Unkenntniß der Natur der Grundrente beruht“ (MEGA② II/4.2. S. 676). Denn die Rente und der Bodenpreis würden bei Smith unmittelbar aus dem gewöhnlichen Zinsfuß erklärt, aber dies ist, so schreibt Marx, irrational, da der Boden kein Arbeitsprodukt ist und keinen Wert besitzt. Nach Marx ist es nötig, den spezifischen Charakter der Rente unabhängig vom Zins zu erklären.

Hugh Smith: Free Farming to Meet Free Trade. London 1850. (Ms-S. 281–284; siehe S. 275/276.)

In seiner 31-seitigen Broschüre behandelt der englische Landvermesser Hugh Smith die landwirtschaftliche Lage nach der Abschaffung der Korngesetze 1846, die laut Smith eine maximale Menge und einen minimalen Preis an Korn hervorrief.

Smith zufolge ist die durchschnittliche Produktivität der englischen Agrikultur zu niedrig, um mit dem importierten Getreide zu konkurrieren, so dass unter dem gegenwärtigen System der englischen Agrikultur wirtschaftliche Verluste unausweichlich seien. Nicht Freihandel sondern „free farming" sei zu verwirklichen, das vor allem Hindernisse für die landwirtschaftliche Intensivierung beseitigen solle. Um die Ernteerträge unter der „high cultivation" zu vermehren, sei nach Smiths Rechnung nach 1848 eine höhere Kapitalanlage von 12 Pfund Sterling pro Acre nötig. Marx erwähnt diese durchschnittliche Kapitalanlage im Manuskript zum dritten Buch des „Kapital" (MEGA② II/4.2. S. 812.34–35). Im Allgemeinen interessiert er sich beim Exzerpieren für konkrete Zahlangaben und notiert eine ganze Tabelle über die Produktionskosten pro Acre.

Für das „free farming" seien bessere Kenntnisse, besserer Dünger sowie längere Pachtzeiten erforderlich; auf diese Weise soll die Bodenerschöpfung vermieden und der Rückfluss der Kapitalanlage für eine Verbesserung an den Pächter während seiner Pachtzeit gesichert werden. Marx' Auszüge dokumentieren Smiths Ansichten über die Bodenerschöpfung: „The mode of cultivation so as to prevent undue exhaustion of the land is the principal feature which renders a farm lease different from others: and this can be met (at least so far as covenants can effect such an object) by stipulating that not more than one half of the land shall at one time be under corn cropping, and that corn shall never be successively grown on the same land; that all green and root crops shall be consumed on the farm, excepting a certain proportion, to be agreed upon of hay, for which an equal quantity of manure be returned, and only a certain amount of straw, to be subject to the same conditions." (S. 276.8–16.) Smith fordert schließlich die Erweiterung des „Private Money Drainage Act, 1849", womit der Staat finanzielle Mittel für Trockenlegung und Düngerherstellung bereitstellen soll (S. 276.29–42 und Erl.).

Marx verwendete das Exzerpt in seinen Notizen „Differentialrente" (MEGA② II/4.3. S. 240).

J[ohn] L[ockhart] Morton: Rich Farming and Co-Operation between Landlord and Tenant: Necessitous Expedients in the Present Agricultural Depression. 2. Ed. Edinburgh 1851. (Ms-S. 285; siehe S. 277.)
John Lockhart Morton: The Resources of Estates: Being a Treatise on the Agricultural Improvement and General Management of Landed Property. London 1858. (Ms-S. 286–298; siehe S. 278–283.)

John Lockhart Morton war englischer Ingenieur und Agrarwissenschaftler. Mit der ersten Schrift „Rich Farming ..." beschäftigt sich Marx nur sehr kurz und es gibt keinen direkten Bezug zu seinen späteren Texten.

Die zweite Schrift „The Resources of Estates" besteht aus 27 Kapiteln nebst Anhang. Marx exzerpierte aus dem ersten einführenden Kapitel „How to Make the Most of Landed Property", den Kapiteln 5 bis 7 („Sizes of Farms, and the Capabilities, Selection, and Treatment of Tenants", „Small Holdings" und „Farm Leases") sowie 13 und 25 („Valuation of Landed Property" und „Forage and Root Crops"). Er exzerpierte nicht das dritte Kapitel über die chemische Bodenanalyse und die geologische Formation, vielleicht weil er diese Themen schon bei Liebig intensiv studiert hatte. Wie Hugh Smith verlangt Morton eine bessere theoretische und praktische Ausbildung und eine genügende Menge von durchschnittlichen Kapitalanlagen von 10–12 Pfund Sterling pro Acre für die nachhaltige Verbesserung der landwirtschaftlichen Produktivität. Er kritisiert die kurze Pachtzeit u. a. „tenant-at-will", durch welche der Pächter der Willkür des Grundeigentümers ausgesetzt sei, und welche in der Konsequenz diesen an der Verbesserung des Bodens hindere. Auch Marx hielt die Nachteile der kurzen Pachtzeit für „eins der *größten Hindernisse einer rationellen Agricultur*" (MEGA② II/4.2. S. 672).

Im „Kapital" erwähnte Marx außerdem Mortons Angabe über die Bildung der Rente infolge des *„Abzugs vom Durchschnittsprofit"* und *„vom Durchschnittsarbeitslohn"* (ebenda. S. 681), wobei die Pächter kleinerer Höfe dem Eigentümer wegen der Konkurrenz mehr Rente anbieten oder selbst wegen Kapitalmangels arbeiten müssen. Marx teilte mit Morton auch die Ansicht über die spezifische stoffliche Eigenschaft des Ackerbodens, welche im Gegensatz zu anderen Gebrauchswerten nicht mit dem Gebrauch verschleißt, sondern sich bei angemessener Verwaltung stets verbessert (siehe ebenda. S. 723), was die Bestimmung des Bodenpreises umso wichtiger und komplizierter macht (ebenda. S. 780).

Patrick E[dward] Dove: Account of Andrew Yarranton, the Founder of English Political Economy. Edinburgh 1856. (Ms-S. 27/28; siehe S. 126–128.)
Patrick Edward Dove: The Elements of Political Science. In 2 Books. With an Account of Andrew Yarranton, the Founder of English Political Economy. Edinburgh 1854. (Ms-S. 298–328; siehe S. 284–298.)

Der schottische Ökonom Patrick Edward Dove (1815–1873) veröffentlichte im Jahr 1850 anonym „The Theory of Human Progression, and Natural Probability of a Reign of Justice" (London, Edinburgh 1850). Dieser Band bildet das erste Buch seiner „Science of Politics". Hier entwickelt er seine Ansicht, dass das Land allen Menschen von Gott geschenkt wurde und es daher als „common property" behandelt werden müsse. Nach seiner Rückkehr nach Edinburgh bereitete er sein zweites Buch vor, das 1854 unter dem Titel „The Elements of Political Science" erschien.

Die von Marx auf Ms-S. 27/28 exzerpierte Schrift „Account of Andrew Yarranton" wurde Doves „Elements of Political Science" als Appendix beigefügt. Dove gibt Yarrantons Schrift „England's Improvement by Sea and Land" (London 1677) wieder, um diesen englischen Ingenieur und Agrarexperten als Begründer der politischen Ökonomie zu etablieren. Obwohl Yarranton die landwirtschaftliche Nützlichkeit von Klee bekannt ist – Marx hat selbst den Titel „Improvement by Clover“ (S. 126.5) notiert –, handelt Doves Buch primär von Yarrantons unterschiedlichen Vorschlägen für die englische Industrialisierung in Konkurrenz zu Holland. Dementsprechend exzerpiert Marx daraus nur sehr kurz, vermutlich weil er sich eher für Theorie und Methode der landwirtschaftlichen Verbesserung interessierte.

Auf Ms-S. 298–328 exzerpiert Marx Doves „The Elements of Political Science“. Er fokussiert sich auf die Thematik der Rente: Auszüge aus dem fünften Kapitel „On Property“ einschließlich der Abschnitte „Attempt to Solve the Mystery of Rent“ und „How Does Rent Originate?“ machen den Hauptteil des Exzerpts aus.

Nach Doves Auffassung gäbe es keine Rente, wenn sich jeder Produzent mit Landwirtschaft beschäftigen und sich dadurch reproduzieren würde. Die Rente entstehe erst dann, wenn die Surplusprodukte der Landwirtschaft dank der Naturkraft der Erde einen Teil der Bevölkerung von der Agrikultur befreit und somit die gesellschaftliche Arbeitsteilung ermöglicht haben. Die Landwirtschaft produziert aber nach Doves Unterstellung nach wie vor denselben Wert (Surplusprodukte) und liefert somit die Rente, indem sie die nicht-landwirtschaftlichen Produzenten erhält. Dove behauptet, die Rente sei nichts anderes als „Natural Profit of Labour“, zu dem alle Arbeitenden beitragen (The Elements of Political Science, S. 277). In dem Maße, wie die nicht-landwirtschaftliche Bevölkerung wächst, müssten immer mehr landwirtschaftliche Produkte als Surplusprodukte mit dieser getauscht werden und daher die Rente gleichzeitig steigen.

Dove kritisiert anschließend die Grundeigentümer, die nicht selbst arbeiten, sondern nur die Rente genießen. Er schlägt vor, dass jeder das gleiche Recht auf die Erde besitzt und die Erde als gemeinsames Eigentum („common property“) verwaltet werden soll. Der Abzug des Profits, welcher als Rente vom Grundeigentümer „geraubt“ ist, müsse also als Steuer von der „Assoziation“ oder „Nation“ angeeignet werden und auf die gesamte Bevölkerung, welche diese Surplusprodukte gemeinsam produziere, aufgeteilt werden.

Marx erwähnte Dove im Manuskript zum dritten Buch des „Kapital“ in demselben Kontext wie Hippolyte-Philibert Passy, da auch Dove die Rente unmittelbar mit Mehrprodukten identifiziert und daraus erklärt zu haben glaubt, ohne sie als spezifisch kapitalistische Kategorie zu erfassen. Für Marx manifestiert sich darin Doves Verwechselung zwischen dem stofflichen Inhalt und der ökonomischen Form der Rente. Er formulierte dazu im Manuskript zum dritten Buch des „Kapital“: „Ursprünglich sind agricole labour und manufacturing labour nicht getrennt; die zweite schließt sich an die erste an. [...] Beide gehn Hand in Hand.“ (MEGA② II/4.2. S. 684.) Während Dove die Rente im Sinne von Surplusprodukten voraussetzt, unterstellt er zugleich die kapitalistische Form der gesellschaftlichen Arbeitsteilung zwischen Land und Stadt. Dies kommentiert Marx im Exzerpt mit Worten wie „verdammt confus“ (S. 287.26), „Esel“ (S. 292.3), und „ass“ (S. 296.26).

Marx kehrte später zu den Auszügen zurück und ordnet sie in seinen Notizen „Differentialrente“ zusammen mit anderen Exzerpten desselben Hefts ein (MEGA② II/4.3 S. 242).

Wilhelm Hamm: Die landwirthschaftlichen Geräthe und Maschinen Englands. Ein Handbuch der landwirthschaftlichen Mechanik und Maschinenkunde, mit einer Schilderung der britischen Agricultur. 2., gänzlich umgearb. und bedeutend verm. Aufl. Braunschweig 1858. (Ms-S. 329–344; siehe S. 299–310.)

Der Agrarwissenschaftler Wilhelm Hamm (1820–1880) war Eigentümer und Redakteur der „Agronomischen Zeitung“ (Leipzig). In der ersten Auflage seines Werks „Die landwirthschaftlichen Geräthe und Maschinen Englands“ (Braunschweig 1845) stellte Hamm mit verschiedenen Bildern die Verbesserungen durch sukzessive Kapitalanlagen zwecks Drainierungsarbeiten, Errichtung von Gebäuden zur Stallfütterung, Aufstellung von Dampfmaschinen, Anlage von neuen Düngereinrichtungen usw. dar. Er erweiterte die Schrift in der zweiten Auflage um ca. 150 Seiten und fügte neue Abteilungen über die jüngste Entwicklung der Drainagewerkzeuge, Dampfpflüge, Dungstreumaschinen, Schrotmühlen usw. hinzu. Ausgehend von seinen Erfahrungen einer England-Reise schildert Hamm dabei die Tendenz zur Intensivierung der Agrikultur bei zunehmender Bevölkerung.

Marx' Auszüge fokussieren sich allerdings weniger auf die Maschinen und Geräte in der englischen Agrikultur als auf Hamms einleitende generelle Darstellung der landwirtschaftlichen Entwicklung Englands im Vergleich zu Deutschland. Marx geht entsprechend wenig auf die detaillierte Darstellung der Maschinen ein, notiert allerdings auch die arbeitssparende Wirkung der neuen landwirtschaftlichen Maschinen: „Die Mähemaschine ersetzt die Arbeit v. 30 Taglöhnern.“ (S. 308.19.)

Hamm hatte eine hohe Meinung vom wissenschaftlichen Wert der Schriften Léonce de Lavergnes. So übersetzte er einen Aufsatz Lavergnes im Anhang von „Der landwirthschaftliche Theil der Weltausstellung zu Paris im Jahre 1855“ (Leipzig 1856) ins Deutsche. In Übereinstimmung mit Lavergne beurteilt Hamm die landwirtschaftliche Intensivierung in England positiv und berichtet von der Steigerung der Fleischproduktion durch Robert Bakewells System der Tierzucht, obwohl Hamm sich zugleich der Klagen der Landwirte bewusst ist, wonach sich durch die Zucht die Qualität des Fleischs verschlechtert und Krankheiten verbreitet hätten. Marx bemerkt diese Ähnlichkeit der beiden Autoren und schreibt daher im ersten Band des „Kapital“: „In seiner Skizze über den Entwicklungsgang der englischen Agrikultur folgt Herr Hamm zu kritiklos dem Herrn Leonce de Lavergne.“ (MEGA② II/5. S. 409.) Marx distanziert sich hingegen von Hamm und Lavergne, da er nicht nur die Bodenerschöpfung unter der Privatwirtschaft thematisiert, sondern auch das moderne System der

Züchtung, welches Tiere „abnormal entwickelt“, kritisiert, wie er in seinen Auszügen kommentiert (S. 303.9–10).

James F[inlay] W[eir] Johnston: Notes on North America. Agricultural, Economical, and Social. Vol. 1.2. London 1851. (Ms-S. 345–362; siehe S. 311–320.)

Der schottische Agrarwissenschaftler James F. W. Johnston (1796–1855) studierte an der Universität Glasgow und lernte später bei Jöns Jacob Berzelius in Schweden. Seine Schriften „Lectures on Agricultural Chemistry and Geology“ (London 1847) und „Catechism of Agricultural Chemistry and Geology“ (Edinburgh 1849) exzerpierte Marx in den Londoner Heften XIII und XIV 1850–1853 (MEGA② IV/9. S. 276–317 und 372–386). Er kannte damals auch die vorliegende Schrift durch zwei Artikel in „The Economist“ (MEGA② IV/8. S. 88–90) und empfahl sie Engels in seinem Brief vom 13. Oktober 1851 (MEGA② III/4. S. 232). In demselben Brief nannte Marx Johnston: „der englische Liebig“.

Auch wenn er Liebig nicht direkt erwähnt, stimmt Johnston mit den Ansichten, die Liebig in der „Agriculturchemie“ erörtert, in vielerlei Hinsicht überein. Auch lud die „British Association for the Advancement of Science“, die Johnston mitbegründet hatte, Liebig 1836 zu einer Tagung ein, und beauftragte ihn ein Jahr später zur Abfassung eines Beitrags über die organische Chemie. Liebigs Buch veranlasste Johnston dazu, sich intensiver mit der Agrikulturchemie zu beschäftigen.

Johnston propagiert einerseits wie Liebig die Rolle der Wissenschaften bei der Vervollkommnung der landwirtschaftlichen Praxis. Andererseits schreibt er auch den anorganischen Substanzen eine wesentliche Rolle für das pflanzliche Wachstum zu und untersucht unterschiedliche Verbesserungsmöglichkeiten wie Dünger, Fruchtwechsel und Brache. Die Auseinandersetzung mit Johnston und Liebig überzeugte Marx von der Bedeutung der modernen Chemie. Er schrieb am 2. August 1862 an Engels, dass die Voraussetzung der Industrie die ältere Wissenschaft der Mechanik sei und die „Voraussetzung der Agricultur die ganz neuen Wissenschaften der Chemie, Geologie u. Physiologie“ (MEGA② III/12. Br. 115.127–128).

In der erneuten Auseinandersetzung mit Johnston interessiert sich Marx allerdings nicht für die Mineraltheorie. In der vorliegenden Schrift behandelt Johnston das Problem der Bodenerschöpfung in Nordamerika auf eine ähnliche Weise, wie Liebigs „Agriculturchemie“ sie als Raubbau problematisierte. In diesem Kontext der Liebig-Rezeption exzerpiert Marx nicht zufällig abermals aus Johnstons Reisebericht „Notes on North America“ über die landwirtschaftliche Lage Nordamerikas, der auf seiner Forschungsreise durch New England basiert. Marx beginnt sein Exzerpt mit einem Satz über den amerikanischen Raubbau: „The common system, in fact, of North America of selling everything for which a market can be got (hay, corn, potatoes etc); and taking no trouble to put anything into the soil in return.“ (S. 311.5–7.)

Der Kornexport aus den USA nach England kann Johnston zufolge nicht von Dauer sein, weil die amerikanischen Landwirte ohne Berücksichtigung der anorganischen Bodenbestandteile den Boden ohne jeden Düngergebrauch kultivieren. Erschöpft sich der Boden, verkaufen sie ihn und wandern weiter nach Westen, um mit dem Geld noch unkultiviertes „virgin land" zu kaufen. Unter diesem System sei die Verschwendung und Auspressung der Naturkraft des Bodens der Normalzustand. Die amerikanische Landwirtschaft erkaufe die Bodenfruchtbarkeit mit kurzfristigem Gewinn, ohne auf Nachhaltigkeit zu achten. Marx exzerpiert aus Johnston: „Dạṣ System bringt dạṣ Land by u. by to ‚complete exhaustion […]" (S. 317.1–2). Auch Marx charakterisierte in der Folge im ersten Band des „Kapital" das Beispiel von Nordamerika als Manifestation des Raubbaues: „Je mehr ein Land, wie die Vereinigten Staaten von Nordamerika z.B., von der großen Industrie als dem Hintergrund seiner Entwicklung ausgeht, desto rascher dieser Zerstörungsprozeß. Die kapitalistische Produktion entwickelt daher nur die Technik und Kombination des gesellschaftlichen Produktionsprozesses, indem sie zugleich die Springquellen allen Reichthums untergräbt: *Die Erde und den Arbeiter.*" (MEGA② II/5. S. 410–413.)

Dieses System der Verschwendung der Bodenfruchtbarkeit – „slaggish system" – müsse, so Johnston, früher oder später durch eine rationale Landwirtschaft ersetzt werden. Interessant ist, dass Marx trotz seiner umfangreichen Auszüge aus verschiedenen Schriften Johnstons diesen als „[g]anz conservative[n] Agriculturchemiker" (MEGA② II/4.2. S. 670) charakterisiert. Dieses Urteil ist insofern verständlich, als Johnston lediglich den bloßen Bildungsmangel einzelner Landwirte als systematisches Hindernis zur Einführung der rationellen Landwirtschaft ausmacht. Johnston kritisiert also nicht die kapitalistische Produktionsweise als Ursache der Bodenerschöpfung, sondern hofft vielmehr, dass bessere Maschinerie und effizienterer Dünger für eine wissenschaftliche Landwirtschaft verfügbar werden.

Trotz dieser Distanzierung schätzte Marx das Werk Johnstons im Allgemeinen sehr und las in den 1870er Jahren dessen Schrift „Elements of Agricultural Chemistry and Geology" (siehe IISG, MEN, Sign. B 143).

J[ohn] Evelyn: A Philosophical Discourse of Earth, Relating to the Culture and Improvement of It for Vegetation, and the Propagation of Plants, etc. as It Was Presented to the Royal Society, April 29. 1675. London 1676. (Ms-S. 362/363; siehe S. 321/322.)

John Evelyn (1620–1706) war englischer Autor, Architekt und Gartenbauingenieur. Er wurde Ende 1660 zum Mitglied der Royal Society. Sein Werk „Fumifugium, or the Inconvenience of the Aer and Smaok of London Dissipated" (London 1661) gilt als erste Abhandlung über die Luftverschmutzung in London. Sein Werk „Sylva, or a Discourse of Forest-trees, and the Propagation of Timber" (London 1664), in dem er Baumarten, ihre Kultivierungsmethoden und Verwendungsweisen darstellt und eine breite Aufforstung fordert, wurde viel gelesen und ist bis 1825 in mehreren veränderten und ergänzten Auflagen erschienen.

Evelyns „A Philosophical Discourse of Earth…" basiert auf bei der Royal Society am 29. April und 13. Mai 1675 gehaltenen Vorträgen. Evelyn untersucht den Boden, kategorisiert verschiedene Sorten nach ihren unterschiedlichen Bestandteilen von Sand, Ton, Mergel usw., deren Kombination einen multiplen Zugang von Wasser, Wärme und Luft und somit eine unterschiedliche Bodenfruchtbarkeit produziert. Außerdem stellt er Verbesserungsmethoden für einen größeren Ertrag dar. Er erkennt die Bedeutung des Bodens für üppiges Pflanzenwachstum und schlägt „artificial Compositions in defect of the natural Soil" vor (S. 322.3–4). Er geht soweit, auf eine zukünftige Möglichkeit zu verweisen, das lokale Klima in ein tropisches zu verändern, wodurch ganz neue Arten wie Orangen, Zitronen, Granatäpfel und Feigen angebaut werden könnten.

Marx notierte Evelyns „Navigation and Commerce, Their Original and Progress" (London 1674) schon in seinen „Manchester-Heften" im Exzerpt aus John Ramsay McCullochs „The Literature of Political Economy, a Classified Catalogue" (MEGA② IV/4. S. 183). Seine Exzerpte aus „A Philosophical Discourse of Earth" hat Marx in seine Notizen „Differentialrente" aufgenommen (MEGA② II/4.3. S. 240).

Zwischen die Exzerpte zur politischen Ökonomie der Landwirtschaft notiert Marx die folgenden beiden Auszüge.

The Negro Revolt. [From the Daily News] In: Reynolds's Newspaper, 19. November 1865. S. 8. (Ms-S. 273; siehe S. 269.)

Der vorliegende Artikel aus „Reynolds's Newspaper" gibt einen Auszug eines Artikels der „Daily News" von November 1865 wieder, der den Morant-Bay-Aufstand behandelt. Der Aufstand ereignete sich Anfang Oktober 1865 im Saint Thomas Parish auf Jamaika, nachdem ein Mann mit schwarzer Hautfarbe wegen eines Einbruchs in ein verlassenes Gut gefesselt worden war. Auf Jamaika wurde die Sklaverei 1834 aufgehoben, aber nach wie vor hatten weniger als 2000 von 436 000 Einwohnern das Stimmrecht, die meisten davon Weiße. Schwarze verblieben in bitterer Armut. Paul Bogle leitete den Aufstand und marschierte in den Saint Thomas Parish, um die Stadt unter Kontrolle zu bekommen. Der englische Gouverneur Edward Eyre entsandte Truppen und tötete mehrere hundert Menschen. Eyres Leitung rief große Debatten in England hervor und englische Liberale wie John Stuart Mill, Charles Darwin und Thomas Henry Huxley organisierten ein Komitee, um die Unangemessenheit von Eyres Entscheidungen zu beweisen.

Der Artikel behandelt die politische Unruhe im Hinblick auf die sich verschlechternde wirtschaftliche Lage der ehemaligen Sklaven, die aus der Willkür des von Weißen bestimmten Parlaments resultiere.

Ad[olphe] Quételet: Du système social et des lois qui le régissent. Paris 1848. (Ms-S. 274–278; siehe S. 270–272.)

Der belgische Mathematiker Adolphe Quételet (1796–1874) war seit 1826 am belgischen Landesamt für Statistik beschäftigt und wurde 1841 zum Präsidenten der statistischen Zentralkommission für Belgien ernannt. Mit seiner Anwendung der Wahrscheinlichkeitsrechnung auf sozialstatistische Fragen begründete er die „Sozialphysik" in seiner Schrift „Sur l'homme et le développement de ses facultés, ou essai d'une physique sociale" (Paris 1835), welche er im vorliegenden Buch als „[s]cience nouvelle [...] qui a pour objet d'étudier l'homme dans ses divers degrés d'agrégation, depuis l'état individuel jusqu'à l'état de combinaison le plus élevé qui comprend l'humanité tout entière" (S. 270.8–10) charakterisiert. Mit seinem zentralen Begriff des „Durchschnittsindividuums" („homme moyen"), dessen physische und sozial-moralische Eigenschaften normalverteilt seien, zielt er darauf ab, Kriminalitäts-, Heirats- und Selbstmordraten durch die Kombination von Variablen natürlicher und gesellschaftlicher Elemente zu erklären.

Marx erwähnte Quételets „L'Homme et ses faculté" schon in seinem Artikel „Capital Punishment" für die „New-York Daily Tribune" vom 18. Februar 1853, in dem er das Werk als „excellent and learned work" rühmte und die „astonishing certainty" seiner Berechnungen hervorhob (MEGA② I/12. S. 26). Der Begriff des „homme moyen" spielt auch im „Kapital" bei der Diskussion der „gesellschaftlichen Durchschnittsarbeit" (siehe MEGA② II/5. S. 261.41), die durch die Normalverteilung verschiedener konkreter Arbeit entsteht, sowie des „Produktionspreises", der um den Warenwert schwankt, eine Rolle: „Man wird hier dieselbe Herrschaft der regulirenden Durchschnitte finden, wie *Quételet* sie bei andren socialen Phänomenen nachgewiesen hat." (MEGA② II/4.2. S. 879.13–15)

Die erneute Auseinandersetzung mit Quételets Theorie im vorliegenden Heft scheint allerdings einen anderen Beitrag zu „Das Kapital" zu leisten. Im Kapitel über den „Arbeitstag" zitiert Marx Liebigs Bericht über die Verkleinerung des Körpermaßes der französischen und englischen Soldaten (MEGA② II/5. S. 185). Vermutlich hielt Marx Quételets statistische Analyse auch zur Demonstration der durch die moderne Industrie verursachten physischen und moralischen Anomalien geeignet, denn er exzerpiert Quételets Angabe: „In England hat man erkannt daß les enfants soumis aux travaux des manufactures étaient arrêtés dans leur croissance, et que, par suite, l'homme s'y trouve détérioré dans son espèce." (S. 270.10–13.) Die individuelle Abweichung, die sich im Einzelnen zufällig zu ergeben scheint, weist der Statistik zufolge eine allgemeine gesellschaftliche Dimension auf. So sei die Anomalie gerade durch die hohe Arbeitszeit und die schlechten Arbeitsbedingungen, denen die Kinder ausgesetzt sind, verursacht. Marx interessierte sich daher vor allem für den Abschnitt „Des Qualités physiques".

Quételet geht allerdings Marx' Meinung nach nicht genügend auf die gesellschaftlichen Ursachen dieser Variationen der physischen Entwicklung ein. Auch im vorliegenden Exzerpt ist zu erkennen, dass Quételets Argumentation bei seiner Behandlung der Überbevölkerung und der Lebensmittel an der Malthus'schen Bevölkerungstheorie orientiert ist. Am 3. März 1869 schrieb Marx daher an Louis Kugelmann: „Er [Quételet] hat grosses Verdienst in der Vergangenheit, indem er nachwies, wie selbst die scheinbaren Zufälle des socialen Lebens durch ihre periodische Rekurrenz u. ihre periodischen Durchschnittszahlen eine innere Nothwendigkeit besitzen. Aber die Interpretation dieser Nothwendigkeit ist ihm *nie* gelungen." (IISG, MEN, Sign. C 359.)

Zeugenbeschreibung

H *Originalhandschrift:* IISG, Marx-Engels-Nachlass, Sign. B 106.

Beschreibstoff: Selbstgefertigtes, gebundenes Heft mit kartoniertem Umschlag aus zwölf im Falz mit weißen Fäden gehefteten Lagen verschiedener Bogenstärke. Tiefgrünes Rückenpapier, Außenseiten grünbraun-schwarz-rot marmoriert, Innenseiten weiß. Die erste und zwölfte Lage bestehen aus $7^1/_2$ Bogen (= 15 Blatt = 30 Seiten), die siebte Lage aus sieben Bogen (= 14 Blatt = 28 Seiten) und die restlichen neun Lagen aus acht Bogen (= 16 Blatt = 32 Seiten) leicht vergilbten, starken Papiers (20 Wasserlinien pro Seite). Das erste und letzte Blatt sind auf die Rückseite des vorderen und hinteren Umschlagdeckels geklebt. Format des Umschlags sowie der Bogen 181 mm × 225 mm, gefaltet auf 181 mm × 112,5 mm. Wasserzeichen: senkrechte Linien im Abstand von 26 mm. Buchschnitt an allen drei Seiten grün gesprenkeltes Muster. Auf die Außenseite des Deckels von Engels ein Etikett aus weißem Papier im Format 146 mm × 96 mm mit einem Inhaltsverzeichnis geklebt.

Zustand: Papier leicht vergilbt. Bündel liegen teilweise lose ineinander. Keine Textverluste.

Schreiber: Karl Marx, Friedrich Engels (Etikett).

Schreibmaterial: Schwarze Tinte und Bleistift (Notiz auf S. 240, Paginierung, ab und zu bei den Marginalien und Unterstreichungen).

Beschriftung: Marx benutzte das Notizbuch zunächst von vorn für S. [0b] (2. Umschlagseite) sowie S. 1–247 und dann von hinten für S. [0c] (3. Umschlagseite) sowie S. 248–367. Diese letzteren Seiten sind also kopfstehend beschrieben.

S. 26, [47a], [47b], 189, 241–247: leer.
S. 28: drei Zeilen.
S. 285: zu einem Drittel.
S. 14: zu zwei Fünfteln.
S. 61, 134, 167, 182, 187: zur Hälfte.
S. 344: zu drei Fünfteln.
S. 202, 239, 240: zu zwei Dritteln.
S. 159, 367: zu fünf Sechsteln.
S. 175, 273, 284: zu drei Vierteln.
Alle anderen Seiten vollständig.

S. [0b]: einfache Berechnungen (siehe Abb. S. 936).

S. 14: sechs Divisionsrechnungen und eine Additionsrechnung (siehe Abb. S. 987).

S. 18: eine Additionsrechnung und eine Divisionsrechnung (siehe Abb. S. 988).

Auf der 3. Umschlagseite (S. [0c]) Inhaltsverzeichnis von Marx. Auf dem auf die Außenseite des Deckels geklebten Etikett Inhaltsverzeichnis von Engels (S. [0a]).

Deutsche und lateinische Schrift.

Paginierung: Marx paginierte (vier Umschlagseiten ausgenommen) von vorn mit Bleistift S. 1–247, von hinten mit Bleistift S. 248–367. Sowohl die letzte Seite der ersteren Paginierung (S. 247) als auch die letzte Seite der letzteren Paginierung (S. 367) ist dieselbe leere Seite. Diese Seite ist noch einmal mit 247 paginiert. S. [47a] und [47b] nicht paginiert, S. 59 und 59[a] doppelt paginiert, S. 342, 342[a] und 342[b] dreifach paginiert. Seite [331] mit 311 paginiert.

Vermerke fremder Hand: Archivstempel des IISG unregelmäßig auf 186 Seiten, Sign. B 98 auf S. [0b] (2. Umschlagseite) und S. 248; Fotosign. bK1–184 (alle mit Bleistift).

Hinweise zur Edition

Alle Auszüge werden hier erstmals veröffentlicht.

KORREKTURENVERZEICHNIS

112.17	müßt] **H** mußt
112.18	notes?] **H** notes
112.32	10] **H** 10;
113.7	*724.*] **H** 724
113.15	year.)] **H** year.
114.10	*notes* ...«] **H** *notes* ...
114.16	*Appendix*] **H** (*Appendix*
114.31	(Von the B. o. E.)] **H** Von (the B. o. E.)
115.26	25%.«] **H** 25%.
118.2	Vlamingen] **H** Vlaeningen
118.15	doorgaans] **H** doorganz
118.16	aan] **H** an
118.25	misdaden.«] **H** misdaden.
119.9	(14)] **H** (14, 15,)
120.18	»Voici,] **H** Voici,
121.9	quelles] **H** qu'elles
122.34–35	falsifications] **H** falsification
123.9	10,945,363] **H** 10,945,563
123.16	24,086,476] **H** 24,068,476
126.8	practick] **H** pratick
126.14	»In] **H** In
126.14	Andrew Yarranton's] **H** Andrew's Yarr.
126.25	p. 173] **H** p. 172 Fehler in der Quelle.

as the effects of Frauds; but Mitchell says generally that they vary more according to the Debts and Amount of previous Premiums connected with the State of trade than according to Frauds.

429 (Mr. Cotton (Comm. of Lords 1848. Minutes Governor d. B. o. E.)

„Every year there is a fresh class of light sovereigns. The class which passes full weight one year by the wear and tear of the next year loses sufficient to make the scale turn against it."

195 | 5
15 | 39
45

450 000 | 90 000
45 | 5

1,950 000 | 450 000

39 | 9
36 | 4
3

225 | 5
20 | 45
25

2,250 000 | 450 000

225 | 45

45 | 9
5

450 000
1,950 000
2,400 000

18

Ducpétiaux: „Budgets économiques des classes ouvrières en Belgique"

En moyenne une famille d'ouvriers se compose de 4 enfants, soit 6 personnes y compris le père et la mère. Sur ces six personnes, 4 peuvent être employées activement en supposant qu'il n'y ait ni malades, ni infirmités. Dans ces circonstances, voici quelles seront les ressources de la famille, en s'élevant au maximum des salaires:

Le père ...	300 jours, à	1 f. 56 c.	par an	468 fr.
La mère ...	id.	0 89	—	267
L'aîné des garçons id. ...		0 56	—	168
L'aînée des filles id. ...		0 55	—	165
				1068

La dépense annuelle de la famille et son déficit s'élèveraient dans l'hypothèse où l'ouvrier aurait l'alimentation

Du marin de l'Etat	à 1828 f.	déficit 760 f.
Du soldat	à 1473	— 405
Du prisonnier	à 1112	— 44

Dans ce ménage type, nous avons réuni toutes les ressources possibles. Mais en attribuant à la mère de famille un salaire, nous enlevons au ménage sa direction. Qui soignera l'intérieur

6K73

129.6	verwendet.«] **H** verwendet.
129.17	auf-] **H** auf
130.13	»Daß] **H** Daß
130.36	steigen.«] **H** steigen.
131.20–21	143, 144] **H** 144, 145
133.20	hat.«] **H** hat.
136.6–7	[Landwirths und die Zufuhr der Düngbestandtheile in die Hand eines]]
	Ergänzt nach der Quelle.
138.6	Jahrtausenden] **H** Jahrtausend
138.22	»Das] **H** Das
139.39	Mittelmaßes] **H** Mittelmasses
140.7	1780] **H** (1780 in
140.19	30er] **H** 30
140.24	[vermehrt]]
	Ergänzt nach der Quelle.
141.1	»Der] **H** Der
141.36	Kornwerth] **H** Knochenwerth
141.37	Kornwerth] **H** Knochenwerth
142.40	[machten]]
	Ergänzt nach der Quelle.
143.28	151] **H** 152
144.9	Kieselsäuren] **H** Kiesele
145.21	$^{1}/_{3}$] **H** $^{1}/_{2}$
145.23	32, 33] **H** 30
147.4	zerfallen] **H** zerfällt
148.28	hatte.] **H** hatte.“
148.29	Wurzeln der] **H** Wurzeln, der
148.34	43, 44] **H** l.c.
149.21	sie] **H** (sie
150.11	her] **H** hin
151.36	75, 76] **H** l.c.
152.4	bemerkbar] **H** xxxxxx
	Korrigiert nach Marx’ Exzerpt aus dem Jahr 1851 (MEGA② IV/9. S. 190.1). Siehe Erl. 152.1–9.
152.14	79] **H** 80
152.26	81] **H** 81, 82
153.20	Pflanzen] **H** Säuren
153.26	*Kalk)*] **H** Kalk
153.34	[in]]
	Ergänzt nach der Quelle.
154.30	*Clemm*] **H** *Klemm*
155.10	Kieselsäure)] **H** Kieselsäure))
157.7	162] **H** l.c.
157.36	Holzerde] **H** Humuserde
	Korrigiert nach der Quelle.

159.12 [fehlen]]
Ergänzt nach der Quelle.
160.38 werden] **H** werden können
161.17 Wiesenklee)] **H** Wiesenklee.
164.33 sind.«] **H** sind.
164.35 oft] **H** of
165.2 schlechten] **H** schlechten;
165.6 preisen] **H** preißen
165.6 gewährt.«] **H** gewährt.
165.9 *letter*"] **H** *letter*
165.9 „In] **H** In
166.12 außer] **H** nur
166.25 Halm-] **H** Halm
166.31 Halm- u.] **H** Halm u.
168.5 farb- u.] **H** farb u.
168.7 [werden]]
Ergänzt nach der Quelle.
168.9 Maße] **H** Masse
168.22 sind] **H** ist
168.32 in dieser] **H** dieser
172.25 – 95)] **H** – 95))
177.11 (215)] **H** ((215,)
177.41 zweckmässig, nie verschwenderisch] **H** nie zweckmässig, verschwenderisch
Korrigiert nach der Quelle.
178.11 Bodenschicht.)] **H** Bodenschicht.
178.14 In] **H** »In
179.7 Resultat«.)] **H** Resultat«.
179.15 enthalte] **H** erhalte
179.28 Excrementen] **H** Elementen
179.37 341] **H** 241
179.41 (348)] **H** (348, 349)
180.16 361] **H** 360, 361
183.15 Rapskuchen«] **H** Rapskuchen
183.24 machen.«] **H** machen.
184.36 Kubikfuß] **H** Fuß Kubikfuß
184.40 thun.«] **H** thun.
186.5 427] **H** 227
188.29 Düngerproduction«] **H** Düngerproduction
188.31 3. od. 4.] **H** 3 od. 4
190.11 befruchtend.«] **H** befruchtend.
190.22 (441)] **H** (441, 442)
192.4 vassaux] **H** vasseaux
193.27 (164)] **H** (165)

194.21	soit] **H** soi
196.28	Eldorado."] **H** Eldorado.
196.29	déboisent."] **H** déboisent.
196.35	enlevé."] **H** enlevé.
197.2	reboiser] **H** réboiser
198.3	245)] **H** 245
198.13	3,64] **H** 3,46
199.15	entrepreneurs] **H** d'entrepreneurs
199.35	métayers."] **H** métayers.
199.38	refuse] **H** réfuse
201.8	ferme."] **H** ferme.
201.10	„fermier] **H** fermier
202.1	évincé] **H** evincé
202.28–29	mobilier«] **H** mobilier
202.32	milliards] **H** millions
203.4	terrain.«] **H** terrain.
204.29	1.074] **H** 1.674 Korrigiert nach der Quelle.
205.29	Meurthe] Aus Versehen in der zweiten Spalte geschrieben.
205.31	[11.37]] **H** 11.31 Da Marx aus Versehen die in die 22. Zeile einzutragende Angabe „11.37" ausließ, sind seine Einträge von der 23. bis zur 80. Zeile um jeweils eine Zeile verrutscht, so dass die 80. Zeile leer blieb.
210.4–5	intérieurs] **H** intérieures
210.16	*Froment.*] **H** *Froment. Froment.*
211.33	grande] **H** grand
211.39	[pas]] Ergänzt nach der Quelle.
212.32	etc.] **H** etc
213.5	„comprennent] **H** comprennent
214.35	395] **H** 394, 95
216.3	42] **H** 24
216.12	parce qu'elles] **H** parcequ' elles
217.2	Betriebslehre."] **H** Betriebslehre.
218.37	angehören.«] **H** angehören.
219.11	I)] **H** a)
219.11	II)] **H** 2)
219.13	1)] **H** a)
223.6	Bearbeitung.«] **H** Bearbeitung.
223.21	*Preisen.*«] **H** *Preisen.*
223.23–24	begehrt] **H** verzehrt Korrigiert nach der Quelle.
224.2	*divisées*] **H** *divisé*

225.25 terre] **H** terres
226.7 »La] **H** La
226.25 ruine?«] **H** ruine?
227.2 nombre] **H** nombres
227.16 71] **H** 72
227.19 kil.] **H** Mil.
Korrigiert nach der Quelle.
228.12 74] **H** 72
228.38 XIV] **H** XV
229.4 est-il] **H** est il
229.11 etc))] **H** etc)
229.12 dangereux] **H** dangéreux
232.28 sheep] **H** sheeps
233.3 meat.«] **H** meat.
233.3 19, 20] **H** 22
233.26 31] **H** 32
233.39 *agriculture.«*] **H** *agriculture.*
234.3 »has] **H** has
234.8 34, 35] **H** l.c.
234.16 most.«] **H** most.
235.3 too] **H** to
235.27 acre).] **H** acre.
236.5 horse-power«.] **H** horse-power.
236.16 and] **H** at
236.32 latitudes.«] **H** latitudes.
237.40 52] **H** 53
238.14 [not]]
Ergänzt nach der Quelle.
238.27 57] **H** 58
238.33 $2^{1}/_{2}$.] **H** $2^{1}/_{2}$.)
238.33 (59)] **H** (58) (59)
239.19 61, 62] **H** l.c.
240.35 Wood 40 Mill.]
Aus Versehen gestrichen.
240.38 65] **H** 50
Korrigiert nach der Quelle.
241.40 extremes.)] **H** extremes.
242.13 Ausschluß] **H** Ausschuß
242.35 1250] **H** $12^{1}/_{2}00$
243.14 *tithes.*)] **H** *tithes.*
244.20 at] **H** as
244.37 acre.)] **H** acre.
245.14 85, 86] **H** 86, 87
245.20 hectare] **H** hectares

245.21	87] **H** 88
246.17	*France.*] **H** *France. France.*
247.11	700,000] **H** 100,000
	Korrigiert nach der Quelle.
247.13	400,000] **H** 4
247.30	of] **H** f.
247.35	acres.«] **H** acres.
248.3	140)] **H** 140
249.6	15] **H** 15s.
250.12	»im] **H** im
250.23	*more.*«] **H** *more.*
255.18–22	Die Zahlen in Editorschrift ergänzt nach der Quelle.
256.26	consequence] **H** consequent
257.33	78,076,000] **H** 58,076,000
	Korrigiert nach der Quelle.
258.19	discount.«] **H** discount.
259.13	»the] **H** the
260.8	»they] **H** they
260.12	v.] **H** v
260.20	Diese] **H** (Diese
260.21	9%] **H** 9
260.27	20,691,000*l.*«] **H** 20,691,000*l.*
261.3	at] **H** (at
261.12	*l.* 8,313,000] **H** *l.* 8,313,000*l.*
263.7	richesse.«] **H** richesse.
263.23	»La] **H** La
263.31	recherches.«)] **H** recherches.«
263.32	[*Notabene:*] **H** [(*Notabene:*
263.33–34	production“] **H** production
263.38	[de la supériorité]]
	Ergänzt nach der Quelle.
264.27	de] **H** des
264.31	qualités] **H** quantités
	Korrigiert nach der Quelle.
264.34	champ] **H** camp
265.13–14	davantage] **H** d'avantage
265.21	dieß] **H** (dieß
265.34	ensemble.«] **H** ensemble.
265.38	zahlen.)] **H** zahlen.
266.6	précision] **H** décision
	Korrigiert nach der Quelle.
266.25–26	[de méteil, ou 30,700,000 hectolitres]]
	Ergänzt nach der Quelle.
267.9	l'espace.«] **H** l'espace.

267.12 toute] **H** tout
267.13 de] **H** des
267.25 price] **H** pricest
268.6 *1849.)*] **H** *1849.*
268.25 (Nach] **H** Nach
270.18 de] **H** des
271.1 davantage] **H** d'avantage
271.23 »le] **H** le
272.22 danger] **H** changer
Korrigiert nach der Quelle.
273.8 invested.«] **H** invested.
275.17 [2] [0] [0]]
Ergänzt nach der Quelle.
275.27 9sh. 4d.] **H** 1*l.* 9sh. 4d.
Korrigiert nach der Quelle.
276.6 properly] **H** properlerly
279.4 20] **H** 30
279.16 *of.*«] **H** *of.*
279.36 oversee] **H** observe.
Korrigiert nach der Quelle.
280.4 require.«] **H** require.
280.36 occupiers.«] **H** occupiers.
281.8 amount.«] **H** amount.
281.12 distich] **H** distitch
Fehlerhafte Schreibweise in der Quelle.
281.14 flits.«] **H** flits.
281.21 indeed.«] **H** indeed.
281.23 elsewhere."«] **H** elsewhere.«
282.13 management.«] **H** management.
282.17 (210, 211)] **H** (l.c.)
282.30 at.«] **H** at.
283.20 this] **H** his
Korrigiert nach der Quelle.
284.6 »It] **H** It
284.15 of] **H** to
Korrigiert nach der Quelle.
284.23 171] **H** 177
286.29 »The] **H** The
287.15 school.«] **H** school.
288.38 Labour.«] **H** Labour.
289.10 five.«] **H** five.
289.38 form.«] **H** form.
291.18 extent.«] **H** extent.
291.30 food-] **H** food

292.30	293] **H** 292
293.9	maintenance.«] **H** maintenance.
293.41	community.«] **H** community.
294.14	consumption.«] **H** consumption.
294.23	solitude.)] **H** solitude.
294.28	aristocracy.«] **H** aristocracy.
295.6–7	*maintenance*.«] **H** *maintenance.*
295.11 u. 13	required.«] **H** required.
295.36	All] **H** Allt
296.35	and] **H** and in Korrigiert nach der Quelle.
296.40–41	*Commission*“] **H** *Commission*
297.31	all.«] **H** all.
298.3	payment.«] **H** payment.
298.25	They] **H** the
298.32	wealth] **H** weealth
299.4	*1856*] **H** *11856*
300.8	bekannt] **H** bekann
300.10	waren.)] **H** waren.
301.24	verbreitetsten] **H** verbreitesten
302.2–3	(darüber) Millionen Familien.] **H** (darüber Millionen.) Familien.
302.13	vermehren?«] **H** vermehren?
303.10	Fleisch-] **H** Fleisch
303.17	Fleischerladen.«] **H** Fleischerladen.
303.40	angewandt.)] **H** angewandt.“
304.9	dürfen.«] **H** dürfen.
304.13	*Kalk*] **H** *Kalks*
304.20	etc.] **H** etc
304.32	Maße] **H** Masse
304.32	wird.«)] **H** wird.
305.13	w.)] **H** w.
305.19	*l.* St.] **H** *l. l.*
308.9	[als]] Ergänzt nach der Quelle.
311.7	return.«] **H** return.
311.11	etc.«] **H** etc
312.32	seed.«] **H** seed.
312.40	him.«] **H** him.
313.6	»In] **H** In
313.10	York)] **H** York
314.17	Genesee] **H** Genessey Korrigiert nach der Quelle.
314.34	Through] **H** Though
314.34	Genesee] **H** Genesey Korrigiert nach der Quelle.

315.15 improved.«] **H** improved.
316.24 Canada))] **H** Canada)
316.29 »A] **H** A
316.29 be] **H** do
316.41 industry.«] **H** industry.
318.14 producing.«] **H** producing.
318.19 land«.] **H** land.
319.14 water] **H** waters
319.33 »And] **H** And
319.38 alone.«] **H** alone.
319.40 »show] **H** show
321.8 1675."] **H** 1675.
321.10 »But] **H** But
323.18 ravages."] **H** ravages.
323.23 départements.)] **H** departements.
324.5 *55*] **H** *57*
Korrigiert nach der Quelle.
324.8 296] **H** l.c.
324.23 1854] **H** 1857
Korrigiert nach der Quelle.
325.8 multiplient] **H** multiplie

ERLÄUTERUNGEN

106.3 In seinen im Brüsseler Heft 4 angefertigten Auszügen aus Josias Child: Traités sur le commerce ... Amsterdam, Berlin 1754, notierte Marx: „*Thomas Manly,* der gegen Child schrieb. Sieh unter andrem dessen traité: ‚Interest of money mistaken'" (MEGA② IV/3. S. 297). Aber Manley war nicht der Verfasser dieses anonym herausgegebenen Traktates, sondern der Schrift: „Usury at six per cent, examined, and found unjustly charged by Sir Tho. Culpepper, and J[osiah] C[hild] ... London 1669." Als Marx in „Zur Kritik der politischen Ökonomie ⟨Manuskript 1861–1863⟩" (MEGA② II/3.5. S. 557) und im Manuskript zum dritten Buch des „Kapital" (MEGA② II/4.2. S. 655) dieselbe Darstellung von Child nach seinem Brüsseler Exzerpt zitierte, wiederholte er diese Verwechslung.

106.4–6 Report from the Secret Committee of the House of Lords Appointed to Inquire into the Causes of the Distress ... to be Printed, 28 July 1848. [London 1848.] – Von Marx im vorliegenden Heft exzerpiert (S. 117).

106.8 Éd[ouard] Ducpetiaux: Budgets économiques des classes ouvrières en Belgique. Subsistances, salaires, population. Bruxelles 1855. – Im vorliegenden Heft exzerpierte Marx eine Zusammenfassung dieses Buchs (siehe S. 121/122 und Erl. 121.3–5), wiedergegeben in [E. Steens; César de Paepe; D. Brismée:] Compte-Rendu du Meeting Démocratique de Patignies. Bruxelles 1864. S. 72/73. – Titel erwähnt im ersten Band des „Kapital" (MEGA② II/5. S. 542/543; II/6. S. 611; II/7. S. 592/593), empfohlen von César De Paepe im Brief an Marx vom 1. Februar 1870 (RGASPI, Sign. f. 21, op. 1, d. 163/1) und im Besitz von Marx. – Standort des Originals mit Marginalien von Marx: RGASPI, Sign. f. 1, op. 1, d. 6302. (MEGA② IV/32. Nr. 335.)

106.9 Henri Cernuschi: Mécanique de l'échange. Paris 1865. – Verzeichnet im Katalog der SPD-Bibliothek (Nr. 40288). Marx rezipierte das Buch im Dezember 1878 in seinen Exzerpten aus Pietro Rota: Principj di scienza bancaria. 2. ed. Milano 1873 (IISG, MEN, Sign. B 148).

106.10–11 P[aul]-J[acques] Coullet: Études sur la circulation monétaire. La banque et le crédit. Paris 1865. – Titel von Marx notiert in einem Exzerptheft 1878 (IISG, MEN, Sign. B 148) und im Notizbuch 1878/1879 (IISG, MEN, Sign. B 152).

106.12–13 Émile de Laveleye: Le marché monétaire et ses crises depuis 50 ans. Paris 1865. – Titel von Marx notiert in „Heft 3. 1868" der „Hefte zur Agrikultur" (S. 736.1–2), in Exzerptheften 1878 (IISG, MEN, Sign. B 148) und 1879 (IISG, MEN, Sign. B 154) sowie im Notizbuch 1878/1879 (IISG, MEN, Sign. B 152). Marx rezipierte das Buch im Dezember 1878 in seinen Exzerpten aus Pietro Rota: Principj di scienza bancaria. 2. ed. Milano 1873 (IISG, MEN, Sign. B 148).

106.16 Charles Darwin: Journal of Researches into the Natural History and Geology of the Countries Visited During the Voyage of H. M. S Beagle Round the World under the Command of Capt. Fitz Roy. In 2 Vol. 1. Ed. London 1842; 2. Ed. London 1845. – Marx entnahm die bibliographische Angabe aus Justus von Liebigs „Agriculturchemie" (7. Aufl. Bd. 1. S. 194; siehe Erl. 160.2). Da Liebig Ausgabe und Band nicht angab, war Marx unbekannt, worauf sich die „p. 324" bezieht.

109.1–6 Report from the Select Committee on Bank Acts; together with the Proceedings of the Committee, Minutes of Evidence, App. and Index. Ordered, by the House of Commons, to be Printed, 30 July 1857. Pt. 1. [London 1857.] In: Reports from Committees. In 13 Vol. 1) Bank Acts. Vol. 6.

109.7–8 Die Kerls bis Crisis.] Ähnlich siehe Marx' Manuskript zum dritten Buch des „Kapital" (MEGA② II/4.2. S. 605.5).

109.20–24 Von Marx zitiert im Manuskript zum dritten Buch des „Kapital“ (MEGA② II/4.2. S. 597.31–36).

110.20–28 Von Marx zwei Mal zitiert im Manuskript zum dritten Buch des „Kapital“ (MEGA② II/4.2. S. 510.34–41 und 597.37–598.7).

110.33 the bis *unemployed.*] Von Marx zitiert im Manuskript zum dritten Buch des „Kapital“ (MEGA② II/4.2. S. 597.1).

111.11–12 Von Marx zitiert im Manuskript zum dritten Buch des „Kapital“ (MEGA② II/4.2. S. 597.1–3).

111.15–17 Von Marx zitiert im Manuskript zum dritten Buch des „Kapital“ (MEGA② II/4.2. S. 564.23–25).

111.30 *floating capital*] Von Marx verwendet im Manuskript zum dritten Buch des „Kapital“ (MEGA② II/4.2. S. 597.3–4).

111.32–35 Von Marx zwei Mal zitiert im Manuskript zum dritten Buch des „Kapital“ (MEGA② II/4.2. S. 510.42–45 und 598.8–11).

111.36–38 Von Marx zitiert im Manuskript zum dritten Buch des „Kapital“ (MEGA② II/4.2. S. 548.14–18).

111.37–38 B. o. England bis country.] Von Marx zitiert im Manuskript zum dritten Buch des „Kapital“ (MEGA② II/4.2. S. 597.4–5).

111.37–38 country banks circulation] In der Quelle: circulation in the country

111.39–112.2 Von Marx zitiert im Manuskript zum dritten Buch des „Kapital“ (MEGA② II/4.2. S. 548.24–27).

113.37–38 Parliam. Commission of 1840] Report from Select Committee on Banks of Issue; with the Minutes of Evidence, App., and Index. Ordered, by the House of Commons, to be Printed, 7 August 1840. [London 1840.]

114.1–2 Act of 1844] „Bank Charter Act“ der Regierung Robert Peel (7 and 8 Victoria, Cap. 32), 1844.

114.14–15 Von Marx zitiert im Manuskript zum dritten Buch des „Kapital“ (MEGA② II/4.2. S. 564.26–27).

114.29 Act of 1833] „Bank Charter Act“ von 1833. An Act, for Giving to the Corporation of the Governor and Company of the Bank of England Certain Privileges, for a Limited Period, under Certain Conditions (3 and 4 William IV, Cap. 98), 1833.

114.31–32 Von Marx zitiert im Manuskript zum dritten Buch des „Kapital“ (MEGA② II/4.2. S. 412.37–38).

114.38–40 Von Marx zitiert im Manuskript zum dritten Buch des „Kapital“ (MEGA② II/4.2. S. 597.7–8).

115.2–5 Von Marx zitiert im Manuskript zum dritten Buch des „Kapital“ (MEGA② II/4.2. S. 546.5–9).

115.6–11 Von Marx zwei Mal zitiert im Manuskript zum dritten Buch des „Kapital“ (MEGA② II/4.2. S. 557.33–37 und 597.10–16).

115.27 *Gesetzes v. 1844*] „Bank Charter Act“ der Regierung Robert Peel (7 and 8 Victoria, Cap. 32), 1844.

115.28 1357.] Aussage von William Newmarch, Nr. 1357.

115.29–31 Von Marx zitiert im Manuskript zum dritten Buch des „Kapital“ (MEGA② II/4.2. S. 561.37–562.2).

115.32–34 Von Marx zitiert im Manuskript zum dritten Buch des „Kapital“ (MEGA② II/4.2. S. 562.3–5).

115.36 *2084* l.c.] Aussage von John Stuart Mill, Nr. 2084.

115.38 (2101.)] Aussage von John Stuart Mill, Nr. 2101.

117.1–3 Report from the Secret Committee of the House of Lords Appointed to Inquire into the Causes of the Distress which has for Some Time Prevailed among the Commercial Classes, and how far it has been Affected by the Laws for Regulating the Issue of Bank Notes Payable on Demand. Together with the Minutes of Evidence, and an App. Ordered, by the House of Commons, to be Printed, 28 July 1848. [London 1848.]

117.4–7 *Tooke* erklärt bis *Government Money Paper.*] Bis 1838 war Thomas Tooke noch kein Anhänger der „Banking School“, sondern der „Currency School“. Auf S. 351 des „Reports“ im Unterpunkt „3129“ erklärt Tooke die Gründe für seinen Wandel. Er habe angenommen, Banknoten seien die Ursache und nicht ein Effekt wirtschaftlicher Transaktionen.

117.13–16 Von Marx zitiert im ersten Band des „Kapital“ (MEGA② II/5. S. 85.43–46).

118.1–3 Manifest der Maatschappij De Vlamingen Vooruit! Brussel 1860.

118.6–18 $4^1/_2$ bis staan.] Von Marx verwendet im ersten Band des „Kapital“ (MEGA② II/5. S. 543.34–38).

118.15–19 Von Marx verwendet im ersten Band des „Kapital“ (MEGA② II/5. S. 543.37–38).

120.1–4 Henri Gregoir: Les typographes devant le Tribunal Correctionnel de Bruxelles. Bruxelles 1865.

120.12–17 Von Marx zitiert im ersten Band des „Kapital“ (MEGA② II/5. S. 451.41–46).

121.1–2 [E. Steens, César de Paepe, D. Brismée:] Compte-Rendu du Meeting Démocratique de Patignies. Bruxelles 1864.

121.3–5 Auf S. 72/73 befindet sich De Paepes Zusammenfassung von Éd[ouard] Ducpetiaux: Budgets économiques des classes ouvrières en Belgique. Bruxelles 1855. De Paepe gibt aus Ducpétiaux' Buch die Seiten 154–156 über die Einkommens- und Wohnverhältnisse belgischer Arbeiterfamilien zusammenfassend wieder. Siehe auch Erl. 106.8.

121.6–122.14 Von Marx übersetzt im ersten Band des „Kapital" (MEGA② II/5. S. 542.31–45 und 543.22–31).

122.22 Dewinck et Delamarre] Siehe [Théodore Casimir] Delamarre: La vie à bon marché. Réformes utiles. Paris 1851. S. 61. Delamarre bezieht sich ohne Angabe der Quelle auf „M. Dewinck".

123.1 Trade and Finance. In: The Daily News. Nr. 6073, 23. Oktober 1865. S. 4.

124.10 the present Act] „Bank Charter Act" der Regierung Robert Peel (7 and 8 Victoria, Cap. 32), 1844.

126.1–4 Patrick E[dward] Dove: Account of Andrew Yarranton, the Founder of English Political Economy. Edinburgh 1856.

126.5 Yarranton bis *Clover".*] Andrew Yarranton: Improbement by Clover. 1662? Es existiert kein überliefertes Exemplar.

126.9 two books] Andrew Yarranton: Improbement by Clover. 1662?; ders.: The Improvement Improved. 2. Ed. of the Great Improvement of Land by Clover. London 1663.

126.24–26 Andrew Yarranton: England's Improvement by Sea and Land ... London 1677. S. 173.

129.1–3 Justus von Liebig: Einleitung in die Naturgesetze des Feldbaues. Braunschweig 1862.

129.4–10 Marx bezieht sich auf diese Passage im Manuskript zum dritten Buch des „Kapital" (MEGA② II/4.2. S. 763.18–764.11).

129.26–28 Marx bezieht sich auf diese Passage im Manuskript zum dritten Buch des „Kapital" als „die wirklichen naturgemässen Ursachen der Erschöpfung des Bodes" (MEGA② II/4.2. S. 723.4–5).

130.37–131.3 Wahrhaft drollig bis wird!] Von Marx verwendet im ersten Band des „Kapital" (MEGA② II/5. S. 410.27–46 und 413.27–36).

130.38–41 John Stuart Mill: Principles of Political Economy. With Some of Their Applications to Social Philosophy. Vol. 1. London 1848. S. 217. – Marx übernahm die von Liebig angegebene falsche

Seitenangabe „17“ des Buchs von Mill in den ersten Band des „Kapital“ (MEGA② II/5. S. 410.39 und Kor.).

132.28 thätigsten] Liebig: mächtigsten

133.6–17 Siehe Marx' Manuskript zum dritten Buch des „Kapital“: „*Ueber die abnehmende Productivität des Bodens bei successiven Capitalanlagen.* Hierüber ist Liebig nachzusehn.“ (MEGA② II/4.2. S. 833.20–22.)

133.22–38 Siehe Marx' Manuskript zum dritten Buch des „Kapital“: „Selbst eine Gesellschaft, eine Nation, ja alle gleichzeitigen Gesellschaften zusammengenommen sind nicht *Eigenthümer* der Erde. Sie sind nur ihre *Besitzer*, ihre *usefruitiers* und haben sie als boni patres familias den nachfolgenden Generationen verbessert zu hinterlassen.“ (MEGA② II/4.2. S. 718.12–15.)

134.1 Gesetz des Ersatzes] Laut Liebig muss jeder Landwirt dem Boden die von ihm entnommenen Mineralstoffe regelmäßig zurückgeben, um die Bodenfruchtbarkeit zu erhalten bzw. ihm mehr zuführen, um die Ernte zu steigern. Er hob damit die Bedeutung des künstlichen Mineraldüngers für den landwirtschaftlichen Fortschritt hervor.

136.1–5 Von Marx verwendet im ersten Band des „Kapital“ (MEGA② II/5. S. 316.40–42).

136.4–5 (ganz wie bis verstehn.)] Zusatz von Marx.

136.14 Felder v. Rothamsted] In England kritisierten John Bennet Lawes und Henry Gilbert Liebigs Mineraltheorie durch eine Reihe von Experimenten in Rothamsted. Marx exzerpierte zwei Artikel von Lawes zu einem Experiment in Rothamsted über die Wirkung des Kunstdüngers in „Heft 1. 1868“ der „Hefte zur Agrikultur“ (S. 360 und 447/448).

136.31 Schönbeins Entdeckung] Marx erwähnt diese Entdeckung Christian Friedrich Schönbeins im Brief an Engels vom 20. Februar 1866 (siehe Erl. 136.31–34). Wahrscheinlich las Marx Schönbein nicht direkt, sondern rezipierte dessen Werk durch Liebigs „Agriculturchemie“.

136.31–34 {fact daß bis völlig dunkel.] Von Marx verwendet im Brief an Engels vom 20. Februar 1866: „Die *obern* Schichten des Bodens enthalten immer mehr Amoniak als die *tiefern*, statt daß sie, wären sie durch den Pflanzenbau ärmer daran geworden, weniger davon enthalten müßten. Das *Factum* war v. allen Chemikern anerkannt. Die Ursache allein *unbekannt*.“ (MEGA-digital.)

136.40–137.4 daß eine bis zu bewerkstelligen.] Von Marx zitiert im Brief an Engels vom 20. Februar 1866 (MEGAdigital).

137.4–9 Durch bis Nährstoff.] Von Marx zitiert im Brief an Engels vom 20. Februar 1866 (MEGAdigital).

139.14–16 Die bis Felde,] Von Marx zitiert im Manuskript zum dritten Buch des „Kapital" (MEGA② II/4.2. S. 720.15–17 und Var.).

139.38–140.13 Im Allgemeinen bis 156 Mann.] Von Marx zitiert im ersten Band des „Kapital" (MEGA② II/5. S. 185.18–30).

140.4–5 1818 (Gesetz v. 10 März)] Loi sur le recrutement de l'armée, 10. März 1818.

140.5 Gesetz v. 21 März 1832] Loi sur le recrutement de l'armée, 21. März 1832.

141.11–31 Von Marx verwendet im ersten Band des „Kapital", wo er bei der Charakterisierung der „kapitalistischen Agrikultur" als „Fortschritt [...] in der Kunst *den Boden zu berauben*" auf das Beispiel der „Vereinigten Staaten von Nordamerika" verwies (MEGA② II/5. S. 410.14–21).

143.19–23 Dieser Satz gehört zum nächsten Exzerpt und stammt aus Justus von Liebig: Herr Dr. Emil Wolff in Hohenheim und die Agricultur-Chemie. Nachtrag zu den „Grundsätzen der Agricultur-Chemie". Braunschweig 1855.

144.1–3 Justus von Liebig: Herr Dr. Emil Wolff in Hohenheim und die Agricultur-Chemie. Nachtrag zu den „Grundsätzen der Agricultur-Chemie". Braunschweig 1855.

144.7 (im Minimo)] Liebig erörtert hier sein sogenanntes „Gesetz des Minimums", wonach der Ertrag nicht von dem in größter, sondern von dem in kleinster Menge (im Minimum) vorhandenen Bodenbestandteil bestimmt ist.

146.1–4 Justus von Liebig: Die Chemie in ihrer Anwendung auf Agricultur und Physiologie. 7. Aufl. Bd. 1. Braunschweig 1862.

146.9–13 Die Nummerierung 1) bis 3) von Marx.

146.18 bleiben] Liebig: fehlen

147.1 in dem Saft, den er durchdringt] Liebig: in dem Safte, der die Organe durchdringt

147.11–12 (unveränderlich)] Zusatz von Marx.

147.20–21 (mit Wasser od. seinen Elementen verbunden)] Zusatz von Marx.

148.29 (durch Einfluß der Luft u. Feuchtigkeit)] Zusatz von Marx.

150.6 (nämlich *Stickstoff?*)] Zusatz von Marx.

150.9 (der Pflanzen)] Zusatz von Marx.

150.11 (ohne Ersatz)] Zusatz von Marx.

150.26 (der Stickstoff der Thiere u. Menschen)] Zusatz von Marx.

152.1–9 Diese Passage stand noch in der sechsten Auflage von Liebigs „Agriculturchemie" (Braunschweig 1846. S. 71/72), aber nicht mehr in der siebten. Marx übernahm die Passage aus seinen 1851 in Londoner Heft XII angefertigten Exzerpten aus der vierten Auflage von Liebigs „Agriculturchemie" (Braunschweig 1842) (dort mit Randanstreichung, siehe MEGA② IV/9. S. 189/190).

152.10 (daher Fruchtbarkeit eisenoxydreicher Bodenarten)] Zusatz von Marx.

153.34 u. bis können] Zusatz von Marx.

154.7 (anorganische)] Zusatz von Marx.

154.19 (der Seen)] Zusatz von Marx.

155.38–39 (für die verschiednen Stoffe)] Zusatz von Marx.

160.2 Aus Darwin citirt er.] Bei Liebig kein Zitat. Er gibt als Quelle an: „Darwin. Journal of Researches, p. 324", ohne Angabe der Ausgabe. Marx notierte diese bibliographische Angabe (siehe S. 106.16 und Erl.).

160.2–9 Die Arbeiter bis Brot.] Von Marx zitiert im ersten Band des „Kapital" (MEGA② II/5. S. 463.34–40).

162.27 (bestimmten)] Zusatz von Marx.

165.8–9 „Letters bis 1858] H[enry] C[harles] Carey: Letters to the President on the Foreign and Domestic Policy of the Union, and its Effects, as Exhibited in the Condition of the People and the State. Philadelphia 1858.

165.18 p. 54] Liebig verschrieb die Seitennummer. Bei Carey, S. 55: „Its effects are shown in the facts, that, in New York, where, eighty years since, 25 to 30 bushels of wheat were an ordinary crop, the average is now only 14, while that of Indian corn is but 25. In Ohio, a State that, but half a century since, was a wilderness, the average of wheat is less than 12; and it diminishes, when it should increase. Throughout the West, the process of exhaustion is everywhere going on—the large crops of the early period of a settlement, being followed, invariably, by smaller ones in later years. In Virginia, throughout a large district of country once considered the richest in the State, the average of wheat is less than seven bushels; while in North Carolina, men cultivate land yielding little more than that quantity of Indian corn. Tobacco has been raised in Virginia and Kentucky, until the land has been utterly exhausted and abandoned; while throughout the whole cotton-growing country, we meet with a scene of exhaustion unparalleled in the world, to have been accomplished in so brief a period."

165.20–166.10 Marx bezieht sich auf diese Passage im Manuskript zum dritten Buch des „Kapital" (MEGA② II/4.2. S. 753.38).

166.20 Justus von Liebig: Die Chemie in ihrer Anwendung auf Agricultur und Physiologie. 7. Aufl. Bd. 2. Braunschweig 1862.

166.21 zum Samen] Zusatz von Marx.

170.34–35 (wie bis etc)] Zusatz von Marx.

172.33–37 Marx bezieht sich auf diese Passage im Manuskript zum dritten Buch des „Kapital": „[...] wie auch der umgekehrte Fall eintreten kann, daß die Verbesserung mehr auf die schlechteren als auf die besseren Bodenarten wirkt." (MEGA② II/4.2. S. 768.41–43.).

174.17–18 Je mehr bis etc] Beispiel von Marx.

175.39 (!)] Zusatz von Marx.

176.12–13 (aus der Luft strömenden)] Zusatz von Marx.

177.35–36 (der bis Stoffe)] Zusatz von Marx.

179.4–7 (Liebig bis Resultat«.)] Zusammenfassung von Marx.

183.1–6 H[ermann] Maron: Aus dem Bericht an den Minister für die landwirthschaftlichen Angelegenheiten in Berlin über die japanische Landwirthschaft. Berlin 1863. In: Justus von Liebig: Die Chemie in ihrer Anwendung auf Agricultur und Physiologie. 7. Aufl. Bd. 2. Braunschweig 1862. S. 417–438.

184.6–17 Zweiter Grund bis Morgen.] Von Marx vermutlich im ersten Band des „Kapital" verwendet, wo er die Verteilung des Bodens eines Feudalherrn unter seine Untertanen und die Kultivierung des Bodens von selbstwirtschaftenden Bauern in Japan für „ein viel treueres Bild des europäischen Mittelalters als unsre sämmtlichen, meist von bürgerlichen Vorurtheilen diktirten Geschichtsbücher" ansieht (MEGA② II/5. S. 577.41–42).

184.24–28 Von Marx verwendet im ersten Band des „Kapital": „In Japan geht der Cirkellauf der Lebensbedingungen reinlicher von statten." (MEGA② II/5. S. 558.33–34.)

185.1–3 Von Marx verwendet im ersten Band des „Kapital“: „Zieht der durch Europa aufoctroyirte auswärtige Handel in Japan die Verwandlung von Naturalrente in Geldrente nach sich, so ist es um seine musterhafte Agrikultur geschehn. Ihre engen ökonomischen Existenzbedingungen werden sich auflösen.“ (MEGA② II/5. S. 96/97.)

189.1–2 Moritz Wagner: Aussage. In: Allgemeine Zeitung. Augsburg. Nr. 36, 5. Februar 1862. Beil.; Nr. 173, 22. Juni 1862. Beil. In: Justus von Liebig: Die Chemie in ihrer Anwendung auf Agricultur und Physiologie. 7. Aufl. Bd. 2. Braunschweig 1862. S. 439–442.

189.4–5 Auch bis erschöpft.] Beschreibung von Marx.

191.1–5 L[ouis] Mounier: De l’agriculture en France, d’après les documents officiels, avec des Remarques par M[aurice] Rubichon. T. 1. Paris 1846.

191.8–9 Aus bis v. Mounier)] Siehe [Alexandre Gouin:] Rapport au Roi sur le quatrième volume de la Statistique de la France. Partie agriculture. Paris 1840. – Das erste Kapitel bei Mounier ist eine Wiedergabe des „Rapport“.

191.12 (*Vauban* etc)] Siehe [Sébastien le Prestre de] Vauban: Projet d’une dixme royale. [Paris] 1707.

191.13–14 v. der Zahl bis *(Lavoisier)*] Siehe Antoine-Laurent Lavoisier: Résultats extraits d’un ouvrage intitulé: De la richesse territoriale du royaume de France. Paris 1791.

191.15 (*A. Young.* 1788)] Siehe Arthur Young: Voyage en France, pendant les années 1787–88–89 et 90 ... Paris 1793.

191.23–24 Programm bis Philippe] Siehe Le Ministre du commerce: Documents statistiques sur la France. Paris 1835.

192.30–36 Marx bezieht sich auf diese Passage im Manuskript zum dritten Buch des „Kapital“: „Bei der beweglichen Natur, die hier der Grund und Boden – als blosse Waare annimmt – wachsen die mutations, [...] Sieh *Mounier und Rubichon.*“ (MEGA② II/4.2. S. 748.5–7, 34.)

193.37 (1844?)] Zusatz von Marx.

195.23 mémoire de M. *Dugied*] Rapport sur un mémoire de Dugied, relatif au boisement du Département des Basses-Alpes; par Florens, Président. Séance du 6 Avril 1820. In: Mémoires et analyse des travaux de la société d’agriculture, commerce, sciences et arts de la ville De Mende, chef-lieu du département de la Lozère. Mende 1827.

195.31 Bericht v. Blanqui] [Jérôme-Adolphe] Blanqui: Rapport sur la situation économique des départements de la frontière des Alpes (Isère, Hautes-Alpes, Basses-Alpes et Var). In: Le Moniteur universel, 17. Januar 1844. S. 80/81; 18. Januar 1844. S. 88/89; 21. Januar 1844. S. 115–117; 29. Januar 1844. S. 181–183.

196.8 (immer Blanqui)] Zusatz von Marx.

197.33–198.3 Agriculture française, par les inspecteur de l'agriculture. Publié d'après les ordres de M. le Ministre de l'agriculture et commerce. Département de la Haute-Garonne. Paris 1843. S. 27/28.

198.4–14 Mounier zitiert ohne Angabe der Quelle aus: Frédéric Lullin de Chateauvieux: Voyages agronomiques en France. Ouvrage posthume. Précédé d'une notice biographique sur l'auteur. Pub. par Naville de Chateauvieux. T. 1. Paris 1845. S. 37.

198.20–199.39 Mounier zitiert ohne Angabe der Quelle aus: Frédéric Lullin de Chateauvieux: Voyages agronomiques en France ... T. 1. Paris 1845. S. 44–49.

198.31–199.11 Marx bezieht sich wahrscheinlich auf diese Passage im Manuskript zum dritten Buch des „Kapital" (MEGA② II/4.2. S. 751.40).

199.40–200.28 de Morogues: Essai sur les moyens d'améliorer l'agriculture en France, particulièrement dans les provinces les moins riches, et notamment en Sologne. T. 1. Paris 1822. S. 167/168.

200.30–40 Frédéric Lullin de Chateauvieux: Voyages agronomiques en France ... T. 1. Paris 1845. S. 50–52.

201.1–202.15 Mounier zitiert aus dem Artikel „Bail" in: Cours complet d'agriculture ou nouveau dictionnaire d'agriculture. T. 3. Paris 1834. S. 105–142.

202.16–20 Mounier zitiert ohne Angabe der Quelle aus: Frédéric Lullin de Chateauvieux: Voyages agronomiques en France ... T. 1. Paris 1845. S. 54.

213.7 *Statistique Officielle*] Siehe Le Ministre de l'agriculture et du commerce: Statistique de la France. Agriculture. Paris 1841.

217.1–4 H[ermann] Maron: Extensiv oder Intensiv? Ein Kapitel aus der landwirthschaftlichen Betriebslehre. Oppeln 1859.

217.9–15 Wir bis *Betriebscapital.*] Von Marx kommentiert im Manuskript zum dritten Buch des „Kapital" (MEGA② II/4.2. S. 748.35–43).

217.16 (nämlich v. Grund u. Boden)] Zusatz von Marx.

219.14 (schlag über)] Die Fortsetzung der Auszüge aus Maron: Extensiv oder Intensiv? erfolgt auf S. 222.

220.1–2 L[ouis] Mounier: De l'agriculture en France, d'après les documents officiels, avec des Remarques par M[aurice] Rubichon. T. 2. Paris 1846. – Marx beschrieb zuerst die Seite 188, dann die Seite 187.

222.1 Fortsetzung der Auszüge aus Maron: Extensiv oder Intensiv?, von S. 219.

226.40 hectares] Mounier: l'espace de terrain

228.13–16 Siehe Archives statistiques du ministère des travaux publics, de l'agriculture et du commerce. Paris 1837. S. 132.

231.1–3 Léonce de Lavergne: The Rural Economy of England, Scotland, and Ireland. Transl. from the French with Notes by a Scottish Farmer. Edinburgh, London 1855.

231.26–27 (in den Valleys)] Zusatz von Marx.

232.35–233.3 *Bakewell.* bis meat.«] Von Marx verwendet in Manuskript II zum zweiten Buch des „Kapital" (MEGA② II/11. S. 189.32–41). Er verschrieb beim Exerpieren die Seitennummer (siehe Kor. 233.3) und übertrug den Fehler in das Manuskript II.

232.38 *System of Selection*] Nach Lavergne, S. 19, besteht diese Methode darin, „choosing individuals of a breed exhibiting in the greatest degree the qualities desired to be perpetuated, and to make use of such only for reproducing."

233.7 N. II] Marx meint die „Southdowns".

233.28–29 Wie bis verlangt,] Zusatz von Marx.

234.3 (durch seine Kuhzucht)] Zusatz von Marx.

234.8–10 The English bis we do.] Von Marx verwendet im Manuskript zum dritten Buch des „Kapital" (MEGA② II/4.2. S. 682.30).

234.10–11 (Dieß bis betrachten.)] Bemerkung von Marx. Verwendet im Manuskript zum dritten Buch des „Kapital" (MEGA② II/4.2. S. 682.34–35).

234.33–35 (Precocity bis Disgusting!)] Bemerkung von Marx.

235.17–32 Zieht man bis völlig down.)] Bemerkung von Marx. Verwendet im Manuskript zum dritten Buch des „Kapital" (MEGA② II/4.2. S. 682.20–37).

235.33–34 Bemerkung von Marx.

236.16 (4 mill. St.)] Zusatz von Marx.

236.20–22 Von Marx zitiert im Manuskript zum dritten Buch des „Kapital" (MEGA② II/4.2. S. 682.38–683.4).

236.21–22 (Herr Lavergne bis not do so!)] Bemerkung von Marx.

236.23–32 Als Marx in der französischen Ausgabe des „Kapital“ seine Beschreibung der Lage Irlands mit Verweis auf Lavergne ergänzte, bezog er sich vermutlich auf diese Stelle (siehe MEGA② II/7. S. 630.35–36).

236.27 (!)] Zusatz von Marx.

237.1 (in Vieh u. Korn)] Zusatz von Marx.

237.4 (about zur Zeit der French Revolution)] Zusatz von Marx.

237.5 *Norfolk Rotation*] Die „Norfolk-Rotation“ ist ein Fruchtfolgesystem, das gegen Ende des 17. Jahrhunderts im ostenglischen Norfolk eingeführt wurde. Es schafft die Brachezeit ab, indem in dessen Fruchtfolge von Weizen, Rübe, Gerste und Klee dem Boden unterschiedliche Nährstoffe je nach den jeweiligen Eigenschaften von Halmfrüchten und Blattfrüchten entzogen und zugeführt werden. Futterkräuter ernähren ferner nicht nur Vieh, dessen Exkremente als Stallmist verwendet werden können, sondern fixieren auch Stickstoff aus der Atmosphäre im Boden.

237.5–12 *forage plants* bis rotation.] Von Marx zitiert im Manuskript zum dritten Buch des „Kapital“ (MEGA② II/4.2. S. 683.4–11).

237.5–6 (dieß bis Theorie.)] Bemerkung von Marx.

238.7 (mehr als 1/7)] Zusatz von Marx.

242.3 Er] Lavergne.

243.11 *2)*] Bei Lavergne das sechste Kapitel: „Rents, Profits, and Wages“

243.21–22 (dieß wichtig f. die Differentialrente)] Bemerkung von Marx.

243.26–30 (Theil bis soils.)] Bemerkung von Marx.

244.22–24 (Der bis districts.)] Bemerkung von Marx.

244.36–37 Bemerkung von Marx.

245.19–21 Von Marx verwendet im ersten Band des „Kapital“ (MEGA② II/5. S. 431.12–14, 35–36).

246.15–24 Von Marx verwendet im ersten Band des „Kapital“: „Nimm z.B. die Schätzung des Herrn L. de Lavergne, wonach der englische Ackerbauarbeiter nur 1/4, der Kapitalist (Pächter) dagegen 3/4 des Produkts[18]) oder seines Werths erhält, wie die Beute sich immer zwischen Kapitalist und Grundeigenthümer u.s.w. nachträglich weiter vertheile.“ (MEGA② II/5. S. 431.12–16.) In Fußnote 18 setzt Marx hinzu: „Der Theil des Produkts, der nur das ausgelegte constante Kapital ersetzt, ist bei dieser Rechnung selbstverständlich abgezogen. – Herr L. de Lavergne, blinder Bewunderer Englands, giebt eher zu niedriges als zu hohes Verhältniß." (MEGA② II/5. S. 431.34–36.)

248.4 Quesnay] Siehe [François] Quesnay: Fermiers. In: Encyclopédie, ou Dictionnaire raisonné des sciences, des arts et des métiers. Publ. par Diderot et d'Alembert. T. 6. Paris 1751–1752. S. 528–540; [François] Quesnay: Grains. In: Ebenda. T. 7. Paris 1751–1752. S. 812–831.

249.22 Dr Beeke] H[enry] Beeke: Observations on the Produce of the Income Tax, and on its Proportion to the Whole Income of Great Britain. New and Corr. Ed. ... London 1800. S. 183.

250.12–18 Caird bis population«] Siehe James Caird: English Agriculture in 1850–51. London 1852. S. 514.

251.1 House of Commons. 26. Februar 1866. In: Hansard's Parliamentary Debates. Vol. 181. London 1866. Sp. 1109.

251.7 10s.] In der Quelle: 10s. 1d.

255.1–3 Report from the Select Committee on the Bank Acts; together with the Proceedings of the Committee, Minutes of Evidence, App. and Index. Ordered, by the House of Commons, to be Printed, 1 July 1858. [London 1858.] In: Reports from Committees. In 13 Vol. 1) Bank Acts. Session 3 December 1857 – 2 August 1858. Vol. 5.

256.11 Acts of 1844 and 1845] „Bank Charter Act" der Regierung Robert Peel (An Act to Regulate the Issue of Bank Notes, and for Giving to the Governor and Company of the Bank of England Certain Privileges for a Limited Period [7 and 8 Victoria, Cap. 32], 1844), und An Act to Regulate the Issue of Bank Notes in Scotland (8 and 9 Victoria, Cap. 38), 1845.

256.19–28 Über die Entwicklung der Londoner Aktienbanken in den 1850er Jahren, den Anstieg ihrer Bilanzsummen und ihre Praxis, Zinsen auf bei ihnen hinterlegte Guthaben zu gewähren, exzerpierte Marx schon in den „Krisenheften" aus dem „Economist" vom 16. und 23. Januar 1858 (MEGA② IV/14. S. 105–108, 492–496) und schrieb darüber in der „New-York Daily Tribune" vom 28. August 1858 in dem Artikel „Commercial Crisis and Currency in Britain" (MEGA② I/16. S. 392–395).

256.32–257.9 Die bis country,] Von Marx zitiert im Manuskript zum dritten Buch des „Kapital" (MEGA② II/4.2. S. 548.41–549.18).

257.6–16 That bis brokers.] Von Marx zitiert im Manuskript zum dritten Buch des „Kapital" (MEGA② II/4.2. S. 529.4–16).

258.15–19 The bis discount.] Von Marx zitiert im Manuskript zum dritten Buch des „Kapital" (MEGA② II/4.2. S. 529.16–20).

258.29 Government Letter] Brief von Viscount Palmerston und George Cornewall Lewis vom 12. November 1857, der die Suspendierung des „Bank Charter Act" anordnete.

260.39–261.4 Von Marx zitiert im Manuskript zum dritten Buch des „Kapital" (MEGA② II/4.2. S. 529.20–26).

262.1–2 Dictionnaire de l'Économie Politique. Contenant l'exposition des principes de la science, l'opinion des écrivains qui ont le plus contribué à sa fondation et à ses progrès, la bibliographie générale de l'économie politique, par noms d'auteurs et par ordre de matières, avec des notices biographiques et une appréciation raisonnée des principaux ouvrages. Éd. par Ch[arles] Coquelin, [Gilbert-Urbain] Guillaumin. T. 1.2. Paris 1852–1853. – Eine spätere Ausgabe (T. 1.2. Bruxelles, Livourne, Leipzig 1853–1854) im Besitz von Marx. Standort des Originals mit Marginalien von Marx: SAPMO/Bibl., Ma 709. (MEGA② IV/32. Nr. 308.)

262.4 H[ippolyte] Passy: Rente du sol. In: Dictionnaire de l'Économie Politique. Contenant l'exposition des principes de la science … Éd. par Ch[arles] Coquelin, [Gilbert-Urbain] Guillaumin. T. 2. J–Z. Paris 1853. S. 509–519.

262.13–18 Marx bezieht sich auf diese Passage im Manuskript zum dritten Buch des „Kapital": „es zeigt z. B. die Naivetät eines Herrn *Passy* (sieh weiter unten) schon im Urzustand von der Rente als Ueberschuß über den *Profit* – eine bestimmte historische *gesellschaftliche* Form des Mehrwerths, die natürlich auch *ohne* Gesellschaft nach Herrn Passy existiren kann – zu sprechen." (MEGA② II/4.2. S. 725.14–18).

263.32–34 Mill bis l'agriculture".] Passy zitiert aus John Stuart Mill: Principes d'Économie politique … Trad. par H[ippoly]te Dussard et Courcelle Seneuil. T. 2. Paris 1854. S. 46.

263.36–39 „la rente bis la valeur"] Passy zitiert aus ebenda. S. 47.

264.24–36 „Le *monopole* bis etc."] Passy zitiert aus ebenda. S. 46/47.

264.40–265.10 Marx bezieht sich auf diese Passage im Manuskript zum dritten Buch des „Kapital" (MEGA② II/4.2. S. 730.13–30).

265.21–23 (Also dieß bis will.)] Siehe Adam Smith: An Inquiry into the Nature and Causes of the Wealth of Nations. Book 1. Chapter XI: „The rent of land, therefore, considered as the price for the use of the land, is naturally a monopoly price … Such parts only of the produce of land can commonly be brought to market, of which the ordinary price is sufficient to replace the stock which must be employed in bringing them thither, together with its ordinary profits. If the ordinary price is more than this, the surplus part of it will naturally go to the rent of the land."

265.24–38 Marx bezieht sich auf diese Passage im Manuskript zum dritten Buch des „Kapital" (MEGA② II/4.2. S. 711.41).

265.34–38 (Welches Verdienst bis bessere zahlen.)] Kommentar von Marx.

266.1–4 Marx bezieht sich auf diese Passage im Manuskript zum dritten Buch des „Kapital": „Ueber Fallen der Bodenpreisse und Steigen der Rente als fact: Sieh *Passy.*" (MEGA② II/4.2. S. 723.40.)

268.1 G[ustave] de Molinari: Céréales. In: Dictionnaire de l'Économie Politique. Contenant l'exposition des principes de la science ... Éd. par Ch[arles] Coquelin, [Gilbert-Urbain] Guillaumin. T. 1. A–I. Paris 1852. S. 301–326.

268.5–6 Hip[polyte] Passy: Fixité du prix du blé en France, malgré l'accroissement de la population. In: Annuaire de l'Économie Politique et de la Statistique pour 1849. Jg. 6. Paris 1849. S. 337–342.

268.13–15 Selon M. Jacob bis Plinius.)] William Jacob: An Historical Inquiry into the Production and Consumptions of the Precious Metals. In 2 Vol. Vol. 1. London 1831. S. 165: „The price of bread in Rome when Pliny lived seems to have been nearly the same or a little lower than it usually is in our day in London. The Romans made bread of very different qualities and prices. Pliny enumerates four descriptions of them, viz. *Ostrearii*, or loaves baked with oysters; *Artolagani*, which correspond with our cakes, or rather rolls; *Speustici*, from the quick mode of the preparation; and *Artopticii*, or those baked in ovens, so called from the kind of furnace in which they were prepared. This last must have been of nearly the same quality as our middle sort of wheaten bread, and was sold, according to the calculation of Arbuthnot, at the rate of three shillings and two-pence the peck loaf."

268.15–18 Dieselbe Ansicht bis pour 1.] Siehe [Adolphe] Dureau de la Malle: Économie politique des Romains. T. 1. Paris 1840. S. 157: „Maintenant, par la multitude d'exemples et le grand nombre des prix de salaires et de denrées que j'ai cité, tant dans ce chapitre que dans les précédents, je crois avoir prouvé jusqu'à l'évidence que le rapport des métaux précieux au prix moyen du blé, de la solde et de la journée de travail, était, dans le haut et dans le bas empire romain, à peu près égal à ce qu'il est aujourd'hui en France ..."

268.22–27 Siehe Alex[andre] Moreau de Jonnès: Statistique de l'agriculture de la France ... Paris 1848. S. 41 und 45.

268.28–30 La consommation bis quart.] Siehe Alex[andre] Moreau de Jonnès: Statistique de l'agriculture de la France ... Paris 1848. S. 59.

268.30–32 La valeur bis animaux.] Siehe Alex[andre] Moreau de Jonnès: Statistique de l'agriculture de la France ... Paris 1848. S. 70.

269.1–3 Wahrscheinlich: The Negro Revolt. [From the Daily News] In: Reynolds's Newspaper, 19. November 1865. S. 8.

269.16 Legislative] Reynolds's Newspaper: representative

270.1–4 Ad[olphe] Quételet: Du système social et des lois qui le régissent. Paris 1848.

270.14–19 Siehe Marx' Verweise auf Quételet im ersten und dritten Band des „Kapital" (MEGA② II/5. S. 261.41; II/15. S. 833.29–31).

271.3 (après bis Sarrus)] Siehe P. Sarrus, J. F. Rameaux: Application des sciences accessoires et principalement des mathématiques à la physiologie générale. (Rapport sur un mémoire adressé à l'Académie Royale de Médecine, séance du 23 juillet 1839.) Bulletin de l'Académie Royale de Médecine. Paris 1839. Nr. 3. S. 1094–1100.

273.1–4 Edmund James Smith: The Error of Mistaking Net Rental for Permanent Income. London 1850. – Marx verweist auf dieses Exzerpt in „Differentialrente" als „12) *E. J. Smith. The Error of mistaking Net Rental for Permanent Income.* 1850. Einfluß dẹṣ Risico etc auf Preis dẹṣ Bodens. (S. 279–280 *Großheft*)" (MEGA② II/4.3. S. 240.17–18).

273.18–21 Von Marx verwendet im Manuskript zum dritten Buch des „Kapital" (MEGA② II/4.2. S. 675.18–24).

273.25–274.3 Von Marx verwendet im Manuskript zum dritten Buch des „Kapital": „In England wird daher der Kaufpreiß von Ländereien nach so und so viel years' purchase berechnet, was nur ein andrer Ausdruck für die Capitalisirung der Grundrente ist." (MEGA② II/4.2. S. 675.24–26.)

275.1–3 Hugh Smith: Free Farming to Meet Free Trade. London 1850.

275.10–21 Marx verweist auf diese Tabelle in „Differentialrente" (MEGA② II/4.3. S. 240.22).

276.3–4 Der farmer bis acre«.] Von Marx verwendet im Manuskript zum dritten Buch des „Kapital“ (MEGA② II/4.2. S. 812.34–35) und in „Differentialrente“ (MEGA② II/4.3. S. 240.22–23).

276.29–42 Marx verweist auf diese Stelle in „Differentialrente“ (MEGA② II/4.3. S. 240.24–25).

276.29 Government Drainage Akt] Vermutlich: An Act to Promote the Advance of Private Money for Drainage of Lands in Great Britain (12 and 13 Victoria, Cap. 100), 1849. Bekannt als „The Private Money Drainage Act, 1849“. Erneuerung des 1846 unter der Regierung Robert Peel eingeführten „Public Drainage Act, 1846“.

277.1–4 J[ohn] L[ockhart] Morton: Rich Farming and Co-Operation between Landlord and Tenant: Necessitous Expedients in the Present Agricultural Depression. 2. Ed. Edinburgh 1851.

278.1–4 John Lockhart Morton: The Resources of Estates: Being a Treatise on the Agricultural Improvement and General Management of Landed Property. London 1858.

278.5–20 Marx verweist auf diese Stelle in „Differentialrente“ (MEGA② II/4.3. S. 240.27–28) und übernahm sie in das Manuskript zum dritten Buch des „Kapital“ (MEGA② II/4.2. S. 681.35–36). Marx schrieb ferner in Übereinstimmung mit Morton: „Das in den Maschinen etc selbst angelegte fixe Capital verbessert sich aber nicht, sondern giebt nur Dechet. Durch neue Erfindungen [...] kann sich die Maschinerie nur verschlechtern, während sich die Erde richtig behandelt verbessert.“ (MEGA② II/4.2. S. 723.23–30.)

278.21–25 Marx verweist auf diese Stelle in „Differentialrente“ (MEGA② II/4.3. S. 240.29).

279.2 law of entail] Siehe Erl. 282.5.

279.5–8 Marx verweist auf diese Stelle in „Differentialrente“ (MEGA② II/4.3. S. 240.30–31).

279.9–21 In England bis (l.c.)] Marx verweist auf diese Stelle in „Differentialrente“ (MEGA② II/4.3. S. 240.32–35).

279.11–16 rent bis *of.*] Von Marx zitiert im Manuskript zum dritten Buch des „Kapital“ (MEGA② II/4.2. S. 681.30–36).

279.17–18 influx bis business«] Von Marx zitiert im Manuskript zum dritten Buch des „Kapital“ (MEGA② II/4.2. S. 681.37–38).

279.23–28 In most bis (117)] Marx verweist auf diese Stelle in „Differentialrente“ als „Mittlere farms“ (MEGA② II/4.3. S. 241.1).

279.29–42 Marx verweist auf diese Stelle in „Differentialrente“ (MEGA② II/4.3. S. 241.1–3).

279.29–34 70 bis etc.] Von Marx verwendet im Manuskript zum dritten Buch des „Kapital“ (MEGA② II/4.2. S. 682.9–12).

279.34–38 Unless bis rent.] Von Marx zitiert im Manuskript zum dritten Buch des „Kapital“ (MEGA② II/4.2. S. 682.12–16).

279.40–42 Unless bis horses.] Von Marx zitiert im Manuskript zum dritten Buch des „Kapital“ (MEGA② II/4.2. S. 682.16–19).

280.1–4 Marx verweist auf diese Stelle in „Differentialrente“ (MEGA② II/4.3. S. 241.3–4).

280.5–20 Marx verweist auf diese Stelle, insbesondere auf die Rechnung in „Differentialrente“ (MEGA② II/4.3. S. 241.5).

280.17–20 Von Marx verwendet im Manuskript zum dritten Buch des „Kapital“ (MEGA② II/4.2. S. 812.34–35).

280.27–29 Marx verweist auf diese Stelle in „Differentialrente“ (MEGA② II/4.3. S. 241.6).

280.30–38 Marx verweist auf diese Stelle in „Differentialrente“ (MEGA② II/4.3. S. 241.7).

280.39–42 Marx verweist auf diese Stelle in „Differentialrente“ (MEGA② II/4.3. S. 241.9–10).

281.1–8 Marx verweist auf diese Stelle in „Differentialrente“ (MEGA② II/4.3. S. 241.7–8).

281.9–282.4 Marx bezieht sich auf diese Passage im Manuskript zum dritten Buch des „Kapital“: „Daher der Kampf zwischen ihnen und den landlords in der Recognoscirung des wirklichen Ergebniß ihrer Capitalanlage.“ (MEGA② II/4.2. S. 779.31–33.)

281.9–38 Marx verweist auf diese Stelle in „Differentialrente“ (MEGA② II/4.3. S. 241.11–14).

281.40–282.1 A heavy bis years.] Marx verweist auf diese Stelle in „Differentialrente“ (MEGA② II/4.3. S. 241.15).

282.1–4 With bis (162)] Marx verweist auf diese Stelle in „Differentialrente“ (MEGA② II/4.3. S. 241.16).

282.5 Law of Entail] Im „Common Law“ meint das „Law of Entail“ oder „Fee Tail“ die Beschränkung des Verkaufs und der Entäußerung des Bodeneigentums. Es setzte den Erben automatisch als Eigentümer ein und verbot dem hoch verschuldeten Eigentümer den Verkauf des Bodens. Siehe Morton: The Resources of Estates … S. 183: „It has been estimated, that not more than one-half of the land rental of Great Britain really belongs to the nominal owners. The other half belongs beneficially to the holders of mortgages, jointures, annuities, and rent charges. Here of itself is a monstrous evil—an almost insurmountable barrier in the way of agricultural progress."

282.6–283.24 Marx bezieht sich auf diese Passage im Manuskript zum dritten Buch des „Kapital": „Daher in Ländern *intensiverer* Kultur [...] das Geschäft des *valuers*, wie Herr *Morton* dieß in seinen *‚Resources of Estates'* entwickelt, eine sehr wichtige, complicirte und schwierige Profession wird." (MEGA② II/4.2. S. 780.4–11.)

282.6–17 Marx verweist auf diese Stelle in „Differentialrente" (MEGA② II/4.3. S. 241.14).

282.18–27 Von Marx übernommen in „Differentialrente" (MEGA② II/4.3. S. 241.18–25).

282.28–33 Von Marx übernommen in „Differentialrente" (MEGA② II/4.3. S. 241.26–29).

282.34–42 Von Marx übernommen in „Differentialrente" (MEGA② II/4.3. S. 241.30–35).

283.1–7 Von Marx übernommen in „Differentialrente" (MEGA② II/4.3. S. 241.36–37).

283.9–17 To bis roads.] Marx verweist auf diese Stelle in „Differentialrente" (MEGA② II/4.3. S. 241.38–39).

283.25–36 Marx verweist auf diese Stelle in „Differentialrente" (MEGA② II/4.3. S. 241.40–41).

284.1–3 Patrick Edward Dove: The Elements of Political Science. In 2 Books. With an Account of Andrew Yarranton, the Founder of English Political Economy. Edinburgh 1854.

284.22–23 every man bis land.] Von Marx übernommen in „Differentialrente" (MEGA② II/4.3. S. 242.2–4).

285.5–13 whenever bis country.] Von Marx übernommen in „Differentialrente" (MEGA② II/4.3. S. 242.4–9).

285.15–17 one man bis superstition.] Von Marx übernommen und umformuliert in „Differentialrente": „Landeigenthum superstition, wie Eigenthum in slaves etc." (MEGA② II/4.3. S. 242.10–11.)

286.34–35 Marx bezieht sich auf diese Passage im Manuskript zum dritten Buch des „Kapital": „Dieselbe Confusion anders ausgedrückt bei Herrn *Dove* z.B." (MEGA② II/4.2. S. 684.25.)

287.2–4 *the higher* bis *of food.*] Von Marx übernommen in „Differentialrente" (MEGA② II/4.3. S. 242.12–13).

287.12 *Porter's Progress*] G[eorge] R[ichardson] Porter: The Progress of The Nation, in its Various Social and Economical Relations, from the 19th Century to the Present Time. London 1836. S. 145.

287.21–24 in England bis food.] Von Marx übersetzt in „Differentialrente“: *„In England producirt der Boden nicht genug food für die nation, weil* zu viele *withdrawn (driven from) von agriculture.“* (MEGA② II/4.3. S. 242.14–15.)

289.14–18 The bis *food.*] Marx bezieht sich auf diese Passage im Manuskript zum dritten Buch des „Kapital“: „Daher Dove z. B. hieraus die Rente entwickeln will. Er sagt, die Rente hängt ab nicht von der agricolen Productenmasse, sondern von ihrem *Werth;* dieser aber hängt ab von der Masse und der Productivität der nicht agricolen Bevölkerung.“ (MEGA② II/4.2. S. 689.30–33.)

289.17–18 rents are bis *food.*] Von Marx übernommen in „Differentialrente“ (MEGA② II/4.3. S. 242.16–17).

290.9–11 It is bis the rent.] Von Marx mit Hervorhebungen übernommen in „Differentialrente“ (MEGA② II/4.3. S. 242.18–20).

290.19–20 from bis soil;] Von Marx übernommen in „Differentialrente“ (MEGA② II/4.3. S. 242.20–21).

290.30–33 *tax* bis labor.] Von Marx verkürzt übernommen in „Differentialrente“ (MEGA② II/4.3. S. 242.22–24).

291.1–2 That bis country;] Von Marx übernommen in „Differentialrente“ (MEGA② II/4.3. S. 242.27–28).

291.7–11 *Demand* bis *condition.*] Marx bezieht sich auf diese Passage im Manuskript zum dritten Buch des „Kapital“ (MEGA II/4.2. S. 689.30–33).

291.14–16 Wo blosse bis *starvation,*] Von Marx übernommen in „Differentialrente“ (MEGA② II/4.3. S. 242.29–31).

291.29–292.12 Von Marx resümiert in „Differentialrente“ (MEGA② II/4.3. S. 242.32–34).

291.30 (nähmlich food- u. nicht food-producers)] Zusatz von Marx.

291.38–41 (darum bis England.)] Zusatz von Marx.

292.3–4 (Esel! bis times!)] Zusatz von Marx.

292.19–20 [for man bis for it.]] Die eckigen Klammern in der Quelle.

295.11 Repeal der Cornlaws] An Act to Amend the Laws Relating to the Importation of Corn (9 and 10 Victoria, Cap. 22), 1846. Bekannt als „Importation Act“.

295.29 *landlord's improvements*] Mit diesem Ausdruck weist Marx in „Differentialrente" auf Ms-S. 321/322 des „Großheft 1865/1866" hin (MEGA② II/4.3. S. 242.35).

296.12–13 those bis soil] Von Marx übernommen in „Differentialrente" (MEGA② II/4.3. S. 242.36).

296.31–34 Von Marx übernommen in „Differentialrente" (MEGA② II/4.3. S. 242.37–40).

296.35–37 Improvements bis it.] Von Marx wörtlich übernommen in „Differentialrente" (MEGA② II/4.3. S. 243.1–3).

296.40–41 *Second* bis *Commission*] Siehe Children's Employment Commission: Second Report of the Commissioners. Trade and Manufactures. London 1843.

296.41–297.3 „In bis *iron-works*] Von Marx resümiert in „Differentialrente" (MEGA② II/4.3. S. 243.4–5).

297.10–11 By a table bis *Description of Cunninghame*] Siehe George Robertson: Topographical Description of Ayrshire; more Particularly of Cunninghame: together with a Genealogical Account of the Principal Families in that Bailiwick. Irvine 1820. S. 423.

297.20 (u. daher taxation)] Zusatz von Marx.

297.22–23 (z.B. Colonien unterstellt)] Zusatz von Marx.

297.31 (i.e. der Nation)] Zusatz von Marx.

298.21 (326)] Marx verweist in „Differentialrente" auf diese Seite mit dem Ausdruck „*Grundrente für den Staat etc.* S. 327. (p. 326)" (MEGA② II/4.3. S. 243.6).

298.22 (die landed proprietors)] Zusatz von Marx.

299.1–4 Wilhelm Hamm: Die landwirthschaftlichen Geräthe und Maschinen Englands. Ein Handbuch der landwirthschaftlichen Mechanik und Maschinenkunde, mit einer Schilderung der britischen Agricultur. 2., gänzlich umgearb. und bedeutend verm. Aufl. Braunschweig 1858.

299.11 *Fitzherbert.* bis Landwirthschaft.] Fitzherbert: The Boke of Surveying and Improvements. London 1523.

300.7 *Hartlib* bis *Husbandry".*] Samuel Hartlib: His Legacie, or, an Enlargement of the Discourse of Husbandry Used in Brabant and Flaunder ... London 1651.

300.11 *Walter* bis *improved."*] Walter Bligh: English Improver Improved; or, the Survey of Husbandry Surveyed. London 1653.

300.13 *Richard* bis flandrische)] Siehe Richard Weston: Discourse on the Husbandry of Brabant and Flanders. London 1645.

301.5 *Caird*] Siehe James Caird: English Agriculture in 1850–51. London 1852.

301.11–14 Ueberhaupt bis werfen etc.] Kommentar von Marx.

301.28–29 Auch Léonce de Lavergne schildert in „The Rural Economy of England ...“ die landwirtschaftliche Entwicklung durch die Norfolker Rotation und das Selektionssystem von Robert Bakewell. Marx hatte diese Schrift exzerpiert (S. 231–250). Auf Seite X gibt Hamm an, Lavergnes Darstellung zu integrieren: „Niemand wird mir verargen, daß ich Lavergne's geistreiche Skizzen des britischen Betriebs, die ich zuerst im Deutschen veröffentlichte, auch theilweise in das Bereich meines Werkes zog.“

302.2 (darüber)] Zusatz von Marx.

302.40–303.13 Kommentar von Marx.

302.40 Aufhebung der Korngesetze] An Act to Amend the Laws Relating to the Importation of Corn (9 and 10 Victoria, Cap. 22), 1846. Bekannt als „Importation Act“.

305.14–24 Man bis nichts.] Marx bezieht sich auf diese Passage im Manuskript zum dritten Buch des „Kapital“: „Als nach Aufhebung der Korngesetze das *rich farming* in England aufkam, wurden eine Masse Ländereien, die früher der Weizencultur unterworfen waren, in Viehweide etc verwandelt, dagegen die für den wheat passenden fruchtbaren Ländereien drained etc; das Capital für die Weizencultur wurde mehr auf sie concentrirt.“ (MEGA② II/4.2. S. 789.28–32.)

308.20–22 Von Marx nach seinem Exerpt ohne Angabe der Quelle verwendet im ersten Band des „Kapital“ (MEGA② II/5. S. 547.14–17).

311.1–4 James F[inlay] W[eir] Johnston: Notes on North America. Agricultural, Economical, and Social. Vol. 1. London 1851.

311.5–7 The bis (47)] Auf diese Stelle verweist Marx in „Differentialrente“ als *„Raubsystem in Nordamerika“* (MEGA② II/4.3. S. 239.2).

311.7 *Neu Braunschweig*] Johnston: the Provinces and New England

311.8 *Farming on Shares*, the *Metayer system*] Marx bezieht sich auf diese Passage im Manuskript zum dritten Buch des „Kapital“: „wo der Metairievertrag existirt“ (MEGA② II/4.2. S. 783.16–17).

311.8 *Metayer system*] Auf diese Stelle verweist Marx in „Differentialrente“ (MEGA② II/4.3. S. 239.30).

311.13–19 Auf diese Stelle verweist Marx in „Differentialrente“ als *„Beispiel vom Umfang u. wirklichen clearing der farms.“* (MEGA② II/4.3. S. 239.9.)

311.20–312.2 Auf diese Stelle verweist Marx in „Differentialrente“ als *„Raubsystem in Nordamerika“* (MEGA② II/4.3. S. 239.2).

312.4–5 cheaper bis old] Von Marx übernommen in „Differentialrente“ (MEGA② II/4.3. S. 239.2–3).

312.6–10 Auf diese Stelle verweist Marx in „Differentialrente“ (MEGA② II/4.3. S. 239.4–5).

312.16–18 And bis crop.] Von Marx übernommen in „Differentialrente“ (MEGA② II/4.3. S. 239.6–7).

312.20–25 In France bis etc] Auf diese Stelle verweist Marx in „Differentialrente“ als „Beispiel of France“ (MEGA② II/4.3. S. 239.8).

312.25 (Im übrigen sehr nahrhaft.)] Zusatz von Marx.

312.28–32 Die reaping bis seed.] Von Marx übernommen in „Differentialrente“ (MEGA② II/4.3. S. 239.13–15).

312.32–33 Speaking bis sale.] Von Marx übernommen in „Differentialrente“ (MEGA② II/4.3. S. 239.10–12).

312.37–40 Von Marx übernommen in „Differentialrente“ (MEGA② II/4.3. S. 239.16–17).

313.1–5 Auf diese Stelle verweist Marx in „Differentialrente“ (MEGA② II/4.3. S. 239.29–31).

313.10–314.16 Auf diese Stelle verweist Marx mehrmals in „Differentialrente“ als *„Beispiel sehr fruchtbaren Bodens in Staat New York.“*, *„Raubsystem.* Staat Newyork“ und „Farmers do not like to be Tenants.“ (MEGA② II/4.3. S. 239.18, 19 und 31–32.)

313.10 (State New York)] Zusatz von Marx.

314.17–33 Auf diese Stelle verweist Marx in „Differentialrente“ (MEGA② II/4.3. S. 239.26–28). Auch im Manuskript zum dritten Buch des „Kapital“ gibt Marx das Beispiel einer Familie, die 100 Acres bebaut (MEGA② II/4.2. S. 783.19–24).

314.17 (bei bis Canal)] Zusatz von Marx.

314.34 (of the Genesee Valley)] Zusatz von Marx.

315.1–8 In bis husbandary] Auf diese Stelle verweist Marx in „Differentialrente“ (MEGA② II/4.3. S. 240.1–2).

315.16–26 Von Marx zitiert im Manuskript zum dritten Buch des „Kapital“ (MEGA② II/4.2. S. 782.4–13). Auf diese Stelle verweist Marx auch in „Differentialrente“ (MEGA② II/4.3. S. 240.3).

315.18 (in bis früher)] Zusatz von Marx. Diese Aussage bezieht sich auf Johnstons Angabe auf S. 222 zur Quantität von Weizen und Mehl, die am Fluß Hudson ankam:
1846, 264,000 tons.
1847, 398,000 ...
1848, 273,000 ...
1849, 250,000 ...

315.27–39 Marx bezieht sich auf diese Passage im Manuskript zum dritten Buch des „Kapital“: „Der Staat *Michigan* z.B. war einer der ersten neuen westlichen Staaten Nordamerikas, der *Kornausführend* wurde. Sein Boden ist im Ganzen arm. Aber seine Nachbarschaft zum Staat New York und seine Wasserverbindungen durch den Eriekanal und den Ontario Lake gaben ihm zunächst den Vorzug vor den natürlich fruchtbarern und weiter westlich gelegenen Staaten.“ (MEGA② II/4.2. S. 781.33–38.) – Auf diese Stelle verweist Marx auch in „Differentialrente“ (MEGA② II/4.3. S. 240.4–6).

315.28–33 We bis food.] Von Marx zitiert im Manuskript zum dritten Buch des „Kapital“ (MEGA② II/4.2. S. 782.20–24).

315.36–39 And bis market.] Von Marx zitiert im Manuskript zum dritten Buch des „Kapital“ (MEGA② II/4.2. S. 783.38–39).

316.1–5 Von Marx zitiert im Manuskript zum dritten Buch des „Kapital“ (MEGA② II/4.2. S. 783.34–37).

316.6–15 Von Marx zitiert im Manuskript zum dritten Buch des „Kapital“ (MEGA② II/4.2. S. 784.1–9). Auf diese Stelle verweist Marx auch in „Differentialrente“ (MEGA② II/4.3. S. 240.6).

316.24–41 Auf diese Stelle verweist Marx in „Differentialrente“ als „Canada.“ (MEGA② II/4.3. S. 239.19–21).

316.24–29 Here bis (290)] Auf diese Stelle verweist Marx in „Differentialrente“ (MEGA② II/4.3. S. 240.7–8).

316.24 (Island bis (Canada))] Zusatz von Marx.

317.1–2 Marx fasst einen Absatz zusammen.

317.11–20 Auf diese Stelle verweist Marx in „Differentialrente“ als „Marsch dieser Geschichte.“ (MEGA② II/4.3. S. 239.21–22.)

317.21–23 When bis plants] Von Marx übernommen in „Differentialrente“ (MEGA② II/4.3. S. 239.22–23.)

317.40–318.11 Whoever bis (363)] Auf diese Stelle verweist Marx in „Differentialrente“ (MEGA② II/4.3. S. 239.22–24).

318.12–14 So wirds bis producing.«] Auf diese Stelle verweist Marx in „Differentialrente“ als „(vol. I, 364. S. 358)“ (MEGA② II/4.3. S. 239.24).

318.17–22 Auf diese Stelle verweist Marx in „Differentialrente“ als „Vergleich v. Lothian u. American farmer“ (MEGA② II/4.3. S. 239.24–25).

318.23 James F[inlay] W[eir] Johnston: Notes on North America. Agricultural, Economical, and Social. Vol. 2. London 1851.

318.24–30 Auf diese Stelle verweist Marx in „Differentialrente“ als „Einfluß of commerce upon agriculture.“ (MEGA② II/4.3. S. 240.9.)

318.34–36 *actual* bis character.] Von Marx übernommen in „Differentialrente“ (MEGA② II/4.3. S. 240.9–11).

319.8–9 (alles dieß in *New Brunswick*)] Zusatz von Marx.

319.30 the bis progressive.] Auf diese Stelle verweist Marx in „Differentialrente“ (MEGA② II/4.3. S. 240.11–12).

319.39–320.2 Auf diese Stelle verweist Marx in „Differentialrente“ (MEGA② II/4.3. S. 240.13–14).

320.8–12 Auf diese Stelle verweist Marx in „Differentialrente“ (MEGA② II/4.3. S. 240.15).

321.1–9 J[ohn] Evelyn: A Philosophical Discourse of Earth, Relating to the Culture and Improvement of It for Vegetation, and the Propagation of Plants, etc. as It Was Presented to the Royal Society, April 29. 1675. London 1676. – Auf dieses Exzerpt verweist Marx in „Differentialrente“ als „11) *J. Evelyn. (1676).* Fabrikation of soils. (S. 362, 363) (Großheft)“ (MEGA② II/4.3. S. 240.16).

323.1–4 L[éonce] de Lavergne: L’agriculture et la population. Paris 1857.

323.15–18 Citirt bis ravages.“] A[lfred] Legoyt: Du mouvement de la population en France d’après les dénombrements. In: Journal des Économistes. Revue de la Science économique et de la statistique. Paris. Nr. 39, 15. März 1857. S. 321–335. S. 328.

326.2–3 L[éonce] de Lavergne: Économie rurale de la France depuis 1789. 2. éd. Paris 1861. – Titel notiert in „Heft 3. 1868“ der „Hefte zur Agrikultur“ (S. 733.25–26). – Die dritte Auflage (Paris 1866) im Besitz von Marx. Standort des Originals: SAPMO/Bibl., Ma 893. (MEGA② IV/32. Nr. 738.)

326.4–5 H[ippolyte] Passy: Des systèmes de culture et de leur influence sur l’économie sociale. 2. éd. Paris 1853. – Titel von Marx notiert in Londoner Heft I (MEGA② IV/7. S. 35), in „Heft 3. 1868“ der „Hefte zur Agrikultur“ (S. 733.23–24) und im Notizbuch 1878/1879 (IISG, MEN, Sign. B 152).

Exzerpt aus William Robert Grove: Address to the British Association for the Advancement of Science, delivered 22. August 1866

September 1866

(S. 327)

ENTSTEHUNG UND ÜBERLIEFERUNG

Der vorliegende Auszug befindet sich auf der Rückseite des Briefes von William Randall Cremer an Marx vom 22. August 1866. (Der Brief in MEGAdigital.) Marx exzerpierte [William Robert Grove:] Address to the British Association for the Advancement of Science, Delivered 22 August 1866. In: The Artizan: A Monthly Record of the Progress of Civil and Mechanical Engineering ... Nr. 45, 1. September 1866. S. 207. Der Vortrag wurde von William Robert Grove (1811–1896), dem Präsidenten der „British Association for the Advancement of Science" am 22. August 1866 in Nottingham gehalten und anschließend in mehreren Zeitungen besprochen und auszugsweise wiedergegeben. Marx entnahm das Zitat mit Sicherheit dem „Artizan", was durch die besondere Schreibweise „chymical" (im Exzerpt S. 327.3 und wie im „Artizan") bezeugt wird. Die Monatszeitschrift „Artizan" berichtete über die Fortschritte in Ingenieurwesen, Schiffbau, Dampfnavigation und in der Anwendung der Chemie in der Industrie.

Marx verwendete sein Exzerpt im ersten Band des „Kapital", wobei er jedoch seine Quelle angab als *„Grove: ‚On the Correlation of Physical Forces'"* (MEGA② II/5. S. 427.35–39.) Die fünfte Auflage dieses Buchs (London 1867) enthält Groves Vortrag als Anhang. Die vierte Auflage von „The Correlation of Physical Forces" (London 1862) ist im Katalog der SPD-Bibliothek (Nr. 41316) verzeichnet, d.h. befand sich wahrscheinlich in Marx' Besitz.

Engels hatte diese Schrift bereits 1858 gelesen. (Siehe Engels an Marx, 14. Juli 1858 (MEGA② III/9. Br. 101).) Marx las sie im August 1864. Begeistert schrieb er am 17. August 1864 an Lion Philips: „Ein sehr bedeutendes naturwissenschaftliches Buch, Grove's *‚Correlation of physical forces'* ist mir kürzlich durch die Hände gegangen. Er zeigt nach wie mechanische Bewegungskraft, Wärme, Licht, Electricität, Magnetismus u. Chemical affinity, eigentlich alle nur Modificationen derselben Kraft sind, sich wechselseitig erzeugen, ersetzen, in einander übergehen u.s.w. Die widerlich metaphysisch-physikalischen Hirngespinste, wie ‚*latente* Wärme' (so gut wie ‚sichtbar Licht'), elektrisches ‚Fluid' u.d.g. pis aller, um zur rechten Zeit Worte einzustellen, wo Gedanken fehlen, beseitigt er sehr geschickt." (MEGA② III/12. Br. 396.42–50) Am 31. August 1864 schrieb Marx Engels sogar: „Es ist mir durch diẹ Hände gegangen Grove's Correlation of Physical Forces. Er ist unbedingt dẹr philosophischste unter dẹn engl. (u. auch deutschen!) Naturforschern." (Ebenda. Br. 402.29–31.)

Zeugenbeschreibung

H *Originalhandschrift:* RGASPI, Sign. f. 1, op. 1, d. 1987.
Beschreibstoff: Ein Blatt weißen, festen Papiers im Format 114 mm × 179 mm, waagerecht in drei Teile gefaltet. Auf der ersten Seite oben links ein ovaler roter Aufdruck „International Working Mens Association Central Council London". Für dieses Dokument wurde die zweite Seite des Blattes benutzt.
Zustand: Gut erhalten, keine Textverluste.
Schreiber: Karl Marx (Seite 2), William Randall Cremer (Seite 1).
Schreibmaterial: Schwarze Tinte (Seite 1), Bleistift (Seite 2).
Beschriftung: Die erste Seite: Brief von William Randall Cremer an Karl Marx, 22. August 1866 von Cremers Hand vollständig beschrieben. Die zweite Seite: Das Exzerpt von Marx' Hand ungefähr mittig kopfstehend zu einem Drittel beschrieben.
Paginierung: Keine Paginierung von Marx.
Vermerke fremder Hand: Auf der ersten Seite mit Tinte Archivnummer des IMĖL.

Hinweise zur Edition

Der Auszug wird hier erstmals veröffentlicht.

ERLÄUTERUNGEN

327.1–4 [William Robert Grove:] Address to the British Association for the Advancement of Science, Delivered 22 August 1866. In: The Artizan. Nr. 45, 1. September 1866. S. 207. – Von Marx zitiert im ersten Band des „Kapital" (MEGA② II/5. S. 427.35–38; II/6. S. 491.36–39; II/7. S. 455.35–38). Er verzeichnet dort als Quelle ohne Angabe von Ausgabe und Seite das Buch von William Robert Grove: The Correlation of Physical Forces. In die fünfte Auflage von „The Correlation of Physical Forces" (London 1867) wurde Groves Rede als Anhang aufgenommen. Die 4. Auflage des Buchs (London 1862) verzeichnet im Katalog der SPD-Bibliothek (Nr. 41316).

Notizbuch zum ersten Band des „Kapital"
Mai bis August 1867, 17. Februar 1868
(S. 328–347)

ENTSTEHUNG UND ÜBERLIEFERUNG

Das vorliegende Notizbuch, ein Kalender mit der gedruckten Aufschrift „Hammond's Sixpenny Pocket Diary & Almanack for 1867", enthält Notizen von Marx, die in Zusammenhang mit der Veröffentlichung des ersten Bandes des „Kapital" stehen. Es enthält Notizen zu Druckbogenkorrekturen des ersten Bandes des „Kapital" (Ms-S. [0b]/[0c], [0e]/[0f], [1], [3], [16], [29]–[31], [52]/[53], [96]), kurze Auszüge aus im „Kapital" zitierten Werken von Dante Alighieri (Ms-S. [0f]) und Thomas Henry Huxley (Ms-S. [17]/[18]), Auszüge aus Werken von Rudolf Virchow (Ms-S. [6]/[7]), Carl Friedrich Rammelsberg (Ms-S. [8]–[11]) und Friedrich Benjamin Osiander (Ms-S. [12]/[13]), die vermutlich während Marx' Deutschland-Reise 1867 entstanden sind, sowie einen Auszug aus dem Brief von Wilhelm Liebknecht an Sigismund Ludwig Borkheim vom 13. Februar 1868 über die Rezeption des „Kapital" in Deutschland (Ms-S. [63]). Die weiteren, nicht immer mit dem „Kapital" zusammenhängenden Notizen betreffen hauptsächlich Ausgaben, Termine und Wohnadressen (Ms-S. [0b], [0e]–[0g], [2]–[4], [19], [32]/[33]), bibliographische Nachweise (Ms-S. [5], [7], [11], [30]) und chemische Gleichungen (Ms-S. [54]).

Marx benutzte dieses Notizbuch vor allem von Mai bis August 1867 während der Revision der Korrekturbogen des ersten Bandes des „Kapital". Er reiste vom 10. April bis 18. Mai 1867 nach Deutschland, um dem Verleger Otto Meißner das Manuskript für den ersten Band des „Kapital" persönlich zu überbringen und den Druck des Werkes zu begleiten. Marx schrieb darüber am 24. April an Engels: „Meißner, der die Geschichte in 4–5 Wochen fertig haben will, kann nicht in Hamburg drucken lassen, weil weder die Zahl der Druckẹṛ, noch die Gelehrsamkeit der Correctoren hinreichend. Er druckt daher bei Otto Wigand (rather dessen Sohn, da der alte renommirende Hund nur noch nominell bei dem Geschäft betheiligt). Heut vor 8 Tagen schickte er das Manuscript nach Leipzig. Er wünscht nun, daß ich zur Hand bin, um die ersten 2 Druckbogen zu revidiren u. zugleich zu entscheiden, ob der Schnelldruck mit einmaliger Revision meinerseits ‚möglich' ist. In diesem Fall wäre die ganze Geschichte fertig in 4–5 Wochen." (MEGAdigital.)

Am 29. April begann Otto Wigand mit dem Satz, am 5. Mai erhielt Marx den ersten Druckboden zur Revision (siehe Marx an Engels, 7. Mai 1867), die weiteren folgten in den nächsten Monaten. Marx beschloss, nicht „[d]en ganzen Druck hier abzuwarten" (ebenda). Nach seiner Rückkehr nach London am 19. Mai verbrachte er etwa vom 22. Mai bis 2. Juni einige Tage in Manchester bei Engels, um dort gemeinsam mit diesem an der Revision der Druckbogen zu arbeiten. „Ich habe heute den 14. Correcturbogen expedirt. Die Mehrzahl derselben empfing ich bei Engels, der ausserordentlich zufrieden mit der Sache ist u., mit Ausnahme von Bogen 2. und 3., sie *sehr* leicht verständlich geschrieben findet. Sein Urtheil war mir beruhigend, da meine Sachen mir gedruckt immer sehr mißfallen, namentlich bei erster Ansicht." (Marx an Louis Kugelmann, 10. Juni 1867.) Am 10. Juni vermeldete Marx gegenüber Louis Kugelmann die Revision des 14., am 27. Juni gegenüber Engels den Erhalt des 20. Korrekturbogens. Er versandte aus London auch Druckbogen an Engels zur Durchsicht (siehe z.B. Engels an Marx, 16. Juni, 24. Juni und 11. August 1867; Marx an Engels, 3. und 22. Juni 1867). In der Folge tauschten sich die beiden über inhaltliche Fragen aus. Auf den Rat von Kugelmann und Engels verfasste Marx einen Anhang über die Wertform. Engels fand auf den Bogen auch „Carbunkelgepräge" (Engels an Marx, 16. Juni 1867), worauf Marx am 22. Juni antwortete: „Ich hoffe, daß Du mit den 4 Bogen zufrieden bist. Deine bisherige Satisfaction ist mir wichtiger als anything die übrige Welt may say of it. Jedenfalls hoffe ich, daß die Bourgeoisie ihr ganzes Leben lang an meine Karbunkeln denken wird." (MEGAdigital.)

Marx ging zunächst davon aus, dass das Buch eine geringere Anzahl Druckbogen umfassen werde: „Mein Werk ist about 50 Bogen stark. Sie sehn, wie ich mich verrechnet hatte as to its extent." (Brief an Kugelmann, 13. Juli 1867.)

In den vorliegenden Kalender für das Jahr 1867 notiert Marx für einige Korrekturbogen die letzten Worte des Textes oder der Fußnoten, womit der jeweilige Bogen abbrach, um bei der Lieferung der nächsten Korrekturbogen den Anschluss zu haben. Engels bemerkte über das „Anschlussproblem" gegenüber Marx am 16. Juni 1867: „Hoffentlich kannst Du mir bald wieder ein fünf bis sechs Bogen schicken (wobei ich bitte Bogen 5 wieder beizulegen damit ich richtig in den Faden komme), die hier einzeln gelesenen Bogen werden sich im Zusammenhang viel besser machen." Marx beendete den Revisionsprozess Mitte August. Er schrieb Engels am 14. August: „Ich habe heute 48. Bogen erhalten. Diese Woche wird also die Scheisse fertig." Am 16. August 1867 teilte er Engels mit, den 49. und letzten Druckbogen korrigiert zu haben. Das „Kapital" erschien wahrscheinlich am 11. September 1867.

Ab der Rückseite der Schmutztitelseite folgen unter der gedruckten Überschrift „Diary. Memoranda" die vorgedruckten Daten für jeden Tag des Jahres 1867 (Ms-S. [1]–[53]). Es ist möglich, dass die Notizen zu den Druckbogenkorrekturen vom 14. Juli bis zum 3. August 1867 (Ms-S. [29]–[31]) mit dem Eingang der jeweiligen Druckbogen verknüpft sind. Für die anderen Einträge in den Monaten Dezember 1866, Januar, April und Dezember 1867 (Ms-S. [1], [3], [16], [52]/[53]) kann dies nicht der Fall sein, da sie außerhalb des Zeitraums der Marx'schen Revisionsarbeit liegen.

Ferner sind lediglich die Ankreuzungen einiger Tage von Mai bis Oktober wahrscheinlich (Ms-S. [19]–[28], [31]–[42]; siehe Zeugenbeschreibung) sowie Marx' Eintrag am 15. August 1867 mit bestimmten Daten verknüpft. Unter dem Kalenderdatum vom 15. August 1867 trug Marx ein: „This day passed The *Fac-*

tory Acts Extension Act“ (Ms-S. [33]). Gemeint ist die Verabschiedung des „Act for the Extension of the Factory Acts“ (30 and 31 Victoria, Cap. 103), welcher die „Factory Acts“ und die Wochenarbeitszeit in Fabriken mit mehr als 50 Beschäftigten auf 60 Stunden begrenzte. Marx führte diesen Act in „Nachtrag zu den Noten des ersten Buchs“ (MEGA② II/5. S. 622) sowie in „Nachtrag zum ersten Buch“ (MEGA② II/6. S. 696) auf.

Die sehr kurzen Auszüge aus Dante und Huxley im vorliegenden Notizbuch hat Marx im ersten Band des „Kapital“ verwendet, die aus Virchow, Rammelsberg und Osiander weder im „Kapital“ noch an anderer Stelle. Letztere entstanden wahrscheinlich während seines Aufenthalts bei Louis Kugelmann in Hannover, bei dem er während des Großteils seiner Deutschland-Reise, vom 17. April bis vermutlich 15. Mai (siehe Marx an Laura Marx, 13. Mai 1867), unterkam. Kugelmann war Gynäkologe, mit Rudolf Virchow bekannt und verfügte über eine Bibliothek, über die Marx am 24. April 1867 an Engels schrieb, sie enthalte „eine viel bessere Sammlung unsrer Arbeiten als wir beide zusammengenommen“ (MEGAdigital). Franziska Kugelmann berichtet in ihren Erinnerungen an Marx, dass dieser während seines Aufenthalts in ihrem Haus auch „arbeitete“ und ihm dafür ein eigenes Zimmer zur Verfügung stand (Kleine Züge zu dem grossen Charakterbild von Karl Marx. In: Mohr und General. S. 286). Marx schrieb am 10. Juni an Kugelmann, er zähle „[d]en Aufenthalt in Hannover [...] zu den schönsten u. erfreulichsten Oasen in der Lebenswüste.“

Auf Ms-S. [0g] notiert Marx einen Termin am 14. Juli 1867. Er markiert außerdem einige Tage im September und Oktober (Ms-S. [31]–[42]) und benutzt das Heft noch ein letztes Mal im Februar 1868 für einen Auszug aus dem Brief von Wilhelm Liebknecht an Sigismund Ludwig Borkheim vom 13. Februar 1868, den dieser Marx am 17. Februar übermittelte (IISG, MEN, Sign. D 480). Darin hatte Liebknecht Borkheim gebeten, Marx darüber zu informieren, dass Heinrich Contzen an einer Rezension des ersten Bandes des „Kapital“ arbeite und dass Engels eine Rezension für das „Demokratische Wochenblatt“, das Liebknecht als Redakteur betreute, schreiben solle. Da Borkheim Marx um sofortige Rücksendung des Briefes bat, schrieb dieser die Passage ab, um sie später Engels mitteilen zu können, was er in seinem Brief an ihn vom 20. Februar 1868 (IISG, MEN, Sign. L 4520) auch tat.

Dante Alighieri: La divina commedia. Con comento analitico di Gabriele Rossetti. Vol. 1–6. London 1824. (Ms-S. [0f]; siehe S. 331.)

Marx notiert drei Zeilen aus Dantes „Göttlicher Komödie“ mit Bleistift. In Dante Alighieri: La Divina Commedia. Purgatorio. Canto V, heißt es: „Vien dietro a me, e lascia dir le genti: /Sta, come torre ferma, che non crolla /Giammai la cima per soffiar de'venti.“ Gabriele Rossetti setzte in den einführenden Text „Vita di Dante“ zu seiner Edition (La divina commedia di Dante Alighieri con comento analitico di Gabriele Rossetti in sei volumi. Vol. 1. London 1824. S. XXXIII) bei der Wiedergabe dieses Zitats aus Dante versehentlich statt „Vien dietro a me“ die Passage „Segui il tuo corso“. Rossetti korrigierte diesen Fehler in den „Errata“

seiner Ausgabe (siehe ebenda. S. 406). Höchstwahrscheinlich exzerpierte Marx diese Zeilen nach Rossettis Einführung, wofür drei Indizien sprechen: In Rossettis Einführung werden genau diese drei Zeilen wiedergegeben; bis auf ein Komma sind Schreibweise und Interpunktion in Marx' Exzerpt mit Rossettis Wiedergabe identisch (siehe Erl. 331.4); Rossettis Formulierung „Segui il tuo corso" ist ungewöhnlicher als etwa „Segui tuo corso".

Mit dem Wahlspruch *„Segui il tuo corso, e lascia dir le genti!"* schloss Marx sein mit „*London*, 25. Juli 1867" datiertes Vorwort des ersten Bandes des „Kapital" ab (MEGA② II/5. S. 15.4). Otto Meißner bestätigte im Brief an Marx vom 31. Juli 1867 den Erhalt der „Vorrede", sandte sie am 13. August mit der Bitte um Korrektur an Marx zurück, der dieser am 15. August nachkam. Später verwendeten auch Louis und Gertrud Kugelmann diesen Ausspruch im Brief an Marx vom 14. Februar 1869 (RGASPI, Sign. f. 1, op. 5, d. 1960).

Es ist unwahrscheinlich, dass Marx die Verse selbst modifizierte. Möglicherweise übernahm er Rossettis Fehler, ohne dessen Korrektur in den „Errata" zu bemerken. Möglich ist auch, dass Marx die Variation bei Rossetti bemerkte, daran Gefallen fand und sie bewusst übernahm.

Rud[olf] Virchow: Die Noth im Spessart. Eine medicinisch-geographisch-historische Skizze. Vorgetragen in der physicalisch-medicinischen Gesellschaft in Würzburg. Würzburg 1852. (Ms-S. [6]/[7]; siehe S. 336.)

Rudolf Virchow (1821–1902) reiste im Auftrag des Ministeriums des Innern als Teil einer Untersuchungskommission zur Erforschung einer Hungersnot im Winter 1851/1852 in den Spessart. Der vorliegende 56-seitige Bericht enthält Angaben über Bevölkerungsdichte, Geburtenrate, Mortalität und Wohnverhältnisse im Spessart. Die trotz der wirtschaftlichen Unterentwicklung der Region relativ geringe Mortalitätsrate begründet Virchow durch die „Elevation" des Spessarts, seine erhöhte Lage und gute Luft. Virchow schildert die Ausbreitung eines Typhus-Infektionsherds, dessen Ursache er nicht in der ihm weniger gravierend scheinenden Unterernährung, sondern in den schlecht gebauten Häusern, in denen die Krankheitserreger steckten, sieht. Marx exzerpiert diese Erklärung Virchows für den Ausbruch von Typhus.

Louis Kugelmann war mit Virchow bekannt und es ist möglich, dass er Marx dessen Schriften empfohlen hat bzw. sie sich in seiner persönlichen Bibliothek befanden, auf die Marx während seines Aufenthalts 1867 Zugriff hatte. Jedenfalls legte er umgekehrt Virchow das „Kapital" nahe, wie er Marx am 8. April 1868 schrieb: „Vielleicht erinnern Sie sich, daß ich Ihnen schon bei Ihrem Hiersein meinen Wunsch äußerte Virchow für das Studium Ihrer Schriften zu interessiren." (RGASPI, Sign. f. 1, op. 5, d. 1849.) Kugelmann verglich Virchows Methode mit der von Marx im „Kapital" angewandten: „[...] mache ich ihn (Virchow) nun auf Ihr Werk aufmerksam, sage ihm wie Sie von Waarenform als Zelle ausgehend, die bürgerliche Gesellsch. analysiren etc, daß Sie in der polit. Oecon. dieselb. Methode, wie er in der Medicin, befolgen; daß man Ihr ‚Kapital' füglich die Cellular-Pathologie der bürgerlichen Gesellschaft nennen könne“ (ebenda). Marx leitete den Brief Kugelmanns weiter an Engels, der am 17. April ablehnend reagierte: „Aber der Versuch mittelst dieser Polypen den Virchow zum Kommunisten zu machen sieht einer Extra-Uterinschwangerschaft sehr ähnlich. Selbst wenn Virchow in der Politik resp. Oekonomie Kenntnisse & theoret. Interesse hätte, so ist dieser brave Bürger doch viel zu tief engagirt.“ (IISG, MEN, Sign. D 1676.) Marx antwortete Kugelmann am 17. April und ließ den von Kugelmann gesehenen Methoden-Zusammenhang zwischen Virchow und ihm unkommentiert: „Mit Ihren Zeilen an Virchow haben Sie mir großen Dienst geleistet, obgleich ich zweifle, ob er die Geduld u. Zeit hat, sich in ein ihm fern liegendes Thema einzuarbeiten. Ich weiß, daß es mir große Ueberwindung kostete, seine Cellularpathologie in Manchester zu lesen, namentlich von wegen der Manier des Schreibens.“ (IISG, MEN, Sign. C 349.)

In der ersten Jahreshälfte 1849 hatte ein Unbekannter der Redaktion der „Neuen Rheinischen Zeitung“ den Abdruck eines früheren Berichts Virchows über die Typhusepidemie in Schlesien empfohlen (MEGA② III/3. S. 191 und App.), was die Zeitung aber nicht tat. Angesichts Virchows Parlamentstätigkeiten für die Deutsche Fortschrittspartei schrieb Ferdinand Lassalle Marx am 28. Juli 1861: „Hast Du die Rede gelesen, die Virchow neulich im National Verein in Berlin gegen die ‚weitergehenden Forderungen der demokrat. Partei‘ hielt? Dann würdest Du sehr genau gesehen haben, wie man groß in der Zelle u. erstaunlich klein in allem geschichtlichen Leben sein kann.“ (MEGA② III/11. Br. 330.241–245.) Lassalle spielt auf Virchows Werk „Die Cellularpathologie in ihrer Begründung auf physiologische und pathologische Gewebelehre“ (Berlin 1858) an, das Marx gelesen hat und von der Engels in der „Dialektik der Natur“ schrieb, dass dort „allgemeine Phrasen die Hülflosigkeit verdecken“ (MEGA② I/25. S. 6).

C[arl] F[riedrich] Rammelsberg: Ueber die Mittel Licht und Wärme zu erzeugen. Sammlung gemeinverständlicher wissenschaftlicher Vorträge. Hrsg. von Rud[olf] Virchow und Fr[anz] v[on] Holtzendorff. H. 23. Berlin 1866. (Ms-S. [8]–[11]; siehe S. 338.)

In diesem Vortrag erörtert der Chemiker Carl Friedrich Rammelsberg (1813–1899) die Möglichkeiten der Erzeugung von Licht und Wärme und die dabei ablaufenden chemischen Vorgänge. Marx exzerpiert einen tabellarischen Vergleich verschiedener Lampen und Kerzen hinsichtlich ihrer Kosten sowie Rammelsbergs Folgerung, dass die technisch fortgeschrittenen Lampen das Brennmaterial effizienter vernutzen und somit geringere Lichtkosten verursachen würden, dass sich jedoch die „ärmere Volksklasse“ nicht die hohen Anschaffungskosten der fortgeschrittenen Apparate leisten könne und daher mehr Geld für Licht ausgeben müsse. Wahrscheinlich fand Marx das Buch in der Bibliothek von Louis Kugelmann vor.

Unter den drei bibliographisch erfassten Titeln auf Ms-S. [11] sind die ersten beiden Titel der Verlagsanzeige am Ende des Buchs von Rammelsberg entnommen. Der dritte Titel ist Aug[ust] Wilh[elm] Hofmann: Einleitung in die moderne Chemie. Nach einer Reihe von Vorträgen gehalten in dem Royal College of Chemistry in London. 3. Aufl. Braunschweig 1867, über den sich Marx und Engels in ihrer Korrespondenz im Juni 1867 austauschten (siehe Erl. 339.5–6).

Friedrich Benjamin Osiander: Die Entwicklungskrankheiten in den Blüthejahren des weiblichen Geschlechts. Bd. 1. Enthaltend die seltenen und wunderbaren Geistes- und Leibeszufälle in diesem Alter. Göttingen 1817. (Ms-S. [12]/[13]; siehe S. 340.)

Marx notiert zwei in diesem gynäkologischen Buch zitierte Quellen: ein auf S. 43 wiedergegebenes Lied aus einem „alten Würtembergschen Gesangbuch“ sowie einen der österreichischen Begine Agnetis Blannbekin zugeschriebenen Ausspruch aus ihren, von ihrem Beichtvater zusammengetragenen Bekenntnissen „Vita et Revelationes“ (Wien 1731). In diesem von der Kirche auf den Index gesetzten Buch behauptet Blannbekin, dass ihr während der Kommunion die „heilige Vorhaut“ *(sanctum praeputium)* Jesus Christi mehrmals auf der Zunge erschienen wäre.

Die beiden Quellen aus Osiander wurden später zitiert von: Johann Baptist Friedreich: System der gerichtlichen Physiologie. Regensburg 1842. S. 268/269; und Ludwig Feuerbach: Erläuterungen und Ergänzungen zum Wesen des Christenthums. In: ders.: Sämmtliche Werke. Bd. 1. Leipzig 1846. S. 197. In seinem Essay „Ueber den Mariencultus“ betont Feuerbach, dass nicht nur Maria als Repräsentation der „Weiblichkeit überhaupt“ immer wieder zu sinnlichen Phantasien angeregt habe, sondern dies auch für Jesus gelte. Als Beleg zitiert er u.a. das von Marx exzerpierte Lied sowie den Satz von Agnes Blannbekin. Feuerbach gibt als Quelle Osiander an und es ist möglich, dass Marx über Feuerbach auf Osiander gestoßen war. Auch wenn Feuerbach denselben Ausspruch Blannbekins und das Lied wiedergibt, zog Marx das Buch von Osiander heran, aus dem er wörtlich zitiert. Osiander gibt im Gegensatz zu Feuerbach die Quelle als „Ven. Agnetis Blannbeckin vita et revelationes etc. Vienn. 1731“ an, die sich auch in der Marx'schen Notiz findet. Bei Friedreichs „System der gerichtlichen Physiologie“ hingegen fehlt der von Marx übernommene Quellennachweis *„Alt würtembergisch Gesangbuch“* (S. 340.15), der sich allerdings bei Osiander befindet. Feuerbach verweist auf die zweite, erweiterte Auflage von Osianders Buch (Tübingen 1820). Welche Ausgabe Marx verwendet hat, ist unbekannt. Wahrscheinlich fand er das Buch in der Bibliothek von Louis Kugelmann vor.

Thomas H[enry] Huxley: Lessons in Elementary Physiology. London 1866. (Ms-S. [17]/[18]; siehe S. 341.)

Der britische Biologe Thomas Henry Huxley (1825–1885), Anhänger und Mitarbeiter von Charles Darwin, wollte in diesem Lehrbuch die Grundsätze der menschlichen Physiologie darlegen. Aus dem dritten Kapitel „Respiration“ exzerpiert Marx die letzten beiden Absätze des Abschnitts über die „Necessity for an abundance of fresh air“. Huxley forderte, dass jedem Menschen 800 Kubikfuß der Atmosphäre, frei zugänglich als Zufuhr für Atemluft zustehen, was Marx exzerpiert und durch Unterstreichung hervorhebt. Marx zitierte diese Forderung in der ersten Auflage des ersten Bandes des „Kapital“ (MEGA② II/5. S. 395.28–36) und kontrastierte sie mit dem von Fabrikinspektoren, der Gesundheitsbehörde und industriellen Untersuchungskommissionen vorgetragenen Vorwurf, dass in den Fabriken selbst 500 Kubikfuß täglicher Atemluft pro Kopf nicht eingehalten würden, weshalb diese Inspektoren und Kommissare „Schwindsucht und andre Lungenkrankheiten der Arbeit für eine Lebensbedingung des Kapitals“ erklärten (ebenda). Eine Seite vorher schrieb er: „Was könnte die kapitalistische Produktionsweise besser charakterisiren als die Nothwendigkeit, ihr durch Zwangsgesetz von Staatswegen die einfachsten Reinlichkeits- und Gesundheitsvorrichtungen aufzuherrschen?“ (Ebenda. S. 394.)

Marx hat wahrscheinlich mehrere Vorträge Huxleys gehört (siehe Marx an Engels vom 28. Januar 1863 (MEGA② III/12. Br. 207.37) und 9. März 1870 (IISG, MEN, Sign. L 4645)), ihn in „Der Bürgerkrieg in Frankreich“ als „hohen wissenschaftlichen Gewährsmann“ angeführt (MEGA② I/22. S. 206) und sein Werk mehrmals im Briefwechsel mit Engels erwähnt (Engels an Marx, 8. April 1863, 18. März, 14. April 1869 und 21. September 1874; Marx an Engels, 9. Juni 1866, 12. Dezember 1868 und 14. April 1870). Ebenso erwähnt Jenny Marx im Brief an Johann Philipp Becker vom 29. Januar 1866 den Besuch einer Huxley-Vorlesung mit ihren Kindern. Von Engels wird Huxley mehrmals in der „Dialektik der Natur“ erwähnt (MEGA② I/26).

Zeugenbeschreibung

H *Originalhandschrift:* RGASPI, Sign. f. 1, op. 1, d. 2031.

Beschreibstoff: Gebundenes Heft im Taschenformat aus sechs im Falz mit weißen Fäden gehefteten Lagen in einem harten, schwarzen, dunkelblau gemusterten, ledernen Umschlag mit einer Lasche und einem schwarzen Band. Auf der Lasche des Umschlags ein Golddruck: „Diary 1867“. Innere Vorsatzblätter gelb, eine Seite dieser Vorsatzblätter an den vorderen bzw. hinteren Umschlagdeckel geklebt, die andere Seite der Vorsatzblätter mit einer weißen Rückseite. Zwischen dem vorderen Vorsatz und der ersten Lage ein zusätzlicher Bogen als zweiter vorderer Schutzdeckel. Ein zusätzliches Blatt auch vor dem hinteren Vorsatz. Erste Lage aus vier Bogen, die zweite, vierte und sechste aus drei Bogen, die dritte und fünfte aus fünf Bogen. Ursprünglich 49 Blatt (= 98 Seiten) (davon zwei ausgerissen) weißen festen Papiers. Format des vorderen Umschlags mit der Lasche 110 mm × 105 mm; des hinteren Umschlags 70 mm × 105 mm; Format der Bogen 134 mm × 102 mm, gefaltet auf 67 mm × 102 mm. Das Band 420 mm lang, an den vorderen und hinteren Umschlag geklebt.

Zustand: Einband an Rändern und Ecken ein wenig abgenutzt. Einband im vorderen Vorsatz und zwischen dem letzten Blatt der sechsten Lage und dem letzten Blatt am Schluss des Notizbuchs (zwischen S. [99]/[100]) leicht beschädigt und mit Seidenpapier restauriert. Schmutztitelblatt (S. [6]) oben rechts abgerissen und mit Seidenpapier restauriert; zwei Blatt (vier Seiten) der dritten Lage (S. [50]–[53]) herausgerissen und nicht überliefert; dadurch mögliche Textverluste. Sonst gut erhalten. Papier vergilbt.

Schreiber: Karl Marx, unbekannte Hand (Adresse von Beesly auf S. [23]).

Schreibmaterial: Schwarze Tinte, jetzt bräunlich verfärbt, und Bleistift.

Beschriftung: Innenseiten des vorderen und hinteren Vorsatzblattes leer. Rückseite des vorderen Vorsatzblattes (S. [0b]) vollständig mit Tinte beschrieben. Die folgende erste Seite (Außenseite) des zweiten vorderen Schutzdeckels (S. [0c]) vollständig mit Tinte und Bleistift beschrieben; eine Innenseite dieses Deckels bzw. Bogens enthält die gedruckte Abbildung mit Unterschrift „Osborne House", auf der anderen (S. [0e]) befindet sich die Titelseite des Notizbuchs mit dem gedruckten Text: „Hammond's Sixpenny Pocket Diary & Almanack for 1867." mit Firmenbild „Hammond's Trade Mark" und Aufschrift: „To be had only at Hammond's" sowie Adressen von Filialen der Firma. Die Titelseite enthält einzelne Notizen von Marx mit Tinte. Rückseite der Titelseite (S. [0f]) vollständig mit Tinte und Bleistift beschrieben. Die folgende Schmutztitelseite (S. [0g]) mit gedrucktem Text „Memoranda, engagements, and cash account, for 1867" sowie einzelnen Notizen von Marx mit Tinte.

Ab Rückseite der Schmutztitelseite (S. [1]–[53]) folgen unter der gedruckten Überschrift „Diary. Memoranda" die vorgedruckten Daten für jeden Tag des Jahres 1867. S. [54]–[65] mit der gedruckten Überschrift „Cash Acct." für jeden Monat von Januar bis Dezember 1867. S. [66] mit der gedruckten Überschrift „Cash Account.–Summary" enthält die vorgedruckte Tabelle mit den Rubriken „Received" und „Paid" für Einnahmen und Ausgaben aller Monate des Jahres 1867. Auf S. [67]–[95] gedruckter Text mit Informationen wie „Eclipses in 1867", „Fixed & moveable festivals, anniversaries, &c.", Tafelkalender für jeden Monat des Jahres 1867 etc.

Außer den Ankreuzungen (siehe unten), der Eintragung am 15. August und möglicherweise den Eintragungen vom 14. Juli bis zum 3. August 1867 über das Korrekturlesen des ersten Bandes des „Kapital" sind die Eintragungen von Marx wahrscheinlich nicht mit besonderen Daten verknüpft.

1. Umschlagseite, S. [67]–[95]: gedruckter Text des Kalenders, keine Beschreibung von Marx außer unten angegebene Unterstreichungen (S. [77]/[78]).

S. [14]/[15], [46]–[49]: abgeschnitten oder herausgerissen, nicht überliefert.

S. [0a] (2. Umschlagseite), [0b] (1. Seite des vorderen Vorsatzes), S. [43]–[45], [50]/[51], [55]–[62], [66]/[67], [0h] (2. Seite des hinteren Vorsatzes), [0i] (3. Umschlagseite): leer.

S. [33], [52], [96] (1. Seite des hinteren Vorsatzblattes): zwei Zeilen mit Tinte.

S. [1]: fünf Zeilen mit Tinte.

S. [16], [53], [64]: zur Hälfte mit Tinte und Bleistift.
S. [13], [29]/[30], [54]: zu zwei Dritteln mit Tinte.
S. [3]–[5], [10], [19]: zu drei Vierteln mit Tinte und Bleistift.
Alle anderen Seiten mit Tinte und Bleistift vollständig beschrieben.
S. [54]: quer.
S. [19]: drei Zeilen mit Bleistift von unbekannter Hand.

S. [19] (Mai „Th. 9" und „F. 10"), S. [20] (Mai „Su. 12", „W. 15" und „Th. 16"), S. [21] (Mai „M. 20", „Tu. 21", „W. 22"), S. [22] (Mai „W. 29" und Juni „Sa. 1"), S. [23] (Juni „W. 5"), S. [24] (Juni „W. 12"), S. [25] (Juni „W. 19"), S. [26] (Juni „W. 26" und „Th. 27"), S. [27] (Juli „W. 3" und „Th. 4"), S. [28] (Juli „W. 10"), S. [29] (Juli „W. 17"), S. [30] (Juli „W. 24"), S. [31] (Juli „W. 31"), S. [32] (August „Su. 4", „W. 7" und „F. 9"), S. [33] (August „W. 14"), S. [34] (August „W. 21"), S. [35] (August „W. 28"), S. [36] (September „W. 4"), S. [37] (September „W. 11"), S. [38] (September „W. 18"), S. [39] (September „W. 25"), S. [40] (Oktober „W. 2"), S. [41] (Oktober „W. 9" und „Sa. 12"): diese Daten im Notizkalender für 1867 mit Tinte und Bleistift angekreuzt. S. [42] (Oktober „W. 16" und „Sa. 12"): mit Tinte mit Strichen vermerkt.

Auf S. [77] das Datum Oktober „23 W[ednesday]" in vorgedruckter Tabelle von „Remarkable Dates, &c." bezüglich der Notiz: „Royal Exchange found., 1667" mit Tinte unterstrichen. Auf S. [78] das Datum November „20 W[ednesday]" in derselben Tabelle bezüglich der Notiz: „John Knox died, 1572" mit Tinte unterstrichen.

S. [32]: eine Additionsrechnung.
Deutsche und lateinische Schrift.

Paginierung: Keine Paginierung von Marx.

Vermerke fremder Hand: auf allen Blättern Archivstempel des IMĖL mit Zählung.

Hinweise zur Edition

Alle Auszüge werden hier erstmals veröffentlicht.

KORREKTURENVERZEICHNIS

328.25	Macht"] **H** Macht
329.10	Sporn"] **H** Sporn
338.27	*1866.*)] **H** *1866.*
340.16	Agnes] **H** Anges
340.19	ging.«] **H** ging
340.21	*Blannbekin*] **H** *Blanbeckin*

ERLÄUTERUNGEN

328.3	Siehe Marx: Das Kapital. Bd. 1 (MEGA② II/5. S. 413.21–22).
328.4	Siehe MEGA② II/5. S. 173.29–30.
328.5	Siehe MEGA② II/5. S. 198.24.
328.6	Siehe MEGA② II/5. S. 198.35.
328.7	Siehe MEGA② II/5. S. 235.9.
328.8	Siehe MEGA② II/5. S. 262.1.
328.9	Siehe MEGA② II/5. S. 274.35–36.
328.10	Siehe MEGA② II/5. S. 361.30.
328.11	Mit Erledigungsvermerk versehen. – Siehe MEGA② II/5. S. 374.23.
328.12	Siehe MEGA② II/5. S. 451.18.
328.13	Siehe MEGA② II/5. S. 349.32.
328.14	Siehe MEGA② II/5. S. 399.27–400.1.
328.15	Siehe MEGA② II/5. S. 387.20.
328.16	Siehe MEGA② II/5. S. 210.40.
328.17–18	Beginnt: tag Morgen (p. 385)] Siehe MEGA② II/5. S. 324.26–27.
328.18	endet Arbeit] Siehe MEGA② II/5. S. 337.8.
328.19–20	Siehe MEGA② II/5. S. 464.9.
328.21–22	Mit Bleistift geschrieben. – Siehe MEGA② II/5. S. 132.5–6.
328.23	Siehe MEGA② II/5. S. 501.8–9.
328.24	Siehe MEGA② II/5. S. 514.9.
328.25–26	Siehe MEGA② II/5. S. 527.1–2.
328.27	Siehe MEGA② II/5. S. 540.2.
329.1	Siehe MEGA② II/5. S. 565.14.
329.2	Siehe MEGA② II/5. S. 579.7.
329.3–4	Siehe MEGA② II/5. S. 591.7–8.
329.5–7	Siehe MEGA② II/5. S. 616.1–2.
329.8	Siehe MEGA② II/5. S. 631.34–35.
329.9–10	Siehe MEGA② II/5. S. 489.10.
329.12–16	Siehe MEGA② II/5. S. 476.28–32.

329.17 Siehe MEGA② II/5. S. 299.7–8.

329.18 Siehe MEGA② II/5. S. 299.40.

330.2–9 Mit Bleistift geschrieben.

330.7 *Bluebook*] Bericht des englischen Parlaments.

330.8 Marx exzerpierte einige Werke Robert Owens in den Manchester Heften 6 und 7 (MEGA② IV/5. S. 60–130 und 170–233), in Londoner Heft XI (MEGA② IV/9. S. 13) sowie 1877 (IISG, MEN, Sign. B 139). Er fertige bibliographische Notizen über die Werke von Robert Owen 1877 (RGASPI, Sign. f. 1, op. 1, d. 3853) und im Notizbuch Ende Oktober 1878 bis Januar 1881 (RGASPI, Sign. f. 1, op. 1, d. 4041) an. Mit 16 Einzeltiteln ist Owen der am häufigsten vertretene Autor in der überlieferten Bibliothek von Marx (siehe MEGA② IV/32. Nr. 984–999).

331.1–2 Dante Alighieri: La divina commedia. Con comento analitico di Gabriele Rossetti. Vol. 1–6. London 1824.

331.3–5 In Dante Alighieri: La Divina Commedia. Purgatorio. Canto V heißt es: „Vien dietro a me, e lascia dir le genti: / sta come torre ferma, che non crolla / Giammai la cima per soffiar di venti.“ Gabriele Rossetti setzte in seiner Edition der „Divina Commedia“ in seinem einführenden Text „Vita di Dante“ bei der Wiedergabe dieses Zitats statt der Passage „Vien dietro a me“ versehentlich die Passage „Segui il tuo corso“. (La divina commedia di Dante Alighieri con comento analitico di Gabriele Rossetti in sei volumi. Vol. 1. London 1824. S. XXXIII.) Rossetti korrigierte in den „Errata“ dieser Ausgabe diesen Fehler (ebenda. S. 406). Mit dem Wahlspruch *„Segui il tuo corso, e lascia dir le genti!“* schloss Marx sein mit *„London*, 25. Juli 1867“ datiertes Vorwort des ersten Bandes des „Kapital“ ab (MEGA② II/5. S. 15.4). Höchstwahrscheinlich exzerpierte Marx diese Zeilen nach Rossettis Einführung, wofür drei Indizien sprechen: In Rossettis Einführung werden genau diese drei Zeilen wiedergegeben; bis auf ein Komma sind Schreibweise und Interpunktion in Marx’ Exzerpt mit Rossettis Wiedergabe identisch (siehe Erl. 331.4); Rossettis Formulierung „Segui il tuo corso“ ist ungewöhnlicher als etwa „Segui tuo corso“. Daher ist es unwahrscheinlich, dass Marx die Verse selbst modifizierte, wie Siegbert Prawer annahm: „Im Fünften Gesang des *Fegefeuer* drängt Vergil Dante, in seinem Schaffenseifer nicht nachzulassen; ‚was kümmerts’s dich, wenn dort gemunkelt wird?‘ läßt der Dichter Vergil fragen. ‚Mir eile nach und laß die Leute schwatzen‘: Vien retro a me, e lascia dir le genti. Marx, der keinen Vergil hat, dem er folgen kann, wendet diesen Ausspruch am Ende des *Vor-*

wortes, das die erste Ausgabe des *Kapital* begleitet, auf sich selbst an, und zwar mit einer bezeichnenden Variation [...]" (Siegbert S. Prawer: Karl Marx und die Weltliteratur. München 1983. S. 273). Möglicherweise übernahm Marx Rossettis Fehler, ohne dessen Korrektur in den „Errata" zu bemerken. Möglich ist auch, dass Marx die Variation bei Rossetti bemerkte, daran Gefallen fand und sie bewusst übernahm. – Der originale Satz aus Dante ist wie folgt ins Deutsche übersetzt worden: „Komm nur, was jenes Volk auch möge plaudern; / Steh wie ein Thurm, den du nie siehest wanken, / Wie seinen hohen Gipfel Wind' umschaudern." (Die göttliche Komödie des Dante. Hrsg. von Carl Ludwig Kannegießer. Th. 2. Wien 1816. S. 26.) „Was man auch spreche, folge mir nach oben! / Steh wie ein fester Thurm, deß stolzes Haupt / Nie wankend ragt, wenn auch die Winde toben." (Die göttliche Komödie des Dante Alighieri. Übers. und erl. von Karl Streckfuß. Th. 2. Das Fegefeuer. Halle 1825. S. 29.)

331.4 ferma,] Rossetti: ferma

332.2–3 Mit Bleistift geschrieben.

332.6–11 Mit Bleistift geschrieben.

336.1–3 Mit Bleistift geschrieben. – Rud[olf] Virchow: Die Noth im Spessart. Eine medicinisch-geographisch-historische Skizze. Vorgetragen in der physicalisch-medicinischen Gesellschaft in Würzburg. Würzburg 1852.

336.8 Virchow war 1848 vom preußischen Medicinal-Ministerium nach Oberschlesien gesandt, um eine dortige Hungersnot zu untersuchen.

337.2 Mit Bleistift geschrieben. – Peter Süßmilch: Das Frolocken der Brandenburgischen Lande über dem glücklich geendigten Kriege. Berlin 1742.

338.1–2 C[arl] F[riedrich] Rammelsberg: Ueber die Mittel Licht und Wärme zu erzeugen. Berlin 1866. Sammlung gemeinverständlicher wissenschaftlicher Vorträge. Hrsg. von Rud[olf] Virchow und Fr[anz] v[on] Holtzendorff. H. 23. Berlin 1866.

339.3 C[arl] F[riedrich] Rammelsberg: Grundriss der unorganischen Chemie gemäss den neueren Ansichten. Berlin 1867. – Den Titel entnahm Marx der Verlagsanzeige am Ende des Buchs von Rammelsberg: Ueber die Mittel Licht und Wärme zu erzeugen.

339.4 R[udolf] O. Meibauer: Ueber die physische Beschaffenheit der Sonne. Berlin 1866. – Den Titel entnahm Marx der Verlagsanzeige am Ende des Buchs von Rammelsberg: Ueber die Mittel Licht und Wärme zu erzeugen.

339.5–6 Aug[ust] Wilh[elm] Hofmann: Einleitung in die moderne Chemie. Nach einer Reihe von Vorträgen gehalten in dem Royal College of Chemistry in London. 3. Aufl. Braunschweig 1867. – Das Buch veröffentlicht 1865 gehaltene Vorlesungen Hofmanns, die Marx besuchte (siehe Marx an Engels, 22. Juni 1867 (IISG, MEN, Sign. L 4479)). Engels teilte Marx am 16. Juni 1867 die Lektüre Hofmanns mit, den er als Vertreter der „neuere[n] chemische[n] Theorie“ trotz „all ihren Fehlern“ für „ein[en] große[n] Fortschritt gegen die frühere atomistische“ hielt. Marx stimmte dieser Einschätzung in seiner Antwort am 22. Juni 1867 zu, schränkte aber ein: „In der *Note* zum Text (ich hörte damals grade den Hofmann) erwähne ich die *Moleculartheorie*, aber nicht Hofm., der *nichts* in der Sache erfunden hat, ausser der *Reihen*, sondern Laurent, Gerhardt u. *Wurtz*, welcher letztere *der eigentliche Mann* ist.“ (IISG, MEN, Sign. L 4479) Marx übernahm dies zunächst in die erste Ausgabe des ersten Bandes des „Kapital“ (MEGA② II/5. S. 246.42–44), überdachte seine Ansicht allerdings, nachdem Engels ihm im Brief vom 24. Juni 1867 (IISG, MEN, Sign. D 1630) die Einschätzung Carl Schorlemmers mitteilte, wonach „die Hauptkerle dabei Gerhardt und Kekulé sind“, und dass „Wurtz nur popularisiert und ausgearbeitet hat“. In der Folge tilgte Marx in der zweiten Ausgabe des ersten Bandes des „Kapital“ den Namen Wurtz (siehe MEGA② II/6. S. 308.43–44 und Var.).

340.1–4 Friedrich Benjamin Osiander: Die Entwicklungskrankheiten in den Blüthejahren des weiblichen Geschlechts. Bd. 1. Enthaltend die seltenen und wunderbaren Geistes- und Leibeszufälle in diesem Alter. Göttingen 1817.

340.19–21 „Eam bis ore.“] Sie wünschte einmal mit Tränen und größtem Trauer zu wissen, wo die Vorhaut Christi sei. Und siehe, im Augenblick fühlte sie es, und in der Tat es sei vom süßesten Geschmack, im Mund. (lat.)

341.1–2 Thomas H[enry] Huxley: Lessons in Elementary Physiology. London 1866.

341.3–14 Von Marx verwendet im ersten Band des „Kapital“ (MEGA② II/5. S. 395.28–36).

342.2 Von fremder Hand mit Bleistift geschrieben.

342.14 Mit Bleistift geschrieben.

343.2 Preussische Statistik. Hrsg. in zwanglosen Heften vom königl. statistischen Bureau. – Erwähnt in den Briefen von Marx an Engels vom 9. Mai 1865 (MEGA② III/13. Br. 245.11–14) und Engels an Marx vom 12. Mai 1865 (ebenda. Br. 249.37–39).

344.21 An Act for the Extension of the Factory Acts (30 and 31 Victoria, Cap. 103), 1867. – Mit dieser Erweiterung des „Factory Acts" wurde die Wochenarbeitszeit in Fabriken mit mehr als 50 Beschäftigten auf 60 Stunden begrenzt.

347.3–10 Marx erhielt den Brief von Wilhelm Liebknecht an Sigismund Borkheim mit dem Brief von Borkheim vom 17. Februar 1868: „Einliegend ein Schreiben vom Geheimen Proletariatsrath Liebknecht. Bitte ihn mir sofort zurückzuschicken." (IISG, MEN, Sign. D 480.) In seinem Brief vom 20. Februar 1868 leitete Marx die Nachricht an Engels weiter: „Borkheim hat mir Brief an ihn v. Liebknecht mitgetheilt, den ich ihm aber umgehend zurückschicken mußte. Daraus folgender Auszug:" (IISG, MEN, Sign. L 4520.)

Heft 1. 1868
Exzerpte aus Werken von Johann Heinrich Moritz von Poppe, Henry Fawcett, Jean Le Rond D'Alembert, Paul-Louis Courier, Charles Lenient, Jules Michelet, Charles-Louis Montesquieu, Friedrich Albert Lange, Karl Arnd, Eugen Dühring, Carl Nikolaus Fraas sowie aus A Cyclopedia of Agriculture, Children's Employment Commission, Gesetzestexten und Zeitungsartikeln

April 1864 bis Februar 1868, August 1868

(S. 348–452)

ENTSTEHUNG UND ÜBERLIEFERUNG

Das „Heft 1. 1868" der „Hefte zur Agrikultur" enthält Exzerpte aus 13 Schriften von elf Autoren, zwei Artikeln der „Cyclopedia of Agriculture", Gesetzestexten, einer Resolution, einem Parlamentsbericht und 16 Zeitungsartikeln sowie bibliographische Notizen und Wohnadressen. Wie das „Großheft 1865/1866" der „Hefte zur Agrikultur" ist es thematisch durch landwirtschaftliche Fragen charakterisiert. Der Großteil des Hefts ab Ms-S. [30] wurde nach der Publikation des ersten Bandes des „Kapital", im Januar/Februar 1868 angefertigt und enthält Auszüge aus Werken, die Marx infolge seiner Lektüre von Liebigs „Agrikulturchemie" im „Großheft 1865/1866" heranzog. Obwohl Marx das vorliegende Heft bereits ab 1864 gelegentlich benutzt hat, bildet es in der Chronologie des vorliegenden Bandes somit die Fortsetzung des „Großheft 1865/1866".

Marx setzte mit diesem Heft seine Untersuchungen zur Grundrente und Bodenerschöpfung fort, zu der er durch die erneute Lektüre von Justus von Liebigs „Agriculturchemie" von 1865/1866 veranlasst wurde (siehe Entstehung und Überlieferung S. 964–966). Als er dem Verlag das Manuskript für den ersten Band des „Kapital" schickte, integrierte er Liebigs Theorie teilweise in den Abschnitt „Maschinerie und große Industrie". Marx lobte hier die Verdienste Liebigs, die destruktive Dimension der modernen Landwirtschaft naturwissenschaftlich erfasst zu haben. Doch hielt er es für unentbehrlich, später die auf Liebig folgende Fachliteratur zu untersuchen. Liebigs „Agriculturchemie" von 1862 rief wegen seiner Warnung vor dem „Raubbau" der modernen Landwirtschaft intensive Debatten hervor. Damals konnte er aus Zeitgründen die Debatte um Liebigs Thesen allerdings nicht weiter verfolgen. Im Vergleich zu seinen im „Großheft 1865/1866" durchgeführten Studien erweitert sich Marx' Forschungsgegenstand (Agrikulturchemie, Bodenrententheorie, Landwirtschaft) im vorliegenden Heft durch die ab Ms-S. [30] angelegten Exzerpte aus verschiedenen Schriften von Friedrich Albert Lange, Karl Arnd, Eugen Dühring und Carl Fraas sowie der „Cyclopedia of Agriculture".

Der Hauptteil der Arbeit an dem Heft erfolgte im Januar/Februar 1868, als Marx durch das Exzerpieren der Bücher den neuesten wissenschaftlichen Stand nach der Veröffentlichung der Liebig'schen „Agriculturchemie" zu verfolgen begann. Als er in seinem Brief vom 3. Januar 1868 (IISG, MEN, Sign. L 4512) Engels bat, von Carl Schorlemmer Auskunft über die „Alluvionstheorie" von Fraas einzuholen, kannte Marx diese Theorie noch nicht. Er begann wahrscheinlich nach Engels' Antwort vom 6. Januar, wonach Schorlemmer „[d]as Buch von Fraas [...] unbekannt" (IISG, MEN, Sign. D 1661) sei, mit der Lektüre von Fraas' „Natur der Landwirthschaft", in der dieser die Alluvionstheorie vorstellt. Am 14. März 1868 schrieb er Engels, er habe „die Sachen v. Fraas etc über Landwirtschaft angesehn" (IISG, MEN, Sign. L 4523). Marx setzte im Februar/März 1868 in „Heft 2. 1868" der „Hefte zur Agrikultur" die Auszüge aus der „Natur der Landwirthschaft" fort, hatte davor also das vorliegende Heft abgeschlossen. Er erwähnte in seinem Brief vom 25. März 1868 eine weitere Schrift von Fraas, „Klima und Pflanzenwelt in der Zeit", die er in „Heft 3. 1868" der „Hefte zur Agrikultur" exzerpierte (S. 621–627).

Mit dem vorliegenden Heft begann Marx, die Debatte zu Liebigs Bodenerschöpfungs- und Mineraltheorie zu untersuchen. Auf der einen Seite betonte Dühring – ein Anhänger des amerikanischen Ökonomen und Publizisten Henry Charles Carey – in Übereinstimmung mit Liebig die Gefahren der vergeudenden landwirtschaftlichen Praxis, welche dem Boden die ihm entnommenen Mineralsubstanzen nicht zurückgibt. Zur Verwirklichung einer effektiveren und bewussten „Verteilung der Stoffe" forderten Dühring und Carey eine protektionistische Politik. Lange hingegen lehnte Careys und Dührings Vorschläge ab, indem er zugleich die Gültigkeit von Teilen der Theorie Liebigs bestritt. Von dieser Gegenposition exzerpierte Marx zudem Autoren wie Arnd und Fraas, die sich gegen Liebigs „Agriculturchemie" wendeten.

Auch wenn Marx diese Auszüge kaum in seine späteren Manuskripte zum „Kapital" integrierte, lässt das Heft erkennen, welche Themen ihn im Rahmen der Fertigstellung des zweiten und dritten Buchs des „Kapital" interessierten.

Ferner beschäftigt sich Marx im vorliegenden Heft mit der „Wage-Fund"-Theorie, vertreten durch Henry Fawcett, und der sogenannten „Irland-Frage" im Rahmen seiner politischen Tätigkeit in der Internationalen Arbeiterassoziation (siehe MEGA② I/21). Er hatte bereits in den 1840er und 1850er Jahren seine Befürwortung der irischen Bewegung gegen die britische Herrschaft geäußert; im Jahr 1867 richtete er seine Aufmerksamkeit auf die drei Fenians, die am 23. November wegen Mordverdachts hingerichtet worden waren. In der IAA wurde darüber mehrfach diskutiert. Marx selbst plante Vorträge über die englische Kolonialherrschaft und die Unabhängigkeitsbewegung in Irland und zog zur Vorbereitung Artikel aus Zeitungen wie „The Times" und „Courrier Français" heran. Das Heft enthält zudem Auszüge zu Themen, die mit der Agenda der IAA zu tun haben, wie die gesetzliche Beschränkung des Arbeitstags auf acht Stunden und den „Trade Union Commission Act" in den USA. Weiterhin umfasst es kürzere Auszüge aus Schriften u.a. zur Satire und zur Geschichte der „Hexerei" sowie aus Artikeln zu Arbeitshäusern, der Einwohnerzahl in London, Goldvorräten der Banque de France etwa aus den Zeitungen „The Times", „The Press" und „The Bullionist".

Die 1. Umschlagseite (Ms-S. [0]) ist von Engels mit einem Inhaltsverzeichnis versehen worden, wobei er das Exzerptheft mit „Diversa" betitelt und seine

Entstehungszeit mit „1867" angibt. Der Großteil der in diesem Heft enthaltenen Auszüge ist allerdings im Januar/Februar 1868 entstanden und Marx hatte bereits ab April 1864 über einen längeren Zeitraum hinweg kleinere Exzerpte und Notizen in das Heft eingetragen.

Das Heft beginnt auf der 2. Umschlagseite (Ms-S. [1]) mit bibliographischen Notizen, die Marx sowohl mit Tinte als auch Bleistift verfasste. Darunter befinden sich Titel wie Hippolyte Passys „Rente du Sol" (S. 349.8) und Patrick E. Doves „Elements of Political Science" (S. 349.24–26), die Marx im „Großheft 1865/1866" exzerpierte, was nahelegt, dass er die vorliegenden bibliographischen Notizen vor den Exzerpten aus diesen beiden Schriften angefertigt hatte. Das anschließende erste Exzerpt aus Johann Heinrich Moritz Poppes „Geschichte der Mathematik" auf Ms-S. [2] erwähnte Marx zudem aller Wahrscheinlichkeit nach in seinem Brief an Lion Philips vom 14. April 1864 (MEGA② III/13. Br. 328). Daher begann Marx wahrscheinlich bereits Anfang April 1864, dieses Heft anzulegen.

Die folgenden bibliographischen Notizen auf Ms-S. [2]/[3] (siehe S. 351) wurden zwischen 1865 und Januar 1868 angefertigt. Marx verwendete für diese Notizen sowohl Tinte als auch Bleistift, was eine unterschiedliche Entstehungszeit impliziert. Die Werke von Paul-Jacques Coullet „Études sur la circulation monétaire ..." sowie Henri Cernuschi „Mécanique de l'échange" (S. 351.5) erschienen erst 1865. Marx erwähnte James Rogers „A History of Agriculture and Prices in England" (S. 351.4) in seinen Briefen an Engels vom 17. Dezember 1866 und 19. Januar 1867 und wies auf die Notwendigkeit einer Lektüre hin. Die Notiz „*Joseph Dietzgen:* Meister der Wladimirschen Lederfabrik. Wassili Ostrow. St. Petersburg" (S. 351.6–7) steht in Zusammenhang mit Dietzgens Brief an Marx vom 7. November 1867. Die letzte Notiz bezieht sich auf den „Courrier Français" vom 20. Januar 1868 (S. 351.22). Außerdem entstammen auch die über das Heft verstreut exzerpierten Zeitungsartikel dem Zeitraum von 1864 bis 1868. Die Exzerpte aus „Children's Employment Commission" (S. 352) sind vermutlich 1866 entstanden.

Marx fügte dem Heft Randstreichungen hinzu, was vermuten lässt, dass er jene Stellen 1868 für seine Notizen „Differenzialrente", die er wahrscheinlich schon in Teilen verfasst hatte, zu integrieren und zu erweitern plante, was jedoch wegen anderer Arbeiten wie der Abfassung des Manuskripts zum zweiten Buch des „Kapital" (MEGA② II/11) unterbrochen wurde (siehe MEGA② II/4.3). Marx kam wahrscheinlich im August 1868 kurz zu dem Heft zurück, denn unter den ab Ms-S. [150] exzerpierten Berichten und Zeitungsartikeln befinden sich auf Ms-S. [170]–[175] zwei Artikel aus „The Times" von Mitte August 1868.

Das Heft ist nicht paginiert. Ms-S. [130]/[131], [134]–[149], [157]–[161] und [176]–[187] sind leer. Auf Ms-S. [4], [9]–[13], [15], [156] und [188]/[189] befinden sich u.a. Wohnadressen, auf Ms-S. [8] der Entwurf von Marx' Brief an Ferdinand Freiligrath vom 20. Juli 1867, der in MEGAdigital veröffentlicht wird.

Bibliographische Notizen befinden sich auf Ms-S. [1]–[4], [9]–[13], [25]–[28].

Auf Ms-S. [2]/[3] vermerkt Marx eine Reihe von Schriften zu Landwirtschaft, politischer Ökonomie und Geschichte; auf Ms-S. [4] setzt er kurze Notizen zu Schriften von IAA-Mitgliedern fort; auf Ms-S. [9]–[13] folgen bibliographische Angaben zu Titeln über Bankwesen, Landwirtschaft und Irland. Im Anschluss an die bibliographischen Notizen zu den „Hexengeschichten" folgen auf Ms-S. [25]–[28] Notizen zu Artikeln der Zeitschrift „The Chronicle" aus dem Dezember 1867 und Januar 1868 sowie eine weitere Liste von Büchern, die unterschiedliche Themenbereiche wie französische politische Ökonomie, Grundrententheorie, Irland, Kohle, Finanzwesen und Korngesetze behandeln. Einige der Titel wurden Langes „J. St. Mill's Ansichten ..." entnommen. Alle Titel werden mit vollständiger bibliographischer Beschreibung im Literaturregister erfasst. Sie werden erläutert, wenn a) der Titel in Marx' Notiz nicht eindeutig identifizierbar ist und daher nicht ohne Weiteres im Literaturregister gefunden werden kann, oder b) der Titel nur vermutet werden kann, oder c) Angaben zur Verwendung des Titels durch Marx gemacht werden können.

Marx fertigte die Exzerpte zum überwiegenden Teil wörtlich in der Originalsprache an und kommentierte sie nur selten. Das Heft enthält Hervorhebungen und Randanstreichungen. Manche Hervorhebungen und Randanstreichungen wurden mit dem gleichen Schreibmaterial wie der Text angefertigt und entstanden deshalb wahrscheinlich während des Exzerpierens. Andere Randanstreichungen und Hervorhebungen sind dagegen mit Bleistift versehen und daher wahrscheinlich erst später entstanden. Die Exzerpte aus einigen Werken von Dühring und Morton erstellte Marx mit Unterbrechungen. Sie werden in der Reihenfolge des Hefts wiedergegeben.

Johann Heinrich Moritz Poppe: Geschichte der Mathematik. Seit der ältesten bis auf die neueste Zeit. Tübingen 1828. (Ms-S. [2]; siehe S. 350.)

Der Inhalt des Exzerpts weicht von dem Hauptthema des Hefts ab. Marx las das Buch von Johann Heinrich Moritz Poppe (1776–1854) wahrscheinlich im April 1864, denn sein Brief an Lion Philips vom 14. April 1864 bezieht sich auf das vorliegende Exzerpt: „Was grössere mathematische Rechnungen angeht, so hatten die Römer in der Zeit, wo diese bei ihnen vorkommen, bereits die Multiplicationstafel oder das Einmaleins des Pythagoras, allerdings noch sehr unbequem u. schwerfällig, denn jene Tafel war theils aus eignen Characteren, theils aus Buchstaben des [griech]ischen (später römischen) Alphabets zusammengesetzt." (MEGA② III/12. Br. 328.25–30.) In diesem Brief deutet Marx an, dass er Poppes Buch zur Ergänzung seiner mathematischen Studien konsultierte: „Ich hatte auf dem Museum den Boetius ‚De arithmetica' (Schriftsteller aus der Zeit der Völkerwandrung) über die römische Division [...] nachgesehn. Es geht mir daraus u. einigen andern Schriften, die ich verglichen, folgendes hervor: Mässige Rechnungen, nä[mlich] Haushaltungs und Handelsrechnungen wurden nie mi[t Zahlen], sondern mit Steinen und anderen ähnlichen Marken auf einem Rechenbrete gemacht." (Ebenda.) Damals haben sowohl Marx als auch Engels Mathematik studiert: Jener berichtete Marx am 30. Mai 1864, er habe das Textbuch „Vollständiger Lehrkurs der reinen Mathematik“ von Louis-Benjamin Francœur gelesen (Ebenda. Br. 353.36). Marx' Auszüge aus Poppe sind kurz und betreffen nur die ersten drei Seiten des Buchs über die zifferlose Rechnungsweise im antiken Rom.

Marx hatte bereits 1851 in Londoner Heft XV (IISG, MEN, Sign. B 51) aus dem Buch exzerpiert.

Henry Fawcett: The Economic Position of the British Labourer. Cambridge, London 1865. (Ms-S. [5]–[7]; siehe S. 354/355.)

Henry Fawcett (1833–1884) war britischer Ökonom und Politiker. Trotz eines Jagdunfalls, bei dem er erblindete, veröffentlichte er seine berühmte Schrift „Manual of Political Economy“ (Cambridge, London 1863) und wurde der erste Professor für politische Ökonomie an der Universität von Cambridge.

Fawcett war Anhänger von John Stuart Mill, und die hier von Marx exzerpierte Schrift zielte darauf ab, Mills politökonomisches Werk zu popularisieren. Das 250-seitige Werk besteht aus sechs Kapiteln: „Introductory Remarks“, „The Land Tenure of England“, „Cooperation“, „The Causes which Regulate Wages“, „Trades Unions and Strikes“ und „Emigration“. Marx exzerpierte aus den ersten fünf Kapiteln mit Schwerpunkt auf die Kapitel 2 und 4.

Fawcett verteidigt im vierten Kapitel die sogenannte „wage-fund doctrine“, wonach das in variables Kapital verwandelbare Kapital (d. h. „wage fund“) eine konstante Größe sei, weshalb der Lohn des einzelnen Arbeiters im umgekehrten Verhältnis zur Bevölkerungszahl stehen müsse. So notiert Marx aus Fawcett: „the circulating capital of a country is its wage-fund. Hence if we desire to calculate the average moneywages received by each labourer, we have simply to divide the amount of this capital by the number of the labouring population.“ (S. 355.12–15.) Daraus schließt er, dass der Pro-Kopf-Lohn nur durch die Abnahme der Arbeiterbevölkerung oder durch die Zunahme des „wage-fund“ steigen könne. Fawcett untersucht, warum trotz des zugenommenen gesellschaftlichen Reichtums nach der Abschaffung der Korngesetze seit 1848 der Lohn niedrig und die Anzahl der Pauper gleich geblieben war. Er erklärt dies damit, dass jedes Jahr mehr Reichtum in England produziert wurde, als in der Industrie hätte angelegt werden können, weshalb das Kapital ins Ausland abgewandert sei. Das im Ausland angelegte Kapital trage, so Fawcett, nicht zur Vermehrung des „wage-fund“, d. h. zur Lohnsteigerung der englischen Arbeiterklasse bei.

Im ersten Band des „Kapital“ kritisierte Marx diese Theorie, die auch von Thomas Robert Malthus, James Mill und John Ramsay McCulloch vertreten wurde. Marx weist dort darauf hin, dass sich die notwendige Arbeiteranzahl nicht ad hoc bestimmen lasse, sondern je nach Ausbeutungsrate variiert, auch wenn die notwendige Menge lebendiger Arbeit technologisch unter bestimmten Bedingungen gegeben ist. Der Preis der Arbeitskraft ist laut Marx „elastisch“, da die zur Reproduktion notwendigen Lebensmittel nicht nur physisch sondern auch moralisch bestimmt sind (MEGA② II/5. S. 493). Marx behauptete, Fawcetts Rechnungsweise sei eine „abgeschmackte Tautologie“ (ebenda), da sie den „Arbeitsfonds“ zunächst als Summe der wirklichen individuellen Löhne kalkuliere und sie dann als konstante Summe behandle.

Das Heft enthält auf Ms-S. [16]–[23] und [29] eine Reihe von kurzen Auszügen aus französischer Literatur mit von den anderen Auszügen abweichendem Inhalt. Marx hat diese Auszüge später weder verwendet noch erwähnt.

[Jean Le Rond] D'Alembert: Sur la destruction des Jésuites en France. Paris 1865. (Ms-S. [16]; siehe S. 364.)

Der Mathematiker und Aufklärungsphilosoph D'Alembert (1717–1783) schrieb in dieser zuerst 1765 anonym veröffentlichten Schrift die Zerschlagung des Jesuitenordens vor allem dessen übermäßigen Machtansprüchen zu. Marx exzerpierte drei Sätze aphorismenhaften Charakters, die inhaltlich weder mit Religionskritik noch der Zerstörung des Jesuitenordens in Verbindung stehen.

Paul-Louis Courier: Chefs-d'œuvre. T. 1. Paris 1864. (Ms-S. [16]–[18]; siehe S. 365/366.)

Paul-Louis Courier (1772–1825) war ein französischer Militär und Publizist. Ausgewählte Werke wie „Chefs-d'œuvre“ wurden mehrmals nach seinem Tod herausgegeben. Wegen der in seiner Schrift „Simple Discours“ (Paris 1821) vertretenen Gegnerschaft zu Monarchie und Adel wurde Courier 1821 der Prozess gemacht. Marx interessierte sich für den Prozess gegen Courier und exzerpierte aus dessen Prozessbericht mit dem Titel „Procès de Paul-Louis Courier“. Courier behauptete, jedes große Vermögen des Adels beruhe ursprünglich auf der Arbeit und Prostitution von Frauen. Marx exzerpierte einen Dialog zwischen dem Gerichtspräsidenten und Courier während dessen Anhörung sowie eine im Prozessbericht wiedergegebene Passage aus Couriers „Simple Discours“, wegen der er angeklagt wurde.

In seinen Eintragungen in sein Handexemplar der Erstausgabe des ersten Band des „Kapital“ hatte Marx neben eine Passage des Kapitels „Die sog. ursprüngliche Akkumulation“ notiert: „+ Courrier“ (siehe MEGA② II/6. Var. 682.2). Die Passage lautet: „Sie [die Vorgeschichte des Kapitals] umfaßt eine Reihe gewaltsamer Methoden, wovon wir nur die epochemachenden als Methoden der ursprünglichen Akkumulation des Kapitals Revue passiren ließen.“ (Ebenda. S. 681/682.) Möglicherweise wollte Marx an dieser Stelle einen Hinweis auf Couriers These über die Rolle der weiblichen Arbeit bei der Bildung adligen Vermögens geben, hat dies aber in der zweiten Ausgabe des „Kapital“ unterlassen.

Marx hatte bereits in den „Ökonomisch-philosophischen Manuskripten“ Couriers Opposition zu Grundeigentum und Rentiers hervorgehoben (MEGA② I/2. S. 255.6) und ihn in der „Deutschen Ideologie“ als „wahren Sozialisten“ charakterisiert (MEGA② I/5. S. 524.39).

C[harles] Lenient: La satire en France ou la littérature militante au XVIe siècle. Paris 1866. (Ms-S. [18]/[19]; siehe S. 367.)

Aus dieser Geschichte der Satire in Frankreich seit dem Ende des Mittelalters von Charles Lenient (1826–1908) notiert Marx kurz die Bonmots zweier Autoren: des Calvin-Schülers Théodore de Bèze aus dessen „Epistola magistri Benedicti Passavantii" sowie aus Théodore Agrippa D'Aubigné „La confession catholique du Sieur de Sancy" (Köln 1660), der von Marx als der „grosse huguenotische Satyriker" (S. 367.15) bezeichnet wird.

J[ules] Michelet: La Sorcière. Paris 1862. (Ms-S. [23]–[25]; siehe S. 370/371.)

Seine kurzen Auszüge aus dieser Geschichte der „Hexerei" des französischen Historikers Jules Michelet (1798–1874) versah Marx mit dem Titel „Hexengeschichten". Im Anschluss an die Lektüre übernahm er bibliographische Angaben aus Michelets Buch und kommentierte diese zum Teil. Hier befinden sich Titel über okkulte Wissenschaft, Magie und „Hexenprozesse", darunter Bücher über den Fall der Nonne Madeleine Bavent, die von 1633 bis 1647 im Zuge der „Possessions de Louviers" „exorziert" und zu lebenslanger Haft im Kerker der Kirche verurteilt wurde, da ihr Körper als von Dämonen besessen galt (siehe auch Erl. 370.5). Michelet hielt „Hexerei" für eine Art bäuerlichen Widerstand gegen Adel und Klerus. Marx exzerpiert zwei von Michelet wiedergegebene Sätze aus einem Inquisitionsregister und einem Buch des Kapuzinermönches Esprit de Bosroger sowie Michelets Einschätzung des Buchs von Bosroger.

Die Titel der von Marx übernommenen Quellen Michelets hat Marx nicht mehr verwendet. Allerdings versieht er einige Titel mit Kommentaren, die sich nicht in Michelets Bibliographie, sondern in dessen Buch befinden, was zeigt, dass er dieses Werk genau gelesen hat. Etwa charakterisiert er das Werk „De la demonomanie des sorciers" (Paris 1580) des Staatstheoretikers Jean Bodin als „Orthodox" (S. 371.4) und fasst damit Michelets Einschätzung desselben zusammen (Michelet, S. 210/211). Marx bezeichnet ferner Johann Weyer (Wier) als „Aufklärer" (S. 371.3).

Charles-Louis Montesquieu: De l'esprit des lois. (Ms-S. [29]; siehe S. 375.)

Marx hatte Charles Montesquieus „Esprit des Lois" bereits im Kreuznacher Heft 2 (MEGA② IV/2. S. 106–115) und im Exzerptheft 1859–1863 (IISG, MEN, Sign. B 91a) exzerpiert. Im vorliegenden Heft notiert Marx lediglich einen Satz über das „Temperament" der Moskowiter: „Il faut écorcher un Moscovite pour lui donner du sentiment." Dieser Satz steht im Kontext von Montesquieus Klimatheorie, der zufolge die „nordischen Völker" aufgrund ihrer größeren Körper und größeren Körperfasern weniger schmerzempfindlich als die „Völker des Südens" seien.

Die Auszüge auf Ms-S. [30]–[133] bilden den Schwerpunkt des Hefts und konzentrieren sich auf ökonomische und landwirtschaftliche Schriften.

Friedrich Albert Lange: J. St. Mill's Ansichten über die sociale Frage und die angebliche Umwälzung der Socialwissenschaft durch Carey. Duisburg 1866. (Ms-S. [30]–[36]; siehe S. 376–379.)

Friedrich Albert Lange (1828–1875), deutscher Philosoph, Journalist, und Sozialwissenschaftler, war Mitglied der IAA und Herausgeber der Zeitschrift „Der Bote vom Niederrhein". Er gilt zudem als einer der ersten Darwinisten in Deutschland, da er in „Die Arbeiterfrage in ihrer Bedeutung für Gegenwart und Zukunft" (Duisburg 1865) Darwins Theorie für die Gesellschaftsanalyse anwenden wollte.

Marx und Engels lernten Lange Anfang 1865 kennen, als dieser um ihre Mitarbeit an seiner oben genannten Zeitschrift bat. Als Antwort auf Langes Brief vom 2. März 1865 erteilte Engels dem Angebot am 29. März eine Absage: „Wie Sie selbst mit Recht einsehen, würde es mir unmöglich sein Ihnen schon jetzt wegen späterer etwaiger Mitarbeiterschaft irgend welche Zusagen zu machen; lassen wir das zunächst noch eine offene Frage, obwohl wir bei Ihnen jedenfalls nicht riskiren würden, in den Verdacht zu gerathen, als wollten wir von England aus irgend einen Theil des Proletariats in Deutschland regieren." (MEGA② III/13. Br. 203.24–29.)

Marx besaß ein Exemplar von Langes „Die Arbeiterfrage ..." (MEGA② IV/32. Nr. 721). Nachdem Carl Siebel im März 1865 das Buch an Marx und Engels versandte, äußerten sich diese darüber ablehnend. Engels schrieb an Marx: „Confus, Malthusianer mit Darwin versetzt" (MEGA② III/13. Br. 180.31–32). Lange bestimmte die soziale Frage als Tendenz zur Überbevölkerung über die verfügbaren Lebensmittel in Form eines „Kampfs um das Dasein": „Das Bevölkerungsgesetz ist das A und das O der socialen Frage. [...] Mit der Erkentniß des Bevölkerungsgesetzes und seiner Wirkungen beginnt erst das Verständniß der socialen Uebelstände und ihrer Quelle, und erst mit einer Aenderung des Bevölkerungsgesetzes können die letzten Spuren der socialen Uebelstände schwinden." (Lange: J. St. Mill's Ansichten ... S. 24.)

Weder Marx noch Engels akzeptierten Langes Naturalisierung der ökonomischen Gesetze des Kapitalismus (siehe Engels an Lange, 29. März 1865 (MEGA② III/13. Br. 203)). Marx kritisierte Lange in seinem Brief an Kugelmann vom 27. Juni 1870 nach der Publikation der zweiten Auflage der „Arbeiterfrage ...", in der Lange „grosse Elogen" auf das „Kapital" mache, und fasst Langes Position wie folgt zusammen: „Die ganze Geschichte ist unter ein einziges grosses Naturgesetz zu subsumiren. Dieß Naturgesetz ist die *Phrase* (– der Darwin'sche Ausdruck wird in dieser Anwendung blosse Phrase –) ‚struggle for life', ‚Kampf um's Dasein' u. der Inhalt dieser Phrase ist das Malthussche Bevölkerungs oder rather Ueberbevölkerungsgesetz. Statt also den ‚struggle for life', wie er sich geschichtlich in verschiednen, bestimmten Gesellschaftsformen darstellt, zu analysiren, hat man nichts zu thun als jeden konkreten Kampf in die Phrase ‚struggle for life' u. diese Phrase in die Malthussche ‚Bevölkerungsphantasie' umzusetzen." (IISG, MEN, Sign. C 369.)

Nach der Publikation des „Kapital“ kam Marx im Januar 1868 auf Langes Werk „J. St. Mill’s Ansichten ...“ zurück. In Marx’ Bibliothek befindet sich ebenso ein Exemplar dieser Schrift mit Randansteichungen von Sigismund Ludwig Borkheim (MEGA② IV/32. Nr. 722). Langes Malthusianismus ist in der vorliegenden Schrift eng mit John Stuart Mills ökonomischer Lehre verbunden. Wie ferner der Buchtitel andeutet, kritisiert Lange mithilfe von Mills Lehre Eugen Dührings Schrift „Carey’s Umwälzung der Volkswirthschaftslehre und Socialwissenschaft“ (Berlin 1865). Dieser Versuch scheint Marx zu weit zu gehen, wenn er beim Exzerpieren ironisch kommentiert: „Alle Vorschläge dẹṣ Herrn Mill (Auswandrung, Colonisation (Wakefield’sche), Ansiedlung v. Arbeitern auf Gemeindeland (Parcellen), Reglung dẹṣ Arbeitstags, Unions etc) sind f. Herrn Lange Mill’sche Entdeckungen.“ (S. 379.17–20.)

Marx’ Auszüge stammen hauptsächlich aus dem 4. Kapitel „Die angebliche Umwälzung der Socialwissenschaft durch Carey“. Anschließend exzerpiert Marx wenige Sätze aus dem 2. Kapitel „Das Eigenthum und die Vertheilung des Vermögens“, in dem Lange Careys und Dührings wirtschaftliches System der „Harmonie“ kritisiert. Als Anhänger von Mills (und ursprünglich Ricardos) „Gesetz des abnehmenden Bodenertrags“ lehnt Lange Careys und Dührings optimistische Theorie der harmonischen gesellschaftlichen und landwirtschaftlichen Entwicklung durch Schutzzoll-Protektionismus ab. Marx richtet seine Aufmerksamkeit auf diese Polemik.

Relevant ist in diesem Kontext Liebigs Theorie der Bodenerschöpfung, die häufig zusammen mit Malthus’ Theorie der absoluten Überbevölkerung diskutiert wurde. Lange verwarf Careys Ansicht über die zunehmende landwirtschaftliche Entwicklung und betonte, dass das Gesetz des abnehmenden Bodenertrags als Naturgesetz stets die gesamte gesellschaftliche Entwicklung auf fundamentale Weise bestimme. Lange erkannte zwar die Gefahr der Bodenerschöpfung und kritisierte, dass der Protektionismus Careys und Dührings kein Allheilmittel sei, sofern die Ungleichheit schaffende Tendenz des Marktes fortbestehe (S. 377.17–31). Er distanzierte sich allerdings ebenso von Liebigs „naturwissenschaftlichem“ Urteil, wonach der Raubbau ohne Ausnahme vermieden werden müsse. Lange erwähnt hingegen Wilhelm Roschers Überlegungen, um den Raubbau „volkswirtschaftlich“ zu rechtfertigen: „trotz der naturwissenschaftlichen Richtigkeit der Lehren Liebig’s [kann] der sogenannte Raubbau, d.h. die Ausbeutung des Ackerbodens durch die ersten Ansiedler, volkswirthschaftlich durchaus gerechtfertigt sein“ (Lange: J. St. Mill’s Ansichten ... S. 203).

Marx hat weder das Buch noch die Exzerpte später verwendet.

Karl Arnd: Das System Wilhelm Roscher’s gegenüber den unwandelbaren Naturgesetzen der Volkswirthschaft. Frankfurt a.M. 1862. (Ms-S. [36]–[38]; siehe S. 380/381.)

Der deutsche Ökonom Karl Arnd (1788–1877) gilt mit seiner Schrift „Justus Liebig’s Agrikulturchemie und sein Gespenst der Bodenerschöpfung“ (Frankfurt a. M. 1864) als Liebig-Kritiker. Das Ziel des vorliegenden 60-seitigen Buchs besteht laut Arnd vor allem im Nachweis der „drei Grundquellen des menschlichen Einkommens", wobei er sich von Wilhelm Roschers „System der Volkswirtschaft" (Stuttgart 1854–) zu unterscheiden versucht. Marx' Exzerpt fokussiert sich auf die Seiten 40–45 im Abschnitt „Bodenrente – Grundwerth", die Arnd als dritte Quelle des Einkommens neben dem „Arbeitslohne" und der „Kapitalrente" betrachtet.

Marx hatte bereits in den 1850er Jahren Arnds „Die naturgemässe Volkswirthschaft ..." (Hanau 1845) gelesen und besaß ein Exemplar des Buchs mit zahlreichen Anstreichungen (MEGA② IV/32. Nr. 32). Er erwähnte diesen Titel mehrmals in seinen ökonomischen Manuskripten (MEGA② II/1. S. 714; II/3. S. 343, 1502; II/4.2. S. 436, 730, 843). Er hatte schon damals Arnds Auffassung der „Naturalentwicklung der Rente" (MEGA② II/4.2. S. 730) kritisiert, da dieser die Bodenrente aus dem bloßen „Ueberschuß" der Gaben der Natur erklärte. Dieselbe fetischistische Ansicht vertrete Arnd in der vorliegenden Schrift – und solche Stellen exzerpierte Marx. Sein Exzerpt zeigt sein anhaltendes Interesse für die Bestimmung des Bodenpreises.

Marx hat weder das Buch noch die Exzerpte von 1868 später verwendet.

E[ugen] Dühring: Capital und Arbeit. Neue Antworten auf alte Fragen. Berlin 1865. (Ms-S. [38]–[40]; siehe S. 382–385.)
Ders.: Kritische Grundlegung der Volkswirthschaftslehre. Berlin 1866. (Ms-S. [74]–[77] und [84]–[86]; siehe S. 405–407 und 411/412.)

Eugen Dühring (1833–1921) lehrte ab 1863 als Privatdozent Philosophie und Wirtschaft an der Friedrich-Wilhelm-Universität zu Berlin. Aufgrund seiner Verletzung der Ehre von Hermann von Helmholtz forderte die Universität vom Ministerium die Entlassung Dührings, der am 7. Juli 1877 die Universität verlassen musste. Dühring gewann allerdings in den 1870er Jahren an Einfluss in der sozialdemokratischen Bewegung, wodurch er zu einem politischen Gegner von Marx und Engels wurde.

Engels setzte sich mit Dühring in seiner Schrift „Anti-Dühring" (MEGA② I/27) auseinander, die er Mitte 1876 zu verfassen begann. Marx fertigte bereits 1868 Auszüge aus Dührings Schriften an, die im vorliegenden und in „Heft 2. 1868" der „Hefte zur Agrikultur" zum ersten Mal veröffentlicht werden. Der erste Anlass für die Lektüre Dührings war dessen Rezension des ersten Bandes des „Kapital", die in der Zeitschrift „Ergänzungsblätter zur Kenntniß der Gegenwart" (Bd. 3. H. 3. Hildburghausen 1867. S. 182–186) erschien und die Marx von Louis Kugelmann mit dessen Brief vom 3. Januar 1868 erhielt (RGASP, Sign. f 1., op. 1., d. 2151). Auch Wilhelm Liebknecht berichtete in seinem Brief vom 3. Januar an Jenny Marx (Tochter) von Dührings Text (RGASPI, Sign f. 1, op. 1, d. 2152). Da Dühring die erste Rezension zum „Kapital" schrieb, ist es nicht verwunderlich, dass sich Marx Anfang 1868 mit einem gewissen Enthusiasmus mit Dührings Schriften zu beschäftigen begann.

Marx suchte im Katalog der Bibliothek des Britischen Museums nach Dührings Schriften, fand die „Natürliche Dialektik" (Berlin 1865) (siehe Marx an Engels, 11. Januar 1868) und „Capital und Arbeit" (Berlin 1865) (siehe Marx an Engels, 4. Februar 1868) und bat Louis Kugelmann am 11. Januar um die Zusendung von Dührings Werk „Die Verkleinerer Carey's und die Krisis der Nationalökonomie" (Breslau 1867), das er im nächsten Monat las und im Briefwechsel mit Engels diskutierte (siehe Marx an Engels, 4. Februar und 14. März 1868; Engels an Marx, 11. Februar, 17. und 19. März 1868). In seiner Bibliothek befand sich ein Exemplar mit Anstreichungen (MEGA② IV/32. Nr. 342). Aus „Kritische Grundlegung ..." exzerpierte Marx weiter im Februar/März in „Heft 2. 1868" der „Hefte zur Agrikultur" (siehe S. 512–516).

Marx besaß ebenfalls Dührings „Carey's Umwälzung der Volkswirthschaftslehre und Socialwissenschaft" (München 1865) in seiner Bibliothek (MEGA② IV/32. Nr. 336). Sigismund Ludwig Borkheim erwähnte Dührings Schrift „Die Schicksale meiner socialen Denkschrift für das Preussische Staatsministerium" (Berlin 1868) am 13. März 1868 gegenüber Marx, der diese Broschüre wahrscheinlich Mitte Juli 1868 von Wilhelm Eichhoff erhielt (siehe Wilhelm Eichhoff an Marx, 20. Juli 1868); sie ist im Katalog der SPD-Bibliothek verzeichnet (Nr. 32185), d.h. war wahrscheinlich in Marx' Besitz.

Nach der Lektüre der Rezension teilte Engels am 7. Januar 1868 Marx mit: „Der ganze Artikel Verlegenheit & Funk." (IISG, MEN, Sign. D 1662.) Marx scheint jedoch seine Begeisterung über das Erscheinen einer Rezension seines Werkes nicht völlig unterdrücken zu können. Er antwortete einen Tag später, Dührings Rezension sei „sehr anständig, so mehr, als ich seinen Meister ‚Carey' so hart angelassen habe" (IISG, MEN, Sign. L 4513), hielt es allerdings für „sonderbar", dass Dühring „die drei grundneuen Elemente des Buchs" nicht bemerkt zu haben schien: die Darstellung der allgemeinen Form des Mehrwerts, Entdeckung des Doppelcharakters der Arbeit und die Erfassung des Arbeitslohns als irrationelle Erscheinungsform des Werts der Arbeitskraft (IISG, MEN, Sign. L 4514).

Nach der Auseinandersetzung mit mehreren Schriften Dührings schrieb Marx am 6. März 1868 ernüchtert erneut an Engels: „Der sonderbar verlegne Ton des Herrn Dühring in seiner Kritik ist mir jezt klar. Dieser ist nämlich sonst ein sehr vorlauter, schnoddriger Knabe, der sich als Revolutionär in der Pol. Oek. aufwirft. Er hatte zweierlei gethan. Erstens (v. Carey ausgehend) eine *‚Kritische Grundlegung der Nationalökonomie'* (about 500 pages) u. eine Neue *‚Natürliche Dialektik'* (gegen die hegelsche) veröffentlicht. Mein Buch hat ihn nach beiden Seiten hin beerdigt. Aus Hass gegen die Roscher etc hat er es angezeigt." (IISG, MEN, Sign. C 346.) Marx schließt: „But never mind. Ich muß dem Mann dankbar sein, da er der erste Fachmann ist, der überhaupt gesprochen hat." (Ebenda.)

Als Anhänger des amerikanischen Ökonomen Henry Charles Carey befürwortete Dühring den Schutzzoll-Protektionismus und kritisierte vor allem die Ricardianische Grundrententheorie, die auf dem „Gesetz des abnehmenden

Bodenertrags" basierte. Carey und Dühring argumentieren, dass sich im Gegenteil die Bodenqualität in der Geschichte der Zivilisation von schlechteren zu immer besseren Böden entwickle und die Bodenerträge daher zunehmen müssten. Dühring bemühte sich um eine deutsche Übersetzung der Werke Careys. Marx hatte Carey auch im ersten Band des „Kapital" kritisiert und versprochen, „im Vierten Buch die Seichtigkeit seiner Wissenschaft näher nach[zu]weisen" (MEGA② II/5. S. 456), was er mit Dührings Theorie hätte anreichern können.

Im Zusammenhang mit der Grundrententheorie ist zu bemerken, dass Dühring Liebigs Theorie der Bodenerschöpfung mehrmals zur Begründung seiner protektionistischen Forderungen erwähnt. Obwohl Marx diese Passagen nicht exzerpierte, übersah er diesen Zusammenhang von Dühring, Carey und Liebig nicht. Er fokussiert seine Auszüge auf Dührings Carey-Rezeption, so dass er Dühring als dessen „deutschen Bewundrer" (MEGA② II/11. S. 79) ausmacht.

Neben der „Kapital"-Rezension könnte Marx' Interesse an Dührings Schriften durch Langes Polemik gegen Dühring in „J. St. Mill's Ansichten ...", das Marx zuvor exzerpierte, verstärkt worden sein, um Langes Kritik an Dühring aus dessen eigener Perspektive zu überdenken. Eine kritische Überlegung zu Dührings Theorie ist teilweise in Manuskript II zum zweiten Buch des „Kapital" zu finden. Marx zitiert dort zunächst aus Arbeiten von F. Quesnay und P. P. Mercier de la Rivière und setzt dann fort: „Diese Citate, weil die deutschen Bewundrer des Herrn *Carey* ihn den Unterschied zwischen dem *Verkehr* u. dem *Handel* entdecken lassen." (MEGA② II/11. S. 79.) Er rekurriert hier auf Careys Unterscheidung zwischen „Verkehr" und eigennützigem „Handel", deren Entdeckung Dühring Carey zuschrieb.

Auch Marx' weitere Bemerkung in derselben Fußnote über die „deutschen Bewundrer" Careys – nach ihnen habe Carey „auch die *doppelte Konkurrenz* entdeckt, worüber ein ganzes Kapitel schon bei Sir James Steuart" (ebenda) – bezieht sich auf das vorliegende Exzerpt (S. 382.11–23). Dieselbe Bemerkung zur Konkurrenz befindet sich ebenso in einem anderen, fast zur gleichen Zeit entstandenen Exzerpt aus Dührings „Kritische Grundlegung der Volkswirthschaftslehre". Dort sagt Dühring ausdrücklich: „Carey ist der erste, der es in der Lehre v. der Concurrenz für nöthig befunden hat, sorgfältige Unterscheidungen vorzunehmen." (S. 405.13–15.)

Dührings „Kritische Grundlegung ..." ist in zwölf Abschnitte unterteilt. Marx exzerpierte nicht alle zugleich; seine Auszüge erstrecken sich in drei Teilen über zwei Hefte, weil er gleichzeitig „A Cyclopedia of Agriculture" und Carl Fraas' Schriften las. Die Auszüge stammen aus den Abschnitten 2, 4 bis 6 und 8 und konzentrieren sich auf die Bedeutung der Goldmenge, die Bestimmung des Werts und des Bodenpreises, die Gestaltung der Konkurrenz, das Eigentum und ökonomische Kategorien wie Kapital, Kredit und Zins sowie Dührings Ricardo-Kritik.

Marx fügt nach einem langen Auszug ironisch ein Ausrufezeichen hinter das Wort „Theorie!" ein, als er Dührings Überlegungen über das Verhältnis zwischen

Geldmenge und Preise notiert (S. 406.25). Auch zu Dührings subjektive Bestimmung des Werts als „Ergebniß der Schätzung oder Messung des Erfolgs" setzt Marx ein Ausrufezeichen an den Rand (S. 406.34–38). Als Dühring an einer Stelle die kapitalistische Form des Eigentums übergeschichtlich behandelt und nur dessen Behandlung als Mittel zur Verwertung kritisiert, kommentiert Marx: „Klugscheisser!" (S. 514.11).

A Cyclopedia of Agriculture, Practical and Scientific, in which the Theory, the Art, and the Business of Farming, are Thoroughly and Practically Treated. Vol. 2. Ed. by John C[halmers] Morton. Glasgow, Edinburgh, London 1855. (Ms-S. [41]–[51] und [78]–[83]; siehe S. 386–390 und 408–410.)

Marx kannte Morton bereits seit 1860, als er den Artikel „Agricultural Progress and Wages" im „Economist" vom 21. Januar 1860, in dem sein Vortrag „On the Forces Used in Agriculture" vom 9. Dezember 1859 als Auszug reproduziert ist, im Heft 1859–1863 (IISG, MEN, Sign. B 91a. S. 179) exzerpierte. Zur Vorbereitung auf seinen Vortrag „Value, Price and Profit" von 1865 griff Marx auf diese Exzerpte zurück (siehe Entstehung und Überlieferung S. 940). In „Value, Price and Profit" bezeichnete er den Vortrag Mortons als „conscientious and critical paper" (MEGA② I/20. S. 153) und zitierte die Angaben auch im ersten Band des „Kapital" (MEGA② II/5. S. 514; II/6. S. 581; II/7. S. 561). Ferner erwähnte er Mortons Artikel „Labourer" aus derselben Enzyklopädie im ersten Band des „Kapital", wobei er diese eine „,highly respectable' agronomische Cyclopädie" nannte (MEGA② II/5. S. 450). Im „Großheft 1865/1866" notierte Marx zudem ein Handbuch von Morton (siehe S. 326.6–7).

Es ist daher nicht überraschend, dass Marx sich bei seiner Untersuchung landwirtschaftlicher Fragen an Mortons Enzyklopädie orientierte. Die vorliegenden Auszüge stammen aus den Artikeln „Valuations" und „Landlord". Marx hatte aber aller Wahrscheinlichkeit nach davor schon mindestens einen weiteren Artikel der Enzyklopädie, „Legislation" von Chandos Wren-Hoskyns, gelesen. Denn die bibliographischen Notizen am Anfang dieses Exzerpthefts (S. 372/373) enthalten mehrere Buchtitel, die aus der Bibliographie des Artikels „Legislation" stammen (siehe Erl. 373.3–373.7).

Marx exzerpierte die Artikel mit Unterbrechung durch Auszüge aus Dühring und Fraas. Als er die Auszüge aus „Landlord" fortsetzte, exzerpierte er dieselben Stellen erneut, was auf eine Unterbrechung bei der Anfertigung der beiden Exzerpt-Teile hinweist. Im zweiten „Heft zur Agrikultur" 1868 exzerpierte Marx zudem einen weiteren Artikel der Enzyklopädie: „Lease" von John Grey (S. 455).

H[ewitt] D[avis]: Valuations. In: A Cyclopedia of Agriculture, Practical and Scientific… Vol. 2. Ed. by John C[halmers] Morton: Glasgow, Edinburgh, London 1855. S. 1046–1048. (Ms-S. [41]/[42]; siehe S. 386/387.)

An dem Artikel „Valuations", in dem es um den Bodenpreis geht, interessiert Marx die Unterscheidung zwischen „natürlichem" und „künstlichem Wert" des

Bodens. Eine genaue Untersuchung sei nötig, um den Preis zu bestimmen, weil dieser auch bei einem hohen natürlichen Wert wegen seiner langjährigen Misshandlung erschöpfen könne. Davis weist darauf hin, dass der Anbau der Böden unter dem Pachtsystem vom angelegten Kapital und der Pachtzeit bestimmt ist, so dass wegen der Bodenerschöpfung und des Kapitalmangels bevorzugt die weniger fruchtbaren Böden, die noch nicht erschöpft sind und kleinere Kapitalanlage erheischen, kultiviert werden, was ein Hindernis für eine rationale Landwirtschaft und die Vermehrung des gesamten Ertrags ist. Auf einen ähnlichen Punkt hatte Marx im Manuskript zum dritten Buch des „Kapital“ hingewiesen (MEGA② II/4.2. S. 672).

J. G. B[all]: Landlord. In: A Cyclopedia of Agriculture, Practical and Scientific... Vol. 2. Ed. by John C[halmers] Morton: Glasgow, Edinburgh, London 1855. S. 186–207. (Ms-S. [43]–[51] und [78]–[83]; siehe S. 387–390 und 408–410.)

Im Exzerpt des Artikels „Landlord“ verfolgt Marx die geschichtliche Entwicklung der Rente von „performance of bodily service“ über „Rents payable in kind“ bis zum „money-payment“. Diskutiert werden vor allem Schwierigkeiten, mit denen die englischen Bodeneigentümer und Pächter in der Übergangsperiode zur kapitalistischen Rente konfrontiert waren: die Gesetzgebung über das Bodenerbe („primogeniture“), die Dauer der Pachtzeit, die Unterscheidung zwischen der Verbesserung durch den Bodeneigentümer und durch den Pächter („fixtures“) und die entsprechende Kompensation für den Pächter am Ende der Pacht. Mit diesem Thema setzte sich Marx ebenso im Manuskript zum dritten Buch des „Kapital“ auseinander. Er interessiert sich im vorliegenden Exzerpt ferner für die Preisbestimmung des Bodens nicht nur infolge der landwirtschaftlichen Intensivierung und des entsprechenden sinkenden Produktpreises seit 1815, sondern auch infolge der Bevölkerungszunahme.

Der Artikel „Lease“, den Marx im zweiten „Heft zur Agrikultur“ 1868 exzerpierte (S. 455), wird im Artikel „Landlord“ erwähnt, und es ist möglich, dass dessen Lektüre ihn zu den Auszügen aus „Lease“ veranlasst hat.

[Carl] Fraas: Geschichte der Landwirthschaft, oder: Geschichtliche Übersicht der Fortschritte landwirthschaftlicher Erkenntnisse in den letzten 100 Jahren. Prag 1852. (Ms-S. [52]–[74]; siehe S. 393–404.)

Marx führt seine naturwissenschaftlichen Studien zur Grundrente mit der vorliegenden, mehr als 800 Seiten umfassenden Schrift über die Geschichte der landwirtschaftlichen Entwicklung von Carl Fraas (1810–1875), Botaniker und Agrarwissenschaftler in München, fort.

Bereits kurz nach der Publikation des ersten Bandes des „Kapital“ sah Marx die Notwendigkeit, sich mit dem neuesten Zustand der Agrikulturchemie zu beschäftigen. Als er am 3. Januar 1868 an Engels schrieb und um Schorlemmers fachlichen Rat bat, zeigte er vor allem an der landwirtschaftlichen Theorie von Fraas Interesse, den er namentlich erwähnte: „Von Schorlemmer wünschte ich zu wissen, was nun das neueste u. beste Buch (deutsche) über Agrikulturchemie? Ferner, wie jezt die Streitfrage zwischen den Mineraldünger- u. Stickstoffdünger Männern steht? (Seit ich mich zulezt damit beschäftigt, ist allerlei Neues in Deutschland erschienen.) Ob er etwas von den neueren Deutschen weiß, die *gegen* Liebig's Bodenerschöpfungstheorie geschrieben? Ob ihm des Münchener Agronomen Fraas (Prof. an der Univ. zu München) Alluvionstheorie bekannt? Zu dem Kapitel über die Grundrente muß ich wenigstens to some extent mit dem neuesten Stand der Frage bekannt sein." (IISG, MEN, Sign. L 4512.) Doch Engels antwortete am 6. Januar, dass Schorlemmer „[d]as Buch von Fraas [...] unbekannt" (IISG, MEN, Sign. D 1661) sei, was Schorlemmer selbst Anfang Februar gegenüber Marx bestätigte: „Ich habe die Fortschritte der Agrikulturchemie in den letzten Jahren wenig verfolgen können, da mir die Literatur nicht zu Gebote stand. [...] Die Alluviontheorie von Fraas ist mir nicht näher bekannt." (IISG, MEN, Sign. D 3986.)

Somit sah Marx sich zu seiner eigenen Fraas-Lektüre genötigt, die er wahrscheinlich schon nach Engels' Antwort Anfang Januar begann. Der Name Fraas war ihm schon bekannt, da er in den bibliographischen Notizen zu Beginn des vorliegenden Hefts Fraas' Schrift „Die Ackerbaukrisen und ihre Heilmittel" (Leipzig 1866) notiert hatte (siehe S. 359.33 und Erl.). Nach der Lektüre von Fraas' geschichtlicher Abhandlung und weiterer Schriften von Fraas in „Heft 2. 1868" und „Heft 3. 1868" der „Hefte zur Agrikultur" teilte er Engels am 25. März 1868 mit: „Auch seine Geschichte der Agrikultur wichtig". (IISG, MEN, Sign. L 4527.) Im ersten Band des „Kapital" hatte Marx schon Liebig mit dem gleichen Lob bedacht: „Auch seine historischen Aperçus über die Geschichte der Agrikultur, obgleich nicht ohne grobe Irrthümer, enthalten mehr Lichtblicke als die Schriften sämmtlicher modernen politischen Oekonomen zusammengenommen" (MEGA② II/5. S. 410). Somit besteht in der Fraas-Lektüre ein Grund für die Abschwächung des Lobs für Liebig in der zweiten Ausgabe des „Kapital": „Auch seine historischen Aperçus über die Geschichte der Agrikultur, obgleich nicht ohne grobe Irrthümer, enthalten Lichtblicke." (MEGA② II/6. S. 477.) Als er an Engels schrieb, hatte Marx vermutlich noch Fraas' Buch bei sich, da er dort eine Stelle in der Einleitung erwähnte, die er nicht in seinem Heft notiert hatte: „Fourier nennt er diesen ‚frommen und humoristischen Socialisten'" (IISG, MEN, Sign. L 4527; siehe bei Fraas: Geschichte der Landwirtschaft ... S. 12).

Im vorliegenden Werk, an dem Fraas mehr als zwölf Jahre arbeitete, stellt er die Entwicklung der Landwirtschaft von 1750 bis 1840 ausführlich dar. Das Buch ist in 21 Kapitel gegliedert, wobei sich Marx für die Entstehung der Humustheorie von Albrecht Thaer – die von der Behauptung ausgeht, dass die Pflanzen von Wasser und Luft leben können – und ihre spätere Überwindung durch die Mineraltheorie von Liebig und anderen interessierte. Fraas erkannte zwar den wissenschaftlichen Beitrag von Liebigs „Agriculturchemie" an, bemerkte aber auch, dass die Mineraltheorie und das „Gesetz des Ersatzes", deren Entdeckung Liebig mit seiner Erstausgabe der „Agriculturchemie" (1840) zugeschrieben wurde, schon in den 1830er Jahren von Carl Sprengel und Wilhelm August Lampadius vertreten worden war. Somit konnte Marx Liebigs Bodenerschöpfungstheorie genauer in ihren geschichtlichen Entstehungskontext einordnen. So verstand Marx Humphry Davy als „Vorläufer *Liebigs*“ (S. 395.5) und Jean-Antoine le Comte Chaptal als „Schüler des Davy“ (S. 395.19). Marx findet auch bei Grisenwhites Lehre Liebigs optimistische Mineraltheorie: „vorerst müßten die chemischen Bestandtheile der Düngerarten den Pflanzen bekannt sein, daß man dann durch Zubringen solcher Substanzen auf *ein u. demselben Felde* ohne Rotation immer die schönsten Früchte ziehen könnte.“ (S. 395.32–35.)

Der Fraas'schen Darstellung folgend lenkte Marx seine Aufmerksamkeit über die Mineraltheorie hinaus auf die breite Fachliteratur der Landwirtschaft, Grundrente, Düngerlehre, Bodenanalyse, Pflanzenpathologie, Meteorologie und Bodenbearbeitung seit dem 16. Jahrhundert. Seine Notizen schließen deutsche, englische, französische und schwedische Titel ein. Da er weniger auf einzelne inhaltliche Punkte, sondern eher auf die bibliographischen Angaben von Fraas einging, versuchte er aus jedem Feld wichtige Werke zu sammeln.

Marx hatte während der Lektüre ein Deutsch-Englisches Wörterbuch zur Hand, damit er an einigen Stellen neben die deutschen Wörter deren englische Übersetzung hinzufügen konnte. Er übernahm auch Fraas' Einschätzungen, woraus geschlossen werden kann, dass er dessen wissenschaftlichen Fähigkeiten weitgehend vertraute.

C[arl] Fraas: Die Natur der Landwirthschaft. Beitrag zu einer Theorie derselben. Bd. 1.2. München 1857. (Ms-S. [87]–[133]; siehe S. 413–434.)

Wie Marx in seinem Brief an Engels vom 3. Januar 1868 bekannte, interessierte er sich für Fraas' Alluvionstheorie. Es ist die vorliegende Schrift, in der Fraas diese Theorie sowie seine Lehre von der „Agrikulturphysik“ erörterte.

Der erste Band trägt den Titel „Grundzüge des landwirthschaftlichen Pflanzenbaues nach den Ergebnissen der Naturforschung“ und ist in vier Abschnitte unterteilt: „I. Der Boden“, „II. Pflanzennahrung“, „III. Die Pflanzen“ und „IV. Der Pflanzenbau“.

Die theoretische Besonderheit der Fraas'schen Landwirtschaftslehre besteht darin, dass er den Einfluss der klimatischen und anderen physikalischen Faktoren auf das pflanzliche Wachstum stark betont. Gerade diese Faktoren seien oft von der chemischen Bodenanalyse vernachlässigt worden. Um dies zu verdeutlichen, beginnt Fraas sein Werk mit dem Abschnitt „Anschwemmung (Alluvion)“, den Marx auch exzerpiert. Fraas zufolge enthält die Anschwemmung verschiedene mineralische Bestandteile in den von Alluvion geformten geologischen Formationen. Die Alluvion, wie die Barre an der Donau, die Landzunge des Mississippi, die Deltas des Nil und Po, formt dank ihrer mineralischen Bestandteile reiche Böden, die Jahrzehnte lang Erträge ohne Düngung garantieren können, weil Flüsse ihnen jedes Jahr zahlreiche Mineralstoffe liefern und die von Pflanzen entnommenen Stoffe ersetzen. Fraas erkannte die praktische Bedeutung der Anwendung dieser natürlichen Ersetzungsfunktion und schlug die Errichtung von „künstlichen Alluvionen“ als „das radikalste Mittel zur Kultur“ (S. 416.31) oder als „gewaltigste u. gründlichste aller Kulturmittel“ vor (S. 415.26–27). Mittels der Schaffung von Kanälen und Schleusen wird Fraas zufolge die Zufuhr schlammtragenden Wassers reguliert, damit dessen Überflutung Pflanzennahrung liefern kann.

Marx verfolgt ferner Fraas’ ausführliche Angaben zu unterschiedlichen Bodenarten wie „Kieselboden“, „Thone“, „Kalke“. Darauf basierend entwickelt Fraas die „physikalischen Eigenschaften“ jeder Bodenarten hinsichtlich Gewicht, Cohäsion und Adhäsion, Wasser- und Wärmehaltungsfähigkeiten etc. Im Gegensatz zur Agrikulturchemie von Liebig, welche diese physikalische Seite unterschätzt, hebt Fraas jede physikalische Eigenschaft in Bezug auf das pflanzliche Wachstum hervor, weil die Verwitterung des Bodens wesentlich von Wärme, Licht, Wasser und Luft abhängig sei. Die Düngung durch menschliche Hand sei als Korrektur nötig, um fehlende klimatische Bedingungen für die Pflanzen zu ergänzen.

Fraas vernachlässigt auch die chemische Analyse der Vegetation nicht, die Marx im zweiten Teil „Pflanzennahrung“ studierte. Fraas stellt dar, wie jeder Stoff (wie Kohlensäure, Ammoniak und Phosphate) zur pflanzlichen Nahrung beitragen könne.

Marx exzerpierte kaum aus dem dritten Teil. Hier begegnet er wieder der These, dass der Pflanzenanbau an sich nicht die Ursache der Bodenerschöpfung ist. Er richtet seine Aufmerksamkeit stattdessen auf Fraas’ Erklärung des Klimas und weitere Methoden der Ernte-Optimierung.

Marx studiert schließlich die „Eintheilung der Kulturpflanzen“, vor allem die „I. Getreidearten“ (wie „Weizen“, „Spelz“, „Gerste“, „Haber“, „Hirse“), „II. Hülsengewächse“ („Erbse“, „Wicke“, „Linse“ usw.), „III. Futterpflanzen“, „IV. Wurzel- und Knollenpflanzen“, und „V. Oel- und Handelspflanzen“ mit ihren lateinischen Namen und Angaben zu Wachstumsgebieten, der Geschichte ihrer Kultivierung, passenden Bodenarten sowie Temperatur, Größe und Ertrag.

Marx setzte seine Auszüge aus Fraas’ „Natur der Landwirthschaft“ im zweiten „Heft zur Agrikultur“ 1868 fort (siehe Entstehung und Überlieferung S. 1091/1092).

Das Exzerptheft enthält schließlich Auszüge aus 16 Zeitungsartikeln.

Auf Ms-S. [9] befinden sich Auszüge aus: Zweite Sitzung des Friedenskongresses. (Korrespondenz.) In: Neue Zürcher-Zeitung. Nr. 254, 13. September 1867. S. 1213/1214. (Siehe S. 357.) Der Artikel unterstellt, Marx sei der Verfasser einer von Sigismund Ludwig Borkheim gehaltenen Rede auf dem Kongress der Gründung der Friedens- und Freiheitsliga in Genf. In seinem Brief an Engels vom 4. Oktober 1867 schrieb Marx mit Bezug auf den Artikel, dass Borkheims Rede sehr schlecht gewesen sei: „Niemand verstand ihn. […] Das war ein wahres Glück. Man hielt seine Rede für bedeutend, weil man sie *nicht* verstand.“ (IISG, MEN, Sign. L 4494.) Im Brief an Kugelmann vom 11. Oktober 1867 gibt Marx zu verstehen, dass er Carl Vogt für den Verfasser des Artikels hält – vermutlich weil der Artikel eine Intervention Carl Vogts in die Rede Borkheims lobend erwähnt: „Ich fürchte, daß *Borkheim malgré lui* auf dem Punkt steht, mir einen sehr üblen Streich zu spielen. [...] Es sind in seiner Rede etc einige Phrasen, worin er mir angehörige Ansichten *verkladderadatscht*. Nun wird es für meine Feinde (Vogt hat schon in der N[euen] Zürcher-Z[eitung] *mich* als den Geheimverfasser der Rede angedeutet) ein sehr schönes Spiel sein, statt mein *Buch* anzugreifen, mich für den Herrn *Borkheim*, seine Narrheiten, u. Persönlichkeiten, verantwortlich zu machen.“ (IISG, MEN, Sign. C 340.) Allerdings ist der Artikel in der „Neuen Zürcher-Zeitung“ anonym erschienen und nicht gezeichnet.

Auf Ms-S. [29] (siehe S. 374) befinden sich kurze Auszüge über die Goldvorräte der Banque de France sowie über die Einwohnerzahl Londons. Als Quellen gibt Marx an: The Bullionist, 1. Februar 1868; und The Press, 1. Februar 1868.

Auf Ms-S. [14]/[15], [20]–[22], [153]–[155], [162]–[164] (von fremder Hand), [165] sowie [169]–[175] befinden sich Auszüge aus zwölf Artikeln der „Times“ von 1864 bis 1868 zu verschiedenen Themen. Auf Ms-S. [15] befinden sich Auszüge aus Eugène Dupont: [Londres, 10 octobre. „Tu tonnes Jupiter? ...“] In: Le Courrier français. Paris. Nr. 119, 14. Oktober 1867. S. 1/2. (siehe S. 361); und The Times, 30. Januar 1868. S. 8 (siehe S. 363). In beiden Artikeln geht es um die Verelendung Irlands infolge der Agrarreformen durch die britische Kolonialherrschaft. Laut den Artikeln wurden die Ackerböden in profitablere Weideflächen umgewandelt, so dass die Lebensbedingungen der Bevölkerung schlechter als die des Viehs geworden und mehrere Dörfer und einige Städte aufgegeben und komplett zerstört worden seien.

Auf Ms-S. [14] befindet sich ein Auszug einer Tabelle aus J[ohn] B[ennet] Lawes: The Wheat Crop of 1867. In: The Times, 5. Oktober 1867. S. 10. (Siehe S. 360.) Lawes berichtet hier von den Resultaten seines Experiments in Rothamsted zur Wirkung von Kunstdünger. Lawes galt seit den 1840er Jahren als Kritiker der Liebig'schen Mineraltheorie und betonte gemeinsam mit Joseph Henry Gilbert die Bedeutung des Stickstoffgehalts für die Zunahme der Bodenerträge (siehe Entstehung und Überlieferung S. 965). Sie vertreten die sogenannte Stickstofftheorie. Lawes war der erste erfolgreiche Kunstdüngerhersteller in England, während Liebigs Patentdünger keinen Erfolg hatte. Marx hatte bereits Anfang der 1860er Jahre die Debatte zwischen Lawes und Liebig verfolgt, als er Liebigs Polemik „Ueber Theorie und Praxis“ (Braunschweig 1856) las (IISG, MEN, Sign. B 93). Er scheint bei der diesmaligen Lektüre nach wie vor auf der Seite von Liebig zu stehen, weil er Lawes „Humbug“ nennt. Laut Lawes sei die Ernte seines Experimentalfeldes zwischen 1860 und 1863 stetig gestiegen, aber zwischen 1863 und 1867 hingegen gesunken. Da die Behandlung jedes Ackers jährlich dieselbe geblieben sei, schreibt er den Unterschied in den Erträgen dem Einfluss des Klimas zu. Nach Liebig hat jedoch die Abnahme des Ertrags die Erschöpfung der pflanzlichen Nährstoffe infolge des kontinuierlichen Anbaus zur Ursache. Marx hat die gesamte Tabelle exzerpiert.

Auf Ms-S. [170]–[172] exzerpierte Marx den Artikel von Lawes: The Wheat Crop of 1868 (In: The Times, 17. August 1868. S. 5), der Lawes' Artikel vom 5. Oktober 1867 um die Angaben der Erträge des Jahres 1868 ergänzt. (Siehe S. 447/448.) In diesem Jahr vermehrten sich die Erträge in Lawes Experimentalfeld, auch wenn dem Boden jahrelang kein Dünger gegeben worden sei. Lawes sieht somit seine Theorie des Einflusses wechselnder klimatischer Bedingungen bestätigt. Marx bezeichnet Lawes abermals als „Humbug", übernimmt wieder die gesamte Tabelle und dieses Mal auch weite Teile des Artikels.

Auf Ms-S. [20]–[22] befinden sich Auszüge aus: The Times, 26. Oktober 1867. S. 8. (Siehe S. 368/369.) In diesem Artikel geht es um die schlechte Lage in den Arbeitshäusern. 1867 publizierte eine der ältesten medizinischen Fachschriften, „The Lancet", eine Reihe von kritischen Berichten zum Arbeitshaus in Farnham und dem dort mangelhaften Gesundheitsschutz, die schlechte Ernährung sowie die unmenschliche Behandlung der Inhaftierten. Bei dieser „Farnham Workhouse Revelations" wurde zudem der Poor-Law-Inspektor Harry Farnall kritisiert, weil er die Zustände im Arbeitshaus fälschlicherweise für „gut" befunden hatte. „The Times" stimmte dem „Lancet" zu und denunzierte die ungenügende Arbeit der Inspektoren. Marx beschrieb im ersten Band des „Kapital" im Kapitel über den „Arbeitstag" anhand der Berichte von Fabrikinspektoren die miserable Lage der Arbeiter. Die vorliegenden Auszüge können als Ergänzung betrachtet werden.

Der auf Ms-S. [153]–[155] exzerpierte Artikel aus: The Times, 7. Januar 1868. S. 9, berichtet über die Ermittlungen der Untersuchungskommission gegen die „Caledonian Railway". (Siehe S. 438/439.) Ferner notiert Marx auf Ms-S. [155] unter dem Titel „American Immigration" einen Satz über die Zunahme der Migration in die USA im Jahr 1867 aus: The Times, 7. Januar 1868. S. 10. (Siehe S. 439.)

Auf Ms-S. [162]–[164] folgen nicht von Marx, sondern von fremder Hand angefertigte Auszüge aus zwei Leserbriefen an „The Times": „Intelligence and Wealth". In: The Times, 6. September 1864. S. 10 (siehe S. 441); sowie James and Frederick Howard: Steam-Ploughing. In: The Times, 13. September 1864. S. 12 (siehe S. 442).

Marx exzerpiert auf Ms-S. [165] über die Anzahl der Arbeiterbevölkerung in Großbritannien aus: The Times, 27. September 1866. S. 8; auf Ms-S. [169] über den Mangel an Inspektoren für Kohlegruben in Großbritannien aus: The Times, 26. Januar 1867. S. 6 (siehe S. 446); auf Ms-S. [173]–[175] über die Auswirkungen der Panik 1866 auf brachliegendes Kapital aus: The Times, 18. August 1868. S. 6 (siehe S. 449); auf der 3. Umschlagseite (Ms-S. [190]) über den politischen Einfluss der Eheschließung von Maria Fedorovna, Prinzessin von Dänemark, mit dem zukünftigen russischen Kaiser Alexander III. aus: The Times, 8. Oktober 1866. S. 8 (siehe S. 452).

Auf Ms-S. [4] befinden sich Auszüge über das schlechte Bildungsniveau arbeitender Kinder aus: Children's Employment Commission. Fifths Report of the Commissioners. With App. Presented to both Houses of Parliament by Command of Her Majesty. London 1866. (Siehe S. 352.) Das Exzerpt besteht aus drei Sätzen und wurde von Marx im Kapitel „Arbeitstag" des ersten Bandes des „Kapital" verwendet (MEGA② II/5. S. 203.21–25; II/6. S. 263.31–35; II/7. S. 216.35–37). Gegenüber Engels bemerkte Marx am 21. Juli 1866: „Der bürgerliche Optimismus seit 1850 konnte keinen furchtbarern Schlag erhalten als durch diese 5 Bluebooks."

Auf Ms-S. [29] exzerpierte Marx eine 1868 in den Vereinigten Staaten von Amerika erlassene „Resolution" über den achtstündigen Arbeitstag aus: Resolution in January 1868. In: Acts and Resolutions on the United States of America Passed at the Second Session of the 40th Congress. Washington 1868. (Siehe S. 374.) Auf Ms-S. [166]–[168] befinden sich Auszüge aus einem Bericht über den Beschluss des im August 1866 in Baltimore tagenden allgemeinen Amerikanischen Arbeiterkongresses über den achtstündigen Arbeitstag aus: National Labour Congress. Grand Industrial Demonstration in Baltimore. In: The International Journal. Vol. 1. Nr. 6. September 1866. (Siehe S. 444/445.) Marx hat eine Passage aus dem Bericht in den ersten Band des „Kapital" übernommen (siehe Erl. 444.10–14).

Auf Ms-S. [150]–[152] befinden sich Exzerpte aus „The Trades Union Commission Act, 1867" (30 Victoria, Cap. 8), 1867; und „The Trades Union Commission Act Extention Act, 1867" (30 und 31 Victoria, Cap. 74), 1867. (Siehe S. 435–437.) Marx verfolgte hier die Entwicklung des „Trade Union Commission Act" vom April 1867. Der Act sollte zunächst nur in Sheffield und Umgebung gelten, wurde aber im August 1867 mit dem „The Trades Union Commission Act Extention Act, 1867" auf andere Orte ausgedehnt.

Zeugenbeschreibung

H *Originalhandschrift:* IISG, Marx-Engels-Nachlass, Sign. B 107.

Beschreibstoff: Gebundenes Notizbuch mit kartoniertem Umschlag aus sechs im Falz mit weißen Fäden gehefteten Lagen. Außenseiten beige-rot, Innenseiten weiß. Jede Lage bestand aus vier Bogen (= 8 Blatt = 16 Seiten) glatten, starken Papiers (21 Wasserlinien pro Seite). Das erste und letzte Blatt sind auf die Rückseite des vorderen und hinteren Umschlagdeckels geklebt. Format des Umschlags sowie der Bogen 180 mm × 218 mm, gefaltet auf 180 mm × 109 mm. Wasserzeichen:

HAMM
MANUFACTURING
STATIONER

Ferner ein Vogel mit gespreizten Flügeln im Kreis, HAMMOND'S sowie TRADE MARK, wappenartige Darstellung (wahrscheinlich Firmenzeichen der Papierfabrik) und senkrechte Linien im Abstand von 25,5 mm. Buchschnitt an allen drei Seiten braun gesprenkeltes Muster. Auf die Außenseite des Vorderdeckels von Engels ein Etikett aus weißem Papier im Format 128 mm × 109 mm mit einem waagerecht geschriebenen Inhaltsverzeichnis geklebt. S. [130]/[131]: Blatt zu zwei Dritteln vertikal abgeschnitten. S. [132]/[133], [134]–[141]: Blatt zu einem Drittel vertikal abgeschnitten. S. [158]/[159]: Blatt zu vier Fünfteln vertikal abgeschnitten. S. [160]/[161]: Blatt zu drei Vierteln vertikal abgeschnitten. Keine Textverluste.

Zustand: Schlechter Gesamtzustand. Rücken völlig im Abbröckeln begriffen. Papier leicht vergilbt. Die Außenseiten des Vorderdeckels und Rückdeckels und S. [1]/[2] besonders stark verschmutzt. Bündel liegen teilweise lose ineinander. Keine Textverluste.

Schreiber: Karl Marx, unbekannter Schreiber (S. [4], [162]–[164], [189]), Friedrich Engels (Etikett).

Schreibmaterial: Schwarze Tinte und Bleistift (gelegentlich bei den Marginalien und Unterstreichungen).

Beschriftung: S. [130]/[131], [134]–[149], [157]–[161], [176]–[187]: leer.
S. [156]: drei Zeilen.
S. [51]: zu einem Viertel.
S. [40], [152], [188]: zu einem Drittel.
S. [189]: zu zwei Fünfteln.
S. [19], [22], [27], [29], [83], [152]: zur Hälfte.
S. [169]: zu zwei Dritteln.
S. [28]: zu fünf Sechsteln.
S. [7], [8], [86]: zu drei Vierteln.
S. [175]: zu vier Fünfteln.
S. [2] Berechnungen (siehe Abb. S. 1059).
Alle anderen Seiten vollständig mit Tinte beschrieben.
Deutsche und lateinische Schrift.

Paginierung: Das Heft enthält keine von Marx stammende Paginierung.

Vermerke fremder Hand: Archivstempel des IISG unregelmäßig auf 78 Seiten, Sign. B 98 auf S. [2]; Fotosign. AK 1 (1. Umschlagseite) und auf allen beschriebenen Seiten AK 1a–82b (alle mit Bleistift).

Hinweise zur Edition

Alle Auszüge werden hier erstmals veröffentlicht.

KORREKTURENVERZEICHNIS

348.5	Courier] **H** Courrier
349.23	*Florent*] **H** *Florenz*
350.4	Haushaltungs-] **H** Haushaltungs
350.10	Rechenbret.)] **H** Rechenbret.
351.6	Wassili] **H** Wasili

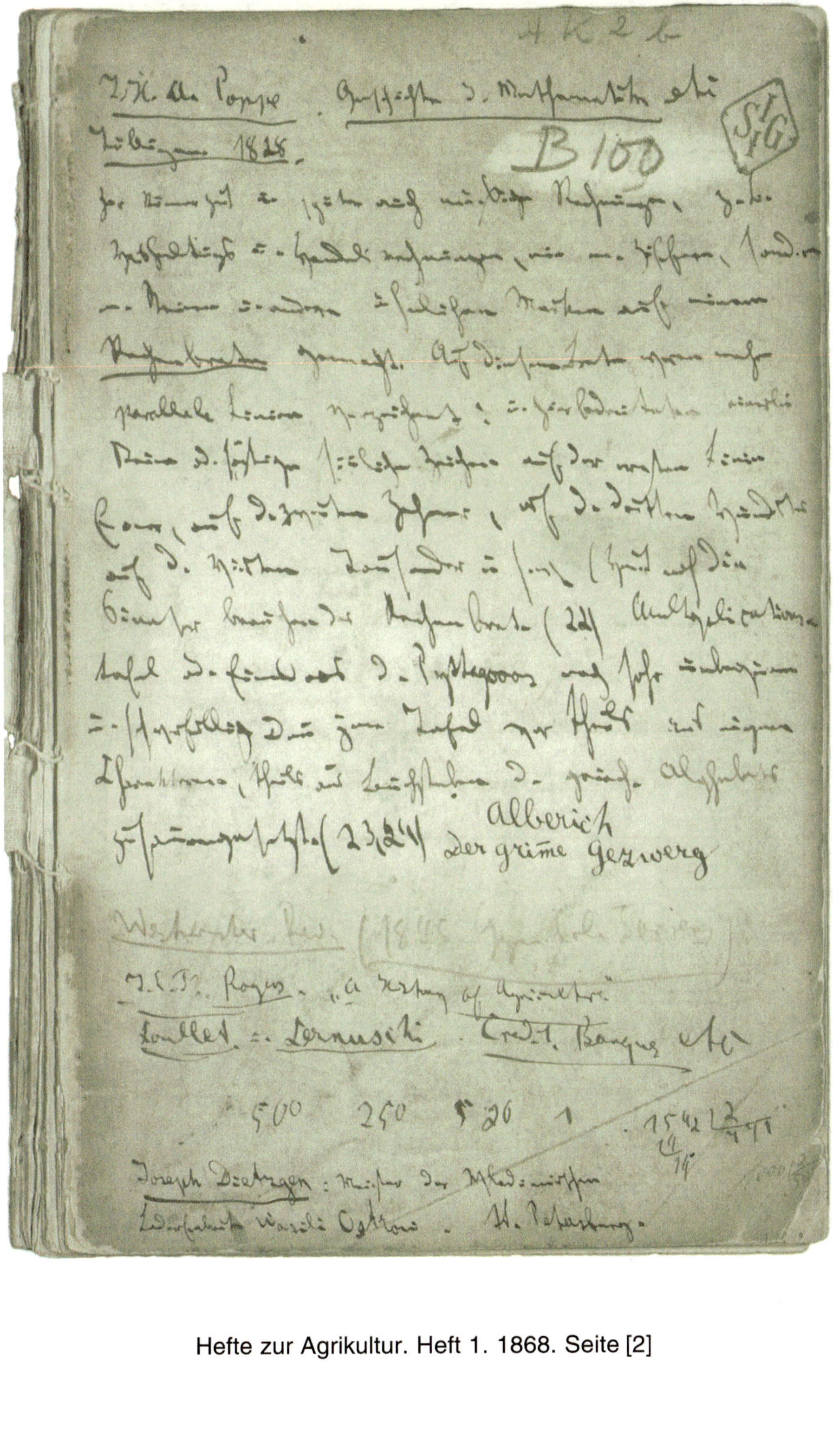

Hefte zur Agrikultur. Heft 1. 1868. Seite [2]

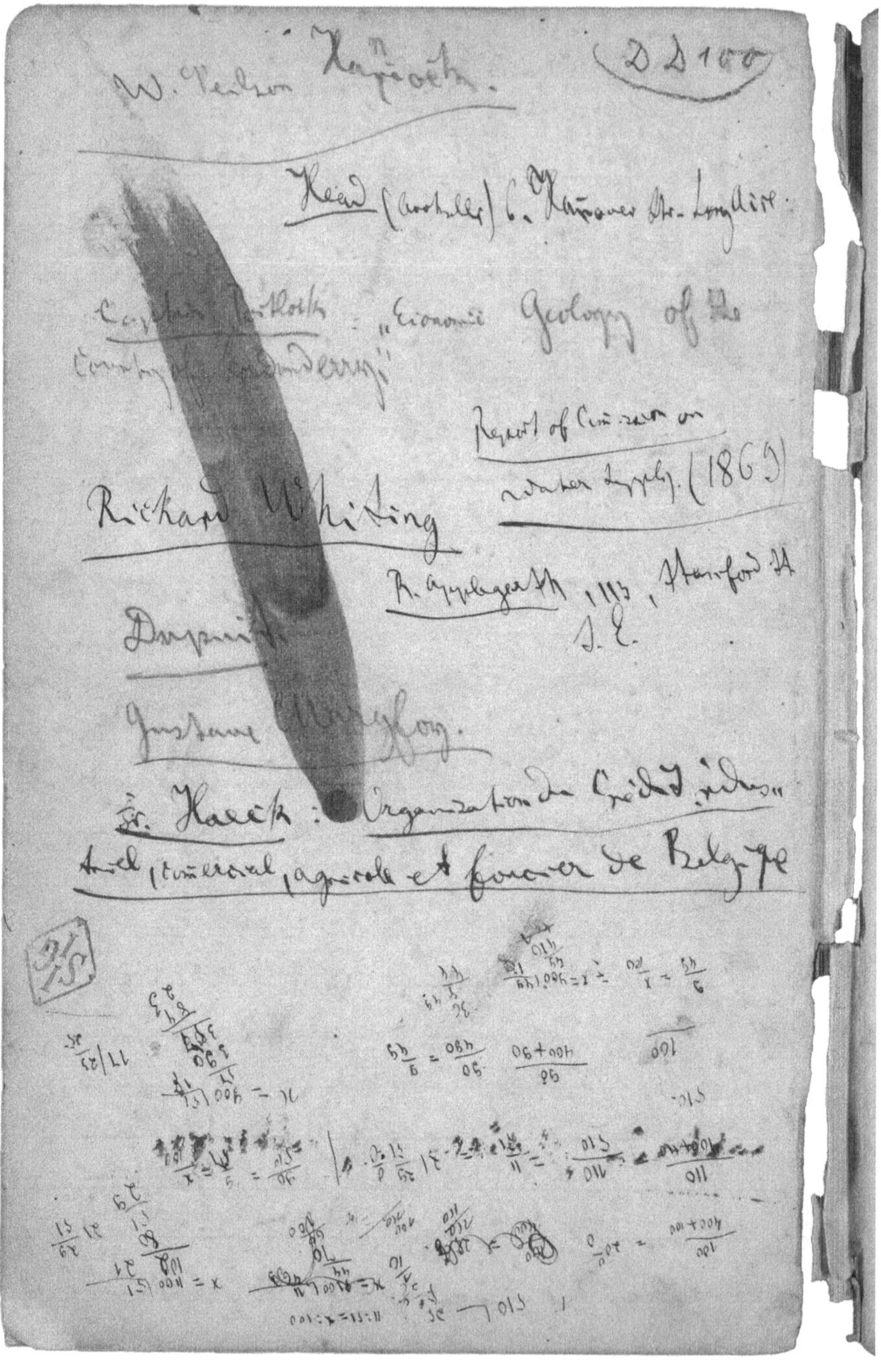
W. Nelson Hancock. (DD 100)

Captain Portlock: „Economic Geology of the County of Londonderry“

Report of Commission on water supply (1869)

Richard Whiting

R. Applegarth, 113, Stamford St. S.E.

Dr. Haeck: „Organisation du Crédit industriel, commercial, agricole et foncier de Belgique“

Hefte zur Agrikultur. Heft 3. 1868. Seite [276]

351.11	*Philips*] **H** *Phillips*
351.14	rather] **H** rathe
353.11	Causes] **H** Cause
354.18	(26)] **H** 26.
355.2	l.c.] **H** 64
355.15	population.«] **H** population.
358.8	*Giustizia.“*] **H** *Giustizia.*
359.23	Friedrichstrasse] **H** Friedrichsstrasse
359.29	*Masson*] **H** *Mussé*
359.31	Masny] **H** Magny
365.19	Eine] **H** Einer
366.10	ne fut,] **H** ne fut
366.12	en a] **H** a en Korrigiert nach der Quelle.
367.3–4	*Passavantii*] **H** *Passavanti*
367.8	*Transsubstantiation*] **H** *Transsubstantion*
367.15	Satyriker)] **H** Satyriker
368.2	revelations] **H** relevations
369.10	Unions)] **H** Unions))
369.14	Union“] **H** Union
371.18	1733] **H** 1833 Fehler in der Quelle.
371.20	*Eus.*] **H** *Eig.* Fehler in der Quelle.
372.10	1867] **H** 1868
372.22	rationnel] **H** rationel
372.24	MM. Barrier] **H** M. M. Ballier
376.25	*Niederungen.«*] **H** *Niederungen.*
377.17	etc.«] **H** etc
377.17	97)] **H** 97
377.31	besser.«] **H** besser.
377.31	198] **H** 197, 198
378.9	erklären.«] **H** erklären.
378.32	(p. 211)] **H** (p. (271)
378.37	3,500,000] **H** 3,350,000 Korrigiert nach der Quelle.
379.4–5	Nachfrage.«] **H** Nachfrage.
379.11	Letzteres] **H** Letzeres
379.20	etc)] **H** etc
380.21	wird] **H** wird ...
386.12	fertility, the] **H** facility, to Korrigiert nach der Quelle.
386.18	most of it] **H** mostit
390.11	–] **H** ...

393.21 Uebergenuß] **H** Ueberfluß
Korrigiert nach der Quelle.
394.4 *Anton*] **H** *Anthon*
Fehler in der Quelle.
394.11 v.] **H** v.: v.
394.13 »daß] **H** daß
394.24 Mayow] **H** Magow
Schreibfehler in der Quelle.
394.40 »z.B.] **H** z.B.
395.23 *Landwirthe"*] **H** *Landwirthe*
395.25 *Dammerde.*«] **H** *Dammerde.*
395.28 1804."] **H** 1804.")
395.33 bekannt] **H** bekannten
395.36 »Schon] **H** Schon
396.6 Bodenkunde)] **H** Bodenkunde,
396.11 »den] **H** den
396.25 bilden] **H** bildet
396.28 »Niemand] **H** Niemand
397.4–5 [Gemengtheile, sondern auch von ihrem Mengen- und Mischungsverhältnisse]] **H** Gemengverhältnisse
Ergänzt nach der Quelle.
397.22–23 müsse.«] **H** müsse.
398.16 verdanken.«] **H** verdanken.
398.33 *geschieht*)] **H** *geschieht*
398.36 Blattpilze.)] **H** Blattpilze.
399.13 könne.«] **H** könne.
399.24 Kriege] **H** Güter
Korrigiert nach der Quelle.
399.30 *1762.)*] **H** *1762.*
399.39 [Morgen]]
Ergänzt nach der Quelle.
401.4 25,44°.«] **H** 25,44°.
402.1 »Wann] **H** Wann
402.14 des] **H** in d.
402.40 Niederung] **H** Niederlande
Korrigiert nach der Quelle.
403.28 »Die] **H** Die
403.30 539] **H** 540
403.40 ablieferten.«] **H** ablieferten.
405.26 Ausnahme.«] **H** Ausnahme.
406.21 Volkswirthschaften] **H** Volkswirthschaftenden
406.30 »der] **H** der
408.9 mischievous] **H** mischievos
408.17 196] **H** l.c.

408.17 »There] **H** There
408.24 tenancy] **H** tendency
409.8 »What] **H** What
409.22 the tenant] **H** thenant
409.35 guano –] **H** guano,
411.11 wäre.«] **H** wäre.
412.1 Reihe] **H** Menge
Korrigiert nach der Quelle.
414.20–21 allüberall] **H** allüberal
414.25 südöstlichen] **H** südlichen
Korrigiert nach der Quelle.
414.27 weißgetrübten] **H** weißgefärbten
414.33 7, 8] **H** 8, 9
415.1 vereinigt.] **H** vereinigt,
416.3 bedecken)] **H** bedecken;
416.5 [soll]]
Ergänzt nach der Quelle.
416.18 bildeten] **H** bildet
417.1 letztlich] **H** letzlich
418.29 Adhäsion] **H** Adhäsung
420.22 etc.] **H** etc
421.9 Alumiumoxyd.)] **H** Alumiumoxyd.
421.31–32 Verwitterungsproduktes] **H** Verwitterungsprozesses
Korrigiert nach der Quelle.
421.33 Thonbodens.«] **H** Thonbodens.
423.4 Bodenart] **H** Bodenarten
423.21 *die besten*] **H** *die besten die besten*
425.14 ein] **H** in
425.18 55] **H** 54, 55
426.33 schiefrig).] **H** schiefrig.
426.36 Burgellern.)] **H** Burgellern.
426.36 72] **H** 7
427.2–3 Lachter] **H** Lacher
Korrigiert nach der Quelle.
427.4 fruchtbar.«] **H** fruchtbar.
428.16 Encyclopädie.)] **H** Encyclopädie.
428.24 Durocher] **H** Derocher
Schreibfehler in der Quelle.
429.38 Die] **H** Das
431.12 Bodenarten] **H** Bodenpflanzen
Korrigiert nach der Quelle.
433.26 etc,] **H** etc
434.8 Nitrate] **H** Hydrate
Korrigiert nach der Quelle.

435.17 Months«] **H** Months
435.19 Disclosure«.] **H** Disclosure«. Auch may
Von Marx versehentlich nicht gestrichen. Siehe Erl. 435.19.
438.17 they] **H** the
441.4 palpable] **H** palbable
443.11 110,500] **H** 1,105,000
444.4 Baltimore] **H** Baltmore
445.8 »Resolved] **H** Resolved
445.14 situated] **H** situate
446.1 *1867*] **H** *1868*
446.8 inspected?] **H** inspection
449.14 so that] **H** so
449.27 but] **H** bet
452.18 family] **H** families
452.20 Textverluste durch Beschädigung des Papiers. Ergänzt nach der Quelle.
452.22 it] **H** its

ERLÄUTERUNGEN

349.2–7 Mit Bleistift geschrieben.

349.8 H[ippolyte] Passy: Rente du sol. In: Dictionnaire de l'Économie Politique. Contenant l'exposition des principes de la science … Éd. par Ch[arles] Coquelin, [Gilbert-Urbain] Guillaumin. T. 2. J–Z. Paris 1853. S. 509–519. – Von Marx im „Großheft 1865/1866" der „Hefte zur Agrikultur" exzerpiert (siehe S. 262–267).

349.9 *Lalor.*] Mit Erledigungsvermerk versehen. Möglicherweise John Lalor: Money and Morals: A Book for the Times. London 1852. – Von Marx im „Heft zum fixen Kapital und Kredit 1868" exzerpiert (siehe S. 758/759).

349.9 *Quincey.*] Thomas De Quincey – Marx las in der „Westminster Review" eine Rezension von De Quincey: The Logic of Political Economy (siehe Erl. 351.3) und notierte einen Titel in den „Bibliographischen Notizen zu den Katalogen Londoner Buchhändler" (S. 27.23).

349.9 *Carlile.*] Möglicherweise: Thomas Carlyle.

349.10 *Ferguson.*] Möglicherweise: Adam Ferguson.

349.10 *Boisguillebert.*] Siehe Erl. 456.8.

349.11 Marcus Zuerius Boxhorn: Varii tractatus politici. Amstelodami 1663.

349.11 *Vauban.*] Siehe Erl. 191.12.

349.12 *Turgot.*] Siehe S. 248.32 und 400.3.

349.12 *Fawcett.*] Marx exzerpierte im vorliegenden Heft eine Schrift von Henry Fawcett (siehe S. 354/355).

349.13 Siehe Erl. 106.3.

349.16 Mit Bleistift geschrieben. Public Health. Fourth Report of the Medical Officer of the Privy Council. With App. 1861. Ordered, by the House of Commons, to be Printed, 11 April 1862. [London 1862.] – Auf S. 32–35 befindet sich der Abschnitt „Excessive Mortality of Infants in some Manufacturing Places". Dort wird auf den „Appendix IV" der Schrift verwiesen: Es ist „Dr. Greenhow's Second Report on Districts with excessive Mortaliy from Lung-Diseases", der sich S. 138–187 befindet. S. 33 heißt es: „Dr. Greenhow, whom under their Lordship's orders I instructed to make it, combined with his inquiry into industrial diseases at Coventry, Nottingham, Blackburn, Birmingham, Wolverhampton, Merthyr, Tydfil, and Abergavenny, an inquiry into the circumstances of infant life in the same places respectively. His report (Appendix No. IV.) is subjoined. It gives a very sad picture of suffering and demoralization, caused by the present circumstances of female employment in factories." – Der Bericht von Marx zitiert im ersten Band des „Kapital" (MEGA② II/5. S. 380; II/6. S. 446; II/7. S. 402).

349.19–20 V[ictor] A[imé] Huber: Ueber Association und deren Verhältniß zur innern Mission. Ein Vortrag gehalten am Frankfurter Kirchentag. Halle 1855; Andreas Cochut: Die Arbeiter-Associationen. Geschichte und Theorie der Versuche einer Reorganisation der Gewerbe, welche seit dem Februar 1848 gemacht worden sind. Ins Deutsche übertr. von A. Wagner. Tübingen 1852; J[ohann] C[arl] Glaser: Die Erhebung des Arbeiterstandes zur wirthschaftlichen Selbstständigkeit mit besonderer Rücksicht auf die Verhältnisse in Preußen. Fünf Vorträge. Berlin 1865.

349.21 Von Marx mitten in die Zeile geschrieben: MDXLII. LII

349.24–26 Patrick Edward Dove: The Elements of Political Science. In 2 Books. With an Account of Andrew Yarranton, the Founder of English Political Economy. Edinburgh 1854. – Titel von Marx im „Großheft 1865/1866" der „Hefte zur Agrikultur" exzerpiert (siehe S. 284–298).

350.1–3 Johann Heinrich Moritz Poppe: Geschichte der Mathematik. Seit der ältesten bis auf die neueste Zeit. Tübingen 1828.

350.4–13 Siehe Marx an Lion Philips, 14. April 1864: „Ich hatte auf dem Museum den Boetius ‚De arithmetica' (Schriftsteller aus der Zeit der Völkerwandrung) über die römische Division (er kannte natürlich *keine andre*) nachgesehn. Es geht mir daraus u. einigen andern Schriften, die ich verglichen, folgendes hervor: Mässige Rechnungen, nä[mlich] Haushaltungs- u. Handelsrechnungen wurden nie mi[t Zahlen], sondern mit Steinen und anderen ähnlichen Marken auf einem Rechenbrete gemacht. Auf diesem Brete waren mehre parallele Linien verzeichnet, und hier bedeuteten einerlei Steine oder sonstige sinnliche Zeichen auf der ersten Linie Einer, auf der zweiten Zehner, auf der dritten Hunderter, auf der vierten Tausender u.s.w. Solche Rechenbretter dienten fast das ganze Mittelalter und werden heute noch von den Sinesen gebraucht. Was grössere mathematische Rechnungen angeht, so hatten die Römer in der Zeit, wo diese bei ihnen vorkommen, bereits die Multiplicationstafel oder das Einmaleins des Pythagoras, allerdings noch sehr unbequem u. schwerfällig, denn jene Tafel war theils aus eignen Characteren, theils aus Buchstaben des [griech]ischen (später römischen) Alphabets zusammengesetzt." (MEGA② III/12. Br. 328.14–30.)

351.2 Von fremder Hand geschrieben.

351.3 Mit Bleistift geschrieben. A.: Art. II.—The Logic of Political Economy. By Thomas De Quincey. In: Westminster Review. Nr. 85, June 1845. S. 154–160. – Rezensionsartikel von De Quinceys „Logic of Political Economy". Marx notiert *„Gegen Col. Torrens"*, weil die Rezension De Quincey zitiert, wie er sich gegen die u.a. von Robert Torrens vertretene Ansicht wendet, dass der Preis eines Artikels durch das Verhältnis von Angebot und Nachfrage bestimmt werde. Der mit „A." zeichnende Rezensent verteidigt Torrens gegen De Quincey. – Marx hatte De Quinceys „Logic of Political Economy" in Londoner Heft X (MEGA② IV/8. S. 668–771) und im „Zitatenheft" (IISG, MEN, Sign. A 52) exzerpiert sowie in „Grundrisse" (MEGA② II/1. S. 449–454, 527/527, 594), „Referate zu meinen eignen Heften" (MEGA② II/2. S. 280/281), „Zur Kritik der politischen Ökonomie ⟨Manuskript 1861–1863⟩" (MEGA② II/3. S. 278, 1048/1049, 1081, 1312, 2026), „Quellenauszüge für Buch 2 des ‚Kapital'" (MEGA② II/4.3. S. 49) und im ersten Band des „Kapital" (MEGA② II/5. S. 323; II/6. S. 385; II/7. S. 338) zitiert.

351.4 James E. Thorold Rogers: A History of Agriculture and Prices in England. From the Year after the Oxford Parliament (1259) to the Commencement of the Continental War (1793). Compiled Entirely from Original and Contemporaneous Records. Vol. 1.2.

1259–1400. Oxford 1866. – Von Marx erwähnt in seinen Briefen an Engels vom 17. Dezember 1866 (MEGAdigital) und 19. Januar 1867 („Ich muß das Buch durchaus ansehn u. habe in einem Kapitel deßwegen eine Lücke gelassen.“ (IISG, MEN, Sign. L 4468)), erwähnt und zitiert im ersten Band des „Kapital“ (MEGA② II/5. S. 543, 548, 581; II/6. S. 612, 616, 651; II/7. S. 594, 598, 640) sowie verwendet in seinen Exzerpten aus Carl Fraas: Klima und Pflanzenwelt in der Zeit (siehe S. 623.7–10).

351.5 Marx notierte die Werke Paul-Jacques Coullets und Henri Cernuschis im „Großheft 1865/1866“ der „Hefte zur Agrikultur“ (S. 106.9–11 und Erl. 106.10–11) sowie in den „Bibliographischen Notizen zur französischen politischen Ökonomie u. a. bis 1868“ in „Heft 3. 1868“ der „Hefte zur Agrikultur“ (siehe S. 736.8 und 736.26–28 sowie Erl. 736.26 und 736.28).

351.6–7 Joseph Dietzgens erster Brief an Marx stammt vom 7. November 1867 (IISG, MEN, Sign. D 1030).

351.8 Nominibus mollire licet mala.] Das Böse mildere man mit Worten. (lat.) – Publius Ovidius Naso: Ars amatoria. Buch 2. Von Marx zitiert im ersten Band des „Kapital“ (MEGA② II/5. S. 359; II/6. S. 422; II/7. S. 378).

351.9 The Philosophical Transactions from 1700 (Where Lowthorp Ends) to 1720. Abrig'd, and Dispos'd under General Heads. Ed. by Benj[amin] Motte. Vol. 2. Containing Pt. 3. The Physiological Papers. Pt. 4. The Philological Papers. London 1721. – Auf S. 18–24 befindet der Beitrag eines „Dr. Musgrave“: „Of the Roman Legions“.

351.10 John Lawrence: A New System of Agriculture. Being a Complete Body of Husbandry and Gardening ... London 1726. – Auf S. 45–51 befindet sich der Abschnitt „Of Inclosures“.

351.11 [Erasmus Philips:] The State of the Nation, in Respect to Her Commerce, Debts and Money. London 1725. 2. Ed. With Add. London 1726. – In der ersten Auflage befindet sich die von Marx angegebene Seite 52 im Kapitel „The Possibility of Paying the Publick Debts Depends on Circulation“, wo Philips die Ansicht, dass sich die Verschuldung eines Staates mit einem Tilgungsfonds („sinking fund“) begleichen ließe, als unrealistisch verwirft. Marx hat die Überlegung, den Tilgungsfonds mit Zinseszinsen automatisch zu vermehren, im Manuskript zum dritten Buch des „Kapital“ kritisiert (MEGA② II/4.2. S. 464–466). – In der zweiten Auflage im Kapitel „Of the Circulation of Money“ schreibt Philips auf S. 52, dass sich infolge der Gold- und Silberimporte zwar die Landpreise erhöht, aber damit nicht auch die Kornerträge gestiegen seien.

351.14–15 [Matthew Decker:] An Essay on the Causes of the Decline of the Foreign Trade, Consequently of the Value of the Lands of Britain, and on the Means to Restore both. London 1744. – Von Marx notiert in seinen Exzerpten aus John Ramsay McCulloch: The Literature of Political Economy (MEGA② IV/4. S. 184).

351.16 James Harrington: The Commonwealth of Oceana. – Titel von Marx notiert in einem Heft 1878 (IISG, MEN, Sign. B 147).

351.17 Vermutlich John Cary: A Discourse on Trade, and Other Matters Relative to It. London 1745.

351.18 [Antoine Jean-Baptiste Robert Auget de Montyon:] Recherches et considérations sur la population de la France. [Gez.:] Moheau. Paris 1778. – Von Marx notiert im „Notizbuch aus den Jahren 1844–1847" (MEGA② IV/3. S. 28.23–24).

351.19 [Henry Home, Lord Kames]: Sketches of the History of Man. In 2 Vol. Edinburgh 1774.

351.20 The Present State of the Currency Practically Considered. In: The Quarterly Review. Nr. 163. London. Dezember 1847. S. 206–231. – Der Artikel trägt den Kolumnentitel „Accumulation of Capital". Marx notierte später die Signatur der amerikanischen Ausgabe der „Quarterly Review" (siehe S. 738.3 und Erl.).

351.21 John Patrick Prendergast: The Cromwellian Settlement of Ireland. London 1865. – Von Engels 1870 exzerpiert (IISG, MEN, Sign. J 18 und J 20) und erwähnt in seinen Briefen an Marx vom 9. und 25. Januar 1870 (IISG, MEN, Sign. D 1778 und D 1780).

352.1–2 Children's Employment Commission. Fifths Report of the Commissioners. With App. ... London 1866. – Von Marx erwähnt im Brief an Engels vom 21. Juli 1866: „Hier ist seit einigen Tagen der Vth Report der Children's Employment Commission erschienen. Er schließt die Enquête über die Manufacturen ab u. es wird nur noch ein Nachtrag über die sporadisch in der Agrikultur angewandten ‚organised gangs' v. Weibern u. Kindern erscheinen. Der bürgerliche Optimismus seit 1850 konnte keinen furchtbarern Schlag erhalten als durch diese 5 Bluebooks." (MEGAdigital.)

352.4–7 Von Marx zitiert im ersten Band des „Kapital" (MEGA② II/5. S. 203.21–25; II/6. S. 263.31–35; II/7. S. 216.35–37).

353.3–4 Von fremder Hand geschrieben.

353.5 Report from the Select Committee on Mines; Together with the Proceedings of the Committee, Minutes of Evidence, and App.

Ordered, by the House of Commons, to be Printed, 23 July 1866. [London 1866.] – Von Marx zitiert im ersten Band des „Kapital" (MEGA② II/5. S. 404–408; II/6. S. 471–474; II/7. S. 198, 430–436).

353.8 Vermutlich Robert Owen, Alexander Campbell: Debate on the Evidences of Christianity; Containing an Examination of the Social System, and of All the Systems of Scepticism of Ancient and Modern Times, Held in the City of Cincinnati, for Eight Days Successively. With an App. by the Parties. London, Glasgow [u.a.] 1839. – Titel verzeichnet in der Daniels-Liste (MEGA② IV/5. S. 298.2).

353.10 Daniel O'Connell: An Historical Memoir on Ireland and the Irish. In: A Memoir on Ireland. Native and Saxon. New York 1843. – Die zweite Auflage (Dublin 1869) im Besitz von Engels. Standort des Originals: SAPMO/Bibl., 57/341. (MEGA② IV/32. Nr. 964.)

354.1–5 Henry Fawcett: The Economic Position of the British Labourer. Cambridge, London 1865.

354.15 *Entail*] Siehe Erl. 282.5.

355.2 1836 bis commons] An Act for Facilitating the Inclosure of Open and Arable Fields in England and Wales (6 and 7 Will. IV., Cap. 115), 1836. Dieses Gesetz erlaubte die Einhegung urbaren Landes. Die Bodeneigentümer konnten ihr Land einhegen und das gemeinschaftliche Recht („common rights") abschaffen, sofern zwei Drittel von ihnen zustimmten.

355.6–11 Von Marx zitiert im ersten Band des „Kapital" (MEGA② II/5. S. 526.18–26; II/6. S. 594.14–21; II/7. S. 575.3–10).

355.12–15 Von Marx zitiert im ersten Band des „Kapital" (MEGA② II/5. S. 493.7–10; II/6. S. 560.4–8; II/7. S. 533.8–10).

355.18–20 the bis countries.] Von Marx zitiert im ersten Band des „Kapital" (MEGA② II/5. S. 493.17–20; II/6. S. 560.15–18; II/7. S. 533.17–20).

355.26–28 Von Marx zitiert im ersten Band des „Kapital" (MEGA② II/5. S. 453.13–15; II/6. S. 518.24–26; II/7. S. 482.18–20).

357.1 Zweite Sitzung des Friedenskongresses. (Korrespondenz.) In: Neue Zürcher-Zeitung. Nr. 254, 13. September 1867. S. 1213/1214.

357.2–9 Für den 5. September 1867 hatte ein Organisationskomitee einen Kongress nach Genf einberufen, auf dem die „Friedens- und Freiheitsliga" gegründet wurde. Die „Neue Zürcher-Zeitung" stellte in einem Bericht über diesen Kongress Marx als den Verfasser von Sigismund Borkheims Rede auf dem Kongress dar. Vermutlich weil der anoynm erschienene Bericht eine Intervention Carl Vogts in die Rede Borkheims lobend erwähnt, ging Marx davon aus, dass er von Vogt selbst geschrieben war: „Ich fürchte, daß *Borkheim malgré lui* auf dem Punkt steht, mir einen sehr üblen Streich zu spielen. [...] Es sind in seiner Rede etc einige Phrasen, worin er mir angehörige Ansichten *verkladderadatscht*. Nun wird es für meine Feinde (Vogt hat schon in der ‚N[euen] Zürcher-Z[eitung]' *mich* als den Geheimverfasser der Rede angedeutet) ein sehr schönes Spiel sein, statt mein *Buch* anzugreifen, mich für den Herrn *Borkheim*, seine Narrheiten, u. Persönlichkeiten verantwortlich zu machen." (Marx an Kugelmann, 11. Oktober 1867 (IISG, MEN, Sign. C 340).) Marx resümierte die Notiz im Brief an Engels vom 4. Oktober 1867: „*Ad vocem Borkheim:* D'abord diese facts. B[orkheim] sprach (oder las vielmehr von seinem Manuscript) über 20 Minuten, während nur 10 reglementarisch waren. Natürlich, was Garibaldi und Edgar Quinet, glaubte auch er sich herausnehmen zu können. Zweitens: Er stieg auf die Rednertribüne in größter Aufregung und, wie Eccarius sagt, ‚ließ sich selbst nicht zu Wort kommen'. Niemand verstand ihn. Man hörte nur die paar Stichworte über Schulze-Del[itzsch], wo Vogt aufsprang und beide Fäuste ballte, und über die Kosaken. Das war ein wahres Glück. Man hielt seine Rede für bedeutend, weil man sie *nicht* verstand." (IISG, MEN, Sign. L 4494.)

358.8 Libertà e Giustizia war eine 1867 in Neapel gegründete Assoziation sowie eine Zeitung.

359.5 *Mosery Street*] Eventuell Schreibfehler von Marx. Gemeint möglicherweise die „Mosley Street".

359.15 Von fremder Hand geschrieben.

359.24 Eine „Rue Bradur" gab es nicht in Genf.

359.25–26 [Charles Tennant:] The Bank of England and the Organisation of Credit in England. With the Evidence of Isaac and Émile Pereire Before the French Commission of Inquiry into the Bank of France ... 3. Ed., Rev. and further Enl. London 1867. – Titel von Marx notiert im Notizbuch 1878/1879 (IISG, MEN, Sign. B 152).

359.32 August von Haxthausen: Die ländliche Verfassung Rußlands. Ihre Entwickelungen und ihre Feststellung in der Gesetzgebung von 1861. Leipzig 1866. – Von Marx exzerpiert 1876 im Heft „Diversa" (IISG, MEN, Sign. B 138) und 1881 in „Exzerpte zu Fragen der Agrarverhältnisse in Rußland u.a." (ebenda, Sign.

B 167), sowie erwähnt im ersten Band des „Kapital“ (MEGA② II/5. S. 625) und in „Notizen zur Reform von 1861 in Rußland“ (RGASPI, Sign. f. 1, op. 1, d. 4141 und 3941). – Standort des Originals mit Marginalien von Marx: RGASPI, Sign. f. 1, op. 1, d. 3713. (MEGA② IV/32. Nr. 544.)

359.33 Karl Fraas: Die Ackerbaukrisen und ihre Heilmittel. Ein Beitrag zur Wirthschaftspolitik des Ackerbauschutzes. Leipzig 1866. – Verzeichnet im Katalog der SPD-Bibliothek (Nr. 33717).

359.36 Thomas Erskine May: A Practical Treatise on the Law, Privileges, Proceedings and Usage of Parliament. London 1844. 2. Ed. London 1851. 3. Ed. London 1855.

359.37 Wahrscheinlich Statistical Tables. Statistical Abstract; Agricultural Statistics; Agricultural Statistics (Ireland). In: Accounts and Papers of the House of Commons. Vol. 71. Session 5 February–21 August 1867. [London] 1867.

359.38 Wahrscheinlich: An Act to Amend the Statute Law as between Master and Servant (30 and 31 Victoria, Cap. 141), 1867. Auch bekannt als „Master and Servant Act 1867“.

360.1 The Times, 5. Oktober 1867. S. 10. – Marx hat auf S. 447 des vorliegenden Hefts die ein Jahr später veröffentlichte, um das Jahr 1868 ergänzte Statistik exzerpiert.

361.1–2 Eugène Dupont: [Londres, 10 octobre. „Tu tonnes Jupiter? ...“] In: Le Courrier français. Paris. Nr. 119, 14. Oktober 1867. S. 1/2.

361.5 Abercorn] Mit Bleistift und als Einfügung, d.h. zu einem späteren Zeitpunkt geschrieben. – Gemeint ist James Hamilton, 1st Duke of Abercorn, Lord Lieutenant of Ireland (Juni 1866 bis Februar 1868).

363.1 The Times, 30. Januar 1868. S. 8.

363.7–8 Cardinal Cullen bis (Ende Jan. 1868)] Pastoralschreiben des Dubliner Erzbischofs Kardinal Paul Cullen vom wahrscheinlich 26. Januar 1868, das in mehreren Kirchen des Bistums vorgelesen wurde. In der britischen und irischen Presse wurde das Pastoralschreiben ausgiebig zitiert. Siehe z.B. His Eminence Cardinal Cullen. In: Freeman's Journal and Daily Commercial Advertiser, 27. Januar 1868. S. 1.

364.1–3 [Jean Le Rond] D'Alembert: Sur la destruction des Jésuites en France. Paris 1865.

365.1–2 Paul-Louis Courier: Chefs-d'œuvre. T. 1. Paris 1864.

365.5 *Simple Discours*] Paul Louis [Courier]: Simple Discours. Paris 1821.

367.1–2 C[harles] Lenient: La satire en France ou la littérature militante au XVIe siècle. Paris 1866.

367.3–4 *Epistola magistri Benedicti Passavantii*] Ein Brief des Lehrers Benedict Passavant.

367.7 Tu manebis asinus per omnia secula seculorum.] Du wirst ein Esel bleiben auf immer und ewig. (lat.)

368.1 The Times, 26. Oktober 1867. S. 8.

369.8 *Lancet*] The Lancet – Eine der ältesten medizinischen Fachzeitschriften der Welt.

370.1–2 J[ules] Michelet: La sorcière. Paris 1862.

370.4 *La Piété affligée*] Esprit de Bosroger: La piété affligée. Ou Discours historique & thélogique de la possession des religieuses dittes de Saincte Elizabeth de Louviers. Rouen 1652.

370.5 Prozesses bis 1633–1647] Madeleine Bavent war Nonne in Louviers, Frankreich und galt als vom Teufel besessen. Sie gab an, von zwei Männern, einem Abt und dem Pfarrer in Louviers zum Hexensabbat entführt und mit einem Teufel zu Heirat und Geschlechtsverkehr gezwungen worden zu sein. Bosroger veröffentlichte das Buch „La piété affligée" (siehe Erl. 370.4), welches das Verfahren dokumentiert, in dem Geständnisse von Bavent und zwei anderen Nonnen das Vergehen der beiden Männer verrieten.

370.17–371.27 Marx hat diese bibliographische Notizen den Quellen („Sources principales") aus Michelet: La sorcière, S. 455/456, entnommen. Siehe auch Entstehung und Überlieferung S. 1044.

370.23–24 Johannes Nider: Formicarius. Augsburg 1484.

370.24 Heinrich Kramer, Jacob Sprenger: Malleus Maleficarum in Tres Divisus Partes. Speyer 1487.

370.24 Bernardus Comensis: Lucerna Inquisitorum Haereticae Pravitatis. Venedig 1596.

370.24 Bartholomaeus Spina: Quaestio de Strigibus, una cum tractatu de praeeminentia sacrae theologiae et quadruplici apologia de lamiis contra Ponzinibium. Rom 1523.

370.24–25 Paul Grillardus: De maleficiis. Lyon 1555.

371.2 Vermutlich Paracelsius: Opera omnia medico-chemico-chirurgica. Genevae 1658.

371.3 Johann Wier: De praestigiis daemonum. Basel 1563. Französische Übersetzung Johann Wier: Cinq livres de l'imposture et tromperie des diables, des enchantements. Paris 1569.

371.14 [Charles] Desmarets: Histoire de Madeleine Bavant, religieuse du monastere de St. Louis de Louviers. Paris 1652.

371.16–17 Pierre Yvelin: Examen de la possession des religieuses à Louviers. Paris 1643; ders.: Apologie pour l'autheur de l'examen de la possession des religieuses de Louviers. Paris 1643.

371.21 Alfred Maury: Les fees du Moyen age, recherches sur leur origine, leur histoire et leurs attributs. Paris 1843; ders.: La magie et l'astrologie dans l'Antiquité et au Moyen age ou étude sur les superstitions Païennes qui se sont perpétuées jusqu'à nos jours. Paris 1860.

371.26–27 Kurt Sprengel: Histoire de la médecine, depuis son origine jusqu'au 19e siècle. T. 1–9. Paris 1815–1820; Félix-Archimède Pouchet: Histoire des sciences naturelles au Moyen age. Paris 1853; Georges Cuvier: Histoire des sciences naturelles, depuis leur origine jusqu'à nos jours. T. 1–4. Paris 1841–1843; Ferdinand Hoefer: Histoire de la chemie depuis les temps les plus reculés jusqu'à notre époque. Paris 1842–43.

372.4–6 Resolution in January 1868. In: Acts and Resolutions on the United States of America Passed at the Second Session of the 40th Congress. Washington 1868. – Von Marx exzerpiert (siehe S. 374.2–7).

372.7–8 The Irish in America. In: The Chronicle. Nr. 42, 11. Januar 1868. S. 35–37. – Der Artikel ist eine Rezension von John Francis Maguire: The Irish in America. London 1868.

372.9 The Production and Consumption of Coal in France. In: The Chronicle. Nr. 41, 4. Januar 1868. S. 6/7.

372.10 The Crédit Mobilier and the French Money Market. In: The Chronicle. Nr. 40, 28. Dezember 1867. S. 942/943. – Der Artikel erwähnt u.a. das Buch von Maurice Aycard (siehe Erl. 372.17–18).

372.12–14 Anton von Prokesch-Osten: Geschichte des Abfalls der Griechen vom Türkischen Reiche im Jahre 1821 und der Gründung des hellenischen Königreiches. Aus diplomatischem Standpunkte. Bd. 1–5. Wien 1867. – Erwähnt in den Briefen von Marx an Engels vom 7. November 1867 (IISG, MEN, Sign. L 4500) und 11. Januar 1868 (IISG, MEN, Sign. L 4515) sowie im Besitz von Marx. Standort des Originals: RGASPI, Sign. f. 1, op. 4, d. 216–220. (MEGA② IV/32. Nr. 1066.)

372.17–18 [Maurice] Aycard: Histoire du Crédit Mobilier 1852–1867. Bruxelles, Leipzig, Livourne 1867. – Marx erhielt das Buch wahrscheinlich von Sigismund Borkheim (siehe Borkheim an Marx, 28. Dezember 1868 (IISG, MEN, Sign. D 515)). Er teilte Engels in seinem Brief vom 11. April 1868 (IISG, MEN, Sign. L 4528) mit, die „‚*Histoire du Crédit Mobilier*' durchgelesen" zu haben, und gab im Folgenden eine Einschätzung des Buchs.

372.19–21 Raoul Boudon: La vérité sur la situation économique et financière de l'Empire. Paris 1867. – Standort des Originals mit Marginalien von Marx: RGASPI, Sign. f. 1, op. 1, d. 6314. (MEGA® IV/32. Nr. 153.)

372.22–23 Et[ien]ne Barat: L'Association. Son emploi rationnel. Examen théorique du principe ... Paris 1867. – Titel von Marx notiert in einem Exzerptheft 1879 (IISG, MEN, Sign. B 154).

372.24–25 Annuaire de l'association pour 1868. Éd. par [François] Barrier, F. Cantagrel, Henry Couturier, Jules Duval, Wladimir Gagneur, Gallus, A. Mary et Achille Mercier. Paris 1868.

372.26 Consumption and Taxation of Tobacco in Europe. In: The Chronicle. Nr. 44, 25. Januar 1868. S. 78–80.

373.1 Reports by Her Majesty's Secretaries of Embassy and Legation, on the Manufactures, Commerce, &c., of the Countries in which They Reside ... July 1867. [Nr. 6.] London 1867.

373.2 Dagegen fehlt: N. 8 (Sept.) u. N. 9.] Diese Ausgaben existieren nicht. Siehe auch S. 628.5–9 und Erl.

373.3 H[enry] Court: An Analysis of the Natural Price of Corn; with Observations, on the Speech of Sir Robert Peel, to His Constituents at Tamworth, in Illustration of the Impolicy of Existing Corn Laws by Inducing the Evil Effects of Artificial Prices of Corn. London 1841. – Marx entnahm den Titel aus C. W[ren] H[oskyns]: Legislation. In: A Cyclopedia of Agriculture, Practical and Scientific ... Ed. by John C[halmers] Morton. Vol. 2. Glasgow, Edinburgh, London 1855. S. 242.

373.4 [Chandos Wren-Hoskyns:] The Battle of the Ploughshares. Price, Profit, and Rent: Their Mutual Relation in the Prospects of British Agriculture. London 1846. – Marx entnahm den Titel aus C. W[ren] H[oskyns]: Legislation. In: A Cyclopedia of Agriculture, Practical and Scientific ... Ed. by John C[halmers] Morton. Vol. 2. Glasgow, Edinburgh, London 1855. S. 242.

373.5–6 Titel unbekannt. Marx entnahm ihn aus C. W[ren] H[oskyns]: Legislation. In: A Cyclopedia of Agriculture, Practical and

Scientific ... Ed. by John C[halmers] Morton. Vol. 2. Glasgow, Edinburgh, London 1855. S. 242.

373.7 [Richard] Cincinnatus: Remarks on the Anti-Corn-Law Mania, in a Letter to the Duke of Buckingham. London 1846. – Marx entnahm den Titel aus C. W[ren] H[oskyns]: Legislation. In: A Cyclopedia of Agriculture, Practical and Scientific ... Ed. by John C[halmers] Morton. Vol. 2. Glasgow, Edinburgh, London 1855. S. 242.

373.8 Siehe Journal d'agriculture pratique. An. 30. Janvier a Juin 1866. T. 1. S. 210, 225, 418. Dort werden Werke eines „Becquerel" über die französische Käsekultur und Jean-Henri Magne „Traité d'agriculture pratique et d'hygiène vétérinaire générale" (3. éd. Paris 1859) besprochen. Über einen „Becquerel" berichtet auch: Journal d'agriculture pratique. An. 30. Juillet a Décembre 1866. T. 2. S. 120–122. Vermutlich handelt es sich dabei um [Antoine César] Becquerel: Des climats et de l'influence qu'exercent les sols boisés et non boisés. Paris 1853.

373.9 *Coquelin*] Mit Bleistift geschrieben. Vermutlich: Charles Coquelin.

373.10 Francis D[avy] Longe: A Refutation of the Wage-fund Theory of Modern Political Economy as Enunciated by Mill and Fawcett. London 1866. – Von Marx exzerpiert im „Heft zum fixen Kapital und Kredit 1868" (siehe S. 756).

373.11–12 R[obert] Dudley Baxter: Railway Extension and its Results. In: Journal of the Statistical Society of London. Vol. 29. London 1866. Nr. 4. S. 549–595. – Mit Bleistift geschrieben. Marx exzerpierte später eine Rezension des Vortrags aus „The Economist" vom 1. Dezember 1866 (IISG, MEN, Sign. B 101. S. 110). Titel von Marx notiert in „Heft 3. 1868" der „Hefte zur Agrikultur" (S. 588.1–2), in einem Exzerptheft 1878 (IISG, MEN, Sign. B 148) und im Notizbuch 1878/1879 (IISG, MEN, Sign. B 152).

373.13 Die Arbeit. Organ für die sozialen Reformbestrebungen. Hrsg. von Eduard Pfeiffer. Frankfurt, Stuttgart 1866. – Marx entnahm den Titel aus Lange: J. St. Mill's Ansichten ... S. 232.

373.14–15 Etienne Laspeyres: Wechselbeziehungen zwischen Volksvermehrung und Höhe des Arbeitslohns. Eine volkswirthschaftliche Abhandlung. Heidelberg 1860. – Marx entnahm den Titel aus Lange: J. St. Mill's Ansichten ... S. 36.

373.17 In Frédéric Le Plays Hauptwerken bis 1868 gibt es keinen eigenständigen Abschnitt zu „Belgien". Siehe F[rédéric] Le Play: Les ouvriers européens. Paris 1858; ders.: La réforme sociale en France. T. 1.2. Paris 1864.

373.18 J. S. Bayldon: The Art of Valuing Rents and Tillages ... London 1823. – Die 9. Auflage (London 1876) im Besitz von Marx. Standort des Originals mit Marginalien von Marx: SAPMO/Bibl., Ma 507. (MEGA② IV/32. Nr. 96.)

373.19 Wahrscheinlich James Stewart: On the Means of Facilitating the Transfer of Land. In Three Lectures. London 1848.

374.2–7 Aus: Resolution in January 1868. In: Acts and Resolutions on the United States of America Passed at the Second Session of the 40th Congress. Washington 1868.

374.8–9 Aus: The Bullionist, 1. Februar 1868. (Angabe nach Marx.)

374.10–11 Aus: The Press, 1. Februar 1868. (Angabe nach Marx.)

375.3–4 Charles-Louis Montesquieu: De l'esprit des lois. Livre XIV, Chapitre II.

376.1–4 Friedrich Albert Lange: J. St. Mill's Ansichten über die sociale Frage und die angebliche Umwälzung der Socialwissenschaft durch Carey. Duisburg 1866.

376.5–9 Dühring sagt bis sein."] E[ugen] Dühring: Der Werth des Lebens. Eine philosophische Betrachtung. Breslau 1865. S. 155.

376.23–25 Satz bis *Niederungen.«*] Siehe z. B. H[enry] C[harles] Carey: Principles of Social Science. In 3 Vol. Vol. 1. Philadelphia 1858. S. 96–104.

377.4–5 »In bis angegriffen.] Ebenda. S. 96/97.

377.18 Carey] Siehe z. B. ebenda. S. 259: „Every increase in the *proportion* of society engaged in war and trade tends towards centralization and slavery—it being a necessary result of declining individuality, and diminished power of voluntary association. Every diminution of that proportion tends towards decentralization, life and freedom—it being a consequence of higher development of individuality, increased power of association, and more perfect organization of society. The strength of a community grows in the ratio of the growth of the power of association, and the perfection of its organization. The more numerous the *differences* among the members, the more perfect must be the organization, and the greater, therefore, the strength."

377.28 *Schutzzoll* bei Carey] Siehe z. B. Henry C[harles] Carey: Harmony of Interests, Agricultural, Manufacturing, and Commercial. Philadelphia 1851. S. 72: „The object of what is now called free-trade is that of securing to the people of England the further existence of *the monopoly* of machinery, by aid of which Ireland

and India have been ruined, and commerce prostrated. Protection seeks *to break down this monopoly*, and to cause the loom and the anvil to take their natural places by the side of the food and the cotton, that production may be increased, and that commerce may revive."

378.6–8 In bis Bevölkerung.] Siehe H[enry] C[harles] Carey: Principles of Social Science. In 3 Vol. Vol. 1. Philadelphia 1858. S. 136: „Everywhere, as the new soils are brought into activity, and as their occupants are enabled to obtain larger returns, we find more rapid increase of population, producing increased tendency to combination of exertion, by help of which their powers are trebled, quadrupled, and quintupled, and sometimes fifty-fold increased; enabling them better to provide for their immediate wants, while accumulating more rapidly the machinery by means of which further to increase their power of production, and still more fully to bring to light the vast treasures of nature."

379.1–2 (nach Carey) bis Gründstücke] H[enry] C[harles] Carey: Principles of Social Science. In 3 Vol. Vol. 3. Philadelphia 1865. S. 131: „At each succeeding stage, less effort is demanded, while the returns to labor as steadily increase. The cost of reproducing instruments, equal in power with those in use, gradually declining, the value of the latter, too, declines—the early land and the early axe being generally abandoned."

379.6–12 Siehe John Stuart Mill: Principles of Political Economy. With Some of Their Applications to Social Philosophy. Vol. 1. London 1848. S. 230: „But though improvement may during a certain space of time keep up with, or even surpass, the actual increase of population, it assuredly never comes up to the rate of increase of which population is capable: and nothing could have prevented a general deterioration in the condition of the human race, were it not that population has in fact been restrained. Had it been restrained still more, and the same improvements taken place, there would have been a larger dividend than there now is, for the nation or the species at large."

379.18 Wakefield'sche] Siehe [Edward Gibbon Wakefield:] England and America. A Comparison of the Social and Political State of both Nations. In 2 Vol. London 1833. Von Marx diskutiert u.a. im ersten Band des „Kapital" (MEGA② II/5. S. 612–617).

380.1–5 Karl Arnd: Das System Wilhelm Roscher's gegenüber den unwandelbaren Naturgesetzen der Volkswirthschaft. Frankfurt a.M. 1862.

381.1–4 Wilhelm Roscher: System der Volkswirthschaft. Ein Hand- und Lesebuch für Geschäftsmänner und Studierende. Bd. 1. Die Grundlagen der Nationalökonomie. 2., verm. und verb. Aufl. Stuttgart, Augsburg 1857. S. 285.

381.12–15 Ist bis begründet hat] Arnd kritisierte schon 1845 Ricardos Theorie der Differenzialrente. Siehe Karl Arnd: Die naturgemässe Volkswirthschaft, gegenüber dem Monopoliengeiste und dem Communismus, mit einem Rückblicke auf die einschlagende Literatur. Hanau 1845. S. 469–476.

382.1–3 E[ugen] Dühring: Capital und Arbeit. Neue Antworten auf alte Fragen. Berlin 1865.

382.4–7 »Carey bis wird.«] In einer Fußnote des Manuskripts II zum zweiten Buch des „Kapital“ zitiert Marx Arbeiten von François Quesnay und Pierre Paul Mercier de la Rivière (MEGA② II/11. S. 78.37–41 und 79.15–33) und fügt hinzu: „Diese Citate, weil die deutschen Bewundrer des Herrn *Carey* ihn den Unterschied zwischen dem *Verkehr* u. dem *Handel* entdecken lassen.“ (MEGA② II/11. S. 79.33–35.) Wahrscheinlich hatte Marx dabei neben dem exzerpierten Satz auch andere Arbeiten von Dühring im Kopf. Auf Seite 34 seines Handexemplars von Dührings „Carey's Umwälzung der Volkswirthschaftslehre …“ (siehe MEGA② IV/32. Nr. 336) hat er z.B. den Ausdruck „Gegensatz von Handel und Verkehr“ mit Bleistift angestrichen und dazu am Rand notiert: „Diese Weisheit längst bei Quesnay“.

382.18–23 Es giebt bis Arbeit.] In einer Fußnote des Manuskripts II zum zweiten Buch des „Kapital“ bezieht sich Marx auf den hier exzerpierten Satz. Laut den „deutschen Bewundrer[n]“ Careys habe dieser „auch die *doppelte Konkurrenz* entdeckt, worüber ein ganzes Kapitel schon bei Sir James Steuart“ (MEGA② II/11. S. 79.35–36). Siehe zum Begriff „Konkurrenz“ H[enry] C[harles] Carey: Sozialökonomie. Berlin 1866. S. 371ff.

382.24–27 Siehe H[enry] C[harles] Carey: Principles of Social Science. In 3 Vol. Vol. 3. Philadelphia 1865. S. 113: „The laborer's share has increased; and—the total product having largely increased—the augmentation of his quatity is very great. That of the capitalist has diminished in proportion; but—the product having so much increased—this reduction of proportion has been accompanied by a large increase of quantity. Both thus profit greatly by the improvements that have been effected. With every further movement in the same direction, the same results continue to be obtained—the proportion of the laborer increasing with every increase in the productiveness of effort—the proportion of the capitalist as steadily diminishing, with constant increase of quantity, and equally constant tendency towards equality among the various portions of which society is composed."

385.2–3 wie ja bis werden.] Nach Carey stammt die Rente nicht aus der Naturkraft, sondern aus der Anlage von Arbeit und Kapital. Siehe z.B. H[enry] C[harles] Carey: Principles of Political Economy. Vol. 1. Of the Laws of the Production and Distribution of Wealth. Philadelphia 1837. S. 21: „Many things are useful that have, however, no exchangeable value, as we have shown to be the case in regard to air. Coal in the mine has all the qualities that it possesses when it is brought into use in New York or Philadelphia, yet acres of land containing thousands of tons may be purchased for fifty cents. It requires the application of labour to give it value. It is perfectly susceptible of being appropriated or transferred, yet it is valueless. No commodity or thing can have value unless it is susceptible of being made to contribute to the comfort, convenience, or pleasure of man, nor unless susceptible of appropriation, but those qualities, though thus *essential to*, are not *causes of*, value."

386.1–3 A Cyclopedia of Agriculture, Practical and Scientific, in which the Theory, the Art, and the Business of Farming, are Thoroughly and Practically Treated. Ed. by John C[halmers] Morton. Vol. 1.2. Glasgow, Edinburgh, London 1855.

386.4 H[ewitt] D[avis]: Valuations. In: A Cyclopedia of Agriculture, Practical and Scientific ... Ed. by John C[halmers] Morton. Vol. 2. Glasgow, Edinburgh, London 1855. S. 1046–1048.

387.13 J. G. B[all]: Landlord. In: A Cyclopedia of Agriculture, Practical and Scientific ... Ed. by John C[halmers] Morton. Vol. 2. Glasgow, Edinburgh, London 1855. S. 186–207.

387.35 1815] Ende der Koalitionskriege.

388.13 Drainage Act] An Act to Authorize the Advance of Public Money to a Limited Amount, to Promote the Improvement of Land in Great Britain and Ireland by Works of Drainage (9 and 10 Victoria, Cap. 101), 1846. Bekannt als „The Public Drainage Act, 1846".

388.14 *Private Money Drainage Bill*] An Act to Promote the Advance of Private Money for Drainage of Lands in Great Britain (12 and 13 Victoria, Cap. 100), 1849. Bekannt als „The Private Money Drainage Act, 1849".

388.16 u. 32 2ten Acts] The Private Money Drainage Act, 1849.

393.1–3 [Carl] Fraas: Geschichte der Landwirthschaft, oder: Geschichtliche Übersicht der Fortschritte landwirthschaftlicher Erkenntnisse in den letzten 100 Jahren. Prag 1852.

393.10 (i.e. klassischen)] Zusatz von Marx.

394.4–5 *Anton* bis 15. Jhh.] Karl Gottlob Anton: Geschichte der teutschen Landwirthschaft von den ältesten Zeiten bis zu Ende des fünfzehnten Jahrhunderts. Bd. 1–3. Görlitz 1799–1802.

394.8 [Henri-Louis] Duhamel du Monceau: Éléments d'agriculture. T. 1.2. Paris 1771.

394.11 *L'art de terre*] Bernard Palissy: L'art de terre. In: ders.: Œuvres. Revues sur les exemplaires de la Bibliothèque du Roi, avec notes par Faujas da Saint Fond, et add. par Gobet. Paris 1777. S. 1–36.

394.11 *des terres d'argile*] Bernard Palissy: Des terres d'argile. In: ders.: Œuvres ... Paris 1777. S. 37–50.

394.12 *de la marne*] Bernard Palissy: De la marne. In: ders.: Œuvres ... Paris 1777. S. 135–184.

394.12 *des sels divers et du sel commun*] Bernard Palissy: Des sels divers et du sel commun. In: ders.: Œuvres ... Paris 1777. S. 199–216.

394.17 Francis Home: The Principles of Agriculture and Vegetation. Edinburgh 1757.

394.18 *Wallerius* bis 1761] Johan Gottschalk Wallerius: Agriculturae fundamenta chemica. Upsaliae 1761.

394.19 *De* bis 1758] Johan Gottschalk Wallerius, Jonas Daniel Boding: De emendatione agri. Upsaliae 1758.

394.19–20 *Diss* bis *1754*] Johan Gottschalk Wallerius: Caussae sterilitatis agrorum exponens. Upsaliae 1754.

394.30 Johannes van Helmont: Chemista septicus. Rotterdami 1668. (Angabe nach Fraas.)

394.31 Duhamel] Siehe Erl. 394.8.

394.36 *Home*] Siehe Erl. 394.17.

395.5–8 G[eorg] Christ[ian] Albrecht Rückert: Der Feldbau chemisch untersucht um ihn zu seiner letzten Vollkommenheit zu erheben. Th. 1. Erlangen 1789. S. XI/XII.

395.19 *Chaptal* bis *1823.*] [Jean-Antoine-Claude] Chaptal: Chimie appliquée à l'agriculture. T. 1.2. Paris 1823.

395.23–24 *Einhof* bis *1808.*] Heinrich Einhof: Grundriß der Chemie für Landwirthe. Aus hinterlassenen Dictaten. Hrsg. von Albrecht Thaer. Berlin 1808.

395.28 *Hermbstädt* bis 1804.] Sigism[und] Friedr[ich] Hermbstädt: Archiv der Agriculturchemie für denkende Landwirthe, oder Sammlung der wichtigsten Entdeckungen ... Bd. 1. Berlin 1804.

395.29–32 *Grisentwhite* bis *1820.*] W[illiam] Grisenthwaite: A New Theory of Agriculture, in which the Nature of Soils, Crops and Manures is Explained ... London 1819.

395.39–41 W[ilhelm] A[ugust] Lampadius: Die Lehre von den mineralischen Düngmitteln, mit besonderer Rücksicht auf Herrn D. Sprengels neuere Analysen der Pflanzen und Bodenarten, so wie nach eigenen Erfahrungen besonders für rationelle Landwirthe. Leipzig 1833.

396.4 *die Lehre vom Dünger*] Carl Sprengel: Die Lehre vom Dünger oder Beschreibung aller bei der Landwirthschaft gebräuchlicher vegetabilischer, animalischer und mineralischer Düngermaterialien, nebst Erklärung ihrer Wirkungsart. Leipzig 1839.

396.6 *Agronomie*] Carl Sprengel: Die Bodenkunde oder die Lehre vom Boden ... Leipzig 1837.

396.6–7 *Otto* bis Bodenarten] Siehe Carl Sprengel: Die Bodenkunde oder die Lehre vom Boden ... Leipzig 1837. S. 303–469.

396.14 Siehe Erl. 395.39–41.

396.15 Vermutlich Carl v. Frankenstein: Tabellarischer Grundriss der Agriculturchemie und Agronomie ... Bd. 1.2. Graz 1838.

396.21–22 Richard Kirwan: Beantwortung der Fragen: Welches sind die paßlichsten Düngmittel für die verschiedenen Arten von Boden, und welches sind die Ursachen ihrer vorzüglichen Wirksamkeit in jedem besondern Fall? Aus dem Engl. übers. von Augustin Gottfried Ludwig Lentin. Göttingen 1796.

396.23 Johann Ingen-Houß: Vermischte Schriften physisch-medicinischen Inhalts. Übers. und hrsg. von Nicolaus Carl Molitor. 2., verb. und mit ganz neuen Abhandlungen verm. Aufl. Bd. 1.2. Wien 1784.

396.25 Kirwan 1796] Siehe Erl. 396.21–22.

396.26 *Sennebier:* bis 1800.] Jean Sennebier: Physiologie végétale, contenant une description des organes des plantes, & une exposition des phénomènes produits par leur organisation. T. 1–5. Genève 1782–1788.

396.30–34 *Theodor v. Saussure* bis *1804.*] Théod[ore] de Saussure: Recherches chimiques sur la végétation. Paris 1804.

396.36–37 Gustav Schübler: Ueber die physischen Eigenschaften der Erden. In: Landwirthschaftliche Blätter. Hrsg. von Fellenberg. Aarau 1817. (Angabe nach Fraas.)

397.7 Jean-Baptiste Boussingault: Die Landwirthschaft in ihren Beziehungen zur Chemie, Physik und Meteorologie. Deutsch bearb. von N. Graeger. Bd. 1. Halle 1844.

397.12 C[arl] Remigius Fresenius: Lehrbuch der Chemie für Landwirthe, Forstmänner und Cameralisten. Zum Gebrauche bei Vorlesungen und zum Selbstunterrichte. Braunschweig 1847.

397.24–25 Heinrich Rose: Handbuch der analytischen Chemie. Bd. 1.2. Berlin 1831.

397.39 *Boussingault's Mittheilungen*] J[ean]-B[aptiste] Boussingault: Économie rurale considérée dans ses rapports avec la chimie, la physique et la métérologie. T. 1.2. Paris 1843–1844.

397.39–40 *Liebig: Organische Chemie.*] Justus von Liebig: Die organische Chemie in ihrer Anwendung auf Agricultur und Physiologie. Braunschweig 1840.

397.40–41 *Leroy* bis pratique.] Leroy de Béthune: Rapport fait au Conseil général d'agriculture, au nom de la Commission chargée de l'examen des questions de tarif. In: Journal d'agriculture pratique, de jardinage et d'économie domestique. T. 5. 1842. S. 362–367.

398.12 Al[exander] Humboldt, A[imé] Bonpland: Essai sur la géographie des plantes ... Paris 1805.

398.17 Tillet] [Mathieu] Tillet: Dissertation sur la cause qui corrompt et noircit les grains de bled dans les épis; et sur les moyens de prevenir ces accidens. Bordeaux 1755.

398.17 Duhamel] [Henri-Louis] Duhamel du Monceau: Explication physique d'une maladie qui fait périr plusieurs plantes dans le Gâtinois, & particulierement le safran. Paris 1728.

398.17 Tessier (1783)] [Alexandre-Henri] Tessier: Traité des Maladies des Grains. Paris 1783.

398.18 *Unger*] Franz Unger: Die Exantheme der Pflanzen und einige mit diesen verwandte Krankheiten der Gewächse. Pathogenetisch und nosographisch dargestellt. Wien 1833.

398.18 *Meyen*] F[ranz] J[ulius] F[erdinand] Meyen: Pflanzen-Pathologie. Lehre von dem kranken Leben und Bilden der Pflanzen.

Handbuch der Pflanzen-Pathologie und Pflanzen-Teratologie. Hrsg. von Chr. Gottfr. Nees v. Esenbeck. Bd. 1. Berlin 1841.

398.24–25 Siehe Erl. 398.18.

398.34–399.18 1) bis 3) Parasiten der Pflanzen] Nummerierung von Marx.

398.34 *Unger: die Exantheme*] Siehe Erl. 398.18.

398.35 (engl. auch rost)] Zusatz von Marx.

398.38 (mildew)] Zusatz von Marx.

398.40 (blight?)] Zusatz von Marx.

398.40 Meyen] Siehe Erl. 398.18.

399.23 Polizeistaat] Fraas meint den absolutistischen Staat unter Louis XIV. Siehe bei Fraas: Geschichte der Landwirthschaft. S. 25.

399.27–32 Durch eine Reihe von Landeskulturmandaten zielten die bayerischen Herzöge auf eine Hebung der Bodenkultur durch Rationalisierung der landwirtschaftlichen Betriebsorganisation ab. Siehe Wilhelm Roscher: System der Volkswirthschaft. Ein Hand- und Lesebuch für Geschäftsmänner und Studierende. Bd. 2. Stuttgart 1860. S. 213: „Das bayersche Kulturmandat von 1723 erklärt alle öden Strecken als bona vacantia für Staatseigenthum und lädt Jedermann zur Besitznahme und Urbarung ein. Das von 1762 nimmt mehr die Verwandlung der Weiden zu Wald und Wiesen in Aussicht."

399.36–37 (macht bis nicht ganz!)] Zusatz von Marx.

400.30–31 Emil Th[eodor] Wolff: Die chemischen Forschungen auf dem Gebiete der Agricultur und Pflanzenphysiologie. Leipzig 1847.

400.40 *Dove* bis *Hygrometer.*] Repertorium der Physik. Enthaltend eine vollständige Zusammenstellung der neuen Fortschritte dieser Wissenschaft. Bd. 4. Meteorologie, specifische Wärme, strahlende Wärme. Hrsg. von Heinr[ich] Wilh[elm] Dove. Berlin 1841.

400.40–41 *Psychrometer* bis eingeführt.)] Siehe E[rnst] F[erdinand] August: Ueber die Anwendung des Psychrometers zur Hygrometrie. In: Annalen der Physik und Chemie. Berlin 1828.

401.1 Leo Lesquereux: Untersuchungen über die Torfmoore im Allgemeinen. Aus dem Franz. Mit Bemerkungen von C. Sprengel und Lasius. Hrsg. von Alexander von Lengerke. Berlin 1847.

401.7 *Hadley*] Geo[rge] Hadley: Concerning the Cause of the General Trade Winds. In: Philosophical Transactions of the Royal Society of London. Vol. 39. London 1735. S. 58–62.

401.7 *Kant*] Immanuel Kant: Physische Geographie. Auf Verlangen des Verfassers, aus seiner Handschrift hrsg. und zum Theil bearb. von Friedrich Theodor Rink. Bd. 1. Königsberg 1802.

401.8 *Dalton*] John Dalton: Meteorological Observations and Essays. Manchester 1793.

401.24–26 Siehe John Johnstone: Abhandlung über das Austrocknen der Sümpfe und Entwässerung kaltgründiger Äcker: nach der neuesten von dem Herrn Elkingston entdeckten Verfahrungsart mittelst Abfangen der Quellen. Berlin 1799.

401.32–33 *Turbilly* bis 1762)] Marquis von Turbilly: Practischer Unterricht zum Aufreissen oder Brechen der unangebaueten Felder. Eine mit einigen von dem Herrn Verfasser selbst mitgetheilten Zusätzen erw. deutsche Ueber. Mit einer Vorrede von Gottfried Schützens. Altona 1762.

402.8–9 (handelt sich um Deutschland)] Zusatz von Marx.

402.13–14 (wie des Landes)] Zusatz von Marx.

402.18–19 *„P. Kretzschmer's* bis (zuerst 1749)] Peter Kretzschmer: Oeconomische Practica, in welcher eine deutliche Anweisung, wie der Ackerbau ohne Vermehrung der Unkosten, wenigstens um ein Drittel besser, als bishero geschehen, zu nutzen sey, und zugleich Holzungen angeleget werden können. Leipzig 1749. Neue verb. Aufl. 1754.

402.21 Ol. de Serres (1600)] Oliver de Serres: Le théâtre d'agriculture et mesnage des champs. Paris 1600.

402.32–33 Matthieu Bonafous: Histoire naturelle, agricole et économique du maïs. Paris 1836.

402.34–35 *Zarate* bis etc.] Don Juan de Zarate: Brief an den Prinzen Philip, 30. Mai 1544. Dieselbe Angabe z.B. bei Friedrich von Berchtold: Die Kartoffeln. (Solanum tuberosum C. Bauh.) Deren Geschichte, Charakteristik, Nützlichkeit, Schädlichkeit, Kultur, Krankheiten etc., mit ausführlichen Angaben ihrer industriellen Anwendung. Prag 1842. S. 5: „Die ersten Schriftsteller, welche die Kartoffeln unter dem Namen Papa's beschrieben haben, sind Zarate, der im J. 1544 Schatzmeister in Peru gewesen; Cieça, ein Krieger [...]"

403.10 1755] Fraas verschrieb das Jahr. Die erste Auflage erschien 1775.

403.12–14 dieß bis affairs".] James Anderson: Essays Relating to Agriculture and Rural Affairs. Vol. 1–3. 4. Ed., with Corr., and Large

Add. London 1797. – Fraas: „rural of fairs“ – Marx korrigierte diesen Druckfehler.

404.1–7 Carl Friedrich von Benekendorf: Gesetzbuch der Natur für den wirthschaftenden Landmann. Bd. 1. Halle 1786. S. 57.

405.1–4 E[ugen] Dühring: Kritische Grundlegung der Volkswirthschaftslehre. Berlin 1866.

405.10–15 Siehe Erl. 382.18–23.

406.25 *!*] Zusatz von Marx.

407.2–3 wissenschaftlichem] Dühring: wirthschaftlichem

407.4 *(Siehe Fortsetzung)*] Siehe S. 411/412.

408.1 Fortsetzung der Auszüge aus: J. G. B[all]: Landlord. In: A Cyclopedia of Agriculture, Practical and Scientific ... Vol. 2 von S. 390.

408.2 Quicquid plantatur solo, solo cedit] Was im Boden gepflanzt ist, weicht ihm (lat.)

408.2–3 Statute of Gloucester (Act 6 Edw. I)] Im Jahr 1278 von Edward I. erlassene Reihe von Gesetzen.

409.28–32 Diese Passage bereits von Marx exzerpiert. Siehe S. 389.16–20.

409.33–410.7 Diese Passage bereits von Marx exzerpiert. Siehe S. 389.40–390.22.

410.14 *14 and 15 Vict. c. 25*] An Act to Improve the Law of Landlord and Tenant in Relation to Emblements, to Growing Crops Seized in Execution, and to Agricultural Tenants Fixtures (14 and 15 Victoria, Cap. 25), 1851. Bekannt als „The Landlord and Tenant Act, 1851“.

411.1 Fortsetzung der Auszüge aus Dühring: Kritische Grundlegung der Volkswirthschaftslehre von S. 407.

411.2–7 „Der Werth bis *anhaftet.*] Siehe Henry Dunning Macleod: The Elements of Political Economy. London 1868.

411.8 (!)] Zusatz von Marx.

411.9–11 Der amerik. bis wäre] Siehe H[enry] C[harles] Carey: Principles of Political Economy. Vol. 1. Of the Laws of the Production and Distribution of Wealth. Philadelphia 1837. S. 9: „The idea of exchange is inseparably connected with that of value. [...] In measuring value, the first and most natural idea is to compare the commodities produced with the labour that has been expended in their production. In exchanging, the most obvious mode is to give *labour for labour.*"

412.19–20 Carey schon 1837 gezeigt] Siehe H[enry] C[harles] Carey: Principles of Political Economy. Vol. 1. Of the Laws of the Production and Distribution of Wealth. Philadelphia 1837. Kapitel 4.

413.1–3 C[arl] Fraas: Die Natur der Landwirthschaft. Beitrag zu einer Theorie derselben. Bd. 1. München 1857.

413.8 1)] Mit Bleistift, d.h. wahrscheinlich zu einem späteren Zeitpunkt geschrieben.

413.9 2)] Mit Bleistift, d.h. wahrscheinlich zu einem späteren Zeitpunkt geschrieben.

413.10 3)] Mit Bleistift, d.h. wahrscheinlich zu einem späteren Zeitpunkt geschrieben.

417.26 Die bis Ackererde] [Friedrich Albert Fallou:] Die Ackererden des Königsreichs Sachsen, geognostisch untersucht und classificirt. Eine bodenkundliche Skizze für Gebirgsforscher, sachverständige Land- und Forstwirthe, landwirthschaftliche Vereine und Lehranstalten. Freiberg 1853.

420.9–11 Selbst bis hat.] Joseph Russegger: Reisen in Europa, Asien, und Afrika ... Bd. 1. Stuttgart 1841. S. 252.

422.26 (der Marmor!)] Zusatz von Marx.

428.16 *Schleiden* u. Schmid Encyklopädie] M[atthias] J[acob] Schleiden und E[rnst] E[rhard] Schmid: Encyclopädie der gesammten theoretischen Naturwissenschaften in ihrer Anwendung auf die Landwirthschaft ... Bd. 1–3. Braunschweig 1850.

428.24–25 Nach bis Bodens] Siehe Samuel W. Johnson: Lectures on Agricultural Chemistry. In: Annual Report on the Board of Regents of the Smithsonian Institution. Jg. 1859. Washington 1860.

430.9 Jamin u. Bertrand] Siehe J. Jamin, A. Bertrand: Note sur la condensation des gaz à la surface des corps solides. In: Comptes rendus de l'Academie des Sciences, 6. Juni 1853.

430.13–14 Theorie Chevreuls über Capillaraffinität] Siehe M[ichel] E[ugène] Chevreul: Exposé d'un moyen de définir et de nommer les couleurs. D'après une méthode précise et expérimentale ... Paris 1861.

431.5 Am oberen Rand vermutlich geschrieben: *Thurmann.*

435.1 An Act for Facilitating in Certain Cases the Proceedings of the Commissioners Appointed to Make Inquiry Respecting Trades

Unions and Other Associations of Employers or Workmen (30 Victoria, Cap. 8), 1867. Bekannt als „The Trades Union Commission Act, 1867".

435.19 Von Marx gestrichen: Auch may dem witness be awarded v. der Commission »any Costs he may have been put to by the Institution of the Proceeding«.

437.1–2 An Act to Extent the "Trades Union Commission Act, 1867" (30 und 31 Victoria, Cap. 74), 1867. Bekannt als „The Trades Union Commission Act Extention Act, 1867".

437.5 30 Vict. c. 8] The Trades Union Commission Act, 1867.

438.1 The Times, 7. Januar 1868. S. 9.

438.3 Report of a Committee of Inquiry] Wahrscheinlich Report of the Committee of Inquiry to the Shareholders of the Caledonian Railway Company, 3 January 1868. London 1868.

439.23 The Times, 7. Januar 1868. S. 10.

441.1 The Times, 6. September 1864. S. 10. – Auszug von fremder Hand.

442.1 The Times, 13. September 1864. S. 12. – Auszug von fremder Hand.

443.1 The Times, 27. September 1866. S. 8.

444.1–2 National Labour Congress. Grand Industrial Demonstration in Baltimore. In: The International Journal. Vol. 1. Nr. 6. September 1866.

444.4 *Labor Congress* zu Baltimore] Der allgemeine Amerikanische Arbeiterkongress zu Baltimore tagte vom 20. bis 25. August 1866. An dem Kongress nahmen 60 Delegierte teil, die über 60 000 in Trade-Unions vereinigte Arbeiter vertraten. Der Kongress behandelte u. a. folgende Fragen: die gesetzliche Einführung des Achtstundentages, die politische Tätigkeit der Arbeiter, die Kooperativgesellschaften und die Vereinigung aller Arbeiter in den Trade-Unions. Ferner wurde die Gründung der „National Labor Union" beschlossen.

444.10–14 Von Marx zitiert im ersten Band des „Kapital" (MEGA② II/5. S. 240.6–11; II/6. S. 301.19–24; II/7. S. 255.20–25).

445.11 *Genfer Congreß*] Genfer Kongress der IAA im September 1866.

445.23 *John Hinchcliffe*] Joseph Weydemeyer erwähnte Hinchcliffe im Brief an Engels vom 24. und 30. April 1865 als Editor der Zeitung „Miner" in Belleville (Illinois) (MEGA② III/13. S. 1125).

446.1 The Times, 26. Januar 1867. S. 6.

447.1 The Times, 17. August 1868. S. 5. – Marx exzerpierte auf S. 360 des vorliegenden Hefts die Statistik des Jahres 1867.

449.1 The Times, 18. August 1868. S. 6.

451.2 Report from the Select Committee on the Bank Acts; together with the Proceedings of the Committee, Minutes of Evidence, App. and Index. Ordered, by the House of Commons, to be Printed, 1 July 1858. [London 1858.] In: Reports from Committees. In 13 Vol. 1) Bank Acts. Session 3 December 1857 – 2 August 1858. Vol. 5. – Von Marx exzerpiert im „Großheft 1865/1866" der „Hefte zur Agrikultur" (S. 255–261).

451.11–12 Von fremder Hand geschrieben.

452.1 The Times, 8. Oktober 1866. S. 8.

Heft 2. 1868
Exzerpte aus Werken von Carl Nikolaus Fraas, Thomas Wentworth Buller, J. C. Ross, Eugen Dühring, Georg Brückner, Franz Xaver Wilhelm von Hlubek, Georg Ludwig von Maurer und David Low sowie aus A Cyclopedia of Agriculture
Februar/März 1868, April 1870
(S. 453–584)

ENTSTEHUNG UND ÜBERLIEFERUNG

Das „Heft 2. 1868" der „Hefte zur Agrikultur" enthält Auszüge von Marx aus acht Schriften von acht Autoren und einem Artikel der „Cyclopedia of Agriculture" sowie einen eingeklebten Zeitungsartikel und Notizen. In diesem Heft setzt Marx seine naturwissenschaftlichen und landwirtschaftlichen Studien zur Vorbereitung des zweiten und dritten Buchs des „Kapital" fort. Das Heft bildet mit den Exzerpten aus Carl Fraas' „Die Natur der Landwirthschaft", Eugen Dührings „Kritische Grundlegung der Volkswirthschaftslehre" und „A Cyclopedia of Agriculture" die direkte Fortsetzung des „Heft 1. 1868" der „Hefte zur Agrikultur". Wie dort und im „Großheft 1865/1866" der „Hefte zur Agrikultur" behandelt Marx im vorliegenden Heft Themen wie Grundrente, Überbevölkerung, pflanzliche Nahrungsmittel, Bodenerschöpfung, Verbesserung der landwirtschaftlichen Produktivität und die Landwirtschaft der Vereinigten Staaten, und darüber hinaus auch das Grundeigentum in vorkapitalistischen Gesellschaften. Damit steht das Heft nicht nur in Zusammenhang mit dem dritten Buch des „Kapital", sondern auch mit Marx' späterer Auseinandersetzung mit Naturwissenschaften sowie vorkapitalistischen und nicht-europäischen Gesellschaften.

Das vorliegende Heft zeigt, wie umfassend Marx die damaligen agrarwissenschaftlichen Debatten verfolgte. Er recherchierte zu ökonomischen, politischen und technologischen Überlegungen für eine bessere Kontrolle der landwirtschaftlichen Produktion: Thomas Robert Malthus' Theorie der absoluten Überbevölkerung, Eugen Dührings Protektionismus, Carl Fraas' Alluvions- und Franz Xaver von Hlubeks Humustheorie. Während Dühring im Anschluss an Henry Charles Carey die von Justus von Liebig vorgebrachte Kritik des modernen Raubbaus zur Grundlage seiner wirtschaftspolitischen Vorschläge macht, stehen Fraas und Hlubek Liebigs Mineraldünger- und Bodenerschöpfungstheorie keineswegs unkritisch gegenüber. Auf der einen Seite lehnt Hlubek die Idee einer einseitigen Abhängigkeit von mineralischen Bodenbestandteilen ab und betont den wesentlichen Beitrag von „Humus" genannten Bodenteilen mit dunkelbrauner Färbung, die aus verwesten Pflanzen und animalischen Körpern bestehen, zum Pflanzenwachstum. Auf der anderen Seite schlägt Fraas die künstliche Alluvion als im Vergleich zum Kunstdünger günstigere und effektivere Methode der Bodenverbesserung vor. Fraas betont ferner klimatische Einflüsse auf das pflanzliche Wachstum, die Liebig in seiner „Agriculturchemie" vernachlässigte.

Im Zusammenhang seiner Diskussion der Nachhaltigkeit und Bodenkraftsteigerung einiger vorkapitalistischer Gesellschaften erwähnt Fraas das Werk Georg Ludwig von Maurers. Maurers historische Untersuchung schildert den Prozess, in dem die germanische Markgemeinde durch die gemeinschaftliche Verteilung des Bodens sowohl egalitär als auch nachhaltig produzierte, aber allmählich durch ein großes Bodeneigentum in den Händen weniger verdrängt wurde. Indem Marx die landwirtschaftlichen Debatten über die Gültigkeit von Liebigs Theorie des Mineraldüngers und der Bodenerschöpfung verfolgte, erweiterte sich also zugleich sein Interesse für nicht-kapitalistische Gesellschaften.

Da Marx durch Fraas, dessen Werke er ab Jahresbeginn 1868 intensiv studierte, von Maurers „Einleitung ...“ erfahren hatte und er sich in den Briefen an Engels vom 14. und 25. März 1868 zu Maurer äußerte, fertigte er dieses Heft wahrscheinlich im Februar und März 1868 an. Er verwendete das Heft später nur selten.

Auf der 1. Umschlagseite (Ms-S. [0]) befindet sich ein später von Engels erstelltes Inhaltverzeichnis, in dem er die Entstehung des Hefts mit „1870“ angibt. Alle Auszüge des vorliegenden Hefts wurden im Februar/März 1868 angefertigt. Doch Marx kam im April 1870 zu diesem Heft zurück, um auf Ms-S. 162/163 einen Zeitungsartikel aus unbekannter Quelle zu kleben, der eine Debatte aus dem „House of Commons“ vom 7. April 1870 wiedergibt. Er schnitt den Artikel in vier Teile und unterstrich einige Passagen mit Tinte. Diese Hervorhebungen werden im Edierten Text als Unterstreichung dargeboten. Dabei geht es um einen Bericht über parlamentarische Debatten zur Lage der irischen Pächter. In seinem Inhaltsverzeichnis des vorliegenden Hefts (Ms-S. 170) vermerkt Marx diesen Artikel mit *„Gladstone über tenants in Ireland“* (S. 580). Der britische Premierminister William Gladstone diskutiert Vor- und Nachteile unterschiedlicher Pachtzeiten und Renten und beruft sich dazu auf verschiedene Quellen. Marx schrieb im dritten Band des „Kapital“, dass die kurze Pachtzeit ein Hindernis für die Erhöhung der landwirtschaftlichen Produktivität sei, weil Pächter große Auslagen zur Verbesserung des Bodens vermieden, wenn keine Aussicht auf ihren Rückfluss besteht (MEGA② II/4.2. S. 672). Auch im vorliegenden Artikel werden sowohl Bemerkungen über die Notwendigkeit der Verlängerung der Pachtzeit als auch Interessensunterschiede zwischen Bodeneigentümern und Pächtern festgehalten.

Marx paginierte das Heft mit Bleistift, Ms-S. 1 ist die 2. Umschlagseite. Die Auszüge sind hingegen mit Tinte geschrieben. Die leer gebliebenen Ms-S. 164–169 sind ebenso paginiert. Auf Ms-S. 170 befindet sich Marx' eigenes Inhaltverzeichnis. Die folgenden Seiten blieben unpaginiert, obwohl dort in den „Bibliographischen Notizen zur Agrikultur u. a.“ auf Ms-S. [171] und [174] (3. Umschlagseite) Literatur zur Agrikultur und Themen wie Aktiengesellschaften, Geschichte des Bauernkriegs und Irland-Frage erfasst wurden (S. 583/584).

Zudem versammelt Marx auch in den „Bibliographischen Notizen zur Agrikultur u.a." auf Ms-S. 1 (siehe S. 456) mit Bleistift und Tinte die Titel einer Reihe von Werken zur Agrikultur, insbesondere zur Bodenerschöpfung (James F. W. Johnstons „Notes on North America") und zu Düngung sowie Abholzung und Klima (z.B. Robert Russells „North America. Its Agriculture and Climate"). Marx notiert zum Teil auch Seitenzahlen dieser Bücher, was auf seine mögliche Verwendung hindeutet, worüber die Erläuterungen informieren. Russels Buch schaffte er sich an. Eine weitere bibliographische Notiz befindet sich auf Ms-S. 79 (siehe S. 511): Marx vermerkte den von John Ramsay McCulloch editierten Band „The Works of Ricardo" (London 1846), der neben David Ricardos Hauptwerk „The Principles of Political Economy, and Taxation" weitere Artikel und Reden sowie eine kurze Biographie enthält. Alle Titel werden mit vollständiger bibliographischer Beschreibung im Literaturregister erfasst. Sie werden erläutert, wenn a) der Titel nicht eindeutig identifizierbar ist und daher nicht ohne Weiteres im Literaturregister gefunden werden kann, oder b) der Titel nur vermutet werden kann, oder c) Angaben zur Verwendung des Titels durch Marx gemacht werden können.

Die Exzerpte sind zum überwiegenden Teil wörtlich und mit den jeweiligen Sprachen der Quellen identisch. Marx kommentierte sie kaum. Unterstreichungen und Randanstreichungen wurden mit dem gleichen Schreibmaterial wie der Text durchgeführt und sind daher wahrscheinlich im Prozess des Exzerpierens entstanden. Die Textdarbietung folgt der Paginierung.

John Grey: Lease. In: A Cyclopedia of Agriculture, Practical and Scientific… Vol. 2. Ed. by John C[halmers] Morton: Glasgow, Edinburgh, London 1855. S. 221–228. (Ms-S. 1; siehe S. 455.)

Die erste von Marx im vorliegenden Heft paginierte Seite enthält ein kurzes Exzerpt aus dem Artikel „Lease" (Pacht) des zweiten Bandes der von John Chalmers Mortons herausgegebenen Enzyklopädie, deren Artikel „Valuations" und „Landlord" Marx kurz zuvor in „Heft 1. 1868" der „Hefte zur Agrikultur" studiert hatte (siehe Entstehung und Überlieferung S. 1050/1051). In dem vorliegenden Auszug zur Pacht geht es um verschiedene Bodenarten und ihren unterschiedlichen Bedarf an Dünger zum Erhalt ihrer Produktivität. Leichte Böden und solche in höheren Lagen benötigten weniger Dünger, wenn sie als Weideland genutzt würden. Schlechtere Tonböden hingegen eigneten sich nicht als Weideland; ihnen müsste Dünger zugeführt werden.

C[arl] Fraas: Die Natur der Landwirthschaft. Beitrag zu einer Theorie derselben. Bd. 1.2. München 1857. (Ms-S. 2–8, 17–34, 47–58 und 88–102; siehe S. 459–463, 469–481, 490–498 und 519–530.)

Marx setzt seine Auszüge aus Carl Fraas' „Natur der Landwirthschaft" fort, die er kurz zuvor in „Heft 1. 1868" der „Hefte zur Agrikultur" begonnen hatte (siehe Entstehung und Überlieferung S. 1053/1054). Er exzerpiert nun aus Fraas' erstem Band der „Natur der Landwirthschaft" die zweite Abteilung „Pflanzennahrung“ und die vierte Abteilung „Der Pflanzenbau“. Die dritte Abteilung „Die Pflanzen“ hat er nur als Gliederungspunkte notiert. Marx exzerpiert sehr sorgsam den § 115 „Erschöpfung des Bodens“ der vierten Abteilung, wonach der Boden sich nicht nur wegen des fortgesetzten Pflanzenbaus erschöpfen kann, sondern auch weil der Acker lange Zeit „ganz frei v. Vegetation war“ (S. 469.8) oder „zu viel Lösungsmittel erhält“ (S. 469.13). Fraas weist auf den starken klimatischen Einfluss auf die Vegetation und die Bodenerschöpfung hin und argumentiert, dass unter bestimmten klimatischen Bedingungen reichhaltige Erträge „ohne alle Düngung“ (S. 470.28, 529.23) möglich seien.

Bei den Exzerpten aus dem zweiten Band der „Natur der Landwirthschaft“ mit dem Titel „Grundzüge der landwirthschaftlichen Thierproduktion nach den Ergebnissen der Naturforschung“ fokussiert sich Marx vor allem auf den Stoffwechsel des tierischen Organismus (Nahrung, Gährung und Ausscheidung) sowie auf die Klassifikation der verschiedenen Weidenarten hinsichtlich effizienterer Züchtung und Ernährung.

Obwohl seine Auszüge aus dem zweiten Band kürzer als die aus dem ersten Band sind und obwohl er oft nur Abschnittstitel notiert, hat Marx den Band wahrscheinlich bis zum Ende gelesen. Denn er übersieht Fraas' Kritik an den kurz zuvor erschienenen „Chemischen Briefen“ von Justus von Liebig nicht (S. 529.20 und Erl.). Marx bemerkt die unterschiedlichen Auffassungen von Fraas und Liebig über die Probleme der Bodenerschöpfung und der Raubwirtschaft. Fraas betont abermals, dass ein dauerhafter Ertrag ohne Düngung möglich ist und in der Wirklichkeit vorkomme, wenn die Naturbedingungen wie Alluvion die von den Pflanzen entnommenen Bodensubstanzen ersetzen. Marx ist sich somit einer alternativen Präventionsmöglichkeit gegen die Erschöpfung bewusst: Während Liebigs Agrikulturchemie die chemische Analyse der Bodenbestandteile und die ihnen entsprechende Zufuhr an künstlicher Düngung empfahl, betont Fraas' Agrikulturphysik den klimatischen Einfluss auf das Pflanzenwachstum und die Bedeutung der die Mineralsubstanzen ersetzenden Naturkraft für eine nachhaltige Landwirtschaft.

Tho[ma]s Wentworth Buller: A Reply to a Pamphlet, Published by David Ricardo, on Protection to Agriculture. London 1822. (Ms-S. 9–16; siehe S. 464–468.)

In der vorliegenden, 75-seitigen Schrift erörtert der heute kaum bekannte britische Ökonom Thomas Wentworth Buller seine Kritik an David Ricardos ebenfalls 1822 erschienener Schrift „On Protection to Agriculture“. Ricardo war im „Committee on Agricultural Distress“ von 1821 tätig, dessen Bericht den Getreidefreihandel und die Abschaffung der agrarprotektionistischen „Corn Laws“ befürwortete. Ricardo betrachtete die „Corn Laws“ als Ursache des hohen Getreidepreises in Großbritannien. Jedoch wurde sein Vorschlag vom Parlament nicht umgesetzt.

Bullers Schrift ist eine Intervention in der Debatte um den landwirtschaftlichen Zustand Englands. Er sammelt in der Schrift Dokumente wie das „Register of Eton College“ und das „Annual Register for the Year 1801“, um zu dem Schluss zu gelangen, dass der Weizenpreis in Großbritannien trotz des Bevölkerungswachstums gesunken sei. Die Bevölkerungszunahme sei bis zu einem gewissen Grad nicht die Ursache der Verteuerung des Getreidepreises, sondern lasse ihn wegen der einhergehenden Verbilligung der Arbeitskraft und der Verbesserung der Landwirtschaft sogar sinken.

Marx hatte schon im ersten Band des „Kapital“ Ricardos Annahme eines abnehmenden Bodenertrags zurückgewiesen. Womöglich suchte er zur Abfassung des dritten Buchs des „Kapital“ weitere Argumente gegen Ricardo. Er richtet seine Aufmerksamkeit ferner auf konkrete Angaben über den Getreidepreis und die Import- und Exportmenge.

Marx hat dieses Exzerpt später nicht mehr verwendet.

J. C. Ross: An Examination of Opinions Maintained in the “Essay on the Principles of Population,” by Malthus; and in the “Elements of Political Economy,” by Ricardo; with Some Remarks in Reply to Sir James Graham’s “Address to the Land-Owners.” In 2 Vol. London 1827. (Ms-S. 35–37 und 59–78; siehe S. 482/483 und 499–510.)

J. C. Ross war schottischer Fischer und verteidigt im vorliegenden Werk in der Agrarfrage den theoretischen Standpunkt von Ricardo gegen Malthus. Unter dem Pseudonym „John McIniscon“ veröffentlichte er das Buch zunächst 1825, bevor es 1827 unter seinem bürgerlichen Namen erschien. Vor seiner Diskussion von Malthus’ „Essay on the Principle of Population“ und Ricardos „Principles of Political Economy, and Taxation“ fügt Ross zwischen Vorwort und Einführung eine Analyse der von James Graham ebenso 1827 publizierten Schrift „Corn and Currency“ hinzu. Ross beginnt den ersten Band mit dem Abschnitt „Abstract Principles of Political Economy“ (Kapitel 1–29), in dem er ökonomische Kategorien definiert, bevor er im Rest des ersten und im zweiten Band Malthus’ „Essay on the Principle of Population“ analysiert. Wie Marx seine Auszüge aus Ross mit dem Titel „Ricardianer, gegen Malthus“ versieht (S. 482.7), versucht Ross, von ihm für gefährlich erachtete Malthusianische Prinzipien in den von ihm hoch geschätzten „Principles of Political Economy, and Taxation“ Ricardos als „fehlerhaft“ zu korrigieren. Ross hebt in Opposition zu Ricardos Gesetz des abnehmenden Bodenertrags hervor, dass im Laufe des zivilisatorischen Fortschritts der Preis der Arbeit keineswegs mithilfe der Verbesserung der Agrikultur steigen müsse, da mit der Eröffnung neuer Märkte auch der Zugang zu günstigeren Rohstoffen gewährleistet werde.

Marx’ Exzerpt ist in zwei Teile geteilt. Im ersten, kurzen Teil erstellt Marx Auszüge größtenteils aus der Einleitung und dem Teil „Some Remarks on ‘The Address to the Landholders’ by Sir James Graham“. Auf seinem Familienland bemühte sich Graham um die Verbesserung seines Bodens durch Erneuerung der Arbeitsmittel und -gebäude sowie Trockenlegung, in der Überzeugung, dass solche Fortschritte für Grundeigentümer und Pächter von Vorteil seien. In dieser Rede verteidigt er die Idee des landwirtschaftlichen Fortschritts und des

Freihandels. Wie Marx notiert, kritisiert Ross allerdings Grahams kompromissbereite Ansichten wie die Kategorisierung der Bodeneigentümer als „produktive Klasse“ (S. 482.23–24).

Nach einer kurzen Unterbrechung nahm Marx die Auszüge wieder auf und las bis zum Ende des zweiten Bandes. Er richtet seine Aufmerksamkeit auf Ross' ausführliche Malthus-Kritik. Ross kommentiert jedes Kapitel der fünften, mehr als 1500 Seiten umfassenden Auflage von Malthus' „Essay on the Principle of Population“, argumentiert gegen die Bodeneigentümerklasse und propagiert die staatliche Verwaltung des Landes als Steuerquelle. Er wendet ein, dass Malthus unterschiedliche gesellschaftliche und kulturelle Faktoren für das Bevölkerungswachstum vernachlässigt und alles auf eine „natural tendency“ reduziert habe. Marx hatte sich seit den 1840er Jahren regelmäßig mit Malthus' Überbevölkerungstheorie beschäftigt und exzerpierte das Werk im Juli/August 1851 in Londoner Heft XIII (MEGA② IV/9. S. 226–229). Damals verwendete er allerdings die erste, nur ca. 400 Seiten umfassende Auflage, die 1798 in London erschienen war. Ross' umfassende Kritik gab ihm eine Gelegenheit, Einblick in eine neuere Auflage von Malthus' Werk zu nehmen, wenn auch von einer Ricardianischen Perspektive aus. So exzerpiert Marx oft nicht Ross' eigene Beschreibung, sondern dessen Zitate aus Malthus, die Ross allerdings bearbeitet und kürzt, ohne darauf hinzuweisen.

Marx hat dieses Exzerpt später nicht mehr verwendet.

[David Low:] Remarks on Certain Modern Theories Respecting Rents and Prices. London 1827. (Ms-S. 38–46; siehe S. 484–489.)

David Low (1786–1859) war Professor der Agrikultur an der Universität Edinburgh und Mitglied der „Royal Society of Edinburgh“. Die vorliegende, ca. 100 Seiten umfassende Schrift ist ein Beitrag zur Debatte um Ricardos Rententheorie. Low veröffentlichte 1827 ebenso anonym „Letters on Ricardo's Theorie of Rent“. An einer Stelle der vorliegenden Schrift zitiert Low aus seinen eigenen „Letters on Ricardo's Theorie of Rent“ und nennt es „a forgotten pamphlet“. Marx vermutet Low als Autor beider Schriften und bezeichnet dessen Verweis auf seinen eigenen Text als „melancholisch“ (S. 486.16).

Obgleich Low den Beitrag Ricardos zur politischen Ökonomie schätzt, steht er der damals vorherrschenden Grundrententheorie der Ricardo-Schule, besonders ihrem Vertreter John Ramsay McCulloch, kritisch gegenüber. Low fragt erstens, warum die begrenzte Menge an Boden keine Rente liefern würde, wenn dessen Fruchtbarkeit dieselbe bliebe. Es widerspreche den Tatsachen, dass alle Böden Rente liefern. Er will somit die Möglichkeit anderer Formen der Grundrente als der Differenzialrente untersuchen. Allerdings erörtert er keine Theorie der absoluten Grundrente, sondern verweist auf die Existenz der Surplusprodukte des Bodens, die vom Bodeneigentümer angeeignet werden können. Zweitens fragt Low nach den Möglichkeiten der Verbesserung des Bodens – was der Ricardo'schen Voraussetzung widerspricht, wonach der neu kultivierte Boden immer weniger produktiv als der schon kultivierte wäre. Low verweist auf einen Fall, in dem die Rente steigt, nicht weil weniger fruchtbare Böden kultiviert werden, sondern weil der Preis der gesamten Erträge zunimmt. Mit diesen beiden Fragen setzte sich Marx schon lange Zeit – mit der zweiten schon seit Anfang der 1850er Jahre – auseinander, und es ist zu vermuten, dass er diese Thematik für die Abfassung des dritten Buchs des „Kapital“ weiterverfolgte.

Marx hat dieses Exzerpt später nicht mehr verwendet. Er besaß ein Buch von David Low in seiner Privatbibliothek (MEGA② IV/32. Nr. 807) und annotierte die Schrift mehrmals bibliographisch in späteren Exzerptheften (diese werden in MEGA② IV/25 veröffentlicht).

E[ugen] Dühring: Kritische Grundlegung der Volkswirthschaftslehre. Berlin 1866. (Ms-S. 79–85; siehe S. 512–516.)

Marx schloss seine Auszüge aus Eugen Dührings „Kritische Grundlegung der Volkswirthschaftslehre“ ab, die er im Januar/Februar 1868 in „Heft 1. 1868“ der „Hefte zur Agrikultur“ begonnen hatte (siehe Entstehung und Überlieferung S. 1047–1050). Das vorliegende Exzerpt beginnt mit dem fünften Abschnitt „Geschiedenheit und Wechselverhältnisse von Hervorbringung, Vertheilung und Verbrauch“. Dabei notiert Marx Dührings Kritik der Preisbestimmung durch Ricardo und Macleod. Im sechsten Abschnitt fokussiert sich Marx auf das Problem des Eigentums und des Verfügungsrechts. Er übersprang den siebten Abschnitt „Concurrenz und Aneignung“ und fertigte ab dem neunten Abschnitt keine Auszüge an. Die restlichen Auszüge stammen aus dem achten Abschnitt „Capital, Geld und Credit“.

G[eorg] Brückner: Amerikas wichtigste Charakteristik nach Land und Leuten. St. Louis [1857]. (Ms-S. 86/87; siehe S. 517/518.)

Infolge seiner Liebig-Lektüre las Marx 1865/1866 James Finlay Weir Johnstons „Notes on North America“ über die amerikanische Landwirtschaft. Die vorliegenden Auszüge weisen eine theoretische Gemeinsamkeit zu Johnston auf: Das Werk von Georg Brückner, einem deutschen Geographen und Historiker, schildert anhand von Zeichnungen, Bildern und Karten die geographische Charakteristik des nord- und südamerikanischen Kontinents. Die Darstellung beginnt mit allgemeinen Informationen zur geographischen Lage, Gestalt, Größe des Kontinents bis zu klimatischen Bedingungen, Flora und Fauna. Anschließend geht Brückner ausführlicher auf die Charakteristik jedes Gebietes ein. Das Buch besteht aus vielen kurzen (insgesamt 282) Paragraphen. Marx exzerpierte nur aus vier Paragraphen über die Vereinigten Staaten: Seine Auszüge aus § 47 „Landschaftlicher Ausdruck“, § 48 „Klima“ sowie aus § 53 und § 54 über die Bevölkerungsdichte und die Binnenmigration der Vereinigten Staaten setzen die Themen des Hefts fort.

Marx hat dieses Exzerpt später nicht mehr verwendet.

Marx exzerpiert anschließend zwei Schriften abwechselnd:

Georg Ludwig von Maurer: Einleitung zur Geschichte der Mark-, Hof-, Dorf- und Stadt-Verfassung und der öffentlichen Gewalt. München 1854. (Ms-S. 115–139 und 143–161; siehe S. 542–559 und 563–577.)

Georg Ludwig von Maurer (1790–1872) war Jurist und Rechtshistoriker und lehrte seit 1826 als Professor für das deutsche Privatrecht, die deutsche Reichs- und Rechtsgeschichte und das französische Recht an der Universität München. In den Jahren 1830–1847 beschäftigte er sich mit der Politik der Königreiche Bayern und Griechenland, wo Maurer eine führende Rolle bei der Modernisierung des griechischen Rechtssystems spielte. Zwischen 1856 und 1871 schrieb er eine elfbändige Verfassungsgeschichte des altgermanischen Gemeinwesens, in der er die Theorie entwickelte, dass bei den altgermanischen Völkern ein Gemeineigentum an Grund und Boden auf Grundlage der Markgenossenschaften geherrscht habe, womit er die damals verbreitete Annahme des altgermanischen Gemeinwesens als wesentlich vom individuellen Eigentum bestimmt widerlegte.

Dass Marx Maurer unmittelbar nach Carl Fraas liest und beide in demselben Brief an Engels vom 25. März 1868 erwähnt, deutet ihren Zusammenhang an. In der Tat hatte Fraas in „Die Ackerbaukrisen und ihre Heilmittel" Maurers Werk in hohen Tönen gelobt: „Neuerlich ist uns durch die ausgezeichneten Forschungen des Kenners altgermanischer Rechts- und Verfassungszustände, Staatsrath v. Maurer, in seinen verschiedenen Werken über Fronhöfe, Markgenossenschaft und die Dorfverfassung (Erlangen, Enke) gewiß geworden, daß die erste germanische Dorfbildung schon immer dem Gesetze der Nothwendigkeit der Bodenkraftsteigerung folgte." (Karl Fraas: Die Ackerbaukrisen und ihre Heilmittel. Ein Beitrag zur Wirthschaftspolitik des Ackerbauschutzes. Leipzig 1866. S. 209.) Marx hatte diesen Titel schon im Dezember 1867/Januar 1868 in seinem Exzerptheft notiert (siehe S. 359.33 und Erl.) und verfügte über das Buch wahrscheinlich in seiner persönlichen Bibliothek (SPD-Bibliothek Nr. 33717). Ebenso erwähnte Wilhelm Roscher mehrmals Maurers Werk, was Marx vermutlich ebenso zur Lektüre der vorliegenden Schrift veranlasste.

Marx exzerpiert fast jeden Abschnitt aus Maurers Buch, dessen Hauptgliederung die folgende ist:

I. Feld- oder Markgenossenschaft im Allgemeinen
  1. Erste Anfänge der Kultur
  2. Markgenossenschaften mit und ohne Feldgemeinschaft
    a. Im Allgemeinen
    b. Dörfer mit Feldgemeinschaft oder Dorfgenossenschaften
    c. Dorfschaften ohne Feldgemeinschaft oder Hofgenossenschaften

II. Markgenossenschaften mit Feldgemeinschaft insbesondere
  1. Aelteste Dorfanlagen oder Urdörfer
    a. Im Allgemeinen
    b. Einzelne Bestandtheile eines Urdorfes
      1) Das eigentliche Dorf
      2) Feldmark
      3) Inbegriff der einem Dorfgenossen zustehenden Rechte

c. Markgenossenschaft
2. Veränderung in der alten Markverfassung
a. Im Allgemeinen
b. Zersplitterung der alten Marken
1) Neue Verloosungen
2) Anlegung neuer Dörfer
3) Anlegung von Einzelhöfen
4) Folgen der Zersplitterung der Marken
c. Entstehung der Ungleichheit des Besitzthums
1) Durch Theilung unter den Erben
2) Durch freiwillige Veräußerungen
3) Durch Eroberung fremder Länder
4) Durch gezwungene Veräußerungen und Hingaben des freien Grundbesitzes
d. Einzäunung oder Abmarkung
e. Grundherrschaft
1) Ursprünglicher Zustand der Grundherrschaften
2) Entstehung größerer Herrschaften und Fronhöfe in den Dorfschaften
3) Emunität
4) Veränderungen in der Landes-Kultur
5) Veränderte Hofverfassung
6) Folgen dieser Veränderungen
f. Entstehung einer öffentlichen Gewalt

Im Brief an Engels vom 14. März 1868 kommentierte Marx zum ersten Mal Maurers Werk:

„Auf dem Museum – by the by – u.a. die neusten Schriften v. old Maurer (dem alten bairischen Staatsrath, der schon Rolle gespielt als einer der Regenten Griechenlands u. die Russen mit zuerst, lang vor Urquhart, denuncirt) geochst *über deutsche Mark-Dorf etc Verfassung.* Er zeigt ausführlich nach, daß das Privateigenthum an Boden erst später entstand u.s.w. Die blödsinnige westphälische Junkeransicht (Möser etc), daß die Deutschen sich jeder für sich niedergelassen u. erst nachher Dörfer, Gaue etc gebildet, vollständig widerlegt. Interessant grade jezt, daß die *russische* Manier der Wiedervertheilung in bestimmten Terminen (in Dtschd erst jährlich) des Bodens sich in Dtschd stellenweis bis in's 18. u. selbst 19. Jhdt erhielt. Die v. mir aufgestellte Ansicht, daß überall die asiatischen, resp. indischen Eigenthumsformen in Europa den Anfang bilden, erhält hier (obgleich Maurer nichts davon weiß) neuen Beweis. Für die Russen verschwindet aber auch die letzte Spur eines Anspruchs of originality, selbst in this line. Was ihnen bleibt, ist noch heute in Formen zu stecken, welche ihre Nachbarn seit lange abgestreift. Die Bücher des old Maurer (v. 1854 u. 1856 etc) sind mit echtdeutscher Gelehrsamkeit geschrieben, zugleich aber in der mehr heimlichen u. lesbaren Weise, welche die Süddeutschen (Maurer ist aus Heidelberg, aber die Sache gilt noch mehr v. Baiern u. Tyrolern wie Fallmerayer, Fraas etc) vor den Norddeutschen auszeichnet.“ (IISG, MEN, Sign. L 4523.)

Im Gegensatz zu Justus Möser und Nikolaus Kindlinger (siehe Erl. 542.19–24), die individuelles Eigentum bereits in den germanischen Gemeinschaften existieren sahen, belegt Maurer mit ausführlichen Beispielen die langjährige gemeinschaftliche Regulation durch ihre eigenen Genossen.

Obwohl die erste Reaktion von Engels in seiner Antwort vom 19. März eher nüchtern ausfiel (IISG, MEN, Sign. D 1673), setzte Marx seine Maurer-Lektüre im März 1868 fort. Im Brief an Engels vom 25. März 1868 erklärte er ausführlicher, warum er Maurer für bedeutsam hielt:

„*Ad vocem Maurer:* Seine Bücher sind ausserordentlich bedeutend. Nicht nur die Urzeit, sondern die ganze spätere Entwicklung, die freien Reichsstädte, der Immunität besitzende Gutsbesitzer, die öffentliche Gewalt, der Kampf zwischen freiem Bauernthum u. Leibeigenschaft erhält eine ganz neue Gestalt. [...] Z.B. die bekannte Stelle bei Tacitus: ‚*arva* per annos mutant et *superest ager*', was heißt: sie wechseln (durch Los, daher auch *sortes* in allen Leges Barbarorum später) die Felder (arva) u. es bleibt Gemeindeland (ager im Gegensatz v. arva als ager publicus) übrig, übersezt Grimm etc, sie bauen jedes Jahr neue Äcker, u. es bleibt immer noch (unbebautes) Land übrig! Ebenso die Stelle: ‚Colunt *discreti ac diversi*' sollte beweisen, daß die Deutschen v. jeher als westphälische Junker auf Einzelhöfen wirthschafteten. Aber in *derselben* Stelle heißt es weiter: ‚*Vicus locant* non in nostrum morem, *connexis et cohaerentibus aedificiis:* suum quisque locum *spatio cirumdat*', u. solche germanische Urdörfer in der beschriebnen Form existiren noch hier u. da in Dänemark." (IISG, MEN, Sign. L 4527.)

Die jährliche Wiederverteilung der Äcker unter den Gemeindemitgliedern *(avra per annos mutant)*, wie sie Caesar und Tacitus beschrieben, war Marx vor seiner Maurer-Lektüre 1868 nicht bekannt. Maurer macht ihn darauf aufmerksam und verhalf ihm somit zur Einsicht in die Vielschichtigkeit der Formen des germanischen Gemeinwesens. Hauptsächlich durch Maurer sah Marx seine frühere Auffassung von den Entwicklungsstufen der der kapitalistischen Produktionsweise vorhergehenden Geschichte in Frage gestellt.

Als Marx 1881 in den Entwürfen einer Antwort auf den Brief von Vera Zasulič über diese Frage selbstkritisch nachdachte, nahm er direkt auf Maurer Bezug (MEGA② I/25. S. 236). Erwähnung findet Maurer auch in einer neuen Fußnote der zweiten Ausgabe des ersten Bandes des „Kapital" (MEGA② II/6. S. 102).

Marx studierte nach 1868 zwei weitere Male die Werke Maurers. 1876 verfasste er drei Exzerpthefte (IISG, MEN, Sign. B 133, B 134 und B 135) mit Auszügen aus „Einleitung zur Geschichte der Mark-, Hof-, Dorf- und Stadt-Verfassung", ferner „Geschichte der Markenverfassung in Deutschland" (Erlangen 1856), der vierbändigen „Geschichte der Fronhöfe, der Bauernhöfe und der Hofverfassung in Deutschland" (Erlangen 1862–1863) und der zweibändigen „Geschichte der Dorfverfassung in Deutschland" (Erlangen 1865–1866). 1882 fertigte er abermals Auszüge aus der „Einleitung ... " und der „Geschichte der Markenverfassung in Deutschland" an (IISG, MEN, Sign. J 22 und J 44).

Marx besaß in seiner Privatbibliothek ein Exemplar von Maurers „Einleitung zur Geschichte der Mark-, Hof-, Dorf- und Stadt-Verfassung und der öffentlichen Gewalt" (MEGA② IV/32. Nr. 880). Er besaß zudem wahrscheinlich die „Geschichte der Markenverfassung in Deutschland" (SPD-Bibliothek. Nr. 33243, 9212), die zweibändige „Geschichte der Dorfverfassung in Deutschland" (SPD-Bibliothek. Nr. 33245), die vierbändige „Geschichte der Fronhöfe, der Bauernhöfe und der Hofverfassung in Deutschland" (SPD-Bibliothek. Nr. 33246) und die vierbändige „Geschichte der Städteverfassung in Deutschland" (Erlangen 1869–1871) (SPD-Bibliothek. Nr. 33246), zu der keine Exzerpte überliefert sind.

Die Fortsetzung der Exzerpte folgt in „Heft 3. 1868" der „Hefte zur Agrikultur" (S. 589–600).

F[ranz] X[aver] Hlubek: Die Landwirthschaftslehre in ihrem ganzen Umfange nach den Erfahrungen und Erkenntnissen der letztverflossenen 100 Jahre; mit wissenschaftlicher Strenge dargestellt. 2., verb. Aufl. Bd. 1. Wien 1851. (Ms-S. 103–114 und 140–142; siehe S. 531–541 und 560–562.)

Parallel zu Maurer las Marx die Schrift des österreichischen Agrarwissenschaftlers Franz Xaver von Hlubek (1802–1880). Hlubek war Professor der Land- und Forstwirtschaftslehre am Joanneum zu Graz. Seine Schriften wie „Ernährung der Pflanzen und Statik des Landbaues“ (Prag 1841) hatte schon Carl Fraas in „Geschichte der Landwirthschaft“ und „Natur der Landwirthschaft“ aufgeführt, und Marx notierte in seinen Exzerpten aus diesen Werken mehrmals den Namen des Landwirtes (S. 395.17–18, 401.36). Sein Buch ist ebenfalls in der Literaturliste zu Wilhelm Hamms „Die landwirthschaftlichen Geräthe und Maschinen Englands“, das Marx im „Großheft 1865/1866“ der „Hefte zur Agrikultur“ exzerpierte, aufgeführt. Bemerkenswerterweise hat Hlubek schon früh Liebigs „Agriculturchemie“ und dessen Mineraltheorie kritisiert und ihr die Humustheorie entgegengesetzt, womit er zu deren letzten Verteidigern zählt. Humus ist ein dunkelfarbiger Bodenbestandteil, der aus zersetzten organischen Bodensubstanzen (pflanzliche und animalische Produkte) besteht. Die Humustheorie, die von Albrecht Thaer in „Grundsätze der rationellen Landwirtschaft“ (Berlin 1810) begründet wurde, sieht in den von Humus gelieferten Nahrungssubstanzen und im Wasser die Hauptelemente des Pflanzenwachstums, während sie anorganische Substanzen, welche Liebig für wesentlich hielt, als unnötig oder höchstens als Reizmittel erachtet.

Die Debatte begann in den 1840er Jahren, als Liebig in der 1840 veröffentlichten ersten Auflage der „Agriculturchemie“ und in den „Annalen der Chemie und Pharmacie“ von 1841 gegen die Humustheorie die Notwendigkeit der anorganischen Substanzen für das Pflanzenwachstum propagierte. Hlubek veröffentlichte gegen Liebigs Kritik eine Reihe polemischer Schriften wie „Beleuchtung der organischen Chemie des Herrn Dr. Justus Liebig“ (Graz 1842) und „Beantwortung der wichtigsten Fragen des Ackerbaues, als Nachtrag zu meiner Beleuchtung der organischen Chemie des Herrn Dr. Justus Liebig“ (Graz 1842). Liebig seinerseits wies Hlubeks Ansichten 1842 in dem Artikel „Hlubek und die organische Chemie“ in „Annalen der Chemie und Pharmacie“ erneut zurück. Im Gegensatz zu Liebigs These, dass der „Humus“ erst in organische und anorganische Substanzen durch die Verwitterung aufgelöst und in eine für die Pflanzen verfügbare Form verwandelt werden muss, behauptet Hlubek, dass er von den Pflanzen direkt absorbiert werden könne. Durch das Studium der Debatte um die Liebig'sche Theorie seit Anfang des Jahres 1868 ist Marx vermutlich zur Auseinandersetzung mit Hlubeks Schriften veranlasst worden. Die Humustheorie hatte zu diesem Zeitpunkt infolge der Entwicklung der Agrikulturchemie ihren Einfluss gegenüber der Stickstoff- und Mineraltheorie größtenteils verloren. Marx war seit den 1850er Jahren die wissenschaftliche Kritik an der Humustheorie bekannt und unterstützte dabei immer Liebigs

Mineraltheorie. Die direkte Auseinandersetzung mit Hlubeks Humustheorie im Jahre 1868 zeigt somit, wie umfangreich Marx' landwirtschaftliches Studium in dieser Zeit war.

Allerdings kann die Bedeutung der vorliegenden Schrift Hlubeks, die den Zeitgenossen als eins der besten agronomischen Lehrbücher galt, nicht auf die Verteidigung der Humustheorie reduziert werden. Das Werk bietet einen umfassenden Überblick über die landwirtschaftliche Entwicklung der letzten 100 Jahre, die Hlubek aus einer anderen Perspektive als Liebig darstellt. Fraas erwähnt mehrmals Hlubeks physikalische Untersuchung zu verschiedenen Bodenarten in seiner Schrift „Historisch-encyklopädischer Grundriß der Landwirthschaftslehre" (Stuttgart 1848), dessen Exemplar sich in Marx' Privatbibliothek befindet (MEGA② IV/32. Nr. 272). Im vorliegenden Exzerpt richtet Marx in der Tat seine Aufmerksamkeit auf Hlubeks Kategorisierung der unterschiedlichen Bodenarten („sauer humoser Boden", „kohlenartiger humoser Boden", „harziger humoser Boden", „Torfboden" sowie „Schutt-, Trümmer- und Geröllboden"), ihre jeweiligen physikalischen Eigenschaften und landwirtschaftliche Anwendbarkeit als Dammerde und Untergrund. Hlubek unterbreitet ferner Vorschläge für ihre Verbesserung durch Düngung und Bewässerung. Er weist dazu auf die Vorteile der Alluvion für die landwirtschaftliche Brauchbarkeit eines Bodens hin.

Hlubeks Werk besteht aus drei Bänden. 1846 erschien die erste Auflage mit zwei Bänden in Wien. Mit der zweiten Auflage publizierte Hlubeks 1853 den dritten Band als Ergänzung. Der erste Band allein umfasst mehr als 700 Seiten mit fast 900 Paragraphen. Marx exzerpiert hauptsächlich aus dem ersten Teil des ersten Bandes „Pflanzenproduktionslehre", wie „Meteorologie", „Hauptbestandtheile des Bodens", „Umstände, welche außer der Zusammensetzung eines Bodens auf seine Beschaffenheit einen Einfluß haben", „Die Lehre von der Bodenbestellung (Beackerung)", „Die Lehre von der Beurbarung des Bodens". Marx setzte seine Auszüge in „Heft 3. 1868" der „Hefte zur Agrikultur" (S. 601–618) fort, wobei er sich dort auf den dritten Teil fokussierte (siehe Entstehung und Überlieferung S. 1124/1125). Es gibt keine Auszüge aus dem zweiten und dritten Band.

Marx besaß in seiner Privatbibliothek Hlubeks „Bericht über die englische Landwirthschaft und die zu London 1851 ausgestellten landwirthschaftlichen Geräthe und Maschinen" (Graz 1852). (MEGA② IV/32. Nr. 570.) Allerdings hat er weder das Buch noch die Exzerpte später verwendet.

Zeugenbeschreibung

H *Originalhandschrift:* IISG, Marx-Engels-Nachlass, Sign. B 111.

Beschreibstoff: Gebundenes Heft mit kartoniertem Umschlag aus acht im Falz mit weißen Fäden gehefteten Lagen und schwarzem Rückenpapier. Außenseiten sowie Innenseiten und vorderes sowie hinteres Vorsatzpapier weiß-blau-braun marmoriert. Die erste Lage bestand aus fünf Bogen (= 10 Blatt

= 20 Seiten), die anderen sieben Lagen aus sechs Bogen (= 12 Blatt = 24 Seiten) vergilbten, ursprünglich wahrscheinlich weißen, starken Papiers. Das erste und letzte Blatt sind auf die Rückseite des vorderen und hinteren Vorsatzpapiers geklebt. Format des Umschlags sowie der Bogen 198 mm × 316 mm, gefaltet auf 198 mm × 158 mm. Wasserzeichen: horizontale Linien im Abstand von 27 mm. Buchschnitt an allen drei Seiten nicht mehr klar sichtbar. Auf die Außenseite des Vorderdeckels von Engels ein Etikett aus weißem Papier im Format 143 mm × 119 mm mit einem Inhaltsverzeichnis geklebt.

Zustand: Papier leicht vergilbt. S. [172]/[173] zu einem Drittel abgerissen, keine Textverluste. Sonst gut erhalten.

Schreiber: Karl Marx, Friedrich Engels (Etikett).

Schreibmaterial: Schwarze Tinte und Bleistift (Paginierung und S. 1).

Beschriftung: Vier Seiten der an die Rückseite beider Umschlagdeckel geklebten Vorsatzpapiere mit bunt marmoriertem Muster nicht beschrieben. Marx begann das an die Rückseite des vorderen Vorsatzpapiers geklebte Blatt von S. 1 zu beschreiben.

S. 164–169, [172]/[173]: leer.
S. 37: zu einem Fünftel mit Tinte.
S. 87: zu einem Viertel mit Tinte.
S. 16, 78, 170: zur Hälfte.
S. 85, 161, [171]: zu zwei Dritteln mit Tinte.
S. 58: zu fünf Siebteln mit Tinte.
S. 8, 114: zu vier Fünfteln mit Tinte.
S. 162/163: Zeitungsabschnitte eingeklebt.
Alle anderen Seiten vollständig mit Tinte.
Deutsche und Lateinische Schrift.

Paginierung: S. 1–170 fortlaufend von Marx mit Bleistift paginiert. Zwei beschriebene Seiten danach (S. [171] und [174]) nicht von Marx paginiert.

Vermerke fremder Hand: Archivstempel des IISG unregelmäßig auf 85 Seiten, Sign. B 104 auf dem von Engels an die Umschlagseite geklebten Etikett; Fotosign. AM 1 (1. Umschlagseite) und dann auf alle beschriebenen Seiten AK 2–166 (alle mit Bleistift).

Hinweise zur Edition

Alle Auszüge werden hier erstmals veröffentlicht.

KORREKTURENVERZEICHNIS

455.3 »In] **H** In

460.9 Pflanzen] **H** Salzen
Korrigiert nach der Quelle.

460.11 Zellwände] **H** Zellen
Korrigiert nach der Quelle.

460.15	151] **H** 152
460.17	in]
	Korrigiert nach der Quelle.
460.34	).] **H**)
461.35	»Dẹṛ] **H** Dẹṛ
462.19	etc.] **H** etc
462.26	nebelhaft] **H** fabelhaft
463.12	erhebliches] **H** erheblich
463.19	ist] **H** ist ist
464.21	or] **H** of or
465.9	4] **H** 1
	Korrigiert nach der Quelle.
466.1	capitalists] **H** capitalist
466.23	reaches] **H** reach
467.24	man] **H** men
469.2	*IV.*] **H** *VI.*
469.15	Letztres] **H** Letzres
470.16	etc.] **H** etc
470.35	Nackter] **H** Nakter
478.19	85%] **H** 85°
478.24	2] **H** 1
	Korrigiert nach der Quelle.
478.30	pr.).] **H** pr.
481.4	per] **H** pr.
481.12	Kräuter] **H** Körner
	Korrigiert nach der Quelle.
481.30	per] **H** pr.
482.12	turnpike-roads] **H** turnpike-road
	Korrigiert nach der Quelle.
482.17	XLIX] **H** XLXI
	Fehler in der Quelle.
483.6	*Elements*“] **H** *Elements*
483.8	affect] **H** effect
	Korrigiert nach der Quelle.
484.10	soil)“] **H** soil)
484.15	rent] **H** rents
485.22	3] **H** 9
486.10	class.«] **H** class.
486.12	rent«] **H** rent
486.15	rente.“] **H** rente.
486.31	*absurdum*?“] **H** *absurdum*?
486.32	it] **H** is
487.41	hazards] **H** hazard
488.20	it.«] **H** it.

489.13	tenant] **H** peasant
	Korrigiert nach der Quelle.
489.15	soil.«] **H** soil.
491.16	$2^{1}/_{2}$] **H** $2^{1}/_{3}$
	Korrigiert nach der Quelle.
492.7	per Joch] **H** pr. Joch
492.7	per] **H** pr.
493.8	20) J.] **H** 20 J.)
493.18	Futterpflanze] **H** Wurzelpflanze
	Korrigiert nach der Quelle.
493.20	Luzerne] **H** Luzern
493.28	Nicotiana] **H** (Nicotiana
495.12	*Carota*] **H** *Carotta*
496.6	(13) Wochen] **H** (13 Wochen)
496.27	Samen] **H** Saaten
496.33	im hohen] **H** in hohem
497.30	c)] **H** 3)
500.14	practicable] **H** practical
	Korrigiert nach der Quelle.
500.37	etc“] **H** etc
502.8	expensive] **H** extensive
	Korrigiert nach der Quelle.
502.36	Scottish] **H** Scotish
502.36	accommodations] **H** accomodations
503.5	Of] **H** On
503.26	[yield]]
	Ergänzt nach der Quelle.
503.36	298] **H** 288
504.18	to] **H** to to
505.30	»has] **H** has
506.1	„the] **H** the
506.20	increase] **H** increases
506.38	*continued*“] **H** *continued*
507.34	expensive] **H** extensive
	Korrigiert nach der Quelle.
509.1	then] **H** the
509.3	262)] **H** 262
513.15	haben.«] **H** haben.
517.24	10 000] **H** 1000
	Korrigiert nach der Quelle.
518.10	§54] **H** §57
520.23	Zellinhalts] **H** Zellinhalt
520.30	jedesmal] **H** jedesmals
521.1	Maßes] **H** Masses

524.29 zugetriebenem] **H** zubetriebenem

524.36 Feuchthaltung] **H** Rauhhaltung

Korrigiert nach der Quelle.

525.39 nahrhaftes] **H** nahrhaft

525.41 [sich]]

Ergänzt nach der Quelle.

526.1 ein] **H** eine

Schreibfehler in der Quelle.

529.37 ist] **H** ist.

531.3 (Erster] **H** [(Erster

532.14 [der]]

Ergänzt nach der Quelle.

532.14 Winter] **H** Wintern

532.27 Mergelarten.)] **H** Mergelarten.

532.35 zur] **H** durch

Korrigiert nach der Quelle.

533.10 Eigenschaft] **H** Eigenschaften

Korrigiert nach der Quelle.

534.10 Moosen] **H** Mosen

536.5 1827))] **H** 1827)

536.19 Zwetschkenbäume] **H** Zwetschenbäume

536.23 lehmige] **H** ledige

536.28 warmen Boden] **H** Warmenboden

537.10 1] **H** 2

538.1 *Trümmer-*] **H** *Trümmer*

538.26 130] **H** 129, 130

538.30 glimmerartiges] **H** glimmerartiges-

541.2 aus] **H** auf

541.4 N. 2))] **H** N. 2)

543.2 *Olufsen,*] **H** *Olufsen*

543.3 Herlighed.“] **H** Herlighed.

543.3 (Kiöbh.] **H** Kiöbh.

543.3 etc.,] **H** etc

543.14 una] **H** uno

Fehler in der Quelle.

544.14 circumdat.«)] **H** circumdat.«

544.30 Mark.))] **H** Mark.)

545.33 Markgenossen] **H** Marktgenossen

545.36 *Frede*] **H** *Fräde*

Korrigiert nach der Quelle.

546.21 Gemeindeverfassung] **H** Gemeindeverfassen

547.22 Altisländischen] **H** Altsisländischen

548.33 (22)] **H** l.c.

549.7 vocamus))] **H** vocamus)

550.7	ieglich] **H** jeglich
550.9	tune.«)] **H** tune.
550.9	Fallthore] **H** Fallthoren
551.31	(56))] **H** (56)
552.9	62] **H** 63
552.22	reebdeling] **H** reedeling
553.6	Sommer-, Winter-,] **H** Sommer- Winter-
553.36	unversehrt] **H** unversehr
554.22	84] **H** 83, 84
555.4	92] **H** 93
556.28	etc.] **H** etc
556.30	haben.] **H** haben
557.27	[Zeitpacht]]
	Textverlust durch Tintenfleck. Ergänzt nach der Quelle.
557.29	[billicher]]
	Textverlust durch Tintenfleck. Ergänzt nach der Quelle.
559.17	familiae] **H** famiae
559.19	terram] **H** terra
	Korrigiert nach der Quelle.
560.26	2–15 pt.] **H** 2–15%
	Korrigiert nach der Quelle.
561.40	werden.] **H** werden;
562.3	lehmige] **H** lose
	Korrigiert nach der Quelle.
562.27	134] **H** 133, 134)
563.5	Grund] **H** Grund-
563.16	sollte] **H** sollten
563.27	dominatio)] **H** dominatio
565.12	Sogar] **H** (Sogar
565.25	Mark] **H** Markt
565.29	etc.] **H** etc
566.24	beherbergen] **H** beherberbegen
567.27	Mittelalter] **H** Mitterland
568.25	etc.] **H** etc
568.27	Mark] **H** Markt
569.21	Einzelhöfen] **H** Einzehöfen
569.39	*Beholzigungsrecht*] **H** *Beholzingsrecht*
570.3	Feld-] **H** Feld
570.22	bildeten] **H** bildet
571.1	worden.«] **H** worden.
571.2	206] **H** 207
571.35	(210)] **H** (209, 210)
572.7	gesteigert] **H** vereinigt
	Korrigiert nach der Quelle.

572.19 genossenschaftlichen] **H** gesellschaftlichen
Korrigiert nach der Quelle.
572.29 [hatte auch der]]
Ergänzt nach der Quelle.
573.1 tollunt.«] **H** tollunt.
574.7 Gemeinweiden] **H** Gemeindeweiden
Korrigiert nach der Quelle.
574.9 Dorfmarken] **H** Hofmarken
Korrigiert nach der Quelle.
574.19 kein] **H** keinen
575.40 alten] **H** allten
576.3 Ländereien nun,] **H** Ländereien, nun
576.12 colones)] **H** colones
576.21 Bauernschaftsdörfer] **H** Bauerndorfschaften
577.16 259] **H** 258, 259
578.4–7 u. 579.21 Abgerissene Stellen des Ausschnitts. Ergänzt nach der Quelle.
580.8 *Popul.*"] **H** *Popul.*
580.9 *and.*] **H** *ands.*
583.25 1854] **H** 1853
Korrigiert nach der Quelle.
584.1 *C. W. Hoskyns*] **H** *G. W. Hoskyn*
584.9 *Sillett*] **H** *Sillet*

ERLÄUTERUNGEN

453.2 1870] Engels datierte das Heft auf 1870, weil der eingeklebte Zeitungsartikel auf Ms-S. 162/163 eine Debatte aus dem House of Commons vom 7. April 1870 wiedergibt. Mit Ausnahme von diesem Ausschnitt erstellte Marx das Heft allerdings im Februar/März 1868 (siehe Entstehung und Überlieferung S. 1090).

454.2 *Butt*] Mit Bleistift geschrieben.

454.3 Siehe Marx' Inhaltsverzeichnis S. 580.

455.2 John Grey: Lease. In: A Cyclopedia of Agriculture, Practical and Scientific ... Ed. by John C[halmers] Morton. Vol. 2. Glasgow, Edinburgh, London 1855. S. 221–228.

456.2 Bibliothèque Universelle des Sciences, Belles-Lettres, et Arts, faisant suite à la Bibliothèque Britannique. Rédigée à Genève par les Auteurs de ce Dernier Recueil. T. 6.7. Genève, Paris 1817–1818. – Die beiden Bände behandeln naturwissenschaftliche Themen wie Physik, Astronomie und Meteorologie.

456.3–6 Mit Bleistift geschrieben.

456.3 John Debell Tuckett: A History of the Past and Present State of the Labouring Population. Vol. 1.2. London 1846. – Marx exzerpierte den Titel und die von ihm angegebenen Seiten in Londoner Heft IX (MEGA② IV/8. S. 473–517). Auf diesen Seiten des Kapitels „Agriculture Continued“ behandelt Tuckett Themen wie Düngung mit Knochenmehl und Guano, Pacht und Abholzung. – Titel von Marx zitiert in „Grundrisse“ (MEGA② II/1. S. 652–654, 657, 718), „Zur Kritik der politischen Ökonomie 〈Manuskript 1861–1863〉“ (MEGA② II/3. S. 1456, 1883, 1929, 1979/1980, 2072), im Manuskript zum dritten Buch des „Kapital“ (MEGA② II/4.2. S. 408, 653) und im ersten Band des „Kapital“ (MEGA② II/5. S. 295, 580, 600; II/6. S. 344, 356, 364, 650, 672; II/7. S. 299, 311, 318, 639, 666).

456.4 John Leslie Foster: An Essay on the Principle of Commercial Exchanges, and More Particularly of the Exchange Between Great Britain and Ireland ... London 1804. – Titel von Marx notiert in Manchester Heft 3 (MEGA② IV/4. S. 201.31–32) und in Londoner Heft II (MEGA② IV/8. S. 83.4) und exzerpiert vermutlich im Februar 1869 (IISG, MEN, Sign. B 114). Marx bat Engels in den Briefen vom 25. September 1868 (IISG, MEN, Sign. L 4562) und 15. und 24. Februar 1869 (IISG, MEN, Sign. L 4592 und 4593) um die Zusendung des Werks, da er es in Londoner Bibliotheken nicht finden konnte. Er bestätigte den Erhalt im Brief an Engels vom 1. März 1869, in dem er das Buch u.a. als „f. seine Zeit bedeutend“ (IISG, MEN, Sign. L 4594) charakterisiert.

456.5 Thomas Hodgskin: Popular Political Economy. Four Lectures Delivered at the London Mechanics' Institution. London 1827. – Titel von Marx exzerpiert in Londoner Heft IX (MEGA② IV/8. S. 549–562), darunter auch das hier angegebene neunte Kapital „Prices“. Erwähnt und zitiert in: „Grundrisse“ (MEGA② II/1. S. 328/329, 334, 492, 682, 683); „Zur Kritik der politischen Ökonomie“ (MEGA② II/2. S. 130); „Zitatenheft“ (siehe ebenda. S. 267/268); „Zur Kritik der politischen Ökonomie 〈Manuskript 1861–1863〉“ (MEGA② II/3. S. 179, 264, 267, 279, 320, 321, 380, 1395, 1773–1776, 1880, 1899, 2071, 2083, 2187); in Manuskript I zum zweiten Buch des „Kapital“ (MEGA② II/4.1. S. 230), im ersten Band des „Kapital“ (MEGA② II/5. S. 275, 287, 434; II/6. S. 335, 347, 500; II/7. S. 291, 302/303, 463) und in Manuskript II zum zweiten Buch des „Kapital“ (MEGA② II/11. S. 201).

456.6 Wahrscheinlich Thomas Cooper: Lectures on the Elements of Political Economy. Columbia 1826. – Von Marx exzerpiert in

Manchester Heft 2 (MEGA② IV/4. S. 72–100) und in „Bullion. Das vollendete Geldsystem" (MEGA② IV/8. S. 23).

456.7 James F[inlay] W[eir] Johnston: Notes on North America, Agricultural, Economical, and Social. Vol. 2. London 1851. – Marx exzerpierte die von ihm notierten Seiten „432 sqq." im „Großheft 1865/1866" der „Hefte zur Agrikultur" (siehe S. 320).

456.8 [Pierre de] Boisguillebert: Traité de la nature, culture, commerce et intérêt des grains. In: Économistes financiers du XVIIIe siècle. Précédés de notices historiques sur chaque auteur, et accomp. de commentaires et de notes explicatives, par Eugène Daire. Paris 1843. – Von Marx exzerpiert im Pariser Heft 1844/1845 (MEGA② IV/3. S. 57–65), darunter auch die hier angegebenen Seiten u.a. über Bodenfruchtbarkeit (ebenda. S. 61/62). Marx verwies auf diese Stelle auch in „Differentialrente" (MEGA② II/4.3. S. 236.39–40).

456.9 Benjamin Bell: Essays on Agriculture with a Plan for the Speedy and General Improvement of Land in Great Britain. Edinburgh 1802; ders.: De la disette. Trad. par P. Prévost. Genève 1804. – Die beiden Titel von Marx exzerpiert im Brüsseler Heft 4 (MEGA② IV/3. S. 317–321) und verwendet in „Differentialrente" (MEGA② II/4.3. S. 237/238).

456.10 Sir James Caird. – Siehe Marx' Kommentar zu seinen Auszügen aus Hamm (S. 301.6–14) und die später notierte Schrift Cairds (S. 587.8). – Marx exzerpierte zwei weitere Werke Cairds in der ersten Jahreshälfte 1881 (IISG, MEN, Sign. B 167).

456.11 Möglicherweise Gustav von Gülich: Geschichtliche Darstellung des Handels, der Gewerbe und des Ackerbaus der bedeutendsten handeltreibenden Staaten unsrer Zeit. Jena 1830. – Von Marx umfangreich exzerpiert zwischen Herbst 1846 und September 1847 (MEGA② IV/6) und Ende 1873/Anfang 1874 (IISG, MEN, Sign. J 47).

456.12 Robert Russell: North America. Its Agriculture and Climate. Containing Observations on the Agriculture and Climate of Canada, the United States, and the Island of Cuba. Edinburgh 1857. – Von Marx erworben. Standort des Originals mit Marginalien von Marx: RGASPI, Sign. f. 1, op. 1, d. 6508. (MEGA② IV/32. Nr. 1150.)

456.13 Mit Bleistift geschrieben. Wahrscheinlich James Mill: Elements of Political Economy. 2., Rev. and Corr. Ed. London 1824. Auf der von Marx angegebenen Seite 34 behandelt Mill die Grundrente. – Möglich wäre auch John Stuart Mill: Principles of Political Economy. With Some of Their Applications to Social Philosophy. 2. Ed. Vol. 1. London 1849. Auf der von Marx angegebenen Seite 34 behandelt Mill die Rolle der Natur im Produktionsprozess.

456.14 Vermutlich James Hutchison Stirling: The Secret of Hegel: Being the Hegelian System in Origin, Principle, Form, and Matter. In 2 Vol. London 1865. – Von Marx erwähnt in den Briefen an Engels vom 23. Mai 1868 (IISG, MEN, Sign. L 4536) und 14. April 1870 (IISG, MEN, Sign. L 4650). – Möglicherweise auch gemeint: James Stirling: Practical Considerations on Banks and Bank Management. 2. Ed. Glasgow 1866 (siehe S. 587.36 und Erl.).

459.1 Fortsetzung der Auszüge aus Fraas: Die Natur der Landwirthschaft. Bd. 1 von S. 434.

459.18 G[ustav] Schübler: Grundsätze der Agricultur-Chemie in näherer Beziehung auf land- und forstwirthschaftliche Gewerbe. 2. Aufl., durchges. und verb. von K. L. Krutzsch. Th. 1. Agriculturchemie. Leipzig 1838.

460.13–14 Wahrscheinlich J[ean]-B[aptiste] Boussingault: Économie rurale considérée dans ses rapports avec la chimie, la physique et la météorologie. T. 1.2. Paris 1843–1844.

462.27–32 Corenwinder bis abhängt.] Siehe B[enjamin] Corenwinder: Ueber die Erzeugung von Kohlensäuregas durch den Boden, die organischen Substanzen und die Düngerarten. In: Comptes rendus. Nr. 5, Juli 1855. S. 306–308, hier: S. 307.

462.36–38 Nach Way bis falsch!] Siehe J. Thomas Way: On the Composition of the Waters of Land-Drainage and of Rain. In: Journal of the Royal Agricultural Society of England. Bd. 17. 1856. S. 123–162.

464.1–5 Tho[ma]s Wentworth Buller: A Reply to a Pamphlet, Published by David Ricardo, on Protection to Agriculture. London 1822.

464.9–15 Ric. sagt bis price.“] David Ricardo: On Protection to Agriculture. London 1822. S. 3.

465.3 Register v. Eton College] Siehe [Charles Smith:] Three Tracts on the Corn-Trade and Corn-Laws. To which is Added a Supplement. 2. Ed., Corr. and Enl. London 1766. S. 8–10. – Smith berechnet hier die Durchschnittswerte, die er den Rechnungsbüchern des Eton College entnahm. Die Revisionsbücher gibt er im Anhang seiner Schrift wieder: An Account of the true Market-price of Wheat and Malt in Windsor Market from 1595 inclusive to 1767 exclusive. Taken from the Audit-books in Eton College.

465.16–17 1688 bis corn] An Act for Encouraging the Exportation of Corn (1 William and Mary, Cap. 12), 1688.

465.24–25 1697 bis House.] Das Büro „Inspector General of Imports and Exports“ wurde 1696 gegründet. Zuvor wurden keine Angaben über den englischen und britischen Ex- und Import erhoben.

468.33–36 (weil bis Arbeiten.)] Zusammenfassung von Marx.

469.1 Fortsetzung der Auszüge aus Fraas: Die Natur der Landwirthschaft. Bd. 1 von S. 463.

471.41 (in der Fruchtfolge)] Zusatz von Marx.

472.5 quotannis arva mutant, et superest ager] Die Äcker wechseln sie jährlich und es bleibt Landfläche übrig (lat.)

472.25 (Gartenbau)] Zusatz von Marx.

473.16–24 Siehe Julius Adolph Stöckhardt: Chemische Feldpredigten für deutsche Landwirthe. Abth. 2. 4. Aufl. Leipzig 1857. S. 214.

473.25–33 Stöckhardt gibt dieselbe Tabelle an in Julius Adolph Stöckhardt: Chemische Feldpredigten für deutsche Landwirthe. Abth. 2. 4. Aufl. Leipzig 1857. S. 215.

473.34–474.4 Siehe Julius Adolph Stöckhardt: Chemische Feldpredigten für deutsche Landwirthe. Abth. 2. 4. Aufl. Leipzig 1857. S. 216.

482.1–6 J. C. Ross: An Examination of Opinions Maintained in the “Essay on the Principles of Population,” by Malthus; and in the “Elements of Political Economy,” by Ricardo; with Some Remarks in Reply to Sir James Graham’s “Address to the Land-Owners.” In 2 Vol. London 1827.

482.16 1st of William and Mary] An Act for Encouraging the Exportation of Corn (1 William and Mary, Cap. 12), 1688.

483.6–14 Citirt aus bis collector“.] Siehe James Mill: Elements of Political Economy. 2., Rev. and Cor. Ed. London 1824. S. 242.

483.17–19 Citirt aus bis nuisance“] Siehe James Graham: Corn and Currency; in an Address to the Land Owners. 4. Ed., with Add. London 1827. S. 75.

484.1–3 [David Low:] Remarks on Certain Modern Theories Respecting Rents and Prices. London 1827.

484.8–10 David Ricardo: On the Principles of Political Economy, and Taxation. London 1817. S. 49.

484.19–21 Ebenda. S. 70.

485.23 (die im Centrum liegt)] Zusatz von Marx.

486.12–15 „fait résulter bis la rente.“] Low zitiert ohne Angabe der Quelle Charles Ganilh: Des systèmes d'économie politique, de la valeur comparative de leurs doctrines, et de celle qui parait la plus favorable aux progrès de la richesse. 2. éd. T. 2. Paris 1821. S. 10.

486.16–31 „Let it be bis *reductio ad absurdum*?“] Low zitiert ohne Angabe der Quelle David Low: Observations on the Present State of Landed Property, and on the Prospects of the Landholder and the Farmer. Edinburgh 1823. S. 94/95.

486.30–31 *reductio ad absurdum*] Zurückführung auf das Sinnlose (lat.)

486.31 his first treatise on rents] Thomas Robert Malthus: An Inquiry into the Nature and Progress of Rent, and the Principles by which it is Regulated. London 1815.

487.25 rise] Low: might rise

488.41 his original pamphlet] Edward West: Price of Corn and Wages of Labour with Observations upon Smith's, Ricardo's, and Malthus's Doctrines upon those Subjects ... London 1826.

490.1 Fortsetzung der Auszüge aus Fraas: Die Natur der Landwirthschaft. Bd. 1 von S. 481.

499.1 (Conclusion)] Fortsetzung der Auszüge aus Ross: An Examination of Opinions ... von S. 483.

500.10–26 Is not bis society.] Siehe James Mill: Elements of Political Economy. 2., Rev. and Cor. Ed. London 1824. S. 68/69.

500.13 {nämlich James Mill den Owen}] Zusatz von Marx.

500.34–37 Citirt bis etc“] Ross zitiert David Ricardo: On the Principles of Political Economy, and Taxation. London 1817. S. 406.

501.26–27 Citirt bis etc.] Ross zitiert auf S. 182–188 aus James Mill: Elements of Political Economy. 2., Rev. and Cor. Ed. London 1824. S. 242ff.

502.40 Ross zitiert aus T[homas] R[obert] Malthus: An Essay on the Principle of Population ... 5. Ed. Vol. 1–3. London 1817.

503.6–8 it would bis numbers.“] Siehe T[homas] R[obert] Malthus: An Essay on the Principle of Population ... 5. Ed. Vol. 1. London 1817. S. 94.

503.14–21 Siehe ebenda. S. 96.

503.37–504.4 V. bis difficulty“] Siehe ebenda. S. 242.

504.6–9 And bis IX.)] Siehe ebenda. S. 278.

504.10 (wie in Indien)] Zusatz von Marx.

504.27 *Book II of Malthus*] Siehe T[homas] R[obert] Malthus: An Essay on the Principle of Population ... 5. Ed. Vol. 1. London 1817. Book II: Of the Checks to Population in the Different States of Modern Europe.

505.7 *book III.*] Siehe T[homas] R[obert] Malthus: An Essay on the Principle of Population ... 5. Ed. Vol. 2. London 1817. Book III: Of the Different Systems or Expedients which Have Been Proposed or Have Prevailed in Society, as They Affect the Evils Arising from the Principle of Population.

506.1–4 Siehe ebenda. S. 288.

507.9–10 „the bis country.“] Siehe ebenda. S. 373.

507.12–18 (Aus Malthus bis limits.“] Siehe ebenda. S. 441.

507.18–22 „In the countries bis years.“] Siehe ebenda. S. 429.

508.5–11 Malthus bis limited.“] T[homas] R[obert] Malthus: An Essay on the Principle of Population ... 5. Ed. Vol. 3. London 1817. S. 58.

508.15–18 the brilliant discoveries bis knowledge.] Humphry Davy entdeckte 1807 Kalium durch die Elektrolyse von Kaliumhydroxid mittels der Voltaschen Säule. Später entdeckte Liebig, dass Kalium eine wesentliche pflanzliche Nahrungssubstanz ist und es trotzdem vielen Böden daran fehlt. Damit stieg die Nachfrage nach Kaliumchlorid rasant.

508.19–21 Citirt bis invariably“] Siehe T[homas] R[obert] Malthus: An Essay on the Principle of Population ... 5. Ed. Vol. 3. London 1817. S. 54.

508.25 *Book IV*] Siehe T[homas] R[obert] Malthus: An Essay on the Principle of Population ... 5. Ed. Vol. 3. London 1817. Book IV: Of Our Future Prospects Respecting the Removal or Mitigation of the Evils Arising from the Principle of Population.

508.28–34 (*book IV* bis this!“] Siehe ebenda. S. 114.

509.9–13 Siehe ebenda. S. 357/358.

509.14–16 Mr. Ricardo bis circumstance.“] Siehe David Ricardo: On the Principles of Political Economy, and Taxation. 3. Ed. London 1821. S. 500.

511.2 David Ricardo: The Works. With a Notice of the Life and Writings of the Author. Ed. by J[ohn] R[amsay] McCulloch. London 1846.

512.1 Fortsetzung der Auszüge aus Dühring: Kritische Grundlegung ... von S. 412.

512.2–3 (nämlich bis Naturursachen)] Ergänzung von Marx.

512.16–21 »Die bis bestimme.] Zur Bestimmung des Preises heißt es bei David Ricardo: On the Principles of Political Economy, and Taxation. London 1817. S. 59: „The exchangeable value of all commodities, whether they be manufactured, or the produce of the mines, or the produce of land, is always regulated, not by the less quantity of labour that will suffice for their production under circumstances highly favourable, and exclusively enjoyed by those who have peculiar facilities of production; but by the greater quantity of labour necessarily bestowed on their production by those who have no such facilities [...] meaning—by the most unfavourable circumstances, the most unfavourable under which the quantity of produce required renders it necessary to carry on the production.“ Dagegen schreibt Henry Dunning Macleod: The Elements of Political Economy. London 1858. S. 118: „[...] it is exactly the contrary of what Ricardo asserts. It is in all cases whatever, in the produce of manufactures, mines, and land, the market price, and that alone which indicates the most unfavorable circumstances under which production can take place. The market price purely depends upon the relation of supply and demand, and is wholly independent of the cost of production. And it is the quantity produced under the most favorable circumstances compared to the whole quantity for which purchasers can be found to give a certain price, that regulates the supply or the quantity that will be produced.“

514.11 (Klugscheisser!)] Zusatz von Marx.

517.1–4 G[eorg] Brückner: Amerikas wichtigste Charakteristik nach Land und Leuten. St. Louis [1857].

519.1–2 Fraas etc.] C[arl] Fraas: Die Natur der Landwirthschaft. Beitrag zu einer Theorie derselben. Bd. 2. München 1857.

519.10 Von Marx versehentlich nicht gestrichen: „V. dẹṇ mehr als 23 Mill. dẹṣ Census im J. 1“ – Siehe S. 518.9–11.

522.31 Nach *Frerichs*] Siehe Friedrich Theodor von Frerichs: Verdauung. In: Handwörterbuch der Physiologie mit Rücksicht auf physiologische Pathologie. Mit Kupfern und in den Text eingedruckten Holzschnitten. In Verbindung mit mehren Gelehrten. Hrsg. von Rudolph Wagner. Bd. 3. Abth. 1. Braunschweig 1846. S. 658–872, hier: S. 727.

522.33–34 nach *Liebig* bis 4,7] Die Zahlenangabe von Liebig befand sich ursprünglich in F[riedrich] C. Knapp: Die Nahrungsmittel in ihren chemischen und technischen Beziehungen. Braunschweig

1848. S. 76/77. Siehe auch Justus [von] Liebig: Die organische Chemie in ihrer Anwendung auf Physiologie und Pathologie. Braunschweig 1842. S. 291 ff.

522.34–35 nach *Thomson*] Siehe Robert Dundas Thomson: On the Influence of Different Kinds of Food in the Production of Milk and Butter. In: Chemical Gazette. Vol. 4. July 1846. Nr. 89. S. 268.

522.37 Nach *Haubner* bis 1 : 7] Siehe Gottlieb Karl Haubner: Über Ernährung und Fütterung der landwirthschaftlichen Haussäugethiere. In: Magazin für die gesammte Thierheilkunde. Jg. 19. 1853. 2. Stück. S. 171.

527.37 (Cerealien)] Zusatz von Marx.

529.20 Liebig's Briefe v. 1857] Liebig publizierte zur Verbreitung seiner Lehre seit 1841 eine Reihe von „chemischen Briefen" in der „Allgemeinen Zeitung". Die Zahl der Briefe betrug nach mehreren Jahren fünfzig. Die Briefe wurden als Buch mit demselben Titel in mehreren Auflagen veröffentlicht. Im Vorwort zur vierten Auflage von 1859 gibt Liebig an, die Briefe 37 bis 50 hinzugefügt zu haben. (Siehe Justus von Liebig: Chemische Briefe. 4., umgearb. und verm. Aufl. Bd. 1.2. Bd. 1. Leipzig, Heidelberg 1859. S. VII.) Die dritte Auflage erschien Heidelberg 1851. Wahrscheinlich hat Fraas die Briefe in der „Allgemeinen Zeitung" rezipiert.

529.20–21 (wo bis gepredigt.)] Zusatz von Marx.

529.40–530.5 der 37. chemische Brief bis können] In der vierten Auflage der „Chemischen Briefe" trifft Liebig diese Aussage im 50. Brief. Siehe Justus von Liebig: Chemische Briefe. 4., umgearb. und verm. Aufl. Bd. 2. Leipzig, Heidelberg 1859. S. 465 (siehe auch 6. Aufl. Leipzig, Heidelberg 1878. S. 454): „Der chinesische Landwirth hat seit Jahrtausenden die ausgeführten Bodenbestandtheile seinen Feldern wieder ersetzt, und ihre Fruchtbarkeit hat mit dem Steigen der Bevölkerung stetig zugenommen." Auch der 49. Brief behandelt die chinesische Landwirtschaft.

531.1–4 F[ranz] X[aver] Hlubek: Die Landwirthschaftslehre in ihrem ganzen Umfange nach den Erfahrungen und Erkenntnissen der letztverflossenen 100 Jahre; mit wissenschaftlicher Strenge dargestellt. 2., verb. Aufl. Bd. 1. Wien 1851. – Obwohl Marx den zweiten und dritten Band im Titel seines Exzerpts erfasste, exzerpierte er nur aus dem ersten Band.

532.19 häufiger] Hlubek: häufig

534.30 (!)] Zusatz von Marx.

536.4–5 Metzgers bis 1827] Joh[ann] Metzger: Der Rheinische Weinbau in theoretischer und praktischer Beziehung bearbeitet… Heidelberg 1827.

536.41 (clay soil?)] Zusatz von Marx.

542.1–5 Georg Ludwig von Maurer: Einleitung zur Geschichte der Mark-, Hof-, Dorf- und Stadt-Verfassung und der öffentlichen Gewalt. München 1854.

542.12 limes Romanus] Römische Grenze.

542.13–14 V. nördlichem bis (12. Jh.)] Siehe Saxonis Grammatici, historia Danica. Recensuit et commentariis illustravit Dr. Petrus Erasmus Müller. Bd. 1. [Havniæ 1839.] S. 419.

542.19–24 *Möser* bis worden.] Siehe zum Beispiel Justus Möser: Osnabrükkische Geschichte: allgemeine Einleitung. Osnabrück 1768. § 2: „Die wahren Landes-Bewohner wohnen noch einzeln." S. 2: „Etwas merkwürdiges aber ist es wol, daß die wahren Landes-Einwohner insgesamt noch einzeln auf abgesonderten und insgemein rings umher aufgeworfenen Höfen wohnen, welche kein allgemeines Maaß (a) oder Verhältniß zu einander haben." – Siehe Marx an Engels am 14. März 1868: „[Mauer] zeigt ausführlich nach, daß das Privateigenthum an Boden erst später entstand u.s.w. Die blödsinnige westphälische Junkeransicht (Möser etc), daß die Deutschen sich jeder für sich niedergelassen u. erst nachher Dörfer, Gaue etc gebildet, vollständig widerlegt." (IISG, MEN, Sign. L 4523.)

542.24–543.1 Wigand bis Corvey)] Paul Wigand: Die Provinzialrechte der Fürstenthümer Paderborn und Corvey in Westphalen nebst ihrer rechtsgeschichtlichen Entwickelung und Begründung aus den Quellen dargestellt. 3 Bde. Leipzig 1832.

543.1 *Barthold* bis Städte)] F[riedrich] W[ilhelm] Barthold: Geschichte der deutschen Städte und des deutschen Bürgerthums. Th. 1. Vom Ursprunge deutscher Städte bis gegen Schluß des 12. Jahrhunderts. Leipzig 1850.

543.2 *Olufsen*] [Christian] Olufsen: Bidrag til Oplysning om Danmarks indvortes forfatning i de ældre tider, især i det trettende Aarhundrede. 1821.

543.2–3 Dagegen bis etc.,] Siehe Marx an Engels, 14. März 1868: „Aus Maurer habe ich ersehn, daß der Umschwung in den Ansichten über die Geschichte u. Entwicklung des ‚germanischen' Eigenthums etc v. den *Dänen* ausging, die überhaupt, scheint es, sich nach allen Ecken hin mit der Archäologie zu thun machen. Aber obgleich sie so Anstoß geben, happert's immer bei ihnen somewhere or else. Es fehlt doch der richtige kritische Instinkt u. vor allem dąş Maß." (IISG, MEN, Sign. L 4523.)

543.2–3 „Danmarks bis Herlighed."] Arent Berntsen: Danmarks og Norgis fructbare Herlighed. Kiöbh 1656.

543.3–4 Dr. Georg Hanssen bis Vorzeit.] Georg Hanssen: Ansichten über das Agrarwesen der Vorzeit. In: Neues Staatsbürgerliches Magazin mit besonderer Rücksicht auf die Herzogthümer Schleswig, Holstein und Lauenburg. Hrsg. von N[ikolaus] Falck. Bd. 3.4. Schleswig 1835, 1837.

543.14 gentibus cognationibusque, qui una coierunt] Gaius Iulius Caesar: Commentarii de Bello Gallico. VI, 22: „nach Stämmen und Geschlechtern, die sich zusammen niederließen" – Von Marx zitiert im Brief an Engels vom 25. März 1868: „Uebrigens fanden ja selbst Grimm etc bei Cäsar, daß dįę Deutschen sich immer als Geschlechtsgenossenschaften, nicht als Einzelne ansiedelten: ‚gentibus cognationibusque, qui una coierunt'." (IISG, MEN, Sign. L 4527.) Marx übernahm Maurers Fehler und notierte „uno" statt „una" (siehe Kor. 543.14).

543.15–25 Afrika bis Mexico] Siehe Marx an Engels, 14. März 1868: „Höchst auffallend ist mir, daß Maurer, der oft an Afrika, Mexico etc beispielsweis erinnert, v. dęņ Celten absolut nichts weiß, u. daher auch dįę Entwicklung dęş Gemeineigenthums in Fkrch ganz dęņ germanischen Erobrern zuschreibt." (IISG, MEN, Sign. L 4523.)

543.31 Gemeindeland] Maurer: Gemeinlande

544.11–14 Colunt bis circumdat.] Publius Cornelius Tacitus: Germania. C. 16. „[Die Völker Germaniens] siedeln sich abgesondert und nach verschiedenen Richtungen an, wie eine Quelle, eine Flur, eine Waldtrift ihnen gefällt. Dörfer legen sie nicht nach unserer Art aus miteinander verbundenen und zusammenhängenden Gebäuden an: Jeder umgibt sein Haus mit einem Freiraum." – Von Marx zitiert im Brief an Engels vom 25. März 1868 (IISG, MEN, Sign. L 4527).

544.27–28 *Cäsar* IV, I, VI, 22.] Gaius Iulius Caesar: Commentarii de Bello Gallico. IV, 1 und VI, 22.

544.28 *Germ. c. 26*] Publius Cornelius Tacitus: Germania. C. 26. – Von Marx zitiert im Brief an Engels vom 25. März 1868 (IISG, MEN, Sign. L 4527).

544.29 Gemeindeland] Maurer: Gemeinland

544.34	vertheilt] Maurer: verlooset
544.34–37	Noch heute bis verloost.] Siehe Marx an Engels, 14. März 1868: „Interessant grade jezt, daß die *russische* Manier der Wiedervertheilung in bestimmten Terminen (in Dtschd erst jährlich) des Bodens sich in Dtschd stellenweis bis in's 18. u. selbst 19. Jhdt erhielt." (IISG, MEN, Sign. L 4523.) Und Marx an Engels, 25. März 1868: „Es geht in der Menschengeschichte wie in der Paläontologie. Sachen, die vor der Nase liegen, werden prinzipiell, durch a certain judicial blindness, selbst v. den bedeutendsten Köpfen nicht gesehn. [...] Wie sehr wir alle in dieser judicial blindness befangen: direkt in *meiner* Gegend, auf dem *Hundsrücken*, hat das altdeutsche System bis in die *letzten* Jahre fortgedauert." (IISG, MEN, Sign. L 4527.)
545.27	Gemeindeländereien] Maurer: Gemeinländereien
546.15–17	Tacitus bis (vicus)] Siehe Erl. 544.11–14.
546.17	Stunden] Maurer: Stunde
546.21–22	Gemeindeländereien] Maurer: Gemeinländereien
549.6–7	sepem bis vocamus] Zaun, den sie ezziszun nennen – Pfahl, den wir etorcartea nennen (lat.)
550.7	*Schwäbisch Landrecht*] Siehe: Das Landrecht des Schwabenspiegels in der ältesten Gestalt mit den Abweichungen der gemeinen Texte und den Zusätzen derselben. Hrsg. von Wilhelm Wackernagel. Zürich, Frauenfeld 1840.
550.7	unde ieglich dorf in sinem zûne] und jedes Dorf in seinem Zaun
550.8	ain yedes dorf in sein zaunpfluech] ein jedes Dorf in seinem Zaunpflug
550.8	*Sächsisch Landrecht*] Siehe: Der Sachsenspiegel oder das sächsische Landrecht, nach Berliner Handschrift v. J. 1396, mit Varianten aus siebzehn andern Texten. Hrsg. von C[arl] G[ustav] Homeyer. Berlin 1827.
550.9	iewelk bis tune] jedes Dorf innerhalb seinem Graben und Zaun
551.17	Siehe Gaius Iulius Caesar: Commentarii de Bello Gallico. I, 37 und IV, 1.
551.30	Geschäft] Maurer: Gewerb
553.19–20	Siehe Publius Cornelius Tacitus: Germania. C. 26: „agri pro numero cultorum ab universis in vices occupantur, quos mox inter se secundum dignationem partiuntur".
553.26	zubauen] Maurer: bebauen

553.29 (sieh oben)] Zusatz von Marx. Siehe S. 544.37 und Erl.

554.31–32 silva indivisa, silva communis] ungeteilte Waldung, gemeinschaftliche Waldung (lat.)

554.32 (Wenden)] Anweisung von Marx, die den Zusammenhang der folgenden Passage S. 554.33–37 zur vorherigen anzeigen soll.

555.11–12 (cf. bis 22.)] Siehe Gaius Iulius Caesar: Commentarii de Bello Gallico. IV, 1: „Sed privati ac separati agri apud eos nihil est, neque longius anno remanere uno in loco colendi causa licet."; VI, 22: „sed magistratus ac principes in annos singulos gentibus cognationibusque hominum, qui una coierunt, quantum et quo loco visum est agri attribuunt atque anno post alio transire cogunt." – Von Marx zitiert im Brief an Engels vom 25. März 1868 (IISG, MEN, Sign. L 4527).

555.12–17 Erst aus bis worden war.] Siehe Marx an Engels, 25. März 1868: „Was würde aber old Hegel sagen, wenn er erführe jenseits, daß das *Allgemeine* im Deutschen u. Nordischen nichts bedeutet als das Gemeinland, u. das *Sondre*, *Besondre*, nichts als das aus dem Gemeindeland ausgeschiedne Sondereigne? Da gehen dann doch verflucht die logischen Kategorien aus ‚unsrem Verkehr' hervor." (IISG, MEN, Sign. L 4527.)

555.20 !] Zusatz von Marx.

556.24 Vgl. *Grimm*, R. A. 491.] Siehe Jacob Grimm: Deutsche Rechtsalterthümer. 2. Aufl. Göttingen 1854. S. 491.

556.31 Gula-Things L.] Älteste überlieferte Gesetzessammlung Norwegens.

557.21 Gemeindeländereien] Maurer: Gemeinländereien

557.29–30 Urkunde v. Kaiser Ludwig dem Baier, von 1316] Siehe Michael von Bergmann: Beurkundete Geschichte der Churfürstlichen Haupt- und Residenzstadt München. München 1783. Urkundenbuch. Nr. LXIV. S. 63/64.

558.6–14 Die bis genannt.] Von Marx nach seinem Exzerptheft zitiert in der zweiten Ausgabe des ersten Bandes des „Kapital" (MEGA② II/6. S. 102.36–40.)

558.19–20 (Jedoch bis Gegenden.)] Zusatz von Marx.

558.28–31 (Si bis 69.)] Siehe Acta Murensia seu acta fundationis monasterii Murensis. In: Genealogia Diplomatica Augustae Gentis Habsburgicae. Hrsg. von Marquart Herrgott. T. 1. Viennae 1737. S. 333: „Wenn du fragst, warum es Mannwerk genannt wird, wird es deswegen so genannt, weil man einem Mann zum

Ackerbau nur so viel boum von Boden überlässt, als es ihm für das Pflügen in einem Tag hinreichend ist.“

559.16 *higid, hid, hiwisc*] Marx fragte Engels in seinem Brief vom 18. März 1868: „Woher das Wort higid, hid, hiwisc (hida autem Anglice vocatur terra unius aratri culturae sufficiens).“ (IISG, MEN, Sign. L 4525.) Engels antwortete am 29. März 1868 (IISG, MEN, Sign. D 1674).

559.19–20 terram pascualem bis etc.] „das Wiesenland von vier Vieh – Wiesenland für zweiunddreißig Vieh etc“. Siehe Traditiones et Antiquitates Fuldenses. Hrsg. von Ernst Friedrich Joh[ann] Dronke. Fulda 1844. S. 44. Nr. 18 und 20.

559.20–21 tantum bis potest.] „So viel Acker wie er von einem gut ausgestatteten Pflüger gepflügt werden kann.“ Siehe Verzeichnis der Güter und Einkünfte des Stiftes Korfei unter dem Abte Erckenbertus 1106–1128 § 21. In: Nikolaus Kindlinger: Münsterische Beiträge zur Geschichte Deutschlands hauptsächlich Westfalens. Bd. 2. Münster 1790. S. 127.

559.21–22 *hida* bis sufficiens.] Hida wird aber auf Englisch ein für den Akkerbau von einem Pflüger hinreichender Boden genannt. (lat.)

560.1 Fortsetzung der Auszüge aus Hlubek: Die Landwirthschaftslehre in ihrem ganzen Umfange … Bd. 1 von S. 541.

561.17 lose Koppel] Hlubek: sogenannte Koppel

563.1 Fortsetzung der Auszüge aus Maurer: Einleitung zur Geschichte … von S. 559.

565.1–3 Si quis bis fuerit] Wenn jemand aber darum bitten würde, sich in einem fremden Dorf niederzulassen, bevor ein Beschluss stattgefunden hätte. (lat.) – Siehe: Loi salique, ou recueil contenant les anciennes rédactions de cette lot et le texte connu sous le nom de lex emendata avec des notes et des dissertations. Éd. par J. M. Pardessus. Paris 1843.

565.28 Sächs. Lr.] Siehe: Der Sachsenspiegel oder das sächsische Landrecht, nach Berliner Handschrift v. J. 1396, mit Varianten aus siebzehn andern Texten. Hrsg. von C[arl] G[ustav] Homeyer. Berlin 1827.

565.28 Schwäb. Lr.] Siehe: Das Landrecht des Schwabenspiegels in der ältesten Gestalt mit den Abweichungen der gemeinen Texte und den Zusätzen derselben. Hrsg. von Wilhelm Wackernagel. Zürich, Frauenfeld 1840.

565.29 Hundsrücken] Siehe Erl. 544.34–37.

569.5–6 (ist in der That squatting)] Zusatz von Marx.

569.13–14 de hoc bis dicitur.] Über diesem Eigentum, das in ihrer Sprache bivanc gennant wird. (lat.) – Siehe Urkunde von 811 bei J. Georg Eckhart: Commentarii de reb. Francia oriental. et episcopatus Wirceburgensis. T. 2. Wirceb. 1729. S. 865.

572.24 Immunität] Maurer: Emunität

572.37–573.1 pupillus et advena bis tollunt.] Jeder Waisenknabe und Wanderer verbietet den Eingeborenen, die gemeinen Waldungen zu benutzen, reisst Vieh weg, raubt Herde von Vieh weg, bringt die Erben (d.h. die Erven od. Holten) in Gefahr, zerstört Landgüter mit Gewalt. (lat.) – Siehe Historiae de bello Henrici IV. Imp. contra Saxones. Liber I. In: Justus Reuber, Georg Christian Joannis: Veterum scriptorum, qui Caesarum et imperatorum Germanicorum res per aliquot saecula gestas litteris mandarunt. T. 1. Francofurti a.M. 1726. S. 288.

574.5 Zusammenschlagen] Maurer: Arrondiren

575.11–12 Schon *Tacitus* erwähnt *freie Colonen*] Siehe Publius Cornelius Tacitus: Germania. C. 25.

577.5 Capitularien] Hoheitliche Anordnungen vor allem in der Zeit der Karolinger, insbesondere unter Karl dem Großen.

577.6–7 villae bis habemus] „Unsere Dörfer, die wir betrachten als errichtet, um sie uns zu Dienst zu stellen." Siehe: Capitulare de villis an. 812, C. 1. In: Monumenta Germaniae Historica. Ed. Georgius Heinricus Pertz. T. 3. Hannover 1839. S. 181.

577.27 Gemeindeland] Maurer: Gemeinland

578.1–2 House of Commons, 7. April 1870.

578.22 the book of Mr. Fitzgibbon] Gerald Fitzgibbon: The Land Difficulty in Ireland, with an Effort to Solve It. London 1869.

578.28–29 Lasty, bis subject] George Campbell: The Irish Land. London 1869.

579.16–17 George bis Ireland] George Cornewall Lewis: On Local Disturbances in Ireland; and on the Irish Church Question. London 1836.

579.29–42 "There bis cow."] George Campbell: The Irish Land. London 1869. S. 68/69.

583.5 [Mary Grey Lundie Duncan:] America as I Found It. New York 1852.

583.14 Von Marx bereits im vorliegenden Heft notiert. Siehe S. 456.12 und Erl.

583.18 W[ilia]m Atkinson: The State of the Science of Political Economy Investigated ... London 1838. – Titel von Marx notiert im „Notizbuch aus den Jahren 1844–1847“ (MEGA② IV/3. S. 29.14) und exzerpiert zwischen 1859 und 1863 in Heft VII „Political Economy Criticism of“ (IISG, MEN, Sign. A 49 u. B 91a).

584.3 Vermutlich William M'Combie: Use and Abuse; or, Right and Wrong, in the Relations to Labour, of Capital, Machinery, and Land. London 1852.

Heft 3. 1868
Exzerpte aus Werken von Georg Ludwig von Maurer, Franz Xaver Wilhelm von Hlubek, Carl Nikolaus Fraas, Adolphus Slade, Nikolaj Gavrilovič Černyševskij sowie 34 Parlamentsberichten und Cobbett's Political Register sowie Zeitungsausschnitte

März bis Oktober 1868, November 1869,
März 1870, wahrscheinlich Dezember 1872
(S. 585–736)

ENTSTEHUNG UND ÜBERLIEFERUNG

Das „Heft 3. 1868" der „Hefte zur Agrikultur" von Marx enthält Auszüge aus fünf Werken von fünf Autoren, 34 Parlamentsberichten und „Cobbett's Political Register" sowie Zeitungsausschnitte und Notizen. Es ist als Fortsetzung des „Heft 2. 1868" der „Hefte zur Agrikultur" entstanden, da Marx seine dort begonnenen Auszüge aus Georg Ludwig von Maurers „Einleitung zur Geschichte der Mark-, Hof-, Dorf- und Stadt-Verfassung und der öffentlichen Gewalt" und Franz Xaver Wilhelm von Hlubeks „Die Landwirthschaftslehre in ihrem ganzen Umfange ..." sowie seine Lektüre der Schriften von Carl Nikolaus Fraas weiterführt. Das Heft markiert zugleich das vorläufige Ende der Marx'schen landwirtschaftlichen und agrikulturchemischen Studien zum dritten Buch des „Kapital" und den Beginn der Vorarbeiten zum zweiten Buch des „Kapital". Denn auf die Auszüge aus Maurer, Hlubek und Fraas folgen Exzerpte aus 34 Parlamentsberichten, auf die Marx vor allem am Anfang des Manuskripts II zum zweiten Buch des „Kapital", dessen Entstehungsbeginn auf Frühjahr 1868 datiert ist (siehe MEGA② II/11. S. 910–915), zurückgegriffen hat. Parallel zu der Arbeit an dem vorliegenden legte Marx das „Heft zur fixen Kapital und Kredit 1868" an, das ebenfalls der Vorbereitung des zweiten Buchs des „Kapital" diente. Der letzte im vorliegenden Heft exzerpierte Parlamentsbericht ist vom Mai 1868, also könnte Marx seine Exzerpte aus den Parlamentsberichten im Mai/Juni 1868 erstellt haben. Die Studien zu Maurer, Hlubek und Fraas wären demnach im März/April abgeschlossen worden.

Neben den genannten Themen des zweiten und dritten Buchs des „Kapital" behandelt das Heft außerdem die Wirtschaftskrisen von 1857 und 1866, die Hungersnot in der indischen Provinz Orissa im Jahr 1866 sowie die politische Ökonomie Irlands. Zudem enthält das Heft Notizen (Ms-S. [276]), Wohnadressen (Ms-S. [277]), Inhaltsverzeichnisse von Friedrich Engels (Ms-S. [0a]) und von Marx (Ms-S. 270), Auszüge aus Adolphus Slade „Turkey and the Crimean War" (Ms-S. [271]–[273]) und aus der Zeitschrift „Cobbet's Political Register" (Ms-S. 128) sowie drei eingeklebte Zeitungsausschnitte (Ms-S. [127], [273]).

Marx kehrte nach dem Frühjahr/Sommer 1868 mehrmals zu diesem Heft zurück, um es zu ergänzen. Die Auszüge aus Adolphus Slade entstanden im Oktober 1868, die aus „Cobbet's Political Register" im November 1869. Marx klebte auf Ms-S. [127] zwei Zeitungsausschnitte: einen aus unbekannter Quelle, der eine Kurznachricht der „New York Times" vom 7. November 1869 über die Bevölkerungsdichte der USA wiedergibt; sowie einen mit „Corruption in the Commons“ betitelten Ausschnitt über einen Korruptionsfall im „House of Commons“ aus der Zeitschrift „Reynolds's Newspaper“ vom 13. März 1870.

Die vielen 1868 leer gebliebenen Seiten füllte Marx später mit weiteren Exzerpten. Auf Ms-S. 130–150 befindet sich eine vermutlich im Dezember 1872 entstandene Übersetzung aus dem Russischen ins Deutsche von Nikolaj Gavrilovič Černyševskij: Pis'ma bez adresa. Auf Ms-S. 152–165 folgen vermutlich 1877 angefertigte Exzerpte aus Heinrich Joachim Gehlsen: Das kleine Buch vom Grossen Bismarck. 2. Aufl. Bern 1877; und auf Ms-S. 166–173 das um den 24. September 1878 erstellte „Konzept eines Artikels zur Debatte über das Antisozialistengesetz im Deutschen Reichstag“ (bereits veröffentlicht in MEGA② I/25. S. 159–168). Das Exzerpt aus Gehlsen wird wegen seiner späteren Entstehung nicht im vorliegenden Band veröffentlicht. Obwohl Marx mehrmals zum vorliegenden Heft zurückkam, blieben u.a. Ms-S. 174–269 leer.

Marx benutzte das Heft für Ms-S. [0b] (2. Umschlagseite), [0c]/[0d] (Vorsatzblatt), 1–270 und [271]–[275] von vorn sowie für Ms-S. [276]–[284] von hinten. Die letzten neun Seiten sind also kopfstehend beschrieben. Auch die Notizen auf diesen Seiten sind zu unterschiedlichen Zeitpunkten entstanden. Unter den Notizen auf Ms-S. [276] befindet sich der Titel „Report of Commission on Water Supply“, der 1869 erschien. Auf Ms-S. [277] folgt die von fremder Hand vorgenommene Abschrift einer Sitzung des „House of Commons“ vom 31. März 1868, in der es um die Hungersnot 1866 in Indien und die Frage der Bewässerung geht. Unter den Wohnadressen auf derselben Seite befindet sich diejenige von Nikolaj Francevič Daniel'son. Der erste Brief Daniel'sons an Marx stammt vom 30. September 1868. Es folgen die „Bibliographischen Notizen zur französischen politischen Ökonomie u.a. bis 1868“ (Ms-S. [278]–[284]).

Marx notierte in diesem Heft rund 100 bibliographische Angaben zu vor allem zwischen 1866 und 1868 erschienener Literatur u.a. zur Krise 1866, zur politischen Ökonomie Irlands und der Entwicklung des Eisenbahn- und Finanzwesens („Bibliographische Notizen zu Krisen, Geld und Kreditmarkt u.a.“; Ms-S. [0b]–[0d], [127] und [274]/[275]) sowie weitere rund 110 Titel aktueller, bis 1868 erschienener französischsprachiger politökonomischer Literatur („Bibliographische Notizen zur französischen politischen Ökonomie u.a. bis 1868“; Ms-S. [278]–[284]). Mit vielen dieser Themen beschäftigte sich Marx ab dem Herbst 1868 in anderen Exzerptheften. Zu einigen Büchern zur Krise 1866 und zum Eisenbahn- und Finanzwesen exzerpierte er in einem 1869 entstandenen Heft (IISG, MEN, Sign. B 101) Rezensionen aus „The Economist“ und „The Money Market Review“. Dies betrifft: Baxter: Railway Extension and its Results (siehe Erl. 373.11–12); Smith: An Inquiry into the Causes of Money Panics ... (Erl. 587.35); Fowler: The Crisis of 1866 (Erl. 587.39); Gassiot: Monetary Panics and Their Remedy (Erl. 588.11); und The Financial Lessons of 1866 (Erl. 728.13–14). Mit Irland beschäftigte er sich im Rahmen der Internationalen Arbeiterassoziation (wird veröffentlicht in MEGA② IV/21). Schließlich ging er diese bibliographischen Notizen in den Jahren 1878/1879 noch einmal durch, um über 100 Titel daraus in neue Literaturauflistungen zu übernehmen (diese werden in MEGA② IV/25 veröffentlicht). Einige Werke rezipierte er im Dezember 1878 in seinen Exzerpten aus Pietro Rota: Principj di scienza bancaria. 2. ed. Milano 1873 (IISG, MEN, Sign. B 146 und B 148): Juglar: Des crises commerciales ... (siehe Erl. 735.14); Wiszniewski: Histoire de la bangue de Saint-Georges de Gênes ... (Erl. 736.20); Cernuschi: Mécanique de l'échange (Erl. 736.26); Cernuschi: Contre le billet de banque (Erl. 736.28). Alle Titel werden mit vollständiger bibliographischer Beschreibung im Literaturregister erfasst. Sie werden erläutert, wenn a) der Titel in Marx' Notiz nicht eindeutig identifizierbar ist und daher nicht ohne Weiteres im Literaturregister gefunden werden kann, oder b) der Titel nur vermutet werden kann, oder c) Angaben zur Verwendung des Titels durch Marx gemacht werden können.

Acht französischsprachige Titel sind in der Marx'schen Bibliothek (MEGA② IV/32) überliefert: Marin-Darbel: L'usure, sa définition (Erl. 733.11); Dupuynode: Études d'économie politique sur la propriété territoriale (Erl. 733.13–14); Poussin: De la puissance américaine (Erl. 733.20–21); Laveleye: Essai sur l'économie rurale de la Belgique (Erl. 734.3–4); Moreau-Christophe: Du droit à l'oisiveté et de l'organisation du travail ... (Erl. 734.29–30); Frölich: Essai sur les principes fondamentaux d'économie politique ... (Erl. 735.8–9); Cerfberr: La crise agricole (Erl. 735.23); Lièvre: Le travail et l'usure dans l'antiquite (Erl. 736.13–14). In den Erläuterungen wird der Standort des Originals mitgeteilt.

Fünf weitere Titel konnten im Katalog der SPD-Bibliothek ermittelt werden, d. h. befanden sich wahrscheinlich in Marx' Besitz: Ludlow, Jones: Progress of the Working Class 1832–1867 (Erl. 587.9); Ward: Workmen and Wages (Erl. 587.12); Smith: An Inquiry into the Causes of Money Panics ... (Erl. 587.35); Périn: L'usure et la loi de 1807 (Erl. 736.3); Cernuschi: Mécanique de l'échange (Erl. 736.26).

Georg Ludwig von Maurer: Einleitung zur Geschichte der Mark-, Hof-, Dorf- und Stadt-Verfassung und der öffentlichen Gewalt. München 1854. (Ms-S. 1–17; siehe S. 589–600.)

Marx beendet hiermit seine in „Heft 2. 1868" der „Hefte zur Agrikultur" (S. 542–559 und 563–577) begonnenen Auszüge aus Maurers „Einleitung ..." im Jahr 1868. Siehe Entstehung und Überlieferung S. 1096–1098.

F[ranz] X[aver] Hlubek: Die Landwirthschaftslehre in ihrem ganzen Umfange nach den Erfahrungen und Erkenntnissen der letztverflossenen 100 Jahre. 2., verb. Aufl. Bd. 1. Wien 1851. (Ms-S. 18–44; siehe S. 601–618.)

Marx setzt die in „Heft 2. 1868" der „Hefte zur Agrikultur" begonnenen Auszüge aus Hlubeks „Landwirthschaftslehre" fort (siehe S. 531–541 und 560–562 sowie Entstehung und Überlieferung S. 1099/1100). Er nimmt sich primär den zweiten Teil des Buchs „Angewandter Theil der Phytologie" vor und exzerpiert daraus die Abschnitte „Allgemeine Pflanzenkultur" und „Phytotechnik". Marx las das Buch wahrscheinlich nicht bis zum Ende und exzerpierte nur bis zu Seite 507 (Sektion über „Ernten"). Den zweiten und mit der zweiten Auflage 1853 neu erschienenen dritten Band hat er daher nicht exzerpiert, obwohl er beide Bände im Titel seines Exzerpts erfasste (siehe S. 531.4).

Aus Hlubeks Buch exzerpierte Marx einen Hinweis zu klimatischen Einflüssen auf die Landwirtschaft: „Die Beschaffenheit des Terrains hat auf die mittlere Jahrestemperatur eines Landes Einfluß. Länder m. trocknem, sandigen Boden haben, bei übrigens gleichen Verhältnissen, höhere Temperatur als die mit bündigem, feuchten Boden. Nicht minder wichtig der Einfluß der Gebirge auf die Temperatur u. Vegetation. Gegen rauhe Nord- u. Ostwinde geschüzte Gegenden milderes Klima als frei liegende" (S. 532.7–12). Auch sein folgendes Exzerpt aus Fraas behandelt die Beziehung zwischen Klima und Vegetation.

C[arl] Fraas: Klima und Pflanzenwelt in der Zeit, ein Beitrag zur Geschichte beider. Landshut 1847. (Ms-S. 45–54; siehe S. 621–627).

Carl Fraas war von 1837 bis 1842 Direktor der Königlichen Hofgärten in Athen und Professor für Botanik an der Universität Athen. Nach seiner Rückkehr nach Deutschland lehrte er seit 1847 an der Universität München, wo er auf dem Gebiet der Agrikulturchemie aktiv war. Bei der Einrichtung von drei staatlichen agrikulturchemischen Versuchsstationen in Bayern lud er 1855 Justus von Liebig als fachlichen Berater ein. Fraas leitete gemeinsam mit Liebig verschiedene Experimente zur Verbesserung der Düngung und gründete die erste große Kunstdüngerfabrik im bayerischen Heufeld. Als Liebig allerdings 1862 in einer Zeitschrift über die mangelhaften wissenschaftlichen Kenntnisse der landwirtschaftlichen Produzenten in Bayern klagte, kam es zwischen beiden Agrarwissenschaftlern zu einer Kontroverse. Infolge des persönlichen Streits trat Fraas von seinem Amt als Generalsekretär des „Landwirtschaftlichen Verein" zurück.

In „Klima und Pflanzenwelt in der Zeit" versucht Fraas, den historischen Wandel von Klima und Vegetation aufzuzeigen, wozu er u. a. auf viele Quellen der griechischen und römischen Antike zurückgreift. Marx exzerpiert Angaben über die klimatischen Einflüsse der Temperatur und Feuchtigkeit auf das Pflanzenwachstum und die menschliche Zivilisation seit dem Altertum aus dem Vorwort und dem ersten Drittel der Schrift. Er exzerpierte das Buch nur bis S. 53, las es aber bis zum Ende, wovon die vielen Anstreichungen in seinem Handexemplar, das er sich wahrscheinlich während des Exzerpierens beschaffte, zeugen (siehe MEGA② IV/32. Nr. 436).

Marx schrieb Engels am 25. März 1868:

„Sehr interessant ist v. Fraas (1847): ‚*Klima und Pflanzenwelt in der Zeit, eine Geschichte beider*', nämlich zum Nachweis, daß in *historischer* Zeit Klima u. Flora wechseln. Er ist vor Darwin Darwinist, u. läßt die *Arten* selbst in der historischen Zeit entstehn. Aber zugleich Agronom. Er behauptet, daß mit der Kultur – u. entsprechend ihrem Grad – die v. den Bauern so sehr geliebte ‚Feuchtigkeit' verlorengeht (daher auch die Pflanzen v. Süden nach Norden wandern) u. endlich Steppenbildung eintritt.

Die erste Wirkung der Kultur nützlich, schließlich verödend durch Entholzung etc. Dieser Mann ist ebenso sehr grundgelehrter Philolog (er hat *griechische* Bücher geschrieben) als Chemiker, Agronom etc. Das Facit ist, daß die Kultur – wenn naturwüchsig voranschreitend u. nicht *bewußt beherrscht* (dazu kommt er natürlich als Bürger nicht) – Wüsten hinter sich zurück läßt, Persien, Mesopotamien etc, Griechenland. Also auch wieder socialistische Tendenz unbewußt!" (IISG, MEN, Sign. L 4527.)

Er setzt fort: „Nöthig, das Neue und Neuste über Agricultur genau anzusehn. Die *physikalische* Schule steht der *chemischen* gegenüber." (Ebenda.) Wahrscheinlich veranlasste Marx' Empfehlung auch Engels zu einer späteren Auseinandersetzung mit Fraas, denn dieser las die Schrift in Verbindung mit der „Dialektik der Natur" (MEGA② I/26. S. 95 und Erl.; MEGA② IV/31. S. 512–515).

Fraas, ein gesellschaftskritischer Naturforscher, will in „Klima und Pflanzenwelt in der Zeit" mittels einer naturwissenschaftlichen Untersuchung zeigen, wie die Umwelt und die natürlichen Produktionsbedingungen durch die menschliche Zivilisation und vor allem durch die Agrikultur untergraben wurden. Er analysiert die geschichtliche Veränderung der Flora infolge eines unbewussten Umgangs mit der Natur und macht dabei das Problem der Entholzung als Hauptursache aus. Auf Grundlage seiner Forschungen während seines langjährigen Aufenthalts in Athen dokumentiert er verschiedene empirische Belege des Wandels der Pflanzenwelt in Griechenland seit der klassischen Antike durch das Einwirken menschlicher Produktion, indem er die zeitgenössische Flora mit den Angaben von antiken griechischen und römischen Autoren vergleicht. Fraas demonstriert, wie massenhafte Entholzung langfristig Temperaturanstieg und sinkende Luftfeuchtigkeit herbeiführt, was wiederum die landwirtschaftliche Produktion erschwert. Fraas' Werk wurde auch in den USA rezipiert, etwa von George Perkins Marsh, dessen „Man and Nature" (New York 1864) zur Entstehung der dortigen Waldschutzbewegung beitrug.

Ms-S. 55–90 befinden sich Auszüge aus 30 Parlamentsberichten.

Reports by Her Majesty's Secretaries of Embassy and Legation, on the Manufactures, Commerce, &c., of the Countries in which They Reside. Nr. 11. Presented to both Houses of Parliament by Command of Her Majesty, February 1866. London 1866. (Ms-S. 55–59; siehe S. 628–632.)
– Nr. 12. March 1866. London 1866. (Ms-S. 59; siehe S. 632.)
– Nr. 13. April 1866. London 1866. (Ms-S. 60; siehe S. 633.)
– Nr. 14. June 1866. London 1866. (Ms-S. 61; siehe S. 634.)
– Nr. 15. July 1866. London 1866. (Ms-S. 62; siehe S. 634/635.)
– Nr. 16. August 1866. London 1866. (Ms-S. 62/63; siehe S. 635/636.)
– February 1867. [Nr. 1.] London 1867. (Ms-S. 63–66; siehe S. 636–639.)
– March 1867. [Nr. 2.] London 1867. (Ms-S. 66/67; siehe S. 639/640.)
– April 1867. [Nr. 3.] London 1867. (Ms-S. 67/68; siehe S. 640/641.)
– May 1867. [Nr. 4.] London 1867. (Ms-S. 69/70; siehe S. 641/642.)

– June 1867. [Nr. 5.] London 1867. (Ms-S. 70/71; siehe S. 642/643.)
– July 1867. [Nr. 6.] London 1867. (Ms-S. 71–74; siehe S. 644–646.)
– August 1867. [Nr. 7.] London 1867. (Ms-S. 74; siehe S. 646.)
– November 1867. London 1867. (Ms-S. 75–77; siehe S. 646–649.)
– April 1868. [Nr. 1.] London 1868. (Ms-S. 77–79; siehe S. 649/650.)
– May 1868. [Nr. 2.] London 1868. (Ms-S. 79/80; siehe S. 650–653.)
Commercial Reports from Her Majesty's Consuls in China, Japan and Siam. 1865–66. Presented to both Houses of Parliament by Command of Her Majesty. August 1867. London 1867. (Ms-S. 81/82; siehe S. 654/655.)
Commercial Reports received at the Foreign Office from Her Majesty's Consuls, during the year 1866. August to December. Presented to both Houses of Parliament by Command of Her Majesty, February 1867. London 1867. (Ms-S. 82–84; siehe S. 655–657.)
– February 1867. [Nr. 1.] London 1867. (Ms-S. 84; siehe S. 657.)
– February 1867. [Nr. 2.] London 1867. (Ms-S. 84; siehe S. 657/658.)
– March 1867. London 1867. (Ms-S. 85; siehe S. 658.)
– April 1867. London 1867. (Ms-S. 85; siehe S. 658.)
– May 1867. London 1867. (Ms-S. 85; siehe S. 658.)
– June 1867. London 1867. (Ms-S. 85; siehe S. 659.)
– July 1867. London 1867. (Ms-S. 85; siehe S. 659.)
Reports by Her Majesty's Secretaries of Embassy and Legation, on the Manufactures, Commerce, &c., of the Countries in which They Reside. Nr. 6. Presented to both Houses of Parliament by Command of Her Majesty. London 1863. (Ms-S. 86; siehe S. 660/661.)
– Nr. 7. London [1864]. (Ms-S. 87/88; siehe S. 661/662.)
– Nr. 9. June 1, 1865. London [1865]. (Ms-S. 88/89; siehe S. 663.)
– Nr. 8. London [1865]. (Ms-S. 89; siehe S. 663/664.)
– Nr. 10. June 30, 1865. London [1865]. (Ms-S. 89/90; siehe S. 664.)

Die Sekretäre der Botschaften oder Gesandtschaften Großbritanniens wurden 1857 zur Abfassung regelmäßiger Berichte über die allgemeine wirtschaftliche Lage des Landes, in dem sie stationiert waren, verpflichtet. Die britischen Repräsentanten im Ausland sollten das Heimatland mit Informationen zu Handel, Industrie, Finanzen, Bevölkerung, natürlichen Ressourcen und Landwirtschaft versorgen und Diplomatie und Handelswissen zusammenführen. Die Berichte unterschiedlichen Umfangs wurden vom britischen Außenministerium herausgegeben und beiden Parlamentskammern vorgelegt. Diese Blaubücher *(blue books)* erschienen in den Serien „Reports by Her Majesty's Secretaries of Embassy and Legation, on the Manufactures, Commerce, &c., of the Countries in which They Reside“ (London 1858–1886, im Folgenden: „Embassy Reports“), „Commercial Reports Received at the Foreign Office from Her Majesty's Consuls“ (London 1862–1871, im Folgenden: „Consul Reports“) sowie in einer eigenständigen Serie mit Berichten aus China und/oder Japan und/oder Siam (London 1864–1886, im Folgenden: „Reports on China, Japan, and Siam“).

Marx fertigte Exzerpte in Form von Indizes aus allen drei Serien an: aus einer Ausgabe der „Reports on China, Japan, and Siam“ aus dem Jahr 1866, aus allen 21 zwischen 1863 und Mai 1868 erschienenen „Embassy Reports“ und aus allen acht zwischen Februar und Juli 1867 erschienenen „Consul Reports“. Die Exzerpte haben den Charakter ausführlicher Inhaltsverzeichnisse. Marx notiert jeweils Ländername und Jahr als Überschrift und darunter Stichworte aus den Artikeln, hinter die er Seitenzahlen aus dem Bericht vermerkt. Die Schlagwörter sind meistens nah am Originaltext. Zum Teil zitiert er auch aus den Berichten, kommentiert sie und versieht sie mit eigenen Begriffen.

Diese Arbeitsweise und auch sein Brief an Kugelmann vom 17. März 1868, in dem Marx mitteilte, er habe „während der letzten 4 Monate so viel Geld in Blue Books, Enquêtes, u. Yankee Reports etc on Banks ausgegeben“, dass kein Geld für die Hochzeit seiner Tochter Laura „übrig blieb“ (IISG, MEN, Sign. C 347), legen nahe, dass Marx diese Berichte gekauft hatte. Sie sind weder in seiner überlieferten Bibliothek (siehe MEGA② IV/32) noch im Katalog der SPD-Bibliothek verzeichnet, allerdings hatten Engels und Eleanor Marx nach Marx' Tod entschieden, dass die Blaubücher genannten Parlamentsberichte aus dessen Bibliothek an Samuel Moore übergeben werden sollen (siehe Beiträge zur Marx-Engels-Forschung. H. 8. Berlin 1981. S. VII).

Am 14. August 1867 bestellte Marx bei seinem Buchhändler Philip Stephen King die beiden Parlamentsberichte über die Hungersnot in Orissa 1866 „East India (Bengal and Orissa famine). Pt. 1–3 … 31 May 1867 …“ (London 1867) und „East India (Madras and Orissa) Famine … 30 July 1867“ (London 1867). (RGASPI, Sign. f. 1, op. 1, d. 2059.) Am 24. August 1867 teilte er Engels mit, es „stürzte ein blue Book nach dem andren bei der letzten *Ausarbeitung* dazwischen“ (MEGAdigital), womit wahrscheinlich nicht nur die Orissa-Berichte gemeint waren, sondern auch die acht hier exzerpierten, zwischen Februar und Juli 1867 erschienenen „Consul Reports“.

Der letzte von Marx exzerpierte „Embassy Report“ wurde im Mai 1868 veröffentlicht. Obwohl die Reihe mit zwei weiteren Ausgaben im Juni und Juli 1868 fortgesetzt wurde (die darauf folgende Ausgabe erschien erst im Februar 1869), brach Marx seine Studien ab, vielleicht wegen seiner Reise nach Manchester mit seiner Tochter Eleanor im Juni 1868, wahrscheinlich aber auch wegen des Beginns der Arbeit am zweiten Buch des „Kapital“, der auf Frühjahr 1868 datiert ist. Allerdings bemerkte Marx selbst in einer Notiz auf Ms-S. 55 das Fehlen dieser Ausgaben, womöglich waren ihm diese also nicht zugänglich.

Wahrscheinlich war Marx die genaue Fortsetzungsabfolge der Serie nicht bekannt, denn die von ihm selbst als ihm fehlend gekennzeichneten Ausgaben von *„(1867) (September u. December)“* sowie *„1866 […] N. 17 September-Ende des Jahres“* (S. 628) existieren nicht. Die von 1863 bis Juni 1865 erschienen Ausgaben 6–10 hat er erst nach dem Abfassen der Notiz exzerpiert (Ms-S. 86–90). Marx hat also die „Embassy Reports“ von 1863 bis Mai 1868 vollständig exzerpiert.

Von den zahlreichen „Reports on China, Japan, and Siam" exzerpiert Marx nur einen. Außerdem beabsichtigte er, Auszüge aus „Reports Received from of Her Majesty's Secretaries of Embassy and Legation Respecting Coal" (London 1867) anzufertigen, notierte aber nur den Titel auf Ms-S. 80 (S. 653).

Die Exzerpte haben den Charakter ausführlicher Inhaltsverzeichnisse. Marx notiert jeweils Ländername und Jahr als Überschrift und darunter Stichworte und manchmal auch längere Zitate aus den Artikeln, hinter die er die Seitenzahlen aus dem Bericht vermerkt. Er verzeichnet auf diese Weise 100 Einträge zu über 35 Staaten, Regionen und einer freien Stadt (Frankfurt am Main) beinahe aller Kontinente. Am häufigsten sind Artikel zu Spanien (sieben Artikel), den Niederlanden (6) und der Schweiz (6) zusammengefasst, aber auch viele Beiträge zu asiatischen (Japan 3, China 1) und südamerikanischen Länder wie Mexiko (5) und Brasilien (3) bis hin zu jeweils einem Eintrag zu Puerto Rico, Guatemala und Chile. Die Staaten und Städte des Zollvereins (Bayern 5, Preußen 4, Baden 3, Württemberg 2, Frankfurt am Main 2, Nassau 1) sind ebenso vertreten wie andere europäische Länder (Frankreich, Italien, Belgien mit jeweils fünf Artikeln). Es scheint, als sei kein Land von Marx' Interesse ausgenommen.

Marx' thematisches Interesse war ähnlich breit gestreut wie das regionale. Ein Fokus liegt auf Landwirtschaft und den natürlichen Bedingungen der Produktion: Rohstoffvorkommen und ihr Abbau, Bevölkerungsentwicklung, Bodenschätze und Bodenerschöpfung (durch Kaffee-Monokultur in Brasilien, durch langfristigen Baumwollanbau in Ägypten) ebenso wie das Brachliegen der Produktivkräfte eines Landes bzw. die Verschwendung stofflichen Reichtums durch fehlende Maschinerie (z.B. bei der Ernte von Agaven in Mexiko), eine unzureichende Infrastruktur (in Spanien, Portugal, Griechenland, Österreich) oder mangelnde Besiedlung (Mexiko). Marx hatte im Manuskript zum dritten Buch des „Kapital" angenommen, dass „die Productivkraft der Arbeit [...] an Naturbedingungen gebunden ist" und „die ganze Untersuchung, wie weit *Naturbedingungen* die Productivität der Arbeit unabhängig von, oft im Gegensatz zur Entwicklung der *gesellschaftlichen* Productivkraft, beeinflussen, [...] in die Betrachtung der *Grundrente* [gehört]." (MEGA② II/4.2. S. 333.) In den vorliegenden Exzerpten könnte Marx Material für eine solche Untersuchung gesammelt haben.

Ein zweites Thema ist das Verhältnis von Finanzsystem und agrarischen Produktionsverhältnissen (*„Expropriation der Bauern durch Wucher"* (S. 628.15) in Persien, Agrargesetzgebung in Österreich-Ungarn); ein drittes betrifft Währung, Finanzsystem, Banken und Kreditgesellschaften, Angaben zu Staatsverschuldung (in Griechenland, Spanien, Österreich und der Türkei) und Wechselkurse.

Viertens beschäftigt sich Marx mit dem Verlauf von Wirtschaftskrisen. Er betrachtet die Auswirkung der Weltwirtschaftskrise von 1857 auf den Eisenhandel in Nassau, die Uhrenproduktion in Genf und den Finanzmarkt in Frankfurt am Main; ferner die Finanzpanik 1866 und ihre Entfaltung in den Niederlanden, Spanien und Brasilien sowie ihr Einfluss auf den Teehandel in China und die Seidenproduktion in Japan. Beide Krisen hat Marx intensiv auch in anderen Exzerptheften untersucht (siehe MEGA② IV/14 und IV/19).

Schließlich spielt die durch den Amerikanischen Bürgerkrieg verursachte Baumwollkrise „Cotton Famine“ eine Rolle. Leinenmanufakturen in Preußen litten unten sinkenden Baumwollpreisen; in Ägypten hingegen habe sich der Landwert vervierfacht, da das Land während der „Cotton Famine“ zum Exporteur von Baumwolle, aber wegen der veränderten Flächennutzung auch zum Importeur von Nahrungsmitteln geworden war, was Marx für eine nicht wünschenswerte Veränderung hielt: „Change (undesirable one)“ (S. 659.3). In der Schweiz wiederum stellten sich die in den Jahren zuvor angehäuften Baumwollvorräte als „Vortheil während der cotton famine“ (S. 661.15–16) dar.

Marx kondensierte diese Indizes wiederum zu einem übergeordneten Inhaltsverzeichnis mit dem Titel „Abgekürztes Register zu Vorstehendem“ (Ms-S. 92–95). Ein erstes „Register“ auf Ms-S. 90/91, mit dem er zunächst die einzelnen Seiten des Exzerpthefts zusammenfassen wollte, brach er nach wenigen Einträgen ab, wahrscheinlich da sich diese Sortierweise als unbrauchbar erwiesen hatte. Das zweite übergeordnete Inhaltsverzeichnis „Abgekürztes Register zu Vorstehendem“ umfasst 30 von Marx durchnummerierte Gliederungspunkte: die ersten drei Einträge beziehen sich nur auf Mexiko und Argentinien; die Einträge 4–11 behandeln die Themen „4) *Transport u. Means of Communication. Want of u. effect* [...] 5) *Deficiency of Population u. daher Wealth* [...] 6) *Vorräthe. Nähe of Market. Means of transport* [...] 7) *Wucher, Bauer, Landed Properties* [...] 8) *Banks* [...] 9) *Grain. Agriculture. Landed Property. Peasants at Soil* [...] 10) *Foreign Exchanges* [...] 11) *Crisis v. 1857 u. 1866*“; und die Einträge 12–28 beziehen sich wiederum auf verschiedene Länder (wobei es 12 und 12a gibt und zwei Einträge mit 21 nummeriert sind). Diese Indizierung der Länder ist doppelt unvollständig: Weder hat Marx alle Länder aufgenommen, noch alle zuvor angefertigten Einträge zu den aufgenommenen Ländern versammelt. Dies deutet auf gewisse Schwierigkeiten hin, die Marx bei der Gliederung der umfangreichen Materialsammlung hatte, woraus man schließen könnte, dass er, der im Allgemeinen eine hohe Meinung von den *blue books* hatte, die Quelle selbst für wertvoll hielt, und sie nicht mit einem ausschließlichen Forschungsinteresse studierte.

Allerdings ist sein Fokus bei der Erstellung und Gliederung der Materialsammlung auf die weitere Ausarbeitung der Bücher 2 und 3 des „Kapital“ deutlich erkennbar. Bereits im ersten Band des „Kapital“ zog Marx bei der Behandlung der Uhr als klassisches Produkt der Manufaktur-Herstellung den „Embassy Report“ über die Schweiz vom Juni 1862 heran, um die Besonderheit und Beschränktheit der Genfer Uhrenmanufakturen zu illustrieren (MEGA② II/5. S. 279). Im vorliegenden Exzerpt verfolgt er außerdem den Einfluss der Krise 1866 auf die Uhrenproduktion in Genf und die Entwicklung der Stückzahlen, die im Laufe der 1860er Jahre rückläufig war, und somit seine These aus dem Kapital von der „immanente[n] Beschränktheit“ (ebenda. S. 280) des Manufakturprinzips vom Standpunkt der großen Industrie bestätigt.

Marx griff auf die Exzerpte bzw. die Berichte selbst vor allem in Manuskript II zum zweiten Buch des „Kapital", an dem er seit Frühjahr 1868 arbeitete, zurück, zuerst im Kapitel über Transportindustrie und Transportkosten. Um zu demonstrieren, dass in der Transportindustrie produktive Arbeit geleistet wird und der Transport den Waren Wert hinzufügt, führt Marx das Beispiel der relativen Preiserhöhung von Silber durch Transportkosten in Mexiko an, das er dem „Embassy Report" vom Februar 1867 entnahm (MEGA② II/11. S. 71). Für den Abschnitt über den auf dem Landweg abgewickelten Teetransport von China nach Russland (ebenda. S. 71–75) verwendet er zur ausführlichen Illustration der niedrigeren Kosten der Seefracht verglichen mit der Landfracht den „Embassy Report" vom Juli 1867, die „Reports on China, Japan, and Siam" von 1867 sowie den ebenfalls im vorliegenden Heft exzerpierten Bericht der „Royal Commission on Railways" (S. 679–698). Zur Begründung der These, dass ein Rohstoff mit zunehmender Verarbeitung an Gewicht verliert und an Wert zunimmt (und somit der Wertzusatz durch die Transportindustrie umso geringer wird), zieht Marx das Beispiel des Maisanbaus in Mexiko aus dem „Embassy Report" vom Februar 1866 heran. Der in schlecht angebundenen Gebieten geerntete Mais sei nicht transportabel, werde daher an Schweine verfüttert, aus denen wiederum besser transportable Seife hergestellt werde (MEGA② II/11. S. 75/76).

In „Zusätze zu Kapitel 1" kommt Marx auf den Mangel an Transportmitteln („want of transport") zurück. In den „Embassy Reports" wird immer wieder eine defizitäre Infrastruktur zur Hauptursache für Unterentwicklung erklärt: Etwa in Kastilien würden Bodenerzeugnisse verschwendet, weil die Ernte wegen fehlender Straßen nicht zur Eisenbahn transportiert werden könne. Marx kompiliert eine Reihe von Zitaten aus vier „Embassy Reports" über den Zusammenhang zwischen mangelhafter Transportindustrie und Unterentwicklung in Spanien, Portugal und Griechenland (ebenda. S. 84–86). Diese Collage an Zitaten in „Zusätze zu Kapitel 1" wurde von Engels nicht in sein Redaktionsmanuskript zum zweiten Buch des „Kapital" übernommen. Im vorliegenden Exzerpt interessiert sich Marx auch für die fehlenden Bewässerungsanlagen in Spanien und zudem für die Verhältnisse in Griechenland: Der Bericht betont die schlechte Finanzlage, ungenutzte Landressourcen und die Notwendigkeit einer Steuerreform: „Under these circumstances progress is impossible" (Embassy Report. Nr. 10, 1865. S. 218), was Marx unter dem Schlagwort *„Sauzustand"* (S. 664.10) indiziert.

In Manuskript II zum zweiten Buch des „Kapital" im Abschnitt „Die Vorrathbildung" behandelt Marx das Verhältnis der Baumwollvorräte Schweizer und englischer Baumwollfabrikanten zu der durch den Amerikanischen Bürgerkrieg verursachten „Cotton Famine". In Zeiten, in denen keine Krise herrscht, würde die Verwaltung und Aufbewahrung dieser Vorräte eine Erhöhung der Produktionskosten bedeuten. Für die Schweizer Spinner hätten sich diese Vorräte während der „Cotton Famine" aber ausnahmsweise als vorteilhaft erwiesen. Marx nutzt an dieser Stelle den Verweis auf den Bericht des britischen Gesandtschaftssekretärs J. Hume Burnley aus dem „Embassy Report“ Nr. 7 von 1864 über die Schweiz für eine Diskussion des Verhältnisses von Kapital und Arbeit in der Schweiz (MEGA② II/11. S. 64). Denselben Bericht zitierte Marx auch in seiner IAA-Schrift „Report of the General Council to the Fourth Annual Congress of the International Working Men's Association“ (MEGA② I/21. S. 134, 146, 1010). In Großbritannien hingegen hätte die „Cotton Famine“ eine große Krise der Baumwollindustrie verhindert, da diese zuvor zu große Baumwollvorräte aufgehäuft hatte, die bei weiteren Baumwollimporten einen massiven Preisverfall hätten erfahren müssen (MEGA② II/11. S. 68). Um diese Überlegung zu plausibilisieren, verweist Marx als Analogie auf die Seidenvorräte im japanischen Hafen Kanagawa, wozu er die „Reports on China, Japan, and Siam“ von 1866 verwendet. Der Hafen wurde infolge des Handelsvertrags von 1858 zwischen Japan und den USA in Betrieb genommen und vor allem für die Abwicklung des Seiden- und Teehandels gebraucht, weshalb im ganzen Land Seide aufgekauft wurde, welcher „in England die Grundlage ganz illusorischer Berechnungen ward“ (ebenda).

Schließlich zieht Marx im Abschnitt „Umschlag des Kapitals“ bei der Unterscheidung zwischen Arbeitszeit und Produktionszeit in der Landwirtschaft den „Embassy Report“ Nr. 8 von 1865 über Russland heran (ebenda. S. 199/200; siehe auch MEGA② II/13. S. 223), um den durch „die Natur des Produkts u. seines Produktionsprozesses selbst bedingt[e] Unterbrechung des Arbeitsprozesses“ (ebenda. S. 190) zu demonstrieren. Das kalte Klima Russlands bedinge eine sehr kurze Arbeitsperiode in der russischen Landwirtschaft. Dieses extreme Auseinanderfallen von Arbeits- und Produktionsperiode in der Landwirtschaft führe zur Ausbildung einer „ländliche[n] Nebenindustrie“ (ebenda. S. 200), da die russischen Bauern außerhalb der kurzen landwirtschaftlichen Arbeitssaison handwerkliche Tätigkeiten ausüben würden, weshalb dort die Entwicklung der Manufakturen vom Land ausgegangen sei.

Marx exzerpierte 1880/1881 den „Embassy Report“ von 1879 (RGASPI, Sign. f. 1, op. 1, d. 4032), den er in Manuskript VIII zum zweiten Buch des „Kapital“ verwendete (MEGA② II/11. S. 779, 818/819; siehe auch MEGA② II/13. S. 437/438, 479/480).

East India (Bengal and Orissa Famine). Papers and Correspondence relative to the Famine in Bengal and Orissa, including the Report of the Famine Commission and the Minutes of the Lieutenant Governor of Bengal and the Governor General of India. (Presented to Parliament by Her Majesty's command.) Ordered, by the House of Commons, to be Printed, 31 May 1867. Pt. 1–3. In: Accounts and Papers: 1867. Vol. 13. Session 5 February–21 August 1867. (Ms-S. 96–100; siehe S. 670–673.)

East India (Madras and Orissa) Famine. Return to an Address of the Honourable the House of Commons, dated 4 July 1867. Ordered, by the House of Commons, to be Printed, 30 July 1867. In: Accounts and

Papers: 1867. Vol. 14. Session 5 February–21 August 1867. (Ms-S. 100; siehe S. 674.)
Statement exhibiting the moral and material progress and condition of India, during the year 1865–66. (Presented pursuant to Act of Parliament.) Ordered to be printed 7th May 1867. In: The sessional papers printed by order of the House of Lords, or presented by Royal command, in the Session 1867, arranged in volumes. Vol. 13. 1867. (Ms-S. 100/101; siehe S. 675/676.)

Die vorliegenden Berichte beschäftigen sich mit der Hungersnot in der indischen Provinz Orissa (heute Odisha), die im November/Dezember 1865 ausbrach, während des ganzen Jahres 1866 anhielt und nach offiziellen Angaben eine Million Menschen, einem Drittel der damaligen Bevölkerung Orissas, das Leben kostete. Als unmittelbarer Anlass der Hungersnot gilt die durch den ausgebliebenen Monsun hervorgerufene Dürre im Winter 1865, die eine schlechte Winterreisernte zur Folge hatte. Dabei war die Regenmenge im Herbst genügend, aber es fehlte an einem Bewässerungssystem zur Aufbewahrung und Verteilung der Niederschläge. In der Forschungsliteratur wird der britischen Kolonialherrschaft eine indirekte Verantwortung hierfür zugesprochen: Orissas Schlüsselindustrien, vor allem die Salz- und Baumwollindustrie wurden von den Briten heruntergewirtschaftet, was zu hoher Arbeitslosigkeit und stagnierenden oder sogar fallenden Einkommen in der Region führte. Gleichzeitig stiegen die Reispreise, weshalb alte Vorräte an Reis und Weizen aufgebraucht sowie vor und selbst noch während der Hungersnot aus Orissa wegexportiert wurden. Das in Bengalen sesshafte „Board of Revenue" lehnte eine Preiskontrolle und eine außerordentliche Reiszufuhr nach Orissa im November 1865 mit der Begründung ab, in Orissa drohe keine Hungersnot, sondern lediglich eine ökonomische Rezession, zu deren Lösung es keiner staatlichen Intervention bedürfe.

Die Hungersnot wütete im Jahr 1866 besonders schlimm. Im Mai erschienen Berichte über massenhaft Verhungernde, den Ausbruch von Seuchen und Plünderungen der Reisvorräte, dennoch bestellte der Governor General, John Lawrence, erst Mitte des Jahres zusätzliche Reislieferungen, die zunächst wegen des nun einsetzenden Monsuns nicht an die Häfen Orissas ausgeliefert werden konnten und nach schließlicher Ankunft zu einem sehr hohen Marktpreis verkauft wurden. Die britische Kolonialadministration selbst machte vor allem Orissas geographische Isolation und die schlecht ausgebaute Infrastruktur für die Katastrophe verantwortlich.

Die britische Regierung rief im Dezember 1866 die „Famine Commission" unter George Campbell ins Leben, die 1867 einen dreiteiligen Bericht über Ursachen und Ausmaß der Hungersnot sowie Präventivmaßnahmen gegen weitere Engpässe lieferte. Dieser Bericht wurde im ersten Teil des ebenfalls dreiteiligen Parlamentsbericht „East India (Bengal and Orissa Famine)" am 31. Mai 1867 veröffentlicht. Die insgesamt 776 Seiten umfassende Materialsammlung enthält den Bericht der „Famine Commission", die Korrespondenz britischer Kolonialbeamter in Indien, Stellungsnahmen und Befragungen von Cecil Beadon, dem Lieutenant Governor of Bengal, und John Lawrence, dem Governor General of India, zahlreiche Berichte von lokalen Beamten, Unternehmern von privaten Getreidehandelsfirmen bis hin zu Kapitänen der Schiffe mit Reislieferungen, die wegen des Monsuns im Sommer 1866 nicht an der Küste Orissas landen konnten. Die „Famine Commission" beschuldigte das „Board of Revenue", den Lieutenant Governor of Bengal und den Commissioner of Orissa, Ravenstone, des schlechten Krisenmanagements während der Hungersnot und sprach als dringliche Empfehlung den Ausbau und die Verbesserung der Transportmittel (befahrbare Kanäle, Straßen, Häfen, Eisenbahn) und der Bewässerungsanlagen aus, die eine Wiederholung der Katastrophe verhindern sollten.

Am 14. August 1867 hatte Marx bei seinem Buchhändler Philip Stephen King „[t]he 2 reports on the *Orissa famine*" über die Hungersnot in Orissa 1866 „East India (Bengal and Orissa famine). Pt. 1–3" (London 1867) und „East India (Madras and Orissa) Famine" (London 1867) bestellt (MEGAdigital). Marx hat diese Berichte also wahrscheinlich besessen, jedoch sind seine Handexemplare nicht überliefert.

Bereits im ersten Band des „Kapital" erwähnte Marx die Hungersnot in Orissa an zwei Stellen. Im Kapitel über die ursprüngliche Akkumulation äußerte er sich kritisch zur „East India Compagnie", die die Hungersnot in Bengalen 1770 „fabricirt[e]" (MEGA② II/5. S. 603). Die Quelle hierfür war David Buchanans „Observations on the Subjects Treated of in Dr Smiths Inquiry into the Nature and Causes of the Wealth of Nations" (Edinburgh 1814), das Marx 1851 in Londoner Heft IX exzerpierte (MEGA② IV/8. S. 531). In der dazugehörigen Fußnote folgt: „Im Jahr 1866 starben in der einzigen Provinz Orissa *mehr als eine Million Hindus am Hungertod.* [...] Nichtsdestoweniger suchte man die indische Staatskasse zu bereichern durch die Preise, wozu man den Verhungernden Lebensmittel abließ." (MEGA② II/5. S. 603.) Die zweite Stelle steht im Kontext der gesellschaftlichen Kontrolle der Naturkräfte, vor allem der Frage der Bewässerung: „Eine der materiellen Grundlagen der *Staatsmacht* über die zusammenhangslosen kleinen Produktionsorganismen Indiens war Reglung der Wasserzufuhr. Die muhamedanischen Herrscher Indiens verstanden dieß besser als ihre englischen Nachfolger. Wir erinnern nur an die Hungersnoth von 1866, die mehr als einer Million Hindus in dem Distrikt von Orissa, Präsidentschaft Bengal, das Leben kostete." (ebenda. S. 419.)

Die Exzerpte aus den Orissa-Berichten haben den Charakter ausführlicher Inhaltsverzeichnisse. Marx notiert kurze Stichworte, manchmal auch längere Zitate aus den Berichten, die er zum Teil kommentiert und mit eigenen Begriffen beschreibt, und vermerkt hinter diese Stichwort die Seitenzahlen aus dem Bericht. Für das Problem der Bewässerung interessierte sich Marx auch in seinen Exzerpten aus den „Embassy Reports" über Spanien und Niederlande (S. 630.4, 634.20 und 644.33). Er verwendet dieses Stichwort auch fünf Mal zu den Orissa-Berichten (S. 672.10, 13 u. 19, 673.16 und 675.5).

Marx indiziert zunächst den Schriftverkehr der Regierung in Bengalen mit dem Board of Revenue in den „Lower Provinces" ab Dezember 1865. Der Sekretär des „Board of Revenue" in den „Lower Provinces", R. B. Chapman, erklärt, er wolle vom „economic law of supply and demand" nicht abrücken, da dieses zu einer perfekten Ressourcenallokation führe und einen Staatseingriff überflüssig mache. Marx notiert außerdem Stichworte zum Verlauf der Hungersnot, zu den geographischen Bedingungen Orissas und zum Wandel der Natur (z.B. über den Einfluss der Entwaldung auf die Flut), zum Missmanagement der britischen Kolonialverwaltung während der Hungersnot, aber auch grundsätzlich zu den Klassenverhältnissen auf dem indischen Land zwischen Pächtern („ryot") und Grundbesitzern („zemindar") und zur britischen Kolonialpolitik, etwa zur Besteuerung der indischen Bauern: *„ryots kann sich nicht auf Wasser abonniren aus Furcht, daß ihm Rents increased"* (S. 672.34–35).

In Marx' Exzerpten geht es häufig um einen Vergleich der traditionellen Ökonomie Indiens mit dem Zustand ihrer Zerstörung während ihrer Integration in den Weltmarkt Mitte des 19. Jahrhunderts. Das alte Indien habe über ein System der Preiskontrolle, den Primat der Konsumtionsfonds sowie eine Lebensmittelausgabe in Krisenzeiten verfügt, während dagegen im modernen Indien die Nahrungsvorräte abgebaut würden, die Preise für Reis stiegen und ohne die frühere moralische Ökonomie die Bauern als freie Lohnarbeiter vollkommen abhängig vom Markt wären, weshalb Marx notiert, dass *„das moderne Gesellschaftssystem schwerer Hungersnöthen widersteht"* (S. 672.21–22) als das vormoderne. Er verweist auf eine Stelle im Bericht, wonach auch französische oder englische Arbeiter nicht vor einer Hungersnot gefeit wären, sollten sich, wie in Orissa geschehen, die Lebensmittelpreise spontan verdreifachen.

Marx exzerpiert ferner aus der 1867 erschienenen Ausgabe der seit 1861 aufgelegten Serie „Statement of the Moral and Material Progress and Condition of India" (erschien bis 1936/1937), zog aus dieser Serie also nur den Bericht aus dem Jahr der Hungersnot heran, die dort allerdings am Rande behandelt wird. Der Bericht erwähnt, dass die indischen Pächter und Grundbesitzer kaum auf die Bewässerungsanlagen zurückgreifen würden, da sie bei der Nutzung der Bewässerung Angst vor einer Erhöhung der Pacht bzw. der Grundsteuer hätten. Die Frage der Bewässerung in der Landwirtschaft in Orissa durch die Einführung der „East India Irrigation and Canal Co." verfolgt Marx 1869 in seinen Exzerpten aus der „Money Market Review" (werden in MEGA② IV/19 veröffentlicht).

Marx notiert auf Ms-S. 100 auch den Titel der 8-seitigen Ergänzung: East India (Bengal and Orissa Famine). Copy of Despatch of the Secretary of State to the Government of India, and Enclosures, relative to the Bengal and Orissa Famine. Presented to Parliament by Her Majesty's command. Ordered, by the House of Commons, to be Printed 26 July 1867. [London 1867.] Seine Überschrift *„Despatch of Northcote to Gov. Gen. of India"* (S. 674.10–11) gibt an, dass er sich für das Schreiben von Stafford Northcote, Secretary of State for India, interessiert, in dem dieser die Ergebnisse der „Famine Commission" kommentiert.

Der Bericht „East India (Madras and Orissa) Famine" verfolgt die Ausbreitung der Hungersnot nach Madras und enthält zusätzliche Dokumente über die Hungersnot in Orissa. Marx exzerpiert hieraus nur vier Stichworte. Aus „East India (Madras and Orissa) Famine" zitierte er im zweiten Buch des „Kapital" im Kontext der Methoden der Abkürzung der Arbeitsperiode (MEGA② II/11. S. 189). Im Exzerpt notiert er: „Hindoo verreckt. Conservirt seine cow." (S. 674.2), und zwar weil dem Tier seiner langen und aufwändigen Zuchtperiode wegen eine große Bedeutung für die Reproduktion der landwirtschaftlichen Gemeinde zukomme. Der Bericht vermerkt lakonisch: „in India it is more easy to replace a man than an ox" („East India (Madras and Orissa) Famine". S. 44.) Anschließend verweist Marx auf die Bakewell'schen Tierzüchtungsmethoden, untersucht also die Frage, wie Tiere in der kapitalistischen Produktionsweise als zirkulierendes Kapital behandelt werden (von Engels aufgenommen in MEGA② II/12. S. 202/203; II/13. S. 219/220).

In Manuskript II zum zweiten Buch des „Kapital" zitiert Marx die beiden Berichte „East India (Bengal and Orissa Famine). Pt. 1–3" und „East India (Progress and Condition)" im Kapitel „Die Vorrathbildung". Die eigentliche Ursache für die Preissteigerung von Reis und Weizen sei laut Marx in der durch die „Cotton Famine" gesteigerten Nachfrage nach Baumwolle zu sehen, die vermehrt in Indien angebaut worden war, und zwar auf solchen Flächen, die zuvor noch für die Nahrungsmittelproduktion verwendet wurden (MEGA② II/11. S. 61). Marx verwies bei den „Catastrophen bei Verwandlung des unmittelbaren Produktenvorraths in die Form v. Waarenvorrath" auf die Beispiele „Indien, Algerien" (ebenda. S. 535), wobei in der kapitalistischen Produktionsweise der Warenvorrat auf Kosten des Konsumtionsvorrats zunehme. Engels gab diese Passage im Redaktionsmanuskript und seiner Edition des zweiten Bandes des „Kapital" in einer Fußnote wieder (MEGA② II/12. S. 111; II/13. S. 130).

Marx hat sich immer wieder mit Indien beschäftigt. Er legte etwa in der ersten Jahreshälfte 1853 drei Exzerpthefte an (IISG, MEN, Sign. B 63, B 64 und B 65), fertigte 1879/1880 chronologische Auszüge zur Geschichte Indiens aus verschiedenen Quellen an (RGASPI, Sign. f. 1, op. 1, d. 3984) und exzerpierte nach 1880 aus: John Budd Phear: The Aryan Village in India and Ceylon. London 1880 (IISG, MEN, Sign. B 162).

Royal Commission on Railways. Minutes of Evidence taken before the Commissioners, March 1865 to May 1866. Presented to Houses of Parliament by Command of Her Majesty. London 1867. (Ms-S. 102–126; siehe S. 679–698.)

Von März 1865 bis Mai 1866 tagte im „House of Lords" die „Royal Commission on Railways", die eine großangelegte Untersuchung des britischen Eisenbahnsystems vom ersten „Railway Act" von 1801 bis zur Verabschiedung des „Railway Companies Security Act" von 1866 durchführen sollte. Hierzu wurden u. a. Direktoren, Vorsitzende und Aktionäre der Eisenbahngesellschaften befragt. Der Mitte des Jahres 1867 vorgelegte 889-seitige Bericht enthält die Zeugnisse und Befragungsprotokolle und behandelt diverse Themen wie die Eisenbahngesetzgebung, die unterschiedlichen Fahrpreise und Frachtgebühren der britischen Regionen, Linien und Gesellschaften, Ausbau, Instandhaltungskosten und Verschleißdauer des Eisenbahnnetzes und der Züge sowie den Einfluss der Eisenbahn auf die gesellschaftliche Entwicklung. Besonderes Augenmerk legt der Bericht auf einen Vergleich mit den Eisenbahnsystemen des europäischen Kontinents (Belgien, Österreich, Bayern, Preußen) und den Stand der Entwicklung der Eisenbahn in Irland. Schließlich sollte die Kommission Vorschläge unterbreiten, welche Gesetzesänderungen einer Verbesserung des Eisenbahnsystems dienlich wären. Der Bericht fordert u.a., den Passagieren der dritten Klasse eine höhere Bedeutung zukommen zu lassen, und empfiehlt den englischen Eisenbahngesellschaften, einheitliche Abrechnungen an das „Board of Trade" zu versenden, sowie das Herstellen von mehr Verkehrsknotenpunkten und Umsteigemöglichkeiten, vor allem durch Amalgamierung von Linien in Irland.

Die Exzerpte haben den Charakter ausführlicher Inhaltsverzeichnisse. Marx notiert kurze Stichworte, manchmal auch längere Zitate aus den Berichten, die er zum Teil kommentiert und mit eigenen Begriffen beschreibt, und vermerkt hinter diesen Stichworten die Seitenzahlen aus dem Bericht. Einige Einträge wurden mit Markierungen versehen. Marx arbeitete den Bericht nicht von vorne bis hinten durch, sondern notierte wahrscheinlich zunächst einige Überschriften und versammelte dann darunter Einträge aus dem ganzen Band. Die Überschriften lauten „Elements of Cost" (Ms-S. 104–110), „Advantages (resp. Disadvantages) of Railways" (Ms-S. 111–115), „Difference of Cost. Engl. u. Continent" (Ms-S. 116), „Irish Fisheries u. Railw." (Ms-S. 117), „Irish Railways" (Ms-S. 118), „Coal" (Ms-S. 119–120), „Country, Town, Population" (Ms-S. 121) und wieder „Elements of Cost" (Ms-S. 122–126).

Marx zitierte den Bericht in Manuskript II zum zweiten Buch des „Kapital" in zwei Kapiteln: in den Abschnitten zur Vorratsbildung und Transportindustrie aus dem ersten Kapitel sowie im Abschnitt „Fixes Kapital und zirkulierendes Kapital" aus dem zweiten Kapitel, wo er ihn insbesondere für die 17-seitige Studie benutzte, die er dort einlegte.

Im ersten Kapitel geht es um die Kosten der Getreidespeicherung in Liverpool (MEGA② II/11. S. 66), den Zusammenhang von Wertzusatz durch die Transportindustrie und die Frachtgebühren, der zu einem Gegensatz zwischen den „Eisenbahnmagnaten" und „Industriellen u. Kaufleute[n]" führe (ebenda. S. 71), sowie die Frage der Klassifikation der transportierten Artikel durch die Eisenbahngesellschaften (ebenda. S. 84). Im Exzerpt notiert Marx dazu: *„Charge of Transport: Willkührliche Klassifikation der Railways.* [...] *Grounds for classification: Value, Convenience of moving of article, Density of it, Liability to damage, Bulk."* (S. 683.10–13.) Den Interessenskonflikt zwischen Transport- und industriellem Kapital erläutert Marx bei seiner Diskussion der Bedeutung der Infrastruktur am Beispiel von Eisenbahn- und Telegraphenlinien für die Dauer des Umschlags des Kapitals, die das industrielle Kapital beständig zu verringern sucht: „Die Wichtigkeit dieses Umstands für den Umschlag des Kapitals zeigt sich in dem Krakehl der Repräsentanten (kaufmännischen u. industriellen) der verschiednen Plätze mit den engl. Eisenbahndirektionen. (Sieh das oben citirte Blaubuch des *Railway Committee.*)" (MEGA② II/11. S. 211.) Im vorliegenden Exzerpt verweist Marx an zwei Stellen auf die „Chikanen" der Eisenbahngesellschaften hinsichtlich der Güterklassifikation und des Umgangs mit Passagieren (S. 682.29 und 687.9).

Schließlich exemplifiziert Marx, wie die Produktivkraft der Arbeit zunimmt, je näher eine Ware in der geographischen Nähe ihres Produktionsortes konsumiert wird, am Beispiel der Bruchschäden der englischen Töpferware auf dem Weg nach Irland, die ein Sechstel des Warenwerts betrugen (MEGA② II/11. S. 75). Wahrscheinlich bezog sich Marx auch auf seine Exzerpte aus dem Bericht der „Royal Commission on Railways", als er in diesem Zusammenhang schrieb: „Man wird an einem spätren Platz sehn, wie die englische Eisenbahnverwaltung in Irland die Produktivkräfte des Landes brachlegt, statt sie zu entwickeln." (Ebenda. Die Entzifferung „in Irland" ist plausibler als die in MEGA② II/11 angebotene Lesart „im Inland".) Er kam auf dieses Anliegen in seinen Manuskripten zum „Kapital" nicht mehr zurück, aber in seinem Exzerpt versammelt er auf Ms-S. 117/118 unter den Überschriften „Irish Fisheries u. Railw." und „Irish Railways" Stichworte, die nahelegen, dass die Entwicklung der Eisenbahn in Irland nicht der irischen Entwicklung diente, sondern eher die britische Kolonialherrschaft vertiefte, da mittels der Eisenbahn Ressourcen aus Irland besser abtransportiert werden konnten: *„Decrease of fishery Population* [...] *simultaneously m. extension of railw.* [...] (*Zu bemerken*, daß *m. extension* of railways die Kerls ihre eignen Fische nicht mehr essen, sondern die *men in Dublin, London, Liverpool, Birmingham, Manchester*" (S. 690.11–14). Marx notiert zum Ressourcenausverkauf aus Irland nach Großbritannien durch die Eisenbahn weiter: *„Cattle taken away f. England."* (S. 691.12.)

Im zweiten Kapitel im Abschnitt „Die verschiednen Bestandtheile des fixen Kapitals. Ersatz u. Reparatur. Accumulation des fixen Kapital" zieht Marx ausführlich Material u.a. aus dem Bericht der „Royal Commission on Railways" heran, das die Lebensdauer von Zügen, Motoren und Gleisen an verschiedenen Orten beschrieb (MEGA② II/11. S. 101–105). Er griff dabei auf den Begriff des Verschleißes zurück: „Verschleiß ist der Werttheil, den das fixe Kapital allmählig durch seine Vernutzung an das Product abgiebt, in dem Durchschnittsmaaß, worin er seinen Gebrauchswerth verlirt." (Ebenda. S. 114.) Seine Unterscheidung zwischen dem Verschleiß durch den Gebrauch selbst und durch die Einwirkung von Naturkräften leitet er mit Beispielen aus dem Bericht her (ebenda. S. 112–114). Während er überlegt, inwiefern Reparaturarbeiten als Wertersatz wirken, stellt Marx die Frage, ob die Reparatur zu den laufenden Kosten und damit zum zirkulierenden Kapital oder zum fixen Kapital zählt, und erwähnt das Beispiel der Motorenreinigung bei Eisenbahnen (ebenda. S. 119). Schließlich zitiert und kommentiert er mehrere Beispiele aus dem Bericht über Reparaturarbeiten (ebenda. S. 124–126). Immer wieder operiert Marx ländervergleichend. Da in dem Bericht der „Royal Commission on Railways“ u.a. auch der Direktor der belgischen Staatseisenbahn befragt wurde, kann Marx auf Ms-S. 116 seines Exzerpts fast ausschließlich Beiträge zum belgischen Eisenbahnsystem versammeln. Auch im zweiten Buch des „Kapital“ geht es mehrmals um das belgische Eisenbahnsystem (ebenda. S. 101, 106, 115).

Ein weiteres Thema der Auszüge betrifft den Energieträger der Eisenbahn: die Kohle, ihre Kosten, Verfügbarkeit und Ersatzmöglichkeiten.

Wahrscheinlich erstellte Marx die Exzerpte im Laufe des Sommers 1868. An den in New York lebenden Sigfrid Meyer schrieb er am 14. September 1868: „Schreiben Sie mir alles, was Sie erfahren können über das Verhältniß der Eisenbahnen zum Grund u. Boden.“ (IISG, MEN, Sign. C 604.) Die Passage zeigt, dass sich Marx zu dieser Zeit auch für die US-amerikanische Eisenbahn interessierte.

In Manuskript II zum zweiten Buch des „Kapital“ exzerpierte Marx auch Stellen aus dem Bericht, die er im vorliegenden Index nicht erfasst. Über diese Stellen und über die weitere Verwendung informieren die Erläuterungen.

Aus Ms-S. 128 befinden sich kurze Notizen zu sechs Bänden von „Cobbett's Political Register“ (siehe S. 701/702).

Cobbett's Political Register. Vol. 10. From July to December, 1806. London 1806.
– Vol. 11. From January to June, 1807. London 1807.
– Vol. 12. From July to December, 1807. London 1807.
– Vol. 13. From January to June, 1808. London 1808.
– Vol. 14. From July to December, 1808. London 1808.
– Vol. 16. From July to December, 1809. London 1809.

Die von William Cobbett 1802 gegründete und von ihm herausgegebene Wochenzeitschrift „Cobbett's Political Register“ zeichnete sich durch kritische Artikel aus und galt als Organ der Arbeiterklasse. Die Zeitschrift wurde 1832 mit dem Tod Cobbetts, der auch ihr Hauptautor war, eingestellt. Marx war eifriger Leser der Zeitschrift und hatte eine hohe Meinung von ihr. Er trug in zwei Artikeln für die „New-York Daily Tribune“ ein wahres Loblied auf Cobbett vor. In „Layard's Motion—Struggle over the Ten Hours' Bill“ heißt es am 22. Juli 1853: „William Cobbett was the most able representative, or, rather, the creator of old English Radicalism. He was the first who revealed the mystery of the hereditary party warfare between Tories and Whigs, stripped the parasitic Whig Oligarchy of their sham liberalism, opposed landlordism in its every form, ridiculed the hypocritical rapacity of the Established Church, and attacked the moneyocracy in its two most eminent incarnations [...]“ (MEGA② I/12. S. 223). Und in „The London *Times* and Lord Palmerston“: „One has only to open Cobbett's Political Register to convince himself that, since the beginning of this century, the great London papers have constantly played the part of attorneys to the heaven-born managers of English foreign policy.“ (New-York Daily Tribune. Nr. 6411, 21. Oktober 1861.)

Die Exzerpte haben den Charakter eines Inhaltsverzeichnisses. Marx notiert kurze Stichworte und vermerkt dahinter die Seitenzahl aus der Zeitung. Er interessiert sich für Fragen der Agrikultur wie Ricardos Grundrententheorie und Weizenpreise und -importe sowie die politische Ökonomie Irlands. Aus dem zehnten Jahrgang der Zeitschrift von 1806 etwa notiert sich Marx alle drei Artikel über „modern agriculture". „Cobbett's Political Register" behandelte auch häufig Fragen der Staatsfinanzen wie den Staatsschuldentilgungsfond „sinking fund", was Marx im vorliegenden Exzerpt nicht verfolgt.

Marx beschäftigte sich im Oktober/November 1869 intensiv mit dieser Wochenschrift, als er seine Rede im Generalrat der Internationalen Arbeiterassoziation am 16. November 1869 „On the Attitude of the British Government on the Irish Question" (MEGA② I/21. S. 727) vorbereitete. Davon zeugen zahlreiche Notizen sowie An- und Unterstreichungen in seinen Exemplaren dieser Zeitschrift (siehe MEGA② IV/32. Nr. 237, 238) sowie die vermutlich zur gleichen Zeit wie die vorliegenden entstandenen Auszüge aus der Zeitschrift in seinem Exzerptheft „Hibernica 1869ff" (RGASPI, Sign. f. 1, op. 1, d. 5597. S. 53). Dort befinden sich ebenfalls Auszüge des im vorliegenden Exzerpt indizierten Artikels der Ausgabe vom 14. Februar 1807 (siehe S. 701.7–8 und Erl.).

Die vorliegenden Exzerpte wurden im November 1869 erstellt, denn sie befinden sich unmittelbar nach dem Zeitungsausschnitt, der eine Meldung der „New York Times" vom 7. November 1869 wiedergibt. Außerdem schrieb Marx an Engels am 6. November 1869, er habe „gute Aufsätze [...] über Castlereaghs Wirthschaft bei Cobbet gefunden im Polit. Register. Tussy muß einmal den Cobbet durchsehn, was drinn über Irland." (IISG, MEN, Sign. L 4630.) Marx vermerkte die Lektüre von „Cobbett" noch einmal gegenüber Engels am 12. Februar 1870: „Cobbett bemerkt, bei Gelegenheit von Castlereagh's Selbstmord, daß England, during one of its most critical epochs, was governed by a madman. Und dasselbe jezt wieder, während der irischen Krise." (IISG, MEN, Sign. L 4641.)

Marx kam auch im zweiten Buch des „Kapital" auf „Cobbett's Political Register" zu sprechen, wenn auch vermutlich ohne Zusammenhang zu den vorliegenden Exzerpten: „Für Herrn Lalor ist *Geldkapital (money capital)*, als eine der functionellen Formen des sich verwerthenden Kapitals durchaus nicht verschieden vom Zinstragenden Kapital etc. Der Engländer besingt jedoch in dem *monied capital* einen v. *money capital* verschiednen Ausdruck, wovon nur der erste für Zinstragendes Kapital u.s.w. verwendet werden sollte. Aber das widerliche Kauderwelsch – u. mit ihm die barbarischen Vorstellungen der Börse sind besonders seit Pitt's Antijakobinerregierung in die Politische Oekonomie eingedrungen. Cobbett bekämpfte in seinem *Political Register* seit Anfang des 19. Jhh. die so bewirkten Sprach- u. Gedankenfälschungen." (MEGA② II/11. S. 21.)

Adolphus Slade: Turkey and the Crimean War: a Narrative of Historical Events. London 1867. (Ms-S. [271]–[273]; siehe S. 723–726.)

Der Brite Adolphus Slade (1804–1877) war unter dem Namen Mushaver Pascha lange Jahre Admiral in der Osmanischen Marine, u.a. während des Krimkriegs, in dem das Osmanische Reich mit Großbritannien verbündet war. Später wirkte er als Modernisierer der Osmanischen Marine und verfasste mehrere Schriften über den Nahen Osten. Im vorliegenden Werk untersucht Slade die Rolle der Türkei im Krimkrieg, lobt die Reformen des Sultans des Osmanischen Reiches Mahmud II., in dessen Dienst er stand, und kritisiert den Einfluss ausländischer Diplomaten, die das Land in einen kolonialen Zustand geführt hätten.

Marx erwähnte das Buch im Brief an Engels vom 15. Oktober 1868: „Hast Du A. Slade: ‚Turkey and the Crimean War' gelesen? Es scheint, daß ‚bosh' türkisches Wort, denn Slade sagt: ‚bosh lakerdeh' (empty words)." Diese Stelle, auf S. 100 bei Slade, befindet sich nicht im vorliegenden Exzerpt. Marx exzerpiert Passagen über Handelsverträge zwischen europäischen Staaten und der Türkei, die Slade als vorteilhaft für Europa kritisiert, über das Leiden der Osmanischen Industrie unter der Konkurrenz westlicher Produkte, Slades Kritik des Wuchers, der die türkische Landwirtschaft lähme, Handelsmoralität sowie eine Anekdote aus dem Krimkrieg, in der Slade vorgibt, Napoléon Joseph Charles Paul Bonaparte (genannt „Plon Plon", wie Marx diesen Auszug betitelt) getroffen zu haben.

Die Exzerpte passen thematisch zu den Länderberichten (S. 628–664). Allerdings trug sie Marx nicht direkt hinter seine Indizes ein, obwohl zum Zeitpunkt ihrer Entstehung an dieser Stelle noch Platz gewesen wäre, sondern fast am Ende des Hefts. Möglicherweise lässt dies den Schluss zu, dass er die Fortsetzung seiner Indizes aus den „Embassy Reports" und anderen Parlamentsberichten plante.

Marx war im Besitz eines anderen Werks von Slade „Travels in Germany and Russia" (London 1840) (MEGA② IV/32. Nr. 1246).

Auf Ms-S. [273] folgt ein Zeitungsausschnitt vom Juni 1868 mit dem Titel „Agricultural Holdings in Ireland", der die in offiziellen Berichten festgestellte Abnahme der landwirtschaftlichen Betriebe in Irland seit 1841 bemerkt. Die Quelle des Ausschnitts ist unbekannt. Ein fast identischer Text konnte in zwei anderen Zeitschriften als Ersatzquellen ausgemacht werden: Cork Examiner, 8. Juni 1868. S. 4; Oxford Times, 13. Juni 1868. S. 8. Marx setzt die Exzerpte aus Slade auf dieser Seite unter dem Zeitungsausschnitt fort, weshalb dieser wohl bereits vor dem Slade-Exzerpte eingeklebt wurde. Er begann zu dieser Zeit, sich verstärkt mit Irland zu beschäftigen, klebte z. B. im April 1870 in „Heft 2. 1868" der „Hefte zur Agrikultur" einen Zeitungsartikel zum irischen Pachtsystem ein (siehe S. 727) und legte ab 1869 Exzerpthefte zu Irland an (sie werden veröffentlicht in MEGA② IV/21).

Die koloniale Abhängigkeit sowie die landwirtschaftlichen Verhältnisse in Ländern wie Irland, Indien, dem Osmanischen Reich und Russland sind somit zwei kontinuierliche Themen des vorliegenden Hefts, das Marx über mehrere Jahre hinweg angefertigt hat.

Nikolaj Gavrilovič Černyševskij: Pis'ma bez adresa. [Unveröffentlichtes Manuskript.] (Ms-S. 130–150; siehe S. 705–719.)

Marx erfuhr 1867 von Nikolaj Gavrilovič Černyševskij (1828–1889) offensichtlich durch Sigismund Ludwig Borkheim, nachdem dieser in seinem Brief vom 24. November 1867 Marx ausführlich über den Inhalt einer im März 1867 in Berlin in russischer Sprache erschienenen Broschüre von Aleksandr Aleksandrovič Serno-Solov'evič berichtete. Borkheim referierte Serno-Solov'evičs Einschätzung zu Černyševskij und Nikolaj Aleksandrovič Dobroljubov als die „wirklichen Führer der scharfen Opposition [...] *in* Rußland", von denen der erste „in den sibirischen Minen auf Lebenszeit vergraben" und der zweite „im Alter von 26 Jahren gestorben" (MEGAdigital) sei. Serno-Solov'evič wandte sich am 20. November 1868 an Marx mit der Bitte um einen Beitrag zu einer von ihm editierten Zeitung, wozu es auch wegen seines Selbstmords am 4. August 1869 nicht kam. Marx hatte Kontakte mit anderen russischen Korrespondenten wie Nikolaj Francevič Daniel'son, German Aleksandrovič Lopatin und Nikolaj Nikolaevič Ljubavin und vor allem mit Daniel'son, der ihm zahlreiche russische Bücher und Artikel, darunter Schriften von Flerovskij – Pseudonym von Vasilij Vasil'evič Bervi – und Černyševskij sandte, als er sich intensiver mit dem wirtschaftlichen Zustand und dem Grundeigentum in Russland zu beschäftigten begann. Marx begann Ende 1869 mit dem Erlernen der russischen Sprache, um Flerovskijs Werk über die Lage der arbeitenden Klassen in Russland zu lesen. Anschließend las er auch Černyševskijs Werk zu John Stuart Mill im Russischen „Očerki iz političeskoj ekonomii (po Millju)" (Genf 1870), das er besaß (MEGA② IV/32. Nr. 218) und im Nachwort zur zweiten Ausgabe des ersten Bandes des „Kapital" lobte, wo er Černyševskij als „der große russische Gelehrte und Kritiker" bezeichnete (MEGA② II/6. S. 703).

Marx' intensivierte seine Verbindung mit Russland, als Černyševskijs Anhänger eine russische Sektion der Internationalen Arbeiterassoziation im März 1870 in Genf begründeten und Marx darum baten, ihr Vertreter beim Generalrat zu sein. Marx stimmte in seiner Antwort vom 15. April 1870 zu.

Am 23. Mai 1871 sandte Daniel'son Marx Černyševskijs Werk „O pozemel'noj sobstvennosti" („Ueber Grundeigenthum"), veröffentlicht 1857 in den Nr. 9 und 11 der Zeitschrift „Sovremennik" (RGASPI, Sign. f. 1, op. 5, d. 2340; Kopie). Marx besaß auch einen in Genf 1872 erschienenen Sammelband mit den Artikeln von Černyševskij über das russische Gemeineigentum, veröffentlicht 1859 in der Zeitschrift „Sovremennik" (MEGA② IV/32. Nr. 219). Am 1. und 6. August 1872 sandte Daniel'son Marx zudem eine Kopie des Manuskripts „Pis'ma bez adresa": „Ich schicke Ihnen den Sbornik: ‚*Die russischen socialen Fragen*', einige Recensionen über ‚Das Kapital' und ‚*Letters without adress*' (des Verfassers on Mill's Politic. Econ.) ... ‚*Letters* etc.' waren vom Verfasser gleich nach dem gesetzlichem Beschluss der Bauernfrage geschrieben worden." (RGASPI, Sign. f. 1, op. 5, d. 2972.) Marx bestätigte den Erhalt in seinem Brief vom 15. August 1872: „Ihren interessanten Brief habe ich erhalten und werde ihn in einigen Tagen beantworten. Ebenso erhielt ich das Manuskript und den Artikel aus dem ‚Westnik'". (RGASPI, Sign. f. 1, op. 1, d. 3289.) Marx besaß insgesamt sieben Bücher von Černyševskij im Original (MEGA[2] IV/32. Nr. 214–220).

Černyševskij verfasste 1862 das Werk „Pis'ma bez adresa" in russischer Sprache. Die darin enthaltenen fünf Briefe sollten den ersten Teil eines umfangreicheren Werkes bilden, doch nach dem Verbot des ersten Teils wurde das geplante Werk nicht fortgesetzt. „Pis'ma bez adresa" waren ihrer literarischen Form nach an den Zaren Aleksandr II. adressiert, obwohl dessen Name im Text nicht erwähnt wird. Černyševskij erörtert seine Kritik an der Agrarreform von 1861 (Aufhebung der Leibeigenschaft), die seines Erachtens nur im Interesse von Adel und Grundeigentümer erfolgte und keine Bauernbefreiung mit sich brachte. Dagegen fordert er die Beibehaltung der russischen Agrargemeinde „Mir", die vollkommene Befreiung der Leibeigenen und die kostenlose Zuteilung des Bodens zugunsten der Bauern. Seine Kritik des existierenden Systems wurde von der Zensur nicht übersehen: Auch wegen des Verdachts der Beteiligung an gegen die Regierung gerichteten Flugblätter wurde Černyševskij im Juni 1862 festgenommen und im Juli 1864 zu sieben Jahren Zwangsarbeit und lebenslänglicher Verbannung nach Sibirien verurteilt.

Im Juli 1870 erfuhr Marx von der Lage Černyševskij durch Lopatin, der ihn Anfang Juli 1870 in London wegen seiner Absicht, „Das Kapital" ins Russische zu übersetzen, besuchte (siehe Marx an Engels, 5. Juli 1870; IISG, MEN, Sign. L 4660). Im November 1870 brach Lopatin seine Arbeit an der Übersetzung ab und kehrte nach Russland zurück, um Černyševskij zu befreien, wurde aber in der sibirischen Stadt Irkurtsk verhaftet. Information über die Situation Lopatins und Černyševskijs erhielt Marx in der Folge durch Daniel'son. Nachdem Marx das Manuskript „Pis'ma bez adresa" im August 1872 erhielt, versuchte er das Werk mithilfe von Nikolaj Isaakovič Utin in Genf herauszugeben (siehe Utin an Marx, 1. November 1872 (RGASPI, Sign. f. 1, op. 5, d. 3080)) und übersetzte selbst die Briefe ins Deutsche.

Am 12. Dezember 1872 schrieb Marx an Daniel'son, dass er das Manuskript noch bei sich habe: „Das Mscpt., das Sie mir geschickt, ist noch bei mir, weil Outine nicht in der Lage, sich mit dem Druck zu beschäftigen, Elpidin aber ein zur Bande gehöriger Lump ist. Es ist sehr interessant." (RGASPI, Sign. f. 1, op. 1, d. 3398). Er fertigte sein Exzerpt daher wahrscheinlich vor dem 12. Dezember 1872 an.

Marx exzerpierte alle fünf Briefe des Manuskripts „Pis'ma bez adresa" und übersetzte den Titel mit „Letters without Address". Seine Übersetzung ist umfassend und gibt den gesamten ersten Brief wieder, lässt gleichwohl einige Passagen der anderen Briefe aus. Viele Hervorhebungen stimmen mit der Quelle überein. Auch verzichtet Marx weitestgehend auf seine in Exzerpten üblichen Abkürzungen von Wörtern sowie Auslassungen und Verschleifungen von Buchstaben, so dass der Text in weiten Teilen eher den Charakter einer Übersetzung als eines Exzerpts trägt.

Nach dem Scheitern des Befreiungsversuchs durch Lopatin, der dabei verhaftet wurde, beabsichtigte Marx, über Černyševskij zu schreiben, wie er gegenüber Daniel'son am 12. Dezember 1872 kundtat: „Ich wünsche über Tschernyschewskis Leben und Persönlichkeit etc. etwas zu drucken, um die Sympathie im Occident für ihn wach zu rufen. Dazu bedarf ich aber Data." (RGASPI, Sign. f. 1, op. 1, d. 3398.) Daniel'son lieferte im Brief vom 1. April 1873 nur kurze Angaben zu Černyševskij (RGASPI, Sign. f. 1, op. 5, d. 3213), mit denen Marx den angekündigten Text nicht verfassen konnte. Allerdings schien Marx auf die Veröffentlichung des Textes noch nicht verzichtet zu haben, da ihm Engels am 29. November 1873 über den Ärger Utins berichtete, als dieser in Erfahrung brachte, dass Lopatin „Pis'ma bez adresa" bei einem anderen Verlag drucken lassen wollte (IISG, MEN, Sign. D 1823).

Der erste Brief wurde schließlich 1874, acht Jahre nach Černyševskijs Deportation nach Sibirien, unabhängig von der vorliegenden Teil-Übersetzung von Marx von Pjotr Lavrovič Lavrov im Verlag der Zeitschrift „Vperjod" („Vorwärts") in Zürich publiziert. Marx besaß ein Exemplar in seiner Privatbibliothek (MEGA② IV/32. Nr. 216). Er las „Pis'ma bez adresa" während seines ausführlichen Studiums der russischen Gesellschaft im Jahr 1881 und machte kurze Auszüge aus dieser Veröffentlichung (IISG, MEN, Sign. B 167. S. 12).

Das Titelblatt und Marx' Notiz auf S. 1 sind veröffentlicht in: „Russkie knigi v bibliotekach K. Marksa i F. Engel'sa" (Moskva 1979), S. 190, Beschreibung des Buchs unter Nr. 333, S. 189–191. Marx' Übersetzung wurde wieder ins Russische übersetzt und veröffentlicht in: Archiv Marksa i Engel'sa. T. 11. [Moskva] 1948. S. 3–17. Das deutsche Original wird im vorliegenden Band erstmals veröffentlicht.

Zeugenbeschreibung

H *Originalhandschrift:* IISG, Marx-Engels-Nachlass, Sign. B 112.

Beschreibstoff: Gebundenes Heft aus neun im Falz mit weißen Fäden gehefteten Lagen, Außenseiten grün-grau-schwarz marmoriert, Innenseiten weiß. Jede Lage bestehend aus vier Bogen (= 8 Blatt = 16 Seiten) vergilbten, rauhen, starken Papiers (24 hellbraue Linien pro Seite). Der sechsten Lage fehlt es an einem Blatt. Das erste und letzte Blatt sind auf die Rückseite des vorderen und hinteren Umschlagdeckels geklebt. Format des Umschlags 202 mm × 118 mm, Format der Bogen 205 mm × 259 mm, gefaltet 205 mm × 129.5 mm. Das Papier trägt keine Wasserzeichen. Buchschnitt an allen drei Seiten gesprenkeltes Muster, aber nicht mehr klar. Auf die Außenseite des Vordeckels von Engels ein Etikett aus weißem Papier im Format 88 mm × 103 mm mit einem Inhaltsverzeichnis geklebt. Bei den unbeschriebenen Seiten S. 254/255 fehlt vor der Paginierung die Ecke am oberen Rand.

Zustand: Der Rücken ganz abgerissen, aber Tuchlappen geblieben. Papier leicht vergilbt. Sonst gut erhalten. Keine Textverluste.

Schreiber: Karl Marx, unbekannter Schreiber (S. [277]), Friedrich Engels (Etikett).

Schreibmaterial: Schwarze Tinte und Bleistift (S. 57 und 90/91; Erledigungsvermerke, S. [279]–[284]; Paginierung).

Beschriftung: Marx benutzte das Notizbuch von vorn für S. [0b] (2. Umschlagseite), S. [0c], [0d] (Vorsatzblatt) und S. 1–275 und von hinten für S. [276]–[284]. Die letzten neun Seiten sind also kopfstehend beschrieben.

S. 129, 151, 174–269: leer.

S. 54: vier Zeilen mit Tinte geschrieben.

S. [273]: zu einem Fünftel mit Tinte beschrieben.

S. 17, 106, 165, [277]: zu einem Drittel mit Tinte beschrieben.

S. 117, 270: zur Hälfte mit Tinte beschrieben.

S. 95, 105, 109, 114, 121, 150: zu drei Vierteln mit Tinte beschrieben.

S. 80, 101, 115, 126, 173: zu vier Fünfteln mit Tinte beschrieben.

S. 44, 113, [275], [276]: zu fünf Sechsteln mit Tinte beschrieben.

S. 30, 111: zu sechs Siebenteln mit Tinte beschrieben.

S. 119: zu sieben Achteln mit Tinte beschrieben.

Alle anderen Seiten vollständig mit Tinte beschrieben.

Auf S. [127] zwei Zeitungsausschnitte, auf S. [273] ein Zeitungsausschnitt geklebt.

S. [277] zu drei Fünfteln mit fremder Hand beschrieben.

Berechnungen auf S. [276] und [0c] (siehe Abb. S. 1060).

S. 90/91: ein Abschnitt („Register") mit Erledigungsvermerken versehen.

Lateinische Schrift.

Paginierung: Marx paginierte S. 1–128 mit Tinte, S. 129–270 mit Bleistift. Dabei vergab er die Seitennummer 20 nicht. S. [0b], [0c], [0d], [271]–[275], [276]–[284] keine Paginierung von Marx.

Vermerke fremder Hand: Archivstempel des IISG unregelmäßig auf 95 Seiten, Sign. B 128 auf dem von Engels an die Außenseite des Umschlags angeklebte Etikett; Fotosign. DD 0 (1. und 2. Umschlagseite) und auf beschriebenen Seiten unregelmäßig nur DD oder DD 1a–103 (alle mit Bleistift).

Hinweise zur Edition

Alle Auszüge werden hier erstmals veröffentlicht.

KORREKTURENVERZEICHNIS

586.26 E.] **H** J.

589.11 linum] **H** linu

Fehler in der Quelle.

589.18 [terrae]]

Ergänzt nach der Quelle.

589.23	262] **H** 261, 262
590.23	n. 7))] **H** n. 7)
592.13	1278,] **H** 1278)
592.14	etc.] **H** etc
592.20	266–69] **H** 265–69
592.37	tenent.«] **H** tenent.
592.39–40	errichten.“] **H** errichten.
593.33	Loosgüter] **H** Losgüter
594.27	Senescalcus] **H** Senescalus
595.25	Gutsherrschaft] **H** Gutherrschaft
596.8	Gemeinden] **H** Gemeinen
598.6	Nachpuren“] **H** Nachpuren
598.7	personen“] **H** personen
598.8	befindlich.)] **H** befindlich.
598.24	*Uraniae)*] **H** *Uraniae“*
602.33	Uebereggen] **H** Ueberreggen
603.8	brauchbarer] **H** brauchbar
603.9	weil] **H** welch
603.9–10	verwittert] **H** verwitter
603.14	bis] **H** –
603.19	75] **H** 70
606.22	welche] **H** welchen
607.34	Flößgebirge] **H** Flötzgebirge
608.26	[müssen]]
	Ergänzt nach der Quelle.
609.10	sandige] **H** sandartige
	Korrigiert nach der Quelle.
614.10–11	*Ueberwalzen,*] **H** *Ueberwalzen, Ueberwalzen*
615.22	etc.] **H** etc
617.33	Grösse] **H** Grössen
621.3	etc)] **H** etc;
621.11	Meuchelmord] **H** Meuchelxxx
	Ergänzt nach der Quelle.
622.22	Méditerranée] **H** Mediterranée
622.24	artificielles.“] **H** artificielles.
622.35	Ausdehnung?«] **H** Ausdehnung?
622.37	*Alterthum“*)] **H** *Alterthum“*
622.41	Weinbaus.«] **H** Weinbaus.
623.10	*Agric.*] **H** *Agric“.*
624.5	zur] **H** zu
626.2	geliebte“] **H** geliebte
627.3	zeigt.)] **H** zeigt.
629.19	3,723,879] **H** 3,723,897
	Korrigiert nach der Quelle.

629.32	*60,971,200*] **H** *60,972,200*
	Korrigiert nach der Quelle.
629.34	»In] **H** In
630.5–6	humidity.«] **H** humidity.
630.6	185))] **H** 185)
630.20	gathered] **H** gathed
630.24	ton.)] **H** ton.
630.28	grass] **H** gras
630.29	*labrado")*] **H** *laborado"*
630.31	size] **H** seize
630.32	where] **H** were
630.34	rocks.)] **H** rocks.
631.3	(191, 192)] **H** (192, 193)
631.8	*(Woods)*] **H** *(Woods*
631.11	*annually*] **H** *annualy*
631.37	absolutely] **H** absolutele
632.21	*(Bavaria)*] **H** *(Bavaria*
633.18	385] **H** 384, 385
634.11	time).] **H** time.
635.5	*Charcoal,*] **H** *Chacoal*
635.8	*f)*] **H** *f.*
635.17	*1756*] **H** *1765*
636.13	etc.)] **H** etc.
637.9	69,152,618fcs;] **H** fcs69,152,618fcs;
637.28	*Federal*] **H** *Feneral*
638.9	depth] **H** debt
	Korrigiert nach der Quelle.
638.24	crushing)] **H** cushing
639.7	*Richest*] **H** *Riches*
639.13	*Netherlands.*] **H** *Neterlands.*
640.8	*Meat* (] **H** *Meat*:
641.17	*double*] **H** *doubly*
641.25	*(Lisbon.*] **H** *(Lisbon (*
643.2	first] **H** forth
643.33	686] **H** 886
644.1	*July*] **H** *August*
644.22	(709))] **H** (709)
644.28	711))] **H** 711)
644.31	*Haarlem*] **H** *Harleem*
645.22	753–4] **H** 752–3
645.25	761] **H** 791
645.28	*Kiachta*] **H** *Kiacta*
645.36	(786))] **H** (786)

647.18 [the prices of]]
Ergänzt nach der Quelle.
647.19 to] **H** – to
647.23 91)] **H** 91
647.34 *Manufactory*] **H** *Manufacturey*
648.5 121] **H** 21
648.7 (123)] **H** ((123)
648.9 130] **H** 1300
648.12 (173] **H** 173
656.18 183] **H** 153
659.12 par] **H** per
663.7 *Iron*] **H** *Iron Iron*
664.1 (103)] **H** (103,
664.19 *Currants)*] **H** *Currants*
665.11 *Spain.)*] **H** *Spain.*
666.18 *(Nassau)*] **H** *(Nassau*
667.18 (83)] **H** (131) (140)
667.31 82] **H** 5
667.38 *1857*] **H** *1859*
668.12 88] **H** 86
668.26 *Manufactory)*] **H** *Manufactory*
668.31 (80)] **H** (79)
668.34 (1863)] **H** (1863
668.39 (89)] **H** (103–107)
668.40 (89)] **H** (109, 110)
668.40 (89)] **H** (117, 118)
672.10 335)] **H** 335,
672.12 *332)*] **H** *232)*
672.14 349)] **H** 349,
673.5 119)] **H** 119.
675.4 *7*] **H** *2*
675.8 *sub-proprietors).*] **H** *sub-proprietors.*
676.4 2,944,899*l.*] **H** £2,944,899*l.*
679.10 (p.] **H** p.
680.8 1315] **H** 135
680.34 *(691)*] **H** *(691*
681.5 *(62)*] **H** *(62*
681.17 of] **H** to
681.21 *160*] **H** *(160*
681.26 *575.*] **H** *575)*
681.30 done.] **H** done.)
681.33 *687.*] **H** *(687.*
681.33 45)] **H** 45.
682.37 *(9880*] **H** *9880*

683.4	*579.*] **H** *(579.*
683.15	(1203)] **H** (. 1203)
683.18	ton] **H** coal
	Korrigiert nach der Quelle.
683.27	2239)] **H** 2239,
684.24	ton«] **H** ton
684.28	useless] **H** usells
684.28	coal.)] **H** coal.
684.37	*stone.*] **H** *stone.)*
685.35	2244] **H** 2244)
686.1	*175*] **H** *174*
686.9	which] **H** wich
686.21	6893] **H** 6839
686.31	*102*] **H** *101*
686.31	*(2162–64)*] **H** *202 (2162–64)*
687.2	*nöthig.*] **H** *nöthig, .*
687.3	2202] **H** 2203
687.5	*106*] **H** *205*
687.6	*105*] **H** *205*
687.26	*311*] **H** *(311*
688.2	17,280] **H** 12,280
688.19	17,270] **H** 12,270
688.21	*Cost*] **H** *(. Cost*
689.4	etc)] **H** etc
689.7	15,327)] **H** 15,327
689.14	*135*] **H** *(135*
691.26	*traffick)*] **H** *traffick.*
691.27	*201*] **H** *200*
691.29	*202*] **H** *402*
692.16	*Sidings*] **H** *Slidings*
692.25	districts))] **H** districts)
692.36	*silk)*] **H** *silk.*
692.39	etc.] **H** etc
693.21	etc.] **H** etc
694.16	*235*] **H** *135*
694.17	7341] **H** 7342
694.33	*increased about*] **H** *about increased*
695.31	*North*] **H** *Nort*
695.32	*Very*] **H** *very*
695.33	*mile*] **H** *hour*
699.2	*Comber*] **H** *Combe*
702.5	Roggen-] **H** Roggen
705.1	Address] **H** Adress
705.2	von] **H** von von

705.9 augenblicklichen] **H** augenblicklichlichen
706.1 erfuhrt] **H** erfurhrt
706.38 sich] **H** sich sich
706.39 Aufrufe] **H** Aufrüfe
707.26 просвѣщенія] **H** просвященія
710.10 »Die] **H** Die
711.7 verbreitet] **H** verbreit
713.14 *комиссій*] **H** *коммисій*
713.15 *выходящихъ*] **H** *выходщихъ*
713.27 личнымъ] **H** личнимъ
713.28 возможностъ] **H** восможностъ
713.31 *обезпечения*] **H** *обезпечение*
713.32 Обязательныя] **H** Обязазательныя
713.32–33 срочно-обязанномъ] **H** срочно обязанномъ
713.34 но] **H** по
713.34 законнымъ] **H** законымъ
713.35 крестьянъ] **H** крестянъ
713.35–36 крестьянъ] **H** крестянъ
713.37 затруднений] **H** затруднении
713.39 должны] **H** должна
713.39 быть] **H** бьть
713.40 удастся] **H** удатся
714.7 сего] **H** сега
714.9 убѣждениями] **H** убѣдениями
714.11 непремѣннаго] **H** непременнаго
714.12 встрѣтилъ] **H** встрѣилъ
714.12 препятствій] **H** препяствій
714.12–13 предоставляя] **H** представляя
714.24 10] **H** 11
714.36 amiable] **H** amiabe
715.3 Aeusserungen] **H** Aüsserungen
716.22 членовъ-экспертовъ] **H** хленовъ-экспертовъ
717.9 Gouverneurs] **H** Gebuverneurs
717.35 крѣпостное] **H** крѣностное
718.1–2 *срочно-обязанномъ*] **H** *срочно обязанномъ*
718.6 Leibeigenschafts-Rechts.«] **H** Leibeigenschafts-Rechts.)
718.8 Präsident] **H** Präsidenten
718.13 нельзя] **H** нелзя
718.37 уѣздъ] **H** уѣсдъ
719.2 18 уѣздовъ] **H** 12 уѣздамъ
720.12 *Address*“] **H** *Address*
723.12 strained] **H** trained
723.20 Solyman I] **H** Solyman II
Fehler in der Quelle.

723.26	levy] **H** levy on
725.16–17	physician's skill; adulterated] **H** physicians skill; adultered
725.33	Alma] **H** Alma)
727.8	falling] **H** faling Fehler in der Quelle.
728.12	*Journal"*] **H** *Journal*
728.12	*1865.*] **H** *1865.)*
728.13	Gladstone] **H** Gladston
728.22	*Pamphlet*] **H** *Pamplet*
729.9	Lim."] **H** Lim.
733.19	*Population.*] **H** *Population.")*
736.4	*causes*] **H** *cause*

ERLÄUTERUNGEN

586.4–5 Edwin Chadwick war für seine Arbeit zu öffentlichem Gesundheitswesen und öffentlicher Wasserversorgung bekannt. John Bailey Denton war Autor mehrerer Schriften über Kanalisation, Trockenlegung („drainage") und Landwirtschaft.

586.7–8 James E. Thorold Rogers: A Manual of Political Economy for Schools and Colleges. Oxford 1868. – Titel von Marx notiert in einem Exzerptheft 1878 (IISG, MEN, Sign. B 148) und im Notizbuch 1878/1879 (IISG, MEN, Sign. B 152).

586.9–10 R[obert] H[ogarth] Patterson: The Economy of Capital or Gold and Trade. Edinburgh, London. 1865. – Titel von Marx notiert in einem Exzerptheft 1878 (IISG, MEN, Sign. B 148) und im Notizbuch 1878/1879 (IISG, MEN, Sign. B 152).

586.17 Mit Bleistift geschrieben. Im vorliegenden Heft notierte Marx eine Schrift Levasseurs (siehe S. 728.4 und Erl.).

586.19 Johann Baptist von Schweitzer an Marx, 15. September 1868 (RGASPI, Sign. f. 1, op. 1, d. 2375).

586.22–23 Mit Bleistift geschrieben.

586.24 C[harles] W[illiam] Boase: A Century of Banking in Dundee; Being the Annual Balance Sheets of the Dundee Banking Company, from 1764 to 1864. 2. Ed. Edinburgh 1867. – Titel von Marx notiert in einem Exzerptheft 1878 (IISG, MEN, Sign. B 148) und im Notizbuch 1878/1879 (IISG, MEN, Sign. B 152).

586.26–27 T[homas] E[dward] Cliffe Leslie: Land Systems and Industrial Economy of Ireland, England, and Continental Countries. London 1870. – Titel von Marx notiert in einem Exzerptheft 1878

(IISG, MEN, Sign. B 148) und im Notizbuch 1878/1879 (IISG, MEN, Sign. B 152).

587.1 Marx meint sein Inhaltsverzeichnis des vorliegenden Hefts auf Ms-S. 270 (siehe S. 720).

587.2 Lord King: Thoughts on the Effects of the Bank Restrictions. 2. Ed., Enl., Incl. Some Remarks on the Coinage. London 1804. – Titel von Marx notiert in Manchester Heft 3 (MEGA② IV/4. S. 201) und Londoner Heft I (MEGA② IV/7. S. 62).

587.3 D[avid] Morier Evans: Facts, Failures, and Frauds: Revelations, Financial, Mercantile, Criminal. London 1859. – Titel von Marx notiert in einem Exzerptheft 1878 (IISG, MEN, Sign. B 148) und im Notizbuch 1878/1879 (IISG, MEN, Sign. B 152).

587.5 A[lexander] de Humboldt: Fragmens de géologie et de climatologie asiatiques. T. 1.2. Paris 1831. – Marx entnahm den Titel aus Carl Fraas: Klima und Pflanzenwelt in der Zeit (siehe S. 622.20).

587.6–7 Vermutlich David Jones: An Illustration of the Benefits which Branch Railway Companies, Proprietors of Existing Main Lines of Railway, Landowners, and the Public at Large, may Derive from Branch Railways. London 1858. – Titel von Marx notiert in einem Exzerptheft 1878 (IISG, MEN, Sign. B 148) und im Notizbuch 1878/1879 (IISG, MEN, Sign. B 152).

587.8 Mit Bleistift geschrieben. James Caird: Our Daily Food; its Price, and Sources of Supply. London 1868. – Titel von Marx notiert in einem Exzerptheft 1878 (IISG, MEN, Sign. B 148) und im Notizbuch 1878/1879 (IISG, MEN, Sign. B 152).

587.9 J[ohn] M[alcolm] Ludlow, Lloyd Jones: Progress of the Working Class 1832–1867. London 1867. – Die deutsche Übersetzung (Die arbeitenden Klassen Englands in socialer und politischer Beziehung. Aus d. Engl. von Julius von Holtzendorff. Berlin 1868) verzeichnet im Katalog der SPD-Bibliothek (Nr. 30724).

587.10 R[obert] H[ogarth] Patterson: The Science of Finance. A Practical Treatise. Edinburgh, London 1868. – Von Marx exzerpiert im „Heft zum fixen Kapital und Kredit 1868“ (siehe S. 749–751, 755, 762–765, 793–802 und 807/808).

587.12 J[ames] Ward: Workmen and Wages, at Home and Abroad, or the Effects of Strikes, Combinations, and Trades' Unions. London 1868. – Verzeichnet im Katalog der SPD-Bibliothek (Nr. 41847).

587.14 W[illiam] Stanley Jevons: The Coal Question; an Inquiry Concerning the Progress of the Nation, and the Probable Exhaustion of Our Coal-Mines. London, Cambridge 1865. – Titel von Marx notiert im Notizbuch 1878/1879 (IISG, MEN, Sign. B 152).

587.15 Stephen Mason: Our Monetary Laws and the Rate of Discount. Glasgow 1866. – Titel von Marx notiert in einem Exzerptheft 1878 (IISG, MEN, Sign. B 148) und im Notizbuch 1878/1879 (IISG, MEN, Sign. B 152).

587.16 Victor Bonnet: L'Enquête de 1865 sur le Crédit. 1. La crise monétaire de 1864 et ses origines. In: Revue des Deux Mondes. Paris. Nr. 60, 15. November 1865. S. 391–418; 2. La monnaie fiduciaire et le capital de la Banque de France. Ebenda. Nr. 61, 1. Dezember 1865. S. 738–764. – Titel von Marx notiert in einem Exzerptheft 1878 (IISG, MEN, Sign. B 148) und im Notizbuch 1878/1879 (IISG, MEN, Sign. B 152).

587.17 Report on the Present State of the Trade Between Great Britain and Russia. Presented to both Houses of Parliament by Command of Her Majesty. London 1866. – Titel von Marx notiert in einem Exzerptheft 1878 (IISG, MEN, Sign. B 148) und im Notizbuch 1878/1879 (IISG, MEN, Sign. B 152).

587.18 George Guthrie: Bank Monopoly the Cause of Commercial Crises. With Intr. and Notes by William Guthrie. Edinburgh, London 1866. – Titel von Marx notiert in einem Exzerptheft 1878 (IISG, MEN, Sign. B 148) und im Notizbuch 1878/1879 (IISG, MEN, Sign. B 152).

587.19 Charles M. Willich: Bank Charter Act. Results Under Last Act of 1844, at Every Change of Discount from July 19, 1844, to May 12, 1866. London 1866. – Titel von Marx notiert in einem Exzerptheft 1878 (IISG, MEN, Sign. B 148) und im Notizbuch 1878/1879 (IISG, MEN, Sign. B 152).

587.20 William Ray Smee: Joint Stock Banks. Proposal to Secure Deposits Placed at Interest. London 1866. – Titel von Marx notiert in einem Exzerptheft 1878 (IISG, MEN, Sign. B 148) und im Notizbuch 1878/1879 (IISG, MEN, Sign. B 152).

587.21 Arthur H. Houston: The Principles of Value in Exchange, Explained and Expressed in Simple and Comprehensive Formulæ. Two Lectures Delivered in the University of Dublin. London 1866. – Titel von Marx notiert in einem Exzerptheft 1878 (IISG, MEN, Sign. B 148) und im Notizbuch 1878/1879 (IISG, MEN, Sign. B 152).

587.22–23 William Stanley Jevons: On the Frequent Autumnal Pressure in the Money Market, and the Action of the Bank of England. In: Journal of the Statistical Society. Vol. 29. London 1866. Nr. 2.

S. 235–253. – Titel von Marx notiert in einem Exzerptheft 1878 (IISG, MEN, Sign. B 148) und im Notizbuch 1878/1879 (IISG, MEN, Sign. B 152).

587.24–25 Alexander Gibbon: Principia in the Science, and Errors in the Practice of Political Economy in the United Kingdom. London 1866. – Titel von Marx notiert in einem Exzerptheft 1878 (IISG, MEN, Sign. B 148) und im Notizbuch 1878/1879 (IISG, MEN, Sign. B 152).

587.26–27 Arthur Crump: A Practical Treatise on Banking, Currency, and the Exchanges. London 1866. – Titel von Marx notiert in einem Exzerptheft 1878 (IISG, MEN, Sign. B 148) und im Notizbuch 1878/1879 (IISG, MEN, Sign. B 152).

587.29–30 Georg Ludwig von Maurer: Geschichte der Markenverfassung in Deutschland. Erlangen 1856. – Titel von Marx exzerpiert 1876 in „Heft a" (IISG, MEN, Sign. B 133) und 1882 (IISG, MEN, Sign. J 44).

587.31–32 Arthur Scratchley: Treatise on Association for Provident Investment. New Ed. London 1866. – Titel von Marx notiert in einem Exzerptheft 1878 (IISG, MEN, Sign. B 148) und im Notizbuch 1878/1879 (IISG, MEN, Sign. B 152).

587.33 Michel Chevalier: Cours d'économie politique fait au Collège de France. T. 3. La monnaie. 2. éd. Paris 1866. – Titel verzeichnet in der Daniels-Liste (MEGA② IV/5. S. 297.1).

587.34 W[illiam] T[homas] Thornton: A New Theory of Supply and Demand. In: The Fortnightly Review. Vol. 6. London 1866. Nr. 34. S. 420–434. – Titel von Marx zitiert im Brief an Engels vom 14. November 1868 (IISG, MEN, Sign. L 4572) sowie notiert in einem Exzerptheft 1878 (IISG, MEN, Sign. B 148) und im Notizbuch 1878/1879 (IISG, MEN, Sign. B 152).

587.35 John Benjamin Smith: An Inquiry into the Causes of Money Panics and of the Frequent Fluctuations in the Rate of Discount: A Letter Addressed to Malcolm Ross. London 1866. – Marx exzerpierte später eine Rezension des Buchs aus „The Money Market Review" vom 8. Dezember 1866 (IISG, MEN, Sign. B 101. S. 236). Titel von Marx notiert in einem Exzerptheft 1878 (IISG, MEN, Sign. B 148) und im Notizbuch 1878/1879 (IISG, MEN, Sign. B 152). – Verzeichnet im Katalog der SPD-Bibliothek (Nr. 41745).

587.36–37 James Stirling: Practical Considerations on Banks and Bank Management. 2. Ed. Glasgow 1866. – Titel von Marx notiert in einem Exzerptheft 1878 (IISG, MEN, Sign. B 148) und im Notizbuch 1878/1879 (IISG, MEN, Sign. B 152).

587.38 Siehe S. 586.27 und Erl.

587.39 William Fowler: The Crisis of 1866. A Financial Essay. London 1867. – Marx exzerpierte später eine Rezension des Buchs aus „The Money Market Review“ vom 15. Dezember 1866 (IISG, MEN, Sign. B 101. S. 238–240). Titel von Marx notiert in einem Exzerptheft 1878 (IISG, MEN, Sign. B 148) und im Notizbuch 1878/1879 (IISG, MEN, Sign. B 152).

587.40 Robert [Dudley] Baxter: The Panic of 1866 with its Lessons on the Currency Act. London 1866. – Titel von Marx notiert in einem Exzerptheft 1878 (IISG, MEN, Sign. B 148) und im Notizbuch 1878/1879 (IISG, MEN, Sign. B 152).

588.1–2 Von Marx bereits in „Heft 1. 1868“ der „Hefte zur Agrikultur“ notiert (siehe S. 313.11–12 und Erl.).

588.3 N[athaniel] A[lexander] Nicholson: The Science of Exchanges. 3. Ed., Rev. and Enl. London 1865.

588.4 Frederick Maunder: The Cause and Cure of Monetary Panics. London 1867. – Titel von Marx notiert in einem Exzerptheft 1878 (IISG, MEN, Sign. B 148) und im Notizbuch 1878/1879 (IISG, MEN, Sign. B 152).

588.5–6 D[avid] Morier Evans: Speculative Notes and Notes on Speculation, Ideal and Real. London 1864; ders.: Facts, Failures, and Frauds: Revelations, Financial, Mercantile, Criminal. London 1859. – Beide Titel von Marx notiert in einem Exzerptheft 1878 (IISG, MEN, Sign. B 148) und im Notizbuch 1878/1879 (IISG, MEN, Sign. B 152).

588.7–8 James Heron: On Monetary Panics. In: Transactions of the National Association for the Promotion of Social Science. Belfast Meeting, 1867. Ed. by George Woodyatt Hastings. London 1868. S. 647–655. – Titel von Marx notiert in einem Exzerptheft 1878 (IISG, MEN, Sign. B 148) und im Notizbuch 1878/1879 (IISG, MEN, Sign. B 152).

588.9–10 Titel unbekannt. Von Marx notiert in einem Exzerptheft 1878 (IISG, MEN, Sign. B 148) und im Notizbuch 1878/1879 (IISG, MEN, Sign. B 152).

588.11 John P. Gassiot: Monetary Panics and Their Remedy. With Special Reference to the Panic of 11 May, 1866. London 1867. – Marx exzerpierte später eine Rezension des Buchs aus „The Money Market Review“ vom 9. November 1867 (IISG, MEN, Sign. B 101. S. 278). Titel von Marx notiert in einem Exzerptheft 1878 (IISG, MEN, Sign. B 148) und im Notizbuch 1878/1879

(IISG, MEN, Sign. B 152) sowie exzerpiert im Heft Dezember 1878 bis Januar 1879 (IISG, MEN, Sign. B 151).

588.12 W[illiam] C[ameron] Sillar: Usury, its Nature and Effects. London 1867. – Titel von Marx notiert in einem Exzerptheft 1878 (IISG, MEN, Sign. B 148) und im Notizbuch 1878/1879 (IISG, MEN, Sign. B 152).

588.13 Joseph Lee Thomas: A Letter on the Present Position of Railways, Addressed to Railway Shareholders. London 1867. – Titel von Marx notiert in einem Exzerptheft 1878 (IISG, MEN, Sign. B 148) und im Notizbuch 1878/1879 (IISG, MEN, Sign. B 152).

588.14 Samuel Haughton: A Sketch on the History of French Railways, with Suggestions in Favor of a Thorough Railway Reform at Home. Dublin 1867. – Titel von Marx notiert in einem Exzerptheft 1878 (IISG, MEN, Sign. B 148) und im Notizbuch 1878/1879 (IISG, MEN, Sign. B 152).

589.1–2 Fortsetzung der Auszüge aus Maurer: Einleitung zur Geschichte ... von S. 577.

589.9–11 Mulieres bis linum.] Die Frauen stellen Hemden her, Tücher, Manipel [ein Teil des liturgischen Gewandes], sie dienen in der Küche des Hofes und nirgendwo anders, sie waschen und setzen das Leinen instand. (lat.) – Siehe Urkunde aus dem 12. Jahrhundert bei Franz Joseph Bodmann: Rheingauische Alterthümer oder Landes- und Regiments-Verfassung des westlichen oder Niederrheingaues im mittlern Zeitalter. Bd. 2. Die Regiments-Verfassung. Mainz 1819. S. 733.

590.4–5 Dipl. bis p. 266] Siehe Johann Friedrich Schannat: Dioecesis Fuldensis cum annexa sua hierarchia ... Francofurti a.M. 1727. S. 266.

590.5–10 dioecesis bis adimplerent.] Die Verwaltung und Hierarchie von Fulda bestätigen S. 266, dass die Hälfte der Hufe – jedem unter der freien Bedingung stehenden Menschen – durch dieses Gesetz zum freien Ackerbau hingab, so dass er selbst sowie alle seine Nachkommenschaft diese Hälfte der Hufe als eine mit dem Erbrecht erhaltene so lange besitzen, als sie jedes Jahr am Festtag des Heiligen Andreas die ganze Vierte ausgezahlt haben, und seine anderen, dem Dienst ähnlichen Beiträge zum Kloster auf alle Art und Weise erfüllt haben. (lat.)

590.19–20 *Schwäb. Landrecht*] Siehe: Das Landrecht des Schwabenspiegels in der ältesten Gestalt mit den Abweichungen der gemeinen Texte und den Zusätzen derselben. Hrsg. von Wilhelm Wackernagel. Zürich, Frauenfeld 1840.

590.20–22 Wa bis zechende.] Wenn man ein neues Dorf mit neuem Pau beginnt, da soll dem Herr von Ertrich Zins oder Geld abgegeben werden, also dass die Pauleuten ein halbes Korn dem zechenden Pfaffe geben sollen.

590.37–38 *Wohlbrück:* bis Brandenburg)] Siegmund Wilhelm Wohlbrück: Geschichte des ehemaligen Bisthums Lebus und des Landes dieses Nahmens. Bd. 1–3. Berlin 1829, 1832.

590.38–39 *Tzschoppe* bis Schlesien.] Gustav Adolf Tzschoppe, Gustav Adolf Stenzel: Urkundensammlung zur Geschichte des Ursprungs der Städte und der Einführung und Verbreitung Deutscher Kolonisten und Rechte in Schlesien und der Ober-Lausitz. Hamburg 1832.

591.6–7 ad locandum bis theuthonicali] um dort Deutsche anzusiedeln nach deutschem Recht und mit deutscher Freiheit (lat.) – Siehe Gustav Adolf Tzschoppe, Gustav Adolf Stenzel: Urkundensammlung zur Geschichte des Ursprungs der Städte ... Hamburg 1832. S. 302.

591.14–15 qui bis scultetus] der Verpachter und Soldat mit Langschild desselben Dorfes sein muss (lat.)

591.17–18 pro bis loci] für seine Ausgaben und Mühen bei der Gründung und Leitung des Ortes (lat.) – Siehe Gustav Adolf Tzschoppe, Gustav Adolf Stenzel: Urkundensammlung zur Geschichte des Ursprungs der Städte ... Hamburg 1832. S. 282.

591.25–26 pensiones bis interveniente] die Zahlungen, die sie durch Vertrag schulden – wenn der Vertrag aber dazwischen tritt (lat.)

591.27–28 in bis theutonico] bei der Aufteilung der Hufen durch Los nach deutscher Sitte (lat.) – Siehe Gustav Adolf Tzschoppe, Gustav Adolf Stenzel: Urkundensammlung zur Geschichte des Ursprungs der Städte ... Hamburg 1832. S. 282.

591.32 mansi bis silvestres] unbestellte Hufen, nicht bestelltes oder mit Wald bewachsenes Ackerland (lat.)

592.4–6 dedimus bis polonis] Wir gaben an demselben Ort entweder den Teutonen oder den Polen Freiheit und Erlaubnis dort zu bleiben und anzusiedeln, damit sie von pflichtlichen Diensten frei seien, die von den Polen eingetrieben werden (lat.)

592.6 (Diplom v. 1228 bei Tsh. u. St.)] Siehe Gustav Adolf Tzschoppe, Gustav Adolf Stenzel: Urkundensammlung zur Geschichte des Ursprungs der Städte ... Hamburg 1832. S. 288.

592.6–8 potestatem bis homines] die Befugnis, in ihren Dörfern Teutonen oder Polen zu stellen, unter jeglichem Recht, was er will, dieselben Menschen loszumachen (lat.)

592.8 (Dipl. v. 1260 bei T. u. St.)] Siehe Gustav Adolf Tzschoppe, Gustav Adolf Stenzel: Urkundensammlung zur Geschichte des Ursprungs der Städte ... Hamburg 1832. S. 341.

592.10–12 nulli bis villani.] Die Polen sind keinem polnischen Recht unterworfen, sondern genießen ohne Vorbehalt ein teutonisches Recht, das die teutonischen Dorfleute genießen. (lat.)

592.12 (Dipl. v. 1234 bei T. u. St.)] Siehe Gustav Adolf Tzschoppe, Gustav Adolf Stenzel: Urkundensammlung zur Geschichte des Ursprungs der Städte ... Hamburg 1832. S. 293.

592.12–13 Nulli bis perfruantur.] Die Polen werden nachfolgend keinem polnischen Recht gehorchen sondern das teutonische Recht genießen. (lat.)

592.13 (Dipl. v. 1278, bei Böhme)] Siehe Johann Ehrenfried Böhme: Diplomatische Beiträge zur Untersuchung der Schlesischen Rechte und Geschichte. Bd. 2. Berlin 1770–1775. S. 65.

592.19–20 sed bis dare.] Auch den Polen dasselbe teutonische Recht ewig zu geben. (lat.)

592.36–37 Si bis tenent.«] Wenn jemand in einem knöglichen Acker oder Kolonie jeden Acker und jede Kolonie besitz. (lat.)

596.27–28 *Urk.* bis *Dithmarschen.*] Urkundenbuch zur Geschichte des Landes Dithmarschen. Hrsg. von Andreas Ludwig Jacob Michelsen. Altona 1834. S. 28.

596.32–33 Feldmarken] Maurer: Landesmarken

598.5–7 *Landbuch* bis personen“] Das Landbuch von Schwyz in amtlich beglaubigtem Text. Hrsg. von Martin Kothing. Zürich, Frauenfeld 1850. S. 43.

598.7–8 (Sonderleute bis befindlich.)] Zusatz von Marx.

598.23–24 *universi* bis *Uraniae)*] Alle Menschen der Urania und alle Menschen im Tal der Urania. (lat.)

598.37–38 *Wigand* bis *Landrecht.*] Paul Wigand: Die Provinzialrechte der Fürstenthümer Paderborn und Corvey in Westphalen nebst ihrer rechtsgeschichtlichen Entwickelung und Begründung aus den Quellen dargestellt. Bd. 2. S. 395–423. Leipzig 1832.

599.5–6 *(Annal. Paderb.)* bis erreicht.] Siehe Nicolaus Schaten: Annalium Paderbornensium. Ed. altera. Bd. 3. Monasterii 1745. S. 30–32.

599.11–12 Populus bis *habitans*] Dieses Volk, das teilweise in den sümpfigen Orten als Mächtigstes wohnt (lat.)

599.12 bei Schaten, III, 30.] Siehe Nicolaus Schaten: Annalium Paderbornensium. Ed. altera. Bd. 3. Monasterii 1745. S. 30.

601.1–2 Fortsetzung der Auszüge aus Hlubek: Die Landwirthschaftslehre in ihrem ganzen Umfange ... Bd. 1 von S. 562.

603.1 Marx paginierte die Seite 20 mit „21". Es fehlt die Seitennummer 20.

609.12 *Schwerz (Belgische Landwirthschaft)*] J[ohann] N[epomuk] Schwerz: Anleitung zur Kenntniß der belgischen Landwirthschaft. Bd. 1–3. Halle 1807–1811.

621.1–6 C[arl] Fraas: Klima und Pflanzenwelt in der Zeit, ein Beitrag zur Geschichte beider. Landshut 1847.

621.10–11 jeder bis *Nothzucht*] Von Marx zitiert im Brief an Engels vom 25. März 1868: „V. den Albanesen etc. ‚jede Art affenschänderischer Un- u. Nothzucht'." (IISG, MEN, Sign. L 4527.)

621.17 Moraiten] Morea ist die mittelalterliche romanische Bezeichnung der Halbinsel Peloponnes.

622.1–3 Die bis gezählt] Fraas verweist auf A[lexander] de Humboldt: Fragmens de géologie et de climatologie asiatiques. T. 2. Paris 1831. S. 441.

622.14–21 „Die 3fachen bis p. 441.] A[lexander] de Humboldt: Fragmens de géologie et de climatologie asiatiques. T. 2. Paris 1831. S. 507. – Titel von Marx notiert in den „Bibliographischen Notizen zu Krisen, Geld- und Kreditmarkt u. a." (siehe S. 587.5).

622.24–25 *Humboldt* bis p. 508] A[lexander] de Humboldt: Fragmens de géologie et de climatologie asiatiques. T. 2. Paris 1831. S. 508.

622.36 *Strabo. lib 2*] Strabon: Geographica. Buch 2.

622.37–39 *Link* bis milder gewesen] Siehe H[einrich] F[riedrich] Link: Die Urwelt und das Alterthum, erläutert durch die Naturkunde. Th. 1. Berlin 1821. S. 147.

623.7–10 Dieß bis *Agric.*)] Zusatz von Marx unter Verwendung von James E. Thorold Rogers: A History of Agriculture and Prices in England. From the Year after the Oxford Parliament (1259) to the Commencement of the Continental War (1793). Compiled Entirely from Original and Contemporaneous Records. Vol. 1. 1259–1400. Oxford 1866. S. 618–624. – Siehe auch Erl. 351.4.

623.32 Masenderan] Provinz in Persien an der Südküste des Kaspischen Meeres.

623.38 Richter] Vermutlich Otto Friedrich von Richter.

624.10 wie Rußegger dargethan hat] Siehe Joseph Russegger: Reisen in Europa, Asien und Afrika, mit besonderer Rücksicht auf die naturwissenschaftlichen Verhältnisse der betreffenden Länder, unternommen in den Jahren 1835 bis 1841. Bd. 2. Stuttgart 1843. S. 609.

624.12 Chenopodien] Gänsefüße

624.13 Salsola] Salzkräuter

624.13 Salicornia] Queller

624.13 Arenarien] Sandkräuter

624.14 Absynthium] Wermutkraut

624.14 Abrotonum] Eberraute

624.20 Glycirrhinza glabra] Lakritze

624.22–23 Ichthyophagen] Fischesser (griech.) – Von antiken Geographen für Küstenbewohner verwendet.

624.23 Chelonophagen] Schildkrötenesser (griech.)

625.13–31 Von Marx verwendet im Brief an Engels vom 25. März 1868: Fraas „behauptet, daß mit der Kultur – u. entsprechend ihrem Grad – die v. den Bauern so sehr geliebte ‚Feuchtigkeit' verlorengeht (daher auch die Pflanzen v. Süden nach Norden wandern) u. endlich Steppenbildung eintritt." (IISG, MEN, Sign. L 4527.)

625.16 Sykomorus] Maulbeer-Feige

625.35 *Heeren:*] Siehe A[rnold] H[ermann] L[udwig] Heeren: Ideen über die Politik, den Verkehr und den Handel der vornehmsten Völker. Th. 2. Afrikanische Völker. Abth. 1. Einleitung, Carthager, Aethioper. 4., sehr verb. Auflage. Göttingen 1825. S. 451–458.

625.39 Troglodyten] Höhlenbewohner (griech.) – Strabon: Geographica. Buch 17, schrieb über Troglodyten am Roten Meer: „Die Länder beiderseits unterhalb von Meroe bewohnen längs dem Nil gegen das Rote Meer die Megabarer und Blemmyer, den Aithiopen gehorchend, aber an Ägypten angrenzend; am Meere die Troglodyten oder Höhlenwohner. Jene Troglodyten östlich von Meroe sind vom Nil zehn oder zwölf Tagesreisen entfernt."

625.40 Ichthyophagen] Siehe Erl. 624.23.

626.1 *Makrobier*] „Langlebenden" – Nach Herodot: Volksgruppe im östlichen Äthiopien.

626.5 Nubier] Eine Bevölkerung ursprünglich aus dem heutigen südlichen Ägypten und nördlichen Sudan.

626.12–16 Siehe Erl. 625.13–31.

626.19 Boden] Fraas: Lande

626.34 Erst bis 1819] Johann F. John: Über die Ernährung der Pflanzen im Allgemeinen und den Ursprung der Pottasche und anderer Salze in ihnen insbesondere. Berlin 1819.

627.3 Marx exzerpierte bis S. 53 und las anschließend in seinem Handexemplar weiter. Standort des Originals: RGASPI, Sign. f. 1, op. 1, d. 6317. (MEGA② IV/32. Nr. 436.)

628.5–9 Wahrscheinlich war Marx die genaue Fortsetzungsfolge der Serie nicht bekannt, denn die von ihm als ihm fehlend gekennzeichneten Ausgaben von „(1867) (September u. December)" sowie „1866 [...] N. 17 September – Ende des Jahres" sind nicht überliefert. Die Ausgaben 6–10, die Marx hier dem Jahr 1866 zuordnet, erschienen von 1863 bis Juni 1865 und wurden von Marx erst nach dem Abfassen der Notiz exzerpiert (Ms-S. 86–90). Marx hat also die „Embassy Reports" von 1863 bis Mai 1868 vollständig exzerpiert.

628.12 Reports by Her Majesty's Secretaries of Embassy and Legation, on the Manufactures, Commerce, &c., of the Countries in which They Reside. Nr. 11 ... February 1866. London 1866.

629.33–630.6 Von Marx verwendet in Manuskript II zum zweiten Buch des „Kapital" (MEGA② II/11. S. 84/85).

630.16 Mit Bleistift, d.h. wahrscheinlich zu einem späteren Zeitpunkt geschrieben.

632.4 Reports by Her Majesty's Secretaries of Embassy and Legation, on the Manufactures, Commerce, &c., of the Countries in which They Reside. Nr. 12. Presented to both Houses of Parliament by Command of Her Majesty, March 1866. London 1866.

633.1 Reports by Her Majesty's Secretaries of Embassy and Legation, on the Manufactures, Commerce, &c., of the Countries in which They Reside. Nr. 13 ... April 1866. London 1866.

634.1 Reports by Her Majesty's Secretaries of Embassy and Legation, on the Manufactures, Commerce, &c., of the Countries in which They Reside. Nr. 14 ... June 1866. London 1866.

634.28 Reports by Her Majesty's Secretaries of Embassy and Legation, on the Manufactures, Commerce, &c., of the Countries in which They Reside. Nr. 15 ... July 1866. London 1866.

635.8 Reports by Her Majesty's Secretaries of Embassy and Legation, on the Manufactures, Commerce, &c., of the Countries in which They Reside. Nr. 16 ... August 1866. London 1866.

636.16 Reports by Her Majesty's Secretaries of Embassy and Legation, on the Manufactures, Commerce, &c., of the Countries in which They Reside ... February 1867. [Nr. 1.] London 1867.

636.18 Portuguese manufactures. *Want of Roads.*] Von Marx verwendet und weiter exzerpiert in Manuskript II zum zweiten Buch des „Kapital" (MEGA② II/11. S. 85.6–11).

636.20–28 Von Marx zitiert in Manuskript II zum zweiten Buch des „Kapital" (MEGA② II/11. S. 85.12–19).

639.9–11 Von Marx verwendet in Manuskript II zum zweiten Buch des „Kapital" (MEGA② II/11. S. 71.36–39).

639.16 Gemeint ist der 1860 geschlossene Cobden-Chevalier-Handelsvertrag zwischen Großbritannien und Frankreich.

639.19 Reports by Her Majesty's Secretaries of Embassy and Legation, on the Manufactures, Commerce, &c., of the Countries in which They Reside ... March 1867. [Nr. 2.] London 1867.

640.12 (Liebig)] In der Quelle: „By Baron Liebig's method the nutritive qualities of the meat are extracted by pressure and evaporation, and formed into a kind of paste, with which most excellent soup can be made [...]" (S. 313).

640.23 Reports by Her Majesty's Secretaries of Embassy and Legation, on the Manufactures, Commerce, &c., of the Countries in which They Reside ... April 1867. [Nr. 3.] London 1867.

641.20 Reports by Her Majesty's Secretaries of Embassy and Legation, on the Manufactures, Commerce, &c., of the Countries in which They Reside ... May 1867. [Nr. 4.] London 1867.

641.29 Von Marx verwendet und weiter exzerpiert in Manuskript II zum zweiten Buch des „Kapital" (MEGA② II/11. S. 85.21–27).

642.24 Reports by Her Majesty's Secretaries of Embassy and Legation, on the Manufactures, Commerce, &c., of the Countries in which They Reside ... June 1867. [Nr. 5.] London 1867.

644.1 Reports by Her Majesty's Secretaries of Embassy and Legation, on the Manufactures, Commerce, &c., of the Countries in which They Reside ... July 1867. [Nr. 6.] London 1867.

645.21 Von Marx verwendet in Manuskript II zum zweiten Buch des „Kapital" (MEGA② II/11. S. 72–75).

646.23 *Amour scheisse*] Über die Abtretung von Gebieten des linken Ufers des Flusses Amur von China an Russland durch den Vertrag von Aigun schrieb Marx in seinen Artikeln für die „New-York Daily Tribune“ (siehe MEGA② I/16. S. 437 und 468–470).

646.25 Reports by Her Majesty's Secretaries of Embassy and Legation, on the Manufactures, Commerce, &c., of the Countries in which They Reside ... August 1867. [Nr. 7.] London 1867.

646.28 Reports by Her Majesty's Secretaries of Embassy and Legation, on the Manufactures, Commerce, &c., of the Countries in which They Reside ... November 1867. London 1867.

649.7 Reports by Her Majesty's Secretaries of Embassy and Legation, on the Manufactures, Commerce, &c., of the Countries in which They Reside ... April 1868. [Nr. 1.] London 1868.

650.10 Reports by Her Majesty's Secretaries of Embassy and Legation, on the Manufactures, Commerce, &c., of the Countries in which They Reside ... May 1868. [Nr. 2.] London 1868.

653.22–23 Reports Received from of Her Majesty's Secretaries of Embassy and Legation Respecting Coal. With an App. and Reports as to Coal Production in British Colonies ... London 1867.

654.1–3 Commercial Reports from Her Majesty's Consuls in China, Japan and Siam. 1865–66. Presented to both Houses of Parliament by Command of Her Majesty, August 1867. London 1867.

655.5 Von Marx verwendet und weiter exzerpiert in Manuskript II zum zweiten Buch des „Kapital“: „Anfangs 1866 z. B. betrug die Seefracht von Shanghai nach England und New York 1*l.* 10s. und 2*l.* per ton respectively, im Mai u. Juni stieg sie auf 4*l.* u. 4*l.* 10s., u. sank gegen Ende des Jahrs wieder herab zu den Original rates.“ (MEGA② II/11. S. 75.10–14.)

655.19–20 Von Marx verwendet in Manuskript II zum zweiten Buch des „Kapital“: „Im ersten Jahr nach der Eröffnung des Hafens von Kanagawa, fand man in *Japan* einen ausserordentlichen Vorrath von Seide aufgehäuft, der für längre Zeit den Pivôt der Ausfuhr bildete u. in der That in England die Grundlage ganz illusorischer Berechnungen ward.“ (MEGA② II/11. S. 68.35–38.)

655.24 Commercial Reports Received at the Foreign Office from Her Majesty's Consuls, during the Year 1866. August to December. Presented to both Houses of Parliament by Command of Her Majesty, February 1867. London 1867.

657.16 Commercial Reports Received at the Foreign Office from Her Majesty's Consuls, in 1867 ... February 1867. [Nr. 1.] London 1867.

657.24 Commercial Reports Received at the Foreign Office from Her Majesty's Consuls, in 1867 ... February 1867. [Nr. 2.] London 1867.

658.5 Commercial Reports Received at the Foreign Office from Her Majesty's Consuls ... March 1867. London 1867.

658.9 Commercial Reports Received at the Foreign Office from Her Majesty's Consuls ... April 1867. London 1867.

658.13 Commercial Reports Received at the Foreign Office from Her Majesty's Consuls ... May 1867. London 1867.

659.1 Commercial Reports Received at the Foreign Office from Her Majesty's Consuls ... June 1867. London 1867.

659.8 Commercial Reports Received at the Foreign Office from Her Majesty's Consuls ... July 1867. London 1867.

660.1–3 Reports by Her Majesty's Secretaries of Embassy and Legation, on the Manufactures, Commerce, &c., of the Countries in which They Reside. Nr. 6 ... London 1863.

660.13–15 Zur Beschreibung der Uhrenherstellung hat Marx bereits im ersten Band des „Kapital" auf diesen Bericht zurückgegriffen (MEGA② II/5. S. 279; II/6. S. 339; II/7. S. 294).

661.13 Reports by Her Majesty's Secretaries of Embassy and Legation, on the Manufactures, Commerce, &c., of the Countries in which They Reside. Nr. 7 ... London [1864].

661.15–17 Von Marx verwendet in Manuskript II zum zweiten Buch des „Kapital" (MEGA② II/11. S. 64.27–44).

662.3 *Bandmühlen*] In der Quelle: Bändelmühlen

663.2 Reports by Her Majesty's Secretaries of Embassy and Legation, on the Manufactures, Commerce, &c., of the Countries in which They Reside. Nr. 9 ... June 1, 1865. London [1865].

663.6 *1859*] In der Quelle: 1857 – Der Report vergleicht mehrmals die Entwicklung des Eisenhandels in Nassau mit dem Stand vor der Wirtschaftskrise von 1857 und kommt zu dem Schluss, dass das Vorkrisenniveau noch nicht erreicht worden war. Möglicherweise verschrieb sich Marx mit „1859", da der vorangegangene Artikel, den Marx mit *„Penal Laws"* (S. 663.4) indizierte, die Verabschiedung neuer Strafgesetze in der Schweiz im Jahr 1859 behandelt.

663.14 Reports by Her Majesty's Secretaries of Embassy and Legation, on the Manufactures, Commerce, &c., of the Countries in which They Reside. Nr. 8 ... London [1865].

663.20–21 Von Marx verwendet in Manuskript II zum zweiten Buch des „Kapital" (MEGA② II/11. S. 199.15–22).

663.22 Von Marx mit einem Erledigungsvermerk versehen sowie verwendet und weiter exzerpiert in Manuskript II zum zweiten Buch des „Kapital" (MEGA② II/11. S. 199/200).

664.8 Reports by Her Majesty's Secretaries of Embassy and Legation, on the Manufactures, Commerce, &c., of the Countries in which They Reside. Nr. 10 ... June 30, 1865. London [1865].

664.17 Von Marx verwendet und weiter exzerpiert in Manuskript II zum zweiten Buch des „Kapital" (MEGA② II/11. S. 86.1–28).

665.1–11 Dieses Register von Marx mit einem Erledigungsvermerk versehen. Wahrscheinlich wollte Marx dieses Register damit streichen. Er erstellte im Folgenden ein zweites Inhaltsverzeichnis mit dem Titel „Abgekürztes Register zu Vorstehendem" (siehe S. 666–669).

667.38 *Acte of 1859*] Siehe Erl. 663.6.

670.1–4 East India (Bengal and Orissa Famine). Papers and Correspondence Relative to the Famine in Bengal and Orissa, Including the Report of the Famine Commission and the Minutes of the Lieutenant Governor of Bengal and the Governor General of India. (Presented to Parliament by Her Majesty's Command.) Ordered, by the House of Commons, to be Printed, 31 May 1867. In: Accounts and Papers: 1867. Vol. 13. Session 5 February–21 August 1867.

674.1 East India (Madras and Orissa) Famine. Return to an Address of the Honourable the House of Commons, Dated 4 July 1867. Ordered, by the House of Commons, to be Printed, 30 July 1867. In: Accounts and Papers: 1867. Vol. 14. Session 5 February–21 August 1867.

674.10–11 East India (Bengal and Orissa Famine). Copy of Despatch of the Secretary of State to the Government of India, and Enclosures, Relative to the Bengal and Orissa Famine. Presented to Parliament by Her Majesty's Command. Ordered, by the House of Commons, to be Printed 26 July 1867. [London 1867.]

675.1–4 Statement Exhibiting the Moral and Material Progress and Condition of India, During the Year 1865–66. (Presented Pursuant to Act of Parliament.) Ordered to be Printed 7 May 1867. In: The

Sessional Papers Printed by Order of the House of Lords, or Presented by Royal Command, in the Session 1867. Vol. 13. 1867.

676.6 Statistical Abstract Relating to British India. From 1840 to 1865. Compiled from Official Records and Papers Presented to Parliament. London 1867.

679.1–5 Royal Commission on Railways. Minutes of Evidence taken before the Commissioners, March 1865 to May 1866. Presented to Houses of Parliament by Command of Her Majesty. London 1867.

680.14 An Act for the Better Regulation of the Traffic on Railways and Canals (17 and 18 Victoria, Cap. 31), 1854. Auch bekannt als „Cardwell's Act".

681.34–35 Von Marx verwendet in Manuskript II zum zweiten Buch des „Kapital" (MEGA② II/11. S. 101.30–21, 112.1–8 u. 112.18–19).

681.37–38 *Cost* bis *a ton.*] Von Marx verwendet in Manuskript II zum zweiten Buch des „Kapital" (MEGA② II/11. S. 66.34–42).

682.6–8 In England bis to suffice.] Von Marx verwendet in Manuskript II zum zweiten Buch des „Kapital" (MEGA② II/11. S. 66.24–27).

682.21–22 Marx hatte bereits im ersten Band des „Kapital" einen Zusammenhang zwischen Eisenbahnunfällen und Überarbeitung der Eisenbahnarbeiter hergestellt (MEGA② II/5. S. 197).

682.28–29 *Glass* bis (n. 630)] Von Marx verwendet und weiter exzerpiert in Manuskript II zum zweiten Buch des „Kapital" (MEGA② II/11. S. 70.30–71.7).

683.10–13 Von Marx verwendet in Manuskript II zum zweiten Buch des „Kapital" (MEGA② II/11. S. 84.7–10).

683.25 Von Marx verwendet in Manuskript II zum zweiten Buch des „Kapital" (MEGA② II/11. S. 75.18–21).

685.28 *(Verte p. 112)*] Marx setzt die Indizierung der Passagen zur Eisenbahn in Irland auf der Ms-S. 112 fort (siehe S. 686).

687.24 An Act to Attach Certain Conditions to the Construction of Future Railways Authorized or to be Authorized by any Act of the Present or Succeeding Sessions of Parliament; and for Other Purposes in Relation to Railways (7 and 8 Victoria, Cap. 85), 1844.

690.10–31 Wahrscheinlich dachte Marx an dieses Exzerpt, als er in Manuskript II zum zweiten Buch des „Kapital" schrieb: „Man wird an einem spätren Platz sehn, wie die englische Eisenbahnverwaltung in Irland die Produktivkräfte des Landes brachlegt, statt sie zu entwickeln.“ (MEGA② II/11. S. 75.41–42.).

693.14 Von Marx gestrichen: ∫ Verbindung v. Post Office m. Parcel distribution

694.3–14 Von Marx verwendet in Manuskript II zum zweiten Buch des „Kapital“ (MEGA② II/11. S. 101.32–37).

694.30 *new engine* (newly xxxxx)] In der Quelle: „new sort of engines that we use now, that is, making the tender available for pulling as well as for carrying water, by throwing the spare steam into a pair of cylinders on the tender itself“

695.10–11 *Wear* bis *train.*] Von Marx verwendet in Manuskript II zum zweiten Buch des „Kapital“ (MEGA② II/11. S. 101.38–39).

696.32 Von Marx verwendet und weiter exzerpiert in Manuskript II zum zweiten Buch des „Kapital“ (MEGA② II/11. S. 101.40–102.7).

697.3 Von Marx verwendet und weiter exzerpiert in Manuskript II zum zweiten Buch des „Kapital“ (MEGA② II/11. S. 102.10–35 u. 125.10–12, 15–16).

697.4–9 Von Marx verwendet in Manuskript II zum zweiten Buch des „Kapital“ (MEGA② II/11. S. 102.36–103.4).

697.10–11 Von Marx verwendet in Manuskript II zum zweiten Buch des „Kapital“ (MEGA② II/11. S. 103.5–11 u. 125.17–23).

697.13 Von Marx verwendet und weiter exzerpiert in Manuskript II zum zweiten Buch des „Kapital“ (MEGA② II/11. S. 103.12–21 und 112.22–25).

697.14 Von Marx verwendet und weiter exzerpiert in Manuskript II zum zweiten Buch des „Kapital“ (MEGA② II/11. S. 103.22–27).

697.19–21 ⌈While bis *conditions.*] Von Marx zitiert in Manuskript II zum zweiten Buch des „Kapital“ (MEGA② II/11. S. 103.30–33 u. 124.12–15).

697.28 Von Marx verwendet und weiter exzerpiert in Manuskript II zum zweiten Buch des „Kapital“ (MEGA② II/11. S. 103.34–104.7, 113.4–5, 12–21, 114.4–5 u. 124.15–17).

697.30 Von Marx verwendet und weiter exzerpiert in Manuskript II zum zweiten Buch des „Kapital“ (MEGA② II/11. S. 104.10–19, 112.32 u. 125.26–30).

697.31 Von Marx verwendet und weiter exzerpiert in Manuskript II zum zweiten Buch des „Kapital“ (MEGA② II/11. S. 104.20–32, 112.26–30 u. 125.31–39).

697.32–33 Von Marx verwendet und weiter exzerpiert in Manuskript II zum zweiten Buch des „Kapital“ (MEGA② II/11. S. 119.1–10).

697.32–35 Von Marx verwendet in Manuskript II zum zweiten Buch des „Kapital“ (MEGA② II/11. S. 104.33–105.7, 112.31 u. 126.1–10).

698.8 Von Marx verwendet in Manuskript II zum zweiten Buch des „Kapital“ (MEGA② II/11. S. 105.8–11 u. 126.11–14).

700.2–14 Die Quelle ist unbekannt. Der Artikel gibt eine Kurznachricht der „New York Times“ vom 7. November 1869 wieder.

700.14 1869] Von Marx handschriftlich ergänzt.

700.16–25 Corruption in the Commons. In: Reynolds's Newspaper, 13. März 1870. S. 5.

701.2 Cobbett's Political Register. Vol. 10. From July to December, 1806. London 1806.

701.6 Cobbett's Political Register. Vol. 11. From January to June. 1807. London 1807.

701.7–8 Siehe auch Marx' Exzerpte aus „Cobbett's Political Register“ vom 14. Februar 1807 in einem ca. 1869 begonnenen, von Engels mit „Hibernica“ betitelten Heft (RGASPI, Sign. f. 1, op. 1, d. 5597. S. 53).

701.9 Cobbett's Political Register. Vol. 12. From July to December. 1807. London 1807.

701.11 Cobbett's Political Register. Vol. 13. From January to June. 1808. London 1808.

702.15 Cobbett's Political Register. Vol. 14. From July to December. 1808. London 1808.

702.24 Cobbett's Political Register. Vol. 16. From July to December. 1809. London 1809.

705.1–3 Nikolaj Gavrilovič Černyševskij: Pis'ma bez adresa (Manuskript).

709.31 den letzten Krieg] Gemeint ist der Krimkrieg (1853–1856).

712.35 (1866 od. '64 od. 65?)] Zusatz von Marx. Černyševskij meinte wahrscheinlich 1861.

713.14 *Матеріаловъ комиссій*] Černyševskij: Материаловъ Редакционныхъ Коммиссий

716.27 jede Hauptliste] Von Marx gestrichen: „jedes Kapital“ – Černyševskij: на особом для каждой главы листе.

720.13 [Heinrich Joachim Gehlsen:] Das kleine Buch vom Grossen Bismarck. 2. Aufl. Bern 1877. Die Exzerpte aus Gehlsen werden wegen ihrer späteren Entstehung nicht im vorliegenden Band veröffentlicht.

720.14 Karl Marx: Konzept eines Artikels zur Debatte über das Antisozialistengesetz im Deutschen Reichstag (MEGA② I/25. S. 159–168).

723.1–3 Adolphus Slade: Turkey and the Crimean War: a Narrative of Historical Events. London 1867.

723.20 the original treaty] Gemeint ist das gegen Karl V. gerichtete Französisch-osmanische Bündnis 1542/1543 zwischen Süleyman I. und Franz I.

725.27 „Guarda e passa!"] Dante Alighieri: La divina commedia. Inferno. Canto III.

725.32 *Plon Plon.*] Napoléon Joseph Charles Paul Bonaparte.

725.33 Von Marx gestrichen: „Nach d. Flank March (nach d. Schlacht v. Alma" – Gemeint ist die Schlacht an der Alma (20. September 1854) während des Krimkriegs.

725.33 Süden] Von Marx gestrichen: v. Sebastopol, bei Old Fort

727.1–2 Agricultural Holdings in Ireland. Ersatzquellen: Cork Examiner, 8. Juni 1868. S. 4; Oxford Times, 13. Juni 1868. S. 8.

728.3 John Laing: The Theory of Business. London 1867. – Marx exzerpierte die zweite Ausgabe dieser Schrift im „Heft zum fixen Kapital und Kredit 1868" (siehe S. 746, 754, 760, 766–768, 777–779, 786–792 und 803–806).

728.4 E[mile] Levasseur: Histoire des classes ouvrières en France depuis la conquête de Jules César jusqu'a la Révolution. T. 1.2. Paris 1859. – Titel von Marx notiert in einem Exzerptheft 1878 (IISG, MEN, Sign. B 148) und im Notizbuch 1878/1879 (IISG, MEN, Sign. B 152).

728.5 Marx entnahm die folgenden bibliographischen Angaben wahrscheinlich dem Katalog eines Buchhändlers.

728.6–7 Nicholsons Schrift „The Science of Exchange" wurde in der Verlagswerbung von Effingham Wilson mit „Wilson's Manual of Political Economy" beworben.

728.10 Leone Levi: Wages and Earnings of the Working Classes, with Some Facts Illustrative of Their Economic Condition, Drawn from Authentic and Official Sources. London 1867. – Verwendet von Johann Georg Eccarius: A Working Man's Refutation of

Some Points of Political Economy Endorsed and Advocated by John Stuart Mill (MEGA② I/20. S. 716/717).

728.11 Henry Nicholas Sealy: A Treatise on Coins, Currency, and Banking. With Observations on the Bank Act of 1844 and on the Reports of the Committees of the House of Lords and of the House of Commons on the Bank Acts. Pt. 2. London 1867. – Titel von Marx notiert in einem Exzerptheft 1877 (IISG, MEN, Sign. B 139).

728.12 Vermutlich John Lubbock: On the "Country Clearing". [Read before the Statistical Society, June, 1865.] In: Journal of the Statistical Society of London. Vol. 28. September 1865. Nr. 3. S. 361–371. – Marx wurde auf diesen Aufsatz aufmerksam durch seine Lektüre von R[obert] H[ogarth] Patterson: The Science of Finance (siehe Erl. 750.36–37 und 755.20–21). Titel von Marx notiert in einem Exzerptheft 1878 (IISG, MEN, Sign. B 148).

728.13–14 The Financial Lessons of 1866. A Letter, Addressed, by Permission, to W. E. Gladstone. By a City Manager. London 1867. – Marx exzerpierte später eine Rezension des Buchs aus „The Money Market Review" vom 13. Juli 1867 (IISG, MEN, Sign. B 101. S. 266/267). Titel von Marx notiert in einem Exzerptheft 1878 (IISG, MEN, Sign. B 148).

728.15 Charles Wykeham Martin: An Attempt at a Popular Explanation of the Theory of Price. With a Postscript on the Continuance of the Monetary Crisis. London 1867. – Titel von Marx notiert in einem Exzerptheft 1878 (IISG, MEN, Sign. B 148) und im Notizbuch 1878/1879 (IISG, MEN, Sign. B 152).

728.16–17 Lewis Stone: Some Notes on the Writings of Fawcett, Leslie, and Newman on the Land Laws of England. With an App. Consisting of Further Comments by Another Hand. London 1867. – Titel von Marx notiert in einem Exzerptheft 1878 (IISG, MEN, Sign. B 148).

728.19 Von Marx bereits im vorliegenden Heft notiert. Siehe S. 588.13 und Erl.

728.20 Von Marx bereits im vorliegenden Heft notiert. Siehe S. 587.9 und Erl.

728.21 Von Marx bereits im vorliegenden Heft notiert. Siehe S. 587.12 und Erl.

728.22 A[nthony] J[ohn] Mundella: Arbitration as a Means of Preventing Strikes. A Lecture at Mechanics Institute. Bradford 1868.

728.23 R[obert] H[ogarth] Patterson: Railway Finance. Edinburgh, London 1867. – Titel von Marx notiert in einem Exzerptheft 1878 (IISG, MEN, Sign. B 148) und im Notizbuch 1878/1879 (IISG, MEN, Sign. B 152).

728.24 Von Marx bereits im vorliegenden Heft notiert. Siehe S. 587.31 und Erl.

729.2 Vermutlich: The Rate of Interest. In: Blackwood's Edinburgh Magazine. Vol. 97. Mai 1865. Nr. 595. Edinburgh, London 1865. S. 589–609. – Titel von Marx notiert in einem Exzerptheft 1878 (IISG, MEN, Sign. B 148) und im Notizbuch 1878/1879 (IISG, MEN, Sign. B 152).

729.3 Vermutlich James Grahame: Financial Fenianism and the Caledonian Railway. Glasgow [1867]. – Titel von Marx notiert in einem Exzerptheft 1878 (IISG, MEN, Sign. B 148) und im Notizbuch 1878/1879 (IISG, MEN, Sign. B 152).

729.4–5 Overend, Gurney, & Co., Limited: Report of the Committee of the Defence Association. Truth is Stranger than Fiction. London 1867. – Titel von Marx notiert in einem Exzerptheft 1878 (IISG, MEN, Sign. B 148) und im Notizbuch 1878/1879 (IISG, MEN, Sign. B 152).

729.7–8 Robert Knight: Letter to the Right Hon. Sir Stafford Northcote, Her Majesty's Secretary of State for India, upon the Present Condition of Bombay, with Suggestions for its Relief. London 1867. – Marx rezipierte das Buch in seinen Exzerpten aus „The Money Market Review" vom 28. September 1867 (IISG, MEN, Sign. B 101. S. 275). Titel von Marx notiert in einem Exzerptheft 1878 (IISG, MEN, Sign. B 148) und im Notizbuch 1878/1879 (IISG, MEN, Sign. B 152).

729.9 Von Marx bereits im vorliegenden Heft notiert. Siehe S. 588.9–10 und Erl.

729.10–11 Von Marx bereits im vorliegenden Heft notiert. Siehe S. 587.10 und Erl.

729.12 R[obert] Dudley Baxter: National Income. The United Kingdom. Read Before the Statistical Society of London, 21 January 1868. London 1868. – Titel von Marx notiert in Exzerptheften 1877 (IISG, MEN, Sign. B 139) und 1878 (IISG, MEN, Sign. B 148) sowie im Notizbuch 1878/1879 (IISG, MEN, Sign. B 152).

729.13 Ernest Seyd: Bullion and Foreign Exchanges Theoretically and Practically Considered; Followed by a Defence of the Double Valuation, with Special Reference to the Proposed System of

Universal Coinage. London 1868. – Von Marx zitiert in Manuskript II zum zweiten Buch des „Kapital" (MEGA② II/11. S. 33).

729.14 William Lucas Sargant: Recent Political Economy. London, Edinburgh 1867.

729.18–19 Josiah Gregory: Our Ocean Mail Steamers, the Perils of Navigation and Mail Subsidies. London 1868.

729.20 Vermutlich T[homas] E[dward] Cliffe Leslie: Political Economy and Emigration. In: Fraser's Magazine for Town and Country. Vol. 77. Mai 1868. Nr. 461. S. 611–624. – Titel von Marx notiert in einem Exzerptheft 1878 (IISG, MEN, Sign. B 148) und im Notizbuch 1878/1879 (IISG, MEN, Sign. B 152).

729.21–22 W[illiam] Neilson Hancock: What are the Causes of the Distressed State of the Highlands of Scotland? A Paper Read Before the Society on 10 February, 1852. Belfast 1852. – Titel von Marx notiert in einem Exzerptheft 1878 (IISG, MEN, Sign. B 148) und im Notizbuch 1878/1879 (IISG, MEN, Sign. B 152).

729.23–24 J. Leander Bishop: A History of American Manufactures from 1608 to 1860 ... In 3 vol. 3. Ed., Rev. and Enl. London 1868. – Titel von Marx notiert in einem Exzerptheft 1878 (IISG, MEN, Sign. B 148) und im Notizbuch 1878/1879 (IISG, MEN, Sign. B 152).

730.2 Mit Bleistift geschrieben. Siehe S. 729.21–22 und Erl.

730.4 Mit Bleistift geschrieben. J[oseph] E[llison] Portlock: Report on the Geology on the County of Londonderry, and of Parts of Tyrone and Fermanagh. Dublin, London 1843. – Titel von Marx notiert in einem Exzerptheft 1878 (IISG, MEN, Sign. B 148) und im Notizbuch 1878/1879 (IISG, MEN, Sign. B 152).

730.8 *Dupuit.*] Mit Bleistift geschrieben. Möglicherweise gemeint: Jules Dupuit. Autor u. a. der Schriften: Mémoire sur le tirage des voitures et sur le frottement de roulement. Paris 1842; La Liberté commerciale, son principe et ses conséquences. Paris 1861.

730.9 *Gustave Marqfoy.*] Mit Bleistift geschrieben. Autor der Schrift: La réforme des tarifs de chemins de fer et les compagnies. Paris 1864.

730.10–11 F[rançois] Haeck: Organisation du crédit industriel, commercial, agricole et foncier en Belgique. Bruxelles 1857. – Titel von Marx notiert in einem Exzerptheft 1878 (IISG, MEN, Sign. B 148) und im Notizbuch 1878/1879 (IISG, MEN, Sign. B 152).

731.1–2 House of Commons, Tuesday, March 31, 1868. Minutes. India—Irrigation—Postponement of Motion. In: Hansard's Parliamentary Debates. 3. Ser. Vol. 191. London 1868. Sp. 575. – Von fremder Hand geschrieben.

733.4 J[ean]-C[harles]-L[éonard] Simonde de Sismondi: Nouveaux principes d'économie politique, ou de la richesse dans des rapports avec la population. T. 1.2. Paris 1819; 2. éd. Paris 1827. – Die erste Auflage verzeichnet im Katalog der SPD-Bibliothek (Nr. 40909, 40910), die zweite Auflage von Marx wahrscheinlich in Brüssel 1845 exzerpiert (Exzerpt nicht überliefert, siehe MEGA② IV/3. Erl. 8.19 sowie S. 454/455). Titel erwähnt, zitiert und verwendet u.a. in „Deutsche Ideologie" (MEGA② I/5. S. 567), „Grundrisse" (MEGA② II/1. S. 184/185, 227, 435/436, 531, 558, 567, 631/632, 722/723), „Planentwurf zum Kapitel über das Kapital" (MEGA② II/2. S. 256, 264, 268, 275/276, 279, 282, 284), „Zur Kritik der politischen Ökonomie ⟨Manuskript 1861–1863⟩" (MEGA② II/3. S. 10, 133, 140/141, 188, 263, 462, 601, 1154, 1234, 1246, 1248, 1602, 1636, 1839, 2095, 2145), im Manuskript zum ersten Buch des „Kapital" (MEGA② II/4.1. S. 30, 76, 90/91), im Manuskript zum dritten Buch des „Kapital" (MEGA② II/4.2. S. 530, 743), im ersten Band des „Kapital" (MEGA② II/5. S. 110, 126, 181, 458, 468, 522, 609; II/6. S. 173, 189, 242, 313, 523, 533, 590, 545/546, 657, 682; II/7. S. 125, 141, 194, 349, 491/492, 502, 505, 508, 532, 570, 678) und in den Manuskripten I, II, V und VIII zum zweiten Buch des „Kapital" (MEGA② II/4.1. S. 353; MEGA② II/11. S. 10, 367, 652/653, 782).

733.5–6 A[ntoine]-E[lysée] Cherbuliez: Précis de la science économique et de ses principales applications. T. 1.2. Paris 1862. – Von Marx exzerpiert (siehe S. 752/753).

733.9–10 G[ustave] de Molinari: Questions d'économie politique et de droit public. T. 1.2. Paris, Bruxelles 1861. – Auf S. 261–279 behandelt Molinari die Wirtschaftskrise von 1857.

733.11 G. E. Marin-Darbel: L'usure, sa définition. Paris 1859. – Standort des Originals mit Marginalien von Marx: RGASPI, Sign. f. 1, op. 1, d. 6270. (MEGA② IV/32. Nr. 835.)

733.12 J[ean] C[harles] L[éonard] Simonde de Sismondi: Études sur l'économie politique. T. 1.2. Paris 1837–1838. – Titel verzeichnet in der Daniels-Liste und exzerpiert in den Brüsseler Heften 1 und 2 (MEGA② IV/3. S. 123–136, 175–209). Zitiert u.a. in: „Misère de la philosophie" (MEGA① I/6. S. 124, 146, 148, 195); „Grundrisse" (MEGA② II/1. S. 122, 144, 228, 325, 722/723);

„Zur Kritik der politischen Ökonomie ⟨Manuskript 1861–1863⟩" (MEGA② II/3. S. 134, 265, 276, 278, 1423, 2082, 2086); im Manuskript zum ersten Buch des „Kapital" Kapital ⟨Ökonomisches Manuskript 1863–1865⟩. Erstes Buch" (MEGA② II/4.1. S. 27, 76); im ersten Band des „Kapital" (MEGA② II/5. S. 253, 479, 586/587; II/7. S. 268, 502, 517, 647/648); im zweiten Band des „Kapital" (MEGA② II/11. S. 542; II/13. S. 129).

733.13–14 Gustave Dupuynode: Études d'économie politique sur la propriété territoriale. Paris 1843. – Titel von Marx notiert in einem Exzerptheft 1878 (IISG, MEN, Sign. B 148). – Standort des Originals mit Marginalien von Marx: SAPMO/Bibl., Ma 729. (MEGA② IV/32. Nr. 347.)

733.15 L. F. G. de Cazaux: Élémens d'économie privée et publique; ou science de la valeur des choses, et de la richesse des individus et des nations. Paris, Toulouse 1825; ders.: Bases fondamentales de l'économie politique, d'après la nature des choses. Paris 1826; ders.: Intérêts de l'agriculture, de l'industrie et du commerce français ... Paris 1833; ders.: La science économique d'après Sully et les anciens ... Paris 1834.

733.16 (*Répertoire Général* p. 42) (*Protektionistisch.*)] Siehe A[lexander] Sandelin: Répertoire général d'économie politique ancienne et moderne. T. 3. La Haye 1847. S. 442. – De Cazaux (geschrieben als „De Cazeaux") wird dort zu den Befürwortern des Merkantilsystems gezählt. Marx exzerpierte den ersten Band von Sandelin im „Heft zum fixen Kapital und Kredit 1868" (siehe S. 761).

733.20–21 Gullaume Tell Poussin: De la puissance américaine. Origine, – institutions, – esprit politique, resources militaires, agricoles, commerciales et indutrielles des États-Unis. T. 1.2. 2. éd. Paris 1843; 3. éd. Paris 1848. – Die englische Übersetzung (The United States: Its Power and Progress. Transl. from the French, by Edmund L. du Barry. London u.a. 1851) im Besitz von Marx. Standort des Originals mit Marginalien von Marx: RGASPI, Sign. f. 1, op. 1, d. 6517. (MEGA② IV/32. Nr. 1055.)

733.23–24 H[ippolyte] Passy: Des systèmes de culture et de leur influence sur l'économie sociale. 2. éd. Paris 1853. – Von Marx bereits im „Großheft 1865/1866" der „Hefte zur Agrikultur" verzeichnet. Siehe S. 326.4–5 und Erl.

733.27–28 L[éonce] de Lavergne: Économie rurale de la France depuis 1789. 2. éd. Paris 1861. – Von Marx bereits im „Großheft 1865/1866" der „Hefte zur Agrikultur" verzeichnet. Siehe S. 326.2–3 und Erl.

734.1–2 Édouard Lecouteux: Traité des entreprises de grande culture ou Principes généraux d'économie rurale. T. 1.2. Paris 1857. – Titel von Marx notiert in einem Exzerptheft 1878 (IISG, MEN, Sign. B 148).

734.3–4 Émile de Laveleye: Essai sur l'économie rurale de la Belgique. 2. éd., rev. et augm. Paris, Bruxelles, Leipzig 1863. – Die erste Auflage von Marx zitiert in Manuskript II zum zweiten Buch des „Kapital" (MEGA② II/11. S. 202.6–28) und im Besitz von Marx. Standort des Originals mit Marginalien von Marx: RGASPI, Sign. f. 1, op. 1, d. 6243. (MEGA② IV/32. Nr. 734.)

734.7–8 C[amille] Dareste de la Chavanne: Histoire des classes agricoles en France depuis Saint Louis jusqu'à Louis XVI. Paris 1854. – Titel von Marx notiert in einem Exzerptheft 1878 (IISG, MEN, Sign. B 148).

734.9 Henry Doniol: Histoire des classes rurales en France et de leurs progrès dans l'égalité civile et la propriété. Paris 1857. – Titel von Marx notiert in einem Exzerptheft 1878 (IISG, MEN, Sign. B 148).

734.10 A[chille] Leymarie: Histoire des paysans en France. T. 1.2. Paris 1856. – Titel von Marx notiert in einem Exzerptheft 1878 (IISG, MEN, Sign. B 148).

734.12–13 A[rmand] du Chatellier: De quelques modes de la propriété en Bretagne. La quevaise, le Convenant-Franch et le Domaine congéable. Paris 1861. – Titel von Marx notiert in einem Exzerptheft 1878 (IISG, MEN, Sign. B 148).

734.14–15 A[rmand] du Chatellier: L'agriculture et les classes agricoles de la Bretagne. Paris 1863. – Titel von Marx notiert in einem Exzerptheft 1878 (IISG, MEN, Sign. B 148).

734.16 de Vernouillet: Rome agricole. De l'état actuel de l'agriculture dans les États romains. Paris 1857. – Titel von Marx notiert in einem Exzerptheft 1878 (IISG, MEN, Sign. B 148).

734.17 J. Piogey: Du morcellement du sol en France. Paris 1857. – Titel von Marx notiert in einem Exzerptheft 1878 (IISG, MEN, Sign. B 148).

734.20–21 L[ouis]-M[athurin] Moreau-Christophe: Du problème de la misère et de sa solution chez les peuples anciens et modernes. T. 1–3. Paris 1851. – Titel von Marx notiert in einem Exzerptheft 1878 (IISG, MEN, Sign. B 148).

734.23–24 H[ippolyte] Dutouquet: De la condition des classes pauvres à la Campagne; des moyens les plus efficaces de l'améliorer. Paris

1846. – Titel von Marx notiert in einem Exzerptheft 1878 (IISG, MEN, Sign. B 148).

734.25–26 G[ustave] de Molinari: De l'esclave selon Carey. In: Journal des Économistes. Revue de la Science Économique et des Questions Agricoles, Manufacturières et Commerciales. An. 12. Paris 1853. Nr. 37. S. 249–254.

734.27 A[lfred] Legoyt: L'Émigration européenne. Son importance, ses causes, ses effets. Avec un appendice sur l'émigration africaine, hindoue et chinoise. Paris 1861. – Titel von Marx notiert in einem Exzerptheft 1878 (IISG, MEN, Sign. B 148).

734.28 Jules Duval: Histoire de l'émigration européenne, asiatique et africaine au XIXe siècle. Ses causes, ses caractères, ses effets. Paris 1862. – Titel von Marx notiert in einem Exzerptheft 1878 (IISG, MEN, Sign. B 148).

734.29–30 L[ouis]-M[athurin] Moreau-Christophe: Du droit à l'oisiveté et de l'organisation du travail servile dans les républiques grecques et romaine. Paris 1849. – Titel von Marx notiert in einem Exzerptheft 1878 (IISG, MEN, Sign. B 148). – Standort des Originals mit Marginalien von Marx: Institut Français d'Histoire Sociale, Paris, B 7432. (MEGA② IV/32. Nr. 914.)

734.33–34 L[ouis]-C[ésar]-A[lexandre] Dufresne S[ain]t-Léon: Étude du crédit public et des dettes publiques. Paris 1824. – Titel von Marx notiert im Notizbuch aus den Jahren 1844–1847 (MEGA② IV/3. S. 12.11–12), in einem Exzerptheft 1878 (IISG, MEN, Sign. B 148) und im Notizbuch 1878/1879 (IISG, MEN, Sign. B 152).

734.36–37 J[ean]-G[ustave] Courcelle Seneuil: Traité théorique et pratique des opérations de banque. Paris 1853.

734.38–39 [Charles] Coquelin: Le crédit et les banques. 2. éd., rev., ann., augm. d'une introduction par J.-G. Courcelle Seneuil. Et d'une notice biographique par G. de Molinari. Paris 1859. – Titel von Marx notiert in einem Exzerptheft 1878 (IISG, MEN, Sign. B 148).

734.40 J. A. Rey: Les crises et le crédit. Division du travail. Banque d'escompte et banque de dépot. Paris 1862. – Titel von Marx notiert in einem Exzerptheft 1878 (IISG, MEN, Sign. B 148) und im Notizbuch aus den Jahren 1877–1881 (RGASPI, Sign. f. 1, op. 1, d. 4041).

735.1–2 Paul Coq: La monnaie de banque. Ou l'espèce et le portefeuille. Précédé d'une notice sur William Paterson et d'une introduction sur le gouvernement de la Banque de France à partir de 1857. [2. éd.] Paris 1863. – Titel von Marx notiert in einem Exzerptheft 1878 (IISG, MEN, Sign. B 148) und im Notizbuch 1878/1879 (IISG, MEN, Sign. B 152).

735.3 Von Marx bereits im vorliegenden Heft notiert. Siehe S. 730.10–11 und Erl.

735.4 Victor Bonnet: Questions économiques et financières à propos des crises. Paris 1859. – Titel von Marx notiert in einem Exzerptheft 1878 (IISG, MEN, Sign. B 148) und im Notizbuch 1878/1879 (IISG, MEN, Sign. B 152) sowie exzerpiert in einem Heft 1878/1879 (IISG, MEN, Sign. B 151).

735.5 E[mile] Levasseur: Recherches historiques sur le système de Law. Paris 1854. – Titel von Marx notiert in einem Exzerptheft 1878 (IISG, MEN, Sign. B 148) und im Notizbuch 1878/1879 (IISG, MEN, Sign. B 152).

735.6–7 C[onstant] Leber: Essai sur l'appréciation de la fortune privée au Moyen age ... Paris 1847. – Titel von Marx notiert in Heft 4 zur Geschichte Spaniens (MEGA② IV/12. S. 319) und in einem Exzerptheft 1878 (IISG, MEN, Sign. B 148).

735.8–9 David Frölich: Essai sur les principes fondamentaux d'économie politique se rapportant aux systèmes monétaires des pays de haute civilisation où est entré l'usage du papier-monnaie de banque. Bruxelles 1855. – Titel von Marx notiert in einem Exzerptheft 1878 (IISG, MEN, Sign. B 148) und im Notizbuch 1878/1879 (IISG, MEN, Sign. B 152).

735.10 Mathieu Wolkoff: Opuscules sur la rente foncière. Paris 1854. – Standort des Originals mit Marginalien von Marx: RGASPI, Sign. f. 1, op. 1, d. 6243. (MEGA② IV/32. Nr. 1379.)

735.11 J[ean]-B[aptiste] Josseau: Le crédit foncier de France. Son histoire, ses opérations, son avenir. Paris 1860. – Titel von Marx notiert in einem Exzerptheft 1878 (IISG, MEN, Sign. B 148) und im Notizbuch 1878/1879 (IISG, MEN, Sign. B 152).

735.12 Henri Baudrillart: J. Bodin et son temps. Tableau des thérories politiques et des idées économiques au 16ème siècle. Paris 1853. – Titel von Marx notiert in einem Exzerptheft 1878 (IISG, MEN, Sign. B 148).

735.13 Pierre Clément: Histoire du système protecteur en France. Depuis le ministère de Colbert jusqu'a la révolution de 1848. Suivie de pièces, mémoires et documents justificatifs. Paris 1854. – Titel von Marx notiert in einem Exzerptheft 1878 (IISG, MEN, Sign. B 148).

735.14 Clément Juglar: Des crises commerciales et de leur retour périodique en France, en Angleterre et aux États-Unis. Paris 1862. – Titel von Marx notiert in Exzerptheften 1877 (IISG, MEN, Sign. B 139) und 1879 (IISG, MEN, Sign. B 154) sowie im Notizbuch 1878/1879 (IISG, MEN, Sign. B 152). Marx rezipierte das Buch im Dezember 1878 in seinen Exzerpten aus Pietro Rota: Principj di scienza bancaria. 2. ed. Milano 1873 (IISG, MEN, Sign. B 148).

735.18 Von Marx bereits bereits im vorliegenden Heft notiert. Siehe S. 734.38–39 und Erl.

735.19 Paul Coq: La Bourse de Paris. Le marché libre et le marché restreint. Paris 1859. – Titel von Marx notiert in einem Exzerptheft 1878 (IISG, MEN, Sign. B 148) und im Notizbuch 1878/1879 (IISG, MEN, Sign. B 152).

735.20 Charles Le Touzé: Traité théorique et pratique des changes des arbitrages et des matières d'or et d'argent. Paris 1859. – Titel von Marx notiert in einem Exzerptheft 1878 (IISG, MEN, Sign. B 148) und im Notizbuch 1878/1879 (IISG, MEN, Sign. B 152).

735.21–22 Bernard Lavergne: L'Enquête. Les souffrances de l'agriculture. Ce qu'il faut leur opposer opinion d'un agriculteur. Toulouse 1866. – Titel von Marx notiert in einem Exzerptheft 1878 (IISG, MEN, Sign. B 148).

735.23 [Alphonse] Th[éodore] Cerfberr: La crise agricole. Causes et remèdes. Extrait du Journal des Économistes. Paris 1866. – Standort des Originals mit Marginalien von Marx: RGASPI, Sign. f. 1, op. 1, d. 6306. (MEGA② IV/32. Nr. 213.)

735.25 M[iroslaw] H[enryk] Nakwaski: Les banques devant l'enquête agricole. Paris 1866. – Titel von Marx notiert in einem Exzerptheft 1878 (IISG, MEN, Sign. B 148) und im Notizbuch 1878/1879 (IISG, MEN, Sign. B 152).

735.27 S. Charles Valny: Études sur la dépopulation des campagnes. Ses causes, ses conséquences, et les moyens pratiques de la combattre. Auch 1862. – Titel von Marx notiert in einem Exzerptheft 1878 (IISG, MEN, Sign. B 148).

735.28 *Wolowski.*] Siehe S. 736.22–23 und Erl.

735.29–30 Von Marx bereits im vorliegenden Heft notiert. Siehe S. 587.16 und Erl.

735.31 Paul Coq: Les circulations en banque ou l'impasse du monopole. Émission et change, dépôts en compte, check, billet à interêt, etc. Paris 1865. – Titel von Marx notiert in einem Exzerptheft 1878 (IISG, MEN, Sign. B 148) und im Notizbuch 1878/1879 (IISG, MEN, Sign. B 152).

735.32 Paul Coq: Histoire populaire du crédit et des finances de 1848 à 1865. – Von Marx notiert in einem Exzerptheft 1878 (IISG, MEN, Sign. B 148) und im Notizbuch 1878/1879 (IISG, MEN, Sign. B 152).

735.33 Von Marx bereits im vorliegenden Heft notiert. Siehe S. 735.1–2 und Erl.

735.34 Alph[onse] Courtois: Défense de l'agiotage. Paris 1864. – Titel von Marx notiert in einem Exzerptheft 1878 (IISG, MEN, Sign. B 148) und im Notizbuch 1878/1879 (IISG, MEN, Sign. B 152).

735.35 P. F. Degoix: Théorie du programme de la Commission d'enquête sur les banques. Paris 1865. – Titel von Marx notiert in einem Exzerptheft 1878 (IISG, MEN, Sign. B 148) und im Notizbuch 1878/1879 (IISG, MEN, Sign. B 152).

735.36 A. Dagneaux: De la Décentralisation du crédit. Paris 1865. – Titel von Marx notiert in einem Exzerptheft 1878 (IISG, MEN, Sign. B 148) und im Notizbuch 1878/1879 (IISG, MEN, Sign. B 152).

735.37 A[rmand] du Chatellier: Enquête sur l'état de l'agriculture française en 1865. Paris 1866. – Titel von Marx notiert in einem Exzerptheft 1878 (IISG, MEN, Sign. B 148).

735.38–39 Jules Duval: Second discours sur les rapports de la géographie et de l'économie politique. Paris 1866. – Titel von Marx notiert in einem Exzerptheft 1878 (IISG, MEN, Sign. B 148).

735.40 Ferdinand-Charles-Philippe Esterno: À l'Empereur, l'agriculture souffrante. De la crise agricole et de son remède: le crédit agricole. Paris 1866. – Titel von Marx notiert in einem Exzerptheft 1878 (IISG, MEN, Sign. B 148) und exzerpiert im Notizbuch aus dem Jahr 1880 (RGASPI, Sign. f. 1, op. 1, d. 4099).

736.1–2 Von Marx bereits im „Großheft 1865/1866" der „Hefte zur Agrikultur" notiert. Siehe S. 106.12–13 und Erl.

736.3 Charles Périn: L'usure et la loi de 1807. Paris [1865]. – Verzeichnet im Katalog der SPD-Bibliothek (Nr. 40755).

736.4–5 Perrin de Grandpré: De l'agriculture française et des causes de sa misère. L'impôt. – La loi de 1861. – La loi de 1807. Paris 1865. – Titel von Marx notiert in einem Exzerptheft 1878 (IISG, MEN, Sign. B 148).

736.6 H[enri] Rozy: Des souffrances de l'agriculture. Du commerce des engrais. Examen critique de la jurisprudence de la cour de cassation relative à ce commerce. Paris 1866. – Titel von Marx notiert in einem Exzerptheft 1878 (IISG, MEN, Sign. B 148).

736.7 Émile Usquin: La propriété. Le morcellement du sol, le régime hypothécaire, le crédit foncier et l'absentéisme. Paris 1865. – Titel von Marx notiert in einem Exzerptheft 1878 (IISG, MEN, Sign. B 148).

736.8 Von Marx bereits im „Großheft 1865/1866" der „Hefte zur Agrikultur" notiert. Siehe S. 106.10–11 und Erl.

736.9 J.-A. Rey: Les débats sur la banque de France. Résumé – Conclusion. Paris 1864. – Titel von Marx notiert in einem Exzerptheft 1878 (IISG, MEN, Sign. B 148) und im Notizbuch 1878/1879 (IISG, MEN, Sign. B 152).

736.10 P.-A. Boutron: Théorie de la rente foncière. Paris 1867. – Titel von Marx notiert in einem Exzerptheft 1878 (IISG, MEN, Sign. B 148) und im Notizbuch 1878/1879 (IISG, MEN, Sign. B 152).

736.11 R[obert] H[ogarth] Patterson: La guerre des banques et son remède. Un système monétaire international. Paris 1867. – Titel von Marx notiert in einem Exzerptheft 1878 (IISG, MEN, Sign. B 148) und im Notizbuch 1878/1879 (IISG, MEN, Sign. B 152).

736.12 A[lfred] Legoyt: Du morcellement de la propriété en France et dans les principaux états de l'Europe. Paris 1866. – Titel von Marx notiert in einem Exzerptheft 1878 (IISG, MEN, Sign. B 148) und im Notizbuch aus den Jahren 1877–1881 (RGASPI, Sign. f. 1, op. 1, d. 4041).

736.13–14 Ch[arles Auguste] le Lièvre: Le travail et l'usure dans l'Antiquité. Paris 1866. – Standort des Originals mit Marginalien von Marx: RGASPI, Sign. f. 1, op. 1, d. 6308. (MEGA② IV/32. Nr. 776.)

736.16 Clément Juglar: Du change et de la liberté d'émission. Paris 1868. – Titel von Marx notiert in einem Exzerptheft 1878 (IISG, MEN, Sign. B 148) und im Notizbuch 1878/1879 (IISG, MEN, Sign. B 152).

736.20 Adam Wiszniewski: Histoire de la banque de Saint-Georges de Gênes, la plus ancienne banque de l'Europe. Et des Origines de Crédit Mobilier, du Crédit Foncier, des Tontines et des amortissements y pratiqués au Moyen age. Paris 1865. – Titel von Marx notiert in einem Exzerptheft 1877 (IISG, MEN, Sign. B 139) und im Notizbuch 1878/1879 (IISG, MEN, Sign. B 152). Marx rezipierte das Buch im Dezember 1878 in seinen Exzerpten aus Pietro Rota: Principj di scienza bancaria. 2. ed. Milano 1873 (IISG, MEN, Sign. B 146).

736.21 L[ouis] Wolowski: La question des banques. Paris 1864. – Titel von Marx notiert in einem Exzerptheft 1878 (IISG, MEN, Sign. B 148).

736.22–23 Nicole Oresme: Traictie de la première invention des monnoies; Copernic: Traité de la monnoie. Publ. et ann. par L[ouis] Wolowski. Paris 1864.

736.26 Henri Cernuschi: Mécanique de l'échange. 2. éd. Paris, Bruxelles 1866. – Die erste Auflage (Paris 1865) notiert im „Großheft 1865/1866" der „Hefte zur Agrikultur" (siehe S. 106.9) und verzeichnet im Katalog der SPD-Bibliothek (Nr. 40288). Marx rezipierte das Buch im Dezember 1878 in seinen Exzerpten aus Pietro Rota: Principj di scienza bancaria. 2. ed. Milano 1873 (IISG, MEN, Sign. B 148).

736.28 Henri Cernuschi: Contre le billet de banque. Déposition et notes. Paris 1866. – Marx rezipierte das Buch im Dezember 1878 in seinen Exzerpten aus Pietro Rota: Principj di scienza bancaria. 2. ed. Milano 1873 (IISG, MEN, Sign. B 148).

736.30 Ernest Frignet: Histoire de l'association commerciale depuis l'Antiquité jusqu'au temps actuel. Paris 1868. – Titel von Marx notiert in Exzerptheften 1878 (IISG, MEN, Sign. B 148) und 1879 (IISG, MEN, Sign. B 154) sowie im Notizbuch 1878/1879 (IISG, MEN, Sign. B 152).

736.32 A. Bouron: Guerre au crédit ou considérations sur les dangers de l'emprunt. Paris 1868. – Titel von Marx notiert in Exzerptheften 1878 (IISG, MEN, Sign. B 148) und 1879 (IISG, MEN, Sign. B 154) sowie im Notizbuch 1878/1879 (IISG, MEN, Sign. B 152).

736.33 Charles Ropiquet: Chemins de fer français. Les conventions de 1868. Paris 1868. – Titel von Marx notiert in einem Exzerptheft 1878 (IISG, MEN, Sign. B 148) und im Notizbuch 1878/1879 (IISG, MEN, Sign. B 152).

Heft zum fixen Kapital und Kredit 1868
Exzerpte aus Werken von Henry Dunning Macleod, John Laing, Robert Hogarth Patterson, Antoine-Élysée Cherbuliez, Francis Davy Longe, John Lalor und Alexander Sandelin

April/Mai 1868

(S. 737–809)

ENTSTEHUNG UND ÜBERLIEFERUNG

Das Heft enthält im April/Mai 1868 angefertigte Auszüge von Marx aus sieben Schriften von sieben Autoren sowie Notizen. Das Heft bearbeitete Marx zum Teil parallel zu dem bereits begonnenen „Heft 3. 1868" der „Hefte zur Agrikultur", in dem er mit den Exzerpten aus Fraas, Maurer, Hlubek und den 34 Parlamentsberichten seine landwirtschaftlichen und agrikulturchemischen Studien zum dritten Buch des „Kapital" vorläufig abschloss und anschließend die Vorarbeiten zum zweiten Buch des „Kapital" ebenfalls mit den Exzerpten aus den 34 Parlamentsberichten begann. Wie die Exzerpte aus den Parlamentsberichten enthält das vorliegende Heft ebenfalls Materialien zu einer inhaltlichen Vorbereitung des dritten und vor allem des zweiten Buchs des „Kapital", dessen Abfassung Marx im Frühjahr 1868 begann (siehe MEGA② II/11). Dazu wandte Marx sich der politischen Ökonomie im engeren Sinne zu: Zu Beginn des Hefts beabsichtigt er einen Vergleich der Konzeptionen von „flüssigem" (bzw. „zirkulierendem") und „fixem" Kapital bei verschiedenen Autoren. Diese Unterscheidung hatte er bereits in den „Grundrissen" und in Manuskript I zum zweiten Buch des „Kapital" von 1863–1865 behandelt und dort die frühere, seines Erachtens ungeschickte Unterscheidung der Begriffe bei Adam Smith und David Ricardo kritisiert. Im vorliegenden Heft sammelt Marx die neueste Literatur zu diesem Thema. Er verwendete das Heft seiner Absicht entsprechend in Manuskript II zum zweiten Buch des „Kapital" (MEGA② II/11. S. 178). Im Anschluss an seine Untersuchung zum fixen und zirkulierenden Kapital exzerpierte Marx weiter aus den jüngst veröffentlichten Titeln von Henry Dunning Macleod, John Laing und Robert Hogarth Patterson zu Fragen des Kreditwesens, Geldmarkts, verleihbaren Kapitals und der Wirtschaftskrisen. Das Heft trägt daher den redaktionellen Titel „Heft zum fixen Kapital und Kredit 1868".

In Manuskript I von 1863–1865 verwendete Marx den Begriff „zirkulierendes Kapital" sowohl für dasjenige Kapital, dessen Wert im einmaligen Produktionsprozess vollständig auf das neue Produkt übertragen wird, als auch für dasjenige, das sich in der Zirkulationssphäre während der Metamorphosen des Kapitals befindet und im Gegensatz zur Produktionssphäre steht (d.h. Geld- und Warenkapital, das sogenannte „Zirkulationskapital"). Damals waren die Begriffe „zirkulierendes Kapital" und „flüssiges Kapital" nicht strikt unterschieden. Diese Mehrdeutigkeiten stammen nicht zuletzt aus den unterschiedlichen Bezeichnungen des Begriffs bei verschiedenen Autoren. Auch in einem Heft von 1867 kommt die damalige Ambivalenz der Marx'schen Begriffe durch Fragezeichen zum Ausdruck: *„Capital Fixe (Anlagekapital?) Capital Circulant* (Betriebskapital?)" (MEGA② II/4.3. S. 47). Das vorliegende Heft dokumentiert Marx' erneuten Versuch, diese Unterscheidung und die kategoriale Ambivalenz in den zeitgenössischen ökonomischen Diskussionen zu klären.

Marx' Arbeitsweise unterscheidet sich in diesem Heft zum Teil von der in anderen Heften. Zum einen sind die ersten Auszüge aus Henry Dunning Macleod, John Laing, Robert Hogarth Patterson und Antoine-Élysée Cherbuliez auf Ms-S. 1–8 kurz, da Marx sich hier allein auf den Unterschied von fixem und flüssigem Kapital fokussiert. Cherbuliez sowie Alexander Sandelin, der nicht den Begriff „fixed capital", sondern „capital engagé" verwendet (Ms-S. 13), betrachtet Marx sogar ausschließlich in Bezug auf diesen Zusammenhang. Zum anderen ist das Heft auch dadurch charakterisiert, dass Marx gleichzeitig aus mehreren Schriften auszog und am Anfang seiner Exzerpte eine bestimmte Anzahl an Seiten für das Exzerpt leer ließ. Passten seine Auszüge nicht auf die derart vorgegebene Seitenzahl, sprang er manchmal inmitten eines Satzes zur nächsten freien Seite, um die Exzerpte dort fortzusetzen. Die Auszüge sind daher häufig unterbrochen: die Auszüge aus Macleod sind in drei Teile, die aus Patterson in fünf Teile und die aus Laing in sieben Teile geteilt. Die Textdarbietung folgt dieser Form.

Wegen dieser thematisch orientierten Arbeitsweise von Marx wurde das vorliegende Heft in der „Entstehung und Überlieferung" des MEGA②-Bandes II/4.3 als die Fortsetzung von nach Schlagworten geordneten Quellenauszügen, die im Herbst/Winter 1867 während der Vorbereitung für das zweite Buch des „Kapital" angelegt worden sind, betrachtet (siehe MEGA② II/4.3. S. 44–56; 566). Doch im Gegensatz zu jenen thematisch orientierten Quellenauszügen gibt es im vorliegenden Heft keine Ordnung nach bestimmten Schlagworten.

Nach dem Abschluss seiner Studien zum „flüssigem" (bzw. „zirkulierendem") Kapital, setzt Marx neben kurzen Exzerpten aus Francis Davy Longe und John Lalor die Lektüre der dazu konsultierten Bücher fort, wobei er aus ihnen zu Themen wie Arbeitswerttheorie, „Wage-Fund"-Theorie, die Formwechsel des Kapitals in verschiedenen Produktionsprozessen und den Rückfluss des Kapitals, vor allem aber zu Fragen des Kreditwesens, Geldmarkts, verleihbaren Kapitals und den Wirtschaftskrisen auszog. Dazu las er mehrere Bücher gleichzeitig und wechselte die Gegenstände seiner Auseinandersetzung mit Macleod, Laing und Patterson.

Marx beschrieb das Heft im Jahr 1868 nicht vollständig. Zu den leer gebliebenen Seiten kam er wahrscheinlich Januar bis Ende Februar 1877 zurück und verfasste auf Ms-S. [56]–[82] und [85]/[86] im Zuge seiner Mitwirkung an Engels' Abfassung des „Anti-Dühring" den Entwurf zu den „Randnoten zu Dührings ‚Kritischer Geschichte der Nationalökonomie'". Dieser Entwurf wurde bereits veröffentlicht in: MEGA② I/27. S. 145–179.

Bislang wurde das Heft auf März 1868 datiert (siehe MEGA② II/11. S. 914; MEGA② II/4.3. S. 566), vermutlich weil Marx Macleod in seinem Brief an Engels vom 6. März 1868 erwähnte: „Herr Mac Leod hat es doch mit seinem lausigen u. pedantisch-scholastischen Buch über banks zu einer 2. Auflage gebracht."

(IISG, MEN, Sign. L 4522.) Doch Marx bezog sich hier auf Macleods „The Theory and Practice of Banking", dessen zweite Auflage 1866 erschienen war. Das im vorliegenden Heft exzerpierte Werk von Macleod ist allerdings „The Element of Political Economy". Wenn Marx bereits vor jenem Brief aus Macleods „Element of Political Economy" exzerpiert hätte, wäre eine Verwechslung der beiden Titel unwahrscheinlich. Auch war er im März intensiv mit den Werken von Fraas und Maurer beschäftigt, weshalb für die Abfassung des vorliegenden Hefts wahrscheinlich keine Zeit blieb. Es ist wahrscheinlicher, dass Marx das Heft nach dem vorläufigen Abschluss seiner Studien zur Grundrente und Agrikulturchemie im April 1868 anzulegen begann.

Auch der Briefwechsel weist darauf hin, dass Marx Ende April und Anfang Mai 1868 die Problematik des flüssigen und fixen Kapitals zum Zweck der Berechnung von Beispiels-Profitraten in Zusammenhang mit den wiederholenden Produktionsakten studierte. Die Briefe deuten an, dass Marx in seiner Darstellung der Profitrate konkrete Beispiele der Profitberechnung anbieten wollte. Er erklärte Engels am 30. April 1868 den Unterschied zwischen Mehrwert- und Profitrate und befragte diesen am 7. Mai über genaue Angaben zu dessen Fabrik: „*Dieß die eigentliche Frage.* Wie berechnet Ihr den *Umschlag* des *cirkulirenden Kapitaltheils* (i.e. Rohmaterial, Hülfsstoffe, Arbeitslohn)? Wie groß also das *vorgeschossene cirkulirende* Kapital?" (IISG, MEN, Sign. L 4534.) Obwohl Engels zugab, Marx' Frage nicht genau verstanden zu haben, ließ er ihm Angaben zukommen. Marx erklärte seine Absicht erneut am 16. Mai 1868: „Uebrigens war mir allerdings die Hauptsache, zu wissen, wie groß das *vorgeschoßne* cirk. Kapital, i.e. in Rohmaterial etc u. Arbeitslohn vorgeschoßne, im Unterschied zum *umgeschlagnen* cirk." (IISG, MEN, Sign. L 4535.) In Manuskript II zum zweiten Buch des „Kapital" erörterte Marx nicht nur die Unterscheidung von fixem und zirkulierendem Kapital, sondern auch dessen Formwechsel („Metamorphosen des Kapitals") in den Kreislaufprozessen des Umlaufs des Kapitals sowie unterschiedliche Rückflüsse des Kapitals. Diese Elemente beeinflussen den Umschlag des Kapitals, was schließlich verschiedene jährliche Profitraten der Einzelkapitale hervorbringt. Dieser inhaltliche Zusammenhang wird vom vorliegenden Heft bekräftigt. Wie sein Brief an Engels vom 10. Mai 1868 verdeutlicht, war Marx' Hauptinteresse der „Umschlag des Kapitals" im zweiten Kapitel des zweiten Buchs des „Kapital" und er forschte im Britischen Museum zu relevanten Quellen. Eine eindeutige Absicht zu einer unmittelbaren Verwendung der vorliegenden Exzerpte für die Abfassung der Manuskripte zum zweiten Buch des „Kapital" ist allerdings nicht zu erkennen.

Auf der 1. Umschlagseite (Ms-S. [0a]) des Hefts befindet sich ein von fremder Hand datiertes Inhaltsverzeichnis. Das Heft beginnt auf der 2. Umschlagseite (Ms-S. [0b]) mit einer Notiz von Marx zum Standort der Zeitschriften „Westminster Review" und „Quarterly Review" im Lesesaal des Britischen Museums. Über die erstere äußerte sich Marx im Brief an Engels vom 23. Mai 1868: „Wenn Du, wie ich, gezwungen gewesen wärst, die ökonomischen Artikel der Herrn Lalor, Spencer Herbert, Mac Leod etc in der Westminster Review etc zu lesen, so würdest Du sehn, daß Alle die ökonomischen Trivialitäten so zum Hals dick haben – u. auch wissen, daß ihre Leser sie dick haben – daß sie durch pseudo philosophical oder pseudo scientifick slang die Schmiere zu würzen suchen." (IISG, MEN, Sign. L 4536.) Die „Westminster Review" wurde 1824 gegründet und veröffentlichte auch unter anderen Chefredakteuren Beiträge von Utilitaristen und Ökonomen wie Macleod und Lalor, deren Werke Marx im vorliegenden Heft exzerpierte.

Marx notierte zwar die Ausgabe Januar-April 1858 der „Westminster Review", aber vermutlich hatte er im Britischen Museum auch die aktuelle Ausgabe der Zeitschrift vom 1. April 1868 (January and April, 1868. New Series 33. London 1868) zur Hand. In der Sektion „Contemporary Literature" (vor allem Seite 550–552) wird dort die neueste Literatur rezensiert, darunter die im vorliegenden Heft exzerpierten Werke von Patterson: The Science of Finance und Laing: Theory of Business. Es ist möglich, dass Marx während der Vorbereitung des Hefts dieser Rubrik folgte. Das deutet darauf hin, dass dieses Exzerptheft in zeitlicher Nähe zum Brief an Engels vom 23. Mai entstanden ist. Am 29. Mai 1868 fuhr Marx nach Manchester, um Engels zu besuchen. Vermutlich hatte er davor das Heft fertiggestellt. In diesem Fall benötigte er etwas länger als einen Monat zur Erstellung des Hefts.

Marx notierte auf der 2. Umschlagseite (Ms-S. [0b]) „*Westminster Revue* (1858. vol. XIII)", möglicherweise weil er sich für den Artikel „The Crisis and its Cause" (S. 154–179) interessierte, der die Entstehung und die Ausbreitung der Wirtschaftskrise von 1857 darstellt. Die Notiz „*Quarterly Revue* 2087. h (Dec. 1847. vol. 82)" auf derselben Seite verweist auf die Notiz auf Ms-S. 11 in demselben Heft. Diese Notizen beziehen sich auf einen Artikel mit dem Titel „The Present State of the Currency Practically Considered" (siehe Erl. 738.3). Auszüge aus diesem Artikel wurden in Lalors „Money and Moral" als Anhang B wiedergegeben. Schon als Marx zum ersten Mal aus Lalors Schrift in Heft VII von 1859–1863 exzerpiert hatte, vermerkte er diesen Artikel (IISG, MEN, Sign. B 91a. S. 167).

Auf derselben Seite befindet sich ein Inhaltsverzeichnis von Marx, die folgende Seite (Ms-S. [0c]) ist leer. Marx paginierte das Heft nach der Seite mit der bibliographischen Notiz von Francis Bacons „Essay upon Usury" (Ms-S. [0d]). Er exzerpierte aus dieser Schrift nicht, sondern entnahm den Titel der im vorliegenden Heft exzerpierten Schrift Henry Dunning Macleod: The Elements of Political Economy ... S. 278. Möglicherweise plante Marx, später aus Bacons Essay zu exzerpieren, da er den Rest der Seite frei ließ (siehe Abb. S. 740).

Einige Unterstreichungen sind mit demselben Schreibmaterial wie die Auszüge angefertigt und daher wahrscheinlich während des Exzerpierens entstanden. Marx fügte vermutlich zu einem späteren Zeitpunkt weitere Randanstreichungen und Unterstreichungen mit einem blauen Stift hinzu. Sein Inhaltsverzeichnis auf der 2. Umschlagseite (Ms-S. [0b]) enthält an drei Stellen auch rote Unterstreichungen. Die mit Blau- und Rotstift erstellten Unterstreichungen werden im Edierten Text als Unterstreichung wiedergegeben, die mit Tinte erstellten als Kursivierung. Marx paginierte das Heft bis Ms-S. 55, auf der seine Auszüge enden, ehe auf der nächsten Seite die „Randnoten zu Eugen Dührings ‚Kritischer Geschichte der Nationalökonomie'" beginnen. Die Textdarbietung folgt der Paginierung von Marx.

Henry Dunning Macleod: The Elements of Political Economy. London 1858. (Ms-S. 1–3, 19–27 und 31–37; siehe S. 743–745, 769–776 und 780–785.)

Der schottische Ökonom Henry Dunning Macleod (1821–1902) beschäftigte sich in „The Theory and Practice of Banking" (London 1855) und „The Elements of Political Economy", die er anhand seiner Untersuchung über die Rolle der Banken unter dem „Joint Stock Banking Act" von 1845 als Direktor der „Royal British Bank" verfasste, besonders mit der Kredittheorie.

Marx exzerpierte Macleods „Theory and Practice of Banking" schon 1857. (Siehe IISG, MEN, Sign. B 83a. Siehe auch MEGA② II/2. S. 11.4 und Erl.) Anschließend kritisierte er in „Zur Kritik der politischen Ökonomie. Erstes Heft" Macleods Geld- und Kapitalbegriff (MEGA② II/2. S. 205.33–43) und erwähnte das Buch wieder im „Ökonomischen Manuskript 1861–1863" (MEGA② II/3. S. 10). Auch im ersten Band des „Kapital" verwarf Marx anhand seiner früheren Auszüge Macleod: „‚*Currency* (!) employed to productive purposes is capital.'" (MEGA② II/5. S. 109.39–40.) An diese Kritik an Macleods Kapitalbegriff erinnerte er sich in seinem Brief an Engels vom 6. März 1868: „Er ist ein sehr gespreizter Esel, der jede banale Tautologie 1) in algebraische Formen bringt u. 2) geometrisch construirt. Ich habe ihm schon einen gelegentlichen Tritt in dem bei Duncker erschienenen Heft gegeben. Seine ‚grosse' Entdeckung ist: Credit *is* Capital." (IISG, MEN, Sign. L 4522.)

Engels hatte Marx' Aufmerksamkeit in seinem Brief vom 7. Januar 1868 erneut auf Macleod gelenkt, weil Eugen Dühring diesen in seiner „Kapital"-Rezension erwähnte: „Du siehst für dieses genus bist Du noch lange nicht gelehrt genug gewesen hast den großen Macleod im entscheidenden Punkt nicht widerlegt!" (IISG, MEN, Sign. D 1662.) Macleod taucht in der Tat mehrmals in den Schriften Dührings auf, der auch in seiner „Kapital"-Rezension Marx' Werttheorie in Kontinuität mit Smiths Arbeitswerttheorie betrachtete und darauf hinwies, dass „diese Vorstellung vom Werth [...] keineswegs unstreitig, sondern ein Menschenalter hindurch von verschiedenen Seiten, zu allerletzt noch von Macleod angefochten worden ist" (Dühring: Marx, Das Kapital, Kritik der politischen Oekonomie, 1. Band, Hamburg 1867. In: Ergänzungsblätter zur Kenntniß der Gegenwart. Bd. 3. H. 3. Hildburghausen 1867. S. 183). Marx war sich dieses Zusammenhangs bewusst und notierte bei der Lektüre von Dührings „Kritische Grundlegung ...": „Der Werth einer Sache, meint Macleod, sei das, was für dieselbe in Austausch gegeben werde." (S. 411.2–3.) So schreibt er auch jetzt aus Macleods Buch heraus: „It is not labor that confers value, but value that attracts labor; [...] the relation between supply and demand is the sole regulator of value“ (S. 773.1–4). Macleods Ablehnung der Arbeitswerttheorie war für Marx schlichtweg inakzeptabel.

Marx interessiert sich ebenso für Macleods Kritik an Ricardos Rententheorie, wobei sich abermals eine Verbindung zwischen Dühring und Macleod zeigt, denn Marx exzerpierte die Preisbestimmung landwirtschaftlicher Produkte auch aus Dührings „Kritische Grundlegung ...“ (S. 512.16–513.15).

Der zweite Grund für Marx' erneute Auseinandersetzung mit Macleod besteht in der im zweiten Buch des „Kapital“ eingeführten Unterscheidung von fixem und flüssigem Kapital. Seine ersten Auszüge (Ms-S. 1–3) behandeln die Sektionen „Meaning of Profit, and its Rate“ (§ 105) und „Meaning of Fixed and Floating Capital“ (§ 106–112). Nach Macleod fungiert das Kapital als flüssiges Kapital, wenn nach dessen Anlage „the whole of the original sum, together with the excess, or profit, may be recovered in one operation“ (S. 743.13–14). Dagegen sei das Kapital als „fixes Kapital“ zu betrachten, wenn es in Gegenständen angelegt wird, die „a profit by interest derivable from their use“ produzieren (siehe S. 744.16). Macleod unterscheidet also die zwei Formen des Kapitals je nach Ursprung des Profits.

Marx' weitere Auszüge behandeln Themen wie „Rente“ und „Kredit“. Er kehrt an den Anfang des fast 600-seitigen Werks zurück (S. 769), um das gesamte Buch zu untersuchen, wobei er sich eher auf solche Annahmen Macleods zu konzentrieren scheint, die er als fehlerhaft oder unsinnig zurückweisen konnte. In Manuskript II zum zweiten Buch des „Kapital“ ging Marx ausführlich auf Macleods Analyse ein (MEGA② II/11. S. 79–83) und kritisierte ihn für das Verkennen der verschiedenen Formen des Kapitals in dessen Umlauf. So schrieb er in Manuskript V zum zweiten Buch des „Kapital“: „*Als Beispiel* wie die verschiednen Funktionen des Kapitals aufgefasst *Macleod.* Heft II (p. 32a sq.)“ (MEGA② II/11. S. 596.37–38). Er verwies hier mit „Heft II“ auf sein Manuskript II, wo er in den dreiseitigen „Zusätze zu Kapitel I“ seine Kritik an Macleods Kapitalbestimmung erörterte: Zum einen verwechsle Macleod „Kapital“ und „Schatz“, indem er Kapital als die „*accumulierten Ersparnisse* der Arbeit“ und dessen Symbol als „Geld“ definiere (MEGA② II/11. S. 80). Macleod tilge ferner den begrifflichen Unterschied zwischen „Kapital“ und „Kredit“, indem er alles, womit sich irgendein Profit erzielen lasse, „Kapital“ nennt. Marx kommentierte Macleods Gleichsetzung von Kredit und Kapital: „Nachdem wir erfuhren, daß Kapital alles ist, womit man einen Profit macht, oder auch keinen Profit macht, sondern nur sein Leben gewinnt, folgt ganz von selbst daß *Kredit Kapital* ist, weil ‚der Kaufmann mit Kredit einen Profit macht‘“ (MEGA② II/11. S. 82).

Marx' allgemeine Einschätzung von 1859, dass Macleods Lehre „am pedantisch anmaßlichsten“ sei (MEGA② II/2. S. 138), änderte sich durch die vorliegenden Auszügen nicht. Während des Exzerpierens mokierte er wiederholt den „Styl u. Denkprobe dieses lächerlichen, affektirten, schottischen Pedanten“ und bezeichnet Macleod als „Rindvieh“ (S. 769.18) und „Vieh“ (S. 770.25).

Eine Ausgabe mit dem Erscheinungsjahr „1868“, das Marx in seinem Heft notierte (siehe Kor. 743.3), konnte nicht ermittelt werden, auch wenn in früheren MEGA-Bänden aufgrund dieser Quellenangabe von Marx auf diese Auflage verwiesen worden ist (siehe MEGA② II/11. S. 1280). Mit Recht korrigierte Marx später an einer Stelle des Manuskripts II zum zweiten Buch des „Kapital" das Erscheinungsjahr von Macleods Schrift von „1868" zu „1858" (MEGA② II/11. S. 80.7 und Var.). Wahrscheinlich hatte er inzwischen sein Versehen bemerkt.

John Laing: The Theory of Business for Busy Men. 2. Ed. London 1868. (Ms-S. 3/4, 9, 12, 16–18, 28–30, 38–44 und 52–54; siehe S. 746, 754, 760, 766–768, 777–779, 786–792 und 803–806.)

Wahrscheinlich las Marx die Rezension des Werks in der „Westminster Review" (January and April, 1868. New Series 33. London 1868. S. 552), wo es in der Rubrik „Contemporary Literature" heißt: „Mr. John Laing's 'Theory of Business' has been subjected to a thorough revision, and now contains, among other improvements, full details of the operations of the clearing house, the Mint, the Bullion and Note Issue Offices of the Bank of England, which will be interesting to many of his readers." Marx berichtete Engels im Brief vom 23. Mai 1868 von seiner Lektüre dieser Zeitschrift (siehe IISG, MEN, Sign. L 4536). In demselben Rezensionsessay wird auch Robert Hogarth Pattersons Werk „The Science of Finance", ebenfalls im vorliegenden Heft exzerpiert, besprochen.

Die erste Auflage von Laings Werk erschien 1867. Die von Marx exzerpierte zweite, erweiterte Auflage von 1868, dessen Titel Laing die Worte „for Busy Men" hinzufügte, besteht aus 29 Kapiteln und ist um Themen wie „Mint", „Note Issue Offices of Bank of England" und „Railway Dilemma" ergänzt.

Die Auszüge sind in sieben, durch andere Exzerpte unterbrochene Teile geteilt. Die ersten Auszüge beziehen sich auf Laings Darstellung zu „stock" und „floating capital". An einigen Stellen der zweiten Auszüge, in denen Laing das existierende, auf dem Privateigentum basierende System als die ideale Organisationsweise einer Gesellschaft verteidigt (S. 9), belegt Marx Laing mit dem Ausdruck „Asinus!" (S. 754.15). Dieser Kommentar ist mit Blaustift, d.h. wahrscheinlich nicht während des Exzerpierens, sondern bei einer späteren Durchsicht des Hefts entstanden.

Nach den Auszügen aus dem Abschnitt über „fixes" und „flüssiges" Kapital exzerpiert Marx das Buch von dessen Beginn, wobei er sich für das dritte Buch des „Kapital" relevante Gegenstände wie die Rolle der Banken, kommerziellen Kredit und die Finanzkrise von 1866 fokussiert. Er untersucht, wie die kapitalistische Produktionsweise durch die Entwicklung des Finanzsystems gefördert wird, diese aber gleichzeitig ihren Widerspruch vertieft. In diesem Teil der Auszüge befinden sich keine pejorativen Äußerungen von Marx.

Marx hat dieses Exzerpt später nicht mehr verwendet.

R[obert] H[ogarth] Patterson: The Science of Finance. A Practical Treatise. Edinburgh, London 1868. (Ms-S. 4–6, 9, 14/15, 45–51 und 54/55; siehe S. 749–751, 755, 762–765, 793–802 und 807/808.)

Der schottische Publizist und Journalist Robert Hogarth Patterson (1821–1886) entwickelte in „The Science of Finance“ Thesen weiter, die er teilweise schon in „Economy of Capital“ (Edinburgh 1865) aufgestellt hatte. Das Werk umfasst mehr als 700 Seiten und besteht aus 30 Kapiteln mit Anhang.

Marx exzerpiert zunächst nur Absätze, welche die Unterscheidung von „fixem“ und „floating“ Kapital behandeln. Anschließend exzerpiert er das Buch von vorn, hauptsächlich bis zum elften Kapitel. Danach zieht er nur wenige Passagen aus. Er geht nicht auf Pattersons Diskussion der Krise von 1866 oder auf dessen Vorschlag der Gründung eines „International Monetary System“ ein, sondern verfolgt eher seine Behandlung von „Fixe, Floating and Loanable Capital“, die Rolle von Banken, Schecksystem und Banknoten. Marx exzerpiert auch Angaben Pattersons über die wirtschaftliche Entwicklung in Frankreich und England und notiert, dass „Grössrer Fortschritt in France (speciell unter dem Protectionssystem [...]) als in England“ (S. 793.4–5). Patterson schrieb das größere Wachstum des französischen Außenhandels auch der Wirtschaftspolitik Napoléons III. zu.

Patterson spielt zusammen mit Macleod in Manuskript II zum zweiten Buch des „Kapital“ eine beiläufige Rolle. Zu beiden notierte Marx: „Bei den Neusten besonders schottischen Oekonomen, die alles v. unsäglich bornirten Standpunkt des Banquierclerks betrachten, wie Mac Leod, Patterson etc, verwandelt sich der Unterschied v. fixem u. cirkulierendem Kapital in money on call and money not on call“ (MEGA② II/11. S. 178).

A[ntoine]-E[lysée] Cherbuliez: Précis de la science économique et de ses principales applications. T. 1. Paris 1862. (Ms-S. 7/8; siehe S. 752/753.)

Marx war schon früh mit den Schriften des Schweizer Ökonomen Antoine-Élysée Cherbuliez (1797–1869) bekannt und hielt z.B. an dessen Auffassung fest, dass der Arbeiter infolge des Verkaufs seiner Arbeitskraft an den Kapitalisten sich seiner Arbeit entäußere (MEGA② II/2. S. 276). Er war auch mit Cherbuliez’ Diskussion in „Richesse ou pauvreté“ (Paris 1841) über „fixes“ und „flüssiges“ Kapital bekannt und kritisierte in den „Grundrissen“, Cherbuliez „vereinfacht die Sache dahin, daß capital circulant der *consommable*, *capital fixe* der nicht consommable Theil des Capitals“ (MEGA② II/1. S. 531). Als stimmte er Cherbuliez allerdings doch zu, schrieb er weiter: „Da das *Capital fixe* also, sobald es in den Productionsprocess eingetreten ist, in ihm bleibt, vergeht es auch in ihm, wird in ihm aufgezehrt. Die Dauer dieses Vergehns geht uns hier noch nicht an. Nach dieser Seite gehört also das, was Cherbuliez die *matières instrumentales* nennt, wie Kohlen, Holz, Oel, Talg etc, die vollständig im Productionsprocess vernichtet werden, die nur *Gebrauchswerth* für den Process der Production selbst haben, zum *Capital fixe.*“ (MEGA② II/1. S. 561.)

Die vorliegenden Auszüge beziehen sich nur auf drei Seiten des ersten Bandes aus der Sektion III des vierten Kapitels im Band I „Production de la Richesse“. Marx konzentriert sich auf die Unterscheidung zwischen „le capital *fixe*“ und „le *capital circulant*“, die Cherbuliez in der Sektion „Des diverses espèces de capital" im vierten Kapitel „Du capital" in Bezug auf Smith, Ricardo, Mill und Say trifft.

Marx hat dieses Exzerpt später nicht mehr verwendet.

Francis D[avy] Longe: A Refutation of the Wage-Fund Theory of Modern Political Economy as Enunciated by Mr. Mill and Mr. Fawcett. London 1866. (Ms-S. 10; siehe S. 756.)

In diesen kurzen Auszügen geht es nicht um den Unterschied von fixem und flüssigem Kapital, sondern um den Arbeitslohn. Marx hatte sich bei der Lektüre von Henry Fawcett im „Großheft 1865/1866" der „Hefte zur Agrikultur" mit der „Wage-Fund"-Theorie beschäftigt (siehe S. 354/355) und diese im ersten Band des „Kapital" kritisiert (MEGA② II/5. S. 493). Anschließend notierte er Longes Werk in bibliographischen Notizen und wollte ihn wahrscheinlich lesen, um seine Kritik mit der neuesten Literatur zu bekräftigen (S. 373.10).

Francis Davy Longe (1831–1910) war britischer Jurist und studierte John Stuart Mills Philosophie an der Oxford University. Neben seiner Tätigkeit als Jurist war er Kommissar für die Untersuchung von Kinderarbeit in Fabriken. Marx erwähnte diesen Bericht im ersten Band des „Kapital": „Die *Töpferei* (Pottery) von *Staffordshire* hat während der letzten 22 Jahre den Gegenstand drei parlamentarischer Untersuchungen gebildet. Die Resultate sind niedergelegt [...] im Bericht des Herrn *Longe* von 1863, in *‚First Report of the Children's Employment Commision'* vom 13. Juni 1863." (MEGA② II/5. S. 189.)

Longe gilt ebenfalls als Kritiker der „Wage-Fund"-Theorie von Mill und Fawcett, die er in der vorliegenden 80-seitigen Schrift versucht zu widerlegen. Allerdings exzerpiert Marx nicht Longes ausführliche „Widerlegung" der „Wage-Fund"-Theorie. Er schätzte dessen Erfahrung als Untersuchungskommissar der Fabrikarbeit, der wusste, dass die freie Konkurrenz keineswegs automatisch die Verteilung des „wage-fund" unter der Arbeiterklasse verwirklicht, sondern vielmehr einen immer niedrigeren Lohn verursacht, wie Marx mit Unterstreichung und Randanstreichung hervorhebt: „While a reduction of wage below its sufficient price diminishes, deteriorates, and destroys labour, it increases both the demand for, and the supply of inferior and impoverished labourers ... it pushes further and further away that boundary to competition which the limits of the supply of labourers is supposed to put." (S. 756.)

Marx hat dieses Exzerpt später nicht mehr verwendet.

John Lalor: Money and Morals: A Book for the Times. London 1852. (Ms-S. 11; siehe S. 758/759.)

John Lalor (1814–1856) war irischer Journalist, Publizist und Teilnehmer der irischen Unabhängigkeitsbewegung von 1848. Lalor äußerte sich kritisch über die Verabsolutierung des Marktprinzips, wonach der Verkauf mit dem höchsten und der Kauf mit dem günstigsten Preis als Ideal gelte. Er ist allerdings nicht kritisch gegen den Markt als solchen, da es ökonomische und moralische Vorteile habe, wenn man frei mit anderen seine Produkte tauschen könne. Er verwarf den Markt nur, sobald dieser das menschliche Leben als alleiniges Kriterium dominiert.

Marx hatte bereits einige Sätze dieses Werks in Heft VII von 1859–1863, ein Heft, das er „großes Heft“ und später „Großheft VII“ nannte, exzerpiert und sich dabei notiert: „Später wieder anzusehn.“ (IISG, MEN, Sign. B 91a. S. 167.) Als er im „Ökonomischen Manuskript 1861–1863“ schrieb, dass eine Schrift Thomas Hodgskins’ zu den bedeutenden Werken der englischen politischen Ökonomie zähle, gab er als Quelle Lalors „Money and Morals“ an (MEGA② II/3. S. 1395). In einem anderen Zusammenhang erwähnte er Lalor wegen dessen Behauptung, dass in der kapitalistischen Produktion die Warenvorräte relativ abnehmen: „Ueber diese *relative Abnahme* der Vorräthe – d.h. der in Circulation befindlichen Waaren – verglichen mit der Masse der Production und Consumtion, sieh *Lalor, Economist, Corbet.*“ (MEGA② II/3. S. 1423.) Marx wiederholte dieselbe Ansicht in „Thematisch ausgewählte Quellenauszüge für Buch 2 des ‚Kapitals‘“ im Herbst/Winter 1867: „*Vorrathbildung.* [...] *Nimmt ab* mit Umfang u. Geschwindigkeit der Production. *Lalor.* Großheft VII. p. 167.“ (MEGA② II/4.3. S. 51.)

Das Exzerpt behandelt nur die beiden Kapitel „Money Income“ und „The Revolution of Capital and Income“. Marx hatte früher im „Großheft VII“ teilweise dieselben Stellen herausgeschrieben (siehe IISG, MEN, Sign. B 91a. S. 167). Möglicherweise nahm Marx sein altes Heft als Ausgangspunkt für das vorliegende Exzerpt.

In Manuskript IV zum zweiten Buch des „Kapital“, das ungefähr zeitgleich mit dem vorliegenden Exzerpt im Frühjahr 1868 begonnen wurde, kritisierte Marx nochmals Lalors Behauptungen über die Abnahme der Vorräte im Laufe der kapitalistischen Entwicklung (MEGA② II/4.3. S. 342 und 344).

Ferner kritisierte Marx mehrmals Lalors Verwendung des Begriffs „money capital“. Er notierte schon in „Thematisch ausgewählte Quellenauszüge für Buch 2 des ‚Kapitals‘“ Lalors typische Verwendungsweise: „*Money Capital.* ‚Of the aggregate stock of money (gold, notes, and transferable bank credit), a portion is always in the hands of those who intend to use it as income, another portion with those who use it as capital. In the latter case it is *money capital.*‘ (p. 7, 8. *John Lalor. Money and Morals.* Lond. 1852)“ (MEGA② II/4.3. S. 53). Damals war sich Marx anscheinend der Probleme des Lalor’schen Verwendung dieses Begriffs bereits bewusst. In Manuskript II zum zweiten Buch des „Kapital“ zitierte er in einer Fußnote abermals Lalors Kapitalbegriff: „Für Herrn Lalor ist *Geldkapital (money capital)*, als eine der functionellen Formen des sich verwerthenden Kapitals durchaus nicht verschieden vom Zinstragenden Kapital etc. Der Engländer besingt jedoch in dem *monied capital* einen v. *money capital* verschiednen Ausdruck, wovon nur der erste für Zinstragendes Kapital u.s.w. verwendet werden sollte.“ (MEGA② II/11. S. 21.)

In „Zu benutzende Textstellen früherer Darstellungen (Manuskript I bis IV)“, einer Notiz über die zukünftige Verwendung der Manuskripte I bis IV für das zweite Buch des „Kapital“, erscheint Lalor in Bezug auf dieselben Themen (siehe MEGA② II/11. S. 542 und 546). Daraus kann geschlossen werden, dass Marx' Bezüge zu Lalor auf seinen früheren Auszügen basieren, während die vorliegenden Auszügen keine bedeutende Rolle für die Abfassung der Manuskripte spielten.

Marx richtet seine Aufmerksamkeit im vorliegenden Exzerpt nicht auf Lalors Reformvorschläge für eine Moralisierung des Kapitalismus, sondern nur auf einige ökonomische Probleme des Zusammenhangs von Produktionszweigen und deren unterschiedlichen Entwicklungsgeschwindigkeiten. Die Absätze beziehen sich auf Themen wie „Umschlag des Kapitals", „Reproduktion des gesellschaftlichen Gesamtkapitals" und „tendenzieller Fall der Profitrate". Eine Stelle zeigt Marx' anhaltendes Interesse für den Zusammenhang zwischen dem „Gesetz des abnehmenden Bodenertrags" und dem „Fall der Profitrate". Er unterstreicht einen Satz, wonach die Durchsetzung des „Gesetzes" für lange Zeit durch die rapide Entwicklung der Agrikultur gehemmt war und die Profitrate trotzdem gesunken ist (S. 759.1–5).

A[lexander] Sandelin: Répertoire général d'économie politique ancienne et moderne. T. 1. La Haye 1846. (Ms-S. 13, siehe S. 761.)

Dieser Auszug führt Marx' Studien zum fixen und flüssigen Kapitals fort und bezieht sich nur auf den Begriff des „capital engagé".

Peter Alexander Sandelin (1777–1861) war belgischer Richter. Als Herausgeber des sechsbändigen „Répertoire" versammelte er Zitate aus unterschiedlichen Schriften zu Begriffen und Personen der politischen Ökonomie. Der erste Band umfasst die Kategorien bis zum Stichwort „Capital, Capitaux". Anhand des Inhaltsverzeichnisses konnte Marx also direkt die für seine Studien relevanten Stellen ermitteln. In der langen Zitatsammlung „Capital, Capitaux" (S. 633–696) befinden sich u. a. Zitate aus Jean-Baptiste Says Schrift „Traité d'économie politique" (Paris 1817), denen Marx den vorliegenden Auszug zum „Capital engagé" entnahm. Daher gibt sein Exzerpt Says „Traité" wieder, aber Marx weist dies nicht nach, sondern gibt als Quelle Sandelin an. Er musste bemerkt haben, dass er ein Say-Zitat notierte, denn er hatte den ersten Teil des Zitats bereits in einem „Pariser Heft" 1844 (MEGA② IV/2. S. 324) exzerpiert und ihn zwei Mal in den „Grundrissen" (MEGA② II/1. S. 526.29/30 und 567.333–35) wiedergegeben.

Marx hat dieses Exzerpt später nicht mehr verwendet.

Zeugenbeschreibung

H *Originalhandschrift:* IISG, Marx-Engels-Nachlass, Sign. B 118.

Beschreibstoff: Gebundenes Heft mit kartoniertem Umschlag und schwarzem Lederrücken aus acht im Falz mit weißen Fäden gehefteten Lagen verschiedener Bodenstärke. Außenseiten lehmbraun-blau-gelb marmoriert, Innenseiten weiß. Die erste Lage besteht aus fünf Bogen (= 10 Blatt = 20 Seiten), die anderen sieben aus sechs Bogen (= 12 Blatt = 24 Seiten) teilweise vergilbten, ursprünglich weißen, linierten, starken Papiers (bei der sechsten Lage sind zwei Blatt in ein Blatt zusammengeklebt). Abstand der Linien 9 mm. Das erste und letzte Blatt sind auf die Rückseite des vorderen und hinteren Vorsatzpapiers geklebt. Format der Bogen 198 mm × 316 mm, gefaltet auf 198 mm × 158 mm. Wasserzeichen: horizontale Linien im Abstand 26 mm und die Firmenbezeichnung

VALLEY
CRAY MILL
KENT
1868

bzw. die symbolische Darstellung der Britannia. Buchschnitt an allen drei Seiten grün-schwarz gesprenkeltes Muster. Auf die Außenseite des Vorderdeckels von Engels ein Etikett aus weißem Papier im Format 136 mm × 130 mm mit einem Inhaltsverzeichnis geklebt.

Zustand: Papier an den Rändern leicht vergilbt. Ein Blatt (S. [83]/[84]) vertikal zu sieben Achteln abgeschnitten, keine Textverluste. Sonst gut erhalten.

Schreiber: Karl Marx, Friedrich Engels (Etikett) und eine unbekannte Hand (Jahresangabe „'68–77" auf dem von Engels auf die Umschlagseite geklebten Etikett).

Schreibmaterial: Bis S. 55 schwarze Tinte und Rotstift bei Unterstreichungen, ab S. [56] blaue Tinte.

Beschriftung: Auf dem Vorderdeckel aufgeklebter Zettel mit Inhaltsverzeichnis von Engels; auf vorderem Innendeckel Inhaltsverzeichnis von Marx.

S. 1–55: in den vorliegenden Band aufgenommene Exzerpte aus Werken von Macleod, Patterson, Laing, Cherbuliez, Longe, Lalor and Sandelin.

S. [56]–[82] und [85]–[86]: in MEGA② I/27 aufgenommene Dokumente; Text des ersten Teils des Entwurfs der „Randnoten zu Dührings ‚Kritischer Geschichte der Nationalökonomie'".

S. [0c], [83]/[84]: leer.

S. [0d]: eine Zeile.

S. 37: zwei Zeilen.

S. 8: zu einem Viertel.

S. 13: zu zwei Fünfteln.

S. [0b], 55: zur Hälfte.

S. 9: zu fünf Sechsteln.

Alle anderen Seiten vollständig.

Lateinische Schrift.

Paginierung: Marx paginierte S. 1–20, 22, 24–34, 36–55 mit Tinte, S. 21 und 23 mit Bleistift. S. [0b], [0c], [0d], [35] und [56]–[87] von Marx nicht paginiert.

Vermerke fremder Hand: Archivstempel des IISG unregelmäßig auf 45 Seiten; Sign. B 103 auf dem von Engels auf die Umschlagseite geklebten Etikett; auf allen beschriebenen Seiten Fotosign. AL 1–88 mit Bleistift.

Hinweise zur Edition

Die von Marx mit Blau- und Rotstift erstellten Unterstreichungen werden im Edierten Text als Unterstreichung wiedergegeben, die mit Tinte erstellten als Kursivierung.

Mit Ausnahme des Entwurfs der „Randnoten zu Dührings…" (MEGA② I/27. S. 145–179) werden alle Auszüge hier erstmals veröffentlicht.

KORREKTURENVERZEICHNIS

738.2	1858.] **H** 1858)
738.3	82)] **H** 82)
741.2	1–3] **H** 1–4
741.5	14–15] **H** 14–16
741.6–7	(p. 9) (p. 11)] **H** (p. 9)
741.11	11] **H** 11–12
741.12	*Répertoire*] **H** *Répertoir*
743.3	1858] **H** 1868
	Von dem Buch erschien 1868 keine Auflage.
749.23	latter.«] **H** latter.
750.7	an] **H** as
752.2	Économique."] **H** Économique.
752.3	1862.] **H** 1862)
752.7	elle-même] **H** elle même
754.12	»The] **H** The
756.2	„A] **H** A
757.2	*1847."*] **H** *1847.*
760.24	months;"] **H** months;
764.27	22] **H** 20
	Korrigiert nach der Quelle.
766.2	»As] **H** As
766.7	»Wholesale] **H** Wholesale
767.22	415] **H** 414
768.21	income.«] **H** income.
769.23	*Exchange.*«] **H** *Exchange.*
769.24	take] **H** takes
770.9	»the] **H** the
770.16	created.«] **H** created.
770.24	is] **H** it
771.24	judgment] **H** jugdment
772.30–32	intensity of the [service itself, which we may also express by the necessity of the] person] **H** intensity of the person
	Ergänzt nach der Quelle.
772.40	demand.«] **H** demand.

774.11	this] **H** tis
775.14	interest] **H** interested
775.39	[import,]]
	Ergänzt nach der Quelle.
776.8	has] **H** has has
776.16	etc.] **H** etc
777.12	*par*] **H** *part*
778.35	may have to pay] **H** may have to pay may have to pay
779.11	etc.] **H** etc
780.6	dealers] **H** dealer
782.23	[worse]]
	Ergänzt nach der Quelle.
784.15	capital.«] **H** capital.
786.2	tickets] **H** ticket
786.25	[of]]
	Ergänzt nach der Quelle.
787.9	the treasure] **H** threasure
787.18	The events] **H** events
	Von Marx versehentlich gestrichen.
787.38	not.«] **H** not.
788.38	tills –] **H** tills,
789.7	cheque] **H** cheque,
789.27	bankers“).] **H** bankers“.
790.30	»Part] **H** Part
790.30	helps] **H** help
792.6	commodities.«] **H** commodities.
793.5	Gesetzgebung)] **H** Gesetzgebung,
793.5–6	Millionen.] **H** Millionen.)
793.18	years.] **H** years.)
794.7	1856–60] **H** 1855–60
794.18	37.5] **H** 35.5
	Korrigiert nach der Quelle.
794.31	240] **H** 140
	Korrigiert nach der Quelle.
797.20	qrs] **H** qur
798.18	rates] **H** rate
798.32	returns] **H** return
800.6	capital.«] **H** capital.
801.2	goods] **H** good
803.16	shores.«] **H** shores.
804.3	[in]]
	Ergänzt nach der Quelle.
805.8	Lord] **H** Lords’
805.27	*contractors’*] **H** *contractors*

805.33 etc.] **H** etc
808.31 home.] **H** home.“

ERLÄUTERUNGEN

738.2 *Westminster Revue* bis 2089. d.] The Westminster Review. January and April, 1858. New Series. Vol. 13. London 1858. – Die Nummer bezieht sich auf die Signatur im Britischen Museum.

738.3 *Quarterly Revue* bis vol. 82).] The London Quarterly Review. Vol. 82. December 1847–March 1848. American Ed. New York 1848. In der amerikanischen Ausgabe der „Quarterly Review“ befindet sich auf S. 112–125 derselbe Artikel „The Present State of the Currency Practically Considered“, den Marx schon in „Heft 1. 1868“ der „Hefte zur Agrikultur“ mit „On ‚Accumulations of capital‘“ notiert hat (siehe S. 351.20), da der Artikel den Kolumnentitel „Accumulation of Capital“ trägt. Der Artikel wurde zuerst veröffentlicht in: The Quarterly Review. Nr. 163. London. Dezember 1847. S. 206–231. Marx notierte hier die Signatur der amerikanischen, später nochmal die englische Ausgabe (siehe S. 757.2).

742.2 Marx entnahm den Titel des Essays „Of Usury“ von Francis Bacon aus der im vorliegenden Heft exzerpierten Schrift Henry Dunning Macleod: The Elements of Political Economy … S. 278. Möglicherweise plante Marx aus Bacons Essay zu exzerpieren, da er den Rest der vorliegenden Seite frei ließ.

743.1–3 Henry Dunning Macleod: The Elements of Political Economy. London 1858.

744.18–19 (nämlich houses bis etc)] Zusatz von Marx.

744.32 (articles)] Zusatz von Marx.

746.1–3 John Laing: The Theory of Business for Busy Men. 2. Ed. London 1868.

749.1–3 R[obert] H[ogarth] Patterson: The Science of Finance. A Practical Treatise. Edinburgh, London 1868.

749.7–750.17 Siehe das Manuskript II zum zweiten Buch des „Kapital“: „Bei den Neusten besonders schottischen Oekonomen, die alles v. unsäglich bornirten Standpunkt des Banquierclerks betrachten, wie Mac Leod, Patterson etc, verwandelt sich der Unterschied v. fixem u. cirkulirendem Kapital in money on call and money not on call.“ (MEGA② II/11. S. 178.21–24.)

749.18 gold] Textersetzung von Marx. Zuerst schrieb er „metal".

750.36–37 Statement bis *1865*] John Lubbock: On the "Country Clearing". [Read before the Statistical Society, June, 1865.] In: Journal of the Statistical Society of London. Vol. 28. September 1865. Nr. 3. S. 361–371.

751.20 gold and] Fortsetzung der Auszüge aus Patterson auf S. 755.

752.1–3 A[ntoine]-E[lysée] Cherbuliez: Précis de la science économique et de ses principales applications. T. 1. Paris 1862.

754.1 Fortsetzung der Auszüge aus Laing: The Theory of Business for Busy Men von S. 746.

754.15 Asinus!] Esel! (lat.) – Von Marx mit Blaustift geschrieben.

755.1 Fortsetzung der Auszüge aus Patterson: The Science of Finance von S. 751.

755.20–21 statement bis *1865*] Siehe Erl. 750.36–37.

755.22 passed through] Fortsetzung der Auszüge aus Patterson auf S. 762.

756.1–4 Francis D[avy] Longe: A Refutation of the Wage-Fund Theory of Modern Political Economy as Enunciated by Mill and Fawcett. London 1866.

757.2 Siehe Erl. 738.3.

758.1–3 John Lalor: Money and Morals: A Book for the Times. London 1852.

758.14–15 *the outgoing* bis *others.*] Von Marx zitiert in „Quellenauszüge für Buch 2 des ‚Kapitals'" (MEGA② II/4.3. S. 53.25–26).

760.1 Fortsetzung der Auszüge aus Laing: The Theory of Business for Busy Men von S. 754.

761.1–3 A[lexander] Sandelin: Répertoire général d'économie politique ancienne et moderne. T. 1. La Haye 1846.

761.5–10 Sandelin zitiert aus Jean-Baptiste Say: Traité d'économie politique. 3. éd. T. 2. Paris 1817. S. 430.

761.5–7 *Capital* bis production;] Von Marx aus Say bereits exzerpiert in einem Pariser Heft 1844 (MEGA② IV/2. S. 324) und zitiert in den „Grundrissen" (MEGA② II/1. S. 526.29/30 und 567.333–35).

762.1 Fortsetzung der Auszüge aus Patterson: The Science of Finance von S. 755.

762.12 *On Banking*] Thomson Hankey: The Principles of Banking, its Utility and Economy ... London 1867.

762.16 clearing house] Bei Patterson: clearing-system

763.7–8 (denn im Inland)] Zusatz von Marx.

763.29 seit 1844] Verabschiedung des „Bank Charter Act" durch die Regierung Robert Peel (7 and 8 Victoria, Cap. 32), 1844.

766.1 Fortsetzung der Auszüge aus Laing: The Theory of Business for Busy Men von S. 760.

766.11 *Slater*, Bank Committee evidence, 1858] Report from the Select Committee on the Bank Acts; together with the Proceedings of the Committee, Minutes of Evidence, App. and Index. Ordered, by the House of Commons, to be Printed, 1 July 1858. [London 1858.] S. 158–176.

767.4 Gazette] Gemeint ist „The London Gazette", die jeden Freitag die von der Bank von England am Mittwoch aufgestellte Bilanz veröffentlichte.

767.22–26 Duke of Argyll: The Reign of Law. London 1867. S. 415.

767.27 (Braver Argyll!)] Zusatz von Marx.

768.3 Nach Dr Levi bis 1858)] Siehe James T. Hammick: On the Judicial Statistics of England and Wales, with Special Reference to the Recent Returns Relating to Crime. In: Journal of the Statistical Society of London. Vol. 30. September 1867. Nr. 3. S. 375–426: „Dr. Levi gives this as the amount in the *Stat. Soc. Journal* for 1858; more recently (Sept., 1867)"

769.1 Fortsetzung der Auszüge aus Macleod: The Elements of Political Economy von S. 745.

769.12 (of bis exchanges)] Zusatz von Marx.

769.16–18 „a guinea bis neighbourhood."] Macleod zitiert aus Adam Smith: An Inquiry into the Nature and Causes of the Wealth of Nations. With a Commentary, by the Author of "England and America" [d.i. Edward Gibbon Wakefield]. Vol. 2. London 1835. S. 274.

769.18–19 Das bis nicht.] Kommentar von Marx.

770.10 (!)] Zusatz von Marx.

770.13–16 »To fix bis created.«] Von Marx zitiert in Manuskript II zum zweiten Buch des „Kapital" (MEGA② II/11. S. 80.2–6).

770.23–27 Capital, then, bis money.«] Von Marx zitiert in Manuskript II zum zweiten Buch des „Kapital" (MEGA② II/11. S. 80.14–20).

770.28–29 Our laborer bis money.] Von Marx zitiert in Manuskript II zum zweiten Buch des „Kapital" (MEGA② II/11. S. 80.24–26).

770.30–771.5 As bis capital.] Von Marx zitiert in Manuskript II zum zweiten Buch des „Kapital" (MEGA② II/11. S. 80.33–81.13).

771.5–7 As the object bis *capital.*] Von Marx zitiert in Manuskript II zum zweiten Buch des „Kapital" (MEGA② II/11. S. 81.33–35).

771.7–20 When a man bis capital.] Von Marx zitiert in Manuskript II zum zweiten Buch des „Kapital" (MEGA② II/11. S. 81.38–82.8).

771.23–24 a *portion* bis industry.] Von Marx zitiert in Manuskript II zum zweiten Buch des „Kapital" (MEGA② II/11. S. 80.30–33).

771.41–772.1 A merchant bis credit,] Von Marx zitiert in Manuskript II zum zweiten Buch des „Kapital" (MEGA② II/11. S. 82.32–33).

772.5 *capital* bis *medium.*] Von Marx zitiert in Manuskript II zum zweiten Buch des „Kapital" (MEGA② II/11. S. 82.37–39).

772.19 *(!)*] Zusatz von Marx.

772.24–25 (!)] Zusätze von Marx.

772.26 asinus asinorum] Der Esel der Esel (lat.)

772.32–33 (dieß bis *Gebrauchswerth!*)] Zusatz von Marx.

773.6–7 Ricardo bis price] Siehe David Ricardo: On the Principles of Political Economy, and Taxation. London 1817. S. 59: „The exchangeable value of all commodities, whether they be manufactured, or the produce of the mines, or the produce of land, is always regulated, not by the less quantity of labour that will suffice for their production under circumstances highly favourable, and exclusively enjoyed by those who have peculiar facilities of production; but by the greater quantity of labour necessarily bestowed on their production by those who have no such facilities [...] meaning—by the most unfavourable circumstances, the most unfavourable under which the quantity of produce required renders it necessary to carry on the production."

774.8 Woods Algebra] Macleod verweist auf James Wood: The Elements of Algebra. Designed for the Use of Students in the University. 13. Ed., Carefully Rev. and Much Enl. by Thomas Lund. London 1848. S. 244: „When the interest of the *Principal* alone, or sum lent, is taken, it is called *Simple Interest;* but if the interest, as soon as it becomes due, be added to the principal, and interest be charged upon the whole, it is called *Compound Interest.*"

774.39–775.2 Bis 1833 war die Zinsrate für den gesamten britischen Wechselmarkt durch die „Usury Laws" auf 5% begrenzt. Mit dem „Bank Charter Act" von 1833 (3 and 4 William IV, Cap. 98) wurden die 90-tägigen Wechsel von dieser Regulierung befreit. Die „Usury Laws“ wurden schließlich 1854 mit dem „Usury Laws Repeal Act“ (17 and 18 Victoria, Cap. 90) aufgehoben.

775.8 (i.e. Gold, Silber)] Zusatz von Marx.

775.9–10 (das beast bis Zinsfuß)] Zusatz von Marx.

775.14–15 (by bis trade)] Zusatz von Marx.

777.1 Fortsetzung der Auszüge aus Laing: The Theory of Business for Busy Men von S. 768.

780.1 Fortsetzung der Auszüge aus Macleod: The Elements of Political Economy von S. 776.

781.30 (wie bei Kauf u. Verkauf fertiger Waaren)] Zusatz von Marx.

781.41–782.4 If the bis the notes] Marx' Zusammenfassung.

786.1 Fortsetzung der Auszüge aus Laing: The Theory of Business for Busy Men von S. 779.

787.1 *commercial* crisis, f.i. of 1857] Die Wirtschaftskrise von 1857 brach im August 1857 in den USA aus, als die New Yorker Bank „Ohio Life Insurance and Trust Company“ die Zahlung einstellte, und verbreitete sich schnell über die ganze Welt. Marx verfolgte den Verlauf der Krise in drei Heften mit Exzerpten, Zeitungsausschnitten und Notizen (siehe MEGA② IV/14).

787.2–3 The rush bis 1866] Die Finanzmarkt-Panik im Mai 1866 wurde durch den Bankrott des Londoner Wechselmaklers „Overend, Gurney & Co.“ hervorgerufen. Marx studierte diesen Bankrott, die darauffolgende Depression sowie den Prozess gegen die Direktoren der Firma in mehreren Exzerptheften 1868/1869 (werden veröffentlicht in MEGA② IV/19).

789.26–27 „reserves bis bankers“] Laing zitiert James Wilson: Capital, Currency, and Banking ... 2. Ed. London 1859. S. 11.

789.36 interest.] Von Marx gestrichen: Manufacturer *borrows it* (Esel unterstellt, daß Preise der goods auf market gefallen.

792.1–2 *Hankey on Banking*] Thomson Hankey: The Principles of Banking, its Utility and Economy ... London 1867.

792.3–4 *Wilson* bis *commodities*] Laing zitiert aus James Wilson: Capital, Currency, and Banking ... 2. Ed. London 1859. S. 99.

793.1 Fortsetzung der Auszüge aus Patterson: The Science of Finance von S. 765.

793.5 vor Aendrung der Gesetzgebung] Patterson stellt S. 49/50 fest, dass der französische Außenhandel bereits vor dem Zollabbau in Folge des 1860 geschlossenen Cobden-Chevalier-Handelsvertrags zwischen Großbritannien und Frankreich, zwischen 1850 und 1860 doppelt so schnell wie der britische gewachsen ist.

799.28 Bank Inquiry] Enquête sur la Banque de France. Dépositions de M.M. Émile & Isaac Pereire devant le Conseil Supérieur du Commerce, de l'Agriculture et de l'Industrie ... Paris 1866. S. 44.

803.1 Fortsetzung der Auszüge aus Laing: The Theory of Business for Busy Men von S. 792.

804.13–14 *The Companies Clauses Act*] An Act for Consolidating in One Act Certain Provisions Frequently Inserted in Acts Relating to the Constitution and Management of Companies Incorporated for Carrying on Undertakings of a Public Nature (26 and 27 Victoria, Cap. 118), 1863: „Subject to the foregoing provisions, the company may from time to time dispose of new shares and new stock at such times, to such persons, on such terms and conditions, and in such manner, as the directors think advantageous to the company, but so that not less than the full nominal amount of any share or proportion of stock be payable or paid in respect thereof."

804.14 *The Railway Act of 1867*] An Act to Amend the Law Relating to Railway Companies (30 and 31 Victoria, Cap. 127), 1867: „Section twenty-one of the Companies Clauses Act, 1863, shall with respect to any special Act of a company incorporating Part II. of that Act, whether passed or to be passed, be read and have effect as if the following words, that is to say, 'but so that not less than the full nominal amount of any share or proportion of stock be payable or paid in respect thereof,' had not been inserted in that section."

804.36 1844 Act] „Bank Charter Act" der Regierung Robert Peel (7 and 8 Victoria, Cap. 32), 1844.

805.1 *Lloyd's bonds*] Siehe Henry Godefroi, John Shortt: The Law of Railway Companies ... London 1869. S. 39: „Lloyd's bonds are in the form of an acknowledgement, under the seal of the company, of a debt incurred and actually due by the company to a contractor or other person for work done, goods supplied, (or otherwise, as the case may be,) with a covenant for payment of principal and interest at a future time".

805.2 act of 1844] Siehe Erl. 804.36.

805.9 panic] Wirtschaftskrise von 1866. Siehe Erl. 787.2–3.

805.28–29 *Railway Act of 1867*] Siehe Erl. 804.14.

806.5–8 „I may bis to us.“] Laing zitiert aus: Report from the Select Committee on the Bank Acts; together with the Proceedings of the Committee, Minutes of Evidence, App. and Index. Ordered, by the House of Commons, to be Printed, 1 July 1858. [London 1858.] S. 80.

807.1 Fortsetzung der Auszüge aus Patterson: The Science of Finance von S. 802.

Exzerpt aus: Trade Accounts (Foreign Countries), 1868

Zwischen 29. April und 4. Mai 1868

(S. 810)

ENTSTEHUNG UND ÜBERLIEFERUNG

Die Quelle des vorliegenden Auszugs von Marx ist: Trade Accounts (Foreign Countries). Belgium,–Holland,–France,–and United States. Presented to both Houses of Parliament by Command of Her Majesty. Ordered, by the House of Commons, to be Printed, 17 March 1868. [London 1868.]

Wahrscheinlich erstellte Marx dieses Exzerpt infolge der an ihn gerichteten Anfrage von Johann Baptist von Schweitzer, Präsident des „Allgemeinen Deutschen Arbeitervereins" und Nachfolger Ferdinand Lassalles, vom 29. April 1868. Angesichts einer Ermäßigung der Eisenzölle durch das deutsche Zollparlament vertrat Schweitzer die Ansicht, dass „die Position der Arbeiterpartei in solchen Fragen" ein „Erstreben der Abschaffung aller Zölle" sein müsse, jedoch „nicht vorzeitig, so daß die inländische Industrie concurrenzunfähig würde" (RGASPI, f. 1, op. 1, d. 2370). Schweitzer wollte gleichwohl von Marx wissen, ob „nun die vorgeschlagene Herabsetzung der Eisenzölle die betreffende Industrie wirklich dauernd schädigen [würde]?" (Ebenda.)

Der vorliegende Auszug aus einem für das britische Parlament vorbereiteten, Mitte März 1868 veröffentlichten Handelsbericht gibt eine Importstatistik für Belgien der Jahre 1865 bis 1867 wieder. Sie zeigt, dass Belgien industrielle Güter zunehmend aus dem Zollverein und weniger aus Großbritannien importierte. Marx verdeutlicht dies durch Hinzusetzen von „+" und „–".

Marx versandte das Exzerpt an Engels mit seinem Brief vom 4. Mai 1868: „Meine Ansicht ist, daß die Deutschen Herabsetzung des Schutzzolls auf Roheisen vertragen können u. daß die Fabrikanten auch in den andern Artikeln das Geheul übertreiben. Diese Ansicht beruht auf Vergleichung des engl. u. deutschen Exports in neutralen Märkten. Beiliegend beispielsweis ein Zettel über den Export nach Belgien." (IISG, MEN, Sign. L 4533.)

Obwohl Marx also dachte, dass eine Zollherabsetzung der deutschen Industrie nicht wesentlich schaden würde, gedachte er, „diese Frage im Parteiinteresse auszubeuten u. zugleich den Engländern keine neue Erleichterung irgend einer Art zu verschaffen", und formulierte als Bedingungen für eine Zustimmung zu einer Zollherabsetzung die Inauftraggabe einer „parlamentarisch[en] Enquête über den Zustand der deutschen Eisen-Bergwerksproduktion u. Manufaktur", die auch die Arbeitsverhältnisse untersuchen solle, sowie einer „Enquête über die Art u. Weise, wie die *Eisenbahnen* ihr Monopol mißbrauchen". (Ebenda.)

Marx bat Engels um seine Einschätzung der Frage sowie um Rücksendung seines Exzerpts. Engels stimmte in seiner Antwort vom 6. Mai 1868 in den

Hauptpunkten zu und ergänzte einige Angaben zum deutschen Eisenbahnwesen (siehe IISG, MEN, Sign. D 1679). Marx gab gegenüber Engels am 7. Mai an, diese Angaben „dem Brief an Schweitzer einverleibt“ (IISG, MEN, Sign. L 4534) zu haben. Dieses Antwortschreiben an Schweitzer ist nicht überliefert. Schweitzer bedankte sich bei Marx am 13. Mai 1868 für dessen „werthvolles Gutachten“ und gab zugleich zu verstehen, dass „[e]ine parlamentarische Untersuchung [...] leider wegen ‚Incompetenz‘ nicht durchzusetzen sein [wird]“ (RGASPI, f. 1, op. 1, d. 2371).

Zeugenbeschreibung

H *Originalhandschrift:* IISG, Marx-Engels-Nachlass, Sign. B 110.
Beschreibstoff: Ein Blatt vergilbten, weißen, festen Papiers im Format 160 mm × 201 mm. Wasserzeichen: sieben vertikale Linien mit Abstand 26 mm. Auf die Rückseite ein kleines, hellblaues Bruchstück geklebt.
Zustand: Stark vergilbt, keine Textverluste.
Schreiber: Karl Marx.
Schreibmaterial: Schwarze Tinte.
Beschriftung: Die erste Seite (eine Tabelle) vollständig beschrieben. Die zweite: leer.
Lateinische Schrift.
Paginierung: Keine Paginierung von Marx.
Vermerke fremder Hand: Auf der ersten Seite zwei Archivstempel des IISG und Sign. B 99. Mit fremder Hand: „3542“.

Hinweise zur Edition

Der Auszug wird hier erstmals veröffentlicht.

ERLÄUTERUNGEN

810.1–3 Aus: Trade Accounts (Foreign Countries). Belgium,–Holland,–France,–and United States. Presented to both Houses of Parliament by Command of Her Majesty. Ordered, by the House of Commons, to be Printed, 17 March 1868. [London 1868.]

ZWEITER TEIL
EXZERPTE UND NOTIZEN
VON
FRIEDRICH ENGELS

Exzerpt aus: Deutsche Eisenbahn-Statistik für das Betriebs-Jahr 1864

Wahrscheinlich 1866

(S. 813)

ENTSTEHUNG UND ÜBERLIEFERUNG

Den vorliegenden Auszug entnahm Friedrich Engels aus: Deutsche Eisenbahn-Statistik für das Betriebs-Jahr 1864. Hrsg. von der geschäftsführenden Direktion des Vereins Deutscher Eisenbahn-Verwaltungen. Jg. 15. Berlin 1866. Die Eisenbahnstatistik erschien seit 1851. Aus dem vorliegenden 248-seitigen Bericht übernimmt Engels Angaben aus der Tabelle „Anschaffungskosten der Transportmittel“ von S. 40/41. Von den 32 deutschen Eisenbahngesellschaften, welche die Tabelle auflistet, exzerpiert Engels nur einige Angaben für drei Gesellschaften.

Wahrscheinlich exzerpierte Engels die Statistik bald nach ihrem Erscheinen. Eine spätere Verwendung des Exzerpts konnte nicht ermittelt werden.

Zeugenbeschreibung

H *Originalhandschrift:* IISG, Marx-Engels-Nachlass, Sign. J 9.

Beschreibstoff: Ein Blatt leicht vergilbten, weißen, gerippten Papiers im Format 138 mm × 219 mm. Wasserzeichen: fünf vertikale Linien mit Abstand 28 mm.

Zustand: Vergilbt, keine Textverluste.

Schreiber: Friedrich Engels.

Schreibmaterial: Schwarze Tinte.

Beschriftung: Die erste Seite (eine Tabelle): zu zwei Siebenteln beschrieben. Die zweite: leer.

Paginierung: Keine Paginierung von Engels.

Vermerke fremder Hand: Auf der ersten Seite Archivstempel des IISG und Sign. H 27. Mit fremder Hand: „MD 16“, „V 16“ und „CTYC3“ (alle mit Bleistift).

Hinweise zur Edition

Der Auszug wird hier erstmals veröffentlicht.

ERLÄUTERUNGEN

813.1–11 Deutsche Eisenbahn-Statistik für das Betriebs-Jahr 1864. Hrsg. von der geschäftsführenden Direktion des Vereins Deutscher Eisenbahn-Verwaltungen. Jg. 15. Berlin 1866.

Exzerpte aus: Moskovskija Vĕdomosti, 23. März 1867
Mitte April 1867
(S. 814–819)

ENTSTEHUNG UND ÜBERLIEFERUNG

Die vorliegenden Auszüge entnahm Friedrich Engels aus Vl[adimir Pavlovič] Bezobrazov: Schujsko-Ivanovskaja železnaja doroga. In: Moskovskija Vĕdomosti. Nr. 66, 23. März 1867. S. 3. Engels erhielt diese Nummer der „Moskovskija Vĕdomosti" von Sigismund Ludwig Borkheim. Dieser wies Engels in seinem Brief vom 11. April 1867 auf den *„sehr interessante[n]* Artikel [...] über das russische Lancashire" hin und kündigte den Versand der Zeitung für den folgenden Tag an (IISG, MEN, Sign. L 686).

Borkheim war der Auffassung, der Artikel „würde in Manchester Aufsehen machen" und er schien ihm „wichtig für die englischen Baumwollenfabrikanten" (ebenda). Mit dem „russischen Lancashire" war die Stadt Šuja gemeint, damals ein Zentrum der russischen Textilindustrie. In dem Artikel betonte Bezobrazov die Wichtigkeit des Aufbaus der Eisenbahn Šuja-Ivanovo für die Entwicklung der russischen Baumwollindustrie und des Handels. Der Artikel enthält viele Angaben über die ökonomische Entwicklung des Zentralgebiets Russlands.

Borkheim bat Engels um Rücksendung der Zeitung. Engels übersetzte Bezobrazovs Artikel aus dem Russischen ins Deutsche und exzerpierte ihn ausführlich.

Das Exzerpt wurde in russischer Übersetzung veröffentlicht in Friedrich Engels: Schujsko-Ivanovskaja železnaja doroga. In: Archiv Marksa i Engel'sa. T. 12. [Moskva] 1952. S. 173–178.

Zeugenbeschreibung

H *Originalhandschrift:* IISG, Marx-Engels-Nachlass, Sign. H 14.

Beschreibstoff: Zwei Bogen (= 4 Blatt = 8 Seiten) weißen, glatten, dünnen Papiers im Format 231 mm × 360 mm, gefaltet 231 mm × 180 mm. Auf jedem Blatt oben links ein rundes Prägebild (LONDON SUPERFINE und Wappen) gedruckt. Wasserzeichen:

A PIRIE & SONS
1866

Zustand: Gut erhalten. Papier der ersten Seite vergilbt.

Schreibmaterial: Hell schwarze Tinte.

Schreiber: Friedrich Engels.

Beschriftung: S. [1]–[5]: vollständig beschrieben. S. [6]: zu drei Vierteln beschrieben. S. [7]/[8]: leer.

Paginierung: Keine Paginierung von Engels.
Vermerke fremder Hand: Auf S. [1], [3] und [5] Archivstempel IISG, auf S. [1] Sign. H 18; auf allen beschriebenen Seiten (S. [1]–[6]) Fotosign. bG 1–6 (alle mit Bleistift).

Hinweise zur Edition

Der Auszug wird hier erstmals veröffentlicht.

ERLÄUTERUNGEN

814.1–3 Vl[adimir Pavlovič] Bezobrazov: Schujsko-Ivanovskaja železnaja doroga. In: Moskovskija Vědomosti. Nr. 66, 23. März 1867. S. 3.

Exzerpt aus: The Saturday Review, 18. Januar 1868
Zwischen 25. Januar und 2. Februar 1868
(S. 820)

ENTSTEHUNG UND ÜBERLIEFERUNG

Die Quelle des vorliegenden Auszugs von Friedrich Engels ist: The Saturday Review of Politics, Literature, Science, and Art. 18. Januar 1868. S. 97. In der Rubrik „German Literature" besprach die „Saturday Review" mehrere Neuerscheinungen deutschsprachiger Literatur, darunter den ersten Band des „Kapital" von Marx. Engels schrieb die Rezensionsnotiz vollständig ab.

Über diese Kurzrezension schrieb Marx an Engels am 25. Januar 1868: „In der *Saturday Review* v. letzter Woche ist eine Notiz über mein Buch erschienen. Ich habe sie noch nicht gesehn u. weiß auch nicht, von wem sie ist. Borkheim hat mir das fact mitgetheilt." (IISG, MEN, Sign. L 4516.) Engels antwortete am 2. Februar 1868: „Dann bin ich auch der Sat. Rev. nachgelaufen & habe mit vieler Mühe die Notiz erwischt. Wenn Du sie nicht gesehn hast so kann ich Dir Copie schicken – nicht viel dran aber immer ein gutes Zeichen." (IISG, MEN, Sign. D 1666.)

Allerdings hatte Marx die Anzeige unabhängig von Engels gelesen, denn er schrieb bereits am 30. Januar 1868 an Louis Kugelmann: „Sonnabend vor acht Tagen brachte die *Saturday Review* – das ‚blood and culture' paper – in einer Uebersicht neuerschienener deutscher Bücher auch Note über mein Buch. Ich bin relativ noch sehr gut weggekommen, wie Sie aus folgendem Passus sehn: ‚The author's views may be as pernicious as we conceive them to be, but there can be no question as to the plausibility of his logic, the vigour of his rhetoric, and the charm with which he invests the driest problems of political economy' Ouff!" (IISG, MEN, Sign. C 345/C 104).

Marx zitierte diese Anzeige in seinem Nachwort zur zweiten Auflage des ersten Band des „Kapital": „Die meinen Ansichten durchaus feindliche Saturday Review sagte in ihrer Anzeige der ersten deutschen Ausgabe: Die Darstellung ‚verleiht auch den trockensten ökonomischen Fragen einen eignen Reiz (charm.)'" (MEGA② II/6. S. 704.33–35.)

Zeugenbeschreibung

H *Originalhandschrift:* IISG, Marx-Engels-Nachlass, Sign. J 12.

Beschreibstoff: Ein Blatt leicht vergilbten, glatten, halbstarken Papiers im Format 100 mm × 158 mm. Wasserzeichen: Drei vertikale Linien mit Abstand 26 mm und die symbolische Darstellung der Britannia.

Zustand: Gut erhalten.

Schreiber: Friedrich Engels.
Schreibmaterial: Schwarze Tinte und Bleistift („18“).
Beschriftung: Die erste Seite: zu sechs Siebenteln beschrieben. Die zweite: leer.
Paginierung: Keine Paginierung von Engels.
Vermerke fremder Hand: Auf der ersten Seite Archivstempel des IISG und Sign. J 41. Mit fremder Hand: „7887“.

ERLÄUTERUNGEN

820.1–2 The Saturday Review of Politics, Literature, Science, and Art. 18. Januar 1868. S. 97.

820.3 18.] Mit Bleistift geschrieben.

REGISTER UND VERZEICHNISSE

Namenregister

Abercorn *siehe* **Hamilton, James**
Agatharchides von Knidos (etwa 200–120 v. Chr.) griechischer Geschichtsschreiber. 625
Ainsworth, William Harrison (1805–1882) englischer Schriftsteller historischer Romane. 624
Alberich Gestalt im Nibelungenlied. 351
Aleksandr III (1845–1894) Kaiser von Rußland seit 1881. 1143
Alembert, Jean Le Rond d' (1717–1783) französischer Philosoph und Mathematiker. **364** 1043
Alexander, William (1567–1640) schottischer Hofbeamter und Dichter. 297
Allen, Dr. englischer Arzt. 58
Anderson, James (1739–1808) schottischer Ökonom. 403 855
Andreas (S. Andreae) Gestalt aus der Bibel. 590
Angelrodt et Barth. deutsches Engros-Geschäft in St. Louis. 451 586
Anno II. (1010–1075) deutscher Erzbischof und Regent. 556
Anrooij, Henriëtte van (1825–1902) Tochter von Lion Philips, Cousine von Marx. 52
Applegarth, Robert (1834–1924) englischer Möbeltischler und Arbeitervertreter. 730 871
Argyll *siehe* **Campbell, George John Douglas**
Aristoteles (384–322 v. Chr.) griechischer Philosoph. 393 451 774
Arnd, Karl (1788–1877) deutscher Ökonom. 348 **380 381** 865 1039 1046 1047 1078
Asher et Co. Buchhändler in Berlin, London und Sankt Petersburg. 359
Augustenburger *siehe* **Friedrich Christian August**

Bacon (Baco), Francis (1561–1626) englischer Philosoph und Staatsmann; Lordkanzler (1618–1621). 321 394 742 1185
Baillie, Evan P. M. (1824–1874) britischer Diplomat. 632 635 647 650
Bakewell, Robert (1725–1795) englischer Landwirt und Viehzüchter. 232–234 236 237 249 301 860 972 980 1018 1136
Bakunin (Bakunine), Michail Aleksandrovič (1814–1876) russischer Revolutionär und Publizist. 52 359 963
Balaam *siehe* **Bileam**
Ball, J. G. (19. Jh.) agrarwissenschaftlicher Schriftsteller. 387 **408–410** 1051
Bank of England (B. o. E.) Aktiengesellschaft, Zentralbank Großbritanniens, gegründet 1694 durch königliches Privileg von William III., London. 81 109–117 126 256–258 260 482 656 751 755 762–764 767 779 786 787 793 939 940 960 961

Bank of Prussia (Prussian Bank) von 1847 bis 1871 Zentralbank Preußens, Berlin. 629 648 656
Banque de France (Bk. o. France) Zentralbank Frankreichs, gegründet 1800 von Napoléon Bonaparte, Paris. 374 799 808 1055
Barclay & Co. Weinhandlung in London. 779
Barron, Sir Henry P. T. (1824–1900) britischer Diplomat. 633 641 645
Barrow, Sir John, 1st Baronet (1764–1848) britischer Staatsbeamter und Geschichtsschreiber. 416
Barthold, Friedrich Wilhelm (1799–1858) deutscher Historiker. 543
Bass, Michael Thomas (1799–1884) englischer Brauer; Parlamentsmitglied. 443
Bastiat, Frédéric Claude (1801–1850) französischer Ökonom. 975
Batsford, B. Th. Verleger medizinischer Werke und Buchhändler in London. 24
Bavent, Madeleine (geb. 1602) Nonne in Louviers. 370 1044 1072
Beadon, Sir Cecil (1816–1880) britischer Kolonialbeamter in Indien. 671 672 1134
Beard, Richard jun. Englischer Fotograph. 95
Beatson, Alexander (1758–1830) britischer General und Landwirt. 606
Beausobre, Louis Isaac de (1730–1783) deutscher Philosoph und Ökonom. 248
Becker, Bernhard (1826–1882) deutscher Schriftsteller und Redakteur. 926
Becker, Johann Philipp (1809–1886) deutscher Bürstenbinder, Politiker, Publizist. 101
Beckmann, Konrad Albert (1826–1891) deutscher Publizist. 68
Becquerel, Antoine César (1788–1878) französischer Physiker. 397
Beeke, Henry (1751–1837) englischer Historiker, Theologe, Botaniker und Ökonom. 249
Beesly, Edward Spencer (1831–1915) englischer Historiker, Politiker und Publizist. 342 359 451 586 1031
Béluze, Jean Pierre (1821–1908) französischer Tischler, Sozialist. 93 953
Bender, Henry Londoner Buchhändler. 359
Benoiston de Château-Neuf, Louis-François (1776–1856) französischer Ökonom und Statistiker. 229
Berghaus, Heinrich (1797–1884) deutscher Geograph, Kartograph, Schriftsteller und Lehrer. 17 913
Berghaus, Hermann (1828–1890) deutscher Kartograph. 17 913
Bergmann, Tobern Olof (1735–1784) schwedischer Chemiker und Mineraloge. 396
Berntsen, Arent (1610–1680) dänisch-norwegischer Autor statistischer Werke, Geschäftsmann und Bankier. 543
Bervi, Vasilij Vasil'evič (genannt **N. Flerovskij**) (1829–1918) russischer Soziologe und Ökonom. 1142
Bèze, Théodore de (1519–1605) Genfer Reformator französischer Herkunft. 1044
Bickers & Son Verleger und Buchhändler in London. 26 27
Bieberstein. 490
Bigot de Morogues, Pierre Marie Sébastian (1776–1840) französischer Politiker. 199
Bileam (Balaam) Gestalt aus der Bibel. 367
Bineau, Amand (1812–186) französischer Chemiker. 150
Bischof, Gustav (1792–1870) deutscher Chemiker und Geologe. 427
Blanc, Louis (1811–1882) französischer Journalist, Historiker und Politiker; Sozialist. 68
Blannbekin, Agnes (um 1250–1315) österreichische Franziskanerin, Mystikerin und Begine. 340 1029
Blanqui, Jérôme-Adolphe (1798–1854) französischer Ökonom und Historiker. 195–197
Bligh, Walter (17. Jh.) agrarwissenschaftlicher Schriftsteller. 300
Bodin, Jean (1530–1596) französischer Philosoph und Staatstheoretiker. 1044

Böhme, Johann Ehrenfried (1727–1787) deutscher Historiker. 592
Bogle, Paul (zwischen 1815 und 1820 bis 1865) baptistischer Diakon auf Jamaika, Anführer des Morant-Bay-Aufstands 1865. 983
Boisguillebert, Pierre Le Pesant, sieur de (1646–1714) französischer Ökonom und Statistiker. 349 456
Bonaparte, Lucien (geb. **Luciano Buonaparte), Principe de Canino e Musignano** (1775–1840) Bruder von Napoléon Ier, Vater von Letitia Bonaparte-Wyse. 67
Bonaparte-Wyse, Letitia (geb. **Bonaparte**) (1804–1871) Tochter von Lucien Bonaparte, Mutter von Marie Rattazzi und Adele Türr. 67
Bonar, Alfred G. G. (1813–1886) britischer Diplomat. 632 636 647 650
Borchardt, Louis (1816–1883) deutscher Arzt und Revolutionär. 359 889 931
Borkheim, Sigismund Ludwig (1826–1885) deutscher Publizist; Demokrat 8 56 342 347 353 357 358 1024 1026 1037 1048 1054 1055 1070 1074 1142 1206 1208
Borough Bank of Liverpool Privatbank, gegründet 1837, Liverpool, 1857 Insolvenz. 258 260
Boussingault, Jean-Baptiste (1801–1887) französischer Chemiker und Agrarwissenschaftler. 397 398 400 460
Bright, John (1811–1889) englischer Fabrikant und Politiker. 6 7 894 895 928
Brismée, Désiré Jean François (1822–1888) belgischer Buchdrucker und Verleger; Demokrat. 99
Brückner, Johann Georg Martin (1800–1881) deutscher Geograph und Historiker. 453 **517 518** 580 839 1095
Buller, Thomas Wentworth (1817 bis etwa 1852) englischer Marineoffizier und Ökonom. 453 **464–468** 580 1092 1093
Bulwer Lytton, Robert, 1st Earl of Lytton (1831–1891) britischer Diplomat, Politiker und Dichter. 636 641 646
Bumstead, George Buchhändler in London. 28
Burke, Edmund (1729–1797) britischer Publizist und Politiker. 216
Burnley, Joseph Hume (gest. 1904) britischer Diplomat. 633 1132 634
Burton, Charles (Chas.) englischer Hausbesitzer. 359

Caird, Sir James (1816–1892) schottischer Agrarwissenschaftler und Statistiker. 250 301 1108
Cairns, Hugh McCalmont, 1st Earl Cairns (1819–1885) irisch-britischer Staatsmann. 805
Campbell, Sir George (1824–1892) schottischer Politiker und Kolonialbeamter. 578 1133
Campbell, George John Douglas, 8th Duke of Argyll (1823–1900) britischer Schriftsteller und Staatsmann. 767
Campbell, James. 51
Carey, Henry Charles (1793–1879) US-amerikanischer Ökonom. 106 165 376–379 382 385 405 406 411 412 853 854 858 859 864 865 975 1003 1004 1039 1046 1048 1049 1076–1079 1085 1086
Carlyle, Thomas (1795–1881) englischer Schriftsteller, Historiker und Philosoph. 349
Carpenter, William Benjamin (1813–1885) britischer Naturforscher. 849 852 893
Cernuschi, Henri (Enrico) (1821–1896) italo-französischer Nationalökonom, Politiker und Bankier. 406
Černyševskij (Thernischewski, Tschernischewski, Tschernyschevsky), Nikolaj Gavrilovič (1828–1889) russischer Schriftsteller, Literaturkritiker und Revolutionär. 585 **705–719** 720 879 1142–1144
Chadwick, Sir Edwin (1800–1890) englischer Sozialreformer. 586 693 1151
Chamberlen (Chamberlayne), Hugh (1664–1728) englischer Arzt und Ökonom. 126
Chapman, John (1821–1894) britischer Arzt, Publizist und Verleger. 758

Chapman, R. B. britischer Kolonialbeamter, Sekretär des „Board of Revenue“ in den „Lower Provinces“. 670 1135
Chaptal, Jean-Antoine, comte de Chanteloup (1756–1832) französischer Chemiker und Politiker. 395 1053
Châteauvieux, Frédéric Lullin de (1772–1841) Schweizer Agronom und Publizist. 198 200 202 325
Chatham Railway britische Eisenbahngesellschaft. 805
Cherbuliez, Antoine-Élysée (1797–1869) Schweizer Ökonom. 737 741 **752 753** 1183 1189 1190
Chevalier, Michel (1806–1879) französischer Ingenieur und Ökonom. 122 778 963
Chevreul, Michel Eugène (1786–1889) französischer Chemiker. 430
Chodzko, Benoit. 8
Christian IX (1818–1906) König von Dänemark (seit 1863). 452
Cieza de León (Cieça), Pedro de (1520–1554) spanischer Conquistador, Chronist und Historiker. 402
City of Glasgow Bank Aktiengesellschaft, 1857 Zahlungseinstellung, 1877 Insolvenz. 258
Clajus, Johannes (1535–1592) deutscher Pädagoge, Theologe und Grammatiker. 395
Clarke, Seymour (19. Jh.) Manager der Great Northern Railway. 682
Clemm, G. (19. Jh.) Chemiker. 154
Cobbett, William (1763–1835) britischer Politiker und Publizist. **701 702** 720 1139 1140
Cœur, Jacques (gest. 1456) französischer Kaufmann und Finanzier; Finanzminister. 366
Cohn, Lazarus Samson Lotterie- und Kommissionsgeschäft in Hamburg. 31
Coke, Roger (etwa 1643–1696) englischer Philosoph. 349
Collet, Collet Dobson (1813–1898) englischer Journalist und Politiker. 359
Collins Pächter in Darlington. 234 301
Concini, Concino, Marquis d'Ancre (1576–1617) italienischer Politiker. 366
Contzen, Heinrich (1835–1888) deutscher Ökonom. 347 1026
Cooper, Anthony Ashley, 3rd Earl of Shaftesbury (1671–1713) englischer Politiker und Philosoph. 251
Coquelin, Charles (1803–1853) französischer Ökonom. 262 373
Corbett, Edwin (1819–1888) britischer Diplomat. 634 649
Corenwinder, Benjamin (1820–1884) französischer Chemiker und Fabrikant. 462
Cosel, Alad. 31
Courier, Paul-Louis (1772–1825) französischer Schriftsteller. 348 **365 366** 1043
Cranbourne *siehe* **Gascoyne-Cecil, Robert Arthur Talbot**
Crédit Foncier de France Bodenkreditbank, gegründet 1852 in Paris. 642 802
Crédit Mobilier (Sociéte générale de Crédit mobilier) Pariser Aktienbank, gegründet 1852. 794 802 1074
Cremer, Sir William Randall (1838–1908) englischer Tischler, Gewerkschafter; IAA-Mitglied. 52 53 71 96 928 937–939 1022 1023
Cromwell, Oliver (1599–1658) englischer Staatsmann und Heerführer. 300
Cullen, Paul (1803–1878) irischer Geistlicher. 363 1071

Daire, Louis-François-Eugène (1798–1847) französischer Ökonom. 106
Dalton, John (1766–1844) englischer Physiker und Chemiker. 400
Dammer, Otto (1839–1916) deutscher Chemiker und Arbeiterpolitiker. 359
Daniels, Roland (1819–1855) deutscher Arzt und Naturwissenschaftler. 854 855
Daniel'son, Nikolaj Francevič (1844–1918) russischer leitender Bankangestellter, Ökonom und Publizist. 732 879 1123 1142–1144
Dante Alighieri (1265–1321) italienischer Dichter. **331** 725 774 1026 1027 1034 1035

Dare, Joseph englischer Journalist. 66
Darling, James (1797–1862) schottischer Buchhändler in London und Publizist. 29
Darwin, Charles Robert (1809–1882) englischer Naturforscher. 160 850 851 855 864 866 983 1029 1045 1125
Davis, Hewitt (19. Jh.) Autor agrarwissenschaftlicher Werke. **386** **387** 1050 1051
Davy, Humphry (1778–1829) englischer Chemiker und Physiker. 395 508
De Paepe, César (1841–1890) belgischer Schriftsetzer, später Arzt; IAA-Mitglied. **121** **122** 962 963 997
De Quincey, Thomas (1785–1859) englischer Schriftsteller und Publizist. 349 1066
Defoe (eigtl. **Foe**), **Daniel** (etwa 1660 bis 1731) englischer Schriftsteller. 349
Delamarre, Théodore Casimir (1797–1870) französischer Bankier und Publizist. 122
Delesse, Achille Joseph (1817–1881) französischer Geologe und Mineraloge. 433
Demosthenes (384–322 v. Chr.) griechischer Redner und Staatsmann. 8
Demuth, Helene (Helen, Lehnchen) (1820–1890) Haushälterin und Freundin der Familie Marx. 58 59 85 86 102 951 953
Dennistoun, Cross, and Co. britische Bank, 1857 Insolvenz. 258
Denton, John Bailey (1814–1893) britischer Landvermesser und Ingenieur. 586 1151
Derwent Iron Co. britisches Stahlunternehmen, gegründet 1840. 260
Descartes, René (1596–1650) französischer Philosoph, Mathematiker und Naturforscher. 451
Dietzgen, Joseph (1828–1888) deutscher Gerber, Publizist und Philosoph. 351 1040
Digby, Sir Kenelm (1603–1665) englischer Abenteurer, Diplomat und Naturphilosoph. 394
Diogenes von Sinope (vermutl. 413–323 v. Chr.) griechischer Philosoph. 6
Dobroljubov, Nikolaj Aleksandrovič (1836–1861) russischer Publizist, Literaturkritiker und Revolutionär. 1142
Dove, Heinrich Wilhelm (1803–1879) deutscher Physiker und Meteorologe. 401
Dove, Patrick Edward (1815–1873) schottischer Philosoph und Ökonom. 105 **126–128** 252 **284–298** 400 861 978–980 1016
Dronke, Ernst Andreas Dominicus (1822–1891) deutscher Publizist, Schriftsteller; IAA-Mitglied. 8 88 359 931
Ducpétiaux, Édouard (1804–1868) belgischer Publizist und Statistiker. 121 122 963 964 1000
Dühring, Eugen (1833–1921) deutscher Ökonom. 348 376 **382–385** **405–407** **411** **412** 453 **512–516** 580 737 809 861 863–865 1039 1046–1050 1089 1095 1186 1187
Duhamel du Monceau, Henri-Louis (1700–1782) französischer Jurist, Botaniker, Chemiker und Ingenieur. 394
Dupleix, Jean-Baptiste französischer Buchbinder; IAA-Mitglied. 91
Dupont, Eugène (1831–1881) französischer Musikinstrumentenbauer; IAA-Mitglied. 98 **361** 586 1055
Dupuit, Jules (1804–1866) französischer Ingenieur und Ökonom. 730
Dureau de la Malle, Auguste (1777–1857) französischer Dichter, Historiker und Archäologe. 268
Durocher, Joseph (1817–1860) französischer Geologe. 428

Eastern Counties Railway Co. britische Eisenbahngesellschaft. 805
Eccarius, Johann Georg (1818–1889) deutscher Schneider und Journalist; IAA-Mitglied. 53 91 359 451 586 928 931 937 938 1070
Eichhoff, Karl Wilhelm (1833–1895) deutscher Kaufmann, Jurist, Schriftsteller und Redakteur. 440
Einhof, Heinrich (1777–1808) deutscher Agrikulturchemiker. 395
Elizabeth I. (1533–1603) Königin von England und Irland (seit 1558). 249
Elkington (Elkingston) Entwickler einer Technik der Trockenlegung. 401

Ellman, John (1753–1832) englischer Bauer und Viehzüchter. 233
Elsner, Moritz (1809–1894) schlesischer Publizist und Politiker. 48 931
Engel, Ernst (1821–1896) deutscher Statistiker und Sozialökonom. 343
Ermen & Engels Manchester, Fabrik für Näh- und Strickgarne; gegründet 1837. 930
Evans, John (1823–1908) englischer Archäologe. 349
Evelyn, John (1620–1706) englischer Schriftsteller, Architekt und Gartenbauingenieur. **321 322** 982 983
Everest, R. (19. Jh.) britischer Geistlicher und Naturforscher. 416
Eyre, Edward John (1815–1901) britischer Kolonialbeamter, Gouverneur von Jamaika (1864–1866). 983

Facey, Thomas Grant englischer Maler; IAA-Mitglied. 53
Fallmerayer, Jakob Philipp (1790–1861) deutscher Historiker, Philologe und Publizist. 1097
Fallou, Friedrich Albert (1794–1877) deutscher Jurist und Bodenkundler. 417
Fane, Julian (1827–1870) britischer Diplomat und Dichter. 639 650
Faraday, Michael (1791–1867) englischer Physiker und Chemiker. 441
Farnall, Harry B. (19. Jh.) Poor Law Inspektor. 368
Fawcett, Henry (1833–1884) englischer Ökonom und Politiker. 348 349 **354 355** 1042 1043 1190
Fedorovna, Marija (Dagmar) (1847–1928) Prinzessin von Dänemark, später Gemahlin von Aleksandr III. 452 1056
Fenton, Henry P. (gest. 1907) britischer Diplomat. 640 648 649
Ferguson, Adam (1723–1816) schottischer Philosoph. 349 1064
Feuerbach, Ludwig (1804–1872) deutscher Philosoph. 852 855 1029
Ficinus, Heinrich David August (1782–1857) deutscher Mediziner und Naturforscher. 400
Fitzgibbon, Gerald (1793–1882) irischer Jurist und Publizist. 578
Fitzherbert, Sir Anthony (1470–1538) englischer Jurist. 299
Fleury, Émile Félix (1815–1884) französischer General und Diplomat. 68
Florinus, Franciscus Philippus (1649–1699) deutscher Theologe. 395
Fonblanque, Albany William (1793–1872) britischer Journalist. 939
Fontaine, Léon (1834–1895) belgischer Journalist. 71 72 98 100 945
Fontana, Giuseppe (1840–1876) italienischer Emigrant in Großbritannien. 52
Ford, Sir Francis Clare (1828–1899) britischer Diplomat. 639
Forster (Förster), Johann Reinhold (1729–1798) deutscher Naturwissenschaftler. 478
Fortrey, Samuel (1622–1681) englischer Landbesitzer und Ökonom. 349
Foster, John Leslie (1781–1842) irischer Jurist und Politiker. 456 1107
Fourcroy, Antoine-François de (1755–1809) französischer Arzt, Chemiker und Politiker. 396
Fox André (genannt **Fox**)**, Peter** (1831 oder 1832 bis 1869) britischer Journalist. 53 66 353 929 938
Fraas, Carl Nikolaus (1810–1875) deutscher Botaniker und Agrarwissenschaftler. 348 **393–404 413–434** 453 **459–463 469–481 490–498 519–530** 580 585 **621–627** 720 839 863 865–867 870 875 880–883 1039 1051–1054 1089–1092 1096 1097 1099 1100 1125 1126 1160
Francœur, Louis-Benjamin (1773–1849) französischer Mathematiker. 1042
François Ier (Francis I) (1494–1547) König von Frankreich (seit 1515). 723
Frankenstein, Carl von Agrikulturchemiker. 396
Frankfurter Bank (Bk. of Frankfort) Notenbank der Stadt Frankfurt. 656
Franklin, J. F. (19. Jh.) Autor agrarwissenschaftlicher Werke. 275
Freiligrath, Ferdinand (1810–1876) deutscher Dichter. 356 359

Freising, Ruprecht von (1481–1504) Pfalzgraf und Bischof von Freising. 550
Frerichs, Friedrich Theodor von (1819–1885) deutscher Pathologe und Internist. 521 522
Fresenius, Carl Remigius (1818–1897) deutscher Chemiker. 397 424
Freund, Wilhelm Alexander (1833–1917) deutscher Gynäkologe. 451
Friedrich Christian August, Prinz von Schleswig-Holstein-Sonderburg-Augustenburg (Augustenburger) (1829–1880) seit 1852 Anwärter auf den Thron der Herzogtümer Schleswig und Holstein. 52 927
Fuller, Banbury & Co. Bank in London. 779

Gabriel ein Erzengel in der Bibel. 370
Galiani, Ferdinando (1728–1787) italienischer Geistlicher, Diplomat und Ökonom. 106
Garibaldi, Giuseppe (1807–1882) italienischer Revolutionär. 928 1070
Gascoyne-Cecil, Robert Arthur Talbot, 3rd Marquess of Salisbury (1830–1903) britischer Staatsmann, Secretary of State for India. 670
Gay-Lussac, Joseph Louis (1778–1850) französischer Physiker und Chemiker. 400 532
Gazzeri, Giuseppe (1771–1847) italienischer Chemiker. 395
Geddes US-amerikanischer Farmer. 313
Gee, Joshua (1667–1730) britischer Händler, Publizist und Ökonom. 349
George (Georg) II (1683–1760) König von Großbritannien und Irland und Kurfürst von Hannover (seit 1727). 238
Georgios (George) I. (1845–1913) König von Griechenland (seit 1863). 452
Gibbon, Edward (1737–1794) englischer Historiker. 725
Gilbert, Joseph Henry (1817–1901) englischer Agrikulturchemiker. 843 863 965 1001 1055
Gladstone, William Ewart (1809–1898) britischer Staatsmann. 453 578 580 687 1090
Glauber (Glauberus), Johann Rudolph (1604–1670) Apotheker und Alchimist. 394
Glyn, Mills & Co. Bank in London. 779
Godwin Buchhändler und Auktionator in London. 29
Goldfarb. 53
Goldmann (Goldtmann), Karl Eduard von (1798–1863) deutscher Publizist, zeitweilig Zensor in Warschau, dann Korrespondent und Presseagent, später Hofrat und Polizeidirektor in Moskau. 8
Goüin, Alexandre Henri (1792–1872) französischer Bankier und Politiker. 191
Graham, Sir James Robert George (1792–1861) britischer Staatsmann. 482 483
Great Northern and Western Railway irische Eisenbahngesellschaft. 688
Great Northern Railway Co. britische Eisenbahngesellschaft. 682
Great Western Railway Co. britische Eisenbahngesellschaft. 693 805
Green Bekannter von Marx in London. 31
Greg, William Rathbone (1809–1881) englischer Publizist und Geschäftsmann. **77–79** 938 941
Gregoir, Henri belgischer Drucker. **120** 962
Grey, John (1785–1868) englischer Grundstücksmakler und Landwirt. 279 **455** 1091
Grey, William G. (1819–1865) britischer Diplomat. 629
Grimm, Jacob (1785–1863) deutscher Philologe und Kulturhistoriker. 556 1098 1116
Grisenthwaite (Grisentwhite), William britischer Agrarwissenschaftler. 395
Grove, Sir William Robert (1811–1896) englischer Jurist und Physiker. 327 850 851 1022 1023
Gülich, Ludwig Gustav von (1791–1847) deutscher Ökonom und Wirtschaftshistoriker. 456 1108
Guichardin, François (1483–1540) florentinischer Historiker und Politiker. 249
Guillaumin, Gilbert-Urbain (1801–1864) französischer Ökonom. 262

Gumpert, Eduard (1834–1893) deutscher Arzt. 8 52 358 931

Haeckel, Ernst (1834–1919) deutscher Biologe und Naturphilosoph. 857
Haines, J. F. englischer Radikaler. 89
Hamilton, Frederic Douglas (1815–1887) britischer Diplomat. 642
Hamilton, James, 1st Duke of Abercorn (1811–1885) britischer Großgrundbesitzer und Politiker, Lord Lieutenant of Ireland (1866–1868). 361
Hamm, Wilhelm (1820–1880) deutscher Agrarwissenschaftler. 105 252 **299–310** 844 860 980 981 1099
Hancock, William Neilson (1820–1888) irischer Ökonom. 730
Hankey, Thomson (1805–1893) britischer Händler, Bankier und Politiker. 762 792
Hanssen, Georg (1809–1894) deutscher Agrarhistoriker und Ökonom. 543
Harding. 445
Hartig, Theodor (1805–1880) deutscher Forstwissenschaftler. 399
Hartlib, Samuel (1600–1662) deutsch-englischer Wissenschaftler und Pädagoge. 300
Hartwell, Robert (1810–1875) englischer Drucker, später Druckereibesitzer. 359
Hassenfratz, Jean Henri (1755–1827) französischer Mineraloge, Physiker, Chemiker und Politiker. 396
Hatzfeldt, Sophie, Gräfin von (1805–1881) deutsche Sozialistin und Lebensgefährtin Ferdinand Lassalles. 51 53 928
Haubner, Gottlieb Carl (1806–1882) deutscher Tierarzt und Beamter. 522
Haussmann (Hausmann), Georges Eugène, baron (1809–1891) französischer Politiker; Präfekt von Paris und Stadtplaner. 68
Haussmann, Henriette Marie (1840–1890) Tochter von Georges Eugène Haussmann. 68
Haussmann, Valentine (1843–1901) Tochter von Georges Eugène Haussmann; galt vor ihrer Heirat als eine der Mätressen von Napoleon III. 68
Hawkins, Charles Fotograph in Brighton. 95
Head Buchhändler in London. 730
Heath, W. Buchhändler in London. 25
Hecker, Julius preußischer Justizbeamter; 1848 Staatsanwalt in Köln. 62
Heeren, Arnold Hermann Ludwig (1760–1842) deutscher Historiker. 625
Hegel, Georg Wilhelm Friedrich (1770–1831) deutscher Philosoph. 849 856 857 894 1048 1118
Hellriegel, Hermann (1831–1895) deutscher Agrikulturchemiker. 972
Helmholtz, Hermann von (1821–1894) deutscher Sinnesphysiologe und Physiker. 1047
Helmont, Johans Baptista van (1580–1644) flämischer Wissenschaftler. 394
Henri IV (1553–1610) König von Frankreich (seit 1589). 367
Henry VIII (1491–1547) König von England (seit 1509) und Irland (seit 1541). 300
Herig Zigarrenarbeiter in Berlin. 451
Herries, Edward (1821–1911) britischer Diplomat. 637
Hilberg, Arnold österreichischer Journalist und Verleger. 358
Hill, Charles Buchhändler in London. 24
Hinchcliffe, John US-amerikanischer Journalist und Politiker. 445
Hlubek, Franz Xaver Wilhelm von (1802–1880) österreichischer Agrarwissenschaftler. 401 453 478 479 491 **531–541** **560–562** 580 585 **601–618** 720 839 865 874 1089 1099 1100 1124 1125
Hobbes, Thomas (1588–1679) englischer Philosoph. 853
Hofmann, August Wilhelm von (1818–1892) deutscher Chemiker. 850 1029 1036
Home, Francis (1719–1813) schottischer Chemiker und Arzt. 394
Hospitalier, Édouard (1852–1907) französischer Ingenieur. 852
Howell, George (1833–1910) englischer Maurer, Politiker, Gewerkschafter und Publizist. 96 937 938

Hubbard, John Gellibrand 1st Baron Addington(1805–1889) britischer Kaufmann, Politiker und Bankier. 116
Humboldt, Alexander Freiherr von (1769–1859) deutscher Naturforscher, Geograph und Forschungsreisender. 400 532 622 845 967
Huxley, Thomas Henry (1825–1885) britischer Biologe. **341** 850 983 1029 1030
Huxtable, Anthony (1808–1883) Geistlicher in Dorset und agrarwissenschaftlicher Autor. 275 303

Imbert, Jacques (1793–1851) französischer Journalist und Sozialist. 330
Iulius Caesar (Cäsar), Gaius (100 – 44 v. Chr.) römischer Staatsmann, Feldherr und Schriftsteller. 12 16 543–545 551

Jacob, William (1762–1851) englischer Kaufmann, Statistiker und Schriftsteller. 268
Jacobi, Abraham (1830–1919) deutscher Arzt. 48 359
Jenkins Manager des Great Western Docking Depot, Glasgow. 106
Jesus Christus. 1029
Jevons, William Stanley (1835–1882) englischer Ökonom. 862
John, Johann Friedrich (1782–1847) deutscher Chemiker und Pharmakologe. 473 522 626
Johnston, James Finlay Weir (1796–1855) schottischer Chemiker und Agrarwissenschaftler. 105 **311–320** 456 839 845 846 850 853 856 858 859 861 981 982 1095
Jones, Ernest Charles (1819–1869) englischer Rechtsanwalt, Publizist und Dichter; Chartistenführer. 52
Jonnès, Alexandre Moreau de (1778–1870) französischer Abenteurer und Geologe. 268 378
Juch, Ernst (gest. 1900) deutscher Publizist. 358
Jung, Hermann (1830–1901) Schweizer Uhrmacher; IAA-Mitglied. 89 359
Juta, Carel (1824–1886) holländischer Kaufmann, seit 1853 Ehemann von Marx' Schwester Louise; IAA-Mitglied. 88

Karl I., der Große (Karl der Gr.) (747–814) König der Franken (seit 768). 569 572 577 589 594
Karl II. (Carl) (1804–1873) Herzog von Braunschweig-Wolfenbüttel (1815–1830). 68
Kats, Jean Henry (1831–1887) belgischer Drucker, Vorsitzender der Association typographique in Brüssel. 99
Kaub, Karl (Ch.) deutscher Kaufmann und Unternehmer; IAA-Mitglied. 32 89 358
Keller. 433
Kertbeny, Károly Mária (1824–1882) ungarischer Schriftsteller und Übersetzer. 8 48
Kimpton, Henry Buchhändler medizinischer Werke in London. 23
Kindlinger, Johannes Nikolaus (1749–1819) deutscher Geistlicher, Archivar und Schriftsteller. 542 883 1097
King, Philip Stephen Buchhändler in London. 8 359 877 1128 1134
Kinnaird, Arthur FitzGerald, 10th Lord Kinnaird (1814–1887) schottischer Bankier und Politiker. 731
Kirwan, Richard (1733–1812) irischer Geologe und Chemiker. 396
Kiselev (Kiseleff), Nikolaj Dmitrievič (1800–1869) russischer Diplomat. 68
Klein, Carl Wilhelm (geb. etwa 1823) deutscher Scherenfeiler; IAA-Mitglied. 732
Klings, Carl (etwa 1825 bis nach 1874) deutscher Metallarbeiter. 31 48 56 924
Koch, Carl (1827–1882) deutscher Naturforscher und Geologe. 478
Kölliker, Rudolf Albert von (1817–1905) schweizerisch-deutscher Anatom, Physiologe und Zoologe. 849 852 893
Kosel, Esther (geb. **Marx**) (1786–1865) Tante von Marx väterlicherseits. 53
Kretzschmer, Peter (18. Jh.) Autor agrarwissenschaftlicher Werke. 402

Kugelmann, Louis (auch Ludwig) (1828–1902) deutscher Arzt; IAA-Mitglied. 52 88 849 851 862 984 1025–1029 1045 1047 1048 1054 1128 1210

Laing, John Autor der „Theory of Business". 737 741 **746 754 760 766–768 777–779 786–792 803–806** 874 1183 1188

Laing, Samuel (1812–1897) britischer Finanz- und Eisenbahnfachmann, Politiker und Publizist. 110

Lakowsky. 440

Lalor, John (1814–1856) irischer Journalist und Politiker. 737 741 **758 759** 838 1140 1183–1185 1190–1192

Lampadius, Wilhelm August (1772–1842) deutscher Chemiker, Hüttentechniker und Agrarwissenschaftler. 396 1051

Lange, Friedrich Albert (1828–1875) deutscher Philosoph, Journalist und Sozialwissenschaftler. 91 348 **376–379** 732 837 865 1039 1041 1045 1046 1049

Łapiński (Lapiński), Teofil (1827–1886) polnischer Offizier aus Galizien; Emigrant in Frankreich. 8

Lassalle, Ferdinand (1825–1864) deutscher Jurist, Publizist und Politiker. 16 48 51 835 909 911 920 926 1028 1203

Lasteyrie du Saillant, Ferdinand Charles Léon, compte de (1810–1879) französischer Archäologe und Politiker. 68

Lord Lauderdale *siehe* **Maitland, James**

Lavergne, Léonce Guilhaud de (1809–1880) französischer Ökonom und Agrarwissenschaftler. 105 **231–250** 252 301 **323–325** 836 847 860 871 959 971–974 980 1009 1018

Lavoisier, Antoine-Laurent de (1743–1794) französischer Physiker und Chemiker. 191

Lavrov, Petr Lavrovič (1823–1900) russischer Soziologe und Publizist; IAA-Mitglied. 1144

Lawes, Sir John Bennet, 1st Baronet (1814–1900) englischer Unternehmer und Agrarwissenschaftler. **360 447** 843 863 965 1001 1055 1056

Lawrence, John (1811–1879) britischer Staatsmann in Indien. 670 672 1133 1134

Leak, Mrs. 42

Lefort, Henri (1835–1917) französischer Literat und Journalist. 93 953

Legoyt, Alfred (1815–1885) französischer Statistiker. 323 679 682 686 973

Le Lubez, Peter Aimable Victor (1834 bis nach 1894) französischer Demokrat und Sozialist. 53 71 928 929

Lemery, Nicolas (1645–1745) französischer Mediziner und Chemiker. 394

Lenient, Charles (1826–1908) französischer Politiker. **367** 1044

Le Play, Frédéric (1806–1882) französischer Ingenieur, Geologe, Ökonom und Sozialreformer. 1075

Leßner (Lessner), Friedrich (1825–1910) deutscher Schneider; IAA-Mitglied. 31 59 332 359 926 850

Levi, Leone (1821–1888) britischer Jurist, Statistiker und Ökonom. 443 768 1198

Lewis, Frank Florist in London. 55

Lewis, Sir George Cornewall, 2nd Baronet (1806–1863) britischer Staatsmann und Publizist. 579 1010

Liebig, Justus von (1803–1873) deutscher Chemiker. 105 **129–182** 183 189 252 395 397 399 522 529 640 836 837 842–848 850 853–855 857–867 883 934 937 957–959 964–968 972 974 978 981 984 1001 1002 1038 1039 1046 1047 1049 1052–1055 1089 1090 1092 1095 1099 1100 1112 1114 1125 1162

Liebknecht, Wilhelm (Wilhelmchen) (1826–1900) deutscher Lehrer, Publizist und Politiker. 8 48 51 52 56 66 88 91 101 347 359 850 909 925 926 928 931 937 945 951–953 1024 1026 1037 1047

Liesecke, Alexander (1826–1905) deutscher Buchdrucker und Journalist. 91 952
Limousin, Charles Mathieu (1840–1909) französischer Drucker und Journalist. 98 99 953
Link, Heinrich Friedrich (1767–1851) deutscher Botaniker. 622 623
Lizet, Pierre. 367
Ljubavin (Lubavin), Nikolaj Nikolaevič (1845–1918) russischer Chemiker; Mitübersetzer des ersten Bandes des „Kapital" ins Russische. 732 879 1142
Lochner, Georg (1824–1910) deutscher Tischler. 31
Locock, Sidney (1834–1885) britischer Diplomat. 642 648
London and North Western Railway Co. britische Eisenbahngesellschaft. 694
London and Westminster Bank Ltd britisches Bankhaus. 779 806
London, Brighton and South Coast Railway Co. britische Eisenbahngesellschaft. 805
Longe, Francis Davy (1831–1910) britischer Jurist. 737 741 **756** 838 841 1183 1190
Longfield, Mountifort (1802–1884) irischer Jurist und Ökonom. 578
Lopatin, German Aleksandrovič (1845–1918) russischer Publizist und Revolutionär. 879 1142–1144
Lord, Percival Barton (1808–1840) britischer Militärarzt.
Louis (Ludwig) XIV (1638–1715) König von Frankreich (seit 1643/1661). 268
Louis Philippe (1773–1850) König der Franzosen (1830–1848). 191 969
Low, David (1786–1859) britischer Agrarwissenschaftler. 453 **484–489** 580 837 1094 1095
Lowther, William (1821–1912) britischer Diplomat. 629 637 647
Lubbock, John, 1st Baron Avebury (1834–1913) britischer Naturforscher, Bankier und Politiker. 750 755
Ludwig IV., der Bayer (1287–1347) römisch-deutscher König (seit 1314) und Kaiser im Heiligen Römischen Reich (seit 1328). 557
Lumley, John (1818–1896) britischer Diplomat. 645
Lerraillier, A. 732
Lyell, Sir Charles, 1st Baronet (1797–1875) schottischer Geologe. 416 850
Lytton *siehe* **Bulwer Lytton, Robert**

Mabile (gest. 1864) französischer Architekt. 68
McCulloch (MacCulloch, MCCulloch), John Ramsay (1789–1864) schottischer Ökonom und Statistiker. 78 511 850 889 895 896 941 947 1042 1091 1094
Macleod (Mac Leod, Mc Leod), Henry Dunning (1821–1902) schottischer Ökonom. 411 512 737 741 **743–745 769–776 780–785** 874 1095 1113 1183–1189
Magack, A. britischer Diplomat. 628
Mahmud II. (1785–1839) türkischer Sultan (seit 1808). 1141
Maitland, James, 8th Earl of Lauderdale (1759–1839) schottischer Politiker und Ökonom. 482
Malaguti, Faustino-Jovito (1802–1878) italienischer Chemiker. 428
Malthus, Thomas Robert (1766–1834) englischer Ökonom und Sozialphilosoph. 192 287 376 378 482 486 499 500 502–509 837 851 853 854 864–866 957 966 973 984 1042 1045 1046 1089 1093 1094
Manley (Manly), Thomas (1628–1690) englischer Jurist, Schriftsteller und Ökonom. 106 349 996
le maréchal d'Ancre *siehe* **Concini, Concino**
Margfoy, Gustave. 730
Maria (Sainte Vierge) Gestalt aus der Bibel. 370 1029
Marie de Saint-Georges, Pierre Thomas Alexandre Amable (1795–1870) französischer Politiker. 92 952
Markheim, Bertha (geb. **Lewy**) (1832–1900) deutsche Schriftstellerin. 8

Maron, Hermann (1820–1882) deutscher Agrarwissenschaftler. 105 **183–188 217–219 222 223** 252 836 844 846 847 850 934 935 959 966 967 970 971
Marx, Eleanor (Tussy) (1855–1898) deutsch-englische Publizistin und Übersetzerin; Tochter von Karl und Jenny Marx. 32 51 102 894 922 1128
Marx, Jenny (Mimmi, Möhmchen, Möhme, Möhmlein) (geb. **von Westphalen**) (1814–1881) deutsche Sozialistin und Ehefrau von Marx (seit 1843). 30 32 56 58 59 85 86 102 850 889 890 897 898 921–923 928 930 931 942 943 951 953 1030
Marx, Jenny (Tochter) (1844–1883) Tochter von Karl und Jenny Marx. 48 1047
Marx, Laura (1845–1911) Tochter von Karl und Jenny Marx. 48 51 59 85 862 1128
Mary II Stuart (1662–1695) Königin von England, Schottland und Irland (seit 1688); Tochter von James II, Gemahlin von William III. 482
Marsh, George Perkins (1801–1882) US-amerikanischer Diplomat, Philologe und Schriftsteller. 1126
Massol, Marie Alexandre (1805–1875) französischer Journalist. 89 951
Maughan, John englischer Politiker, Anhänger Robert Owens. 358
Maurer, Georg Ludwig von (1790–1872) deutscher Jurist und Rechtshistoriker. 453 **542–559 563–577** 580 585 **589–600** 720 838 875 880–882 1090 1096–1098 1115 1116 1122
Mayer, Adolf (1843–1942) deutscher Agrikulturchemiker. 859 865
Mayer, Julius Robert von (1814–1878) deutscher Arzt und Physiker. 855
Mayow, John (1640–1679) britischer Arzt, Chemiker und Physiologe. 394
Mazzini, Giuseppe (1805–1872) italienischer Rechtsanwalt, Publizist und Politiker. 98
Meißner, Otto (1819–1902) deutscher Verleger und Buchhändler. 332 1024 1027
Melchior, Julius deutsch-amerikanischer Arbeiter und Politiker. 48 51 924 925
Mercier de la Rivière, Paul Pierre (1720–1793) französischer Ökonom. 1049 1078
Meyen, Franz Julius Ferdinand (1804–1840) deutscher Mediziner und Botaniker. 398 399
Meyer, Hermann (1821–1875) deutsch-amerikanischer Kaufmann und Politiker. 451 586
Meyer, Sigfrid (Siegfried) P. (1840–1872) deutsch-amerikanischer Ingenieur; Sozialist. 101 358 359 362 732 1139
Michelet, Jules (1798–1874) französischer Historiker. **370 371** 1044
Middleton, John Erfinder einer Maschine. 617
Middleton, Robert T. C. britischer Diplomat. 631 635 638 649 653
Midland Railway Co. englische Eisenbahngesellschaft. 686 693
Mill, James (1773–1836) schottischer Philosoph, Historiker und Ökonom; Vater von John Stuart Mill. 483 500 501 1042 1190
Mill, John Stuart (1806–1873) britischer Ökonom, Philosoph und Publizist; Sohn von James Mill. 115 130 131 263 379 456 752 756 759 841 960 968 975 983 999 1042 1046 1142 1190
Milner, George irischer Schneider; IAA-Mitglied. 868
Möser, Justus (1720–1794) deutscher Jurist, Staatsmann, Historiker und Schriftsteller. 542 881 1097 1115
Moleschott, Jakob (1822–1893) holländischer Physiologe. 850 855
Molesworth, William Nassau (1816–1890) englischer Historiker. 849 924
Molinari, Gustave de (1819–1912) belgischer Arzt und Ökonom. **268** 836 842 975 976
Moll, Friedrich Wilhelm (etwa 1840–1878) deutscher Schleifer und Politiker; IAA-Mitglied. 48 51 924 925
Mongan, James britischer Diplomat. 654
Montesquieu, Charles de Secondat, baron de la Brède et de (1689–1755) französischer Philosoph und Historiker. **375** 1044
Moore, Samuel (1838–1911) englischer Kaufmann und Baumwollfabrikant; IAA-Mitglied. 88 1128

Morell. 138
Moresby, Fairfax Sir (1786–1877) britischer Militär. 141
Morogues *siehe* **Bigot de Morogues, Pierre Marie Sébastian** 199
Morris, James (1795–1882) britischer Kaufmann und Direktor der Bank of England. 117 960
Morton, John (1781–1864) englischer Agronom. 853
Morton, John Chalmers (1821–1888) englischer Agrarwissenschaftler. 348 386 387 408 453 455 580 934 940 949 1050
Morton, John Lockhart englischer Ingenieur und Agrarwissenschaftler. 105 252 **277–283** 958 977 978 1015
Mounier, Louis französischer Schriftsteller und Historiker. 105 **191–216 220 221 224–230** 252 836 847 860 867 868 958 959 968–970 1005
Mulder, Gerardus Johannes (1802–1880) holländischer Mediziner und Chemiker. 843
Mulvany, William Thomas (1806–1885) irischer Unternehmer in Deutschland. 684
Murchison, Roderick Impey (1792–1871) englischer Geologe. 426

Nahmer, Ad. Korrespondenzpartner von Marx im Jahr 1867. 358
Napoléon Ier (Napoleon) (1769–1821) Kaiser der Franzosen (1804–1814 und 1815). 191 706
Napoléon III (Bonaparte, L. Bonaparte, L. Nap.) (1808–1873) Präsident der Zweiten Französischen Republik (1848–1852); Kaiser der Franzosen (1852–1870). 67 68 332 709 794 974 1189
Napoléon, Joseph Charles Paul Bonaparte (Plon-Plon, Plon Plon) (1822–1891) französischer General und Politiker. 67 725 726 1141 1169
Nearchos (360–312 v. Chr.) Jugendfreund Alexander d. Gr. Bericht über dessen Expedition nach Arabien. 625
Neate, Charles (1806–1879) englischer Ökonom und politischer Publizist. 767
Neave, Sheffield (1799–1868) englischer Händler und Direktor der Bank of England. 111 257
F. H. Nestler & Melle Hamburger Verlag. 31 56
Newmarch, William (1820–1882) englischer Kaufmann, Ökonom und Statistiker. 78 115 960 999
Ney, Napoléon Henri Edgar, prince de la Moskowa (1812–1882) französischer General, Adjutant des Präsidenten Louis Bonaparte. 68
North British Railway Co. britische Eisenbahngesellschaft in Schottland. 805
North Staffordshire Railway Co. britische Eisenbahngesellschaft. 695
Northumberland and Durham District Bank englische Bank, 1857 Insolvenz. 258 260

Odger (Odgers), George (1820–1877) englischer Schuhmacher und Politiker; IAA-Mitglied. 53 71 928
Olivier, Guillaume-Antoine (1756–1814) französischer Arzt und Zoologe. 476 477
Olufsen, Oluf Christian (1764–1827) dänischer Agrarwissenschaftler und Ökonom. 543
Osiander, Friedrich Benjamin (1759–1822) deutscher Arzt. **340** 836 849 1024 1026 1029
Osti, Christine (1844–1865) Verlobte von Jacques Philips, Sohn von Lion Philips, Cousin von Marx; IAA-Mitglied. 88
Otto, Friedrich Julius (1809–1870) deutscher Chemiker. 396
Overend, Gurney, and Co. Londoner Depositenbank, 1866 Insolvenz. 258 787 1200
Owen, Robert (1771–1858) walisischer Unternehmer und Sozialreformer. 330 500 505 754 1034 1111

Pakenham, Francis (1832–1905) britischer Diplomat. 642
Palissy, Bernard (1510–1590) französischer Wissenschaftler und Künstler. 394
Palmerston, Viscount *siehe* **Temple, Henry**
Passy, Hippolyte-Philibert (1793–1880) französischer Ökonom und Politiker. 105 252 **262–267** 268 842 959 974–976 979 1010 1011 1040
Patterson, Robert Hogarth (1821–1886) schottischer Journalist und Ökonom. 737 741 **749–751 755 762–765 793–802 807 808** 874 1182 1183 1185 1188 1189
Peel, Sir Robert, 2nd Baronet (1788–1850) britischer Staatsmann und Ökonom. 501 687
Pereire, Émile (1800–1875) französischer Bankier. 799
Petermann, August (1822–1878) deutscher Geograph und Kartograph. 17 912
Petre, George Glynn (1822–1905) britischer Diplomat. 633
Petzholdt, Alexander (1810–1889) deutscher Agrarwissenschaftler. 399
Pfänder, Carl Heinrich (1819–1876) deutscher Künstler; IAA-Mitglied. 88 359 931
Philips, Lion (1794–1866) holländischer Fabrikant; Onkel von Marx; IAA-Mitglied. 59 88 894 1022 1041 1066
Philips, Nanette (A., Nettchen) (1834–1885) Tochter von Lion Philips, Cousine von Marx; IAA-Mitglied. 31 59 88 911
Pieper, Wilhelm (1826–1899) deutscher Philologe und Publizist. 31 56
Piétri (Pietri), Pierre Marie (1809–1864) französischer Politiker. 68
Pitt, William (1759–1806) britischer Staatsmann. 249 1140
Plato (Platon) (etwa 428–347 v. Chr.) griechischer Philosoph. 754
Plinius, Gaius Secundus (23–79) römischer Staatsmann und Naturforscher. 268 623
Podolinskij, Sergej Andreevič (1850–1891) ukrainischer Ökonom. 860
Pommereux, L. H., comte, französischer Adliger, zeitweise liiert mit Marie Studolmine Laetitia Rattazzi. 68
Poppe, Johann Heinrich Moritz (1776–1854) deutscher Mathematiker und Physiker. **350** 1041 1042
Porter, George Richardson (1792–1852) englischer Ökonom und Statistiker. **74–76** 78 287 934 938–941
Prange, Franz Berliner Konsul in Liverpool. 52
Proudhon, Pierre-Joseph (1809–1865) französischer sozialistischer Publizist und Ökonom. 868 963
Pusey, Edward Bouverie (1800–1882) englischer Theologe. 141
Pythagoras von Samos (etwa 570–510 v. Chr.) griechischer Philosoph und Mathematiker. 350

Quesnay, François (1694–1774) französischer Arzt und Ökonom. 247 248 399 769 1049 1078
Quételet, Lambert-Adolphe-Jacques (1796–1874) belgischer Mathematiker. 252 **270–272** 983–985
Quinet, Edgar (1803–1875) französischer Schriftsteller und Historiker. 1070

Rameaux, J. F. Physiologe in Strasbourg, Kollege von Pierre-Frédéric Sarrus. 271
Rammelsberg, Carl Friedrich (1813–1899) deutscher Chemiker. **338** 836 849 1024 1026 1028 1029
Randall, G. W. 1868 Sekretär des Working Men's Club and Institute of Boston. 358
Rasch, Gustav Heinrich (1825–1878) deutscher Jurist und Publizist. 348
Rattazzi, Marie Studolmine Laetitia, contessa (geb. **Bonaparte-Wyse**) (1831–1902) französische Schriftstellerin. 67
Rattazzi, Urbano (Urbain), conte (1808–1873) italienischer Politiker. 67 68
Ravenstone britischer Kolonialbeamter, Lieutenant Governor of Bengal. 1134
Redesdale, John Freeman-Mitford (1748–1830) britischer Politiker. 805

Reinhard, Carl (1811–1847) deutscher Emigrant in Belgien. 933
Reiset, Jules de (1818–1896) französischer Chemiker. 462
Reynier, Jean Louis Antoine (1762–1824) Schweizer Apotheker und Naturforscher. 394
Ricardo, David (1772–1823) britischer Ökonom. 262 263 381 464 484 488 500 509 511 512 701 752 773 837 843 847 850 853 855 858 873 957 964 966 975 1046 1049 1078 1091–1095 1113 1140 1182 1187 1190
Richter, Otto Friedrich von (1792–1816) baltischer Philologe. 623 1160
Rode, Carl deutscher Emigrant in Liverpool; Bekannter der Familie Marx. 52, 359
Rodwell, William englischer Bankier und Autor. 256
Rogers, James Edwin Thorold (1823–1890) britischer Ökonom und Wirtschaftshistoriker. 623 894 1040
Romilly, John, 1st Baron Romilly (1802–1874) britischer Jurist und Politiker. 700
Roscher, Wilhelm (1817–1894) deutscher Ökonom, Politiker und Sozialreformer. 381 845 1046–1048 1096
Roscoe, Sir Henry (1833–1915) englischer Chemiker. 849 850
Ross, J. C. schottischer Fischer und Ökonom. 453 **482 483 499–510** 580 837 1093 1094
Rossetti, Gabriele Pasquale Giuseppe (1783–1854) italienischer Dichter und Gelehrter. 1026 1027 1034 1035
Rubichon, Maurice (1766–1849) französischer Kaufmann, Ökonom und Politiker. 214 968–970 1005
Rückert, Georg Christian Albrecht (1763–1800) deutscher Apotheker und Chemiker. 395
Rumbold, Horace 8th Baronet (1829–1913) britischer Diplomat. 637
Rumpus, E. Buchhändler in London. 27
Russegger, Joseph (1802–1863) österreichischer Geologe. 420
Russel, Robert britischer Publizist. 456 1091

Saint-Maur, Nicolas-François Dupré de (1695–1774) französischer Ökonom und Statistiker. 249 399
Salomons, David (1797–1873) britischer Bankier und Politiker. 806
Sandelin, Alexander (1777–1861) belgischer Richter. 737 741 **761** 1183 1192
Sanderson and Co. Wechselmakler in London, 1847 und 1857 Insolvenz. 258
Sarrus, Pierre-Frédéric (1798–1861) Professor der Mathematik an der Universität Straßburg. 271
Saussure, Nicolas Théodore de (1767–1845) Schweizer Naturforscher. 394 396 400 532 626
Saxo Grammaticus (etwa 1150 bis etwa 1216) dänischer Geschichtsschreiber. 542
Say, Jean-Baptiste (1767–1832) französischer Ökonom, Journalist und Unternehmer. 1190 1192
Schäfer, Reinhard. 53
Schannat, Johann Friedrich (1683–1739) deutscher Jurist. 590
Schapper, Karl Christian Friedrich (1812–1870) deutscher Schriftsetzer und Politiker; IAA-Mitglied. 88
Schily, Victor (Deckname Fischer) (1810–1875) deutscher Schriftsetzer und Politiker. 31 89 94 358 931 951 953
Schleiden, Matthias Jakob (1804–1881) deutscher Naturforscher und Botaniker. 849 850 852 894
Schmalhausen, Caroline (1846–1927) Nichte von Marx; IAA-Mitglied. 88
Schmidt, Georg Gottlieb (1768–1837) deutscher Mathematiker und Physiker. 422
Schönbein, Christian Friedrich (1799–1868) deutscher Chemiker. 842 965 1001
Schorlemmer, Carl (1834–1892) deutscher Chemiker; IAA-Mitglied. 849 850 862 863 1036 1038 1039 1051 1052

Schrader, Heinrich Adolf (1767–1836) deutscher Arzt und Botaniker. 395
Schröder, John Henry (1825–1910) deutsch-britischer Kaufmann und Bankier. 889
Schübler, Gustav (1787–1834) deutscher Naturwissenschaftler. 396 397 418 459 533
Schulze-Delitzsch, Hermann (1808–1883) deutscher Ökonom und Politiker. 357
Schwabe, Marie. 32
Schwann, Theodor (1810–1882) deutscher Arzt und Physiologe. 849 850 852 855 894
Schweichel, Robert (1821–1907) deutscher Jurist, Journalist und Schriftsteller. 91 952
Schweitzer, Johann Baptist von (1833–1875) deutscher Rechtsanwalt, Journalist und Schriftsteller. 90 91 586 937 1203 1204
Schwerz, Johann Nepomuk Hubert von (1759–1844) deutscher Agrarwissenschaftler. 402 479 491
Seiler, Sebastian (1815–1890) deutscher Publizist. 933
Sennebier, Jean (1742–1809) Genfer Geistlicher und Naturforscher. 396
Serno-Solov'evič, Aleksandr Aleksandrovič (1834–1866) russischer Publizist und Revolutionär. 1142
Shaftesbury *siehe* **Cooper, Anthony Ashley** 251
Shaw, Robert (etwa 1829 bis 1869) britischer Maler; IAA-Mitglied. 586
Siebel, Carl (senior) (1805–1888) Kaufmann in Barmen (Wuppertal), Vater von Carl Siebel. 358
Siebel, Carl (Karl) (1836–1868) deutscher Kaufmann, Dichter aus Barmen. 31 451
Slade, Adolphus (1804–1877) britischer Militär und Schriftsteller. 585 **723–726** 875 882 1122 1140 1141
Slater, Robert Direktor von Morrison, Dillon and Co. 766
Smith, Adam (1723–1790) schottischer Moralphilosoph und Ökonom. 265 488 502 752 769 850 873 960 975 1182 1186 1190
Smith, Edmund James (1817–1880) englischer Landwirt und Ökonom. 105 252 **273 274** 976 1012
Smith, Hugh englischer Landvermesser. 105 252 **275 276** 958 977 978
Soliman I. (Solyman I) (1495–1566) osmanischer Sultan (seit 1520). 723
Solms, Frédéric Joseph (1815–1863) seit 1848 verheiratet mit Marie Studolmine Laetitia Bonaparte-Wyse. 67 68
Sorge, Friedrich Adolph (1828–1906) deutscher Lehrer und Journalist. 342
Sprengel, Carl (1787–1859) deutscher Agrarwissenschaftler. 396 1052
Stafford Northcote, Sir Henry, 1st Earl of Iddesleigh Northcote (1818–1887) britischer Staatsmann und Politiker. 674 1135
Starzynska. 52
Steffen, Wilhelm preußischer Offizier, dann Privatlehrer; Mitglied des Bundes der Kommunisten. 31
A. Stenger & Co. Speditionsfirma im London. 5
Steuart (später **Steuart-Denham), Sir James, 7th Baronet** (1713–1780) schottischer Rechtsanwalt und Ökonom. 1049 1078
Stöckhardt, Julius Adolph (1809–1886) deutscher Agrarwissenschaftler. 473
Strabon (etwa 63 v. Chr. bis etwa 23 n. Chr.) griechischer Geograph und Historiker. 420 622 625
Strachey, George (1828–1912) britischer Diplomat. 653
Stramberg, Adalbert von (geb. 1823) preußischer Offizier und Militärschriftsteller; Bekannter von Wilhelm Liebknecht in Berlin. 91 952
Strohn, Eugen (gest. 1868) Bruder von Wilhelm Strohn. 47 332
Strohn, Wilhelm deutscher Kaufmann; Freund von Marx und Engels; IAA-Mitglied. 47 51 88 358
Strunck, Michael Jesuitenpater. 599
Stuart britischer Diplomat. 628
Stülpnagel, Friedrich von (1787–1865) deutscher Geograph und Kartenzeichner. 17 913

Stumpf, Peter Paul (1826–1912) deutscher Mechaniker, Kaufmann und Politiker; IAA-Mitglied. 88
Sue, Eugène (eigtl. **Marie Joseph**) (1804–1857) französischer Schriftsteller. 68
Sully, Maximilien de Béthune (1560–1641) französischer Staatsmann. 403
Swan Nash (Swannash) Eisenwarenhändler. 52
Swift, Jonathan (1667–1745) irischer Dichter. 368

Tacitus, Publius Cornelius (etwa 58 bis 120) römischer Geschichtsschreiber. 544 546 553 564 575 1098
Temple, Henry John, 3rd Viscount Palmerston (1784–1865) britischer Staatsmann. 1010
Thaer, Albrecht Daniel (1752–1828) deutscher Agrarwissenschaftler. 194 537 843 857 1052 1099
Thomas Nunn and Sons Spirituosenhändler in London. 51
Thompson, George (1804–1878) britischer Politiker. 578
Thomson, Robert Dundas (1810–1864) britischer Physiker und Chemiker. 522
Thurlow, Thomas John Hovell (1838–1916) britischer Diplomat und Politiker. 644 653
Timocrates. 8
Tivoli, Giuseppe de italienischer Politiker, Mitglied von „Libertà e Giustizia". 358
Tolain, Henri Louis (1828–1897) französischer Bronzeziseleur und Politiker. 93
Tooke, Thomas (1774–1858) englischer Kaufmann, Ökonom und Statistiker. 115 117 960 999
Torrens, Robert (1780–1864) irischer Marineoffizier, Ökonom und Politiker. 351 1066
Townsend, Lord. 238
Treviranus, Gottfried Reinhold (1776–1837) deutscher Mediziner und Naturforscher. 399
Trusov (Trousoff), Anton Danilovič (1835–1886) russisches IAA-Mitglied. 451
Tschernischewski, Tschernyschevsky *siehe* **Černyševskij, Nikolaj Gavrilovič**
Tuckett, John Debell (1786–1864) englischer Publizist. 456 1107
Türr, Adele (etwa 1840 bis 1899) Tochter von Letitia Bonaparte-Wyse, Ehefrau von István Türr. 67
Tull, Jethro (1674–1741) englischer Agrarwissenschaftler. 300 301 394
Turgot, Anne Robert Jacques, baron de l'Aulne (1727–1781) französischer Staatsmann, Ökonom und Philosoph. 248 349 400
Tyndall, John (1820–1893) irischer Physiker und Publizist. 850

Ulpian (gest. 223 oder 228) römischer Jurist und Staatsbeamter. 8
Unger, Franz Joseph Andreas Nicolaus (1800–1870) österreichischer Botaniker und Paläontologe. 399 430
Union Bank of London Aktienback. 779
Utin, Nikolaj Isaakovič (1845–1883) russischer Publizist; IAA-Mitglied. 1143 1144

Valentin, Gabriel Gustav (1810–1883) deutscher Physiologe. 519 522
Valmont de Bomare (Valmont), Jacques-Christophe (1731–1807) französischer Naturforscher. 394
Vauban, Sébastien Le Prestre, marquis de (1633–1707) französischer Militäringenieur und Ökonom. 349
Viardot, Pauline (1821–1910) französische Opernsängerin. 715
Victor Emmanuel *siehe* **Vittorio Emanuele II**
Villiers, Charles Pelham (1802–1898) britischer Jurist und Politiker. 368
Vinçard, Pierre Denis (1820–1882) französischer Arbeiter und Publizist. 93
Virchow, Rudolf (1821–1902) deutscher Pathologe. **336** 836 849 851 1024 1026–1028 1035

Vittorio Emmanuele II (Victor Emmanuel) (1820–1878) König von Sardinien (1849–1861), König von Italien seit 1861. 67 68
Vogt. 332
Vogt, August (etwa 1830 bis etwa 1883) deutscher Schuhmacher; IAA-Mitglied. 88 101
Vogt, Carl (Karl) (1817–1895) deutscher Naturforscher, Philosoph und Politiker. 357 1055 1070
Voltaire (eigtl. **François-Marie Arouet**) (1694–1778) französischer Philosoph, Historiker und Schriftsteller. 59 715

Wagner, Adolph (1835–1917) deutscher Ökonom. 869
Wagner, Johann Rudolf von (1822–1880) deutscher Chemiker. 856
Wagner, Moritz Friedrich (1813–1887) deutscher Naturforscher und Forschungsreisender. **189 190** 836 844 847 967 968
Wakefield, Edward Gibbon (1796–1862) britischer Staatsmann, Kolonialpolitiker und Ökonom. 379 769 1046
Wallerius, Johan Gottschalk (1709–1785) schwedischer Chemiker und Mineraloge. 394
Ward, William R. (1806–1879) britischer Diplomat. 632 639
Warnebold, Ernst deutscher Rechtsanwalt in Hannover. 332
Way, J. Thomas erwähnt in Fraas' „Natur der Landwirthschaft“. 462
Weber. 8
Weguelin, Thomas Matthias (1809–1885) englischer Kaufmann und Bankier. 109–111 113–115 256 960 961
Weinhagen, Otto Verfasser des Briefs an Marx vom 9. Juli 1871. 8
Weinmann (Weiman, Weimann), Frederick L. Deutscher in Liverpool. 52 927
West, Sir Edward (1782–1828) englischer Ökonom. 488
West, Lionel Sackville (1827–1908) britischer Diplomat. 629 633–635 643 648
Western Bank of Scotland Aktienbank, 1857 Insolvenz. 258 260
Weston, John (gest. etwa 1879) englischer Zimmermann und Publizist; IAA-Mitglied. 937–940 953
Weston, Richard (1733–1806) englischer Botaniker. 300
Weydemeyer, Joseph (1818–1866) preußischer Offizier und Publizist. 1087
Weyer (Wier), Johann (1516–1588) holländischer Arzt. 1044
White, James (1809–1883) britischer Politiker. 251
Whiteing (Whiting), Richard (1840–1928) britischer Journalist, Publizist und Schriftsteller. 730
Whittingham, A. Verleger und Buchhändler in London. 26
Wigand, Otto (1795–1870) Verleger und Buchhändler in Leipzig. 332 1024
Wigand, Paul (1786–1866) deutscher Jurist und Rechtshistoriker. 542 598
Wightman Wächter im Farnham Union Workhouse. 369
Wilfarth, Hermann (1853–1904) deutscher Agrikulturchemiker. 972
Will, Heinrich (1812–1890) deutscher Chemiker. 397
William III, Prince of Orange (1650–1702) König von England, Schottland (seit 1689). 238 482
Wilson, James (1805–1860) britischer Ökonom, Publizist und Politiker. 112–114 789 792
Wirth, Max (1822–1905) deutscher Ökonom. 858
Wöhler, Friedrich (1800–1882) deutscher Chemiker. 843
Wohlbrück, Siegmund Wilhelm (1762–1834) deutscher Historiker. 590
Wolff, Emil Theodor (1818–1896) deutscher Agrikulturchemiker. 144 965 966
Wolff, Ferdinand (1812–1895) deutscher Journalist. 16 911
Wolff, Wilhelm (1809–1864) deutscher Publizist und Politiker, Freund von Marx und Engels. 8 48 58 62 834–836 839 840 889–893 900 920 924 925 931–933

Wolverhampton and Staffordshire Banking Co. Aktienbank, 1857 Insolvenz. 258
Wood, James (1760–1839) englischer Mathematiker. 774
Woodward, John (1665–1728) englischer Naturforscher. 394
Wren-Hoskyns, Chandos (1812–1876) englischer Landbesitzer, Politiker und agrarwissenschaftlicher Schriftsteller. 1050
Wurtz, Charles Adolphe (1817–1884) französischer Chemiker. 849 850 1036
Wyndham, Hugh (1836–1916) britischer Diplomat. 641
Wyse, Sir Thomas (1791–1862) irischer Politiker und Diplomat. 67

Yarranton, Andrew (1619–1684) englischer Ingenieur. 126 252 978 979
Young, Arthur (1741–1820) englischer Agrarwissenschaftler, Ökonom und Journalist. 191 237 249 509 702

Zárate (Zarate), Juan Lopez de (1490–1555) Bischof von Antequera. 402
Zasulič, Vera Ivanovna (1849–1919) russische Revolutionärin. 880 1098
Zeiger, Ambrosius erwähnt in Fraas' „Geschichte der Landwirthschaft". 394
Zerffi, Gustav (1820–1891) ungarischer Journalist und Publizist. 52

Literaturregister

1. Arbeiten von Marx und Engels

Engels, Friedrich: Die preußische Militärfrage und die deutsche Arbeiterpartei. Hamburg 1865. (MEGA② I/20. S. 71–108.) 65
Marx, Karl: Brief an Ferdinand Freiligrath, 20. Juli 1867. (MEGAdigital.) 348 356
Marx, Karl: Der 18. Brumaire des Louis Bonaparte. (MEGA② I/11. S. 96–189.) 15
Marx, Karl: Enthüllungen über den Kommunisten-Prozeß zu Köln. Basel 1853. (MEGA② I/11. S. 363–422.) 66
Marx, Karl: Herr Vogt. London 1860. (MEGA② I/18. S. 51–339.) 15
Marx, Karl: Konzept eines Artikels zur Debatte über das Antisozialistengesetz im Deutschen Reichstag. (MEGA② I/25. S. 159–168.) 585 720
Marx, Karl: Notizen zum Konflikt in der Section de Paris. (MEGA② I/20. S. 111.) 69
Marx, Karl: Randnoten zu Dührings „Kritischer Geschichte der Nationalökonomie". Entwurf. (MEGA② I/27. S. 145–179.) 737 809
Marx, Karl: Resolutions of the Central Council on the Conflict in the Section de Paris (Original Draft). (MEGA② I/20. S. 112.) 70
Marx, Karl: Resolutions of the Central Council on the Conflict in the Section de Paris. (MEGA② I/20. S. 113/114.) 93
Marx, Karl: Zur Kritik der politischen Oekonomie. H. 1. Berlin 1859. (MEGA② II/2.) 13
[Marx, Karl, Friedrich Engels:] Manifest der Kommunistischen Partei. London [1848]. 330

2. Arbeiten anderer Autoren

A.: Art. II.—The Logic of Political Economy. By Thomas De Quincey. In: Westminster Review. Nr. 85, June 1845. S. 154–160. 351
Die Abenteuer des Simplicissimus. Ein Roman aus der Zeit des dreißigjährigen Krieges. Hrsg. von Eduard von Bülow. Leipzig 1836. 22
Achilles Tatius: De Leucippes et Clitophontis amoribus. Libri octo. Textum ad librorum manuscriptorum fidem resensuit, latinam hannib. Cruceii versionen. Notas selectas Cl. Salmasii, ineditas Fr. Guyeti, Car. Guil. Goettlingii, C. B. Hasii et suas adiecit Fridericus Iacobs. Lipsiae 1821. 26

Achilles Tatius: Les amours de Clitophon et de Leucippe. Trad. libre du grec, avec des notes par D. D. La Haye 1735. 28
An Act for Encouraging the Exportation of Corn (1 William and Mary, Cap. 12), 1688. 465 482
An Act, for Giving to the Corporation of the Governor and Company of the Bank of England Certain Privileges, for a Limited Period, under Certain Conditions (3 and 4 William IV, Cap. 98), 1833. 114 774
An Act for Facilitating the Inclosure of Open and Arable Fields in England and Wales (6 and 7 William IV, Cap. 115), 1836. 355
An Act to Regulate the Issue of Bank Notes, and for Giving to the Governor and Company of the Bank of England Certain Privileges for a Limited Period (7 and 8 Victoria, Cap. 32), 1844. 114 115 124 256 258 763 804 805
An Act to Attach Certain Conditions to the Construction of Future Railways Authorized or to be Authorized by any Act of the Present or Succeeding Sessions of Parliament; and for Other Purposes in Relation to Railways (7 and 8 Victoria, Cap. 85), 1844. 687
An Act to Regulate the Issue of Bank Notes in Scotland (8 and 9 Victoria, Cap. 38), 1845. 256
An Act to Amend the Laws Relating to the Importation of Corn (9 and 10 Victoria, Cap. 22), 1846. 295 302
An Act to Authorize the Advance of Public Money to a Limited Amount, to Promote the Improvement of Land in Great Britain and Ireland by Works of Drainage (9 and 10 Victoria, Cap. 101), 1846. 388
An Act to Promote the Advance of Private Money for Drainage of Lands in Great Britain (12 and 13 Victoria, Cap. 100), 1849. 276 388
An Act to Improve the Law of Landlord and Tenant in Relation to Emblements, to Growing Crops Seized in Execution, and to Agricultural Tenants Fixtures (14 and 15 Victoria, Cap. 25), 1851. 410
An Act for the Better Regulation of the Traffic on Railways and Canals (17 and 18 Victoria, Cap. 31), 1854. 680
An Act to Repeal the Laws Relating to Usury and to the Enrolment of Annuities (17 and 18 Victoria, Cap. 90), 1854. 775
An Act to Enable Boards of Guardians of Certain Unions to Obtain Temporary Aid to Meet the Extraordinary Demands for Relief Therein. (25 and 26 Victoria, Cap. 110), 1862. 92
An Act for Consolidating in One Act Certain Provisions Frequently Inserted in Acts Relating to the Constitution and Management of Companies Incorporated for Carrying on Undertakings of a Public Nature (26 and 27 Victoria, Cap. 118), 1863. 804
An Act for Facilitating in Certain Cases the Proceedings of the Commissioners Appointed to Make Inquiry Respecting Trades Unions and Other Associations of Employers or Workmen (30 Victoria, Cap. 8), 1867. 435 437
An Act to Extent the "Trades Union Commission Act, 1867" (30 und 31 Victoria, Cap. 74), 1867. 437
An Act for the Extension of the Factory Acts (30 and 31 Victoria, Cap. 103), 1867. 344
An Act to Amend the Law Relating to Railway Companies (30 and 31 Victoria, Cap. 127), 1867. 804
An Act to Amend the Statute Law as between Master and Servant (30 and 31 Victoria, Cap. 141), 1867. 359
Adam, Alexander: Roman Antiquities. 10. Ed., Corr. London 1825; New York 1830. 14
Additional Remarks on an Article in the Edinburgh Review. Glasgow 1818. 73
Ælfred the Great: The Anglo-Saxon Version, from the Historian Orosius. Together with an Engl. Transl. from the Anglo-Saxon. London 1773. 25
Aeschylus: Tragedies. Vol. 1.2. New York 1823–1826. 25
Agassiz, Louis, A[ugustus] A[ddison] Gould: Outlines of Comparative Physiology, Touching the Structure and Development of the Races of Animals, Living and Extinct. For

the Use of Schools and Colleges. Ed. from the Rev. Ed., and Greatly Enl. by Thomas Wright. London 1859. 23 28
Agricultural Statistics, Ireland. General Abstracts Showing the Acreage under the Several Crops and the Number of Live Stock, in Each Country and Province. 65
– for the Year 1861. Also, the Emigration from Irish Ports from 1 January to 31 July, 1861. Presented to both Houses of Parliament by Command of Her Majesty. Dublin 1861. 54
Agriculture française, par les inspecteur de l'agriculture. Publié d'après les ordres de M. le Ministre de l'agriculture et commerce. Département de la Haute-Garonne. Paris 1843. 198
Agrippa, Heinrich Cornelius: Opera. T. 1–8. Lugduni 1605. 371
Ahn, F[ranz]: Praktischer Lehrgang zur schnellen und leichten Erlernung der französischen Sprache. Bd. 1.2. 48. Aufl. Köln 1850. 13
Ainsworth G., J. Yeates: A Treatise on the Elements of Algebra. For the Use of Schools and Private Students. London 1854. 12
D'Alembert, [Jean Le Rond]: Sur la destruction des Jésuites en France. Paris 1865. **364** 1043
Alison, William Pulteney: Outlines of Physiology and Pathology. Edinburgh, London 1833. 24
Allgemeine deutsche Bilderfibel. Nordhausen 1848. 14
Altdänische Heldenlieder, Balladen und Märchen. Übers. von Wilhelm Grimm. Heidelberg 1811. 21
Die alten Liederbücher der Portugiesen oder Beiträge zur Geschichte der portugiesischen Poesie vom 13. bis zum Anfang der 16. Jahrhunderts nebst Proben aus Handschriften und alten Drucken. Hrsg. von Christ[ian] Fr[iedrich] Bellermann. Berlin 1840. 18
Andersen, Hans Christian: Neue Märchen und Geschichten. Berlin 1862. 16
Andrews, G[eorge] H[enry]: Modern Husbandry; a Practical and Scientific Treatise on Agriculture, Illustrating the Most Approved Practices in Draining, Cultivating, and Manuring the Land; Breeding, Rearing, and Fattening Stock; and the General Management and Economy of the Farm. London 1853. 584
Anecdoten 15
Annuaire de l'association pour 1868. Éd. par [François] Barrier, F. Cantagrel, Henry Couturier, Jules Duval, Wladimir Gagneur, Gallus, A. Mary et Achille Mercier Paris 1868. 372
Anton, Karl Gottlob: Geschichte der teutschen Landwirthschaft von den ältesten Zeiten bis zu Ende des fünfzehnten Jahrhunderts. Bd. 1–3. Görlitz 1799–1802. 394
Apulejo, Lucio: L'Asino d'oro. Volgarizzato da Agnolo Firenzuola con l'aggiunta della novella dello sternuto. Trad. da Matteo Boiarco. Milano 1863. 28
Arago, François: Astronomie populaire. T. 1–4. Paris, Leipzig 1854–1857. 11
Archives statistiques du ministère des travaux publics, de l'agriculture et du commerce. Paris 1837. 228
Arendts, Carl: Leitfaden für den ersten wissenschaftlichen Unterricht in der Naturgeschichte. Regensburg 1855; 2., verm. und verb. Aufl. Regensburg 1864. 15
Arendts, Carl: Naturhistorischer Schulatlas. Zugleich mit Berücksichtigung der Technologie. Leipzig 1858. 14
Aretino, Pietro: Lettere. T. 1–4. Venetia 1609. 26
Aretino, Pietro: Quattro comedie del divino. Vienza 1588. 26
Argyll *siehe* Campbell, George John Douglas
Aristophanes: Clouds. 25
Aristophanes: Werke. Übers. von Johann Gustav Droysen. Th. 1–3. Berlin 1835–1838. 22
Aristophanes: Die Wolken. 16

Arnd, Karl: Das System Wilhelm Roscher's gegenüber den unwandelbaren Naturgesetzen der Volkswirthschaft. Frankfurt a.M. 1862. 348 **380 381** 1046 1047
Atkinson, W[ilia]m: The State of the Science of Political Economy Investigated; Wherein is Shewn the Defective Character of the Arguments which Have Hitherto Been Advanced for Elucidating the Law of the Formation of Wealth. London 1838. 583
Aubin, Nicolas: Histoire des diables de Loudun, ou de la possession des religieuses Ursulines, et de la condamnation et du supplice d'Urbain Grandier, curé de la même ville. Amsterdam 1716. 371
Auffenberg, Josef von: Dramatische Werke. Bd. 1. Enth.: Pizarro, Die Spartaner oder Xerxes in Griechenland, Victorin. Bamberg, Würzburg 1822. 16
Auffenberg, Josef von: Sämmtliche Werke. In 20 Bd. Bd. 1. Enth.: Pizarro, Die Spartaner, Der schwarze Fritz. Siegen, Wiesbaden 1843. 16
Auger, Eduard: Voyage en Californie. Paris 1854. 16
August, Ernst Ferdinand: Ueber die Fortschritte der Hygrometrie in der neuesten Zeit. Eine physicalische Vorlesung nebst erläuternden Zusätzen und der Berechnung einiger hygrometrischen Beobachtungen, welche bei Gelegenheit der Reise des Freiherrn Alexander von Humboldt im Nördlichen Asien und an den Ufern des Caspischen Meeres angestellt worden sind. Berlin 1830. 400
Aycard, [Maurice]: Histoire du Crédit Mobilier 1852–1867. Bruxelles, Leipzig, Livourne 1867. 372

Baco de Verulam, Francis. De augmentis scientiarum. Leyden 1652. 28
Bacon, Francis: Of Usury. 742
Bacon, Francis: The Philosophical Works. With Prefaces and Notes by the Late Robert Leslie Ellis. Together with English Transl. of the Principal Latin Pieces. Ed. by James Spedding. In 5 Vol. London 1861. 27
Bacon, Francis: The Works. Coll. and Ed. by James Spedding, Robert Leslie Ellis and Douglas Denon Heath. Vol. 6–9. London 1861. 27
Bacon, Francis: The Works. With an Introductory Essay, and a Portrait. In 2 Vol. London 1838. 27
Baer, Wilh[elm]: Electricität und Magnetismus. Die Gesetze und das Wirken dieser mächtigen Naturkräfte und ihre Bedeutung für das praktische Leben. Leipzig [1863]. 12
Bail. In: Cours complet d'agriculture ou nouveau dictionnaire d'agriculture. T. 3. Paris 1834. S. 105–142. 201 202
Baines, Edward: Speech on Moving the 2. Reading of the Borough Franchise Bill, in the House of Commons, on the 10th April, 1861. London [1861]. 51
B[all], J. G.: Landlord. In: A Cyclopedia of Agriculture, Practical and Scientific ... Ed. by John C[halmers] Morton. Vol. 2. Glasgow, Edinburgh, London 1855. S. 186–207. 348 **387–390 408–410** 1051
Bancroft, George: History of the United States, from the Discovery of the American Continent. Vol. 1–3. London 1840. 24
Bancroft, George: History of the United States, from the Discovery of the American Continent. 7. Ed., Rev. Vol. 1–7. Boston 1864. 27
Barat, Et[ien]ne: L'Association. Son emploi rationnel. Examen théorique du principe: ses propriétés, ses effets-déductions-obligation pour la nouvelle société de s'appuyer sur le travail du sol; nécessité d'une organisation transitoire-exposé d'un plan pratique de réalisation suivi de l'appropriation de la terre au point de vue social. Paris 1867. 372
Barclay, Captain: Agricultural Tour in the United States and Upper Canada, with Miscellaneous Notices. Edinburgh, London 1842. 583
Barral, J[ean]-A[ugustin]: L'agriculture du nord de la France. T. 1. La ferme de Masny. Paris 1867. 359

Barral, J[ean]-A[ugustin]: Trilogie agricole. T. 1. Force et faiblesse de l'agriculture française. T. 2. Services rendus par la chimie à l'agriculture. T. 3. Les engrais chimiques et le fumier de ferme. Paris 1867. 359

Barth, H[einrich]: Reisen und Entdeckungen in Nord- und Central-Afrika in den Jahren 1849–1855. Im Ausz. bearb. Bd. 1.2. Gotha 1859–1860. 15

Barthold, F[riedrich] W[ilhelm]: Geschichte der deutschen Städte und des deutschen Bürgerthums. Th. 1. Vom Ursprunge deutscher Städte bis gegen Schluß des 12. Jahrhunderts. Leipzig 1850. 543

Bartsch, Karl: Provenzalisches Lesebuch, mit einer literarischen Einleitung und einem Wörterbuche. Elberfeld 1855. 21

Baudrillart, Henri: J. Bodin et son temps. Tableau des thérories politiques et des idées économiques au 16. siècle. Paris 1853. 735

Baxter, R[obert] Dudley: National Income. The United Kingdom. Read Before the Statistical Society of London, 21 January 1868. London 1868. 729

Baxter, Robert [Dudley]: The Panic of 1866 with its Lessons on the Currency Act. London 1866. 587

Baxter, R[obert] Dudley: Railway Extension and its Results. In: Journal of the Statistical Society of London. Vol. 29. London 1866. Nr. 4. S. 549–595. 373 588

Bayldon, J. S.: The Art of Valuing Rents and Tillages; Wherein is Explained the Manner of Valuing the Tenant's Right on Entering and Quitting Farms, in Yorkshire and the Adjoining Countries. The Whole is Adapted for the Use of Landlords, Land Agents, Appraisers, Farmers, and Tenants. London 1823. 373

Beaumarchais, [Pierre-Augustin Caron de]: Théatre. Précedé d'une notice sur sa vie et ses ouvrages, par Auger. Paris 1841. 22 35

Beaumont [Francis], [John] Fletcher: The Works. With an Intr. by George Darley. In 2 Vol. A New Ed. London 1862. 28

The Beauties of the Anti-Jacobin; or, Weekly Examiner; Containing Every Article of Permanent Utility in that Valuable and Highly Esteemed Paper, Literary and Political; the Whole of the Excellent Poetry; Together with Explan. Notes, Biographical Anecdotes, and a Prefatory Advertisement, by the Editor. London 1799. 26

Bechstein, Ludwig: Der Todtentanz. Ein Gedicht. Mit 48 Kupfern in treuen Conturen nach H. Holbein. Leipzig 1831. 26

Becker, Wilhelm Adolf: Charikles, Bilder altgriechischer Sitte. Zur genaueren Kenntniss des griechischen Privatlebens. Bd. 1–3. Leipzig 1854. 21

Becker, Wilhelm Adolf: Gallus oder römische Scenen aus der Zeit Augusts. Zur genaueren Kenntniss des römischen Privatlebens. Bd. 1–3. 2., sehr verm. und bericht. Ausg. Leipzig 1849. 21

Becquerel, [Antoine César]: Des climats et de l'influence qu'exercent les sols boisés et non boisés. Paris 1853. 373

Bedford, Arthur: The Evil and Danger of Stage-Plays: Showing Their Natural Tendency to Destroy Religion, and Introduce a General Corruption of Manners, in Almost 2000 Instances, Taken from the Plays of the Last 2 Years. Bristol 1706. 26

Bee, John: Slang. A Dictionary of the Turf, the Ring, the Chase, the Pit, of Bon-Ton, and the Varieties of Life, Forming the Completest and the Most Authentic Lexicon Balatronicum. London 1823. 28

Beeke, H[enry]: Observations on the Produce of the Income Tax, and on its Proportion to the Whole Income of Great Britain. New and Corr. Ed. with Considerable Add. Resp. the Extent, Commerce, Population, Division of Income, and Capital of this Kingdom. London 1800. 249

Behnsch, Ottomar: Ueber das Verhältnis der deutschen und romanischen Elemente in der englischen Sprache. Breslau 1844. 16

Beiträge zur Geschichte des Bauernkrieges in den schwäbisch-fränkischen Grenzlanden. Aus handschriftlichen, meistens archivalischen Quellen geschöpft und hrsg. von Ferdinand Friedrich Oechsle. Mit einer Vorrede von Joh. Gottfr. Pahl. Heilbronn. 1830. 583

Bell, A[ndrew]: Elements of Plane Geometry, According to Euclid, as Improved by Simson and Playfair; with Several New Improvements and Additions. Edinburgh 1836 (Chamber's Educational Course. Ed. by W. and R. Chambers). 15
Bell, Benjamin: De la disette. Trad. par P. Prévost. Genève 1804. 456
Bell, Benjamin: Essays on Agriculture with a Plan for the Speedy and General Improvement of Land in Great Britain. Edinburgh 1802. 456
Bell, T[homas]: Kalogynomia, or the Laws of Female Beauty: Being the Elementary Principles of that Science. With 24 Plates. London 1821. 23
Beneke, J. B. W.: Spanisch-deutsches Lexicon über Cervantes Don Quixote. Leipzig 1819. 18
Benekendorf, Carl Friedrich von: Gesetzbuch der Natur für den wirthschaftenden Landmann. Bd. 1. Halle 1786. 404
Berghaus, Heinrich: Physicalischer Schul-Atlas. Gotha 1850. 17
Bernhardy, G[ottfried]: Grundriss der römischen Litteratur. 3. Ausg. Abth. 1. Braunschweig 1855. 16
Berntsen, Arent: Danmarks og Norgis fructbare Herlighed. Kiöbh 1656. 543
Béthune, Leroy de: Rapport fait au Conseil général d'agriculture, au nom de la Commission chargée de l'examen des questions de tarif. In: Journal d'agriculture pratique, de jardinage et d'économie domestique. T. 5. 1842. S. 362–367. 397
Bèze, Théodore de: Epistola magistri Benedicti Passavantii. 1553. 367
Bibliographisches Jahrbuch für den deutschen Buch-, Kunst- und Landkarten-Handel. Leipzig 1857. 16
Bibliothèque Universelle des Sciences, Belles-Lettres, et Arts, faisant suite à la Bibliothèque Britannique. Rédigée à Genève par les Auteurs de ce Dernier Recueil. T. 6.7. Genève, Paris 1817–1818. 456
Bickers' Chronicles. Bickers & Son. London 26
Bidpai: Calila und Dimna oder die Fabeln Bidpai's. Aus dem Arab. von Philipp Wolff. Bd. 1.2. Stuttgart 1837. 22
Birchin-Lane Book-Keeping; or, the New Knack of Muddling Through Millions ... London 1866. 587
Bishop, J. Leander: A History of American Manufactures from 1608 to 1860 ... In 3 Vol. 3. Ed., Rev. and Enl. London 1868. 729
Black, Adam, Charles Black: Black's Picturesque Guide to the English Lakes. 11. Ed. London 1861. 15
Blanc, L[udwig] G[ottfried]: Vocabolario dantesco ou dictionnaire critique et raisonné de la Divine Comédie de Dante Allighieri. Leipsic 1852. 21
Blannbekin, Agnetis: Vita et revelationes. Pothonis liber de Miraculis Sanctæ Dei Genitricis Mariæ. Vien 1731. 340
Bligh, Walter: English Improver Improved; or, the Survey of Husbandry Surveyed. London 1653. 300
Blumenlese aus den Werken der Troubadours in den Originalen. Nebst provenzalischer Grammatik und Glossarium. Bearb. und hrsg. von Ed. Brinckmeier. Halle 1849. 21
Boase, C[harles] W[illiam]: A Century of Banking in Dundee; Being the Annual Balance Sheets of the Dundee Banking Company, from 1764 to 1864. 2. Ed. Edinburgh 1867. 586
Bodin, Jean: De la demonomanie des sorciers. Paris 1580. 371
Böhme, Johann Ehrenfried: Diplomatische Beiträge zur Untersuchung der Schlesischen Rechte und Geschichte. Bd. 2. Berlin 1770–1775. 592
Böttiger, C[arl] A[ugust]: Sabina oder Morgenscenen im Putzzimmer einer reichen Römerin. Leipzig 1803. 22
Böttiger, Carl Wilhelm: Die allgemeine Geschichte für Schule und Haus. Erlangen 1825. 11
Böttiger, Carl Wilhelm: Die allgemeine Geschichte von 1815 bis 1852. Ein Buch für's Haus und jeden Gebildeten. Frankfurt a.M., Erlangen 1854. 12

Boguet, Henry: Discours exécrable des sorciers: ensemble leur procez, faits depuis deux ans en çà, en divers endroits de la France. 2. éd. Lyon 1605. 371

Boisguillebert, [Pierre de]: Traité de la nature, culture, commerce et intérêt des grains. In: Économistes financiers du XVIIIe siècle. Précédés de notices historiques sur chaque auteur, et accomp. de commentaires et de notes explicatives, par Eugène Daire. Paris 1843. 456

Bolingbroke, Henry St. John: Letters and Correspondence, Public and Private. During the Time He Was Secretary of State to Queen Anne; with State Papers, Explan. Notes, and a Transl. of the Foreign Letters, &c. By Gilbert Parke. Vol. 1–4. London 1798. 25

Bolingbroke, [Henry St. John]: The Works. Vol. 1–5. London 1754. 25

Bonafous, Matthieu: Histoire naturelle, agricole et économique du maïs. Paris 1836. 402

Bonnet, Victor: L'Enquête de 1865 sur le Crédit. 1. La crise monétaire de 1864 et ses origines. In: Revue des Deux Mondes. Paris. Nr. 60, 15. November 1865. S. 391–418; 2. La monnaie fiduciaire et le capital de la Banque de France. Ebenda. Nr. 61, 1. Dezember 1865. S. 738–764. 587 735

Bonnet, Victor: Questions économiques et financières à propos des crises. Paris 1859. 735

Bopp, Franz: Vergleichende Grammatik des Sanskrit, Send, Armenischen, Griechischen, Lateinischen, Litauischen, Altslavischen, Gothischen und Deutschen. 2. gänzl. umgearb. Ausg. Bd. 1–3. Berlin 1861. 22

Borel, Eugène: Grammaire française à l'usage des Allemands. 12. éd. Stuttgart 1864. 15

Bosroger, Esprit de: La piété affligée. Ou Discours historique & thélogique de la possession des religieuses dittes de Saincte Elizabeth de Louviers. Rouen 1652. 370

Boudon, Raoul: La vérité sur la situation économique et financière de l'Empire. Paris 1867. 372 1074

Bouron, A.: Guerre au crédit ou considérations sur les dangers de l'emprunt. Paris 1868. 736

Boussingault, J[ean]-B[aptiste]: Économie rurale considérée dans ses rapports avec la chimie, la physique et la météorologie. T. 1.2. Paris 1843–1844. 397 460

Boussingault, Jean-Baptiste: Die Landwirthschaft in ihren Beziehungen zur Chemie, Physik und Meteorologie. Deutsch bearb. von N. Graeger. Bd. 1. Halle 1844. 397

Boutron, P.-A.: Théorie de la rente foncière. Paris 1867. 736

Boxhorn, Marcus Zuerius: Varii tractatus politici. Amstelodami 1663. 349

Bradley, Richard: A Philosophical Enquiry into the Late Severe Winter: the Scarcity and Dearness of Provisions, and the Occasion of the Distemper Raging in Several Remote Parts of England. With Letters from Many Eminent Physicians in the Country to Those in Town. London 1729. 351

Branthôme, Pierre de Bourdeille: Œuvres complètes. Publ. pour la première fois selon le plan de l'auteur, augm. de nombreuses variantes et de fragments inédits. Suivies des œuvres d'André de Bourdeilles ... Avec une introduction et des notes par Prosper Mérimée et Louis Lacour. T. 1–3. Paris 1859. 22

Brantome, [Pierre de Bourdeille]: Œuvres. Nouv. éd, cons. augm., rev. T. 1–15. London 1779. 28

Bredow, Gabriel Gottfried: Lehrbuch der Weltgeschichte. 13., verm. und verb. Aufl. Altona 1852. 14

Bretschneider, Carl Anton: Leitfaden für den geographischen Unterricht in den unteren Classen der Gymnasien. 4., verm. und verb. Aufl. Gotha 1861. 15

Brettner, H[ans] A[nton]: Die bürgerliche Rechenkunst, ein Leitfaden beim Unterrichte in den bürgerlichen Rechnungsarten. 2., verb. und verm. Ausg. Breslau 1852. 12

Browne, G[eorge] Lathom: A Treatise on the Companies Act, 1862. With Special Reference to Winding-up, for the Purposes of Reconstruction or Amalgamation. With Forms and Precedents of Memoranda and Articles of Association. London 1867. 729

Bruce, Edward, John Bruce: An Introduction to Geography and Astronomy by the Use of the Globes and Maps. 12. Ed. London 1859. London 1850. 14
Brückner, G[eorg]: Amerikas wichtigste Charakteristik nach Land und Leuten. St. Louis [1857]. 453 **517 518** 580 1095
Das Buch der Erfindungen, Gewerbe und Industrien. 3. gänzl. umgearb. Aufl. Bd. 1.2. Leipzig 1858. 15
Buckle, Henry Thomas: History of Civilization in England. Vol. 1.2. London 1857. 27
Budich, S. M.: Erstes Lernbuch des Kindes. Dresden 1851. 12
Buller, Tho[ma]s Wentworth: A Reply to a Pamphlet, Published by David Ricardo, on Protection to Agriculture. London 1822. 453 **464–468** 580 1092 1093
Bunsen, Robert: Gasometry. Comprising the Leading Physical and Chemical Properties of Gases. Transl. by Henry E. Roscoe. London 1857. 24
Burgwardt, Heinrich: Der Bildungsfreund in den Oberclassen deutscher Volksschulen. Altona 1843. 11
Burgwardt, Heinrich: Erstes Schul- und Bildungsbuch für Volksschulen. Th. 1.2. Altona 1841; 2., stark verm. Aufl. Altona 1843. 15
Burke, Edmund: The Works. 27
Burmeister, Hermann: Geschichte der Schöpfung. Eine Darstellung des Entwickelungsganges der Erde und ihrer Bewohner. Für die Gebildeten aller Stände. 5., verb. Aufl. Leipzig 1854. 11
[Burn, James Dawson:] The Language of the Walls: and a Voice from the Shop Windows. Or, the Mirror of Commercial Roguery. By One who Thinks Aloud. Manchester, London 1855. 583
Burnet, [Gilbert]: History of His Own Time. Vol. 1.2. London 1724–1734. 29
Burns, Robert: Poetical Works. London 1848; 1859. 14
Burns, Robert: Works. With his Life, by Allan Cunningham. 2. Ed. Vol. 1–8. London 1835. 24
Byron, George Gordon: The Complete Works. Vol. 1–10. 1851. 24
Byron, [George Gordon]: The Poetical Works. Vol. 1–8. London 1853. 25
Byron, [George Gordon]: The Works. With His Letters and Journals, and His Life, by Thomas Moore. Vol. 1–17. London 1833. 25
Byron, George Gordon N[oel]: Tales and Poems. London 1848. 24

Caesar, Gaius Iulius: Commentarii de Bello Gallico. 12 16 543 544 551 555
Caird, James: English Agriculture in 1850–51. London 1852. 250 301
Caird, James: Our Daily Food; its Price, and Sources of Supply. London 1868. 587
Calcagnini: Miscell., Magia Amatoria antiqua. 1544. [Nach Michelet: La sorcière.] 370
Calderón de la Barca, Pedro: Las comedias. Por Juan Jorge Keil. Bd. 1–4. Leipzig 1827–1830. 18
Calderón de la Barca, Pedro: Schauspiele. Übers. von Johann Diederich Gries. Bd. 1–8. Berlin 1840. 18
Camoëns, Luis de: The Lusiad: or, the Discovery of India. An Epic Poem. Transl. from the Original Portug. by William Julius Mickle. Vol. 1.2. 3. Ed. London 1798. 25
Campbell, George: The Irish Land. London 1869. 578 579
[Campbell, George John Douglas] Duke of Argyll: The Reign of Law. London 1867. 767
Candolle, Aug[uste] P[yramus] de: Vegetable Organography; or, an Analytical Description of the Organs of Plants. Transl. by Boughton Kingdom. Vol. 1.2. London 1839. 24
Carey, H[enry] C[harles]: Letters to the President on the Foreign and Domestic Policy of the Union, and its Effects, as Exhibited in the Condition of the People and the State. Philadelphia 1858. 165 858
Carpenter, William B[enjamin]: Animal Physiology. New Ed., Thoroughly Rev., and Partly Re-Written. London 1859. 23

Carpenter, William Benjamin: A Manual of Physiology, Including Physiological Anatomy. 2. Ed. London 1851. 24
Carpenter, William Benjamin: Principles of Human Physiology. With their Chief Applications to Pathology, Hygiene, and Forensic Medicine. 3. Ed. London 1846. 24
Cary, John: A Discourse on Trade, and Other Matters Relative to It. London 1745. 351
Cazaux, L. F. G. de: Bases fondamentales de l'économie politique, d'après la nature des choses. Paris 1826. 733
Cazaux, L. F. G. de: Élémens d'économie privée et publique; ou science de la valeur des choses, et de la richesse des individus et des nations. Paris, Toulouse 1825. 733
Cazaux, L. F. G. de: Intérêts de l'agriculture, de l'industrie et du commerce français ... écrit publié à l'occasion de la réunion simultanée du conseil de l'agriculture et des conseils généraux de l'industrie et du commerce. Paris 1833. 733
Cazaux, L. F. G. de: La science économique d'après Sully et les anciens; ou moyens d'accroitre indéfiniment le bien-être des peuples, la fortune des riches, le revenu du gouvernement, et la moralité de tous. Paris 1834. 733
Cernuschi, Henri: Contre le billet de banque. Déposition et notes. Paris 1866. 736
Cernuschi, Henri: Illusions des sociétés coopératives. Paris 1866. 736
Cernuschi, Henri: Mécanique de l'échange. Paris 1865. 106
Cernuschi, Henri: Mécanique de l'échange. 2. éd. Paris, Bruxelles 1866. 736
Černyševskij, Nikolaj Gavrilovič: Pis'ma bez adresa. 585 **705–719** 720 879 1142–1144
Cervantes, Miguel de: Obras. Par Buenaventura Carlos Aribau. 2. ed. Madrid 1856. 18
Cervantes Saavedra, Miguel de: Leben und Thaten des scharfsinnigen Edlen Don Quixote von la Mancha. Übers. von Ludwig Tieck. Bd. 1–4. Berlin 1799–1801. 35
Cervantes Saavedra, Miguel de: Der sinnreiche Junker Don Quixote von la Mancha. Übers. von D[ietrich] W[ilhelm] Soltau. Bd. 1–4. Königsberg 1800. 35
Chambers, R[obert]: Vestiges of the Natural History of Creation. London 1844. 84
Chambers's Edinburgh Journal. London, Edinburgh 1845–62. 14
Chambers's Miscellany of Useful Tracts. Vol. 1–20. London 1844–47. – Chambers's Pocket Miscellany. Vol. 1–24. London 1851–53. 16
Chamisso, Adelbert von: Peter Schlemihls wundersame Geschichte. 16
Chaptal, [Jean-Antoine-Claude]: Chimie appliquée à l'agriculture. T. 1.2. Paris 1823. 395
Chardin, Jean: Voyage en Perse et autres lieux de l'Orient. T. 1–3. Amsterdam 1711. 29
Chateauvieux, Frédéric Lullin de: Voyages agronomiques en France. Ouvrage posthume. Précédé d'une notice biographique sur l'auteur. Pub. par Naville de Chateauvieux. T. 1. Paris 1845. 198–200 202
Chatellier, A[rmand] du: L'agriculture et les classes agricoles de la Bretagne. Paris 1863. 734
Chatellier, A[rmand] du: Enquête sur l'état de l'agriculture française en 1865. Paris 1866. 735
Chatellier, Armand René du: De quelques modes de la propriété en Bretagne. La quevaise, le Convenant-Franch et le Domaine congéable. Paris 1861. 734
Chavanne, C[amille] Dareste de la: Histoire des classes agricoles en France depuis Saint Louis jusqu'à Louis XVI. Paris 1854. 734
Cherbuliez, A[ntoine]-E[lysée]: Étude sur les causes de la misère tant morale que physique et sur les moyens d'y porter remède. Paris 1853. 734
Cherbuliez, A[ntoine]-E[lysée]: Précis de la science économique et de ses principales applications. T. 1. Paris 1862. 733 737 741 **752 753** 1189 1190
Cheshire, Edward: The Results of the Census of Great Britain in 1851. With a Description of the Machinery and Processes Employed to Obtain the Returns. London 1854. 11
Chevalier, Michel: Cours d'économie politique fait au Collège de France. T. 3. La monnaie. 2. éd. Paris 1866. 587

Children's Employment Commission: Second Report of the Commissioners. Trade and Manufactures. London 1843. 296
– Fifths Report of the Commissioners. With App. Presented to both Houses of Parliament by Command of Her Majesty. London 1866. 352
Cholevius, [Karl] L[eo]: Dispositionen und Materialien zu deutschen Aufsätzen über Themata für die beiden ersten Klassen höherer Lehranstalten. Leipzig 1860; 3., verm. und verb. Aufl. 1864. 14
Churchill, Charles: Poems. To which is Added, the Life of the Author. 4. Ed. Vol. 1.2. London 1769. 24
Churchill, C[harles]: The Works. In 4 Vol. 5. Ed. London 1774. 26
Cincinnatus, [Richard]: Remarks on the Anti-Corn-Law Mania, in a Letter to the Duke of Buckingham. London 1846. 373
Clarke, Hyde: A New and Comprehensive Dictionary of the English Language. As Spoken and Written. 3. Ed. London 1866. 586
Clef, ou thèmes traduits d'après la Grammaire comparée de Nicolas Hamel. Rev. et corr. par N. Lambert. Londres 1844. 15
Clément, Pierre: Histoire du système protecteur en France. Depuis le ministère de Colbert jusqu'a la révolution de 1848. Suivie de pièces, mémoires et documents justificatifs. Paris 1854. 735
Cliffe Leslie, T[homas] E[dward]: Land Systems and Industrial Economy of Ireland, England, and Continental Countries. London 1870. 586 587
Cliffe Leslie, T[homas] E[dward]: Political Economy and Emigration. In: Fraser's Magazine for Town and Country. Vol. 77. Mai 1868. Nr. 461. S. 611–624. 729
Cobbett, William: Porcupine's Works; Containing Various Writings and Selections, Exhibiting a Faithful Picture of the United States of America; of Their Governments, Laws, Politics and Resources; of the Characters of Their Presidents, Governors, Legislators, Magistrates and Military Men; and of the Customs, Manners, Morals, Religion, Virtues and Vices of the People: Comprising also a Complete Series of Historical Documents and Remarks, from the End of the War, in 1783, to the Election of the President, in March, 1801. Vol. 1–12. London 1801. 24
Cochut, Andreas: Die Arbeiter-Associationen. Geschichte und Theorie der Versuche einer Reorganisation der Gewerbe, welche seit dem Februar 1848 gemacht worden sind. Ins Deutsche übertr. von A. Wagner. Tübingen 1852. 349
Coleccion de Piezas Escogidas de Lope de Vega, Calderón de la Barca, Tirso de Molina, Moreto, Rojas, Alarcon, La Hoz, Solís, Canizares y Quintana, sacadas del Tesoro del Teatro español. Formado por Don Eugenio de Ochoa. Paris 1840. 18
Colenso, John William: Elemente der Algebra nebst mehreren 100 Aufgaben zum Gebrauch in Real-, Fortbildungs- und gewerblichen Schulen. Nach der 15. Aufl. des engl. Originals für deutsche Unterrichtszwecke, bearb. von Geo. Wolpert. Stuttgart 1862. 14
Coleridge, Sam[ue]l Taylor: The Dramatic Works. Ed. by Derwent Coleridge. A New Ed. London 1868. 28
Colletta, Pietro: History of the Kingdom of Naples, 1734–1825. Transl. from the Italian by S. Horner. With a suppl. Chapter. Vol. 1.2. Edinburgh 1858. 27
Colman, Henry: The Agriculture and Rural Economy of France, Belgium, Holland, and Switzerland; from Personal Observation. London 1848. 583
Colman, Henry: European Agriculture and Rural Economy. From Personal Observation. Vol. 1.2. Boston, London 1844, 1846, 1848. 583
Combe, George: The Constitution of Man. Considered in Relation to External Objects. Boston 1836. 23
Combe, George: Moral Philosophy or the Duties of Man. 2. Ed. Edinburgh 1841. 23
Comber, W. T.: An Inquiry into the State of National Subsistence, as Connected with the Progress of Wealth and Population. London 1808. 699

Comensis, Bernardus: Lucerna Inquisitorum Haereticae Pravitatis. Venedig 1596. 370
Commercial Reports from Her Majesty's Consuls in China, Japan and Siam. 1865–66. Presented to both Houses of Parliament by Command of Her Majesty. August 1867. London 1867. **654** 1127–1132
Commercial Reports Received at the Foreign Office from Her Majesty's Consuls, during the Year 1866. August to December. Presented to both Houses of Parliament by Command of Her Majesty, February 1867. London 1867. **655–657** 1127–1132
– February 1867. [Nr. 1.] London 1867. **657** 1127–1132
– February 1867. [Nr. 2.] London 1867. **657 658** 1127–1132
– March 1867. London 1867. **658** 1127–1132
– April 1867. London 1867. **658** 1127–1132
– May 1867. London 1867. **658** 1127–1132
– June 1867. London 1867. **659** 1127–1132
– July 1867. London 1867. **659** 1127–1132
Commines, Philippe de: Les memoires. Sur les principaux faits & gestes de Louis XI. & de Charles VIII. son fils, Roys de France. Paris 1561. 26
A Complete Edition of the Poets of Great Britain. Ed. by Robert Anderson. Vol. 1–13. London 1792–1795. 26
Congreve, William: The Works. London 1710. 26
Cooper, B[ransby] B[lake]: Lectures on Anatomy: Interspersed with Practical Remarks. Vol. 1–4. London 1829–1832. 23
Cooper, Thomas: Lectures on the Elements of Political Economy. Columbia 1826. 456
Coq, Paul: La Bourse de Paris. Le marché libre et le marché restreint. Paris 1859. 735
Coq, Paul: Les circulations en banque ou l'impasse du monopole. Émission et change, dépôts en compte, check, billet à interêt, etc. Paris 1865. 735
Coq, Paul: Histoire populaire du crédit et des finances de 1848 à 1865. 735
Coq, Paul: La monnaie de banque. Ou l'espèce et le portefeuille. Précédé d'une notice sur William Paterson et d'une introduction sur le gouvernement de la Banque de France à partir de 1857. [2. éd.] Paris 1863. 735
Coquelin, [Charles]: Le crédit et les banques. 2. éd., rev., ann., augm. d'une introduction par J.-G. Courcelle Seneuil. Et d'une notice biographique par G. de Molinari. Paris 1859. 734 735
Corenwinder, B[enjamin]: Ueber die Erzeugung von Kohlensäuregas durch den Boden, die organischen Substanzen und die Düngerarten. In: Comptes rendus. Nr. 5, Juli 1855. S. 306–308. 462
Cornelius Nepos. Für Schüler mit erläuternden Anmerkungen von Johannes Siebelis. 3. Aufl. Leipzig 1862. 13
Cornwallis, Kinahan: Two Journeys to Japan, 1856–7. Vol. 1.2. London 1859. 84
Corvaja, Baron Joseph: Perpetual Peace to the Machine by the Universal Millennium; or, the Sovereign Bankocracy and the Grand Social Ledger of Mankind. London 1855. 583
Cotta, Bernhard: Geologische Briefe aus den Alpen. Leipzig 1850. 15
Coullet, P[aul]-J[acques]: Études sur la circulation monétaire. La banque et le crédit. Paris 1865. 106 736
Courcelle-Seneuil, J[ean]-G[ustave]: Liberté et socialisme ou discussion des principes de l'organisation du travail industriel. Paris 1868. 736
Courcelle Seneuil, J[ean]-G[ustave]: Traité théorique et pratique des opérations de banque. Paris 1853. 734
Courier, Paul-Louis: Chefs-d'œuvre. T. 1. Paris 1864. **365 366** 1043
[Courier], Paul Louis: Simple Discours. Paris 1821. 365 366 1043
Court, H[enry]: An Analysis of the Natural Price of Corn; with Observations, on the Speech of Sir Robert Peel, to His Constituents at Tamworth, in Illustration of the Impolicy of Existing Corn Laws by Inducing the Evil Effects of Artificial Prices of Corn. London 1841. 373 1074

Courtois, Alph[onse]: Défense de l'agiotage. Paris 1864. 735
Crabbe, George: The Poetical Works. 25
Craigie, David: Elements of General and Pathological Anatomy, Presenting a View of the Present State of Knowledge in these Branches of Science. 2. Ed. Philadelphia 1848. 23
Craik, George Lillie: Five Centuries of the English Language and Literature. With a Preface by the Author. Leipzig 1859. 13
Crampon, A.: La France saint-simonienne à son déclin. Paris 1867. 586
Crisenoy, J[ules Gigault] de: Étude sur l'organisation de crédit agricole en France. Paris 1861. 734
Cross, Francis: Landed Property: its Sale, Purchase, Improvement, and General Management. London 1857. 583
Crump, Arthur: A Practical Treatise on Banking, Currency, and the Exchanges. London 1866. 587
[Cunningham, John:] An Essay on Trade and Commerce, Containing Observations on Taxes as They are Supposed to Affect the Price of Labour in Our Manufactories, Together with Some Interesting Reflections on the Importance of Our Trade to America. London 1770. 84
Cuvier, [Georges]: The Animal Kingdom. 26 28
Cuvier, [Georges]: The Animal Kingdom. Arranged According to its Organization. Serving as a Foundation for the Natural History of Animals, and an Introduction to Comparative Anatomy. Transl. from the latest French Ed. Vol. 1–8. London 1837. 29
Cuvier, Georges: Histoire des sciences naturelles, depuis leur origine jusqu'à nos jours. T. 1–4. Paris 1841–1843. 371
A Cyclopedia of Agriculture, Practical and Scientific, in which the Theory, the Art, and the Business of Farming, are Thoroughly and Practically Treated. Ed. by John C[halmers] Morton. Vol. 1.2. Glasgow, Edinburgh, London 1855. **386–390 408–410 455** 1050 1051 1091

Dael, Fr[iedrich]: Statistische Mittheilungen über Rheinhessen im Allgemeinen und dessen Land- und Forstwirthschaft im Besonderen; unter Bezugnahme auf die betreffenden Verhältnisse und Zustände in den einzelnen deutschen Staaten. Mainz 1849. 178 179
Dagneaux, A.: De la Décentralisation du crédit. Paris 1865. 735
[d'Albert, Mademoiselle:] Les confidences d'une jolie femme. Pt. 1–4. Amsterdam, Paris 1775. 26
Dalton, John: Meteorological Observations and Essays. Manchester 1793. 401
Dante Alighieri: La divina commedia. 725
Dante Alighieri: La divina commedia. Con comento analitico di Gabriele Rossetti. Vol. 1–6. London 1824. **331** 1026 1027
Dante Alighieri: La Divina Commedia. Illustrata di note da Luigi Portirelli. T. 1–3. Milano 1804. 24
Dante Alighiéri: La divine comédie. Trad. en franç. par Artaud de Montor. 3. éd. Paris 1849. 18 35
Dante Allighieri: La divina commedia. Ricorretta sopra quattro dei più autorevoli testi a penna da Carlo Witte. Berlino 1862. 18 35
Darwin, Charles: Journal of Researches into the Natural History and Geology of the Countries Visited During the Voyage of H. M. S Beagle Round the World under the Command of Capt. Fitz Roy. In 2 Vol. 1. Ed. London 1842; 2. Ed. London 1845. 106 160
Darwin, Charles: On the Origin of Species by Means of Natural Selection, or the Preservation of Favoured Races in the Struggle for Life. 28
Dasent, George Webbe: Theophilus in Icelandic, Low German and Other Tongues. London 1845. 21

D'Aubigné, Théodore Agrippa: La confession catholique du Sieur de Sancy. Köln 1660. 367
Daumer, G[eorg] Fr[iedrich]: Hafis. Eine Sammlung persischer Gedichte. Nebst poetischen Zugaben aus verschiedenen Völkern und Ländern. Hamburg 1846. 22
Davenant, William: Love and Honor. London 1649. 27
Davenant, William: The Wits. A Comedy. London 1636. 27
Davies, John: A Discovery of the True Causes why Ireland was Never Entirely Subdued and Brought Under Obedience on the Crown of England, until the Beginning of His Majesty's Happy Reign. 353
D[avis], H[ewitt]: Valuations. In: A Cyclopedia of Agriculture, Practical and Scientific ... Ed. by John C[halmers] Morton. Vol. 2. Glasgow, Edinburgh, London 1855. S. 1046–1048. 348 **386 387** 1050 1051
Davy, Humphry: Elements of Agricultural Chemistry, in a Course of Lectures for the Board of Agriculture; Delivered Between 1802 and 1812. London 1813. 395
De Morgan, Augustus: Trigonometry and Double Algebra. London 1849. 25
De Quincey, Thomas: Works. 27
Debierne-Rey (Mme Lisbeth): Dictées de grammaire. Paris 1857–1859. 12
[Decker, Matthew:] An Essay on the Causes of the Decline of the Foreign Trade, consequently of the Value of the Lands of Britain, and on the Means to Restore Both. London 1744. 351
Defoe, Daniel: Essays upon Several Projects: or, Effectual Ways for Advancing the Interest of the Nation. Wherein are Plainly Laid Down the Means by which the Subjects in General may be Eased and Enriched. London 1702. 65
Defoe, Daniel: The History of the Devil. Ancient and Modern. Durham 1814. 27
Defoe, Daniel: The History of the Plague in London. Together with Religious Courtship. New York 1857. 65
Degoix, P. F.: Théorie du programme de la Commission d'enquête sur les banques. Paris 1865. 735
Delamarre, [Théodore Casimir]: La vie à bon marché. Réformes utiles. Paris 1851. 122
[Delany, Patrick:] Reflections upon Polygamy, and the Encouragement Given to that Practice in the Scriptures of the Old Testament. London 1737. 28
Demosthenes et Æschines. Quæ exstant omnia ... Illustravit Gulielmus Stephanus Dobson. Vol. 1–10. Londini 1827. 24
Demosthenis et Aeschinis quae supersunt, Latine. Londini 1824. 25
Denis, Ferdinand: Des science occultes, de leur marche et de leur influence. In: Revue universelle, bibliothèque de l'homme du monde et de l'homme politique au 19e siècle. An. 1. T. 1–4. Bruxelles 1832. S. 289–299. 371
Descartes, René: Œuvres. Nouv. éd. collationnée sur les meilleurs textes et précédée d'une introduction par Jules Simon. Paris 1861. 18
Desmarets, [Charles]: Histoire de Madeleine Bavant, religieuse du monastere de St. Louis de Louviers. Paris 1652. 371
Deutsche Eisenbahn-Statistik für das Betriebs-Jahr 1864. Hrsg. von der geschäftsführenden Direktion des Vereins Deutscher Eisenbahn-Verwaltungen. Jg. 15. Berlin 1866. **813** 1207
Dibdin, Charles: A Complete History of the English Stage. Vol. 1–5. London 1800. 27
Dictionnaire de l'Économie Politique. Contenant l'exposition des principes de la science, l'opinion des écrivains qui ont le plus contribué à sa fondation et à ses progrès, la bibliographie générale de l'économie politique, par noms d'auteurs et par ordre de matières, avec des notices biographiques et une appréciation raisonnée des principaux ouvrages. Éd. par Ch[arles] Coquelin, [Gilbert-Urbain] Guillaumin. T. 1.2. Paris 1853. **262–268** 974–976
Diderot, Denis: Œuvres. T. 1–7. Paris 1818. 25
Dietrich, Franz Ed[uard] Christ[oph]: Altnordisches Lesebuch. Aus der skandinavischen Poesie und Prosa bis zum XIV. Jahrhundert zusammengestellt und mit übersichtlicher Grammatik und einem Glossar versehen. Leipzig 1843. 21

Diez, Frédéric: La poésie des Troubadours. Paris 1845. 18
Diwan des Abu Nuwâs, des grössten lyrischen Dichters der Araber. Zum ersten Male deutsch bearb. von Alfred v[on] Kremer. Wien 1855. 22
Döll, Ch.: Uebungen für den ersten Unterricht in der lateinischen Sprache. Karlsruhe 1863. 17
Donaldson, John: The Enemies to Agriculture, Botanical and Zoological: Being a Brief Account of the Weeds, Quadrupeds, Birds, Insects, and Worms, which are Injurious to the Farmer, with the Best Means of Their Extirpation or Diminution. London 1847. 583
Donaldson, [John]: Rudimentary Treatise on Clay Lands and Loamy Soils; Containing the Origin and Chemical Qualities of Each Variety of Land.—Natural Properties of the Soils and Mode of Cultivation.—Cropping and Value of the Lands, and Changes Effected by Mixing with Hot Lime. London 1852. 584
Doniol, Henry: Histoire des classes rurales en France et de leurs progrès dans l'égalité civile et la propriété. Paris 1857. 734
Dove, Patrick E[dward]: Account of Andrew Yarranton, the Founder of English Political Economy. Edinburgh 1856. 105 **126–128** 252 978–980
Dove, Patrick Edward: The Elements of Political Science. In 2 Books. With an Account of Andrew Yarranton, the Founder of English Political Economy. Edinburgh 1854. 105 252 **284–298** 349 978–980
Doyle, Martin: A Cyclopædia of Practical Husbandry and Rural Affairs in General. A New Ed., Enl., and Rev. throughout by W. Rham. London 1851. 584
The Dramatic Works of Ben Jonson, and Beaumont and Fletcher: The First Printed from the Text, and with the Notes of Peter Whalley and George Colman. Vol. 1–4. London 1811. 24
The Dramatic Works of Wycherley, Congreve, Vanbrugh, and Farquhar. With Biographical and Critical Notes by Leigh Hunt. London 1840. 25 28
Drouet de Maupertuy, J[ean]-B[aptiste]: La femme faible, où l'on représente les dangers auquels les femmes s'exposent par un commerce fréquent et assidu avec les hommes, par Mme de S. Amsterdam 1755. 28
Dubrunfaut, A[uguste] P[ierre]: Suppression des disettes par l'impôt. Paris 1854. 734
Ducpetiaux, Éd[ouard]: Budgets économiques des classes ouvrières en Belgique. Subsistances, salaires, population. Bruxelles 1855. 106 121 963 1000
Dühring, E[ugen]: Capital und Arbeit. Neue Antworten auf alte Fragen. Berlin 1865. 348 **382–385** 1047–1050
Dühring, E[ugen]: Kritische Grundlegung der Volkswirthschaftslehre. Berlin 1866. 348 **405–407 411 412** 453 **512–516** 580 1047–1050
Dühring, E[ugen]: Der Werth des Lebens. Eine philosophische Betrachtung. Breslau 1865. 376
Dufresne S[ain]t-Léon, L[ouis]-C[ésar]-A[lexandre]: Étude du crédit public et des dettes publiques. Paris 1824. 734
Duhamel du Monceau, [Henri-Louis]: Éléments d'agriculture. T. 1.2. Paris 1771. 394
Duller, Eduard: Die Geschichte des deutschen Volkes. 3. Aufl. Berlin 1845. 15
[Duncan, Mary Grey Lundie:] America as I Found It. New York 1852. 583
Duncker, Max: Geschichte des Alterthums. Bd. 1–4. Leipzig 1857. 12
Dupont, Eugène: [Londres, 10 octobre. „Tu tonnes Jupiter? ...“] In: Le Courrier français. Paris. Nr. 119, 14. Oktober 1867. S. 1/2.
Dupuynode, Gustave: Études d'économie politique sur la propriété territoriale. Paris 1843. 733
Dureau de la Malle, [Adolphe]: Économie politique des Romains. T. 1. Paris 1840. 268
Dutouquet, H[ippolyte]: De la condition des classes pauvres à la Campagne; des moyens les plus efficaces de l'améliorer. Paris 1846. 734
Duval, Jules: Histoire de l'émigration européenne, asiatique et africaine au XIXe siècle. Ses causes, ses caractères, ses effets. Paris 1862. 734

Duval, Jules: Second discours sur les rapports de la géographie et de l'économie politique. Paris 1866. 735

East India (Bengal and Orissa Famine). Copy of Despatch of the Secretary of State to the Government of India, and Enclosures, Relative to the Bengal and Orissa Famine. Presented to Parliament by Her Majesty's Command. Ordered, by the House of Commons, to be Printed 26 July 1867. [London 1867.] 674

East India (Bengal and Orissa Famine). Papers and Correspondence Relative to the Famine in Bengal and Orissa, Including the Report of the Famine Commission and the Minutes of the Lieutenant Governor of Bengal and the Governor General of India. (Presented to Parliament by Her Majesty's Command.) Ordered, by the House of Commons, to be Printed, 31 May 1867. Pt. 1–3. In: Accounts and Papers: 1867. Vol. 13. Session 5 February–21 August 1867. 585 **670–673** 720 877 878 1132–1136

East India (Madras and Orissa) Famine. Return to an Address of the Honourable The House of Commons, Dated 4 July 1867. Ordered, by the House of Commons, to be Printed, 30 July 1867. In: Accounts and Papers: 1867. Vol. 14. Session 5 February–21 August 1867. 585 **674** 720 877 878 1132–1136

Ebeling, Friedrich Wilhelm: Angelsæchsisches Lesebuch. Leipzig 1847. 21

Echtermeyer Theodor: Auswahl deutscher Gedichte für gelehrte Schulen. 11. Aufl. Halle 1861. 12

Die Edda, die ältere und jüngere nebst den mythischen Erzählungen der Skalda übers. und mit Erl. begleitet von Karl Simrock. Stuttgart, Tübingen 1851. 21

Egli, J[ohann] J[akob]: Neue Handelsgeographie. Erdkunde der Waarenerzeugung und des Waarenumsatzes. Ein Abriß für höhere Lehranstalten, sowie ein Hülfsbuch für angehende Kaufleute und zugleich eine Ergänzung zu jedem reingeographischen Lehrbuche. Nebst einer „Kleinen Waarenkunde" als Anhang. St. Gallen, Leipzig 1862. 13

Einhof Heinrich: Grundriß der Chemie für Landwirthe. Aus hinterlassenen Dictaten. Hrsg. von Albrecht Thaer. Berlin 1808. 395

Ellis, George: Specimens of the Early English Poets; to which is Prefixed, an Historical Sketch of the Rise and Progress of the English Poetry and Language, with a Biography of Each Poet &c. 5. Ed. Vol. 1–3. London 1845. 24

Ellis, George Viner: Demonstrations of Anatomy. Being a Guide to the Knowledge of the Human Body by Dissection. 5. Ed. London 1861. 23

Ellsworth, Henry L.: Improvements in Agriculture, Arts, &c. of the United States. New-York 1843. 583

English, American and General Corn Tables, Shewing the Value, Free on Board, of Flour, Wheat, Indian Corn, Indian Meal and Rye Flour; also, the Value, Cost and Freight, of Wheat, Oats and Barley, if Shipped in Ireland; and Other Useful Tables. Liverpool 1856. 73

English Translations from Ancient and Modern Poems by Various Authors. Ed. by Alexander Chalmers. Vol. 1–3. London 1816. 25

Enquête sur la Banque de France. Dépositions de M.M. Émile & Isaac Pereire devant le Conseil Supérieur du Commerce, de l'Agriculture et de l'Industrie. (Extraits des Procès-Verbaux Sténographies des Séances du 7 Novembre ét du 26 Décembre 1865). Du Système des banques et du système de Law. (Articles publiés par M.M. Pereire en 1834.) Paris 1866. 799

Epistolæ Obscurorum Virorum. London 1710. 28

Erasmus: Moriae encomium, stulticiae laudatio, ludicra declamatione tractata. Basileae 1540. 28

Erlach, Friedrich Karl: Die Volkslieder der Deutschen. Eine vollständige Sammlung der vorzüglichen deutschen Volkslieder von der Mitte des 15. bis in die erste Hälfte des 19. Jahrhunderts. Bd. 1–5. Mannheim 1834. 22

Eschenbach, Wolfram von: Parzival und Titurel. Rittergedichte. Übers. und erl. von K. Simrock. Bd. 1.2. Stuttgart, Tübingen 1842; 2., wohlfeilere Ausg. Stuttgart, Tübingen 1849. 18 21
Esterno, Ferdinand-Charles-Philippe: À l'Empereur, l'agriculture souffrante. De la crise agricole et de son remède: le crédit agricole. Paris 1866. 735
Ettmüller, Ernst Moritz Ludwig: Lexicon anglo-saxonicum, cum synopsi grammatica. Quedlinburgii, Lipsiae 1851. 21
Euripides: Hecuba. 15 17
Evans, D[avid] Morier: Facts, Failures, and Frauds: Revelations, Financial, Mercantile, Criminal. London 1859. 587 588
Evans, D[avid] Morier: Speculative Notes and Notes on Speculation, Ideal and Real. London 1864. 588
Evelyn, J[ohn]: A Philosophical Discourse of Earth, Relating to the Culture and Improvement of It for Vegetation, and the Propagation of Plants, etc. as It Was Presented to the Royal Society, April 29. 1675. London 1676. 105 **321** **322** 982 983
Evers, P.: The Student's Compendium of Comparative Anatomy. Philadelphia 1839. 23
Ewerbeck, Hermann: L'Allemagne et les Allemands. Paris 1851. 16

[Fallou, Friedrich Albert:] Die Ackererden des Königsreichs Sachsen, geognostisch untersucht und classificirt. Eine bodenkundliche Skizze für Gebirgsforscher, sachverständige Land- und Forstwirthe, landwirthschaftliche Vereine und Lehranstalten. Freiberg 1853. 417
Faraday, Michael: Experimental Researches in Electricity. Vol. 1–3. London 1839. 25
Fawcett, Henry: The Economic Position of the British Labourer. Cambridge, London 1865. 348 **354** **355** 1042 1043
Feller, Fr[iedrich] E[rnst], C[arl] G[ustav] Odermann: Das Ganze der kaufmännischen Arithmetik. Für Handels-, Real- und Gewerbschulen, so wie zum Selbstunterricht für Geschäftsmänner überhaupt. 7., verm. und in Folge der im Münz- und Gewichtswesen eingetretenen Veränderungen z.Th. umgearb. Aufl. Leipzig 1859. 13
Fielding, Henry: Select Works. Uniformly Printed with, and Designed to Accompany Anderson's Ed. of Smollett's Miscellaneous Works. Vol. 1–5. Edinburgh, London 1807. 24
Fielding, Henry: The Works. Complete in 1 Vol., with Memoir of the Author by Thomas Roscoe. New Ed., Illustr. by George Cruikshank. London 1852. 27
Figuier, Louis: L'année scientifique et industrielle, ou exposé annuel des travaux scientifiques, des inventions et des principales applications de la science à l'industrie et aux arts, qui ont attiré l'attention publique en France et à l'étranger. 1. a. Paris 1857. 13
Figuier, Louis: Histoire du merveilleux dans les temps modernes. T. 1–4. Paris 1860. 371
The Financial Lessons of 1866. A Letter, Addressed, by Permission, to W. E. Gladstone. By a City Manager. London 1867. 728
Firdusi: Bischen und Menische. Eine persische Liebesgeschichte. Übers. von Adolph Friedrich von Schack. Berlin 1851. 22
Firdusi: Epische Dichtungen aus dem Persischen. Von Adolph Friedrich von Schack. Bd. 1.2. Berlin 1853. 22
Firdusi: Heldensagen. Zum ersten Male metrisch aus dem Pers. übers. nebst einer Einl. über das iranische Epos von Adolph Friedrich von Schack. Berlin 1851. 22
[Fischer, Friedrich Christoph Jonathan:] Les nuits d'épreuve des villageoises allemandes avant le mariage. Dissertation sur un usage singulier. Trad. de l'allemand et accomp. de notes et d'une postface. Paris 1861. 27
Fitzgibbon, Gerald: The Land Difficulty in Ireland. London 1869. 578
Fitzherbert: The Boke of Surveying and Improvements. London 1523. 299

Flore et Blanceflor, altfranzösischer Roman. Hrsg. von Immanuel Bekker. Berlin 1844. 18

Flotard, Eugène: Le mouvement coopératif à Lyon et dans le midi de la France. Paris 1867. 735

Fortune, Thomas, D[avid] Morier Evans: Fortune's Epitome of the Stocks & Public Funds, English, Foreign, & American ... to which is Added an Account of the English and Foreign Railways, and the Principal Joint Stock Banks. London 1856. 583

Foster, John Leslie: An Essay on the Principle of Commercial Exchanges, and More Particularly of the Exchange Between Great Britain and Ireland: with an Inquiry into the Practical Effects of the Bank Restrictions. London 1804. 456

Fouqué, Friedrich de la Motte: Undine. Eine Erzählung. 15

Fowler, William: The Crisis of 1866. A Financial Essay. London 1867. 587

Fraas, Karl: Die Ackerbaukrisen und ihre Heilmittel. Ein Beitrag zur Wirthschaftspolitik des Ackerbauschutzes. Leipzig 1866. 359 866 881 882 1096

Fraas, [Carl]: Geschichte der Landwirthschaft, oder: Geschichtliche Übersicht der Fortschritte landwirthschaftlicher Erkenntnisse in den letzten 100 Jahren. Prag 1852. 348 **393–404** 1051–1053

Fraas, C[arl]: Klima und Pflanzenwelt in der Zeit, ein Beitrag zur Geschichte beider. Landshut 1847. 585 **621–627** 720 866 867 1125 1126

Fraas, C[arl]: Die Natur der Landwirthschaft. Beitrag zu einer Theorie derselben. Bd. 1.2. München 1857. 348 **413–434** 453 **459–463** **469–481** **490–498** **519–530** 580 1039 1054 1054

Franceson, C. F: Neues Spanisch-Deutsches und Deutsch-Spanisches Wörterbuch. 3., sehr verm. u. verb. Aufl. Th. 1: Spanisch-Deutsch. Leipzig [1862]. 13

Frankenheim, M[oritz] L[udwig]: Völkerkunde. Charakteristik und Physiologie der Völker. Breslau 1852. 17

Frankenstein, Carl v.: Tabellarischer Grundriss der Agriculturchemie und Agronomie, nach dem neuesten Stande der Naturwissenschaften, mit Benützung der neuesten und besten Hülfsquellen. Bd. 1.2. Graz 1838. 396

Frederik, Joakim Schouw: Grundzüge einer allgemeinen Pflanzengeographie. Aus dem Dänischen übers. vom Verfasser. Berlin 1823. 398

Frerichs, Friedrich Theodor von: Verdauung. In: Handwörterbuch der Physiologie mit Rücksicht auf physiologische Pathologie. In Verbindung mit mehren Gelehrten. Hrsg. von Rudolph Wagner. Bd. 3. Abth. 1. Braunschweig 1846. S. 658–872. 522

Fresenius, C[arl] Remigius: Lehrbuch der Chemie für Landwirthe, Forstmänner und Cameralisten. Zum Gebrauche bei Vorlesungen und zum Selbstunterrichte. Braunschweig 1847. 397

Freytag, Gustav: Bilder aus der deutschen Vergangenheit. Th. 1.2. Leipzig 1859. 12

Freytag, Gustav: Neue Bilder aus dem Leben des deutschen Volkes. Leipzig 1862. 12

Freytag, Gustav: Soll und Haben. Roman in 6 Büchern. 6. Aufl. Leipzig 1856. 14

Friedrich Wilhelm IV.: Reden Seiner Majestät des Königs Friedrich Wilhelm des Vierten seit Seiner Thronbesteigung. Gesammelt und mit einem Vorworte, sowie mit historischen Einleitungen versehen von Julius Killisch. 2. Aufl. Berlin 1843. 16

Frignet, Ernest: Histoire de l'association commerciale depuis l'Antiquité jusqu'au temps actuel. Paris 1868. 736

Frölich, David: Essai sur les principes fondamentaux d'économie politique se rapportant aux systèmes monétaires des pays de haute civilisation où est entré l'usage du papier-monnaie de banque. Bruxelles 1855. 735

Froissart, Sir John: Chronicles of England, France, Spain, and the Adjoining Countries. From the Latter Part of the Reign of Edward II. to the Coronation of Henry IV. Newly Transl. from the French Ed., with Var. and Add. from Many Celebrated mss. by Thomas Johnes. 3. Ed. Vol. 1–12. London 1808–1810. – Monstrelet, Enguerrand de: Chronicles. A History of Fair Example, and of Great Profit to the French, Beginning at the Year MCCCC, where that of Sir John Froissart Finishes, and Ending at the Year

MCCCCLXVII, and Continued by Others to the Year MDXVI ... Transl. by Thomas Johnes. Vol. 1–13. London 1810. 29

Funkelnde Wandelsterne zum Lobe des besten der Geschöpfe; ein arabisches, insgemein unter dem Nahmen: Gedicht Burde bekanntes Gedicht von Scheïch Ebu Abdullah Mohammed Ben Ssaid Ben Hammad Ben Muhsin Ben Abdullah Ben Ssanhadsch Ben Hilalis-Ssanhadschi, genannt: Bussiri. Übers. und durch Anmerkungen erl. von Vincenz Edlem von Rosenzweig. Wien 1824. 22

Gall, F. J[oseph]: Sur l'origine des qualités morales et des facultés intellectuelles de l'homme, et sur les conditions de leur manifestation. T. 1–5. Paris 1822. 24

Ganilh: Des systèmes d'économie politique, de la valeur comparative de leurs doctrines, et de celle qui parait la plus favorable aux progrès de la richesse. 2. éd. T. 2. Paris 1821. 486

Garrido, Fernando: Das heutige Spanien, seine geistige und äußerliche Entwickelung im 19. Jahrhundert. Deutsch von Arnold Ruge. Leipzig 1863. 17

Gassiot, John P.: Monetary Panics and Their Remedy. With Special Reference to the Panic of 11 May, 1866. London 1867. 588

[Gehlsen, Heinrich Joachim:] Das kleine Buch vom grossen Bismarck. 2. Aufl. Bern 1877. 585 720

Gellert, Christian F.: Sämmtliche Fabeln und Erzählungen in drei Büchern. Volks-Ausg. Leipzig 1861. 17

The Geography of Africa and South America. 14

Gibbon, Alexander: Principia in the Science, and Errors in the Practice of Political Economy in the United Kingdom. London 1866. 587

Gibbon, Edward: An Essay on the Study of Literature. London 1764. 29

Gibbon, Edward: The History of the Decline and Fall of the Roman Empire. With Notes by Dean Milman und M. Guizot. Vol. 1–8. London 1854. 29

Gibson, Edmund: Chronicon saxonicum. Oxonii 1692. 25

Giebel, C[hristoph] G[ottfried Andreas]: Die Säugethiere in zoologischer, anatomischer und palæontologischer Beziehung umfassend dargestellt. Leipzig 1855; 2. Ausg. Leipzig 1859. 13

Giresse, J. L.: Essai sur le population. Paris 1867. 736

Gisborne, Thomas: Essays on Agriculture. London 1854. 583

Glaser J[ohann] C[arl]: Die Erhebung des Arbeiterstandes zur wirthschaftlichen Selbstständigkeit mit besonderer Rücksicht auf die Verhältnisse in Preußen. Fünf Vorträge. Berlin 1865. 349

Goethe, Johann Wolfgang von: Benvenuto Cellini. 14

Goethe, Johann Wolfgang von: Egmont. Ein Trauerspiel. 12

Goethe, Johann Wolfgang von: Faust. 14

Goethe, Johann Wolfgang von: Gedichte. 16

Goethe, Johann Wolfgang von: Hermann und Dorothea. 15

Goethe, Johann Wolfgang von: Iphigenie auf Tauris. 14

Goethe, [Johann Wolfgang von]: Werke. Vollständige Ausgabe letzter Hand. Bd. 1–40. Stuttgart, Tübingen 1827–1833. 35

Goldsmith, Oliver: The Miscellaneous Works. A New Ed. to which is Prefixed Some Account of His Life and Writings. Vol. 1–6. London 1823. 25

Golownin, R. N.: Recollections of Japan, Comprising a Particular Account of the Religion, Language, Government, Laws and Manners of the People, with Observations on the Geography, Climate, Population & Productions of the Country. London 1819. 65

Goodrich, S.-G.: Les États-Unis d'Amérique. Aperçu statistique, historique, géographique, industriel et social. A l'usage de ceux qui recherchent des renseignements précis sur cette partie du nouveau-monde. Paris 1852. 733

[Gouin, Alexandre:] Rapport au Roi sur le quatrième volume de la Statistique de la France. Partie agriculture. Paris 1840. 191

Graesse, J. G. T.: Bibliotheca magiae et pneumatica, oder Bibliographie der älteren Werke über Zauber-, Wunder-, Geister-, und sonstigen Aberglauben. Leipzig 1848. 370
Graham, James: Corn and Currency; in an Address to the Land Owners. 4. Ed., with Add. London 1827. 483
Grahame, James: Financial Fenianism and the Caledonian Railway. Glasgow [1867]. 729
Grandpré, Perrin de: De l'agriculture française et des causes de sa misère. L'impôt. – La loi de 1861. – La loi de 1807. Paris 1865. 736
Greek Grammar. 12
Greene, Robert, George Peele: The Dramatic and Poetical Works. With Memoirs of the Authors and Notes by Alexander Dyce. London 1861. 28
[Greg, William Rathbone:] British Taxation. In: The Edinburgh Review, or, Critical Journal. Januar 1860. Nr. 225. S. 236–272. **77–79** 940 941
Gregoir, Henri: Les typographes devant le Tribunal Correctionnel de Bruxelles. Bruxelles 1865. 105 **120** 252 962
Gregory, Josiah: Our Ocean Mail Steamers, the Perils of Navigation and Mail Subsidies. London 1868. 729
Grey, John: Lease. In: A Cyclopedia of Agriculture, Practical and Scientific ... Ed. by John C[halmers] Morton. Vol. 2. Glasgow, Edinburgh, London 1855. S. 221–228. 453 **455** 580 1091
Grimm, Jacob: Deutsche Grammatik. 21
Grimm, Jacob: Deutsche Rechtsalterthümer. 2. Aufl. Göttingen 1854. 556
Grimm, Jacob, Wilhelm Grimm: Kinder- und Hausmärchen. 15
Grisenthwaite, W[illiam]: A New Theory of Agriculture, in which the Nature of Soils, Crops and Manures is Explained; Many Prevailing Prejudices are Exploded. And the Application of Bones, Gypsum, Lime, Chalk &c. Is Determined on Scientific Principles. London 1819. 395
Grotius, Hugo: De jure belli ac pacis libri tres ... T. 1.2. Amstelædami 1720. 25
[Grove, William Robert:] Address to the British Association for the Advancement of Science, Delivered 22 August 1866. In: The Artizan. Nr. 45, 1. September 1866. **327** 850 851 1022
Grove, W[illiam] R[obert]: On the Correlation of Physical Forces: Being the Substance of a Course of Lectures Delivered in the London Institution, in the Year 1843. London 1846. 28
Grube, A[ugust] W[ilhelm]: Biographieen aus der Naturkunde, in ästhetischer Form und religiösem Sinne. 2. Aufl. Stuttgart 1851. 12
Grube, August Wilhelm: Charakterbilder deutschen Landes und Lebens für Schule und Haus. 5. Aufl. Leipzig 1854. 14
Grund, Francis J[oseph]: Aristocracy in America. From the Sketch-Book of a German Nobleman. Vol. 1.2. London 1839. 583
Grunert, Johann August: Analytische Geometrie der Ebene und des Raumes für polare Coordinatensysteme. Greifswald, Leipzig 1857. 14
Gülich, Gustav von: Geschichtliche Darstellung des Handels, der Gewerbe und des Ackerbaus der bedeutendsten handeltreibenden Staaten unsrer Zeit. Jena 1830. 456
Guhl, Ernst, Wilh[elm] Koner: Das Leben der Griechen und Römer. Nach antiken Bildwerken dargestellt ... Berlin 1862. 15
Gulathingslov 556
Guthrie, George: Bank Monopoly the Cause of Commercial Crises. With Intr. and Notes by William Guthrie. Edinburgh, London 1866. 587

Hadley, Geo[rge]: Concerning the Cause of the General Trade-Winds. In: Philosophical Transactions of the Royal Society of London. Vol. 39. London 1735. S. 58–62. 401

Haeck, F[rançois]: Organisation du crédit industriel, commercial, agricole et foncier en Belgique. Bruxelles 1857. 730 735

Hall, T[homas] G[rainger]: A Treatise on the Differential and Integral Calculus, and the Calculus of Variations. 3. Ed., Altered and Enl. Cambridge, London 1841. 25

Hamel, Nicolas: Grammatical Exercises upon the French Language, Compared with the English. A New Ed., Improved. London 1836; Paris 1840. 13

Hamel, Nicolas: A New Universal French Grammar, Being an Accurate System of French Accidence and Syntax, on a Methodical Plan. A New Ed. London 1825. 12

Hamm, Wilhelm: Die landwirthschaftlichen Geräthe und Maschinen Englands. Ein Handbuch der landwirthschaftlichen Mechanik und Maschinenkunde, mit einer Schilderung der britischen Agricultur. 2., gänzlich umgearb. und bedeutend verm. Aufl. Braunschweig 1858. 105 252 **299–310** 980 981

Hammer-Purgstall, [Joseph von]: Duftkörner, aus pers. Dichtern gesam. Stuttgart 1836. 22

Hammick, James T.: On the Judicial Statistics of England and Wales, with Special Reference to the Recent Returns Relating to Crime. In: Journal of the Statistical Society of London. Vol. 30. September 1867. Nr. 3. S. 375–426. 768

Hancock, W[illiam] Neilson: What are the Causes of the Distressed State of the Highlands of Scotland? A Paper Read Before the Society on 10 February, 1852. Belfast 1852. 729

Handbook of Economic Literature; Being a Descriptive Catalogue of the Library of the Twickenham Economic Museum of Repertory of Useful Knowledge for Every-day Life. Whiting 1862. 349

Hankey, Thomson: The Principles of Banking, its Utility and Economy; with Remarks on the Working and Management of the Bank of England. London 1867. 762 792

Hann, William: The World's Jubilee; or, Some of the Benefits to be Derived from Mutual and Cooperative Societies. 4. Ed. London 1867. 728

Harder, F.: Lesebuch für Stadt- und Landschulen. 2., verb. Aufl. Altona 1860. 12

Harrington, James: The Commonwealth of Oceana. 351

Harting, P[ieter]: Die Macht des Kleinen sichtbar in der Bildung der Rinde unseres Erdballs oder Uebersicht der Gestaltung der geographischen und geologischen Verbreitung der Polypen, Foraminiferen und kieselschaligen Bacillarien. Leipzig 1851. 12

Hartlib, Samuel: His Legacie, or, an Enlargement of the Discourse of Husbandry Used in Brabant and Flaunders; Wherein are Bequeathed to the Common-Wealth of England More Outlandish and Domestick Experiments and Secrets in Reference to Universall Husbandry. Entered According to the Late Act Concerning Printing. London 1651. 300

Hassall, Arthur Hill: Adulterations Detected, or Plain Instructions for the Discovery of Frauds in Food and Medicine. London 1857. 23

Haubner, Gottlieb Karl: Über Ernährung und Fütterung der landwirthschaftlichen Haussäugethiere. In: Magazin für die gesammte Thierheilkunde. Jg. 19. 1853. 2. Stück. 522

Haughton, Samuel: A Sketch on the History of French Railways, with Suggestions in Favor of a Thorough Railway Reform at Home. Dublin 1867. 588

Hawkins, Thomas: The Origin of the English Drama, Illustrated in its Various Species, viz. Mystery, Morality, Tragedy, and Comedy, by Specimens from Our Earliest Writers: with Explan. Notes by Thomas Hawkins. Vol. 1–3. Oxford 1773. 26

Hawks, Francis L.: Narrative of the Expedition of an American Squadron to the China Seas and Japan, Performed in the Years 1852, 1853, 1854. Washington 1856. 65

Haxthausen, August von: Die ländliche Verfassung Rußlands. Ihre Entwickelungen und ihre Feststellung in der Gesetzgebung von 1861. Leipzig 1866. 359

Haydn's Dictionary of Dates Relating to All Ages and Nations: for Universal Reference. 12. Ed., Rev. and Greatly Enl. by Benjamin Vincent. London 1866. 586

Hearn, William Edward: Plutology. Or the Theory of the Efforts to Satisfy Human Wants. London 1864. 349
Heeren, A[rnold] H[ermann] L[udwig]: Ideen über die Politik, den Verkehr und den Handel der vornehmsten Völker. Th. 2. Afrikanische Völker. Abth. 1. Einleitung, Carthager, Aethioper. 4., sehr verb. Auflage. Göttingen 1825. 625
Heimann, Adolph: The First German Reading Book. 2. Ed., improved. London 1854. 14
Heisterbach, César d': Illustria miracula. 1220. 370
Helmont, Johannes van: Chemista septicus. Rotterdami 1668. [Nach Fraas.] 394
Herder, Johann Gottfried von: Stimmen der Völker in Liedern. 22
Hermann, Charles Frederick: A Manual of the Political Antiquities of Greece. Historically Considered. Oxford 1836. 27
Hermbstädt, Sigism[und] Friedr[ich]: Archiv der Agriculturchemie für denkende Landwirthe, oder Sammlung der wichtigsten Entdeckungen, Erfahrungen und Beobachtungen aus dem Reiche der Physik und Chemie für rationelle Landwirthe, Güterbesitzer, und Freunde der ökonomischen Gewerbe. Bd. 1. Berlin 1804. 395
Herodot: Histories Apodeixis. 11
Herodoti Halicarnassei historiarum libri IX. musarum nominibus inscripti gr. & lat. cum interpretatione Laurentiee Vallae ... industria Jacobi Gronovii, cuius accedunt notae ... Eiusdem narratio de vita Homeri ... Lugduni Batavorum 1715. 29
Herodotus: The History. A New Engl. Version, Ed. with Notes and App., Illustr. the History and Geography of Herodotus, by George Rawlinson. In 4 Vol. London 1858–1860. 27
Heron, James: On Monetary Panics. In: Transactions of the National Association for the Promotion of Social Science. Belfast Meeting, 1867. Ed. by George Woodyatt Hastings. London 1868. S. 647–655. 588
Heuser, Peter: Methodisch geordnete Übungen und Aufgaben zum Kopfrechnen für Lehrer in Elementarschulen und höhern Lehranstalten. Elberfeld 1842; 2. Aufl. 1843. 16
Heusinger, Friedrich: Die Verwandlung der Bergseiten in ebene Beete, und der Gießbäche in Abzuggräben; oder die Terrassirung der Berge mit der Wasserleitung ... Leipzig 1826. 402
Heyse, J[ohann] C[hristian] A[ugust]: Leitfaden zum gründlichen Unterricht in der deutschen Sprache für höhere und niedere Schulen, nach den größeren Lehrbüchern der deutschen Sprache. 20. Aufl. Hannover 1863. 12
Hildreth, Richard: Japan. As It Was and Is. Boston, New York 1855. 84
Histoire amoureuse des Gaules par Bussy Rabutin, revue et annotée par Paul Boiteau. T. 1–3. Paris 1857–1858. 22
Hlubek, F[ranz] X[aver]: Die Ernährung der Pflanzen und die Statik des Landbaues. Eine von der dritten Versammlung deutscher Land- und Forstwirthe zu Potsdam 1839 gekrönte Preisschrift. Prag 1841. 395
Hlubek, F[ranz] X[aver]: Die Landwirthschaftslehre in ihrem ganzen Umfange nach den Erfahrungen und Erkenntnissen der letztverflossenen 100 Jahre; mit wissenschaftlicher Strenge dargestellt. 2., verb. Aufl. Bd. 1–3. Wien 1851–1853. 453 **531–541** **560–562** 580 585 **601–618** 720 1099 1100 1124 1125
Hobbes, Thomas: Opera philosophica, quae latine scripsit, omnia. Vol. 1.2. Amstelodami 1668. 29
Hodgskin, Thomas: Popular Political Economy. Four Lectures Delivered at the London Mechanics' Institution. London 1827. 456
Hoefer, Ferdinand: Histoire de la chemie depuis les temps les plus reculés jusqu'à notre époque. Paris 1842–1843. 371
Hofmann, Aug[ust] Wilh[elm]: Einleitung in die moderne Chemie. Nach einer Reihe von Vorträgen gehalten in dem Royal College of Chemistry in London. 3. Aufl. Braunschweig 1867. 339

[Holbach, Paul Thiry d':] L'esprit du Judaïsme, ou examen raisonné de la Loi de Moyse, & de son influence sur la Religion Chrétienne. Londres 1770. 28
[Holbein, Hans:] La grande danse macabre des hommes et des femmes précédée du dict des trois mors et des trois vilz, du débat du corps et de l'âme, et de la complaincte de l'âme dampnée. Paris [1862]. 18
Holdsworth, Joseph: Geology, Minerals, Mines, & Soils of Ireland, in Reference to the Amelioration and Industrial Prosperity of the Country. London, Edinburgh, Dublin 1857. 583
Holsbeék, Henry van: L'Industrie dentellière en Belgique. Étude sur la condition physique et morale de ouvrières en dentelles. Bruxelles 1863. 735
Home, Francis: The Principles of Agriculture and Vegetation. Edinburgh 1757. 394
[Home, Henry, Lord Kames:] Sketches of the History of Man. In 2 Vol. Edinburgh 1774. 351
Homeros: Odyssee. 11
Hopf, Georg Wilhelm: Hilfsbuch zu deutschen Stilübungen in Mittelschulen. 3., umgearb. und verm. Aufl. Nürnberg 1858. 15
Horatius Flaccus, Quintus. 11
[Hoskyns, Chandos Wren:] The Battle of the Ploughshares. Price, Profit, and Rent: Their Mutual Relation in the Prospects of British Agriculture. London 1846. 373 1074
Hoskyns, Chandos Wren: A Short Inquiry into the History of Agriculture, in Ancient, Mediæval and Modern Times. London 1849. 584
House of Commons. 26. Februar 1866. In: Hansard's Parliamentary Debates. Vol. 181. London 1866. Sp. 1109. **251** 974
House of Commons, Tuesday, March 31, 1868. Minutes. India—Irrigation—Postponement of Motion. In: Hansard's Parliamentary Debates. 3. Ser. Vol. 191. London 1868. Sp. 575. 731
House of Commons, 7. April 1870. 453 **578 579** 580 1090
Houston, Arthur: The Principles of Value in Exchange, Explained and Expressed in Simple and Comprehensive Formulæ. Two Lectures Delivered in the University of Dublin. London 1866. 587
Huber, V[ictor] A[imé]: Ueber Association und deren Verhältniß zur innern Mission. Ein Vortrag gehalten am Frankfurter Kirchentag. Halle 1855. 349
Humboldt Al[exander], A[imé] Bonpland: Essai sur la géographie des plantes ... Paris 1805. 398
Humboldt, A[lexander] de: Fragmens de géologie et de climatologie asiatiques. T. 1.2. Paris 1831. 587 622
Humboldt, Alexander von: Briefe an Varnhagen von Ense aus den Jahren 1827 bis 1858. Nebst Auszügen aus Varnhagen's Tagebüchern und Briefen von Varnhagen und Andern an Humboldt. Leipzig 1860. 16
Humboldt, Guillaume de: De l'origine des formes grammaticales et de leur influence sur le développement des idées. Paris 1859. 22
Hume, David: Essays and Treatises on Several Subjects. A New Ed. Vol. 1.2. Edinburgh 1817. 25
Humoristische Perlenschnur. Eine Chrestomathie scherzhafter Aufsätze. (Bibliothek des Frohsinns, oder 10,000 Anekdoten, Witz- und Wortspiele, Travestieen und Parodieen, Epigramme, Räthsel, humoristische Aufsätze und Curiosa aller Art, in Prosa und Versen. Red. von J. M. Braun.) Stuttgart 1855. 14
Huxley, Thomas H[enry]: Lessons in Elementary Physiology. London 1866. **341** 1029 1030

Ingen-Houß, Johann: Vermischte Schriften physisch-medicinischen Inhalts. Übers. und hrsg. von Nicolaus Carl Molitor. 2., verb. und mit ganz neuen Abhandlungen verm. Aufl. Bd. 1.2. Wien 1784. 396

Ingram, J[ohn] K[ells]: Considerations on the State of Ireland: being the Substance of an Address Delivered Before the Statistical and Social Inquiry Society of Ireland. Dublin 1864. 728
Iuvenalis, Decimus Iunius, Aulius Persius Flaccus: Satyrae. 16

Jacob, P. L[ouis] [d.i. Paul Lacroix]: Paris ridicule et burlesque au 17. siècle par Claude de Petit, Berthod, Scarron, François Colletet, Boileau, etc. Nouv. éd. Paris 1859. 23
Jacob, William: An Historical Inquiry into the Production and Consumptions of the Precious Metals. In 2 Vol. London 1831. 268
Jacobs, Friedrich: Griechisches Lesebuch für Anfänger. 18. Aufl. Jena 1863. 13
Jacobs, Friedrich: Hellas. Vorträge über Heimath, Geschichte, Literatur und Kunst der Hellenen. Aus dem handschriftlichen Nachlaß des Verfassers hrsg. von E. F. Wüstemann. Berlin 1852. 14
Jacobs, Friedrich, Friedrich Wilhelm Döring: Lateinisches Elementarbuch zum öffentlichen und Privat-Gebrauch. Bdch. 1. 6. verb. Aufl. Jena 1825. 15
James, William: A Complete Dictionary of the English and German Languages for General Use. Compiled with Especial Regard to the Elucidation of Modern Literature; the Pronunciation and Accentuation after the Principles of Wahler and Heinsius. 13
Japan and Japanese, or Manners and Customs of the Japanese in the 19th Century, from Recent Dutch Travels, Especially the Narrative of [Philipp Franz] von Siebold. London 1852. 65
Jevons, W[illiam] Stanley: The Coal Question; an Inquiry Concerning the Progress of the Nation, and the Probable Exhaustion of Our Coal-Mines. London, Cambridge 1865. 587
Jevons, William Stanley: On the Frequent Autumnal Pressure in the Money Market, and the Action of the Bank of England. In: Journal of the Statistical Society. Vol. 29. London 1866. Nr. 2. S. 235–253. 587
John, Johann F.: Über die Ernährung der Pflanzen im Allgemeinen und den Ursprung der Pottasche und anderer Salze in ihnen insbesondere. Berlin 1819. 626
Johnson, Ben: The Works. With Notes Critical and Explan., and a Biographical Memoir, by W[illiam] Gifford. In 9 Vol. London 1816. 28
Johnson, [Samuel]: Dictionary of the English Language. Vol. 1.2. London 1836. 29
Johnson, Samuel: The Lives of the English Poets. In 2 Vol. London 1858. 26
Johnston, James F[inlay] W[eir]: Notes on North America. Agricultural, Economical, and Social. Vol. 1.2. London 1851. 105 **311–320** 456 845 846 981 982
Johnston, J[ames] F[inlay] W[eir]: Report of the Agricultural Capabilities of the Province of New Brunswick. 2. Ed. London 1857. 583
Joigneaux, P[ierre]: Organisation du travail agricole. Paris 1848. 734
Jones, David: An Illustration of the Benefits which Branch Railway Companies, Proprietors of Existing Main Lines of Railway, Landowners, and the Public at Large, may Derive from Branch Railways. London 1858. 587
Jones, Thomas Rymer: General Outline of the Organization of the Animal Kingdom, and Manual of Comparative Anatomy. 3. Ed. London 1861. 23
Jonnès, Alex[andre] Moreau de: Statistique de l'agriculture de la France. Comprenant: La statistique des céréales, de la vigne, des cultures diverses, des paturages, de bois et forêts, et des animaux demostiques. Avec leur production actuelle, comparée à celle des temps anciens et des principaux pays de l'Europe. Paris 1848. 268
Joplin, William: A Letter on Fluctuations in the Money Market, Chiefly with the View of Explaining the Nature of Those Violent Pressures Termed Panics. London 1853. 729
Josseau, J[ean]-B[aptiste]: Le crédit foncier de France. Son histoire, ses opérations, son avenir. Paris 1860. 735
Juglar, Clément: Du change et de la liberté d'émission. Paris 1868. 736
Juglar, Clément: Des crises commerciales et de leur retour périodique en France, en Angleterre et aux États-Unis. Paris 1862. 735

Junius: The Genuine Letters. To which are Prefixed Anecdotes of the Author. London 1771. 28

Kämtz, Ludwig Friedrich: Lehrbuch der Meteorologie. Bd. 1.2. Leipzig 1832. 400
Kalidasa: Meghaduta oder der Wolkenbote, eine altindische Elegie, dem Kalidasa nachgedichtet und mit Anmerkungen begleitet von Max Müller. Königsberg 1847. 22
Kalidasa: Sakuntala. Nach dem Indischen von Edmund Lobedanz. Leipzig 1854. 22
Kant, Immanuel: Kritik der reinen Vernunft. In: ders.: Werke. Bd. 2. Leipzig 1838. 25
Kant, Immanuel: Physische Geographie. Auf Verlangen des Verfassers, aus seiner Handschrift hrsg. und zum Theil bearb. von Friedrich Theodor Rink. Bd. 1. Königsberg 1802. 401
Kapper, Siegfried: Die Gesänge der Serben. Th. 1.2. Leipzig 1852. 22
Karte der Umgegend von Wiesbaden. Carte des environs de Wiesbaden. Map of Wiesbaden and its environs. Aufgenommen von der Herz. Nassauischen Militairschule Wiesbaden. Hrsg. von H. Werren und H. Nass. Wiesbaden [ca. 1862]. 12
Kemp, T. Lindley: The Natural History of Creation. London 1852. 17
Kiepert, H[einrich]: Sieben Jahre Preußischer Verfassungsgeschichte erl. durch vergleichende graph. Darstellung der Parteien des Abgeordneten-Hauses von 1855 bis 1862. Berlin 1863. 16
Kiesselbach, Wilhelm: Der Gang des Welthandels und die Entwicklung des europäischen Völkerlebens im Mittelalter. Stuttgart 1860. 13
King, Lord: Thoughts on the Effects of the Bank Restrictions. 2. Ed., Enl., Incl. Some Remarks on the Coinage. London 1804. 587
Kirchmann, Peter Friedrich: Geschichte der Arbeit und Cultur, dargestellt als Lehrgegenstand für Schulen und als Lesebuch für Jedermann. Leipzig 1855. 11
Kirwan, Richard: Beantwortung der Fragen: Welches sind die paßlichsten Düngmittel für die verschiedenen Arten von Boden, und welches sind die Ursachen ihrer vorzüglichen Wirksamkeit in jedem besondern Fall? Aus dem Engl. übers. von Augustin Gottfried Ludwig Lentin. Göttingen 1796. 396
Kletke, H[ermann], H. Sebald: Lesebuch für höhere Töchterschulen mit Berücksichtigung des Unterrichts in der Literaturgeschichte von Haller bis auf die Gegenwart. 3., verm. und verb. Aufl. Berlin 1858. 13
Klinger, F[riedrich] M[aximilian]: Sämmtliche Werke. Bd. 1–12. Stuttgart, Tübingen 1842. 22
Knapp, F[riedrich] C.: Die Nahrungsmittel in ihren chemischen und technischen Beziehungen. Braunschweig 1848. 522
Knight, Robert: Letter to the Right Hon. Sir Stafford Northcote, Her Majesty's Secretary of State for India, upon the Present Condition of Bombay, with Suggestions for its Relief. London 1867. 729
[Koeckeritz], K. F.: Untersuchungen über die Kriegführung der Römer gegen die Deutschen in den Feldzügen des Cæsar, Drusus, Germanicus und Tiberius. Mit einer Karte des Kriegsfeldes. Mainz 1862. 16
Kölliker, A[lbert]: Handbuch der Gewebelehre des Menschen. Für Aerzte und Studirende. Leipzig 1852. 24
Kölliker, A[lbert]: Mikroskopische Anatomie oder Gewebelehre des Menschen. Bd. 1.2. Leipzig 1850. 24
Kohlrausch, Friedrich: Chronologischer Abriß der Weltgeschichte. Mit 2 synchronistischen Tabellen der alten Geschichte und der neuen Staatengeschichte. 15., verb. und verm. Aufl. Leipzig 1861. 15
Kolb, G[eorg] Fr[iedrich]: Grundriss der Statistik der Völkerzustands- und Staatenkunde. Ein Handbüchlein für Jedermann. Leipzig 1862. 12
Komische Briefe und Zeitungs-Anzeigen. (Bibliothek des Frohsinns, oder 10,000 Anekdoten, Witz- und Wortspiele, Travestieen und Parodieen, Epigramme, Räthsel, humoristische Aufsätze und Curiosa aller Art, in Prosa und Versen. Red. von J. M. Braun. Section 6. Bdch. 1.2.) Stuttgart 1836–40. 14

Komischer Volkskalender. Hrsg. von Adolf Brennglas [d.i. Adolf Glaßbrenner]. Jg. 4. Berlin [1849]. 15
Kramer, Heinrich, Jacob Sprenger: Malleus Maleficarum in Tres Divisus Partes. Speyer 1487. 370
Kretzschmer, Peter: Oeconomische Practica, in welcher eine deutliche Anweisung, wie der Ackerbau ohne Vermehrung der Unkosten, wenigstens um ein Drittel besser, als bishero geschehen, zu nutzen sey, und zugleich Holzungen angeleget werden können. Leipzig 1749. Neue verb. Aufl. 1754. 402
Kühner, Raphael: Elementargrammatik der griechischen Sprache. 14
Kühner, Raphael: Elementargrammatik der lateinischen Sprache mit eingereihten lateinischen und deutschen Übersetzungsaufgaben und einer Sammlung lateinischer Lesestücke nebst den dazugehörigen Wörterbüchern. 2., verb. und verm. Aufl. Hannover 1844. 13 14
Kurz, Heinrich: Geschichte der deutschen Literatur mit ausgewählten Stücken aus den Werken der vorzüglichsten Schriftsteller. Bd. 1–3. 4. Aufl. Leipzig 1863. 13

Laing, John: The Theory of Business. London 1867. 728
Laing, John: The Theory of Business for Busy Men. 2. Ed. London 1868. 737 741 **746 754 760 766–768 777–779 786–792 803–806** 1188
Lalor, John: Money and Morals: A Book for the Times. London 1852. 349 737 741 **758 759** 1190–1192
Lamb, Charles: Specimens of English Dramatic Poets, Who Lived About the Time of Shakespeare. With Notes. London 1808. 26
Lamothe-Langon, E. L. R. de: Histoire de l'Inquisition en France, depuis son établissement au XIIIe Siècle, à la suite de la croisade contre les Albigeois, jusq'en 1772, époque définitive de sa suppression. T. 1–3. Paris 1829. 370
Lampadius, W[ilhelm] A[ugust]: Die Lehre von den mineralischen Düngmitteln, mit besonderer Rücksicht auf Herrn D. Sprengels neuere Analysen der Pflanzen und Bodenarten, so wie nach eigenen Erfahrungen besonders für rationelle Landwirthe. Leipzig 1833. 395 396
Lancre, Pierre de: L'incredulité et mescreance du sortilege plainement convaincue. Paris 1622. 371
Lancre, Pierre de: Tableau de l'inconstance des mauvais anges et demons. Paris 1612. 371
Das Landbuch von Schwyz in amtlich beglaubigtem Text. Hrsg. von Martin Kothing. Zürich, Frauenfeld 1850. 598
Das Landrecht des Schwabenspiegels in der ältesten Gestalt mit den Abweichungen der gemeinen Texte und den Zusätzen derselben. Hrsg. von Wilhelm Wackernagel. Zürich, Frauenfeld 1840. 550 565 590
Lange, Friedrich Albert: J. St. Mill's Ansichten über die sociale Frage und die angebliche Umwälzung der Socialwissenschaft durch Carey. Duisburg 1866. 348 **376–379** 1045 1046
Lange, Ludwig: Römische Alterthümer. Bd. 1. Einleitung und der Staatsalterthümer erste Hälfte. Berlin 1856. 11
Lanktree, John: The Elements of Land Valuation, with Copious Instructions as to the Qualifications and Duties of Valuators. Dublin, London, Liverpool, Edinburgh 1853. 584
Laspeyres, Etienne: Wechselbeziehungen zwischen Volksvermehrung und Höhe des Arbeitslohns. Eine volkswirthschaftliche Abhandlung. Heidelberg 1860. 373
Lassalle, Ferdinand: Herr Bastiat-Schulze von Delitzsch, der ökonomische Julian, oder: Capital und Arbeit. Berlin 1864. 15
Lau, Thaddaeus: Lucius Cornelius Sulla. Eine Biographie. Hamburg 1855. 16
Lauderdale, [James Maitland]: Observations on the Review of His Inquiry into the Nature and Origin of Public Wealth, Publ. in the 8th Number of the Edinburgh Review. Edinburgh 1804. 73

Laurent, Émile: Le paupérisme et les associations de prévoyance. Nouvelles études sur les sociétés de secours mutuels. Histoire – économie politique – administration. 2. éd. T. 1.2. Paris 1865. 734
Lavallée, Théophile: Histoire de Paris depuis le temps des Gaulois jusqu'a nos jours. 2. éd. T. 1.2. Paris 1857. 16
Laveleye, Émile de: Le marché monétaire et ses crises depuis 50 ans. Paris 1865. 106 736
Lavergne, Bernard: L'Enquête: les souffrances de l'agriculture: ce qu'il faut leur opposer opinion d'un agriculteur. Toulouse 1866. 735
Lavergne, L[éonce] de: L'agriculture et la population. Paris 1857. 105 **323–325** 971–974
Lavergne, L[éonce] de: Économie rurale de la France depuis 1789. 2. éd. Paris 1861. 326 733
Lavergne, Léonce de: Essai sur l'économie rurale de l'Angleterre de l'Écosse et de l'Irlande. 4. éd. Paris 1863. 733
Lavergne, Léonce de: The Rural Economy of England, Scotland, and Ireland. Transl. from the French with Notes by a Scottish Farmer. Edinburgh, London 1855. 84 105 **231–250** 252 971–974
Lavoisier, Antoine-Laurent: Résultats extraits d'un ouvrage intitulé: De la richesse territoriale du royaume de France. Paris 1791. 191
Lawrence, John: A New System of Agriculture. Being a Complete Body of Husbandry and Gardening ... London 1726. 351
Leber, C[onstant]: Essai sur l'appréciation de la fortune privée au Moyen age, relativement aux variations des valeurs monétaires et du pouvoir commercial de l'argent, suivi d'un examen critique des tables de prix du marc d'argent, depuis l'époque de Saint-Louis. 2. éd. Rev. et augm. de nouv. recherches. Paris 1847. 735
Lecouteux, Édouard: Traité des entreprises de grande culture ou Principes généraux d'économie rurale. T. 1.2. Paris 1857. 734
Lefrançois, E: Mechanik. Beschreibung und leichtfaßliche Darstellung der einfachen Maschinen nebst Erörterungen der mechanischen Prinzipien, auf denen sie beruhen. Zur Verbreitung eines allgemeinen Verständnisses der Maschinenkunde. Frei bearb. nach der französ. Ausg. Leipzig 1861. 23
Legoyt, A[lfred]: L'Émigration européenne. Son importance, ses causes, ses effets. Avec un appendice sur l'émigration africaine, hindoue et chinoise. Paris 1861. 734
Legoyt, A[lfred]: Du morcellement de la propriété en France et dans les principaux états de l'Europe. Paris 1866. 736
Legoyt, A[lfred]: Du mouvement de la population en France d'après les dénombrements. In: Journal des Économistes. Revue de la Science économique et de la statistique. Paris. Nr. 39, 15. März 1857. S. 321–335. 323
Le Loyer, Pierre: Discours et histoires des spectres, visions et apparitions des esprit, anges, demone, et ames, se monstrans visibles aux hommes. Paris 1605. 371
Lenient, C[harles]: La satire en France ou la littérature militante au XVIe siècle. Paris 1866. **367** 1044
Lepsius, R[ichard]: Das allgemeine linguistische Alphabet. Grundsätze der Übertragung fremder Schriftsysteme und bisher noch ungeschriebener Sprachen in europäische Buchstaben. Berlin 1855. 21
Lepsius, Richard: Zwei sprachvergleichende Abhandlungen. Berlin 1836. 21
Lesebuch. 13
Lesquereux, Leo: Untersuchungen über die Torfmoore im Allgemeinen. Aus dem Franz. Mit Bemerkungen von C. Sprengel und Lasius. Hrsg. von Alexander von Lengerke. Berlin 1847. 401
Lessing, Gotthold Ephraim: Nathan der Weise. 14
Le Touzé, Charles: Traité théorique et pratique des changes des arbitrages et des matières d'or et d'argent. Paris 1859. 735

Lettres et Procédures relatives à l'affaire du P. Girard et de Catherine Cadière. T. 1.2. Aix 1733. 371
Levasseur, E[mile]: Histoire des classes ouvrières en France depuis la conquête de Jules César jusqu'a la Révolution. T. 1.2. Paris 1859. 586 728
Levasseur, E[mile]: Recherches historiques sur le système de Law. Paris 1854. 735
Levi, Leone: Wages and Earnings of the Working Classes, with Some Facts Illustrative of Their Economic Condition, Drawn from Authentic and Official Sources. London 1867. 728
Lewes, George Henry: The Physiology of Common Life. Vol. 1.2. Edinburgh, London 1859–1860. 23
Lewis, George Cornewall: On Local Disturbances in Ireland; and on the Irish Church Question. London 1836. 579
Lex Alamannorum. 548
Lex Baiuvariorum. 548 549
Lex Burgundionum. 548 592
Lex Salica. 548
Leymarie, A[chille]: Histoire des paysans en France. T. 1.2. Paris 1856. 734
Liebig, Justus von: Die Chemie in ihrer Anwendung auf Agricultur und Physiologie. 7. Aufl. Bd. 1.2. Braunschweig 1862. 105 **146–180** 252 842–847 858 964–968 981
Liebig, Justus von: Chemische Briefe. 4., umgearb. und verm. Aufl. Bd. 1.2. Leipzig, Heidelberg 1859. 529 530
Liebig, Justus von: Einleitung in die Naturgesetze des Feldbaues. Braunschweig 1862. 105 **129–143** 252 844 964–966
Liebig, Justus von: Herr Dr. Emil Wolff in Hohenheim und die Agricultur-Chemie. Nachtrag zu den „Grundsätzen der Agricultur-Chemie". Braunschweig 1855. **144 145** 252 964–966
Liebig, Justus von: Die organische Chemie in ihrer Anwendung auf Agricultur und Physiologie. Braunschweig 1840. 397
Liebig, Justus [von]: Die organische Chemie in ihrer Anwendung auf Physiologie und Pathologie. Braunschweig 1842. 522
Liebknecht, Wilhelm: Brief an Marx, 13. Februar 1868. (MEGAdigital.) 347
Lieder der alten Edda. Aus der Handschrift hrsg. und erkl. durch die Brüder Grimm. Berlin 1815. 21
Lièvre, C[harles Auguste] le: Exposé des principes économiques de la société Chrétienne. Paris 1858. 733
Lièvre, Ch[arles Auguste] le: Le travail et l'usure dans l'Antiquité. Paris 1866. 736
Limousin, Charles Mathieu: Brief an Eugène Dupont, 6. Juli 1865. (RGASPI, Sign. f. 21, op. 1, d. 152/3). 98
Lindinger, Hermann: Eilsen und seine Heilquellen in topographischer, physikalisch-chemischer, therapeutischer, ökonomischer und socialer Hinsicht. Bückeburg 1859. 11
Linguet, [Simon Nicolas Henri]: A Critical Analysis and Review of All Voltaire's Works, with Occasional Disquisitions on Epic Poetry, the Drama, Romance, &c. London 1790. 65
Link, H[einrich] F[riedrich]: Die Urwelt und das Alterthum, erläutert durch die Naturkunde. Th. 1.2. Berlin 1821–1822. 622
Loi sur le recrutement de l'armée, 10. März 1818. 140
Loi sur le recrutement de l'armée, 21. März 1832. 140
Longe, Francis D[avy]: A Refutation of the Wage-Fund Theory of Modern Political Economy as Enunciated by Mill and Fawcett. London 1866. 373 737 741 **756** 1190
Lovett, William: Elementary Anatomy and Physiology, for Schools and Private Instruction; with Lessons on Diet, Intoxicating Drinks, Tobacco, and Disease. 2. Ed. London 1853. 23

Low, David: Observations on the Present State of Landed Property, and on the Prospects of the Landholder and the Farmer. Edinburgh 1823. 486
[Low, David:] Remarks on Certain Modern Theories Respecting Rents and Prices. London 1827. 453 **484–489** 580 1094 1095
Lubbock, John: On the "Country Clearing". [Read before the Statistical Society, June, 1865.] In: Journal of the Statistical Society of London. Vol. 28. September 1865. Nr. 3. S. 361–371. 728 750 755
Lucretius Carus, Titus: De rerum natura. 11
Ludlow, J[ohn] M[alcolm], Lloyd Jones: Progress of the Working Class 1832–1867. London 1867. 587 728
Ludowieg, J[ohann] C[arl] H[ermann]: Erster Cursus der reinen Mathematik, enthaltend: die Anfangsgründe der Arithmetik und Algebra und der ebenen Geometrie. 3., verb. und verm. Aufl. Stade 1857. 11
Ludowieg, J[ohann] C[arl] H[errmann]: Grundriß der reinen Mathematik oder Leitfaden für den Unterricht in der gesammten Elementar-Mathematik ... Abth. 1: Arithmetik und Algebra mit Einschluß der Combinationslehre und einiger Theile der höhern Algebra. Hannover 1844; Abth. 2: Ebene Geometrie und Trigonometrie. Hannover 1847. 23
Ludowieg, J[ohann] C[arl] H[errmann]: Lehrbuch der Stereometrie und sphärischen Trigonometrie. Für Gymnasien und höhere Lehranstalten. Hannover 1840. 23
Lüdecking, Heinrich: Französisches Lesebuch. 2. Aufl. Wiesbaden 1859. 12
Lüning, H.: Schulgrammatik der neuhochdeutschen Sprache für die unteren und mittleren Classen höherer Unterrichtsanstalten, Secundarschulen etc. Zürich 1853. 3. Aufl. Zürich 1862. 12
Lyell, Charles: Elements of Geology. 28
Lyell, Charles: The Geological Evidences of the Antiquity of Man. With Remarks on Theories of the Origin of Species by Variation. London 1863. 28
Lyell, Charles: Principles of Geology: Being an Attempt to Explain the Former Changes of the Earth's Surface, by Reference to Causes Now in Operation. Vol. 1–3. London 1830–1833. 28
Lyell, Charles: Principles of Geology: Being an Inquiry how Far the Former Changes of the Earth's Surface are Referable to Causes Now in Operation. Vol. 1–4. 5. Ed. London 1837. 24
Lysen, Florent: Études sur l'histoire de l'économie politique, depuis les temps les plus reculés jusqu'au XVIe Siecle. Bruxelles 1853. 349

Macaulay, Thomas Babington: The History of England from the Accession of James the Second. 10. Ed. Vol. 1–5. London 1854–1861. 16
M'Combie, William: Use and Abuse; or, Right and Wrong, in the Relations to Labour, of Capital, Machinery, and Land. London 1852. 584
M^c^Culloch, J[ohn] R[amsay]: A Descriptive and Statistical Account of the British Empire: Exhibiting its Extent, Physical Capacities, Population, Industry, and Civil and Religious Institutions. 4. Ed. Vol. 1. London 1854. 8
Maclaren, James: A Letter to the Chancellor of the Exchequer upon the Recent Decision of the German States to Adopt a Silver Standard: on Some Circumstances which Render an Invariable Measure of Value More Important to England than to Any Other Country. London 1856. 583
Macleod, Henry Dunning: The Elements of Political Economy. London 1868. 737 741 **743–745 769–776 780–785** 1186–1188
Mätzner, Eduard: Altfranzösische Lieder. Berichtigt und erl. mit Bezugnahme auf die provenzalische, altitalienische und mittelhochdeutsche Liederdichtung nebst einem altfranzösischen Glossar. Berlin 1853. 21
Mager, Karl: Deutsches Lesebuch. Bd. 1.2. Stuttgart 1841. 13
Magne, J[ean]-H[enri]: Traité d'agriculture pratique et d'hygiène vétérinaire générale. 3. éd. Paris 1859. 373

Malthus, T[homas] R[obert]: An Essay on the Principle of Population or, a View of its Past and Present Effects on Human Happiness with an Inquiry into our Prospects Respecting the Future Removal or Mitigation of Evils which it Occasions. 5. Ed. Vol. 1–3. London 1817. 482 502–509 1093 1094

Malthus, Thomas Robert: An Inquiry into the Nature and Progress of Rent, and the Principles by which it is Regulated. London 1815. 486

Malthus, T[homas] R[obert]: Principles of Political Economy. Considered with a View to Their Practical Application. 2. Ed. with Considerable Add. from the Author's Own Manuscript and an Original Memoir. London 1836. 25

Manifest der Maatschappij De Vlamingen Vooruit! Brussel 1860. **118 119** 252 962

Mannchardt, Wilhelm: Die Götterwelt der deutschen und nordischen Völker. Th. 1.2. Berlin 1860. 12

Manual of Field Gardening, or Belgian Agriculture explained, Describing the Routine of Certain Field Garden Operations as Practised in Sussex and Yorkshire, in 1843 and 1844, with Explanatory Notes and Observations. 2. Ed. Huddersfield 1846. 583

A Manual of Scientific Enquiry; Prepared for the Use of Her Majesty's Navy; and Adapted for Travellers in General. Ed. by John F. W. Herschel. London 1849. 73

Marin-Darbel, G. E.: L'usure, sa définition. Paris 1859. 733

Marle, T. H. A. de: Ursprung und Entwickelung der sogenannten Indoeuropäischen und Semitischen Sprachen in Begriff und Laut. Th. 1.2. Berlin 1863–1866. 15

Marlowe, Christopher: The Works. Vol. 1–3. London 1826. 26

Marlowe, Christopher: The Works. With Notes and Some Account of His Life and Writings by Alexander Dyce. London 1850. 28

Maron, H[ermann]: Aus dem Bericht an den Minister für die landwirthschaftlichen Angelegenheiten in Berlin über die japanische Landwirthschaft. Berlin 1863. In: Justus von Liebig: Die Chemie in ihrer Anwendung auf Agricultur und Physiologie. 7. Aufl. Bd. 2. Braunschweig 1862. S. 417–438. **183–188** 966 967

Maron, H[ermann]: Extensiv oder Intensiv? Ein Kapitel aus der landwirthschaftlichen Betriebslehre. Oppeln 1859. 105 217 **222 223** 252 970 971

Martin, Charles Wykeham: An Attempt at a Popular Explanation of the Theory of Price. With a Postscript on the Continuance of the Monetary Crisis. London 1867. 728

Martin, William: A New System of Natural Philosophy on the Principle of Perpetual Motion, with a Variety of other Useful Discoveries. Newcastle 1821. 14

Mason, Stephen: Our Monetary Laws and the Rate of Discount. Glasgow 1866. 587

Massinger, Philip, John Ford: The Dramatic Works. With an Intr., by Hartley Coleridge. A New. Ed. London 1848. 28

Massmann, H[ans] F[erdinand]: Ulfilas. Die heiligen Schriften alten und neuen Bundes in Gothischer Sprache. Mit gegenüberstehendem griechischem und lateinischem Texte, Anmerkungen, Wörterbuch, Sprachlehre und geschichtlicher Einleitung. Stuttgart 1857. 21

Maunder, Frederick: The Cause and Cure of Monetary Panics. London 1867. 588

Maurer, Georg Ludwig von: Einleitung zur Geschichte der Mark-, Hof-, Dorf- und Stadt-Verfassung und der öffentlichen Gewalt. München 1854. 453 **542–559 563–577** 580 585 **589–660** 720 838 875 880–882 1090 1096–1098

Maurer, Georg Ludwig von: Geschichte der Markenverfassung in Deutschland. Erlangen 1856. 587

Maury, A[lfred]: Les fees du Moyen age, recherches sur leur origine, leur histoire et leurs attributs. Paris 1843. 371

Maury, A[lfred]: La magie et l'astrologie dans l'Antiquité et au Moyen age ou étude sur les superstitions Païennes qui se sont perpétuées jusqu'à nos jours. Paris 1860. 371

Maury, M[atthew] F[ontaine]: The Physical Geography of the Sea. An Entirely New Ed., with Add. New York, London 1859. 24

May, Thomas Erskine: A Practical Treatise on the Law, Privileges, Proceedings and Usage of Parliament. London 1844; 2. Ed. London 1851; 3. Ed. London 1855. 359

Meeden, C. F.: Deutsch-Französische Handelscorrespondenz. 2., verb. Aufl. Hamburg 1859. 12
Meibauer, R[udolf] O.: Ueber die physische Beschaffenheit der Sonne. Berlin 1866. 339
Menzies, John and Co.: Menzies' Tourist's Pocket Guide for Scotland. Edinburgh 1852. 12
Merryweather, F[rederick] Somner: Bibliomania in the Middle Ages, or Sketches of Bookworms—Collectors—Bible Students—Scribes—and Illuminators, from the Anglo Saxon and Norman Periods, to the Introduction of Printing into England; with Anecdotes, Illustrating the History of the Monastic Libraries of Great Britain, in the Olden Time. London 1849. 24
Metzger, Joh[ann]: Der Rheinische Weinbau in theoretischer und praktischer Beziehung bearbeitet. Heidelberg 1827. 536
Meyen, F[ranz] J[ulius] F[erdinand]: Pflanzen-Pathologie. Lehre von dem kranken Leben und Bilden der Pflanzen. Nach dem Tode des Verfassers zum Druck besorgt von Chr. Gottfr. Nees v. Esenbeck. Handbuch der Pflanzen-Pathologie und Pflanzen-Teratologie. Hrsg. von Chr. Gottfr. Nees v. Esenbeck. Bd. 1. Berlin 1841. 398
Michaëlis, Sébastian: Histoire admirable de la possession et conversion d'une pénitente. Paris 1613. 371
Michelet, Jules: Aus den Lüften. Das Leben der Vögel. 3. Aufl. Berlin 1859. 15
Michelet, J[ules]: La sorcière. Paris 1862. 370
Mignet, F[rançois] A[uguste Marie]: Histoire de la Révolution Française, depuis 1789 jusqu'en 1814. T. 1.2. Bruxelles, Leipzig, Livourne 1828. 13
Mill, James: Elements of Political Economy. 2., Rev. and Corr. Ed. London 1824. 456 483 500 501
Mill, John Stuart: Principes d'Économie politique. Avec quelques-unes de leurs applications a l'économie sociale. Trad. par H[ippoly]te Dussard et Courcelle Seneuil. T. 2. Paris 1854. 263
Mill, John Stuart: Principles of Political Economy. With Some of Their Applications to Social Philosophy. In 2 Vol. London 1848. 27 130
Mill, John Stuart: Principles of Political Economy. With Some of Their Applications to Social Philosophy. 2. Ed. Vol. 1. London 1849. 456
Millar, John: An Historical View of the English Government, from the Settlement of the Saxons in Britain to the Revolution in 1688. In 4 Vol. London 1812. 26
Milton, John: The Poetical Works. Vol. 1.2. London 1720. 27
Le Ministre de l'agriculture et du commerce: Statistique de la France. Agriculture. Paris 1841. 213
Mitchell, Joseph: Railway Finance. Being Suggestions for the Resuscitation and Improvement of the Railway Companies at Present in Financial Difficulties. In a Letter Addressed to the Benjamin Disraeli. London 1867. 359
Moleschott, Jac[ob]: Lehre der Nahrungsmittel. Für das Volk. 3. Aufl. Erlangen 1858. 12
Molesworth, W[illiam] N[assau]: Plain Lectures on Astronomy. 2. Ed. London 1864. 47
Molinari, G[ustave] de: Céréales. In: Dictionnaire de l'Économie Politique. Contenant l'exposition des principes de la science … Éd. par Ch[arles] Coquelin, [Gilbert-Urbain] Guillaumin. T. 1. A–I. Paris 1852. S. 301–326. **268** 975 976
Molinari, G[ustave] de: De l'esclave selon Carey. In: Journal des Économistes. Revue de la Science Économique et des Questions Agricoles, Manufacturières et Commerciales. An. 12. Paris 1853. Nr. 37. S. 249–254. 734
Molinari, G[ustave] de: Questions d'économie politique et de droit public. T. 1.2. Paris, Bruxelles 1861. 733
Mommsen, Th[eodor]: Römische Forschungen. Bd. 1. Berlin 1864. 15
Mommsen, Theodor: Römische Geschichte. Bd. 1–3. 2. Aufl. Berlin 1856–1857. 11
Montesquieu, Charles-Louis: De l'esprit des lois. **375** 1044
Montucla, [Jean Étienne]: Histoire des mathematiques. T. 1.2. Paris 1758. T. 3.4 Paris 1799. 451

[Montyon, Antoine Jean-Baptiste Robert Auget:] Recherches et considérations sur la population de la France. [Gez.:] Moheau. Paris 1778. 351
Moody, Clement: Eton Latin Grammar. A New Ed. London 1862. 13
Moreau-Christophe, L[ouis]-M[athurin]: Du droit à l'oisiveté et de l'organisation du travail servile dans les républiques grecques et romaine. Paris 1849. 734
Moreau-Christophe, L[ouis]-M[athurin]: Du problème de la misère et de sa solution chez les peuples anciens et modernes. T. 1–3. Paris 1851. 734
Morogues, Baron de: Essai sur les moyens d'améliorer l'agriculture en France, particulièrement dans les provinces les moins riches, et notamment en Sologne. T. 1. Paris 1822. 200
Morton, John Chalmers: Handbook of Farm Labour. London 1861. 326
Morton, J[ohn] C[halmers]: On the Forces Used in Agriculture. In: Journal of the Society of Arts. Vol. 7. Nr. 368, 9. Dezember 1859. S. 53–61. **82** 940 949
Morton, John Lockhart: The Resources of Estates: Being a Treatise on the Agricultural Improvement and General Management of Landed Property. London 1858. 105 252 **278–283** 977 978
Morton, J[ohn] L[ockhart]: Rich Farming and Co-Operation between Landlord and Tenant: Necessitous Expedients in the Present Agricultural Depression. 2. Ed. Edinburgh 1851. 252 **277** 977 978
Mounier, L[ouis]: De l'agriculture en France, d'après les documents officiels, avec des Remarques par M[aurice] Rubichon. T. 1.2. Paris 1846. 105 **191–216 220 221 224–230** 252 860 968–970
Mozin, [Dominique Joseph], [Adolphe] Peschier: Dictionnaire complet des langues française et allemande. 4. Aufl. Bd. 1–4. Stuttgart 1863. 13
Muallakat. Die sieben Preisgedichte der Araber ins Deutsche übertr. von Philipp Wolff. Rotweil 1857. 22
Müller, Franz: Geometrische Formeln und deren Anwendung auf die Bau-Praxis. 2., verb. Aufl. Leipzig 1863. 12
Müller, Joh[ann]: Grundriß der Physik und Meteorologie. Für Lyceen, Gymnasien, Gewerbe- und Realschulen, sowie zum Selbstunterrichte. 5. verm. und verb. Aufl. Braunschweig 1856. 13
[Müller-]Tellering, [Paul Eduard von]: Westdeutscher Zeitungsjammer. Düsseldorf 1850. 16
Mundella, A[nthony] J[ohn]: Arbitration as a Means of Preventing Strikes. A Lecture at Mechanics Institute. Bradford 1868. 728
Mythische und magische Lieder der Ehsten. Gesammelt und hrsg. von Fr. Kreutzwald und H. Neus. St. Petersburg 1854. 18

Nakwaski, M[iroslaw] H[enryk]: Les banques devant l'enquête agricole. Paris 1866. 735
National Labour Congress. Grand Industrial Demonstration in Baltimore. In: The International Journal. Vol. 1. Nr. 6. September 1866. 444
Nebbien, C[hristian] H.: Die Einrichtungskunst der Landgüter, auf fortwährendes Steigen der Bodenrente. In 3 Bd. Prag 1831. 394
Nesselmann, G. H. F.: Dainos. Littauische Volkslieder übers. von G. H. F. Nesselmann. Berlin 1853. 22
Neues Staatsbürgerliches Magazin, mit besonderer Rücksicht auf die Herzogthümer Schleswig, Holstein und Lauenburg. Hrsg. von N[ikolaus] Falck. Bd. 3.4. Schleswig 1835, 1837. 543
Newmarch, William: On the Electoral Statistics of the Countries and Boroughs in England and Wales During the 25 Years from the Reform Act of 1832 to the Present Time. In: Journal of the Statistical Society of London. Vol. 20. 1857. Nr. 2. S. 169–234. 78
Der Nibelunge Not mit der Klage. In der ältesten Gestalt mit den Abweichungen der gemeinen Lesart. Hrsg. von Karl Lachmann. 3. Aufl. Berlin 1851. 21

Nicholson, N[athaniel] A[lexander]: One Reserve or Many? Thoughts Suggested by the Crisis of 1866. London 1867. 728
Nicholson, N[athaniel] A[lexander]: The Science of Exchanges. 3. Ed., Rev. and Enl. London 1865. 588 728
Nider, Johannes: Formicarius. Augsburg 1484. 370
Niemeyer, Eduard: Lessings Nathan der Weise durch eine historisch-kritische Einleitung und einen fortlaufenden Commentar besonders zum Gebrauch auf höheren Lehranstalten erläutert. Leipzig 1855. 13
Nieritz, Gustav: Deutscher Volkskalender. Leipzig 1849. 15
Noble, John: Fiscal Legislation, 1842–1865. A Review of the Financial Changes of that Period, and their Effects upon Revenue, Trade, Manufactures and Employment. London 1867. 372
Nösselt, Friedrich August: Lehrbuch der griechischen und römischen Mythologie für höhere Töchterschulen und die Gebildeten des weiblichen Geschlechts. 4., verb. Aufl. Leipzig 1853. 14
Nösselt, Friedrich August: Lehrbuch der Weltgeschichte für Töchterschulen und zum Privatunterricht heranwachsender Mädchen. Th. 1–4. 13., verb. und stark verm. Aufl. Breslau 1862. 14
Norton, Edward: National Finance and Currency, the Bank Acts of 1797, 1819 and 1844 with the Operation of Gain or Loss of Gold, and Panics in Peace and War. London 1867. 728
Nuéjouls, E.: Le capital, le crédit, le travail. Solution pratique de ces questions. Paris 1867. 736

O'Brien, M.: An Elementary Treatise on the Differential Calculus, in which the Method of Limits is Exclusively Made Use of. Cambridge 1842. 25
Oesterlen, Fr[iedrich]: Handbuch der medicinischen Statistik. Tübingen 1865. 335
Ogilvie, John: An English Dictionary, Etymological, Pronouncing, and Explanatory, for the Use of Schools. London 1867. 586
The Old Dramatists and Old Poets. (Moxon's Editions.) With Intr., Lives, Notes, &c., by Gifford, Hartley Coleridge, and Dyce. In 8 Vol. 28
Ollendorf, H. G.: Neue Methode in sechs Monaten eine Sprache lesen, schreiben und sprechen zu lernen. Anleitung zur Erlernung der englischen Sprache. Leipzig 1863. 17
Ollendorf, H. G.: A New Method of Learning to Read, Write and Speak the German Language in Six Months. Frankfurt a.M. 1862. 17
Oltrogge, Carl: Deutsches Lesebuch. Elementar-Cursus. 4., sehr verb. und verm. Aufl. Hannover 1856. 11
Olufsen, [Christian]: Bidrag til Oplysning om Danmarks indvortes forfatning i de ældre tider, især i det trettende Aarhundrede. 1821. 543
Oppel, Karl: Das alte Wunderland der Pyramiden. Leipzig 1863. 14
Oresme, Nicole: Traictie de la première invention des monnoies; Copernic: Traité de la monnoie. Publ. et ann. par L[ouis] Wolowski. Paris 1864. 736
Osiander, Friedrich Benjamin: Die Entwicklungskrankheiten in den Blüthejahren des weiblichen Geschlechts. Bd. 1. Enthaltend die seltenen und wunderbaren Geistes- und Leibeszufälle in diesem Alter. Göttingen 1817. **340** 1029
Otto, Emil: Briefe zur Uebersetzung ins Englische. 16
Otto-Reventlow, Karl: Mnemotechnischer Commentar zur allgemeinen Weltgeschichte. Stuttgart 1861. 16
Overbeck, J[ohannes Adolf]: Pompeji in seinen Gebäuden, Alterthümern und Kunstwerken für Kunst und Alterthumsfreunde dargestellt. Leipzig 1856. 14
Overend, Gurney, & Co., Limited: Report of the Committee of the Defence Association. Truth is Stranger than Fiction. London 1867. 729

Ovidius Naso, Publius: Ars amatoria. 351
Ovidius Naso, Publius: Metamorphoses. 12
Owen Robert, Alexander Campbell: Debate on the Evidences of Christianity; Containing an Examination of the Social System, and of All the Systems of Scepticism of Ancient and Modern Times, Held in the City of Cincinnati, for Eight Days Successively. With an App. by the Parties. London, Glasgow [u.a.] 1839. 353

Palissy, Bernard: L'art de terre. In: ders: Œuvres. Revues sur les exemplaires de la Bibliothèque du Roi, avec notes par Faujas da Saint Fond, et add. par Gobet. Paris 1777. S. 1–36. 394
Palissy, Bernard: De la marne. In: ders: Œuvres ... Paris 1777. S. 135–184. 394
Palissy, Bernard: Des sels divers et du sel commun. In: ders: Œuvres ... Paris 1777. S. 199–216. 394
Palissy, Bernard: Des terres d'argile. In: ders: Œuvres ... Paris 1777. S. 37–50. 394
Paracelsus: Opera omnia medico-chemico-chirurgica. Genevae 1658. 371
Passy, Hip[polyte]: Fixité du prix du blé en France, malgré l'accroissement de la population. In: Annuaire de l'Économie Politique et de la Statistique pour 1849. Jg. 6. Paris 1849. S. 337–342. 268
Passy, H[ippolyte]: Rente du sol. In: Dictionnaire de l'Économie Politique. Contenant l'exposition des principes de la science ... Éd. par Ch[arles] Coquelin, [Gilbert-Urbain] Guillaumin. T. 2. J–Z. Paris 1853. S. 509–519. 105 252 **262–267** 349 974 975
Passy, H[ippolyte]: Des systèmes de culture et de leur influence sur l'économie sociale. 2. éd. Paris 1853. 326 733
Patterson, R[obert] H[ogarth]: The Economy of Capital or Gold and Trade. Edinburgh, London. 1865. 586
Patterson, R[obert] H[ogarth]: La guerre des banques et son remède. Un système monétaire international. Paris 1867. 736
Patterson, R[obert] H[ogarth]: Railway Finance. Edinburgh, London 1867. 728
Patterson, R[obert] H[ogarth]: The Science of Finance. A Practical Treatise. Edinburgh, London 1868. 587 729 737 741 **749–751 755 762–765 793–802 807 808** 1188 1189
Pauli, Reinhold: Bilder aus Alt-England. Gotha, London 1860. 14
Paxton, James: An Introduction to the Study of Human Anatomy. Vol. 1.2. London 1841. 23
Peacock, George: Mental Arithmetic. London 1849. 16
Pelletier, Eugène: Du mouvement coopératif international. Étude théorique et pratique sur les différentes formes de l'association. Paris 1867. 736
The People's Blue Book, Taxation as It Is, and as It Ought to Be; with a Practical Scheme of Taxation. London 1857. 77
Pepys, Samuel: The Life, Journals, and Correspondence. Incl. a Narrative of His Voyage to Tangier. In 2 Vol. London 1841. 27 65
Pepys, Samuel: Memoirs. Comprising His Diary from 1659 to 1669, Deciphered by John Smith. 2. Ed. In 5 Vol. London 1828. 65
Pereira, Jonathan: Lectures on Polarized Light, together with a Lecture on the Microscope, Delivered before the Pharmaceutical Society of Great Britain, and at the Medical School of the London Hospital. 2. Ed. London 1854. 23
Périn, Charles: L'usure et la loi de 1807. Paris [1865]. 736
Perry, Arthur Latham: Elements of Political Economy. New York 1866. 733
Peschier, A[dolphe]: Esprit de la conversation française, ou recueil de gallicismes avec la traduction anglaise et allemande en regard. Stuttgart 1855. 16
Petzholdt, J[ulius]: Das Buch der Wilden im Lichte französischer Civilisation. Dresden 1861. 16
[Philips, Erasmus:] The State of the Nation, in Respect to Her Commerce, Debts and Money. London 1725; 2. Ed. With Add. London 1726. 351

The Philosophical Transactions from 1700 (Where Lowthorp Ends) to 1720. Abrig'd, and Dispos'd under General Heads. Ed. by Benj[amin] Motte. Vol. 2. Containing Pt. 3. The Physiological Papers. Pt. 4. The Philological Papers. London 1721. 351
Pièces relatives à ce procès. T. 1–5. Aix. 1833. [Nach Michelet: La sorcière.] 371
Piogey, J.: Du morcellement du sol en France. Paris 1857. 734
Plenck, [Joseph Jakob]: Physiologie et pathologie des plantes. Trad. du latin par P. Chanin. Paris 1802. 398
Plinius Secundus, Gaius, [der Ältere]: Naturalis historia. 24
Ploetz, Carl: Lectures choisies. Französische Chrestomathie. 14. Aufl. Berlin 1869. 16
Ploetz, Carl: Lehrbuch der französischen Sprache. Berlin 1863. 12
[Polo, Marco:] Die Reisen des Venezianers Marco Polo im dreizehnten Jahrhundert. 2. Ausg. Leipzig 1855. – Reise in den Orient während der Jahre 1272 bis 1295. Zwickau 1802. 13
Polybius: Historiæ: Græce et Latine. Ed. Schweighäuser, cum lexico, nova ed. T. 1–5. Oxonii 1823. 25
[Pope, Alexander:] The Dunciad. With Notes Variorum, and the Prolegomena of Scriblerus. London 1729. 29
Pope, Alexander: The Poetical Works. With a Life, by Alexander Dyce. Vol. 1–3. Boston 1858. 24
Pope, Alexander: The Works. With His Last Corr., Add. and Improvements; Together with All His Notes, as They Were Delivered to the Editor a Little Before His Death. Printed verbatim from the Octavio Ed. of Warburton. Vol. 1–6. London 1770. 25
Poppe, Johann Heinrich Moritz: Geschichte der Mathematik. Seit der ältesten bis auf die neueste Zeit. Tübingen 1828. **350** 1041 1042
Porter, G[eorge] R[ichardson]: The Progress of The Nation, in its Various Social and Economical Relations, from the 19th Century to the Present Time. London 1836. 287
Porter, G[eorge] R[ichardson]: The Progress of the Nation, in its Various Social and Economical Relations, from the Beginning of the 19th Century. A New Ed. London 1847. 26
Porter, G[eorge] R[ichardson]: The Progress of the Nation, in its Various Social and Economical Relations, from the Beginning of the 19th Century. New Ed. [3. Ed.] London 1851. 73 **74–76** 918 938 939
Porter, G[eorge] R[ichardson]: Statistics. Rev. by W[illiam] Newmarch. In: A Manual of Scientific Enquiry; Prepared for the Use of Officers in Her Majesty's Navy; and Travellers in General. Originally Ed. by Sir John F. W. Herschel. 3. Ed. London 1859. S. 219–235. 73
Portlock, J[oseph] E[llison]: Report on the Geology on the County of Londonderry, and of Parts of Tyrone and Fermanagh. Dublin, London 1843. 730
Pott, Aug[ust] Friedr[ich]: Die Ungleichheit menschlicher Rassen hauptsächlich vom sprachwissenschaftlichen Standpunkte, unter besonderer Berücksichtigung von des Grafen von Gobineau gleichnamigem Werke. Mit einem Ueberblicke über die Sprachverhältnisse der Völker. Ein ethnologischer Versuch. Lemgo, Detmold 1856. 11
Potter, John: Archæologia Græca, sive veterum Græcorum, præcipue vero Atheniensium, ritus civiles, religiosi, militares et domestici, fusius explicati. T. 1. Venetiis 1702. 8
Pouchet, Félix-Archimède: Histoire des sciences naturelles au Moyen age. Paris 1853. 371
Powell, T[homas]: The Art of Thriving. Or, the Plaine Path-Way to Preferment. Together with the Mystery and Misery of Lending and Borrowing. London 1635. 29
Preller, L[udwig]: Griechische Mythologie. Bd. 1.2. Leipzig 1854. 12
The Present State of the Currency Practically Considered. In: The Quarterly Review. London. Nr. 163, Dezember 1847. S. 206–231. 738 757
Price, Richard: An Essay on the Population of England, from the Revolution to the Present Time. London 1780. 65

Prichard, James Cowles: The Natural History of Man; Comprising Inquires into the Modifying Influence of Physical and Moral Agencies on the Different Tribes of the Human Family. London 1843. 23

The Progress of Nations or the Principles of National Development in Their Relation to Statesmanship. A Study in Analytical History. London 1861. 26

Prokesch-Osten, Anton von: Geschichte des Abfalls der Griechen vom Türkischen Reiche im Jahre 1821 und der Gründung des hellenischen Königreiches. Aus diplomatischem Standpunkte. Bd. 1–5. Wien 1867. 372

Psellus, Michel Constantin: Energie des esprits ou demons. 1050. [Nach Michelet: La sorcière.] 370

Public Health. Fourth Report of the Medical Officer of the Privy Council. With App. 1861. Ordered, by the House of Commons, to be Printed, 11 April 1862. [London 1862.] 349

Pütz, Wilhelm: Grundriß der Geographie und Geschichte der alten, mittleren und neueren Zeit für die mittleren Klassen der Gymnasien und für höhere Bürgerschulen. Abth. 1–3. Koblenz; Abth. 1. Das Alterthum. 10. Aufl. 1857; 11., verb. Aufl. 1860; Abth. 2. Das Mittelalter. 8., verb. Aufl. 1857; Abth. 3. 7., verb. Aufl. 1857. 15

Quain, Jones: Human Anatomy. 5. Ed. Vol. 1.2. London 1848. 23

Quesnay, [François]: Fermiers. In: Encyclopédie, ou Dictionnaire raisonné des sciences, des arts et des métiers. Publ. par Diderot et d'Alembert. T. 6. Paris 1751–1752. S. 528–540. 248

Quesnay, [François]: Grains. In: Encyclopédie, ou Dictionnaire raisonné des sciences, des arts et des métiers. Publ. par Diderot et d'Alembert. T. 7. Paris 1751–1752. S. 812–831. 248

The Question of Population, Particularly as It Relates to the Increase of Numbers in the Inhabitants of the United States ... Being a Detection of the Gross Blunders and Absurdities of the Article on Godwin's Enquire Concerning Population, which Appeared in the 17th Number of the Edinburgh Review. London 1821. 73

Quetelet, A[dolphe]: Recherches sur la population, les naissances, les décès, les prisons, les dépôts de mendicité, etc., dans le royaume des Pays-Bas. Bruxelles 1827. 337

Quételet, Ad[olphe]: Du système social et des lois qui le régissent. Paris 1848. 105 252 **270–272** 983–985

Rabelais, Francis: The Works. Transl. from the French, and Illustr. with Explan. Notes, by Le Du Chat, and Others. In 4 Vol. London 1784. 27

Rabelais, [François]: Œuvres. Précédées d'une notice sur la vie et les ouvrages de Rabelais par Pierre Dupont. Nouv. éd, revue sur les meilleurs textes ... T. 1.2. Paris 1858. 23

Raff, Georg Christian: Naturgeschichte für Kinder. 13

Ragonot, L. C.: Vocabulaire symbolique anglo-français, pour les élèves de tout âge et de tout degré. A Symbolic French and English vocabulary. London 1855. 14

Rama. Ein indisches Gedicht nach Walmiki. Deutsch von Adolf Holtzmann. 2. verm. Aufl. Karlsruhe 1843. 21

Rammelsberg, C[arl] F[riedrich]: Grundriss der unorganischen Chemie gemäss den neueren Ansichten. Berlin 1867. 339

Rammelsberg, C[arl] Fr[iedrich]: Ueber die Mittel Licht und Wärme zu erzeugen. Sammlung gemeinverständlicher wissenschaftlicher Vorträge. Hrsg. von Rud[olf] Virchow und Fr[anz] v[on] Holtzendorff. H. 23. Berlin 1866. **338** 1028

Rapport sur un mémoire de Dugied, relatif au boisement du Département des Basses-Alpes; par le Baron Florens, Président. Séance du 6 Avril 1820. In: Mémoires et analyse des travaux de la société d'agriculture, commerce, sciences et arts de la ville De Mende, chef-lieu du département de la Lozère. Mende 1827. 195

Rarey, John Solomon: The Art of Taming Horses. A New Ed., rev., with Important Add. and Illustrations. London 1858. 16
Rask, R[asmus]: Kortfattet Vejledning til det oldnordiske eller gamle islandske Sprog. København 1854. 21
Rask, R[asmus]: Oldnordisk Læsebog, indeholdende Prøver af de bedste Sagaer i den gamle islandske Text. København 1832. 21
Rask, Rasmus Kristian: Friesische Sprachlehre. Aus dem Dänischen übers. von F. J. Buss. Freiburg 1834. 21
The Rebels Catechism: Composed in an Easy and Familiar Way, to let them See the Heinousness of Their Offence ... 1643. 29
Redslob, Gustav Moritz: Thule. Die phönicischen Handelswege nach dem Norden, insbesondere nach dem Bernsteinlande, sowie die Reise des Phytheas von Massilien. Neu nach den Quellen untersucht. Leipzig 1855. 11
Registres de l'Inquisition (1307–1326). Limburch. [Nach Michelet: La sorcière.] 370
Regrets funèbres sur la mort du joyeux Rondibilis, dont tous les honnêstes Goinfres sont obligés d'en solemniser la mémoire. Paris 1649. 27
Remigius, Nicholas: Demonolatria. Lyons 1595. 371
Repertorium der Physik. Enthaltend eine vollständige Zusammenstellung der neuen Fortschritte dieser Wissenschaft. Bd. 4. Meteorologie, specifische Wärme, strahlende Wärme. Hrsg. von Heinr[ich] Wilh[elm] Dove. Berlin 1841. 400
Report from Select Committee on Banks of Issue; with the Minutes of Evidence, App., and Index. Ordered, by the House of Commons, to be Printed, 7 August 1840. [London 1840.] 113
Report from the Secret Committee of the House of Lords Appointed to Inquire into the Causes of the Distress which has for Some Time Prevailed among the Commercial Classes, and how far it has been Affected by the Laws for Regulating the Issue of Bank Notes Payable on Demand. Together with the Minutes of Evidence, and an App. Ordered, by the House of Commons, to be Printed, 28 July 1848. [London 1848.] 106 **117** 960
Report from the Select Committee on Bank Acts; together with the Proceedings of the Committee, Minutes of Evidence, App. and Index. Ordered, by the House of Commons, to be Printed, 30 July 1857. Pt. 1. [London 1857.] 105 **109–116** 252 960
Report from the Select Committee on the Bank Acts; together with the Proceedings of the Committee, Minutes of Evidence, App. and Index. Ordered, by the House of Commons, to be Printed, 1 July 1858. [London 1858.] 105 252 **255–261** 451 766 806 960 961
Report from the Select Committee on Mines; Together with the Proceedings of the Committee, Minutes of Evidence, and App. Ordered, by the House of Commons, to be Printed, 23 July 1866. [London 1866.] 353
Report of the Committee of Inquiry to the Shareholders of the Caledonian Railway Company, 3 January 1868. London 1868. 438
Report on the Mineral Wealth by the Geological Museum. [Nach Marx.] 353
Report on the Present State of the Trade Between Great Britain and Russia. Presented to both Houses of Parliament by Command of Her Majesty. London 1866. 587
Reports by Her Majesty's Secretaries of Embassy and Legation, on the Manufactures, Commerce, &c., of the Countries in which They Reside. Nr. 6. Presented to both Houses of Parliament by Command of Her Majesty. London 1863. 54 **660 661** 1126–1132
– Nr. 7. London [1864]. **661 662** 1126–1132
– Nr. 8. London [1865]. **663 664** 1126–1132
– Nr. 9 ... June 1, 1865. London [1865]. **663** 1126–1132
– Nr. 10 ... June 30 1865. London [1865]. **664** 1126–1132
– Nr. 11 ... February 1866. London 1866. **628–632** 1126–1132

– Nr. 12 … March 1866. London 1866. **632** 1126–1132
– Nr. 13 … April 1866. London 1866. **633** 1126–1132
– Nr. 14 … June 1866. London 1866. **634** 1126–1132
– Nr. 15 … July 1866. London 1866. **634 635** 1126–1132
– Nr. 16 … August 1866. London 1866. **635 636** 1126–1132
– February 1867. [Nr. 1.] London 1867. **636–639** 1126–1132
– March 1867. [Nr. 2.] London 1867. **639 640** 1126–1132
– April 1867. [Nr. 3.] London 1867. **640 641** 1126–1132
– May 1867. [Nr. 4.] London 1867. **641 642** 1126–1132
– June 1867. [Nr. 5.] London 1867. **642 643** 1126–1132
– July 1867. [Nr. 6.] London 1867. 373 **644–646** 1126–1132
– August 1867. [Nr. 7.] London 1867. **646** 1126–1132
– November 1867. London 1867. **646–649** 1126–1132
– April 1868. [Nr. 1.] London 1868. **649 650** 1126–1132
– May 1868. [Nr. 2.] London 1868. **650–653** 1126–1132

Reports of the Inspectors of Factories to Her Majesty's Principal Secretary of State for the Home Department, for the Half Year Ending 30 April 1863. London 1863. 54

Reports of the Inspectors of Factories to Her Majesty's Principal Secretary of State for the Home Department for the Half Year Ending 31 October 1864. London 1864. 65

Reports Received from Her Majesty's Ambassadors and Consuls Relating to the Condition of Christians in Turkey. 1867. Presented to the House of Commons by Command of Her Majesty, in Pursuance of their Address Dated March 6, 1867. London 1867. 372

Reports Received from of Her Majesty's Secretaries of Embassy and Legation Respecting Coal. With an App. and Reports as to Coal Production in British Colonies. Presented to both Houses of Parliament by Command of Her Majesty. London 1867. 653

Resolution in January 1868. In: Acts and Resolutions on the United States of America Passed at the Second Session of the 40th Congress. Washington 1868. 372 374

Reuter, Fritz: Olle Kamellen. T. 2. Wismar, Ludwigslust 1863. 11

Rey, J. A.: Les crises et le crédit. Division du travail. Banque d'escompte et banque de dépot. Paris 1862. 734

Rey, J.-A.: Les débats sur la banque de France. Résumé – Conclusion. Paris 1864. 736

Rhodes, George John: Remarks on the Purchase Value, Management and Letting of Landed Property; with Several Useful Tables, by which the Rental Value may be Ascertained of Any Number of Acres, Roods, or Perches. London 1853. 584

Ricardo, David: On the Principles of Political Economy, and Taxation. London 1817. 482 484 500 773 1091 1093 1094 1113 1199

Ricardo, David: On the Principles of Political Economy, and Taxation. 3. Ed. London 1821. 509

Ricardo, David: The Works. With a Notice of the Life and Writings of the Author. Ed. by J[ohn] R[amsay] McCulloch. London 1846. 511

Rickards, George K[ettiby]: Three Lectures Delivered Before the University of Oxford, in Michaelmas term, 1852. Lecture 1—The Harmonies of the Social Economy. Lecture 2—On the Operation of Self-Interest in the Social Economy. Lecture 3—On the Operation of Competition. Oxford, London 1852. 583

Ricoboni, Lewis: A General History of the Stage, from its Origin … 2. Ed. to which is Prefixed, an Introd. Discourse Concerning the Present State of the Engl. Stage and Players. London 1754. 27

Rio, Martin Antonio del: Disquisitiones Magicae. Leuven 1599. 371

Ritter, Carl: Europa. Vorlesungen an der Universität zu Berlin gehalten. Hrsg. von H[ermann] A[dalbert] Daniel. Berlin 1863. 13

Roberts, George: The Social History of the People of the Southern Counties of England in Past Centuries; Illustrated in Regard to Their Habits, Municipal Bye-Laws, Civil Progress, etc. London 1856. 24

Robertson, George: Topographical Description of Ayrshire; more Particularly of Cunninghame: together with a Genealogical Account of the Principal Families in that Bailiwick. Irvine 1820. 297

Rochholz, E[rnst] L[udwig]: Deutsche Arbeits-Entwürfe zur Bildung des Denk- und Sprachvermögens auf höheren Lehranstalten. Th. 2. Vortrag und Aufsatz. Mannheim 1853. 14

Roepell, Richard: Geschichte Polens. Th. 1. Hamburg 1840. 587

Rössig, Carl Gottlob: Die Geschichte der Oekonomie der vorzüglichsten Länder und Völker, der ältern, mittlern und neuern Zeiten, in einem kurzen Entwurfe. Leipzig 1798. 394

Rogers, James E. Thorold: A History of Agriculture and Prices in England. From the Year after the Oxford Parliament (1259) to the Commencement of the Continental War (1793). Compiled Entirely from Original and Contemporaneous Records. Vol. 1. 1259–1400. Oxford 1866. 623

Rogers, James E. Thorold: Land and its Owners. In: The Morning Star. London, 4. Februar 1864. 6

Rogers, James E. Thorold: A Manual of Political Economy for Schools and Colleges. Oxford 1868. 586

Romancero e historia del Muy Valeroso Caballero. El Cid Ruy Diaz de Vibar, en lenguage antiguo, recopilado por Juan de Escobar. Madrid 1747. 27

Roon, Albrecht v.: Grundzüge der Erd-, Völker- und Staatenkunde. Ein Leitfaden für höhere Schulen, zunächst für die Königl. Preußischen Cadetten-Anstalten bestimmt. Berlin 1832. 11

Rooy, E. W. de: Geschiedenis der Staathuishoudkunde in Europa, van de vroegste tijden tot heden. Met eene Voorrede van D. A. Walraven. Amsterdam 1851. 349

Ropiquet, Charles: Chemins de fer français. Les conventions de 1868. Paris 1868. 736

Roscher, Wilhelm: System der Volkswirthschaft. Ein Hand- und Lesebuch für Geschäftsmänner und Studierende. Bd. 1. Die Grundlagen der Nationalökonomie. 2., verm. und verb. Aufl. Stuttgart, Augsburg 1857. 381

Rose, Heinrich: Handbuch der analytischen Chemie. Bd. 1.2. Berlin 1831. 397

Ross, J. C.: An Examination of Opinions Maintained in the "Essay on the Principles of Population," by Malthus; and in the "Elements of Political Economy," by Ricardo; with Some Remarks in Reply to Sir James Graham's "Address to the Land-Owners." In 2 Vol. London 1827. 453 **482 483 499–510** 580 1093 1094

Rossel, Karl: Wiesbaden und seine Umgebungen. Ein Wegweiser für Fremde. Wiesbaden 1862. 12

Rost, Valent[in] Christ[ian] Friedr[ich]: Griechisch-deutsches Schulwörterbuch. Th. 1.2. 2., verb. Ausg. Erfurt, Gotha 1823. – Griechisch-deutsches Wörterbuch für den Schul- und Hausgebrauch. Bd. 1.2. 4., gänzlich umgearb. Aufl. 5. Abdr. Braunschweig 1862. 13

Rougier, J[ean]-C[laude] Paul: Les associations ouvrières. Étude sur leur passé, leur présent, leurs conditions de progrès. Paris 1864. 735

Rousseau, J[ean] J[acques]: Œuvres complètes. Éd. de Ch. Lahure. T. 1–8. Paris 1857. 23

Rousseau, J[ean]-J[acques]: Œuvres. Nouv. éd., avec des notes historiques et critiques; augm. d'un app. aux confessions par Mussay Pathay. T. 1–20. Paris 1827. 25

Rowbotham, J[ohn]: Deutsches Lesebuch; or Lessons in German Literature. London 1829. 13

Royal Commission on Railways. Minutes of Evidence taken before the Commissioners, March 1865 to May 1866. Presented to Houses of Parliament by Command of Her Majesty. London 1867. 585 **679–698** 720 873 874 876 1136–1139

Royal Commission on Water Supply. Report of the Commissioners. London 1869. 730

Rozy, H[enri]: Étude sur les sociétés coopératives et leur constitution légale. Paris 1866. 735

Rozy, H[enri]: Des souffrances de l'agriculture. Du commerce des engrais. Examen critique de la jurisprudence de la cour de cassation relative à ce commerce. Paris 1866. 736

Rudolph, Ludwig: Praktisches Handbuch für den Unterricht in deutschen Stilübungen. Abth. 1–4. Berlin; Abth. 1. 1859; 2. Aufl. 1863; Abth. 2. 1859; 2. Aufl. 1863; Abth. 3. 1860; Abth. 4. 1861. 15

Rückert, Friedrich: Nal und Damajanti. Eine indische Geschichte. 4. Aufl. Frankfurt a.M. 1862. 22

Rückert, Friedrich: Rostem und Suhrab. Eine Heldengeschichte in zwölf Büchern. 2. Aufl. Stuttgart 1846. 22

Rückert, Friedrich: Die Verwandlungen des Abu Seid von Serug oder die Makamen des Hariri. 3. Aufl. Bd. 1.2. Stuttgart, Tübingen 1844. 22

Rückert, G[eorg] Christ[ian] Albrecht: Der Feldbau chemisch untersucht um ihn zu seiner letzten Vollkommenheit zu erheben. Th. 1. Erlangen 1789. 395

[Ruggle, George:] Ignoramus. Comedia. 2. Rev. Ed. Londini 1658. 27

Rules, Orders, and Forms of Proceeding of the House of Commons, Relating to Public Business. London 1854. 359

Rummer, Friedrich: Lehrbuch der Elementargeometrie. 5., verm. Aufl. Heidelberg 1863. 12

Ruskin, John: Time and Tide, by Weare and Tyne. Twenty-Five Letters to a Working Man of Sunderland on the Laws of Work. London 1867. 587

Russell, Robert: North America. Its Agriculture and Climate. Containing Observations on the Agriculture and Climate of Canada, the United States, and the Island of Cuba. Edinburgh 1857. 456 583

Saadi: Der Fruchtgarten. Aus dem Pers. Auszugsw. Übertr. von Ottokar Maria von Schlechta-Wssehrd. Wien 1852. 22

Saadi, Moslicheddin: Rosengarten. Nach dem Texte und dem arab. Commentare Sururi's aus dem Pers. übers. mit Anmerkungen und Zugaben von Karl Heinrich Graf. Leipzig 1846. 22

Sachs, C.: Beiträge zur Kunde alt-französischer, englischer und provenzalischer Literatur aus französischen und englischen Bibliotheken. Berlin 1857. 21

Der Sachsenspiegel oder das sächsische Landrecht, nach Berliner Handschrift v. J. 1396, mit Varianten aus siebzehn andern Texten. Hrsg. von C[arl] G[ustav] Homeyer. Berlin 1827. 550 565

Sadler, Michael Thomas: A Refutation of an Article in the Edinburgh Review (No. CII.) Entitled 'Sadler's Law of Population, and Disproof of Human Superfecundity;' Containing also Additional Proofs of the Principle Enunciated in that Treatise, Founded on the Censuses of Different Countries Recently Published. In: The Edinburgh Review. Vol. 52. January 1831. Nr. 104. S. 504–529. 73

St. John, James Augustus: The Anatomy of Society. Vol. 1.2. London 1831. 27

Saint-Évremond, [Charles de Marguetel de Saint-Denis] de: Œuvres meslées. Nouv. éd, rev., corr., & augm. T. 1–4. Paris 1697. 27

Salmagondi von kleinen Erzählungen. Leipzig 1802. 16

Salmon, George: A Treatise on Conic Sections: Containing an Account of Some of the Most Important Modern Algebraic and Geometric Methods. 3. Ed., Rev. and Enl. London 1855. 25

Salverte, Eusèbe: Des sciences occultes ou essai sur la magie, les prodiges et les miracles. Paris 1856. 371

Sandelin, A[lexander]: Répertoire général d'économie politique ancienne et moderne. T. 1, 3. La Haye 1847. 733 737 741 **761** 1192

Sargant, William Lucas: Recent Political Economy. London, Edinburgh 1867. 729

Sarrus P., J. F. Rameaux: Application des sciences accessoires et principalement des mathématiques à la physiologie générale. (Rapport sur un mémoire adressé à l'Aca-

démie Royale de Médecine, séance du 23 juillet 1839.) Bulletin de l'Académie Royale de Médecine. Paris 1839. Nr. 3. S. 1094–1100. 271
Satyre Ménipée de la vertu du Catholicon d'Espagne, avec le supplement du Catholicon, ou nouvelles des Rigions de la Lune. Ratisbonne 1699. 29
Saussure, Théod[ore] de: Recherches chimiques sur la végétation. Paris 1804. 396
Say, Jean-Baptiste: Traité d'économie politique. 3. éd. T. 2. Paris 1817. 761 1192
Schacht, Theodor: Kleine Schulgeographie. 9., verb. Aufl. Mainz 1862. 12 14
Schaefer, Johann Wilhelm: Tabellen zur Geschichte der deutschen Literatur. Leipzig 1853. 13
Schaeffer, Arnold: Geschichtstabellen zum Auswendiglernen. 7. Aufl. Leipzig 1859. 13
Schäffer, Friedrich Rudolph: Die Bimssteinkörner bei Marburg in Hessen und deren Abstammung aus Vulkanen der Eifel. Diss. Marburg 1851. 15
Schaten, Nicolaus: Annalium Paderbornensium. Ed. altera. Bd. 3. Monasterii Westphalorum 1745. 599
Schenkel, J.: Blüthen Deutscher Dichter für Gymnasien und höhere Bürgerschulen, nebst einem geschichtlichen Abriss der neueren poetischen Literatur der Deutschen. Darmstadt 1846. 13
Scherr, Ignaz Thomas: Realistisches Lesebuch für die oberen Klassen der Primarschule. Zürich 1846; 2. Aufl. 1848 u. d. T.: Realistisches Lesebuch für die oberen Klassen der schweizerischen Volksschule. 15
Scherr, Ignaz Thomas: Schulbüchlein zur Uebersicht, Wiederholung und Anwendung des grammatischen Unterrichts in den oberen Klassen der Primarschule. H. 1–3. Zürich 1846; 2. Aufl. 1847. 12
Schiefertafel-Bilder zu deutschen Kinderliedern. Nach v. Arnim, Brentano und Simrock. Leipzig [ca. 1852]. 16
Schiefner, Anton: Kalewala, das National-Epos der Finnen, nach der 2. Ausg. ins Deutsche übertragen. Helsingfors 1852. 18
Schiller, Friedrich: Sämmtliche Werke. In 12 Bd. Stuttgart, Tübingen 1847. 13
Schiller, Friedrich: Wilhelm Tell. 14
Schleicher, A[ugust]: Die Sprachen Europas in systematischer Uebersicht. Bonn 1848–1850. 21
Schleiden, M[atthias] J[acob]: Das Alter des Menschengeschlechts, die Entstehung der Arten und die Stellung des Menschen in der Natur. Leipzig 1863. 13
Schleiden, M[atthias] J[acob]: Studien. Populäre Vorträge. Leipzig 1855. 2., umgearb. und verm. Aufl. Leipzig 1857. 17
Schleiden, M[atthias] J[acob], E[rnst] E[rhard] Schmid: Encyclopädie der gesammten theoretischen Naturwissenschaften in ihrer Anwendung auf die Landwirthschaft, umfassend Physik, anorganische Chemie, organische Chemie, Meteorologie, Mineralogie, Geognosie, Bodenkunde, Düngerlehre, Pflanzenphysiologie, Thierphysiologie und Theorie des rationellen Ackerbaus. Bd. 1–3. Braunschweig 1850. 428
Schlosser, F[riedrich] C[hristoph]: Weltgeschichte für das deutsche Volk. Bd. 1–19. Frankfurt a. M. 1843–1857. 11
Schmidt, Franz: Heimkehr vom Himmel zur Erde. Ein Buch für freie Christen. Stuttgart 1851. 16
Schoedler, Friedrich: Das Buch der Natur, die Lehren der Physik, Astronomie, Chemie, Mineralogie, Geologie, Physiologie, Botanik und Zoologie umfassend. 6., verm. und verb. Aufl. Braunschweig 1852. 13
Schoemann, G[eorg] F[riedrich]: Griechische Alterthümer. Bd. 1.2. Berlin 1855–1859. 11
Schöpffer, Carl: Lehrbuch der Physik für das weibliche Geschlecht, besonders für Lehrer und Schülerinnen der höheren Töchterschulen. Braunschweig 1854 (Bibliothek des Wissenswürdigen für die Gebildeten des weiblichen Geschlechts. Bd. 1). 12
Schreber, Daniel Gottfried: Anweisung wie der Flugsand stehend, und dürre Sandfelder zu Wiesen zu machen. Bey der Versammlung der Leipziger ökonomischen Societät

den 9 October 1764 vorgelesen und auf derselben Veranlassung zum Druck befördert. Leipzig 1764. 401

Schübler, G[ustav]: Grundsätze der Agricultur-Chemie in näherer Beziehung auf land- und forstwirthschaftliche Gewerbe. 2. Aufl., durchges. und verb. von K. L. Krutzsch. Th. 1. Agriculturchemie. Leipzig 1838. 459

Schübler, Gustav: Ueber die physischen Eigenschaften der Erden. In: Landwirthschaftliche Blätter. Hrsg. von Fellenberg. Aarau 1817. [Nach Fraas.] 396

Schulatlas der alten Welt. Bestehend aus 16 Karten, mit erklärenden Bemerkungen und geschichtlichen Uebersichten. 7. Aufl. Weimar 1841. 17

Schulze-Delitsch, [Hermann]: Vorschuß- und Creditvereine als Volksbanken. Praktische Anweisung zu deren Gründung und Einrichtung. 4., völlig umgearb. Aufl. mit besonderer Rücksicht auf das Preußische Genossenschaftsgesetz. Leipzig 1867. 358

Schwann, Th[eodor]: Anatomie des menschlichen Körpers. Populäre Darstellung für gebildete Leser. Aus dem Französ. übers. von Alex. Breiter. Leipzig 1861. 23

Schwann, Th[eodor]: Microscopical Researches into the Accordance in the Structure and Growth of Animals and Plants. Transl. from the German by Henry Smith. London 1847. Rückent.: Schwann und Schleiden's Researches. Enth.: M[atthias] J[acob] Schleiden: Contributions to Phytogenesis Transl. from the German by Henry Smith. 24

Schwartz, Karl: Handbuch für den biographischen Geschichtsunterricht. Th. 1.2. Leipzig 1855–1858. 13

Schwerz, J[ohann] N[epomuk]: Anleitung zur Kenntniß der belgischen Landwirthschaft. Bd. 1–3. Halle 1807–1811. 609

Scott, Walter: The Regalia of Scotland. 16

Scratchley, Arthur: Treatise on Association for Provident Investment. New Ed. London 1866. 587 728

Scritte di Casparo Gozzi, con giunta d'inediti e rari, scelti e ordinati da Niccolò Tommaséo, con note e proemio. T. 1–3. Firenze 1849. 22

Scrymgeour, Daniel: The Poetry and Poets of Britain, from Chaucer to Tennyson, with Biographical Sketches, and a Rapid View of the Characteristic Attributes of Each. 4. Ed. Edinburgh 1852. 24

Scully, Vincent: The Irish Land Question, with Practical Plans for an Improved Land Tenure, and a New Land System. Dublin, London 1851. 584

Sealy, Henry Nicholas: A Treatise on Coins, Currency, and Banking. With Observations on the Bank Act of 1844 and on the Reports of the Committees of the House of Lords and of the House of Commons on the Bank Acts. Pt. 2. London 1867. 728

Sennebier, Jean: Physiologie végétale, contenant une description des organes des plantes, & une exposition des phénomènes produits par leur organisation. T. 1–5. Genève 1782–1788. 396

Serres, Oliver de: Le théâtre d'agriculture et mesnage des champs. Paris 1600. 402

Seyd, Ernest: Bullion and Foreign Exchanges Theoretically and Practically Considered; Followed by a Defence of the Double Valuation, with Special Reference to the Proposed System of Universal Coinage. London 1868. 729

Sharp, Granville: The Gilbart Prize Essay on the Adaptation of Recent Discoveries and Inventions in Science and Art to the Purposes of Practical Banking. London, Norwich 1854. 583

Sheridan, Richard Brinsley: The Dramatic Works. With a Biographical and Critical Sketch. By Leigh Hunt. London 1840. 26

A Shilling's Worth of the United States of America: or, an Epitome of its Finances, Railroads, Trade, Laws, Population, etc. etc. Compiled by Belding, Keith, and Co., American Bankers and Merchants. London, New York 1868. 729

Siebel, K.: Religion und Liebe. Roman aus dem Tagebuch eines Anonym. Hamburg 1860. 17

Sillar, W[illiam] C[ameron]: Usury, its Nature and Effects. London 1867. 588
Sillett, John: A New Practical System of Fork and Spade Husbandry. London 1848. 584
Simrock, Karl: Das deutsche Räthselbuch. 1. Sammlung. (Neue Ausg.) und 2. Sammlung. Frankfurt a.M. 1853; 3. Sammlung 1863. 15
Simrock, Karl: Die deutschen Volksbücher. Gesammelt und in ihrer ursprünglichen Echtheit wiederhergestellt. Bd. 1–13. Frankfurt a.M. 1845–1867. 22
Simrock, Karl: Wieland der Schmied. Heldengedicht. 3. Aufl. Stuttgart, Tübingen 1851. 22
Sismondi, J[ean] C[harles] L[éonard] Simonde de: Études sur l'économie politique. T. 1.2. Paris 1837–1838. 733
Sismondi, J[ean]-C[harles]-L[éonard] Simonde de: Nouveaux principes d'économie politique, ou de la richesse dans des rapports avec la population. T. 1.2. Paris 1819; 2. éd. Paris 1827. 733
Slade, Adolphus: Turkey and the Crimean War: a Narrative of Historical Events. London 1867. 585 **723–726** 1140 1141
Smee, William Ray: Joint Stock Banks. Proposal to Secure Deposits Placed at Interest. London 1866. 587
Smiles, Samuel: Industrial Biography: Iron-Workers and Tool-Makers. Boston 1864. 27
Smiles, Samuel: Lives of the Engineers, with an Account of Their Principal Works: Comprising Also a History of Inland Communication in Britain. Vol. 1–3. London 1862. 27
Smith, Adam: An Inquiry into the Nature and Causes of the Wealth of Nations. With a Commentary, by the Author of "England and America" [d.i. Edward Gibbon Wakefield]. Vol. 2. London 1835. 769
Smith, Adam: An Inquiry into the Nature and Causes of the Wealth of Nations. With Notes from Ricardo, M'Culloch, Chalmers, and Other Eminent Political Economists. Ed. by Edward Gibbon Wakefield. With Life of the Author, by Dugand Stewart. A New Ed. In 4 Vol. London 1843. 26
Smith, Edmund James: The Error of Mistaking Net Rental for Permanent Income. London 1850. 105 252 **273 274** 976
Smith, George: Ten Weeks in Japan. London 1861. 84
Smith, Hugh: Free Farming to Meet Free Trade. London 1850. 105 252 **275 276** 977
Smith, John Benjamin: An Inquiry into the Causes of Money Panics and of the Frequent Fluctuations in the Rate of Discount: A Letter Addressed to Malcolm Ross. London 1866. 587
Smith, Knight and Co (Lim.) Third Letter to the Shareholders. By A. J. King. 1867. [Nach Marx. Siehe Erl. 588.9–10.] 588
Smith, William: A Latin-English Dictionary, Based upon the Works of Forcellini and Freund. London 1857. 13
Smollett, Tobias: The Miscellaneous Works. With a Life of the Author. In 12 Vol. London 1824. 25
Smollett, Tobias: The Miscellaneous Works, Complete in 1 Vol. With Memoir of the Author, by Thomas Roscoe. London 1841. 27
Soldan, Wilhelm-Gottlieb: Histoire des procès de sorcellerie. Stuttgart 1843. 371
Sophokles. 13 25
Spackman, William Frederick: An Analysis of the Occupations of the People, Showing the Relative Importance of the Agricultural, Manufacturing, Shipping, Colonial, Commercial, and Mining Interests of the United Kingdom of Great Britain and its Dependencies, in Numbers, Capital and Annual Produtions; and also the Proportion which the Agricultural and Manufacturing Interests Respectively Pay of the Direct and Local Taxation of the Country. Compiled from the Census of 1841 and Other Official Returns. London 1847. 73
Spackman, William Frederick: The Commercial Barometer, From 1845 to 1853, Showing the Operation of the Present System of Currency, and the Causes which Disturb its Healthy and Proper Action. London 1853. 73

Spackman, William Frederick: Statistical Tables of the Agriculture, Shipping, Colonies, Manufactures, Commerce and Population of the United Kingdom of Great Britain and its Dependencies. Brought Down to the Year 1843. London 1843. 73
Spanische Dramen. Übers. von C[arl] A[ugust] Dohrn. Th. 1–4. Berlin 1841–1844. 22
Spanisches Theater. Hrsg. von August Wilhelm von Schlegel. Bd. 1.2. 2. Ausg. Leipzig 1845. 18 35
Spenser, Edmund: The Poetical Works. With a Preface, Biographical and Critical, by J. Aikin. In 6 Vol. London 1810. 25
Spina, Bartholomaeus: Quaestio de Strigibus, una cum tractatu de praeeminentia sacrae theologiae et quadruplici apologia de lamiis contra Ponzinibium. Rom 1523. 370
Spitz, Carl: Elemente der Geometrie in Lehrsätzen und Aufgaben zum Gebrauche an Gewerbschulen, sowie zur Selbstbelehrung für Gewerbtreibende. Th. 1.2. Heidelberg 1852–1853. 11
Sprengel, Carl: Die Bodenkunde oder die Lehre vom Boden, nebst einer vollständigen Anleitung zur chemischen Analyse der Ackererden und den Resultaten von 170 chemisch untersuchten Bodenarten aus Deutschland, Belgien, England, Frankreich, der Schweiz, Ungarn, Rußland, Schweden, Ostindien, Westindien und Nordamerika. – Ein Handbuch für Landwirthe, Forstmänner, Gärtner, Boniteure und Theilungscommissäre. Leipzig 1837. 396
Sprengel, Carl: Die Lehre vom Dünger oder Beschreibung aller bei der Landwirthschaft gebräuchlicher vegetabilischer, animalischer und mineralischer Düngermaterialien, nebst Erklärung ihrer Wirkungsart. Leipzig 1839. 396
Sprengel, Kurt: Histoire de la médecine, depuis son origine jusqu'au 19e siècle. T. 1–9. Paris 1815–1820. 371
Spruner, Karl von: Historisch-geographischer Schul-Atlas. Gotha 1856; 2. Aufl. Gotha 1860. 17
Spurzheim, G[aspar]: The Anatomy of the Brain, with a General View of the Nervous System. Transl. from the Unpublished French by R. Willis. London 1826. 24
Statement Exhibiting the Moral and Material Progress and Condition of India, During the Year 1865–66. (Presented Pursuant to Act of Parliament.) Ordered to be Printed 7 May 1867. In: The Sessional Papers Printed by Order of the House of Lords, or Presented by Royal Command, in the Session 1867. Vol. 13. 1867. **675 676** 720 1132–1136
Statistical Abstract for the United Kingdom in Each of the Last 15 Years. Nr. 1–8. London 1861. 54
– from 1849 to 1863. Nr. 11. Presented to both Houses of Parliament by Command of Her Majesty. London 1864. **80–82** 938–940
Statistical Abstract Relating to British India. From 1840 to 1865. Compiled from Official Records and Papers Presented to Parliament. London 1867. 676
Statistical Tables. Statistical Abstract; Agricultural Statistics; Agricultural Statistics (Ireland). In: Accounts and Papers of the House of Commons. Vol. 71. Session 5 February–21 August 1867. [London] 1867. 359
Statute of Gloucester (6 Edw. I). 408
[Steens, E., César de Paepe, D. Brismée:] Compte-Rendu du Meeting Démocratique de Patignies. Bruxelles 1864. **121 122** 962–964
Steinmetz, Andrew: Japan and Her People. London 1859. 84
Steinthal, H[eymann]: Der Ursprung der Sprache, im Zusammenhang mit den letzten Fragen alles Wissens. 2., umgearb. und erw. Ausg. Berlin 1858. 16
[Sterne, Laurence:] The Life and Opinions of Tristram Shandy, Gentleman. Vol. 1–6. London 1760–1762. 24
Sterne, Laurence: The Works. 28
Sterne, Laurence: The Works. With a Life of the Author, Written by Himself. Plates by Hogarth, Rooker, &c. Vol. 1–10. London 1788. 25

Stewart, James: On the Means of Facilitating the Transfer of Land. In Three Lectures. London 1848. 373
Stieffelius, Wilhelm: Nouvelle Grammaire méthodique, ou exercices de Grammaire française en 30 leçons, avec un cours de thèmes et de versions. 2. éd. Berlin 1833. 15
Stieler, [Adolf]: Hand-Atlas über alle Theile und über das Weltgebäude. Vollst. Ausg. Gotha 1859. 17
Stirling, James: Practical Considerations on Banks and Bank Management. 2. Ed. Glasgow 1866. 587
Stirling, James Hutchison: The Secret of Hegel: Being the Hegelian System in Origin, Principle, Form, and Matter. In 2 Vol. London 1865. 456
Stöckhardt, Julius Adolph: Chemische Feldpredigten für deutsche Landwirthe. Abth. 2. 4. Aufl. Leipzig 1857. 473 474
Stone, Lewis: Some Notes on the Writings of Fawcett, Leslie, and Newman on the Land Laws of England. With an App. Consisting of Further Comments by Another Hand. London 1867. 728
Strabon: Geographica. 622
Süßmilch, Johann Peter: Das Frolocken der Brandenburgischen Lande über dem glücklich geendigten Kriege. Berlin 1742. 337
Swift, Jonathan: The Works. With Memoir of the Author, by Thomas Roscoe. Vol. 1.2. 28
Swift, Jonathan: Works. Vol. 1–24. Edinburgh 1761. 29
Sydow, Emil von: Orographischer Atlas. Gotha 1855. 17

Tacitus, Publius Cornelius: Germania. 544 546 553 575
Teatro Español. Coleccion Escogida de las Mejores Comedias Castellanas desde Cervantes. Abreglada por D. C. Schütz. Bielefeld 1846. 18
[Tennant, Charles:] The Bank of England and the Organisation of Credit in England. With the Evidence of Isaac and Émile Pereire Before the French Commission of Inquiry into the Bank of France ... 3. Ed., Rev. and further Enl. London 1867. 359
Tennyson, Alfred: Idylls of the King. London 1859. 26
Tennyson, Alfred: In Memoriam. London 1850. 26
Tennyson, Alfred: Maud, and Other Poems. London 1855. 26
Tennyson, Alfred: Miscellaneous Poems. 26
Tennyson, Alfred: The Poetical Works. Vol. 1–5. Leipzig 1860–1864. 28
Tennyson, Alfred: The Princess; a Medley. London 1847. 26
Tennyson, Alfred: Works. 28
Ternaux, [Louis] Mortimer: Histoire de la terreur 1792–1794. D'après des documents authentiques et inédits. T. 1.2. Paris 1862. 14
Tessier, [Alexandre-Henri]: Traité des Maladies des Grains. Paris 1783. 398
Thiais, H. David de: Le paysan tel qu'il est, tel qu'il devrait être. Actualité. Poitiers 1856. 734
Thomas, Émile: Des conditions vraies de la science économique. Appliquées spécialement à la théorie de la rente et au principe de population. Paris 1850. 733
Thomas, Joseph Lee: A Letter on the Present Position of Railways, Addressed to Railway Shareholders. London 1867. 588 728
Thomas, Louis: Die Wunderwerke der alten und neuen Völker. Wanderungen durch die Ruinen der Vergangenheit und die Riesenwerke der Gegenwart. 2. Ausg. Leipzig 1857. 12
Thomson, Robert Dundas: On the Influence of Different Kinds of Food in the Production of Milk and Butter. In: Chemical Gazette. Vol. 4. July 1846. Nr. 89. 522
Thornton, W[illiam] T[homas]: A New Theory of Supply and Demand. In: The Fortnightly Review. Vol. 6. London 1866. Nr. 34. S. 420–434. 587
Thucydides: De Bello Peloponnesiaco libri. 11

Tillet, [Mathieu]: Dissertation sur la cause qui corrompt et noircit les grains de bled dans les épis; et sur les moyens de prevenir ces accidens. Bordeaux 1755. 398
Tomes, Robert: Japan and the Japanese: A Narrative of the U.S. Government Expedition to Japan, under Commodore Perry. 2. Ed. 1859. 84
Torrens, W[illiam] T[orrens] M[cCullagh]: Lancashire's Lesson; or, the Need of a Settled Policy in Times of Exceptional Distress. A Letter Addressed to Charles Pelham Villiers. London 1864. 65
Tracts on the Financial Reform Association. 2. Series. Liverpool 1859. 77
Trade Accounts (Foreign Countries). Belgium,–Holland,–France,–and United States. Presented to both Houses of Parliament by Command of Her Majesty. Ordered, by the House of Commons, to be Printed, 17 March 1868. [London 1868.] **810** 1203 1024
Transactions of the New-York State Agricultural Society, together with an Abstract of the Proceedings of the County Agricultural Societies, and the American Institute. Vol. 5. Albany 1846. 314
Traut, Heinrich: Deutsches Vokabelbuch. 1500 für die Etymologie und Orthographie charakteristische Wörter. Leipzig 1862. 15
The Tricks of Trade in the Adulterations of Food and Physic; with Directions for their Detection and Counteraction. London 1856. 583
Tromlitz, August: Sämmtliche Schriften. 3. Orig. Aufl. Lfg. 1–40. Leipzig 1860–1864. 15
Tschudi, Friedrich von: Das Thierleben der Alpenwelt. Naturansichten und Thierzeichnungen aus dem schweizerischen Gebirge. Leipzig 1853. 7., verb. Aufl. 1864. 13
Tuckett, John Debell: A History of the Past and Present State of the Labouring Population. Vol. 1.2. London 1846. 456
Turbilly, Marquis de: Practischer Unterricht zum Aufreissen oder Brechen der unangebaueten Felder. Eine mit einigen von dem Herrn Verfasser selbst mitgetheilten Zusätzen erw. deutsche Uebers. Mit einer Vorrede von Gottfried Schützens. Altona 1762. 401
Tutschek, Lorenz: Die Natur. Ein Lesebuch für Schule und Haus. 3. Aufl. München 1866. 14
Tzschoppe, Gustav Adolf, Gustav Adolf Stenzel: Urkundensammlung zur Geschichte des Ursprungs der Städte und der Einführung und Verbreitung Deutscher Kolonisten und Rechte in Schlesien und der Ober-Lausitz. Hamburg 1832. 590 592

Unger, Franz: Die Exantheme der Pflanzen und einige mit diesen verwandte Krankheiten der Gewächse. Pathogenetisch und nosographisch dargestellt. Wien 1833. 398
Urkundenbuch zur Geschichte des Landes Dithmarschen. Hrsg. von Andreas Ludwig Jacob Michelsen. Altona 1834. 596
Usquin, Émile: La propriété. Le morcellement du sol, le régime hypothécaire, le crédit foncier et l'absentéisme. Paris 1865. 736

Valny, S. C[harles]: Études sur la dépopulation des campagnes. Ses causes, ses conséquences, et les moyens pratiques de la combattre. Auch 1862. 735
Valois, Marguerite de: L'Heptameron ou l'histoire des amans-fortunez des nouvelles Marguerite de Valois. Remis en son vray ordre, par Claude Gruget. Paris 1615. 27
Var, Robert du: Histoire de la classe ouvrière depuis l'esclave jusqu'au prolétaire de nos jours. Précédée d'une dédicace a Eugène Sue. T. 1–4. Paris 1845. 106
Vauban, [Sébastien le Prestre de]: Projet d'une dixme royale. [Paris] 1707. 191
Vecchio, B[onaiuto] del: Le Siège de Rome. Récit historique. Genève 1849. 15
Vega, Georg von: Logarithmisch-trigonometrisches Handbuch. 6. Aufl. Leipzig 1825. 25
Vega, Lope de: Piezas escogidas. Paris 1844. 18
Vergilius Maro, Publius: Aeneis. 12 13
Vergilius Maro, Publius: Bucolica. 12

Vernaleken, Fr. Theodor: Naturkundliche Abtheilung: Menschen- und Thierkunde. St. Gallen 1843. 14
de Vernouillet: Rome agricole. De l'état actuel de l'agriculture dans les États romains. Paris 1857. 734
Virchow, Rud[olf]: Die Noth im Spessart. Eine medicinisch-geographisch-historische Skizze. Vorgetragen in der physicalisch-medicinischen Gesellschaft in Würzburg. Würzburg 1852. **336** 1027 1028
Völter, Daniel: Lehrbuch der Geographie. 2. verm. u. umgearb. Aufl. der „Elementargeographie". Eßlingen 1859. 11
Vogel, Karl: Schul-Atlas der neueren Erdkunde. Mit Randzeichnungen. Für Gymnasien und Bürgerschulen nach den Forderungen einer wissenschaftlichen Methode des geographischen Unterrichts. 8., umgearb. und verb. Aufl. Leipzig 1855. 17
Vogel, Karl: Ueber die Idee, Ausführung und Benutzung des neuen Schulatlas, nebst kurzer Erklärung der dazu gehörigen Randzeichnungen. Ein Hülfsbuch für Lehrer und Schüler. 2., verb. und sehr verm. Aufl. Leipzig 1843. 14
Voltaire: Romans et Contes. 27
Voß, Johann Heinrich: Homer's Werke. Bd. 1.2. 18

Wackernagel, Phillipp: Edelsteine deutscher Dichtung und Weisheit im XIII. Jahrhundert. Ein mittelhochdeutsches Lesebuch. Mit einem Wörterbuch. 2. verb. und verm. Aufl. Frankfurt a.M., Erlangen 1857. 21
Wagner, Hermann: Entdeckungsreisen in Haus, Hof und Stube. Leipzig 1862. 12
Wagner, Moritz: Aussage. In: Allgemeine Zeitung. Augsburg. Nr. 36, 5. Februar 1862. Beil.; Nr. 173, 22. Juni 1862. Beil. In: Justus von Liebig: Die Chemie in ihrer Anwendung auf Agricultur und Physiologie. 7. Aufl. Bd. 2. Braunschweig 1862. S. 439–442. **189 190** 967 968
Wahlert, Georg Er. Adm.: Kaufmännischer Briefsteller in deutscher, französischer und englischer Sprache. 4. Aufl. Lippstadt 1856. 16
Wallerius, Johan Gottschalk: Agriculturae fundamenta chemica. Upsaliae 1761. 394
Wallerius, Johan Gottschalk: Caussae sterilitatis agrorum exponens. Upsaliae 1754. 394
Wallerius, Johan Gottschalk, Jonas Daniel Boding: De emendatione agri. Upsaliae 1758. 394
Wand, S. W.: Treatise on Algebraic Geometry. London 1855. 25
Ward, J[ames]: Workmen and Wages, at Home and Abroad, or the Effects of Strikes, Combinations, and Trades' Unions. London 1868. 587 728
Watkins, C[harles] R. W.: Opinions and Aspects of a Great Crisis. 3. Ed. London 1855. 583
Way, J. Thomas: On the Composition of the Waters of Land-Drainage and of Rain. In: Journal of the Royal Agricultural Society of England. Bd. 17. 1856. S. 123–162. 462
Weber, Georg: Lehrbuch der Weltgeschichte mit Rücksicht auf Cultur, Literatur und Religionswesen, und einem Abriß der deutschen Literaturgeschichte als Anhang. 8., verb. und erw. Aufl. Bd. 1.2. Leipzig 1859. 17
Weber, Georg: Lesebuch zur Geschichte der deutschen Literatur alter und neuer Zeit. 2., veränd. und erweit. Aufl. Leipzig 1863. 15
Weber, W[ilhelm] E[rnst]: Klassische Alterthumskunde oder übersichtliche Darstellung der geographischen Anschauungen und der wichtigsten Momente an dem Innenleben der Griechen und Römer. Stuttgart 1848. 22
Webster, John: The Works. Now First Coll., with some Account of the Author, and Notes. By Alexander Dyce. Vol. 1.2. London 1830. 28
Weckherlin, Ferdinand: Beyträge zur Geschichte altdeutscher Sprache und Dichtkunst. Stuttgart 1811. 21
Weingärtner, W. G. J.: Die Aussprache des Gothischen zur Zeit des Ulfilas. Leipzig 1858. 15

West, Edward: Price of Corn and Wages of Labour with Observations upon Smith's, Ricardo's, and Malthus's Doctrines upon those Subjects; and an Attempt at an Exposition of the Causes of the Fluctuation of the Price of Corn During the Last Thirty Years. London 1826. 488
West, Thomas: Ten Years in South-Central Polynesia: Being Reminiscences of a Personal Mission to the Friendly Islands and their Dependencies. London 1865. 587
Weston, Richard: Discourse on the Husbandry of Brabant and Flanders. London 1645. 300
Wheatley, John: An Essay on the Theory of Money and Principles of Commerce. Vol. 1.2. London 1807–1822. 586
Wiarda, Tilemann Dothias: Altfriesisches Wörterbuch. Aurich 1786. 21
Wiegmann, A[rend] F.: Die Krankheiten und krankhaften Mißbildungen der Gewächse, mit Angabe der Ursachen und der Heilung oder Verhütung derselben, so wie über einige den Gewächsen schädliche Thiere und deren Vertilgung. Ein Handbuch für Landwirthe, Gärtner, Gartenliebhaber, und Forstmänner. Braunschweig 1839. 398
Wier, Johann: De praestigiis daemonum. Basel 1563. 371
Wigand, Paul: Die Provinzialrechte der Fürstenthümer Paderborn und Corvey in Westphalen nebst ihrer rechtsgeschichtlichen Entwickelung und Begründung aus den Quellen dargestellt. 3 Bde. Leipzig 1832. 543 598
Wilkinson, William: Outlines of Physiology, Anatomy, and Surgery. Edinburgh 1851. 23
Willich, Charles M.: Bank Charter Act. Results Under Last Act of 1844, at Every Change of Discount from July 19, 1844, to May 12, 1866. London 1866. 587
Willkomm, Moritz: Die Wunder des Microscops oder die Welt im kleinsten Raume. Für Freunde der Natur und mit Berücksichtigung der Jugend bearbeitet. Leipzig 1861. 12
Wilson, George: Electricity and the Electric Telegraph: Together with the Chemistry of the Stars. London 1852. 15
Wilson, James: Capital, Currency, and Banking; Being a Collection of a Series of Articles Published in the "Economist" in 1845, on the Principles of the Bank Act of 1844, and in 1847, on the Recent Monetarial and Commercial Crisis; Concluding with a Plan for a Secure and Economical Currency. With an App., Containing the Weekly and Monthly Accounts of the Bank of England, and of the General Circulation of the United Kingdom, Since the Passing of the Acts of 1844 and 1845; also, Extracts from the Evidence Taken Before the Late Banking Committee, Bearing upon the Points Discussed. 2. Ed. London 1859. 789 792
Winter, Georg Andreas: Stylistisches Aufgaben-Magazin. 1. Aufl. Grimma 1837. 12
Wiszniewski, Adam: Histoire de la banque de Saint-Georges de Gênes, la plus ancienne banque de l'Europe. Et des Origines de Crédit Mobilier, du Crédit Foncier, des Tontines et des amortissements y pratiqués au Moyen age. Paris 1865. 736
Witte, Karl: Dante und die italienischen Fragen. Ein Vortrag gehalten im März 1861. Halle 1861. 35
Wittich, Wilhelm: German Tales for Beginners. Exercises. London 1857. 14
Wohlbrück, Siegmund Wilhelm: Geschichte des ehemaligen Bisthums Lebus und des Landes dieses Nahmens. Bd. 1–3. Berlin 1829, 1832. 590
Wolf, Ferdinand: Beiträge zur spanischen Volkspoesie aus den Werken Fernan Caballero's. Wien 1859. 18
Wolf, Johann Wilhelm: Die deutsche Götterlehre. Göttingen 1852. 14
Wolff, Emil Th[eodor]: Die chemischen Forschungen auf dem Gebiete der Agricultur und Pflanzenphysiologie. Leipzig 1847. 400
Wolff, Wilhelm: Das Elend und der Aufruhr in Schlesien. In: Deutsches Bürgerbuch für 1845. Darmstadt 1845. 62
Wolkoff, Mathieu: Opuscules sur la rente foncière. Paris 1854. 735
Wolkoff, Mathieu: Précis d'économie politique rationnelle. Paris 1868. 736
Wolowski, L[ouis]: De la propriété des mines. Extrait du compte-rendu de l'Académie des Sciences Morales et Politiques. Réd. par Charles Vergé, sous la direction de le secrétaire perpétuel de l'Académie. 736

Wolowski, L[ouis]: Le grand dessein de Henri IV. Paris 1860. 736
Wolowski, L[ouis]: La question des banques. Paris 1864. 736
Wood, James: The Elements of Algebra. Designed for the Use of Students in the University. 13. Ed., Carefully Rev. and Much Enl. by Thomas Lund. London 1848. 774
The Works of Gianutio, and Gustavus Selenus, on the Game of Chess. Transl. and Arran. by J. H. Sarratt. Vol. 1.2. London 1817. 26
Wright, Thomas: Narratives of sorcery and magic. London 1851. 371
Wurst, Raimund Jakob: Praktische Sprachdenklehre für Volksschulen und die Elementarklassen der Gymnasial- und Real-Anstalten. 67. Aufl. Stuttgart 1864. 16

Xenophon: Cyropädie. 17
Xenophon: Expeditio Cyri. 11

Yarranton, Andrew: England's Improvement by Sea and Land. To Out-Do the Dutch without Fighting, to Pay Debts without Moneys ... London 1677. 126
Yarranton, Andrew: Improbement by Clover. 1662? 126
Yarranton, Andrew: The Improvement Improved. 2. Ed. of the Great Improvement of Land by Clover. London 1663. 126
Young, Arthur: Voyage en France, pendant les années 1787–88–89 et 90 ... Paris 1793. 191
Yvelin, Pierre: Apologie pour l'autheur de l'examen de la possession des religieuses de Louviers. Paris 1643. 371
Yvelin, Pierre: Examen de la possession des religieuses à Louviers. Paris 1643. 371

Zachariä, A[ugust]: Lehrbuch der Erdbeschreibung in natürlicher Verbindung mit Weltgeschichte, Naturgeschichte und Technologie für den Schul- und Privatunterricht. 7., durchgängig berichtigte, erg. und verm. Aufl. Leipzig 1854. 13
Zarate, Don Juan de: Brief an den Prinzen Philip, 30. Mai 1544. 402
Ziemann, Adolf: Gothischhochdeutsche Wortlehre. Quedlinburg, Leipzig 1834. 21

3. Periodika

Allgemeine Zeitung (Augsburg) – Tageszeitung, gegr. 1798 von Johann Friedrich Cotta, erschien nacheinander in Tübingen, Ulm und Stuttgart, von 1810 bis 1882 in Augsburg. 189 931 967 968 1114
The Artizan. A Monthly Record of the Progress of Civil and Mechanical Engineering, Shipbuilding, Steam Navigation, the Application of Chemistry to the Industrial Arts. (London) – Monatszeitschrift, gegr. 1843. Hrsg. von William Smith. 327 1022
Blackwood's Edinburgh Magazine – Monatsschrift, gegr. 1817. 729
The Bullionist. 374 1039
The Calcutta Englishman – britisch-indische Monatszeitung; gegr. 1821. 670
Calcutta Gazette – gegr. 1784 von Francis Gladwin, englische Zeitung in Bengalen. 670
The Chronicle (London) – Wochenzeitung, erschien vom 30. März 1867 bis 15. Februar 1868; red. von John Emerich Edward Dalberg-Acton. 372 1073 1074
Cobbett's Political Register (London) – erschien von 1802 bis 1835. 701 720 1139 1140
Le Courrier français (Paris) – erschien von 1861 bis 1868 und im September 1870, zunächst als Wochenzeitung, ab Juni 1867 als Tageszeitung; 1866/1867 war Auguste Vermorel Chefredakteur. 351, 361 1055

The Daily News (London) – Tageszeitung, erschien von 1846 bis 1912. **123–125** 252 269 961 962 983
Deutsches Wochenblatt (Mannheim) – erschien von 1865 (Probenummer vom 22. Dezember 1864) bis 1867; gegr. und red. von Ludwig Eckardt; seit September 1865 Organ der Deutschen Volkspartei. 358
The Edinburgh Review, or Critical Journal – Halbjahrs-, in den 1850er Jahren Vierteljahrsschrift; erschien von 1802 bis 1929. 65 73 **77–79** 940 944
Die Gartenlaube. Illustrirtes Familienblatt (Berlin, Leipzig) – literarische Wochenzeitung; erschien von 1853 bis 1903 in Leipzig und danach bis 1943 in Berlin. 17
Illustrirte Zeitung (Leipzig) – Wochenblatt, erschien von 1843 bis 1944. 17
Journal of the Statistical Society (London) – gegr. 1834. 768 896
The Lancet (London) – gegr. 1823 von Thomas Wakley; eine der ältesten medizinischen Fachzeitschriften der Welt. 369 1056
Le Moniteur universel (Paris) – Tageszeitung; erschien von 1789 bis 1901. 195 196
The Morning Advertiser (London) – Tageszeitung, erschien von 1794 bis 1936. **61** 920
The Morning Star (London) – Tageszeitung, erschien von 1856 bis 1869. **6 7** 889 894 895
Moskovskija Vědomosti – erschien von 1756 bis 1917, seit 1859 Tageszeitung; bis Mitte des 19. Jahrhunderts größte Zeitung Russlands. **814–819** 1208
The National Reformer (London) – Wochenblatt, erschien von 1860 bis 1893; Organ der Radikalen; Mitherausgeber war Charles Bradlaugh, einer der Mitarbeiter Peter Vox André. 359
Der Neue Hannoversche Anzeiger – Besitzer und Hrsg. Louis Jänecke; Mitte der 1860er Jahre red. von Robert Schweichel. 91
Neue Rheinische Zeitung. Politisch-oekonomische Revue (London, Hamburg, New York) – erschien von Januar bis November 1850 in sechs Heften; hrsg. von Marx und Engels. 16
Neue Zürcher Zeitung – Tageszeitung, gegr. 1780, erscheint seit 1821 unter dem angegebenen Titel. **357** 1054 1055
The New York Times – Tageszeitung, gegr. 1851. 700
Notes to the People (London) – Wochenblatt, erschien von Juni 1851 bis April 1852; red. von Ernest Jones; Organ der Chartisten; publizierte Artikel von Marx und Engels. 16
Osnabrücker Zeitung. Anzeiger für das Fürstenthum Osnabrück – demokratisches Blatt, erschien vom 18. Mai 1864 bis 16. Juni 1866; gegr., hrsg. und red. von Alexander Liesecke; publizierte Leitartikel und Korrespondenzen von Wilhelm Liebknecht. 91
The Poor Man's Guardian (London) – Wochenzeitung, erschien 1831–1835, hrsg. von Henry Hetherington. 349
The Press. 374 1039
Preussische Statistik (Berlin) – Hrsg. vom königl. statistischen Bureau. 343
The Publishers' Circular. General Record of British and Foreign Literature, Containing a Complete Alphabetical List of All New Works Published in Great Britain and Every Work of Interest Published Abroad. Issued on the 1st and 15th of Each Month (London). 73
The Quarterly Review (London) – Vierteljahrsschrift, erschien von 1809 bis 1967. 757 1184 1196
Reynolds's Newspaper. A Weekly Journal of Politics, History, Literature, and General Intelligence (London) – Wochenzeitung, erschien von 1850 bis 1923. **269 700** 983 1123
The Saturday Review of Politics, Literature, Science, and Art (London) – Wochenzeitschrift, erschien von 1855 bis 1937. 6 **820** 895 1210

Le Temps (Paris) – Tageszeitung, erschien von 1861 bis 1943. 68

The Times (London) – Tageszeitung, gegr. 1785, erscheint seit 1788 unter dem angegebenen Titel. 348 **360 363 368 369 438 441–443 446 447 449** 452 767 1039 1055 1056

The Westminster Review (London) – Vierteljahrsschrift, erschien von 1824 bis 1914; gegr. von Jeremy Bentham; Hrsg. seit 1851 John Chapman. 738 1064 1184 1185 1188

Verzeichnis der im Apparat ausgewerteten Quellen und der benutzten Literatur

1. Archivalien

Bibliotheken

The British Library, Newspaper Collections, Colindale, London.

Digitale Archive

The British Library, the British Newspaper Archive. In: http://www.britishnewspaperarchive.co.uk/
The British Library, Main Catalogue. In: http://explore.bl.uk/primo_library/libweb/action/search.do?vid=BLVU1
The Economist Historical Archive 1843–2010.
The Times Digital Archive 1785–1985.

2. Gedruckte Quellen

a. Quelleneditionen

Acta Murensia seu acta fundationis monasterii Murensis. In: Genealogia Diplomatica Augustae Gentis Habsburgicae. Hrsg. von Marquart Herrgott. T. 1. Viennae 1737.
Bodmann, Franz Joseph: Rheingauische Alterthümer oder Landes- und Regiments-Verfassung des westlichen oder Niederrheingaues im mittlern Zeitalter. Bd. 2. Die Regiments-Verfassung. Mainz 1819.
Daniels, Roland: Mikrokosmos. Entwurf einer physiologischen Anthropologie [1851]. Frankfurt a. M. 1988.
Eckhart, J. Georg: Commentarii de reb. Francia oriental. et episcopatus Wirceburgensis. T. 2. Wirceb. 1729.
Kugelmann, Franziska: Kleine Züge zu dem grossen Charakterbild von Karl Marx. In: Mohr und General. Erinnerungen an Marx und Engels. Berlin 1965. S. 280–317.

Leßner, Friedrich: Vor 1848 und nachher. Erinnerungen eines alten Kommunisten. In: ders.: Ich brachte das „Kommunistische Manifest“ zum Drucker. Berlin 1975.
Liebknecht, Wilhelm: Karl Marx zum Gedächtnis. In: Mohr und General. Erinnerungen an Marx und Engels. Berlin 1965. S. 5–179.
Loi salique, ou recueil contenant les anciennes rédactions de cette lot et le texte connu sous le nom de lex emendata avec des notes et des dissertations. Éd. par J. M. Pardessus. Paris 1843.
Reuber, Justus, Georg Christian Joannis: Veterum scriptorum, qui Caesarum et imperatorum Germanicorum res per aliquot saecuila gestas litteris mandarunt. T. 1. Francofurti a. M. 1726.
Rudjak, Boris, Maja Dvorkina: Karl Marx erbt die Bibliothek von Wilhelm Wolff, 1864. Zur Geschichte der Bibliotheken von Marx und Engels. In: Beiträge zur Nachmärz-Forschung. Trier 1994. S. 187–244. (Schriften aus dem Karl-Marx-Haus. Nr. 47.)
Schannat, Johann Friedrich: Dioecesis Fuldensis cum annexa sua hierarchia ... Francofurti a. M. 1727.
Séances et travaux de l'Académie des sciences morales et politiques. Éd. par Ch. Vergé. An. 74. Paris 1865. T. 4.
Traditiones et Antiquitates Fuldenses. Hrsg. von Ernst Friedrich Joh[ann] Dronke. Fulda 1844.
Zazulič, Vera: Brief an Marx, 16. Februar 1881. In: Marx-Engels-Archiv. Bd. 1. Hrsg. von David Rjazanov. Moskau 1926. S. 316/317.

b. Periodika

The Chronicle. 1867/1868.
Cork Examiner. 1868.
Le Courrier français. 1867
Freeman's Journal and Daily Commercial Advertiser. 1868
The Lancet. 1864.
Le Moniteur Universel. 1848.
The Morning Star. 1864.
Oxford Times. 1868.
The Quarterly Review. 1846/1847.
Reynolds's Newspaper. 1857/1858
The Saturday Review. 1863.
Westminster Review. 1845, 1868.

c. Zeitgenössische Literatur

Arnd, Karl: Die naturgemässe Volkswirthschaft, gegenüber dem Monopoliengeiste und dem Communismus, mit einem Rückblicke auf die einschlagende Literatur. Hanau 1845.
August, E[rnst] F[erdinand]: Ueber die Anwendung des Psychrometers zur Hygrometrie. In: Annalen der Physik und Chemie. Berlin 1828.
Berchtold, Friedrich von: Die Kartoffeln. (Solanum tuberosum C. Bauh.) Deren Geschichte, Charakteristik, Nützlichkeit, Schädlichkeit, Kultur, Krankheiten etc., mit ausführlichen Angaben ihrer industriellen Anwendung. Prag 1842.
Bernhardt, August: Die Waldwirthschaft und der Waldschutz mit besonderer Rücksicht auf die Waldschutzgesetzgebung in Preußen. Berlin 1869.
Bright, John: Speeches on the American Question. Boston 1865.
Buchanan, David: Observations on the Subjects Treated of in Dr Smiths Inquiry into the Nature and Causes of the Wealth of Nations. Edinburgh 1814.
Carey, H[enry] C[harles]: Die Grundlagen der Socialwissenschaft. Bd. 1. München 1863. S. 350.

– Harmony of Interests, Agricultural, Manufacturing, and Commercial. Philadelphia 1851.
– Principles of Political Economy. Vol. 1. Of the Laws of the Production and Distribution of Wealth. Philadelphia 1837.
– Principles of Social Science. In 3 Vol. Philadelphia 1858.
– Sozialökonomie. Berlin 1866.
Cotta, Heinrich: Grundriß der Forstwissenschaft. 6. Aufl. Leipzig 1872.
Dühring, [Eugen]: Bodenvergeudung und Volkswirthschaft. In: Centralblatt für die gesammte Landeskultur. Jg. 17. Prag 1866.
– Carey's Umwälzung der Volkswirthschaftslehre und Socialwissenschaft. München 1865.
– Liebigs Lehre von der Bodenerschöpfung. In: Ergänzungsblätter zur Kenntniß der Gegenwart. Hrsg. von H[ermann] J[ulius] Meyer. Bd. 1. H. 8. Hildburghausen 1869.
– Marx, Das Kapital, Kritik der politischen Oekonomie, 1. Band, Hamburg 1867. In: Ergänzungsblätter zur Kenntniß der Gegenwart. Bd. 3. H. 3. Hildburghausen 1867. S. 182–186.
– Natürliche Dialektik. Neue logische Grundlegungen der Wissenschaft und Philosophie. Berlin 1865.
– Die Verkleinerer Carey's und die Krisis der Nationalökonomie. Breslau 1867.
[Elsner, Moritz:] Kasematten-Wolff. In: Breslauer Morgen-Zeitung. Nr. 118, 24. Mai 1864. S. 1.
Good, W[illiam] Walter: Political, Agricultural and Commercial Fallacies; or, the Prospect of the Nation After Twenty Years' "Free-trade". London [1866].
Feuerbach, Ludwig: Erläuterungen und Ergänzungen zum Wesen des Christenthums. In: ders.: Sämmtliche Werke. Bd. 1. Leipzig 1846.
– Die Naturwissenschaft und die Revolution [1850]. In: Gesammelte Werke. Bd. 10. Berlin 1971. S. 347–368.
Fraas, [Carl Nikolaus]: Historisch-encyklopädischer Grundriß der Landwirthschaftslehre. Aus der „Neuen Encyklopädie für Wissenschaften und Künste" besonders abgedruckt. Stuttgart 1848.
Fraas, C[arl Nikolaus]: Das Wurzelleben der Kulturpflanzen und die Ertragssteigerung. 2. Ausg. Berlin 1872.
Fraas, Karl: Die Ackerbaukrisen und ihre Heilmittel. Ein Beitrag zur Wirthschaftspolitik des Ackerbauschutzes. Leipzig 1866.
Friedreich, J[ohann] B[aptist]: System der gerichtlichen Psychologie. 2., umgearb. Aufl. Regensburg 1842.
Godefroi, Henry, John Shortt: The Law of Railway Companies ... London 1869.
Haeckel, Ernst: Generelle Morphologie der Organismen. Allgemeine Grundzüge der organischen Formen-Wissenschaft, mechanisch begründet durch die von Charles Darwin reformirte Descendenz-Theorie. Bd. 1.2. Berlin 1866.
[Hamm, Wilhelm:] Justus von Liebig. In: Agronomische Zeitung. Jg. 20. 1865. Nr. 50.
Hamm, Wilhelm: Der landwirthschaftliche Theil der Weltausstellung zu Paris im Jahre 1855. Ein Bilder-Album der neuesten und nutzbarsten Maschinen und Geräthe der Landwirthschaft. Leipzig 1856.
Hartig, Georg Ludwig: Lehrbuch für Förster. Nach der 3. Aufl. für den ersten Unterricht im Forstwesen zeitgemäß bearb. durch Bernard Borggreve. Berlin 1871.
Hlubek, Fr[anz] X[aver]: Bericht über die englische Landwirthschaft und die zu London 1851 ausgestellten landwirthschaftlichen Geräthe und Maschinen. Gratz 1852.
Johnstone, John: Abhandlung über das Austrocknen der Sümpfe und Entwässerung kaltgründiger Äcker: nach der neuesten von dem Herrn Elkingston entdeckten Verfahrungsart mittelst Abfangen der Quellen. Berlin 1799.
Kindlinger, Nikolaus: Münsterische Beiträge zur Geschichte Deutschlands hauptsächlich Westfalens. Bd. 2. Münster 1790.

Liebig, Justus von: Chemische Briefe. Wohlfeile Ausgabe. Leipzig, Heidelberg 1865.
– Chemische Briefe. 6. Aufl. Leipzig, Heidelberg 1878.
– Die organische Chemie in ihrer Anwendung auf Physiologie und Pathologie. Braunschweig 1842.
McCulloch, J[ohn] R[amsay]: An Article, Practical and Theoretical, on Taxation. Written for the 8. Ed. of the Encyclopædia Britannica. 2. ed. Comprising Remarks on Some of the Measures Embodied in the Budget of 1860. Edinburgh 1860.
Macleod, Henry Dunning: The Theory and Practice of Banking. 2. Ed. Vol. 1.2. London 1866.
Maurer, Georg Ludwig von: Geschichte der Dorfverfassung in Deutschland. Bd. 1.2. Erlangen 1865–1866.
– Geschichte der Fronhöfe, der Bauernhöfe und der Hofverfassung in Deutschland. Bd.1–4. Erlangen 1862–1863.
– Geschichte der Städteverfassung in Deutschland. Bd.1–4. Erlangen 1869–1871.
Mayer, Adolf: Das Düngerkapital und der Raubbau. Eine wirthschaftliche Betrachtung auf naturwissenschaftlicher Grundlage. Heidelberg 1869.
Mayer, J[ulius] R[obert]: Die organische Bewegung in ihrem Zusammenhange mit dem Stoffwechsel. Ein Beitrag zur Naturkunde. Heilbronn 1845.
Meyer, Lothar: Die Chemie in ihrer Anwendung auf Forstwirthschaft. In: Zeitschrift für Forst- und Jagdwesen. Hrsg. von Bernhard Danckelmann. Bd. 1. Berlin 1869. S. 312–341.
Moleschott, Jac[ob]: Lehre der Nahrungsmittel. Für das Volk. Erlangen 1850.
– Die Physiologie der Nahrungsmittel. Ein Handbuch der Diätetik. Darmstadt 1850.
Ney, Eduard: Die natürliche Bestimmung des Waldes und die Streunutzung. Dürkheim 1869.
Potter, Johann: Griechische Archäologie, oder Alterthümer Griechenlands. Übers. von Johann Jacob Rambach. Halle 1775.
Roscher, Wilhelm: System der Volkswirthschaft. Bd. 2. Nationalökonomik des Ackerbaues und der verwandten Urproductionen. 4. verm. und verb. Aufl. Stuttgart 1865.
[Smith, Charles:] Three Tracts on the Corn-Trade and Corn-Laws. To Which is Added a Supplement. 2. Ed., Corr. and Enl. London 1766.
Tite, William: On the Comparative Mortality of London and Paris. In: Journal of the Statistical Society of London. Vol. 27. 1864. Nr. 4. S. 479–491.
Virchow, Rudolf: Die Cellularpathologie in ihrer Begründung auf physiologische und pathologische Gewebelehre. Berlin 1858.
Vollmar, Georg von: Der gegenwärtige Stand der Waldschutzfrage. Leipzig 1880.
[Wakefield, Edward Gibbon:] England and America. A Comparison of the Social and Political State of both Nations. In 2 Vol. London 1833.
Walz, Gustav: Ueber den Dünger und die Waldstreu. Zur Beherzigung für Land- und Forstwirthe. 2. Aufl. Stuttgart 1870.
Wirth, Max: Grundzüge der National-Oekonomie. 2., umgearb., verm. und verb. Aufl. Bd. 2. Köln 1861.
Wolff, Emil: Bemerkungen über das Verhalten der Culturpflanzen gegen die wichtigeren Bestandtheile des Düngers. In: Zeitschrift für deutsche Landwirthe. Hrsg. von Ernst Stöckhardt. H. 6. Leipzig 1855. S. 105–118.
– Die naturgesetzlichen Grundlagen des Ackerbaues nebst deren Bedeutung für die Praxis. Bd. 1.2. Leipzig 1851–1854.
Wolff, Wilhelm: Die Schlesische Milliarde. Abdruck aus der „Neuen Rheinischen Zeitung“ März-April 1849. Mit Einleitung von Friedrich Engels. Hottingen-Zürich 1886.
Wurtz, [Charles] Ad[olphe]: Histoire des doctrines chimiques depuis Lavoisier jusqu'à nos jours. Paris, Londres, Leipzig 1869.

3. Nachschlagewerke und Bibliographien

Allgemeine Deutsche Biographie (ADB). Bd. 40. Leipzig 1896.
Appleton's Cyclopædia of American Biography. Vol. 6. New York 1889.
Böhm, Wolfgang: Biographisches Handbuch zur Geschichte des Pflanzenbaus. München 1997.
Dictionary of National Biography. London 1885–1900.
Dictionary of Political Economy. Ed. by R. H. Inglis Palgrave. London 1915.
Dictionnaire de droit public et administrative. Éd. par Albin Le Rat de Magnitot et Delamarre Huard. 2. éd. Paris 1841.
Dictionnaire des prescriptions en matière civile, commerciale, criminelle ... Éd. Par J. Bousquet. Paris 1838.
A Directory of British Diplomats. Compiled by Colin Mackie. Pt. 1–4. 2013– In: http://www.gulabin.com
Franqueville: Le premier siècle de l'Institut de France. 25 octobre 1795 – 25 octobre 1895. T. 1. Paris 1895.
Handbook of Farm Labour. Ed. by John Chalmers Morton. London 1861.
Handwörterbuch der Physiologie mit Rücksicht auf physiologische Pathologie. Hrsg. von Rudolph Wagner. Bd. 1. Braunschweig 1842.
The New Palgrave. A Dictionary of Economics. Ed. by John Eatwell, Murray Milgate, Peter Newman. London [u. a.] 1987.
Verzeichnis von verschollenen Büchern aus den Bibliotheken von Marx und Engels. Zsgest. von Inge Werchan, bibliogr. überarb. von Ingrid Skambraks. In: Beiträge zur Marx-Engels-Forschung. Berlin. H. 8, 1981, und H. 12, 1982.

4. Forschungsliteratur

Anderson, Kevin B.: Marx at the Margins. On Nationalism, Ethnicity, and non-Western Societies. Chicago 2010.
The Blind Victorian: Henry Fawcett and British Liberalism. Ed. by Lawrence Goldman. Cambridge 1989.
Brock, William H.: Justus von Liebig. The Chemical Gatekeeper. Cambridge 2002.
Brown, Heather A.: Marx on Gender and the Family. A Critical Study. Boston, Leiden 2012.
Burkett, Paul: Marx and Nature: A Red and Green Perspective. New York 1999.
Clout, Hugh: Agriculture in France on the Eve of the Railway Age. New Jersey 1980.
Conversano, Emanuela: Zur Kritik der Anthropologie. Marx' Theorie des Kapitals und seine ethnologischen Studien. In: Marx-Engels-Jahrbuch 2017/18. Berlin 2018. S. 9–40.
Daunton, Martin: Presidential Address: Britain and Globalisation since 1850: I. Creating a Global Order, 1850–1914. In: Transactions of the Royal Historical Society. Sixth Series. Vol. 16. 2006. S. 1–38.
Doi, Hideo: McLeod no Kotenha Hihan – Economics no Tanjo to McLeod. In: Yokohama Journal of Social Sciences. Vol. 13. Januar 2009. Nr. 4/5.
Domela Nieuwenhuis, Ferdinand: César de Paepe (1841–1890) In: Die neue Zeit: Revue des geistigen und öffentlichen Lebens. Bd. 1. 1891. H. 24. S. 759–766.
Draper, Hal: Karl Marx's Theory of Revolution. Vol. 2. The Politics of Social Classes. New York 1978.
Evans, Michael: John Stuart Mill and Karl Marx: Some Problems and Perspectives. In: History of Political Economy. Vol. 21. 1989. Nr. 2. S. 273–298.
Finlay, Mark R.: The Rehabilitation of an Agricultural Chemist: Justus von Liebig and the Seventh Edition. In: Ambix. Vol. 38. 1991. Nr. 3. S. 155–166.

Foster, John Bellamy: Marx' Ecology. Materialism and Nature. New York 2000.
Freedgood, Elaine: Victorian Writing about Risk: Imagining a Safe England in a Dangerous World. Cambridge 2000.
Furukawa, Akira: H. D. McLeod no Shinyo Riron. In: Sanken Ronshu. The Review of Economics and Business Management. Vol. 40. März 2013.
Griese, Anneliese: Die naturwissenschaftlichen Studien von Marx. Versuch ihrer Einordnung in die Wissenschaftsentwicklung des 19. Jahrhunderts. In: Interaktionen zwischen Philosophie und empirischen Wissenschaften. Hrsg. von Hans Jörg Sandkühler. Frankfurt a.M. [u.a.] 1995. S. 263–287.
Han, Seungwan: Die Metapher der Zelle. Zur Rekonstruktion Marxscher epistemischer Kontexte. In: Karl Marx – zwischen Philosophie und Naturwissenschaften. Hrsg. von Anneliese Griese und Hans-Jörg Sandkühler. Frankfurt a.M. [u.a.] 1997. S. 105–128.
Hecker, Rolf: Hermann Maron – Land- und Betriebswirt, Agrarexperte in der preußischen Ostasien-Expedition und Journalist. In: OAG Notizen. OAG. Deutsche Gesellschaft für Natur- und Völkerkunde Ostasiens. Tokio 2011. S. 10–28.
– Marx' Exzerpte aus Franz Xaver von Hlubek: Die Landwirthschaftslehre in ihrem ganzen Umfange ... (Wien 1853). In: Beiträge zur Marx-Engels-Forschung. N.F. 2014/15. Hamburg 2016. S. 218–229.
Holt, Winifred: A Beacon for the Blind. Being a Life of Henry Fawcett, the Blind Postmaster-General. Boston, New York 1914.
Jacobs, Kurt: Landwirtschaft und Ökologie im „Kapital". In: PROKLA. Jg. 27. 1997. H. 3. S. 433–450.
Karl Marx und die Naturwissenschaften im 19. Jahrhundert. Beiträge zur Marx-Engels-Forschung. N.F. 2006. Hamburg 2006.
Karl Marx – zwischen Philosophie und Naturwissenschaften. Hrsg. von Anneliese Griese und Hans-Jörg Sandkühler. Frankfurt a.M. [u.a.] 1997.
Marx Bassuinoto kara Marx wo Yomu. Hrsg. von Teinosuke Otani und Tomonaga Tairako. Tokio 2013.
Mishra, H. K.: Famines and Poverty in India. New Delhi 1991.
Mohanty, Bidyut: Orissa Famine of 1866: Demographic and Economic Consequences. In: Economic and Political Weekly. Vol. 28. 1993. Nr. 1/2. S. 55–66.
Mukherjee, Upamanyu Pablo: Natural Disasters and Victorian Empire. Famines, Fevers and Literary Cultures of South Asia. Basingstoke 2013.
Odum, Eugene P.: The Strategy of Ecosystem Development. An Understanding of Ecological Succession Provides a Basis for Resolving Man's Conflict with Nature. In: Science. Vol. 164. 1969.
Perelman, Michael: The Comparative Sociology of Environmental Economics in the Works of Henry Carey and Karl Marx. In: History of Economics Review. Vol. 36. Summer 2002. S. 85–110.
– Henry Carey's Political-Ecological Economics. In: Organization & Environment. Vol. 12. 1999. Nr. 3. S. 280–290.
– Marx's Crises Theory: Scarcity, Labor, and Finance. New York [u.a.] 1987.
Prawer, Siegbert S.: Karl Marx und die Weltliteratur. München 1983.
Rossiter, Margaret W.: The Emergence of Agricultural Science. Justus Liebig and the Americans, 1840–1880. New Haven 1975.
Saito, Kohei: Natur gegen Kapital. Marx' Ökologie in seiner unvollendeten Kritik des Kapitalismus. Frankfurt a.M. 2016.
Samal, J. K.: Economic History of Orissa, 1866–1912. New Delhi 1990.
Scheinost, Marina: Johann Georg Martin Brückner (1800–1881). Forschung zwischen Wissenschaft und nationalem Anspruch. Würzburg 2003.
Schling-Brodersen, Ursula: Entwicklung und Institutionalisierung der Agriculturchemie im 19. Jahrhundert. Liebig und die landwirtschaftlichen Versuchsstationen. Braunschweig 1989.

Schmidt, Walter: Brüsseler Korrespondenzen in der „Mannheimer Abendzeitung". Zur Wirksamkeit des deutschen Zeitungs-Korrespondenzbüros in Brüssel. In: Marx-Engels-Jahrbuch. Bd. 10. Berlin 1987. S. 273–333.
– Carl Reinhard. Vom radikalen Burschenschafter zum Chef des Brüsseler „Zeitungs-Correspondenz-Bureaus". In: Cahiers d'Études Germaniques. Nr. 42. 2002. S. 17–32.
– Ein Kommunist in der Frankfurter Nationalversammlung. Wilhelm Wolffs Auftreten im Rumpfparlament in Frankfurt und Stuttgart (Mai Juni 1849). In: Beiträge zur Geschichte der Arbeiterbewegung. Jg. 15. 1973. H. 2. S. 239–237.
– Die Kommunisten und der preußische Amnestieerlass vom 12. Januar 1861. Zu einem nicht beachteten Artikel von Karl Marx von September 1862. In: Zeitschrift für Geschichtswissenschaft. Jg. 25. 1977. H. 9. S. 166–179.
– Wilhelm Wolff. Kampfgefährte und Freund von Marx und Engels, 1846–1864. Berlin 1979.
Schnickmann, Artur: Marx' Arbeit über die Grundrente im Jahre 1865. In: Beiträge zur Marx-Engels-Forschung. H. 23. Berlin 1987. S. 117–125.
Schwedt, Georg: Liebig und seine Schüler – die neue Schule der Chemie. Berlin 2002.
Shiina, Shigeaki: Nougaku no Shiso: Marx to Liebig. Tokio 1976.
Stanley, John L.: Mainlining Marx. New Brunswick 2002.
Stephen, Leslie: Life of Henry Fawcett. 4. Ed. London 1886.
Strube, Wilhelm: Justus von Liebig. Eine Biographie. Unter Mitarbeit von Helga Strube. 2. Aufl. Beucha 2005.
Sugiyama, Chuhei, Andrew Pyle: Introduction. In: John McIniscon: An Examination of Opinions Maintained in the "Essay on the Principles of Population"; William Nassau Senior: Two Lectures on Population. London 1994.
Tairako, Tomonaga: Die Wende in Marx' Geschichtsauffassung nach 1868. Seine Auseinandersetzung mit Maurer. In: Hitotsubashi Journal of Social Studies. Vol. 42. 2010. Nr. 2. S. 25–35.
Vollgraf, Carl-Erich: Ein „Handgemenge" im Vorfeld des „Anti-Dühring". In: Beiträge zur Marx-Engels-Forschung. N.F. 1992. Hamburg 1992. S. 109–123.
– Marx über die sukzessive Untergrabung des Stoffwechsels der Gesellschaft bei entfalteter kapitalistischer Massenproduktion. In: Beiträge zur Marx-Engels-Forschung. N.F. 2014/15. Hamburg 2016. S. 106–132.
Weigl, Engelhard: Wald und Klima: Ein Mythos aus dem 19. Jahrhundert. In: Humboldt im Netz. Bd. 5. 2004. Nr. 9.
Weikart, Richard: Socialist Darwinism. Evolution in German Socialist Thought from Marx to Bernstein. San Francisco [u.a.] 1999.
Worobjowa, Olga, Irina Sinelnikowa: Die Töchter Marx. 2. Aufl. Berlin 1984.

Sachregister

图书在版编目（CIP）数据

马克思/恩格斯1864年2月至1868年10月，1869年11月，1870年3、4、6月，1872年12月的摘录和笔记 ： 德文 / （德）马克思，（德）恩格斯著 ； 国际马克思恩格斯基金会编. -- 北京 ： 中央编译出版社，2024.12
ISBN 978-7-5117-4653-5

Ⅰ. ①马… Ⅱ. ①马… ②恩… ③国… Ⅲ. ①马恩著作—德文 Ⅳ. ①A1

中国国家版本馆CIP数据核字（2024）第049813号

马克思 / 恩格斯 1864 年 2 月至 1868 年 10 月，1869 年 11 月，
1870 年 3、4、6 月，1872 年 12 月的摘录和笔记（德文）

出版发行 中央编译出版社
地　　址 北京市海淀区北四环西路 69 号（100080）
电　　话 （010）55627391（总编室）　（010）55627392（编辑室）
（010）55627320（发行部）　（010）55627377（新技术部）
经　　销 全国新华书店
印　　刷 廊坊市印艺阁数字科技有限公司
开　　本 787 毫米 ×1092 毫米 1/16
版　　次 2024 年 12 月第 1 版
印　　次 2024 年 12 月第 1 次印刷
定　　价 2200.00 元

网　　址： www.cctpcm.com
新浪微博： @ 中央编译出版社　　**微　　信：** 中央编译出版社（ID：cctphome）
淘宝店铺： 中央编译出版社直销店（http://shop108367160.taobao.com）（010）55627331

本社常年法律顾问：北京市吴栾赵阎律师事务所律师　闫军　梁勤
凡有印装质量问题，本社负责调换，电话：（010）55627320

MEGA

KARL MARX
FRIEDRICH ENGELS
GESAMTAUSGABE
(MEGA)

VIERTE ABTEILUNG

EXZERPTE · NOTIZEN · MARGINALIEN

BAND 18

HERAUSGEGEBEN VON DER
INTERNATIONALEN MARX-ENGELS-STIFTUNG
AMSTERDAM

KARL MARX
FRIEDRICH ENGELS
EXZERPTE UND NOTIZEN

FEBRUAR 1864 BIS OKTOBER 1868, NOVEMBER 1869, MÄRZ, APRIL, JUNI 1870, DEZEMBER 1872

TEXT

Bearbeitet von
Teinosuke Otani, Kohei Saito und
Timm Graßmann

中央编译出版社
CCTP Central Compilation & Translation Press
DE GRUYTER

2024

KARL MARX
FRIEDRICH ENGELS
EXZERPTE
UND NOTIZEN

FEBRUAR 1864
BIS OKTOBER 1868,
NOVEMBER 1869,
MÄRZ, APRIL, JUNI 1870,
DEZEMBER 1872

TEXT

Bearbeitet von
Teinosuke Otani, Kohei Saito und
Timm Graßmann

DE GRUYTER
AKADEMIE FORSCHUNG
2019

Dieser Band wurde im Rahmen der gemeinsamen Forschungsförderung im Akademienprogramm mit Mitteln des Bundesministeriums für Bildung und Forschung, der Senatskanzlei des Regierenden Bürgermeisters von Berlin – Wissenschaft und Forschung, des Thüringer Ministeriums für Wirtschaft, Wissenschaft und Digitale Gesellschaft sowie des Ministeriums für Wirtschaft, Wissenschaft und Digitalisierung des Landes Sachsen-Anhalt erarbeitet.

berlin-brandenburgische AKADEMIE DER WISSENSCHAFTEN

UNION DER DEUTSCHEN AKADEMIEN DER WISSENSCHAFTEN

ISBN 978-3-11-058369-4

Library of Congress Control Number: 2019937541.

Bibliografische Information der Deutschen Nationalbibliothek
Die Deutsche Nationalbibliothek verzeichnet diese Publikation in der Deutschen Nationalbibliografie; detaillierte bibliografische Daten sind im Internet über http://dnb.dnb.de abrufbar.

Satz: pagina GmbH, Tübingen
Druck und Bindung: Hubert & Co. GmbH & Co. KG, Göttingen

www.degruyter.com

Inhalt

KARL MARX
FRIEDRICH ENGELS
EXZERPTE UND NOTIZEN
FEBRUAR 1864
BIS OKTOBER 1868,
NOVEMBER 1869,
MÄRZ, APRIL, JUNI 1870,
DEZEMBER 1872

ERSTER TEIL
EXZERPTE UND NOTIZEN
VON
KARL MARX

Notizbuch
Februar bis Juni 1864

[Wohnadressen]

|[0b]| C. Marx,
9, Grafton Terrace, Maitland Park,
Haverstock Hill, London.

145 Leadenhall street

A. Stenger.
Care Mr. A. Stenger et Co.
4, Gresham street, London.|

[The Morning Star, 1864]

|[15b]| The English agricultural labourer is taking the hint. He is bovine, slow, dull, according to the modern Diogenes, who walks out with a lantern on Saturday—a white slave, the victim of a social system, the inevitable consequence of our peculiar civilisation—an institution at once the parallel and defence of the Confederate confession. But he is slowly awakening to the possibility of better markets. Some time since, according to the predictions of a late Colonial Secretary, the United States were to be closed to the British labourers. Facts have falsified the prophecy. And when once the machinery for receiving the English fugitive is as completely organised as that is which furthers the expatriation of the Irish peasant, there can be little doubt that the diminution in the numbers of the English agricultural population (already manifest) will proceed with rapidity parallel to that of the Irish stampede. The United States offer them the land which [they are denied at home.] *M. Star* 4 Febr. 1864.

Bright's Speech at Birmingham. Jan. 26. 1864.

[...] You know, of course, living in Birmingham, as well as I know, that, contrary to what exists in some countries we have three great classes connected with the land. First the landowner, who is always becoming richer—that is, if he does not spend too much. His land is always becoming more valuable. You find him living in a better house, with more gorgeous fittings, and with more splendid equipage. (A Voice: "And so is the cotton-owner.") No doubt. If you pursue it further, you find the tenant farmer occupying larger farms and with much greater apparent wealth. But if you come to the labourers who cultivate the land, by whose toil and whose sweat your tables are furnished with bread and with beef, and with many other things that they produce, you find these labourers at this moment, I believe, at a greater distance from the landlord, and from the tenant probably, than they were almost at any former period. (Hear, hear)|

|[16a]| *Bright citirt Saturday Review* vom *26 Sept. 1863:* Darin heißts:
"[...] point of my speech—"When the dull season of the year comes round—that is between October and the meeting of Parliament—all sorts of odd persons and things

have their share of public attention, and even agricultural labourers are pitied and discussed. At other times they look on, with no one to care for them, the farmer looking on them as his natural enemies—the parson's kindly soul getting weary of his long combat with their helpless stolid ignorance—and the squire, not knowing what he can do for them further than build two or three Elizabethan cottages, covered with honeysuckles close to his gates. If foreigners write about them we are moved to a languid shame and sadness by thinking how true the picture, and what wretched, uncared-for, untaught brutes the people are who raise the crops on which we live." Bear in mind that is not my language, but the language of a great friend of the agricultural interests. The writer says:—

"There is a wailing for the dirt and vice and misery which must prevail in houses where seven of eight persons of both sexes and all ages are penned up together for the night in the one rickety, foul, vermin-haunted bedroom. The picture of agricultural life unrols itself before us as it is painted by those who know it best. We see the dull, clouded mind—the bovine gaze—the brutality and recklessness, and the simple audacity—the confessed hatred of his betters—which mark the English peasant, unless some happy fortune has saved him from the general lot and persuaded him that life has something besides beer that the poor man may have and may relish."

Then he goes on to declare that—

"The old feudalism of England, the state of things when they yet were serfs, and when the lords of the soil were almost a different order of beings, still colours the relations of the rich and the poor."

Perhaps you would like to know what he says as to what the agricultural labourer ought to be and do. He says:—

"It is looked on as the duty and place of the poor man to stay for ever in his native village, to work for 10s. or 12s. a week, to bring up a large family respectably on the money, to touch his hat to the gentry, to go to church regularly and make out as much as he can of the service, to be content and happy, to hate the public-house and feel no longing for company or a bright fire or gossip, to be guided towards heaven by the curate and the young ladies." |

|[16b]| Bright bemerkt mit Bezug auf dịẹ wages dẹṛ agricultural labourers:

[...] The census returns show that the number of landed proprietors is but a handful in the nation, and every day becoming fewer and fewer. Their labourers remain at the old 9s. or 10s. a-week. Somebody will write to the papers to-morrow and say they get 12s. (Laughter.) But bear in mind that they don't always receive wages on wet days—(loud laughter)—and I believe that the average money income of the agricultural labourer throughout the United Kingdom will not exceed, and many persons will say it will not reach 10s. per week. [...] |

[Notizen und Wohnadressen]

|[17a]| Niemand sollte 2 Künste zugleich treiben. (*Demosthenes* u. *Ulpian Timocrates.*)

Steigen u. Fallen der Zahl der Sterbefälle mit den Fruchtpreissen in London u. Paris. *MCCulloch Stat. Account*, vol. I. p. 273.

Mr. Benoit Chodzko pour remettre au col. Lapiński 27 Rue Trezel aux Batignolles *à Paris.*
Dronke 41 Oldhall Street. Liverpool.
Weber 10 Orchardstr. St. Luke's.
Borkheim 27 Crutched Friars.
Liebknecht 13 Neuenburger Str. Berlin
Bertha Markheim, geb. Levy-Fulda.|
|[17b]| *Wolff* 39, Carter Street.
Kertbeny Hotel de la Régence. Bruxelles.
Weinhagen Aachen. 30 Adalbertstrasse.
P. S. King. 34 Parliam. Street. Westminster.
Dr Gumpert 228. Westminster Terrace. Oxford Street. Manchester.

Tell Engels, that I part this evening for Manchester.

Goldtmann in Dresden † 1863.
(russisch-Poln. Exbeamter)|

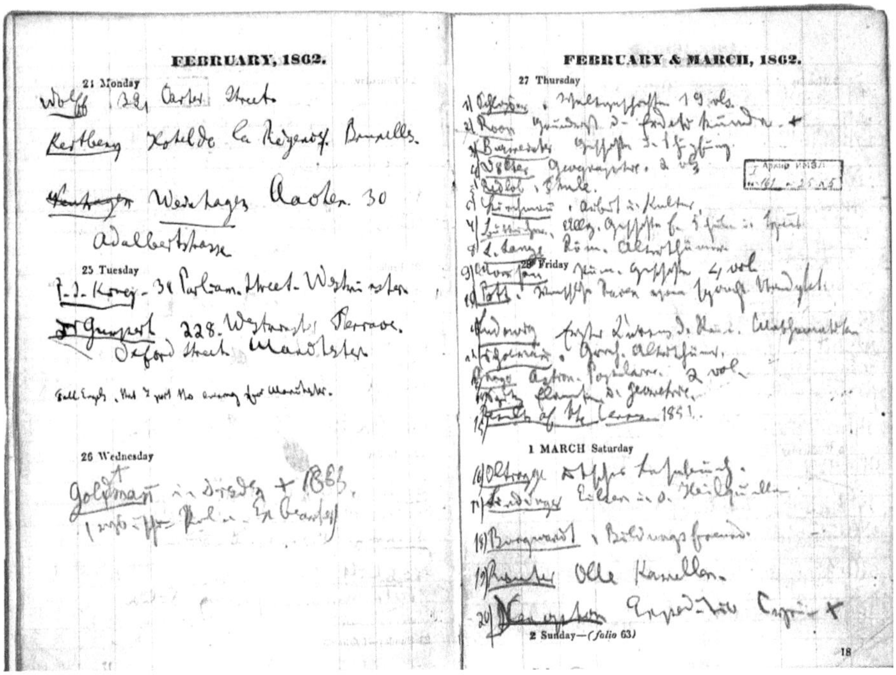
FEBRUARY, 1862.

21 Monday

25 Tuesday

26 Wednesday

FEBRUARY & MARCH, 1862.

27 Thursday

28 Friday

1 MARCH Saturday

2 Sunday—(folio 63)

18

Wohnadressen und Notiz
Liste der von Wilhelm Wolff hinterlassenen Bücher
Notizbuch Februar bis Juni 1864. Seite [17b]/[18a]

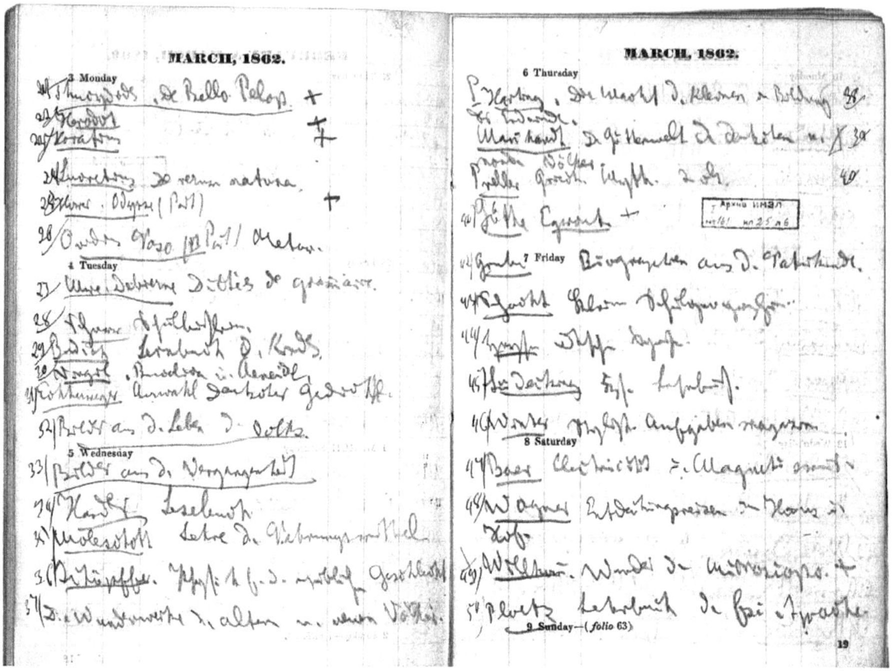

Liste der von Wilhelm Wolff hinterlassenen Bücher
Notizbuch Februar bis Juni 1864. Seite [18b]/[19a]

[Liste der von Wilhelm Wolff hinterlassenen Bücher]

|[18a]| 1) *Schlosser*, Weltgeschichte 19 vls.
2) *Roon* Grundriß der Erd etc kunde. ×
3) *Burmeister* Geschichte der Schöpfung.
4) *Völter* Geographie, 2 vls.
5) *Redslob*, Thule.
6) *Kirchmann*, Arbeit u. Kultur.
7) *Bötticher*, Allg. Geschichte f. Schule u. Haus.
8) *L. Lange* Röm. Alterthümer.
9) *Mommsen* Röm. Geschichte 4 vol.
10) *Pott*, Menschliche Racen vom sprachl. Standpunkt
11) *Ludowieg* Erster Cursus der Reinen Mathematik.
12) *Schoemann*, Griech. Alterthümer.
13) *Arago* Astron. Populaire. 2 vol.
14) *Spitz* Elemente der Geometrie.
15) *Results of the Census*. 1851.
16) *Oltrogge* Deutsches Lesebuch.
17) *Lindinger* Eilsen u. seine Heilquellen.
18) *Burgwardt*, Bildungsfreund.
19) *Reuter* Olle Kamellen.
20) *Xenophon* Expeditio Cyri. ×|
|[18b]| 21) *Thucydides*, *De Bello Pelop*. ×
22) *Herodot* ×
23) *Horatius* ×
24) *Lucretius* De rerum natura.
25) *Homer*. Odysse (Part) ×

26) *Ovidius Naso* (II Part) Metam.
27) *Mme. Debierne* Dictées de grammaire.
28) *Scherr* Schulbüchlein.
29) *Budich* Lernbuch des Kindes.
30) *Virgil.* Bucolica u. Aeneide.
31) *Echtermeyer* Auswahl Deutscher Gedichte.
32) *Bilder aus dem Leben des Volks.*
33) *Bilder aus der Vergangenheit*
34) *Harder* Lesebuch
35) *Moleschott* Lehre der Nahrungsmittel
36) *Schöpffer.* Physik f. das weibliche Geschlecht
37) Die Wunderwerke der alten u. neuen Völker.|
|[19a]| *P. Harting,* Die Macht des Kleinen in Bildung der Erdrinde. 38) *Mannhardt* Die Götterwelt der deutschen u. nord. Völker. × 39) *Preller* Griech. Myth. 2 vls. 40)
41) *Göthe Egmont.* ×
42) *Grube* Biographien aus der Naturkunde.
43) *Schacht* Kleine Schulgeographie.
44) *Heyse* Deutsche Sprache.
45) *Lüdecking* Französ. Lesebuch.
46) *Winter.* Stylistisches Aufgabenmagazin.
47) *Baer* Electricität u. Magnetismus.
48) *Wagner* Entdeckungsreisen in Haus u. Hof.
49) × *Willkomm.* Wunder des Microscops. ×
50) *Ploetz* Lehrbuch der franz. Sprache.|
|[19b]| 51) *Kolb* Grundriß der Statistik.
52) *Meeden* Deutschfranzös. Handelscorrespondenz.
53) *Rossell* Wiesbaden u. seine Umgebung.
54) *Werren.* Karte der Umgegend v. Wiesb.
55) *Menzies.* Scotch Tourist.
56) *Hamel* French Grammar.
57) *Lüning* Deutsche Grammatik.
58) *Greek Grammar.*
59) *Bötticher* Allg. Gesch. v. 1815–1852.
60) *Julius Caesar*
61) *Brettner* Bürgerl. Rechenkunst.
62) *Max Duncker.* Gesch. des Alterthums. 4 vol.
63) *Ainsworth.* Elements of Algebra.
64) *Rummer.* Elem. Geometrie.|
|[20a]| *Müller* Geometrie. (65)

Raff Naturgeschichte für Kinder. (66)
Kletke Lesebuch. 67)
Reisen des Marco Polo. (68)
69) *Kühner* Elementargramm. der lat. Sprache.
70) *Kiesselbach* Gang des Welthandels im Mittelalter.
71) *Lesebuch*
72) *Schwartz* Handbuch f. den biographischen Geschichtsunterricht.
73) *Buch der Natur.* ×
74) *Müller* Physik.
75) *Schaeffer* Geschichtstabellen.
76) *Zachariae* Erdbeschreibung. |
|[20b]| 77) *Marx*, Pol. Oek.
78) *Schiller* 12 Bände.
79) *Cornelius Nepos.*
80) *Ahn* Französ. Sprache.
81) *Craik* Engl. Language.
82) *Hamel* French Exercises.
83) *Moody* Eton Latin Grammar.
84) *Rowbotham* Deutsches Lesebuch
85) *Sophocles*
86) *Virgil* Aeneis.
87) *Mager* Deutsches Lesebuch
88) *Schenkel* Blüthen Deutscher Dichter. |
|[21a]| 89) *Franceson* Span. Sprache.
90) *Mignet* Hist. de la Rév. Fr. 2 vls.
91) *L. Figuier* L'année scientif. et industrielle.
92) *Jacobs* Griech. Lesebuch.
93) *Mozin* Französ. Deutsches Diction. 4 vls.
94) *Smith* Engl. Lat. Diction.
95) *Kurz* Geschich. der deut. Lit. 3 vls. ×
96) *Rost* Griech. Deutsch. Lexicon.
97) *Giebel* Säugethiere.
98) *Egli* Handelsgeographie u. Waarenkunde.
99) *Tschudi* Thierleben der Alpenwelt. |
|[21b]| 100) *Schleiden* Alter des Menschengeschlechts.
101) *Niemeyer* Commentar zu Lessings Nathan.
102) *Europa* Vorles. v. Karl Ritter.
103) *Schaefer.* Geschichtstabellen zur deutschen Literatur.
104) *James* Angl. Germ. Dictionary.
105) *Feller* Kaufmänn. Arithmetik.

106) *Bilderfibel.*
The Geography of Africa and South America (107)
Burns Poetical Works. (108)
Heimann Germ. Reading Book. (109)
Freytag Soll und Haben. (110)
Jacobs Hellas. (111)
Adam Roman Antiquities. (112)|
|[22a]| *Komische Briefe* u. Zeitungsanzeigen. (113)
Humoristische Perlenschnur (114)
Schiller's Tell m. Engl. Notes. (115)
116) *Mortimer-Ternaux* Hist. de la Terreur. 2 vls.
117) *Arendts* Naturhistorischer Schulatlas.
Pauli Bilder aus Altengland. (118)
Grunert Geometrie. 119)
Rochholtz. Vortrag u. Aufsatz. 120)
Kühner Elementarbuch der Griech. Sprache. 122)
dtto Der lat. Sprache. 121)
123) *Noesselt* Weltgesch. für Töchterschulen
124) *Goethe*, 17 Theil. Iphigenie etc
125) *Wolf* Deutsche Götterlehre. ×|
|[22b]| 126) *Nösselt* Mytholog. f. Töchterschulen
127) *Göthe* Benvenuto Cellini.
128) *Bredow* Weltgeschichte.
129) *Martin* Nat. Philosophy.
130) *Grube* Characterbilder.
131) *Oppel* Das Land der Pyramiden
132) *Colenso* Algebra.
133) *Vogel* Hilfsbuch zu Schulatlas.
133) *Lessing* Nathan. ×
134) *Tutschek* Die Natur f. Schule und Haus.
135) *Cholevius* Material zu deutschen Aufsätzen.
136) *Bruce* Use of the Globes.|
|[23a]| × *Göthe* Faust. (137)
Chambers Journal. (138)
Wittich German Tales. (139)
140) × *Vernaleken* Menschen u. Thierkunde.
141) *Schacht* Kleine Schulgeographie.
142) *Rochholz* Deutsche Arbeitsentwürfe.
143) *Ragonot* Vocabulaire Symbolique.
144) *Overbeck* Pompeji.

145) *Guhl u. Koner* Leben dẹṛ Griechen u. Römer.
146) *Weingärtner* Aussprache des Ulphilas.
Herr Vogt (147)
Nieritz Deutscher Volkskalender. (148)
Cotta Geologische Briefe. (149)
150) *Duller* Gesch. dẹṣ deutsch. Volks. |
|[23b]| *Borel* Gramm. Franç. (151)
De la Motte Fouqué Undine. (152)
× *Göthe* Hermann u. Dorothea. (153)
Dạṣ Buch dẹṛ Erfindungen. (154)
Dr Weber Lesebuch. (155)
Pütz Grundriss v. Geogr. u. Gesch. (156)
Mommsen. Röm. Forschungen. (157)
Grimm, Kinder u. Hausmäṛc̣ḥẹṇ (158)
159) *Bretschneider* Leitfaden zum geogr. Unterricht
× *Marle* Ursprung u. Entwicklung dẹṛ Lautverschiebungen. (160)
× *Euripides* Hecuba. (161)
Wilson Electricity. (162
Rudolph Deutsche Schulübungen. 163 |
|[24a]| *Jacobs* Lat. Lesebuch. (164)
× *Barth* Reisen u. Entdeckungen. *12 Lieferungen.* (165)
Tromlitz 8 Bdchen. (166)
Scherr Realist. Lesebuch. (167)
Michelet Dạṣ Leben dẹṛ Vögel. (168)
Anecdoten (169)
170) *Arendts* Leitf. zur Naturgesch.
171) *Chambers* Plane Geometry.
Stieffelius Grammaire française (172)
Clef to Hamels Grammaire. (173)
Hopf Deutsche Stilübungen. 174)
175) *Burgwardt* Schul u. Bildungsbuch.
176) *F. Lassalle* Schultze Del. |
|[24b]| *Marx* Dẹṛ 18. Brumaire. (177)
178) × *Schäffer* Dịẹ Bimssteinkörner bei Marburg in Hessen.
179) *Simrock* Dạṣ deutsche Räthselbuch.
180) *Traut* Deutsches Vocabelbuch.
181) *Kohlrausch* Geschichtstabelle.
Volkskalender.
182) *Black:* Guide to Engl. Lakes.
183) *Vecchio* Le Siège de Rome.

La Vallée de Chamouny
184) *Schmidt* Heimkehr vom Himmel zur Erde.
185) × *Behnsch.* Verhältniss der deutschen u. roman. Elemente im Englischen |
|[25a]| *Schlemihl.* (186)
Andersen. Neue Mährchen. (187)
× *Göthes* Gedichte. (188)
Wurst Sprachdenklehre nach Becker. (189)
× *Cäsar* Gall. Krieg. 2 Bdchen. (190)
Peschier Conversat. franz. (191)
Wahlert Kaufm. Briefsteller 192)
Juvenalis et Persii Satirae × 193)
Schiefertafelzeichnungen. 194)
Ploetz Chrestomathie franz. 195)
× *Rarey* Taming of Horses. (196)
197) × *Kriegsführung der Römer gegen die Deutschen.*
198) *Aristophanes* Die Wolken. |
|[25b]| 199) *Lau* Sulla. (199)
200) *Chambers* Miscellany.
201) *Auffenberg* Pizarro etc
201) *Otto* Briefe zur Uebers. ins Engl.
202) *Walter Scott* The Regalia of Scotland.
203) *F. W. IV* Reden.
204) *Peacock* Mental Arithmet.
205) *Heuser* Kopfrechnen.
206) *Auger* Voyage en Californie.
207) *Tellering*
208) *Ernest Jones* Notes.
209) *Salmagundi*
210) *Petzholdt*, Das Buch der Wilden
211) *Jacototsche* Methode. |
|[26a]| *Otto:* Mnemotechnik. 212)
Revue der N. Rh. Z. 6 Hefte (213)
Macaulay Hist. of Engl. 4 vls 214)
Kiepert Pr. Verfass. (215)
Bibliograph. Jahrbuch 1857. (216)
Humboldt u. Varnhagen × (217)
Bernhardy Röm. Literat. 218)
Ewerbeck Les Allemands. 219)
220) *Steinthal* Ursprung der Sprache.

221) *Gellert* Fabeln.
222) *Garrido* Dạṣ heutige Spanien|
|[26b]| *Cyropädie* × (223)
Ollendorf German 224)
dtto English 225)
Uncle Tom 226)
Illustrirter Kalender 227)
Schleiden Studien. 228)
Euripides Hecuba 229)
Sophocles (Theil) 230)
Sallust 231)
Döll Lat. Aufg. 232)
Kemp Creation. 233)
Frankenheim Völkerkunde. 234)|
|[27a]| 235) *Siebel* Religion u. Liebe.
236) × *Petermann.*
237) *Stieler* Handatlas.
238) *Sydow* Orograph. Atlas.
239) *Berghaus* Physic. Schulatlas.
240) *Schulatlas dẹṛ alten Welt*
241) *Vogels* Schulatlas
242) *Spruner u. König* Histor. Atlas.
243) *Einige Karten v. Berghaus u. Stülpnagel*
244) *Würtembẹṛg. Jerusalem.*
245) *Illustrirte Zeitung* u. *Gartenlaube.*
× *Weber* Weltgeschichte. 246)|

[Bibliographische Notizen zu den Katalogen Londoner Buchhändler]

|[27b]|	*Th.*	*Sgr.*	
Diez Poesie des Troubadours.	1	15	
Homer (Voß.) 2 Bde.	1	18	
Kalewala (Schiefner)	2		
Kreutzwald (F.) u. *H. Neus.* Mythische u. magische Lieder der Ehsten.	2sh.	6d.	×
Bekker. Flore et Blanceflor. Altfranz. Roman. Berl. 1844	1sh.	6d.	×
Eschenbach. (übers. *Simrock*) 2 Bde (Parsival u. Titurel) 2 Ausg.	6sh. *(2 Thaler)*		×
Bellermann. (C. F.) Die alten Liederbücher der Portugiesen. 1840	3		×
Calderon. Comedias (edit. *Keil.* 4 vls. Leip. 1827–30)	21sh.		
Calderon. 8 Bde (Gries)	6Th. 25Sgr.		
Dante (Witte) Edizione minore. Berlin. 1862.	6sh.		
Dante. Divine comédie trad. par Artaud de Montor.	2sh.	6d.	
Danse Macabre Lille 1862.	3sh.		×
Descartes. Oeuvres par J. Simon 1861.	3sh		×
Benecke. Span. Deutsch. Lexic. zu Don Quixote	1sh.	6d.	
Cervantes. Obras. p. D. B. C. Aribau. 2nd edit. 1856.	12sh.		
Coleccion de Piezas Escogidas de Lope de Vega etc par E. de *Ochoa.* Paris 1840.	8sh.	6d.	
Teatro Español ed. *C. Schütz* (22 Comedies) *Bielefeld 1846*	5sh		
Lope de Vega. Piezas escogidas. Paris. 1844	3sh.		
Wolf (F.) Beiträge zur span. Volkspoesie. (1860)	2sh.		
A. W. Schlegel. Span. Theater. 2. Ausg. 2 Bde. Leipzig.	$1^1/_3$Th.|		

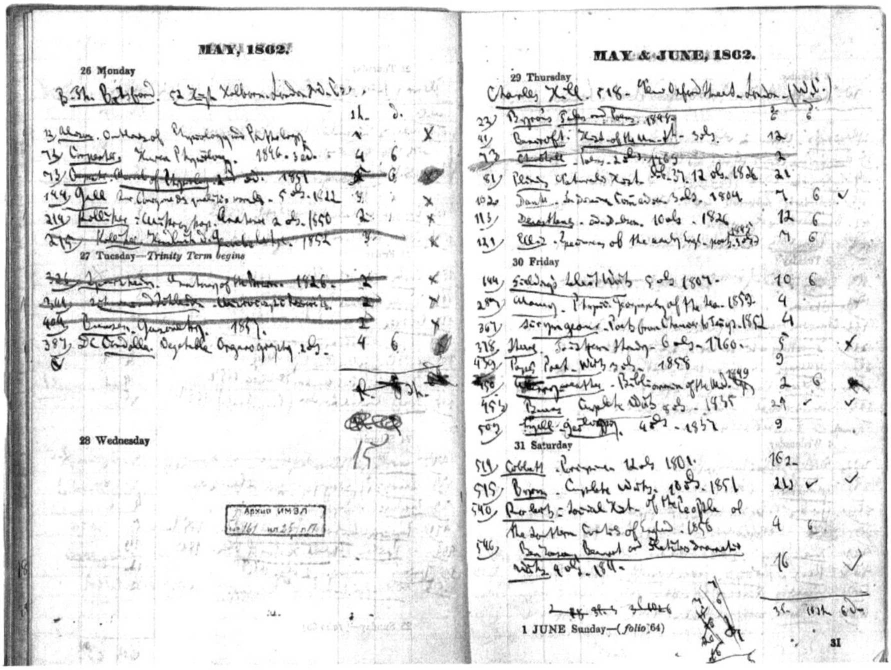

Bibliographische Notizen zu den Katalogen Londoner Buchhändler
Notizbuch Februar bis Juni 1864. Seite [30b]/[31a]

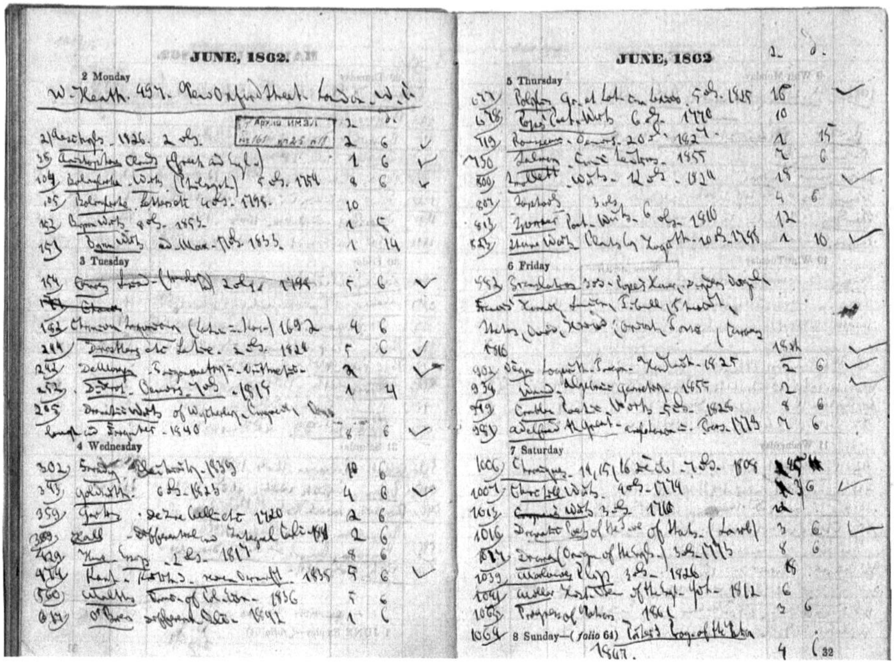

Bibliographische Notizen zu den Katalogen Londoner Buchhändler
Notizbuch Februar bis Juni 1864. Seite [31b]/[32a]

|[28a]|	*sh.*	*d.*	
Dietrich (F. E. C.) *Altnordisches Lesebuch* m. Grammatik u. Glossar. (1843)	4		××
Lepsius (R.) Allgem. Linguist. Alphabet. Berlin. 1855	1	6	
Schleicher (A.) Die Sprachen Europas in vergleichender Uebersicht 1848–50. 2 vls.	4	6	××
Ettmüller. Lexicon. Anglo-Saxon. (mit *Grammar.*)	12		
Ebeling. Angels. Lesebuch.	2	6	×
Sachs (C.) Beiträge zur Kunde altfranz., Engl. u. provenz. Literatur etc Berlin. 1857.	1	6	×
Blanc (L. G.) *Vocabolario Dantesco* 1861.	3	6	
Rask. Friesische Sprachlehre. Freiburg. 1834	3		×
Wiarda (T. D.) Altfriesisches Wörterbuch.	7	6	×
Bartsch (K.) Provenzalisches Lesebuch m. liter. Einleitung u. Wörterbuch. Elberfeld. 1855.	4		×
Brinckmeier (E.) Blumenlese aus den Werken der Troubadours. Nebst provenz. Gramm. u. Glossar.	3	6	×
Maetzner. Altfranzös. Lieder nebst altfranzös. Glossar.	7	6	×
Grimm. Deutsche Grammatik (sewed)	42sh.		‖
Copies of the first 2 volumes	27sh.		‖
Grimm (Wilhelm) Altdänische Heldenlieder. 1811	5s.		×
Wackernagel (P.) Edelsteine deutscher Dichtung etc im XIII Jh. Ein mittelhochd. Lesebuch m. Wörterbuch. 1857.	4s.		×
Wecherlin. Altdeutsche Sprache. 1811–36.	5s.		×
Nibelungen Noth u. Klage. v. *Lachmann.* Berlin 1852.	4s	6d.	
Ziemann (A.) Gothisch-Hochd. Wörterbuch. 1834.	2s.		×
Ulfilas (Massmann) 1856	15s.		×
Edda (Lieder der alten) (Isl. u. Germ.) v. J. u. W. Grimm 1815	5	6d.	×
Edda (Aeltere u. Jüngere) (Simrock) 1851	7		×|
|[28b]|	*s.*	*d.*	
Rask (E.) Kortfattet Vejledning til det oldnordiske eller gamle Islandske Sprag. 1854	2		×
Rask (E.) Oldnordisk Laesebog etc 1832	3		×
Dasent. Theophilus, in Icelandic, Low German etc 1845.	2	6	×
Lepsius (R.) Zwei sprachvergleichende Abhandlungen.	3		×
Simrock (Eschenbach)	2Th.		×
Rama (Indisch. Gedicht) v. Holtzmann.	3sh.		×
Becker. Charicles 3 Bde.	$5^1/_2$Th.		
ditto. Gallus 3 Bde.	$5^1/_2$Th.		

<table>
<tr><td>Böttiger. Sabina</td><td>2 Th. 12 gr.</td><td></td></tr>
<tr><td>Weber. Klass. Alterthumskunde</td><td>1 20gr.</td><td></td></tr>
<tr><td>Gozzi. Scritti.</td><td>10sh. 6d.</td><td></td></tr>
<tr><td>Bopp Vergleichende Grammatik. 2nd ed. 3 vls.</td><td>36sh.</td><td></td></tr>
<tr><td>Humboldt, G. de. De l'origine des formes grammaticales. Paris. 1860</td><td>2sh.</td><td></td></tr>
<tr><td>Diwan Abu Nowas, des grössten lyrischen Dichters der Araber. (v. A. v. Kremer)</td><td>4s. 6d.</td><td>×</td></tr>
<tr><td>Bussiri Funkelnde Wandelsterne etc (Rosenzweig)</td><td>5s.</td><td>×</td></tr>
<tr><td>Calila etc Bidpais Fabeln (P. Wolff.) 2 vols.</td><td>5s.</td><td>×</td></tr>
<tr><td>Wolff P. (Die 7 Preißgedichte der Araber)</td><td>3sh.</td><td>×|</td></tr>
<tr><td>|[29a]|</td><td>Th. Sgr.</td><td></td></tr>
<tr><td>Dainos. Litt. Volkslieder. v. Nesselmann.</td><td>1 Th.</td><td></td></tr>
<tr><td>Firdusi Epische Dichtungen v. Schack. 2 Bde.</td><td>$3\frac{2}{3}$</td><td>×</td></tr>
<tr><td>ditto Heldensagen. v. Schack.</td><td>$2\frac{1}{2}$ Th.</td><td>×</td></tr>
<tr><td>ditto Persische Liebesgeschichte.</td><td>28 Sgr.</td><td>×</td></tr>
<tr><td>S. Kapper. Die Gesänge der Serben. 2 Theile.</td><td>$3\frac{1}{3}$ Th.</td><td>×</td></tr>
<tr><td>Hafis (v. Daumer)</td><td>$1\frac{1}{2}$ Th.</td><td>×</td></tr>
<tr><td>Herder Stimmen der Völker.</td><td>1 Th. 18 Sgr.</td><td></td></tr>
<tr><td>Rückert. Nal u. Damajanti. 4 Aufl.</td><td>$1\frac{1}{2}$ Th.</td><td>×</td></tr>
<tr><td>Rostem und Suhrab.</td><td>$1\frac{5}{6}$ Th.</td><td>×</td></tr>
<tr><td>Die Verwandlungen des Abu Seid od. Makamen des Hariri. 3 Aufl.</td><td>$2\frac{1}{2}$ Th.</td><td>×</td></tr>
<tr><td>Saadi Fruchtgarten. (v. Freih. v. Schlechta-Wssehrd.</td><td>2 Th.</td><td>×</td></tr>
<tr><td>Rosengarten (v. K. H. Graf)</td><td>1 Th. 6 Sgr.</td><td>×</td></tr>
<tr><td>Simrock. Wieland der Schmied 3 Aufl.</td><td>$1\frac{2}{3}$ Th.</td><td>×</td></tr>
<tr><td>Erlach Volkslieder 5 Th.</td><td>$3\frac{1}{6}$ Th.</td><td>×</td></tr>
<tr><td>Aristophanes übers. v. Droysen 3 Th.</td><td>6 Th.</td><td>×</td></tr>
<tr><td>v. Dohrn. Span. Dramen. 1–4 Th. Berlin.</td><td>$1\frac{2}{3}$ Th.</td><td></td></tr>
<tr><td>Kalidasa. Sakuntala (v. Lobedanz)</td><td>1 Th.</td><td>×</td></tr>
<tr><td>Simplicissimus (Bülow.)</td><td>$1\frac{1}{2}$ Th.</td><td></td></tr>
<tr><td>(Simrock. Deutsche Volksbücher.</td><td>10 Thl.)</td><td></td></tr>
<tr><td>Klinger. Sämmtliche Werke. 12 Bde.</td><td>$4\frac{2}{3}$ Th.</td><td></td></tr>
<tr><td>Kalidasa. Meghaduta. Der Wolkenbote. (M. Müller)</td><td>2s. 6d.</td><td>×</td></tr>
<tr><td>Hammer Duftkörner aus den pers. Dichtern. 1836.</td><td>3s. 6d.</td><td>×|</td></tr>
<tr><td>|[29b]|</td><td>s. d.</td><td></td></tr>
<tr><td>Beaumarchais Théâtre compl. Didot.</td><td>2 6</td><td></td></tr>
<tr><td>Branthome. Oeuvres 3 vls.</td><td>(each 4sh. 6d?)</td><td></td></tr>
<tr><td>Histoire Amoureuse des Gaules T. I to III.</td><td></td><td></td></tr>
</table>

Paris ridicule et burlesque	4sh. 6d.
Rabelais (oeuvres) (édit. Dupont) 2 vl. 1858	3sh.
Rousseau (oeuvr. complèt.) 8 Vol. (édit. Lahure)	16sh.
Theatre Français Comique. 8 vol.	20sh.

E. Lefrançois Mechanik. 24 Sgr. bei *A. Abel* in Leipzig.
Schwann. Anatomie des menschlichen Körpers. übersetzt v. Dr. *A Breiter* — *24 Sgr.*
J. C. H. Ludowieg. (Hannover. Hahnsche Buchhandl.) *Lehrbuch der Stereometrie u. sphär. Trigon.* Han. 1840.
ditto. Grundriss der Reinen Mathematik.
Erste Abth. Arithmetik u. Algebra m. Einschluss der Combinationslehre. *1844.*
Zweite Abtheilung: Ebene Geom. u. Trigonom. 1847. |

|[30a]| *Henry Kimpton.* (Catalog v. 1864) 82 *High Holborn, London. W. C.*

	sh.	*d.*	
N. 10) Agassiz and Gould's Comparative Physiology. 1859 with 390 engravings.	3	7	×
72) *Bell* (Dr.) *Kalogynomia*, or the Laws of Female Beauty. 1821.	25		×
122) *Carpenter.* Animal Physiology. 1859.	5		××
154) *Cooper.* Lectures on Anatomy. 4 vls. 1829–32	10	6	
159) *Combe Constit. of Man. 1836.*	2		×
161) *Combe.* Moral Philosophy. 1841.	3	6	
172) *Craigie Gener. and Pathological Anatomy* 2nd ed. 1848	10		
203) *Ellis* Demonstrations of Anatomy. 1861.	10		
208) *Evers: Comparative Anatomy.* 1839.	2	6	
277) *Hassall:* Adulterations detected. 1857.	10	6	
345) *Jones'* Animal Kingdom. (Comp. Anat.) 1861.	25		
373) *Lovett* (W.) Elementary Anatomy and Physiology.	3	6	×
374) *Lewes:* Physiology of Common Life. 2 vls.	8	6	
469) *Paxton:* Study of Anatomy. 1841.	4	6	
471) *Pereira: Lectures on Polarized light.* 1854.	5		
494) *Prichard. Natural History of Man.* 1843	19		
500) *Quain's* Anatomy. 2 vls. 1848.	12	6	
652) *Wilkinson.* Outlines of Physiology. 1851	2		

8sh. 6d. |

|[30b]| *B. Th. Batsford. 52 High Holborn. London. W. C.*

		sh.	*d.*	
12)	*Alison*. Outlines of Physiology and Pathology.	1		×
72)	*Carpenter*. Human Physiology. 1846. 3 ed.	4	6	
73)	*Carpenter. Manual of Physiol.* 2nd ed. 1851	5	6	×
144)	*Gall* Sur l'origine des qualités morales. 5 vls. 1822.	3		×
214)	*Kölliker:* Mikroskop. Anatomie 2 vls. 1850.	2		×
215)	*Kölliker*. Handbuch der Gewebelehre. 1852	3		×
326)	*Spurzheim*. Anatomy of the Brain. 1826.	2		×
344)	*Schwann und Schleiden*. Microscopic Researches.	2		×
404)	*Bunsen*. Gasometry. 1857.	2		×
387)	De *Candolle*. Vegetable Organography 2 vls.	4	6	
		15|		

|[31a]| *Charles Hill. 518. New Oxford Street. London. (W. C.)*

		s.	*d.*	
23)	*Byron's Tales and Poems*. 1848.	6	6	
41)	*Bancroft: Hist. of the Un. States*. 3 vls.	12		
73)	*Churchill*. Poems. 2 vls. 1769	2		
81)	*Plinius* Naturalis Hist. lib 37. 12 vls. 1826.	21		
102)	*Dante*. La Divina Commedia. 3 vls. 1804.	7	6	×
113)	*Demosthenes*. ed. Dobson. 10 vls. 1826	12	6	
121)	*Ellis*. Specimens of the early Engl. poets. 3 vls. 1845	7	6	
144)	*Fielding's Select Works* 5 vls 1807.	10	6	
287)	*Maury*. Physic. Geography of the Sea. 1859.	4		
367)	*Scrymgeour*. Poets from Chaucer to Tennys. 1852	4		
378)	*Sterne*. Tristram Shandy. 6 vls. 1760.	5		×
439)	*Pope's Poet. Works* 3 vls. 1858	9		
450)	*Merryweather*. Bibliomania of the Mid. Ages. 1849	2	6	
453)	*Burns Complete Works* 8 vls. 1835	21		××
509)	*Lyell. Geology*. 4 vls. 1837	9		
514)	*Cobbett*. Porcupine. 12 vls 1801.	16s.		
515)	*Byron*. Complete Works. 10 vls. 1851	21s.		××
540)	*Roberts*. Social Hist. of the People of the Southern Counties of England. 1856	4	6	
546)	*Ben Jonson, Beaumont and Fletchers Dramatic Works*. 4 vls. 1811.	16		×
		3*l*. 10sh. 6d.|		

|[31b]| *W. Heath. 497. New Oxford Street. London. W. C.*

	s.	d.	
2) *Aeschylus*. 1826. 2 vls.	2	6	×
38) *Aristophanes Clouds* (Greek and Engl.)	1	6	×
104) *Bolingbroke. Works.* (Philosoph.) 5 vls. 1754	8	6	×
105) *Bolingbroke.* Letters etc 4 vls. 1798.	10		
152) *Byron Works.* 8 vls. 1853.	1	5	
151) *Byron Works* ed. Moore. 17 vls. 1833.	1	14	
154) *Camoens* Lusiad. (translated) 2 vls. 1798	5	6	×
182) *Chronicon Saxonicum* (Latin u. Sax.) 1692	4	6	
244) *Demosthenes* etc Latine. 2 vls. 1824	5	6	×
242) *De Morgan.* Trigonometry u. Arithmetic.	2		×
252) *Diderot. Oeuvres.* 7 vls. 1818	1	4	
265) *Dramatic Works* of Wycherley, Congreve, Vanbrugh and Farquhar. 1840.	8	6	×
302) *Faraday.* Electricity. 1839.	10	6	
343) *Goldsmith.* 6 vls. 1823	4	6	×
359) *Grotius.* De Jure belli etc 1720	2	6	
369) *Hall.* Differential and Integral Calc. 1841	2	6	
429) *Hume. Essays.* 2 vls. 1817	8	6	
474) *Kant. Kritik der reinen Vernunft.* 1838	5	6	×
560) *Malthus* Princ. of Pol. Econ. 1836	5	6	
617) *O'Brien* Differential Calculus. 1842	1	6|	
|[32a]|	s.	d.	
677) *Polybius.* Gr. et Lat. cum Lexico. 5 vls. 1825.	16		×
678) *Pope's Poet. Works.* 6 vls. 1770	10		
719) *Rousseau.* Oeuvres. 20 vl. 1827.	1	15	
730) *Salmon.* Conic Sections. 1855	7	6	
800) *Smollett.* Works. 12 vls. 1824	18		×
807) *Sophocles* 3 vls	4	6	
813) *Spenser* Poet. Works. 6 vls. 1810	12		
823) *Sterne Works.* Plates by Hogarth. 10 vls. 1788	1	10	×
882) *Translations* 3 vls. Pope's Homer, Drydens Virgil, Francis' Horace, Lucien, Tibull, Theocrit, Statis, Ovid, Hesiod, Ariost, Tasso, Camoens 1816	*18sh.*		×
902) *Vega* Logarith. Trigon. Handbuch. 1825	2	6	×
934) *Wand.* Algebraic Geometry. 1855	2		×
949) *Crabbe.* Poetic. Works. 5 vls. 1828	8	6	
981) *Aelfred the Great.* AngloSaxon u. Trans. 1773	7	6	

1006) *Chroniques*. 14, 15, 16 siècles. 7 vls. 1808	45		
1007) *Churchill* Works. 4 vls. 1774	3	6	×
1013) *Congreve's Works* 3 vls. 1710	12		
1016) *Dramatic Poets* of the Time of Shakespeare (Lamb)	3	6	×
1017) *Drama* (Origin of the Engl.) 3 vls. 1773	8	6	
1039) *Marlowe Plays* 3 vls. 1826	18		
1041) *Millar* Hist. View of the Engl. Gvt. 1812	6		
1065) Progress of Nations. 1861	3	6	
1069) *Porter's Progress of the Nation* 1847.	4	6|	
|[32b]|	*s.*	*d.*	
1082) *A. Smith (Wakefield) 4 vls* 1843	8	6	××

Bickers: 1 Leicester Square. W. C.

Bickers' Chronicles	12	6
Cuvier. Animal Kingdom.	21	
Johnson. Lives of the Engl. Poets. calf extra	5	6
Sheridan: Dramatic Works. calf extra	6	
Tennyson. Miscellaneous Poems. calf extra.	10	
Tennyson In Memoriam. calf extra.	7	6
Tennyson. Princess and Maud. calf extra.	11	
Tennyson. Idylls of the King. calf extra.	8	6

A. Whittingham. 33 Leicester Square. London. W. C.

2) *Achilles Tatii.* de Clitophontis etc Amoribus. l. VIII gr. et lat.	1	6	×
24) *Aretino (P). Quatro Comedie.* 1588	1	10	××
27) *Aretino (P)* Lettere. 1609. 4 vls. in 2.	5		
42) *Beauties of the Anti Jacobin.* Lond. 1799	1	6	
44) *Bedford* (A.) The Evil etc of Stage Plays. 1706	4	6	
60) *British Poets* (edit. Anderson) Lond. 1795 *13 vls.*	1	18	
85) *Chess.* Works of Gianutio and Gustavus Selenus. Translated by Sarratt. Lond. 1817. 2 vls. in 1.	3	6	×
95) *Commines.* Memoires. 1561.	10	6	
98) *Confidences d'une jolie femme.* 1775.	4	6	
119) *Dance of Death.* Der Todtentanz v. L. Bechstein. 48 plates after Holbein. Leipzig. 1831	8	6|	

|[33a]|	s.	d.	
122) *Davenant.* Love and Honor. London 1649.	3		
123) *Davenant.* The Wits. A comedie. Lond. 1636	3		
125) *Defoe (D)* History of the Devil. 1814.	4	6	
130) *Dibdin.* Hist. of the Engl. Stage. 5 vls. 1800.	12		
218) *Historia y Romancero* del etc Cid. 1747.	3	6	
291) *Marguerite de Valois.* l'Heptameron. 1615	6	6	
305) *Milton.* Poetic. Works. 2 vls. half bound.	3sh.		
327) *Nuits d'Epreuve* Des Villageoises Allemandes etc. 1861.	3sh.		×
343) *Pepys.* Life, journals, and Correspondence. 2 vls. 1841	4	6	
375) *Rabelais.* Works. 4 vls. calf. 1784.	12		
384) *Regrets funèbres* etc 1649 etc	2		
387) *Riccoboni.* General History of the Stage. 1754.	3	6	
394) *Romans et Contes de Voltaire.* 4 vls. (12°)	2	6	
398) *Ruggle* Ignoramus Comedia. 1658	2		
409) *St. Evremond. Oeuvres.* 4 vls. 1697.	12		
438) *St. John* (J. A.) Anatomy of Society. 1831. 2 vl.	3		

Zu Bickers. Leicestersquare. W. C.

Bancroft Hist. of America. 7 vls.	12	6
Colletta Hist. of Naples. 2 vls.	5	
Hermann's Manual of Antiquities of Greece.	2|	

|[33b]| *E. Rumpus. 5 et 6. Holborn Bars. (London. E. C.)*

De Quincey's Works. 15 vls. (cloth)	52	6
Bacon's Works (1 to 5) *Philosophical*	72	
6 to 7 Literary	30	
Letters and life. 2 vls.	20	
Bacons Works. 2 vls. cloth.	30	
Buckles Hist. of Civiliz. 2 vls.	31	
Burke Works. 6 vls. cloth.	16	
Fielding 1 vol. *Works*	10	6
Mill Polit. Econ. 2 vls.	25	
Rawlinson Herodotus. 4 vls.	40	
Smiles. Industrial Biography. Lives of Ironworkers and toolmakers.	5	
Smiles Lives of the Engineers. 3 vls. half bound calf.	42	
Smollett's Works. 1 vol.	10	6

Sterne's Works. 1 vol.	8	6	
half calf gilt	10	6	
Swift. Works. ed. *Roscoe.* 2 vls. cloth.	19		
Agassiz et Gould's Comparative Physiology.	4		×××
Cuvier Animal Kingdom.	15		
Darwin. On the Origin of Species	11	8	
Grove. Correlation of Physic. Forces	6	3	
Lyell Antiquity of Man.	11	8	
Lyell Principles of Geology.	15		
Elements of Geology (New edit. prepared)|			

	|[34a]| *s.*	*d.*
Coleridge. Dramat. Works.	5	
The Old Dramatists. Moxon's Series:		
Wycherley, Congreve, Vanbrugh, and Farquhar (edited by Leigh Hunt)	12sh. (cloth 10sh.)	
Massinger and Ford (by Hartley Coleridge)	12sh. (cloth 10)	
Ben Jonson (by Gifford).	16 (cloth. 13s. 4d.)	
Beaumont and Fletcher (by Darley)	32 (cloth 26s. 6d.)	
John Webster (by Dyce)	12 (cloth 8s. 9d.)	
Christopher Marlowe (by Dyce)	12s. (cloth 10sh.)	
Greene and Peele	16 (cloth 13s. 4d.)	
Tennyson. Works 5 vls.	26	8
The same bound in 3 vls.	36|	

\|[34b]\| *s.* *d.*

George Bumstead.
12 King William Street. West Strand (W. C.)

24) *Amours de Clitophon.* 1735.	2	6
47) *Apulejo.* L'Asino d'oro.	2	6
59) *Baco.* De Augmentis scientiarum. 1652	2	6
74) *Bee* Slang. 1823	3	
111) *Brantome.* 15 vls. calf gilt. 1779.	45	
312) *Epistolae Obsc. Virorum.* 1710.	7	6
314) *Erasmus* Moriae Encomium. 1540	3	
328) *La Femme faible* 1755	2	
442) *Junius. Letters* 1771	6	
483) *l'esprit du Judaisme* (Holbach) 1770	3	
650) *Polygamy.* 1729	2	6

651) *Pope* (Dunciad) 1729.	2	6	
657) P(owell. T.) Art of Thriving, with the Mystery and Mysery of Lending and Borrowing. 1635	9		×
689) *Rebels Catechism.* 1643	3		
760) *Satyre Menippee.* 1699	4	6|	

|[35a]| *James Darling. 22 u. 23 Little Queen Street and 81 Great Queen Street. Lincoln's Inn Fields.*

December 1863.

	sh.	*d.*
176) *Cuvier* Animal Kingdom. *8 vls* (800 plates) 1837 (pub. 8 guineas)	45	
391) *Froissarts and Monstrelets Chronicles* translated. 24 vls. 8° u. 2 vls. 4°, atlasses 1808–10.	90	
420) *Gibbon. Hist. of the Decline etc* 8 vls 1854	38	
421) *Gibbon. An Essay on the Study of Literat.* 1764	1	6
528) *Hobbes.* Opera Philos. Amst. 1668	1	
792) *Swift. Works. 24 vls.* 8° 1768	24	

May 1864.

106) *Burnet. Hist. of his own time.* 2 vls. fol. 1724	3	6
142) *Chardin. Jean.* 3 vls. 4° 1711 *Voyages.*	8	
318) *Herodot.* gr. et lat. 1715	2	6
484) *Johnson (Dr)* Dictionary of the Engl. Language. 1836	6|	

|[35b]| *Belgrave Square*, 25, Wilton Crescent, u.a. 800 volumes of books.

6 July. Catalogues at Mr. *Godwins* offices, 3 Halkin Terrace, Belgrave square. S. W. |

[Notizen zu Ausgaben von Jenny Marx]

|[66a]| 30*l* für landlord bis Ende März 1864
5 f. Metzger
3 f. greengrocer
2 Butter u. milk
4 Bed fur
2 Steuer u. Wasser
4 Haushalt
20 Pfandhaus
3 f. Children etc
73
1*l* Gas
74|

[Wohnadressen]

|[71b]| *Schily* 46, rue Lafayette. [Paris]
W. Steffen Harrison square near Boston
Lessner 4, Francisstreet, Tottenham C. Road
Pieper 2, Chester Terrace, Eaton Square, S. W.
Nestle et Melle, Hamburg
Alad. Cosel Rechte Neustrasse, N. 4. F/a. M.
C. Siebel. Barmen Kleiner Werthstr. 25.
Philips A. Keizergracht bij de Westermarkt. S. S. 267. Amsterdam.
Carl Klings (Messerschmidt) Casinostrasse. Solingen. |
|[72b]| Mr. Lochner 12 Coombstreet
Remington Street
City Road.
Mr. Green, 23 Victoria Street
King Edward's Road
Hackney.
19, Brompton Crescent.
Laz. Samson Cohn. Zeughausmarkt 42. [Hamburg]
Nr. 36, 628. |

Notizbuch
Mai 1864 bis Mitte des Jahres 1865

[Notizen]

|[0a]| From Marie Schwabe. 24 December. 63.
46 Harding. |

|[0b]| 1/10 *203 Rogerstreet.*
192 Reg. Street.
Dix. 313, Strand.
$6\,^{1}/_{4}$ Mama
$6\,^{1}/_{4}$ *Oedchen*
6 Jenny
ἁπλῷ λόγῳ πάντας ἐχθαίρω τοὺς θεοὺς
Elleanor. |

|[7]| 79 Porter Str. |

|[45]| *20 June 1 o'clock*
Kingsstreet
St. James
30 Thursday
1 o'clock
Philips new Bond Street
on view today
22^{d} June
King Street Coventgarden |

|[46]| *Garrichs Villa*, Hampton. Orange and citron trees in tubes. 22 u. 23 June. zwischen 11 u. 12 a.m.
N. 13 *Wellingtonstreet*, *Strand.*
1 o'clock. Bibliothek.
22 June (?)
Mr. Ch. Kaub,
9, Pentonville Road. Islington. |

[Mathematisches]

|[48]|

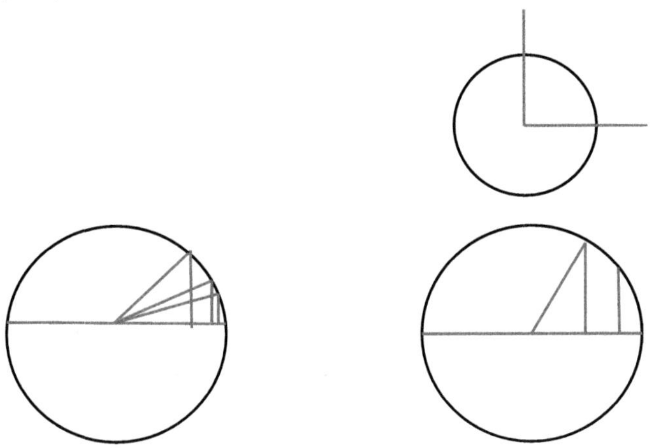

$$r^2 = x^2 + y^2$$
$$r = \sqrt{x^2 + y^2}$$ |

|[49]|

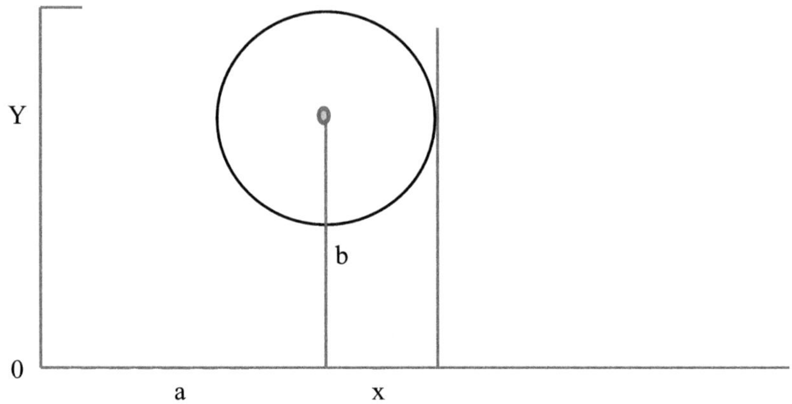

$(y - b)^2 + (x - a)^2 = r^2$ |

[Bibliographische Notizen zu klassischer Literatur]

|[50]| *Göthe 2l.* 2s. (40 Bde)
Homer 2 vl 3s. ×
Schlegel A. W. *Spanisches Theater* 2 vls. 1846. 4s. ×
Dante. La Divine Comédie, par *Artaud de Montor*. 2s. 6d. |
|[51]| *Beaumarchais Theatre* 2s. 6d. ×
Cervantes (Tieck)
Dante (Witte)
Soltau Donquixote. 5sh.
Divina Commedia Da Witte |

[Notizen]

|[52]| 30 Bridges street, Coventgarden
Kaehnsdorf

———————— |

[Berechnungen zum Verhältnis zwischen Mehrwertrate und Profitrate]

|[54]|

$8 \quad 9 - (8 - 2)$

$9 - 8 \quad 8$

$a - b = \delta$

$a - (b - x) \qquad a - (b + x)$

$a - (b - x) =$

$a - b + x = \delta + x$

$9 - 8 = 1$

$9 - (8 - 2) = 3$ |

|[55]| $a - b = \delta$

$(a - b)\, 2 = 2\delta$

$(a - b)\, n = n\delta$

$2a - 2b = 2\delta$

$na - nb = n\delta$

$$\frac{a - b}{2} = \frac{\delta}{2}$$

$6 - 4 = 2$

$12 - 8 = 4$

$24 - 16 = 8$ |

|[56]|

5	10
2	$8^1/_2$
15	$9^1/_2$
s	d.

$1l\ 4s\ 4d$ |

|[57]| $r\delta = c \qquad nc = C \qquad c = \frac{C}{n}$

$$\delta = \frac{c}{r} \qquad \frac{c}{r} = \frac{C}{nr}$$

$$p' = \frac{v}{C + \frac{C}{nr}} \qquad \frac{v}{\frac{nrC + C}{nr}}$$

$$p' = \frac{nrv}{nrC + C}$$

$$p' = \frac{nrv}{C(nr + 1)} = p' = (\frac{v}{C})(\frac{nr}{nr + 1})$$

$$\frac{3}{3 + 1} = \frac{3}{4}$$

$$\frac{4}{r + 1} = \frac{4}{x}$$ |

|[58]| $\frac{v}{C + \frac{C}{nr}}$ Je grösser nr, um so kleiner $\frac{C}{nr}$ u. je kleiner nr, um so grösser $\frac{C}{nr}$.

$$\delta = \frac{c}{r} \qquad \delta = \frac{400}{2} \quad .$$

$$c = \frac{C}{n} \qquad c = \frac{C}{2}$$

$$c = \frac{(800)}{2}$$

$$\frac{c}{2} = \frac{(800)}{4} = 200$$ |

|[59]| $\delta = \frac{c}{4} \quad \delta = \frac{400}{4} = 100$

$$c = \frac{C}{3} = \frac{1200}{3} = 400$$

$$\frac{1200}{3 \cdot 4} = \frac{1200}{12} = 100$$

Je kleiner n, desto grösser $\frac{C}{n} = c$

Und je kleiner r, desto grösser $\frac{c}{r} = \delta$ |

|[60]| $2l \quad \frac{15}{25} = \frac{3}{5} = 60$

(100)
2 (100) 200*l*

$\frac{5}{55} = \frac{1}{11}$ (100) 100 $\quad \frac{250}{150}$

$\frac{7}{2}$ (100) $\quad$ 150 $\quad \frac{5}{3}$

= a $\quad 33\frac{1}{3}$

$\frac{300}{500} \quad 60 \quad \frac{a}{2}(100) \quad \frac{a}{2}(100)$

$\frac{a}{3}(100) \quad \frac{2a}{3}(100)$

$\frac{a}{4}(100) \quad \frac{3a}{4}(100)$

$\frac{100}{99} \quad \frac{11}{9} \quad 9\frac{1}{11} \quad \frac{5}{165}$

$\frac{250}{550} \quad \frac{5}{11} \quad 45\frac{5}{11} \quad 166\frac{2}{3}$ |

|[61]| v^a —— m^a = a
v^b —— m^b = a
v^c —— m^c = a

$\frac{100}{600} \quad \frac{100}{6} \quad \frac{6}{16} \quad 16\frac{1}{3}$

xxx
xxx
xxx

[c]	v	m	m′	p′
400	200	200	100	33¹/₃
400	150	250	166²/₃	

		c	v	m	m′	[p′]
	a)	400	200	200	100%	33¹/₃
1)	b)	400	150	250	166²/₃	45⁵/₁₁
	c)	400	100	300	300%	60 |

|[62]| In diesem I

$$a)\ \frac{v}{C} = \frac{200}{600} = \frac{1}{3} = 33\frac{1}{3}\%$$
$$b)\ \frac{v}{C} = \frac{150}{550} = \frac{3}{11} = 27\frac{3}{11}\%$$
$$c)\ \frac{v}{C} = \frac{100}{500} = \frac{1}{5} = 20 \text{ p.c.}$$

In diesen 3 Beispielen steigt m fortwährend wie $\frac{v}{C}$ sinkt, aber weil das Sinken selbst durch Steigen von m′ u. m hervorgebracht, da

a) m′ = 100%, b) 166⅔, c) = 300
m = 200, b = 250, c) = 300 |
|[63]| C in diesen 3 = 600, 550 u. 500.

Dieselbe Abnahme von v, die C fallen macht, u. daher $\frac{v}{C}$, macht m steigen u. daher $\frac{m}{C}$ =

$$\frac{v \pm \delta}{(v \pm \delta) + c\,(\pm x)} = \frac{v}{C} = \frac{v}{v + c}$$
$$x = \frac{\pm \delta c}{v}$$
$$\frac{100}{900 + 100} = \frac{1}{10}$$
$$\frac{100 \pm 50}{(100 \pm 50) + x}$$ |

|[64]| $$\frac{100 + 50}{150 + x} = \frac{1}{10}$$

$$(100 + 50)\ 10 = 150 + x$$
$$1000 + 500 - 150 = x$$

$$\begin{array}{r} 1500 \\ \underline{150} \\ 1350 = x \end{array}$$

$$\begin{array}{r} 1350 \\ \underline{900} \\ 450 \end{array}$$

$$\begin{array}{r} 1350 \\ \underline{150} \\ 1500 \end{array} \qquad \frac{150}{1500} \quad \frac{1}{10} \quad \frac{3}{30} \,|$$

|[65]| $\frac{100 + 50}{(100 + 50) + 900\ (+ 450)} = \frac{100}{900 + 100}$

$$\frac{v}{C} = c = \frac{1}{10}$$

$$\frac{100 - 50}{(100 - 50) + x} = \frac{1}{10}$$

$500 = x + 50 \qquad 900 - 450 = x \qquad \begin{array}{r} 450 \\ \underline{450} \\ 900 \end{array}$

$$\frac{50}{50 + 450} = \frac{50}{500} = \frac{1}{10} \,|$$

|[66]| Also dieß sind die 2 Fälle, wo $\frac{v}{C}$ constant bleibt:

1) $\frac{v}{C} = \frac{1}{10} = \frac{100}{900 + 100}$.

$$\frac{100 + 50}{(100 + 50) + 900\ (+ 450)} = \frac{150}{1500} = \frac{1}{10}$$

u. 2) $\frac{100 - 50}{(100 - 50) + 900\ (- 450)} = \frac{50}{500} = \frac{1}{10} \,|$

[Notiz]

|[67]| 13 Halsey Street. Cadogan Terrace. Sloane Street. Mrs. Leak

[Berechnungen zum Verhältnis zwischen Mehrwertrate und Profitrate (Fortsetzung)]

Also: $\frac{v \pm \delta}{(c + x) + v \pm \delta}$ |

|[68]| $\frac{v + \delta}{(v + \delta) + c + x} = \frac{v}{c + v}$

$(v + \delta)(c + v) = v\,[(v + \delta) + c + x]$

$\frac{(v + \delta)(c + v)}{v} - v - \delta - c = x$

$\frac{vc + v^2 + \delta c + \delta v}{v} - v - \delta - c = x$ |

|[69]| $x = \frac{\pm c}{v}$ ×

$= \frac{50\,(900)}{100} = 450$

Also $900 \pm 450 - \frac{50 \cdot 900}{100} = -\,50 \cdot 9 = -\,450$ |

[Notizen]

|[71]| *Stapleton 203 Regent Street*
Port (1851) 32sh. 36sh 40s.
Crème de Boury 42sh.
St. Emilion 24sh. *S. Jb, 90*
German Wines 21sh. 50sh|

[Berechnungen zum Verhältnis zwischen Mehrwertrate und Profitrate (Fortsetzung)]

|[72]|

90	720	5040	30240	152200	608800	1826400
8	7	6	5	4	3	2
720	5040	30240	152200	608800	1826400	*3652800*

$5 \cdot 4$	20	60
	3	2
	60	120 |

|[76]|

2500	500
100	20
500	100
2000	400

2400 $\frac{1}{24}$ 2400

2500

$\frac{1}{5}$ $\frac{1}{24}$ $\frac{1}{4}$

$\frac{1}{24}$ $\frac{1}{4}$ $\frac{1}{3}$ $\frac{1}{5}$ |

|[77]| 150

4

600

c)	v)	m)	m′)	p′)
2000	400	600	150	25
2000	500	500	100	20

$400 = \frac{1}{5}$

$$\begin{matrix} 100 \\ 600 \end{matrix} \qquad = \frac{6}{20} = \frac{3}{10}$$

$\frac{600}{2400} = \frac{1}{4}, \frac{500}{2500} = \frac{1}{5}$

$\frac{20}{4} = 5 \qquad \frac{1}{4} : \frac{1}{5} = 25 : 20 \qquad \frac{25}{5} = 5$

c		v		m)
1	+	$\frac{1}{5}$	+	$\frac{3}{5 \times 2}$ |

[Bibliographische Notiz u. a.]

|[78]| [April, 1864. 24 Sunday] *Plain Lectures on Astronomy, by W. N. Molesworth.* 1sh. 2nd ed. *London. Simpkin, Marshall and Co.* |

|[79]| [28 Thursday–29 Friday] *Eugen Strohn Hamburg*
W. Strohn.
Bruxelles. Hotel de Brabant. |

[Notizen zu Ereignissen des Jahres 1864]

|[80]| [May, 1864. 2 Monday] Telegramm v. Engels wegen lupus Krankheit. [May, 3 Tuesday] Reise nach Manchester. |

|[82]| [May, 9 Monday] † lupus. |
|[83]| [May, 13 Friday] lupus Begräbniß |

|[85]| [May, 19 Thursday] Engels reist mit mir nach London |
|[86]| [May, 22 Sunday] Engels returns to Manchester |

|[88]| [June, 1 Wednesday] Flüchtige Arbeiter (einer heißt Moll) v. Solingen, zu mir v. Lassalle. Brief v. Klings aus Solingen an Moll. |

|[89]| [June, 3 Friday] *Brief an Engels* (enthält Brief v. Klings aus Solingen an Moll: Wisch v. Kertbeny aus Brüssel. Necrolog v. lupus in der Rh. Z. (v. Elsner aus der Bresl. Z.). Rh. Z. Nummer über feudalen Socialism.)

[June, 4 Saturday] Brief v. Engels mit Photogramm v. Engels u. Photogrammen v. lupus |

|[90]| [June, 6 Monday] Brief v. Liebknecht. (Berlin) Answered the same day with Photogramm of lupus. Sent to Engels mine and Jennychens Photogr.

[June, 7 Tuesday] Letter to Engels (sent with it Liebknecht's letter. |

|[91]| [June, 9 Thursday] Received v. Engels 235£ St in notes. First halves of the notes. Telegraphed him their receipt.

[June, 10 Friday] Received from Engels 2nd half of the notes. Answered by Laura.

Letter v. Klings an die beiden Solinger. Letztren 2£ gegeben. Ein Brief an Dr Jacobi in New York. Sie reisen 12. des Monats mit sailor ab v. den London Docks.

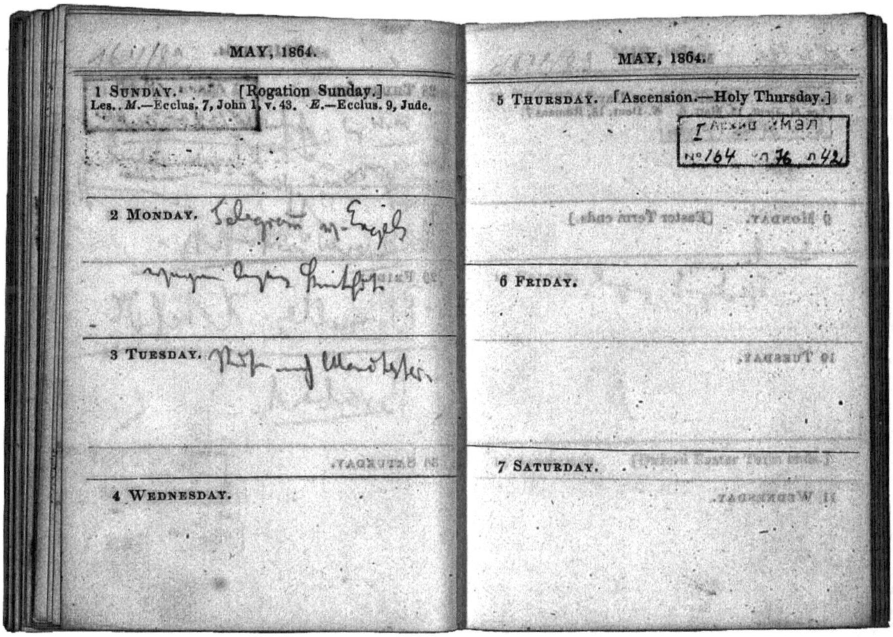

MAY, 1864.
1 SUNDAY. [Rogation Sunday.]
Les.. M.—Ecclus. 7, John 1, v. 43. E.—Ecclus. 9, Jude.
2 MONDAY.
3 TUESDAY.
4 WEDNESDAY.
MAY, 1864.
5 THURSDAY. [Ascension.—Holy Thursday.]
6 FRIDAY.
7 SATURDAY.

Notizen zu Ereignissen des Jahres 1864
Notizbuch Mai 1864 bis Mitte des Jahres 1865. Seite [80]/[81]

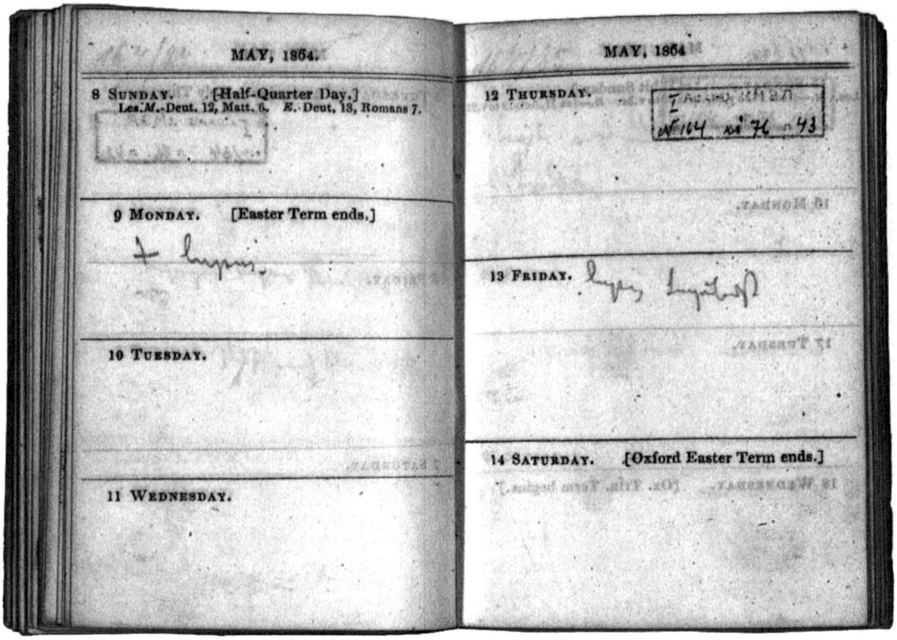

MAY, 1864.
8 SUNDAY. [Half-Quarter Day.]
Les. M.-Deut. 12, Matt. 6. E. Deut. 13, Romans 7.
9 MONDAY. [Easter Term ends.]
10 TUESDAY.
11 WEDNESDAY.
MAY, 1864
12 THURSDAY.
13 FRIDAY.
14 SATURDAY. [Oxford Easter Term ends.]

Notizen zu Ereignissen des Jahres 1864
Notizbuch Mai 1864 bis Mitte des Jahres 1865. Seite [82]/[83]

Die beiden heissen Fritz Moll u. Julius Melchior.|

|[92]| [June, 12 Sunday–15 Wednesday] *Cadiz Wine Co.*
66, St. James str. S. W.
36sh. p. bottle.
Offley's Port.
James Campbell. 158 Regentstreet.
36sh. p. *Claret dose.*|

|[93]| [June, 16 Thursday] *Thomas Nunn and Sons* 21, Lambs Conduit Street. WC.|

|[94]| [June, 19 Sunday] *Division of Nations*
[June, 20 Monday] *laws of justice*|

|[95]| [June, 23 Thursday] Population had increased 40% since 1832, intelligence 200%, and wealth 250%.|

|[109]| [August, 12 Friday–13 Saturday] Tussy made her first public appearance at the Swiss Coffee *Charing Cross.*|

|[112]| [August, 23 Tuesday] Miss Tussy *l* *s* *d*
1 1 8

[August, 24 Wednesday] *G.* 2 *Gr.* 3 *Lassalle geschossen.*|

|[113]| [August, 25 Tuesday] *Gr.* 6 *G* 7 *Lassalle todt*
[August, 26 Friday] *Gr.* 7 *G* 6 *Lassalle begraben*
[August, 27 Saturday] *Gr* 3|

|[114]| [August, 28 Sunday] *Gr* –4 *G* –6
Lassalle geschossen. 5 Uhr Nachmittags.
[August, 31 Wednesday] 7 Uhr 5 Min. Morgens † Lassalle.|

|[115]| [September, 3 Saturday] *Gr.* 8 *G.* 6 *Laura 1s.* 8d. $^{1}/_{2}$d. *Paid.*|

|[116]| [September, 5 Monday–6 Tuesday] *4l. f. d.*
Steuer 1*l.* 4sh.
Haus 1 5
2*l.* 9sh.

Bleibt *£1, sh.11*

[September, 7 Wednesday] *Gr* 6 *GM.*10|

|[117]| [September, 9 Friday–10 Saturday] Half past 6 Uhr Abends Engels reist fort. $^{1}/_{2}$ past 7.|

|[118]| [September, 12 Monday] Brief an Gräfin Hatzfeldt. *Brief v. Liebknecht.* Strohn's Besuch. *Antwort an Liebknecht.* Ich erkläre mich unter gewissen Bedingungen bereit zur Präsidentschaft des deutschen Arbeitvereins.
[September, 14 Wednesday] Erst heute fortgeschickt.|

|[119]| [September, 17 Saturday] *Gr* 1d. *D.* 6 *Ag.* 6|
|[120]| [September, 18 Sunday] *Alg.* 12
[September, 20 Tuesday]|

|[123]| [September, 29 Thursday] G. P. Fontana 8 Moorgate Street. City
[September, 30 Friday] M. Bakunine. 10. Paddington Green. Paddington.
[October, 1 Saturday] W. R. Cremer. 31, Great Titchfield Street.|

|[128]| [October, 18 Tuesday] ×|
|[129]| [October, 20 Thursday] ×|
|[130]| [October, 25 Tuesday] ×|

|[132]| [November, 1 Tuesday] ×|

|[138]| [November, 20 Sunday] 10, Brunswick Gardens. Kensington. *Bakery.*
[November, 21 Monday] *M. Bakunine.* Per address Mad. la Comtesse Starzynska. 13, Via dei Pucci. Firenze.
[November, 22 Tuesday] Innerlich: *Pour Madame* Antonie.
[November, 23 Wednesday] *Rode.* 19, Washington Street, *Liverpool.*|
|[139]| [November, 24 Thursday–25 Friday] *The only Stove without a Flue. Price v. 12s. 6d. Patent fuel p. bag.* 4s. 6d. *Swannash*, Ironmongery 253, Oxford-Street.|
|[140]| [November, 29 Tuesday] *Nach der Tribune* Address. Ditto an *Dr. Kugelmann.*|
|[141]| [December, 2 Friday–3 Saturday] *Captain Berlin.* (unter Wolf) Interprète am Police Court v. Liverpool (f. den Berliner Consul *Prange* Liverp.)
Weimann (Liverpool) (an Prinz *Augustenburger Lob*) Weiman hier während der Confe-|
/[142]/ [December, 5 Monday–7. Wednesday] renz der Schleswig-Holst. Deputation. Deutsch. Geld gesammelt, dem Augustenburger gegeben. V. dem Geld lebte die Commission in London (doppelte Rechnung vom Werth)
Tausende v. £'s. *Weiman*
[December, 4 Sunday–5 Monday] *Dr Gumpert.* 228, Westminster Terrace, Oxford Street, *Manchester*|
|[143]| [December, 8 Thursday] *Ernest Jones*, 52, Cross Street, Manchester.
[December, 9 Friday] *Frederick's Private:* 86, Mornington Str, Stockport Road, *Manchester.*
[December, 10 Saturday] 5*l.* an Wilhelm (London). *Dr Zerffi* 16 Sept. 1864. Nr. 90089, 19, Delamere Crescent, Westbourne Terrace. W.|

|[144]| [December, 11 Sunday] *263 Holborn*
[December, 12 Monday] Dr Marx. 1, Modena Villas|

|[146]| [December, 18 Sunday] *Thos. Grant Facey* (Painter) Pres. *W. Cremer* (Joiner)
[December, 19 Monday] *George Odgers* (Shoemaker) Secret. 2, Park Lane, Kensington Gore, W.
[December, 20 Tuesday] *28th Sept. Odgers* (G.) 2, Park Lane, Kensington. Gore. W.
[December, 21 Wednesday] *St. Martin's Hall.*|
|[147]| [December, 22 Thursday] *S. v. Hatzfeldt.* Windsor Hotel. Behrenstrasse, *Berlin.*
Brief geschrieben an *Old Hatzfeldt.*
Reinhard Schäfer 16 Little Windmill Street. London
G. Eccarius. 1, Portland Place.
[December, 23 Friday] *Westmoreland Road, Walworth.* Letter sent *to father* von *Goldfarb* 6sh.
Peter Fox, 40, Pelham Terrace, Notting Hill. W.
[December, 24 Saturday] *P. A. Victor Le Lubez.* Carlton House, 4, New Cross Road.|

|[149]| [December, 1864. 29 Thursday] 16, Henrietta Street Coventgarden
[31 Saturday] Brief an Tante Esther.|

[Bibliographische Notizen zu Parlamentsberichten]

|[148]| *Statistical Abstract* 1861. 8 Numbers
Agricultural Statistics 4*l.* 1861.
Factory Reports April 1863.
Embassies Legacy Reports N 6, 1863.|

[Notizen]

|[150]| *Frank Lewis. (for florists)*
29, South bank, Regents, park, 5 July (Tuesday) *12 o'clock*
City Action Rows 38 and 39
Grave Church Street
4 July. 12 o'clock.
Matten. Instruments. watches.
7 July. 12 o'clock some 1000 books.
239. New Bond street, W.
Field glasses etc |

|[151]| Adressen.

Liebknecht. 13, Neuenburger Strasse, Berlin.
Carl Klings (Messerschmidt.) Casinostr. Solingen.
Nestle et Melle. Hamburg.
Pieper. 2, Chester Terrace, Eaton Square, S. W.
F. Engels 7 Southgate, St. Mary's.
Mimmi. 25, Brunswick Road, Brighton.
S. Borkheim, 65, Fenchurch Street, E. C. |

[Notizen]

|[152]| 14*l.* |

|[154]| *Great Eastern Railway Bishopsgate Station*
Second class and saloon: 20sh. *Return*, available for one month, *30sh. from London.* 7 p.m.
Monday, Wednesday, and Friday, due at Rotterdam at 8 a.m. |
|[155]| From *Rotterdam* at *9.15 p.m.* every *Tuesday*, *Thursday*, and *Saturday*, due in London at *15.5 a.m.* |

[Notizen zur Erbschaft von Wilhelm Wolff]

|[156]| *10 June.* Eingenommen 235£ aus lupe's Nachlaß.

Bezahlt:

Mama	35*l.*, davon 29 f. Dr. Allen.
Withers (Bäcker)	5*l.* 10sh.
Grocer Rautsch	7*l.*
Kinder	4*l.*
Lehnchen	1*l.*
	52l. u. 2l. dem Solinger = 54l.

		£	s.
11 June.	An Mama Haushaltgeld	5	
	Dairy bill	2	
	Pfandhaus.	9	10
	Schule	5	14
		22	4
	Zus.	76*l.*	4sh. |

|[157]|

	l.	*sh.*
Transfer	76	4
Milchmann	1	4
	77	8
Popmen	4	
	81	8

		l.	*sh.*	
11 June		3	3	für bookcase.
			5½sh.	f. 2 Paar Handschuh u. Cravatte.
	Voltaire		5sh.	
	Lehnchen	2*l.* |		

|[158]| *15 June* Brief v. Nettchen u. v. Onkel

17 June 10*l.* 6sh. an Möhmchen (9*l.* 6sh. f. *Möbel*. 1*l.* für *Lessner*.)

		l	*sh*
	Zusammen	81	8
		5	13½
		10	6
		97	7½
18 June		5*l.* f. Mama. |	

	l.	*sh.*	
|[159]| *22 June*	1*l.*	5sh	f. Kleider.
		10sh.	für Hosen
	1l.	*8sh.*	*für Alabaster.*

l	*sh*
97	7½
5	5
1	
1	18
105	10½

17 Juni		45*l Möbel u. Wein*
		150 |
|[160]|		*l.*
	Transport	150

		l.	*sh.*
20 June	(Ornament)	1	18
		151	18
24 June	Carpet f. Laura	1	10
		153	8
26 June	Haushalt f. Jenny	5	
28 June	f. Kleider	6 |	

|[161]| *Transport* 164*l.* 8sh.

June 29 ½ Guinea send to Edinburg *Mr. Salomon et Co.*
f. Theater 16sh.
f. Gas 1 1
1 17

(An Möhmchen zu zahln) |

|[162]| *June 29* f. *Bücher* *7sh*
1*l.*

June 30 f. Bier etc *8sh.* |

[The Morning Advertiser, 24. August 1864]

|[167]| the deaths from starvation in London must average for this year as many as 2 p. day all year round. *M. Advert. 24 Aug. 1864.*

10sh. p. week the average wages of the great bulk of ||[168]| our unskilled laborers. (l.c.) |

Biographische Notizen zu Wilhelm Wolff

1809. 21. Juni. geb. Tarnau, Schweidnitzer Kreis.

1813 Russen.

1834–1838 $4^{1}/_{2}$ J. in *Silberberg. der Kasematten wolf* will seinen sterbenden Vater sehn in Gensdarmeriebegleitung. Abgeschlagen.

V. 1843 – Febr. 1846 in Breslau.

1846 Wolff flüchtig. Wegen Preßprozeß. Aufsatz über den Schles. Weberaufstand.

1846–48 Brüssel. „Bureau de Correspondance." Eingesteckt in Brüssel. (26 od. 28 Febr. wurde er verhaftet.)

1848. April – Juni in Breslau.

1848. Sept. Köln. Lupus stellt sich. Steckbrief zurückgenommen.

1848. Juni – 10 Mai 1849 in Köln. Von da nach Frankfurt.

22 Oct. 1848 Steckbrief des Hecker. Zurückgenommen 8 März 1849.

26 Mai. 1849. Scene im deutschen Parlament. (Frankfurt)

1849 nachdem lupus schon in der Schweiz, steckbrieflich verfolgt, wegen Rumpfparlament in Stuttgart.

5 Juli 1849 nach Basel. Von da nach Bern internirt. $^{7}/_{4}$ J. Lehrer in Zürich. *31 März 1851* schriftlicher Ausweisbefehl aus Zürich. (*10 Sept. 1850 Zürich.* Protest des lupus dagegen, daß er durch bundesräthlichen Beschluß, betreffs Flüchtlingssachen, dem Canton Luzern zugetheilt.

4 Juni 1851 – 1853 Arrival in London. Ungefähr 2 J. in London.

12 Jan. 1861. Preußischer Amnestieerlaß. *4 Jan. 1862* Gesuch an die pr. Regierung. Liessen ihn 5 Monate ohne Antwort. Neues Gesuch v. *4 Juni 1862. 1 Aug. 1862* Landrath v. Schweidnitz fordert ihn auf über sein letztes pr. Domicil abzulegen.

5 Sept. 1862. Antwort der pr. Regierung, die Amnestie sei zur Fortführung der Untersuchung. |

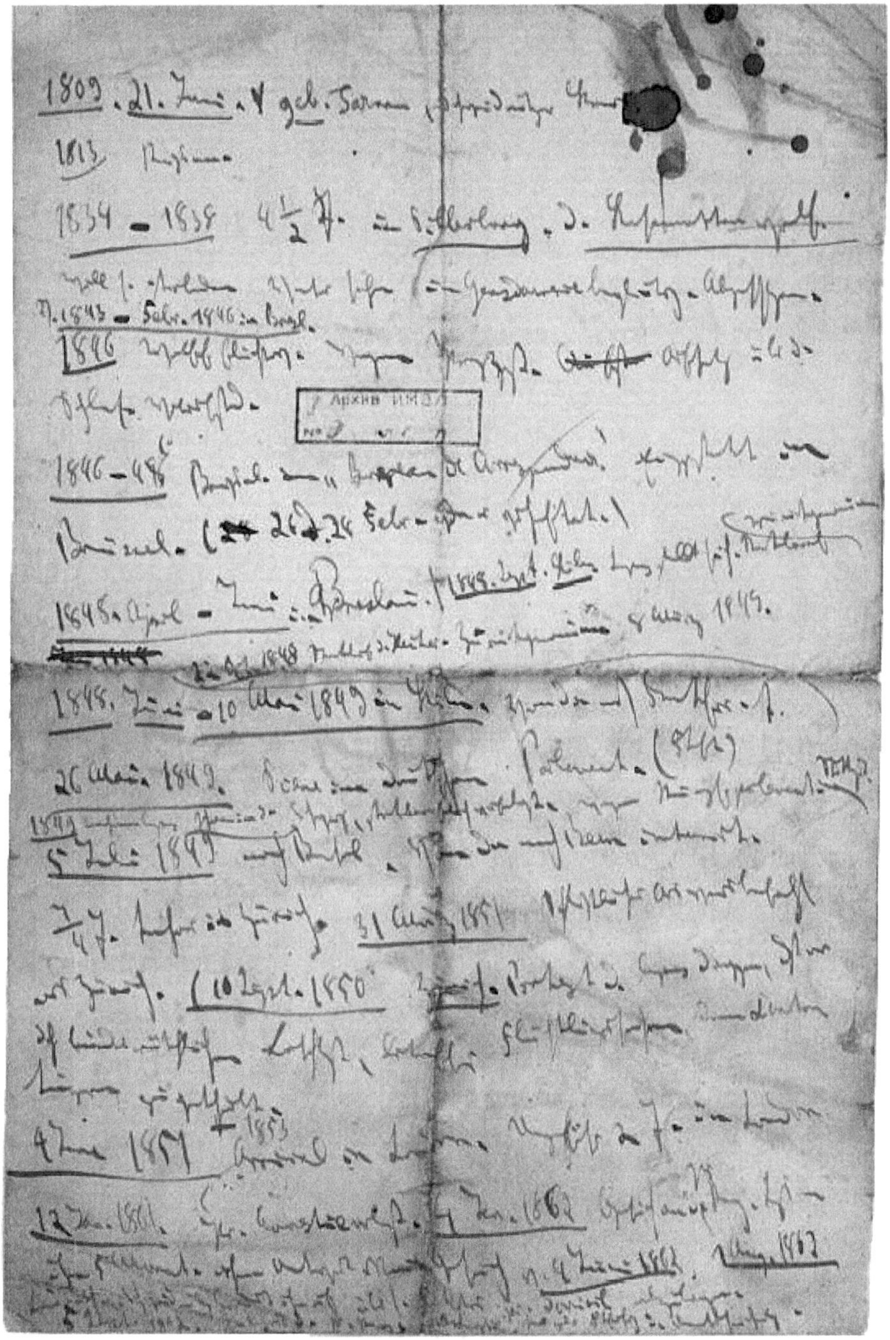

Biographische Notizen zu Wilhelm Wolff

Notizbuch zur Internationalen Arbeiterassoziation

[Bibliographische Notizen zu Japan u.a.]

|[0]| *Irish Agricultural Statistics*
Factory Reports Dec. 1864.

1111 Hawks (Francis L.) Narrative of the Expedition … to the China Seas and Japan etc 1852–3–4.
4906 Pepys (Samuel) Life etc 2 vol.
4907 Pepys (ditto) Memoirs 5 vol.
4117 Japan, by Golownin. 1819.
4118 Japanese etc in the 19th century.
12757 Defoe (Daniel) „*Essays* etc“ 1702.
12769 … … *History of the Plague* etc
13649 Linguet: Critical Review of Voltaire's Works. 1790.
14430. Slavery. 1786.
14664. Price on Population. |

|[1]| *„Lancashire Lesson; or, The Need of a Settled Policy in Times of Exceptional Distress. A Letter addressed to the R. Hon. C. P. Villiers, President of the Poor Law Board.“ By W. T. M. Torrens. Trübner et Co. 1864.*
Edinburgh Review Jan. 1860
Die Militärfrage in Preussen u. die deutsche Arbeiterpartei. |

[Notizen]

|[2]| London

25 Juni (für 1 month) 15£. St. Butcher.

128 Exemplare des Communistenpozeßes dem Wilhelm durch Dare zugeschickt. 12 April 1865.

P. Fox André 118 Prince of Wales Road NW|

||[7]| Bonapartes Lumpengesindel

1) La comtesse veuve de Solms Laubach-Laubenheim, née Princesse Marie Bonaparte Wÿse, jetzige Frau des Commandeur Urbain Rattazzi (Député au Parlement Italien.) ist die Tochter der *Laetitia* Bonaparte (Vater Lucien Bon.); er heirathete letztere wegen ihrer Schönheit. Sir etc Wyse, engl. Gesandter am griech. Hof; er trennte sich jedoch v. ihr u. so lebte Lätitia abwechselnd in England, Frankreich u. Italien, grade da wo sie durch ihre Abenteuer Unterhalt fand – beinahe die ganze damalische engl. Aristokratie kannte u. erkannte sie, während ihrer Trennung gebar sie von verschiedenen Männern 3 Töchter, wovon die *Erste* Marie, die zweite die jetzige Mad. Türr u. noch eine dritte unverheirathete. Ueber Md. Türr's Vergangenheit kenne ich weiter nichts als daß sie in Paris (Sacré Coeur) mit ihrer dritten Schwester in Pension war, später bei ihrer Schwester in Genf u. Paris lebte, wo sie zuerst Victor Emmanuel probirte u. sie dann später an Türr verheirathete, der dadurch Protection bekam etc etc.

Marie lebte einen Theil ihrer Rosenzeit in London, wo sie Louis unterrichtete aber auch zugleich die aufblühende Rose knickte. Sie kam '48 nach Paris, verheirathete sich mit ||[8]| dem Sohn eines reichen Viehhändlers Solms, der bei Straßburg u. im Würtembergschen Besitzungen hatte u. sich in Paris Graf Solms nannte. Louis u. Plon-Plon unterzeichneten den Heirathsakt auf dem 2. Arrondissement zu Paris. Marie an das ausschweifende Leben durch ihren Vetter Louis gewöhnt, verpraßte das ganze Vermögen in einem Jahr, jagte ihren Mann zum Teufel, der dann in einem kleinen Stübchen im 6. Stock zu Paris lebte u. als Commis in einem Handelshaus figurirte. Marie lebte nun mit einem 2. Bruder des Solms, ebenfalls ruiniert, – v. seiner Freu weggejagt – auf sehr vertrautem Fusse. Derselbe besorgte ihr nämlich Männer; nachdem sich nun viele mit ihr vergnügt, wie z.B. der damalige russ. Gesandte Graf Kiseleff etc, fand sich der Graf Pommeret (od. ré od. rais?) (od. Pommereux) der sie förmlich unterhielt u. ihr 2000f. p. Monat gab; mit diesem zeugte sie eine Tochter, die noch lebt. Trotz der vielen Gelder die der Graf P. schwitzte, trug er doch Hirschhörner – u. F. Lasteyrie, Carl Herz. v. Braunschweig etc etc theilten die faveurs. Marie *spielte* in dieser Zeit die Republikanerin, wurde auch wirklich, ||[9]| als sich Louis zum Kaiser gemacht hatte, ausgewiesen u. nach Brüssel gebracht, wo ihr F. Lasteyrie ein Pamphlet gegen Nap. schrieb. Nämlich alle ihre früheren Anbeter wie Ney, Fleury, L. Nap. desavouirten sie, weil einen reinem Legitimisten zu ihrem Geliebten hatte (d.h. der Kerl war sehr häßlich, aber spuckte Geld) u. erklärten sie niemals gekannt zu haben. Zu dieser Zeit gab L. Nap. ihrem legitimen Mann Geld um nach America stillschweigend zu entkommen, weil man ein Zeugniß fürchtete, da Marie sonst nicht feind mit ihm war, ihm auch öfters von den v. ihr sauer erworbenen Geldern zukommen ließ. Von Brüssel ging sie nach Spanien u. dann in die Schweiz, wo sie an den Bachanalien des Herrn Fazy Theil nahm u. Klapka's Geliebte für einige Zeit wurde. Später lebte sie mit Eugène Sue u. drückte diesem im Auftrage ihrer Vettern die Augen zu. Dann begab sie sich nach Turin, hatte manches Abenteuer mit Victor Emmanuel zu bestehn, u. dorten lernte sie U. Rattazzi kennen; ihr erster Mann war während dieser Zeit gestorben (oder expedirt) u. so führte dieser Ehrenmann die halbtaube (sie ist sehr schwerhörig) Catin heim. Jezt spielt sie ||[10]| wieder mit den Geldern ihres Vetters die erste Geige, ist beständig in Gesellschaft des Kebsweibes von Victor Emmanuel.

2) Herr *Beckmann*, den Sie in Ihrem Briefe erwähnen, ist jezt Redacteur en chef des *Temps;* am selben Blatte schreibt auch Herr Louis Blanc, mag aber wohl nicht wissen wer Beckmann ist!

3) Der verstorbene Pietri, Polizeipräfekt, dann Präfekt in Bordeaux u. Senator, war mit seiner leiblichen Tochter verheirathet – diese Frau war nämlich die Tochter seiner frühern Geliebten. Aus sichrer Quelle vernommen.

4) Der Graf *Hausmann*, Seine Prefect, der durch den Verkauf seiner Töchter an L. Nap. avancirt ist, hat die Pläne zur Verschönerung v. Paris dem Architekten Mabile unterschlagen, letzterer wurde deßhalb verrückt u. starb voriges Jahr im Irrenhaus – ist derselbe, der den Jardin Mabile baute.|

|[11]| [Notizen zum Konflikt in der Section de Paris]

Veröffentlicht in: MEGA② I/20. S. 111.|

|[15]/[16]| [Resolutions of the Central Council on the Conflict in the Section de Paris (Original Draft)]

Veröffentlicht in: MEGA② I/20. S. 112. |

[Vollmacht für Marx als Korrespondierenden Sekretär des Zentralrats der IAA für Belgien (Abschrift)]

||[17]| *1865.*

Fontaine 20. Au grand Hospice, à Bruxelles.

15 April. Folgende Vollmacht:

»*April 15th. 1865.* At a sitting of the Central Council on April the 11th inst. Citizen Marx was unanimously elected Corresponding Secretary *Pro tem.* for Belgium, in place of citizen Le Lubez resigned. On behalf of the Central Council

G. Odger. President. *W. Cremer.* Hon. Gen. Secret.«

Darauf ich geschrieben an Fontaine, mit Einlage der Vollmacht. /

/[17]–[19]/ [Karl Marx an Léon Fontaine, 15. April 1865 (Entwurf)]

Veröffentlicht in: MEGA② III/13. Br. 222. |

/[19]/ Despatched (this letter) on Monday, April 17. 1865. |

[Bibliographische Notizen u. a.]

|[20]| The *Publishers' Circular.* (2 mal Monat) 8sh. p. annum. *Sampson Low* (14, Ludgate Hill.) |

|[21]| *Spackman* (W. F.) Analysis of the Occupations of the People. (15sh.) (P. Richardson) 1847

id. *Statistical Tables of the U. Kingdom,* 1843. (Longman) (5s.)

W. F. Spackman. Commercial Barometer, from 1845 to 1853. (2sh.) (Author' 1853)

English, American, and General Corn Tables. (Rockliffe and Sons.) (1856)

G. R. Porter. Progress of the Nation. 3 ed. 24sh. Murray. 1851.

Sieh: *Herschel* (Sir J. F. W.) *Baronet. A manual of Scientific Enquiry.* 1849. 12°.

Porter, G. R. Statistics by G. R. P. (Revised by W. Newmarch. See *Hershel* (Sir J. F. W. *Bart.*) *A manual of scientific enquiry. 1859.*) |

|[22]| *8282. e. Periodic. Public. Europe. Great Brit. Edinburgh. Edinburgh Review.*

Additional Remarks on an article in the Edinburgh Review. Glasgow. 1818. 8°.

50th Anniversary etc *Anglo French Working Class Exhibition. Crystal Palace. Opened July 29* etc *Hon. Secret. R. Coningsby.* |

|[23]| *Periodical Publications. Europe. Great Britain. Edinburgh.* Edinburgh Review.

8205. c. The *Question of Population.* London. *1821. 8°.*

8206. b. Maitland. (J.) *Earl of Lauderdale.* Observations by the Earl of Lauderdale, on the review of his Inquiry etc. 1804. (8°)

8282. c. Sadler (M. T.) A reply to an article in the Edinburgh Review etc. 1831. 8°.

Periodical Publications. Europe. Great Britain. Edinburgh.

P. P. 6199 h. The Edinburgh Review (January–Oct. 1860) London. 1860. 8°. |

[George Richardson Porter: The Progress of the Nation]

|[24]| *Supplies of corn from Foreign countries.*

	Qrs		Qrs
1801	1,396,359.	*1811*	238,366
1802	498,359.	*1812*	244,385
1803	297,145.	*1813*	425,559
1804	398,067	*1814*	681,333
1805	842,879	*1815*	
1806	280,776	*1816*	225,263
1807	379,833	*1817*	1,020,949
1808	(more exports than imports)	*1818*	1,593,518
1809.	424,709	*1819*	122,133
1810.	1,491,341	*1820*	34,274
	6,009,468.		4,585,780
Annual Average	600,946.	*Annual Aver.*	458,578

Average der vorigen Colonne (1821–30)

	[Qrs]
1821	
1822	
1823	12,137
1824	15,777
1825	525,231
1826	315,892
1827	572,733
1828	842,050
1829	1,364,220
1830	1,701,885
Total:	5,349,927
Annual Average:	534,992 |

|[25]|	*Qrs*		*Qrs*
1831	1,491,631	*1841*	2,619,702
1832	325,435	*1842*	2,977,302
1833	82,346	*1843*	982,287
1834	64,653	*1844*	1,021,681
1835	28,483	*1845*	313,245
1836	24,826	*1846*	2,943,926
1837	244,087	*1847*	4,612,111
1838	1,834,452	*1848*	2,193,755
1839	2,590,734	*1849*	5,634,344
1840	2,389,732		23,298,353
	9,076,379.		
Annual Average	907,638.	*Annual Average*	2,588,706.

[(p. 139–140)] |

|[26]/[27]| *Porter.*

Periods of 10 years.	*Mean number of Population of Great Brit.* during each decennial period.	*No of Persons fed upon For. Wheat* Yearly Consumption estimated at 8 bush. per head.	*No. of Persons fed* upon For. Wheat. Yearly Consumpt. estimated at 6 bushels p. head.
1801–1810	11,769,725	600,946	801,261
1811–1820	13,494,217	458,578	611,437
1821–1830	15,465,474	534,992	713,323
1831–1840	17,535,826	907,638	1,210,184
1841–1849	19,592,824	2,588,706	3,451,608

[Periods] [of 10 years.]	*No of Persons upon home grown wheat* estim. yearly Consumption at 8 bush. p. head.	*No of Persons upon home grown wheat estim.* etc at 6 bush. p. head	*Additional* Numbers upon *Homegrown* at 8 bush.	Ditto at 6 b.
[1801–1810]	11,168,779	10,968,464		
[1811–1820]	13,035,639	12,882,780	1,866,860	1,914,316
[1821–1830]	14,930,482	14,752,151	1,894,843	1,869,371
[1831–1840]	16,628,188	16,325,642	1,697,706	1,573,491
[1841–1849]	17,004,118	16,141,216	375,930	184,426

[p. 143]

It has been stated by good practical authority, that „three labourers to 100 acres are a full complement.“

Average Price of Wheat per qr.

	sh.	*d.*		*sh.*	*d.*
1838	64	7	*1844*	51	3
1839	70	8	*1845*	50	10
1840	66	4	*1846*	54	8
1841	64	4	*1847*	69	9
1842	57	3	*1848*	50	6
1843	50	1	*1849*	44	3

(*Porter* [p. 148])|

|[28]|

	Arable and Gardens. Statute Acres.	*Meadows, Pastures, Marshes. Stat. Acres.*	*Waste capable of Improvement Stat. Acres.*
England.	10,252,800	15,379,200	3,453,000
Wales	890,570	2,226,430	530,000
Scotland	2,493,950	2,771,050	5,950,000
Ireland	5,389,040	6,736,240	4,900,000
Brit. Islands.	109,630	274,060	166,000
Total.	19,135,990.	27,386,980	15,000,000

	Annual Value of Wastes in their present state Stat. acres.	*Incapable of Improvement Statute Acres*	*Summary.*
[England.]	1,700,000	3,256,400	32,342,400
[Wales]	200,000	1,105,000	4,752,000
[Scotland]	1,680,000	8,523,930.	19,738,930
[Ireland]	1,395,000	2,416,664.	19,441,944
[Brit. Islands.]	25,000	569,469	1,119,159.
[Total.]	5,000,000	15,871,463	77,394,433.

[p. 160]|

[William Rathbone Greg: British Taxation]

|[29]| *Edinburgh Review. Jan. 1860.*

Kritik dẹṛ *„Financial Reform Tracts". Liverpool. 1859.*
„People's Blue Book". Lond. 1856.

Real Value of Exports v. England u. Wales.

1801	*1838*	*1858*
39,700,000*l.*	50,000,000	116,000,000*l.*

Amount of property insured gegen fire in England u. Wales:

1801	*1833*	*1855*
219,000,000	503,000,000	864,000,000

But only two sets of data exist for really estimating in any definite way the increase of national wealth; viz. the assessments under Schedule A. of the income tax, which show the *real* property, and the *legacy and probate duties*, which show the *personal* property made annually amenable to taxation. [(238)] *(Verte)* |

|[30]|

	Property:	*Revenue.*	*Tax per cent.*
1803 Real:	£.1,063,000,000		
Personal:	800,000,000	£38,600,000	2.07.
	1,863,000,000		
1814. Real:	1,650,000,000		
Personal:	1,200,000,000	£71,000,000.	2.49
	2,850,000,000.		
1845: Real:	2,300,000,000		

Personal:	2,200,000,000	£53,000,000.	1.18.
	4,500,000,000 |		
|[31]| *1858: Real:*	3,200,000,000		
Personal:	2,775,000,000	61,800,000.	1.034.
	5,975,000,000.		[p. 238/239]

Real Property of the Kingdom calculated, its yearly income amount, at 22 years purchase, including houses, railways, mines etc

Real Property of the Kingdom £.2,816,000,000 (128,000,000£ f. 1858 jährlich gerechnet)
Personal do. *do.* 3,400,000,000
£.6,216,000,000.

Nach möglichen Abzügen, 5,816,000,000*l.* f. das Kingdom. [(245)]

The numbers who pay the *direct taxes* in *Gr. Brit.* (*land tax*, *assessed taxes*, and *income tax*) … in reference to the total population comparatively few. [(253)] The ‖[32]| total number assessed under Schedules D. and E. in April 1856, was under *500,000*, but of these 202,000 were exempted. [(253 Note)]

The *middle and upper classes* constitute 1/4,
the *lower classes* 3/4. (ibid. p. 254.)

Newmarch in seinen *Electoral Statistics* (Journal of the London Statistical Society, June, 1857) gives the proportion of 70% of the population of England and Wales as living in houses rated under 10*l.* a year. [(266 Note)]

»the working classes of the U. Kingd. form, *at least*, 3/4 of the total population, or 22,500,000, leaving 1/4, 7,500,000 for the middle and upper classes, – ‖[33]| including among these, all who do not live by wages.« Zu 4.8 individuals gerechnet, 4,700,000 working class *families* in Great Brit. and Ireland.

Er nimmt an die average wages of an agricultural labourer's family in Great Brit. = 13sh. a week.

Those employed in manufactures earn at least twice, and sometimes three times that sum, as many individuals of a family besides the head employed in factory labour and in mines. [(266)]

The estimate Porter's was, that 10 or 12 years ago, the average earnings of a working man's *family* in these islands, nicht short of 40*l.* Er rechnet (es ist der Sauhund McCulloch) zu 45*l.* Dieß giebt: 211,500,000*l.*; rechnet zu 13,500,000*l.* for that portion of the wages of domestic servants which properly belongs to this category, we arrive at 225,000,000*l.* as the annual income of the working classes. ‖[34]| Nimmt an 27 Mill. £ for the whole kingdom as the sum of the annual incomes of those of the middle classes who have less than 100*l.* a year.

All whose income exceeds 100£ a year … assessed under the income tax, gabẹṇ 1858: 293,011,215. Danach entire revenue dẹṛ upper u. middle classes = 320 Mill. £. [(266, 267)] |

[Notizen und Berechnungen zu statistischen Angaben bis 1865]

|[35]| V. *1849–59* about 40% advancement in wages of agricultural labourers. (Sieh unten.)

V. *1849–59, average price per qr of wheat 2l. 11sh. 5/11 d.* (Dabei Years 54, *55, 56* schlecht, ausserdem war seit '53.

V. 1838–48, average price of wheat: 2l. 19.sh. 4/11.

Also in round numbers in *1849–59*, *2l.* 12 u.
in *1838–48 3l.*

This is, about a fall of 15% in the average price of wheat, during those 10 years.

Let us now compare the relative quantities of wheat imported:

V. *1838–48* = qrs 24,479,927 u. per *yearly average qrs* 2,225,447.

V. *1849–59* = qrs Jährlich average mehr als das doppelte. (Exclusive flour of wheat.) |

|[37]| In den *3 Jahren der Crisis* etc *in Lancashire etc*

		sh.	d.
1861	Wheat per qr.	55	4
1862		55	5
1863		44	9
Yearly Average		55sh.	10d.

In den 3 preceding *prosperity years:*

	sh.	d.
1858	44	2
1859	43	9
1860	53	3
Yearly average	47sh.	8d.

England und Wales Paupers 1849–59:

1849	934,419
1859	860,470
Decrease:	73,949

Obgleich die *Bevölkerung wuchs* v. *1849* 17,552,000
1859 19,746,000
Increase: 2,194,000.|

|[38]/[39]|

	Coined in the Mint.	Bullion Reserve in B. o. E.	Average Circulation of B. o. E. Notes	Gold and Silver Imported. Bullion Imported.	Exported
1858	1,690,359	16,446,000	20,563,000	29,493,190	19,628,876
1859	3,305,085	19,570,000	21,240,000	37,070,156	35,688,803
1860.	3,378,102	15,434,000	21,428,000	22,978,196	25,534,768
× 1861	8,673,232	12,091,000	20,109,000	18,747,045	20,811,648
1862	8,337,731	16,099,000	20,991,000	31,656,476	29,326,191
1863	7,310,032	14,322,000	20,100,000	30,030,794	26,544,040
		(Zus. f. 3 J. 51,450,000)			
Average of 1858–1860	2,791,182*l.*	*Average* 17,183,333	21,077,000	29,843,847	23,617,482
				(Surplus of Import:	6,226,365)
		(42,512,000)			
Average of 1861–1863	8,106,998.	*Average:* *14,170,666.* (f. 3 Jahre)	20,366,660 u. fraction	26,811,405	*25,560,626*
				(Surplus of Import:	1,250,779)
Differenz Yearly Average v. den 3 annual periods	+5,315,816	–2,946,000	–710,340	–3,032,442	+1,983,144.

Speziell *Kupfer* less cointed v. 1858–60 than 1861–63 um on average 272,362£.

Thus in the yearly average of the 3 years *1858–60* the average number of Banknotes in circulation by B. o. E. *710,340£* more than in 1861–63, *1858–60* of £. Bullion in the Bankreserves *2,946,000* more than in *1861–63.*

(gold, silver, copper coin) 1858–60 coined in the mint £*5,315,816* less than in 1861–3

Bullion imported 1858–60 mehr imported average yearly bullion *3,032,442* mehr than in 1861–3

Bullion exported 1858–60 less exported *1,943,144* than in 1861–3.|

|[40]| *Railways.*
(Shares, Loans etc)
Total Capital paid up, *at the end of each year*

	£
1858	270,871,643
1859	277,665,518
1860	*288,691,611*
1861	299,446,182
1862	*318,237,038*

In den 2 J. 1858–59 durchschnittlich gezahlt in Anlage v. Eisenbahnen, Shares, Loans etc £*274,268,580*

In den 2 J. 1861–*1862* durchschnitt.: £:*308,841,632.*

Differenz: Surplus f. die letzten 2 Jahre: £.34,573,052.

Durchschnittlich jedes Jahr.

299,446,182	288,691,611
288,691,611	299,446,182
10,754,571	10,754,571 |

|[41]|	*1849.*	*1859.*	*Rise.*
1) *Aberdeenshire*, Wages of ploughmen with board and lodging p. year	*16l.* (noch nicht 6sh. 2d. p. week)	*22l.* noch nicht 8sh. 6d. per week	〉37%
2) *East Lothian* labourers generally	p. week 10sh.	15sh.	〉50%
3) *Northumberland labourers gen.*	12sh.	15s.	25%.
4) *Leicester labourers gen.*	8s.	12s.	50%
5) *Oxfordshire carters and shepherds*	8s.	14s.	87%
6) *Wiltshire labourers*	7s.	8s.	16²/₃
7) *Kent.*	9s.	12s.	33¹/₃
8) *Devonshire*	8s.	12s.	50%
9) *Cornwall*	8s	12s.	50%
10) *Dorsetshire*	7s.	9s.	33¹/₃
Average			about 40%.

20,811,648
18,747,045
2,064,603 |

|[42]| 8,673,232
3,378,102
5,295,130

5,295,130
2,064,603
3,230,427

21,428,000
20,109,000
1,319,000

3,230,427
1,319,000
1,911,427

26,606,340
4,294,145
22,312,195 |

|[43]| *Account f. the week ending on Oct. 11. 1865.*

Notes Issued:	26,606,340.	
Notes in Banking department:	4,294,145.	*(Reserve)*
Also Notes in Circulation:	22,312,195.	
Gold Coin u. Bullion (Issue Department):	11,956,340.	
ditto Reserve in Banking Dep.	80,006.	
Total of Bullion etc	*12,736,346*	
Gesammt *Reserve des Banking Dep.*	4,294,145	Notes
	780,006	(Gold etc.)
	5,074,151	
Other (Private Securities)	£. 24,086,476.	
Public Deposits:	£. 7,228,737	
Other Deposits:	13,506,498	
Total Deposits:	*20,735,235* |	

[Bibliographische Notizen zu Japan u.a.]

|[45]| *14905. Trade and Commerce.* 1770.
14977 Vestiges of Creation. 1844.
16693 Japan as it was and is, by *Richard Hildreth.*
17395 Lavergne. The Rural Economy.
17903 Japan and her people. Steinmetz.
17904 Japan and the Japanese by F. Tomes
17905 Japan, by the Bishọp of Victoria
17906 Japan (Two Journeys in) *by K. Cornwallis* |

[Notizen zu Ausgaben]

|[48]| 1) (Montag 16 März)

V. den *15£*	gegeben f. Ersatz an Laura	*3£.*
17 März.	für Gas u. Wasser:	*4£.*
	an Mama ausserdem	*1£. 10s.*
		8£ 10s.
	10s. an Jenny.	8£ 10
		10
		9£.
18 März	3£ an Lehnchen f. Bierfrau	
	10s. ditto f. Hausgeld.	
19 März	3*l.* 10s. f. Kohlen. |	

|[49]| 2)

V. den 20£

		£
16 März	an Mama	2
17 März	f. Lauras Corsette etc	3
18 März	f. shopping m. Laura	3
	Abend wieder	3
19 März	wieder	4
		£15 |

|[50]| 3)

19 May. £10 – Lehnchen (nämlich *4£* f. 1 Schwein[,] grocer, *3£* teagrocer, *3£* rückgezahlt an Withers)

10s. gezahlt an fishmonger.

2£ an Millers

16£ 5s. an landlord.
1£ 10s. f. die Irish
30£ |

|[51]| *20–26 März:*
1£ f. carpenter.
10s. 6d. f. Medizin.
Lehnchen u. Mama f. Pfandhaus 10£
Teagrocer 1£. 14s. |

[Notiz zur Datierung]

|[1*]| K Marx
London
17 December. 1864. |

[Notizen zu Mitgliedskarten der IAA]

|[2*]| *N. 530. Strohn. (Bradford)*
N. 536 K. Schapper.
N. 537 K. Pfänder.
N. 531 Juta.
N. 532 Nanette Philips.
N. 533 Caroline Schmalhausen
N. 534 Lion Philips
N. 535 Christine Osti
N. 536. Dronke (Liverpool)|

|[3*]| *1866.* Cards of Membership

Engels u. Moore N. 5429 u. N. 5430.
An Liebknecht 6 Nos 5418, 5419, 5420, 5421, 5422, 5424.
An *Dr Kugelmann.* 5425–5426. (2 Nos)
Paul Stumpf 5415–5417. (3 Nos)
An Vogt (Berlin) 6 Nos. 1) *5429*, 2) *5428*, 3) *5427*, 4) *5423*, 5) *5413*, und 5407.|

[Wohnadressen]

|[5*]| *Schily. 142, Rue Lafayette, Paris.*
Massol. 14, Boulevard Poissonière, Paris.
Kaub, 9, Pentonville-road, Islington.
Jung, 4, *Charles Str., Northampton-square, Clerkenwell.* |
|[6*]| J. F. Haines, 39, Jubilee Street Mile End, London, Esq. |

|[7*]–[9*]| [Karl Marx an Johann Baptist von Schweitzer, 16. Januar 1865 (Entwurf)]

Veröffentlicht in: MEGA② III/13. Br. 92. |

[Notizen zum Briefwechsel mit J. G. Eccarius, W. Liebknecht und F. Engels]

|[10*]| Brief *an Eccarius* über seinen Artikel. *22 Feb.* '65

Brief an Liebknecht 23 Feb. 1865. Auszug. (Lag in diesem Brief die Erklärung über Austritt aus dem „*Social Demokraten*")

»In den paar kurzen Auszügen, die Eccarius aus meiner Rede im Arbeiterverein giebt, befindet sich einiges, *was direkt das Gegentheil v. dem enthält was ich sagte.* Ich habe ihm darüber geschrieben, ihm überlassend ob er es in seiner nächsten Correspondenz berichtigen will od. nicht, da unter den jetzigen Umständen nicht viel daran liegt.« |

|[11*]| *Adressen v. Liebknecht geliefert.*

1) *Berliner „Reform".*
2) *„Neue Hannöversche Anzeigen". Hannover. Robert Schweichel.*
3) *Osnabrücker Zeitung. A. Liesecke.* Buchdruckereibesitzer, Redlingerstrasse 4 C, *Osnabrück*
4) *v. Stramberg* (Rittmeister) Lützower Wegstrasse. *19. Berlin.*
5) *Schweitzer Adresse. Adresse: M. Dupleix.* 4. rue Pelisserie.
6) *Fr. A. Lange (Sphinx)* Duisburg. |

|[12*]| *Engels schreibt mir d. d. 9 Nov. 1864.*

»Ich schicke dir den gestrigen Guardian, woraus Du den Bericht des Relief Comités ansehn mußt, um zu sehn welch ein Unterschied zwischen den ateliers nationaux des Herrn Marie u. denen der Herren Engländer besteht. Bei ersteren wurden Arbeiten von zweifelhaftem Nutzen gemacht, aber der größte Theil des ausgegebenen Geldes floß doch in die Hände der arbeitslos gewordenen Arbeiter. Hier werden ebenfalls Arbeiten v. zweifelhafter Nothwendigkeit (aber schließlich sicherem Nutzen für die Bourgeois) gemacht, aber v. £.230,000 fliessen blos £.12,000 in die Hände der factory operatives für die die ganze Summe bestimmt war (nämlich blos was für „unskilled labor" angesetzt ist.) Der Act ||[13*]| for the relief of the distressed factory operatives wird also verwandelt in einen for the relief of the undistressed middle classes, die dabei an Communalsteuern sparen.« |

|[14*]| [Resolutions of the Central Council on the Conflict in the Section de Paris (Abschrift)]

Resolutions on March 7.

I Resolution. Whereas citizen Tolain has several times tendered his resignation, and the Central Council has as often refused to accept it, the said Council now leaves it to citizen Tolain and the Paris Administration to reconsider, whether or not under present circumstances, this resignation be opportune. The Central Council confirms beforehand whatever resolution the administration may come to on this point.

II Resol. In deference to the wishes of a meeting of 32 members of the working men's Intern. Assoc. held at Paris Feb. 24, and in obedience to the principles of popular sovereignty and self government, the Central Council cancels its resolution relating to the appointment of an ||[15*]| official vindicator for the French press. At the same time the Council seizes this opportunity of expressing its high esteem for citizen Lefort, in particular as one of the initiators of the Workingmen's Intern. Society and in general for his approved public character, and further it protests that it does not sanction the principle that none but an *ouvrier* is admissible as an official in our society.

III Resol. The Council resolves that the present Administration with the addition of citizen Vinçard be confirmed.

IV Resol. The Central Council earnestly requests the Administration at ||[16*]| Paris to come to an understanding with citizens Lefort and Beluze, so as to admit them, and the group of ouvriers they represent, to be represented in the Administration by 3 members, but the council while emitting such a wish, has no power nor design to dictate.

V) The Administration at Paris having expressed its readiness to acknowledge a direct delegation from the Central Council, the Council accordingly appointed citizen Schily to be its ||[17*]| delegate to the said Administration.

Privatinstruction an Schily.

„In case no compromise be arrived at, the Council declare that the group Lefort, after *having taken out their cards of membership*, will have the Power under our statutes (see § 7) to form a local branch society.“

[Wohnadressen]

Beard. Photographer. 31, King William St. London Bridge.
C. Hawkins. Brighton School of Photography. 38 Preston Str. and 12, East Street. [Brighton] |

[Notizen zu „Value, Price and Profit"]

|[18*]| *ad Howell. The greater the wages, the greater not only the amount, but the rate of profits.* The highest wages *give the highest rate of profits.*

ad Cremer: agricultural labourers would spend 9 instead of 18sh. Spent on necessities. Additional demand without additional supply.

Increase of demand increased immense *of supply.* |

|[19*]| *Circulating medium would be contracted.*

Decrease of circulation = decrease of capital = decrease of production, and, hence, *decrease of wages.* |

|[20*]/[21*]| [Draft for the Final Passage of „Value, Price and Profit“]

Veröffentlicht in: MEGA② I/20. S. 140. |

[Abschrift des Briefs von Charles Mathieu Limousin an Eugène Dupont, 6. Juli 1865]

|[23*]| *Paris 6 Juillet. Ch. Limousin an Dupont.*

»À la suite de la saisie de la *Tribune (ouvrière)* je me suis rendu à Bruxelles, ne trouvant plus d'imprimeur à Paris, pour tâcher d'y faire paraître le journal. Là, je me suis souvenu de ma qualité de membre de *L'assoc. Intern. des travailleurs* et de correspondant à Paris du comité central de la dite Association. Je me suis alors informé s'il y avait à Bruxelles un correspondant et des adhérents et voici ce que j'ai appris:

Il y a eu pendant un temps à Bruxelles un nommé Mr. Fontaine qui était correspondant du comité de Londres. Lorsque L'Association fut fondée, ou plutôt, lorsque Mr. Fontaine fut nommé correspondant, Mr. Fontaine était secrétaire pour l'extérieur d'une société appelée la *Fédérative et* qui avait un but analogue au notre.

Mr. Fontaine réunit un jour La *Fédérative* et proposa la fusion des deux sociétés, ce qui fut voté à l'unanimité. |

|[24*]| Des difficultés ne tardèrent pas à surgir. D'une part Mr. Fontaine ne prétendait que les membres de la Fédérative devenus membres de *l'Assoc. Intern.* devaient, tout en continuant à verser 1f. 50c., comme par le passé, payer encore 1f. 50c. pour la délivrance de leurs cartes; de l'autre il prétendait ne pas relever de l'élection et être nommé par le comité central de Londres; enfin, il entretenait des correspondances, dont il ne rendait pas compte, avec Mazzini et les hommes qui ont, à ce que l'on dit, voulu enrayer ou tuer *l'Assoc. Intern.*

Les Belges, de leur côté, prétendaient ne payer qu'une cotisation, nommer eux-mêmes leur correspondant, enfin savoir tout ce qui se faisait et se disait en leur nom.

Aucune des deux parties n'ayant voulu céder, on envoya promener Mr. Fontaine et *l'Ass. Intern.* avec lui. Il s'adressa alors à la *Société* ‖[25*]| *Typographique* de Bruxelles, où il trouva les meilleures dispositions; mais aux mêmes prétentions il obtint la même réponse. Je tiens les premiers renseignements de M. Brismée, imprimeur, et les seconds de Mr. Kats, président de la société typographique. M. Kats a même ajouté, que M. Fontaine prétendait que les frais du Congrès seraient faits par *L'Association*, tandis que les typographes disaient que c'était aux Belges à donner leur hospitalité à leurs frères des autres nations. Je vous dis cependant que je ne sais pas quelle extension ils donnaient au mot hospitalité. Venons en aux faits.

Quoique à Bruxelles il y ait d'excellents éléments pour *l'Ass. Intern.*, elle n'y compte pas d'adhérents, et cela si mes renseignements sont exacts, et j'ai tout lieu de les croire tels, à cause des prétentions personnelles de celui que le comité central avait choisi pour correspondant. |

|[26*]| En l'état je viens vous proposer de vous mettre en rapport avec les deux Sociétés dont je vous ai parlé; c'est je crois le vrai moyen d'installer *l'Assoc.* à Bruxelles. Quant aux prétentions des Belges, elles me paraissent justes.

J'ajouterai qu'il serait bon d'avoir là bas plusieurs correspondants, car ils sont plusieurs groupes assez tranchés; ce qui, d'ailleurs, n'a pas d'inconvénients: puisque, *l'Ass. Intern.* fondée pour l'étude des questions économiques, ne peut proclamer elle-même que les idées générales sur lesquelles nous sommes tous d'accord.

Ch. Limousin.» |

|[27*]–[31*]| [Karl Marx an Léon Fontaine, 25. Juli 1865 (Entwurf)]

Veröffentlicht in: MEGA② III/13. Br. 279. |

[Wohnadressen]

|[33*]| *Adresse: J. Ph. Becker:* 6, rue du Mole. Genf.
Siegfried Meyer, Bergingenieur, 6 Ritterstrasse. Berlin.
Vogt. 16, Mathieustrasse, 4 Treppen, Berlin.
Wilhelmchen 10 Bayrische Strasse Leipzig. |

[Notizen zu Ausgaben]

||[35*]|| *1870*

22 Juni.	5£ an Möhme	
23 Juni.	2£ (f. Wäsche, an Helen gezahlt)	
25 Juni.	2£ 5s. 6d. Withers.	
Tussy ...	*Lorgnette* 9s. 6.	
	Brille 12s.	1£ 4s. 6d.
für mich	*Brille* 3s. 6d.	
26 Juni.	35£ an Möhmlein	
	Zus. 45£ 4s. 6d. |	

Hefte zur Agrikultur

Großheft 1865/1866

Exzerpte aus Werken von H. Gregoir, P. E. Dove, J. v. Liebig, H. Maron, M. Wagner, L. Mounier, L. de Lavergne, A. Quételet, E. J. Smith, H. Smith, J. L. Morton, W. Hamm, J. F. W. Johnston, J. Evelyn, aus Dictionnaire de l'Économie Politique, Compte-Rendu du Meeting Démocratique de Patignies, Manifest der Maatschappij ..., Parlamentsberichten und Zeitungsartikeln

[Inhaltsverzeichnis von Friedrich Engels]

|[0a]| ca. 1865

[Bibliographische Notizen]

|[0b]| 2623

Thomas Manly.

Report from the Secret Committee of the H. of Lords appointed to inquire into the Causes of the Distress etc Ordered by the H. o. Commons to be Printed, 28 July 1848 (Reprinted, 1857)

Robert du Var. (Histoire de la Classe Ouvrière)

Ducpétiaux. (Budgets Économiques des classes ouvrières en Belgique.)

Cernuschi (Henri) *Mécanique de l'échange.* (Guillaumin) 1865. 3f. 50c.

Coullet (P. J.) *Études sur la circulation monétaire: la Banque et le Credit.* (Guillaumin) 6f. 50c.

Laveleye (Émile de) *Le Marché monétaire et ses crises depuis cinquante ans.* (Guillaumin) 6fr.

Mr. Jenkins, manager of the Great Western Docking Depôt, Glasgow

Daire. Galiani. Carey.

Darwin. Journal of Researches. p. 324. |

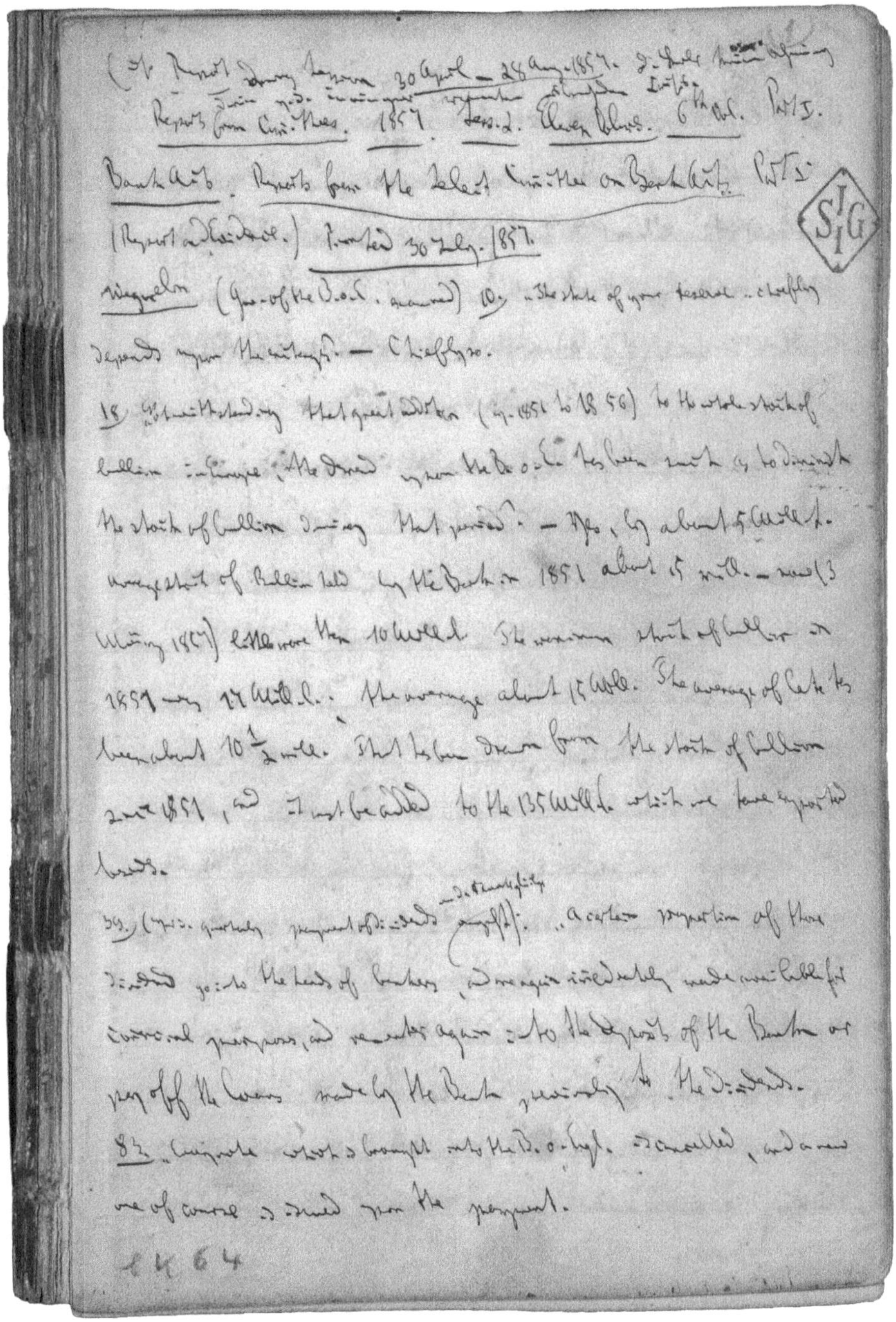

Report from Cmittees. 1857. Sess. 2. Eleven Volumes. 6th Vol. Part I.

Bank Acts. Reports from the Select Committee on Bank Acts. Part I. (Report and Evidence.) Printed 30 July. 1857.

Weguelin (Gov. of the B. o. E. examined) 10. "The state of your reserve ... chiefly depends upon the exchanges? — Chiefly so."

18) "Notwithstanding that great addition (v. 1851 to 1856) to the whole stock of bullion in Europe, the drain upon the B. o. E. has been such as to diminish the stock of bullion during that period? — Yes, by about 5 Mill. £. average stock of bullion held by the Bank in 1851 about 15 mill. — now (13 May 1857) little more than 10 Mill. £. The maximum stock of bullion in 1852 was 22 Mill. £, the average about 17 Mill. The average of late has been about 10 1/2 mill. That has been drawn from the stock of bullion since 1851, and it must be added to the 135 Mill. £ which we have exported hence."

39.) (Weg. quarterly payment of dividends ...) "a certain proportion of those dividends goes into the hands of bankers, and is again immediately made available for commercial purposes, and re-enters again into the deposits of the Bank or pays off the loans made by the Bank previously to the dividends."

83. "Consols which are brought into the B. o. Engl. is cancelled, and a new one of course is issued for the payment."

Aus: Report from the Select Committee on Bank Acts ... 30 July 1857
Hefte zur Agrikultur. Großheft 1865/1866. Seite 1

Reports from Committees. 1857. Sess. 2. Eleven Volumes. 6th Vol. Part I. Bank Acts. Reports from the Select Committee on Bank Acts. Part I. (Report and Evidence.)

Printed 30 July. 1857.

|1| (Dieser *Report* during Session *30 April – 28 Aug. 1857.* Die Kerls keine Ahnung darin v. der in ein paar Monaten ausbrechenden Crisis.

Weguelin (Governor of the B. o. E. examined) *10.* »The state of your reserve ... chiefly depends upon the exchanges?—Chiefly so.

18 »Notwithstanding that great addition (v. 1851 to 1856) to the whole stock of bullion in Europe, the demand upon the B. o. E. has been such as to diminish the stock of bullion during that period?—Yes, by about 5 Mill. *l.* Average stock of Bullion held by the Bank in 1851 about 15 mill.—now (3 März 1857) little more than 10 Mill. *l.* The maximum stock of bullion in 1851 was 17 Mill. *l.*; the average about 15 Mill. The average of late has been about 10½ mill. That has been drawn from the stock of bullion since 1851, and it must be added to the 135 Mill. *l.* which we have exported besides.

39. (Was die quarterly payment of dividends an die Staatsgläubiger angeht): »A certain proportion of these dividends go into the hands of bankers, and are again immediately made available for commercial purposes, and re-enter again into the deposits of the Bank or pay off the loans made by the Bank previously to the dividends.

83. »Every note which is brought into the B. o. Engl. is cancelled, and a new one of course is issued upon the payment.|

|2| *101.* »While ... the multiplication of transactions throughout the country and the increase of prices taken together, are causing a greater demand for the lower kinds of circulation, the increased banking facilities are diminishing the demand for the higher class of notes.

159 The private deposits (dẹṛ B. o. E.) consist, to a certain extent, of the deposits of the bankers and the joint stock banks of London. Those deposits are the amounts which those bankers require to work their own business.

196 (Dürfte dịẹ Bank o. E. 2 Mill. *l.* mehr ausgeben) »it would either add to your reserve, or, by an efflux of bullion, (bei adverse exchange) your reserve would be diminished to a corresponding extent?—Yes.

205. Will you state why the creditor upon notes should have a preference over other creditors of the Bank, either upon running accounts or deposits? ... The depositor enters into a voluntary trust with his banker; but a note which circulates from hand to hand is received in payment by the public, generally speaking.

229 1847 war dịẹ Reserve dẹṛ Bank down to £.1,994,000.

241. The discounting of bills to that extent (nämlich 1 Mill. jeden Tag, 3 Tage etc. nacheinander) would not reduce the reserve unless the public demanded a greater amount of active circulation. The notes issued on the discount of bills would be ‖3| returned through the medium of the bankers and through deposits. Unless these transactions were for the purpose of exporting bullion, and unless there were an amount of internal panic which induced people to lock up their notes, and not to pay them into the hands of the bankers, as is usually the case, the reserve would not be affected by the magnitude of the transactions.

Mr. Laing asks dẹṇ Schweinhund Weguelin:

252 Do you not think ... that the B. o. E., by lowering the rate of interest so low as 2% in 1845–6, and again in 1852, did stimulate the spirit of speculation etc?—that spirit of speculation depended more at those times upon the *amount of capital* which was *unemployed.* That amount of capital unemployed no doubt was indicated by the low rate of interest current in the market, which low rate of interest the Bank thought it advisable at the time to indicate in the rate which they charged; but *the rate which the Bank charged* was not the cause, but only the *index of that amount of unemployed capital.*

254 It is not possible for the Bank in times of very large deposits to employ them; and you will observe, ... that during the periods of large deposits our reserve has been of a very large amount indeed. In 1852, when our total deposits were 19 Mill, our unemployed notes were 13 Mill. *l.* |

|4| *260.* We have a certain amount always invested in railway debentures ...

262. the management of your banking reserve is the one essential point in your banking system?—It is so.

269. When there is a low rate of interest, the discounts of the B. o. E. are always very small indeed ... Whatever rate of interest the Bank may charge, any competing bank and the discount houses will of course go lower.

271. The rate of interest is merely an index of the *amount of unemployed capital seeking investment.*

(*In der sitting v. 19 Mai* '57, wo die folgende examination ist Weguelin nicht mehr Governor of the B. o. E., sondern *Neave.*)

311. An adverse exchange means nothing more than the number of bills upon this country exceeding the number of bills which this country has drawn upon other Countries.

315. The larger proportion of all the bills which the Bank discounts comes through the discount brokers.

323. On the 26th of June 1852, the bullion amounted to 22,000,000*l.* The notes with the public amounted to 21,000,000*l.*

475. the B. o. E. has a limited power over the moneymarket during certain periods of the quarter, when public balances are accu||5|mulating, and when there is no money to be had except at the B. o. E. Then it has a certain power of raising the rate of interest, but that again finds its level the moment the public monies come out in the shape of dividends.

480. The market rate of discount is the price you pay for a deferred payment. The rate of interest is for a permanent annuity.

485 Mit Bezug auf die rate of discount »the competition in the market being governed by *the amount of floating capital at the time applicable* to *that particular transaction*«.

500. The Bank may discount a million and a half in a day, and that is done constantly, without its reserve being in the slightest degree affected, the notes coming back as deposits, and no other alteration taking place than the mere transfer from one account to another.

501 What do you mean by „*floating capital*"?—It is capital applicable to loans of money for short periods. *502)* B. o. England notes ... country banks circulation, and the amount of coin which is in the country.

503. It does not appear from the Returns before the Committee that there is any very great *variation* in the *active circulation*, if by floating capital you mean active circulation?—I include in floating capital the *reserves of the bankers*, in which there is a *considerable fluctuation.*

The floating capital that is lost then is only *bullion*, your reserve depending ‖6| upon that?—Yes, bullion.

505. Checking imports ... the desideratum. [in Zeiten of drain].

510 I know of no other mode of getting out of a monetary difficulty, when it is consequent, as it almost invariably is, upon an inflation of credit, then such a measure as will gradually, and effectually shorten credits and bring matters nearer to money payment.

634 (Wilson fragt): Should not his (des banker's) reserve be in something in which he can legally pay his obligations?—Certainly.

635 For country bankers, who issue notes and are holders of deposits, B. o. E. Notes are a sufficient reserve, because in their hands they are a legal tender?—Yes.

636 In the case of the B. o. E. itself; Bank notes cannot be a reserve, because they are not a legal tender?—No. *637* Therefore, the *only reserve* which the B. o. E. can be said to hold is *bullion*, in which alone it can pay its obligations?—Precisely so.

641 Wird 1000£ Note präsentirt, so müßt Ihr in Gold zahlen, *642* ditto f. cheque upon a deposit, *643* cannot offer notes?—No.

644 Therefore, in either case, *gold alone* will meet the two sets of liabilities?—It is so.|

|7| *652* In point of fact, the circulation of the country is so much abstracted from the portion of its capital yielding profit for the purpose of performing the duty of circulating commodities and making payments?—Yes.

653 Any notes or gold that are in circulation are of no use, except for the purpose of carrying on the transactions of trade from day to day?—No, they are unproductive.

654 Therefore, no person has any inducement to retain a larger amount of circulation, whether it be metallic or whether it be paper, than is actually necessary for the purposes for which circulation is required?—Certainly not.

719 1831 seven joint stock *banks of issue* established, 10 in 1832, 12 in 1833, 5 in 1834, 35 in 1835, 7 in 1836 ... during 6 years, 76 joint stock banks of issue, independently of banks of deposit.

721 You cannot doubt that the establishment, during that excited period, of no less than 76 j. st. banks of issue, *there being no restraint* then according to the law upon the amount of circulation, must have increased very much the competition for the circulation of country bank notes in the hands of the public?

722 ... Paper 19 (*Appendix*, [No. 15,] p. 148) shows the amount of monthly circulation of notes in the hands of the public, from 1833 to the present time. ... *Danach:* |

|8| *Notes*

	B. o. E.	*Private Banks*	*Joint St. Banks.*	*Other Banks*
September 1833	19,014,000*l.*	6,163,037.	1,115,521	2,307,086.

Aggregate circulation of the country banks: £.9,585,644.

723 Passing over Scotland and Ireland, the aggregate of the whole country *136,035,244*

724. Dec. 1837: B. o. E. circulation: 17,176,500*l.*; private Banks 6,382,153; joint stock banks, 3,657,415*l.*; country banks 10,357,651*l.*, *Aggregate* 36,163,306.

725 Notwithstanding ... the establishment of 76 new banks of issue competing with one another, and endeavoring to force their notes into circulation during the whole of that period, ... between the 2 periods no material increase in the aggregate circulation of the country.

727 Take any one month in each year during the whole period, (z. B. the highest amount of September each year.) *Sept. 1834* gives up, verglichen mit 1833, about 700,000*l.*, *Sept. 1835* Decline of 400,000, *Sept. 1836* (compared m. 1833) increase of 1,600,000, *Sept. 1837* it was about the same as in Sept. 1833.

750 Supposing you were to send to your broker, Mr Mullins, 300,000*l* of any particular security, to sell in the market, and he was to effect the sale in the course of the morning, receiving payment in cheques upon the B. o. E. ... would not the only effect, as to the position of the Bank in the evening be, that you ||9| would hold *l.* 300,000 less of gvt securities, and hold 300,000*l.* less in deposits?—That is almost invariably the course.

752 Wenn 300,000*l.* of securities sold to 6 different persons, in amounts of 50,000*l.* each, who paid for them by giving him cheques upon private bankers, or brought B. o. E. notes from the private bankers for the purpose, ... the effect ... that each of those private bankers, keeping only a sufficient reserve of notes in their possession from day to day to conduct their business, would have to send to the B. o. E. for the 50,000*l.*, in order to give them to the customer or to replace their reserve?—Yes, that would be the effect.

759 »You are aware«, sagt Weguelin, in answer to Wilson, »that the holders of that particular theory [der Currencytheorie] now include the *reserve of the B. o. E.* in their definition of *circulation*, in which case there has been a difference in the amount of circulation.

760 Word *„circulation"* in the evidence before the Parliam. Commission of 1840 ... was notes in the hands of the public.

785 in the event of a bankruptcy of the B. o. E., those assets (securities u. bullion) in the issue department would not be appropriated for the note holders exclusively?—I think not ... there is nothing in the Act of 1844 which distinguishes the security of one portion of the business of the Bank from the other, whether as a bank of issue or a banking department. |

|10| *843* »now, seeing that you have a *reserve of notes* almost exclusively in your banking department, which are *not a legal tender* by the B. o. E., do you not think that it is a contradiction in terms, that the reserve of the B. o. E. should appear to consist *of its own notes* which it cannot offer in payment, unless people chose to take them?—that is a bullion reserve, though it is stated as notes; they are *bullion notes ...*« *844* they represent part of the bullion in the issue department. *847* ... to constitute them a real reserve, you are obliged ... to adopt the bullion in the issue department as the reserve of the banking department?—It amounts to that.

976 (Wilson)—the whole demand for bullion, beyond the ordinary circulation of the country, is to meet a foreign drain when it arises.

985 Weguelin verweist auf *Appendix – Paper N. 16* (p. 300), was folgt: in 1831 a 5*l.* note remained out 115 days, and now it remains out only 70 days. Now if the average amount of circulation is the same, it is clear, that there is a much greater activity of the circulation now than there was in 1831. It will be seen that there has been a greater activity in all denominations of notes ... In 1729 ... a 10*l.* note remained out 236 days. In 1818 it remained 137 days out; a 10*l.* now remains ||11| out 58 days only.

1067 But selling securities is not making advances, is it?—It is making advances upon bills instead of holding the amount in securities.

1106. (Wilson): »The notes in the hands of the Bank are a mere imaginary element, rather representing the power of the Bank to issue notes up to a certain amount than representing anything that may be called issues or circulation?

1154 Nach dem Act of 1833 B. o. E. note legal tender anywhere in England, except at the B. o. E.

1194 Wilson sagt: (Von the B. o. E.) »being very large dealers in *the commodity of capital.*«

Wilson examining immer noch den Weguelin.

1197 There is no power in the B. o. E. of controlling the rate of discount, any more than there is in any other large dealer in an article of controlling the price of the article?—I think none, with the exception of those particular periods that I have mentioned.

1198 That is, in point of fact, at times when you happen to be very large holders of *the commodity* required?—When, in fact, we are holders of the greater portion of the unemployed capital.

1199 When, in fact, you are the chief holders in the market?—Yes.

1218 (In 1847): »the engagements (zum grossen Theil f. Korn) running upon this country had to be met. Unfortunately, in 1847, they were met to a great extent by failures; but to the extent to which they were not met by failures, they were met by the exportation of bullion. |

|12| *1258* Practically (sagt Weguelin), I think, the rate of discount is governed by the *amount of unemployed capital* which there is in the country. The amount of unemployed capital is *represented* by the reserve of the B. o. E., which is practically *a reserve* of bullion. When, therefore, the bullion is drawn upon it *diminishes the amount of unemployed capital in the country*, and consequently raises the value of that which remains.

1263 I think it is in reality no hardship to an individual that he should be called upon, if he gives credit at all, to give it from his own resources, and not from the resources of his banker.

1423. (Newmarch) »It is the fact, that where you have a rise in prices, you generally find a fall in circulation; and where you have a fall in prices, you generally find a rise in circulation.«

1424 Nach Newmarch geglaubt, daß die Goldcirculation in the *U. Kingd.* mit Ausnahme der Bankreserve 40 Mill. u. at the close of 1856, *70 Mill.* daß California u. Australia have added 20 Mill. *l.* to it.

1515. »There is no doubt whatever that if you increase transactions, if you increase dealings, and if you increase the price of commodities to be exchanged, other things remaining the same, you require more circulating medium. It is only upon that principle ||13| that we can explain to ourselves ... that, during the last 7 or 8 years, the amount of sovereigns circulating in the U. Kingd. has been increased 25%.«

Wirkung des Gesetzes v. 1844 auf die Discountrate durch die Bankreserve. 1357.

1563. »The circulation of a banker, so far as it is kept out upon the average, is an addition to the effective capital of that banker, is it not?—Certainly.

1564. »Then whatever profit he derives from that circulation is *a profit derived from credit*, and not from a capital which he actually possesses?—Certainly.

Ueber das Hoarden der Indier. Die Ornaments dienen ihnen als (zinsloses) Investment. Sieh *Mill. 2084* l.c. Diese silver ornaments brought out u. coined manchmal, »when there is a high rate of interest, and goes back again when the rate of interest falls.« (2101.)

2303 (Mill gefragt) You do not agree with Mr. Tooke in thinking that a mixed circulation of convertible paper must fluctuate always as a metallic currency?—I am not aware that Mr Tooke thinks that it must fluctuate *in quantity* as a metallic currency would.

2377 (Hubbard) The largest amount of bills discounted (by the B. o. E.) by the Bank is when the rate of discount is highest.

2378 »The Bank never goes either so low or so high as its competitors.«

[Report from the Secret Committee of the House of Lords Appointed to Inquire into the Causes of the Distress ... 1848]

3129. (H. o. Lords Committee. 1848) Tooke erklärt änderte seine Ansicht über Circulation in Folge des monetary Derangement 1836–37. Setzt seinen Irrthum darin, daß er *Banknotes* verwechselte mit *Government Money Paper*. »Banknotes issued on loan for short Periods, and strictly convertible, are simply the Effect of Transactions and not Causes of them. They may or may not ||14| be the *effect of Prices;* but I should say generally that they vary more according to the Nature and Amount of pecuniary Transactions circulated with the state of Trade than according to Prices.

429 (H. of Lord Committee 1848. *Morris* Governor der B. o. E.) »Every year there is a fresh class (of light sovereigns). The class which pass full weight one year by the wear and tear of the next year lose sufficient to make the scale turn against it. |

|15| Manifest der Maatschappij: De Vlamingen Vooruit!

Brussel. 1860.

»Degene die hedendaags meester is van het crediet, is meester van den arbeid«. (10)

$4^{1}/_{2}$ millioen Belgen … 930,000 huisgezinnen die de natie uitmaken … het hiervolgende *officiëel tafereel:*

Er sejn in België:

90,000 huisgezinnen van kiezers levende in welstand, en te Zamen eene bevolking bedragende van 450,000 zielen. (5 Personen per Familie)

390,000 huisgezinnen van kleine burgery, in steden en dorpen, die zich half op't gemak bevinden, in eenen min of meer bekrompen toestand, die wel eens tot het gebrek aan het noodzakelijke overslaat, en bedragende te zamen 1,950,000. ($4^{1}/_{3}$ Personen per Haus.)

450,000 huisgezinnen van werklieden, doorgaans levende van de hand in den tand, blootgesteld aan stilstand van arbeid, dikwijls gebrek hebbende aan het volstrekt noodige, en waaronder er 200,000 op den armenboek geschreven staan. Deze 450,000 werkmans-huisgezinnen bedragen eene bevolking van 2,250,000 zielen. (5 per Familie.)

Also 2,250,000 Prolétaires gegen 2,400,000 bourgeois u. Kleinbürger.|

|16| $^{1}/_{10}$ der bevolking in den Welstand … de andere $^{9}/_{10}$ in eenen bekrompen toestand of in armoede. (12)

»Er bestaat eene treffende en regelmatige onderlinge betrekking tusschen den prijs van het brood gedurende een jaar en het getal der binnen dat zelfde jaar waargenomene wetsovertredingen en misdaden.«

1844 … de tarwe verkocht tegen *17f. 36.cent* de hectoliter, en *27,100* persoonen … vor het correctioneele regtsbanken en hof van assisen vervolgd. [(13)]

1845 … de hectoliter tarwe *20f. 06 cent.* … *29,638* persoonen voor het bedwingend geregt gebragt.

1846. … den hectoliter tarwe *24f. 53* cent … het getal der misdadigers, door het geregt veroordeeld, … *38,235.*

1847 … de prijs der tarwe *31f. 15c.*, en het regterlijke strafwezen telt *49,303* pligtigen.

1848 … de prijs der tarwe 17f. 37c. – voor het geregt gedaagde persoonen vermindert tot 35,222.

1849 … *17f.* den hectoliter graan – *32,502* Personen verfolgt. (14)|

|17| Les Typographes devant Le Tribunal Correctionnel de Bruxelles. Par Henri Gregoir.

Bruxelles. 1865.

»Plus que jamais la composition aux pièces est ingrate et peu lucrative. … Aujourd'hui, tout se fait avec une rapidité fiévreuse: on divise le travail à l'infini, sans tenir compte du préjudice que causent ainsi au compositeur aux pièces ces changements incessants. À Bruxelles, il arrive souvent que le compositeur, obligé de changer de casse cinq ou six fois par jour, ne parvient à réaliser, quelque effort qu'il fasse, que la somme de f. 2 à 2–50, après un travail d'une journée bien remplie.« (9)

»Combien de fois n'avons-nous pas vu, dans certains ateliers, embaucher beaucoup plus d'ouvriers que ne le demandait le travail à mettre en main? Souvent, dans la prévision d'un travail aléatoire, quelquefois même imaginaire, on admet des ouvriers: comme on les paie aux pièces, on se dit qu'on [ne] court aucun risque, parce que *toutes les pertes de temps* seront à la charge des inoccupés«. (9)

»Voici, en deux mots, la situation actuelle du compositeur aux pièces à Bruxelles: Depuis une dizaine d'années, le prix des loyers et des subsistances s'est accru d'au moins 40 p.c., tandis que son salaire s'est à peine élevé de 10%.« (p. 10)|

[Compte-Rendu du Meeting Démocratique de Patignies]

|18| *Ducpétiaux: „Budgets économiques des classes ouvrières en Belgique".*

»En moyenne une famille d'ouvriers se compose de 4 enfants, soit 6 personnes, y compris le père et la mère. Sur ces six personnes, 4 peuvent être employées utilement en supposant qu'il n'y ait ni malades, ni infirmités. Dans ces circonstances, voici quelles seront les ressources de la famille, en s'élevant au *maximum* des salaires:

Le père	300 jours, à	1fr.	56c. par an	468fr.
La mère	id.	0	89	267
L'aîné des garçons	id.	0	56	168
L'aînée des filles	id.	0	55	165
				1068f.

La dépense annuelle de la famille et son déficit s'élèveraient dans l'hypothèse où l'ouvrier aurait l'alimentation

Du marin de l'Etat	à 1828f.,	Déficit 760f.
Du soldat	à 1473	405
Du prisonnier	à 1112	44

Dans ce ménage type, nous avons réuni toutes les ressources possibles. Mais en attribuant à la mère de famille un salaire, nous enlevons au ménage sa direction. Qui soignera l'intérieur? ‖19| qui veillera aux jeunes enfants? qui préparera les repas, fera les lavages, les raccommodages?

Comment la grande majorité des travailleurs, qui n'achète les denrées ni en gros, ni en demi-gros, *comme font les prisons*, réussit-elle à vivre? C'est en recourant à des expédients dont l'ouvrier seul a le secret, en réduisant sa ration journalière, en mangeant moins de viande, ou même en la supprimant tout à fait, de même que le beurre et les assaisonnements: en entassant sa famille dans une ou deux chambres où les garçons et les filles couchent à côté les uns des autres, souvent sur le même grabat; en économisant sur l'habillement, le blanchissage, les soins de propreté, en renonçant aux distractions du dimanche etc. Une fois parvenu à cette extrême limite, la moindre élévation dans le prix des denrées, un chômage, une maladie, augmente la détresse des travailleurs; les dettes s'accumulent, le crédit s'épuise, les vêtements, les meubles les plus indispensables sont engagés au mont-de-piété, et enfin la famille sollicite son inscription sur la liste des indigents.«

In der *„Compte-Rendu du Meeting Démocratique de Patignies"* sagt *De Paepe:*

»Michel Chevalier évalue à 35 p.c. le bénéfice prélevé en France par les intermédiaires, et à 10 milliards la production annuelle de la France. C'est donc 3 milliards 500 millions ‖20| qui se prélevent chaque année sur la sueur des travailleurs par la seule *propriété intermédiaire*, sous forme de bénéfices sur l'achat et la vente. D'après les calculs de 2 autres économistes, M. M. Dewinck et Delamarre, dans la seule ville de Paris il y a 200 000 personnes uniquement employées à vendre aux uns ce que produisent les autres. La population de Paris étant d'un million d'habitants(!), cela donne la proportion d'un intermédiaire sur 5 consommateurs. La concurrence que se font entre eux ces parasites commerciaux, les pousse à falsifier et même à empoisonner les objets de consommation; ils usent, à cet effet, de procédés vraiment ingénieux et chaque jour perfectionnés. Parmi les 600 et quelques substances alimentaires, médicamenteuses et commerciales que le chimiste *Chevalier* passe en revue dans un travail sur ce sujet, il indique pour quelques-unes jusqu'à 10, 20, 30 espèces d'altérations et de sophistications différentes, en faisant du reste remarquer qu'il ne les connaît pas toutes et qu'il ne mentionne pas toutes celles qu'il connaît. Ainsi, il énumère jusqu'à 6 espèces de falsifications pour le sucre, 9 pour l'huile d'olive, 10 pour le beurre, 12 pour le sel, 13 pour le thé, 19 pour le lait, 20 pour le ‖21| pain, 23 pour l'eau-de-vie, 24 pour la farine, 28 pour le chocolat, 30 pour le vin, 32 pour le café etc. En portant à 5 la moyenne de ces falsifications, moyenne sûrement inférieure à la réalité, on arrive à un chiffre qui dépasse 3000.« (68, 69 l.c.)|

|22| Daily News. October 23. 1865.

The internal demand for coin and notes steadily continues, even allowing for the amounts that at this period of the year are temporarily absorbed for the payments of the dividends.

Comparison v. 1862 to 1865. (Month October)

Government Securities.

	1st week	*2nd week*	*3rd week.*
1862	£. 11,252,566	12,163,992	11,863,992
1863	11,141,227	10,945,363	10,945,363
1864	10,597,035	10,172,343	9,570,212
1865	10,384,209	9,811,242	9,326,477.

Other securities.

1862	19,751,704	18,931,696	18,605,938
1863	22,591,537	21,340,145	19,986,456
1864	20,836,860	21,922,884	19,780,748
1865	24,170,280	24,086,476	21,447,443.

Reserve.

1862	9,828,331	9,220,300	9,099,369
1863	7,737,632	7,084,061	7,217,904
1864	6,294,595	6,438,973	6,419,553
1865	5,105,677	5,074,151	5,121,718.|

|23| *Bullion.*

1862	16,548,156	16,230,260	15,912,699
1863	14,856,037	14,570,611	14,645,269
1864	12,998,210	13,006,293	13,002,488
1865	13,183,187	12,736,346	12,789,958

The principal fact to be demanded from these figures is the increasing demand from the public for the means of internal circulation. While the bills discounted have been steadily rising, the resources at the command of the Bank have shown a still more marked decline. To meet, therefore, the additional demand no better course has been open than to sell or pledge Government stock, the amount now held being less by over 2,500,000*l.* than in 1862. That ominous item, the reserve, has been rapidly falling, until now it stands at not much more than half the amount at which it stood 3 years ago. The bullion shows an average decrease of from 3 to 3½ millions. The most instructive comparison, however, is to be drawn from the present position of the Bank account and that of *December, 1844*, when the present Act came into operation. The 4 items already cited are subjoined: |

	|24| 1844	1865
Gvt Securities	£. 13,540,619	9,326,477
Other securities	10,193,713	21,447,443
Reserve	9,113,513	5,121,718
Bullion	14,644,913	12,789,958

The Bank could not have increased its discounts in the ratio above shown without some additional support, and this has been in a degree afforded by the augmentation in the private deposits from £8,422,809 to 14,013,014. … The merest trifle now sufficient to disturb the money market. … Now, when business has extended threefold, and the reserve is less than ¼ of the Other Securities, a panic may be precipitated at any moment, from the general desire to get money as long as there is any obtainable.

… The present drain of notes and gold from the Bank is for internal circulation only. Also dạṣ alte Geschwätz vom rise in the rate of discount turning the exchanges and stopping shipments abroad nicht available. Exchanges in our favour. Keine shipments ausser 200,000*l.* to Brazil for a loan the week *after* the rate was fixed at 7%. … The *Economist* urges with perfect justice that if the Fenian disturbance in Ireland had grown into a considerable outbreak, involving a sudden ‖25| additional demand for a large amount of notes and coin, the rate of discount might perhaps have had to be raised to 12% and the Act very likely broken after all. … It is no exaggeration to affirm that the fortuitous arrival of two gold ships from Melbourne, and of the West India steamer, bringing between them over a million sterling in specie, saved us from a further rise in the rate of discount, and the almost certainty of a panic. … The commercial world was thus literally at the mercy of the winds and waves. An accident to the machinery of the Shannon and the wreck of the Lincolnshire and Essex would have involved losses that may be reckoned by tens of millions.

As the question stands now, the Directors can do nothing but look to the state of the reserve. As that unlucky item falls or rises, no matter from what cause ... violent oscillations take place in the money market, making commerce more and more a lottery. ... What is expected from putting up the rate to the present point? (of 7%) Simply to get back a portion of the currency by rendering unprofitable sound and otherwise lucrative business. [(4)] |

|27| Account of Andrew Yarranton, The Founder of English Political Economy. (By P. E. Dove.) Edinburgh. 1856.

(Auch Schrift v. diesem Yarranton: *„Improvement by Clover“*. Er selbst sagt mit Bezug hierauf: »I next studied the great weakness of the rye-lands, and the surfeit it was then under by reason of their long tillage. I did by practick and theorick find out the reason of its defection, as also of its recovery, and applyed the remedy in putting out two books, which were so fitted to the country-man's capacity, that he fell on pell-mell; and I hope, and partly know, that great part of Worcestershire, Gloucestershire, Herefordshire, Shropshire and Staffordshire, have doubled the value of the land by the husbandry discovered to them.« [(8)]

»In 1695 Andrew Yarranton's Land Bank was actually projected, and received the sanction of Parliament. The Bank of E., however, (founded only in the previous year) petitioned against it. Dr Chamberlayne obtained the credit of originating the Land Bank, but … A. Yarranton was the true projector of the scheme, he having personally imported it from Holland« (82).

Dove sagt: »A Scottish arable farm of about 200 acres Scots employ farmer (wife and children), 4 ploughmen, one odd man, a lad, a dairymaid, and two domestic servants. This may be considered ||28| as the full complement of a well-managed farm. ([90–]91 Note)

»now they strive at the sessions-house for persons to carry to Barbadoes or Virginia«. [(93 Note.)] (citirt p. 173 v. Yarranton's *„England's Improvement“*). |

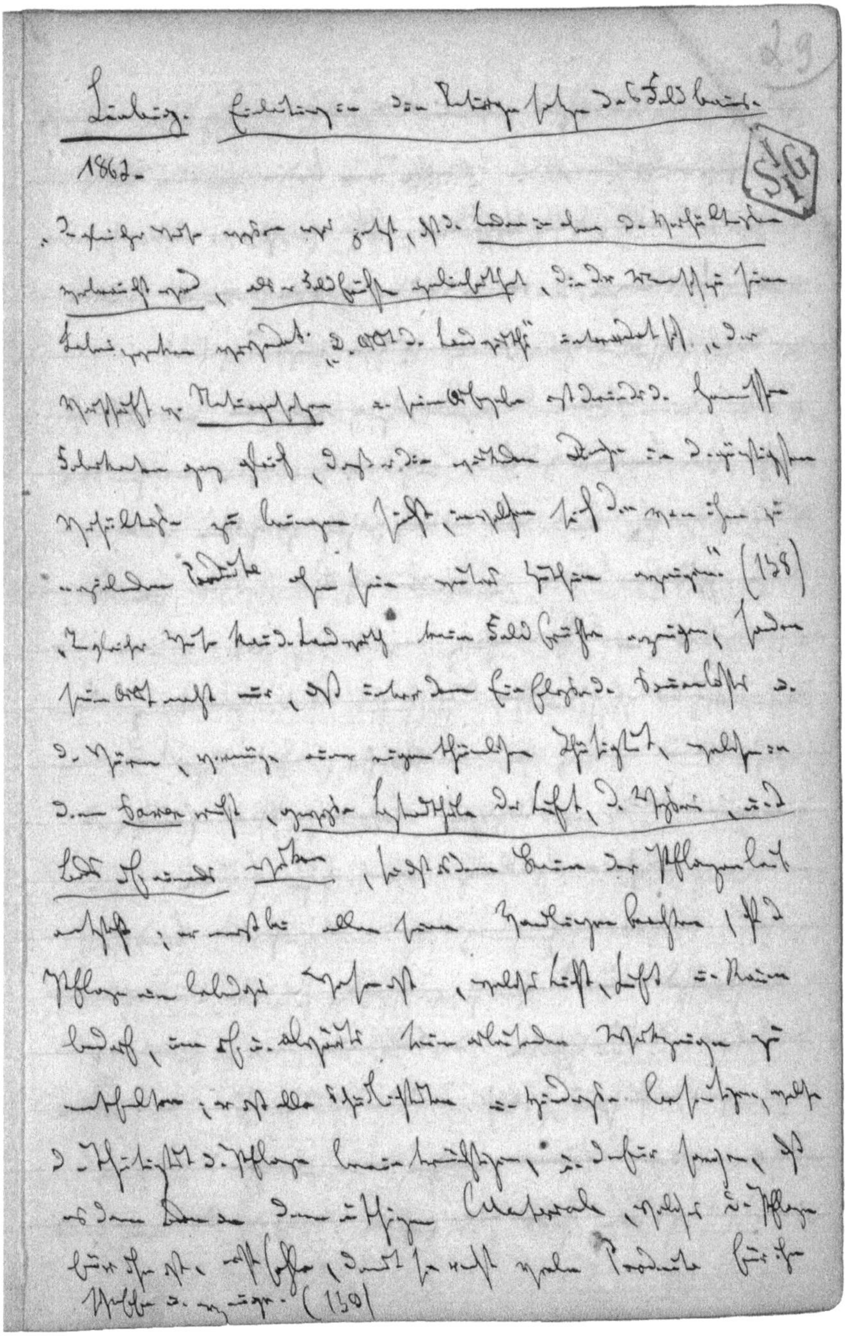
Liebig. Einleitung in die Naturgesetze des Feldbaus.
1862.

Aus Justus von Liebig: Einleitung in die Naturgesetze des Feldbaues
Hefte zur Agrikultur. Großheft 1865/1866. Seite 29

|29| Liebig. Einleitung in die Naturgesetze des Feldbaues, 1862.

»In gleicher Weise wissen wir jetzt, daß der *Boden in eben dem Verhältnisse verbraucht wird, als er Feldfrüchte geliefert hat*, die der Mensch zu seinen Lebenszwecken verwendet.« »Die Arbeit des Landwirths« unterordnet sich »der Vorschrift v. *Naturgesetzen* u. seine Aufgabe ist darin der des chemischen Fabrikanten ganz gleich, daß er die wirkenden Dinge in die günstigsten Verhältnisse zu bringen sucht, in welchen sich die von ihm zu erzielenden Producte ohne sein weitres Zuthun erzeugen.« (138)

»In gleicher Weise kann der Landwirth keine Feldfrüchte erzeugen, sondern seine Arbeit macht nur, daß unter dem Einflusse des Sonnenlichts u. der Wärme, vermöge einer eigenthümlichen Thätigkeit, welche in dem Samen ruht, *gewisse Bestandtheile der Luft, des Wassers, u. des Bodens auf einander wirken*, so daß aus dem Keim der Pflanzenleib entsteht; er muß bei allen seinen Handlungen beachten, daß die Pflanze ein lebendiges Wesen ist, welches Licht, Luft u. Raum bedarf, um auf- u. abwärts seine arbeitenden Werkzeuge zu entfalten; er muß alle Schädlichkeiten u. Hindernisse beseitigen, welche die Thätigkeit der Pflanze beeinträchtigen, u. dafür sorgen, daß es dem Boden an dem nöthigen Materiale, welches die Pflanze für ihn ist, nicht fehle, damit sie recht viele Producte für ihn schaffe u. erzeuge. (139)|

|30| »Die Erhaltung des Reichthums in einem Lande« ist »wesentlich davon abhängig, daß die ganze Summe der wirkenden Stoffe dem Boden erhalten bleibt.« (140)

»Ein jedes Land« muß »durch dauernde Kornausfuhr sowohl wie dadurch verarmen, wenn die Bevölkerungen die in den Städten sich anhäufenden Producte des Stoffwechsels nutzlos verloren gehen lassen.« (141)

»Es gehört keine besondre Auseinandersetzung dazu, um einleuchtend zu machen, daß die Bearbeitung der Felder, durch die vollkommensten mechanischen Mittel nicht ausreicht, um den Acker ertragsfähig zu erhalten; nach einer Reihe v. Jahren fallen die Erndten auch auf den fruchtbarsten Feldern u. sie können nur durch Düngung wieder hergestellt werden; die Verbesserung der physikalischen Beschaffenheit u. die Drainirung der Felder verstärken die Wirkung seines Stallmistes, d.h. er erzielt auf einem drainirten Felde mit derselben Mistmenge höhere Erndten, oder mit weniger Mist eine Zeitlang ebenso hohe Erndten wie vorher. Diesen Wahrnehmungen gemäß bezeichnet der Landwirth die Fruchtwechsel- od. Stallmistwirthschaft, so wie die Drainirung der Felder als Fortschritte des Feldbaues, was sie für sich betrachtet nicht sind.« ([141,] 142) »Daß die Arbeit an sich den Boden nach u. nach immer ärmer machen u. zuletzt erschöpfen muß, sieht ein Jeder ein, man weiß, daß man damit ||31| dem Felde nichts giebt, sondern in den Erndten immer nimmt; daß aber die Düngung mit selbsterzeugtem Stallmist u. die Drainirung Aequivalente der mechanischen Bearbeitung sind, ist nicht so leicht verständlich. Um dieß einzusehen muß man ins Auge fassen, was man durch die mechanische Arbeit bezweckt; abgesehn v. der gleichförmigen Mischung der Erdtheile, welche *Nährstoffe an die Pflanzen* der vorangegangenen Ernten abgegeben haben u. ärmer daran geworden sind, mit andren, die ihren vollen Gehalt noch besitzen, macht die Bearbeitung, daß *Theile von Nährstoffen verbreitbar im Boden u. aufnahmsfähig von den Wurzeln der nachfolgenden Pflanzen gemacht werden*, die es vorher nicht waren; dieß *geschieht durch* die *chemische Wirkung der Atmosphäre u. des Wassers*, nicht durch den Pflug u. die Egge, diese Werkzeuge machen nur, daß Luft u. Erdtheile in Berührung mit einander kommen. Es gehört *eine gewisse Dauer der Einwirkung* der *Atmosphäre* oder Zeit dazu, um eine gegebene Menge Nährstoffe im Boden in den Zustand der *Verbreitbarkeit und Aufnahmsfähigkeit* überzuführen; durch eine weiter getriebene Pulverisirung u. häufigeres Pflügen wird der *Luftwechsel im Innern der porösen Erdtheile* befördert, u. die Oberfläche der Erdtheile, auf welche die Luft einwirken soll, vergrössert u. erneuert, aber es ist leicht verständlich, daß die *Mehrerträge des Feldes* nicht *proportional der auf das Feld verwendeten Arbeit sein* können, sondern daß sie in *einem weit kleineren* Verhältnisse steigen.« |

|32| (p. 142, 143. Wahrhaft drollig setzt Liebig hinzu zu dieser Stelle, 143, Note: »Dieses Gesetz ist v. J. St. Mill zuerst in seinen *Princ. of Pol. Econ.* Vol. I, p. 17 in folgender Weise ausgesprochen: „That the produce of land increases ceteris paribus in a diminishing ratio to the increase of the labourers employed is the universal law of agricultural industry:“

merkwürdig genug, da ihm dessen Grund unbekannt war.« In der That merkwürdig, wie dieser Herr J. St. Mill für seine Second Hand Reproductions ausposaunt wird!)

»Die *doppelte Arbeit* kann nicht machen, daß eine *doppelte Anzahl v. Theilen der Nährstoffe aufnahmsfähig werden*, welche die einfache Arbeit in einer gegebenen Zeit wirksam macht; die *Quantität dieser Stoffe ist nicht in allen Feldern gleich groß* u. *auch in denen in welchen sich ein genügender Vorrath befindet*, ist der Uebergang derselben in den wirkungsfähigen Zustand *nicht unmittelbar v. der Arbeit*, sondern von äusseren Agentien abhängig, die wie die *Luft in ihrem Sauerstoff- u. Kohlensäuregehalt begrenzt sind* u. welche ihrer Quantität nach in eben dem Verhältnisse wie die Arbeit vermehrt werden müßten, wenn diese letztere einen *proportionellen* Nutzeffekt hervorbringen sollte. Die Mehrerträge, welche viele Felder durch die Bearbeitung liefern, ‖33| stehen darum eher im Verhältnisse zur Arbeit, wenn die *Dauer* der Einwirkung der Atmosphäre u. des Wassers auf die Erdtheile verlängert wird. Der Landwirth weiß, wenn er seiner Arbeit Zeit zusetzt, daß es ihm in der Regel gelingt, Mehrerträge zu erzielen, welche proportional seiner Arbeit, oft noch höher sind. Auf diesen naturgesetzlichen Beziehungen der Atmosphäre u. des Wassers zu dem Boden u. dessen Bearbeitung beruht die *Brache*. (143, 144)

Wenn ein bestimmtes Maaß v. Arbeit demnach macht, daß ein gegebnes Feld in einem Jahre eine grössere Menge v. Nährstoffen an die darauf wachsenden Pflanzen abgiebt als ohne die Arbeit, u. es dem Landwirth gelingt, *die Wirkungen der Atmosphäre auf das Feld in eben dem Verhältnisse zu steigern als seine Arbeit*, so wird eine weitre Erhöhung der Erträge die Folge sein u. unter sonst gleichen Umständen in dem Verhältniß zu dem *Grade stehn, in welchem er beide, Arbeit und Atmosphäre*, auf sein Feld wirken läßt. Man wird jetzt leicht den Einfluß der Drainirung auf das Steigen der Erträge der Felder verstehn. Das im Boden stehende oder bewegliche Wasser schließt die Berührung der Luft mit den tieferen Erdschichten ab u. hindert die nützliche Wirkung derselben auf die Erdtheilchen. Die Drainirung bewirkt nicht nur den Abfluß dieses Wassers u. macht die Erdmasse der Luft von oben nach abwärts zugänglich, sondern was viel wichtiger ist, sie gestattet die Herstellung einer schwachen aber dauernden Luftcirculation in allen Erdschichten v. den Röhren aufwärts. Da wie bemerkt das Pflügen des Feldes ausser der Mischung der Erdtheile den Zweck hat, ‖34| Luft u. Erde mit einander in Berührung zu bringen, u. durch das Legen eines unterirdischen Röhrensystems die Wirkung der Luft auf die Erdtheile *der Zeit nach verstärkt* wird, d.h. da im Innern eines drainirten Feldes eine sehr viel *grössere Anzahl v. Lufttheil-*

chen mit Erdtheilchen in einer gegebnen Zeit mit einander in Wechselwirkung kommen, so versteht man, daß ein drainirtes Feld in einer kürzeren Zeit die nämliche günstige Beschaffenheit für den Pflanzenwuchs wieder empfängt, als wie ein nicht drainirtes in der Brache. Der Pflug bringt die Erdtheilchen in Bewegung u. vermehrt ihre Berührung mit den Lufttheilchen; die Drainirung bewirkt eine Bewegung der Lufttheilchen u. vermehrt ihre Berührung mit den Erdtheilchen, so zwar, daß die *mechanische Arbeit u. Drainirung* im Enderfolg *eine u. dieselbe Wirkung* auf das Feld besitzen, *beide verstärken die Wirkung der Atmosphäre auf das Feld.* Ein drainirtes Feld giebt bei gleicher Bearbeitung u. unter sonst gleichen Verhältnissen *mehr Nährstoffe an die darauf wachsenden Pflanzen* ab, als ein nicht drainirtes. Die Stallmistwirthschaft, welche auf der Düngung mit dem auf dem Gute selbst erzeugten Stallmist beruht, ist wie oben bemerkt nur eine eigene Form der Arbeit. Wenn dem Landwirthe neben der Drainirung mechanische Wege u. Mittel zu Gebote ständen, um die in seinem Acker ungleich vertheilten u. zerstreuten Pflanzennährstoffe zu sammeln, in die Höhe zu heben u. in der Ackerkrume anzuhäufen, ‖35| so würde er nicht zweifelhaft sein, daß dieß durch seine Arbeit geschieht. Durch den *Anbau der Futtergewächse* bezweckt der Landwirth in der Regel nichts anderes; vermittelst ihrer in die Erde tief eindringenden, vielverzweigten Wurzeln nehmen sie die in dem Untergrund zerstreuten Nährstoffe auf, ein großer Theil davon häuft sich in den Blättern u. Stengeln des Klees oder den Wurzelstöcken der Rüben an, u. dieser dient sodann in letzter Form als Mist die Ackerkrume reicher daran zu machen. Durch die Einverleibung der organischen Bestandtheile des Stallmistes im Boden entsteht in Folge der Verwesung derselben in der Erde selbst, eine andauernde Bildung v. Kohlensäure, welche an der Verwitterung, Auflösung u. Diffusion der Nährstoffe im Boden den thätigsten Antheil nimmt, u. es werden dadurch die Wirkungen des Pflugs u. der Atmosphäre verstärkt u. beschleunigt. (144–146) Von *zwei gleichen Stükken* eines Feldes liefert das eine, dessen Ackerkrume durch Düngung mit Stallmist *auf Kosten seiner tieferen Schichten* bereichert worden ist, einen höhern Ertrag als das andere, an allen Früchten, die ihre Nahrung vorzugsweise den *oberen* Schichten des Bodens entziehn, u. v. zwei gleichen mit gleichviel Stallmist gedüngten Feldern, von denen das eine drainirt ist, das andre hingegen nicht, liefert das erstre einen höhern Ertrag als das andre, weil durch den Luftwechsel im drainirten Felde die Kohlensäurebildung erneuert u. ihre Wirkung vervielfacht wird; dem in beiden Fällen gewonnenen ‖36| höhern *Erndteertrag entspricht selbstverständlich ein grössrer Verlust an Nährstoffen im Felde*, u. *alle diese Mittel helfen dem Landwirth nur dazu, einen grössren Bruchtheil von der im Boden vor-*

handnen Summe hinwegzunehmen; da man aber nicht mehr davon in der Form v. Feldfrüchten nehmen kann, als dem vorhandenen Vorrathe entspricht u. dessen Quantität begrenzt ist, so versteht man, daß die *Steigerung der Erträge*, welche durch die *Bearbeitung des Bodens* erzielt wird, wozu hier die *Drainirung* u. der *Stallmistbetrieb* gerechnet werden müssen, naturgemäß *keine Dauer* haben kann. *Die höheren Erndten sind nicht dadurch bedingt, daß das Feld an Nährstoffen reicher wurde, sondern sie beruhten auf der Kunst es früher ärmer daran zu machen.* (146) Das Steigen der Erträge in den verschiednen Ländern seit der Einführung der Stallmistwirthschaft u. der Drainirung ist demnach kein sichres Zeichen eines Fortschritts ... richtig ist, daß diese Verbesserungen einem Landwirth eine *Anzahl v. Jahren hindurch* eine *weit grössre Einnahme* verschaffen, allein was er gewinnt, erkauft er mit der Erschöpfung seines Feldes. Die Bevölkerung hat nur einen vorübergehnden Nutzen davon, denn was ihr an Nahrungsmitteln in einer gegebnen Zeit mehr dargeboten wird, geht ihr in einer künftigen wieder ab; auf Jahre des Ueberflusses müssen naturgesetzlich Jahre des dauernden Mangels folgen. (146, 147)|

|37|»Der Landwirth kann seinen Betrieb u. die Höhe seiner Erträge nur dadurch dauernd machen u. sichern, wenn er in der Form v. Düngstoffen seinem Felde ersetzt, was er ihm in den Feldfrüchten genommen hat.« (147)

Die weiseste Einrichtung hat den Nährstoffen der Gewächse in der Erde eine solche Form gegeben, daß sie nur ganz allmählig u. langsam u. nur durch die Arbeit des Menschen aufnahmsfähig für die Pflanzen werden. Wäre die ganze Summe derselben im Boden v. Anfang an geeignet zur Ernährung gewesen, so würden sich Menschen u. Thiere ins Ungemessene vermehrt haben, u. die Geschichte der Menschheit hätte nur eine kurze Dauer gehabt; eben darin, daß der Mensch mit all' seiner Macht die Erde ihrer Fruchtbarkeit in der kürzesten Zeit, wie er in seiner Thorheit gern möchte, nicht berauben kann, liegt das Geheimniß der Fortdauer der Generationen! Was durch den *Verwitterungsprozeß an Nährstoffen jährlich wirksam wird u. der vorhandnen Menge im Boden zuwächst*, ist für *den Zuwachs der Bevölkerung* bestimmt, u. es ist geradezu die Verletzung eines der weisesten Naturgesetze, wenn die gegenwärtige Generation glaubt, ein Anrecht auf deren Zerstörung zu besitzen. Was im Umlaufe ist gehört der Gegenwart an u. ist für sie bestimmt; was der Boden in seinem Schoße birgt ist ihr Vermögen nicht, denn dieß gehört den künftigen Geschlechtern. (148, 149)

»Der Landwirth wird durch diese Untersuchungen die volle Gewißheit erlangen, daß ihm nur ein Weg offen steht, das Ertragvermögen seiner Felder für alle Zukunft zu sichern u. dies ist der, daß er in seinem Be-

| triebe das Gesetz des Ersatzes strenge im Auge behält, u. ‖38| die Bevölkerungen werden willig werden, ihrerseits dem Landwirthe diesen Weg bahnen zu helfen, welcher ihm die Möglichkeit darbietet, sein Ziel zum Besten des Ganzen zu erreichen. Wenn der Landwirth sich dazu entschließt, die Nährstoffe der Pflanzen dem Felde wiederzugeben, die er ihm in den Ernten genommen hat u. er jedes Jahr in der Form v. Düngstoffen wieder zurückkauft, was er in dem vorhergehenden in den Feldfrüchten ausgeführt hat, so ist *seine Ausgabe* verhältnißmässig gering u. leicht zu tragen. So wie die Abnahme der Erträge eines Feldes, dem man jährlich einen Bruchtheil seiner wirksamen Nährstoffe ohne Ersatz nimmt, v. einem Jahr zum andern nur gering ist, so ist es dennoch gewiß, daß eine Grenze kommt, wo das Feld die darauf verwendete Arbeit nicht mehr lohnt; in gleicher Weise kann die Zunahme der Ernten beim regelmässigen Ersatze, wenn der Landwirth nicht mehr dem Felde giebt als er ihm genommen hat, jährlich nur gering sein, aber nach einer Reihe v. Jahren wird er die Erfahrung machen, daß er sein Geld in eine Sparcasse eingelegt hat, die ihm nicht nur hohe, sondern immer höhre Zinsen bringt. Seine Ernten müssen v. einem gewissen Zeitpunkte an, in einer regelmässigen Progression ‖39| steigen, weil in dem Felde durch den Verwitterungsproceß dem vorhandnen Vorrath jährlich ein Bruchtheil v. wirksamen Nährstoffen zuwächst, wodurch sein arbeitendes Capital sich fortwährend vermehrt. Wenn er diesen Ersatz in der richtigen Weise giebt, so wird die Zukunft ihm die trostreiche Zuversicht verschaffen, daß *erst dann seine Verbessrungen in der Bebauung seiner Felder, welche seither nur gesteigerte Mittel zu ihrer Beraubung in seiner Hand waren*, zu wahren dauernden Verbessrungen werden, u. seine Arbeit das wahre Gedeihen empfängt. ([150,] 151, 152)

»Ohne *Zufuhr v. Düngstoffen* das Ertragsvermögen der Felder eines Landes auf die Dauer« nicht »wiederherstellbar«. (152) »V. der Entscheidung der *Kloakenfrage der Städte*« sind »die Erhaltung des Reichthums u. der Wohlfahrt der Staaten u. die Fortschritte der Cultur u. Civilisation abhängig.« (153) Die wahre Ursache des Steigens aller Bodenproducte auf dem Continent seit den letzten 20 J. »liegt darin, daß die landwirthschaftliche Production im Ganzen genommen nicht Schritt gehalten hat mit der Zunahme der Bevölkerung, daß die Anzahl der Consumenten zugenommen hat, aber nicht im gleichen Verhältnisse die Erträge der Felder. Die Nachfrage ist grösser u. die Vorräthe sind kleiner als sonst. (154)|

|40| Nach statistischen Angaben wird der jährliche Kornertrag Englands u. Irlands (Weizen, Gerste, Hafer) auf 60 Mill. qrs od. 240 Mill. Centner od. 12 Mill. Tonnen geschätzt. Rechnet man im Centner luft-

trocken durchschnittlich 0,8 Procent Phosphorsäure (Weizen u. Gerste 0,9 P.C., Hafer 0,8 P.C.), so wird in diesen Früchten den engl. u. irischen Feldern, 1,900,000 Centner Phosphorsäure genommen. Um diese in der Form v. Guano zu ersetzen, müßten, da ein Centner Guano durchschnittlich nicht über 10 bis 12 Pf. Phosphorsäure enthält, jährlich 16 bis 19 Mill. Centner od. 800,000 bis 950,000 Tonnen Guano zugeführt werden. Das Knochenmehl enthält durchschnittlich 24% Phosphorsäure u. es ist demnach die oben erwähnte Phosphorsäuremenge in 400,000 Tonnen Knochen enthalten. Die jährliche Einfuhr v. Guano ist in England durchschnittlich seit 1848 kaum höher als 200,000 Tonnen, die v. Knochen höchstens zu 80,000 Tonnen anzunehmen. Der Verlust der Felder beim Anbau andrer Feldfrüchte, Rüben, Klee u. Futtergewächse überhaupt, ist hier nicht in Rechnung gebracht. (151 Note.)

»Die Aufgabe des Landwirthes bestehe nicht darin, hohe Ernten auf Kosten des Feldes zu gewinnen, welche bewirken, daß es nur früher verarme. (11)

»Die Aschenbestandtheile (Stoffe die übrig bleiben nach Einäschern ||41| der Pflanzen) nicht zufällige Bestandtheile der Pflanzen ... für die Pflanzenernährung dasselbe ... was Brot u. Fleisch für die Menschen od. das Futter für die Thiere ist; daß der fruchtbare Boden viel, der unfruchtbare wenig v. diesen Nährstoffen enthalte; daß der unfruchtbare Boden fruchtbar werde, wenn man ihre Mengen in demselben vermehre. Es folgte daraus v. selbst, daß der Boden allmählig unfruchtbar werden müsse, wenn durch die Cultur der Gewächse u. ihre Hinwegnahme der Vorrath an diesen Nährstoffen im Boden immer kleiner werde; daß dem Boden, um fruchtbar zu bleiben, vollständig wiedergegeben werden müsse, was man ihm genommen habe; wenn der Ersatz nicht vollkommen sei, könne man auch nicht auf die Wiederkehr derselben Ernten rechnen, u. nur durch die Vermehrung jener Bestandtheile im Boden könnten die Erträge gesteigert werden. (10, 11)

Liebig citirt aus dem Briefe eines engl. Arztes (der seine Landsleute für ausserordentlich unwissend erklärt): „Was durch Beharrlichkeit, Geduld u. Ausdauer erreichbar ist, erreichen wir in England gewiß, dieß sehen Sie z.B. an den bewunderungswürdigen Erfolgen unsrer Viehzüchter, die eine Viehrace umformen, wie wenn das Thier ein Stück weicher Thon wäre.“ (81) Derselbe schreibt: „Wenn die statistische Angabe wahr ist, daß England eine Million Centner Butter einführt, so ist die englische Landwirthschaft verurtheilt, ||42| denn die Butter ist unter den landwirthschaftlichen Producten eins der wenigen, die sich ohne Erschöpfung des Bodens, ohne Düngerzufuhr v. Aussen auf unendliche Zeiten hinaus erzeugen lassen.“ (81, 82)

Liebig giebt den engl. *»Fabrikanten chemischer Producte«*, mit denen er persönlich in Verbindung kam (in England) das Zeugniß, »wie gering im Ganzen die Verbreitung chemischer Kenntnisse unter den Fabrikanten.« (83, 84) (ganz wie Dr Ure ihnen das Zeugniß giebt, daß sie im Ganzen nichts v. Maschinen etc verstehn.)

»Wenn alle Felder in ganz Großbritannien in die Hand eines [Landwirths und die Zufuhr der Düngbestandtheile in die Hand eines] Kaufmanns gelegt wären, u. der Eine die Beschaffenheit seiner Felder, u. das, woran sie Mangel hätten, u. der Andre die Zusammensetzung seiner Düngstoffe genau kenne, so würde der Landwirth zu dem Kaufmann sagen, ich brauche für meine Felder in Yorkshire, Oxfordshire, Gloucestershire, Werwickshire, die in der Juraformation liegen, soviel Kali, aber keinen Kalk, Knochenmehl, aber kein Superphosphat u. wenig Ammoniak; für die Felder v. Rothamsted hingegen soviel mehr Ammoniak u. Superphosphat, ferner etwas Kalk, aber kein Kali, u. der Kaufmann würde alsdann im Stande sein, Jedem zu geben, was er bedarf. (36, 37)|

|43| »Da die Felder in allen Ländern u. Gegenden der Erde eine ungleiche Beschaffenheit besässen, d.h. ungleiche Verhältnisse u. Mengen v. den Pflanzennährstoffen enthielten, u. da die Wirkung der Dünger abhängig sei v. der Mitwirkung dieser im Boden zur Aufnahme sich eignenden Nährstoffe, so folgt daraus, daß ein u. dasselbe Düngmittel, in gleicher Menge auf hunderttausend verschiedene Felder angewendet, hunderttausend verschiedne Erträge hervorbringt. Die Verschiedenheit des Ertragsvermögens der Felder ist überall so bekannt u. anerkannt, daß in den Ländern, in welchen der Staat eine Grundsteuer erhebt, diese nach der Bonität des Bodens, in manchen Ländern nach sechzehn Abstufungen bemessen wird. (53) Boden {mit Bezug auf Erträge der Felder} Hauptfaktor, der Dünger hingegen nur der ergänzende Factor. Der Boden u. das, was darin sei, bedinge die Erndten, der Dünger bewirke bloß, daß die folgende Erndte so hoch sei wie die vorhergegangene. (53)

»Schönbeins Entdeckung: {fact daß die obren Schichten des Bodens immer mehr Ammoniak enthalten als die tiefren, anstatt daß sie, wären sie durch Pflanzenbau ärmer daran geworden, weniger enthalten sollten; der Ursprung desselben war aber völlig dunkel. ||44| Eine andre ausgiebige Quelle v. Ammoniak als die Fäulniß kannte man nicht; keine Erfahrung od. Thatsache sprach dafür, daß der Stickstoff der Luft die Form anzunehmen vermöge, in welcher er zu einem Nahrungsstoff f. die Pflanzen werden könne} dieser entdeckt: daß die Ueberführung des Stickstoffs der Luft in salpetersaures oder salpetrigsaures Ammoniak möglich, u. die einfachsten Versuche zeigen jetzt, daß eine jede Flamme, die in der Luft brennt, eine gewisse Menge v. dem Stickstoff der Luft in salpetrigsaures Ammoniak überführt, daß ein jeder Verwesungsproceß eine Quelle sowohl von Salpetersäure als auch v. Ammoniak ist, ja daß die einfachste Verdampfung v. Wasser ein Mittel ist, um die Bildung beider Pflanzennahrungsstoffe zu bewerkstelligen. ... Durch die Verbrennung eines Pfundes Steinkohle od. Holz empfängt die Luft nicht nur die Elemente wieder, um dieses Pfund Holz, od. unter Umständen die Steinkohle, wieder zu erzeugen, sondern der Verbrennungsproceß verwandelt an sich eine gewisse Menge Stickstoff der Luft in einen für die Erzeugung v. Brot u. Fleisch unentbehrlichen Nährstoff. (72, 73)|

|45| »Wir kennen mit der größten Bestimmtheit die Bedingungen der Erhaltung u. Vermehrung des Menschengeschlechts, welche in dem Boden liegen, u. wissen, daß sie auch in der fruchtbarsten Erde nur höchst sparsam verbreitet sind u. daß der Vorrath nur ausreicht für eine Spanne Zeit. In der Reihe der organischen Wesen steht einem jeden Thier ein andres gegenüber, welches dessen Verbreitung in der vorgeschriebenen Schranke erhält, so daß alle ihr Maaß v. Nahrung finden u. keins das andere verdrängt. ... In ähnlicher Weise wirkt das Naturgesetz auf die Menschen ein, wenn sie sich, anstatt es zu beherrschen, den Thieren gleich, davon beherrschen lassen. (92)

Wegen ihres Einflusses auf das Klima des Landes standen bei den Samniten die Wälder unter öffentlicher Aufsicht. (95)

»Keins unter allen Naturgesetzen ist in allen Thierklassen so maßgebend für ihre Vermehrung u. so begreiflich ... wie das Gesetz, daß die Individuen in eben dem Verhältnisse wie die Bedingungen zu ihrer Zunahme sich vermehren.« (103, 104)

»Der Raubbau, welcher die Länder verödet u. unbewohnbar macht, läßt sich in wenig Worten beschreiben. In der ersten Zeit od. auf einem ||46| jungfräulichem Boden baut der Ackersmann Korn auf Korn. Wenn die Erndten abnehmen, so wandert er auf ein anderes Feld. Die Zunahme der Bevölkerung setzt nach u. nach diesem Wandern eine Grenze; er bebaut dieselbe Oberfläche, indem er sie abwechselnd *brach* liegen läßt. Die Ernten nehmen fortwährend ab, u. der Ackersmann wendet jetzt, um sie wieder herzustellen, Dünger an, den ihm natürliche *Wiesen* liefern. *(Dreifelderwirthschaft.)* Da auch dieser Ersatz auf die Dauer nicht genügt, so führt dies auf die Düngererzeugung durch den Futterbau *(Wechselwirthschaft)* auf den *Feldern* selbst; man benutzt den Untergrund gleich der Dünger gebenden Wiese, anfänglich ohne Unterbrechung, dann mit Einschaltung von Brachjahren für die Futtergewächse; zuletzt ist auch der Untergrund erschöpft, die Felder tragen keine Futtergewächse mehr; zuerst stellt sich die Erbsenkrankheit ein, dann erscheint die Klee-, Rüben- u. Kartoffelkrankheit, u. zuletzt hört der Akkerbau auf; das Feld ernährt den Menschen nicht mehr. (106, 107)

»Die Geschichte des Feldbaus in Nordamerika hat uns mit unzähligen unwidersprechlichen Thatsachen bekannt gemacht, welche darthun, wie verhältnißmässig kurz die Periode ist, in welcher man den Feldern ohne Unterbrechung u. Düngung Ernten v. Kornfrüchten od. ‖47| Handelsgewächsen abgewinnen kann. Nach wenigen Menschenaltern schon ist der in Jahrtausenden angehäufte Ueberschuß v. Pflanzennährstoffen im Boden erschöpft, u. er liefert ohne Düngung keine lohnenden Ernten mehr. Im Unterhause des Congresses zu Washington wies der Abgeordnete Morell v. Vermont durch eine Reihe v. statistischen Erhebungen nach, daß in den Staaten *Connecticut, Massachusetts, Rhode Island, New-Hampshire, Maine* u. *Vermont* zusammengenommen in 10 J. (v. *1840 bis 1850*) die Weizenerträge um die Hälfte, die Kartoffelerträge um ein Drittel, die Weizenerträge in Tennessee, Kentucky, Georgia u. Alabama, sowie in dem Staate New-York um die Hälfte gegen früher abgenommen haben. Der durchschnittliche Ertrag v. Weizen in Virginien u. Nordcarolina betrug im J. 1850 nur 7 bushel, in Alabama nur 5 bushel per Acre. Auf den neuen Ländereien in Texas u. Arkansas erntet man durchschnittlich 700 bis 750 lbs Baumwolle, u. auf den ältren Feldern in Südcarolina nur halb soviel per Acre.« (107, 108)

Dauernd ist der Verfall einer Nation nur dann, wenn sich die Bodenbeschaffenheit verändert hat. (110)

»Das Ziel des europ. Landwirths u. die Hauptaufgabe, die er seiner Kunst stellt, ist, seinem Felde so viel als nur möglich Korn u. Fleisch abzugewinnen u. so wenig als möglich Geld auszugeben, um die ‖48| ausgeführten Bedingungen seiner Ernten zurückzukaufen.« (111, 112)

»Vielleicht hätte schon damals (zur Zeit Joseph des II) die zwingende Noth eine bessre Einsicht verbreitet … wenn nicht 3 Ereignisse eingetreten. … Die *Anwendung des Gypses zum Kleebau*, u. die *Einführung der Kartoffeln* u. *des Guano*.« (113)

In *England u. Frankreich* war der Feldbau durch den Uebergang zur Mistwirthschaft bereits in seine letzte Periode eingetreten. Die Ackerkrume war durch die seit Jhh. übliche Dreifelderwirthschaft bereits erschöpft u. ihr Ertragsvermögen konnte durch den Anbau v. Klee u. Futtergewächsen auf *Kosten des Untergrunds* für eine Zeitlang wiederhergestellt werden. In dem *Gyps*, welcher die *Kleeernten an den meisten Orten auf eine ausserordentliche Weise steigen machte*, hatte man ein Mittel entdeckt, die Mistgewinnung ohne Düngung u. mit Hülfe des Mistes die Kornerträge zu steigern, u. in der Kartoffel eine Feldfrucht gewonnen, durch welche den erschöpften Kornäckern eine sehr viel grössere Masse v. Nahrung für Menschen u. Thiere abgewonnen werden konnte, als dieß durch irgend eine andere Culturpflanze geschah. (113, 114) Man kann annehmen, daß in *Frankreich u. Deutschland* 1/3 der Bevölkerung auf die Kartoffel als Hauptnahrung angewiesen ist. (114) |

|49| Dem Gypse u. den Kartoffeln verdankt die gegenwärtige Bevölkerung Europa's ihre Höhe (sonst 20–30 Mill. Menschen weniger.) ... Man betrachtete die Einführung der Kartoffel im vorigen Jahrhundert um so mehr als eine grosse Wohlthat, als der Anbau der wichtigsten Nährpflanzen, der Erbsen u. überhaupt der Hülsenfrüchte, schon damals alle Sicherheit in Folge der Erschöpfung der Aecker verloren hatte. Der Landwirth baut naturgemäß keine Frucht an, auf deren Gedeihen od. sichern Ertrag er unter den gewöhnlichen Witterungsverhältnissen nicht mehr rechnen kann. An die Stelle dieser nahrhaften Körnerfrüchte, der wahren Stellvertreter des Fleisches für die arbeitende Bevölkerung, traten die Kartoffeln. (114, 115)

Die Kartoffelpflanze, vermöge ihrer ausgedehnten Wurzelverzweigung, durchwühlt den Boden, einem Schwein gleich, u. gedeiht noch auf einem verhältnißmässig armen Felde, welches kaum noch lohnende Getreideernten giebt; sie theilt sich mit den Halmgewächsen in den Vorrath v. Nährstoffen, den der Stallmistbetrieb in der Ackerkrume anhäuft, u. ist die letzte in der Reihe der Gewächse, die in der obersten Bodenschicht noch cultivirbar sind, wenn alle übrigen den Anbau nicht mehr lohnen. (115) |

|50| Daß eine Zeit jemals kommen werde, wo der Boden aufhören muss fruchtbar für Kartoffeln zu sein u. wo der Gyps keine Wirkung auf die Erhöhung der Kleeernten mehr haben werde, od. daß die *Dauer* der Ernten v. einem Felde dem man *nichts* gab, sondern *mehr* nahm, mit ihrer *Höhe* abnehmen müßte, waren f. den damaligen Landwirth ganz unzugängliche Gedanken. (115)

Knocheneinfuhr aus Deutschland nach England über 70 Jahr v. Millionen Centnern. (116)

»In den Händen des unwissenden praktischen Mannes wurden der Gyps u. die Kartoffeln zu Mitteln, die Ausraubung des Feldes zu verstärken u. dessen Erschöpfung zu beschleunigen.« (116) Dazu »Verminderung der *Arbeitskraft* der v. *Kartoffeln* vorzugsweis sich *nährenden Bevölkerungen.*« (l.c.) In *Deutschland* u. *Frankreich* seit 70 J. das Soldatenmaß herabgesetzt. Die Knochensubstanz, welche dem Knochenskelett des Mannes in Deutschland u. Frankreich fehlt, um die frühere Mittelgrösse herzustellen, ist in den Knochen nach England ausgeführt worden. (117) Im Allgemeinen spricht innerhalb gewisser Grenzen f. das Gedeihn organischer Wesen das Ueberschreiten des Mittelmaßes ihrer Art *(Species)*. F. den Menschen verkleinert ‖51| sich sein Körpermaaß, wenn sein Gedeihn beeinträchtigt ist, sei es durch physische od. sociale Verhältnisse. |

In allen europ. Ländern, wo Conscription besteht, hat seit Einführung derselben das mittlere Körpermaß der Erwachsnen Männer u. im Ganzen ihre Tauglichkeit zum Kriegsdienst abgenommen. Vor der Revolution (1789) das Minimum f. Infanterist in Frankreich 165 Centimeter, 1818 (Gesetz v. 10 März) 157, Gesetz v. 21 März 1832 156 Centim.; durchschnittlich in Frankreich wegen mangelnder Grösse u. Gebrechen über 1/2 ausgemustert; das Militairmaß war in Sachsen 1780 178 Cent., jetzt 155. In Preussen ist es 157. Nach Angabe der bayrischen Zeitung v. 9 Mai 1862 v. Dr Meyer, stellt sich nach einem 9 jährigen Durchschnitt heraus, daß in Preussen v. 1000 Conscribirten 716 untauglich zum Militärdienst, 317 wegen Mindermaß u. 399 wegen Gebrechen. In Oestreich das Soldatenmaß 160, in Schweden 162 Centimeter. Berlin konnte 1858 sein Contingent an Ersatz-Mannschaft nicht stellen, es fehlten 156 Mann. In Cambridge messen u. wiegen sich die auf die Universität Kommenden; die mittlere Grösse der Studenten 176, 8 Cent. (117, 118 [Note])|

|52| Kriege v. 1790–1815. Danach die Hungerjahre 1816 u. 1817. In den darauf folgenden Jahren war das *Verhältniß* der *Production zum Verbrauch umgekehrt;* die Korn- u. Güterpreise fielen auf ungewöhnliche Weise, bis Mitte der 30er Jahre eine Art v. Gleichgewicht durch die Vermehrung der Population hergestellt. Von da die massenhaften Auswanderungen ... Trotz dieser grossen Auswanderungen v. 1816–1846 die Anzahl der Korn, Kartoffeln u. Fleisch verzehrenden Individuen im Preussen um 54%, in Sachsen nah ebenso viel, in Oestreich u. Baiern um 27 u. 26% u. in ähnlichen Verhältnissen in andren Ländern [vermehrt]; ein Bruchtheil ihres Bedarfs unstreitbar dadurch gedeckt, daß sehr viel Feld in Cultur genommen u. Früchte geliefert, welches früher den Anbau nicht lohnte. Aber Zustand dieser Bevölkerungen in Europa ohne Einfuhr u. Anwendung des Guano seit 1841. (119, 120) Durch Düngung eines Feldes m. Guano f. *jedes Pfund* dieses Düngemittels in 4–5 J. 5 lbs Korn od. Kornwerthe (Weizen, Gerste, Hafer, Kartoffeln, Klee) v. einem Felde mehr gewonnen, als dieses Feld ohne dasselbe geliefert haben würde. ... V. 1841–1855 über 1,500,000 Tonnen od. 30 Mill. Centner Peru-Guano in Großbrit. eingeführt ... Nimmt man an, daß in der Periode (41–55) 2 Mill. Tonnen od. 40 Mill. Centner Guano eingeführt, so im ||53| Zeitraum v. 15 J. 200 Mill. Centner Korn u. Kornwerthe mehr erzeugt, als die europ. Felder, auf ihren üblichen Dünger beschränkt, hätten liefern können. ... (120)

Dieser Zufluß v. Düngstoffen gleichbedeutend einer Einfuhr v. Getreide u. Vieh, um 26 2/3 Mill. Menschen ein Jahr lang od. jährlich 1,800,000 15 J. lang vollständig zu ernähren. (120, 121)

»Der an der Küste v. Peru stationirte engl. Admiral *Moresby* berichtet 1853 an die engl. Regierung, daß nach seiner Vermessung u. Aufnahme der Chinchas-Inseln, der damalige Vorrath v. Guano 8,600,000 Tonnen od. 172 Mill. Ctr. Seit der Zeit nach England allein (nach Pusey) jährlich 3 Mill. Ctr. (150,000 Tonnen) ausgeführt, noch mehr nach den Vereinigten Staaten. Daher erklärt Moresby, daß nach dem mittelern Anschlage der Ausfuhr, diese Inseln an den guten Sorten Guano, verkaufbar in dem engl. Markt, in 8 od. 9 J. erschöpft.« (121)

Die f. die volle Ernährung eines Menschen nöthige Nahrung täglich 2 lbs Kornwerth; für den Kopf jährlich 7¼ Ctr Kornwerth. (122) |

|54| Naturgesetzlich kann eine *Kornausfuhr* nur aus einem fruchtbaren Lande mit einer im Verhältniß zur Bodenfläche geringen Einwohnerzahl statthaben. Nach einer Reihe v. J. nimmt die Ertragsfähigkeit der Aecker ab; sie liefern weniger Korn wie vorher, u. die Anzahl der kornverzehrenden Individuen nimmt zu. Die Folge davon ist, daß die Ausfuhr sich vermindert; sehr bald wird die Grenze erreicht, wo sie aufhört. Noch vor diesem Zeitpunkt tritt eine Güterzersplittrung ein; der rohe Raub bildet sich aus zur Kunst des Raubs; nach einer weiteren Reihe v. J. treten in diesem Lande die umgekehrten Erscheinungen ein, der kleine Bauer ist unvermögend, sich auf seinem Besitz zu behaupten, weil er ihm durch die steigende Abnahme der Erträge seiner Felder seinen u. seiner Familie Unterhalt nicht mehr abgewinnen kann. Während sonst 20 Äcker hierzu genug, jetzt 40; verkauft sein Feld, wandert aus, od. verkommt u. wird Taglöhner, bei einem grossen Landbesitzer; dieser führt die intensive Feldwirthschaft ein, vermindert die Zahl seiner Kornfelder u. vermehrt die Futterfelder, die ihm den fehlenden Mist f. die Kornfelder liefern müssen. In dieser Weise schrumpfen seine Kornfelder immer mehr u. zuletzt sein Besitz zu einer grossen Viehweide ein. Grosse Flächen Land ||55| fallen in die Hände einer kleinen Anzahl v. Besitzern. Dieß ist der naturgesetzliche Verlauf der *Raubwirthschaft*, die in keinem Lande je in größrem Maßstab betrieben worden ist, wie in Nordamerika. (123, 124)

Seit letztem Viertel des 18. Jhd. begann die Einfuhr der Knochen in England, bis heute fortdauernd. Die Einfuhr des Guano 1841; 1859 wurden 286,000 Tons (5,720,000 Ctr) eingeführt; die durchschnittliche Knocheneinfuhr beläuft sich auf 60–70,000 Tons. 1 lb Knochen erzeugt in 3 Rotationen 10 lbs Kornwerth; 1 lb Guano in einer Rotation v. 5 J. 5 lbs Kornwerth. V. 1810–1860 – in 50 J. – an Phosphaten, in Knochen ausgedrückt, in der Form v. Getreide, Hülsenfrüchten, Raps- u. Leinkuchen, Knochen u. Knochenasche, 4 Mill. Tonnen od. 80 Mill. Ctr eingeführt, welche die 10fache Menge od. *800 Mill.* Ctr Getreidewerth auf den engl. Feldern hervorgebracht haben, genügend f. den jährlichen Bedarf v.

110 Mill. Menschen. Nimmt man an, daß v. 1845–1860, d.h. in 15 J., die engl. Felder jährlich mit 100,000 Tonnen, im Ganzen mit 1,5 Mill. Tonnen Guano gedüngt worden wären, so damit hervorgebracht $7^1/_2$ Mill. Tonnen Getreidewerth od. 150 Mill. Ctr, genügend ‖56| für die Erhaltung v. 20 Mill. Menschen. (127, 128)

Wenn die seit 1810 eingeführten Phosphate u. die seit 1845 eingeführten Guanobestandtheile ohne allen Verlust im Kreislauf auf den engl. Feldern geblieben wären, so *würden damit diese Felder im J. 1861 die Hauptbedingungen enthalten haben für die Hervorbringung v. Nahrung f. 130 Mill. Menschen.* Dieser Rechnung steht gegenüber die Schrecken erregende Thatsache, daß Großbrit. die f. seine 29 Mill. Bewohner jährlich nöthige Nahrung nicht erzeugt u. die Einführung der Waterclosets in den meisten Städten Englands die Folge, daß jährlich die Bedingungen zur Wiedererzeugung v. Nahrung f. $3^1/_2$ Mill. Menschen unwiederbringlich verloren gehn. (128)

Wenn jährlich v. allen in den Ernten weggeführten Bodenbestandtheilen ein fester aliquoter Theil für immer verloren geht, so ist die fortgesetzte gleichmässige Einfuhr v. Düngstoffen, so lange sie dauern mag, nicht im Stande, die Bodenbeschaffenheit wesentlich zu verbessern, es tritt schon nach 12 bis 13 J. ein stationärer Zustand im Boden ein; wenn jährlich die Hälfte der eingeführten ‖57| Düngerbestandtheile verschwindet, so ist alsdann der Zustand so, als ob die Einfuhr jährlich doppelt so viel betragen hätte, als wirklich der Fall ist, u. als ob dann v. 1 J. auf das andre alle eingeführten Düngstoffe verloren gingen. Verschwindet jährlich nur $^1/_3$, so ist der stationäre Zustand so, als ob die jährliche Einfuhr das Dreifache des wirklichen Betrags ausmache. ... Führt England jährlich durchschnittlich 200,000 Tonnen Guano u. 100,000 Tonnen Knochen ein, u. geht hiervon nur $^1/_3$ verloren, so ist das Verhältniß nach etwa 12 J. so, als ob jährlich 600,000 Tonnen Guano u. 300,000 Tonnen Knochen eingeführt würden, d.h. die Erträge der engl. Felder würden in eben dem Verhältnisse steigen, als ob sie mit der 3fachen Menge dieser Düngmittel gedüngt worden wären. (128 Note)

In Baiern haben die Mittelerträge der reichen Kornländereien im Donaugebiet jährlich merklich abgenommen; sie sind schon jetzt niedriger als die Mittelerträge der Kornfrüchte in der Rheinpfalz. (129) Der hohe Preiß u. die Nachfrage steigerten den Tabaksbau in der Rheinpfalz im verflossenen Jahrzehnt auf eine aussergewöhnliche Weise, im J. 1853 war $^1/_8$, im J. 1857, in welchem die Tabaksproduction ihr Maximum erreichte, sogar ‖58| $^1/_6$ der gesammten Fläche des Ackerlandes m. Tabak bestellt; aber wie rasch trat der Rückschlag ein; 1858 [machten] die Tabakfelder nur $^1/_8$, 1859 $^1/_9$, 1860 $^1/_{10}$ der Gesammtfläche aus, u. während im J. 1856 der Mittelertrag pro Tagewerk 8–15 Ctr betrug, ist er 1860 auf 7¼ Ctr, um etwas mehr als ⅛, gefallen. V. 1856–1860 wurden in der Pfalz 429,000 Ctr Tabaksblätter erzeugt u. der Boden verlor an 80,000 Ctr Aschenbestandtheile … *Schleuderpreise (obgleich hoch!) wozu sie in dem Tabak ihr Feld verkaufen.* (129 Note)

Mit jedem Centner Knochenmehl wird den bairischen Feldern eine Hauptbedingung zur Wiedererzeugung v. 2600 Pfd. Weizenkorn od. Getreidewerth entzogen. (130)

Die Zufuhr eines halben % jährlich macht, daß das Feld 100 J. u. auf ewige Zeiten hinaus die nämlichen hohen Kornernten liefert. (131)

Großbritannien raubt allen Ländern die Bedingungen ihrer Fruchtbarkeit, es hat die Schlachtfelder v. Leipzig, Waterloo u. der Krim bereits nach Knochen umgewühlt u. die in den Katakomben Siciliens angehäuften Gebeine vieler Generationen verbraucht, u. zerstört jährlich noch die Wiederkehr einer künftigen Generation ‖59| v. 3½ Mill. Menschen; einem Vampyr gleich hängt es an dem Nacken Europas, man kann sagen der Welt, u. saugt ihr das Herzblut aus, ohne zwingenden Grund u. ohne dauernden Nutzen für sich. (133)

(Die *Erschöpfung des Bodens* für jeden einzelnen Fall steht im umgekehrten Verhältniß zur *Summe der Nahrungsstoffe, die im Boden vorhanden sind,* u. in *graden Verhältniß zum Theil dieser Summe*, welche der Boden an die Pflanze abgegeben hat. (3) *(Herr Dr Emil Wolf in Hohenheim u. die Agriculturchemie v. Liebig. Braunschweig. 1855.)*)

Wenn der Landwirth sich dazu entschließt, die Nährstoffe der Pflanzen dem Felde wiederzugeben, die er ihm in den Ernten genommen hat u. er jedes Jahr in der Form v. Düngstoffen wieder zurückkauft, was er in den vorhergehnden in den Feldfrüchten ausgeliefert hat, so ist seine Ausgabe verhältnißmässig gering u. leicht zu tragen. (151) Seine Ernten müssen v. einem gewissen Zeitpunkt an, in einer regelmässigen Progression steigen, weil in dem Felde durch den *Verwitterungsproceß* dem vorhandenen Vorrath jährlich ein Bruchtheil v. wirksamen Nährstoffen zuwächst, wodurch sein arbeitendes Capital sich fortwährend vermehrt. (152) |

|59[a]| „Herr Dr. Emil Wolff in Hohenheim u. die Agricultur Chemie“ v. J. v. Liebig. 1855.

Die Höhe des Ertrags eines Feldes (v. gegebner Beschaffenheit u. Zusammensetzung) steht im Verhältniß zu demjenigen zur völligen Entwicklung der Pflanze unentbehrlichen Nahrungsstoff, welcher im Boden (in geeigneter Form u. Beschaffenheit) in *kleinster Menge* (im Minimo) vorhanden ist. (13, 14) Wenn demnach in dem Boden ein Minimum v. Stickstoff (od. Phosphorsäure, od. Alkalien, od. löslicher Kieselsäuren etc) zugegen ist, während alle übrigen nothwendigen Nahrungsstoffe in Maximo vorhanden sind, so wird durch Erhöhung dieses Minimums v. Stickstoff (v. Phosphorsäure etc) auf ein Maximum durch Düngung, der Ertrag f. alle Pflanzen, welche ein Maximum v. Stickstoff (od. v. Phosphorsäure etc) für ihre völlige Entwicklung bedürfen, ein Maximum sein. – Dieses Gesetz gilt f. jeden Bestandtheil; keiner hat für sich einen Werth als Dünger vorzugsweise; der Werth wird bedingt u. entschieden durch den Gehalt des Feldes, u. derjenige unter diesen Stoffen gewinnt in den besondren Fällen den Vorzug vor jedem anderen, welcher für jede Pflanze vermehrt werden muß, um seine Quantität in das richtige Verhältniß mit den andern zu setzen. – Wenn man durch Zufuhr v. phosphorsaurem Kalk (v. Knochen) ||60| od. v. Ammoniak u. phosphorsauren Salzen (durch Guano) diese in einem Felde in Minimo vorhandnen Nahrungsstoffe vermehrt hat, u. es steigt in Folge dieser Vermehrung der *Ertrag*, so steht derselbe jetzt im Verhältniß zu der im Boden vorhandenen kleinsten Menge eines andren Bestandtheiles desselben, der nicht zugeführt worden ist (z. B. zur löslichen Kieselsäure, zum Kali od. Kalk), u. wenn man mit Maximum die Menge eines einzelnen im Dünger zugeführten Bestandtheiles bezeichnet, welcher im Verhältniß zu der Menge der im Boden bereits enthaltenen andren nothwendigen Bestandtheile den Ertrag auf eine volle Ernte erhöht, so hat die weitre Zufuhr über das Maximum hinaus, auf die Erhöhung des Ertrags keinen Einfluß mehr, weil dieser jetzt durch einen andren im Minimo vorhandenen Bestandtheil geregelt wird. Wenn man also v. der Düngung eines Morgen Landes mit 100 lb *Knochenmehl* einen Mehrertrag = 1 erhalten hat, so geben 200 od. 300 Pfd Knochenmehl *nicht den doppelten od. dreifachen Mehrertrag*, sondern weit weniger, u. wenn 100 lbs die im Boden fehlende u. ergänzende Menge phosphorsauren Kalk ausdrücken, welche den ganzen Ueberschuß der andren Bestandtheile wirksam gemacht haben, so muß eine weitere Zufuhr an Knochenmehl absolut wirkungslos sein, weil das Knochenmehl nicht für sich eine Wirkung hervorbringt. ||61| Die *Wechselwirthschaft* beruht gerade darauf, daß jede einzelne Culturpflanze für jeden einzelnen Nahrungsstoff, den der Boden liefern muß, ein eignes Minimum hat. Was der Boden f. eine Pflanze zu wenig davon erhält, macht für eine andre Pflanze eine genügende Menge od. ein Maximum aus. (14, 15)

Nach Versuchen … in Tharand … producirte 1 lb Guano bei einer Düngung v. 110 lbs per Morgen einen Mehrertrag v. $25^{1}/_{2}$ lbs Kartoffeln, bei einer Düngung v. 220 lbs Guano nur $12^{1}/_{3}$ lbs bei einer Düngung v. 330 lbs Guano nur $2^{1}/_{2}$ lbs u. bei 440 lbs Guano nur $1^{3}/_{4}$ lbs Kartoffeln. (32, 33)|

|62| Liebig.
Die Chemie in ihrer Anwendung auf Agricultur u. Physiologie.
1862. (7te Auflage.)

Erster Theil. (i. e. Band)
Der chemische Proceß der Ernährung der Vegetabilien.

Allgemeine Bestandtheile der Vegetabilien.

1) *Kohlenstoff u. die Elemente des Wassers im Verhältniß wie sie im Wasser enthalten:* Wie *Holzfaser, Stärkemehl, Zucker, Gummi.*

2) *Kohlenstoffverbindungen* mit *den Elementen des Wassers* + einer gewissen Menge *Sauerstoff.* Umfaßt die meisten organischen *Säuren.*

3) *Kohlenstoffverbindungen m. Wasserstoff,* ohne Sauerstoff od. mit den Elementen des Wassers + einer gewissen Menge Wasserstoff. *Flüchtige u. fette Oele, Wachs, Harze.* Manche davon spielen die Rolle v. Säuren.

Die *organischen Säuren* sind Bestandtheile aller Pflanzen u. mit wenigen Ausnahmen an anorganische Basen, *Metalloxyde* gebunden; die letztren bleiben nach der Einäschrung als *Asche* zurück.

Der *Stickstoff* in den Pflanzen in der Form v. *Säuren,* v. *indifferenten Stoffen* u. v. Verbindungen enthalten, die alle Eigenschaften der Metalloxyde besitzen. Sie heissen *organische Basen.* Alle Samen enthalten Stickstoffverbindung. Dem Gewichtsverhältniß nach Stickstoff nur kleiner Theil der Pflanzenmasse, fehlt aber in keinem Vegetabil, od. Organ desselben; wenn nicht im Organ, so in dem Saft, den er durchdringt. Die in dem Samen u. dem Saft der Pflanzen nie fehlenden Stickstoffverbindungen enthalten eine gewisse Menge *Schwefel.* [(4, 5,)] |

|63| Die Bestandtheile aller Vegetabilien zerfallen in 2 Klassen: Die eine enthält *Stickstoff*, die andre nicht als Bestandtheil. Unter den stickstofffreien Verbindungen giebt es *sauerstoffhaltige* (Amylon, Holzfaser etc) u. *sauerstofffreie* (Terpentinöl, Citronenöl).

Die *stickstoffhaltigen Pflanzenbestandtheile: schwefel- u. sauerstoffhaltige* (in allen Samen), in *schwefelhaltige u. sauerstofffreie* (im Senföl), *schwefelfreie* (die *organischen Basen* etc.) Verbindungen. [(6)]

»in 100 Volumtheilen der Luft 21 Volum Sauerstoff.« (17) (unveränderlich)

Das Gewicht der Kohlensäure nahe $^{1}/_{1000}$ des Gewichts der Luft. (19) (wechselt nach den Jahreszeiten, ändert sich aber nicht in verschiednen Jahren.) (Der Kohlensäuregehalt der Luft vor Jahrtausenden weit beträchtlicher als heute)

Der Kohlenstoff der Vegetabilien stammt ausschließlich aus der *Atmosphäre;* hier existirt er nur in der Form v. *Kohlensäure*, also in der Form einer Sauerstoffverbindung. (20) Pflanzen zersetzen die Kohlensäure; für den Kohlenstoff, den sie sich aneignen (mit Wasser od. seinen Elementen verbunden) empfängt die Atmosphäre ein gleiches Volumen Sauerstoff zurück. (21)

Wenn auf der Oberfläche der Erde durch Anhäufung v. lebenden Geschöpfen od. durch Verbrennungsprocesse die Kohlensäurebildung zunimmt, so erhält damit an diesem od. einem andren Orte die Vegetation einen Ueberschuß v. Nahrung. Durch den Uebergang des Kohlenstoffs dieser Kohlensäure zu einem Bestandtheile der wildwachsenden ||64| od. Culturpflanzen wird das Gleichgewicht des Sauerstoffgehalts wieder hergestellt. (26)

Mit der Abwesenheit des Lichts findet die Zersetzung der Kohlensäure ihre Grenze. (29)

In der Nacht findet ein Säurebildungs-, Oxydationsprozeß statt, am Tage u. gegen Abend Prozeß der Sauerstoffausscheidung. (30) Die Eigenschaft der grünen Blätter, Sauerstoff aufzunehmen, gehört auch dem frischen Holze an. (31)

Die in Verwesung begriffene Holzfaser ist der Körper, den wir Humus nennen. In demselben Grade als die Verwesung der Holzfaser vorangeschritten ist, vermindert sich die Fähigkeit zu verwesen, d.h. das *umgebende Sauerstoffgas in Kohlensäure* zu verwandeln ... *In einem Boden,* welcher der *Luft zugänglich ist*, verhält sich der Humus genau wie an der Luft selbst; er ist eine langsame äusserst andauernde Quelle v. Kohlensäure. Um jedes kleinste Theilchen des verwesenden Humus entsteht, auf Kosten des Sauerstoffs der Luft, eine Atmosphäre v. Kohlensäure. In der Cultur wird, durch Bearbeitung u. Auflockerung der Erde, der Luft ein möglichst ungehinderter u. freier Zutritt verschafft. ([38,] 39) Begünstigt den Zutritt der Luft, damit die Bildung der Kohlensäure. (l.c.) Die Quantität der erzeugten Nahrung würde sich vermindern mit jeder Schwierigkeit, die sich im Boden dieser Lufterneuerung entgegenstellt; bei einem gewissen Grade der Entwicklung der Pflanze ist sie es selbst, welche den Luftwechsel bewirkt. Die Atmosphäre v. Kohlensäure, welche den unverwesten Theil des Humus vor weiterer Veränderung schützt, wird v. den feinen Wurzelhaaren, den Wurzeln selbst aufgesaugt u. hinweggenommen: sie wird ersetzt durch die atmosphärische Luft, die ihren Platz einnimmt; die Verwesung schreitet fort, es wird auf Kosten ihres Sauerstoffs eine neue Quantität Kohlensäure gebildet. ([39,] 40)|

|65| Ist die Pflanze völlig entwickelt, die Organe der Ernährung völlig ausgebildet, so bedarf sie der Kohlensäure des Bodens nicht mehr. In den heissen Sommermonaten ... schöpft sie den Kohlenstoff ausschließlich aus der Luft. (l.c.)

In einer gegebnen Zeit steht die Zunahme einer Pflanze an Masse im Verhältniß zu der Anzahl u. der Oberfläche der Organe, welche bestimmt sind Nahrung zuzuführen. Bei gleicher Oberfläche verhält sich in zwei Pflanzen die Zunahme wie die Zeiten der thätigen Aufsaugung. (40)

Secretionen der Pflanze vor dem Beginn u. während der Blüthe ... durch die Wurzeln werden kohlenstoffreiche Substanzen abgeschieden, u. v. dem Boden aufgenommen. In diesen Stoffen, welche unfähig sind, eine Pflanze zu ernähren, empfängt der Boden den größten Theil des Kohlenstoffs wieder, den er den Pflanzen im Anfang ihrer Entwickelung in der Form v. Kohlensäure gegeben hatte. (43) Kommt hinzu die verwesenden Blätter (durch Einfluß der Luft u. Feuchtigkeit), die alten Wurzeln der Graspflanzen auf den Wiesen; die Wurzeln v. Getreide u. Gemüse bleiben nach der Ernte in dem Boden, u. gehn im Winter durch Fäulniß u. Verwesungsprocesse in Humus über. (l.c.) In dieser Form empfängt der Boden im Ganzen an Kohlenstoff mehr wieder, als der verwesende Humus als Kohlensäure abgab. (43, 44)

Im Allgemeinen erschöpft keine Pflanze in ihrem Zustande der normalen Entwicklung den Boden in Beziehung auf seinen Gehalt an Kohlenstoff; sie macht ihn im Gegentheil reicher daran. (44) |

|66| Das Wasser empfängt durch die Kohlensäure das Vermögen gewisse Mineralien im Boden zu zersetzen u. deren Bestandtheile löslich u. aufnehmbar für die Pflanzenwurzeln zu machen, u. es übt die Kohlensäure hierdurch einen mächtigen Einfluß auf die Fruchtbarkeit des Bo-

dens aus (44, 45) abgesehn daß sie, so lange im Boden die Bedingungen zur Verwesung, Feuchtigkeit u. Zutritt der Luft, die Wurzeln der Pflanze mit Nahrung versieht. (l.c.) Der Humus enthält zuletzt, als der Rückstand verwesender Pflanzenstoffe, allen Stickstoff dieser Vegetabilien, u. stellt in Folge fortschreitender Zersetzung eine im Boden stets gegenwärtige Stickstoffquelle dar. (46)

Der Kohlenstoff aller Theile der Bestandtheile der Vegetabilien stammt v. der *Kohlensäure*, aller Wasserstoff der stickstofffreien Materien v. dem *Wasser*. (46)

Kein Bestandtheil eines Pflanzengebildes enthält auf ein Kohlenstoffatom mehr wie zwei Atome eines andren Elements. (46)

Grund zu glauben daß aus dem *Zucker* das *Gummi*, der *Zellstoff* u. das *Stärkemehl in der Pflanze* entstehn, daß sie einzelne Glieder einer Reihe sind, die mit dem Kohlensäureatom beginnt. (48)

Traubenzucker C_{12}, H_{12}, O_{12}
Zellstoff C_{12}, H_{12}, O_{12}
Rohrzucker C_{12}, H_{11}, O_{11}
Gummi C_{12}, H_{11}, O_{11}
Stärkemehl C_{12}, H_{10}, O_{10}. (48)|
|67| Kohlensäure C_2, O_2, O_2
Oxalsäure C_2, O_2, O. (sie die einfachste u. verbreitetste unter allen organischen Säuren. (49) Sie enthält keinen *Wasserstoff*, alle andren organischen Säuren do so. (l.c.)

2 At. *Oxalsäure* = $C_4\, O_4, O_2$

Aepfelsäure $= C_4 \left.\frac{H_2}{O_2}\right\} O_2$

Weinsäure $= C_4 \left.\frac{H_2}{O_3}\right\} O_3$. (49)

Assimilationsproceß in seiner einfachsten Form ... Aufnahme v. Wasserstoff aus dem Wasser u. [v.] Kohlenstoff aus der Kohlensäure mit Abscheidung allen Sauerstoffs aus Kohlensäure u. Wassers od. Theils davon. ([52,] 53)

In dem Verwesungsproceß wird genau die dem Wasserstoffe entsprechende Menge v. Wasser durch Oxydation auf Kosten der Luft wieder gebildet; aller Sauerstoff der organischen Materie kehrt in der Form der Kohlensäure zur Atmosphäre zurück. Nur in dem Verhältnisse also, in welchem die verwesenden Materien Sauerstoff enthalten, können sie in dem Acte der Verwesung Kohlensäure entwickeln, die Säuren mehr als die neutralen Verbindungen; die *fetten Säuren, Harz* u. *Wachs* erhalten sich in dem Boden Jahrhunderte lang ohne bemerkbare Veränderung. (53, 54)

In welcher Form liefert die Natur dem *vegetabilischen Eiweiß*, dem *Kleber*, den *Früchten* u. dem *Samen* diesen für ihre Existenz durchaus unentbehrlichen Bestandtheil? ||68| (nämlich *Stickstoff?*) (54)

Das Regenwasser kann den Stickstoff nur in der Form v. aufgelöster atmosphärischer Luft, od. in der Form v. Ammoniak u. Salpetersäure enthalten. (55) Stickstoff, der ihren (der Pflanzen) Wurzeln in der Form v. Ammoniak durch verwesende thierische Körper zugeführt wird. (l.c.)

Wo kommt der jährlich (ohne Ersatz) *ausgeführte Stickstoff* her? (Da die Producte gegen Geld u. andre Bedürfnisse des Lebens ausgetauscht werden, *gegen Materialien*, die *keinen Stickstoff enthalten*) ... aus der *Atmosphäre.* (57)

Die letzten Producte der Fäulniß u. Verwesung stickstoffhaltiger thierischer Körper treten in 2 Formen auf, in den gemässigten u. kalten Climaten vorzugsweis in der Form der *Wasserstoffverbindung des Stickstoffs*, als *Ammoniak*, unter den Tropen am häufigsten in der Form seiner *Sauerstoffverbindung*, der *Salpetersäure* ... aber der Bildung der letztren an der Oberfläche der Erde geht stets die Erzeugung der erstren voran. *Ammoniak* ist das letzte Product der Fäulniß animalischer Körper, *Salpetersäure* das Product der *Verwesung des Ammoniaks.* (57, 58)

Beim Tode geben alle Thiere u. Menschen durch ihre Fäulniß allen Stickstoff den sie enthalten, in der Form v. *Ammoniak* an die Atmosphäre zurück. (58)

In der Luft als Ammoniak (der Stickstoff der Thiere u. Menschen) enthalten, in der Form eines Gases, das sich mit Kohlensäure zu einem flüchtigen Salze verbindet, im Wasser mit ausserordentlicher Leichtigkeit löst etc (58)

Im Regen wird der Ammoniak verdunstet, der Luft entzogen, der Erde zugeführt. (l.c.)|

|69| Die jährlich fallende Regenmenge wechselt ... nach der *Lage der Orte*, im Allgemeinen nimmt die Masse des Niederschlags ab mit der Entfernung von Meere u. mit wachsender Breite. Der *Gehalt des Regenwassers* an *Ammoniak u. Salpetersäure* ist ebenso ungleich u. wechselnd; in der Nähe v. Städten ist das Regenwasser weit reicher an diesen Verbindungen wie auf dem platten Lande. (60 [Note]) (*Bineau's* Beobachtungen in *Lyon* auf dem dortigen Observatorium sehr lehrreich in dieser Beziehung.)

Thau u. Reif enthalten im Verhältniß ihrer Masse eine weit grössre Menge Ammoniak als das Regenwasser. (62 [Note]) Die Pflanzen empfangen Ammoniak aus dem Regenwasser, dem Schnee u. Thau, aber sie nehmen auch Ammoniak aus der Luft auf. (63 [Note])

Eine Vermehrung des animalischen Düngers hat nicht allein eine *Vermehrung* der *Anzahl v. Samen* zur Folge, sie übt auch einen nicht minder bemerkenswerthen Einfluß auf die *Vergrösserung des Gluten (Kleber) Gehalts.* … In Beziehung auf seinen Stickstoffgehalt wirkt der animal. Dünger nur durch Ammoniakbildung; in gefaultem Menschenharn ist der Stickstoff in keiner andren Form als der eines Ammoniaksalzes (kohlensaures, phosphorsaures, salzsaures Ammoniak) enthalten. ([68,] 69)

In einem Boden, der einzig u. allein nur aus Sand u. Thon besteht, genügt es dem Boden nur eine kleine Quantität *Guano* beizumischen, um darauf die reichsten Ernten v. Mais zu erhalten. Dieser Dünger besteht vorzugsweis aus *harnsaurem, phosphorsaurem, oxalsaurem, kohlen*||70|*saurem Ammoniak* u. einigen Erdsalzen. (69, 70)

Was in Getreide *Kleber* heißt, im Traubensaft, in den Pflanzensäften *vegetabilisches Eiweiß*, in dem Samenlappen der Leguminosen *vegetabilisches Casein.* (70)

Der Urin des Menschen u. der fleischfressenden Thiere enthält die größte Menge Stickstoff … der Urin des Hornviehs, Schafe, Pferde, bei gleichem Volumen minder reich an Stickstoff, aber immer noch unendlich reicher als die *festen Excremente* dieser Thiere.

Ueberhaupt verschwindet bei Thieren u. Menschen der Stickstoffgehalt der festen gegen den der flüssigen Elemente. (l. c.) *Reis* die an Stickstoff ärmste unter allen Getreidearten. (71)

Durch die Haut u. Lunge treten Kohlen- u. Wasserstoffverbindungen, durch die Harnblase tritt der Stickstoff der umgesetzten Organe aus. (73)

Jeder faulende thierische Körper ist eine Quelle v. Ammoniak u. Kohlensäure. (74)

Dieses Ammoniak wird v. dem Boden theils in Wasser gelöst, theils in der Form v. Gas aufgenommen u. eingesaugt, u. mit ihm findet die Pflanze eine grössre Menge des ihr unentbehrlichen Stickstoffs vor, als die Atmosphäre ihn liefert. (74) Entscheidend die Form, worin der Ammoniak der thierischen Excremente den Pflanzen zugeführt wird. (75) Hauptzweck der Feldwirthschaft … Production v. *Blutbestandtheilen* … der Forstwirthschaft hauptsächlich nur die Production v. *Kohlenstoff.* (75, 76)

Die Wirkung des *Gypses* auf die Fruchtbarkeit der Felder beruht zum Theil auf der *Fixirung des Ammoniaks der Atmosphäre*, auf Gewinnung derjenigen Quantität, die auf nicht gegypsten Boden m. dem Wasser wieder verdunstet wäre. (76[, 77]) |

|71| Zur Assimilation des gebildeten schwefelsauren Ammoniaks u. zur Zersetzung des *Gypses* ist, seiner Schwerlöslichkeit (1 Theil bedarf über 400 Th. Wasser) wegen, Wasser die unentbehrliche Bedingung; auf trocknen Feldern u. Wiesen deshalb sein Einfluß nicht bemerkbar, während thierischer Dünger, durch die Assimilation des gasförmigen, kohlensauren Ammoniaks, was sich daraus in Folge seiner Verwesung entwickelt, nicht versagt. Die *Zersetzung des Gypses* durch das kohlensaure Ammoniak geht nicht auf einmal, sondern sehr allmählich vor sich, woraus sich erklärt, warum seine Wirkung *mehrere Jahre* anhält. (79)

Eisenoxyd (daher Fruchtbarkeit eisenoxydreicher Bodenarten) u. *Thonerde* zeichnen sich vor allen Metalloxyden durch die Fähigkeit aus, sich mit Ammoniak zu festen Verbindungen vereinigen zu können. (79) Auch die Fähigkeit aller eisenoxyd- od. thonerdereichen Mineralien Ammoniak aus der Luft anzuziehn. (79) *Kohlenpulver*, bes. in frisch geglühtem Zustand, verdichtet *Ammoniakgas* in seinen Poren. 1 Volumen davon nimmt 90 Volumina Ammoniakgas in seine Poren auf, das sich durch blosses Befeuchten daraus wieder entwickelt. (80) Der Kohle nah kommt das verwesende (Eichenholz) Holz, das, unter der Luftpumpe v. allem Wasser befreit, 72 × sein eignes Volumen davon verschluckt. (l.c.)

Die *verwesende Holzfaser*, der *Humus*, daher nicht allein die lang andauernde Quelle v. Kohlensäure, sondern versieht auch die Pflanzen ||72| mit dem zu ihrer Entwicklung unentbehrlichen Stickstoff. ([80,] 81)

Kohlensäure, Ammoniak u. *Wasser* enthalten in ihren Elementen die Bedingungen zur Erzeugung aller Thier- u. Pflanzenstoffe während ihres Lebens. Sie sind die letzten Producte des chemischen Processes ihrer Fäulniß u. Verwesung. (81)

Anorganische Bestandtheile der Vegetation.

Aller Thierkörper etc bildet sich aus dem *Blut.* Die Hauptbestandtheile des Bluts zwei schwefelhaltige Verbindungen, *Albumin* u. *Fibrin. Casein* auch constanten Gehalt an Schwefel. Albumin, Fibrin, Casein entwickeln in dem Processe der Fäulniß *Schwefelwasserstoffgas.* (83, 84)

Die Pflanzen enthalten in dem Samen od. Wurzeln abgelagert od. im Safte gelöst in sehr verschiednen u. wechselnden Mengen gewisse Schwefelverbindungen, worin der Stickstoff niemals als Bestandtheil fehlt. … Die im Saft der Pflanzen gelösten schwefelhaltigen Bestandtheile sind identisch u. besitzen die nämliche Zusammensetzung wie die Blutbestandtheile; der in Erbsen, Bohnen, Linsen enthaltne Haupternährungsstoff zeigt gleiches Verhalten u. Zusammensetzung m. dem Casein in der Milch. (85)

In der Luft kaum nachweisbare Spuren v. Schwefelwasserstoff. Also Boden Quelle der Zufuhr f. die Pflanzen. (86) Der Schwefel der Pflanzen stammt v. *schwefelsauren Salzen*, welche, im Wasser gelöst, durch die Wurzeln v. den Pflanzen aus dem Boden aufgenommen werden. (87) Bes. gut zur Assimilation ... *schwefelsaures Ammoniak* ... es kann den Elementen nach als eine Verbindung v. Wasser m. gleichen Aequivalenten Schwefel u. Stickstoff angesehn werden, in der Art also, daß, durch eine blosse Trennung od. Ausscheidung ‖73| der Elemente v. Wasser, Schwefel u. Stickstoff in einem Bestandtheil der lebendigen Pflanze überzugehn vermögen. Auf 1 Equivalent Schwefel enthalten die schwefelhaltigen Bestandtheile der Pflanzen nahe an 8 Aequivalente Stickstoff. (87, 88)

Der Uebergang des *Schwefels eines schwefelsauren Salzes* zu einem Bestandtheil eines Pflanzenstoffs setzt nothwendig voraus, daß die *Schwefelsäure* zerlegt wird in Sauerstoff, der sich abscheidet, u. in Schwefel, der in Verbindung tritt. Z.B. Schwefelsäure zugesezt in der Form v. schwefelsaurem *Kali* od. Natron, so werden diese *Basen* nach der Zerlegung der Schwefelsäure in Freiheit gesezt ... diese *Basen Bestandtheile* aller Cultur- u. der meisten wildwachsenden Pflanzen, worin sie entweder m. *organischen Säuren* od. den *schwefelhaltigen Bestandtheilen* der Pflanzen selbst verbunden. ... Das Natron u. Kali der schwefelsauren Alkalien, welche den schwefelhaltigen Bestandtheilen der Pflanzen den Schwefel lieferten, bleiben in Verbindung m. diesen Stoffen, od. gehn eine neue Verbindung ein, od. kehren in den Boden zurück. Das am meisten verbreitete *schwefelsaure Salz* ist *Gyps (schwefelsaurer Kalk)* etc. (88, 89)

V. den *anorganischen* Bestandtheilen viele *veränderlich*, je nach dem Boden auf dem die Pflanzen wachsen; allein eine gewisse Anzahl davon f. ihre Entwicklung unentbehrlich. (91)

Alle Samenaschen enthalten *Phosphorsäure.* Alle organischen *Säuren der Pflanzen* sind an *Basen* gebunden, Kali, Natron, Kalk od. Bittererde, nur wenige Pflanzen enthalten freie organische Säuren. (92) Ohne Vorhandensein dieser alkalischen Basen u. ihre Mitwirkung würden die Säuren nicht ‖74| entstehn u. [in] Stärkemehl, Holzfaser übergehn können. (l.c.) Viele dieser alkalischen Basen können sich in ihrem Wirkungskreis vertreten. (94) Die Sättigungscapacität einer Säure ist eine unveränderliche Grösse. (94) Handelt sich hier v. den alkalischen Basen, die als *pflanzensaure Salze* Bestandtheile der Pflanzen ausmachen: grade diese in der *Asche* derselben als kohlensaure Salze wieder, deren Qualität leicht bestimmbar ist. Die in der Rinde enthaltenen Basen gehören dem lebendigen Organismus nicht mehr an. (95)

Kali, Natron, Bittererde (ebenso Kalk, wenn nicht als unlöslicher *kleesaurer Kalk* zugegen) können aus allen Pflanzentheilen ausgesogen werden. (99)

Scheint daß bei »den Nährpflanzen« keine Vertretung v. *Kali* durch *Natron* od. *Kalk*, wohl bei Holzpflanzen, Tabak etc (100)

Die »Erde das *Magazin anorganischer Basen*«. (101)

Fähigkeit des Organismus der Pflanzen alles (anorganische) dem Boden wieder zurückzugeben, was nicht zu seinem Bestehn gehört. (104) Je nach der Menge alkalischer Basen, die in einer Holzart etc enthalten, wird eine auf manchen Bodenarten kräftig entwickeln (z.B. Tanne u. Fichte auf Granit, kahlem Sandboden, Heiden) auf welchen die andre nur kümmerlich vegetirt (z.B. Eichen). (105)

Alle *Grasarten* u. Equisetaceen enthalten viel Kieselsäure u. Kali, abgelagert in dem äussern Saume der Blätter u. in dem Halme als saures, kieselsaures Kali. Nie üppiger Graswuchs auf *kaliarmen* Sand- od. reinem Kalkboden. (l.c.)|

|75| Die Blätter u. kleinen Zweige der Bäume enthalten die meiste Asche u. das meiste Alkali. (107)

Es bedarf der Stürme nicht, um die Salze (der Seen) zur Verflüchtigung zu bringen, die über dem Meere schwebende Luft trübt jederzeit die salpetersaure Silberlösung, jeder, auch der schwächste Luftzug entführt mit den Milliarden Centnern Seewasser, welche jährlich verdampfen, eine entsprechende Menge der darin gelösten Salze u. führt *Kochsalz, Chlorkalium, Bittererde* u. die übrigen Bestandtheile dem festen Lande zu. (111)

Das in steter Verdampfung begriffene Meer verbreitet über die ganze Oberfläche der Erde hin, in dem Regenwasser, alle zum Bestehn einer Vegetation unentbehrlichen Salze, wir finden sie selbst da in ihrer Asche wieder, wo der Boden keine dieser Bestandtheile liefern konnte. (111, 112) Das *Nordseewasser* enthält nach *Clemm* in *1000 Theilen* 24,84 *Kochsalz*, 2,42 *Chlormagnesium*, 2,06 *schwefelsaure Magnesia*, 1,31 *Chlorkalium*, 1,20 *Gyps*, sowie unbestimmbare Mengen kohlensauren Kalk, Bittererde, Eisen, Mangan, phosphorsauren Kalk, Jod u. Brommetalle, organische Substanzen, Ammoniak u. Kohlensäure. (111, 112)

Die Wurzeln der Pflanzen sind die ewig thätigen Sammler der Alkalien, der Bestandtheile des Seewassers, die der Regen zuführt, des Quell|76|wassers, das den Boden durchdringt. (113)

Ursprung der Ackererde.

Verwitterung v. Stein- u. Gebirgsarten. Daraus entsteht die *Ackererde.* Die Aufhebung des Zusammenhangs der Fels- u. Gebirgsarten wird theils durch mechanische, theils durch chemische Ursachen bedingt. Bewegung der Gletscher, Bäche u. Ströme, die aus ihnen entspringen. [(114)] Dann die chemischen Actionen, welche der Sauerstoff, die Kohlensäure der Luft, das Wasser auf die Bestandtheile derselben ausüben. Die letztren die eigentlichen Ursachen der *Verwitterung.* Ihre Thätigkeit constant. [(115)]

Silikate = Verbindungen v. *Kieselerde* (Kieselsäure) mit Alkalien u. allen basischen Metalloxyden. [(116, 117)] Die Zersetzbarkeit der Silikate durch die Einwirkung des Wassers u. der Säuren geht um so rascher u. leichter v. Statten, je mehr Alkali sie enthalten. [(120)] … Alle Fels- u. Gebirgsarten, welche Silikate v. alkalischen Basen enthalten, können auf die Dauer hin der auflösenden Kraft des kohlensäurehaltigen Wassers nicht widerstehn. [(125)] … Die *Ackererde* ist entstanden aus den an *Alkalien* u. *alkalischen Erden reichen Gebirgsarten,* durch die Wirkung chemischer u. mechanischer Thätigkeiten. Alle *Thonarten,* für sich, od. gemengt m. andren Mineralien, der Thon der Ackererde, erleiden unausgesetzt die nämliche fortschreitende Veränderung, welche darin besteht, daß durch den Einfluß des Wassers u. der Kohlensäure die darin enthaltenen Alkalien u. alkalischen Basen löslichen Zustand annehmen; es entstehen kieselsaure, od. wenn diese durch die Einwirkung v. Kohlensäure zerlegt werden, kohlensaure Alkalien u. Kieselerdehydrat, letztres in dem ‖77| eigenthümlichen Zustand, wo es löslich im Wasser u. aufnehmbar durch die Wurzeln der Pflanzen wird. (129)

Verhalten der Ackererde *zu den Aschenbestandtheilen der Gewächse.* Die Ackererde giebt Kali, Kieselsäure, Ammoniak od. Phosphorsäure nicht dem Wasser ab, entzieht diese Stoffe vielmehr dem Wasser; u. nur solche Stoffe entzieht sie dem Wasser *vollständig,* welche *unentbehrlich*e Nahrungsmittel f. die Pflanzen sind, die andern bleiben ganz od. zum größten Theil gelöst. … Die Eigenschaft der Ackerkrume, *Ammoniak, Kali, Phosphorsäure, Kieselsäur*e ihren Auflösungen zu entziehn, ist begrenzt; jede Bodenart besitzt dafür eine eigne Capacität; bringt man diese Lösungen damit in Berührung, so sättigt sich die Erde mit dem gelösten Stoff, ein Ueberschuß desselben bleibt alsdann in Lösung. … Der *Sandboden* absorbirt bei gleichem Volum weniger als der *Mergelboden,* dieser weniger als der *Thonboden.* Die Abweichungen in der absorbirten Menge (für die verschiednen Stoffe) sind aber ebenso groß wie die Verschiedenheiten der Bodenarten selbst. … Ein an organischen Materien armer Thon- od.

Kalkboden entzieht der Lösung v. kieselsaurem Kali alles Kali u. alle Kieselsäure, der an organischen Materien, an sog. Humus reiche, entzieht das Kali, aber die *Kieselsäure bleibt in der Flüssigkeit* gelöst zurück. ... Wenn aber die Ackererde das Ammoniak, das Kali, die Phosphorsäure, die Kieselsäure ihren Lösungen entzieht, ‖78| so ist es unmöglich, daß das Regenwasser, welches auf die Erde fällt, der *Ackererde* diese Stoffe entziehn. Der Boden enthält diese Stoffe in unlöslichem, aber in einem f. die Aufnahme durch die Wurzeln geeigneten Zustand; die Wurzelfasern greifen den Stein direkt an, durch sie empfangen die in der Ackerkrume vorhandnen Nahrungsstoffe die ihnen fehlende Löslichkeit u. Uebergangsfähigkeit. ... Die grosse Mehrzahl der Culturpflanzen darauf angewiesen, ihre Nahrung direct v. den Theilen der Ackerkrume zu empfangen, die mit den aussaugenden Wurzeln sich in Berührung befinden u. daß sie absterben, wenn ihnen die Nahrung in einer Lösung zugeführt wird. (131 sqq)

Die Cultur.

Kohlensäure, Ammoniak, Schwefelsäure, Wasser liefern die Elemente aller Organe: Salze, Metalloxyde, gewisse anorganische Materien dienen zu bes. Verrichtungen in dem Organismus der Pflanze etc (137)

Stickstofffreie Substanzen v. der Pflanze nur assimilirbar, wenn begleitet v. bestimmtem Verhältniß Stickstoffhaltiger; sonst wird eine gewisse Menge stickstofffreier Substanzen als Excremente der Blätter, Zweige, Rinden, abgeschieden (151). Unter diesem Gesichtspunkt einleuchtend, wie sehr sich die in einer Pflanze (durch ihren Lebensproceß) erzeugten Producte, je nach dem Verhältnisse der zugeführten Nahrungsstoffe, ändern müssen. (152)

Die Cultur beabsichtigt im Besondren eine *abnorme* Entwicklung u. Erzeugung v. gewissen Pflanzentheilen od. Pflanzenstoffen, die zur Ernährung der Thiere u. Menschen, od. für die Zwecke der Industrie verwendet werden. Je nach diesen Zwecken ändern sich die Mittel, welche zu ihrer Ernährung dienen. (159) |

|79| Die Ackererde ist durch die Verwittrung v. Felsarten entstanden, v. den vorwaltenden Bestandtheilen dieser Felsart sind ihre Eigenschaften abhängig. Mit *Sand, Kalk* u. *Thon*, bezeichnen wir diese vorwaltenden Bestandtheile der Bodenarten.

Reiner Sand, reiner Kalkstein, wo ausser Kieselsäure od. Kohlensaurem, od. kieselsaurem Kalk andre anorganische Bestandtheile fehlen, absolut unfruchtbar. Thon nie fehlender Bestandtheil v. fruchtbarem Boden. Der Thon stammt v. der Verwitterung thonerdehaltiger Mineralien, unter denen die verschiednen Feldspathe, der (gewöhnliche) Kalifeldspath, Natronfeldspath (Albit), Kalkfeldspath (Labrador), Glimmer u. Zeolithe, die verbreitetsten unter denen, die verwittern. (161) Gehalt des *Thons* an Alkalien, alkalischen Erden, phosphorsauren u. schwefelsauren Salzen. Die *Thonerde* nimmt nur indirect Theil an der Vegetation durch ihre Fähigkeit, Wasser u. Ammoniak anzuziehn u. zurückzuhalten. (162)

Die Alkalien (*Kali* od. *Natron*) fehlen in keinem Thon. (163)

Ein Boden, welcher ein Maximum v. Fruchtbarkeit besitzt, enthält den Thon gemengt m. andren verwitterten Gesteinen, mit Kalk u. Sand in einem solchen Verhältnisse, daß er der Luft u. Feuchtigkeit bis zu einem gewissen Grade leichten Eingang verschafft. (163, 64) Bei allen Gesteinen u. Gebirgsarten sind Jahrtausende erforderlich gewesen, um sie in den Zustand der Ackererde überzuführen. (l.c.) Neben Luft, Wasser, Temperaturwechsel die Pflanzen selbst die mächtigsten *Ursachen* der *Verwitterung*. Jene bewirken die ‖80| Vorbereitung der Felsarten zu ihrer *Aufschliessung*, d.h. zur Auflösung der darin enthaltnen Alkalien durch die Pflanzen. (165)

Auf einem Boden, welcher Jahrhunderte lang allen Ursachen der Verwittrung ausgesetzt gewesen ist, v. dem aber die aufgeschlossnen Alkalien nicht fortgeführt wurden, werden alle Vegetabilien, die zu ihrer Entwicklung beträchtlicher Mengen Alkalien bedürfen, eine lange Reihe v. Jahren hinreichende Nahrung finden; allein nach u. nach muß er erschöpft werden, wenn das Alkali, was ihm entzogen wurde, nicht wieder ersetzt wird; es muß ein Punkt eintreten, wo er v. Zeit zu Zeit der Verwitterung wieder ausgesetzt werden muß, um einer neuen Erndte Vorrath v. auflösbaren Alkali zu geben. (l.c.)

Nach einem Zeitraum v. 1 od. mehreren Jahren, während der das Alkali dem Boden nicht entzogen wird, kann man wieder auf eine neue Erndte rechnen. (166)

So der Boden v. Virginien, der 100 J. Tabak u. Weizen ohne Dünger gab. Jetzt unfruchtbare Weide. Weil der aufgeschlossne Boden gänzlich seines assimilirbaren Alkalis beraubt war, u. das, was im Zeitraum v. einem Jahr durch den Einfluß der Witterung zum Aufschluß gelangte, nicht hinreichte, um die Bedürfnisse der Pflanzen zu befriedigen. (166)

Der Weizen gedeiht nicht in reiner Holzerde, der Halm erhält keine Stärke, legt sich frühzeitig um. Weil die Festigkeit des Halms v. kieselsaurem Kali herrührt, weil das Korn phosphorsaurer Salze bedarf, die ihm der Humusboden nicht liefern kann. (168) Alle Grasarten bedürfen des kieselsauren Kalis. (169)|

|81| Ausser den Alkalien u. alkalischen Erden: *Phosphorsäure*, gebunden an Alkalien u. alkalische Erden ... alles culturfähige Land enthält bestimmte Mengen davon. [(169, 170)]

Ausser *Kieselsäure, Alkalien, alkalischen Erden, Schwefelsäure, Phosphorsäure*, die unter keinerlei Umständen in den Culturpflanzen fehlen, nehmen sie auch *Salze* auf, die die ebengenannten z.Th. in ihren *Wirkungen ersetzen: Kochsalz, Salpeter, Chlorkalium* etc. [(173)]

Zufuhr v. Wasser (auch) nöthig als Zufuhr v. Alkalien u. gewissen Salzen, welche durch Vermittlung des Regenwassers die Fähigkeit erhalten, v. der Pflanze aufgenommen zu werden. [(174)]

Brache.

Periode der Cultur, wo man das Land einer fortschreitenden Verwittrung vermittelst des Einflusses der Atmosphäre überläßt, so daß eine gewisse Quantität *Alkali* u. *Kieselsäure* wieder fähig gemacht wird v. einer Pflanze aufgenommen zu werden. Sorgfältige Bearbeitung des Brachlandes beschleunigt u. vergrössert seine Verwitterung; f. den Zweck der Cultur ist es völlig gleichgültig, ob man das Land mit Unkraut sich bedecken läßt, od. ob man eine Pflanze darauf baut, welche dem Boden das aufgeschlossene alkalische Silikat nicht entzieht. (178)

Die mechanischen Operationen des Feldbaus ... sollen die Verwitterung beschleunigen, (ihr Zweck mechanische Zertheilung, *Wechsel* u. *Vergrösserung* der *Oberfläche*) ... Die Schnelligkeit der *Löslichkeit* eines festen Körpers muß zunehmen mit seiner Oberfläche, *je mehr Punkte wir in der gegebnen Zeit* den einwirkenden Thätigkeiten darbieten, desto rascher wird ||82| die Verbindung vor sich gehn ... (182[, 183]) Die in der Natur vorkommenden Silikate unterscheiden sich durch die grössere od. geringere Verwitterbarkeit, durch den ungleichen Widerstand, den ihre Bestandtheile der auflösenden Kraft der atmosphärischen Agentien entgegensetzen, sehr wesentlich voneinander. (184)

Ausser der mechanischen Bearbeitung des Feldes, um die im Boden enthaltenen Nahrungsstoffe den Pflanzen zugänglich zu machen, ... der *gebrannte Kalk*, seit einem Jahrhundert in England in grossem Maßstab im Gebrauch. ... Der Thon wird, indem der Kalk eine Verbindung m. seinen Bestandtheilen eingeht, aufgeschlossen, u. dazu der größte Theil der darin enthaltenen Alkalien aufgeschlossen. Daher die Wirkungen des ätzenden, gelöschten Kalkes auf die Ackerkrume. ... In Yorkshire u. Lancashire die Felder im October zu ganzen □meilen m. gelöschtem od. an der Luft zerfallenem Kalk bedeckt, der in den feuchten Wintermonaten seinen wohlthätigen Einfluß auf den steifen Thonboden ausübt. ... Die Cerealien bedürfen der Alkalien, der löslichen kieselsauren Salze, welche durch die Wirkung des Kalkes f. die Pflanze assimilirbar werden ... [(185–187)]

Ferner günstigen Einfluß auf die Fruchtbarkeit des Thonbodens übt das blosse *Brennen* auf denselben aus. Viele Thonsilikate, im natürlichen Zustand nicht m. Säuren angegriffen, vollkommen löslich, wenn vorher zum Glühen u. Schmelzen erhitzt. ... Der gewöhnliche Töpferthon gehört zu den sterilsten Bodenarten, obwohl er in seiner Zusammensetzung alle Bedingungen des üppigsten Gedeihens der meisten Pflanzen enthält. ... Der Boden muß der Luft, dem Sauerstoffe, der Kohlensäure zugänglich sein. Diese Eigenschaften [fehlen] dem plastischen Thon, gegeben durch eine schwache Glühhitze. [(188, 189)] |

|83| In Mischungen v. Thon mit Kalk alle Bedingungen der Aufschliessung des Thonerdesilicats, des Löslichswerdens der kieselsauren Alkalien. Der in kohlensaurem Wasser sich lösende Kalk wirkt wie Kalkmilch auf den Thon ein ... daher der günstige Einfluß des Ueberfahrens mit *Mergel* (womit man alle an Kalk reichen Thone bezeichnet) ... Noch wirksamer der Mergel in gebranntem Zustand etc ... so gebrannte natürliche *Cementsteine* (hydraulische Kalke) ... [(189, 190)]

Aber neben der chemischen, auf Felder der größte Einfluß die zur *Entwicklung der Gewächse günstige physikalische Beschaffenheit.* Z.B. schwerer fester Thonboden setzt der Verbreitung u. Vervielfältigung der Wurzeln der schnellwachsenden Sommerpflanzen zu grossen Widerstand entgegen; dieser wird den Wurzeln, Luft u. Feuchtigkeit zugänglicher durch die einfache Zumischung v. mehr od. weniger feinen Quarzen, wird dadurch mehr verbessert als durch fleissiges Pflügen ... Einen schweren festen Thonboden können wir *verbessern*, wenn die entzognen Bodenbestandtheile nicht in der Form v. Asche, sondern in *der Form v. Mist* (v. mit Stroh gemengten Thierexcrementen) ... wiedergegeben werden; durch die Verbesserung der physikalischen Beschaffenheit wird in diesem Fall seine Fruchtbarkeit erhöht. ... [(191)]

In heissen Sommern, wo nur kurze leichte Regenschauer fallen, ist häufig der Ertrag der Felder v. mittelmässigem, aber lockerem Boden grösser, als der des sonst fruchtbarsten, aber schweren Feldes. Während in dem lockern Felde der Regen sogleich aufgesaugt wird u. zu den Wurzeln gelangt, ||84| verdunstet das Wasser auf dem schweren Boden früher, als es durchgelassen wird. [(191, 192)]

Wechselwirthschaft.

Aus Darwin citirt er. Die Arbeiter in den Bergwerken Südamerikas, deren tägliches Geschäft (das schwerste vielleicht in der Welt) darin besteht, eine Last Erz, im Gewicht v. 180–200 Pfd, aus einer Tiefe v. 450 Fuß, auf ihren Schultern zu Tage zu fördern, leben nur v. Brot u. Bohnen, sie würden das Brot allein zur Nahrung vorziehn, allein ihre Herrn, welche gefunden haben, daß sie mit Brot *nicht so stark arbeiten können*, behandeln sie wie Pferde, u. zwingen sie die Bohnen zu essen; die Bohnen sind aber verhältnißmässig an Knochenerde weit reicher als das Brot. (194 Note)

Amylon. (Stärkemehl.) [(203)]

Beim Mangel an Ammoniak wird eine entsprechende Menge der anorganischen Blutbestandtheile keine Verwendung finden. (204)

Von zwei verschiednen Pflanzengattungen, die wir auf einem Felde v. gleicher Beschaffenheit cultiviren, wird diejenige dem Boden die größte Menge *anorganischer* Blutbestandtheile *(phosphorsaure Salze)* entziehn, in deren Organismus die größte Menge an *organischen* Blutbestandtheilen (*schwefel*- u. stickstoffhaltige Verbindungen) erzeugt wird. Also Samen vielmehr als krautartige Pflanzen od. Knollen u. Wurzelgewächsen. Zwei Pflanzen, die in gleichen Zeiten einerlei Mengen der nämlichen Bestandtheile bedürfen, wenn sie neben einander auf dem ||85| nämlichen Boden wachsen, theilen sich in die Bestandtheile des Bodens. Enthält der Boden auf einem begrenzten Raum (Oberfläche u. Tiefe) nicht mehr an diesen anorganischen Nahrungsstoffen als 10 Pflanzen zu ihrer vollkommnen Entwicklung bedürfen, so 20, auf derselben Oberfläche, erreichen nur ihre halbe Ausbildung. Am meisten schaden sich so Pflanzen derselben Art, Weizenpflanze der Weizenpflanze, Kartoffelpflanze der Kartoffelpflanze. Die Culturpflanzen am Rande der Acker übertreffen daher an Anzahl u. Reichhaltigkeit der Samen u. Knollen die in der Mitte. Dasselbe, wenn die *nämliche Pflanze*, statt neben einander, mehre Jahre *hinter einander* auf demselben Boden cultivirt. Ist der *Untergrund* des Feldes v. derselben Beschaffenheit wie die *Ackerkrume*, u. diese bis zu der Tiefe hinweggenommen, in welcher die Pflanzen der früheren Ernten wurzelten, machen wir den *Untergrund* zur *Ackerkrume*, so haben wir eine neue Oberfläche, die, weit weniger erschöpft, uns wieder eine Reihe v. Ernten verbürgt; allein auch dieser Zustand der Fruchtbarkeit hat eine Grenze. ([205,] 206) Zwei Pflanzen können *neben* od. *hinter* einander cultivirt werden, wenn sie *ungleiche Mengen* der nämlichen Bestandtheile in *ungleichen Zeiten* bedürfen, sie gedeihn, wenn sie zu ihrer Entwicklung *verschiedenartiger* Bodenbestandtheile bedürfen … (207.) Wir sind im

Stande *den unfruchtbarsten Boden* in *den Zustand der größten Fruchtbarkeit* f. *jede Pflanzengattung* zu ‖86| *versetzen*, wenn wir ihm die Bestandtheile geben, welche sie zu ihrer Entwicklung bedürfen. ... auf unsere gewöhnlichen Ackererden angewandt, die an sich schon viele v. diesen Bestandtheilen enthalten, genügt die fehlenden zu ersetzen, diejenigen zu vermehren, die in zu kleiner Menge vorhanden, u. dem Boden durch den Ackerbau die physikalische Beschaffenheit zu geben, welche ihn f. Feuchtigkeit u. Luft zugänglich machen u. den Pflanzen gestatten, sich diese Bodenbestandtheile anzueignen. [(209)]

Die in kaltem *Wasser* löslichen Bestandtheile der Pflanzenaschen bestehn ohne Ausnahme aus *Salzen m. alkalischen Basen* (Kali, Natron); die in *Säuren* löslichen sind *Kalk* u. *Bittererdsalze*, der in Säuren unlösliche Rückstand ist *Kieselerde*. Daher *Kalipflanzen, Kieselpflanzen, Kalkpflanzen.* (212)

Kieselpflanzen (Haferstroh mit Samen, Weizenstroh, Gersten- u. Roggenstroh)

Kalkpflanzen (Tabak, Erbsenstroh, Kartoffelkraut, Wiesenklee)

Kalipflanzen (Maisstroh, Weisse Rüben, Runkelrüben, Kartoffelknollen etc)

Mit allem Ueberfluß an andern Bestandtheilen der Boden unfruchtbar, wenn Mangel an phosphor- u. schwefelsauren Salzen, die zu allen *Samen* ohne Unterschied nöthig sind. Die phosphorsauren Salze finden sich stets nur in geringer Menge in der Ackerrinde. [(220, 221)]

Für die an *phosphorsauren Salzen* so erschöpften engl. Felder trat der merkwürdige Fall ein, daß die Einfuhr v. Knochen (phosphorsauren Kalkes) ‖87| v. dem Continent den Ertrag derselben wie durch Zauber ums Doppelte erhöhn. ... Ein einziges Pfd Knochen enthält so viel Phosphorsäure wie 1/2 Ctr Getreide. (225)

Die Vortheilhaftigkeit des Fruchtwechsels beruht darauf, daß die Culturgewächse ungleiche Mengen gewisser Nahrungsstoffe dem Boden entziehn. ... Ein durch die Kunst vorbereitetes Feld enthält gewisse Summe dieser Bestandtheile, so wie verwesende Pflanzenstoffe u. Ammoniaksalze. Wir lassen auf eine Kalipflanze (Rüben, Kartoffeln) eine Kieselpflanze, auf diese eine Kalkpflanze folgen. (229, 230)

Alle diese Pflanzen bedürfen der Alkalien u. phosphorsauren Salze, die Kalipflanze der größten Menge an ersteren u. der Zeit nach der kleinsten Zufuhr an den andern. Die Kieselpflanze bedarf neben löslicher Kieselsäure, welche die Kalipflanze zurückläßt, einer beträchtlichen Menge phosphorsaurer Salze, die darauf folgende Kalkpflanze (Erbsen, Klee) kann ihn so weit an diesem wichtigen Bodenbestandtheile erschöpfen, daß nur noch soviel übrig bleibt, um einer Ernte Hafer od. Roggen die

Samenbildung zu gestatten. V. der Quantität der vorhandnen kieselsauren u. phosphorsauren Alkalien od. Kalk- u. Bittererdsalzen hängt die Anzahl der zu erzielenden Ernten ab. (230)

Die Bereicherung des Bodens an organischen Stoffen durch eine Excretion der Wurzeln ist nicht unmöglich, aber die Zunahme derselben, welche durch den Anbau perennirender Gewächse, wie Esparsette u. Lucerne, ‖88| die sich durch eine starke Wurzelverzweigung u. eben so starken Blätterwuchs auszeichnen, erzielt wird, beruht zum größten Theil auf den *Wurzelrückständen* dieser Pflanzen, welche nach der Ernte dem Boden verbleiben. ... Künstliche Humuserzeugung eine der Aufgaben der *Wechselwirthschaft* u. eine zweite Ursache ihrer Vortheilhaftigkeit. Durch Ansäen eines Feldes m. einer Brachfrucht, mit Klee, Roggen, Lupinen, Buchweizen etc u. die Einverleibung der ihrer Blüthe nahen Pflanzen in den Boden, durch Umackern, schaffen wir in Folge des Verwesungsprocesses der neuen *Einsaat* etc Maximum v. Nahrung, Atmosphäre v. Kohlensäure; aller Stickstoff, den die Gründungspflanze aus der Luft, alle Alkalien u. phosphorsauren Salze, die sie vom Boden empfing, dienen der darauf folgenden Pflanze zur Entwicklung. (233, 234)

Der Dünger.

Der *Harn* enthält die *löslichen* (im Wasser) u. die *faeces* die *unlöslichen* Bestandtheile der zu Asche verbrannten Speisen. (239)

Wir können die Excremente der Menschen u. Thiere entbehren, wenn dieselben Stoffe aus andern Quellen zugeführt, z. B. ob Ammoniak in der Form v. Urin od. eines aus Steinkohlentheer erhaltnen Salzes, ob phosphorsaurer Kalk v. Knochen od. als Apatit zugeführt etc (241)

Die festen u. flüssigen Excremente eines Thieres haben als Dünger f. *diejenigen* Gewächse den höchsten Werth, welche dem (bestimmten) Thiere zur Nahrung gedient haben. (244)|

|89| Wir können mit den mineralischen Nahrungsstoffen der wildwachsenden Pflanzen, d. h. *mit ihrer Asche*, unsre Felder in ganz gleicher Art düngen wie mit Thierexcrementen. (246)

Verschiedne Holzaschen ungleichen Werth, Buchenholzasche den höchsten, Eichenholzasche den geringsten Werth. (246)

Die Knochen der Menschen u. Thiere stammen v. dem *Apatit*, der in fruchtbarer Ackererde niemals fehlt; aus dem Boden geht die Knochenerde in das Heu u. Stroh, überhaupt in das Futter über, was die Thiere geniessen. (247)

»Wenn wir annehmen, daß die flüssigen u. festen Excremente *eines* Menschen täglich nur $1^1/_2$ Pf. betragen ($^5/_4$ Pfd Urin u. $^1/_4$ Pfd fester Excremente), daß beide zusammen genommen 3% Stickstoff enthalten, so haben wir in einem Jahr 547 Pfd Excremente, welche 16,41 Pfd Stickstoff enthalten, eine Quantität, welche hinreicht, um 800 Pfd Weizen-, Roggen-, Hafer- u. 900 Pfd Gerstenkörner zu liefern. Dieß ist bei weitem mehr, als man einem Morgen Land hinzuzusetzen braucht, um mit dem Stickstoffe, den die Pflanzen aus der Atmosphäre aufsaugen, ein jedes Jahr die reichlichsten Ernten zu erzielen. (255) Ausserdem dieser Dünger der reichste an phosphorsauren Salzen.« (256) »Mit Mitbenutzung der Knochen u. der ausgelaugten Holzasche würden für viele Bodenarten alle Excremente v. Thieren völlig entbehrlich sein. (256) Getrocknete u. in versendbare Form gebrachte Menschenexcremente« (der größte Theil des Ammoniak entweicht ‖90| beim Trocknen; der Rückstand besteht da neben phosphorsaurem Ammoniak zum größten Theil aus phosphorsaurem Kalk, Bittererde u. fetten Substanzen) bildet schon jetzt nicht ganz unwichtigen Theil der Industrie. ... Unter dem Namen der Pariser *„Poudrette"* kommt dieser Artikel im Handel vor. (256)

Je nach den Producten, die man erzielen will, richten sich die Stoffe, die man als Dünger zu geben hat. Die Alkalien sind vorzugsweise zur Erzeugung der stickstofffreien Bestandtheile des Zuckers, Amylons, Pectins, Gummis nöthig; die phosphorsauren Salze wirken vorzüglich auf die Bildung der Blutbestandtheile. (257)

Es handelt sich, quod Kohlenstoff, in der Agricultur darum, die besten u. zweckmässigsten Mittel anzuwenden, um den Kohlenstoff der Atmosphäre, nämlich die Kohlensäure, in die Pflanzen unsrer Felder übergehn zu machen. (266)

In einer gegebnen Zeit steht die Menge der aufgenommnen Kohlensäure in gradem Verhältnisse zu der Blattoberfläche u. zu dem in der Luft enthaltnen Kohlensäurequantum ... Eine Pflanze, deren Blattoberfläche nur halb so groß ist wie die einer andern, wird in derselben Zeit eben so viel Kohlenstoff aufnehmen, wie diese zweite Pflanze, wenn wir ihr doppelt so viel Kohlensäure zuführen. Ganz dieselben Beziehungen bestehn zwischen dem Umfang der Aufsaugungsorgane (Blätter u. Wurzeln) u. der Menge der in einer *gegebnen Zeit* v. der Pflanze aufnehmbaren Stickstoff-Nahrung. (266, 267)

Indem das Wasser mehr *Bodenbestandtheile* übergangsfähig macht, nehmen die Pflanzen mehr Kohlenstoff u. Stickstoff auf, ihre Entwicklung wird beschleunigt, u. das Erntegewicht nimmt zu. (273)|

|91| Vermehren wir den Ammoniakgehalt der Luft od. des Bodens, so findet die Pflanze zu *günstiger Zeit* mehr v. diesem Nahrungsmittel als

sonst vor u. die Folge davon ist, daß in entsprechender Weise mehr Bodenbestandtheile wirksam werden. Da mit den Blättern täglich nur ein gewisses Luftvolum in Berührung kommen kann, so kann die Pflanze aus dieser Luft nicht mehr Ammoniak u. Kohlensäure aufnehmen als sie enthält, u. es gehört demnach zur Aufnahme od. Vermehrung der Pflanzenmasse eine *gewisse Zeit;* nimmt sie an jedem Tag gleichviel auf, so in zwei Tagen doppelt so viel als in einem Tag. ... Wären die Bodenbestandtheile nicht in der Pflanze gegenwärtig gewesen (die mit der Kohlensäure u. Ammoniaktheilchen zusammen in Pflanzenbestandtheile übergehn) so wäre der Zuwachs an Pflanzenmasse in der Zeit nicht grösser, Ammoniak wäre ohne Wirkung. (273, 274)

Der Ammoniakgehalt der Luft steigt m. der Temperatur u. ihrem Wassergehalt, daher im Sommer grösser als im Frühling. (275)

V. *gleicher Fläche Land* (wenn man die *Stickstoffmenge* mit 100 bezeichnet, welche auf einem Felde in der Form v. Korn u. Stroh im *Roggen* geerntet wird) erntet man an Stickstoffmenge im *Hafer* 114, *Weizen* 118, *Erbsen* 270, *Klee* 390, *Turnips* 470. Erbsen, Bohnen u. Futtergewächse liefern also mehr Stickstoff als die Getreidearten. (277)

Die Wirkung stickstoffreicher Düngmittel u. ihre Vortheilhaftigkeit in den einzelnen Fällen erklärt sich demnach daraus, daß der Landwirth gewissen ‖92| Pflanzen (*Kornpflanzen* im Gegensatz zu den Futtergewächsen v. längrer Vegetationszeit, wie Klee, Wiesenpflanzen, ausserdem die *Blattoberfläche* dieser Pflanzen sparsam verglichen m. Erbsen, Rüben) v. schwacher Blatt- u. Wurzelentwicklung u. kurzer Vegetationszeit *in Quantität* im Dünger zuführt, was ihnen *an Zeit* zur Aufnahme aus natürlichen Quellen mangelt. (281)

Sind die mineralischen etc Bedingungen da, so macht das Ammoniak mehr wirksam in gegebner Zeit. »da man aber in dem geernteten Korn mehr v. den Bedingungen hinwegnimmt, die das Ammoniak wirksam gemacht haben, so müssen die Erträge des Feldes in den folgenden Jahren, – wenn man fortfährt Ammoniak zu geben, ohne die hinweggenommnen Bodenbestandtheile zu ersetzen – in eben dem Grad abnehmen, als sie im ersten u. zweiten Jahr höher gewesen sind.« (284)

Es hat sich ergeben, daß die meisten Felder auf 10–12 Zoll Tiefe 100, 500, oft 1000× mehr Ammoniak in einer ähnlichen Form enthalten, als es im verrotteten Stallmist, Knochenmehl, Rapskuchenmehl enthalten ist. (285, 286)

Wenn nach einer hohen Ernte, die man mit Chili-Salpeter in einem Jahr erzielt hat, das Feld im darauf folgenden Jahr eine doppelte Düngung erhalten muß, um den gleichen Ertrag hervorzubringen, hat man viel Geld ausgegeben um nichts zu gewinnen. (290)

»Auf *gut bewirthschafteten* Gütern ist der Mehrertrag durch den Guano in der Regel viel geringer als auf schlechten (eben weil der Boden weniger an Fruchtbarkeit verloren od. v. vorn mehr besizt); während er auf den erstren, sobald sein Preiß um etwas höher steigt, keine *lohnenden* Erträge ‖93| mehr giebt, werden ihn die schlechten Wirthschafter immer noch, u. mit Recht, als ein Mittel preisen, das ihnen Vortheile gewährt.« (295)

Carey sagt in seinen „Letters *to the President in the foreign and domestic Policy of the Union etc* 1858, *Tenth letter*": „In New York vor 80 J. 25–30 Bushel Weizen der gewöhnliche Ernteertrag, jetzt 12. In Ohio, vor 80 J. noch Wildniß, der Mittelertrag v. Weizen ⟨ 12 Bushel u. nimmt ab. In Virginien, auf einem weiten Landstrich, einst der reichste im Staat, Mittelertrag v. Weizen ⟨ 7 Bushel, während in Nordcarolina Land bebaut wird, welches wenig mehr als diesen Ertrag an Mais giebt. In Virginien u. Kentucky wurde Tabak gebaut bis der Boden gänzlich erschöpft war u. verlassen werden mußte, u. in den Baumwollgegenden begegnen wir einem Zustand der Erschöpfung, welche durch die kurze Zeit, in welcher sie geschehn, ohne Beispiel in der Welt ist." (*Tenth Letter*, p. 54) [(294, 295 Note)]

Die jährlichen flüssigen u. festen Ausleerungen v. 1 Mill. Bewohner grosser Städte wiegen in staubig trocknem Zustand 45 Mill. Pfd, darin 10,300,000 Pfd Mineralsubstanzen, grossentheils Aschenbestandtheile des Brots u. Fleisches (5 Mill. Pfd Knochen des Schlachtviehs, sowie die Mineralsubstanzen in den Ausleerungen der Pferde etc ungerechnet.) Diese Ausleerungen der Menschen allein enthalten an phosphorsauren Salzen 4,580,000 Pf. (292)|

|94| Es giebt unter den Gewerbtreibenden keinen, dessen Sinn mehr auf den augenblicklichen u. vorübergehnden Gewinn gerichtet ist, als der des gewöhnlichen Bauers. (296)

Der *Weinbau* übt ... auf die Korn- u. Fleischerzeugung ähnlichen schädlichen Einfluß aus wie der Anbau v. Tabak u. Handelsgewächsen ... der Erzeuger v. Korn u. Fleisch raubt nach dem üblichen System sein eignes Feld, der Erzeuger v. Wein u. Handelsgewächsen raubt den Korn- u. Fleischerzeuger aus, u. die grossen Städte verschlingen allmälich, bodenlosen Abgründen gleich, die Bedingungen der Fruchtbarkeit der größten Länder. (301) So Rom erst den Wohlstand des römischen Bauers, dann versank in diesen Cloaken der Reichthum Siciliens, Sardiniens u. der fruchtbaren Küstenländer v. Africa. (301) Nur da erhielt sich die Fruchtbarkeit der Felder ungeschwächt seit Jahrhunderten, wo eine feldbautreibende Bevölkerung auf einer verhältnißmässig kleinen Fläche zusammengedrängt wohnt, wo der Bürger u. Handwerker der kleinen, auf derselben Fläche zerstreuten Städte sein eignes Stück Feld mit seinen Gesellen bebaut. Z.B. 3–4000 Menschen sei auf 1 □meile, brauchen ihre Feldfrucht selbst. Die Fruchtbarkeit eines solchen Landes erhält sich im regelmässigen Kreislauf v. Bedingungen ... Denkt man sich dasselbe Land in den Händen v. 10 grossen Grundbesitzern, so tritt der Raub an die Stelle des Ersatzes. Der kleine Grundeigenthümer ersetzt dem Felde nahezu vollständig was er demselben nimmt, der grosse führt Korn u. Fleisch den grossen Mittelpunkten des Verbrauchs zu, u. verliert darum die Bedingungen ihrer Wiedererzeugung. ... Dieß ist der naturgesetzliche Grund der Verarmung der Länder durch die Cultur. ([301,] 302)|

|95| *Die Quellen des Ammoniaks u. der Salpetersäure.*

Die Naturforschung kennt außer *Ammoniak* u. seinem Oxydationsproduct der *Salpetersäure* keine Stickstoffverbindung als Nahrungsquelle f. Pflanzen. (304)

Auf sumpfigem Boden schließt das Wasser, was nicht wechselt, die Luft aus; eine Erneuerung des Wassers wirkt ähnlich wie ein Hinzuführen v. Luft, denn das Wasser enthält Luft in Auflösung; geben wir dem Wasser in dem Sumpfe Abzug, so gestatten wir der Luft freien Zutritt, der Sumpf *verwandelt* sich in die fruchtbarste Wiese. (141, 142)

Zweiter Theil. Die Naturgesetze des Feldbaues.

Der Weizen aus Odessa u. dem Banat (zum Samen) wird auch in kälteren Gegenden geschätzt. Am Oberrhein beziehn die Landwirthe ihren Hanfsamen aus Bologna u. Ferrara. (10)

Der rohe Boden ... bedeckt sich nach kurzer Zeit m. Unkrautpflanzen, u. während er für die Cultur v. Halm- u. Küchengewächsen oft noch ungeeignet ist, ist er darum nicht unfruchtbar f. andre Pflanzen, welche, wie *Klee, Esparsette u. Luzerne*, einer *grossen Menge Nahrung* bedürfen. ... Bei manchen Feldern verbessert die *Erde aus tiefern Schichten* die Ackerkrume u. macht sie fruchtbarer, bei andern wirkt der Untergrund, der Ackerkrume beigemischt, geradezu als Gift. (65, 66)

Der *rohe*, für Halm- u. Küchengewächse unfruchtbare Boden ... wird allmählich ||96| durch fleissige, mehrjährige Bearbeitung u. durch den Einfluß der Witterung fruchtbar für Pflanzen, die er sonst nicht trägt; u. es kann der Unterschied zwischen *fruchtbarer* Ackerkrume u. *unfruchtbarem* rohen Boden nicht auf einer Ungleichheit in ihrem Gehalt an Nahrungsstoffen beruhn, weil ... bei Ueberführung des rohen Bodens in fruchtbare Ackererde der erstre nichts empfängt, sondern durch den Bebau mit andern Pflanzen eher ärmer gemacht als bereichert wird. Der *Unterschied* zwischen dem Untergrund u. der *Ackerkrume* od. dem *rohen* u. *cultivirten* Boden kann bei gleichem Gehalt an Nahrungsstoffen nur darin begründet sein, daß der cultivirte Boden die Nahrungsstoffe der Gewächse nicht nur in einer gleichförmigern Mischung, sondern auch in einer andern Form enthält. (66)

Wenn wir uns eine Erde denken, die aus den Trümmern v. Gebirgsarten entstanden ist, so sind in den kleinsten Theilen derselben die Nahrungsstoffe der Pflanzen, das Kali z.B., in einem Silikate, durch die chemische Anziehung der Kieselsäure, Thonerde u.s.w. festgehalten, welche durch eine mächtigere Anziehung überwunden werden muß, wenn das Kali frei u. übergangsfähig in die Pflanze werden soll ... wenn gewisse Pflanzen in solcher Erde sich vollständig entwickeln können, andre nicht, so ... weil die erstren die chemischen Widerstände zu überwinden vermögen, die andren nicht. Wird derselbe Boden nach u. nach fruchtbar auch für die andern so, weil ... durch die vereinigten *Wirkungen d. Atmosphäre, Wassers u. der Kohlensäure*, sowie durch mechanische Bearbeitung die chemischen Widerstände überwunden u. die Nährstoffe in eine Form gebracht worden sind, in der sie übergangsfähig durch ‖97| die Wirkung schwacher Anziehungen ... Ein Boden ist nur dann *vollkommen fruchtbar* f. eine Pflanzenart, z.B. Weizen, wenn jeder *Theil seines Querschnitts*, der mit Pflanzenwurzeln in Berührung ist, die für den Bedarf der Weizenpflanze erforderliche Menge Nahrung in einer Form enthält, welche den Wurzeln gestattet, sie in jeder Periode der Entwicklung der Pflanze in der richtigen Zeit u. in richtigem Verhältnisse aufzunehmen. ... *Eigenschaft der Ackerkrume*, die den Gewächsen wichtigsten Nahrungsmittel, wenn sie in *reinem* od. *kohlensaurem Wasser* gelöst damit in Berührung kommen diesen Lösungen zu entziehn ... So entzieht *Kohle* (wenn v. gewisser *poröser* Beschaffenheit) den Flüssigkeiten Salze, Farbstoffe, Gase. ... Diese v. der *Kohle* angezognen Stoffe behalten alle ihre chemischen Eigenschaften, sie bleiben, was sie sind, wie in einem Wasser gelöste Salze ... das Wasser u. die Kohle ziehn beide die gelösten Stoffe an; ist die Anziehung der Kohle um etwas grösser als die des Wassers, so wird er demselben vollständig entzogen, ist sie bei beiden gleich, so theilen sie sich hinein u. die Entziehung ist nur partiell ... sehr schwache die Anziehung des Wassers im geringsten Grad verstärkende Eigenschaften reichen hin, um der Kohle die aufgenommenen ihre Oberfläche überziehnden Stoffe wieder zu entziehn. Durch einen schwachen Zusatz v.

Alkali zum Wasser kann man der Kohle, die zum Entfärben gedient hat, den Farbstoff entziehn etc|

|98| In allen diesen Eigenschaften verhält sich die Ackerkrume der Kohle gleich; eine verdünnte, braungefärbte, starkriechende Mistjauche durch Ackererde filtrirt, fließt farb- u. geruchlos hindurch, sie verliert aber nicht nur ihren Geruch u. Farbe, sondern auch das darin gelöste Ammoniak, Kali, Phosphorsäure [werden] der Flüssigkeit v. der Ackererde je nach ihrer Quantität mehr od. weniger vollständig u. noch in weit grösserem Maße wie v. der Kohle entzogen …

Das *Absorptionsvermögen* der *Ackerkrume* weicht in eben dem Grade wie ihre Porosität od. Lockerheit ab, der dichte *schwere Lehm* u. der am wenigsten poröse *Sandboden* besitzen sie im geringsten Grade … Alle Gemengtheile der Ackererde haben an diesen Eigenschaften Theil, aber nur dann, wenn sie eine gewisse mechanische Beschaffenheit besitzen, ähnlich der Holz- od. Thierkohle, beruht wie die Kohle auf *Flächenanziehung*, die man darum als physikalisch bezeichnet, weil die angezognen Theile keine eigentliche chemische Verbindung eingehn, ihre chemischen Eigenschaften behaupten … Gestein verhält sich zum Product seiner Verwitterung, der Ackerkrume, wie das Holz od. Pflanzenfaser zum Product seiner Verwesung, dem Humus …

Darin geht die Wirkung der Ackererde noch weiter als die der Kohle: wenn das Kali u. Ammoniak m. einer Mineralsäure verbunden sind, welche die stärkste Verwandtschaft dazu hat, zersetzt die Ackererde die Verbindung, das Kali wird ebenso absorbirt, wie wenn die Säure nicht damit verbunden gewesen wäre …

Wenn eine Lösung v. phosphorsaurem Kalk in kohlensaurem Wasser durch ||99| einen Trichter voll Erde filtrirt wird, so nimmt zunächst die oberste Schichte der Erde die Phosphorsäure od. den phosphorsauren Kalk aus der Lösung auf; einmal damit gesättigt, hindert sie den Durchgang des gelösten phosphorsauren Kalks nicht mehr, die Lösung gelangt m. ihrem vollen Gehalt an die darunter liegende Schichte, die sich wieder damit sättigt, u. in dieser Weise verbreitet sich der phosphorsaure Kalk nach u. nach vollständig in dem Trichter voll Erde, so daß jedes Theilchen derselben gleich viel davon an seiner Oberfläche festhält. (66–73)

Eine jede Erde muß demnach das Kali, die Kieselsäure u. Phosphorsäure in zweierlei Formen, in *chemisch* u. *physikalisch* gebundnem Zustand, enthalten, in der einen Form unendlich verbreitet an der Oberfläche der porösen Ackerkrumetheilchen haftend, in der andern in der Form v. Körnchen Phosphorit od. Apatit u. feldspathigen Gesteinen sehr ungleich vertheilt. In einer an Silikaten u. phosphorsaurem Kalke reichen Erde, welche Jahrtausende *lang der lösenden Kraft des Wassers u. der*

Kohlensäure ausgesetzt gewesen ist, werden die Theile derselben überall *physikalisch* mit Kali, Ammoniak, Kieselsäure u. Phosphorsäure gesättigt sein, u. es kann der Fall vorkommen, wie bei der s. g. *russischen Schwarzerde*, daß sich im Untergrund der gelöste aber nicht absorbirte phosphorsaure Kalk in Concretionen od. krystallisirt wieder absetzt. |

|100| In diesem Zustand der physikalischen Bindung besitzen die Nahrungsmittel die für den Pflanzenwuchs allergünstigste Beschaffenheit; denn es ist klar, daß die Wurzeln der Pflanzen an allen Orten, wo sie mit der Erde in Berührung sind, die ihnen nöthigen Nahrungsstoffe in diesem Zustand ebenso vertheilt u. vorbereitet vorfinden, wie wenn diese Stoffe im Wasser gelöst wären, aber f. sich nicht beweglich u. mit einer so geringen Kraft festgehalten, daß die kleinste lösende Ursache, die hinzukommt hinreicht, um sie zu lösen u. übergangsfähig in die Pflanze zu machen. ... Die Wurzeln der Culturpflanzen unfähig die Kraft zu überwinden, die das Kali u. Kieselsäure in den Silikaten festhält; nur die physikalisch gebundnen besitzen das erforderliche Lösungs- u. Ernährungsvermögen, nur den Wurzeln zugänglich u. aufnehmbar; daher die *Verschiedenheit des cultivirten v. dem rohen Boden* od. dem *unfruchtbaren Untergrund.*

Durch *mechanische Bearbeitung des Feldes* u. durch den *Einfluß der Witterung* werden die Ursachen verstärkt, welche die Verwitterung u. Aufschliessung der Mineralien u. die gleichmässige Verbreitung der darin vorhandnen u. löslich werdenden Pflanzennahrungsstoffe bedingen ...

In eben dem Grad als der Boden länger bearbeitet u. cultivirt wird, wird er immer mehr f. die Cultur der Sommergewächse geeignet, weil die Ursachen wiederkehren u. fortwirken, durch welche die Pflanzennahrungsstoffe aus dem Zustand der chemischen ‖101| in den der physikalischen Bindung übergeführt werden. Um im vollsten Sinn ernährungsfähig zu sein, muß der Boden *an allen Stellen,* die mit den Pflanzenwurzeln in Berührung sich befinden, Nahrung an sie abgeben können ...

Das Ernährungsvermögen des Bodens f. die Culturgewächse steht hiernach in gradem Verhältnisse zu der Quantität der Nahrungsstoffe, die er im Zustand der physikalischen Sättigung enthält. Die Menge der andren, die sich in *chemischer* Verbindung in der Erde verbreitet vorfinden, besitzt insofern eine hohe Wichtigkeit, als durch sie der Zustand der Sättigung wieder hergestellt werden kann, wenn die physikalisch gebundnen Nährstoffe dem Boden in einer Reihe v. Culturen entzogen worden sind ...

Brachzeit ... die Zeit, in welcher die Umlegung od. der Uebergang der Nährstoffe aus dem chemisch-gebundnen in den physikalisch-gebundnen Zustand statt hat; nicht die Summe der Nährstoffe wird in der Brache vermehrt, sondern die Anzahl der ernährungsfähigen Theile derselben ...

Die Gegenwart v. Feuchtigkeit, ein gewisser Wärmegrad u. der Zutritt der Luft sind die nächsten Bedingungen der Veränderungen, in deren Folge die chemisch gebundnen Nahrungsstoffe im Boden aufnehmbar durch die Wurzeln werden ... Durch den Verwesungsproceß selbst wird Wärme erzeugt, durch welche Temperatur des Bodens merklich erhöht wird ... Eine gewisse Wassermenge ist ||102| f. den Ortswechsel der löslich gewordnen Bodenbestandtheile nothwendig; das Wasser unter Mitwirkung der Kohlensäure zersetzt die Silikate, u. macht die unlöslichen Phosphate löslich u. im Boden verbreitbar. Auch Feuchtigkeit nöthig zum Verwesungsproceß der im Boden verwesenden organischen Bestandtheile ...

In Porösem, an *Kalk* reichem Boden geht der Verwesungsproceß organischer Materien rascher v. Statten, als in einem thonreichen; die Gegenwart der alkalischen Erde bewirkt unter diesen Umständen, daß das im Boden vorhandne Ammoniak neben den kohlenstoffreichen Stoffen sich ebenfalls *oxydirt* u. in *Salpetersäure* übergeführt wird, die nicht v. der porösen Erde wie das Ammoniak zurückgehalten, sondern m. Kalk od. Bittererde verbunden durch den Regen in die Tiefe geführt wird. Dieß nützlich f. Gewächse wie *Klee u. Erbsen*, die ihre Nahrung, wozu hier der Stickstoff zu rechnen, in der Tiefe empfangen. Aus demselben Grund wirkt die *Brache auf* einen *Kalkboden*, der reich an organischen Ueberresten, minder günstig auf *Halmgewächse*, indem durch den Uebergang des Ammoniaks in Salpetersäure u. ihre Hinwegführung der Boden an einem der wichtigsten Pflanzennahrungsmittel ärmer wird. Denkbar, daß solches Feld, wenn jahrelang nicht cultivirt, zuletzt durch den Mangel an Stickstoffnahrung im Boden an seiner Ertragsfähigkeit verliert ...

Kochsalz u. Salpetersaure Salze zweierlei Wirkungen, direkte als Nahrungsmittel der Pflanzen, indirekte sofern sie die Phosphate f. die Ernährung geschickt machen ...|

|103| ... In einem Boden, worin faulende u. verwesende Stoffe, gedeiht m. Ausnahme der Pilze keine einzige Pflanze, u. es scheint, daß ein jeder chemische Proceß in der Nähe der Wurzeln den ihnen eigenen stört; selbst *verwesende Materien im Uebermaß schaden* (wie z.B. auch Uebermaß v. Kieselsäure etc) durch allzureichliche Kohlensäurebildung solchen Pflanzen, die in humosem Boden v. mässigem Gehalt an Humus vorzüglich gedeihn ... Auf die tiefwurzelnden Gewächse, Rüben, Klee, Esparsette, Erbsen, Bohnen, wirken organische Materien, wenn sie sich im Untergrund in bemerklicher Menge anhäufen, bes. feindlich, namentlich im Thonboden, in welchem sie weit langsamer verwesen als im Kalkboden. ... Felder, bes. reich an organischen Ueberresten ... bedürfen einer ver-

hältnißmässig weit grössern Zufuhr v. Kalk als andre, um in den f. die Pflanzen gesunden Zustand versetzt zu werden ... (doch erheischt diese Verbesserung mehrere Jahre; es ist nicht der Kalk, der hier fehlt, sondern er bringt Aenderung im Boden hervor) ...

Ausser den *chemischen Hülfsmitteln*, die dem Landwirth zu Gebote stehn, um die in seinem Land vorräthigen Pflanzennahrungsstoffe, die phosphorsauren Erdsalze, Kali, Kieselsäure verbreitbar u. den Pflanzenwurzeln zugänglich zu machen, *verbessert* er *sein Feld* durch die *mechanische Bearbeitung* u. durch *Entfernung* aller, der Verbreitung der Wurzeln entgegenstehnden Hindernisse, sowie der Schädlichkeiten im Boden, die ihre normale Thätigkeit od. ||104| ihren gesunden Zustand gefährden ...

Der Einfluß der Bearbeitung des Bodens durch Pflug, Spaten, Hacke, Egge u. Walze beruht auf dem Gesetz, daß die Wurzeln der Pflanzen der Nahrung nachgehn, daß die Nahrungsstoffe für sich nicht beweglich sind u. den Ort, wo sie sich befinden, nicht verlassen ...

Die sorgfältige *Mischung* u. *Verbreitung* der im Boden vorhandnen Nahrungsstoffe sind die wichtigsten Bedingungen, um sie wirksam zu machen ...

Grosser Einfluß der mechanischen Bearbeitung des Bodens auf dessen Fruchtbarkeit, so unvollkommen auch die Mischung der Erdtheile ist, welche dadurch hervorgebracht wird ... *Spaten*, der das Erdreich bricht, wendet u. mischt, macht das Feld weit fruchtbarer als der *Pflug*, der die Erde bricht, wendet u. verschiebt, ohne zu mischen. Die Wirkung beider verstärkt durch *Egge* u. *Walze*, sie machen, daß an den nämlichen Orten, wo im vorhergehnden Jahre eine Pflanze sich entwickelt, eine darauf folgende Pflanze wieder Nahrungstheile, d.h. eine noch nicht erschöpfte Erde findet. ... Noch grösser die Wirkung der *chemischen Mittel* auf die Verbreitung der Pflanzennahrungsstoffe. (Anwendung des Chilisalpeters, Ammoniaks, Kochsalz in richtiger Menge, nicht nur zur Bereicherung der Felder m. Nahrungs-Materien, sondern wirkend auf Verbreitung des Ammoniaks u. Kalis, ersetzt u. unterstützt die mechanische Arbeit des Pfluges u. die Wirkung der Atmosphäre in der Brache ...|

|105| In zähem u. schwerem Boden gedeihn Pflanzen mit feinen dünnen Wurzeln nur unvollkommen, auch wenn er reich an ihren Nahrungsstoffen; daher nützlicher Einfluß der Gründüngung, des frischen Stallmists. Die mechanische Beschaffenheit des Feldes wird durch *Unterpflügen v. Pflanzen u. Pflanzentheilen* auf bemerkenswerthe Weise verändert; *zäher Boden* verliert hierdurch seinen Zusammenhang, wird mürb, leicht zerdrückbar, mehr wie durch das fleissigste Pflügen. In einem *Sandboden* wird dadurch eine gewisse Verbindung hergestellt. ...

Also Wichtigkeit der *mechanischen Bedingungen.* Ein im Verhältniß ärmerer, aber wohl cultivirter Boden kann bessre Ernten liefern als ein reicher, wenn die physikalische Beschaffenheit der Wurzelthätigkeit u. Entwicklung günstiger ist. In gleicher Weise wird häufig durch eine *Hackfrucht* das Feld f. eine *nachfolgende Halmfrucht* geeigneter gemacht u. nach einer *Grünfutterpflanze* fällt oft die nachfolgende Winterfrucht um so besser aus, je reicher die vorangegangne Grünfutterernte, d.h. ihre Wurzelrückstände. Gleich nützlich f. die folgende *Winterfrucht Klee* u. *Rüben*, die mit ihren langen u. starken Wurzeln den Untergrund f. die Weizenwurzeln auflockern u. gewissermassen bearbeiten, den der Pflug nicht mehr berührt. In diesem Fall überwiegt f. die Weizenpflanze der günstige Einfluß der physikalischen Beschaffenheit des Bodens bei weitem den schädlichen der Abnahme in der Menge der chemischen Bedingungen durch die ||106| vorhergegangenen Rüben- u. Kleeernten.

Drainirung der Felder (Tieferlegen des Grundwassers u. rascherer Abzug des in der Erde sich bewegenden Wassers) Menge Felder, welche durch stehende Nässe für die Cultur der Halmgewächse u. den Bau der bessern Futtergräser ungeeignet, sind f. die Erzeugung v. Nahrung f. Menschen u. Vieh dadurch gewonnen worden ... durch die Drainirung den Wasserstand auf dem Feld auf bestimmtes Maß beschränkt, dadurch beherrscht den schädlichen Einfluß desselben in allen Jahreszeiten; durch schnellere Beseitigung des nässenden, die Porosität der Erde aufhebenden Wassers wird der *Luft* ein Weg in die tieferen Erdschichten geöffnet, wodurch sie auch auf diese die günstige Wirkung ausübt, die sie auf die Ackerkrume äussert etc (73 sqq. – 95)

Lysimeter (unterirdisches Regenwasser.)

Der Boden muß eine gewisse Menge Feuchtigkeit enthalten, um Nahrung an die Pflanzen abgeben zu können, aber es ist für ihr Wachsthum nicht erforderlich, daß dieß Wasser beweglich sei. (99)

Drainirung (Röhrenentwässerung) gestattet dem durch seinen eignen Druck sich bewegenden Wasser Abzug, so daß nur das durch Capillarität zurückgehaltne Wasser die Erde näßt. ([99,] 100)

Die erhaltenen höheren Erträge in dem verhältnißmässig ärmeren Boden beweisen, daß nur die Nährstoffe enthaltende Bodenoberfläche wirksam ist, u. daß das Ertragsvermögen eines Bodens nicht im Verhältniß zur Quantität an Nährstoffen, welche die chemische Analyse darin nachweist. (117) |

|107| V. 2 Bodenarten, v. denen die eine 80–90% Steine u. Kieselsand, die andre nur 20% enthält, giebt der erstre häufig bessre Erträge. Ein an sich fruchtbarer Boden mit seinem halben Volum Kieselsand gemengt,

kann im Ertrag zunehmen, obwohl er jetzt in jedem Theil seines Querschnitts $^{1}/_{3}$ weniger Nährstoffe wie früher enthält, weil durch die Beimischung v. Sand die Nahrung *darbietende Oberfläche der andern Gemengtheile* des Bodens vermehrt wird, auf die in Hinsicht auf die Abgabe der Nahrungsstoffe alles ankommt. (120)

Die Weizenernte entzieht dem Boden die Hälfte mehr Phosphorsäure u. Kieselsäure u. $^{1}/_{3}$ mehr Kali als die Roggenernte. (124)

Unterschied zwischen Fruchtbarkeit u. Ertragsvermögen eines Feldes. Der sehr hohe Gehalt unsrer Kornfelder an Nährstoffen ist die unerläßliche Bedingung f. *nachhaltige* hohe Erträge, aber nicht nothwendig für eine *hohe* Ernte. Guter Roggenboden erträgt mittlere Roggenernte, aber keine mittlere Weizenernte, weil dieser Weizen *in derselben Zeit* mehr v. diesen Nährstoffen nöthig als die Roggenpflanze ... (126)

V. 2 Pflanzen, welche gleiche Erträge liefern, v. denen die eine früher blüht u. reift wie die andre, muß die mit der kürzren Vegetationszeit u. gleicher Wurzeloberfläche an allen den Orten, die ihr Nahrung abgeben, um etwas mehr vorfinden, um eben so viel zu ‖108| empfangen als die andere, welche länger Zeit zur Aufnahme hat. (128)

Die Weizenernte nimmt vom Boden pro Hectare nur *8,6* kilogramm mehr Phosphorsäure als die Roggenernte; damit aber die Weizenwurzeln diese 8,6 kilog. Phosphorsäure sich aneignen können, muß der Boden 100× so viel, 860 kil. u. vielleicht noch mehr Phosphorsäure als der Roggenboden enthalten. (129)

Für ein jedes Feld besteht, entsprechend seinem Gehalt an Nährstoffen, ein reeller u. ein ideeller Maximalertrag; unter den günstigsten cosmischen Bedingungen entspricht der reelle Maximalertrag dem Theil der ganzen Summe der Nährstoffe, der sich im wirkungsfähigen, d.h. im Zustand der physikalischen Bindung im Boden befindet, der *ideelle* ist der Maximalertrag, welcher möglicherweise erzielbar, wenn der andre Theil der Summe der Nährstoffe, der sich in chemischer Bindung befindet, verbreitbar gemacht u. in die wirkungsfähige Form übergeführt wäre. Die Kunst des Landmanns ... diejenigen Pflanzen auszuwählen u. in einer gewissen Ordnung aufeinander folgen läßt, die sein Feld ernähren kann etc (131, 132)

Vor allem günstig wirkt die Zufuhr eines Düngmittels auf ein Feld, wenn durch dieselbe *ein richtigeres Verhältniß in der Bodennahrung* hergestellt wird, weil v. diesem Verhältnisse die Erträge abhängig sind. (133) Die relativen Verhältnisse der *Mineralsubstanzen*, welche die Pflanzen dem Boden entnehmen, durch Analysen ihrer Aschen:|

|109|

	Phosphorsäure	Kali	*Kalk* u. *Bittererde*	Kieselsäure
Weizen (Korn, Stroh	1	2	0,7	5,7
Kartoffeln (Knollen)	1	3,2	0,46	0,4
Hafer (Korn) (Stroh)	1	2,1	1,03	5,0
Klee	1	2,6	4,0	1
Mittel	1	2,5	1,5	3 (p. 134)

Ist der Boden (nach Kartoffeln, Klee, Rüben) nach 2 od. 3 J. wieder fruchtbar f. die Kornpflanze, so, weil in demselben sich ein Ueberschuß v. Kieselsäure befand, aber ungleich vertheilt u. verbreitet, der sich während der Brachzeit nach den mangelnden Stellen etc verbreitete. (136)

Auf leichtem Sandboden wirken alle Art v. Dünger rascher u. bemerklicher als auf Thonboden. (139)

Verschiednes *Absorptionsvermögen* der verschiednen Ackererden für Kali, Kieselsäure u. die andren Stoffe. Die\Ihre Verbreitbarkeit (z.B. das Kali) in einem Boden verhält sich umgekehrt wie sein Absorptionsvermögen, das halbe Absorptionsvermögen entspricht der doppelten Verbreitbarkeit. (141. Je mehr z.B. 1 Kubikmeter absorbirt, desto weniger dringt in die Tiefe des Bodens etc)

Vergleicht man fruchtbaren *Sandboden* m. gleich fruchtbarem *Lehm-* od. *Mergelboden* in Beziehung auf Gehalt an Nährstoffen, so giebt der erstre mit 1/2, vielleicht 1/4 Theil der Summe v. Nährstoffen, ‖110| die der Lehmboden enthält, ebenso reiche Ernten. (145)

Steifer Lehmboden kann durch Sand oft verbessert werden; Beimischung des Lehms zum Sandboden bewirkt, daß die im Dünger zugeführten Nährstoffe der Oberfläche näher bleiben od. in der Ackerkrume fester gehalten werden. (146)

Dagegen *Sandboden* rascher *erschöpfbar.* (l.c.)

Es hat die mechanische Bearbeitung des Feldes den wichtigen Zweck, die mit einem Nährstoff gesättigten Erdtheile an die Orte der andern zu bringen, od. damit zu mengen, welche durch eine vorangegangne Cultur ärmer an Nährstoffen geworden sind. (148)

Durch die Absorption der Nährstoffe in den oberen Schichten des Feldes hat eine, im Verhältniß zu dem ganzen Vorrath im Boden, kleine Menge v. Nährstoffen od. Düngerbestandtheilen auf Gewächse, die ihre Nahrung vorzugsweis v. den oberen Schichten der Ackerkrume empfangen, eine so auffallende Wirkung auf die Erhöhung der Erträge. (157)

Der Stallmist in der Regel allen Pflanzen nützlich; f. Getreidepflanzen Ammoniaksalze, für Turnipsrüben Kalksuperphosphat vorzugsweise Werth, Knochenmehl u. Asche erhöhn die Erträge v. fruchtbaren Kleefeldern; Feld wird durch Kalk oft fruchtbar f. Klee. Aber auf Feldern, die ihre Ertragsfähigkeit f. Klee u. Erbsen verloren haben ... wirken alle diese sonst günstigen Bedingungen ihres Wachsthums kaum mehr ein. Was diesen Pflanzen sonst u. andren Pflanzen immer zusagt, hat ||111| über einen gegebnen Zeitpunkt auf das *Klee- u. Erbsenfeld* keine Wirkung mehr. ([158,] 159)

Ein Feld, das nicht mehr lohnend f. den *Weizen*, für den *Roggen;* u. das keine lohnende *Roggenernte* mehr liefert, deßhalb nicht unfruchtbar für die *Haferpflanze.* (174 sq.) Die Aufeinanderfolge dadurch bedingt, daß die 2te Pflanze weniger von Boden nimmt als die erste, od. daß die 2te eine grössre Anzahl v. Wurzeln od. im Allgemeinen eine grössre aufsaugende Wurzeloberfläche besitzt. (177)

F. den Landwirth *gleichförmige Mittelerträge* Ausnahmen, durch *Witterungsverhältnisse bedingter Wechsel* die Regel. (l.c.)

Merkmal der *Ungleichförmigkeit in der Zusammensetzung des Bodens* als Folge der Culturen ist (wenn nämlich die Bruch- u. Halmbestandtheile wieder gegeben werden, die Kornbestandtheile nicht) daß das *Gewicht der geernteten Scheffel Korn sich vermindert.* (182)

Wenn die Felder einen solchen Untergrund besitzen, welcher die Cultur dieser Gewächse (der *Wurzel tieferer Rüben u. Luzerne*) gestattet, so das Verhältniß etwa so, wie wenn sich die *culturfähige Oberfläche verdoppelt* hätte. (185) Durch die Cultur dieser tiefwurzelnden Gewächse kann Ueberschuß v. Nahrungsstoffen f. alle Gewächse gewonnen werden, die ihre Nahrung vorzugsweis aus der Ackerkrume schöpfen; aber dieser Zufluß hat keine Dauer ... Untergrund erschöpft u. seine Fruchtbarkeit nur schwierig herstellbar. (186) |

|112| Es giebt kein Gewächs, das den Boden schont, u. keines das ihn bereichert. (187) In vielen Fällen hängt das Gedeihn einer Nachfrucht v. einer Vorfrucht ab, u. es ist nicht gleichgültig, in welcher Ordnung er Pflanzen baut; durch die vorangehnde Cultur einer Hackfrucht od. eines Gewächses m. starker Wurzelverzweigung wird der Boden f. eine nachfolgende Halmfrucht geeigneter. Das Halmgewächs gedeiht besser, u. zwar ohne Anwendung (m. Schonung) v. Mist u. giebt einen reicheren Ertrag. ... Nicht die Summe der Nahrung (hierdurch) vermehrt, sondern die wirkenden Theile dieser Summe werden vermehrt u. ihre Wirkung in der Zeit beschleunigt. (187) Der physikalische u. chemische Zustand des Feldes wurde verbessert, der chemische Bestand nahm ab. (187)

In seinen Feldfrüchten verkauft der Landwirth sein Feld; er verkauft in ihnen gewisse Bestandtheile der Atmosphäre, welche seinem Boden v. selbst zufliessen, u. gewisse Bestandtheile des Bodens, welche sein *Eigenthum* (!) sind. (188)

Die Bodenbestandtheile sind sein Capital, die atmosphärischen Nahrungsstoffe die Zinsen seines Capitals: mit dem einen erzeugt er die andern. (l.c.)

Die dauernde Ausfuhr v. Korn macht den Boden unfruchtbar für Klee od. raubt dem Mist seine Wirksamkeit. (190)

Die Ausfuhr seiner (des Landwirths) Früchte ist eine Beraubung des Bodens an den Bedingungen ihrer Wiedererzeugung. (191)

Ein Feld ist nicht erschöpft f. Korn, Klee, Tabak, Rüben, so ‖113| lange es noch lohnende Ernten ohne Wiederersatz der entzogenen Bestandtheile liefert; es ist erschöpft v. dem Zeitpunkt an, wo ihm die fehlenden Bedingungen seiner Fruchtbarkeit durch die Hand des Menschen wiedergegeben werden müssen. (191)

Durch den Stallmist kann die Fruchtbarkeit eines durch die Cultur erschöpften Feldes vollkommen wieder hergestellt werden. (193) Im Allgemeinen bereichert die Cultur den Boden an verbrennlichen [aus der Luft strömenden] Bestandtheilen, aber seine Fruchtbarkeit nimmt dennoch stetig ab. (194) Die unverbrennlichen Elemente der Culturgewächse kehren nicht v. selbst auf die Felder zurück, wie die verbrennlichen in das Luftmeer, aus dem sie stammen; durch die Hand des Menschen allein kehren die Bedingungen des Lebens der Gewächse in die Felder zurück. (195)

Bei Feldern macht in hügeligen Gegenden der *nördliche* od. *südliche* Hang Unterschied, ebenso die *Höhe über dem Meer*, v. welcher die Regenmenge eines Orts abhängt. (200)

Durch günstige Witterung bedingte höhere Ernten verliert das Feld verhältnißmässig mehr Nährstoffe u. spätere Ernten fallen um etwas niedriger aus; sowie denn s.g. unfruchtbare Jahre auf die darauffolgenden wie etwa Brachjahre in halber Düngung wirken, d.h. die späteren Ernten fallen auch unter gewöhnlichen Witterungsverhältnissen nach schlechten Jahren günstiger aus. (200)

Ein jedes Feld besitzt ein ihm eignes Ertragsvermögen u. keines bringt gleichviel Roggenkorn u. Stroh od. ebensoviel Kartoffeln ‖114| od. Haferkorn u. Stroh, od. Klee hervor als das andre. (201) Kein Feld ist in seinem Ertragsvermögen einem andern gleich, ja es giebt nicht zwei Stellen in einem u. demselben Felde, welche in dieser Beziehung einander identisch sind. (l.c.) In dem einen Feld sind die Bedingungen für Stroherzeugung vorherrschend über die der Kornerzeugung, ein andres enthält mehr Bedingungen f. das Wachsthum der Kleepflanzen u.s.w. Diese Bedingungen sind ihrer Natur nach in Quantität u. Qualität verschieden ... (202) (hier *Nährstoffe*, unter den Bedingungen als die allein wägbaren u. meßbaren behandelt)

In Beziehung auf die *Menge* der Nährstoffe in einem Boden geben die Erträge eines Feldes keinen Aufschluß. (202) Hohe Erträge sind ganz sichere Merkzeichen des aufnahmsfähigen Zustandes der Nährstoffe durch die Wurzeln u. ihrer Zugänglichkeit im Boden, u. nur an der *Dauer* der hohen Erträge läßt sich der Gehalt od. die *Menge* der Nährstoffe im Boden erkennen. Die *hohen Erträge*, welche ein Feld vor einem andern liefert, werden dadurch bedingt, daß die Theile der Nährstoffe in dem einen Felde näher bei einander liegen, als in dem andren; sie sind abhängig v. der *Dichtheit* der Nährstoffe. (203)|

|115| Die *Kartoffelpflanze* entnimmt ihre Hauptbestandtheile aus der Ackerkrume u. aus einer etwas tieferen Bodenschicht als die *Roggenpflanze* (213), *Hafer* sendet ihre Wurzeln weit tiefer hinab als die Kartoffelpflanze ... nähert sich in der Stärke des Aneignungsvermögens ihrer Nahrung den Unkrautpflanzen (215), *Klee* geht zu den tiefsten Bodenschichten. (u. giebt daher Aufschluß über ihre Beschaffenheit) (216).

»Die *nämlichen Mistmengen*« bringen auf verschiednen Feldern »*höchst ungleiche Mehrerträge* hervor.« (219)

Genau »gibt ein jedes Feld, mit Stallmist gedüngt, einen ihm eigenen Mittelertrag«. (221) Die Wirkung des Stallmists auf die Steigerung der Erträge ... auf den verschiednen Feldern ungleich, weil die Zusammensetzung derselben ungleich ist. (221)

Für den Zustand der Erschöpfung hat der Verlust eines jeden einzelnen Nährstoffs nicht die gleiche Bedeutung f. das Feld. (222) Z. B. Verlust an Kalk, den ein *Kalkboden* durch Halmfrucht od. Klee erleidet, ist ganz unerheblich f. die nachfolgende Frucht, welche grosse Mengen Kalk zu ihrem gedeihlichen Wachsthum bedarf, ebenso der Verlust an Kali eines kalireichen, der v. Bittererde, Eisen, Phosphorsäure, Stickstoff, den ein Bittererde- Eisen- Phosphorsäure- Ammoniakreiches Feld erleidet; denn gegen die Masse gehalten, die ein an einem Nährstoff thatsächlich reicher Boden enthält, ist die entzogne Menge immer nur ein ||116| so verschwindend kleiner Bestandtheil, daß der Einfluß der Entziehung desselben v. einer Rotation zur andern nicht wahrnehmbar ist. V. einer Rotation zur andern nehmen aber, wie die Praxis lehrt, die Erträge der Felder thatsächlich ab. ... Wird das Ertragsvermögen eines erschöpften Feldes wieder hergestellt, so beruht das darauf, daß in dem Dünger diejenigen Nährstoffe wieder gegeben sind, die das Feld in kleinster Menge enthielt, u. v. denen es den verhältnißmässig größten Bruchtheil verloren hat. (222, 23) V. allem was der *Stallmist* (der ein Mixtum Compositum aller Stoffe) zuführt ... wirken nur die Bestandtheile desselben günstig ein, durch welche ein im Boden entstandner Mangel an 1 od. 2 Nährstoffen beseitigt wird. (l. c.)

Da der Stallmist v. jedem einzelnen der dem Felde entzogenen Nährstoffe, unter allen Verhältnissen, eine gewisse Menge enthält, wirkt er immer günstig. (224) (Aber zweckmässig, nie verschwenderisch etc) X

Was Guano, Knochenmehl, Rapskuchenmehl etc angeht, so giebt der praktische Landwirth immer zu wenig od. zu viel. (225)

Die wirksamen Mistbestandtheile werden v. den oberen Schichten des Feldes zum bei weitem größten Theil zurückgehalten u. die tieferen Bodenschichten empfangen sehr wenig v. dem zurück was sie verloren haben. (238)

Luzerne u. *Esparsette* dringen noch tiefer als der *rothe Klee*, am tiefsten die wahre Hungerpflanze, die *gelbe Lupine.* (241)

(*Wicken, Weißklee* u. andere Futtergewächse, die gegeben werden sobalds schlecht steht m. Klee (Roth) u. Rüben entnehmen ihre Nahrung der oberen Bodenschicht.) [(240)] |

|117| Umbrechen der *natürlichen Wiesen*, welche noch reich sind an Pflanzennährstoffen. (247)

In England ist sie (die Landwirthschaft) ein rein mechanisches Gewerbe, u. man betrachtet dort den Dünger als die Schmiere, welche die Maschine braucht, um in Bewegung zu bleiben. (250)

Es giebt kein Gewerbe, welches zu seinem gedeihlichen Betrieb einen grössern Umfang v. Kenntnissen erheischt als die Landwirthschaft u. keins, in welchem die Ungewissenheit grösser ist. (251)

Gibt über die *Mittelernten* Zahlen aus *F. Dael* (*Statistische Mittheilungen über Rheinhessen* etc *Mainz 1849*); umfassend die J. 1833–1847, Zeit, wo Guano in Deutschland noch nicht zur Anwendung gekommen, auch Gebrauch des Knochenmehls noch sehr gering, kaum in Betracht zu ziehn.

Als Mittelernte gilt oder galt f. *Weizen in Rheinhessen* das 5½ fache der Aussaat. (Vom *Hectar* = 2471 engl. acre, 20 Malter = 14 bushel = 5120 hectoliter.) Setzt man die Mittelernte = 1, so der Ertrag der Ernte in Rheinhessen:

1833	*1834*	*1835*	*1836*	*1837*	*1838*	*1839*	*1840*
0,85	0,78	0,88	0,72	0,88	0,73	0,61	1,10

1841	*1842*	*1843*	*1844*	*1845*	*1846*	*1847.*
0,40	0,90	0,74	1,02	0,63	0,75	0,88

Der Durchschnittsertrag od. die wahre Mittelernte daher 0,79 der frühren Mittelernten. Die Weizenfelder in Rheinhessen haben mithin durchschnittlich um etwas mehr als 1/5 an ihrem ‖118| Ertragsvermögen abgenommen. (264)

Auch jetzt Uebergang *(Umwandlung)* v. Weizen- in Roggenfelder in Rheinhessen. Zeigt verminderte Qualität des Bodens; der Landwirth baut nur dann auf einem Weizenfelde Roggen, wenn dieser Acker keine lohnende Weizenernte mehr liefert. In Rheinhessen gilt für eine Mittelernte Roggen der $4^{1}/_{2}$ fache Ertrag der Aussaat, u. ein Weizenboden, der durchschnittlich nur $^{4}/_{5}$ einer Mittelernte Weizen zu liefern vermag, kann eine volle Mittelernte Roggenkorn liefern. (Liebig giebt aus *Dael* ähnliches über die Abnahme der rheinhessischen Mittelernte in Gerste, Hafer, Erbsen etc u. fügt hinzu »nach den statistischen Erhebungen in Preussen u. Bayern ... ergiebt sich dasselbe Resultat«.) (265)

Nimmt zur Ernährung eines Menschen durchschnittlich per Tag 2 lbs Korn an. (336)

Schönbein zeigte nach, daß der *weisse Rauch*, den ein Stück feuchter Phosphor in der Luft verbreitet, nicht, wie man bisher glaubte phosphorige Säure, sondern *salpetrigsaures Ammoniak* ist. (339)

F. die Wiederherstellung od. Erhöhung des Ertragsvermögens erschöpfter Felder ist es unbedingt nothwendig, daß die Ackerkrume einen Ueberschuß an allen Nährstoffen der Halmpflanzen enthalte, also auch v. Stickstoffnahrung, aber v. keinem einzeln im Verhältniß mehr als v. anderen. ... Was die Atmosphäre u. der Regen ‖119| an Stickstoffnahrung zuführen, ist im Ganzen entsprechend f. die Culturpflanzen, aber der Zeit nach für Viele nicht genug. Manche Gewächse bedürfen, um ein Maximum an Ertrag zu geben, während ihrer Vegetationszeit weit mehr, als was ihnen in dieser Zeit durch Luft u. Regen dargeboten wird. ... Der Landwirth benützt darum die Futtergewächse als Mittel zur Erhöhung der Erträge seiner Kornfelder. Die Futtergewächse, welche ohne stickstoffreichen Dünger gedeihn, sammeln aus dem Boden u. verdichten aus der Atmosphäre in der Form v. Blut- u. Fleischbestandtheilen das durch diese Quellen zugeführte Ammoniak; indem er mit den Rüben, dem Kleeheu etc seine Pferde, Schaafe u. sein Rindvieh ernährt, empfängt er in ihrem festen u. flüssigen Excrementen den Stickstoff des Futters in der Form v. Ammoniak u. stickstoffreichen Producten u. damit einen Zuschuß v. stickstoffreichem Dünger od. v. Stickstoff den er seinen Feldern giebt. Die Regel ist, daß der Landwirth gewissen Pflanzen v. schwacher Blatt- u. Wurzelentwicklung u. kurzer Vegetationszeit in *Quantität* im Dünger zuführen muß was ihnen an *Zeit* zur Aufnahme aus natürlichen Quellen fehlt. ... Die Anhäufung v. Stickstoffnahrung durch Stallmistdüngung in den obersten Bodenschichten f. das volle Gedeihn der Halmgewächse besonders wichtig, ... hängt wesentlich ab v. dem Gedeihn der Futtergewächse. (341, 42)

Knochsalz, salpetersaures Natron, Ammoniaksalze, Gyps-Düngemittel. (348)

Wirkung hauptsächlich ... die in dem Boden vorhandnen Nährstoffe zu verbreiten ‖120| od. aufnahmsfähig zu machen. (348)

Als Anhaltspunkt zur Erklärung der Gypswirkung bleibt nur die Schwefelsäure übrig. (357) ... wissen vielmehr nichts darüber. (358) Die Wirkung des Gypses sehr zusammengesetzt ... Bittererde sowohl als Kali dadurch verbreitbar in der Erde gemacht. Sicher ... daß der Gyps eine chemische Action auf die Erde selbst ausübt, die sich in jede Tiefe erstreckt, ... in Folge der chemischen u. mechanischen Veränderungen werden gewisse Nährstoffe aufnahmsfähig für die Kleepflanze od. zugänglich ... die es vorher nicht waren. (360, 361)

Der Reichthum od. der Mangel an Nährstoffen in einem Feld übt einen Einfluß auf die *Anzahl* u. *Schwere* der Samen, die sich bilden, aber nicht auf *das relative Verhältniß seiner Elemente* aus ... Abweichungen in dem Prozentgehalt an Kali, Kalk, Bittererde ... bei allen Pflanzen häufig, in welchen, wie beim Tabak, Weinrebe, Klee, der Kalk durch Kali od. umgekehrt vertretbar ist, aber in diesem Fall entspricht der Zunahme an dem einen Körper v. Kalk ... z.B. Abnahme v. Kali u. umgekehrt etc. (361)

Die Ackererde besitzt ein ähnliches Absorptionsvermögen f. Kalk (Kalkwasser) wie f. Kali u. Ammoniak. (364) Durch Aufnahme davon Veränderung der Erde, Kieselsäure wird löslich, Kali etc. (365)

Sagopalmen bei den Malayen. Massenhafte Entwicklung v. Stärkemehl im Innern zu gewisser Zeit. Malayen sagen dann, daß der Baum trächtig sei. (370) Ein gesunder Baum bringt 4–800 Pfd Stärkemehl hervor. (372)|

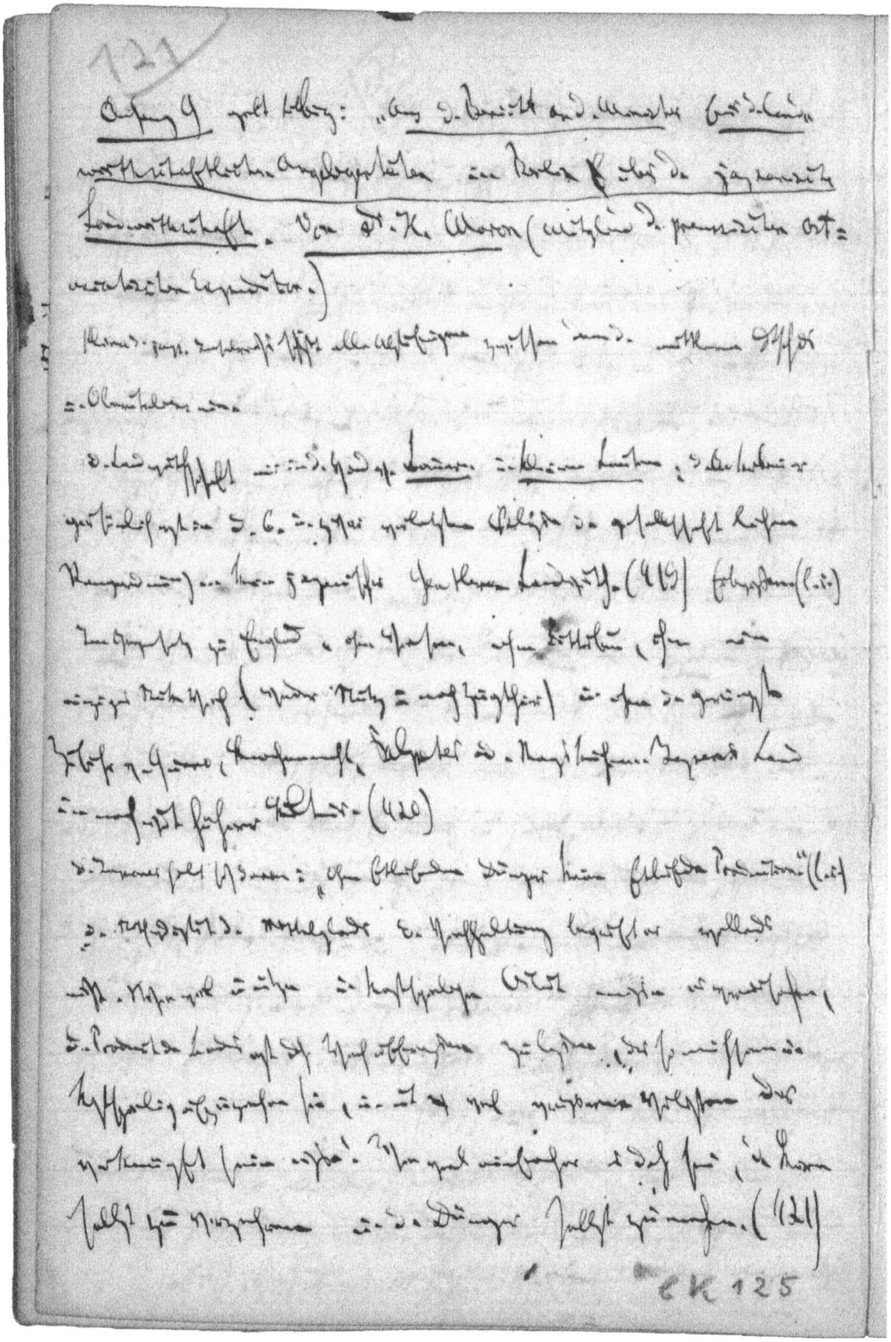

Aus Hermann Maron: Aus dem Bericht an den Minister …
Hefte zur Agrikultur. Großheft 1865/1866. Seite 121

|121| *Anhang G* giebt Liebig:

„Aus dem Bericht an den Minister für die landwirthschaftlichen Angelegenheiten in Berlin über die japanische Landwirthschaft. Von Dr. H. Maron

(Mitglied der preussischen ost-asiatischen Expedition.)

Klima des japanischen Inselreichs schließt alle Abstufungen zwischen dem des mittleren Deutschlands u. Oberitaliens ein. [(417)]

Die Landwirthschaft nur in der Hand v. *Bauern* u. *kleinen Leuten;* der Ackerbauer persönlich erst in der 6. u. zwar vorletzten Classe der gesellschaftlichen Rangordnung ... kein japanischer Gentleman Landwirth. (419) Erbwissen. (l.c.)

Im Gegensatz zu England »ohne Wiesen, ohne Futterbau, ohne ein einziges Stück Vieh (weder Nutz- noch Zugthier) u. ohne die geringste Zufuhr v. Guano, Knochenmehl, Salpeter od. Rapskuchen« ... Japans Land in noch weit höherer Kultur. (420)

Der Japaner hält sich daran: »Ohne fortlaufenden Dünger keine fortlaufende Production.« (l.c.)

»Die Nothwendigkeit des Mittelglieds der Viehhaltung begreift er vollends nicht. Wie viel unnütze u. kostspielige Arbeit müsse es verursachen, das Product des Bodens erst durch Vieh auffressen zu lassen, das so mühsam u. kostspielig aufzuziehen sei, u. mit viel grösseren Verlusten das verknüpft sein müsse! Wie viel einfacher es doch sei, das Korn selbst zu verzehren u. den Dünger selbst zu machen.« (421)|

|122| Die Religion verbietet den Japanesen Fleisch zu essen u. zwar den Anhängern beider Hauptsekten, Sintoisten u. Buddhaisten, aber auch

den Genuß alles dessen was vom Thiere kommt *(Milch, Butter, Käse)*, damit fällt der eine grosse Zweck unsrer Viehhaltung fort. Auch das *Schaf*, nur seiner Wolle wegen gehalten, würde sich ohne Verwerthung des Fleischkörpers nicht rentiren können; eine Einsicht, zu der man ja selbst in Deutschland nach u. nach zu gelangen scheint. (l.c.)

Zweiter Grund, der die Viehhaltung überflüssig macht, ist die *Kleinheit aller WirthschaftsEinheiten*, die jedoch nicht zu verwechseln ist mit *Zerstückelung des Grundeigenthums.* Aller Grund u. Boden gehört dem Fürsten, den Grossen des Landes, die es in Lehne u. Afterlehne an den niederen Adel vergeben haben; da aber die Adligen den Ackerbau nicht selbst betreiben können, haben sie ihre Lehnsgüter parcellenweise verpachtet od. vererbpachtet; die gegenwärtige Vertheilung u. Gliederung des Bodens scheint seit undenklichen Zeiten zu bestehen, u. für die anfängliche Begrenzung der Parcellen ist wohl die natürliche Lage od. der Wasserlauf eines Baches maßgebend gewesen; die Grösse dieser Parcellen, die unter einer Bewirthschaftung sich befinden, variirt von etwa 2–5 Morgen. Dazu dieß kleine Terrain noch oft v. Zu- od. Ableitungsgräben durchschnitten, so findet man selten ein so grosses Stück Feld, daß ein Zugthier mit Vortheil darauf verwendet werden könnte. ([421,] 422)|

|123| Die Cultur des Bodens in der ganzen Welt genau in gradem Verhältnisse zu der Parcellirung des Bodens. (422)

Der einzige *Düngererzeuger* in Japan ist also der Mensch. (422)

Der Japaneser scheißt in hockender Stellung, über ein einfaches, länglich viereckiges Loch, welches der Quere nach der Eintrittsthür gegenüberläuft, bestimmt die Excremente in den unteren Raum zu führen (geschlossener Theil seines Hauses) ... ganz sauber selbst bei den kleinsten u. ärmsten Landbewohnern. (423)

Unter jener 4eckigen Oeffnung ein Gefäß, um die Excremente aufzunehmen, wannenförmiger Eimer mit überstehnden Ohren, durch welche eine Tragestange geschoben werden kann; öfter auch grosser irdener Henkeltopf, wozu der japanische Thon ausgezeichnetes Material liefre. ... Sobald dieß Hausgefäß voll in grösseren Düngerbehälter entleert ... im Felde selbst od. im Hofe angelegt ... bestehn in grossen, fast bis zum Rande in die Erde eingelassenen Fässern od. enormen Steintöpfen v. 8–12 Kubikfuß Inhalt. Dieß die eigentlichen Düngerbereiter. Die Excremente werden *ohne Zusatz* mit Wasser verdünnt etc (im Regenwetter die Grube zugedeckt durch ein daneben stehndes verschiebbares Dach) ... niemals wird der Dünger frisch verwendet. (424, 425) Es ist ihnen lediglich »um die festen Bestandtheile des Düngers zu thun.« (425)

Der Japaner zahlt die Rente seines Grundstücks nicht in Geld, sondern in ‖124| einem Procentsatz seines Naturalertrags an seinen Verpächter od. Lehnsherrn. (425)

Überall, wo sein kleines Feld an öffentliche Strassen, Fußwege, Steine stößt, an den Grenzen desselben Tonnen od. Töpfe eingegraben, deren Benutzung dem reisenden Publicum dringend ans Herz gelegt ist … in keinem noch so verborgnen Winkel in Japan sieht man Spur v. menschlichen Excrementen auf freier Erde. (425)

Ausser den Excrementen des Ackerbaus kommen hinzu: In allen Flüssen, Bächen u. Canälen u. namentlich in den vielen kleinen Meeresbuchten wimmelt es v. einer Anzahl eßbarer Fische, deren Genuß dem Japaner erlaubt ist, Erlaubniß, von der er denn auch einen sehr ausgedehnten Gebrauch macht. *Fische, Krebse u. Schnecken* werden in Masse verzehrt u. kommen schließlich als ein sehr schätzbarer Beitrag v. aussen dem Abtritt u. damit dem Feld zu Gute. Der japan. Landwirth bereitet auch *Compost* … aber ohne Animalisation … Concentration der Stoffe. Gehacktes Stroh, überflüssige Spreu, die auf der Strasse aufgelesenen Excremente der Lastpferde, Köpfe u. Kraut der Rüben, Schalen der Yams u. Bataten u. alle etwaigen Wirthschaftsabgänge sorgfältig m. etwas Rasenerde gemischt, in Form kleiner Kartoffelmieten gebracht, angefeuchtet u. m. Strohdach versehn. Nicht selten in diesen Komposthaufen auch Schalen v. Muscheln u. Schnecken, welche die meisten Bäche im Ueberfluß mit sich führen, u. wo irgend das Meeresufer nahe ist, in jeder beliebigen Quantität zu haben sind. Ab u. zu wird der Haufen ‖125| befeuchtet u. umgestochen u. so geht der ganze Proceß der Abfaulung unter der kräftigen Einwirkung der Sonne rasch vor sich. … Auch dann wenn reichlich Stroh vorhanden … das ungemein abkürzende Verfahren, ihn statt durch Gährung durch Feuer zu reduciren. Die auf diese Weise halb verkohlte u. veraschte Masse … stets als Samendünger unmittelbar auf den Samen geschüttet. (426, 27) Die Stickstoffverbindungen dem japanischen Landwirth gleichgültig … ist bestrebt alle organischen Substanzen vor der Anwendung zur Düngung sorgfältig zu zerstören. … Steht im genausten Zusammenhang damit, daß es dem Japaner um eine möglichst rasche Verwerthung seines Düngers zu thun ist. Er verwendet soweit als möglich u. namentlich stets seinen Hauptdünger, den Dünger der Abtritte, in *flüssiger Form.* Er kennt keine andre als *Kopfdüngung.* Sobald er zu einer Saat schreiten will, wird das Feld in Furchen gelegt u. der Same mit der Hand hineingestreut; darüber kommt eine dünne Lage gut vertheilten Composts u. über diese schließlich Abtrittsdünger in flüssiger u. sehr verdünnter Form. Die Verdünnung geschieht in den Trageeimern, in denen der Dünger aus den Hauptdüngerbehältern zur Saatfurche getragen wird, weil nur auf diese Weise eine gleichmässig starke Mischung u. gute Durcharbeitung möglich ist. Die vollendete Gährung (Reife) des Düngers ge||126|stattet es, ihn gefahrlos mit dem Samenkorn in unmittelbare Berührung zu bringen, u. sogleich den ersten feinen Wurzeltrieb kräftig zu unterstützen. (427, 428)

Der Japaner baut keine Frucht ohne Dünger. Er giebt zu jeder Aussaat od. zu jeder Pflanze nur so viel Dünger, als dieselbe zu einer vollständigen Entwicklung bedarf. ... „Brache" ihnen unbekannt; sie müssen ihre jährliche Düngerproduction auf die ganze Fläche ihres Ackers vertheilen; dies ... allein durch Reihensaat u. Kopfdüngung möglich. Unser langer strohiger Mist u. die Verschwendung desselben über die ganze Fläche des zu düngenden Feldes stehn diesem rationellen Verfahren schreiend gegenüber. Der *Dünger in den Städten* unterliegt keinerlei Behandlung ... wie er da ist, geht er alle Abende u. alle Morgen hinaus in alles Land ... Tausende v. Kähnen gehn am frühen Morgen hoch aufgestapelt mit Eimern voll des werthvollen Stoffes durch die Wasserstrassen der Städte u. vertheilen den Segen bis tief ins Land hinein. Es sind förmliche Düngerposten. ... Abends lange Reihen v. ländlichen Kulies, welche die Producte des Landes am Morgen zur Stadt gebracht haben, nun beladen mit 2 Eimern Dünger, nicht in fester Form, sondern in frischer Mischung ... Karawanen v. Saumpferden, welche oft 50–60 Meilen weit Fabrikate aus dem Innern (Seide, Oel, Lackwaaren etc) nach der Hauptstadt ||127| gebracht haben, sind nun heimwärts befrachtet mit Körben od. Eimern, nur hier die festen Excremente ausgewählt. (429, 430)

Wenn unter „Cultur" die Fähigkeit des Bodens verstanden wird, hohe Erträgnisse nachhaltig, d.h. als einen wirklichen *Zins des Bodencapitals* zu erzeugen, so leugne ich, daß unsre Güter in Cultur sind. Wir haben sie aber durch gute Bearbeitung u. besondre Methode der Düngung in einen Zustand versetzt, der die ganze Bodenkraft disponibel gemacht hat, u. der uns deshalb augenblicklich hohe Erträge giebt; aber es sind nicht die Zinsen, die wir v. unsrer Bodenkraft einsammeln, es ist das Capital selbst. Je flüssiger wir dasselbe machen, je schneller werden wir es bei unsrem Wirthschaftssysteme erschöpft sehn. Wir nennen das nur fälschlich Cultur ... Wir propfen dem Boden so viel als möglich Stickstoffverbindungen ein. Nun ist das Ammoniak u. Genossen unzweifelhaft ein ausgezeichneter Cultivateur: er versteht es schlummernde Bodenkräfte zu wecken etc (431) Die europäische ist Scheincultur. (432)

Japan v. der Grösse Großbritanniens; seiner bergigen u. oft gebirgigen Beschaffenheit wegen besitzt höchstens zur Hälfte culturbaren Acker; enthält mehr Einwohner (u. erhält sie) als Großbritannien. (432)

Das Land v. Japan vulkanischen Ursprungs; seine ganze Oberfläche gehört dem Tuff u. Diluvium an; alle Höhenzüge bestehn ||128| aus einem braunen, ungemein feinen, doch nicht allzufetten Thon; die Erde der Thäler dagegen mit geringer Modification durchgängig eine schwarze, lockere u. tiefe Gartenerde, die ich gelegentlich bei Abgrabungen auf 12–15 [Fuß] Tiefe in gleicher, wenn auch etwas festerer Quantität verfolgen konnte. Darunter liegt wahrscheinlich eine undurchlassende Thonschicht; u. wie die Thonschichten der Berge bei dem starken u. häufigen Regenfall zahlreiche Quellen erzeugen, die überall zur Hand sind u. ohne grosse Kunst u. Mühe zur Bewässerung verwendet werden können, so gestattet die Undurchlässigkeit des Thonbodens ihn beliebig in einen Sumpf zu verwandeln, den z.B. der Reis verlangt. … In dem Thongehalt der Abschwemmungen, mildem Klima, Reichthum v. Wasser hat alle Bedingungen u. die bequemsten Mittel zu einer hohen Cultur gegeben. (418)

Tiefcultur bei den Japanesen: Heute steht Weizen auf einem Feldstück; in 8 Tagen derselbe geerntet, die Hälfte des Feldes in tief v. Wasser getränkten Sumpf verwandelt, in den der Pächter bis in die Knie einsinkend Reis pflanzt; die andere Hälfte steht daneben als ein um 2 bis $2\frac{1}{2}$ Fuß über das Reisfeld sich erhebendes breites u. trockenes Beet, auf welches Baumwolle, Bataten od. Buchweizen gesät wird. (433)

Diese ganze Arbeit während der kurzen Zeit v. dem Wirth u. seiner kleinen Familie ausgeführt. Daß sie mechanisch so schnell ausführbar, ||129| Beweis für *die tiefe Lockerheit des Bodens*, selbst nach einer Ernte; *tiefer Reichthum* des Bodens. Erst wenn sich Lockerheit m. Reichthum so verbinden, kann v. wahrer *Tiefcultur* die Rede sein. (434) In Japan seit undenklichen Zeiten angewendet das Verfahren, *alle Früchte in Reihen zu bauen.* (434) Bei den Japanesen *»Wirthschaftssystem«*, hat sich vollständig emancipirt v. der bei uns »erforderlichen Rücksichtsnahme auf Fruchtfolge« … Er hat das Hintereinander in ein Nebeneinander verwandelt … auch das bei uns sich theilweis bahnbrechende Princip des *Gemengebaus* zur höchsten Entfaltung gebracht, das wilde u. unwillkürliche Durcheinander aufgehoben etc. Ein Feld wird also folgendermassen bestellt: Es ist Mitte October, u. augenblicklich Buchweizen die einzige Frucht auf diesem Ackerstück; er steht in Reihen v. 24–26 Zoll Entfernung; in den dazwischen liegenden, jetzt leeren Reihen waren im Frühjahre, nachdem der Weizen geerntet war, kleine Wasserrüben gesät; auch diese sind bereits geerntet u. der ganze Zwischenraum zwischen dem Buchweizen wird nun mit der *Hacke* so tief bearbeitet als die *Instrumente* irgend reichen. Ein Theil der frischen Erde aus der Mitte wird an den in voller Blüthe stehnden Buchweizen herangezogen; in der Mitte entsteht|

|130| dadurch eine Furche; da hinein wird Raps od. die graue Wintererbse gesät, auf die bereits beschriebne Weise gedüngt u. Samen u. Dünger flach mit Erde bedeckt. Wenn nun Raps od. Erbsen aufgegangen u. 1–2 Zoll hoch sind, wird der Buchweizen reif u. geerntet; einige Tage darauf sind die Reihen, in denen er stand, gelockert, gereinigt u. mit Weizen u. Winterrüben besät. So folgt Reihe auf Reihe, das ganze Jahr hindurch Ernte auf Ernte. Vorfrucht ist gleichgültig; nur der vorhandne Dünger, die Jahreszeit u. die Bedürfnisse der Wirthschaft sind maßgebend f. die Wahl der nachfolgenden Frucht. Fehlt Dünger, so bleiben die Zwischenräume so lange brach liegen, bis sich das erforderliche Quantum angesammelt hat. Das System macht den Dünger zu jeder Zeit verwendbar. Einnahme u. Ausgabe des Bodens stehn in einer stetigen Balanz. (435, 436)

Japanese baut sich nicht gern in den Höhen an, zieht m. seinem Hause stets das Thal vor. Bei *Wirthschaften (offenbar jüngeren Datums)*, kleinen Hochebenen abgerungen, die Zufuhr des Düngers beschwerlicher … hier bisweilen nur eine Frucht auf dem Felde, u. die Reihen dennoch so weit auseinander, daß noch eine andre Frucht vollständigen Raum dazwischen gehabt hätte. So wird f. die Zwischenräume, welche für die Aufnahme der nächsten Saat bestimmt sind, eine gehörige u. wiederholte Bearbeitung ermöglicht, u. ||131| zugleich durch das beständige Heranziehn v. frischer Erde an die gegenwärtige Frucht derselben ein weit grössres Bodencapital zur Disposition gestellt, als dieß bei irgend einem andren Verfahren möglich wäre. So wird ursprünglich nur die Hälfte des urbar gemachten Feldes (d.h. genau so weit als vorhandner Dünger reicht) zur Production herangezogen, aber sie ist immer bei dieser weitläufigen Reihencultur viel reichlicher als sie ausfallen würde, wenn man eine zusammenhängende Hälfte anbauen u. die andre Hälfte ebenfalls zusammenhängend brachen wollte. Jede »gesteigerte Düngerproduction« od. Einfuhr v. aussen befähigt nach u. nach die Zwischenräume ebenfalls zu besäen; es liegt dann nur noch der 3. od. 4. Theil des Feldes in Brache, u. zuletzt ist die Cultur vollendet, wenn das ganze Feld das ganze Jahr hindurch in allen seinen möglichen Reihen, Früchte trägt. (436, 437)

[Moritz Wagner: Aussage]

Liebig citirt aus: *Prof. Moritz Wagner* (Beilage zur *Augsburger Allgemeinen Zeitung* N. 36 v. 5 Feb. u. N. 173 v. 22 Juni 1862): Auch in den tropischen Ländern Boden erschöpft. »Selbst in den gesegnetsten Ländern der Aequatorialzone, auf der fruchtbarsten vulcanischen Erde, wie sie das alte Land der Incas in den Hochebenen v. Quito, ‖132| Imbabura, Riobamba, Cuenca u. s. w. darbietet, durch lang fortgesetzte Reihenfolge v. Culturen der Boden überall erschöpft, wo man nicht im Stande war, ihm mit Ueberrieselung durch künstliche Kanäle den v. den Wildbächen der Anden herabgeströmten Schlamm zuzuführen. Das Werk des Wassers, dem die dort weitausgedehnten alten vulcanischen Schlammströme (Lodozales) die Arbeit erleichtern, dient dort dazu, dem Boden die durch viele Ernten entzognen mineralischen Nahrungsstoffe wiederzugeben ... So in den meisten Provinzen Persiens, bes. in Aserbeidschan u. grossem Theil v. Armenien u. Kleinasien die Bewässerungscanäle mehr den Zweck, den Feldern des Thales die zur Zeit der Schneeschmelze abgeschwemmten Mineraltheile der Berge zuzuführen, als sie zu befeuchten. ... Sonst (wo dieß nicht u. auch sonst kein Dünger), z. B. an gewissen Stellen der Hochebenen v. Tacunga u. Ambato (im südamerik. Staat Ecuador) der Boden einer völligen Erschöpfung nahe. Trotz dem häufigen Wechsel v. Regen u. Sonnenschein giebt dort z. B. die Gerste oft kaum das 2te od. 3te Korn wieder ... Also Fabel der Unerschöpflichkeit des Bodens tropischer Länder ... An der peruanischen Westküste sind nur jene Gegenden äusserst steril, wo nicht durch kleine künstliche ‖133| Canäle dem trocknen Boden das v. den Andesbächen abgezapfte Wasser mit den durch dessen mechanische Kraft gleichzeitig abgespülten u. fortgeschwemmten Mineralbestandtheilen der Gebirgsgehänge zugeführt wird. In allen Gegenden, wo dieß bei günstigen Terrainverhältnissen geschieht, ist auch der Boden, sowohl an der Küste als im Binnenland v. Peru u. Bolivia, fast ebenso ergiebig wie im Innern der Hochländer v. Ecuador, Neu-Granada u. Guatemala. ... Es ist, wie im ägypt. Nildelta, der Schlamm, den das Wasser enthält, u. der dort v. den verwitterten Gebirgsarten der Anden stammt, deren Bestandtheile in den Bächen, theils fein zermalmt, theils chemisch aufgelöst, durch kleine Bäche den Feldern zugeführt werden. Das in zahllosen Furchen dem Gebirge abgezapfte Wasser sickert schnell in den Boden od. verdunstet u. hinterläßt einen reichhaltigen Niederschlag. ... Nur die schlammigen Andesbäche, nicht die atmosphärischen Niederschläge wirken dort befruchtend.« (439 sqq) Und ferner: Es ist eine bedeutsame Thatsache, daß die alten Culturvölker Americas zu denselben einfachen Mitteln des Wiederersatzes f. ihren Boden gekommen sind, welche bei ähnlichen günstigen ‖134| Terrainverhältnissen auch in den Gebirgsländern v. Kleinasien, Armenien, Grusien, Westpersien, nördl. Mesopotamien (Mossul) u. Tibet noch heute gebräuchlich. Kur, Araxes, Euphrat u. Tigris haben im Frühling ein eben so trübes, mit Schlamm, Erdtheilchen geschwängertes Wasser wie der Nil u. der ostpersische Fluß Herirud, der bekanntlich ganz u. gar für Felder u. Gärten aufgesaugt wird. Die Felder erhalten in dieser Form die unverbrennlichen Bestandtheile zurück, die ihnen die den grossen Städten zugeführten Ernten entzogen. (441)|

|135| L. Mounier: De l'agriculture en France d'après les documents officiels, avec des Remarques par M. Rubichon.

2 tomes. 1846.

t. I.

»Les auteurs de cet ouvrage, croyant l'Angleterre *dans le vrai*«. (1)

Aus dem Bericht v. *A. Gouin* (damals ministre) (Paris, 30 Mai, 1840) (vorgedruckt der Schrift v. Mounier) sieht man, daß vor der exploration (officielle) v. 1838 keine agricole Statistik in Frankreich. Während des ganzen 18 Jhh. Conjecture; z.B. observation d'un territoire d'une lieue carrée galt als Basis f. die détermination v. ganz Frankreich (*Vauban* etc); v. der Zahl der charrues schließt man auf die étendue des cultures *(Lavoisier)*; u. en comparant le poids et la superficie de la carte du royaume, on en déduisait la division physique et agricole du pays. (*A. Young.* 1788) Später (Napoleon, Restauration) on a substitué à ce système d'induction celui d'évaluations arbitraires, qui donnent d'emblée les totaux de toutes choses, en laissant tout à fait inconnus les nombres partiels dont ils doivent être essentiellement formés. D'où il suit que tandis qu'il ne manquait pas en apparence une seule donnée à la statistique agricole d'un département, il n'en existait aucune sur les différentes parties dont se compose son territoire. (20, 21)|

|136| Programm einer Statistique générale v. Frankreich 1835 v. Louis Philippe accueilli; Circular v. 12 Juli 1836 ordonna aux préfets d'en (der agricolen parties) préparer les matériaux. (21) Man ließ in den 37,300

Communes de France exécuter un cadastre de son domaine agricole, un inventaire de ses produits ruraux, un recensement de ses animaux, et un tableau de ses consommations. (23) (ou 100 000 collaborateurs.)

Die Francs etc nahmen 2/3, en laissant 1/3 à leurs vassaux. So »dès l'établissement des souverainetés sur le continent de l'Europe, le tiers du sol a pu être légalement acheté« par 100 arpents, et vendu ou divisé par 10, 5, ou même 1 arpent; d'après ce système, ce tiers du sol s'est vu bientôt couvert de nombreuses familles et ... leurs propriétés individuelles ont été un obstacle insurmontable aux travaux d'ensemble qu'exige la culture des deux autres tiers; ces deux intérêts, toujours en présence, ont toujours été en hostilité, et ... en résultat l'un des deux devait à la suite du temps triompher de l'autre; et en effet la petite propriété, en Angleterre, a été absorbée par la grande, et en France, la grande par la petite ... les autres États ont encore de grands et de petits propriétaires ... dans un temps donné, les grandes propriétés auront dévoré les petites, ou les petites dévoré les grandes. (41, 42)

Was wirft er der kleinen propriété vor? Daß sie verhindert »l'agriculture française ... de donner un ensemble à ses travaux.« (51) |

|137| Die Araber (u. dieß forms exception in France), peuples pasteurs, ... en 819 ... conquirent la Gaule Narbonnaise, et dans l'intervalle des 40 ans qu'ils l'ont occupée, ils ont fait ces célèbres canaux du Roussillon, qui encore aujourdhui servent aux irrigations de ces contrées ... dans le midi oriental (v. Frankreich), il n'y a pas moins de 6,300,000 hectares de ces majestueuses montagnes qui en bestiaux comme en plantes, donneraient les meilleurs produits, si la société était organisée de manière à entreprendre des travaux d'ensemble. (52, 53)

Mit dem Parcelleneigenthum »beaucoup de terrain se perd en *limites improductives*, en *communications* inutilement *multipliées*, et pourtant insuffisantes.« (65)

Il y a des dispositions légales, qui permettent de se soustraire à la contribution par la déclaration d'un abandon perpétuel qui doit être fait à la mairie et dont l'acte ne donne lieu qu'à un simple droit d'enregistrement de 2fcs; dispositions souvent exécutées, et que le préfet du département des Basses-Alpes, a rappelées dans une circulaire du 30 sept. 1835, adressée à de malheureux cultivateurs, réduits à abandonner leurs biens par suite de la demande de l'impôt. (102)

Nach der tableau officiel D. mutations en propriétés foncières ... s'élèvent à plus de 23,000,000,000f., c.à.d. à plus de la moitié de la propriété foncière dans le royaume; et qui, comme M. Malthus l'a si bien prédit, ||138| doit amener le gouvernement à être le seul propriétaire. ... Sur ces 23,348,000,000 de fr. de mutations ... 9,317,000,000 in Folge des Todes

des pères; les donations des 2,145,000,000 de fr. sont faites dans un but de conservation. Mais les 11,885,000,000 de fr. de vente ou de cession tous les 10 ans, ce qui est plus du quart de la valeur de la propriété foncière … ces ventes divisent le sol en de bien plus petites parcelles que les héritages mêmes. (118) En juges, greffiers, avocats, avoués, notaires, gardes champêtres ou huissiers, la France en compte 80,000 d'officiels, tous salariés par le gouvernement ou par le public, tandis que, en Angleterre, il n'y a qu'un cinquième de ce nombre de gens de loi, quoique en propriétés rurales elle ait une valeur quadruple de celle de la France. (119)

Les inscriptions hypothécaires non rayées ni périmées, existantes sur le registre des bureaux des hypothèques, s'élevaient:

1 Juli 1840 … à	f. 12,544,098,600	
1 Juli 1832 à	f. 11,233,265,778	
Augmentation en 8 années	1,310,832,822.	(p. 162)

Le prix des ventes montait:

En 1841 à	f. 1,382,418,490	
1832	1,086,997,147	
Augmentation	295,421,343.	(p. 163)|

|139| La totalité des prêts hypothécaires s'est élevée, terme moyen, en 1840, 1841, 1842 à 506,802,994f. p. an. About 400 millions in 1832. (163, 164)

Les *prêts hypothécaires* se sont divisés ainsi en 1841:

155,220	prêts de 400f. et au dessous montant à f.		36,640,928	
89,803	de 400	à 1000	62,421,267	
84,553		au dessus de 1000f.	392,513,625	
329,576 Total			491,575,820.	(164)|

Die Cour Royale d'Angers sagt: »le tiers des Français seulement possède des propriétés foncières, et la moitié de ces possesseurs, dont la cote de contributions ne dépasse pas 5f., est dans l'impuissance d'obtenir un prêt sur l'hypothèque. (165)

toutes les fois qu'une propriété foncière … mise à l'enchère, elle y était subdivisée en plus petites parcelles, parce que les petites superficies se vendaient plus cher … sur une mise à prix de 5fr., il s'était vendu par licitation des propriétés foncières, de 10f. jusqu'à 100fr., et … le nombre des procès, pour les usurpations de terrain, avait plus que doublé depuis l'année 1835. (1844?) (169)

Revenu net de la propriété foncière était officiellement évalué (1845) à 1,580,000,000, mais ... ce revenu était grevé de 600,000,000 pour les intérêts des sommes hypothéquées, indépendamment ||140| des dettes considérables non hypothéquées, de 300,000,000 d'impôt foncier, et 200,000,000 de frais d'enregistrement. (170)

Die französ. Gesetzgebung begünstigt nicht nur la petite propriété, sondern »de morceler les terres et d'en disperser les morceaux«. (173)

La division des terres entre les familles aurait une limite: le nombre des familles. Mais le morcellement des terres et la dispersion des morceaux n'en ont aucune. Une propriété d'un hectare peut se composer de mille sillons, tous séparés les uns des autres et enclavés dans les sillons d'autrui. (173) Daher die größten obstacles »à l'introduction des pratiques perfectionnées, et en ce qui concerne la production de tous les objets que la grande culture doit nous fournir. (174)

Zeitverlust f. den laboureur; dann augmentation des frais de culture; multiplicité superflue des chemins de déblai, difficulté de surveiller et de garder les récoltes; la facilité et la tentation des petites anticipations frauduleuses, la fréquence et l'impunité des délits, les occasions plus multipliées des procès etc (175) Surface des haies, fossés, toujours plus grande en raison de la petitesse des enclos répétés. (176) Les attelages perdent un temps infini pour se transporter de l'une à l'autre (die petites pièces), soit pour cultiver, soit pour récolter. (179)|

|141| dégâts, ... lors des semailles, sur chacune des petites pièces contigues, semées par différents cultivateurs, à cause de l'enjambement que font nécessairement les chevaux ou les bœufs de la charrue sur la pièce attenante, déjà semée ... Mais il en résulte surtout l'impossibilité pour chacun de cultiver son champ comme il le voudrait; d'y établir le cours de moissons qu'exigerait ou permettrait la qualité du sol; d'y planter des haies et des arbres ..., d'y faire des prairies artificielles; d'y former des enclos pour le pâturage, de se dégager de la vieille et funeste erreur des jachères; wer auch die Einsicht hätte, ne le pourrait pas lorsque ses pièces de terre, ainsi disséminées, sont enclavées dans celles de ses voisins qui y font des jachères, et où s'exerce l'usage pernicieux de la vaine pâture. (175)

De ce défaut de prairies artificielles et de pâturages (in Folge der division excessive des pièces de terre) sont venus, pour y suppléer, l'usage des jachères, le droit de vaine pâture dans une même commune, et souvent celui de parcours d'une commune à une autre. (176)

Thaër remarque ..., en parlant des domaines, même étendus, composés de pièces séparées par un grand nombre de ||142| propriétés étrangères, que, dans l'opinion de tout agriculteur éclairé, ils n'ont qu'une valeur inférieure de plus de moitié à celle des fonds réunis, et dont on peut jouir sans réserve. (177)

Réunions (formées des *propriétés morcelées*, gesetzlich, so daß gewisse Stücke zusammen bleiben müssen.) Dès 1591, on a procédé aux réunions dans le canton de Berne, et successivement depuis dans les autres cantons de la Suisse; on les a généralisées dans le Danemarck en 1758, dans la Prusse, en 1763; la Suède en jouit, à dater de la même époque etc. (184)

Contestations vor den juges de paix wegen der terres, en *1840:* 904,219, statt 491,797 en 1834, so daß presque doublé pendant les 7 dernières années. (190)

En résultat, aller confier la subsistance d'un empire à des paysans, à des sauvages corrompus, ruinés et sans talents, c'est vraiment un délire, qui ne peut se qualifier. (205)

Déboisement des montagnes … Destructions des forêts sur les Alpes … Destructions des forêts sur les Pyrénées. (Ch. IX p. 228 sqq.)

Im Département des Basses-Alpes, terrains improductifs = 430,613 hectares; plus de la moitié de sa superficie; à une époque ancienne, la majeure partie de ces terrains était couverte de forêts, et alors la température de la Haute Provence étant plus douce, ses eaux mieux dirigées, et ses vallées moins encombrées, la fertilité ||143| de cette province était remarquable. (228)

Aujourdhui, (ist aus mémoire de M. *Dugied*, ancien préfet dieses département) les montagnes de ce pays sont presque toutes déboisées et sans pâturages, et les terres des vallées sont, pour la moitié au moins, emportées par les torrents. Rien de plus hideux que ces monts hérissés de rochers nus et noirâtres, et rien de plus affligeant que le spectacle des vallées, jadis composées des meilleurs terres, et aujourdhui couvertes de cailloux dans presque toute leur largeur et sillonnées seulement de quelques filets d'eau. (228, 29)

Bericht v. Blanqui (ainsi) über die départements de la frontière des Alpes (Isère, Hautes-Alpes, Basses-Alpes, et Var.) (im Moniteur 1844) (p. 230) In Folge der torrents … déperdition croissante du capital agricole ou plutôt de la terre elle-même, chaque jour entraînée par les eaux dans une progression effrayante. … Entre Grenoble et Briançon, dans la vallée de la Romanche, il existe plusieurs villages réduits à une telle pénurie de bois que les habitants sont obligés de faire cuire leur pain à l'aide d'un combustible ammoniacal, composé de fiente de vache desséchée au soleil. … le pain est généralement cuit pour un an … on le coupe à coups de hache etc ([230,] 231) Il faut se hâter d'y (dem déboisement) mettre un terme, si l'on ne veut pas ‖144| que le dernier habitant soit forcé de quitter la place avec le dernier arbre. … ou bien, dans cinquante ans d'ici, la France sera séparée de Piémont, comme l'Éjypte de la Syrie, par un désert. (235, 236)

„Dans une foule de localités (immer Blanqui), ce n'est pas seulement la futaie qui a péri, ce sont les broussailles, les buis, les genêts, les bruyères, dont les habitants se servaient tout à la fois pour faire du combustible, de la litière, et par conséquent, des engrais. Le mal s'est aggravé à un tel point que les propriétaires ont dû réduire de moitié, souvent des 3 cinquièmes, le nombre de leurs *bestiaux*, faute de l'élément indispensable pour les entretenir. En même temps que leur pauvreté croissait avec le déboisement, les habitants, désormais placés dans l'impossibilité de nourrir leurs moutons pendant toute l'année, se sont vus obligés de louer leurs pâturages à des propriétaires de troupeaux, de la plaine du Rhône, qui viennent pendant la saison chaude, chercher dans les Alpes une nourriture que la Camargue et ses prairies salées ne fournissent plus. Moyennant une rétribution fixée par tête de bétail, les communes abandonnent aux pâtres de la Crau, et même du Piémont, la jouissance de leurs domaines, qui sont dévastés avec une rapidité inouïe. Le dommage est d'autant plus grand et plus irréparable que des torrents s'emparent du sol et ‖145| sillonnent profondément, aussitôt qu'il est déboisé. Les végétaux, grands ou petits, disparaissent, même dans les propriétés communales qu'on essaie de garder. (234, 235) Und, danach sagt Blanqui: „Les Alpes sont la terre promise des bêtes à laine; elles y prospèrent comme dans un véritable Eldorado.“ (236) „les désastres se multiplient en progression géométrique, à mesure que les pentes se déboisent.“ (237) les terres supérieures roulent criblées en galets dans le fond des vallées qu'elles couvrent de leurs débris, et la ruine du dessus, comme disait un paysan, sert à précipiter la destruction du dessous. (237, 238)

Die défrichements une des plus grandes causes de la déperdition du sol, als „ces défrichements sont le seul moyen qu'ils aient de rendre à la culture ce que les torrents leur ont enlevé.“ Voilà la véritable plaie de toute cette région des Alpes franç. qui s'étend de la Savoie à la Méditerrannée. … diminution des sources … les Alpes de Provence sont devenues effrayantes … Le mal n'est pas partout aussi intense, mais … il tend à se généraliser. Toute la vallée de la Haute-Durance est dans un état de décadence visible. Le Buëch, le Drac, le Verdon, l'Asse, le Var et 100 autres torrents ‖146| … poursuivent l'œuvre de destruction avec une rapidité qui ne connaît plus de limites. ([238,] 239) Allerlei Vorschläge v. Blanqui um zu reboiser, aufhalten die défrichements, restreindre la circulation des troupeaux etc (239–243) (Auf *Staatskosten*, da die Gemeinden zu arm etc) Quand les cours d'eaux, sagt Blanqui, sont de moindre importance et que l'endiguement de leur partie inférieure n'est pas accompagné de *plantations dans la région élevée* d'où ils dépendent, les eaux se précipitent toujours avec leur masse inépuisable de cailloux roulés dont elles tapissent le fond du lit qui s'exhausse ainsi continuellement et qui finit par dominer toutes les terres cultivées. ([240,] 241)

„La haute intervention de l'état (sagt Blanqui), que nous appelons de tous nos vœux, aurait pour effet principal de généraliser les travaux qui doivent se prêter un mutuel appui et s'exécuter avec ensemble sur une grande échelle pour être réellement efficaces. (242)

„Puisque c'est le déboisement qui dispose la terre à s'écrouler, il faut planter pour la retenir. Puisque ce sont les troupeaux qui empêchent le reboisement, il faut cantonner les troupeaux. ‖147| Puisque les défrichements favorisent les éboulements, il faut imposer à la culture des conditions et des limites. Enfin, puisque des endiguements partiels, sans ordre et sans système, n'opposent qu'une résistance insuffisante aux débordements, il convient de les soumettre à des règles générales qui embrassent le régime des cours d'eau tout entiers. Les travaux des particuliers dépassent rarement en efforts et en prévoyance l'étendue d'une génération; l'État seul est assez puissant pour veiller sur l'avenir et pour faire des avances à la postérité. Que peuvent des particuliers avec leurs faibles capitaux et le besoin des jouissances promptes, commandées par la brièveté de leur vie! L'état, qui dure, a seul le pouvoir de créer les choses durables. Dans les Alpes, plus qu'ailleurs, lui seul est capable de se mesurer avec la nature ennemie, avec l'espérance de la dompter." (243[, 244]) (So weit aus dem Bericht *Blanqui's* (*Moniteur, 17, 18, 21 et 29 Janvier 1844.*)

Wie mit den Alpen verhält es sich mit den *Pyreneen.* Hier war die Destruction des forêts nicht minder rapide u. désastreuse.

In der *„Agriculture Française"*, publication officielle, sagen die inspecteurs de l'agriculture vom département de la Haute Garonne:

„Le morcellement des propriétés commence avec l'arrondissement de Saint-Gaudens ... parvient à son dernier terme dans le ‖148| canton de Bagnères-de-Luchon. Les habitants de cette localité, non contents d'avoir partagé en tous sens le fond étroit qui forme cette vallée, ont successivement défriché les coteaux, puis les montagnes inférieures; aujourd'hui ils en sont réduits à transporter leur funeste industrie à des hauteurs tellement escarpées, que la position de celui qui les cultive ou qui y moissonne n'est pas sans danger. Tôt ou tard la misère ne peut manquer de faire justice de ces envahissements insensés, si l'on n'y remédie par le reboisement ou par des pâturages.“ (244, 245)

M. *Lullin de Châteauvieux* schäzt die Eigenthümer des propriété foncière in France auf 4,800,000 familles (die Familie à 5 individus):

Familles.	*Hectares cultivables.*	*Hectares cultivables.*	
8000	possédant chacune 355	soit 2,840,000	
15,000	180	2,700,000	
67,000	84	5,628,000	
110,000	56	6,160,000	
220,000	35	7,700,000	
480,000	14	6,720,000	
3,900,000	3,64 acres	14,252,000	
4,800,000		46,000,000.	(265)

Diese terres en général nicht agglomérées, sondern die propriétés jeder famille, meist bestehend aus des parcelles entièrement distinctes et séparées les unes des autres. (266)|

|149| Die andren hectares non susceptibles de culture, od. des terres appartenant à l'État ou aux communes.

Nach demselben *Châteauvieux* folgende *modes de l'exploitation des terres:*

1) *Cultivées par des fermiers à rentes fixes, soit par un seul bail, soit par des baux parcellaires*	8,470,000 hectares
2) *Métayers à moitié fruit*	14,530,000
3) *Par l'économie des propriétaires*	20,000,000
Total	43,000,000.
Bois appartenant en général à des personnes payant plus de 200fr. d'impositions	3,000,000
	46,000,000. (266)

Folgendes alles aus dem *Châteauvieux*

Des terres exploitées par les propriétaires. 2 Klassen; *1 Klasse* ... 9,752,000 hectares et appartient à de très petits propriétaires; *2 Klasse* de 10,248,000 possédée par des gens qui paient de 25 à 200fc d'impositions.

Das *Maximum* der Impôt der *Klasse I* ist 25fc.

Diese Leute rechnen: *Rente de la terre* = 3% u. *profit (bénéfice) du travail* à 4% zus. 7%. So berechnen sie die revenu de leur propriété. Calcul fautif, en ce qu'ils ne s'aperçoivent pas que le profit de leur travail aurait également lieu s'ils l'opéraient pour autrui. Cette déception vient de ce qu'ils ne se paient pas ce travail à eux-mêmes et de ce qu'ils peuvent y appliquer des journées qui resteraient sans emploi. Cette dernière considération est juste dans un ‖150| très-grand nombre de cas où le travail du journalier n'est pas demandé en raison du mode d'exploitation et du trop grand nombre de bras attachés à l'agriculture en France. Daher die culture dieser 9,752,000 hectares sans exiger *d'avances pécuniaires* et sans produire de circulation ... produciren nur des productions dont ils ont *personnellement* besoin pour *leur propre consommation* ... légumes, chanvre, pommes-de-terre, huile, vin et céréales ... Trait frappant de cette petite culture daß wo irgend möglich *Wein* gebaut. Le vrai motif en est que la vigne seule permet aux petits propriétaires d'obtenir, sur des superficies très-bornées, *une denrée vendable*, also Mittel de retirer, en outre de leur consommation, un *revenu* en argent. (267–69) V. Verbesserungen kann hier keine Rede sein.

2 Klasse ... 10,248,000 hectares. Ihre domaines en moyenne ... de 13 hectares. Bessere amélioration. Diese Klasse zählt viele aubergistes, maîtres de poste, entrepreneurs de roulage etc. Bewähren also *fourrages*, die sie sich procurent sur leur propre domaine; ils ont des engrais dont le prix est payé d'avance par leur industrie. (269)

De la culture par des métayers: 14,530,000 hectares, situés pour la majeure partie dans les départements du centre, de l'ouest et du midi. Cette classe de cultivateurs généralement fournie par celle des petits propriétaires, lesquels, afin d'élargir le champ de leurs travaux, quittent le toit paternel pour aller exploiter un domaine plus étendu. (270)|

|151| Ils n'apportent dans cette entreprise aucun autre capital que celui du travail de leur famille. C'est la seule avance qu'ils soient tenus de faire ... Der propriétaire leur fournit le *cheptel* et les *terres ensemencées* ... der propriétaire erhält Hälfte der céréales ou vin produits ... Diese conditions s'opposent ... à ce qu'il ne se fasse ni amélioration, ni changement de culture dans un tel système d'exploitation. (270) Der propriétaire stipule d'avance l'ordre et la quantité que le métayer doit en (des céréales) semer. (271)

Am schlimmsten ... „wo propriétaires ont affermé des grandes propriétés (bes. dans les départements du centre) pour une rente fixe à un fermier général, lequel est pour l'ordinaire notaire, avoué ou quelque chose d'approchant, lequel, n'étant nullement agriculteur, se borne à subdiviser la terre entre un nombre proportionné de métayers." (271) Weniger schädlich die culture à moitié beim vignoble, theils wegen der prédilection der cultivateur français f. diese culture, theils weil der propriétaire hier nicht so sich refuse à des améliorations qui, sur une superficie bornée, peuvent l'indemniser largement. (271, 272)

M. de Morogues sagt, daß „le mode de fermage à moitié est devenu une des causes principales de la détérioration du sol de la Sologne. ... Le métayer, plus intéressé aux produits des denrées ‖152| secondaires, dont il garde la totalité, sacrifie les premières aux secondes; il envoie paître ses oies et ses dindes sur ses blés, parce que le profit entier de ses volailles, dont il trouve une vente assurée sans en rendre compte, lui semble plus avantageux que celui de la moitié de ses grains etc ... le plus fâcheux de tous est la vente et la déperdition des empaillements qui, bien que défendue par la plupart des baux, est presque générale, et prive alors le cultivateur de la possibilité de faire de la litière à ses bestiaux et d'obtenir le fumier dont ses champs ... auraient un si grand besoin pour devenir productifs. Il résulte de cet abus que le fermier cherche, en semant une plus grande quantité de terres en blé, à se dédommager de la modicité des récoltes qu'il obtient sans fumier et qui, la plupart du temps, manquent entièrement par l'effet de la ruine du sol et de la mauvaise exécution des labours. Une grande partie des terres finissent ainsi par être abandonnées comme totalement improductives, quand l'incapacité et la rapacité mal entendue de celui qui les cultive sont les véritables causes de leur stérilité. Par suite de cette manœuvre fausse, j'ai vu, en Sologne, chaque année, de vastes champs perdus pour la culture, et dont le propriétaire voyant son métayer se ruiner en les faisant valoir, sans cependant pouvoir lui fournir la moitié ... pour son fermage, ‖153| s'est déterminé à réduire le nombre de ses exploitations par des réunions mal conçues, lesquelles tout en semblant pallier le mal pendant un petit nombre d'années n'ont fait que l'aggraver de la manière la plus funeste. Un temps est arrivé où les meilleures terres conservées dans les fermes réunies ont été ruinées à leur tour, et alors le sol déprécié ne trouvant plus personne pour le faire valoir, la ferme s'est changée en une maison d'ouvriers; les troupeaux ont été abandonnés, et le mal qui s'en est suivi a été accru par une réunion nouvelle dont le résultat doit devenir encore plus désolant que celui de la première." (273, 274)

Des fermiers à rente fixe. 8,470,000 hectares. Größter Theil davon, sagt Châteauvieux, appartient aux départements de l'est, mais surtout à ceux du nord de la France. Bail dure 8 ou 9 ans. Sie imposent xxxx „les conditions de culture aux fermiers". Diese baux meist redigirt durch le notaire du lieu, d'après un modèle qui repose depuis 100 ans dans son étude. Le but de ce modèle ... de garantir les propriétaires *contre toutes les innovations* que pourraient tenter les fermiers. ... tous les changements dans l'ordre et le cours des récoltes leur sont sévèrement interdits. ([276,] 277) Alle, selbst auf dạs Gewöhnlichste ‖154| bezügliche instruction fehlt dẹn „grands propriétaires de la France" mehr „qu'à ceux de nul autre pays." (278)

Das *„Dictionnaire de l'Agriculture"* sagt: „Les baux à vie sont peu communs en France; mais ceux *dont la durée dépend de la vente du domaine* sont prévus par la loi et y *sont assez fréquents*. C'est la pire des stipulations, puisque le fermier, sans cesse menacé d'expulsion, ne peut rien entreprendre avec sécurité ... le tient toujours sous le coup de la perte des capitaux qu'il voudrait hasarder pour des cultures dont les rentrées sont un peu lentes, et ce sont celles qui sont les plus avantageuses au fermier et à la ferme." (279)

Bail Général. Terre, renfermant ordinairement plusieurs domaines et plusieurs natures de propriétés différentes ... verpachtet an „fermier général qui n'a qu'une somme à donner pour fermage après avoir fourni des cautions ou hypothèques suffisantes pour assurer l'exécution des clauses de sa location." (280, 281) Der Kerl rack rents meistens (d.h. vermiethet an Unterpächter etc) Le bail général est fort usité dans le Midi et le centre de la France. Diese Pachtcontracte legen ihm nur die Bedingungen auf die rendre la terre dans les meilleur état possible, nicht die Art der Cultur etc. (l.c.) Er berechnet die fermiers partiaires u. die terres ||155| möglichst aus. Der bailleur seinerseits „rarement voit améliorer sa propriété entre les mains d'un fermier général, qui veut en tirer le plus grand revenu et y faire le moins de dépense possible. (282) Daher die stagnation de l'industrie agricole in den départements formés des anciennes provinces du Berry, de la Touraine, du Nivernais, et dans la plupart de nos départements du Midi, où l'usage de louer de grandes terres à des fermiers généraux est très-répandu. (282, 283)

Bail congéable ou bail à convenant. Aus Feudalzeit in der *Bretagne*. Das besoin der seigneurs d'augmenter leurs revenus et de tirer parti de leurs terres leur donna l'idée de concéder à leurs vassaux des terres incultes, à la condition de les défricher, de les enclaver par des talus, et d'y construire des habitations. La concession était temporaire, assujettie à une *redevance annuelle très-modérée*, et donnait droit au seigneur de rentrer dans sa propriété, en remboursant au convenancier ses frais de premier établissement et ses travaux d'amélioration, lesquels avaient été prévus et arrêtés d'avance dans l'acte de concession. Doch, obgleich der seigneur, au renouvellement du bail, konnte élever le chiffre de la rente ou changer ||156| le colon, et le renvoyer moyennant remboursement; il profitait rarement de cet avantage ... puisque la plupart des convenants qui existent encore portent la même rente que les baux primitifs u. seit temps immémorial dans les mêmes familles de cultivateurs. Quand le colon, par ses économies, était parvenu à se former un capital, il requérait souvent le seigneur de convertir, moyennant une somme, son bail à convenant en bail à féage. Durch diesen nouveau bail il devenait le vassal du seigneur, konnte aber nicht mehr werden évincé de sa terre, nur assujettie à une rente féodale fixe, u. droit de mouvance ou de mutation, en cas de transmission de propriété. Durch Gesetz v. 6 Aug. 1791 (da alles Vassalenthum abgeschafft) der convenancier erhielt das Recht d'exiger du propriétaire le remboursement des avances par lui faites sur la propriété, lorsqu'il entendait la quitter. Einerseits suchte nun der colon, pour rendre le congéement onéreux au propriétaire, réparations u. améliorations hors de proportion avec les bornes du domaine zu machen; andrerseits réduisit le propriétaire la longue durée des baux à convenant à la courte durée des baux à ferme, ce qui empêchait le colon de faire des dépenses dont il n'aurait pu accueillir le bénéfice pendant un délai si bref… Des demandes d'augmentation de la rente convenancière à chaque renouvellement des ‖157| baux, et incité la plupart des colons à demander leur congéement. Aujourd'hui les $^9/_{10}$ des convenants sont congédiés, et le congéement se poursuit chaque jour. ([283,] 284, 285)

Chateauvieux sagt: nur „sur les *2 cinquièmes de la surface cultivable du royaume*", d.h. les 8,470,000 hectares cultivés par des fermiers, ainsi que sur les 10,248,000 hectares exploités par des propriétaires dont l'impôt s'élève de 25 à 200f., on peut s'attendre à voir s'opérer des améliorations wie Wechselwirthschaft etc.) (286)

300 acres = 121 hectares. *1 hectares,* = $^{300}/_{120}$ = $^5/_2$ = 2 $^1/_2$ *acres* about.

(So weit die Auszüge, die Schweinhund Mounier etc giebt.)

Die 3,000,000 familles, cultivant d'un peu plus de 3 hectares, possédant ensemble à peu près 10 Mill. hectares, paient un impôt foncier de 25 centimes à 25 francs. Bilden bei ihm $^1/_2$ der Bevölkerung, occupent près du $^1/_4$ du sol cultivable. Par l'action du code civil, leur nombre augmente toujours etc. (295) Es sind diese Familien »que le non-paiement d'impôts force de faire l'abandon de leurs terres, afin de sauver leur triste mobilier«; sie hauptsächlich que le fisc est obligé de poursuivre pour le paiement des impôts; sie, à la mort de leur chef, sont les plus grevées par les ‖158| frais d'enregistrement et le morcellement du sol paternel; sur qui pèsent le plus lourdement les 11 milliards d'hypothèques; ce sont elles qu'attaquent le plus souvent les 8 millions d'actes judiciaires et extrajudiciaires, c.à.d. les saisies immobilières qui se font. Mais c'est surtout cette classe d'hommes qui ressent le plus vivement cette calamité inconnue jusqu'à nos jours, le manque de travail; car ces 3 millions de familles possédant dans certains pays presque tout le terrain, et n'en pouvant retirer que 50 jours de subsistances dans l'année, n'ont plus dans leur voisinage de propriétaires qui les occupent: fixées comme elles le sont sur un point donné par leurs lambeaux de terre, elles ne peuvent non plus aller chercher au loin le travail qui les ferait vivre. (296) Diese Klasse

»regarde un grand propriétaire de terre comme un usurpateur. Suivant elle, tout homme qui de ses mains ne bêche pas la terre n'a pas le droit de la posséder. Elle est hostile à la charrue qui la prive de travail, et au bétail qui pour pâturer la prive de terrain.« (297) 100 familles livrées à l'agriculture en France ne nourrissent, après s'être nourries elles-mêmes, que 30 familles, tandis qu'en Angleterre elles en nourrissent 300. (301) Cette idée classique … combien il serait heureux que chacun de ses habitants possédât le terrain nécessaire pour nourrir sa famille, idée précisément aussi sage que serait celle de faire en sorte que chaque famille manufacturât ses vêtements et bâtît son logement. (302) |

|159| Mit Ausnahme v. Mais u. seigle on emploie im Norden Frankreichs vielmehr Samen als in Süden. Z.B. *En froment*,

dans le *Nord* … 6,801,702 hectolitres,
dans le *midi* … 4,585,136. ([326,] 327)

L'étendue semée en froment est plus petite dans le Nord occidental qu'elle ne l'est dans le midi occidental, et au contraire la quantité de semences est plus grande, puisqu'on sème annuellement:

dans le Nord occidental … 3,365,064 hectolitres,
dans le Midi Occidental … 2,602,966 (335)

Also die quantité de semences jetée sur un hectare varie beaucoup d'une région à l'autre. Il en est de même pour la production annuelle de chaque hectare; p.e., le travail officiel montre qu'on récolte en froment:

Dans les *22* départements du midi oriental … 10,744,544 hectolitres.

Dans les *13* dép. intérieurs du midi occidental, seulement 9,156,997, et cependant le froment occupe plus de surface dans ces 13 derniers départements. (336)

Aus den ministeriellen Arbeiten copirt er folgende Tafeln: |

|160| *I. Tabelle.*

Quantité par hectare des semences et de la production annuelle des céréales en hectolitres.

	Froment		*Épeautre*		*Méteil*		*Seigle*	
	Semence.	Produit.	Semence.	Produit.	Semence.	Produit.	Semence.	Produit.
Nord Occident.	2.30	14.98			2.26	14.54	2.15	13.82
Nord Orient.	2.17	13.55	3.52	31.28	2.13	13.57	2.15	10.64
Midi Occ.	1.69	9.71			1.77	10.22	1.67	9.81
Midi Orient.	2.08	11.27	1.75	7.97	2.17	10.71	2.05	9.73
Nord.	2.23	14.24	3.52	3.28	2.21	14.08	2.15	12.38
Midi	1.84	10.30	1.75	7.97	1.93	10.41	1.89	9.76
France Contin.	2.05	12.47	3.33	28.76	2.12	12.99	2.00	10.79
Corse.	1.28	10.11			1.41	8.96	1.31	9.41
France	2.05	12.45	3.33	28.76	2.12	12.99	1.99	10.79

	Orge		*Avoine*		*Maïs ou Millet*		*Vignes*
	Semence.	Produit.	Semence.	Produit.	Sem.	Pdt.	Produit par hectare en vins... Hectolitres.
[Nord Occident.]	2.30	15.84	2.39	18.63	0.39	13.99	20.69
[Nord Orient.]	2.20	14.09	2.39	15.54	0.61	15.15	28.95
[Midi Occ.]	1.77	10.87	1.88	12.38	0.35	11.56	14.38
[Midi Orient.]	2.40	14.06	2.38	14.56	0.57	14.26	18.28
[Nord.]	2.25	14.90	2.39	17.00	0.53	14.73	25.60
[Midi]	2.03	12.16	2.14	13.51	0.37	11.84	16.50
[France Contin.]	2.18	14.12	2.34	16.30	0.38	12.06	18.67
[Corse.]	1.41	9.35	1.73	12.09	0.56	18.55	14.63
[France]	2.17	14.02	2.34	16.30	0.38	12.06	18.65 (p. 337)

Die Zahlen vor dem Punkt, wie z.B. 2,30 – 2 hectolitres u. 30 litres.

Production im Nord occidental am größten u. im Midi occidental am kleinsten. Dans les régions où le froment rapporte le plus, les autres cultures suivent presque sans exception la même loi. |

|161| *II. Tabelle bezieht sich auf die cultures diverses (nicht céréales).*
Quantité par hectare. Hectolitres.

	Pommes de terre.		Sarrazin.		Légumes secs.		Betteraves.		Houblon.
	Sem.	Pdt.	Sm.	Pdt.	Sm.	Pdt.	Sm. kilogr.	Pdt. Quint. Métriq.	Produit kil.
Nord Occid.	12.63	128.46	0.85	13.63	2.17	12.98	7	20.27	1.071
Nord Or.	14.91	130.24	1.08	9.57	2.31	15.02	8	334.88	1.075
Midi Occ.	7.13	70.48	0.65	11.81	1.33	8.86	6	149.59	
Midi Or.	9.84	90.78	1.05	12.55	1.58	10.11	8	223.82	
Nord	13.95	129.48	0.86	13.38	2.27	14.30	8	293.48	1.074
Midi	8.44	80.33	0.80	12.09	1.42	9.30	6	215.94	
France Cont.	11.15	104.47	0.84	13.01	1.82	11.65	8	272.98	1.074
Corse	2.96	41.55	1.00	20.57	1.87	14.25	6	1.05	
France.	11.14	104.38	0.85	13.01	1.82	11.66	8	272.98	1.074

	Colza.		*Chanvre*			*Lin*			Tabac.	Garance
			Graine.		*Filasse.*	*Graine.*		*Filasse*	*Produit*	
	Sem.	Produit	Sm.	Pdt.	Produit kilogr.	Sm.	Pdt.	Pdt. kil.	*Quint. Métriq.*	*Quint. Métriq.*
[Nord Occid.]	0.12	14.44	2.66	8.87	364	2.67	7.45	373	13.83	
[Nord Or.]	0.12	13.44	2.54	10.02	378	2.30	7.78	501	18.64	33.05
[Midi Occ.]	0.10	9.48	2.59	8.17	346	2.64	7.34	278	5.94	
[Midi Or.]	0.08	8.99	2.38	11.42	469	2.44	7.71	222		9.77
[Nord]	0.12	13.78	2.60	9.41	371	2.55	7.56	415	17.81	33.05
[Midi]	0.08	9.10	2.50	9.61	401	2.63	7.37	276	5.94	9.77
[France Cont.]	0.11	13.14	2.56	9.49	383	2.57	7.50	376	11.20	10.93

[Corse]			1.99	7.26	217	2.00	7.95	209	9.91	
[France.]	0.11	13.14	2.56	9.49	383	2.57	7.51	375	11.17	10.93

[(p. 338, 339)]|

|162| *Table III.*

Hierunter *produit moyen disponible par hectare en hectolitres* zu verstehn, nach *Abzug des Samens. Produit en froment.* Les chiffres sont rangés *dans l'ordre décroissant de fertilité.*

Ordre de fertilité	*Nord Occid.*	*Nord Orient.*	*Midi Occ.*	*Midi Orient.*	*Produit disponible p. hectare.*
1		Nord. (Lille)			18.82
2	*Seine* (Paris)				18.34
3	Somme (Amiens)				16.31
4	*Seine-et-Oise* (Versailles)				16.22
5	Oise (Beauvais)				16.13
6		Seine-et-Marne			15.71
7	*Seine-Infér.*				15.61
8		Bas-Rhin			15.33
9		Pas-de-Calais			14.71
10	Finistère				14.67
11		Aisne			19.64
12	Eure-et-Loir				14.54
13	Côtes-du-Nord				14.17
14	Eure				14.00
15		Haut-Rhin			13.39
16				Puy-de-Dôme	12.99
17	Maine-et-Loire				12.67
18				Isère	11.93
19	Orne				11.85
20		Meurthe			11.62
21	Sarthe				11.37
22		Ardennes			[11.37]
23	Loire-Inf.				11.31
24	Calvados				11.23
25		Moselle			11.22
26				Rhône.	11.04
27				Bouches du Rhône.	10.92
28		Vosges.			10.90
29	Mayenne				10.90
30	Ille-et-Vilaine				10.81
31			Hautes Pyrénées		10.80
32	Indre-et-Loire				10.42
33	Manche				10.05
34				Hérault	10.03
35	Loiret				9.98
36		Haute Saône			9.98
37		Jura			9.65
38				Aude	9.62|

|163–164| *par Hectar*

Ordre de fertilité	*Nord Occidental*	*Nord Oriental.*	*Midi Occident.*	*Midi Orient.*	*Produit disponible*
39		Côte-d'or. (Dijon.)			9.42
40				Pyrénées-Orient.	9.42
41			Vendée		9.42
42			Tarne-et-Garonne		9.36
43				Gard	9.36
44		Marne			9.27
45				Hautes Alpes	9.26
46		Yonne (Auxerre)			9.23
47	Morbihan (Vannes)				9.12
48				Saône et Loire	9.07
49				Allier	9.04
50			Ariège		8.97
51				Haute Loire	8.82
52			Haute-Garonne		8.70
53			Gironde		8.68
54			Haute-Vienne		8.67
55			Basses-Pyrénées		8.57
56		Aube			8.41
57				Ain	8.41
58		Doubs (Besançon)			8.38
59		Cher (Bourges)			8.36
60			Gers (Auch.)		8.28
61			Deux-Sèvres		8.26
62			Tarn		8.22
63		Haute Marne			8.16
64		Meuse			8.12
65				Basses Alpes	8.11
66			Indre		8.09
67				Vaucluse	8.09
68			Charente		8.01
69			Charente Infér.		7.92
70	Loir et Cher				7.91
71			Lot-et-Garonne		7.86
72			Vienne		7.85
73				Var	7.67
74				Drôme	7.56
75				Ardèche	7.53
76			Corrèze	Aveyron	7.48
77					7.35
78		Nièvre			7.26
79			Landes		7.13
80			Creuse		6.45

Ordre de fertilité.	*Nord Orient.*	*Nord Occid.*	*Midi Occid.*	*Midi Orient.*	*Produit disp. p. Hec.*
81			Dordogne		6.31
82				Cantal	6.24
83				Loire	6.07
84				Lozère	5.27
85			Lot (Cahors)		5.18
					(p. 342, 343)

Grosse différences d'un département à l'autre pour le produit disponible par hectare cultivé en froment. Im Departement du Nord ce produit est de 18 hectolitres 82 litres; dans celui du Lot nur de 5 hectolitres 18 litres. Trois *régions* se composent de 21 départements, et le Midi Oriental, de 22. Sur ces 21 dép., le Nord Occident. en a 20 qui produisent plus de 9 hect. par hectare; le Nord Oriental en a 15; le Midi Occident. nur 3, sur les 22 du Midi Orient. il y en a 11. (344)

Im Ganzen, wie man aus den Tabellen der folgenden Seite sehn wird, ist noch das Produit der übrigen céréales zum Verhältnis zu deren en froment: |

|165| *Nord Occidental.*

Dans les Départements de la	*Somme.*	*Orne.*	*Loire-et-Cher*	
le produit disponible par hectare est:	*h.*	*h.*	*h.*	
Pour le *froment*	16.31.	11.85.	7.91	
méteil	14.76	10.83	8.68	
Seigle	14.30	10.14	6.95	
L'Orge	16.83	9.48	7.77.	
L'Avoine	19.87	10.53	7.89	
Pommes de terre	128.95.	96.27.	58.98	(p. 345)

Nord Oriental.

	Nord.	*Haute-Saône.*	*Nièvre*	
Produit disponible par hectare	*h.*	*h.*	*h.*	
Pour le *froment*	18.82	9.98	7.26	
Méteil	18.39	8.44	6.75	
seigle	16.58	9.41	7.37	
l'orge.	29.73	8.75	7.89	
L'avoine	37.34	10.53.	9.50	
Pomme de terre	154.49.	94.89.	68.25.	(l.c.)

	Midi Occidental. *Hautes Pyrénées.*	*Tarn.*	*Lot*
Produit disponible par hectare	*h.*	*h.*	*h.*
Pour le froment	10.80	8.22	5.18
Méteil	12.48	9.14	6.44
seigle	12.25	8.83	6.19
l'orge	12.53	10.54	7.70
L'avoine	12.19	9.40	8.61.
Pommes de terre.	60.85		

	Midi Oriental. *Puy-de-Dôme.*	*Allier.*	*Lozère*	
Produit disponible par hectare				
Pour le froment	12.99	9.04	5.27	
Méteil	14.48	7.66	5.95	
Seigle	8.64	7.95	6.08	
L'orge	16.17	9.24	8.51	
L'avoine	12.92	10.83	5.39	
Pommes de terre	79.10	75.30	87.96	(346)|

|166| Es giebt Ausnahmen hiervon. Z.B. Le Finistère f. méteil, seigle, orge, avoine, pommes de terre, par hectare, fast so viel wie das fruchtbarste Département, Le Nord. Le Puy-de-Dôme, Vendée, Morbihan, Basses-Pyrénées wären höher in den échelles f. alle andern produits ausser le froment. Au contraire les départements de Seine et Marne, de l'Eure, de la Haute Marne seraient placés plus bas. (346, 347) Les produits disponibles en pommes de terre varient énormément d'un département à l'autre. Im Bas Rhin z.B. 212 hectolitres par hect., dans la Somme 129, Le Cantal 146, l'Aveyron 120, La Loire 53, la Dordogne 33, les Landes 24. (347)

Was die *valeurs* angeht so hängen sie ab »des prix dans chaque localité, ou plutôt dans chaque grange; il est par conséquent beaucoup plus petit que celui de commerce ou de marché.« Der „ministre" sagt darüber im troisième tome de la Statistique Générale:

„Voici comment on a procédé ... Une investigation a constaté quels sont, dans les 37,000 communes du royaume, les quantités et les prix moyens de toute production rurale. La valeur de chaque production a été fixée par le prix qu'on y met dans la localité. Ce prix est donc celui de la première main, et non un prix de marché et de commerce qui s'augmente par les *transports*, les *frais de vente*, *les gains mercantiles* et *la concurrence.* ||167| Une autre circonstance ... rend moindres encore les prix adoptés, c'est qu'ils appartiennent à l'année 1839 ... époque d'abondance beaucoup plus favorable que les années suivantes ... Les prix recueillis sont ceux des lieux de productions. On a obtenu ensuite les prix moyens des arrondissements, ceux des départements, et enfin, ceux de chaque région et de la France entière, en multipliant les quantités produites dans chaque localité par le prix des lieux de production, en additionnant ensuite les valeurs partielles et en divisant la somme par la somme des quantités produites; ce qui ... est souvent fort différent de la moyenne entre les prix, qui s'obtiendrait en additionnant toutes les valeurs de l'unité de mesure et en divisant par leur nombre. (347, 48[, 49]) (Sieh folgende Seite) |

|168| *Prix Moyen des Produits Agricoles.*

	Céréales.						*Vignes*	*Cidre*	
	Prix par hectolit. fcs.						Prix p. hect. en fcs.		
	Froment	Méteil	Seigle	Orge	Avoine	Maïs	*Vins*	Gros.	Petit
Nord Occident.	15.50	11.90	9.75	8.15	6.30	11.05	12.35	8.95	5.25
Nord Orient.	14.35	11.65	8.75	7.85	5.75	8.80	12.95	10.85	4.05
Midi Occid.	16.25	12.45	11.15	8.55	6.65	9.35	10.90	9.85	"
Midi Orient.	19.00	14.60	12.10	9.60	7.15	9.75	10.55	8.40	"
Nord.	14.95	11.85	9.30	8.00	6.05	9.60	12.75	10.15	4.65
Midi.	17.40	13.40	11.70	9.05	6.95	9.40	10.70	9.80	"
France Cont.	15.85	12.15	10.65	8.25	6.20	9.40	11.40	10.10	4.65
Corse	17.95	13.45	12.45	9.80	6.00	10.40	11.85	"	"
France	15.85	12.20	10.65	8.25	6.20	9.40	11.40	10.10	4.65

[Cultures diverses]

Prix de l'hect. en francs.

	Pommes de Terre.	*Sarrazin*	*Légumes secs*	Betteraves.	Colza.	*Chanvre.* Graine.	Filasse.	Lin. Graine.	Filasse.
[Nord Occident.]	2.10	7.60	18.25	2.25	20.40	13.95	0.85	19.40	1.10
[Nord Orient.]	2.10	6.25	13.15	1.70	23.90	16.60	1.00	23.20	1.30
[Midi Occid.]	1.85	6.15	14.95	1.85	20.75	18.45	0.85	20.90	1.00
[Midi Orient.]	2.30	6.70	15.95	1.90	20.45	19.55	0.75	21.50	1.20
[Nord.]	2.10	7.55	14.75	1.85	22.65	15.20	0.90	20.50	1.15
[Midi.]	2.10	6.35	15.35	1.85	20.50	18.70	0.80	21.15	1.00
[France Cont.]	2.10	7.25	15.00	1.85	22.45	17.05	0.90	20.65	1.15
[Corse]	4.90	9.10	19.45	2.20	"	18.00	1.05	20.00	1.15
[France]	2.10	7.25	15.05	1.85	22.45	17.05	0.90	21.65	1.15

(349) |

|169| Ce tableau montre que dans le Midi le prix de toutes les céréales est beaucoup plus élevé qu'il ne l'est dans le Nord. So z.B. f. dẹṇ seigle. Et cependant on sème beaucoup plus de seigle dans le Midi, et il y occupe une étendue proportionnelle encore plus grande. Le maïs, qui est une des cultures propres au Midi, ne présente cependant qu'une diminution de 20 cent. sur le prix du Nord. Le vin est plus cher dans le Nord. Les pommes de terre ont le même prix moyen dans ces deux divisions de territoire. Le sarrazin est à meilleur marché dans le Midi; mais le Nord en produit près

du triple de la quantité récoltée dans le Midi. Le prix de l'hectolitre de légumes secs est 14f. 75c. dans le Nord, 15.35 dans le Midi. (350) Die différence entre le Nord et le Midi est encore plus grande, quand on compare les départements frontières ou maritimes aux départements intérieurs. F.i. pour le froment:

L'hectolitre dans le *Nord Orient.*	14f. 35c.
Midi Orient.	19.00
Mais dans les *12 départ. intér. du Nord Orient*	14.25
Dans les *6 départ. marit. du Midi Orient.*	21.30

Où le prix du froment est le plus élevé, le prix des autres produits est en général le plus fort. Le *maïs* fait exception. l'hectolitre 10f. 90 dans les 12 dép. intér. du Nord Oriental, et seulement de 9f. 80 dans les 6 départ. maritimes du Midi Orient. Prix moyen du Midi en masse 9f. 10. (351, 52)|

|170| *Valeur par Hectare des Semences et de la Prod. An. des Céréales en fcs.*

Bei Berechnung certaines décimales négligées machen slight change.

	Froment.		*Épeautre.*		*Méteil.*		*Seigle.*	
	Sem.	Produit.	Semen.	Pdt.	Sem.	Pdt.	Sem.	Pdt.
Nord Occident.	35.65	232.20	"	"	26.90	173.05	20.95	134.75
Nord Orient.	31.10	194.45	20.80	186.10	24.75	158.10	18.80	93.10
Midi Occid.	27.41	157.60	"	"	22.14	127.20	18.79	109.20
Midi Orient.	39.50	214.15	10.50	47.80	31.70	156.35	24.80	117.75
Nord	33.29	212.55	20.80	186.10	26.20	167.02	20.09	115.79
Midi	31.93	179.12	10.50	47.80	25.85	139.70	22.17	114.36
France Cont.	32.66	197.50	19.80	171.10	26.02	158.30	21.46	114.95
Corse.	24.75	181.45	"	"	18.95	120.50	16.30	117.15
France.	32.61	197.40	19.80	171.10	26.02	158.25	21.45	114.95

	Orge.		*Avoine.*		*Maïs.*		*Vignes*
	Sem.	Pdt.	Sem.	Pdt.	Sem.	Pdt.	Produit des Vins.
[Nord Occident.]	18.75	129.10	15.05	117.35	4.30	154.60	255.50
[Nord Orient.]	17.25	110.60	13.75	89.35	5.35	133.30	374.90
[Midi Occid.]	15.17	92.75	12.64	82.35	3.26	108.15	156.65
[Midi Orient.]	23.05	135.00	17.00	104.10	5.55	139.05	192.85
[Nord]	17.94	118.95	14.40	102.39	5.05	141.08	326.52
[Midi]	18.29	109.74	14.85	93.68	3.51	111.42	176.81
[France Cont.]	18.09	116.30	14.53	100.65	3.61	113.60	212.70
[Corse.]	13.80	91.65	10.40	72.55	5.80	192.90	173.35
[France.]	18.00	115.85	14.53	100.65	3.61	113.65	212.45

(p. 353)|

|171| *Valeur par Hectare des Semences et de la Production Annuelle, en Francs.*

	Pommes de terre		*Sarrazin.*		*Légumes Secs*		*Jardins*	*Betteraves.*	
	Sem.	Pdt.	Semence.	Pdt.	Semence.	Pdt.	Pdts.	Sem.	Pdts.
Nord Occid.	26.50	269.75	6.45	103.60	39.60	236.90	436.70	15.75	475.35
Nord Orient.	31.30	273.50	6.75	59.80	30.40	107.50	468.50	13.25	569.30
Midi Occ.	13.47	131.00	4.13	72.40	19.92	132.40	346.90	9.71	278.40
Midi Orient.	22.65	208.80	7.05	84.10	25.20	161.25	510.00	15.20	425.25
Nord	29.27	271.66	6.50	100.86	33.52	211.27	454.93	14.55	538.10
Midi	17.73	168.65	5.09	76.96	21.76	142.53	405.45	11.71	327.77
France Cont.	23.55	219.25	6.14	94.25	27.27	174.75	435.05	13.09	502.60
Corse	14.50	203.60	9.10	187.20	36.35	277.15	479.00	9.00	231.00
France	23.53	219.20	6.14	94.25	27.30	175.15	435.55	13.09	502.55

	Houblon	*Colza*		*Chanvre*		*Lin*		*Tabac*	*Garance*
	Pdt.	Sem.	Pdt.	Sem.	Pdt.	Sem.	Pdt.	Pdt.	Pdt.
[Nord Occid.]	1200	2.45	294.60	37.10	433.15	51.80	554.85	820.80	〃
[Nord Orient.]	1,182.50	2.85	321.15	42.15	550.65	53.35	821.15	978.60	1,404.65
[Midi Occ.]	〃	2.05	196.55	48.21	435.65	55.88	436.35	477.60	〃
[Midi Orient.]	〃	1.65	183.85	46.55	574.00	52.45	432.15	〃	596.45
[Nord]	1,191.25	2.72	312.01	39.53	484.36	52.21	644.13	953.39	1,404.65
[Midi]	〃	1.68	186.58	46.70	497.80	55.72	435.95	477.60	596.45
[France Cont.]	1,191.25	2.47	294.65	42.51	489.90	53.18	586.45	〃	636.65
[Corse]	〃	〃	〃	35.80	358.55	40.00	399.35	687.20	〃
[France]	1,191.25	2.47	294.65	42.51	489.85	53.10	585.35	792.80	636.65

p. [354,] 355.|

|172| Le plus haut prix des produits dans le midi ne compense pas le déficit que le Midi présente compar. au Nord dans la récolte par hectare.

Le Nord sème en froment par hectare
une valeur de 33f. 29c. et récolte 212f. 55c.
Le Midi 31f. 93 et récolte 179. 12cent. (354)

Ausnahme nur der chanvre, dont la valeur par hectare donne, semence déduite, une très légère différence en faveur du Midi (l.c.[, 355]) Si l'on compare les régions entre elles, la valeur du produit par hect. beaucoup plus grande dans le Midi Orient. que … dans le Midi Occid., et que la différence dépasse considér. ce qu'on pouvait attendre du plus de fertilité du Midi Orient. … non seulement le produit de l'hect. est plus grand dans le Midi, mais encore … les prix y sont beaucoup plus élevés, les 13 départements du Midi Occident. ceux où la valeur du produit par hect. la plus faible, les 9 dép. maritimes du Nord, où elle est en général la plus élevée. ([355,] 356) Depuis 100 ans, en France, il n'est [pas] dans le peuple une seule profession dont le salaire n'ait été graduellement diminuée par rapport au prix des subsistances, et qui conséquemment ne soit plus ou moins frappée. (359)|

|173| Im Midi le droit roman a attaqué et vaincu le système féodal. La direction du travail a donc été conduite sur le principe de liberté et d'égalité. (360)

V. dẹṇ 2 Zones du Nord um $^{1}/_{20}$ moins étendue als dịẹ 2 dẹṣ Midi. Einige vallées dẹṣ Midi gegeben 2 récoltes par an. Auf 100 familles de population im Midi, il y en a 130 dans le Nord. (l.c.)

Auf nombre *de 100 rations de subsistances* en nourriture végét. f. *Menschen* u. Thiere (Hafer ist nicht eingerechnet, weil presque exclusivement consommé par les chevaux) dịẹ Arbeit dẹṣ Ministeriums giebt:

Froment et méteil faisant une proportion de	60	
Seigle	14	
Pommes de Terre	10	
L'orge	7	
Maïs	4	
Sarrazin	3	
Légumes Secs	2	
	100	(361.)

Le ministre s'étonne et déplore que le froment et les autres grains ne rendent plus que 6 pour 1. Et, en effet, tous les mémoires des intendants, et les écrits des économistes avant la révolution, établissent la récolte de tous les grains à 10 pour 1 de la semence. (362)|

|174| Il en était de même en Angleterre en 1790, mais … changé. On voit de l'enquête faite en 1836 à ce sujet, que, grâce aux nouvelles découvertes dans l'éducation des bestiaux, leur engrais a porté la multitude du grain à 22 pour 1. Elle n'est aujourdhui dans aucun pays de l'Europe réduite aussi bas qu'en France. (362) 60 millions d'hectolitres de froment à consommer f. plus de 33 millions d'habitants! (l.c.)

Dịẹ englische enquête, gemacht zur selben Zeit wie dịẹ französ., établit que la récolte en froment plus de 18 millions qrs; que depuis longtemps on fait chaque année plus de froment blanc et moins de froment rouge, dont la qualité est inférieure; que le boisseau qui, en moyenne, pesait autrefois 56 livres, pèse aujourdhui 62 etc. La mesure qui, en France, pesait autrefois 100 livres, en pèse aujourdhui 103; mais en Anglet. elle s'est élevée de 100 à 110. Nach dẹṃ ministre l'hectol. de froment pèse 74 kilogr., et comme le *quarter* pèse 222 kilogr., il est juste de *3 hectolitres*. Donc, en 1836, l'Anglet., … 13 millions et demi d'habitants, récoltant 18 mill. de qrs ou 54 millions d'hectolitres; dịẹ ration de chaque habitant annuellement de plus de 3 hectolitres de froment, in Frankreich noch nicht 2 d'une qualité supérieure. (363, 364)|

|175| 1836 l'Angleterre avait 2,744,000 familles, sur lesquelles 761,000 livrées à l'agriculture. Chaque famille agricole produisait donc 70 hec-

tolitres de froment de 1ère qualité; nos 60 millions de récolte entre 4,800,000 familles d'agriculteurs ... chacune d'elles en produit 12½ ... nach der ministeriellen Veranschlagung 188fc., in England 6 × mehr. (364) Wir haben 53 millions d'hectares, l'Angleterre nur 20 mill. (366) „Pâturages", heißt es im ministeriellen Bericht, „comprennent les prairies naturelles, les prairies artificielles, les pâtis, communaux, landes et bruyères." (367. So heißts in der *Statistique Officielle.*)

„Dans quelques parties de la France", heißt es ibidem, „on a substitué aux jachères des cultures alternes". (368)

Die Tabellen auf der andern Seite beziehn sich nur auf „prairies naturelles et prairies artificielles, qui, parmi les superficies destinées à la nourriture des animaux, sont les seules qui soient susceptibles d'évaluation. Der prix toujours ceux du lieu de production. (l.c.)|

|176| *Quantité totale de la Prod. des Paturages.* *Quantité par hectare de la prod. an. des pât.*

	Quintaux métriques.			*Quint. métr.*	
	Prairies naturelles.	*Prairies artif.*	*Totaux.*	*Prair. nat.*	*Prair. art.*
Nord Occid.	28,195,880	18,716,751	46,912,631	26.50	29.65
Nord Orient.	26,079,252	17,655,456	43,734,708	24.50	32.38
Midi Occ.	29,107,541	5,329,763	34,437,304	24.54	25.31
Midi Or.	21,808,935	5,528,679	27,337,614	24.71	29.33
Nord	54,275,132	36,372,207	90,647,339	25.50	30.89
Midi	50,916,476	10,858,442	61,774,918	24.61	27.21
France Cont.	105,191,608	47,230,649	152,422,257	25.06	29.98
Corse.	12,280	26,025	38,305	21.66	24.43
France.	105,202,888	47,256,674	152,460,562	25.06	29.97

Valeur par hectare de la Prod. An. des Pâturages. Francs.

	Prair. natur.	*Prair. artif.*		*Jachères.*	*Pâtures et Pâtis.*
		Sem.	*Prod.*		
[Nord Occid]	107.35	22.95	124.55	14.05	8.90
[Nord Orient.]	117.00	24.00	141.25	12.75	16.20
[Midi Occ.]	106.80	25.61	105.25	15.45	8.90
[Midi Or.]	113.25	27.65	138.05	12.75	8.80
[Nord]	110.81	23.52	132.12	13.44	11.41
[Midi]	109.93	26.58	120.74	14.08	8.84
[France Cont.]	110.20	24.30	129.25	13.75	9.55
[Corse.]	105.05	24.50	125.80	11.85	"
[France.]	110.20	24.30	129.25	13.65	8.93. (369)|

|177| per »bonne ferme« (u. dieß nach der Ansicht des Rubichon), der »agriculteurs anglais ... entendent toujours que les ⅘ de la superficie sont en prairies.« (377, 378)

Nach der travail du gouvern. français »sur 100 hectares ... 10 de prairies, dont 7 de prairies naturelles produisant un revenu net de 110fcs l'hectare, et 3 d'artificielles en produisant 105. Dagegen nach den official English inquiries, sur 100 hectares ... 80 de prairies, et il n'y a plus de jachères. Und nach unsrem ministère en France sur chaque 100 hectares ... 30 de jachères, pâtis ou pâturages dont le revenu moyen de 12fcs l'hectare. (379)

Hier hat man die ganze Philosophie des Rubichon:

»abondance, richesse, force, puissance, tout cela ne s'obtient que par l'agriculture; et les succès de l'agriculture ne s'obtiennent que par des prairies, et les prairies ne s'obtiennent que par l'agglomération du sol et de la perpétuité de la possession; et cette agglomération et cette perpétuité ne s'obtiennent que par les droits de main morte, de primogéniture et de substitution. (379, 380)

Das recensement des animaux v. 1839. |

|178| »Prenant l'ensemble de la France, on trouve ... sur 100 têtes ... 4 taureaux, 20 bœufs, 55 vaches et 21 veaux; mais dans le *Nord* 3 taureaux, 15 bœufs, 60 vaches, 22 veaux; dans le *Midi* 6 taureaux, 27 bœufs, 48 vaches, 19 veaux. (391)

Moutons. La France, mit Corse 32,151,430 moutons. ⌈J. 1839⌉

Dans *le Nord* = 13,782,331, dans *le Midi* 18,081,916. ([393,] 394)

Agneaux compris dans ce recensement dans toute la France 7,308,589. (l.c.)

Porcs dans toute la France 4,910,721, répartis à peu près également entre le midi et le Nord.

Chèvres 964,300; Midi en possède 2 fois plus que le Nord.

Chevaux (comprend tous ceux qui existent):

Chevaux ...	1,271,630
Juments ...	1,194,231
Poulains ...	352,635
	2,818,496.

In den 42 départements du *Nord* 2,157,848
43 du Midi 643,819. (394, 95)

Ânes et ânesses 13,519 (*Nord* 162,698, *Midi* 245,657)

Mules et mulets 373,841. *Nord* 44,315. *Midi* 322,522. (395) |

|179| *Nombre Proportionnel de chaque sorte d'Animaux Domestiques pour mille habitants.*

	Taureaux	Bœufs	Vaches	Veaux	Total du Bétail	Béliers	Moutons	Brebis	Agneaux
Nord Occ.	10	50	190	73	323	10	250	272	151
Nord Or.	7	42	193	66	308	8	252	346	186
Midi Occ.	19	105	130	58	312	30	296	726	301
Midi Or.	14	44	128	46	232	24	352	501	263
Nord	8	47	192	69	316	9	251	306	167
Midi	16	74	129	52	271	27	324	612	282
Fr. Cont.	12	59	164	62	297	17	283	439	217
Corse	23	87	100	47	257	55	148	802	376
France	12	59	164	61	296	17	282	441	218

	Total des Moutons	Porcs	Chèvres	Chevaux	Juments	Poulains	Total des Chevaux	Mulets	Anes et Anesses
[Nord Occ.]	683	109	10	51	50	13	114	3	8
[Nord Or.]	792	162	17	56	43	17	116	2	10
[Midi Occ.]	1353	190	27	19	27	6	52	15	19
[Midi Or.]	1140	135	56	18	15	3	36	29	15
[Nord]	733	133	13	53	47	15	115	2	9
[Midi]	1245	162	41	18	21	5	44	22	17
[Fr. Cont.]	956	146	25	38	36	10	84	11	12
[Corse]	1382	276	570	30	27	23	80	34	29
[France]	958	146	29	38	36	10	84	11	12

(398)|

|180| *Revenu moyen des animaux domestiques, réparti sur tous les habitants, donne pour chaque personne:*

	Bœufs, Moutons, Chèvres	*Porcs*	*Chevaux, ânes et mulets.*	*Total.*
Nord Occid.				
9 dép. marit.	14f.	2f.	7f.	23f.
12 dép. int.	15	2	15	32
21 dép.	15	2	11	28
Nord Orient.				
9 dép. frontières.	12.	3	8	23
12 dép. intér.	15	3	10	28
21 dép.	14	3	9	26
Midi Occ.				
5 dép. marit.	11	3	3	17
13 dép. intér.	14	3	3	20
3 dép. front.	9	2	2	13
21 dép.	12	3	3	18
Midi Orient.				
4 dép. front.	11	2	3	17
6 dép. marit.	7	2	11	20

12 dép. int.	11	2	3	16
22 dép.	10	5	5	17
42 Départ. du Nord	15	2	10	27
43 ″ du Midi.	11	3	4	18
France Cont.	13	2	8	23
Corse	9	3	4	16
Toute la France	13	2	8	23

(p. 416)|

|181| en fait de bestiaux, le nombre est peu de chose en comparaison de la qualité. (418)

Les lois féodales se sont trouvées particulièrement favorables à l'éducation des troupeaux, parce qu'elles concentrent et perpétuent sur la même tête de grandes étendues de terre. Dès la conquête de Guillaume, ce système fut absolu. Cependant, l'Angleterre sous Cromwell s'en était écartée; les propriétaires de fiefs avaient permis à des *bûcherons*, des *bergers*, des *jardiniers*, d'enclore 5 ou 6 arpents de terre sur les confins des communaux et d'y bâtir une chaumière. Cette nouvelle population avait tellement gagné de terrain que, à l'époque de la paix d'Amérique, il existait presque dans chaque fief un hameau, dont les habitants avaient des intérêts absolument opposés à ceux des grands propriétaires comme à ceux de leurs fermiers et de leurs ouvriers. ... Le gouvernement ... étendit sur tout le royaume le système du partage des communaux et on le soumit aux règlements les plus stricts; toute cette populace de petits ||182| propriétaires fut obligée de vendre son terrain, et de sortir de l'ornière où elle végétait. (421)

La philantropie ... éleva sa plaintive voix sur cette destruction générale des hameaux. M. Burke ... disait: „Nous suivons, il est vrai, une route nouvelle et allons un peu vîte, mais nous marchons, éclairés par un flambeau bien lumineux; nous faisons le contraire de ce qu'a fait en France la Constituante et les autres assemblées que la Révolution a produites.“ (423)|

|183| „Extensiv oder intensiv? Ein Kapitel aus der landwirthschaftlichen Betriebslehre.“ Von Dr. H. Maron.

Oppeln 1859.

»Die Höhe des aufgewendeten Betriebscapitals (hauptsächlich in der Form v. Arbeitskraft u. Dünger) ist äusserlich kennzeichnend für die s. g. Intensität des Betriebs. (4) Extensiv u. intensiv sind koordinirte u. gleichberechtigte Wirthschaftsformen. (5)

Wir ... Epigonen wissen ... daß wir vor allen Dingen *für die Erlaubniß*, unsere Arbeit an ein Stück Land setzen zu dürfen, ein Kapital ... zahlen müssen. Dieses vorausgezahlte Kapital ... *Anlagekapital* u. diejenige Arbeit, die wir dann erst dafür anwenden müssen, daß dieses Anlagecapital od. dessen Aequivalent (das Gut) fruchtbringend werde, resp. das Kapital, womit wir diese Arbeit bezahlen, nennen wir im Allgemeinen das *Betriebscapital.* (5) Der Pächter verwerthet sein ganzes Vermögen als Betriebscapital, während der Käufer (nämlich v. Grund u. Boden) einen grossen Theil desselben als ruhendes od. Anlage-Kapital dem Erfolge des arbeitenden *oft kleinen* Rests unterwerfen muß. (7, 8)

Jene Kapitalien, welche nur die *Gelegenheit* repräsentiren, zinserzeugendes Kapital (Arbeit) daran zu setzen, werden demnach einfach das Anlage- oder Grund-Kapital bilden, alle andern das Betriebscapital. Die ||184| Frage, wohin z. B. die Gebäude eines Guts zu rechnen sind, erledigt sich also einfach durch die Frage, ob sie zinsbringend, renterzeugend sind. Sie sind davon bekanntlich so weit entfernt, daß sie nicht nur ein zinsloses, sondern sogar ein sich selbst allmählich verzehrndes Capital sind. Sie gehören deshalb ebenso unzweifelhaft dem Anlage- als das lebende Inventarium dem Betriebscapitale an. (7)

Diese Konkurrenz bewirkt … u. muß bewirken zweierlei:

1) muß die Nachfrage nach Betriebskapital steigen; die Wirkung dieser erhöhten Nachfrage ist ein Steigen des Zinsfusses – das Geld wird theurer.

2) Wenn das Capital, in der Form v. Betriebs-Kapital auf die Landwirthschaft verwendet, so hohe u. so sichre Erträge liefert, so bewirkt eben dieselbe Konkurrenz, daß die *Nachfrage nach Grund u. Boden* sich steigert – um eben Betriebs-Kapital darin vortheilhaft verwenden zu können; damit steigert sich denn selbstverständlich der Preiß des Grund u. Bodens. (9, 10)

Das Bild einer *extensiven Wirthschaft.* … Grosse Flächen, grosse Schläge; mehrjährige Weiden u. Brache. Das Schaf prävalirt. Während wir in der intensiven Wirthschaft die Wiesen überall soweit verschwinden sahn, als sie nicht den höchsten Ertrag brachten, den eine gleiche Fläche unter gleichen Verhältnissen zu geben *versprach,* ||185| sahn wir hier die Wiese sorgfältig erhalten. Die Wiese u. der Wald sind gleichsam der Typus der extensiven Wirthschaft; die an die Production einer Wiese gesetzte Arbeit ist äusserst gering, u. es ist eben dadurch, daß der Netto-Ertrag so bedeutend ist. Die Praxis spricht dieß durch einen höhern Kaufpreis aus. (19)

Aber bestimmend f. die Wirthschaftsweise:

»Die *Grösse des Areals.*« (21)

»Eine durch Industrie, Handel od. ausgezeichnete Bodenqualität motivirte Vermehrung der Bevölkerung in irgend einem Distrikte steigert den Preis des Grund u. Bodens u. führt zuletzt – zur Zersplitterung desselben. … Das Beispiel Englands *nicht* dagegen. Wenn dort der *Grundbesitz* auch in verhältnißmässig wenigen Händen koncentrirt geblieben ist, so ist dadurch doch das System der *kleinen Pachten* eine Parcellirung des Bodens *faktisch* erzielt; es handelt sich nicht um den Besitztitel, sondern um die landwirthschaftliche Benützung kleinerer Parcellen, welche dort ihre größte Ausdehnung findet. … Die Zerstückelung nimmt zu gegen die unmittelbaren u. eigentlichen Heerde der Industrie. Und überall mit der zunehmenden Industrie Hand in Hand geht der intensive Betrieb.« (21, 22) Der Parzellenmann will Lebensmittel etc, daher »Rohertrag … in der Form unmittelbar zu verwendender ||186| Konsumtibilien (Hackfrüchte, Gemüse, Milch) … die sämmtlich der intensiven Kultur angehören.« (22) Bei den grossen Besitzungen »in den östlichen Provinzen, in denen wir 5–10,000 Morgen u. darüber in einer Hand vereinigt finden« (l.c.) Wirthschaft nach denselben Gesetzen unmöglich. [(22, 23)]

»Nach dieser Seite hin liegt die einzige Gefahr, welche ich für den Staat in der allzuweit fortschreitenden Parzellirung zu sehn vermag. Sie liegt darin, daß die Besitzer solcher Parzellen, die allerdings in ihrer Kleinheit *ein* Moment für intensive Kultur enthalten, mit der Zeit aufhören, die Landwirthschaft als ein *Nebengewerbe* zu betrachten, in welchem sie ihre Mußestunden u. ihre sonst nicht in Rechnung zu stellenden Arbeitskräfte mit Vortheil verwerthen können; daß sie vielmehr ihre ganze Arbeitskraft ihrer Scholle zuwenden, u. daß das in dieser Arbeitskraft repräsentirte Betriebscapital so groß ist, daß die kleine Scholle es nicht zu reproduciren vermag. Es entsteht dadurch ein unrettbarer Verlust an Arbeitskraft, mithin ein Deficit in der Gesammtproduction der Nation. (23, 24)

»*Qualität des Bodens.*« (24)

I) seine chemischen Bestandtheile; II) sein physisches Verhalten, bedingt

1) durch sein absolutes u. spezifisches Gewicht, 2) durch seine Cohäsion, Konsistenz, 3) durch seine Adhäsion. [(25)] (schlag über)|

|188| Mounier etc

t. II.

Bei der Tabelle d. tableaux qui expriment la production annuelle se rapportent à une année moyenne entre une bonne récolte, une médiocre, et une mauvaise … ceux qui expriment la quantité des produits agricoles se rapportent à 1838, année abondante. (3)

Quantité des Principaux Produits Agricoles Disponibles et Consommées. Hectolitres

	Froment		*Méteil*		*Seigle*	
	Disponib.	Consom.	Disp.	Cons.	Disp.	Cons.
Nord Occ.	18,595,434	18,521,771	4,578,614	5,156,682	6,483,054	5,988,243
Nord Ori.	18,030,422	17,004,596	2,918,440	3,505,003	3,862,243	4,175,645
Midi Occ.	12,379,395	11,696,240	1,435,622	1,514,888	5,270,309	5,103,017
Midi Or.	8,742,374	10,051,349	960,472	1,028,616	7,023,023	6,939,761
Nord	36,625,856	35,526,367	7,497,054	8,661,685	10,345,297	10,163,888
Midi	21,121,769	21,747,589	2,396,094	2,543,504	12,293,332	12,042,778
France Cont.	57,747,625	57,273,956	9,893,198	11,205,189	22,638,629	22,206,616
Corse	348,657	347,257	3,823	3,765	33,649	32,480
France	58,096,282	57,621,213	9,897,021	11,208,954	22,672,278	22,239,146

	Orge		*Avoine*		*Maïs*	
	Disp.	Cons.	Disp.	Cons.	Dis.	Cons.
[Nord Occ.]	5,179,136	4,267,003	18,377,992	16,312,543	226,451	166,292
[Nord Ori.]	5,376,625	4,881,128	16,659,947	14,855,994	428,333	340,384
[Midi Occ.]	1,791,884	1,699,971	3,020,437	2,317,606	5,854,510	5,427,599
[Midi Or.]	1,553,393	1,389,721	3,825,787	3,113,432	858,497	713,626
[Nord]	10,555,761	9,148,131	35,037,939	31,168,537	654,784	506,676
[Midi]	3,345,277	3,089,692	6,846,224	5,431,038	6,713,007	6,141,225
[France Cont.]	13,901,038	12,237,823	41,884,163	36,599,575	7,367,791	6,647,901
[Corse]	184,709	164,618	114	114	9,681	9,581
[France]	14,085,747	12,402,441	41,884,277	36,599,689	7,377,472	6,657,432

	Totaux		*Vins*	
	Disp.	Cons.	Cons.	
[Nord Occ.]	53,440,681	50,412,534	4,050,519	
[Nord Ori.]	47,393,256	44,908,391	5,292,881	
[Midi Occ.]	29,752,157	27,759,321	7,376,108	
[Midi Or.]	22,966,725	23,238,019	6,715,618	
[Nord]	100,833,937	95,320,925	9,343,400	
[Midi]	52,718,882	50,997,340	14,091,726	
[France Cont.]	153,552,819	146,318,265	23,435,126	
[Corse]	580,633	557,815	143,122	
[France]	154,133,452	146,876,080	23,578,248	(p. [4,] 5)|

|187| *Froment* 58,096,282 hectolitres
Consommé 57,621,213
Excédant 475,069.

Dieser faible excédant dient nicht genug (vielleicht gar nicht) als approvisionnement f. das folgende Jahr, sondern mêlé avec du seigle pour augmenter la quantité du méteil, daß ...

quantité disponible = 9,897,021 hectol.
Consom = 11,208,954,

c.à.d. qu'on forme 1,311,993 hect. de méteil par le mélange des deux grains dans différentes proportions. En résumé, la récolte de toutes les céréales en France s'élève à ...

154,133,452 hectolitres.
Consommation à 146,871,080
Excédant de la récolte 7,257,372. (4, 5.)

Dieser excédant se compose surtout des grains inférieurs. (6)|

|190| Maron. Schluß.

a) *Verhalten des Bodens zum Wasser.*
α) zum tropfbar flüssigen. (Kapillarität.)
β) zum gasförmigen.
b) Verhalten des Bodens zur Wärme. (Wärme-Kapacität, Electrizität.)
III) klimatische Einflüsse. (25)

Der »Mensch ... ist positiv im Stande, einen an Nahrungsmittel armen Boden beliebig reich daran zu machen ... über allen Zweifel hinaus sicher gestellt, daß bei der Düngung unsrer Felder der größte Theil der Wirkung dieser Operation nicht in dem absoluten Mengengehalte an Nährstoffen im gegebnen Dünger, sondern überwiegend in dem Einflusse zu suchen ist, den einzelne Bestandtheile desselben auf manche an sich todte Materialien ausüben, *die sie im Boden vorfinden.* Je grösser der vorgefundene Bodenreichthum, desto grösser die Wirkung des Düngers, oder der ihm in seinem Effecte nahe verwandten Arbeit; es folgt daraus, daß Arbeit u. Dünger, also Betriebscapital, sicherer u. rentabler auf reichem als auf armem Boden angelegt wird. (25, 26) Es ist »aber einzig u. allein richtig, allen Dünger u. alle Arbeit zuerst an diejenigen Felder zu setzen, welche sie am sichersten u. reichlichsten bezahlen – an die Felder in gutem Zustande. (26)|

|191| »Böden v. grosser Konsistenz, Adhäsion u. Hygroskopizität (im Durchschnitt: die *schweren Thonböden*) verlangen eine andere Bearbeitung als Böden mit den entgegengesetzten Eigenschaften, die wir im *Sande* repräsentirt finden. Der Thonboden verlangt eine häufige u. tiefe Lokkerung, um das Uebermaß der Kohäsion aufzuheben, um das durch seine zu grosse Hygroskopicität in ihm überflüssig enthaltene Wasser durch Bloslegung zur Verdunstung zu bringen. Nicht nur weil er gewöhnlich ein an Nährstoffen reicher Boden ist, verlangt er starke Düngungen – , son-

dern auch seine physikalischen Eigenschaften, welche an sich der *Wirkung dieses Reichthums* hinderlich im Wege stehn, machen sie erforderlich. Umgekehrt auf dem Sandboden. Die ihm mangelnde Kohäsion wird erhöht durch Ruhe … Huftritt der weidenden Schafheerde; die Adhäsion, namentlich die wasserhaltende Kraft ist gering; sie wird noch mehr verringert durch häufige Bearbeitung.« (26)

Thonböden als solche verlangen eine intensive Behandlung (hierher gehört die Drainirung), Sandböden sind die Heimath der extensiven Wirthschaft … Darum ist die Parcellirung der Thonböden wichtiger u. nützlicher als die der Sandböden. (27)

Das Klima … Das kalte Klima (kurze Zeit im Jahr für die ||192| Verwitterung u. Verwesung im Acker; kurze Vegetationsperiode für die Pflanze) zieht gradweise dem Ertrag des Bodens immer engere Schranken; dem gegenüber steigt nothwendig die Summe v. Arbeit u. Dünger, welche geeignet sein könnte, die feindlichen Einflüsse des Klima zu paralysiren. Es fällt also der Ertrag, u. es steigt das umlaufende Betriebscapital. (27)

Die Verkehrslage des Gutes … kann bewirken, daß selbst für ein grosses Gut mit armem Sandboden in kaltem Klima die intensive Wirthschaft angezeigt ist … z. B. in der Nähe einer grossen volkreichen Stadt. (27, 28) Die Stadt sichert »Absatz seiner Producte *zu den höchsten Preisen.*« Spart die Transportkosten, die in den Marktpreis eingehn. Kartoffeln, Gemüse, Milch v. allen Klassen der Bevölkerung, bes. aber der arbeitenden, begehrt; größtmöglichste Nachfrage. Ihr Preiß steigt im Allgemeinen über den Preiß hinaus, den ihr materieller Nahrungswerth im Verhältniß zu andren Producten beanspruchen dürfte etc. Dazu als schweres Frachtgut haben sie prozentisch (d. h. im Verhältniß zum Werth) höhere Transportkosten zu tragen etc (28) Die Natur hat reiche u. arme, Thon- u. Sandböden bunt durcheinandergewürfelt; die Kultur hat viele grosse u. kleine Städte hervorgerufen, hat Chausseen, Kanäle, Eisenbahnen u. Telegraphen erzeugt, deren Wirkungen nivellirende sind. (30)|

|193–194| Mounier etc 2ème t.

Principales Consommations Annuelles de la France divisées par le nombre d'habitants.

d. m. – départ. maritimes
d. i. – [départements] intérieurs
d. f. – [départements] frontières

		Quantité de Céréales par Hectolitre					*Hectolitres*		*Boissons. Hectolitres.*		
		Froment	Méteil	Seigle	Totaux	Orge, Avoine Maïs, Sarraz. Châtaigne	Pommes d. terre	Lég. sec.	Vins	Bière	Cidre Poiré
Nord	9 d.m.	1.53	0.38	0.58	2.49	0.67	2.09	0.05	0.10	0.06	1.26
Occ.	12 d.i.	2.06	0.62	0.59	3.27	0.12	1.81	0.07	0.67	0.05	0.62
	21 dép.	1.80	0.50	0.58	2.88	0.38	1.94	0.06	0.35	0.05	0.83
Nord	9 d.m.	2.04	0.44	0.30	2.78	0.38	3.94	0.18	0.40	0.64	0.01
Orient.	12 d.i.	1.94	0.37	0.68	2.99	0.30	2.55	0.06	0.85	0.08	0.10
	21 dép.	1.99	0.41	0.49	2.89	0.34	3.26	0.12	0.62	0.36	0.05
Midi	5 d.m.	1.72	0.12	0.49	2.33	0.67	0.82	0.09	1.37	0.01	"
Oc.	13 d.i.	1.63	0.23	0.88	2.74	0.26	2.19	0.11	0.91	0.01	"
	3 d.f.	1.48	0.31	0.50	2.29	0.71	2.70	0.09	0.83	0.01	"
	21 d.	1.64	0.21	0.71	2.56	0.44	1.86	0.10	1.03	0.01	"
Midi	4 d.f.	1.38	0.27	0.91	2.56	0.49	2.61	0.06	0.77	0.02	"
Or.	6 d.m.	2.17	0.11	0.26	2.54	0.23	0.82	0.16	1.57	0.01	"
	12 d.i.	0.96	0.11	1.24	2.31	0.60	2.91	0.08	0.67	0.03	"
	22 d.	1.35	0.14	0.93	2.42	0.46	2.31	0.09	0.91	0.02	"
[France	42 d. Nord	1.89	0.46	0.54	2.89	0.37	2.54	0.09	0.50	0.20	0.53
conti-]	43 d. Midi	1.50	0.17	0.83	2.50	0.45	2.11	0.10	0.97	0.02	"
nentale]	85 dép.	1.72	0.34	0.67	2.73	0.40	2.35	0.09	0.70	0.12	0.30
[Corse]	1 Corse	1.67	0.02	0.16	1.85	1.15	0.23	0.06	0.68	"	"
[France]	86 dép. totale France	1.72	0.33	0.66	2.71	0.41	2.34	0.09	0.70	0.12	0.30

Quantité de Viande etc par kilogrammes

		Bœufs	Vaches	Veaux	Moutons Brebis	Agneaux	Chèvres	Total de Viande de Boucherie	Porcs	Total de la Viande
[Nord	[9 d. m.]	2.56	4.63	2.32	1.44	0.10	0.02	11.07	7.08	18.15
Occ.]	[12 d. i.]	8.28	3.87	3.19	3.53	0.08	0.03	18.98	7.45	26.43
	[21 dép.]	5.50	4.23	2.77	2.52	0.09	0.03	15.14	7.27	22.41
[Nord	[9 d. m.]	3.26	4.98	1.98	1.00	0.03	0.02	11.27	11.14	22.41
Orient]	[12 d. i.]	3.12	3.31	2.52	1.52	0.05	0.02	10.54	10.26	20.80
	[21 dép.]	3.19	4.16	2.25	1.26	0.04	0.02	10.92	10.71	21.63
[Midi	[5 d. m.]	3.31	1.35	1.83	1.70	0.44	0.01	8.64	11.17	19.81
Oc.]	[13 d. i.]	1.85	1.25	1.84	1.11	0.15	0.04	6.24	7.48	13.72
	[3 d. f.]	2.85	0.93	1.96	1.10	0.09	0.03	6.98	6.74	13.72
	[21 d.]	2.41	1.24	1.85	1.28	0.23	0.03	7.04	8.45	15.49
[Midi	[4 d. f.]	2.26	2.03	1.46	1.53	0.13	0.16	7.57	6.30	13.87
Or.]	[6 d. m.]	4.03	1.56	0.72	7.48	1.14	0.23	15.16	7.89	23.05
	[12 d. i.]	2.48	2.35	2.05	2.65	0.25	0.08	9.86	9.29	19.15
	[22 d.]	2.83	2.10	1.62	3.69	0.45	0.13	10.82	8.45	19.27
[France	[42 d. Nord]	4.45	4.20	2.53	1.95	0.07	0.02	13.22	8.83	22.05
continentale]	[43 d. Midi]	2.63	1.67	1.74	2.50	0.34	0.08	8.96	8.45	17.41
	[85 dép.]	3.66	3.10	2.19	2.19	0.19	0.05	11.38	8.66	20.04
[Corse]	[1 Corse]	2.82	1.12	0.11	2.08	0.35	1.45	7.93	7.83	15.76
[France]	[86 dép. totale France]	3.65	3.09	2.17	2.19	0.19	0.06	11.35	8.65	20.00

Bei den pommes de terre u. légumes secs, nur die quantité totale divisée par le nombre des habitants, ohne Abzug der nourriture des animaux etc (p. 22, 23)|

|195| Jährliche Consumtion Frankreichs 23,600,000 hectolitres en vin, et en eau-de-vie 701,000, ce qui fait l'équivalent de 27,000,000 hectol. de vin. Répartie entre 34,200,000 habitants fait 5 onces de vin; qu'on ajoute 2 onces de bierre, cidre ou poiré, on trouvera à peine un quart de litre par jour pour chacun d'eux. (32) Ferner was das viande angeht, 24 livres de viande de boucherie f. jeden Français, soit 1 once par jour + 16 livres de porc, faisant 2/3 d'once, total 1 once 2/3. (32)

Froment et méteil zus. giebt 1 hectol. 90 litres par habitant = 219 livres = moins de *10 onces par jour de pain blanc* (à chaque individu). (33)

Rechnet 16 onces de pain blanc de froment, en comprenant l'équivalent des grains inférieurs et des légumes. ... Certes, voilà un peuple sobre. (34)

8, onces, soit 1/4 de litre de vin, bière, cidre ou poiré.

1 once 2/3 de viande de boucherie ou de porc

16 onces de pain blanc etc ... cette ration de subsistances n'équivaut pas au tiers que ce même peuple accorde aux galériens. Celle des soldats est encore plus forte. (34, 35)

En présentant les résultats de son lugubre travail à la chambre des pairs, il (le ministère) a dit que lorsque chaque Français consomme annuellement 20 kilos de viande, chaque Anglais en consomme 68, ce qui fait 6 onces par jour au lieu de 1 once $^{2}/_{3}$. Ferner wenn chaque Français 16 onces de pain blanc, chaque Anglais ‖196| en consomme beaucoup audelà de 32 onces. (39, 40)

»La ration commune de chaque individu de la France prise dans son ensemble est de 1 once $^{2}/_{3}$ de viande par jour; mais dans le Nord elle est de 2 onces, et n'est par conséquent que de 1 once dans le midi.« etc (58) les habitants des montagnes de l'Auvergne, des Vosges, des Alpes et des Pyrénées, ne consomment pas individuellement la $^{1}/_{10}$ partie de ce que consomment les Parisiens. (61) Il existe donc en France une inégalité dans la distribution des subsistances qui n'a jamais existé chez aucun peuple, et qui doit, par la force des choses, toujours devenir plus intolérable. (61)

»Il est ensuite curieux d'entendre des gens, soi-disant instruits, parler des fortunes territoriales de l'Angleterre, et se lamenter que les uns ont tout et les autres n'ont rien. La métaphore est vraie jusqu'à un certain point, si on l'applique au territoire. *Mais les peuples ne consomment pas leur territoire, ils consomment les produits de leur territoire*. Et qu'importe, on se le demande, à ces $^{5}/_{6}$ de la société qui vit de son travail au jour le jour, que ce territoire soit aggloméré et possédé à perpétuité par un ordre religieux ou une ancienne famille, ou qu'il soit divisé entre des notaires et des commerçants qui périodiquement le subdivisent à leur famille ou le vendent en détail après leur ‖197| ruine?« (62, 63) *L'égalité dans la distribution des subsistances*, voilà la seule égalité possible. ... Le pays de l'Europe où il existe le plus d'égalité dans la distribution des subsistances est la Grande-Bret., puisque ... la ration commune de viande pour chaque individu est de 5 onces par jour, et d'après de nouveaux documents fondés sur le poids des graisses, cette ration est de 7 onces. (63)

Frankreich population par lieue carrée:

En 1700	740 personnes
1762	819
1784	936
1801	1024
1811	1089
1821	1140
1831	1219
1836	1256

In 136 J. augmentation de 100 à 170. (69) (Also 100 personnes f. hectares in 1700 u. 170 in 1836)

La récolte ne peut augmenter que 1°) par un plus grand produit de chaque hectare; 2°) par un plus grand nombre d'hectares ensemencés. (71)

Wie sehr le produit des terres varie en France d'une année à l'autre; chaque hectare a rapporté en froment:

		hectolit.
1815	(mauvaise récolte)	8.59
1816	(mauv. réc.)	9.73
1826	(bonne réc.)	12.18
1830	(récol. médiocre)	10.53
1832	(réc. abondante)	15.52
1833	(réc. ab.)	12.60|

|198| Die récolte de 1831 nur 11 hectol., celle de 1834, 11 hect. 68 u. celle de 1835 ... 13 hect. 43. (71) Dieß bezieht sich auf *froment*, aber le produit par hectare du méteil, seigle, orge etc a éprouvé des variations semblables. (71)

Le poids moyen de *l'hectolitre* de *froment* (en kilogrammes) a été en France (nach den officiellen Wägungen etc):

	1 qualité kil.	2 qualité.	3 qualité.	Pour les 3 qualités.	
1819	75.31				
1820	76.53				
1821	75.87				
1822	76.23				
1823	75.98				
1824	vacat.				
1825	77.41				
1826	76.20				
1827	76.48				
1828	75.76	73.47	71.39	73.54	
[1829]	76.16	73.99	71.88	74.01	
[1830]	76.59	74.52	72.43	74.51	
[1831]	76.02	73.82	71.53	73.79	
[1832]	78.25	76.28	74.31	76.28	
[1833]	78.14	76.25	74.35	76.25	
[1834]	77.45	75.51	73.51	75.49	
[1835]	77.82	75.71	73.51	75.68	(73)

Also v. der première qualité à la 3ème il y a une différence de 4 kilogr. dans le poids de l'hectolitre, et quelquefois de 4 kil. ½; il montre encore que le poids moyen de la première qualité a varié, de 1828 à 1832, de 75 kil. 76 à 78 kil. 25. (73)

Nach der renseignement fourni au Gouvern. par les préfets sur le *nombre d'hectares* ensemencés dans l'année 1817, et les années suivantes:|

|199| *Nombre d'hectares ensemencés.*

	1817.	*1835*	Augmentation
En froment	4,672,305	5,338,043	665,738
Toutes espèces d'autre grains et légumes secs	8,874,330	9,550,342	676,712
Pommes de terre	538,965	803,854	244,889
Total	14,105,600	15,692,239	1,586,639.
			(p. 74)

Also die nombre d'hectares ensemencés en froment a augmenté successivement ... de 100 à 114 (hectares), die nombres der andren espèce v. grains u. légumes secs v. 100 à 107, u. v. pommes de terre dans une proportion beaucoup plus grande, v. 100 à 144; u. die ensemble aller terres v. 100 à 111. (74)

Nach den *Archives statistiques population* de France en 1835 32,563,665
1817 29,082,715
3,480,950

Also Augmentation de 100 à 112. (l.c.)

Wären die Zahlen exakt, was sie *nicht* sind, comme le ministre l'a dit, so würde folgen, daß die nombre d'hectares semés en froment aurait augmenté depuis 1817 un peu plus que la population, die in pommes de terre beaucoup plus que la population, die en toute autre espèce moins. (l.c.)

	Prix moyen sur les 10 ans fr.	Prix moyen l'année la plus chère	Prix moyen l'an. la moins chère
1756–1765	10.65	11.91	9.53
1766–1775	15.93	18.85	13.29
1776–1785	14.13	15.35	12.62
1786–1790	17.17	21.90	14.12
1816–1825	20.94	36.16	15.49
1826–1835	19.11	22.59	15.25.

Beweist daß der prix de l'hectolitre de froment a presque doublé, et ||200| que les variations d'une année à l'autre sont en général plus fortes qu'elles n'étaient auparavant. (76)

l'accroissement de la production en subsistances végétales a tenu pied à l'accroissement de la population, mais cela à force de défrichements, de desséchements, avec un emploi d'agriculteurs proportionnellement double de ce qu'il était, et chacun d'eux travaillant presque le double de ce qu'il travaillait ... Sous Louis XIV cent familles d'agriculteurs nourrissaient 100 familles hors de l'agriculture, et aujourdhui elles n'en nourrissent pas même 30. (81, 82)

Wenn die Thiernahrung »qui marche« [durch] Pflanzennahrung substituirt wird, … il vous faut des *chevaux*, et ces chevaux, en accroissant encore votre travail, accroissent votre disette, car ils usurpent la subsistance des bestiaux qui vous nourriraient. Aussi, cet animal est-il le seul en France, dont le nombre se soit maintenu au niveau de la population. (84) la moyenne du poids d'un bœuf au marché de Poissy, est de 7 quintaux de viande qui n'ont rien coûté de transport. L'équivalent de cette nourriture en pommes de terre est de 140 quintaux qui ont exigé, au moins pendant un jour, le travail de 5 chevaux et de 5 hommes pour les conduire, et de plus les frais de 5 charrettes. (116)|

|201|L'Eau (Hauptagriculturtheil in Aejypten, Chaldäa (Assyrien etc)) … cet élément dangereux exige un seul chef, et … ce chef était l'état; du moment qu'il ne l'a plus été et que les propriétaires ont, dans les temps de sécheresse, usurpé les eaux de leurs voisins, et les ont repoussées sur eux, dans les temps de la surabondance, l'existence de l'empire est devenue problématique et la subsistance du pays un hasard. Les digues entamées de tous côtés, se sont rompues, les eaux ont couvert le pays et chassé ou exterminé les habitants, et d'une population de 25 millions d'âmes … il reste (Aejypten) aujourdhui 2 mill. Ces destructions dans la Chaldée ont été encore plus calamiteuses. ([134,] 135)

La consommation moyenne *en bœuf* de chaque habitant de Paris était:

En 1789	47 kil.
1812	37
1830	25
1841	24.

V. 1819–1820, 75,000 bœufs sont entrés à Paris; v. 1820–1830 nur 69,000 … (165)

La moyenne des prix d'adjudication des fournitures en viande de boucherie des hôpitaux et hospices était:

Pour *1825*	66 cent. $^1/_2$ le kilog.
1839	$104^1/_4$. (165)|

|202| *Tableau des principales consommations de Paris, par année et par individu etc*
(extrait d'une note manuscrite, lue par M. Benoiston
de Château-Neuf à l'Académie des sciences morales et politiques.)

	1789	1817.	1827.	1837.
Population	600,000	714,000	802,000	841,700
	liv. onces.	l. o.	l. o.	l. o.
Viande de boucherie	147	110. 9	110. 3	98. 11
Viande à la main	1.	1. 6	8. 2	8. 9
Viande de Porc et charcuterie	9. 12	20. 9	18. 1	17. 3

	[1789]	[1817.]	[1827.]	[1837.]
Volaille et gibier	22. 9	19.	18. 4	13. 12
Fromages secs	4. 5	2. 8	3. 9	3. 12
Beurre.	5	8. 11	10.	11. 6
	bouteilles	*bouteilles*	*bouteilles*	*bout.*
Vin	120	114	126	111
Bière	9	11	20	13
Eau de Vie	4	6	5	4½
	Voies	*Voies*	*Voies*	*Voies*
Bois	1	½	½	½
Charbon	1	1	1	1
				(209, 10)|

|203| Léonce de Lavergne. The Rural Economy of England, Scotland. 1855.

Hectare = *2 acres*, 1 rood, 35 perches, about = $2^1/_2$ acres.
Kilogramme = 22.0485 lbs. } *Weights.*
Quintal = 220.4850 lbs.
Hectolitre = 2.7513 imperial bushels. } Cubic inches.
Setier = 4.4300 ["] ["]
1 liter equal to about a quartẹṛ.
1fc = $9^1/_2$d. 25 fs = £1.
League = 2.422 miles. [(XI)]

British Isles total area of 31 millions hectares (77,394,433 acres, England Proper 32,342,000) about $^2/_3$ of the French territory, which contains 53. [(2)]

England *proper contains 13 mill. hectares*, about $^1/_4$ of France.

V. dẹṃ englischen Boden, 1 mill. hectares to remain entirely unproductiv, 8 at least ungrateful and stubborn lands. [(3, 4)]

Counties of *Lincoln* u. *Cambridge*, now reckoned among the first, formerly one vast marsh partially covered by the sea, like the polders of Holland opposite to them on the other side of the Channel. ... *County of Norfolk*, wo dạṣ system of agriculture arose which has made the fortune of England, nichts als extensive *sands* abandoned by the sea. (4)|

|204| The undulating hills, about $^1/_2$ of the whole surface, neither so dry as the mountains, nor so wet as the undrained plains, but of different geological formation. (l.c.)

Alluvial lands rather scarce. It is the light soils which predominate (in dẹṇ valleys), what were formerly called *poor lands*. These not very long ago, were extensive moors, coming up to the very gates of London on the west; but now, through cultivation, they have become almost as productive as the loams. (5)

In dẹṇ Counties of Essex, Surrey, Kent, Middlesex prevails *stiff clay* – stiff land ... Left to itself, this clay never dries in England; and when not transformed by manure and improved by draining, farmers despair of making anything of it. (5)

The sandy clay lands, with calcareous subsoil, and the loams of the lower valleys, occupy only 4 millions of hectares ... A long band of chalky lands of indifferent quality runs through the great bed of clay from south to North, forming the greater portion of the counties of Hertford, Wilts, and Hants; the chalk shows itself almost in a pure state on the surface. (5)

Dạṣ clima propitious only to grasses and roots, durch rainy summers, late autumns, mild winters ... aber dịẹ Sonne fehlt. (6) |

|205| The *North West half* of the French territory, that is, the 36 departments grouped around Paris, exclusive of Brittany, more than 22 millions of hectares, which surpass in quality, as they do in extent, the 13 millions of Engl. hectares. (6)

Lowlands of Scotland. Of 4 mill. hectares nearly 2 unproductive; v. dẹṇ andren 2 nur 1 Mill. of hectares of rich and deep soil; the rest is poor and thin. As to climate ... Edinburgh in the same latitude as Copenhagen and Moscow. ([8,] 9)

Our territory is superior in all points to Great Brit., not only in extent, but in fertility. Our northwest region is more valuable than England and Wales, the middle and east than Scotland, and the South than Ireland. (11)

First object dẹṣ English farmer »to keep a great many sheep«. (14)

35 mill. of sheep in U. King. u. France. Aber dịẹ 35 live upon 31 mill. hect. (dịẹ in England), auf 53 in France. Noch grösser dẹṛ Unterschied, wenn man *France* m. *England proper* vergleicht. Scotland hat about 4 mill., Ireland höchstens 2 Mill. (auf 8 Mill. hectares), *England alone has 30 millions upon* 15 mill. hectares, *or proportionately 3 × more than France*. (15) (Dazu noch dịẹ *difference in dẹṛ quality*.) [(16)] |

|206| *Bakewell.* Früher English sheep, as French now, not fit for the butcher, before 4 or 5 years. Nach sẹịṇẹṃ System it may be fattened as early as one year old, and in every case has reached its full growth before the end of the 2nd year. By *System of Selection*. (19) (*Bakewell* – farmer of *Dishley Grange*.) (Reducirte dịẹ Groesse dẹṛ sheep. Nur so viel Knochen als zu ihrer Existenz nöthig.) Seine Schafe heissen dịẹ »new Leicesters«. »the breeder can now send 3 to market in the same space of time that it

formerly took him to prepare one; u. broader, rounder, greater development in those parts which give most flesh. … Almost all their weight is pure meat.« (19, 20) [1760 begann Bakewell to let out his rams instead of selling them. [(20)]]

John Ellman (about 1780) (The *South downs of Sussex*.) Der Dishley breed f. die plains; die *South downs* etc f. *uplands;* die *Cheviots* f. mountains. (Auch hier kommt, wie bei N. II zu der Sommernahrung der Weiden künstliche im Winter hinzu.) [(22– 24)]

France producirt about 60 mill. kil. (kilogr. = 2 1/5 lbs Engl.) Wool; England 550,000 packs, of 240 lbs = 60 mill. kil. (25)

About *10 millions* of head annually slaughtered in the Brit. isles, wovon *8 mill.* f. England alone, yielding, at the average weight of 36 kilos (80 lbs) of net meat, 360 mill. kil. (25) |

|207| In France 8 mill. head, at the average weight of 18 kil. of net meat, equal to 1/2 the weight of the Engl. sheep, give 144 mill. kilo.

	Wool. in *kilos*	*Meat*	
Also: *French sheep.*	60,000,000	144,000,000	
Engl. sheep	60,000,000	360,000,000.	(26)

(Dieß gilt für die British Isles.)

Cattle.

Number of horned cattle in *France* reckoned at *10 Mill.* head; *U. King.* about *8 Mill.;* but the *proportionate* quantity ist hier larger. Of this number *Engl. u. Wales* count 5 Mill., Scotland 1, Ireland 2. England 1 head for every *3 hectares*, Scotland 1 to 8 hectares, Ireland 1 to 4; the average of France in reality superior only to Scotland; in quality our inferiority still greater. (31)

Was man v. cattle verlangt, *manure, hide, offal, labour, milk, flesh.* The least profitable the labour. Wie der Franzose hauptsächlich Wolle v. Schaf verlangt, England meat, so der French bes. labour from his cattle, the British looks chiefly to meat u. milk. (31, 32)

Milkproduce. France 4 mill. cows, U. King. 3; 3/4 of the French cows are not really milck cows, almost all the English ones are. The exigencies of labour requiring a strong and hardy race, agree badly with the condition favourable to the abundant supply of milk. (32)

Dazu bad food, want of care, absence of all precaution in the ‖208| selection of reproducers u. im South of France grosses drought and heat of the climate. (l.c.) Französ. butter besser als engl., engl. cheese besser als French. (l.c.) »*It is the generality of a practice only which can produce great results in agriculture.*« (32)

Ayrshire in Scotland erst cultivated m. some degree of care within the last 50 or 60 years. This country, at one time covered m. heather u. moss, »has become a sort of Arcadia.« (33) (durch seine Kuhzucht)

England producirt enorm butter u. cheese, aber imports auch. 1d. p. quart milk in France, in England 2d. (34)

milkproduce of *France* about 2 milliards litres (quarts), wovon at least 1/2 is consumed by the calves; of *England* 3 milliards (3000 millions), wovon 2 f. die consumption of men. (34, 35) The English, in consequence of their large manufacturing population, obtain double the price for their milk that we do. (35) ⌈Dieß scheint Herr Lavergne auch als einen *Vorzug!* der engl. Agrikultur zu betrachten.⌋

Die Arbeit macht, daß das cattle eats much and fattens little, increases in bony structure, makes little available flesh, and that but slowly. Habitual inaction wirkt umgekehrt. (36) Wo »labour of the first consideration, the animal is not killed until it has finished its office; ... where meat only is sought, it is slaughtered just at that period when it gives most.« Der poor agriculturist, der animals of draught braucht, füttert sie schlecht; breeds small and lean animals; ‖209| wo Fleisch die Hauptsache, farmers have only as many as they can afford to feed well. (36)

Robert Bakewell, farmer of Dishley Grange (obgleich in diesem branch nicht persönlich successful) gab auch hier den spur durch das principle of selection in breeding. (37)

Shorthorns of Durham. The Brothers Collins, farmers at Darlington, in the Tees valley, 1775. (cross between the Dutch cow and the native bull). The animals bred from it may be fattened as early as 2 years old, and attain at that age a weight which no other breed can arrive at so soon. Their head, legs, and bones reduced to such small proportions, and the more fleshy parts of the body so largely developed, that nearly 3/4 of their weight is meat. ([37,] 38)

Hereford breed, more hardy, breeding county: rarely fattened in the country, but purchased at an early age by graziers, who bring them into more fertile districts, where they undergo their full development. (38)

Devon is a mountain race ... small, but admirably formed. (39) ⌈Precocity, im Ganzen sickliness, want of Knochen, viel development of fat u. flesh etc charakterisirt daher alle diese Kunstproducte. Disgusting!⌋|

|210| A large number of the Scotch cattle leave their mountains at about 3 years old, to be fattened in England. (39)

In *France* 4 millions cattle annually slaughtered, produce 400 millions kilogr. of meat, at the rate of 100 kilos average weight.

In the *Britisch Isles* 2 mill. head annually slaughtered, giving 500 mill. kilog., at the average 250 kilos. Und Brit. agric. produces m. 8 mill. head of cattle u. 30 mill. hect. 500 mill. kilos of beef; while France, with 10 mill. head u. 53 mill. hect., produces only 400 mill. ([39,] 40)

French cattle slaughtered too soon or too late; the paramount necessity for maintaining cattle intended for labour obliges us to kill a great number of calves at that age when growth is more rapid. In our 4 mill. head figure $2^{1}/_{2}$ millions of calves, which, on an avarage, give not more than 30 kilos of meat; those that survive are not slaughtered until an age when growth has long ceased – that is to say, *after the animal has for several years continued to consume food which has not served to increase its weight*. Die Engländer *kill when the animal has reached its maximum growth*. (40, 41)

Abzuziehn die *labour* die France vom cattle gewinnt; about 2 mill. oxen used chiefly for work u. unter den cows many also which work in the plough. France mußte sie ersetzen durch *horses*. Valuing this labour at about 200f. (8*l.*) per team, would give an annual sum of 200 millions to put to the credit of our race of cattle. (41)|

|211| Zieht man auf beiden Seiten value der offal u. manure ab, so, valuing kilog. of meat at 1f. (5d. per lb),

France.	*Milk*	100,000,000f.	=	£. 4,000,000
	Meat.	400,000,000	=	16,000,000
	Work.	200,000,000	=	8,000,000
	Total	700,000,000	=	28,000,000.

Equal to 70fcs p. head u. 14f. p. hect. (55s. p. head u. 4s. 9d. p. acre)

U. Kingd.	*Milk*	400,000,000 francs	=	£. 16,000,000
	Meat	500,000,000	=	20,000,000
	Total	900,000,000		36,000,000

110fcs p. head u. 30f. p. hect. (85sh. p. head u. 10sh p. acre). In *England* proper this produce may be reckoned at about 50f. p. hect. ([41,] 42)

(Wäre die Milch nicht 100% theurer in England, so 8 Mill. statt 16. Also Total 28 Mill. £ ganz so viel wie in Frankreich. Was in England mehr Werth an Milch u. Meat (weil mehr Produce) in Frankreich gewonnen durch die labour. Hier also bricht Herr Lavergne völlig down.) (Was immer richtig bleibt ist die *proportionate* Unterproduction in Frankreich.)

Horses. In *France* 3 mill., about 6 head for every one 100 acres,
England, Scot., Ireland 2 mill. ... also about 6 p. acre. Die
French on average worth 150fcs each, *England* 300. (43)

It is entirely owing to the enormous sums paid for first-rate ||212| stallions that the breeders of Gr. Brit. have been enabled to improve their common horses in the way they have done. Purposes of horse: strength combined with speed. The English, to produce these, concentrate as much as possible their means of production and their care upon choice individuals, in place of lavishing these on animals of no value. (44)

Die Engländer have substituted horses for oxen (in tillage) u. for manual labour, wo it »could be replaced by a machine set in motion by horse-power«. Dennoch die Zahl der working horses not increased in proportion; weil their teams, more choice and better kept than ours, are more vigorous and active. (44, 45)

Pigs: not larger than the French, aber much more numerous, and are killed younger, exemplifying always the great principle of precocity, contended for by Bakewell, and applied to all kinds of animals destined for food. (46) England alone feeds as many pigs as the whole of France. (meistens jährlich geschlachtet.) Hier officiell 290 mill. kilogr., zu niedrig, aber nimm es zu 400 mill., so the U. King. produces double. (46)

France hat Poultry Yard. Annual value in England etc höchstens 1 Mill. £. St.; in France the annual production of eggs alone is estimated at 100 mill. francs. (4 mill. St.) and that of all kinds of fowls at equal sum. A large portion of the population live upon fowl, especially in the South. (47)|

|213| *The Crops.*

One great drawback attends cereals generally ... they exhaust the soil which bears them. (48) {Herr Lavergne scheint zu glauben, daß other plants do not do so!}

In Northern latitudes das land rascher erschöpft durch cereals. In England also impossibility of taking from their land as many white crops as ... elsewhere produced. Andrerseits their soil hat »the spontaneous growth of an abundant grass for cattle. These 2 facts combined to produce their entire agricultural system. Animal manure being the best (!) agent for renewing the fertility of the soil after a cereal crop, they concluded that they ought to apply themselves especially to the feeding of a large number of cattle. Ausserdem butcher-meat is an article of food more required by the inhabitants of northern than those of southern latitudes.« (49)

At first in England *natural pastures* f. their cattle; upon this system 1/2 of the land in pasture, 1/2 divided between corn u. fallows. Dann *artificial grasses u. roots*, plants exclusively intended for the food of cattle; dadurch die domain der fallows reduced. After a time the *breadth of cereals diminished*, and now, including oats, it occupies only 1/5 of the soil; though narrowed in extent, the ||214| harvests are larger, thus effecting for agriculture a double benefit. (in Vieh u. Korn)... Während *Bakewell* showed the most was to be made out of cattle, Arthur Young taught how the largest possible number of them could be fed upon a given extent of land. ... Damals entsprang (about zur Zeit der French Revolution) die *Norfolk Rotation* ... *forage plants* ⌈dieß nach Herrn Lavergne die v. ihm u. „tout le monde“ anerkannte Theorie.⌋ derive from the atmosphere the principal elements of their growth, *while they give to the soil more than they take from it;* thus both directly, and by their conversion into animal manure, contributing in two ways to repair the mischief done by cereals and exhausting crops generally; one principle, therefore, is, that they *should at least alternate with these crops:* in this consists the Norfolk rotation. ([49,] 50, 51)

Nearly half the cultivated soil has been maintained in permanent grass; the rest, composing what is called the arable land, is divided into 4 fields of operation, according to the Norfolk rotation – *1st year* roots (chiefly turnips); *2d year, spring corn (barley and oats); 3d year,* artificial grass (chiefly *clover* and rye-grass); *4th year* wheat. In letztrer Zeit die artificial grasses for 2 years, thus making the rotation quinquennial. ‖215| Z.B. upon farm of 175 acres, 75 in permanent grass, 20 in potatoes and turnips, 20 in barley and oats, 20 in artificial grass of 1 year, 20 in artificial grass of the *2nd* year, and 20 in wheat. In those parts most favourable to herbaceous vegetation, the proportion of grass land increased, that of corn reduced; wo der soil nicht so suitable for roots and grass, beans substituted for turnips u. the breadth of corn extended; aber in Great Brit. ⌈also nicht Ireland⌋ these exceptions compensate one for the other. (51, 52)

Nach der durch *keine englische Statistik nachgewiesnen* Veranschlagung des Lavergne, nach Abzug v. 11 Millions uncultivated hectares, the 20 millions of cultivated (in the Brit. Isles) divided nearly as follows:

Natural Pasture: 8,000,000 Hectares. *Artificial Grasses:* 3,000,000 hect. *Potatoes, turnips, beans* 2 Mill. *Barley* 1 Mill. *Oats* 2½ Mill. *Fallows* ½ Million. *Wheat* 1,800,000 hectares, *Gardens, hops, flax etc* 200,000. *Wood* 1 Mill.

In France, wo auch 11 mill. hect. uncultivated out of 53, the remaining 42:

Natural Meadows	4 Millions hectares,	*Fallows* 5 Mill.
Artificial: ditto	3.	*Wheat* 6
Roots	2	*Rye, barley, maize, buckwheat* 6
Oats	3	*Other crops* 3
Vineyards	2	*Wood* 8 Mill. (52)|

|216| Zieht man auf französ. Seite die forests ab, so 19 Mill. out of 53 excluded from cultivation. Bleibt dann 34 Mill. hectares under cultivation, in England dagegen 19 hectares. In England v. den 19 Mill. 15 mill. devoted to the growth of food for live stock u. at most 4 for that of man. In France 9 mill. of hectares are appropriated to »ameliorating« crops, whilst the exhausting crops occupy double that surface: the extent of fallows is enormous, ($^{34}/_{5}$ = mehr als $^{1}/_{7}$) and in their present state they cannot be of much service in renewing the fertility of the land. (53)

The extent of pasture charakteristisch f. die engl. Agric. Comparativ wenig Heu gemacht in England, das winterfood of cattle chiefly obtained from the artificial meadows, besides roots, u. even corn. Cattle as little as possible confined. $^{3}/_{4}$ of the Engl. meadow-lands are grazed; auch $^{1}/_{2}$ der artificial grasses, bes. im 2. J.; turnips too, to a great extent, eaten off the ground by the sheep; die uncultivated lands [not] turned to account in the shape of commons, $^{2}/_{3}$ of the whole soil are thus given up to live stock. (54) Die quickset hedges divide the fields. Each field being pastured in its turn, it is convenient to pen the cattle, so as to leave them without any further care. ([54,] 55)

The 8 mill. of hectares of Engl. meadows give *3* × as much food for cattle as the French 4 mill. hect. of meadows and 5 mill. hect. of fallow. ... Engl. meadows sell at 4000fcs p. hectare, or £.60 p. ‖217| acre; die französ. on an average, about $^{3}/_{4}$ of the English. Die Engländer haben improved meadows u. pasture land by draining, irrigation, judicious manuring, subsoil-ploughing, cleaning off stones, embankments, destruction of weeds, which spread so easily on grass lands. (56) Hauptpivôt der engl. Agric. Turnip crops. (57) Introduced from Holland mit Will. III. Lord Townsend that viel dafür unter Georg II (57). Turnips require a light soil u. wet summers. (58)

Oats gedeiht v. allen cereals naturally best im Norden. The average production of oats in France, deducting seeds, 18 hectol. p. hectare (about 20 bush. p. acre); in the U. Kingd. about 2 as much, or 5 quarters p. acre u. sometimes even as much as ten. France producirt daher weniger oats auf 3 mill. hect. als die Brit. Isles auf $2^{1}/_{2}$. (59)

So upon a total surface of 31 mill. of hectares, reduced to 20 by the uncultivated lands, the Brit. isles produce much more food for cattle than the whole of France, with 2 × the extent. The quantity of manure ... is proportionally 3 or 4 times greater, independently of the animal products which go directly for consumption u. ausserdem bones, blood, rags, oilcake, the refuse of manufactories, minerals (gypsum, lime etc) collected u. put into the ground. Brit. shipping go in search ‖218| of additional supplies to all parts of the world etc (59) The sale of these additional manures has given rise to a large trade. Ausserdem *Maschinen* u. implements, f. dugging, pulverising, levelling, weeding, draining the ground (60)

Barley, bes. f. *national beverage*. 1 Mill. of hectares sown yearly. (about as much as is grown in France) In France the yield 15 hect., in England 30, or a little more than 4 qrs per acre. ([60,] 61) Zu den falschen Bemerkungen, die Lavergne bei dieser Gelegenheit macht, bemerkt der engl. Uebersetzer: about 5 mill. barley, on an average, consumed as *malt*, besides upwards of 1 mill. qrs distilled as *raw* grain. A large quantity goes otherwise for human food, and little comparatively for feeding purposes. (61 Note)

Roggen, the spring grain best suited f. the short summers of the North, u. vorherrschend im Norden Europas, fast ganz disappeared (scarcely so rare sagt der Uebersetzer); ... England fast nur grown f. green fodder in spring. (61) Herr Lavergne sagt, daß its price »very low«, aber der Uebersetzer daß er »by weight equal to that of barley«. (61) (Note.) Most of the soils which formerly grew only rye, now grow wheat; and those which were absolutely unfit for it, turned to other purposes. Dieß giebt grossen Vortheil der engl. Agric. (61, 62)|

|219| Ten hectares in good condition are worth more, for the production of corn, than 20 or 30 partially improved and badly worked. (62)

$^1/_4$ des French soil under cereal crops for human consumption, less than $^1/_{16}$ of the Brit. territory is in corn; out of the French 11 mill. hect. 5 mill. bear inferior grain; exclusive of barley u. oats, the 1,800,000 Engl. Hectares produce wheat only. Deducting seed, the whole grain production of France *70* mill. hectol. of wheat, 30 *rye*, 7 *maize*, 8 *buckwheat*. That of the Brit. Isles about 45 mill. hectolitres wheat without any rye. With France the average production $13^1/_2$ bushels of wheat and 11 of rye p. acre, deducting seed. Adding to this maize and buckwheat, and dividing the whole by the numbers of hectares sown, average result for each acre rather more than 7 bushels of wheat, about 3 bush. of rye, and a little more than 1 bush. of maize or buckwheat – total of about 12 bush. p. acre. In England the production is *28 bush. of wheat* – more than double in quantity, and in money value 3 × as much. ([62,] 63)

Taking England by itself (ohne Schottland u. Irland) = $^1/_4$ of France, alone produces *13 mill. qrs of wheat*, 6 of barley, 12 of oats. If France produced in the same ratio, her yield, deducting seed, would be 50 mill. qrs of wheat, 70 of barley, ||220| oats, and other grain – equal to at least double her present production. ([63,] 64)

Das whole system of Engl. agric.: A large extent of grass, whether natural or artificial, occupied for the most part as pasture; two roots –

the potato and turnip; two spring cereals – barley and oats; and a winter one – wheat; all these plants linked together by an alternating course of cereals or white crops with forage or green crops, commencing with roots or plants which require to be hoed, and ending with wheat. (64)

Value of *flax crop* in Ireland £.15 p. acre, but its extent only 100,000 acres. (jezt about 140,000 u. mehr) The *hop* yields a still higher return, but it covers only about 50,000 acres. (65)

Frankreich producirt aber Wein, rape, tobacco, sugar beet, madder, the olive, mulberry; u. 2½ millions of acres of gardens u. orchards, from which fruit, vegetables, and flowers are obtained in great abundance. Die Summe dieser productions wenigstens £.40,000,000. (65)

Everything consumed on the farm itself as a mean of production – such as the food of working animals, and even of animals generally, litter, manure, seed – all ought to figure in the means of production, and not as products. That only is really a product which may be sold or given in wages. (68) Seed is not a product, but a capital; the land does not give it until after receiving it. (67) |

|221| Nach Abzug der means of production, Correction der official statistiques, u. carrying back *prices* to the average of years anterior to 1848, the *annual value* of *the produce of French agriculture* u. *Uni. Kingd.* u. *England* before 1848:

	Animal Products		
France		*Proper England*	
	fcs		*fcs*
Meat (1 milliard of kil. at 80c)	800 Millions	*Meat* 1100 Millions *kil.*	880 Millions
Wool, hides, tallow, offal	300 ditto	Wool, Hides, Tallow, Offal	200 ditto
Milk (1 milliard of litres, at 10c.)	100 ditto	*Milk* 1500 Mill. Litres	150 ditto
Poultry and eggs	200 ditto	Poultry	15 ditto
400,000 horses, asses, and mules, 3 years old	80 ditto	200,000 horses at 400f.	80 ditto
Silk, honey, wax, and other Produce	120 ditto		
Total	1600 ditto	[Total]	1325 Mill.
	Vegetable Products.		
Wood	250 Mill.	Wood	40 Mill.
Wheat. 70 Mill. hectol. at 16f.	1100 ditto	Wheat 38 Mill. hect.	600 Mill.
Other Cereals 40 Mill. at 10f.	400 ditto	*Barley* 15 Mill. hect.	120 ditto
Potatoes 50 Mill hect. at 2f.	100 ditto	*Potatoes* 65 Mill. hect.	130 ditto
Wine, Brandy	500 Mill.		
Beer, Cider	100 ditto		
Hay, straw, oats, for non-agric. horses	300 ditto	*Hay u. Oats* f. non agric. horses	300 Mill.

Flax and Hemp	150 ditto	Flax, Hemp, Vegetables, Fruits	85 Mill.
Sugar, Madder, Tobacco, oils, fruits, vegetables	500 ditto		
Total	3400 Mill.	[Total]	1275 Mill.

[Animal Products]
Unit. Kingdom

	fcs
Meat. 1700 Mill. *kil.* at 80c.	1360 Mill.
Wool etc	300 ditto
Milk, 2 milliards litres at 10c.	200 ditto
Poultry	20 ditto
300,000 horses above 3 years at 400f.	120 ditto
Total	2000 Millions

[Vegetable Products.]

Wood	60 Mill. fcs
Wheat 45 mill. hectolitr. at 16f.	720 Mill.
Barley 20 mill. hect. at 8f.	160 ditto
Oats 15 mill. hect. at 6f.	90 ditto
Potatos 200,000,000 hect. at 2frs	400 ditto
Hay and Oats f. non agric. horses	400 ditto
Flax, hemp, vegetables, fruits	170 ditto
[Total]	2000 millions. [(69, 72, 73)] |

|222| Also, on an average, nach deduction der 3 mill. hectares occupied by roads, rivers, towns etc giebt

France Gross Product v. 100fc = 32sh. p. acre.
Uncultivated lands u. forest grounds p. acre 15 to 20fcs
Gardens, best vineyards, the lands geben 1000fcs,
bearing flax, hops, mulberry, tobacco, madder 2000 bis 3000 p. acre
Northern Half of France giebt *120*f. p. acre
Southern Half of France 80f. p. acre. [(69, 70)]

(In dem South the *landes* and the mountains cover 1/4 of the soil, and in the greater portion of the remainder farming languishes without capital and without intelligence. The most productive the departments of the Nord, Pas-de-Calais, Somme, Oise u. Seine-Inférieure, where the average gross production is 200fc. p. hectare; The *depart. du Nord* 300fcs at least, but this is the only one so high. Least produce the Landes, Lozère, Hautes et Basses Alpes, and especially Corsica. The average gross produce of these departments about 30fcs, in Corsica 10 at most. The rest of France varies between the 2 extremes.) (70, 71)

A gross total of 5 milliards of fcs (200 Mill. £) also attained as the production of the Un. Kingd. vor 1848. 3250 Mill. f. England Proper,

250 Mill. f. Wales, 1000 Mill. for Ireland, 500 Mill. for Scotland. Divided by the whole area in Hectares: *England* – 250fcs, *Ireland, Lowlands (Scotch) Wales* 125, u. *Scotch Highland* 12; *General Average:* 165. (71) Er reduces the 5 milliards to 4, weil f. milk Engl. *prices* double, for butchermeat the difference 25 to 30 p.c., for cereals 20 p.c. (In Scotland and Ireland the difference not so great.) [(71)] |

|223| In *U. Kingd.:* agreement between the vegetable u. animal products,

in *France* the vegetable product $^4/_6$, the animal nur $^2/_6$ of the whole.

In *U. Kingdom Wood*, the lowest item of production figures f. 60 Mill. only.

In *France* f. 250. ([72,] 73)

England Proper (m. Ausschluß noch v. Wales) produces $^5/_8$ der 4 milliards, distributed over the whole area of the *U. Kingd.* the gross produce: *England* 200fcs p. hectare, *Lowlands of Scotl., Ireland, Wales* 100, *Highlands* 10 u. *General Average* 135 francs p. hect. Also *England Proper* grade doppelt so viel als *France*. The animal produce alone of an Engl. farm is equal to at least the total produce of a French farm of equal area – all the vegetable production being additional. ([73,] 74)

Sheep, oxen, pigs, exclusive of poultry, geben den English 4 × mehr als French in butchermeat, wool, milk. French soil does not produce quite $1^1/_2$ hectolitre wheat per hectare, *English* 3; u. besides 5 × more potatoes for human consumption. (74)

Nach dem census v. 1841 Population des *U. Kingd.* 27 mill. souls, that of *France* 34; the *U. Kingd.* nearly one head per hectare, *France* only one per $1^1/_2$ hectares. Supposing the rate of consumption in both countries the same (the Engl. consume more, the Irish less than the French) the result nearly the same as that obtained by a comparison of the production of both agricultures. (75) |

|224| In *1841 England Proper* (includ. Wales) *Population* of 4 heads to 3 hectares, wie in den Provinces v. Frankreich, wo production is as high. *Scotland* 1 head for every 3 hectares, French central region 1 to 2 hectares; Ireland 1 head per hectare, and our South west region 1 to 2. (75)

Average value of land: *England Proper* £.40 p. acre (2500fcs p. hectare)
Rest of the U. Kingd. about 20*l.* (1250fcs)
exclusive of Highlands of Scotland.
Highlands of Scotl. (mit uncultivated land) höchstens 2*l.* p. acre.
Deducting 20 p.c. from these prices:
Average f. England 32*l*, *Highlands* 32 shill., u.

Rest of U. Kingd. 16*l.*

The cultivated lands of*Northern Half of France* 24*l.* p. acre, average
Southern 16.
8 Mill. hect. uncultivated lands 2*l.* p. hectare,
8 Mill. of Forest Grounds 10*l.* p. hectare, we find
a general average of £.16 p. acre.

Vor 1848, as a whole, the Product of *Brit. Agriculture* to that of *French Agriculture* over an equal surface as 135 : 100; u. comparing *England alone* with the whole of France, the former produced at least 2 × as much as the latter. ([75,] 76) |

|225| *2) Vertheilung v. Rent, Profit, Wages vor 1848.*

Taxation. on land in England bes. unter der Form of *local taxes.* (*poors' rates, parish and county rates*, equivalent to the French communal and departmental revenues, and *Church tithes.*) Taxation f. die Poor vor 1848 6 Mill. £.St. f. England alone. Parish and county rates for *roads, bridges*, police, prison etc exceed, f. England alone, 4 Mill. together 10 mill., of which more than 2/3 is paid by rural property. Unredeemed portion of the *landtax* = 1 Mill., for England alone; and *Church tithes*, now commuted to almost a fixed charge, at least *7 Mill.* So f. England u. Wales, mit 15 Mill. hectares, an average of 25f. p. hectare, or *8sh. p. acre* (80)

Aber die Vertheilung in England *sehr ungleich* (dieß wichtig f. die Differentialrente); da portion of the tithes redeemed u. of der land tax, andrer nicht; poor's rate sehr ungleich vertheilt, weil nicht centralised, varies m. den fluctuations of pauperism in different districts; daher certain districts much below, andre sehr über dem average. Manche zahlen *16sh.* p. acre for all kinds of taxes. (80.) ⌈Theil dieser taxes vermehrt direct die Rente, wie der f. bridges, roads, etc ausgelegte, Theil, wie die poor rates, durch keeping down the average wages; theils indirect, durch Vermehrung der Differenzen u. raising the cost of production upon the worst soils.⌋

In Frankreich the *assessment of land*, m. Ausschluß des Häuserbodens, u. including payment in kind for roads, = 250 Mill. or 5 francs p. hectare. Dieß also 1/5 in nominal value unter England. (81) |

|226| In *Frankreich 4–5fcs* the most a farmer can bestow upon the expenses accessory to cultivation (artificial manures, keeping up of implements of husbandry, renewal of seed, breeding stock etc) p. hectare,

In *U. King.* (even before 1848) not less than *25f.* p. average, in *Engl. proper* 50fcs *average rent* of land in France = 30fcs p. hectare, total of 1500 millions fcs on 50 millions hectares, cultivated and uncultivated. [(82, 83)]

Previously to 1848: Minimum rent in the extreme north of Scotland, – Sutherlandshire and the adjacent islands, 1.25fcs p. hectare of nominal value. The *whole of the Highlands*, nearly 4 mill. hectares, do not yield on an average, more than 3fc., od. 1sh. per acre to the proprietors. *Maximum* is obtained from the *Meadow Lands* in the environs of London and Edinburgh, *£30 p. acre* sometimes; rents of £8, £5, £3 p. acre not uncommon in the Lothians and in the *neighbourhood* of *large towns in England.* All the *centre of the island*, including *Leicestershire* and the counties surrounding it, gives an average of 30s. p. acre (100f. p. hectare). As we recede from the heart of the country, the rent of land declines; in the *South* – Sussex, Surrey, and Hampshire – it falls to 15sh. p. acre; in the north – Cumberland and Westmoreland – to 10s.; in the West, and the poorest parts of Wales to 3s. The average for the whole of England 24s. p. acre (75fcs p. hectare) [(83, 84)]|

|227| In the *Lowlands of Scotland*, the mill. of hectares upon the 2 firths of Forth and Tay rented at nearly as much as Leicestershire etc, but as we recede, rents fall. The *average of the Lowlands* equal to that of its Engl. neighbours, the counties of Cumberland and Westmoreland etc (Ḍẹṛ englische Uebersetzer sagt, ihre *average rent* is by 3 to 4sh. per acre höher als ḍịẹ ḍẹṛ Engl. neighbouring districts.)

In Ireland, in County *Meath*, *Leinster*, and the adjoining counties of *Louth* and *Dublin* 1 mill. of hect. where the rent is as high as the centre of England, but much lower average in the mountains of the west, and in the whole of Connaught.

Average rent p. hectare.

England	75fc. p. acre	24sh
Lowlands of Scotland and Wales	36	12
Highlands of Scotland	3	1
¾ of Ireland	50	16
Northwest of Ireland	20	6s. 6d.
General average	50	16sh.

(Er reducirt dieß f. ḍịẹ *difference of prices*, wie bei ḍẹṛ Milch etc u. dann bekommt er als general average 40fcs od. 13sh. p. acre.)

In *France*, im *Department ḍẹṣ Nord*, rent an average of *100fcs* p. hectare, making it equal, and even superior, to the best Engl. counties. In the departments adjoining still amounts to *80fcs*, gradually declines until we reach the departments of *Lozère* and of the *Higher and Lower Alps*, where it falls to 10fcs; in Corsica ‖228| nicht über 3fcs.

Farmer's Profit. Usually estimated at half the rent, say *25fcs per hectare* for the whole of the U. Kingd.

The average working capital per hectare *250fcs.* (10*l.*)

In England proper, the *average income of farmers* may be 40 francs *p. hectare* (13sh. per acre), implying a working capital of 400fcs. (16*l.* dieß ist p. hectare.) ([84,] 85)

In Frankreich Profit höchstens 10fcs per hectare; *half the U. Kingd. Average* u. 1/3 *that of England proper*. Nur der North of Scotland u. West of Ireland come below the French average. In France only 1/4 of the soil rented, and in the remaining 3/4, profit is confounded either with rent or wages. Considers upon the whole 100fcs als das working capital p. hectare. (85, 86) Engl. farmer of 250 acres hat net income v. £120 (3000fcs), so viel as a French proprietor, under average circumstances, f. a like extent. Farmers in the best parts of England make 50, 60, up to 100fcs per hectare (15 to 30s. per acre), and there are some whose total incomes amount to from £500 to £1000. (86)

Vor 1848 1/4 of the gross produce *in England* appropriated to payment of wages (about *50fcs* per hectare), in *France and Ireland* 1/2 was thus disposed of, say also 50fcs p. hectare or the equivalent. (87)|

|229| *England*	4,000,000	rural out of population of	16,000,000.
France	20,000,000		35,000,000
Ireland	5,000,000		8,000,000. (88)

Ueber den ganzen Boden vertheilt *England* 30 head to 100 hectares, *France* 40, *Ireland* 60. Der 1/4 part des gross produce daher *unter weniger Personen* vertheilt als 1/2 part in France u. Ireland. (l.c.)

In England 30 persons suffice to cultivate 100 hectares, so as to produce equal to 200fcs p. hectare, whilst in France 40 are necessary for obtaining an average production 100fcs, and in Ireland 60 … Average wage of farm labourer in England before 1848 was 9 to 10s. a week (2 francs) per working day; (in reduced, by 20%, value 1.60fcs.) In the richest districts it rose to 12s. or 2.50fcs p. working day. In the poorer districts 8s., or a little more than 1.50fcs per day, equal to 1.25fcs reduced value. In the Lowlands of Scotland and Wales, the average rate of wages 8s. a-week; or 1.25fcs reduced value per working day. In the Highlands of Scotland, and in 3/4 of Ireland, average 6s. a-week, or 1fc reduced value per working day. In the west of Ireland, average fell to 4s., say 70ct p. day. In France the average farming wages is 1.25fcs to 1.50fcs p. working day; but in certain districts it is as high as the English, in others again as low as in Ireland. ([88,] 89)|

|230| Ausser der annual sum paid in wages, amounting in England to 28,000,000£ ... annual poor taxe of £6,000,000. (89)

Although the French peasant is frequently proprietor of the land, and thus adds a little rent and a little profit to his wages, he does not live so well as the Engl. farm-labourer. He is not so well clothed, less comfortably lodged, and not so well fed: he eats more bread, but it is generally made of rye, with the addition of maize, buckwheat, and even chestnuts, while the bread of the Engl. peasant is wheaten, with sometimes a slight addition of barley and oats; he sometimes drinks wine and cider, while the Engl. peasant has »only« beer; but he has rarely meat, and the Engl. peasant has it *»often«*, or at least pork. (89, 90)

7d. (70 centimes), as in the Hebrides and Connaught, schien unverträglich mit Existenz. Alas! I know parts of France where the people still live upon that rate, and ... without much complaint. (90)

Im Ganzen macht er folgende Schätzung des Gross Produce (nach Abzug des Working Capital):

	France.	*England. (Proper) Nominal Value.*	*England. Reduced by 20%*	
Proprietor's Rent	30fcs p. hectare	75fcs p. hectare	60	
Profit of Farmer	10	40	32	
Taxes	5	25	20	
Accesory expenses	5	50	40	
Wages	50	60	48	
Total	100	250	200	([90,] 91)|

|231| *2000 families* in the *U. Kingd. besitzen* $^1/_3$ *of the land* and total revenue (v. diesen 2000 – 50 are princely fortunes.) Diese families 10,000,000 hectares u. 500 Mill. fcs of revenue, gives 12,500 acres u. 10,000£ income to each family. (94) Also $^2/_3$ der hectares in der Hand relativ smaller proprietors. (l.c.) Acre of land worth on an average 40*l.* (95)

Die actual number of landed properties in France höchstens 5–6 Mill. (96)

V. 11$^1/_2$ millions assessments *in France*, 5$^1/_2$ mill. unter 5f., 2 mill. v. 5 to 10f., 3 mill. 10 to 50fcs; 600,000 from 50 to 100 – 500,000 only are above 100fcs; it is this half million which constitutes the bulk of the landed property. The 11 mill. of assessment below 100fcs, may be set down as appertaining to about $^1/_3$ of the total surface, or 18 mill. hect. (45 mill. acres); the other $^2/_3$, or 32 mill. hectares, belong to *400,000* proprietors, deducting those who are only urban proprietors, and this for each property gives an average of 80 hectares. (200 acres.) Thus in cutting off, on the one side, the very large properties, and on the other the very small ones, occupying in each country $^{1}/_{3}$ of the soil, the average in France would be the same as the Engl. average for the remaining $^{2}/_{3}$. (96, 97)|

|232| *Farms.* 200,000 farmers in England alone, which gives an average of 60 hectares (150 acres) for each farm. (1 hect = $2^{1}/_{2}$ acres)

In certain places, such as the plains of Wiltshire, Dorset, Lincoln, York, farms of several 100 and even 1000, of hectares are not uncommon; but in other parts, as the manufacturing districts, those of 10 hectares (25 acres) u. 12 hectares (30 acres) are the most common. In Cheshire many are below 10 acres, or 4 hectares. Of these 200,000 farmers, about $^{1}/_{2}$ cultivate their farms themselves, with the assistance of their families. In Scotland über 50,000 farmers, in Ireland about 700,000. (108) In France we have the equivalent of Ireland in *our 5 or 6 millions of small holdings* below 7 or 8 hectares; the equivalent of Gr. Brit. in the 400,000 or 500,000 averaging 50 to 60. And even *farms of several 100*, bes. in der Nachbarschaft v. Paris. Nicht die immense farms; diese nicht very numerous in England, to be met only in the most sterile parts, Highlands u. den chalky plains of the South, both equally suited to sheep pastures. ([108,] 109)

The real superiority in the constitution of Gr. Brit. agriculture, in the *almost universal system of leases*, which makes agriculture a special occupation; and, the *number of monied men* who fearlessly embark in farming. (l.c.)

$^{3}/_{4}$ of the farms in England tenancy at will. (110)|

|233| *Improvements*, that is to say, the useful employment of capital. (111)

The extent of farms, besides, is determined, by … the nature of the soil, the climate, and the kinds of crops prevailing … Many branches of French agriculture require a great amount of manual labour, which renders it necessary to have a greater division of soils. (115)

Limousin, im centre of France, würde für pasture passen. Statt dessen cereals: the manual labour bestowed on the land is excessive, considering the results; cattle, badly fed and worn out by work, give no profit; rent is almost nothing, and wages miserable. (116)

Der Uebersetzer bemerkt »that the best and most liberal description of farming in England is in occupations above 3 or 400 acres.« (118)

51 ares = about $1^{1}/_{4}$ acres English. (141) *Arpent* bei Quesnay = 51 ares. |

England, which, under the Stuarts, did not produce enough for its own wants, became a 100 years later the granary of Europe. Although she had to feed 2 × the amount of population, and this population living much better than before, she sold to foreigners 500,000 to 1 Mill. qrs of corn, which is enormous, considering the means of transport at that period. It is calculated that during the *last half of the* 18th century England sold to her neighbours, and especially ‖234| to France, £.40,000,000 worth of cereals. (140)

V. den 100 Millions *arpents*, Quesnay estimated the arable land at only 36 millions, or 45 millions acres, wovon 8 mill. acres under large farming, and 37 in small. By *large farming* he means that of farmers who used horses for tillage, and who followed the triennial rotation – wheat, oats, and fallow; by *small* that of the *métayers*, who employed cattle, and followed the biennial rotation, wheat and fallow. This division … still corresponds m. dem existing state of things. France still divided into 2 distinct regions; the one in the north, where the lease system prevails, tillage by horses, and triennial rotation more or less modified; the other in the south, where small holdings predominate, labour by cattle, and biennial rotation. Only, since 1750, the first has gained ground, and the latter has declined. (141)

Quesnay estimates the average produce in corn of an arpent, under large farming, at 5 setiers of 156 litres, deducting seed, and at 2 1/2 setiers that of the small, – say 17 bushels for acre for the one, and 8 1/2 for the other – or, for the million hectares of wheat sown under the large cultivation, and 7 1/2 of the small, 70 millions ‖235| of hectolitres (24 mill. qrs for 21 millions acres.) Under the name of corn is included, in addition to wheat, inferior grain, such as rye and barley … As rye was more generally cultivated at that period than wheat, these 70 mill. of hectolitres may be thus approximatively apportioned – 25 mill. wheat, and 45 of rye and barley. Quesnay adds to this, for the breadth of oats, 7 mill. setiers, or about 11 mill. hectolitres. At the present day the *production of wheat has almost tripled,* that of *rye and barley* remains the same, *oats* have *quadrupled;* in 1750, *potatoes* hardly known … According to Quesnay, the number of horned cattle was 5 millions, or just half of what they are now. As to quality, they were much inferior. The number slaughtered for human food was 4–500,000 annually, now it is 10 × that number … As to horses, we know that Turgot, when he wished in 1776 to reorganise the Posts, could not procure the 6000 draught-horses required. Nach *Beausobre* die annual production of wine in 1764, 13 mill. hectolitres (1 hect. = 26 2/5 wine gallons) od. 343 Mill. gallons, or 1/3 of our present production. Upon the whole, reckoning the production then at the price of ‖236| the present day … total amount 1250 Mill. fcs = 50 Mill. £.St. at most, as the value of French agriculture. *Population* nicht mehr als 16–18 mill., had reached a degree of wretchedness beyond belief. (141–143) Nach Quesnay, the net revenue der landed proprietors = 76 Mill. livres f. the cornlands, and including the vineyards and other productions, the amount may be doubled: the livre then was about the value of 1fc now. The farms were let for large cultivation at 5 livres per arpent, and for small at 20 and 30 sous – say f. the first 3s. 6d., and the latter 9d. to 1s. per acre. Nach *Dupré de Saint-Maur*, contemporary of Quesnay, in *Berry*, part of *Champagne*, *Maine*, and *Poitou*, the farms let at 15 sous per arpent, or 6d. per acre, and at this rent the farmers had great difficulty in making a livelihood. (143)

In Frankreich Seit dem Jahrhundert *production* has *quadrupled* (in France), population *doubled*, rents have risen from 150 mill. to 1500 mill. fcs, or in the proportion of 1:10. (144) At the end of the 18th century, when the revolutionary wars began, Engl. agriculture was farther advanced than ours at the present day. (146) In 1798, Pitt estimated the total revenue from land in England and Wales at £25 Mill., and the income of the farmers at £18 mill. This gives an average of 13s. 6d. p. acre for ‖237| rent, and 10s. for profit. It is very doubtful, taking even the richest half of France, that a similar result could be obtained at the present day. A labourer's wages at that time were, on an average, 7s. 3d. per week, or 15d. per working day; and in many places 9s. and 10s., or 20d. p. day. It is again doubtful, taking still the best half of France, whether agricultural wages are at this moment as high, and the price of provisions then in England rather below than above what it now is in France. Value of house property amounted nach Dr Beeke to £200 mill; that of land, nach demselben to £600 Mill., or £16 per acre. ([146,] 147)

England produced hardly 2 mill. of qrs of wheat under the Stuarts, double in 1750, destined to increase progressively to 13 mill., which it now produces. (146)

At Pitt's time (1798) he estimated the wealth of Scotland at 1/8 of that of England. Dieß, da die Highlands kaum zu rechnen, giebt 7s. for the rent u. 4s. f. profit p. acre. (148)

After Elizabeth's reign, Gr. Brit. was still in a barbarous state. Guichardin, in his time, estimated the population of England proper at 2 mill. only, others call it 4; now it is 16. 3/4 of the land lay uncultivated. … during the whole of the 17th cent., France sold corn to Gr. Brit. (139)|

|238| From 1800–1850 (in England), the population has again doubled, and agricultural production has made *almost* an equal progress. (147) Während des Krieges mit Frankreich: never were enclosure bills, for turning uncultivated lands to account, more numerous than during the war with France. Then … the *Norfolk rotation* made its greatest conquests, the doctrines of Bakewell u. A. Young received a more general application etc (147[, 148])

The quantity of coal annually raised is estimated at 40 millions of tons; this, at 10s. per ton, is equal to 20 Millions Sterling. (153[, 154])

The manufacturing districts par excellence, commencing with Warwickshire in the south, and ending with the West Riding of Yorkshire, are those in which rents, profits, and agricultural wages rise highest. There the average rent is 30s. per acre, and a country labourer's wages 12s. a week; whilst in the district exclusively agricultural lying to the south of London, the average rent is not more than 20s. per acre, and wages 8s. a week. The intermediate counties approach more or less to these 2 extremes, according as they are more or less manufacturing, and everywhere the rate of land and wages is a sure criterion of the development of local industry. (156) Caird states, daß »im West Riding, Lancashire, Cheshire, Stafford u. Warwick, the poor's rate is about 1s. in the pound, to 3s. or 4s. a head, and the number of poor 3–4 p.c. of the population; ‖239| in den agricultural counties of Norfolk, Suffolk, Bucks, Bedford, Berks, Sussex, Hants, Wilts, Dorset etc, it exceeds 2s. in the pound, or 10s. a head, and the number of paupers is 13, 14, 15, and even 16% of the population«. Der pfiffige Lavergne bemerkt hierzu: »The cause of this difference is easily understood; the number of paupers and the cost of their maintenance increases as the *rate of wages* becomes lower. Although the working population be 3 or 4 times more dense in the manufacturing than in other parts of the country, its condition there is better, because *it produces more.*« (!) (157)

What characterises Engl. rural economy, is ... not so much large farming properly so called, as the raising of farming into a *business of itself*, and the *amount of capital* at the disposal of *professional* farmers. These two features are both due to the immense opening found in the *non-agricultural* population. (157)|

|240| H. o. C. 26 Febr. 1866

»an active controversy had been going on between a philanthropic peer (Shaftesbury) and a dignified ecclesiastic upon the question whether the agricultural population in the West of England were as well fed, housed, and cared for as the horses of the upper and middle classes? The average rate of the contribution to the poor law in England and Wales in the year 1864 was 4d. per head more than in 1846, when wheat was 10s. per qr higher«. (Mr. White) |

|[0c]| Inhalt.

1) *Report on Bankacts* etc 1857–58.
2) *Rente du Sol.* (H. Passy)
3) *A. Quételet. Du Système Social. 1848.*
4) *E. J. Smith. The Error of mistaking Net Rental for permanent Income. Lond. 1850.*
5) *Smith (Hugh) Free Farming to meet Free Trade. Lond. 1850.*
6) *J. L. Morton. Rich Farming. Edinb. 1851.*
7) *J. L. Morton. The Resources of Estates* Lond. *1858.*
8) *Patrick Edward Dove. The Elements of Polit. Science. Edinb. 1854.*
7) *Bank Acts.* 1857.
8) *Manifest: De Vlaemingen Vooruit! Brussel.* 1860.
9) *Les Typographes. Brux. 1865.*
10) *Daily News.*
11) *Account of A. Yarranton.* Edinb. 1856.
12) *Liebig: Einleitung in die Naturgesetze des Feldbaus. 1862*
13) *Liebig: Die Chemie in ihrer Anwendung auf Agric. u. Phys. 2 Bde. 7 Auf. 1862*

---

14) *Liebig. Herr etc* Dr Wolff. 1855.
15) *L. Mounier 2 t. De L'Agric. en France.* 1846.
16) *Extensiv od. intensiv? Von Dr H. Maron. 1859.*
17) *Leonce de Lavergne: The Rural Economy of England.* 1855.
18) *Dr. W. Hamm: Die landwirthschaftlichen Geräthe u. Maschinen Englands.* 2. Aufl. 1856.|

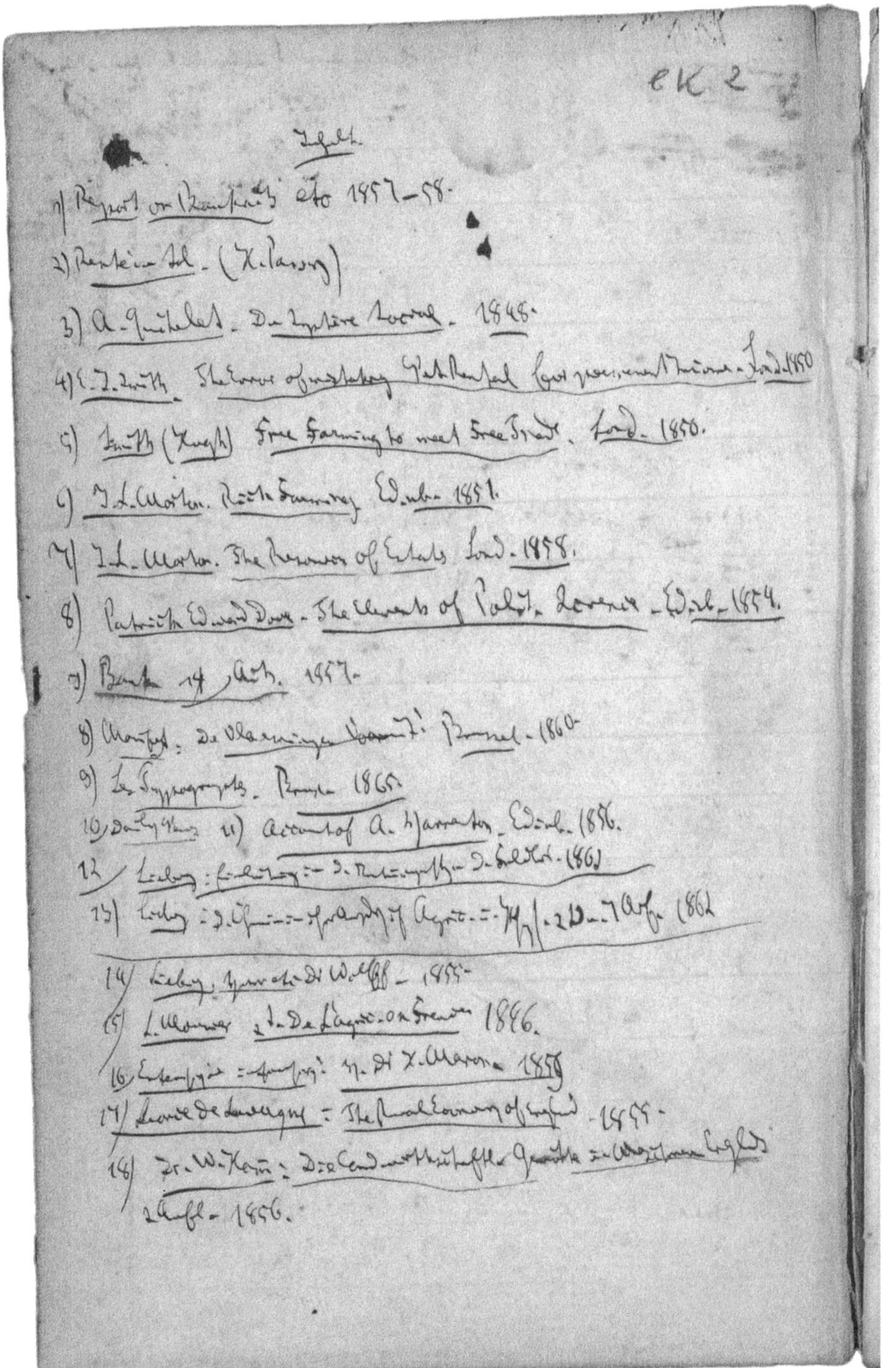

Inhalt
Hefte zur Agrikultur. Großheft 1865/1866. Seite [0c]

|248| (V Reports Committees, Bank Acts. 1857–58. V.) gedruckt 1 Juli 1858

XXXVII
G VII (XVI) Saving Banks

Report from the Select Committee appointed to inquire into the Operation of the Bank Act of 1844 etc 1857–58. (Printed 1 July 1858)

Vor *1848.* Exports f. *U. K.* never exceeded 60 Mill. £. St.
1857 £122,155,000.
1849 California; *1851* Australia.

Estimated Increase of the Europ. Stock of Bullion in 7 years, 1851–1856

	Imports from producing Countries.		*Exports to the East from Gr. Br. and the Mediterranean*	
	Gold	*Silver.*	*Gold*	*Silver*
1851	£.8,654,000	4,076,000	102,000	1,716,000
1852.	15,194,000	4,712,000	922,000	2,630,000
1853.	22,435,000	4,355,000	974,000	5,559,000
1854.	22,077,000	4,199,000	[1,222,000]	4,583,000
1855.	19,875,000	3,717,000	[1,192,000]	7,934,000
1856.	21,275,000	4,761,000	[479,000]	14,108,000
1857.	21,366,000	4,050,000	[529,000]	20,146,000
	130,876,000	29,870,000	[5,420,000]	56,676,000

Gold: Total Import in the 7 years	£130,000,000
Exports of Gold bullion and British coin to India, China, Australia, Cape, Brazils, West Indies, U. St. etc	22,500,000
Increase of Europ. Stock of Gold	107,500,000

Silver.		
Exports to India and China	£. 56,676,000	
Imports from the prod. Countries	29,870,000	
Silver decrease from the Eur. stock	26,800,000	
Estimated increase in the Europ. Stock of Bullion		£. 80,700,000

[(p. III-IV)]|

|249| *Weguelin* (member of the Committee, and then Governor of the Bank) stated to the Committee of 1857, that the circulating medium had (in U. Kingd.) increased at *30 p. c.* in the 6 years then elapsed. Schätzt die total Gold circulation then to nearly 50,000,000*l.* The whole circulation of notes, under the Acts of 1844 and 1845 permitted to circulate, without being represented by bullion; = 31,623,995*l.* (wovon 14,475,000 issued by the B. o. E.; 7,707,292*l.* by the Engl. country bankers; 3,087,209*l.* by the Scotch, and 6,354,494*l.* by the Irish bankers.) *Banknotes*, smaller denominations, 5*l.* u. 10*l.* der B. o. E. stiegen v. 9,362,000*l.* in 1851 zu 10,680,000*l.* in 1856. (m. der increase der gold circulation.) Great diminution zugleich in dem use of notes v. 200*l.* und upwards. (*Report.* [p. IV]).

The joint stock banks of London entered more and more into competition with the private banks, and by their practice of allowing *interest on deposits*, began to *accumulate vast amounts. 8 June 1854*, the private bankers of London admitted the joint stock banks to the arrangements of the clearing house, and shortly afterwards the final clearing was adjusted, in the B. of England. The daily clearances are now effected by *transfers in the accounts* which the several bankers keep in that establishment. In consequence ||250| of the adoption of this system, the large notes which the bankers formerly employed for the purpose of adjusting their accounts are no longer necessary.

Banknotes of £200 to £1000.	
1852	5,856,000
1857	3,241,000.

Die joint stock banks of London (1857: 9 in number) *increased their deposits from* 8,850,774*l.* (1847) to 43,100,724*l.* (1857). A large part derived from sources not heretofore made available for this purpose. The practice of operating accounts and depositing money with bankers has extended to numerous classes who did not formerly employ this capital in that way. *Rodwell* (chairman of the Association of Private Country Bankers, u. delegated by them to give evidence dem 1857 Committee) stated, that in the neighbourhood of Ipswich this practice has lately increased fourfold among the *farmers* and *shopkeepers* of that district; that almost every farmer, even those paying only 50*l.* p. annum rent, now keep deposits with bankers. The aggregate of these deposits of course finds its way to the employments of trade, and especially gravitates to London, the centre of commercial activity, where it is employed first in the discount of bills, or in other advances to the customers of the London bankers. That large portion, however, for which the bankers have themselves no immediate demand passes into the hands of the bill-brokers, who give to the ‖251| banker in return commercial bills already discounted by them for persons in London and in different parts of the country, as a security for the sum advanced by the banker. The billbroker is responsible to the banker for payment of this money at call; and such is the magnitude of these transactions, that Mr Neave, the present Governor of the Bank, stated in evidence: »We know that one broker had 5 millions, and we were led to believe that another had between 8 and 10 millions; there was one with 4, another with $3^1/_2$, and a third above 8. I speak of deposits with the brokers.« (*Report.* [p. V])

Nach der Crise v. 47–48 zeitlang prudence u. caution. Bullion in der Bank stieg bis Juli 1852 it amounted to 22,232,000*l.* Notes in the hands of the public (unusually large amount) 23,380,000*l.* (yet scarcely exceeded the amount of bullion), reserve of notes in the banking department *$12^1/_2$ Mill.*, Minimum rate of interest 2%. [(l.c.)]

1853 stieg Export zu 98,933,000 v. 78,076,000*l.* (in 1852); bullion declined, 22 Oct. (53) = 14,358,000*l.*, Reserve went down to 5,604,000*l.*, minimum rate of interest rose to 5%.

V. Sept. 6, 1855, v. rate of interest 4%, rose es $5^1/_2$% on *Oct. 4* (1855). Folge der »commercial demand for accommodation, and for the export of bullion, occurring at the same time with a considerable demand for bullion to supply the armies in the East«. ⌊Bank o. E. macht noch advances on Stock u. Exchequer bills.⌋ (failure of silkcrop ‖252| in Italy, with bad harvests in France.) [(p. VI, VII)]

	Trade Exports.
	£
1852	78,076,000.
1853	98,933,000
1854	97,184,000
1855	95,688,000
1856	115,826,000
1857	122,155,000.

Alles seemed sound. *15 Sept.* ('57) the first tidings arrived of the great depreciation of railway securities in the U. St., and immediately afterwards of the failure der Ohio Life and Trust Company. Before 8 October the tidings from America became very serious etc. *1856* Ausfuhr des U. Kingd. nach America £21,918,000 u. der amount of securities hold by Engl. Capitalists in America geschätzt damals at 80,000,000*l.* St. (In New York, 62 out of the 63 banks suspended their cash payments etc)

Rückschlag zuerst auf *Liverpool, Glasgow, London* (bes. die persons engaged in trade with that country.) 27 Oct. (57) the Borough Bank of Liverpool failed, Western Bank of Scotland 9 November, 11 City of Glasgow Bank (suspended), Northumberland and Durham District Bank failed 26, den 17 die Wolverhampton Bank for a time suspended. Die causes die verursachen, daß den andren banks ihre reserves entzogen werden, »tend to increase the balances in the B. o. E.« (bei der auch die andren banks increase their reserves.)|

|253| »Thus, for example, the deposits of the London bankers, which in ordinary times average about 3,000,000*l.*, continued to rise during the commercial pressure, and amounted on the 12 Nov. to 5,458,000*l.*« »The *billbrokers* are stated to have carried on their enormous transactions *without any cash reserve;* relying on the run off of their bills falling due, or in extremity, on the power of obtaining advances from the B. o. E. on the security of bills under discount.« … 1857 während der Crise die bill brokers compelled to resort to the B. o. E. for assistance, … the principal house (Gurney) went to the Bank to ask whether they could obtain discount to an indefinite amount u. actually received am Tag when der Treasury Letter was issued, no less a sum than 700,000*l.* Two discount houses failed. »*Discounts almost entirely ceased* in London, except *at the B. o. England.*« [(p. VII, VIII)]

Between the *5 Nov. and the 9th* the failure of Dennistoun's house for acceptance due upon nearly 2 millions occurred.

11 Nov. Sanderson et Co (billbrokers) stopped payment. (their deposits about 3,500,000*l.*) *12 Nov.* Der Government letter issued.

Nov.	*Bullion*	*Reserves*	*Discounts and Advances.*
10	7,411 (mill.)	2,420 (mill.)	14,803 mill.
11.	6,666	1,462	15,947
12.	6,524	581	18,044

21 [Nov.] the Bank had advanced on discounts, 21,616,000*l.* Half of ||254| these loans were made to the billbrokers.

Whilst in 1847 it was not found necessary for the Bank Directors to avail themselves of the permission given (durch die Gvt) to exceed the limits imposed by law, that necessity in this instance actually arose. An issue to the extent of 2 Mill. *l.* beyond the legal issue was made to the banking department.

5 Nov. (1857) *reserve:*		2,944,000*l.*
	Bullion (Issue dept.)	7,919,000.
	Deposits.	17,265,000.

Rate of discount 9% u. 9 Nov. 10%. [(p. ix-xi)]

Many of the houses which fell in 1847, had once been wealthy, but had long ceased to be so. Those of 1857, had, with few exceptions, never possessed adequate capital, but carried on extensive transactions by fictitious credit. [(p. XIV)]

30 Houses allein fallirten 1857 zum Betrag v. £9,080,000; of this sum the liabilities which other parties ought to provide for amount to 5,215,000*l.*, and the estimated assets 2,317,000*l.* Besides the failures which arose from the suspension of American remittances, another class of failures is disclosed. Nämlich »the *system of open credits which were granted;* that is, by granting to persons abroad liberty to draw upon the house in England to such extent as had been agreed upon between them; those drafts were then negotiated upon the foreign exchanges and found their way to ‖255| England, with the understanding that they were to be provided for at maturity. They were principally provided for, not by *staple commodities*, but by other bills that were sent to take them up. There was no real basis to the transaction, but the whole affair was a means of raising a temporary command of capital for the convenience of the individuals concerned, merely a bare commission hanging upon it; a banker's commission was all that the houses in England got upon those transactions, with the exception of receiving the consignments probably of goods from certain parties, which brought them a merchant's commission upon them; but they formed a very small amount in comparison with the amount of credits which were granted. One house at the time of its suspension was under obligation to the world to the extent of about 900,000*l.*, its capital at the last time of taking stock was under 10,000*l.* Its business was chiefly the granting of open credits, i.e. the house permitted itself to be drawn upon by foreign houses without any remittance previously or contemporaneously made, but with an engagement that it should be made before the acceptance arrived at maturity. In these cases the inducement to give the ‖256| acceptance is a commission, varying from $^{1}/_{2}$ to $1^{1}/_{2}$%. The acceptances are rendered available by being discounted, as will appear hereafter, when the affairs of the banks which failed come under our notice.« (No. 38. *Report.* [p. XV]) »The obvious effect of such a system is first unduly to enhance, and then, whilst it continues, to sustain the price of commodities ... average fall of 20 or 30%, in many instances much more, verglichen July 1857 with January 1858. ... Effect of such a fall upon houses which had accepted bills, on

the security of produce consigned, to the extent of one hundred times the amount of their own Capital.« ([No.] 39 l.c.)

»In some cases ... houses under very large obligations, who had really no capital at all.« ([No.] 39 [p. XVI]) Ein Haus in Newcastle z.B., die regular trade im Baltic hatten: *1854:* their capital between 2000*l.* u. 3000*l.*; 1857 (they having entered meanwhile upon this system of granting credits) (mit Schweden, Denmark u. other countries of the North dieß namentlich) »they failed for *l.* 100,000, with the prospect of paying about 2s. in the pound.« ([No.] 40 [p. XVI])

Zwischen 20 u. 23 Oct. ('57) applied die Liverpool Borough Bank an die B. o. E. There were u.a. 3,500,000*l.* bills in London under the indorsement of the Borough Bank of Liverpool; of which v. 700,000 to 1 Mill. *l.* had no negotiable validity at all, except the indorsement of the Borough Bank of Liverpool. ([No.] 45 [p. XVII]) |

|257| Der total loss dieser Bank 940,000*l*, ihr ganzes Capital. ([No.] 46 [p. xvii])

Beim failure der *Western Bank of Scotland* (9 Nov. 57) zeigte sich, daß »the 4 insolvent houses of Macdonald, Monteith, Wallace and Pattison, were indebted to it in ... 1,603,000*l.*, the whole capital of the bank being only 1,500,000*l.*« ([No.] 47 [p. XVII, XVIII]) Diese bank schon lange brüchig, erhob ihre dividend in 1854 v. 7 to 8%, 1856 to 9%. 9% the dividend declared in June 1857. Sie hatte 101 branches in Schottland. »It had connexions in America, who were allowed to draw upon it for the mere sake of the commission. At home it made advances upon „indents"; or, in other words, provided the manufacturer with the capital with which yet unmade cloth was thereafter to be produced. Its discounts ... in 1853 ... 14,987,000*l.* ... in 1857 (till 9 Nov.) 20,691,000*l.*« The rediscounts of the bank in London, ... 1852 ... 407,000*l.* ... *1856:* 5,407,000. ... 988,000*l.* were due to the bank from its own shareholders. ([No.] 48, 49 [p. XVIII])

Die *Northumberland u. Durham Bank*, mit eignem Capital v. 600,000, hatte allein geliehn an die Derwent Iron Company: 750,000*l.* Ausserdem 197,000*l.*, resulting from bills ... not ... paid, and which, in order that the ||258| Derwent Iron Co. might get them discounted, the bank had endorsed or otherwise guaranteed. These have now come back, so daß die Derwent Iron Co. der Bank indebted f. about 1 Mill. *l.* ([No.] 50 [p. XIX]) Diese Bank, nachdem ihr halbes Capital schon verloren, June 1857, paid dividend of 7%. ([No.] 51 [p. XXI])

Two bill broking houses in London suspended payment in 1847: both afterwards resumed business. In 1857 they suspended again: The liabilities of one house in 1847 in round numbers: 2,683,000*l.*, with a capital of

180,000*l.*; its liabilities, in 1857, *l.* 5,300,000, the capital much smaller; probably not more than $^{1}/_{4}$ of what it was in 1847. The liabilities of the other firm between 3 u. 4 Mill. at each period of stoppage, with a capital not exceeding 45,000*l.* ([No.] 52 [p. XXI])

23 Nov. '57 hight dẹṛ Panic in Hamburg. *12 Dec.* Panic ceased.

3 Dec. wo dịẹ Crisis noch sehr stark in Hamb. schreibt dẹṛ engl. Consul: »There is no deficiency of silver in the Hamburgh Bank; indeed the amount in the cellars of the Bank is now much larger than it has been at any former period, but a total want of confidence prevents its holders from parting with it.« [(No. 56, p. xi, xii)]

Bullionstock during the crisis of 1825 in dẹṛ Bank 1,261,000*l.*, 1837: *l.* 3,831,000, 1839: *l.* 2,406,000; while the lowest points 1847 *l.* 8,313,000, 1857: *l.* 6,080,000. ([No.] 60 [p. XXIII])|

|259| Dictionnaire de l'Econ. Polit. par Ch. Coquelin et Guillaumin.

t. II. Paris 1853.

Article Rente du sol v. H. Passy

Nach Passy,

Ricardo »n'assigne à son origine (der Rente) et à son développement d'autre principe que l'élévation continue de la valeur vénale des subsistances, et c'est dans la différence entre un prix courant *général*, réglé par les charges attachées à la production dans les localités où elle en impose le plus, et le prix de revient *particulier* aux autres fractions du sol, qu'elle place pour chacune de celles-ci la mesure de la rente qu'elle fournit ou est apte à fournir.« (510)

»La rente, c'est l'excédant réalisé sur les frais de la production, et partout où il fut possible à ceux qui, n'importe par quels procédés, travaillaient à recueillir les fruits de la terre, d'en amasser au delà de ce que nécessitaient leurs besoins personnels, il y eut excédant à leur *profit* (!), il y eut rente, et rente bien évidemment due à la fécondité même de la portion ||260| du sol sur laquelle s'exerçait leur industrie.« (511)

Cette rente fut bien le fruit de la puissance fécondante du sol: car, sur des points moins favorisés, la même somme de travail n'aurait pas obtenu pareil excédant, n'aurait pas même sur certains points, si elle y avait été employée, obtenu de quoi indemniser ceux qui l'auraient dépensée. (511)

Folgendes schönes raisonnement des Passy:

»Supposez un pays où ne vivraient que des cultivateurs ne pouvant vendre à des voisins des denrées dont ceux-ci ne seraient pas moins pour-vus qu'eux-mêmes; les *avantages* attachés à l'action coopérative du sol n'y produiraient pas moins leur effet *bienfaisant*. Dans un tel pays, personne ne chercherait à réaliser un excédant qui ne trouverait pas d'acheteurs; chacun se bornerait à demander au sol les moyens de subsistance nécessaires aux besoins des siens; mais comme il faudrait peu de labeurs pour les recueillir, les cultivateurs jouiraient de longs loisirs, et des loisirs sont toujours, pour qui sait les utiliser, une source de richesse.« (512)

Herr Passy verwechselt surplusvalue überhaupt (als echter crapaud) ||261| mit der Rente. Er führt als Beispiel Ungarn u. Rußland an etc: »D'ordinaire ils (die propriétaires) abandonnent aux laboureurs, à titre de salaire, l'usage d'une portion de terrain que ceux-ci cultivent pour faire subsister leur famille, et pour laquelle ils sont tenus de donner au reste du domaine 2 ou 3 journées de leur travail par semaine. Cette combinaison montre nettement en *quoi consiste la rente du propriétaire;* elle est le produit de l'emploi, sur la terre, *du temps que les laboureurs peuvent distraire de celui que réclament les soins de leur propre subsistance*. Et qu'on le remarque bien! ce temps, les laboureurs ne peuvent le donner à autrui que grâce *à la fertilité propre au sol* dont la culture subvient à tous les besoins de leur existence. Là où les laboureurs portent sur des champs autres que ceux dont la jouissance leur appartient deux journées de travail par semaine, *l'excédant sur les frais de la production générale*, la rente n'est inférieure que de peu au tiers du produit total. (513)

»La terre seule rend *plus de produit* qu'il n'en faut pour ||262| *payer les salaries*, l'intérêt et le profit des capitaux dont elle requiert l'emploi, et comme il n'est *aucune autre sorte d'application du travail qui obtienne pareil excédant*, il faut bien reconnaître, dans l'existence de la rente, le *résultat d'une action coopérative exercée* par la terre elle-même.« (513)

(Herr Passy eröffnet seine Seichbeutelei über die *»Origine de la Rente« so* wichtig: »Nous allons reprendre la question dans toute son étendue, et nous attacher à saisir la vérité au milieu des obscurités et des complications qui ont nui jusqu'ici au succès des recherches.«) (511)

(*Notabene:* Derselbe Passy citirt Mill (natürlich *Ric*ardo's Ansicht, reproducirt) darüber daß die rente „ne fait pas partie des frais de production", welche nicht eingeht in den „valeur des produits de l'agriculture". Mill's Raisonnement beruht grade drauf, daß die Rente nur „Differentialrente" ist, daß „la rente égalise simplement les profits des capitaux des divers fermiers, en permettant au propriétaire de s'approprier toute la différence du profit qui peut résulter [de la supériorité] des avantages naturels" daß die rente „n'est point un élément de la valeur" u. derselbe Herr Passy, der dieß am Schluß seines Artikels nachträglich als seine eigne Ansicht citirt, p. 520, sagt p. 513: »Cette théorie (de Ricardo) admet pleinement l'existence dans le sol de facultés productives qui lui sont propres; mais elle ne lui accorde le pouvoir de créer *la rente* qu'en vertu de ce que ces facultés ne sont pas également réparties dans son sein. C'est prendre une des circonstances qui concourent à différencier le taux des rentes pour la cause même ‖263| qui les enfante. Ce qui donne naissance à la rente, c'est, comme nous l'avons dit, l'aptitude des terres à rendre à ceux qui les exploitent plus de produits qu'il ne leur en faut pour subsister et recouvrer le montant de leurs avances, et, partout où les terres ont cette aptitude, il suffit de le vouloir pour en tirer *un excédant*, c.à.d. *une rente*. Il n'est pas besoin non plus, comme Ric. le suppose, d'une hausse dans les prix pour que la rente se forme; la rente apparaît du moment où les quantités récoltées laissent une partie disponible, et elle se réalise du moment où ceux qui récoltent, trouvant des consommateurs pour cette partie, donnent à leur *travail plus de temps* qu'ils n'auraient à en sacrifier, s'ils se bornaient à ne récolter que pour eux-mêmes.« (513, 514) Sehr naiv derselbe Passy: »*Dispense de travail continu* et *loisirs* applicables à des occupations reproductives, voilà ce que la terre donne à ceux qui la cultivent, toutes les fois qu'ils ne sauraient que faire de l'excédant qu'elle leur offre. C'est en réalité la rente sous une forme suffisamment caractérisée.« (512) Uebrigens der citirte Satz v. Mill blosse Reproduction des Ric. u. läßt grade das entscheidende weg, od. nimmt die Frage vorweg, indem er annimmt, daß der Marktpreiß nur so hoch zu steigen braucht, damit Kapital (mit dem gewöhnlichsten Profit) in dem noch nicht bebauten bessren Boden angelegt werde. „Le *monopole*, ‖264| sagt Mill, n'a d'effet sur la valeur que par la réduction de l'offre. Dans tous les pays de quelque étendue, il y a bien plus de terres susceptibles de culture qu'il n'y a de terres cultivées; et tant qu'il y aura des terres cultivables et non cultivées, ce sera dans chaque pays la même chose que si la terre cultivable *y était en quantité illimitée* (that is to say, if those uncultivated lands could be resorted to freely by capital and labour, if they were not appropriated. The appropriation makes all the difference.) Les qualités supérieures sont seules limitées en quantité, et pour celles-ci même, on ne peut exiger une rente telle qu'elle amenât la concurrence des terres qui ne sont pas encore cultivées: la rente d'un champ doit être un peu inférieure à la différence de fertilité de ce champ et des meilleures terres qui ne sont pas encore en culture etc." [(520)] Sobald sie gleich ist könnte das andre Feld bebaut werden *ohne Rente*, if there was no proprietor standing in the way. Daß neue Ländereien verpachtet werden, beweist, daß auch auf diese Rente gezahlt werden kann u. muß.]

»la rente, c'est la portion *des fruits de la terre* (also nicht des *Werths*) obtenue en sus *des frais de la production* (in diesen *frais de production* kommt jetzt der Werth herein, if Mr. Passy does not suppose that all the »frais de la production« sont »des fruits de la terre«, une partie de ses »fruits naturels« qu'on peut déduire du total; aber auf der einen Seite Getreide z.B. ohne Beziehung auf Werth betrachtet u. dann v. einer bestimmten Quantität Getreide z.B. 100£ abziehn, ist ein Kunststück, das nur ein ‖265| Finanzminister wie Herr Passy fertig bringt.) ou des *quantités nécessaires* à la satisfaction des besoins de ceux qui l'exploitent.« (514) (Wenn diese Leute blos v. dem Bodenproduct leben, à la bonheur.) (Herr Passy macht sich hier nur die Natur des Mehrwerths überhaupt (das surplusproduce) in der grobsten Weise vorstellig.)

»Une seule chose pourrait ôter aux progrès de l'art agricole le pouvoir d'élever la rente; ce serait si la *valeur vénale* des produits diminuait à mesure que le travail, plus éclairé et plus puissant, parvient à tirer davantage des terres. Mais, on le sait, les subsistances ont le privilège de ne jamais attendre longtemps la demande. Du jour où elles deviennent plus abondantes, la population ne tarde pas à multiplier, et bientôt les besoins montent au niveau de l'offre. Aussi ne se réalise-t-il pas une épargne de frais de culture, une amélioration dans l'application des efforts du labeur, qui ne vienne augmenter la part du produit qui demeure nette de charges, et par conséquent qui ne vienne ajouter à la rente des propriétaires.« (515.) (Also dieß ist eine Seite der Smithschen Theorie, *Monopolpreiß*.) (Ueberschuß des *Preisses* über den *valeur* u. nicht des *produit* über die frais de dépense wie Herr Passy ursprünglich will.)

»Des terres qu'elle (la culture) dédaignait encore à la fin du siècle dernier, faute de savoir les utiliser, ont pris à peu ‖266| de frais rang parmi les plus fécondes, et il en est qui, il y a 60 ans, rapportaient à peine de 10 à 11 hectolitres par hectare, et qui maintenant en rendent de 18 à 20. C'est une addition à l'ancien produit annuel d'une valeur d'environ 140fr, et ce qu'il importe de signaler, c'est que cette addition n'a entraîné qu'un surcroît de dépense de moins de 70fcs. Aussi des fermages qui n'atteignaient pas 35f. ont-ils monté à 70f. et à 80fcs, tout en laissant à ceux qui les acquittaient de plus sûrs et de plus hauts profits. Certes, voilà un cas où la puissance progressive de *l'art* a fait, *pour élever la rente*, plus à elle seule que toutes les autres causes de hausse ensemble.« (515) (Welches Verdienst der art!) (Dieß beweist übrigens nicht, wie Herr Passy meint, daß der Fortschritt der Cultur etc an u. für sich die Rente steigen macht; sondern, daß früher als schlecht betrachtete Ländereien jetzt „Differentialrente" als bessre zahlen.)

»La quantité de grains qui, durant le 16e siècle, ne rendait à la meule que 100 livres de farine ... en rend maintenant au-delà de 190.« (515, 516) (Dieß bezieht sich auf den *Mehlpreiß*, nicht den *Getreidepreiß*.)

Seit 50 J. »a-t-on vu se manifester deux faits bien avérés: l'un, c'est *la fixité ou la baisse du prix des céréales* dans la plupart des pays avancés; l'autre, c'est une *élévation de la rente* et des *fermages* d'une rapidité inconnue aux époques ‖267| antérieures.« (516)

Seit 1800 le cours des céréales a commencé à être coté en France avec toute la précision désirable ... À partir de 1800, les 5 moyennes décennales se sont succédé dans l'ordre suivant: 19f. 87c., 24f. 79c., 18f. 36, 19f. 04, 18f. 74c. C'est aux guerres de l'empire, à l'invasion de de 1814 et de 1815, à la disette de 1816 et 1817 qu'il faut attribuer la hauteur particulière à la moyenne de 1810 à 1820; mais, à partir de cette dernière année, les prix sont descendus au-dessous des chiffres antérieurs à 1810 et 1800, et, chose bien digne d'attention, jamais la rente, dans les parties avancées de la France, n'a pris autant d'accroissement que depuis 1820, alors que la valeur vénale des grains diminuait ou restait stationnaire. En Angleterre aussi les prix, depuis 30 années, n'ont cessé de fléchir. Wuchs zwischen 1810 u. 1820, la moyenne par hectolitre s'éleva à un peu plus de 38f.; mais à partir de cette époque, ils descendirent d'abord à 30f. en moyenne décennale, puis à 25, et enfin, avant la réforme des lois sur les céréales, à un peu moins de 22, c.à.d. au-dessous de leur chiffre entre 1790 et 1800. (516)|

|268| D'un autre côté, il faut remarquer qu'à côté des produits dont l'extension de la culture tend à faire monter le prix, l'homme ne cesse d'en placer sur le sol qui, à moindres frais, lui assurent des compléments de subsistance. En France, à l'époque où l'on récoltait en moyenne 80,100,000 hectolitres de froment, 12,260,000 hectolitres [de méteil, ou 30,700,000 hectolitres] de seigle, déjà l'on récoltait aussi 89,580,000 hectolitres de pommes de terre, plus de 21,000,000 d'hectolitres de maïs, de sarrazin et de millet, près de 10,000,000 d'hectolitres de menus grains et de légumes secs et, en outre, une immense quantité de produits de jardinage.« (517)

Le blé ne vaut que 10 à 11f. l'hectolitre en Hongrie, 9 à 15 en Russie et en Pologne, suivant les provinces. Il a valu, au contraire, en moyenne depuis 10 ans, 16f. 40c. en Prusse, 16f. 60c. en Espagne, 18f. 74c. en France, un peu plus de 22f. en Angleterre. (516) Aber in jenen östlichen Gegenden lebt das Volk fast nur v. seigle, »et tandis qu'en France le seigle n'occupe pas plus du tiers de la superficie arable qu'il partage avec le blé, qu'en Angleterre il n'en occupe pas le quart, en Russie, en Pologne, en Hongrie, il en garde encore de 7 à plus de 9 dixièmes. Qu'en résulte-t-il? C'est que, dans ces contrées, le blé, auquel on réserve un petit nombre de terres particulièrement fertiles ‖269| ne vaut pas, comparativement au seigle, autant que dans les pays les plus avancés, et que le prix des subsistances en usage y est réellement plus élevé que ne l'indique le prix du blé considéré isolément. (517)

»Si aux États-Unis de l'Amérique du Nord ... l'abondance des terres a ... son effet, c'est que les populations en tirent partie au moyen d'instruments, de méthodes, de procédés dont les anciennes sociétés n'ont appris l'usage qu'à des époques où déjà elles commençaient à se serrer sur le territoire à leur disposition. C'est avec des armes qui manquaient aux populations du moyen âge, que les cultivateurs américains mettent à profit les avantages naturels de l'espace.« (516) C'est encore une supposition erronée que celle qu'il a fallu que la valeur vénale des denrées tendit à monter pour que la culture étendit la sphère de ses œuvres. L'histoire de l'art toute entière atteste au contraire que tout à cet égard a été uniquement le fruit de découvertes heureuses. Ainsi c'est l'invention de la charrue à large soc qui a déterminé le défrichement de beaucoup de terres alumineuses et compactes jusque-là rebelles ‖270| aux efforts du travail. De même c'est l'emploi de la chaux et de la marne dans des lieux où il était inconnu qui est venu y permettre des ensemencements en froments, et c'est la découverte des propriétés fertilisantes du noir animal, des os pulvérisés et de bon nombre d'autre substances appartenant aux divers règnes de la nature, qui a révélé la possibilité de tirer des riches récoltes de fonds réputés trop mauvais pour pouvoir récompenser les efforts d'un travail continu. De même encore, c'est l'importation du sainfoin sur des terres crayeuses qui les a rendues productives ... Nun: le *drainage*. Est-ce la *hausse des prix* des subsistances qui en a déterminé l'application? (Esel, wer sagt das? Umgekehrt, der low price forces den farmer, der seinen Pachtcontract gemacht hat, to make improvements etc) Assurément non: car il est venu prendre place au milieu des combinaisons et des dépenses agricoles de l'Angleterre, au moment même où les propriétaires et fermiers croyaient n'avoir devant eux que des perspectives de baisse.« (517, 518)

Sans doute, la nécessité de recourir à des terres moins fertiles que celles dont on avait commencé par utiliser les services aurait renchéri les subsistances, si de meilleures applications de l'activité humaines n'étaient venues en contenir et en surmonter les effets. (519)|

|271| Il ne faut pas à une famille de sauvages moins de quatre kilomètres carrés pour parvenir à se nourrir, et celles qui les premières se vouèrent à la culture, incapables d'étendre leurs labeurs sur la centième partie d'un tel espace, en laissant à la communauté le produit du surplus, ajoutèrent en réalité aux ressources à sa portée. (518)

Article Céréales.

Moreau de Jonnès évalue à 11f. en 1700 et à 14fcs en 1840 le prix moyen de l'hectare de céréales de toutes sortes; mais selon M. Passy, la différence du pouvoir de l'argent aux deux époques équivaut bien à celle du prix nominal des céréales. *(H. Passy, Fixité du prix du blé en France, malgré l'accroissement de la population, Annuaire de 1849.)*

	f.	c.
1797–1807 le prix du blé (en France) en moyenne par hect.	20	20
1807–1817	21	84
1817–1827	19	69
1827–1837	19	03
1837–1847	20	05.

Selon M. Jacob, les prix du blé dans l'antiquité auraient été à peu de chose près l'équivalent des prix actuels. (Sieh t. I, ||272| p. 165) *On Precious Metals* (Er spricht dort v. der Zeit des Plinius.) Dieselbe Ansicht Dureau de La Malle. Il pense encore que le rendement du blé était à peu près le même dans l'antiquité que de nos jours, c'est-à-dire en moyenne de 4 à 6 pour 1. Herr *Molinari*, der writer des article, erklärt diese fixité du prix du blé daraus que, de tout temps, la production agricole a été assujettie à des entraves de toute nature et à des impôts lourds et vexatoires. (p. [322,] 323)

La quantité moyenne des récoltes en France aurait donc doublé depuis Louis XIV (en 1700 nach *Moreau de Jonnes* 92,856,000 hectolitres, 472 litres par habitant, u. in 1840: 183,516,000 litres, ou 541 litr. par habitant) tandis que la population n'a augmenté que de 70%. (Nach demselben Jonnès, en 1700 la production de 8 hectolitres par hectare, 1760 de 7 hect., 1788 et 1813 de 8, 1840 elle avait atteint le chiffre de 13, 14 hect.)

La consommation actuelle de la France s'élève à 146,876,000 hect., de toute espèce de grains; ce qui laisse, en moyenne, pour les semences et pour la réserve, 35,640,000 hect., ou environ le quart. La valeur des céréales consommées ne s'élève, pour chaque habitant, qu'à 51f. par an, en toutes sortes de grains, y compris la nourriture des animaux. [(p. 322)]|

|273| Mitte November. 1865. The Negro Revolt. (Aus dẹṇ Daily News)

»The chief cause of the political discontent of the negroes in Jamaica is the fact that the island is governed by the old slave-holding class, and with the old slave-holding political maxims and ideas ... The negroes are increasing in numbers very rapidly, while capital is diminishing; notwithstanding which the white Assembly, which is but a large vestry, votes money raised by general taxation to bring more labourers into the island. Nearly half a million of money has been spent in the importation of coolies. The native blacks, who form the great bulk of the population, have protested against the measure, but of course without effect; on the other hand, the Assembly has passed laws which have pressed harshly upon the blacks, such as the Whipping Act and the law of eviction, while the heavy import duties have almost stripped the negro and his family, fond as the race is of finery and dress. ... their Legislative Assembly has become the receptacle of some of the lowest characters to be found in Jamaica«. |

|274| A. Quételet. Du Système Social et des Lois qui le régissent.

Paris. 1848. (Guillaumin.)

Le libre arbitre dont les effets sont si capricieux, quand on se borne à observer les individus, *ne laisse pas de traces sensibles* de son action, quand on considère un très-grand nombre d'hommes. (Préface [IX, X]) Science nouvelle ... qui a pour objet d'étudier l'homme dans ses divers degrés d'agrégation, depuis l'état individuel jusqu'à l'état de combinaison le plus élevé qui comprend l'humanité tout entière. (l.c. [XII]) In England hat man erkannt daß les enfants soumis aux travaux des manufactures étaient arrêtés dans leur croissance, et que, par suite, l'homme s'y trouve détérioré dans son espèce. (14, 15)

»Loi des causes accidentelles« ... chaque chose est soumise à des *fluctuations* ... ⌊(Individuelle Eigenthümlichkeit, Abweichung, Variation, Anomalie)⌋ ... *Variations* ... Diese variations qui naissent sous l'influence des causes accidentelles, sont réglées mit précision so, qu'on peut les classer d'avance numériquement et par ordre de grandeurs, dans les limites entre lesquelles elles s'accomplissent. (17)

Mitteltaille z.B. in einem Land. Die Abweichungen nach beiden Seiten gesetzmässig, nécessaires pour compléter les séries ascendante et descendante déterminées par la loi des causes accidentelles. (19)|

|275| Es existirt also type pour la taille de l'homme. (20)

La *taille de l'homme moyen*, dans un même pays et chez un même peuple, ne reste pas constamment la même: elle peut ... sous l'influence de différentes causes, augmenter ou diminuer. (27) l'homme moyen, type de notre espèce, est aussi le type de la beauté; et ... les limites se resserrent d'autant plus chez un peuple, qu'il se rapproche davantage de la perfection. (38) le nombre des pulsations serait en raison inverse de la racine carrée de la taille. (après MM. Rameau et Sarrus) (48) rapports entre les pulsations, les inspirations et les différents mouvements qu'on exécute. (52) les pulsations et les inspirations n'ont rien de bien déterminé, sinon une tendance à se mettre à l'unisson avec tout ce qui présente à peu près la même périodicité de marche. (52)

le libre arbitre se trouve resserré dans des limites très-étroites et joue, dans les phénomènes sociaux, le rôle d'une cause *accidentelle*. Il arrive alors qu'en faisant abstraction des individus et en ne considérant les choses que d'une manière générale, les effets de toutes les causes accidentelles doivent se neutraliser et se détruire mutuellement, de manière ||276| à ne laisser prédominer que les véritables causes en vertu desquelles la société existe et se conserve. (69, 70)

V. 1841–1845 le nombre de 25 à 30 ans, qui se sont mariés dans les villes a été de 2681, 2655, 2516, 2698, 2698 ... Étroites limites entre lesquelles la moyenne 2652 s'est trouvée resserrée. (76) Il suffirait, sans doute, de modifier les causes qui régissent notre système social, pour modifier aussi les résultats déplorables que nous lisons annuellement dans les annales des crimes et des suicides ... »mais, pour produire des effets appréciables, il faut agir sur les masses et non sur quelques individus qui en font partie. (88, 89)

»le retour constant des mêmes faits ... ne peut avoir lieu sans la *destruction des effets des causes accidentelles;* or, cette destruction s'opère effectivement, toutes les années, de la même manière.« (91) Une restriction; c'est que les faits sociaux ne peuvent rester les mêmes qu'autant que la société reste sous l'influence des mêmes causes. (92) Le libre arbitre, bien loin de porter obstacle à la production régulière des phénomènes sociaux, la favorise au contraire. Un peuple qui ne serait formé que de sages, offrirait annuellement le retour le plus constant des mêmes faits. (97)|

|277| Nos différentes facultés finissent par se mettre dans un état d'équilibre, et par contracter entre elles certains rapports, dont nous cherchons à nous départir le moins possible. C'est l'état qui va le mieux à notre organisation; des causes accidentelles peuvent l'altérer, mais nous tendons toujours à y revenir. Des événements imprévus peuvent exciter nos passions etc; ce sont ces causes accidentelles qui nous font osciller plus ou moins autour de notre *état moyen;* et par cela même que les variations s'accomplissent sous leur influence, nos différents états sont soumis à la loi de la possibilité. Quant au libre arbitre, bien loin de jeter des perturbations dans la série des phénomènes qui s'accomplissent avec cette ad-

mirable régularité, il les empêche au contraire, dans ce sens qu'il resserre les limites entre lesquelles se manifestent les variations de nos différents penchants. (96)

tous les êtres vivants de la création ... ont une tendance à se multiplier selon une progression géométrique, et quelques-uns ||278| ont cette tendance infiniment plus développée que l'homme. Cependant nous voyons toutes les espèces demeurer numériquement resserrées entre des limites qu'elles ne dépassent pas. Ces limites existent aussi pour l'homme. Il est donc une cause qui contre-balance les effets du principe énoncé ... Cette cause, d'après la plupart des économistes ... se trouverait dans la difficulté de se procurer les moyens de subsistance. (166)

Si les récoltes seules réglaient la grandeur de la population, la Crimée et les autres pays qui fournissent du grain à l'Europe, auraient bientôt une population immense qui empêcherait les exportations; mais, pour que l'homme vive, il lui faut autre chose encore que du pain. (168)

»On peut aussi placer parmi les caractères qui différencient les populations, la quantité de produits nécessaires à l'existence d'un individu dans des temps ordinaires. Plus cette quantité sera considérable, et plus les conditions dans lesquelles se trouve la population, pourront être considérées comme avantageuses. Les populations les mieux nourries sont les plus vigoureuses; il importe d'ailleurs que, dans les années calamiteuses, un peuple puisse, sans danger, diminuer sa consommation ordinaire; celui qui doit retrancher sur son strict nécessaire, dépérit infailliblement. ([183,] 184)|

|279| E. J. Smith (Land Agent): The Error of mistaking Net Rental for Permanent Income.

Lond. 1850.

»The principle that all returns beyond the current rate of interest indicated by the interest derivable from landed investment are assurances, or a sinking fund, against the probability of the partial or total loss of the capital invested.« (7[, 8])

the risk of circumstances preventing the replacement, within the *limited* term of the lease, of the capital paid for the purchase or improvement of the property, is the main element in the diminished market value of a leasehold term as compared with freehold estate. (8)

The chief casualties, besides management, may be – *vacancies* or gradual decay as with houses; – or probable fall in averages as with tithe rent-charges; – or risks of title and of Chancery suits as with mortgages; or of either a fall in price or of a reduction, in the rate of interest as with consols. (9, 10)

Thus ... no purchaser of Irish property at 20 years' purchase, must expect 5% *interest*. It is precisely because of the ||280| risks attaching to the regular receipt of the net rental that the property is purchasable at so low a rate. (10)

Permanent income – is *interest upon capital;* and *net annual value* is interest upon capital plus an assurance, or sinking fund, against cost of purchase, management, vacancies, depreciation, and casualties. (3)

Landed estates have for the last 60 years sold at from 28 to 30 years purchase on fair *prospective* net annual value. This is equivalent (after allowing 15 to 10% upon the net annual value for costs of purchase, agency, and casualties) to $33\frac{1}{3}$ years purchase on the net return ... also 3% upon the value in fee has been the expected net return from land during the last 60 years. (3, 4)

All investments – whether in land or houses, in gvt securities, in shares, personal securities or otherwise, – are made with reference to the probability of receiving the current rate of interest, and of being able to re-obtain the purchase money if again required as capital. (3) |

|281| Hugh Smith (Surveyor): Free Farming to meet Free Trade.

London. 1850.

1822 u. *1835* an abundant harvest brought down the prices ('22) zu 43s. $10^{1}/_{2}$d. u. ('35) zu 40s. $0^{1}/_{2}$d. per qr; this fall in price is attributed to no other cause than the abundance. (8)

15–18 bushels dạṣ gewöhnliche produce of an acre. (10)

with a high state of cultivation 4 qrs of wheat per acre may be calculated upon. (12) = 32 bushels.

The cost of working an acre of land.

	Mr. Huxtable.	*Mr. J. F. Franklin.*
	l. s. d.	£. s. d.
Rent, tithes, rates u. taxes	1 8 4	1 10 0
Labour and horse hire	2 6 1	2 17 4
Tradesmen's bills	5 6	5 6
Seed	10 0	12 6
Manure.	1 11 3	[2] [0] [0]
	6 1 2	7 5 4

thus calculating 4 qrs per acre at 56sh	11 4 0
Two loads of straw at 1£. p. load	2 0 0
The gross returns are, per acre	13 4 0,

and, according to Mr. Franklin's own shewing, yield a net profit, with wheat at 56sh., of £.5 18sh. 8d. per acre. … this profit was an unnatural profit, ||282| and one he never could have maintained had his brother agriculturists fairly entered the field of competition against him. (13)

Bei dẹṃ farmer, der nur 2 qrs erzeugt od. $2^{1}/_{2}$ giebt (zu 56sh. per qr), nach Abzug derselben Kosten, rent etc, Profit v. 9sh. 4d. u. v. 1. 17. 4 per acre; giebt *loss* at wheat zu 40sh. u. gäbe loss selbst wenn keine Rente gezahlt würde. (14)

Der farmer must »resolutely determine to cultivate not one acre more than he can provide capital for at the rate of £.12 per acre«. (15) A farmer with £.3000 can at the present prices get a good living from a moderately rented and properly provided farm of *250* acres; while ... upon a 500 acre farm nothing but ruin would stare him in the face. (15)

The mode of cultivation so as to prevent undue exhaustion of the land is the principal feature which renders a farm lease different from others: and this can be met (at least so far as covenants can effect such an object) by stipulating that not more than one half of the land shall at one time be under corn cropping, and that corn shall never be successively grown on the same land; that all green and root crops ‖283| shall be consumed on the farm, excepting a certain proportion, to be agreed upon of hay, for which an equal quantity of manure be returned, and only a certain amount of straw, to be subject to the same conditions. (22, 23)

What average amount of surplus produce can be calculated upon, and what proportion of it should be devoted to rent, will vary with the circumstances attending each particular case; the proportion, whatever it be, must be a *constant one*, throwing upon the farmer the loss occasioned by neglect, and giving him also the advantage of any extra quantity that may be produced through his extra capital, energy or foresight. (25)

A farm, in a certain condition, of 350 acres, will, we will assume, be worth £400 of rent; to put the farm into this condition will require, say an outlay of £.700; (Rede hier v. permanent improvements.); now to get back this sum in 24 years and interest at 4%, £45. 10s. p. an. must be deducted from the presumed rent, making the actual rent £.354. 10s. p. annum. (26, 27)

By a recent Act of Legislature, Government Drainage Act, great facilities have been ‖284| offered to those possessing merely a life interest, or property under settlement, etc, and indeed to all, to improve their land by drainage, by enabling them under certain conditions to raise money for this purpose. The object of this Act is, of course, to increase the productiveness of the land; but the productiveness of the land depends as much upon the manure applied to it, as upon its proper drainage. It is therefore to be hoped that the Legislature will extend the operations of this Act, by enabling tenants for life, and others having limited interest, to borrow money also for the erection of that manufacture of manure, a well contrived homestead; and that also some step will be taken to exonerate them from the consequences of a departure from those covenants in leases and agreements to which they are now bound, the existence of which tends to impede the operations of husbandry etc (30, 31)|

|285| J. L. Morton (Land agent, Edinburgh): Rich Farming, and Cooperation between Landlord and Tenant.

Edinburgh. 1851.

Auf der Newman Farm (Art Musterfarm) the wages paid entirely in money, from 9 to 14sh. p. week; average description of hands getting 10s. and 11sh. The adult female workers get 5sh. p. week. (15)|

|286| John L. (Lockhart) Morton (Civil and Agricultural Engineer): The Resources of Estates.

London. 1858.

Land is different from most other kinds of property. However careful we are in using houses, machinery, or goods of any kind, yet they are sure gradually to decay and become diminished in value. The more they are used, the sooner do they become unfit for use. With landed property ... this can scarcely be said to be the case. If we develop its latent capabilities on correct principles, we add to its value rather than take from it. True, in removing its constituents, we verge towards a limit which cannot be over-stepped without permanent sterility being produced. But, where in ordinary cases, under high farming systems, is this limitation-line to be drawn? Not assuredly when all the mineral matter in the land, to the depth of a few inches, have been completely used up. Below this there are inexhaustible supplies that may be brought into use. Clay and stones, pure chalk and even gravel, are just soil in an unprepared form, and by their being exposed to the action of the atmosphere and rain water, they will gradually be disintegrated, and, *if* the right mineral elements are present, will be converted into productive soil. (5)|

|287| It would greatly promote agricultural progress, if 1/2 of the tenant farmers in the country had much smaller farms than they have. (19. Nämlich sie sollen 10–12*l.* Capital p. acre besitzen) Farms that are too small to employ 2 pairs of horses cannot be so profitably managed as those that are larger. (20)

The development of the resources of the soil is also prevented ... by estates being too extensive for the means of their owners. Many enterprising landed proprietors are so burdened by annuities and mortgages, which derive their power from the law of entail, that it is impossible they can improve their estates … We need a modification of the Encumbered Estates Court. (20)

There are thousands of acres lying in comparatively unprofitable pasture, which, by being effectually drained and properly cultivated, might be doubled in value within 5 or 6 years. The whole expenditure … £.8 to 10 an acre; dagegen die *increased rental* equal to 10%. (25, 26.)

In England im Ganzen folgende Klassen farms:

1st class more than 500, *2d* more than 250, *3d* more than 125, *4th* more than 60 acres. In many districts rent for large farms ‖288| smaller than for less, weil »the competition is usually greater for the latter than for the former, and as few small farmers are able to turn their attention to any other business than that of farming, their anxiety to get a suitable occupation, leads them in many instances to *give more rent than their judgment can approve of.*« (116) Doch ist dieß jetzt rasch changing, in Folge des influx of men »who have made their capital in commercial or manufacturing business«. So Mr. Grey of Dilston, in Northumberland, states that for 5 farms he let in 1855, he had offers *1st* … rental of £.2000 offerers 10, *2nd* rental of 1305 … 6, *3d* 1050 … 7, *4th* 258 … 6, *5th* 180 … 2. (l.c.) *Grazing farms* may be made almost any size, if the means of the tenants are large enough; but *cultivated farms are very different*, Maximum f. tenants … sufficient capital 700–1000 acres. (l.c.) In most districts farms from 250 to 400 acres in extent, are more likely to be highly farmed than those which are considerably larger. A capital of from £.3000 to 4000 will enable skilful tenants to make more of these farms, in proportion to their extent, than they would, with equal means, with holdings considerably larger. (117)|

|289| 70 to 80 acres of good land will keep one two horse plough team; but, if a farm is much less in extent than this, it cannot profitably provide food and work for a pair of horses … Denn, the tenant must either hire out his horse for carting, or other work, when he has no use for them at home; or, keeping only one, get the loan of another occasionally etc. Loss etc. Unless he (the tenant) works with his own hands as laboriously as any labourer, his farm will not keep him. If he entrusts the performance of his work to workmen, while he continues merely to oversee them, the chances are, that at no distant period, he will find he is unable to pay his rent. When a farm extends to 2 or 300 acres, the tenant gains more by going about and looking strictly after everything, than by labouring with his own hands; but this is not the case with small holdings. (118) Unless the tenants in the district are very poor … das *minimum* a possession to keep, at least, 2 or 3 horses. (l.c.)

Der farmer, short of means »must sell his crops in order to raise money, whatever the state of the markets may be. He has to buy his seeds and manures at credit prices … is not in a position to purchase the improved implements he would require.« (124)|

|290| For the 1st year, either with an Autumn or spring entry, the following expenditure will be required on a *200 acre* farm (which has nicht vorher been exhausted etc), if it is to be managed on the most remunerative system:

Price of 6 horses and keep for 6 months.	£.280
Cattle, sheep, pigs with keep for several months.	450
Payments to outgoing tenant, and cost of putting the first crop into the ground, at 60sh. an acre.	600
Rent and Taxes, 50sh. an acre	500
Labor account, 30sh. an acre	300
Cost of implement etc at 30s. an acre	300
	£.2430.

This gives fully £.12 p. acre of capital; but, as the payments do not all require to be made at the beginning of the year, and as there is some return from the land in early Summer, we may assume that £10 an acre, or £.2000 for a 200 acre farm will be enough to begin with. (125)

Under some modes of farming, and with comparatively small farms, on which few animals are kept, less capital than £.10 an acre will often suffice. Even £6 or £8 may seem to be enough; but … if not fortunate enough in the meantime to make money, the tenant will come to find himself suffering some disadvantage from the want of adequate means. (126)|

|291| The tenant needs a spur to urge him on in making agricultural improvements; and what better spur can he be touched with than a good money rent, which must be annually gathered together. (131)

The rent bei small holdings … a few acres – für spade culture – should »not be made too high, though they *ought to be 20 to 30% more than* would be received were the ground let as part of some neighbouring farm. This is necessary to cover the additional expenses of houses and fences required by the small tenants, and *to make up for any loss that may be sustained*, from time to time, through the incapacity and failure of some of the occupiers.« (137) Dieß applicable to those small holdings … large enough to keep the occupants pretty fully occupied in attending to their cultivation. (138)

On many of the best cultivated estates, there is a great scarcity of workers. The East Lothian farmers have, of late years, been in the habit of procuring work-persons for the summer from Skye, and other Hebridian islands. (138)

Die *subdivision of small holdings* – for the purpose of accommodating members of a family, die nach der Heirath wish to settle down on a portion of their father's ground – war der Fluch des schottischen u. (schottisch) Highlands crofting system. (139)|

|292| Ueber die Ausbeutung der many small holdings in the highlands, crofters: »I could point to cases in the highlands, where croft-tenants are paying at the rate of £.3 an acre for land, which, were it let in sheep pasturage, would not be rated at more than $^1/_{10}$ of this amount.« (144)

Bei den *Jahrespachten* »tenants-at-will, who farm their land on first-class principles, generally find that, sooner or later, they get their rents raised by their own doings, and, of course, they are gradually cured of the improving mania ... distich common in Herefordshire ...

»He who havocks, sits,
He who improves, flits.« ...

If a proprietor understands that the produce of one of his farms has been very largely increased within a few years, and knows that there is no existing agreement beyond a yearly one, will er share the advantages m. dem tenant ... *It is the fear of having his ricks counted*, that keeps the farmer from bringing home all his produce to the barn-yard; and the fear that his crops will be thought large, has a tendency to keep him a very moderate improver indeed.« (153, 54) Bei dem tenant at will, der agent »chooses to say to his leaseless victim, „Give me more rent, or you must go elsewhere."« (154)

Was die „Ehre" des landlords angeht, a „few years ago" nur die *besten* of the Duke of Northumberland's tenants, after making great improvements upon his farm, »was turned out of it without receiving compensation«. (154) In Lincolnshire u. several other Engl. counties, a system ||293| of compensation, by a species of tenant-right, is brought into operation when a tenant is required to leave his farm before his outlay has been drawn in from it. In this manner, he gets repayment of the sums he has expended; but his profits on these are sacrificed, and all his designs for the coming period of his life may be deranged. The loss of his farm, just at the time, perhaps, when it was beginning to be *remunerative*, would be greater, in many cases, than could be made up for by any amount of compensation which might be claimed as equivalent to lost profits. Dieß System läßt den farmer dependent v. Landlord u. his agent, besser als »holding from year to year, which is so fruitful of bad farming«, schlechter als lease for a given number of years. (154)

Money spent in putting land into high condition, cannot be drawn in again for several years. A heavy dressing of farm yard manure acts more or less for 5 or 6 years, and lime does not expend all its power for 9 or

10 years. (161) With 20 years lease. (l.c.) It takes from 5 to 7 years to put a farm which is in bad order, into high condition … und a farmer cannot be expected to farm so highly during the last 5 years of his lease, when there is to be no renewal, as he would previously. (162)

In *ch. IX* (p. 183 sqq) gegen Law of Entail. |

|294| The soil (of a farm) may be naturally good, but in consequence of its not being properly farmed, those who know not better, will possibly think it not only poor, but too highly rented. In a well cultivated district, the general opinions entertained by intelligent persons, in respect to the value of a neighbouring farm, are often very correct; but in a badly farmed locality, it is a totally different thing. (210) »There are instances in which farms after being let some years, are considerably *enhanced in value*, under superior management.« (l.c.) The increase will probably only be the fruits of a judicious expenditure of the tenant's capital; and though the proprietor has done almost nothing towards this result, the valuer cannot overlook the improvement in determining the value of the subject at the time. (210, 211)

There are some *geological* members of different formations, such as the *greensand* and the *new red sandstone*, that almost uniformly yield fertile soils; but there are others, particularly the *coral rag* and *millstone grit*, that are naturally unproductive, and require to be highly farmed … as every formation has its good and its bad qualities; and as the *latent resources of one geological formation are much more easily developed than those of another, the valuer must strike a balance.* – The ‖295| cheapness or dearness of under drainage, the first of all improvements on bibulous soils, is frequently dependent on the geology of a district z.B. certainty of a heavy expense in *draining a strong tenacious clay.* (213)

Ausser der Geology »by obtaining accurate (chymical) analyses of different soils, a very fair estimate of the capabilities of an estate may be arrived at.« (214) Of course, the mechanical condition of the soil must also be looked to, for however rich in mineral matters it may happen to be, *yet if these are locked up in a dense obdurate mass*, the cost of exposing them by a system of trituration would be very considerable. (214)

There are many instances in which the herbage of a district is so degenerated by the presence of stagnant water and noxious mineral matters – both capable of being removed by deep draining and thorough cultivation – that … the valuer should discriminate … between cause and effect. There will be little risk of his going wrong in taking the production of plants, only indigenous to fertile soils, as an evidence of the natural fertility of unreclaimed land; but he would not be safe, in all cases, to take the herbage common to barren ground as a sure proof, in every case, of comparative sterility. (214) |

|296| Je nach dem Klima, kann wheat, beans, mangold wurzel etc gepflanzt werden, wo bei kälterem nur *oats u. barley.* »there is the difference between one crop and another in its bearing on the farmer's profits.« »An acre of rich loamy land in one county may not be nearly so valuable as an acre of exactly similar soil in another. So, in every district, these must be a *variation in value* dependent on the *latitude*, *altitude*, and *exposure of the soil:* The amount of rainfall, and the humidity or dryness of the atmosphere, require to be investigated into. (215)

To be in the best possible state for drawing forth the soil's capabilities in a profitable manner, a farm should either be in the *vicinity of a good local market*, or *be accessible by railway or water*. The prices realized in the district for grain, fat stock, and other produce, ought to be compared with the average rates obtained, at the same time, in nearest general consumptive market; and, if they are considerably less, allowance ought to be made for the deficiency in determining the value of the soil. (215)

The work of a farm is also dependent, to a greater extent than is often imagined, on the existence of good public and private roads. Much time and labour are lost in performing necessary cartages, if the roads are inferior; ||297| and, consequently, the tenant must, in that event, pay a rent sufficiently low to enable him to meet this expenditure. (216)

Die verschiedenen taxes, tithes, poor rates, county taxes etc in den verschiednen parts des country sehr verschieden. (217)

Plantations (of woods) od. natural trees etc by *affording shelter*, etc increase the rental of adjoining agricultural or pasture ground. (238)

One other very important means of increasing the productive power of the soil, is that of breaking up more or less of the grass land which, in many districts of England, is so carefully conserved. ... Good meadow land worth £.3 will, in many cases, pay better in grass than in crops; but, if the produce is not worth more than 40 or 45sh., it is a waste of means to keep it unbroken up. Hay cannot be taken year after year without impoverishing the soil; and hence, on land so treated, manure must be occasionally applied. Were this manure rated at its true value, the net proceeds from the hay crop would be found to be too small. Verbessert der Boden durch judicious cropping for a series of years, u. dann laying it down in grass; by sowing the right species of natural and artificial grass seeds, the hay-producing power ||298| of the land will be better than ever. (591, 592)

Patrick Edward Dove. The Elements of Political Science etc. Edinburgh. 1854.

Property ... is sometimes used to signify the object of property, e.g. the estate, land, houses, money etc *possessed;* sometimes to include the relation of the object to the person who has a just claim to it. (152) »It is impossible that a slave should be the *property* of his master. One of the objects of this work is (ultimately) to exhibit the *impossibility* both as applied to *slaves* and *to land.*« (153)

The object of property is *The Earth*, namely the land, the ocean, and the air. All living men are equal in their natural right to the earth, that is, the earth belongs equally to the living generation of men who inhabit the surface of the globe; consequently, no disposition of the earth made by men who are dead can by any possibility affect the right of the present inhabitants to their equitable share of the globe. Therefore, neither the land, the air, nor the ocean can by any possibility belong to any individual *allodially*. Man is but the *liferenter* of the Earth. (170) The land of a nation ‖299| belongs equally to every living citizen of that nation, consequently all titledeeds granted by dead kings are invalid and need not be respected. (170, 171) If every man have a right to defend his rights, he has also a right to recover them when they have been taken away from him – consequently every man in a nation has a right to recover his portion of the national land. (171) every citizen of a country, where the law does not secure to him his natural property, may justly use means to recover that property, exactly in the same manner as he may justly defend his natural liberty or use means to recover it when he has been deprived of it. (172)

the rents of the soil paid to the non-labouring landlords are neither more nor less than *deductions* made from the *profits* of the labourers of the country. And consequently, … when the State or king granted or sold lands in perpetuity to individuals, the grant was nothing less than the grant of the future profits of future labourers. And, consequently, whenever land is *sold*, (and the price of purchase is regulated by the value of the annual *rent*), that which is sold is really *not* ||300| the substantive earth, but the *productive power*, and this productive power is the power of producing *value*, and this power of producing *value* is entirely created by the labours of those who *do* labor, and not in any respect by those who do *not* labor. Consequently, when land is sold, that which is sold is nothing less than the profit of labour, the *annual rent value* being entirely and exclusively *created* by the whole labours of the country. (243, 244)

When, among the most civilised communities in the earth, it has only *recently* been determined that one man cannot be the *property* of another man, we may expect, as a matter of course, to find the whole theory of property with regard to other objects a mere arbitrary superstition. (244)

The conditions, then, are:

1st All men are equal in their right to the natural earth;

2nd No man can substantiate a right to any one specified portion of the earth.

3rd. Men require to occupy the earth specially for the purposes of cultivation etc.

4th Men may occupy the earth equitably or unequitably.

5th The produce of each man's labour is his own property, and ought to be absolutely sacred from the forcible or fraudulent interference of other men.|

|301| And the question to be solved is, »How, with these conditions, can men equitably allocate the earth?«, seeing that an immense advantage attends the division of the population into *cultivators* and *non-cultivators*, a fraction of the population (greater or less) being sufficient to do the cultivation for the whole. The answer to this question is plain. By *Association*, and by making the rent-value of the soil etc the *common property* of the whole associated community. (256)

A, B, C, D, E, F bauen erst jeder Land. Später durch Erfindung v. Implements, die sie fabriciren during »that portion of their time which could not be employed in cultivation«, etc etc z. B. nur noch 5 nöthig to supply 6 with food. *Einer* may quit agriculture and devote his time to manufacture needful articles, such as the five are willing to pay for in food. But what is to become of the *land* he occupied? … Let us suppose that he does withdraw (from agriculture) for the purpose of making spades, ploughs, harrows, etc, and that he exchanges these articles for food. He has left his land, and if there were not a superabundance of unoccupied land immediately at hand, his portion would be *worth* a rent. He, ‖302| by withdrawing to produce articles which the cultivators require, has created the rent-value of land, and this rent-value will be equal to the produce of one person's labour, for the 6 farms, or to $^1/_6$ of the produce for the one farm; that is, the rent of his portion will be equal to the remuneration of *one* individual divided by 6. (257, 258)

But, although it is true that the circumstance of his withdrawing to manufacture articles creates a rent-value for land, *he* is not the only person who creates its rent-value. The *cultivators* must produce his support, and this they can only do by laboring the land which he occupied, or, at all events, by expending *more* labour than would be sufficient for their own support, and *they*, as well as he, contribute to create the rent-value, exactly in proportion to their labour, and they, as well as he, are entitled to reap the natural remuneration of their exertions. (258)

The rent value, then, is in the common result of the whole expended labour, and it ought to be divided among the whole, so that each shall receive exactly the produce of his labour, and neither more nor less. And, in this way, if one man, by greater skill, or greater industry, or greater enterprise, were to produce more than his fellows, he would ‖303| receive his natural remuneration, proportioned to his industrial merits; and this, not by any artificial estimation of his *talents*, but, by the common law of supply and demand for his *produce*, whether his produce were corn, or clothes, or implements, or music, or pictures etc ... to alienate the soil is only to deprive the labourers of their *profits*, and to allocate those profits to privileged persons who are thus supported at the expense of the industrious classes. (259)

»The rent of the soil is then the price paid for the use of the soil. This gives us the *measure* of the rent-real, that is, the rent-real is *measured* by *the price paid for the use of the soil.*« (264)

Es fragt sich aber nun »*what* this rent-real is« (l.c. nämlich im Unterschied zur Frage: *how it is measured.*)

Rent is *a value* ... of the *productive capacity of the natural soil*, which *productive capacity represents the natural profit of human labour*. (264)

The first great fact belonging to the terrestrial economy, in this department, is the fact that *the earth is capable of producing more than the cost of the labour expended on it, the cost of the labor* being *that which the human frame requires to consume*, to maintain it in proper health according to climate etc. This is one of the great fundamental facts of man's earthly home. (264)|

|304| Gegen Malthus: »It is *a fact* – a fact which cannot be denied, though terribly overlooked – that *the higher a nation attains in civilization, the less is the proportion of inhabitants devoted to the production of food.* And this being the case, it is plainly evident that the increase of food has a greater velocity than the increase of population; and this is true even in the Brit. islands, where population is so dense. Gr. Britain employs only $^1/_3$ of her population in agriculture, and this $^1/_3$ produces food, not only for itself, but for nearly the other $^2/_3$ – a proportion unknown in any other great country. And so far from the population increasing *faster* than the food, the imports of grain greatly *diminished* from the beginning of the century to 1835, although about 9 millions were added to the population of the *Un. Kingd.* (See *Porter's Progress.*) But even if the imports of grain had remained stationary, or even slightly augmented, the fact would still have been sufficient to upset the whole doctrine of the Malthusian school.« ([265,] 266)

It is only as nature has been made to yield her wealth in return for expended labour, that a greater and greater proportion of the inhabitants can withdraw from agriculture, and devote their energies to the production of those articles which give a higher tone to man's terrestrial existence – which make him less of an animal, and more of a mind. (267)|

|305| the true reason why, in England, the soil does not produce as much food as the nation requires is, that so large a proportion of the population has withdrawn (or rather *been driven*) from the production of food. (267, 68) With only $^1/_3$ of the labour of the country expended on the soil, it is perfectly absurd to speak of a surplus population. (268)

In Bezug auf was value ist, ist der Kerl verdammt confus.

Every Function divided itself into	*The Agent*,	*The Object*,	*The Product*,
u. here	*Man*,	*The Earth*,	*The Produce*,
u. speciell in *Pol. Econ.*	*Human Labour.*	The Product. Capacity of the soil.	The Produce of the soil.

(268, 269)

To make these function or operate in the human reason, a *common measure* is assured under the name of *value*, and this value is itself measured by the outward fact of *exchangeability*. For instance, »How much labour will you give for a certain quantity of productive capacity? or for a certain quantity of produce etc?« This *exchangeability* is again measured by a common term called *money*, and this money is made to consist of some article which is tolerably *constant* in the *quantity of labour* required to produce it, and at the same time so scarce as to present little bulk, while its physical characteristics qualify it for ordinary currency.

Gold, silver etc are *nationally* selected as representatives of value, and *paper* may again ‖306| be employed to represent gold and silver. (269)

Let, then, the *expenditure* which man requires during *the time he labors* be called the *cost* of his labour, and the *surplusreturn* which he receives in the value of the produce be called the *profit*, the *natural profit* of his labour. (273)

First Equation: The produce of the soil = the cost and natural profit of human labour.

Second Equation: The produce = the cost of labour + the value of the productive capacity of the soil.

Third Equation: Productive capacity of the soil = the natural profit of human labour.

And again,

Forth Equation: Prod. capacity of the soil = The produce, minus the cost of production.

But *rent* (as a value) by definition is the *value of the productive capacity of the soil.* Hence

Rent = The produce, minus the cost of production,

= The *natural profit* of human labour. (274, 275)

Capital ... may all be resolved into labour which has at some anterior period been expended, and the profits of which have been accumulated – *saved.* (275)

Dieser Herr macht sich nun die Sache bequem: actual cost of produce will include the *current value of the capital* u. so bekommen wir

Rent = *Value of Produce* – (cost of Labour + interest value of capital.)

Prod. Capacity of the soil = *Produce* – (cost of labour + interest value of capital) (p. 276)|

|307| Hence, fährt dieser so ehrenwerthe Schotte fort, »hence, *assuming* Capital to be not only capable of a *current value (interest)*, but also of a legitimate *profit* over and above the interest – no unfair (wie logisch ist dieß!) assumption, certainly,

The produce of the soil = Cost of Labor + interest-value of capital + profit of labor + profit of capital.

Rent = Value of Produce – (cost of labour + value of capital).

Also *Rent* = Profit of Labour + Profit of Capital. Or, assuming capital to represent only so much accumulated *natural profit* of formerly expended labour, we have finally –

Rent = The Natural Profit of Labour.« (276, 277)

The landed aristocracy are exclusively maintained on the *natural profits* of the labourers of the country. (277)

»It is a fact, that the earth is capable of producing *more* than the cost of the labour expended on it.« Daher entsteht der »natural profit of labour«. ... This profit, then, is *the origin of its representative* – the price paid for the use of the soil. (278) Wenn die 6 men A, B, C, D, E, F. »have so far improved their means of cultivation as to produce 1/5 more than they require«, they »can remain 1/5 of their time idle ... or each may devote ‖308| this fifth of time to produce articles for himself; – or, finally ... five may remain cultivators, while *one* devotes his whole time and attention to the production of those articles which will still further facilitate the labours of the five.« ([278,] 279)

Jezt all, minus one, food-producers. Five men produce 6 maintenances, and one man produces articles of exchange to *purchase* his food from the five. *Rent* has now become possible and not only possible, but it is the only mode by which a just arrangement can be made. The man who *withdraws* from producing food is as much the creator of rent-value as the five who remain to produce the food, and it will always be found that rents are *highest* where there is a larger proportion of the population *not engaged in producing food.* (l.c.)

the earth produces *more* than the cost of the labour requisite to obtain the productions. This *more* is the surplusproduce which remains in excess over and above what man requires to consume while engaged in labouring. This surplus is the *natural profit* of labour, and it represents the extra productive capacity of the soil – that is, the capacity of the soil to furnish more produce than the labourer required to ‖309| consume. The surplus produce is the measure of the extra capacity and it is this extra capacity (which represents the *natural profit of labour*) for which rent is payable. Also:

Produce divided into 1st) Repayment of cost, 2nd) Profit.

Productive Capacity divided into capacity of reproducing cost; capacity of producing profit.

The capacity of producing profit ... is that for which *rent* will be paid. (280)

Das Rindvieh sagt, in einem Land, wo das whole of the population food-producers, »there can be no *rent*. If there were a chief, or ruler, or king etc and if this chief were supported at the expense of the rest, there might be a payment in kind of so much grain, or sheep, or fish, or *produce;* but this is not *rent* (Rindvieh!) – it is *taxation* (schottischer Schulbub!), and taxation in its first rude and imperfect form.« (280, 81)

Wenn a country or district brought to the point where 5/6 of the inhabitants can supply the whole 6 with food; there is then possible a profit of one maintenance on the labor of five, and the capacity of producing this profit will immediately become worth a rent, as it gives the power of purchasing the productions of the one, who devotes himself to manufacture articles to exchange against food. And if 4/6 can ‖310| supply the whole 6 with food, the capacity of producing profit is immediately *increased*, and, of course, is worth a higher rent; and if 3/6 can supply the whole, the profit still increases in the same proportion, and the rent follows in the exact ratio of the profit etc. (281) Rent is the price paid for the capacity (der Erde) of producing this profit. (282)

It is a very common fallacy to suppose that *the rent of the soil* depends on the amount of labour, skill, or capital that has been expended on the portion of soil itself which pays the rent. ... The rent of any one portion of soil does *not* depend on the labour or capital that has been expended on that portion. (282, 283)

Hampstead Heath, f.i., in the immediate vicinity of London, would, at this moment, let for an enormous rent, which rent in nowise depends upon any labour or capital hitherto expended on the Heath. The lands in the neighbourhood of London, Edinburgh, Glasgow, Manchester, Birmingham, and all the large towns, have increased, not from expenditure upon the soil itself, but from the labours of those who are unconnected with soil; and were those labours to cease, the rents would decrease, and, in some cases, disappear. It is a well-known and commonly observed ‖311| fact, that the establishment of manufactures greatly increases the rent of the surrounding soil, – in fact, that this increase of rent has been *created* by the manufacturers. But a fact of much greater importance ... is this, *that manufactures create all the legitimate rent that can possibly exist*, – all other payment being in reality either *taxation* or *robbery*. And thus the present rents of the landholders are really and truly *transformed taxation* – that is, the amount now paid to the landlord in the shape of rent is the modern representative of what was formerly paid to the State in the shape of taxation, the *tax for the State service* being transformed into the *rents of the individual landlords*. And thus the labouring classes, who formerly paid only taxation, now pay both rent *and* taxation, and consequently are *robbed* ... of the *profits* of their labor. (283, 284)

Labour and capital expended on a particular portion of soil will create a *differential* rent, that is, a rent over and above what would be paid were such labour or capital not expended, but this is a question of relation between one portion of soil and another; whereas the main question is, Why does the whole extent of soil pay a rent? And what is the ‖312| natural amount of that rent? Here, then, we have to deal with an *average* of rent. (285)

That which determines the whole amount of rent in a country is the whole amount of the whole labours of a country; so that every new improvement in machinery, every means of facilitating labor, every means of producing the same quantity of goods in less time or at less expense, every increased facility of transit, every means of doing *more* than could be formerly done, increases the amount of rent as directly as improvement of the soil itself. *Demand* is only the *empirical measure* of the rent. The rent depends not on the *demand*, but on *that which causes the demand*, and that which causes the demand is the *consumption of those who are not food-producers*, and the consumption of those who are not food-producers depends on their *number* and their *social condition*. So that ultimately the rent of the food-producing soil depends on the number and social condition of those who are not food-producers. (285, 286) Wo blosse Räuberei, in der Form of taxation od. Rent herrscht, wie in Ostindien, u. wo »no other means of livelihood can be substituted for the soil, the limit« solcher taxation »is the *limit of starvation*, and as occasionally years necessarily occur when the produce falls below the average, starvation actually does occur, and that to no small extent.« (286)|

|313| The amount of rent that ought to be paid (and that *would* be paid were the land the inalienable property of the whole associated community) depends on the proportion between the food-producers and the non-food-producers. (287) Hence we may derive a non-arbitrary law of the amount of rent. (l.c.[, 288])

The labour of the *skilled* labourer ... is not to be compared to the labour of the *unskilled* labourer ... on any such principle as the comparison of mere *number*. (288) In the possibility of man becoming *skilled* lies the secret of human improvement. (l.c.)

the natural profit of labour depends on the comparative numbers of these two great classes of society (nämlich food- u. nicht foodproducers), – that is, assuming that the average skill developed and excited by each class is the same. If the skill be greater on the part of the agriculturists, then the rent would fall *below* the amount indicated by the formula; and if, as is really the case, the skill exerted be greater on the part of manufacturers, then the rent would *exceed* the amount indicated by the formula. ... if the non-food-producers employ machinery of a much higher and more efficient character than that employed in agriculture, the *rent* will increase in ‖314| a corresponding ratio (darum auch! wohl! niedriger *in France* als in *England*, obgleich comparativ die französ. Manufacturmaschine weit höher über der Agriculturmaschinerie steht als in England.). (289)

Wenn die whole population 6,

1) wenn alle employed in production of food, and the necessaries of life, each family labouring for itself (Esel! In diesem Zustand sehr oft die families work together, India, Rome, Germany! of oldest times!) – No Rent.

2) $^5/_6$ auf der einen Seite, $^1/_6$ auf der andern, Rent = the cost of the maintenance of $^1/_6$ of the population.

3) $^4/_6$ auf der einen Seite, $^2/_6$ auf der andern, Rent = the cost of the maintenance of $^2/_6$ u. so fort, so daß

wenn $^1/_6$ engaged in the production of food, and $^5/_6$ engaged in the production of articles to exchange against food, rent = the cost of the maintenance of $^5/_6$ of the population. (290[, 291])

No system of political economy will ever be satisfactory until it can solve this problem, »How can each individual have his share of the natural powers of the earth as well as the produce of his own labour«? (295)

Cost of Labour = that which man requires to expend during the time he labours.

Cost of Production = the *cost of labour* + that which man requires to expend (or consume) during the time he *waits* for the produce; [for man may not only have to *labour* for his return, but to *wait* for it]

Produce = that which man receives in return for his expenditure. (292)|

|315| The first definite unit which we encounter is the *cost of the maintenance of an individual.* This ... may be assumed higher or lower. ... But let it be what it may, it is *the* unit of calculation. Its *natural* determination is, – such a sufficiency of food, clothing, shelter, etc, as shall keep the *labouring powers at their fullest extent for the longest period* – When it falls below this, it is too little. ([292,] 293)

Assume the cost of maintenance of an individual at £.12 a year:

Let the population be six – When all 6 engaged in Agriculture *Cost* = £72 = Produce = 72*l.* (293)

Wenn $^5/_6$ cultivators, $^1/_6$ manufacturer, *Cost of 6 maintenances* = £.72,
but the Produce has increased: *5 cultiv. produce 6 mainten.* = £.72
1 manufacturer produces articles = 12.

It is now plainly evident that if each were to keep what he has in possession, or its equivalent value, the manufacturer is in worse circumstances than the cultivator, because he receives only £.12, whereas each cultivator receives £.14, 8s., and this because the cultivators have the *advantage of the soil and its powers to produce more than the value of the labour expended on it*, whereas the value of the manufacturer's goods is determined ‖316| by the amount of labour only. This is the true origin of *rent*. (294, 295)

Um nun hinter die Ziererei des Herrn Dove zu kommen,

d'abord, wie bestimmt er den »value of the labour of the one who retires«? Er sagt: »If we *suppose* him to possess only the average skill of the cultivators, whatever he may produce will purchase from them only his own maintenance ... but if they did not exchange at such a rate as to allow him at the least *one maintenance,* he will return to agriculture. It is therefore the interest of both parties that he should be maintained as a manufacturer« u. darum »we assume the produce of the manufacturer at the lowest rate, namely, equal to one maintenance.« (294), nämlich = 12. Herr Dove verwechselt d'abord 1 maintenance u. die Zahl 12*l,* die *value* ausdrückt. (Er hat überhaupt keine Vorstellung v. value.) Die cost of 6 maintenances ist nicht, wie er sagt = 72, nach wie vor, sondern nur = 60; *dasselbe Product* muss, aber containing only the labour of 5 instead of 6; u. ditto das Product des manufacturer = *12,* weil ebenso viel *labour contained* in it, as expressed in *12l.* Also der Werth des Products der 6 nach wie vor = 72, u. nicht = 84, wie Herr Dove annimmt. Ferner ‖317| $^1/_6$ dieses Gesammtproducts (dem Wert nach betrachtet) v. 72, od. 12, drückt sich jetzt aus in ebenso viel agricultural *produce wie früher* u. in $^1/_6$ v. dem neu hinzugekommenen manufacturing produce. Herr Dove kriegt seine schöne Rechnung heraus, daß der Theil des manufacturer = 12 u. der des cultivator = 14*l.* 8sh. od. = 12 + 2 + $^2/_{10}$*l.*, indem er die *5 cultivators* sich in den ganzen *Werth* (u. Product) des manufacturer theilen läßt, während sie zugleich ihre frühere maintenance, die er falsch = 12*l.* schätzt, behalten. Hätte er unterstellt, daß der manufacturer d'abord $^1/_6$ v. seinem eignen Product verzehrt u. die 5 cultivators die andern $^5/_6$ erhalten, ganz wie die manufacturers $^1/_6$ v. dem agricultural produce u. die cultivators $^5/_6$, so käme *dieselbe Zahl* heraus, selbst bei der willkührlichen Voraussetzung das agricultural produce nach wie vor = 72 anzunehmen. Nämlich der manufacturer erhält $^{12}/_6$ (den 6^t Theil seines eignen Products) + $^{72}/_6$ (den 6^t Theil des agricultural Producteur, = 2 + 12 = 14; u. die *5* cultivators erhalten $^5/_6$ v. 12 = 10 u. $^5/_6$ v. 72 = 60, also zus. = $^{70}/_6$, also 14; ganz wie der manufacturer. Abgesehn v. der gänzlichen „Narrheit" über den Werth, kommt der Witz des Herrn Dove dadurch heraus, daß die manufacturers *kein* Manufacturproduct verzehren; durch diese abgeschmackte Voraussetzung, ‖318| aber nicht durch die productive powers des soil. Es ist überhaupt die Quadratur des Circles, nun *Werth, = Preißerhöhung* aus einer überschüssigen, d.h. *wohlfeileren* Production herleiten zu wollen ... In derselben feierlichen Weise entwickelt Herr Dove, daß wenn der obige Fall eintritt »the rent of the whole soil under cultivation ought to be £12, and that this will exactly *equalise* the receipts of each member of the community.« (295)

Ferner illustrirt er in derselben Rechnungsweise, daß wenn $^{2}/_{3}$ cultivators, Rent = 24*l.* (unter der frühren Voraussetzung, daß 1 maintenance = 12*l.*) (296)

In France about $^{1}/_{2}$ der population agricultural; daher

3 cultivators produce 72 ⎫
3 manufacturers 36 ⎭ 108 u. Rent ought to be equal to the maintenance of half the population (= 31.) (l.c.)

»According to the present *monstrous* distribution of the lands, England does not produce quite sufficient food for her own consumption, and we must reckon among *her* food producers a certain number of Americans, Poles, Dutchmen etc, who send us their corn, cheese, cattle; Chinese, who send us tea; Negroes, who send us sugar; and ||319| various others of the many coloured sons of men from whom we obtain spices, wines, tobacco, fruits, fish, and many other articles of consumption.« (297)

(At present the only question with the landlord is that of *rent.* If the lands are worth a rent, they are *for the most part* cultivated. But there are millions of acres which, although capable of supporting a large population in plenty, are yet capable of producing very little surplus over and above the cost of production. They will not produce *rent.* These lands are, in many cases in Scotland, reserved as *game deserts;* nay, worse than this, the people have been driven off, the sheep have been driven off, and the very land that produced both food and some of the best and bravest soldiers ... has been turned into desolation and solitude.) (p. 297 Note)

England befindet sich in den günstigsten Umständen »for the production of wealth – that is, the same amount of *human* labour *produces* a greater value in England than in any other country in the world. Not that the labourers *receive* this value, for the profits of labour have to support the whole of the aristocracy.« (298) In England the labourer *ought* to be better off than in any other country, on account ||320| of the vast inheritance of accumulated facilities which he derives from formerly expended capital and labour (298) ... the labour of England turns out a greater value every year, in proportion to the inhabitants, than the labour of any other nation, and consequently that labour *is* more valuable, although the labourer does not receive more money. The landlords, placemen, and capitalists receive it, *instead* of the labourer. (298, 299)

Nimm in England an 2 cultivators auf 4 manufacturers; so

2 cultivators produce £72 ⎫
4 manufacturers 48 ⎭ £.120, and the rent ought to be 48£. (299)

Wenn nur 1 agriculturer auf 6, so

1 cultivator produce £.72 {
5 manufacturers 60 { £.132.

Hier zieht Herr Dove den Schluß »all the manufacturers in the world can never equal in value the whole amount of *food*. Never the *whole*. However nearly they may approach, they can never become exactly equal, because ... the cultivators will always *retain their own maintenance*.« (300)

M. Foreign trade, »the manufactures of a country may be more valuable than the food produced in *that country*, but in this case, either food must be imported, or there must be a market open from whence it *could* be imported if required.« (300) M. der Repeal der Cornlaws was früher ‖321| nur 1 purchases now 2 bushels of wheat »not because so much grain *is* imported, but because it *can* be imported, if required.« ([300,] 301)

[Dove faselt viel von der »metamorphosis of a consequent into a major«, daher ergiebt sich wohl auch, wie »in *political economy* ... the earth is a capacity capable of producing *social value* in return for expended value.« *272 Note.*]

The mere *produce* does by no means determine the *value*. (302) The rent of the soil is dependent on the *value* and not on the *quantity* of the produce. (303) Who, then, *creates the rent-value?* (who creates the *value* of the soil? p. 302) ... *Not* the landed proprietor, and *not* the cultivator. (303)

The landed proprietor, for the most part, does nothing to make the earth valuable. If he be only a landed proprietor, and have no other source of income, all that he can expend on the land is only what he has already received from it; and consequently it is the land, and not the proprietor, that furnishes the funds for those improvements which pass under the name of *landlord's improvements*. To sum up all that a real landlord can do, we may say that he consents to receive less rent, in the ‖322| meantime, for the purpose of receiving more at some future time. The landlord is only a consumer of rent, not by any means a producer of it, although some landlords may consume a larger and some a smaller proportion. (303) *If the whole of the landlord's rent were expended on the improvement of the soil?* The soil would benefit, the rent would rise, and the landlord would have nothing. All that a landlord can do to make the soil more valuable, is only to *consent to consume a less proportion of the rent* ... The landlord, as such, produces *nothing*. (304)

The *cultivator* produces the *articles*, but he does not produce their *value* ... which alone gives to the soil its marketable value. He helps to do so, like every other labourer; but it does not depend on him alone to make the earth worth a rent and worth a price. An acre of land in western America may have the same capacity for producing *corn* as an acre of land in the county of Kent; but it has not the same capacity for producing *value*, and consequently is not worth the same rent, nor the same purchase-price. Nay, land that has never been cultivated at all, may be worth much more rent, and would fetch a higher price, than the best and most productive agricultural soil. Hampstead Heath f.i. (304)|

|323| Because the whole labours of the country have constantly increased, and the soil has become of value for other purposes than those of mere cultivation. And hence the amazing value of land in towns and cities which is not, in the slightest degree, dependent on the landlord or cultivators, but on those labourers who carry on the commerce and manufactures of the country, and who as clearly create the value of the soil as they create a new value in raw material. (305)

It is plain that, if there were no consumers except the agriculturists themselves and the landlords, there would be no market for surplus produce, and consequently no possibility of any other rent than a rent in kind. But a rent in kind could only extent to the articles produced out of the soil, – that is, to the mere feeding of the landlords. If there were no population except agriculturists, all that the landlord *could* have would be his maintenance, and the proprietor of 1000 acres would have this as abundantly as the proprietor of 10,000. Unless the landlords were to *create a class* of non-agriculturists (servants to work for them), they *could* have only as much of the produce as they could personally consume. More than they could *consume* would be utterly without a value etc. (306, 307) ⌊Und, so ass, ‖324| daṣ surplusproduce in Schaaren od. Calicos would be utterly without a *value* for the master manufacturer, if there was nobody to *buy* it. This ass tries to get at the very first notions of *„exchangeable"* value, and *discovers*, as something striking, that one of its conditions, is *exchange* and possibility of „exchange".⌋

The great amount of *rent-value* (which determines the value of the soil) is created, not in any degree by the landlords – in a small degree by the agriculturists – and in its principal degree by those who create or produce *articles to exchange against food.* (308, 309)

Improvements create at best only a *differential* rent, and this differential rent is not the rent of the *soil*, but of *the capital and labour* actually invested in it. (310) So long as the rent of the soil is allocated to a nonlabouring landlord, the mere labourer can receive no more than his maintenance. (311)

Er citirt vom *„Second Report of the Children's Employment Commission"* §*773*. „In certain localities of the west of Scotland the population has of late years increased with unprecedented rapidity, and the value of property has been augmented in a still more remarkable degree, chiefly by *the establishment of mines and iron-works*, as examples of which may be cited the great ironworks of Gartsherrie, Sommerlee, Calder, Dundyvan, and Chapel Hall. The works receive a great quantity of ironstone from Rochsilloch, the property of Sir W. Alexander. The black-band here yields from 30 to 40 p.c. of iron. ‖325| The output at Rochsilloch alone is 4500 tons per month, and the annual income to the proprietor is about £12,600 per annum, from a property which, if let only for tillage, would yield but a few hundreds per annum. By a table in *Robertson's Description of Cunninghame*, it appears that on an average of all the parishes of that district, the rental was 18 times more in 1809 than in 1653; and in Stevenson parish, the rental had become 45 × greater. Villages and towns have sprung up on what at no distant period was a barren moor, containing works which give employment to hundreds of people, and for whose labour many thousand pounds per month are paid in wages.“ (312, 313)

To whom, then, *ought* the rents of the soil to be equitably allocated? … to the *Nation*. (318)

National *property* [u. daher taxation] there must be *somewhere*, and it is assuredly more *just* to take that property from the natural value of the soil, than from the individual fruits of labour. (318) To sell [z. B. Colonien unterstellt] the land to the capitalist, is to kill the goose that would lay golden eggs for ever afterwards; it is, in fact, ‖326| to cut the throat of the national prosperity, because the *value* of the soil will go on constantly increasing with the increase of the national labour, and the *future* rents have been alienated from the society for a minimum price that was the value, not of the *soil*, but of its *then* rent. (319)

To *sell* the land is unjust to all future generations. (l. c.)

the soil must be »put up to auction at stated period, and the rents paid to the directors of the association [i. e. der Nation] for the benefit of all.« (320)

This principle of allocating the rent to the community, instead of to individuals, has been partially but very imperfectly carried into operation in the *gold fields of Australia*. (321) Dagegen schädliches »principle at work« in Australien, which »will alienate the whole of the sheep-lands from the state. If the sheep-licenses are made renewable at a *fixed rent*, the soil, from leasehold, will become copyhold, and ultimately … as good to the tenant as freehold.« It »would be … robbing the community of the value of the soil for the benefit of those who may chance to hold *runs*. The only mode of equitable adjustment is to put up the runs to auction once, say, every 20 years ... A *fixed* rental, the same for all runs, is of itself utterly absurd; but if made perpetual, it would, in fact, be the great of the soil, minus a trifling yearly payment.« (323 Note)|

|327| It is quite evident that a greater amount of outlay has been made on the island of Gr. Brit. than on any other part of the world of similar extent. In harbours, roads, railroads, land improvements, houses, towns etc England is unequalled. Yet the labourer who inherits all these facilities is not so well off as in Arkansas or Wisconsin, where no capital has been previously expended ... All the previous expenditure of Gr. Brit. goes to swell the landlord's rent, instead of tending to improve the condition of the labourer. (325)

A national debt can never be morally a debt on those who inherit nothing but their labour. (325, 26)

The allocation of the rents of the soil to the nation is the only possible means by which a *just* distribution of the created wealth can be effected. It is true that this is not the only requisite – for *a systematic co-operation* in *the whole field of labour is also needful* – but is the first main requisite, the first necessary arrangement of society which would prevent the profits of labour from escaping, as they now continually do, *from* the labourers *to* a class that labours not, yet constantly increases in wealth. (326)

As a class (die landed proprietors) are antagonistic to industry, enemies to freedom and to progress, barriers to the civilization of the world, living on the fruits of other men's ||328| labours, yet hating the toil which alone endows them with wealth. They are the evil remnants of the feudal system. (328)

Entweder die Population sucht neue Länder »where labour shall meet with a more equitable reward, or *a war of classes* will ultimately ensue, having for its theme, not *liberty*, as in former days, but *property*. If the population diminish – and it seems already to have that tendency – England must relatively decay ... And if, on the contrary, the labourers of England go on increasing as heretofore – the wealth of the few standing out continually in stronger and stronger contrast with the poverty and degradation of the masses – there must come a time when *the classes will enter into a struggle of which none* can foresee the results. (328, 329)

To tax labour is to disunite society – it makes the nation only an aggregation of unassociated individuals. To tax the rents of the soil is to unite society – it makes the nation a community bound together by the ties of a common interest, and a common welfare. (329, 330)|

|329| Dr Wilhelm Hamm: Die landwirthschaftlichen Geräthe u. Maschinen Englands.

Zweite Auflage. Braunschweig 1856.

1 acre = 0,405 Hektare = 1,584 pr. Morgen.
1 Imperial Qr (8 bushels, 32 Pecks) = 5,288 pr. Scheffel.
1*l.* St. = 6Th. 25Sgr.
1sh. = 10Sgr. 3Pf. [(S. XII)]

Das beste Land zunächst den Wohnungen wurde angebaut, u. die Gemeindeweiden nährten das Vieh ohne viele Mühe u. Unkosten. (2)

Fitzherbert. 1523 sein Buch der Landwirthschaft. *Die Pächter mußten zu jener Zeit m. Weib u. Kind angestrengt arbeiten* u. unterschieden sich nur dadurch v. dem Taglöhner, daß sie freie Männer waren. Der Landbesitzer war im Stande glücklicher Unabhängigkeit; seine Lebensweise ausserordentlich einfach; den Handel trieb er gewöhnlich als Tauschhandel u. bekam nur selten Geld in die Hände. Aufwand machte er nicht den geringsten, lebte blos v. den Erzeugnissen seines Bodens, u. nährte seine Arbeiter am eignen Tische in der grossen Halle, dem Versammlungsort des ganzen Hauses. Schafzucht war der Hauptgegenstand des Betriebs, Wolle der vorzüglichste Verkaufsartikel. Den größten Theil des Jahres wurden die Schafe blos auf den grossen Gemeindetriften gehalten; in *strengeren Wintern* ging immer eine beträchtliche Anzahl zu Grunde, da man sie durchaus nicht zu schützen wußte. *Heu* war ihr einziges Futter, Rüben u. Klee ||330| waren noch unbekannt. Die Wiesen verinteressirten sich meistens höher wie das Ackerland; es wurde reine Weidewirthschaft getrieben. Aus Mangel an Winterfutter wurde im Herbst stets eine Menge

Vieh geschlachtet u. dadurch f. Familie u. Gesinde eine reichliche Winternahrung gewonnen, aber auch der Grund gelegt zur überwiegenden Fleischnahrung des Landvolks. (5)

Unter *Heinr. VIII.* Aufschwung der engl. Viehzucht, zunächst der Schafzucht.

Zu *Cromwell's* Zeit zwei hervorragende Schriftsteller über Agricultur.

Hartlib, 1651: *„Legacy of Husbandry"*. (machte sie mit den allgemeinen Grundsätzen der Landwirthschaft bekannt, wie sie damals, aus den röm. Schriftstellern gefolgert, unter den am meisten vorgeschrittnen Landwirthen, den Holländern, geltend waren.) [(5, 6)]

Walter Bligh: 1652: *„The Improver improved"*. (empfiehlt bes. *rothen Klee*, dessen Cultur aus den Niederlanden nach England geschritten.)

Richard Weston dagegen *Rübencultur* (schildert die flandrische), Grund zum jetzigen System der engl. Landwirthschaft, als dessen Hauptzug der Rübenbau u. die Fütterung des Viehs im Winter mit Rüben gelten kann. (6)

Anfang des 18. Jh. erwachte Geist der Speculation in der Landwirthschaft. Ankauf unangebauter Ländereien, geregelte Pachten etc (l.c.)|

|[331]| *Jethro Tull*, schlichter Landmann in Berkshire. Führte auf seinem kleinen Gut Methode des Anbaus ein, wie in der Lombardei schon theilweise Sitte u. wahrscheinlich den Gärtnern entlehnt war, welche ihr Gemüse in Reihen mit beträchtlichen Zwischenräumen ansäen od. pflanzen. Als er fand, daß das Wachsthum der Pflanzen in sonst gutem Erdreich durch Aufhacken u. Lockern des Bodens ausserordentlich begünstigt, gelangte er zur *Theorie*, daß die *Nahrung der Pflanzen blos aus fein zertheilter Erde bestände*, daß der *Dünger blos mechanisch wirke* u. der Boden ihn wirklich entbehren könne, indem *fortgesetztes Bearbeiten u. Aufrühren* desselben völlig genüge, um ihn beständig fruchtbar zu erhalten. [(6, 7)] Tulls System, *Drillwirthschaft*, enthusiastisch aufgenommen. (Danach die Düngung beschränkt, aber nicht die Arbeit; nach ihm erheischt die Zunahme der Bevölkerung auch ein gesteigertes Maß v. Arbeitskräften.) Bald zeigten sich die shortcomings des Systems. Doch entwickelte sich daraus in England die dort nunmehr allgemein übliche Reihensaatbestellung u. in Folge davon die Einführung der *Säemaschinen;* das *Behacken* der *Gewächse* während ihrer Vegetationsperiode, die eigenste Erfindung Tull's, leitete über zum Hackfruchtbau, zur Anwendung v. Gespannwerkzeugen, statt der Handhacke, u. f. die Hebung des Landbaus v. unendlichem Nutzen. *Die Ein||332|führung dieser Verbesserungen* fällt in die *Mitte des 18 Jhd* u. v. dieser Zeit an begann die *eigentliche Umwälzung der Agricultur.* Statt Zwei- u. Dreifelderwirthschaft … *Fruchtwechsel; künstlicher Futterbau*, in Folge dessen schnell verbesserte

Viehzucht u. Mastwirthschaft, die *reine Weidewirthschaft* in immer engere Bezirke eingegrenzt. (7) Schon die grosse Reform durch die Drill- u. Reihencultur konnte blos mittelst der Erfindung geeigneter Maschinen vor sich gehn. (8)

Caird über die zurückgebliebenen engl. farmers. [(11)]

(In Grafschaft *Surrey*, wozu noch Theil v. London gehört, ganz verkommner Zustand. Allerdings der Boden strenger Wealden-Thon, sehr schwerig zu bearbeiten, allein die natürlichen Hindernisse noch vermehrt durch die *Bewirthschaftungsweise*, traditionell. Güter Umfang v. 50–200 acres, werden f. 5–50sh. Pacht an Leute gegeben, deren Familien hier seit Generationen wohnen. [(11, 12)] Ueberhaupt das Buch v. *Caird* gut, um zu zeigen, wie schwer auf dem Land, bei der Privatwirthschaft, *Gleichmässigkeit* hervorzubringen, traditionellen Nonsense über Bord zu werfen etc.)

Allgemeine u. rationalle Anwendung künstlicher Düngungsmittel ist vortheilhaft nur möglich bei der Drillcultur. (12)

(Herr Tull selbst ruinirte sich durch seine Versuche) [(7)]|

|333| Alle Feldsysteme sind in Großbritannien vertreten: In den *Haidegegenden der 3 Königreiche* die Brand- u. Plaggenwirthschaft; im westlichen England, Hochschottland, vielen Theilen Irlands die Weidewirthschaft; im südlichen England, namentlich Kent, u. hier u. da übers ganze Land sporadisch verbreitet, die Körnerwirthschaft; in einzelnen Fabrikdistrikten, irischen Zuckerrübengegenden u. den Hebriden, die Zweifelderwirthschaft, endlich am verbreitetsten die *Fruchtwechselwirthschaft.* (12, 13)

Altrömisches System der Zweifelderwirthschaft: ein Jahr lang Getreide zu bauen u. das folgende den Acker brach liegen zu lassen. (13)

Herr *Hamm* (p. 13 sqq.) schreibt den Lavergne ab (oder dieser ihn?) (Er sagts selbst: Vorrede X.)

Auf Gut v. 70 Acker 30 beständig Weide, 8 mit Rüben (Hackfrucht) bestellt, 8 mit Gerste od. Hafer, (Sommergetreide) 8 mit Klee, 8 mit Kleeweiden vom 2t Jahr (*künstlicher Futterbau*, auch Raygras) 8 m. Weizen. (15)

Die Brüder *Collins*, Pächter in Darlington, kamen gegen Ende 1775 auf den Gedanken, Bakewells Verfahren auf die Rindviehrace des Teesthals anzuwenden, u. sie erlangten fast v. Anfang an erhebliche Resultate. (23)

Eigenthümlichkeit der engl. Landwirthschaft ... völlige Trennung des Ackerbaus v. Nebengewerben, so daß sich der Landwirth m. der secundären Production gar nicht beschäftigt ... nirgends Branntweinbrennerei, Bierbrauerei, ||334| Zuckerfabrikation od. d.g. mit dem Betrieb verbunden. (31)

1811 Zahl der nicht mit Landwirthschaft beschäftigten Familien 1,600,000, 1821 2 Millionen, 1841 $2^1/_2$ Mill., jetzt 3 (darüber) Millionen Familien. In Grafschaft Middlesex kommen 2 Landleute auf 100, in Lancashire 6, in Westriding 10, in counties of Warwick u. Stafford 14. $^1/_3$ der engl. Bevölkerung in London u. den Fabrikstädten Lancashires u. den Westridings. (35) Was in Bezug auf Landwirthschaft »den englischen Betrieb charakterisirt, ist ... der Umstand, daß die Agricultur als *besondrer Industriezweig* betrieben wird u. das grosse Capital ... Beides ... Folgen des grossen Absatzmarkts in der nicht ländlichen Bevölkerung. Sowie der Verkauf der Producte in einem grossen Maßstab möglich ist, fragt sich der Producent: »Welches Product verkauft sich im Verhältniß zu seinen Herstellungskosten am theuersten? Durch welche Mittel lassen sich die Herstellungskosten vermindern, um den Reinertrag zu vermehren?« Diese beiden Fragen schliessen die ganze Umwendung der Landwirthschaft in sich. (37) Der Landwirth ohne Absatzwege sieht vorzüglich darauf kein Geld auszugeben, weil er sich keins verschaffen kann; der Landwirth, der auf guten Verkauf sicher rechnen kann, scheut sich nicht vor nützlichen Ausgaben. (38) Wo der kleine Grundbesitz ‖335| nicht mehr vortheilhaft ist, entsteht er hauptsächlich aus Mangel an Absatzwegen. Der kleine Capitalist hat kein Interesse Pächter zu werden, wenn der Gewinn gering u. ungewiß ist. Auch er strebt vor allem darnach zu leben, ohne baares Geld auszugeben u. sein sicherstes Mittel für den Lebensunterhalt, wenn es durch den Tausch nicht geschehn kann, sein kleines Vermögen in ein paar Ruthen Land anzulegen, die er selbst bearbeitet. (38) Seit 1800 sind blos in dem eigentlichen England $1^1/_2$ Mill. neue Häuser gebaut, 1500 deutsche Meilen Eisenbahnen eröffnet, eine ungeheure Anzahl Steinkohlengruben u. andrer Bergwerke in Angriff genommen worden. So sind Milliarden neuer Werthe entstanden, v. denen der größte Theil den Grundbesitzern zu Gut kommt. (39)

Man studirte die Ursachen, welche seit der Einführung des Norfolker Wirthschaftsystems den früher für den am fruchtbarsten gehaltnen Thonboden (ungefähr $^1/_{11}$ der Gesammtoberfläche Englands) als verhältnißmässig schlechteren hatten erscheinen lassen ... neue Systeme um diesem Uebelstand abzuhelfen. ... man kann behaupten, daß der Thonboden bald seinen alten Rang wieder einnehmen wird. (44)

Durchschnittspreiß der Drainanlagen in England 15 Th. auf den Morgen; das in dieser Melioration angelegte Capital verzinst sich mit 10%, u. die Pächter weigern sich fast nirgends, den Pacht um 5% f. die ‖336| Anlage der Drainirung auf ihren Feldern zu erhöhn. (45)

(Nach dem shock, den die Aufhebung der Korngesetze gab, waren folgendes die Hauptentwicklungen of Engl. Agriculture:

Neue Behandlung der Thonerde; Drainirung (Gesetz, wodurch den Landlords zu $3^{1}/_{2}$% or something of that sort gepumpt wird); Guano u. künstliche Dünger; Anwendung der Dampfmaschine u. damit entsprechende Veränderung der agricultural machinery überhaupt; endlich *Stallfütterung* statt des freien Weidens. Diese engl. Stallfütterung ist eine Art Zellengefängnißsystem, aber wohl ventilirt, geräumig, gute Nahrung, bessere Oekonomie des Mistes. In diesen Gefängnissen werden die Thiere geboren u. bleiben drin bis sie are killed off. Die Frage ist, ob dieß System, verbunden mit dem der Züchtung, das die Thiere abnormal entwickelt, u. ihre Knochen unterdrückt hat, um sie in blosse Fleisch- u. Fettmassen zu verwandeln, früher aber (vor 1848) mitigirt war durch möglichsten Aufenthalt in freier Luft, nicht schließlich den Grund zu grossem Verderb der Lebenskraft legen muß?)

»Traurige Klöster, worin das Vieh eingemauert, die es nur verläßt um zur Schlachtbank zu gehn … Solche Fabriken v. Fleisch, Milch u. Talg, wo das lebende Thier ganz wie eine Maschine behandelt wird, haben etwas Abstossendes wie ein Fleischerladen.« (48) Schon sind Klagen laut geworden, über die Qualität des Fleisches, das in dieser Weise so reichlich fabricirt wird … Das Wahrscheinlichste ist die Annahme eines gemischten Systems, welches die Vortheile beider Methoden (der Stallfütterung u. der Weidewirthschaft) zu vereinigen sucht. (49) |

|337| Das im Stall gemästete Vieh liefert nicht blos direkt einen grössern Ertrag an Fleisch, sondern man behauptet … daß, während man durch eine vervollkommnete Weidewirthschaft höchstens 1 Stück Rindvieh auf 2 Acres Ackerland halten kann, man … durch Stallfütterung 2 od. sogar 3 Stück darauf mästet u. ausserdem auch noch den Ertrag an Körnerfrüchten bedeutend erhöht. Alles wird nun Ackerland u. das Norfolker Wirthschaftssystem kann … auf der ganzen Ausdehnung des Guts angewandt werden. (49) Z.B. also jetzt auf Gut v. 70 Acres würden die *natürlichen Wiesen* ganz verschwinden u. die 70 Acres so eingetheilt werden … 14 m. Wurzelgewächsen od. Bohnen, 14 m. Gerste od. Hafer, 28 als künstliche Futterfelder, 14 m. Weizen. Das Verhältniß der den Boden bessernden zu den den Boden aussaugenden Culturen früher = 54 zu 16, nach dem neuen System 42 : 28, aber mehr Dünger erzeugt, weil man statt 70 Stück Rindvieh 150 Stück erzeugen kann u. nichts an Dünger verliert. (l.c.[, 50])

Die Hauptsache: Der Ertrag der *künstlichen Futterfelder* seitdem sehr gesteigert durch die *allgemeine* Einführung einer besondren Art des *Raygrases*, des italienischen; u. zweitens *vervollkommnete Art den flüssigen Dünger zu vertheilen.* (R. M. *Huxtable*, in 1850, zuerst angewandt.) (50) (Röhren, Dampfmaschine, u. beweglicher Schlauch dabei angewandt (wie bei Feuerspritze). Mit einem Mann u. einem Knaben kann man auf diese Weise täglich gegen 8 Acres düngen.) (51) Schon durch Ersparung v. Handarbeit u. Zeit gewinnt man bei diesem Systeme rasch die Auslagen f. die Herstellung u. Unterhaltung der Röhrenleitungen u. Pumpen ||338| wieder. (4–5£. St. per acre; die jährlichen Zinsen u. Betriebskosten 11 bis 12sh. p. acre.) Die Anlage der (Dünger) Reservoirs u. die Aufstellung einer Dampfmaschine kommen nicht in Betracht, »weil beide gegenwärtig auf einem gut bewirthschafteten englischen Gut nicht fehlen dürfen.« (51)

Nirgends wo so grosser *Dünger*handel als in England. *Knochenmehl* (durch zahllose Knochenmühlen verarbeitet), ungemischt, gröber od. feiner, od. mit Schwefelsäure, Salzsäure vermischt. Den Hauptgehalt des Knochenmehls, *phosphorsauren Kalk*, sucht er auch in verschiednen Fossilien, in dem Apatit u. den Koprolithen, Knochenversteinerungen v. Seethieren; *Kalken u. Mergeln* des kalkarmen Bodens; *Guano*. Die *Londoner Düngercompagnie* verkauft: Guano, Gyps, Knochenmehl, Urat, Korndünger, schwefelsaure Knochen, Koprolithenmehl, mit Schwefelsäure aufgeschlossene Koprolithen, schwefelsaures Ammoniak, phosphorsaures Ammoniak, Chilisalpeter, Düngesalz, Kohlenpulver, Glaubersalz, Bittersalz, Rapskuchenmehl, präparirte wollene Lumpen etc. In neuester Zeit besonders wichtig *Chilisalpeter* (besteht aus 36,6 Natron u. 63,4 Salpetersäure), das salpetersaure Natron, auch Würfelsalpeter genannt. (52) (Bes. in Chili u. Peru gefunden, wo ein 25 Meilen langes Lager desselben entdeckt. (l.c.)|

|339| Chilis salpeter auch wohlfeiler als Guano. 1 Ctr about 7 Thaler; aber 75 lbs sichern auffallenden Mehrertrag auf den Morgen f. den ärmsten Boden 40 lbs für mittleren, 25 lbs f. guten Boden. (54) (Ausserdem der *»Würfelsalpeter«* nicht so sehr der Fälschung ausgesetzt wie der Guano. »Es ist eine Thatsache, welche in England öffentlich gerügt wurde, daß die Guanoschiffe auf der Heimreise als Ballast französischen Gyps laden, mit welchem dann der Guano an Ort u. Stelle in ausgiebigem Maße gefälscht wird.«) (54)

Das Abheben u. Brennen der ganzen Ackerkrume eines *Thonbodens* kommt nur in England vor. (l.c.) Durch das Brennen erhält der Thon ... grössre Lockerheit u. Porosität, vermöge welcher er das Ammoniak inniger aufnehmen u. den Pflanzen zuführen kann, der darin enthaltene Kalk wird in Aetzkalk verwandelt u. trägt dann zur Lösung der Silikate bei, das Kali des Bodens wird löslich u. endlich werden die physikalischen Eigenschaften des Thons sämmtlich u. zwar beinahe in die entgegengesetzten verwandelt. (54) Wo diese Düngervermehrung der Ertrag an *Körnern gegenüber der älteren Wirthschaft um* $^1/_3$ gestiegen; zu gleicher

Zeit hat die eingesäete Bodenfläche sehr zugenommen. (55) Das System in seiner ganzen Ausbildung kann nur in solchen Gegenden Anwendung finden, die sich am besten zum Anbau v. Körnerfrüchten eignen, d.h. im *Südosten*, der v. der Krisis am schwersten gelitten hat. Im *Westen u. Norden* wird es meist durch ‖340| vollständigen Wegfall der Körnerfrüchte vereinfacht. So geht die Arbeitstheilung wieder einen Schritt weiter; die Cultur v. Körnerfrüchten *dehnt sich in* dazu am besten passenden Gegenden aus; sie *vermindert* sich auf dem dazu weniger geeigneten Boden. Im Ganzen scheint sich daher das Verhältniß des besäten Flächenraumes nicht fühlbar zu verändern. (55)

Die Auslagen *(Verbesserungen)* (Drainirungsarbeiten, Errichtung v. Gebäuden zur Stallfütterung, Aufstellung v. Dampfmaschinen, Anlage v. neuen Düngereinrichtungen u.s.w.) erfordern allerdings grosse Opfer. Man kann die Auslagen des *Grundbesitzers* dafür auf mittlerem Boden auf about 8*l.* St. *p. acre* anschlagen, die des Pächters auf die Hälfte (4*l.*). Auf *schwerem* Boden steigt die Summe noch bedeutend, auf *leichtem* mag sie sich verringern. Wird dieser befruchtende Vorschuß gut angewandt, so steigt Alles, auch die *Rente* … Alsdann liefert der Boden mindestens $^{1}/_{3}$ mehr an Lebensmitteln; der average brutto Ertrag, früher 8*l.* St. per acre wird auf 12*l.* steigen, die average rent auf 4*l.* u. der Gewinn der Pächter auf 2*l.* … Schon 1846 trug die engl. Regierung den Gutsbesitzern Anleihe v. 3 Mill. £.St. für Drainirungsarbeiten an, welche mit $6^{1}/_{2}$% Zins in 22 J. getilgt sein sollten. Später dieß wiederholt. Hilft dem mit Schulden überlasteten Theil – about $^{1}/_{10}$ der landlords – nichts. (58)

An einigen Punkten hat die Zahl der Arbeiter abgenommen; an andern zugenommen durch Fortschritte der Stallfütterung u. Verwandlung v. Wiesen in ‖341| Ackerland. Im Ganzen ist die Zahl der früheren mindestens gleich geblieben. (60)

Die *mechanische Bearbeitung* des Bodens bezweckt Mischung, Reinigung u. Auflockerung der Bodenbestandtheile. (69) Aber auch Aussetzen des Bodens an die Atmosphäre, Düngung durch Wasser u. Feuchtigkeit od. Ableitung derselben mittelst mechanischer Hülfsmittel etc (70) Wegräumung der Hindernisse, die dem Gedeihn der Culturpflanzen schädlich … dadurch auch möglich auf einem u. demselben Gut gewissermassen mehrere Güter zu gleicher Zeit zu bebauen, indem bald eine obere, bald eine untere Schicht der Erdoberfläche, je nach Untergrund od. nach Beschaffenheit der Pflanzenwurzeln, vorzugsweise der Cultur übergeben wird. (l.c.)

Ausser der Bestellung zur Saat, der Lockerung u. Ebenung des Bodens vor u. mit derselben u. damit zugleich Reinigung v. Unkräutern, findet aber auch noch bei vielen Gewächsen eine mechanische Bearbeitung während ihrer Vegetationsperiode statt. Der Zweck derselben ist die Vertilgung des Unkrauts zwischen den Pflanzen, Lockerung des Bodens zum Behuf der s.g. atmosphärischen Düngung, Darbieten v. neuem, noch nicht v. ihren Wurzeln ausgesaugtem Erdreich. Diese Bearbeitung ist das *Behacken.* Wenn dasselbe, wie es in grossen Wirthschaften nicht anders sein kann, mit dem Gespann geschieht, so muß nothwendiger Weise eine Reihencultur stattfinden. (71, 72)|

|342| Die mechanische Bearbeitung ... reicht allein hin od. macht es möglich, *bisher uncultivirten Boden* zu bebauen od. urbar zu machen. ... Häufig ist solcher Boden v. der Beschaffenheit, daß er mehre Jahre hinter einander Ernten ohne Dünger gewährt. Sorgfältige Vermischung, Lockerung u. Ebenung desselben sind jedoch unumgängliche Bedingungen. Sie werden nur erreicht durch unausgesetzte Beackerung; dadurch wird der s.g. *wilde Boden,* welcher freie Säuren, sauren Humus, Metalloxyde u. andre schädliche Bestandtheile enthält, entsäuert, gewinnt an düngenden Stoffen ohne äusseres Zuthun etc. ([72,] 73)

Untergrund vermag je nach seiner Beschaffenheit den Werth u. die Ertragsfähigkeit eines Bodens ausserordentlich zu erhöhen od. auch im Gegentheil zu vermindern. Ist derselbe v. der Zusammensetzung, daß er, m. der Atmosphäre in Berührung gebracht, einen culturfähigen Boden abgeben kann, was fast immer der Fall ist, dann wird er auch die Kosten u. Schwierigkeiten der Emporbringung lohnen u. kann ein ganzes Gut in kurzer Zeit bedeutend verbessern. Eine Menge v. löslichen Pflanzennahrungsstoffen wird nämlich durch die nachsickernden Wasser dem Untergrund zugeführt. ... Dieses mächtige Mittel, die Ertragsfähigkeit eines Bodens zu verdoppeln, indem man dem Gut in senkrechter Richtung, d.h. durch Vergrößrung der culturfähigen Schicht, eine weitere Ausdehnung gewinnt, haben die Engländer zuerst mit Erfolg angewandt. Sie trachten aber auch darnach, den Untergrund zu cultiviren, ohne ihn hervorzubringen od. mit Krume zu vermischen. ‖342[a]| Der Nutzen solcher Bearbeitung sehr groß. Den Pflanzen dadurch der Weg gebahnt bis in die tiefsten Schichten, wo sie mindestens Feuchtigkeit schöpfen können, wodurch sie den schädlichen Einflüssen der Dürre entgehn, sondern auch der Werth der Ackerkrume erhöht, indem sowohl die allzu grosse Bindigkeit, als Lockerheit des Untergrunds aufgehoben u. den schädlichen Wirkungen desselben vorgebeugt werden kann. (73) Bearbeiten des Untergrundes im andern Sinn die Drainirung. (l.c.) Ebenso mechanische Bearbeitung das einzige Mittel die Oberfläche der Grundstücke zu entwässern u. trocken zu legen. (74)

Bei Construction der Werkzeuge – neben der besten Art u. Weise der Arbeit *Ersparniß an Arbeitsaufwand,* sowie an Kosten u. *Zeit.* ... Mit der

Ersparniß der Kosten ist Rücksicht auf die *Dauerhaftigkeit* des Instruments verbunden. ... Noth trieb die Engländer *Holz*, wo es irgend angeht, durch *Metall* zu ersetzen. (76)

Seit der ersten Londoner Ausstellung (bis 1856) mehr landwirthschaftliche Maschinen in Deutschland eingeführt, als in dem ganzen Jahrhundert vorher. (77)

I) Handwerkzeuge.

1) *Zur Bodenbearbeitung u. Feldbestellung.* Spaten, Grabgabeln, Schaufel, Haue u. Hacke, Pflanzgeräthschaften; Werkzeuge zur Cultur der Einfriedigungen u. Vertilgung des Ungeziefers. |

|342[b]| 2) *Drainwerkzeuge.*

Grabspaten, Stichspaten, Hohlspaten, Brechspaten, Grabenschaufel, Schwanenhals, Legehacke, Legestange, Vorschneider, Stampfe u.s.w.

3) *Erntegeräthe.* Sensen, Sicheln, Rechen, Harken, Gabeln.

4) *Hof- u. Scheunengeräthe.* Dreschflegel, Fruchtschaufeln, Siebe, Sackhalter, Dunggabeln, Dunghaken, Heumesser, Stall- u. Feimengeräthe.

II) Spanngeräthe.

1) *Zur Bodenbestellung:* Pflüge, Untergrundpflüge, Schälpflüge, Drainpflüge, Grabemaschinen, Pferdehacken, Cultivatoren, Exstirpatoren, Häufelpflüge, Grubber, Eggen, Schollenbrecher, Scarificatoren, Walzen, Landpresser, Marqueure.

2) *Transportgeräthe:* Karren, Faßkarren, Spritzkarren, Wagen, Schlitten, Schleifen, Muldbrett, Pferderechen.

Als Anhang *Handtransportgeräthe* wie Schiebkarren, Tragbahren u.s.w.

III Maschinen

Säe- Dibbel- Dungstreu- Dresch- Bewegungs- Getreidereinigungsmaschinen, Grannenreiniger, Wurzelwasch- Wurzelschneid- Häckselmaschinen, Ginsterquetschen, Heuwende- Mähemaschinen, Schrotmühlen, Oelkuchenbrecher, Buttermaschinen, Drainröhrenpressen, Pumpen, Spritzen, *Dampf*pflüge; Daneben: Flachsbrechmaschinen, ||343| Schwingmaschinen, Mahlmühlen, Centrifugaltrocknenapparate, Knochenmühlen, Gypsstampfen, Schöpfräder etc (77, 78)

Die Spanngeräthe zur Bodenbestellung insbesondere sind: *Pflug*, *Egge* u. *Walze*. ... Die Güte der Arbeit steht bei vielen Spanngeräthen der Handarbeit nach, es kann also nur das Kostenverhältniß, welches durch die grössere Menge v. zugänglicher Menschenkraft bedingt wird, u. die Zeitersparniß Ursache sein, daß die Arbeit mittelst Zugthieren im Betriebe der Landwirthschaft ein so bedeutendes Uebergewicht gegenüber der Handarbeit hat. ... Ein Gespann, 2 Pferde u. 1 Mann, bricht m. dem Pflug täglich *12 bis 15 × mehr Land* um, als ein Mann mit dem Grabscheit vollbringen könnte. Im Durchschnitt wird in England mit 2 Pferden ungefähr täglich 1 Acre gepflügt. (etwas über 1$^1/_2$ pr. Normalmorgen.) Diese kosten zu pflügen 10sh. (3 Th. 10 Sgr.), während in der nämlichen Zeit der Acre mit dem Spaten umgebrochen auf 14–16 Th. zu stehn käme. Bei der Arbeit mit der Egge u. Walze würde sich das Mißverhältniß noch schroffer herausstellen. (167, 168) In England ersetzt man so viel [als] möglich Holz durch Eisen. *Mindere Abnutzung* u. *längere Dauer* entschädigen vollkommen für das grössre Capital der Anschaffung. (168)|

|344| Wie der Pflug im Grossen die Arbeit des Handspatens verrichtet, so die Egge dieselben Dienste (u. noch überschüssige), wie Rechen od. Harke dem Gärtner. (319)

Wirkliche Maschinen die Geräthe, bei welchem die anregende Kraft mittelst einer in vertikaler od. horizontaler Direktion rotirenden Bewegung alle einzelnen Theile in die geeignete u. zweckgerechte Lage u. Bewegung bringt. (546)

Die Mähemaschine ersetzt die Arbeit v. 30 Taglöhnern. (548)

Herr *Pusey* behauptet, in dem Bericht über die Londoner Industrieausstellung, daß »durch Einführung der Maschinen die Kosten der Bewirthschaftung um beinahe die Hälfte verringert worden sind.« ([548,] 549)

Der schottische Karren *mit halb so viel Pferden* schafft so viel wie der alte engl. Wagen. (548)|

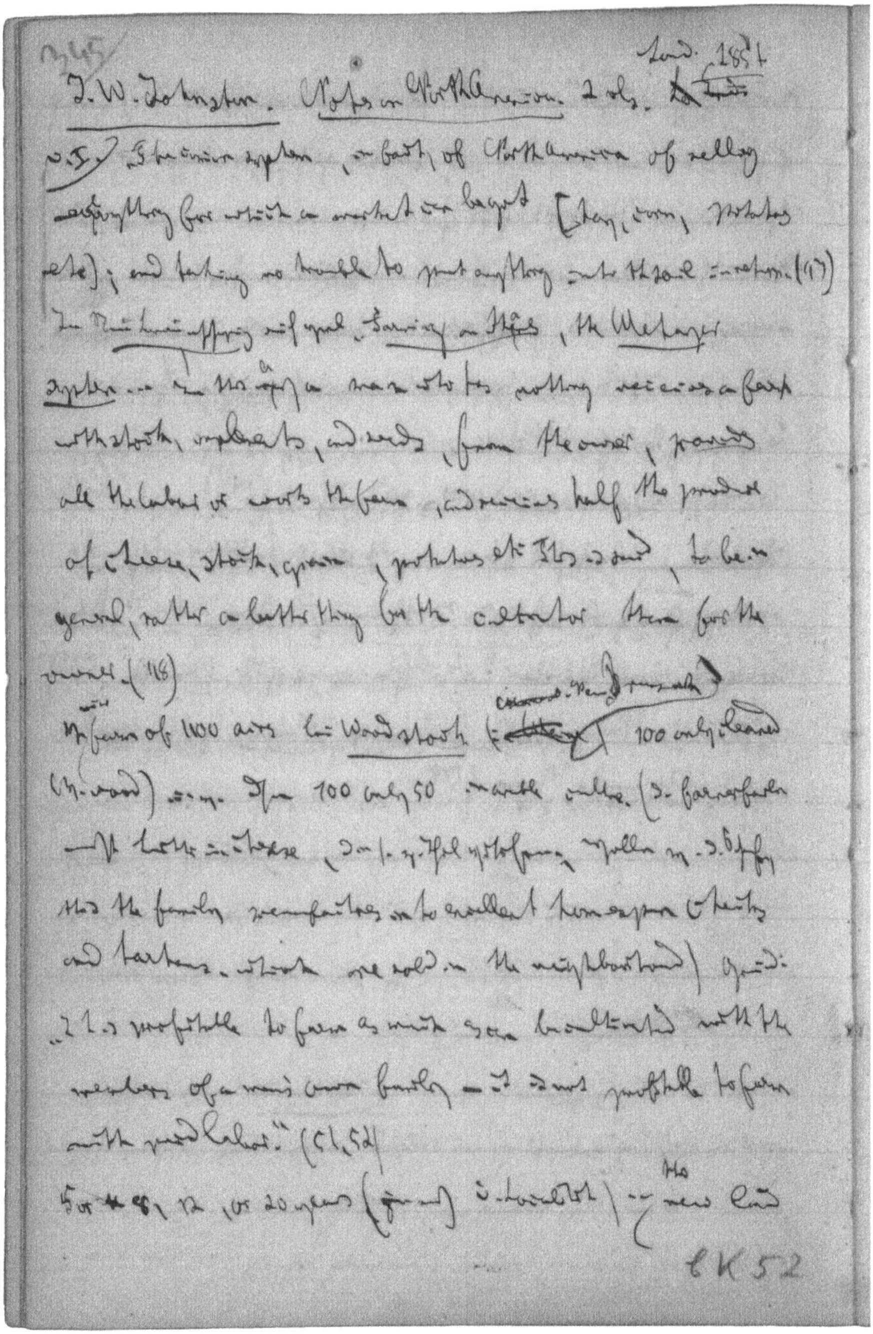
345

J. W. Johnston. Notes on North America. 2 vols. Lond. 1851

v. I. The ruinous system, in parts of North America of selling everything for which a market can be got [hay, corn, potatoes etc]; and taking no trouble to put anything into the soil in return. (17)

In the Eastern townships of Lower Canada, Farming on Shares, the Metayer system ... i.e. the occupier of land who has nothing receives a farm with stock, implements, and seeds, from the owner, provides all the labour or works the farm, and receives half the produce of cheese, stock, grain, potatoes etc. This is said, to be in general, rather a better thing for the cultivator than for the owner. (18)

The farm of 1100 acres in Woodstock ([illegible] New Brunswick) 100 only cleared (the rest wood) [illegible]. Of the 100 only 50 arable culture. (The farmer's [illegible] [illegible] the family manufacturing into excellent homespun cloths and tartans, which are sold in the neighbourhood) He said: "It is profitable to farm as much as can be cultivated with the members of a man's own family — it is not profitable to farm with paid labour." (51, 52)

For 8, 12, or 20 years ([illegible] in Woodstock) [illegible] the new land

6K52

Aus James Finlay Weir Johnston: Notes on North America
Hefte zur Agrikultur. Großheft 1865/1866. Seite 345

|345| J. W. Johnston. Notes on North America.

2 vols. Lond. 1851.

Vol. I.

»The common system, in fact, of North America of selling everything for which a market can be got (hay, corn, potatoes etc); and taking no trouble to put anything into the soil in return.« (47) In *Neu Braunschweig* auch viel »*Farming on Shares*, the *Metayer system* … In this way a man who has nothing receives a farm with stock, implements, and seeds, from the owner, *provides* all the labour or works the farm, and receives half the produce of cheese, stock, grain, potatoes etc.« This is said, to be in general, rather a better thing for the cultivator than for the owner. ([47,] 48)

V. einer farm of 1100 acres bei *Woodstock* (New Brunswick) 100 only cleared (v. wood) u. v. diesen 100 only 50 in arable culture. (Die farmer family macht Butter u. cheese, die sie z. Theil verkaufen; Wolle v. den Schafen, this the family manufactures into excellent homespun checks and tartans, which are sold in the neighbourhood) Grund: »It is profitable to farm as much as can be cultivated with the members of a man's own family – it is not profitable to farm with paid labour.« (51, 52)

For 8, 12, or 20 years (je nach der Localität) … the new land ||346| requires no manure to make it yield good crops. On the contrary the addition of manure makes the grain or grass crops at first so much that they fall over, or lodge, and are seriously injured. Thus, to a settler on new land, which he clears from the wilderness, manure is not only unnecessary, but it is a nuisance; and hence he not only neglects the preparation of it, but is anxious to rid himself in the easiest way of any that may be made about his house or barns. (53, 54)

Careless and improvident farming habits … thus introduced … it was cheaper and more profitable to clear and crop new land than to renovate the old (54).

The present holders of new land … form the body of pioneers in American agriculture, who, having done their work in clearing and superficially exhausting one tract of land, move off westward to do the same with another, selling off each farm in succession to men *possessed of more knowledge* than themselves etc. (54)

Where the soil is naturally poor, *buckwheat* is really a precious gift of nature, by which subsistence may be raised until, by cultivation, the land is made capable of producing more desirable crops. But it ‖347| is the prelude of evil when a kind of food which *requires little exertion* to obtain it becomes the staple support of a people. They are sure to become indolent, and careless of further comforts. And if the food be one which, like buckwheat, will grow upon a poor soil, they are apt to allow the soil to become poor, because it will still grow this crop. Thus, they are inevitably exposed to periodical accessions of scarcity or famine, and by these visitations are certain to be reduced to permanent poverty. … In France this grain is regarded as the symbol of agricultural misery, and of the most detestable culture; and, with the chestnut, is the »triumph of improvidence and idleness«. Of the whole surface of France $^{1}/_{81}$ sown m. buckwheat, but in the province of Brittany $^{1}/_{12}$. Misery dẹṣ Breton peasant etc (80) (Im übrigen sehr nahrhaft.) Ausserdem erfordern *buckwheat*, *potato*, u. *Indian Corn* constant cooking (u. können, ebenso wie Maize, nicht in palatable bread verwandelt werden (haltbar f. mehre Tage) (81)

Dịẹ reaping machine nur to be »advantageously employed on flat lands. But where labour is scarce, and unwooded prairie plenty (wie in grossem Theil dẹṛ *North-Western states*) ‖348| the owner of a reaping and a threshing machine may *cultivate as much land* as he can scratch with the plough and sprinkle with seed.« (161, 162) Speaking generally, every farm from Eastport in Maine, to Buffalo on Lake Erie, is for sale. The owner has already fixed a price in his mind for which he … hopes to sell, believing that, with the same money he could do better for himself and his family by going still farther west. (163)

In dẹṃ alt country »the tenant holder on a lease for many years … balances the *cost of drainage* against the *increase of produce*, and the *diminution of expense in working his land*, taken together during the term for which the holding is secured to him.« (163)

Nach *14 Sect. 1st Article der New York State Constitution:* »No lease or grant of agricultural land, for a longer period *than 12 years*, hereafter made, in which shall be reserved *any rent* or *service* of any kind, shall be valid.« Es geschah dieß um old leases, wobei small quit-rent reserved loszuwerden. (164)

»In Scotland, a shorter base than 19 years is not considered to give sufficient security or inducement to the tenant to make those expensive improvements which his landlord does not find it expedient to make with his own capital«. (l.c.)|

|349| Sieht Mr. Geddes's farm bei *Syracuse* (State New York). Of Mr. Geddes's 300 acres 270 inarable culture:

Per acre	*Wheat*	18–35 bushels	of 60 lbs
	Barley	20–55	48
	Oats	40–100	32
	Indian Corn	50–80	56–60
	Potatoes	100–300 bushels.	

This land has been in many places ploughed for 50 years without receiving any manure. Z.B. v. 2 solchen fields, cleared vor 50 years by the present owner's father, geben 50–60 bushels of corn u. *last year (1848)* 30 bush. an acre of wheat. The soil consists, for the most part, of crumbling fragments of the green shale. When the older land appears to become exhausted, the plough is put in a little deeper, so as to bring up a little of the crumbling rock (green shale), when it is said to produce wheat as before. ([170,] 171)

This celebrated wheat-region, *as a whole* is gradually approaching the exhausted condition, to which more easterly wheat-growing, naturally poorer districts, had earlier arrived. They are ceasing, in many places, to be remunerative in the culture of this crop with the present system of farming, are becoming unable to compete with the cheap wheat – growing virgin soils of the West, and are therefore in such places – ‖350| as I was informed on the spot – *gradually being laid down to grass*, or turned to offer more promising agricultural uses.

Average Produce per acre of the whole State of New York.

Wheat –	14 bushels	Oats	– 26 b.
Barley	16	*Indian Corn*	25

u. Potatos 90 bush. or about $1\frac{1}{2}$ tons p. acre.

Averages for Monroe County
(in the middle of this *western districts*, are *the highest des States N. Y.*)

Wheat – 19½ bushels		*Indian Corn*	30 b.
Barley – 19		*Potatoes*	110.
Oats	32 b.		

(Citirt aus den *Transactions of the State Agricultural Society, for 1845*. (172)

The price of land rises as a district becomes settled; so that, when a man's sons grow up, and are ready for farms of their own, he is unable to provide for them by purchasing land in his own neighbourhood; but by selling his own clearing at the increased value it has acquired, he can proceed further west, and, with the price he receives, provide farms in the wilderness for them all. (174) The usual size of farms (im Westen des State New York) v. 100 to 150 acres. Manche as large as 1000 acres. (174)

The renting or hiring of land, especially for a money rent, is not more popular in this district than elsewhere, even on a lease. Farmers do not like to be tenants. (174)|

|351| Im Genesee Valley (bei *Rochester* bei lake Ontario u. Erie Canal) 15–20 bushels wheat per acre. Land, of which a man with a good team will plough 1¼ to 1½ acres a-day, costs *6 dollars an acre* to cultivate, including seed, and *3½* more to harvest and thrash. Fifteen bushels, at 1 to 1⅛ dollars (4s. 4d. to 4s. 10d.) give a return of 15 to 17 dollars, leaving a profit of about 6 dollars, or 26s. an acre, for landlord and tenants remuneration, and for interest of capital invested in farming stock … the average land, producing 16 to 18 bush., occasionally let … In these cases 7 to 7½ bushels of wheat an acre are paid for the use of the land. In taking a farm at such a rent as this – *half the produce* – the tenant makes a sacrifice for the *purpose of obtaining an outlet for superfluous home labour*. Our small farmers of 50 or 100 acres, who cultivate with their own families, do the same when they consent to pay rents which leave them, out of the produce of their farm, at the end of the year, less *than* the *usual wages of the labour expended upon it*, for the accommodation and comfort of being their own masters, and of living and working together. ([204,] 205)

Through this wheat-district (of the Genesee Valley) ||352| much land is let upon shares, the cultivator paying ½ of the clear produce, with such details as the parties may arrange. As in *New Brunswick*, this system is more popular than that of a *fixed*, and *especially* a *money rent*. ([205,] 206)

These tillage farms cultivated by persons who do not usually possess more than £1 an acre of capital; they afford, in fact, an opportunity for persons to begin life who do not possess money enough of their own to buy farms, at least in that neighbourhood. In dẹṛ »farming of the whole of north Eastern America – too little capital is employed in cultivating the land. The land itself, and the labour of their families, is nearly all the capital which most of the farmers possess. And if any of them save a hundred dollars, they generally prefer to lend it on mortgage at high interest, or to embark it in some other pursuit which they think will pay better than farming, than to lay it out in bettering their farms, or in establishing a more generous husbandry. (207) 40 years ago the wages of a man for a year were valued at one yoke of oxen, or 50 bushels of wheat. Now equal to two yoke of oxen or 100 bụṣḥ. wheat. This does not indicate a corresponding money-rise in the wages of labour. The difference partly caused by a fall ||353| in the market-value of agricultural produce; aber auch all other necessaries of life »at least as cheap as … 40 years ago« u. daher »the condition of the agricultural labourer must have greatly improved.« ([208,] 209)

In 1838, wheaten flour was shipped at Buffalo *for* the West, hauptsächlich v. dẹṛ wheat region v. New York u. Upper Canada. Nun, after only 12 years (in dẹṛ That seit 1846 u. früher), an enormous supply of wheat and flour is brought *from* the west, along Lake Erie, and shipped upon the Erie Canal for the east, at Buffalo and the adjoining port of Blackrock. Bes. dẹṛ Export stimulated durch dịẹ European famine v. wheat u. flour. Dadurch rendered wheat less valuable in western New York, wheat culture less remunerative, turned the attention of the New York farmers more to grazing and dairy husbandry, fruit culture etc u. branches worin they think the north-west will be unable so directly to compete with them. (222, 23)

The nearest of the new North-western States to Buffalo is *Michigan*, which commences at the other end of Lake Erie. (223) We are accustomed to attach the idea of great natural productiveness, and of boundless tracts of rich land, to those new States from which come the large supplies of wheat that are annually poured into the port of Buffalo, and which vex the N.Y. State u. Nẹẉ England farmers, ||354| by their effect upon the prices of the staple article of vegetable food. (223) Aber *Michigan* z.B. nach sẹịṇẹṛ *geologischen Construction* armer Boden; *generally:* nur einige Striche ausnahmsweise (dịẹ northern extremity, *southeastern extremity*, u. *southwestern* limit of *Upper Canada*) soils rich. … And yet, such a country – will give *excellent first crops*, even of wheat, and will supply, to those who skim the first cream off the country, a large surplus of this grain to send to market. (224)

In dem new *state of Michigan: (1848)*

Acres sown to wheat 465,900
Bushels produced 4,739,300
Average, per imperial acre $10^1/_5$ bushels.
or less than 9 bushels, if seed corn be deducted.

Take *29 counties.*	Bushels p. acre
2 counties give an average of	7
3	8
2	9
7	10
6	11
3	12
4	13
1	16
1	18.

These last 2 counties being Macomb and St. Clair, situated on the fertile south-east portion of the State. Nehmen wir 8 bushels of wheat auf jeden per 400,000 inhabitants, so bleibt a surplus for exportation of 1,500,000 bushels.|

|355| Dieß large surplus geschuldet, that *nearly the whole population is employed in agricultural pursuits* u. speziell wheat the only grain they produce for which a ready market can be found u. leicht austauschbar f. manufactured goods, u. West or East India produce. ([225,] 226)

Here (Island of *Montreal* (Canada)), as in New Brunswick and the Eastern States of the Union, I find it was a disputed question whether money is to be made by farming, where all the work is done by *hired* labour; that is whether the Scotch and Engl. system of large farming, or the class of large farmers, can be successfully introduced into the province. (290) »A man with 100 acres in cultivation« might be »doing one-half the work by the hands of his own family, and employing hired labour to do the rest«, aber nicht larger farm mit larger number of hired labourers etc (l.c.) island of Montreal bes. fruchtbar. The front land, along the river, giebt 20–35 bushels wheat, 40–60 oats, u. 40–50 Indian corn. (l.c.)

In Canada, wie in every other part of North Eastern America which long under the Cultivation of Europ. settlers derselbe change. »Everywhere idleness, ignorance, and *an avaricious spirit*, on the part of the cultivators, have led to the same results in diminishing the ability or disposition of the soil to produce good crops of wheat ... the spirit of fertility is every year retiring farther ‖356| towards the West, shrinking from the abusive contact of European industry.« (311)

Dạṣ System bringt dạṣ Land by u. by to »complete exhaustion; in very rich land langsamer«, rascher bei ärmern. (358)

The lifetime of one man may be spent in gradually improving and enriching a field by skilful management, and the whole life of *2 successors* may be employed in impoverishing it again without reducing it to the low condition from which it had originally been raised. (358, 59) Erste praktische u. ökonomische Consequenz dẹṛ Exhaustion, daß dẹṛ Boden ceases to produce a remunerative return of those crops which have been specially cultivated upon it. In North America: *wheat.* M. dẹṛ exhausting culture dạṣ surplus for exportation gradually decreased. (360[, 361])

The wheat-exporting regions of North America … have been gradually shifting their locality, and retiring inland and towards the west. The flats of the Lower St. Lawrence were the granary of America in the times of the French Dominion; western New York succeeded these; next came Canada West; and now the chief surplus exists, and the main supplies for the markets of Europe are drawn from the newer regions beyond the lakes. These in their turn, ||357| as the first virgin freshness passes away, will cease to be productive of abundant wheat, and eastern America must then look for its supplies of this grain either to a better culture of its own exhausted soil, or to regions still nearer the setting sun. (361)

When a soil becomes unfavourable to the growth of a plant, that plant, if made to grow upon it, comes up weak, and is liable to disease and to the attacks of insects and parasitic plants … the attacks of the wheat-midge have, in Lower Canada, been lending their aid for many years to diminish the wheat-crop in quantity, and to render it less certain. A gradual revolution, therefore has been taking place, not only in the husbandry, but in the food of the people also, and in the kind as well as quantity of the surplus produce they have been able to bring to market … Following table, published by the Canadian Board of Statistics in 1849,

	1827	*1831.*	*1844.*
Wheat.	2,931,249	3,404,756	942,835
Barley.	363,117	394,795	1,195,456
Oats.	2,341,529	3,142,274	7,238,753
Rye.	217,543	234,529	333,446
Indian corn.	333,150	339,633	141,003
Buckwheat.	121,397	106,050	374,809
Pease.	823,318	948,758	1,219,420
Potatoes.	6,796,300	7,357,416	9,918,869. (361, 362)

Whoever is acquainted m. dẹṇ practical operations of husbandry, versteht how many anxieties u. losses u. repeated failure of usual crops, must have beset the unhappy farmer, before his ‖358| course of cropping could be so changed as almost entirely to substitute *oats* for wheat in the fields he had set aside for grain. Ausserdem war wheat der Exportartikel der Canadier. Diese failure brought debts and mortgages, and transference of property; and to it is to be ascribed a considerable proportion of the mortgages which – hang round the necks of the rural population, over so much of this part of northeastern America. In relation to the corn markets of the world, Lower Canada so verwandelt v. wheat exporting in Wheat importing nation; die population selbst *frißt oats u. potatoes statt wheat*. This was before the failure of the potatoe crops. Die letztre turned noch die French v. Canada in oatfresser. (363) (trotz ihres national dislike of it.) So wirds auch in den U. St. gehn u. zwar »in a *time which will bear a relation to the original richness of the soil*, and to the weight of crop it has been in the habit of producing.« (365) The »diminution may be delayed for a time, by the rapid settling of New Western States, which, from their virgin soils, will draw easy returns of grains. (364)

Wie die North-American farmers befolgen die celebrated Lothian farmers, in the immediate neighbourhood of Edinburgh, das sell off system »to carry all their crops off the land«.The Edinburgh farmer sells all off – turnips, potatoes, straws, grain and hay. But he manures his turnips with 30, and his potatoes with 40 loads of manure, in a rotation consisting of potatoes, wheat, turnips, barley, hay, and oats. (365)|

|359| *Vol. II.*

those countries which, in our time, have been most fortunate in commerce, have also advanced most in the art of persuading unwilling soils to yield continuous and abundant crops. In Holland, Flanders, and Gr. Brit., the wealth gained by commerce has permanently improved and enriched vast tracts of available land, and has redeemed to the use of men whole districts which, in a state of natures, were wholly unavailable for the production of human food. ([8,] 9)

I may advert here to a reflection which frequently crossed my mind, as I travelled over this and other parts of the newer countries of North America, that an important distinction must often be drawn between the *actual or present* and the *future* or *possible* capabilities of tracts of land which lie on *the same geological formation*, and of which the soils possess the same *chemical* and *mechanical* character. Absolutely considered, soils which have the same geological, chemical, and mechanical relations, ought to be equally productive. But if their national conditions be unlike – in respect, for example, to the <u>drainage of water</u> – one may be of great immediate value, and be in a little time, and with little cost, rendered capable of supporting a large population; the other may be wholly useless, and may ‖360| lie barren and unimproved for numerous centuries. Thus, much of the *absolutely good and capable red land* of the New Bandon district in the Bay de Chaleur, and still more, perhaps, of the *heavier* land between the Napan River and that of the Bay du Vin (alles dieß in *New Brunswick*), is too wet for cultivation, and often covered with swamps, because it is too *level* to allow the surface-water a ready means of escape. Yet this swampy and inhospitable tract, if laid dry, is *as susceptible … of being made* a source of rural wealth, as the apparently richer patches which rise above the common level, and naturally free themselves from abundant water. Contrary, therefore, to the indications of both geology and chemistry, thousand of acres in these countries, which will at some future period yield abundant crops, must, in *actual* circumstances, be pronounced to be almost worthless. It is, in fact, *physical characters* such as this, in conjunction with the mechanical conditions of the soil, which determine the first settlers in every country in their choice of land. That which is *easily reclaimed*, and can be cultivated at little cost of labour, is not always better – often not even so good – as that which long lies uncultivated and unesteemed. In England, in those districts where *clay soils, more or less cold, extend over considerable breadths*, the *oldest* towns, villages, and churches, are almost invariably situated on banks, ridges, or hills, of lighter land, sandy or gravelly often, but which was originally dry and easily tilled. From these spots, *as centres*, in the progress of population and of peaceful pursuits, improvement by drainage, and other necessary means, spreads itself over the adjoining, originally altogether neglected and untillable, moister flats and clays.|

|361| Thus the agricultural capabilities of a country are progressive. As they *decrease where an exhausting system of culture is followed*, so they increase where the means of improvement are understood and sedulously adopted. »And that this progressive increase may continue for a long series of years before it brings *into practical use the possible capabilities* of *large tracts of lands*, zeigt der case of Great Britain, where,« trotz Jahrhundertlanger Fortschritte, »nevertheless much land is still in course of being doubled or tripled in value by the application of thorough-drainage alone.« (46–48)

Johnston denkt daher, daß ein *Agricultural map*, gemacht nach real inspectors, so constructed as to »show by different colours the *actual present* capabilities of the several parts of their surface, and the *future*

| or *possible* capabilities« f. dąș U. Kingd. v. grossem Nutzen sein würde. (48)

The new settlers live poorly and hardly at first, and, as their wheat is the only thing that they have to sell, confine themselves for some seasons to potatoes, buckwheat, and Indian corn, and send the wheat to market. (336) As the population increases, that of wheat-consuming individuals, who do not raise their own food, increases also. (336)

the general character of the surface of *Massachusetts*, unpropi||362|tious, for the most part, to the labours of the agriculturist. (432) V. dẹṇ 4,500,000 acres dẹṣ State, 2 Millions still in forests, or naked, and reckoned unimprovable. (432) Daher dịẹ tendency to traffick, shipbuilding, seafaring adventure. (Original abundance of timber.) (l.c.)

J. Evelyn.

Esq. Fellow of the Royal Society.

„A Philosophical Discourse of Earth, Relating to the Culture and Improvement of it for Vegetation, and the Propagation of Plants, etc as it was presented to the Royal Society, April 29, 1675.“

London. 1676.

»But the situation and declivity of the place is commonly a more certain mark; as what lyes under a Southern, or South-East rising ground« (25) more so denn das worauf Lord Bacon directs »to the observation of the Rain-bow, where its extremity seems to rest, as pointing to a more roscid and fertile ground; but this ... may be very fallacious, it having two horns, or bases, which are ever opposite. (24, 25) Chalk has a peculiar virtue ... to improve other lands. (22) Another infallible indication (der Fruchtbarkeit des Bodens) is the nature, and floridness of the Plants which officiously it produces. (25[, 26]) As for mixtures of *Earths*, Plants we know are nourished by things of like affinity with the Constitution of the Soil which produces them; ‖363| and therefore it is of singular importance, to be well read in the Alphabet of Earths and Composts: For Plants affect the Marsh, Bog, Mountain, Vally, Sand, Gravel, fat and lean Mould, according to their tempers; and for want of skill in this, the same Plant not only languishes and starves, but some ... grow so luxuriate, as to change their very shapes, colours, leaves, roots, and other parts, and to grow almost out of knowledge of the skilfullest Botanists. ([47,] 48) I mention this, to incite the curious to essay artificial Compositions in defect of the natural soil; to make new confections of Earths and Moulds for the entertaining of the most generous and profitable Plants ...; especially if ... we could skill to modifie also the Air about them, and make the remedy as well *regional* as *tropical* etc. (48, 49)

L. de Lavergne: L'Agriculture et la Population en 1855 et 1856.

Paris. 1857.

1854: Excès considérable des décès sur les naissances; zum erstenmal seit 54 J. Gründe: Cholera, Pertes der Armee u. Flotte im Orient u. la cherté. (334) Ursachen der *cherté:* les *intempéries* d'abord u. ensuite le *déplacement d'hommes et de capitaux amené par un accroissement considérable et subit des dépenses publiques.* (335)

Seit 4 J. (von '54 bis '57) déficit des récoltes, en céréales, vins, soies, pommes de terre et fourrages. (336)|

|364| tous les agronomes sont unanimes pour conseiller de diminuer plutôt l'étendue afin d'augmenter le rendement. (336)

Im Durchschnitt, der rendement moyen des terres (vor 1854) s'était accru; 10 hect. en 1821, später 14. (336) Citirt den officiellen Statistiker *Legoyt,* in answer to an opportunist criticism of that fellow: „En 1855, par suite de l'aggravation de la cherté, nous n'hésitons pas à porter à *80,000* la mortalité due à ses (der cherté) ravages." (337)

Paris accru de 300,000 âmes v. 1851–57. ([338,] 339)

Nach *Legoyt* selbst:

1850 297,900 mariages; *1851:* 286,884; *1852* 281,460; *1853:* 280,689. *1854:* 270,906. *1855:* 212,773. (ce dernier chiffre n'est pas complet; il y manque 16 départements.) (343)

Bevölkerungsvermehrung in Frankreich: v. *1790–1815*, 25 J., 3 Millions, od. 120,000 âmes en moyenne par an; v. *1816–1846* um 6 mill. in 30 J. od. 200,000 en moyenne jährlich; v. *1847–1856*, 10 J., 600,000 od. 60,000 âmes en moyenne jährlich. (347)

In der ersten Periode der longueur des vie moyenne faiblement gewachsen, in der zweiten rasch, in der 3^{t} reculé. (347)

Die nombre des propriétés bâties nouvellement imposées,
1842–51, 375,850
1851–55, 112,499. (358)|

|365| V. *1841–1846* Population avait monté en 5 ans de 1,170,000 âmes;
de *1847 à 1851* 383,000. (295)
V. *1852–56* (wieder 5 J.) 256,000. (296)

1790 die French Popul. nach recensement der *Assemblée Constituante* $26\frac{1}{2}$ millions. 25 J. später, 1815, scheint sie = $29\frac{1}{2}$ mill.; différence en plus, 3 millions; 30 ans après, en 1846, de 35,400,000 mill. *différence:* 6 mill; 10 J. später *1856*, sie ist 36 mill. *différence* 600,000. (306)

V. 1790–1846, la production agricole a seulement doublé. (307)

Die *longévité moyenne*, finden wir, daß in diesem intervalle, la durée de la vie chez les Français a passé de 28 ans à 39. (307)

in den années qui ont immédiatement précédé 1847, die Population en France s'augmentait chaque année de 200,000 âmes, et en même temps la durée moyenne de la vie s'accroissait d'un an tous les 3 ans. (308) in 1851 Belgien 147 habitants per 100 hectares, England 130, Holland 90, Deutschland 80, Italien 80, Frankreich nur 67. (308)

l'excédant des naissances sur les décès, … tombé à 13,000 en 1849, remonte brusquement à 187,000 en 1850 … l'excédant des naissances, avant 1847, de 180,000, u. l'excédant des décès, in 1854, de 70,000, macht différence de 250,000 existences pour cette seule année sur le cours normal et régulier. (311)|

|366| *Assolement.*

le nombre des hommes de *20 à 30 ans* étant en tout d'environ *3 millions*, une armée de 500,000 hommes en prend $\frac{1}{6}$; une perte de 100,000 en enlève 1 sur 30. Zugleich der Krieg a absorbé pour 2 milliards de capitaux. (313)

in Frankreich 1851 40 têtes de population rurale pour 100 hectares, England nur 30 têtes sur la même étendue pour produire le double. (315)

Le nombre des hommes valides doit être en France de 8 millions environ, dont 6 millions de cultivateurs. (316)

La France ne contient pas beaucoup plus de 6 millions de travailleurs effectifs qui portent tout le poids de la production; les $\frac{2}{3}$ environ habitent les champs, d'où il suit que chaque cultivateur doit produire en moyenne la subsistance de 10 personnes. (251)

Une large bande de terres siliceuses, qui commence *au cap Finistère pour finir vers les frontières de la Savoie*, traverse la France par le milieu, en formant le 5ème environ du territoire. Cette région, que, dans la carte agronomique de Châteauvieux, on qualifie de Région des landes et des ajoncs, manque surtout de l'élément calcaire. Partout où il est possible d'employer largement la chaux comme amendement, le sol se transforme à vue d'œil, les prairies artificielles s'étendent ||367| les bestiaux s'améliorent et se multiplient, le froment se substitue au seigle. Avec les moyens ordinaires de locomotion et de combustion, la chaux revient trop cher sur la plupart des points. Les chemins de fer, qui transportent à peu de frais, soit le combustible, soit la chaux, peuvent seuls la mettre à la portée de tous. Cette même région, située loin des grands centres d'industrie et de population, manquait de débouchés. Les chemins de fer lui ouvrent des communications avec Paris et le nord, Lyon et l'Est, Bordeaux et l'ouest, Marseille et le midi; elle pourra désormais envoyer partout ses bestiaux, ses laines, ses produits forestiers, et recevoir en échange des vins, des blés, des produits manufacturés. [(259)]

[Bibliographische Notizen]

L. de Lavergne. Economie Rurale de la France depuis 1789. 2ème édit. Paris. 1861. *Guillaumin.*

M. H. Passy. Des Systèmes de Culture en France etc 2e ed. *Paris 1852. Guillaumin.*

John Chalmers Morton: Handbook of Farm Labour. London. 1861. (*Longman.* Price 18d.) (Pater Noster Row.)|

Exzerpt aus William Robert Grove: Address to the British Association for the Advancement of Science, Delivered 22 August 1866

| The amount of labour which a man had undergone in the course of 24 hours might be approximately arrived at by an examination of the chymical changes which had taken place in his body, *changed forms in matter indicating* the anterior exercise of dynamical force. *(Grove)* |

Notizbuch zum ersten Band des „Kapital“

[Notizen zu Druckbogenkorrekturen zum ersten Band des „Kapital“]

|[0b]| *p. 496. Mit dem cooperativen Charakter des*

p. 192 „Wenn Ihr 10 Stunden arbeiten lasst statt $11^{1}/_{2}$, wird, unter

p. 224. *Text.* „Und dieß war eine der besseren Putz-

[p. 224] *Note* Diese

[p. 272] Er erlaubt männliche Arbeiter

[p. 304] bewirkt die gleich-

Welches aber immer ihr besondrer Ausgangs- (p. 320)|

|[0c]| *p. 432* muß kleiner sein *529*

p. 448. Ich weiß

p. 544 „Report and Evidence from /

|[0e]| *Sieh p. 416 unten* Note ihn auch be- /

|[0f]| *p. 480.* macht die grosse Industrie durch ihre Katastrophen selbst /

|[1]| [December, 1866. Sunday 30] *p.* 464 um Nähmaschinen.

[January, 1867. Tuesday 1] [p. 240] wonach die Waisen

[January, Wednesday 2–Thursday 3] 25 *Bogen.* Beginnt: tag Morgen (p. 385) endet Arbeit|

/[3]/ [January, Thursday 17–Friday 18] *p. 560.* „Der Prozess aber sorgt dafür, daß diese selbst|

|[16]| [April, Sunday 14–Wednesday 17] [p. 144] aber der Arbeitsprocess kann ohne sie gar nicht|

|[29]| [July, Sunday 14] p. 608 durch etc bedingt

[July, Monday 15] p. 624 „sein muß.“ (Ende des Satzes)

[July, Tuesday 16–Wednesday 17] *p. 640* von Reichthum und Macht“ für die Klassen des Eigenthums pro-

[July, Thursday 18] *656*, um *ihre Gesundheits-*|

|[30]| [July, Sunday 21] *p. 688* ihrer Concentration geschuldet ist. /

[July, Wednesday 24] *S. 704* Das Geheimniss ihrer

[July, Thursday 25–Friday 26] *S. 720* falls sie Niemand für zwei Jahre in Dienst nehmen |

|[31]| [July, Monday 29–August, Thursday 1] S. 752. Was ist nun das Resultat des in den Kolonien herrschenden *Systems des auf eigner Arbeit, statt auf der Exploit-*

[August, Saturday 3] *768* welche zum Material für den Werthaus- |

|[52]| [December, Monday 23–Tuesday 24] p. 592 „Sie lieferte damit zugleich Mittel und Sporn“ |

|[53]| [December, Sunday 29–Tuesday 31. Unten, in der leeren Spalte.] *p. 576:* „Da die beständige Aneignung des vom Arbeiter producirten Mehrwerths oder Mehrproducts für den Kapitalisten als periodische Fruchttragung seines Kapitals erscheint, oder das fremde Arbeitsproduct, welches er ohne Aequivalent irgend einer Art usurpirt, einen periodischen Zuwachs seines Privat- |

|[96]| *p. 352* der mit seinem charakteristischen bürgerlichen In-

Note oft baut er obendrein noch Häuser und |

[Notizen]

/[0b]/ *dens*
tooth
Zahn
Communistisches Manifest (Engels)
Phenian xxxx
Bluebook (Engels)
Owen's pamphlets
(More) |
/[0e]/ *Imbert 5£ 4s. 1d.* |

[Dante Alighieri:
La divina commedia]

/[0f]/ Segui il tuo corso e lascia dir le genti,
Sta come torre ferma, che non crolla
Giammai la cima per soffiar di venti.

[Wohnadressen und Notizen]

Trenton
Catherine's Wharf |
|[0g]| 14 Juli. 1867. 9*l.* 9d.
35 Malden Road. |

|[2]| [January, Sunday 6–Saturday 12] *Meißner, Otto Bergstr. 26*
Strohn, Eugen Uhlenhorst, Schöne Aussicht 7,
u. *Norddeutsche Bank*
Lessner *Mönkedamm* 7. |
|[3]| [January, Sunday 13–Monday 14] Otto Wigand's Buchdruckerei
[January, Wednesday 16] *Warnebold* /
|[4]| [January, Sunday 20–Friday 25] *Meißner Address of* Intern. Ass.
Communistenprozeß
2 Prozesse von Köln 1848
L. Bonaparte
Vogt. |

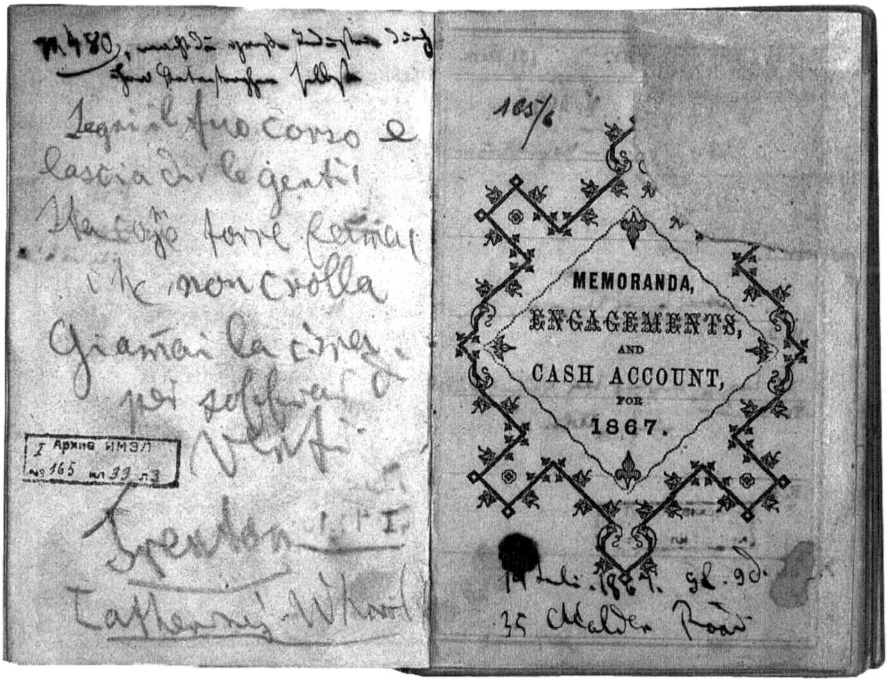

Aus Dante Alighieri: La divina commedia
Wohnadressen und Notizen
Notizbuch zum ersten Band des „Kapital“. Seite [0f]/[0g]

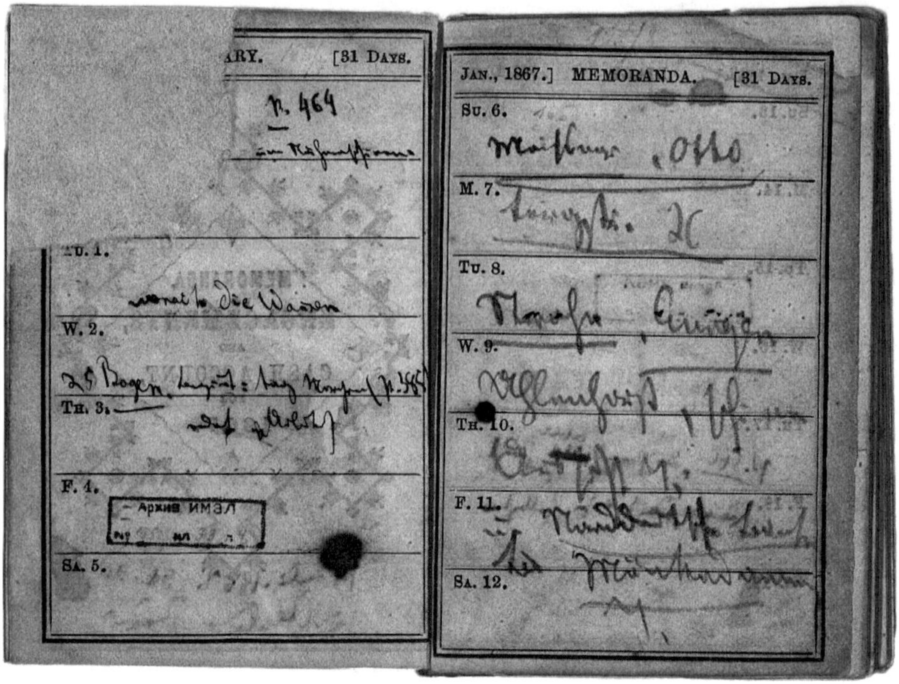

Notizen zu Druckbogenkorrekturen zum ersten Band des „Kapital“
Wohnadressen und Notizen
Notizbuch zum ersten Band des „Kapital“. Seite [1]/[2]

[Bibliographische Notiz]

|[5]| [January, Sunday 27–February, Friday 1] *Dr. Fr. Oesterlen: Handbuch der medicinischen Statistik, Tübingen 1865. Lauppsche Buchhandlung.* |

||[6]| R. Virchow: Die Noth im Spessart.
Würzburg 1852.

[February, Thursday 7–Saturday 9] Bei Trennung der Häuser, ebenso bei den oberschlesischen Epidemien: »die Bildung eines Infektionsheerdes in einem bewohnten Hause mit fast vollständiger Durchseuchung aller Bewohner ohne Propagation auf die Nachbarn. Die Ansicht, welche ich damals (bei oberschlesischer ||[7]| [Sunday 10–Tuesday 12] Noth) entwickelt habe, daß nämlich die Häuser selbst die endemischen Krankheitsmomente enthalten u. daß unter gewissen Witterungs- oder sonstigen äusseren Verhältnissen diese stets vorhandnen Schädlichkeiten zur Wirkung u. Äusserung gelangen, schien hier durchaus bestätigt zu werden.« (l.c. p. 44)

[Bibliographische Notizen]

[February, Wednesday 13–Saturday 16] *Süßmilch:* 1742.

M. A. Quetelet: „Recherches sur la Population, les Naissances, les Décès, les Prisons etc dans le Royaume des Pays Bas. Bruxelles, 1827.|

[Carl Friedrich Rammelsberg: Ueber die Mittel Licht und Wärme zu erzeugen]

|[8]| [February, Sunday 17–Saturday 23]

	Relative Lichtkosten für gleiche Zeiten. (Uhrlampe wird =100 gesetzt)	*Kosten gleicher Lichtmengen für gleiche Zeiten.*
Uhrlampe	100	100 = 1
Lampe mit Sturzflasche	102,4	$114 = 1^{1}/_{7}$
Lampe mit plattem Docht	26	$210 = 2^{1}/_{10}$
Küchenlampe	19	$286 = 2^{6}/_{7}$
Wachskerzen	106	$724 = 7^{1}/_{4}$
Stearinkerzen	68	$475 = 4^{3}/_{4}$
Talgkerzen	28,6	$269 = 2^{2}/_{3}$

Das Resultat der letzten Colonne ist höchst interessant. Es lehrt, daß das ‖[9]| [February, Sunday 24–March, Saturday 2] Brennmaterial um so besser verwerthet wird, je vollkommner der Apparat ist, daß das billigste Licht dasjenige der Uhrlampe ist, daß die Wachskerzenbeleuchtung die kostbarste ist, u. daß unter den Lampen die Küchenlampe gerade das theuerste Licht giebt. Leider ist es hier wie in vielen anderen Fällen: die ärmere Volksklasse, welche sich die vollkommneren Apparate nicht anschaffen kann, bezahlt ihr Licht am theuersten. Wir wollen hinzufügen, daß dạṣ Gaslicht, dessen Lichtstärke die Uhrlampe noch ‖[10]| [March, Sunday 3–Friday 8] übertrifft, bei dem niedrigen Preise des Gases überhaupt das billigste ist, was man überhaupt haben kann. (30, 31 *Heft 23. Sammlung gemeinverständlicher* wissenschaftlicher Vorträge, herausgegeben v. *Rud. Virchow* u. *Fr v. Holtzendorff. Ueber dịẹ Mittel Licht u. Wärme zu erzeugen.* Von Dr. C. F. Rammelsberg. *Berlin 1866.*) ‖[11]| [March, Sunday 10–Monday 11] *Berlin: C. G. Lüderitzsche Verlagsbuchhandlung, A. Charisius:* Daselbst erschienen: (1866)

[Bibliographische Notizen]

[March, Tuesday 12–Saturday 16] *C. F. Rammelsberg:* „Grundriß der unorganischen Chemie". 1 Th. 6 Sgl.

Dr. R. O. Meibauer: „Ueber die physische Beschaffenheit der Sonne."

August Wilh. Hofmann. Einleitung in die Moderne Chemie, 3. Aufl. Braunschweig. (F. Vieweg) 1867. |

[Friedrich Benjamin Osiander: Die Entwicklungskrankheiten in den Blüthejahren des weiblichen Geschlechts]

|[12]| [March, Sunday 17–Thursday 21]

„Ich suchte dich in meinem Bette
Holdseligster Immanuel,
O daß ich dich gefunden hätte,
So freute sich mein Leib und Seel.
Komm, kehre willig bei mir ein,
Mein Herz soll deine Kammer sein.
Kannst du dein Haupt sonst nirgends legen,
So leg es hier auf meine Brust,
So kann ich süsser Wollust pflegen.
(Alt würtembergisch Gesangbuch)

[March, Friday 22–Saturday 23] »Die Nonne Agnes Blannbekin quälte unaufhörlich der Gedanke, was wohl aus dem Theile geworden ||[13]| [March, Sunday 24–Thursday 28] sei, der bei der Beschneidung von Christus verloren ging.« „Eam aliquando scire desiderasse cum lacrymis et mœore maximo, ubinam esset præputium Christi. Ecce vero in instante sensisse eam illud, et dulcissimi quidem saporis, in ore.“ *(Agnetis Blannbekin vita et revelationes. Vien. 1731.)* |

[Thomas Henry Huxley: Lessons in Elementary Physiology]

|[17]| [April, Sunday 21–Saturday 27] The *deprivation of oxygen*, and the *accumulation of carbonic acid*, cause injury, however, long before the asphyxiating point is reached. Uneasiness and headache arise when less than one per cent of the oxygen of the air is replaced by other matters; while the persistent breathing of such air tends to lower the tone of the system, and predisposes it to disease. Hence the necessity of sufficient air and of ventilation for ||[18]| [April, Sunday 28–May, Saturday 4] every human being. To *be supplied with respiratory air in a fair state of purity, every man ought to have at least 800 cubic feet of space* to himself, and that space ought to be freely accessible by direct, or indirect, channels to the atmosphere. (p. 105) *Th. H. Huxley.* Lessons in Elementary Physiology. London. (Macmillan) 1866.|

[Wohnadressen und Notizen]

|[19]| [May, Sunday 5–Monday 6] Beesly. University Hall. *Gordon square.*

[May, Tuesday 7–Wednesday 8] F. A. Sorge, box 101. Hoboken. N. J. via New York. N. S. America.

[May, Thursday 9–Friday 10] *Borkheim* (Sigismund L.) 10, Brunswick Gardens, Kensington. W. ×|

|[20]| [May, Sunday 12] ×

[May, Wednesday 15] ×

[May, Thursday 16] ×|

|[21]| [May, Monday 20] ×

[May, Tuesday 21]

[May, Wednesday 2] ×|

|[22]| [May, Wednesday 29] ×

[June, Saturday 1] ×|

|[23]| [June, Wednesday 5] ×|

|[24]| [June, Wednesday 12] ×|

|[25]| [June, Wednesday 19] ×|

|[26]| [June, Wednesday 26] ×

[June, Thursday 27] ×|

|[27]| [July, Wednesday 3] ×

[July, Thursday 4] ×|

|[28]| [July, Wednesday 10] ×|

|[31]| [July, Sunday 28] ×|

[Bibliographische Notiz]

/[30]/ [July, Monday 22–Tuesday 23] *Engel.* Preussische Statistik. 2 Bde. |

[Notizen]

/[31]/ [July, Wednesday 31] ×|
|[32]| [August, Sunday 4–Saturday 10]
7l. 10s. 4
3 9 17
10. 19. 21.
12
9
l. *d.*
11. 9
1 15
12. 15

11. 9d.
768
16
784.
[August, Sunday 4] ×
[August, Wednesday 7] ×
[August, Friday 9] ×|
|[33]| [August, Wednesday 14] ×
[August, Thursday 15] This day passed The *Factory* Acts Extension Act.|
|[34]| [August, Wednesday 21] ×|
|[35]| × [August, Wednesday 28] ×|
|[36]| [September, Wednesday 4] ×|
|[37]| [September, Wednesday 11] ×|
|[38]| [September, Wednesday 18] ×|
|[39]| [September, Wednesday 25] ×|

|[40]| [October, Wednesday 2] ×|
|[41]| [October, Wednesday 9]
[October, Saturday 12] ×|
|[42]| [October, Wednesday 16] ×
[October, Saturday 19] ×|

[Chemische Notizen]

|[54]|

1 vol. Wasserstoff	+ 1 vol. Chlor	= 2 vol. Chlorwasserstoff. (Salzsäure)
2	+ 1 vol. Sauerstoff	= 2 vol. Wassergas.
3	+ 1 vol. Stickstoff	= 2 vol. Ammoniak.
		= HCl
		= H_2O
		= H_3N. |

[Wilhelm Liebknecht an Sigismund Borkheim, 13. Februar 1868]

|[63]| *Liebknecht* schreibt *13 Feb.:*

»Sage Marx, daß Dr. Contzen an einer langen Kritik arbeitet u. in einem Vortrag bereits das Werk in rühmendster Weise vom *rein wissenschaftlichen* Standpunkt aus erwähnt hat. Und sage Marx ferner, er solle doch *Engels* veranlassen einen Artikel über „Das Kapital" für ||[64]| unser, jetzt in *1300* Exemplaren gleichmässig durch ganz Deutschland verbreitetes Blatt zu liefern. Ich selbst habe zu einer solchen Arbeit *jezt keine Zeit.*« |

Heft 1. 1868
Exzerpte aus Werken von Johann H. M. von Poppe, Henry Fawcett, Jean Le Rond D'Alembert, Paul-Louis Courier, Charles Lenient, Jules Michelet, Charles-Louis Montesquieu, Friedrich A. Lange, Karl Arnd, Eugen Dühring, Carl N. Fraas sowie aus A Cyclopedia of Agriculture, Children's Employment Commission, Gesetzestexten und Zeitungsartikeln

[Inhaltsverzeichnis von Friedrich Engels]

|[0]| *1867. Diversa.*

[Bibliographische Notizen]

|[1]| *Bodinus. Gilrant* X
J. Evans X
Roger Coke X
D. Defoe X
Fortrey X
Joshua Gee X

Dictionnaire de l'Ec. Polit. H. Passy: Rente du Sol.
Lalor. Quincey. Wilmot Horton. Carlile. X
Poor Man's Guardian. Ferguson. Boisguillebert.
Boxhorn (Institutionum Politicarum. Amsterdam. 1663. I, 127.) *Vauban. Turgot. Fawcett.*
Thomas Manly (17 Jh.)

Plutology; or, the Theory of the Efforts to gratify Human wants. *By W. E. Hearn* (Macmillan et Co.) × X
Public Health. 4. Report, p. 32–35. App. IV.
E. W. de Rooy: Geschiedeniss der staathuishoudkunde in Europa, van de vroegste tijden tot heden. 2[t] Th. *Amsterdam. Hassels.*
A. Huber, André Cochut, Dr. *J. C. Glaser: Ueber Arbeiter-Associations* etc.
Études sur l'histoire de l'économie polit., depuis les temps les plus reculés jusqu'au XVIe *siècle. (Bruxelles, 1853)* (*Verfasser:* der Generalsecretär der belg. Akademien der Geschichte u. Philologie, *Florent Lysen.*)
The Elements of Polit. Science. By *Patrick Edward Dove.* Edinburgh. 1854. (With an account of Andrew Yarranton, the Founder of Engl. Polit. Econ.) X
Handbook of Economic Literature, being the catalogue of the library of the „*Twickenham Economic Museum*". *Whiting. Strand. 1862.* |

|[2]| J. H. M. Poppe. Geschichte der Mathematik etc Tübingen. 1828.

Zur Römerzeit u. später auch mässige Rechnungen, z.B. Haushaltungs- u. Handelsrechnungen, nie m. Ziffern, sondern m. Steinen u. andern ähnlichen Marken auf einem *Rechenbrete* gemacht. Auf diesem Brete waren mehre parallele Linien verzeichnet; u. hier bedeuteten einerlei Steine od. sonstige sinnliche Zeichen auf der ersten Linie Einer, auf der zweiten Zehner, auf der dritten Hunderter auf der vierten Tausender u.s.w. (Heut noch die Sineser brauchen das Rechenbret.) (22[, 23]) Multiplicationstafel od. Einmaleins des Pythagoras noch sehr unbequem u. schwerfällig. Denn jene Tafel war theils aus eignen Charakteren, theils aus Buchstaben des griech. Alphabets zusammengesetzt. (23, 24)

[Bibliographische Notizen]

Alberich Der grimme Gezwerg

Westminster Revue (1845. Gegen Col. Torrens)

J. E. Th. Rogers. „A History of Agriculture."
Coullet u. *Cernuschi. Credit, Banques* etc
Joseph Dietzgen: Meister der Wladimirschen Lederfabrik. Wassili Ostrow. St. Petersburg. |
|[3]| Nominibus mollire licet mala. *Ovid. Ars Amatoria. l. II.*
Benjamin Motte: „Philosophical Transactions abridged. part 4, p. 24.
John Lawrence: „new System of Agriculture", p. 45.
Philips: „State of the Nation, p. 52.
} in den ersten Decennien des 18. Jahrhunderts.
Richard Bradley: Philosophical Enquiry into the late severe winter. (1734?)
Sir Mathew Decker: (or rather *Mr. Richardson*): *Essay on the Causes of the Decline of For. Trade, and of the Value of the Lands of Brit.* 1744.
Sir John Harrington. (Oceana)
John Cary (1750? etc)
Moheau: „Recherches sur la population de la France". (1778)
Lord Kames: „Sketches of the History of Man. 1774.)
Quarterly Review. N. 163. Dec. 1847. On *„Accumulations of Capital".*
Prendergast: „The Cromwellian Settlement of Ireland". 1865.
Dupont. Courrier Français v. 20 Jan. 1868. |

[Children's Employment Commission: Fifth Report 1866]

|[4]| *Erziehung.*

„The devil is a good person. I don't know where he lives." „Christ was a wicked man." »This girl (10 J.) (paster in paper box trade) spelt God as dog and did not know the name of the Queen.« (V. Report Ch. Emp. p. 55. n. 278)

[Bibliographische Notizen, Wohnadressen u.a.]

1 Ship Yard
P. Fox's address. Wardour St, Soho.

Report of Committee on Mines.
Report on the Mineral Wealth by the Geolog. Museum

Alexander Campbell. (Owenite)

Borkheim. Palmerston Buildings. 93, Bishopsgate Street. E. C.

Dan. O'Connell: Historical Memoir of Ireland.
Sir John Davies: „A Discovery of the true Causes why Ireland was never brought under obedience to the crown of England". |

|[5]| Prof. of Pol. Econ. at Cambridge. H. Fawcett: The Economic Position of the British Labourer. Cambridge and London. 1865.

1 out 20 in England Pauper. (6)

A Century since, there were 3 times as many landed-proprietors in England as there are at the present time. (10)

Artificial causes f. concentrating land, wie laws of inheritance. ([10,] 11)

If a man dies without a will, our law interprets his desire to be, that his landed property should pass intact to his heir. (15, 16). A landowner can leave his estate to an unborn child. A leaves an estate to his son B, on the condition that at B's death the estate should pass to B's eldest son – *Entail.* (16) amongst our landed aristocracy, it is almost invariably the custom to create successive entails. (16)

People are willing to pay a price for whatever may give them enjoyment ... daher pecuniary value (of this land there). (26) Railways give men facilities for combining town occupations with residence in the country. (27)

The price of land is being constantly forced beyond its *agricultural value* by powerful causes, some of which are natural, and some artificial. (27) |

|[6]| Formerly there was scarcely a parish in England, which had not its common – ... a tract of land, which was the joint property of all the inhabitants of the village. (62) Here they could graze a cow or feed a

poultry, and here too was a recreation-ground ... „village green". (62) 1836 Act of Parl. ... for facilitating the enclosure of commons. (l.c.) the price of stock and dairy produce must continue rapidly to advance with the growth of population, whereas the price of corn may be kept low by foreign importations. (63)

I do not of course deny that money wages have been augmented by this increase of capital, but this apparent advantage is to a great extent lost, because many of the necessaries of life are becoming dearer. (67) the rich grow rapidly richer, whilst there is no perceptible advance in the comfort enjoyed by the industrial classes. (67) the working men become almost the slaves of the tradesmen to whom they owe money. (82)

»the circulating capital of a country is its wage-fund. Hence if we desire to calculate the average moneywages received by each labourer, we have simply to divide the amount of this capital by the number of the labouring population.« (120) |

|[7]| Only a portion, and perhaps not a large portion of the wealth which is annually saved in this country, is invested in our own industry. (122) the aggregate wealth which is annually saved in England is divided into 2 portions; one portion is employed as capital to maintain our own industry, and the other portion is exported to other countries. (123) if profits increase, more capital will be invested in this particular branch of industry, and consequently the wage-fund will be augmented. (127)

If the commodities which the labourer ordinarily purchases advance in price 20%, his real wages diminished, although nominally they might be advanced 5 or 10%. ([138,] 139)

the operatives ... carefully watch the price of the raw material and the price of manufactured goods, and are thus enabled to form an accurate estimate of their masters' profits! (178[, 179]) |

|[8]| [Karl Marx an Ferdinand Freiligrath, 20. Juli 1867]

Veröffentlicht in: MEGAdigital. |

|[9]| N. Zürcher Zeitung. 13. Sept. 1867.

»*Borkenheim*, Anhänger v. Marx, liest einen langen Aufsatz in französischer Sprache; *kein Mensch versteht ein Wort*. Das Ganze ist eine Geschichte der deutschen Bestrebungen voll Invektiven. Als er Schulze-Delitzsch den Commis-Voyageur der bürgerlichen Nationalökonomie nennt, erhebt sich Karl Vogt u. protestirt unter grossem Beifall gegen diese Insulte einer geachteten Persönlichkeit. Dem Redner wird, nachdem er über 20 Minuten lang sein *v. Kennern Herrn Marx selbst zugeschriebnes Exercitium* heruntergeleiert hat, das Wort entzogen.«

[Bibliographische Notizen, Wohnadressen u. a.]

| *Deutsches Wochenblatt. Organ der deutschen Volkspartei. Mannheim.*

Schulze-Delitzsch: Vorschuß u. Credit-Verein als Volksbanken. 4. Auflage. (2fl. 9Sr.) Verlag v. *Ernst Keil* in Leipzig.

Ad. Nahmer. Box 6791 P. O. New York. |

|[10]| Kostet: £.4 per semester.

„*Libertà e Giustizia.*" Gerente Responsàbile: *Giuseppe de Tivoli.*

Vicoletto Salata a'Ventaglieri N. 14. *Napoli.*

Schily, 4 Rue St. Quentin. Paris.

Sigfrid Meyer. box 101. Hoboken. N. Y. *U. St.*

Siebel (Karl) Junior. 10, Kleine Flurstrasse, *Barmen.*

Dr. Gumpert. 228, Westminster Terrace, Oxford Street, Manchester.

F. Engels. { 7, Southgate, St. Mary's. und 86, Mornington Street. Stockport Road } *Manchester*

John Maughan. 1 Pleasant Row, *Canonbury.* N.

E. Juch, 93, London Wall. E. C.

W. Strohn { 2, Cliff Villas, *und* Park et Strohn 1, Chapel Lane. } *Bradford West Riding* of Yorkshire.

S. Borkheim 10, Brunswick Gardens, Kensington. |

|[11]| *G. W. Randall.* Secretary of the *Workingmen's Institute.* 3 Tremont Row, Room 521, *Boston.* New England.

Arnold Hilbergs Verlag. I, Bäckerstrasse, 30, I Stock. *Wien.*

Ch. Kaub. 33, Rue des trois Couronnes, du Temple, Paris.

Prof. Beesly, University Hall, Gordon Square, W. C.
P. S. King. 34, Parliament Street, Westminster.
Dr. Otto Dammer. Redaktion von Meyer's Konversations-Lexikon. *Hildburghausen.*
L. Borchardt. 83, *Mosery Street, Manchester.*
S. Meyer: care *Henry Hellmers.* 20 Renwick Street. *New York City.*
Asher et Co. 13, Bedford Street, Covent Garden.
Dr. A. Jacobi. 110 West. 34th St. *N. Y.*
Liebknecht. Braustr. 11, Leipzig.
Ch. Pfänder. 111, Bayham Street. London.
Dr. Rode. 19, Washington Street, Liverpool.
Eccarius. 24 Tothill Str. S. W. |
|[12]| *C. D. Collet.* Sunny Banks, Highgate.
Hartwell, 10, Boltcourt, Fleetstreet, (Beehive)
Chas. Burton *Edgemont Torquay*
National Reformer 107, Shoe Lane, Fleet Street.
F. Lessner 4, Francis Street, Tottenham Court Road.
F. Freiligrath. 11, Portland Place, Lower Clapton.
H. Bender 8, Little Newport Street, Leicestersquare.
H. Jung. 4, Charles Street, Northampton Square.
E. Dronke. 41, Oldhall Street, Liverpool.
Liebknecht: 11, Braustrasse, Leipzig.
29, Friedrichstrasse, Berlin.
M. Bakunine. 3, rue Bradur, Genève. |

|[13]| *The Bank of England* and the *Organisation of Credit in England.* (30sh.) 3^{d} edit. *Longmans. Paternoster Row.* (1867)
Joseph Mitchell: Railway Finance, being Suggestions *for the Improvement* etc (1sh.) *Edward Stanford, 6, Charing Cross.* S. W. 1867.
Trilogie agricole, par J. A. Barral, chez *Victor Masson et fils, place de l'Ecole de Médecine.* 1 vol.
V. demselben: „*L'Agriculture du Nord de la France* (ferme de Masny).
Haxthausen: Die ländliche Verfassung Rußlands (Brockhaus.) 2Th. 20Sgr.
Dr Karl Fraas: Die Ackerbaukrisen u. ihre Heilmittel. (Brockhaus.)
Rules, Orders, and Forms of Proceeding of the H. o. Commons etc Printed by Henry Hansard etc.
May's Book on the H. o. C.
Ireland Statistical Abstract. (*General* (U. Kingdom) Statistics.
(Master and men Act.) |

|[14]| Times. Oct. 5, 1867.

Der Humbug *J. B. Lawes* (Rothamsted, Herts) schreibt über Weizenertrag auf verschiednen seiner experimental fields:

Plots	*How manured each year*	*Harvests.* 1863	1864	1865	1866	1867	*Average 15 years 1852–1866*
		Bushels of dressed corn per acre.					
3	Unmanured	17 1/4	16 1/2	13 1/4	12 1/8	8 7/8	15 1/4
2	Farmyard manure	44	40	37 1/8	32 5/8	27 1/2	35 5/8
7	Artificial manure	53 5/8	45 3/4	40 1/4	29 7/8	22 1/4	36 3/4
8	Ditto	55 5/8	49 7/8	43 5/8	32 1/8	30 1/2	38 3/4
9	Ditto	55 1/2	51 1/4	44	32 1/2	29 1/8	36 1/8
		Weight per bushel of dressed corn, lbs.					
3	Unmanured	62.7	62.0	66.6	61.3	56.1	57.5
2	Farmyardman.	63.1	62.5	61.5	61.7	61.4	59.8
7	Artific. Man.	62.6	63.1	61.6	61.0	61.0	59.1
8	Ditto	62.3	63.5	61.4	60.1	60.7	58.6
9	Ditto	62.1	62.6	61.1	60.6	59.9	57.9. |

[Courrier Français, 14. Oktober 1867]

|[15]| *Irland.*

October 1867 machte der irische Vicekönig einen speech, worin er v. der Prospérité croissante Irlands spricht. Abercorn »Il avait remarqué avec satisfaction, en parcourant le pays, que les fermes et les habitations des paysans étaient remplacées par la culture des navets, et les habitants par les bestiaux. La vue d'un bœuf ou d'un mouton, ajoute *l'Irishman*, est plus agréable aux yeux d'un lord que celle d'un Irlandais, car les premiers peuvent être mangés.« *(Cour. Fr. 14 Oct.)*

[Wohnadresse]

Siegfried Meyer box 101. *Hoboken, N. J.*

Times: 30 Jan. 1868.

»the value of live stock in Ireland risen from 28,000,000*l.* in 1851, to 45,440,000*l.* in 1866. the export of linen: 6,292,000*l.* in 1862, was 10,327,000*l.* in 1866. The aggregate receipts from Irish railways, which were half a million in 1851, came to near 1 million and $^3/_4$ in 1865, and are increasing. Wages have risen to half as much again, and even to nearly double, what they were 20 years ago.« Cardinal Cullen, in Schreiben on the condition of Ireland (Ende Jan. 1868) sagt: „About 400,000 cottages of the poor have been levelled to the ground lest they should ever again afford shelter to their former inmates. Many villages have been completely destroyed, and several towns, once busy and prosperous, are now almost abandoned and falling into ruin.“ |

[Jean Le Rond D'Alembert: Sur la destruction des Jésuites en France]

|[16]| »Le lion fait semblant de dormir, laisse bourdonner la guêpe autour de ses oreilles, s'ennuie à la fin de l'entendre, se réveille et la tue.« (*D'Alembert: „Sur la Destruction des Jésuites en France.* éd. Paris 1865. [(95)])

»Ils ressemblaient à ce capitaine suisse qui faisait enterrer pêle-mêle sur le champ de bataille les morts et les mourants; on lui représentait que quelques-uns des enterrés respiraient encore et ne demandaient qu'à vivre: Bon, dit-il, si on voulait les écouter, il n'y en aurait pas un de mort.« (117 l.c.)

»semblables à ce malheureux passant sur lequel il était tombé quelque tuile du haut d'une maison dont on réparait le toit, et qui, pour se venger, lançait des pierres au premier étage, n'ayant pas, disait-il, la force de les jeter plus haut.« (l.c. p. 123)

[Paul-Louis Courier: Chefs-d'œuvre]

Procès de Paul-Louis Courier.

Courier: Il n'y a pour les nobles qu'un moyen de fortune … c'est la *prostitution.* (Er war angeklagt wegen seines *Simple Discours*) … J'ai voulu montrer l'origine des grandes fortunes dans la noblesse, et de la grande propriété.

Le président: Eh bien! dans l'ancienne noblesse il y a des familles sans tache, qui ne doivent rien aux femmes: les Noailles, ||[17]| les Richelieu …

Courier: Les Richelieu! Tout le monde sait l'histoire du pavillon d'Hanovre, et de la guerre d'Allemagne. Madame de Pompadour étant premier ministre …

Le Président. Assez: point de personnalités.

Courier. Je réponds à vos questions, monsieur le président. Sans madame de Maintenon, les Noailles …

Le président. On ne vous demande pas ces détails historiques.

Courier. La prostitution, Monsieur le président, toujours la prostitution. (*Chefs-d'Oeuvre de P. L. Courier.* Paris. 1864) (t. I)

Eine der angeschuldigten (die oben angespielte) Passage in *Courier's Discours* lautet:

»Sachez qu'il n'y a pas en France une seule famille noble, mais je dis noble de race et d'antique origine, qui ne doive sa fortune aux femmes; vous m'entendez. Les femmes ont fait les grandes maisons; ce n'est pas, comme vous croyez bien, en cousant les chemises de leurs époux, ni en allaitant leurs enfants. … De la fortune des familles nobles, il en paraît bien d'autres causes, telles que le pillage, les concussions, l'assassinat, les proscriptions, et surtout les confiscations. Mais qu'on y regarde, et on verra qu'aucun de ces moyens n'eût pu être mis en œuvre sans la faveur d'un ‖[18]| grand, obtenue par quelque femme; car, pour piller, il faut avoir commandements, gouvernements, qui ne s'obtiennent que par les femmes; et ce n'était pas tout d'assassiner Jacques Cœur ou le maréchal d'Ancre, il fallait, pour avoir leurs biens, le bon plaisir, l'agrément du roi, c.à.d. des femmes qui gouvernaient alors le roi ou son ministre. Les dépouilles des huguenots, des frondeurs, des traitants, autres faveurs, bienfaits qui coulaient, se répandaient par les mêmes canaux aussi purs que la source. Bref, comme il n'est, ne fut, ni ne sera jamais, pour nous autres vilains, qu'un moyen de fortune, c'est le travail; pour la noblesse non plus il n'y en a qu'un, et c'est … c'est la prostitution, puisqu'il faut, mes amis, l'appeler par son nom.« (l.c. p. 161, 162)

[Charles Lenient: La satire en France]

Théodore de Bèze: Le Passavant. (Epistola magistri Benedicti Passavantii) Hier u.a. gegen den Präsidenten Lizet: »En quoi diffèrent Lizet et Balaam? C'est que Balaam et son âne faisaient deux, tandis que Lizet et sa mule ne font qu'un.« [(180)]

„Tu manebis asinus per omnia secula seculorum." [(184)] |

|[19]| „Qui ne reconnaîtrait le *miracle de la Transsubstantiation* ... la sueur d'un misérable laboureur se changeant en la graisse d'un prospérant partisan ou trésorier. ... Les pleurs de la veuve ruinée en Bretagne font avoir du fard à la femme de Santory. ... Les impôts de la France ont transsubstantié les champs des laboureurs en pâturages, les vignes en friches, les laboureurs en mendiants, les soldats en voleurs avec peu de miracle, les vilains en gentilhommes, les valets en maîtres, les maîtres en valets." (*D'Aubigné* (der grosse huguenotische Satyriker): *„La Confession de Sancy"*. Zeit Henry IV.) [(474, 475)] |

|[20]| Times Oct. 26. 1867.

Mit Bezug auf die Farnham Workhouse revelations:

»There may be great room for improvement in our Poor Law system, but the Guardians everywhere have, at least, the power of keeping their Workhouses in decent order. Jedoch, if the Guardians are to blame, their superiors are far more censurable. As to the Poor Law Inspector, it is obvious that he has in this case been absolutely useless. Perhaps this furnishes on the whole the most disgraceful point in these cases. What are these Inspectors paid for, but to do the work which is now being done by agents of the Press? As soon as the work has been done for them, and the public is scandalized, we hear of their visiting the Workhouses and summoning the Guardians to an inquiry ... Is it possible that the Inspector could plead, with even more truth than the Guardians, that his efforts are uniformly damped by the staff of the Poor Law Board? Mr. Farnall did not scruple to allege, through Mr. Villiers, that he had repeatedly called the attention of the Board to abuses in the Metropolis, but ||[21]| that his complaints had seldom met with attention. It is, we fear, true that a certain class of officials have uniformly discouraged any attempts to raise the average standard of Poor Law administration ... It has been the cant of these persons that Workhouses should be uniformly conducted on the „sound principle" of repressing rather than encouraging pauperism. They remind us of *Swift's* famous scheme for diminishing pauperism in Ireland. His method was the steady repression of pauper children by converting them into animal food for the rest of the population. The precise mode recommended by some Poor Law officials is different, but they agree with *Swift* in considering that the shortest way of getting rid of pauperism is to get rid of paupers. ... It is true that the poor ought not to be tempted in either health or sickness to give up their own homes to enter the Workhouse; but, in order to avoid this danger, we are not justified in rendering the Workhouse *a place of greater degradation and cruelty than the worst prison* … es ist the fact that the poor will generally suffer any want rather than betake themselves to the Union.« Die Gemeinheiten ||[22]| gipfeln in der Behandlung der sick paupers u. dem Zustand der workhouse infirmaries. (Weßwegen *Lancet* bei der Farnhamaffaire etc seine eigne Untersuchung anstellte.)

Mit Bezug auf die *Lancet* Enthüllungen über das Farnham Union Workhouse (bisher glaubte man die Schweinereien hauptsächlich in London, es zeigte sich, daß sie ebenso groß in den county Unions) erklärt einer der *Guardians*, Mr. Wightman, selbst, in der Times: „Scandalous as the facts referred to appear, others of a still more shocking nature might have been introduced into the picture to render it still more revolting." Ferner id: that „most other workhouses are like the Farnham Union", and, in fact, that „the most approved Union Workhouses" are even worse! |

[Jules Michelet: La sorcière]

|[23]| *Hexengeschichten*

La Piété affligée, du *capucin Esprit de Bosroger* (Ersten Decennien des 17. Jhh.) (bei Gelegenheit des Prozesses der Madeleine Bavent, 1633–1647) est un livre immortel dans les annales de la bêtise humaine.

»On lit dans un registre d'une inquisition d'Italie cet aveu d'une religieuse; elle disait innocemment à la Madone: „De grâce, Sainte Vierge, donne moi quelqu'un avec qui je puisse pécher". On sait l'histoire d'un certain couvent russe: un homme qui y entra n'en sortit pas vivant. Chez les nôtres, le directeur entrait et devait entrer tous les jours. Elles croyaient communément qu'un saint ne peut que sanctifier, et qu'un être pur purifie. Le peuple les appelait en riant les *sanctifiées*.« (p. 292, Note. *J. Michelet: La Sorcière. Paris. 1862.*) In dem Buch des Bosroger »les libertés amoureuses que l'ange Gabriel y prend avec la Vierge, ses baisers de colombe etc.« [(292, 293)]

Graesse. Bibliotheca Magiae. Lipsiae 1843.
Calcagnini. Misc, Magia Amatoria antiqua. 1544.
Michel Psellus: Energie des démons. (1050)
César d'Heisterbach: Illustria miracula. (1220)|
|[24]| *Registres de l'Inquisition* (1307–1326) *Limburch.*
Lamothe-Langon: Inquisition de France.
Manuels des moines inquisiteurs du *15ème et 16ème siècles: Nider (Formicarius);* Sprenger (Malleus); *C. Bernardus (Lucerna), Spina, Grillardus* etc.

H. Corn. Agrippae Opera in 8 [Bd.], 2 vol. Lugduni.
Paracelsi Opera.
Wyer (Holländer, Aufklärer, Dr.): De Prestigiis Daemonum. 1569.
Bodin (Orthodox). Démonomanie. 1580.
Remigius. Demonolatria. 1596.
Del Rio (Spaniard), Disquisitiones Magicae. 1599.
Boguet: Discours des sorciers. 1605. Lyon.
Leloyer. Histoire des spectres, 1605, Paris.
Lancre (Jurist) *Inconstance.* 1612, *Incrédulité.* (1622.)
Michaëlis (Dominicaner) Histoire d'une pénitente (Affaire *Gauffredi.* Madeleine) 1613.
Histoire des diables de Loudun (Affaire des *Urbain Grandier*) (par Aubin) 1716.
Histoire de Madeleine Bavent, de Louviers. 1652 (Während der Fronde durch einen Oratoren geschrieben. Die wirkliche Geschichte)
Examen de Louviers. Apologie de l'examen (Enthüllung des Mönchsbetrugs) *par Yvelin* (Chirurgien) 1643. |
|[25]| *Procès de P. Girard et de la Cadière.* Aix, folio, 1733.
Pièces relatives à ce procès. 5 vol. in 12. Aix. 1833.
Eus. Salverte. Sciences occultes, avec introduction de Littré.
A. Maury. Les Fées. 1843. *Magie.* 1860.
Soldan. Histoire des procès de sorcellerie. 1843.
Th. Wright. The Sorcery. 1854.
Figuier: Histoire du merveilleux. 4 vols.
Ferdinand Denis: Sciences occultes
Histoire des sciences au moyen âge, par Sprengel, Pouchet, Cuvier, Hoefer etc.

[Bibliographische Notizen zu „The Chronicle", französischer politischer Ökonomie und Grundrententheorie u. a.]

|*Jan. 6 1868. House* ⌊*(of Representatives)*⌋ *Washington:* Passage of an act making 8 hours a legal day's work among all labourers employed by the Government.

Ireland. Emigration v. Ulster etc (Chronicle, 1868. 11 Jan. p. 36) Emigration 1847–48. (p. 37)

Coal Consumtion. (*Chronicle* 1868, 4 Jan. p. 6 u. 7)

Crédit Mobilier (Chronicle 28 Dec. 1867) p. 942 sqq. |

|[26]| *John Noble: „Fiscal Legislation"* (1842–65) 1867?

Anton, Freiherr v. Prokesch-Osten: Geschichte des Abfalls der Griechen vom türkischen Reiche im Jahre 1821 etc (In Commission bei Carl Gerold's Sohn) Wien 1867.

Reports received from H. Maj.'s ambassadors and consuls relating to the conditions of the Christians in Turkey. 6 March, 1867.

Aycard: „l'Histoire du Crédit Mobilier". (600 pages) (1867) *Librairie Internationale.*

Raoul Boudon: „La Vérité sur la situation économique et financière de l'Empire. (5fcs). Chez Dubuisson et Cie, librairies, rue Coq-Héron, n. 5. Paris. 1867.

L'Association, son emploi rationnel, par *Et. Barat,* in 18. Noirot édit. (1868).

Annuaire de l'association pour 1868 par MM. Barrier, *Cantagrel etc Noirot édit.* (1868) |

|[27]| *Different fertility of Tobacco soils. Prussia.* (*Chronicle*, 25 Jan. p. 80)

N. 6. Report of H. M's Secretaries of Embassy and Legation. July 1867. | Doppelt. Dagegen fehlt: N. 8 (Sept.) u. N. 9. (Oct.)

Analysis of the natural price of corn. (Court) 1841.
Price, Profit, and Rent. *(Hoskyns)* 1846.
Reasons for thinking that the price of corn does not regulate the Rent of land. (Stansfield.)
Remarks on the Anti-corn-law mania. (Anon.) 1846. |

|[28]| *Becquerel. Magne.* (*Journal d'agriculture pratique.* 1866.)

Coquelin

Longe: „A refutation of the wage-fund theory. Lond. 1866.“

Dudley Baxter: Zeitschrift der Lond. Statist. Gesellschaft, 4 Quartal, 1866.

Ed. Pfeiffer: Die Arbeit, Organ für die socialen Reformbestrebungen.
Etienne Laspeyres: Wechselbeziehungen zwischen Volksvermehrung u. Höhe des Arbeitslohns. Heidelberg. 1860.
Arnold und *Korn.*
Le Play. (Belgien)
Bayldon: On Rent and Tillages.
Stewart: On landed property (1848) |

[Auszüge]

|[29]| *Jan. 1868.* The H. o. Representatives passed the following resolution. (f. den Distrikt Columbia)

»That eight hours shall constitute a day's work for all labourers, workmen and mechanics now employed, by or on behalf of the government of the U. St.; and that all acts and parts of acts inconsistent with this act be, and the same are hereby, repealed.«

Feb. 1 1868. »The B. o. France holds upwards of 41,000,000*l.* St. in specie. (*The Bullionist.* Gleichzeitig Government loan of 17,600,000.)

Feb. 1 1868. »At present London numbers 3,400,000 inhabitants.« *(The Press)*

[Charles-Louis Montesquieu: De l’esprit des Lois]

„Il faut écorcher un Moscovite pour lui donner du sentiment.“ *Esprit des lois. Montesquieu.* |

|[30]| F. A. Lange: J. St. Mill's Ansichten über die sociale Frage. Duisburg 1866.

Dühring sagt in: *„Der Werth des Lebens. Eine philosophische Betrachtung. München 1865":* „Halten wir uns einzig u. allein an die Behauptung, daß die *Zunahme der Bevölkerung mit grösserer Geschwindigkeit als das Steigen der Erträge an Lebensmitteln von Statten gehe.* In dieser Form ausgedrückt scheint das Malthus'sche Gesetz unbestreitbar zu sein." Dazu in Note Lange: »Die neueren Malthusianer gehen nicht einmal so weit. Man giebt zu, daß auch die Vermehrung v. Nahrungsmitteln der Volksvermehrung voraneilen kann u. nimmt nur an, daß der Vortheil dieses Vorsprungs stets wieder durch die Vermehrung der Bevölkerung ausgeglichen wird.« [(187)]

»Hierfür« (wie der Mensch selbst *hemmt*) »geben namentlich die Verhältnisse solcher ländlichen Gemeinden Auskunft, in welchen bei völliger Theilung des Grundeigenthums keine grossen Güter u. keine Fabriken sind, auf denen die Eltern hoffen könnten, einen Theil ihrer Kinder im Nothfalle als Arbeiter unterzubringen. Unter solchen Verhältnissen findet man die freiwillige Beschränkung der Familien sehr häufig in Verbindung mit einem von Generation zu Generation vererbten Wohlstand.« (191) |

|[31]| Satz Carey's, der seinen Werth behält: *»Die Occupation des Landes beginnt mit dem leichten Boden der Hochflächen und ergreift erst später den fruchtbaren u. schweren Boden der Niederungen.«* Fehlerhaft ist nur auch hier die ungebührliche Erweiterung dieses Satzes zu der Behauptung, daß mit dem Fortschritt der Cultur immer bessrer Boden in Angriff

genommen würde ... Man darf dabei nicht vergessen, daß die werthloseren Theile des leichten Bodens auch von Unbemittelten in Angriff genommen können u.s.w. ([195,] 196)

»In einem Lande, welches Ueberfluß an Boden hat, wird, wie Carey annimmt, der leichte Boden zuerst angegriffen. Das Land ist ein Ackerbauland; der Handel bemächtigt sich desselben, Korn u. andre Rohprodukte werden ausgeführt, Gegenstände der Industrie aber eingeführt. In Folge dessen wird dem Boden nur ein Theil der Stoffe wiedergegeben etc. Der Boden wird ausgesogen u. die Bevölkerung zerstreut sich auf dem leichten Boden immer weiter, um immer neues Land in Angriff zu nehmen ... Wird dagegen ein wohlgewählter Schutzzoll eingeführt, so entsteht die Fabrik neben dem Acker. Durch reichliche Düngung v. den Abfällen der Industrie u. v. der dichteren Bevölkerung entsteht grössre u. dauerhafte Ergiebigkeit des Bodens; ‖[32]| die rationelle Landwirthschaft kann sich entwickeln, u. der Ackerbau gewinnt die Mittel zur Rodung v. Wäldern, Trockenlegung v. Sumpfstrecken – kurz zur Eroberung des fetten Bodens der fruchtbaren Niedrungen etc.« (p. 196, 97) Aber, sagt Lange gegen Carey: »Nun aber hört es auf. Die Industrie hat ihre centralisirende Tendenz so gut wie der Handel. Zahlreiche Arbeiterfamilien sind dem Zusammenhang mit dem Boden, u. damit der behutsamen Selbstbeschränkung entrissen. etc Das Land ist occupirt; das gute wie das schlechte. Es könnte zwar durch Einführung neuer Verbessrungen noch weit mehr tragen, aber die Anlagen werden nicht gemacht, weil nichts daran zu verdienen ist. *Die Rohproducte wollen nicht im Preise steigen, weil die Arbeiter nicht genug verzehren können.* Das Angebot richtet sich zwar immer noch bis zu einem gewissen Grade nach der Nachfrage; aber doch nur nach der Nachfrage mit klingender Münze, nicht nach derjenigen des Magens.« ([197,] 198, 199) *Schutzzoll* bei Carey. Aber: »Werden nicht neue Mittel gefunden, um nächst *der Centralisation des Handels auch die Centralisation der Industrie* zu verhüten, so macht er (Schutzzoll) sogar die Sache nur schlimmer statt besser.« (p. 198) |

|[33]| Am Niederrhein u. Westphalen ... Selbst unfruchtbare Heiden u. Berghänge werden dann allmählich für den Anbau gewonnen. ... Ein Morgen Land nach dem andren wird für den Pflug gewonnen u. kann durch eine reichliche Düngung u. fleißige Bearbeitung zum Ertrage gebracht werden. Dieß geschieht auf dem leichten Boden in der Nähe grosser industrieller Etablissements, oder wo in den zerstreuten Hütten, am Waldsaum der Hügel, der Webstuhl unablässig klappert. Die Arbeiter, welche aus der Bodenkultur einen Nebenerwerb machen, dringen hier als Pionniere auf dem leichten u. leichtesten Boden vor, den sie durch ihren Anbau allmählich verbessern, nicht aussaugen. Gleichzeitig wird auf dem

schweren u. fruchtbaren Boden eine ziemlich intensive Landwirthschaft betrieben. (203, 204)

»Es ist eine ganz bekannte Thatsache, daß wir häufig wachsenden Wohlstand u. wachsende Bevölkerung Hand in Hand gehen sehen, u. daß auch die Nachfrage nach gewöhnlichen Handarbeiten sehr wohl eine längere Zeit hindurch stärker steigen kann, als das Angebot. In diesem Falle ist nach Carey der steigende Wohlstand eine Folge der steigenden Bevölkerung; nach den „Malthusianern" verhält es sich umgekehrt. Aus beiden ||[34]| Annahmen läßt sich die Erscheinung gleich gut erklären.« (206, 207)

Bedenke man ferner, daß das Sinken des Geldlohns in der ersten Periode (in Frankreich Nämlich 1700–1760: 3,250,000 Familien, Jährlicher Lohn 135fr. 13½ Hectoliter Weizen (wird als ausreichend angesehn, eine Familie v. ländlichen Arbeitern zu unterhalten) kosten 254fr. *Differenz* – 119fr.) keineswegs soweit durch das Sinken der Getreidepreise überwogen wird, als es nach der Tabelle scheint, weil die übrigen Bedürfnisse in solchen Zeiten doppelt schwer in die Wagschale fallen; daß durch das beständige Steigen des Luxus in den höhern Klassen u. durch die mit der industriellen Entwicklung verbundne Erhöhung der Lebensweise in den Mittelklassen auch den Arbeitern immer neue Bedürfnisse aufgenöthigt werden, daß die aufgenöthigten Ausgaben für andre Dinge eine auf dem Niveau des Deficits stehende Familie furchtbar belasten, während sie den Trost einer Ausgleichung der Klassenunterschiede durchaus nicht gewähren etc. (p. 213, 214)

(Landwirthschaft.)

Nach Moreau de Jonnès:

Perioden	*Periodendauer*	*Gesammtzunahme des Ertrags.*	*Durchschnittliche jährliche Zunahme*	
1700–1760	60	6,750,000fc.	445,000f.	
1760–88	28	504,583,000	18,000,000	
1788–1813	25	1,323,638,000	53,000,000	
1813–1840	27	2,665,198,000	100,000,000	(p. 211)|

|[35]| *Fortsetzung.* (Jonnès)

	Anzahl der landwirths. Familien	*Jährl. Lohn*	13½ Hektol. Weizen kosten	*Differenz der vorigen Columne*	
1700	3,250,000	135f.	254f.	– 119f	
1760	3,500,000	126	176	– 50	
1788	4,000,000	161	216	– 55	
1813	4,600,000	400	283	+ 117	
1840	6,000,000	500	256	+ 244	(p. 213)

»Die Kosten für die Reproduktion sinken (nach Carey); somit sinkt auch der Werth der zuerst hergestellten Grundstücke. ... wird übersehen, daß es für die Befriedigung unsrer Bedürfnisse ausser dem Widerstand der Natur auch einen Widerstand des Menschen giebt: die gesteigerte Nachfrage.« (223)

Mill vergleicht sodann verschiedne Perioden der Geschichte u. bemerkt, daß in den letzten 15–20 Jahren in England die Verbessrungen des Ackerbau's ein entschiedenes Uebergewicht über die Bevölkerungszunahme gehabt hätten; freilich nur über die *wirkliche*, durch andere Umstände bereits gehemmte, nicht aber über die *mögliche* Bevölkerungszunahme. Letzteres, meint er, würde sicherlich nie der Fall sein. Den Beweis hierfür hat Mill nicht geführt, u. er ist auch in der That nicht zu führen. (38)

Müssen wir doch sofort einsehen, daß die Vermehrung der Subsistenzmittel ||[36]| ganz andern Gesetzen folgt, als die *ungehemmte Vermehrung der Bevölkerung*. (d.h. die *Lange'sche!*) Während diese stetig vor sich geht, hat jene mit Nothwendigkeit ihre Zeiten des beschleunigten u. verzögerten Fortschritts oder auch des Stillstandes. (39) Alle Vorschläge des Herrn Mill (Auswandrung, Colonisation (Wakefield'sche), Ansiedlung v. Arbeitern auf Gemeindeland (Parcellen), Reglung des Arbeitstags, Unions etc) sind f. Herrn Lange Mill'sche Entdeckungen.

Karl Arnd: Das System Wilhelm Roscher's gegenüber den unwandelbaren Naturgesetzen der Volkswirthschaft.

Frankfurt a/M 1862.

Da hiernach das durch Arbeit erworbene Vermögen vom Ueberschusse der Einnahme über die Ausgabe gebildet wird, so wächst es ebensowohl durch die Vermindrung der Ausgabe, als durch die Vermehrung der Einnahme. Das aus dem erübrigten Arbeitslohne hervorgegangene Vermögen, nimmt – sobald es zur Erhöhung des Erfolgs der menschlichen Arbeit angewendet wird – in der Güterwelt eine selbstständige Natur an, u. erhält den Namen: *Kapital*. (40)

Die 3te Quelle des menschlichen Einkommens, oder die Bodenrente, beruht auf dem Besitze v. Grundflächen. Ertragen diese Flächen, vermittelst der Vegetations- u. Lebenskräfte, Früchte, so fallen dieselben den Besitzern dieser Flächen zu, u. bilden ihre Bodenrente; entstehen diese Früchte ohne menschliches Zuthun, sind es freiwillige Gaben der Natur, so erscheint ‖[37]| ihr ganzer Geldwerth als reine Bodenrente; hat ihre Erzeugung einen Aufwand verursacht, so bildet nur der Mehrbetrag ihres Geldwerthes, über den Betrag jenes Aufwandes, die Bodenrente. (40, 41)

Der Preis der Grundstücke wird vom Preise ihrer Produkte bestimmt; dieß ist aber nicht bei den andren Produktionsmitteln – bei Werkzeugen, Werkstätten, Magazinen etc – der Fall, u. hierin liegt eben ein wesentlicher Unterschied zwischen den Grundstücken u. anderen Produktionsmitteln, da der Preis v. diesen, nicht vom Preise ihrer Produkte, sondern vom Betrage ihrer Herstellungskosten bestimmt wird. (44, 45)

In § 150 sagt Roscher: „Der Preis der Bodenprodukte steht auf die Dauer mindestens so hoch, daß auch auf dem unfruchtbarsten Boden, welcher gleichwohl zur Befriedigung des Gesammtbedarfs mitbestellt werden muß, die Kosten vergolten werden.“ Was versteht er hier wohl unter *„Gesammtbedarf“?* Wäre dieser Satz wahr, so befänden sich in England u. der Schweitz – wohin man regelmässig Getreide einführt – keine unbestellte Wüstungen, u. in der Wetterau u. in Ungarn – woraus man regelmässig Getreide ausführt – würde man längst aufgehört haben neue Cultivirungen vorzunehmen. Die Wahrheit ist: daß man ‖[38]| überall solche Wüstungen in Cultur nimmt, deren Ertrag einen Ueberschuß über die Bestellungskosten verspricht, ohne alle Rücksicht auf den Gesammtbedarf. Ist der Boden eines ganzen Landes v. solcher Fruchtbarkeit, daß die *Früchte aller Grundstücke* einen *Ueberschuß über ihre Produktionskosten* liefern, so fehlt denselben jene Bodenklasse gänzlich, auf deren Dasein Ricardo sein System begründet hat ... diese künstliche Theorie nur zu dem Zwecke aufgestellt ..., um den englischen Grundbesitz vor jeder weiteren *Steuerbelastung zu schützen.* (45)

E. Dühring: Capital u. Arbeit.

Berlin. 1865.

»Carey unterscheidet nämlich zwischen dem *Verkehr* als denjenigen Act, durch welchen Verbraucher u. Hervorbringer ihre Leistungen austauschen, u. dem *Handel*, als dem selbstständigen Werkzeug, durch welches jener Verkehr vermittelt wird.« (55) Carey vertritt nun die Interessen des Verkehrs gegen die eigennützigen Beschränktheiten des Handels. (56)

Die Socialpolitik ist mithin eine wirkliche Politik; die Classengegensätze u. die Verschiedenheiten der Interessen sind ihre Grundlagen. (91)|

|[39]| Das Gesetz der Concurrenz muß streng formulirt werden, um einer Prüfung zugänglich zu werden. ... Eine Steigerung des Angebots vermindert die Geltung der angebotenen Leistungen; eine Steigerung der Nachfrage vermehrt diese Geltung. Was wollen wir nun Concurrenz nennen? Etwa den Widerstreit zwischen den Bestrebungen der Nachfrage u. denen des Angebots? ... Vielmehr denkt man bei dem Worte Concurrenz an die Häufung der Bestrebungen, sich eine gewisse Art v. Leistungen (mithin auch Dinge) zu verschaffen. ... Es giebt mithin zwei Arten der Konkurrenz, nämlich eine Häufung des Arbeitsangebots u. eine Häufung der Nachfrage nach Arbeit. *Carey*, der diese hochwichtige Unterscheidung gemacht u. mit vollem Bewußtsein in allen Richtungen zur Geltung gebracht hat, bedient sich regelmässig der Ausdrücke: Concurrenz im Verkauf der Arbeit u. Concurrenz im Kauf der Arbeit. (127)

Das Werkzeug der Production, d.h. das s.g. Capital wird durch die bloße Thatsache seiner Vervielfältigung leichter zugänglich; auf diesem Satz beruht *Carey's* Behauptung einer natürlichen Anbahnung v. Harmonie. (p. 161)|

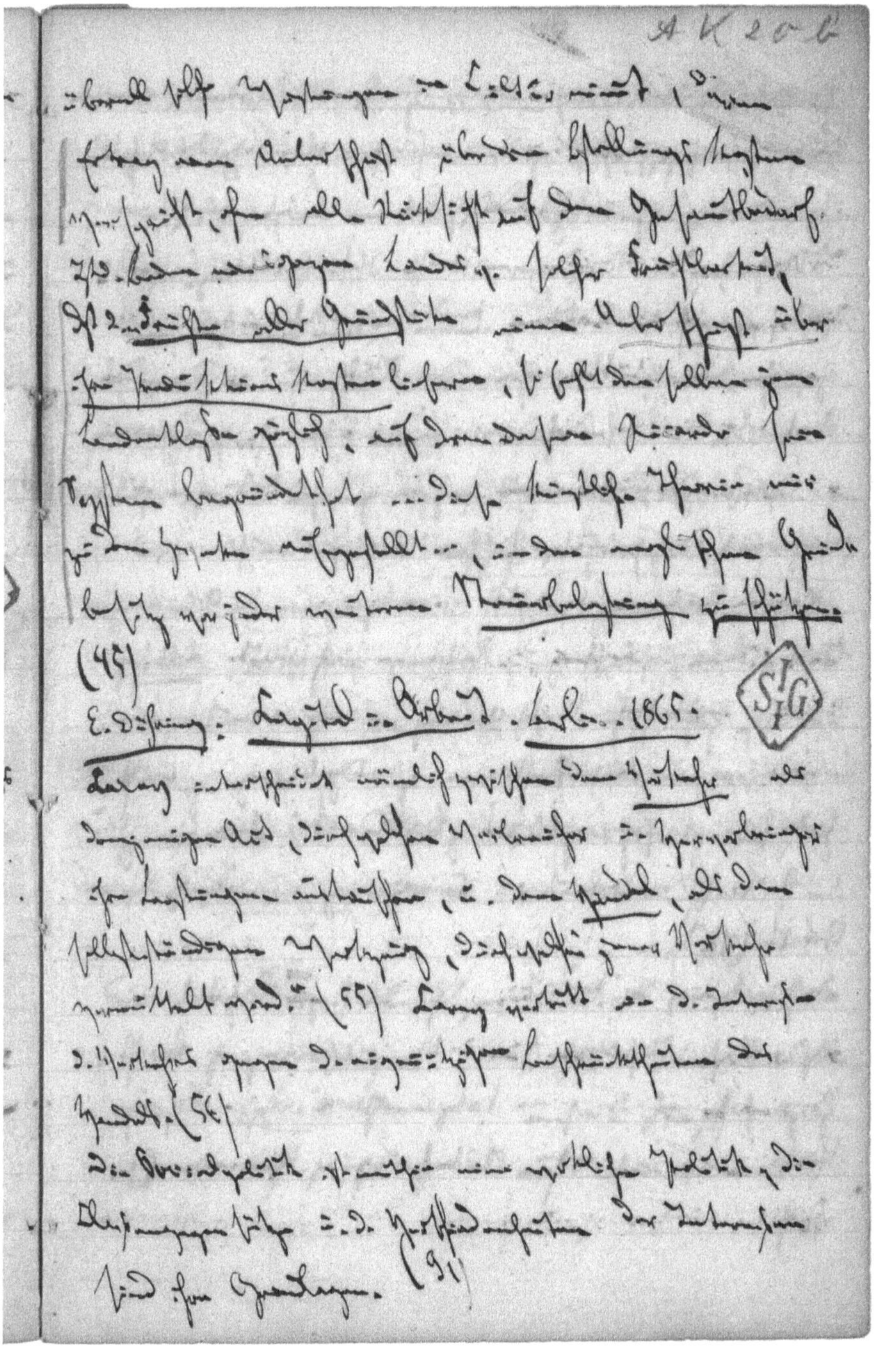

Aus Eugen Dühring: Capital und Arbeit
Hefte zur Agrikultur. Heft 1. 1868. Seite [39]

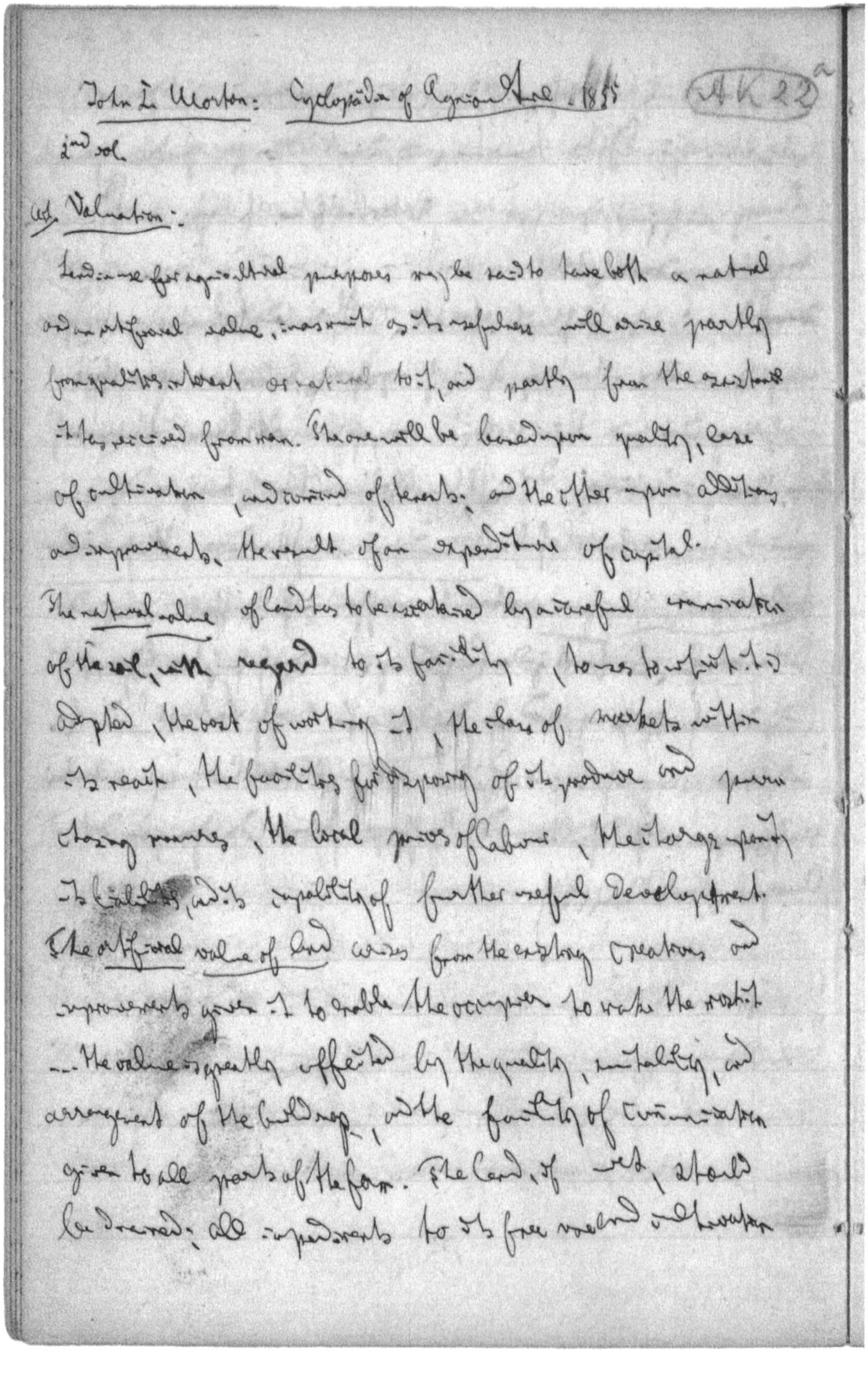
John C. Morton: Cyclopædia of Agriculture. 1855 (AK 22a)

2nd vol.

ad) Valuation:

Land in use for agricultural purposes may be said to have both a natural and an artificial value, inasmuch as its usefulness will arise partly from qualities inherent or natural to it, and partly from the assistance it has received from man. The one will be based upon quality, ease of cultivation, and amount of tenants; and the other upon additions and improvements, the result of an expenditure of capital.

The natural value of land has to be ascertained by a careful examination of the soil, with regard to its fertility, the uses to which it is adapted, the cost of working it, the class of markets within its reach, the facilities for disposing of its produce and purchasing manures, the local prices of labour, the charges upon it, its liabilities, and its capability of further useful development.

The artificial value of land arises from the existing creations and improvements given it to enable the occupier to make the most of it ... the value is greatly affected by the quality, suitability, and arrangement of the buildings, and the facility of communication given to all parts of the farm. The land, if wet, should be drained; all impediments to its free working and cultivation

Aus: A Cyclopedia of Agriculture, Practical and Scientific ...
Hefte zur Agrikultur. Heft 1. 1868. Seite [41]

|[40]| Allerdings ist es wahr, daß die Erträge des Bodens der Gemeinschaft des Volkes zu Gute kommen, u. daß, wie ja grade zuerst Carey nachgewiesen hat, die Naturkräfte selbst nicht bezahlt werden. (190)

in der Wirklichkeit aber, in welcher die Lohnsteigerungen mehr od. minder stetig vor sich gehn, bedeutet eine Vermehrung des für die Arbeit gezahlten Silbers stets auch eine Vergrösserung der schließlichen Kaufkraft des geänderten Arbeitslohns. *Allerdings müssen die Nahrungsmittelpreise steigen;* aber sie wachsen nicht so schnell, wie der Arbeitslohn, u. so ist jede Erhöhung ein wahrhafter Gewinn. Durch die Lohnerhöhung wird die Nachfrage nach Lebensbedürfnissen vermehrt ... Das Angebot bleibt bei veränderter Nachfrage nicht dasselbe. Die Nachfrage bestimmt die Grösse des Angebots. (192, 193)|

|[41]| John C. Morton: Cyclopädia of Agriculture.

1855. 2nd vol.

Article Valuation:

Land in use for agricultural purposes may be said to have both a natural and an artificial value, inasmuch as its usefulness will arise partly from qualities inherent or natural to it, and partly from the assistance it has received from man. The one will be based upon quality, ease of cultivation, and command of tenants; and the other upon additions and improvements, the result of an expenditure of capital. [(1047)]

The *natural value* of land has to be ascertained by a careful examination of the soil, with regard to its fertility, the uses to which it is adapted, the cost of working it, the class of markets within its reach, the facilities for disposing of its produce and purchasing manures, the local prices of labour, the charges upon it, its liabilities, and its capability of further useful development. [(l. c.)]

The *artificial value of land* arises from the existing creations and improvements given it to enable the occupier to make the most of it ... the value is greatly affected by the quality, suitability, and arrangement of the buildings, and the facility of communication given to all parts of the farm. The land, if wet, should be drained; all impediments to its free use and cultivation ||[42]| – in the shape of unnecessary hedges, trees, game – detract from its value. ... as a tenant has only a limited interest as to time in the land, he is governed in the rent he will pay by the returns he will be likely to get in the limited term of his tenure. A farm naturally fertile, but exhausted and out of condition, will absorb much additional capital in restoring it and bringing up its fertility, and several years may be lost in bringing this about without any return to the occupier; whilst an inferior farm in high cultivation calls for no additional capital, and makes immediate returns, and, at the same time, is more inviting to small capitalists by its appearance, and by the smaller means required for its occupation. In the one case not only is a larger capital necessary ... hence it is that rent may often be found to be less regulated by the natural fertility of the soil than by the condition of the land and the order of the farming in the district; and thus the lighter and poorer soils of this country may often be found to have gained a preference over more productive, simply because of their better condition and the smaller outlay they call for. [(l.c.)] |

|[43]| *Article Landlord.*

Rent – Absolutely personal in its nature at first, and demanding the actual presence of the tenant for the performance of bodily services, from the following to the field of battle or the chase, to the holding of a stirrup or presentation of a cap ... *rents payable in kind* ... included nearly every article of consumption, not confined *to agricultural produce alone:* handicraft trades of every kind were practised either upon the farm or in the houses of the great, the proceeds of which were the stipulated return for the use of the land held by the tenant ... *Primogeniture:* regarding a landed estate not in the modern light of a certain amount of property appreciable at a money value, but as an inalienable entirety held under the crown on the condition of military service, and furnishing a fixed quota of armed followers, bearing the same relation to their landlord as he did to the sovereign ... [(189, 190)]

The capital which would purchase a very inconsiderable acreage, enables a farmer of skill and experience to put forth powers of production on a scale of much greater extent in the tenancy of another's property ... | |[44]| (the English *law* of primogeniture applies only in cases of intestacy, or family settlements.) [(191)]

Its (des land) specific capabilities augmented ... continually, by the advance of agricultural knowledge and practice, yet its relation, regarded merely as a limited space against unlimited occupiers, undergoes perpetual change. ... V. 1815 bis jezt decline of prices ... extraordinary advance of population, trade, capital, and farming skill which have proceeded inversely with this decline ... two-thirds, at least, of the land of this country are in strict settlement; the „estate" enjoyed by the present owner is, in the great majority of cases, a matter of strictly defined legal limitation. But, besides the mere shackles of entails, the land is subject to an immense variety of incumbrances … It is certain that not more than half the income derived from land truly belongs to its *nominal owners;* and the proportion has, by many well informed persons, been estimated at not more than one third. The remainder belongs beneficially to others – to mortgages, rent-charge owners, jointresses, annuitants, and the like, while the nominal ‖[45]| owners bear all the costs of management, and all the accidental or occasional losses which are necessarily incident to landed property, whether held beneficially or otherwise. … These impediments have been endeavoured to be met, as far as enclosure and drainage are concerned by the Drainage Act (Act 9 and 10 Vict., c. 101) u. Act 12 and 13 Vict. c. 100 *(Private Money Drainage Bill)*, enabling owners of land to execute these improvements under the assistance of Government loans; and (durch den 2. Akt) to lay out private capital, whether that of others or their own, upon the settled estates, in such a manner as to constitute a separate investment devolving as rent charge in favour of the lender upon the heir at law, or next in settlement … the occupier of a farm too large for his capital would be advised rather to part with a portion of it than to enter into deeper implication and wider engagements with an acreage already overgrown, by making fresh investments upon it of borrowed money, which, besides the payment of interest, will soon be found to involve a further extension of those ‖[46]| liabilities etc … If the system of including in settlements land of which the annual rent actually belongs not to the nominal owner, be itself vicious, palliations which attempt to meet the case by loans of which the principal and interest are to be repaid in 22 years … seem fraught with a double evil – first, that of encouraging a course of investment, which will presently necessitate further instalments of artificial aid to support it; and secondly, that of strengthening and indirectly subsidizing a system of family entail, as against purchasers … In case des 2ten Acts, so far as it applies to the security for investments of their own capital, made by the owners of settled estates for the benefit of younger children, or for any other purpose separate from the inheritance, the measure is neither more nor less than a recognition of the principle of tenant right in favour of tenants for life … objectionable, so far as it transmits to the succeeding generation a fresh edition of the practice of mere ostensible ownership, constituting the next heir to whom the estate devolves, the mere rent payer for his predecessor's improvements, the rent-charge ‖[47]| of which will belong beneficially to others … The common mode is for the present possessor to have an estate for life, with remainder in fee to his son, who, on coming of age, usually joins with the parent in „cutting off the entail"; and a resettlement is then made similar to the previous one, by which he and his successors, whether living or unborn, are placed in their turn in the same position as that before occupied by the parent, whose debts, if any, are commonly, on this occasion, charged upon the estate by mortgage, and the interest upon these, together with the jointure of his widow and the sums charged on the property for younger children's fortunes or the interest due upon them, become fixed payments from the gross rental, when the property devolves upon the son; add to this the annual outlay for repairs, an item in itself commonly estimated at from 5 to 10% upon the gross rental. [(192–195)]

In reality, low prices, though in public appearance a depressing, are individually a stimulating agent. ... each strives harder than ever to surmount the ||[48]| general depression ... [(195)]

the words *„transition period"*, so frequently applied to the present time, are, in fact, applicable in the strictest sense to the whole period that has elapsed since the termination of the war. The continual, though irregular *declension of prices of farm produce on the one hand*, the *sustained and often extravagant competition for farms on the other* etc [(200)]

The expense of keeping up a certain average state of fertility and cleanness in the soil is small, compared with that of restoring either ... [(202)]

the longest lease passes, during its effluxion, through every variety of *short* lease, till, at least, it is tantamount to no lease at all. A lease for 21 years is only good, for the purposes of investment, during the first half, or at most, two-thirds of its term; after that time, it becomes no larger a current security for outlay on the part of the tenant; every year his calculation must thenceforward be made upon a diminished prospect of enjoyment, and, with the assurances, in the generality of cases, that its expiration ||[49]| will bring with it terms of renewal, in which he will be lucky if his own improvements are not, in some degree valued against himself. It is difficult from the very nature of land-tenancy to guard against this, for it is difficult to use land according to the best system of farming for a course of years, without so adding to its permanent condition, as to make it the basis of calculations of improved value, in which the owner of the soil claims his share ... [(202, 203)]

any cause advancing the consumption of meat tends to make the root-crop more intrinsically profitable, and thus to *reduce* the *cost* of the increased acreable produce in corn ... [(203)]

Like every other article of limited supply and of improvable capabilities, i.e. ... land, both for hire and purchase, has a market of its own, regulated by intrinsic causes and principles, amongst which the price of its grain-produce stands in a position altogether subordinate to many other relative circumstances which in every advancing commercial country are in constant course of development ‖[50]| and change ... the history of the inverse progress of rents, with the prices of grain since the early part of this century ... exhibits the fallacy of assuming the price of produce as the standard of the annual value of land, even for purely agricultural purposes. The invention of a good implement, such as the clod-crusher or the drill – the discovery of a new and powerful manure, like guano – the adoption of an improved process or system, as, f.i., that of the autumn cleaning of stubbles – any and every cause, in fact, which enables a larger amount to be grown on the same acreage, or the same amount to be raised at less cost, has an inevitable tendency towards two results commonly and erroneously thought incompatible, namely, to lower the market price of produce, and to raise the value of the acre which supplies it. But when to these causes is added the general increase of the whole population, viewed as a consuming class, and the special increase of that class in which each individual is the competitor of the other for an article limited in extent ‖[51]| like land, we might expect a priori to see that the price of produce, even if every description were included, instead of grain alone, would bear no direct or fixed ratio with the value of land. [(201)]

———|

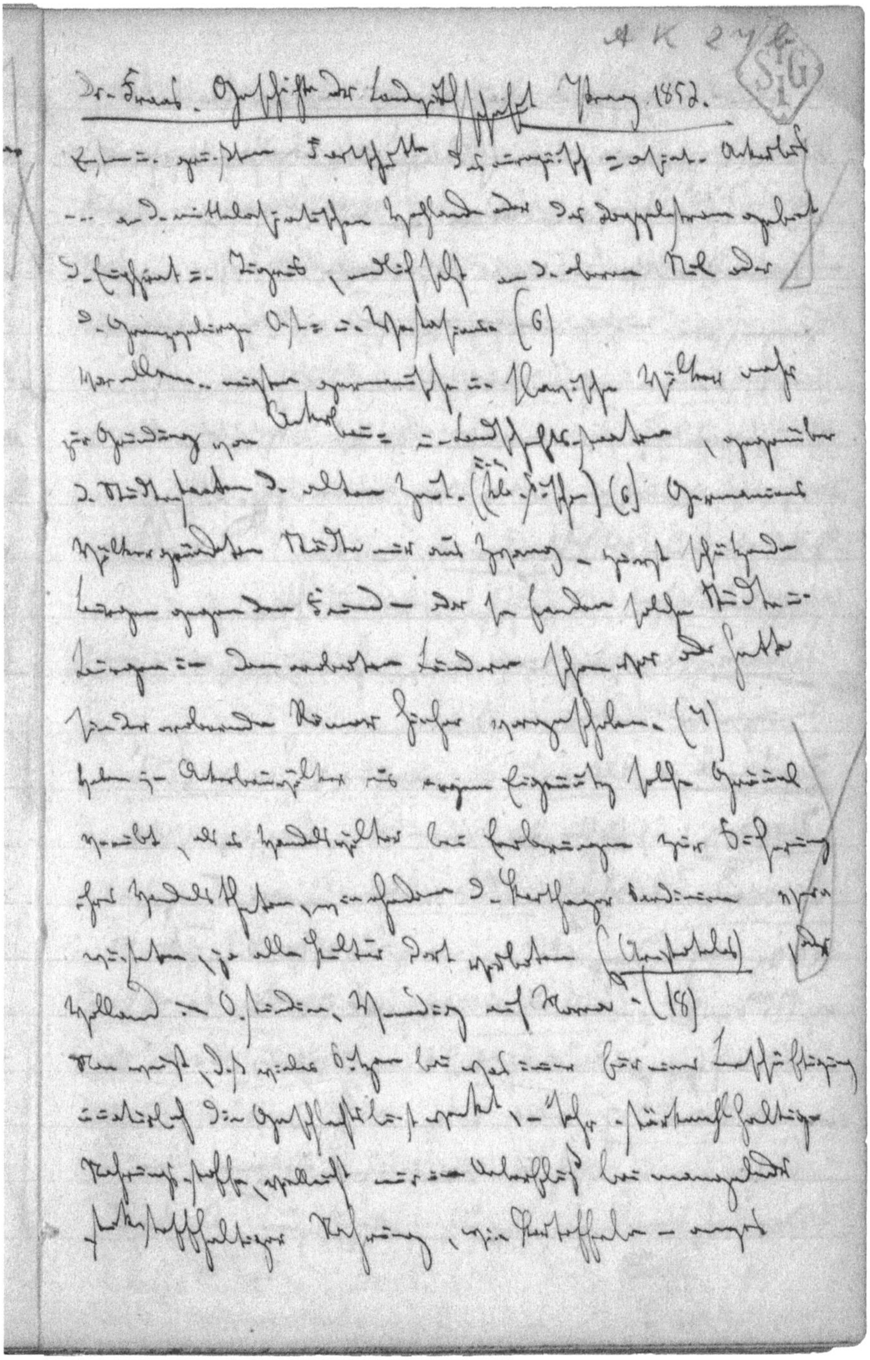

Aus Carl Fraas: Geschichte der Landwirthschaft
Hefte zur Agrikultur. Heft 1. 1868. Seite [52]

‖[52]‖ Dr. Fraas. Geschichte der Landwirthschaft. Prag 1852.

Ersten u. größten Fortschritte des europäisch-asiat. Ackerbaus ... an die mittelasiatischen Hochlande oder das Doppelstromgebiet des Euphrat u. Tigris, endlich selbst an den oberen Nil oder die Grenzgebirge Ost- u. Westasiens. ([5,] 6)

Vor allem ... neigten germanische u. slavische Völker mehr zur Gründung von Ackerbau- u. Landschaftsstaaten, gegenüber den Städtestaaten der alten Zeit. (i.e. klassischen) (6) Germaniens Völker gründeten Städte nur aus Zwang – zuerst schützende Burgen gegen den Feind – oder sie fanden solche Städte u. Burgen in den eroberten Ländern schon vor oder hatte sie der erobernde Römer hieher vorgeschoben. (7)

Haben je Ackerbauvölker aus argem Eigennutz solche Gräuel verübt, als es Handelsvölker bei Eroberungen zur Sicherung ihres Handels thaten, wie ehedem die Karthager Sardinien verwüsteten, ja alle Kultur dort verboten *(Aristoteles)*, oder Holland in Ostindien, Venedig auf Morea? (18)

Man weiß, daß vieles Sitzen bei was immer für einer Beschäftigung unnatürlich die Geschlechtslust weckt, – sehr stärkmehlhaltige Nahrungsstoffe, vielleicht nur im Uebergenuß bei mangelnder stickstoffhaltiger Nahrung, wie Kartoffeln – enges ‖[53]‖ Beisammenleben grosser Massen beiden Geschlechts mit nur einseitiger Kraftkonsumtion, vor Allem endlich Mangel, Elend u. Abzehrung selbst – Phthisis! – daß diese Dinge grade den Propagationstrieb mehren, daß schwächliche u. magere Personen der Art leichter u. schneller zeugen, als kräftige, wohlgenährte, in völliger naturgemässer Kraftkonsumtion stehnde Individuen. (22, 23)

Mistpflege ... derzeit so mangelhaft, daß fast die Hälfte aller Düngkraft *vor* und *bei* der Anwendung verloren geht. (24)

Geschichte der Landwirthschaft:

Reynier (†1825), *Anton* (Geschichte der deutschen Landwirthschaft bis in 15. Jhh.) [(102)]

Nebbien „Einrichtungskunst der Landgüter auf fortwährendes Steigen der Bodenrente. *1833*". [(88)]

Duhamel: „Eléments d'agriculture. Paris 1771". [(65)]

Rößig: Geschichte der Oekonomie, Leipzig 1798. [(107)]

Bernard Palissy v. Chapelle-Biron (geb. 1499, nach andern 1515; seine publicirten Schriften v. 1757–80: *L'art de terre* u. *des terres d'argile*, dann vorzüglich *„de la marne"* u. *„des sels divers et du sel commun"*. [(245)]) stellt Satz auf, »daß der Dünger nur durch seinen Gehalt an löslichen Salzen den Boden verbessere, der durch fortgesezten Anbau ||[54]| unfruchtbar werde, weil ihm alle löslichen Salze dadurch entzogen würden.« (145)

Fr. Home: Of Agriculture. 1755. [(146, 245)]

Wallerius (Schwede) *fundamenta agric. chemica* 1761 (seit 2. *Hälfte* des 18. Jahrhunderts). Schrieb auch: *De emendatione agri Upsal.* 1758 u. *Diss. de causis sterilitatis agrorum. Upsal. 1754.* [(149, 245)]

(Schildert gut den Nutzen der Bodenarten mehr durch physikalische Eigenschaften als durch chemische; denn der Boden trägt nach Wallerius zur Pflanzennahrung direkt nichts bei. [(152)] *Salpeter* war bis jezt als Hauptnahrungsstoff gesehn (*Mayow*, *Glauberus*, *Baco de Verulam*, *Digby*, *Lemery*, *Valmont* erklärten ihn als Geist u. Seele aller Vegetation.) Nach Wallerius die verschiednen Pflanzentheile ihren Ursprung aus Luft u. Wasser. [(153)] Die Bodenbearbeitung u. Verbesserung gründet er auf meist richtige chemische Principien – Luftzutritt, Lockerung, Bewegung, Mengung der Nahrungsstoffe. [(154)]

Van Helmont: Wassernahrung allein, Viele Nachfolger.

Jethro Tull, Pflanzenernährung durch sehr zertheilte Erde. Duhamel. [(155)]

Woodward (†1728) wiederholte die Versuche Helmont's u. zeigte, daß die Pflanzen v. Wasser u. Luft (Kohlengas) leben könnten. *Saussure* brachte diese Ansicht zur höchsten Geltung. Uebergang v. der alten Oel- oder Seifensaft||[55]|theorie zur Humustheorie. Nach *Home* in der Luft Salpetertheilchen, u. die Salpetersäure schaffe die beste Pflanzennahrung. [(156, 157)]

„Ambrosius Zeiger", dessen Ansichten noch 1757 in Geltung, schied die Bodenarten nach den 4 Temperamenten des Menschen, »z. B. in *sanguinischen* od. schwarzen Boden, *cholerischen* od. lehmigen, *melancholi-*

schen od. thonigten, in *phlegmatischen* od. Sand u. in aus allen gemischten Boden«. (158)

1616, *Joh. Clajus* (Alchymist): „Alkymistica, d.i. die wahre Kunst aus Kühmist durch Operation u. Prozeß gut Gold zu machen." (p. 159)

Rückert. Ende des 18. Jh. (Hofapotheker.) Vorläufer *Liebigs.* Sagt: Sind „die Erdarten eben diejenigen Substanzen, v. welchen wir neben angemessener Witterung, Wachsthum, Nahrung, kurz zu sagen: Fruchtbarkeit uns zu versprechen u. aus ihnen zu suchen haben." ([170,] 171)

Humphry Davy (1778 geb.) *1813: Elements of agricultural chemistry.* [(178)] »Alle mineralischen Düngarten wirkten entweder dadurch, daß sie ein Bestandtheil der Pflanzen würden, oder daß sie auf die Theile wirkten, welche die mehr wesentliche Nahrung derselben ausmachten, um sie für die Zwecke des vegetabilischen Lebens mehr geeignet zu machen.« (p. 181) |

|[56]| Länder ältester Völkerkultur: Mittelasien, Nordafrika, Südeuropa. (182)

Hlubek: Die Ernährung der Pflanzen u. Statik des Landbaues. Prag 1841. [(182, 247)]

Chaptal: Chymie appliquée à l'agriculture. 1823. (Schüler des Davy.) »Der beste Boden sei ein solcher, der vermöge der Art seiner Mengung die meisten Eigenschaften besitze, welche dem Fortkommen der Pflanzen zuträglich sind.« [(183, 184, 247)]

Einhof „Grundriß der Chemie f. Landwirthe", herausgegeben v. *A. Thaer, Berlin 1808.* Humustheorie, »Die Humussäure – Essig- u. Torfsäure – fand Einhof zuerst u. nannte sie *saure Dammerde.*« (p. 186[, 247]) Gegen Rückert. Mineralische Bestandtheile geben zur eigentlichen Ernährung der Pflanzen nichts ab. [(186, 187)] *Schrader* (Berlin). [(187)] *Hermbstädt „Archiv der Agrikulturchemie.* Berl. 1804." [(187, 247)] *Gazzeri* (1819). [(192)] *Grisentwhite* gegen die Humustheorie, Verfechter der Rückertschen Lehren: „*A new theory of agriculture*, in which the nature of soils, crops and manures is explained etc and the application of bones, Gypsum etc determined on scientific principles." *1820.* »vorerst müßten die chemischen Bestandtheile der Düngerarten den Pflanzen bekannt sein, daß man dann durch Zubringen solcher Substanzen auf *ein u. demselben Felde* ohne Rotation immer die schönsten Früchte ziehen könnte.« (»Schon *Florinus* hatte den Satz aufgestellt, daß Pflanzenaschen vorzüglich düngend auf jene Pflanzen wirkten, aus deren Arten sie gebrannt worden seien.«) [(193, 194, 248)] |

|[57]| „Die Lehre v. den mineralischen Düngermitteln mit bes. Rücksicht auf Dr. Sprengel's neue Analysen der Pflanzen u. Bodenarten v. *Lampadius.* Leipzig. 1833." [(248)]

»Jede Pflanze, behauptete Sprengel, bedarf zu ihrer völligen Ausbildung eine bestimmte Quantität *nicht organischer* Bestandtheile, welche mithin zu dem Wesen der Pflanzen gehören.« V. seinen Arbeiten am besten: *„die Lehre vom Dünger. Leipzig. 1839."* [(194)] „Es ist", sagt er „nichts in den Pflanzen, was nicht vorher im Boden war." (195) Seine *Düngerlehre*, seine *Agronomie* (in der Bodenkunde) u. die nach *Otto* so trefflich bearbeitete *Anleitung zur Analyse* der Bodenarten stellte Sprengel in der Geschichte dieser Wissenschaften so hoch. (195) Sprengel u. Lampadius eifern f. die Lehre vom Ersatze, welcher dem Felde an mineralischen Bestandtheilen gegeben werden müsse (197) doch weist Sprengel noch obersten Rang an »den humussauren Salzen, den pseudomineralischen Stoffen des Lampadius u. den künstlichen Humuspräparaten.« (197)

Lampadius Lehre v. den mineralischen Düngermaterialien. 1833. [(l.c.)]

V. Frankenstein: Humussäure ist ihm direkt u. indirekt Pflanzennahrung. [(l.c.)]

Die *physikalisch-agronomische Schule* begleitet u., wider Wissen, stützt die Humustheorie. Sie erreichte mit *Schübler* ihre ||[58]| Vollendung. Früher schon: *Bergmann*, *Fourcroy*, *Hassenfratz* berücksichtigten bedeutend die physikalischen Eigenschaften der Erdarten. (198)

Kirwan: (Uebersezt) Welches sind die paßlichsten Düngmittel für die verschiedenen Bodenarten. Göttingen 1796. [(198, 249)]

Ingenhouß. Schriften v. Molitor *1784.* [(199, 249)]

Daß phosphorsaurer Kalk im Weitzen in größter Menge u. dazu beitrage den „thierischen Leim" zu bilden, lehrt Kirwan 1796. (p. 201)

Sennebier: Physiologie vegetale. 1791 u. 1800. [(201, 249)] Vorzugsweis Kohlenstoff als Kohlensäure etc als Pflanzennahrung zu betrachten. »Niemand hat klarer die Wirkung der organischen Düngerstoffe durch Bildung der Kohlensäure gelehrt als Sennebier.« ([201,] 202)

Theodor v. Saussure: Gründete die s.g. Humustheorie u. forschte nach dem Ursprung der Pflanzenaschen. »Die Hauptwirkung des Sauerstoffs auf die Vegetation bestehe darin, Kohlensäure zu bilden, u. so den Pflanzen die Elemente zur Assimilation zu bieten.« *„Recherches chymiques sur la vegetation. Paris. 1804."* [(203, 249)] Theorie v. der vegetabilischen Dammerde. [(203)]

Schübler: Ueber die physikalischen Eigenschaften der Erden. Aarau 1817. [(205, 250)] Schübler u. seine Schule betrachten den Boden nicht nur als Behälter eines Theils der pflanzennährenden Stoffe, sondern auch als die Werkstätte ihrer ersten Zubereitung durch den Gährungsprozeß; ||[59]| sie überschäzt das befruchtende Wesen der Salze nicht, sondern sieht dieß Wesen vor allem in dem Verhalten des Bodens gegen die atmosphärischen Kräfte, Licht, Wärme, Elektrizität, Luft u. Wasser, folglich zunächst in seinen *physischen* Eigenschaften, welche, wie seine chemische Thätigkeit, nicht nur v. der Beschaffenheit der denselben gewöhnlich zusammensetzenden [Gemengtheile, sondern auch von ihrem Mengen- und Mischungsverhältnisse] u. selbst v. äusserlichen Verhältnissen, Lage, Neigung, Untergrund, Himmelsgegend etc abhängig sind. (208)

Boussingault. „Die Landwirthschaft u. ihre Beziehungen." (1844) [(211, 250)]

Nach *Becquerel's* Versuchen kann Wasserstoff, wenn er im Augenblick seines Freiwerdens mit Stickstoff in Berührung kommt, Ammoniak bilden. [(212)]

Fresenius: Lehrbuch der Chemie für Landwirthe. Braunschweig 1847. [(214, 251)]

Boussingault: bessere Erörterung der chemischen Bodenanalyse; *Will und Fresenius* (Gießner Laboratorium). Die weitere Folgerung *Liebig's,* »daß sich nämlich *alle alkalischen Basen in ihrer Wirkungsweise vertreten können,* demgemäß also, wenn eine Basis in einer Pflanze, deren Bestandtheile man mit denen einer andren Pflanze derselben Art vergleicht, fehlt, diese ersezt u. vertreten sein muß durch eine andere v. gleichem Wirkungswerth, durch ein Aequivalent v. einer der anderen Basen, somit also die Sauerstoffmenge ||[60]| aller alkalischen Basen zusammengenommen für je eine Pflanzenart unter *allen* Umständen unveränderlich sein müsse.« (216)

Bahnbrechung f. die analytische Chemie durch *Heinrich Rose*, Handbuch, 1831. [(217)]

Boussingault; nach Schübler, erkennt die ganze Möglichkeit der Pflanzenexistenz v. der Transpiration abhängig, daß die Bedingungen der Fruchtbarkeit zulezt weniger v. der chemischen Constitution der Bodenbestandtheile als v. der ihrer physikalischen Eigenschaften abzuleiten, daß zur Erzeugung der Fruchtbarkeit auch das dem Boden passendste Klima, dieß oft alles ersetzen könne, was dem Boden an der gewöhnlich dafür geltenden befruchtenden Substanz fehle. (217) Sagt, daß »einen Boden verbessern – heisse: seine Zusammensetzung u. seine physikalischen Eigenschaften abändern, so wie sie in Harmonie mit dem Klima u. den Bedürfnissen der Kultur bringen.« (218) Macht auch »die *Anwendungsart* des Düngers v. klimatischen Verhältnissen abhängig.« (l.c.)

Nach *Liebig u. Boussingault* muß jede Ausfuhr, welche Verarmung des Bodens zur Folge hat, gehemmt werden. (Oelkuchen aus Frankreich, Knochen aus Deutschland) [(220)] *Boussingault's Mittheilungen. Liebig: Organische Chemie. Leroy de Bethune:* Rapport fait au conseil general. Journal d'agriculture pratique. [(252)] |

|[61]| Dichtheit der Bevölkerung wird immer mehr zur Cerealienproduktion und Einschränkung der Viehzucht drängen, je mehr künstliche Düngermittel beihelfen. „Die beste Fruchtfolge, meint Boussingault, sei diejenige, in welcher die Gewächse am meisten aus der Luft aufnehmen.“ *Handelsgewächse* zu bauen, gehe nur dann an, wenn der Boden nach jahrelanger guter Befruchtung einen Ueberschuß an salzigen u. alkalischen Stoffen, Verbesserung durch vegetabilische Ueberreste u. stickstoffhaltige organische Stoffe vorausgesezt, erhalten habe. ... Die Bewässerung sei das beste u. wirksamste Mittel, die Fruchtbarkeit eines Bodens zu vermehren, indem hierdurch reiche Ernten an Futter erzielt werden, die eine Vermehrung des Düngers zur Folge haben. (222)

Humboldt: Essai sur la géographie des plantes, Paris. 1807. [(273)]

Shouw: Grundzüge einer allgemeinen Pflanzengeographie, Berlin. 1822. [(273)]

»Spanien u. Portugal, Holland u. England sind es vorzugsweis, denen wir die Einführung fremder Kulturpflanzen verdanken.« (274)

Ueber Pflanzenkrankheiten v. Tillet, Duhamel u. Tessier (1783) bis auf *Unger* u. *Meyen.* [(286)]

Tessier: Traité des maladies des grains. 1783. [(303)]

Plenk: Physiol. et path. plantarum frz. übersezt 1802. [(286, 303)] |

|[62]| »Eine rationelle Pflanzenpathologie kann begreiflich nur aus einer wohlgepflegten Pflanzenphysiologie, Anatomie u. Pflanzenchemie ihre Grundlage nehmen.« (286)

Meyen: Handbuch der *Pflanzenpathologie u. Pflanzenteratologie*, herausgeb. v. *Dr. G. Nees v. Esenbeck.* Berlin. 1841. Das beste bis jezt. [(287, 303)]

Wiegmann: Die Krankheiten u. krankhaften Mißbildungen der Gewächse. 1839. [(287, 303)]

Kartoffelkrankheit. Palliative: »Der Anbau der Kartoffeln in trockne, nicht bindende, lockere, wärmere Bodenarten, bei Vermeidung frischer, namentlich thierischer Düngung, häufiges Lockern, Häufeln u. Schäufeln (was mit dem gemeinen Pflug am unvollkommensten, viel besser mit dem Häufel- u. Schäufelpflug, *am besten mit Handarbeit geschieht*) etc« (291)

Schmarotzer- u. Pilzbildungen. 1) *Unger: die Exantheme* (1833), (*Blattpilze od. Exantheme.* Rost (engl. auch rost) Verschiedne Sorten dieser Blattpilze.) [(291)] 2) *Schimmelartige Entophyten* entstehen im Innern höherer Pflanzen u. brechen dann hervor, grosse Zerstörungen verursachend. (293) Der weisse u. schwarze Rotz. Der Mehlthau (mildew) (epiphytischer Schimmelpilz). Der ||[63]| *Wurzeltödter* – ein Pilz, Produkt einer Krankheit, Rhizoktonia. [(l.c.)] Der *Brand* (blight?) Nach Meyen der Flugbrand aus kleinen parasytischen Pilzen hervorgehend, die sich im

Innern von Parenchym-Zellen bilden u. diese hierauf zerstören. Schlechter, unreifer, naß geernteter Samen prädisponiren – nasse Kälte, starke Düngung geben die *Gelegenheit* dazu. (nach Meyen) [(294)] »Neuerlich hat *Dr. Petzholdt* im Sinne der Liebigschen Lehren die innern Pflanzenkrankheiten allüberall aus mangelhafter Bodenmischung (unorganischen Bestandtheilen) abzuleiten gesucht, ähnlich wie dieß mit so schmählichem Erfolge bei der Kartoffelsäure geschehen war.« (295)

Ein zu feuchter Boden, zu üppiger u. stark frisch gedüngter Boden, üppiges Wachsthum, unvollkommen ausgebildeter unreifer Same u. verspätete Aussaat. (296) *Rußthau. Mutterkorn.* [(296, 297)] »Im Allgemeinen steht fest, daß durch die süssen Excretionen der Blattläuse *(Meyen)* sowohl, wie durch krankhafte Sekrete der Pflanzen (Hartig, Treviranus) selbst Honigthau entstehn könne.« (299)

Unfruchtbarkeit der Pflanzen. Steinigwerden. *Gummifluß* u. *Kienkrankheit – Harzfluß* (Meyen). Die *Pilzkrankheit.* (Erineum Pers.) Unger, der alle Exantheme der Pflanzen ||[64]| für Krankheiten der Athmungsorgane erklärt, auch die Erineumbildung. etc [(300)]

3) *Parasiten der Pflanzen.* [(301)]

Meyen erklärt sich gradezu gegen die alte Annahme, daß Flechten u. Moose od. Pilze auf den *Baumstämmen* diesen durch Entziehung der Nahrung nachtheilig würden; dieß physiologisch u. anatomisch unmöglich. Durch Feuchthalten könnten sie schädlich wirken. (301)

Der (auf den Feudalstaat) folgende Polizeistaat konnte mit Naturalien nicht mehr wirthschaften u. mit Rittern seine Kriege nicht führen. Der alte Feudalstaat hatte Naturalien genug, aber der Polizeistaat brauchte Geld. (308)

1723 in Baiern ein *Kulturgesetz*, welches alle öden Strecken für bona vacantia – Staatseigenthum erklärte u. Jedermann zur Kultur u. damit zur Besitznahme einlud, insbesondere die Leerhäusler. (319) *ibidem:* Zehn Freijahre für Kultur der Gründe. *(Kulturmandat v. 1762.)* »Alle öden u. unfruchtbaren Gründe sollten hiernach kultivirt u. an In- u. Ausländer abgelassen werden, Brache konnte ungehindert angebaut etc werden.« (320)|

|[65]| »Jedenfalls wird uns erlaubt sein, das Jahr 1848 einer neuen Epoche landwirthschaftlicher Geschichtschreibung zuzuweisen.« (319) (macht in fact erst der Feudalrente in Deutschland Ende, obgleich noch nicht ganz!)

Quesnay nimmt nach Dupre de St-Maur an, daß Frankreich um 1754 wenigstens (m. Ausnahme v. Lothringen) 50 Mill. [Morgen] urbaren Landes. 1/4 gar nicht od. sehr schlecht benuzt. V. den übrigen 36 Mill. mit der Güterbewirthschaftung im Grossen v. reichen Wirthen im Dreifeldersystem behandelt, dagegen 30 Mill. nur v. verarmten Halbbauern (Metayers) mit den elendsten Mitteln in der Zwei-Felderwirthschaft. Dennoch erzeuge Frankreich seinen Bedarf an Getreide, u. Turgot schrieb in den 70er J., daß es in gewöhnlichen Jahren f. 13 Monate, also für ein Monat mehr als nöthig Getreide erzeuge. ... Privatgüterwirthschaft ward mit der persönlichen Gütersteuer (taille personelle) gebrandmarkt u. sie zu bezahlen war schimpflich. Nur etwa 20,000 Morgen Landes waren v. dieser taille ausgenommen. Der Grundherr war f. seinen Antheil (auf etwa 4 Hufen à 120 arpents) ausgenommen, um Nichts darüber. Was darüber war, galt als Bauernland – bien roturier – gegenüber den adlichen Hufen – biens nobles. Dazu ||[66]| kam noch eine kurze Pachtzeit v. nur 9 Jahren. Der Pächter mußte sein Inventar selbst mitbringen – was aber immer seltner ward, bis endlich fast aller Ackerbau in den Händen bettelhafter, oder zu Grunde gerichteter, v. dem Grundherrn mit äusserst mangelhaftem Inventar u. erster Einrichtung, mit Schiff u. Geschirr versehner Halbpächter war. Die eigentliche Pächterwirthschaft ... war am Ende nur mehr noch in der unmittelbaren Nähe der Reichshauptstadt od. einiger Provinzial-Hauptörter zu finden. ([324,] 325)

»Wie überall, so ist auch in Britannien die Ackerkrume v. größter Verschiedenheit u. findet sich neben stärkstem Klayboden der unstäte Flugsand mit allen Mittelstufen des Lehm, sandigem Lehm u. lehmigen Sandes. Nirgends wohl ist aber die Ackerkrume mehr gemischt als hier, wo Düngung mit mineralischen, also bleibenden Stoffen (Kalk u. Mergel) häufiger als irgendwo, u. schon seit so lange als die Quellen ihrer Landwirthschaftsgeschichte reichen, geübt wurde.« (329)

In 30 J. v. 1801–1831 Bevölkerung um $5^{1}/_{2}$ Mill. zugenommen, $^{50}/_{100}$ Städter, $^{45}/_{100}$ m. technischen Betrieben u. nur $^{34}/_{100}$ m. der Landwirthschaft beschäftigt. ([330,] 331)|

|[67]| *Meteorologie:* Humboldt. Dove. [(350)]

Em. Th. Wolff: Die chemischen Forschungen auf dem Gebiet der Agrikultur. Leipzig 1847. [(368)]

Zusammensetzung der Luft: Saussure, Ficinus, Boussingault etc. [(351, 352)]

Wassergehalt der Atmosphäre durchschnittlich $^{1}/_{100}$ vom Gewicht der ganzen Atmosphäre. (353) *Gay Lussac u. Dalton* bestimmten zuerst näher das Verhalten des dampfförmigen Wassers zur Luft u. den Gasen überhaupt. (l.c.[, 354])

E. F. August über die Fortschritte der Hygrometrie in der neuesten Zeit. Berlin. 1830. Kämtz. Lehrbuch der Meteorologie. [(368)]

Dove. Repert. der Physik 1841. IV. *Hygrometer.* Dann *Psychrometer* (durch August gebildet u. allgemein eingeführt.) [(354, 368)]

Lequereux: Entstehung der Torfmoore. 1848. [(355, 369)]

»Die Regenmenge vor Allem zu bestimmen, ward für alle Gegenden der Erde zur Aufgabe erhoben. Man hat den jährlichen Niederschlag in Europa mit 33° veranschlagt, f. Deutschland mit 25,44°.« (356, 357)

»Einander abwechselnd verdrängende Luftströme das Bedingende unsrer Witterungsverhältnisse.« (361)

Windtheorie: Hadley (1735) *Kant* (1802) [(362)] |

|[68]| *Dalton* (1793). *Dove* folgert:

1) wo in der tropischen Zone nur Polarströme an der Oberfläche herrschen, giebt es keine vollständige Strömung (des Winds), sondern nur eine der Entfernung des Beobachtungsortes von der äussern Grenze des Stromes proportionale unveränderte Ablenkung, welche sich nur etwas modificirt durch die Verändrung jener Grenzen in den Jahreszeiten *(Passate);*

2) Wo in der tropischen Zone, durch die eigenthümliche Vertheilung des festen u. flüssigen, im Jahre einmal ein südlicher Strom mit einem nördlichen abwechselt, giebt es nur eine Drehung im ganzen Jahre *(Monsoons);*

3) in den gemässigten u. wahrscheinlich auch in den kalten Zonen, wo Aequatorialströme fortwährend mit Polarströmen abwechseln, dreht sich der Wind im Mittel u. zwar öfters in einem bestimmten Sinne durch die Windrose, in der nördlichen Halbkugel, aber grade im entgegengesezten Sinne als in der südlichen (Gesetz der Drehung.) (362)

Beurbarung: Elkingston in der Grafschaft Warwick auf der Dunnsmoorschen Heide begann 1764 zuerst die Ausführung dieser Entwässerungsart. (Unterdrains.) [(374)] |

|[69]| Gegen das Ende des 18. Jh. aber schien die Sucht, Moräste u. Teiche auszutrocknen, fast zur Manie auszuarten. (376)

„Anweisung, wie der Flugsand stehend u. dürre Sandfelder zu Wiesen zu machen, v. *D. G. Schreber. Leipzig. 1764.“* [(377)]

Mageren Sandboden u. Heideland durch Thon u. Abbrennen zu verbessern, räth v. *Turbilly* (Uebersezt: *Prakt. Unterricht zum Aufreissen od. Brechen der unangebauten Felder überhaupt.* 1762) [(377)] Die Lehre v. der Beurbarung des Flugsandes der Dünen u. Sandschollen ist sehr alt u. schon im Anfang des 18. Jhh. ward in Angabe der Mittel zur Befestigung derselben rasch vorgeschritten. (377) Der Holzzucht giebt Hlubek Vorzug, wenn es sich um Benutzung des Flugsandes handle. (378)

Die Landes v. Bordeaux halten an 200 Quadratlieus. Von 54,009,776 Hect. Bodenfläche sind in Frankreich noch 7,185,475 unbebaut, 7,072,000 Hect. sind Waldungen. (381[, 382])

»Wann zunächst unsere Moore u. Heiden, Sümpfe und Sanddünen in Bauangriff zu nehmen«, möglich zu bestimmen, wenn die noch *kultivirbare* aber bis jezt unbebaute Fläche f. jedes Land bestimmt wird. (382)

Leicht zu bestimmen, wie viel ... unbenutzte Fläche, allein was *noch kulturfähiges Land sei?* ist äusserst schwer zu ||[70]| bestimmen, u. sind die Grenzen von dem noch unbenützten u. nur leicht abgeweideten Marschland an dünnbevölkerter Küste bis zu den nackten Kalkfelsen der südlichen Gebirge, die durch aufgetragne Erde erst Krume erhalten (handelt sich um Deutschland), allzu weit auseinander gerückt u. die Grenzen u. Zwischenformen unendlich mannigfach. (383)

So lange nicht Krumeänderung durch großartiges Anschlemmen u. Schwemmen, gleichwie in den toskanischen Maremmen erzielt werden kann, wird noch lange die angegebne Beurbarung solcher Flächen (wie des Landes) ausser dem Reiche wirthschaftlicher Vortheile liegen, wenn nämlich die Fortschritte der *intensiven* Kultur dagegen gehalten werden u. grösseren Ertrag verheissen. (385)

Bodenbearbeitung: Seicht- u. Tiefpflügen [(391)]

Mitte des 18. Jh.: *„P. Kretzschmer's ökonomische Praktika etc Leipzig 1754"* (zuerst 1749) Tiefpflügen: »Aufstellung der Idee v. einem Wechsel der Bodenschichten, deren untere er angefüllt mit fruchtbaren Stoffen erklärte.« (391[, 418]) Kretzschmer läugnet nicht daß Ol. de Serres (1600) schon ähnliche Ideen gehabt hätte. (l.c.)

Fried. Heusinger: „Die Verwandlung der Bergseiten in ebene Beete u. der Gießbäche in Abzuggräben oder die Terrassirung der Berge mit der Wasserleitung. Leipzig. 1826. [(419)] |

|[71]| *Exstirpatoren, Skarifikatoren* (Schäufel- u. Häufelpflüge.) *Getreidebau u. spezieller Pflanzenbau überhaupt:* [(410, 421)]

England bezog v. *1815–1826* circa jährlich 1,104,300 qrs Getreide, meist wheet

	1830–1840	1,536,000
aus Irland anno	1839	2,914,400. (p. 429)

Math. Bonafous: „Histoire naturelle, agricole et œconomique du Mais etc. 1836. [(431, 464)]

Erste Nachrichten v. den Kartoffeln durch die Spanier, *Zarate*, 1544, Cieça etc. [(432)]

Im 17. Jhd. macht der Anbau der Kartoffel keine Fortschritte. Erst mit der Noth v. 1771 u. 1772 Kartoffelbau sehr zunehmend. [(433, 434)]

Futter Dünger u. schwerer Boden sagen den Kartoffeln nicht zu. (436)

Die durch *Schwerz* so bekannt gewordne ausgezeichnete Kultur der flandrischen Niederung, die indeß keineswegs in Sorgfalt u. Spatenkultur als einzig dasteht, sondern in den gartenmässig kultivirten, ausgedehnten Umgegenden v. Magdeburg u. Erfurt, v. Bamberg u. Nürnberg ihr Analogon findet, schon im 16. Jh. blühend. (445) In der Regel (in Belgien) der 6. Theil der Felder mit Lein bestellt. (445) Seit alter Zeit haben wir (in Deutschland) dem Lein das beste Feld eingeräumt. (447, 448) |

|[72]| Die Wiesen werden immer mehr im Ertrag abnehmen, denn Nichts hindert eine reiche Entwickelung der Vegetation der Gräser mehr, als Mangel an Feuchtigkeit in der Atmosphäre. (497, 498) Trockenklima schreitet mit jedem Dezennium u. merklich weiter vor. (498)

»Schon 1755 hatte *Dr. James Anderson*, ein vorzüglicher landwirthschaftlicher Schriftsteller, eine sehr gründliche Theorie über Austrocknung der Moräste u. quelligten Gründe gegeben, u. dieß vermehrt u. verbessert in 4. Auf. 1797 edirt sublit: „Essays relating to agriculture and rural affairs". (504)

Es ist ein jämmerlicher Zug unsrer Volkswirthschaft noch immer, daß man nur immer v. Kolonien träumt, ohne daran zu denken, daß fruchtbare Krume die erste Bedingung ist, um sich mit den Landrente verleihenden Gründen in ersprießliche Konkurrenz setzen zu können. Jene Krume aber *ökonomisch* zu bilden, dazu ist vor allem das Schlammwässern geeignet. (506)

»Aus dieser ganzen Verhandlung ersichtlich, daß die *natürlichen* Wiesen den *künstlichen* immer mehr unterliegen werden, daß die Bewässerung die alten Verhältnisse bald völlig ||[73]| verwischen wird, u. endlich jenes letzte Analogon des Waldes, die natürliche Wiese mit künstlich unveränderten Pflanzenarten der höheren Kultur werde weichen müssen, so daß dann erst recht eigentlich v. einem *Wiesenbau* gegenüber dem *Akkerbau* gesprochen werden kann. (508, 509)

»Die Chinesen kannten seit undenklichen Zeiten schon Getreidegruben, eben so die Egypter, Griechen, Nordafrikaner, Spanier u. Italiener.« (539)

In Erdlöchern u. Gruben, in Felsenspalten u. Höhlen Getreide aufzubewahren, ist trotz der vielen Vorbedingungen doch die älteste Art der Konservirung gewesen. Noch ist sie in Ungarn u. Südeuropa nicht selten üblich, obgleich auch hier die ausgemauerten u. wohlverkitteten Silos allgemeiner an ihre Stelle getreten sind. (541)

Die Einführung des Kleebaus machte auch den mageren, höher gelegenen, weidearmen Gegenden bessere Rindviehzucht möglich. (589)

Sully steuerte »dem Unwesen der *Generalsteuereinnehmer*, welche v. 150 Millionen, welche die Pflichtigen zu zahlen hatten, nur 30 Millionen ablieferten.« (774)

„So viel Dienste als ein Unterthan v. seiner Nahrung, ohne dabei zu Grunde zu gehen, leisten kann, ist ||[74]| er der Herrschaft zu verrichten schuldig – dieses war der allgemeine Grundsatz der ersten Stifter des deutschen Bauernstandes; u. *er muß auch noch anjetzt beobachtet werden, weil er in der Vernunft u. dem Naturrechte selber gegründet ist.*" (p. 57 Citirt aus *Benekendorf: Gesetzbuch der Natur für den wirthschaftenden Landmann.* 1786.)

E. Dühring: Kritische Grundlegung der Wirthschaftslehre.

Berlin. 1866.

Angeboten wird also auf dem volkswirthschaftlichen Markte streng genommen nichts als die Frucht wissenschaftlicher Thätigkeit u. gesucht wird ebenfalls nichts andres. (61) Das Angebot geht v. irgend einer Art Production aus, während die Nachfrage v. dem Bedürfniß, d.h. von der Consumtion her entspringt. (61)

Concurrenz der wirthschaftlichen Kraftanwendung und Concurrenz der Theilnahme am Genuß. Beide Arten der Concurrenz sind im Allgemeinen mit einander verbunden anzutreffen. Man unterscheidet zwischen ihnen in der Regel gar nicht. Carey ist der erste, der es in der Lehre v. der Concurrenz für nöthig befunden hat, sorgfältige Unterscheidungen vorzunehmen. (64, 65) |

|[75]| »Der blosse Umstand, daß die Leute mehr Zahlungsmittel zur Verfügung haben, bestimmt sie noch keineswegs zu einem im Verhältniß dieser Zahlungsmittel gesteigerten Preisgebot. Die Steigerung der Preise ist zunächst u. vor allen Gründen, die noch sonst bei ihr mitwirken mögen, nicht die Folge einer Vermehrung der Geldmenge, sondern die Wirkung des allgemeinen Bestrebens, für jede Leistung eine grössere Gegenleistung zu erzielen. Der geschichtliche Ausdruck der Allgemeinheit dieses Bestrebens ist die mit dem Verlaufe der Zeit unvermeidlich vor sich gehende absolute Vergrösserung aller Leistungen. Das Metallgeld macht nun von dieser allgemeinen Ausdehnung der Dimensionen v. Leistung u. Gegenleistung begreiflicher Weise keine Ausnahme.« (88) Übrigens kön-

nen die Verhältnisse des Austausches dieselben bleiben, u. dennoch wird schon der blosse Umstand, daß die ausgetauschten Waarenbeträge gewachsen sind, eine Preissteigerung mit sich bringen. Da jedes Tauschgeschäft als in zwei Kaufgeschäfte zerlegt gedacht werden kann, so wird die Dimensionserweiterung auch den als Vermittler eingeschobnen Preis berühren müssen. Das allgemeine Schema dieses Vorganges wird sich etwa in folgender ||[76]| Weise gestalten. Als Verkäufer erzielt man einen grösseren Preis u. als Käufer muß man ihn selbst bezahlen. Die beiden Geschäfte, die man in der doppelten Rolle macht, beziehen sich auf verschiedene Waaren oder Leistungen, die sich eben nur in den fraglichen Dimensionen ... austauschen. Die Forderung eines grösseren Geldbetrages ist die Wirkung aber nicht die Ursache des absoluten Anwachsens der Leistungen. Wer das Geld verlangt, vertritt, ... die materielle Nachfrage, d.h. die Consumtion. In letzterer liegt aber die vorwärts treibende Kraft. Welches Mittel hat aber das Angebot, um sich zur Nachfrage in einer anderen Richtung in Stand zu setzen? Offenbar nur die Preissteigerung d.h. die Forderung eines grösseren Geldbetrages. Dieser grössere Geldbetrag muß sich nun seinerseits wieder gefallen lassen, für eine andre Waare in einem ähnlichen erhöhten Verhältniß in Anspruch genommen zu werden. Der tiefre Grund der den geschichtlichen Fortschritt der Volkswirthschaften begleitenden Preiserhöhungen liegt also in der Vermehrung der Quantität der Naturalleistungen, nicht aber in der Vermehrung der Geldmenge. Letztere ist vielmehr Wirkung, nicht aber Ursache der allgemeinen, alle Gegenstände betreffenden Preissteigerung. (89) »Die eben angedeutete *Theorie!*« (l.c.) |

|[77]| das Careysche Vertheilungsgesetz, demzufolge der Bruchtheil des ganzen Arbeitsertrags für die Lohnarbeit steigt, während der Bruchtheil, der auf den Capitalgewinn fällt, mit dem Fortschritt der Volkswirthschaft sinkt. (94)

»der Gedanke einer grossen collectiven einheitlich vorgestellten Werthsumme, von welcher die einzelnen Gruppen Bruchtheile bilden, ist durchaus nicht gewöhnlich, u. ich muß bemerken, daß ich denselben ... nur bei Cernuschi angetroffen habe.« (144)

Werth ist das Ergebniß der Schätzung oder Messung des Erfolgs. Der wirthschaftliche Erfolg wird dadurch zu einer allgemeinen, als gleichartig zu betrachtenden Grösse, daß in ihm von den Unterschieden abgesehen wird. Das Ergebniß dieser Abstraktion ist ... der allgemeine Werthbegriff. ... Das wirthschaftliche Streben führt zu Ergebnissen, die sämmtlich in der allgemeinen Eigenschaft, dieses Streben u. seine Elemente in einem gewissen Maasse zu befriedigen, übereinkommen. Es ist also nicht dịẹ Thätigkeit, sondern dạṣ Resultat, welches wir schätzen und messen. (145) Das edle Metall repräsentirt stets eine gewisse Grösse v. wissenschaftlichem Erfolg u. hat nur hierdurch einen bestimmten Werth. (149, 150) *(Sieh Fortsetzung)* |

|[78]| Landlord. (Morton oben)

„Quicquid plantatur solo, solo cedit" … the Statute of Gloucester (Act 6 Edw. I) has ever continued in full force against the tenant in agriculture. … A law which confiscates to one man the property deposited by another, is soon found to have the natural back-action of simply prohibiting the deposit; and such precisely has been the effect of this law, on a gigantic scale, in condemning land to an enforced sterility of agricultural tenancy, which has affected the landscape of the farm not more than it has eaten with mischievous effects into the very habits and *morale* of farming practice. If anything could add another weakening influence to the already fragile tie which not so much connects as disconnects the tenant at will, or even on lease, from any fixed interest in the soil he cultivates, it is a law which, instantly translating into the claim of another whatever he attaches to it, invests his whole relations towards it which a jealous forecalculation studiously to cut down every process in his dealings with the soil, every tribute of skill or ingenuity … to the shrewdly measured proportions of a temporary ‖[79]| interest. (196) »There is, to this day, no power given to him (the farmer) to remove any engine or machine requiring to be firmly fixed into the ground, nor anything once annexed to or erected upon it, though expressly for the purposes of the farm, and without which it could not be profitably employed. … Had the buildings and machinery of every cotton mill and iron foundry depended, in like manner, upon the owner of the fee-simple it was reared upon, and the lessee been under the operation of a similar tenancy, the results might have been the same in those grand departments of our national industry.« »the law of fixtures was the offspring of a time when not only the whole relation of landlord and tenant was different from what it is now, but when the value was little of any improvement or annexation that the tenant could make; above all, it was made by landlords.« [(197)]

It is difficult to conceive a cause better calculated to arrest that to which land owes its principal value, namely, permanent investment; whilst it throws back upon the landlord himself the whole ||[80]| expense, and the, to him, generally difficult task of planning farm buildings; and as respects the soil itself – so easy to keep in condition, so expensive to *restore* it – it has the tendency to turn every tenancy into a sort of natural anticlimax, ending in a state of normal sterility. (l.c.)

»What are *fixtures* in agriculture? ... The soil is not like the dead walls of a house or a shop, where every addition or improvement is ocular, palpable and capable of immediate discrimination, and even *separation.* Wenn brick works erected *upon* the soil, warum nicht tiles laid *under* it? ... main carriers or deep permanent outfalls ... if main ditches, why not embankments and fences? ... chalking, marling, claying or *liming, and even bone dust?* the two last being, in their application to pastures, additions of an alterative and structural nature, that may be almost set against a lifetime of exhaustion under the old dairy system? But this again suggests the relative improvement of irrigation, and the works required to establish and keep it on foot; the sinking of tanks, and the arrangements for the distribution of liquid manure.« [(198)] |

|[81]| »The evidence of the two counsel examined by the committee, agreed in showing that the immediate owner of a settled estate *has no power to give* the security required by the tenant for any buildings he may erect, any drainage, fencing, grubbing, he may do, or any improvement he may leave in the soil. In the case of about 2/3 of the estates in the kingdom – so the same evidence went to show – the guarantee of a landlord to such an effect, would be mere waste paper as against the next proprietor.« [(198, 199)]

»transition period ... applicable in the strictest sense to the whole period that has elapsed since the termination of the war. The continual, though irregular declension of prices of farm produce on the one hand, the sustained and often extravagant competition for farms on the other ...« [(200)]

Land »article of limited supply and of improvable capabilities.« The invention of a good implement, such as the clodcrusher or the drill – the discovery of a new and powerful manure, like guano – the adoption of an improved process or system, as, f.i., that ||[82]| of the autumn cleaning of stubbles – any and every cause, in fact, which enables a larger amount to be grown on the same acreage, or the same amount to be raised at less cost, has an inevitable tendency towards two results commonly and erroneously thought incompatible, namely, to lower the market price of produce, and to raise the value of the acre which supplies it. But when to these causes is added the general increase of the whole population, viewed as a consuming class, and the special increase of that class in which each individual is the competitor of the other for an article limited in extent like land, we might expect *a priori* to see that the price of produce, even if every description were included, instead of grain alone, would bear no direct or fixed ratio with the *value of land*, any more than the rent of a factory would be ruled by the market prices of silk or cotton etc. (l.c. p. 201)

x the erroneous theory which assumes market-price as the index of profit. (l.c.)

Quality of soil, climate, situation with respect to markets, suitable buildings, and other requisites for the conversion of produce etc (201)|

|[83]| Very important act of Parliament in relation to landlord and tenant: *14 and 15 Vict. c. 25*, which received the royal assent the 24th July, 1851, and which enacts etc. *By sect. 3* it is provided, that if any tenant of a farm or land shall, *with the consent in writing of the landlord*, at his own expense erect any farm building, detached or otherwise, or put up any other buildings, engine, or machinery, either for agricultural purposes or for the purposes of trade and agriculture ... all such buildings, engines, and machinery, shall be the property of the tenant, and removable by him etc. ([206,] 207)|

|[84]| Dühring etc.

»Der Werth einer Sache, meint Macleod, sei das, was für dieselbe in Austausch gegeben werde. Vom Werthe des Dinges A könne man nur reden, indem man noch ausserdem ein Ding B nenne, welches ihm im Austausch gleich geachtet werde. So wäre dann das Eine stets nur des Andern Werth, u. es gebe keinen Werth an sich selbst, keinen innern Werth, keinen Werth, welcher *der Sache anhaftet.* Es ist etwas Richtiges in dieser einseitigen Behauptung, deren Keim sich von Carey herleitet (!). Der amerik. Nationalökonom hatte mit Nachdruck darauf aufmerksam gemacht, daß der Begriff der Vergleichung v. demjenigen des Werthes unzertrennlich wäre.« (p. 151)

Wenn der Werth überhaupt eine Grösse sein soll, die eine Benennung hat, so kann er keine abstrakte Zahl sein. Da ferner die Art, wie er gemessen wird, auf ihn selbst keinen Einfluß übt, so muß die Benennung etwas Allgemeines, gegen den bestimmten Maaßstab Gleichgültiges sein. Diese Benennung ist „wirthschaftlicher Erfolg". Der letztere ist eine an sich bestehnde Quantität u. keine blosse Zahl. Er hat Theile u. zwar gleichartige Theile; denn sonst wäre er keine Quantität. Nun ist jeder bestimmte Werth so zu sagen ein Stück aus dieser allgemeinen Quantität. Lauter Relativitäten, die sich auf keine wirkliche Grösse beziehen, sind undenkbar. (152)|

|[85]| Im Austausch des Grund u. Bodens gegen eine Geldsumme vergessen wir leicht, daß Leistung wie Gegenleistung in gleicher Weise Einkommenquellen sind, die jede eine unbegränzte Reihe v. Nutzungen ergeben. Das Recht der vollen u. ausschließlichen Herrschaft des Grund u. Bodens u. das Recht der vollen u. ausschließlichen Verfügung über eine gewisse Menge edlen Metalls sind einander im wesentlichen analog. Indem ich auf die Geld- oder Werthsumme verzichte, veräussere ich eine

unbegrenzte Reihe möglicher Einkünfte. Es steht also Reihe gegen Reihe, u. da beide unbegrenzt sind, so eliminirt sich die Unendlichkeit derselben ganz von selbst. Wir brauchen uns gar nicht um die Bedeutung der entfernteren Glieder, in keinem Falle aber um eine Summirung zu bekümmern. Wir brauchen nur die correspondirenden Glieder zu vergleichen; ja wir brauchen streng genommen diese Vergleichung nur für das erste Glied, d.h. für den ersten Jahresertrag anzustellen. Auf diese Weise bleibt der Stammwerth des Naturalkapitals ganz ausser Frage. Man vergleicht den Ertrag des Geldcapitals mit dem Geldertrage des Naturalcapitals, u. findet man beide gleich, so haben beide Arten des Capitals für die Verwerthung im gegenwärtigen u. ‖[86]| zukünftigen Verkehr gleiche Bedeutung. Denn die periodischen Einkünfte sind ja dasjenige, worauf es in allem Erwerbe unmittelbar ankommt. Die Capitalisirung ist nur ein Durchgangspunkt der Rechnung, ein Mittel, das volle zeitlich unbeschränkte Recht mit dem blossen periodischen Nutzungsrecht zu vergleichen, kurz eine blosse Form, durch welche die Ausdehnung in der Zeit bereits im gegenwärtigen Augenblick veranschlagt wird. (159) Der Werth ist das Resultat der Schätzung des wirthschaftlichen Erfolges u. zwar mit Rücksicht auf den Gesammterfolg. (162) Carey schon 1837 gezeigt ... wie der Bodenwerth regelmässig ungleich geringer ist, als die auf Herstellung im Laufe der Jahrhunderte oder der Jahrzehnte verwendete Arbeit, u. daß er überhaupt eine Grösse ist, die sich gar nicht allein aus dem Schicksal der besondren Sache d.h. des bestimmten Bodenstükkes hinreichend erklären läßt. (160)|

||[87]| C. Fraas:
Die Natur der Landwirthschaft etc
München. 1857.

I Band.

Erden sind Verbindungen v. Sauerstoff mit Erdmetallen (Kalkerde = Calciumoxyd, Thonerde = Aluminiumoxyd, etc) Metallaschen oder Oxyde sind Verbindungen v. Sauerstoff mit Metallen (Eisenrost = Eisenoxyd.)

Böden entstehen 1) durch Verwitterung des Gesteines, auf welchem sie lagern, 2) durch Verwitterung einer abgesezten Formation, früher Diluvium, jezt erratisches Tertiärgebilde genannt. 3) Endlich entsteht die Akkerkrume noch durch Alluvialgebilde neuester Zeit. (2)

Der Wechsel zwischen Wärme u. Kälte, d.h. die Temperaturextreme, dann der Sauerstoff der Atmosphäre, das Wasser mit Ammoniak u. Kohlensäure, Luft u. Wasser durch Druck u. Bewegung, insbesondre auch die Aktion verwesender u. selbst lebender organischer Körper bewirken jene allmählige Lösung des Verbandes der Mineralien, die man Verwitterung nennt, deren Vorgang ein zweifacher, ein mechanischer u. chemischer ist, begreiflich beide im Wesen sich bedingend. (3) Der Verkleinerungsprozeß ist somit der mächtigste Hebel der Verwitterung. (5)|

|[88]| Schon der Regen selbst hilft zur Verkleinerung, die chemische Action des Wassers vollendet das Uebrige. … Wo dann die Stoßkraft des Wassers nachläßt, da entstehn aus den Fluthen desselben die Niederschläge der feinvertheilten Erdmassen, der *Kiesel- Thon- Kalk-* u. *Mergelschlammschichten* des neuesten Alluvium, die auch oft wieder aufgewühlt u. weiter fortgetragen werden, mit den Bestandtheilen anderer Zu-

flüsse sich mischend u. so endlich, fern v. ihrem Ursprungsorte chemische Zersetzung u. Neubildung eingehend u. fruchtbare, schwer zu erschöpfende Marschböden u. Deltas an der Mündung grosser Ströme ins Meer bildend. Wenn der Fluß in seinem Oberlaufe mehr Gesteinsmassen aufnimmt, als er absetzt, so ist das im Mittellaufe dahin abgeändert, daß er nunmehr bei geringerem Gefälle u. mehr gleichförmiger Bewegung höchstens noch mühsam das Mitgebrachte weiter fördert u. durch Abreiben in Sand u. Schlamm verwandelt, was gegen die Mündung zu im Unterlaufe allmählig in bloßem Absetzen, Verschlammen u.s.w. endigt. (5) Ein weiteres Moment bei der Zersetzung der Gesteine liegt in der Absorption v. Wasser durch die Mineralien. (l.c.)|

|[89]| Es ist auffallend, wie so gar wenige Versuche zur Ermittlung der durch Verwitterung alljährlich frei werdenden, löslichen Verbindungen der Ackerkrume gemacht wurden ... Es kommt darauf an zu wissen, welche u. wie viele Salze alljährlich aus einem bestimmten Ackerboden frei werden, zu welcher Zeit u. in welchem Grad der Löslichkeit, um dann die Frage der Nothwendigkeit ihrer Zufuhr darnach entscheiden zu können. (6)

Wohl finden sich die nicht unter dem Einflusse der Klimate entstandenen Formationen über die ganze Erde gleichförmig verbreitet, allüberall Granit, Gneis, Porphyr, Basalte, Kreide etc, aber jezt übt doch das Klima zur Rückbildung des Entstandenen seinen Einfluß. Der graue Alpenkalkstein des nördlichen Alpenrandes verwittert sehr spärlich, rascher schon, wenn als Gerölle vorkommend u. mit Mergeln u. Thonsilikaten versezt. Ganz anders ... auf der südöstlichen Halbinsel Europa's, wo v. den nackten Felswänden u. Schutthalden in den ersten Regengüssen des Herbstes grosse Massen weissen Schlammes, im dadurch weißgetrübten Wasser suspendirt, hinweg u. auf die vom heissen Sommer vorher versengten thonhaltigen Niederungen befruchtend gespült werden. Die grössre Fruchtbarkeit des Bodens in warmen u. heissen ||[90]| Ländern ohne jegliche oder jedenfalls mit nur sehr zufälliger u. spärlicher Düngung rührt offenbar v. der grössern Verwitterungsfähigkeit der Felsarten u. ihres mineralischen Produktes, des Bodens, her. (7, 8)

Je mehr der Boden dem *Wechsel* v. Wärme u. Kälte, Nässe u. Trokkenheit ausgesezt wird, um so rascher schreitet in ihm die Verwitterung fort. Sie ist begleitet v. leichterer Löslichkeit pflanzennährender Stoffe. Bei *ständiger* hoher Kälte findet nur geringe, bei ständiger hoher Wärme eine grössre Verwitterung statt. Ständige Nässe u. ständige Trockenheit wirken der ersteren gleich. Mechanische Verkleinerung des Bodens befördert die Verwitterung u. Lösung am meisten, wenn sie sich mit der Wirkung des Wechsels v. Wärme u. Kälte, Nässe u. Trockenheit je nach den Jahreszeiten u. sonstigen Witterungsphasen geschickt vereinigt. Pflügen *vor* Winters, Eggen je nach der Bodenart u. Jahreszeit verschieden. Einfluß der Gase überhaupt u. des Sauerstoffs der Luft insbesondre, dann der Kohlensäure u. des Ammoniakgases der Luft v. größter Bedeutung f. Verwitterung u. Lösung. {Sauerstoff, der Allverzehrer ... durch Bildung v. löslichen Oxyden, durch Ueberführung der Oxydule in Oxyde veranlaßt neue Verbindungen. Diese fordern andre Raumverhältnisse, weil sie andre Formen annehmen, dadurch lockert ‖[91]| sich der Zusammenhang der alten Zustände u. die lösenden Kräfte brechen in die zwieträchtige Familie. Noch leichter geht dieß v. Statten, wenn das Wasser schon, wie beim Feldspath, löslich wirkt; so hierdurch Bildung v. löslichen Alkalisilikaten; Alkalien u. alkalische Erdarten nimmt die Kohlensäure auf sich, u. kohlensäurehaltiges Wasser löst kohlensauren Kalk. [(3, 4)]} Man öffnet durch die Bodenbearbeitung ihnen auf geeignete Weise den Zutritt. Der Zusatz chemisch wirkender Stoffe (Säuren, Alkalien, Salze) befördert Verwitterung u. Lösung der Bodenbestandtheile je nach Auswahl am stärksten. ... Der Zusatz organischer, aber in Zersetzung begriffner Stoffe wirkt ähnlich, nur schwächer. Die meisten Regeln der Praxis f. Lockerung, Krümelung u. Wendung des Bodens, also f. den größten Theil der Bearbeitung desselben fliessen aus diesen Sätzen. (11)

Anschwemmung (Alluvion).

Die fruchtbarsten Böden der Erdoberfläche gehören der jüngsten Anschwemmung an. Sie sind es, sobald eine passende Mischung der Bestandtheile dabei stattfindet, *sie sind es nur dann nicht unmittelbar*, wenn keine solche vorhergeht, sondern etwa *bloß Kalkschlamm od. Quarzsand* angeschwemmt wird. (12) Die künstliche Alluvion das gewaltigste u. gründlichste aller Kultur‖[92]|mittel öder Gründe, Moore u. Sümpfe u. selbst zur Befruchtung, insbesondre der perennirenden Grasflächen der gemässigten Zone, das passendste Mittel. Indeß darf nicht unbeachtet bleiben, daß das Schwemmwasser nicht bloß suspendirte, sondern auch gelöste Bestandtheile enthält. (12)

Unter allen mineralischen Bestandtheilen der Flüsse kohlensauer Kalk in größter Menge. Z.B. bei der Donau 67, Rhein 55–75, Seine 75, Rhone bei Lyon 82–94% aller mineralischen Bestandtheile, wie solche in 100,000 Theilen des Wassers dieser Flüsse durch Verdampfen u. Analyse dargestellt wurden. (13) Schwefelsaurer Kalk; gering die Menge der Chlorüre u. Alkalien; sehr variant der Kieselsäuregehalt u. der Gehalt an organischen Stoffen etc (14)

Nach Everest führte der *Ganges* jährlich 6,368,077,440 Cubikfuß Mineralbestandtheile in einem Jahr (in schwebendem u. gelöstem Zustand) fort, (würde Fläche v. 172 engl. □miles 1 Fuß hoch bedecken) nach Lyell führt der Mississippi jährlich dem Meer 3,702,758,400 Cubikfuß feste Bestandtheile zu. Der *gelbe Strom* in China [soll] nach Barrow sogar *in der Stunde* 2,000,000 Cubikfuß feste Bestandtheile mit sich führen u. das gelbe Meer, zu 120 Fuß tief durchschnittlich angenommen, in 24,000 J. ausfüllen. (15) |

|[93]| Welche großartige Diluvionen den Alluvionen entsprechen, zeigt die *niederländische, deutsche u. jütländische* Küste. Dorfschaften u. Städte sind bekanntlich hier oft schon v. den Wogen verschlungen worden, u. anderwärts, oft gar nicht weit entfernt davon, bildet sich wieder neues Land an der Küste. So gewinnt am Jahdebusen … Oldenburg durch Eindeichung jährlich über 100 Morgen fruchtbarsten Landes. (15) Es läßt sich berechnen, wie lange es dauern wird, bis Ober- u. Unterlauf der Flüsse u. Ströme sich werden ausgeglichen haben, d.h. alle Berge eben sind. (16)

x *Alluvialmoore:* Eine ganz besondere Art v. Anschwemmung bildeten in der Alluvial- u. Diluvialepoche die Massen organischer Stoffe, zunächst der Holzstämme u. Vegetabilien überhaupt. In der Diluvialzeit breiteten die Fluthen grosse Sand- u. Lehmlager über die Niederungen aus u. schwemmten grosse Massen v. Vegetabilien in die tiefsten Stellen, wo mit durchsickerndem Wasser später zusammenkommend der großartige Humifikationsprozeß eingeleitet wurde, dem wir die grossen Torfmoore der kälteren Zonen verdanken, der in die neuste Bildungszeit hereinragt u. fortwuchert, bis Natur od. Kunst die ersten Bedingungen – Humussäuren u. kaltes durchfiltrirtes Wasser – entziehen. (16) |

|[94]| Der Alluvialformation gehören an: das aufgeschwemmte Land der Auen u. Marschen, der jüngeren Torfmoore, der Raseneisensteine, Wiesen- u. Sumpferze etc, die Dünen etc (17) Die künstliche Alluvion … das radikalste Mittel zur Kultur öder Flächen, seien es Heiden, Geestland od. Moore. (17)

Um die künstliche Alluvion anwenden zu können, muß vor allem die Höhenlage u. Beschaffenheit des Wassers entsprechen. Das zu beschlammende Land muß tiefer liegen, als der Fluthstand des den Schlamm tragenden Wassers der Bäche u. Flüsse, u. letztere müssen aber hinreichend viele Anschlammungsstoffe mit sich führen od. künstlich damit versehn werden. Sind diese Bedingungen gegeben, dann ist der weitere Vorgang v. Kanälen u. Schleussen zunächst v. selbst vorgezeichnet. Nur aber die auf der zu beschlammenden Fläche selbst anzubringenden Vorkehrungen, um den Schlamm nicht bloß gleichmässig, sondern nach Bedarf auch so zu vertheilen, daß Unebenheiten geebnet u. letztlich noch eine schiefe Fläche zur möglichen leichteren Bewässerung gewonnen werden, das erfordert nivellatorische Vorarbeiten u. mittelst allerlei Mechanismen zu erzielnde Reglung der Fluth. (18, 19) Torfmoore, Heideland u. Sandflächen sind es zunächst, denen der Schlamm der Flüsse die durchweg günstigste Umänderung ertheilt. (19)|

|[95]| Dem oft gehörten Einwurf v. Mangel an hinreichenden Boden zum Anschwemmen, wenn derselbe den ihn tragenden Bächen u. Kanälen zugemischt werden soll, begegnen wir leicht damit, daß auf allen die Sümpfe, Moräste, Moore u. Heiden umgebenden Hügelbildungen unter der bereits kultivirten Krume sich oft *sehr tiefe Lager v. pulverförmigen Bodenarten, v. Lehm, Mergeln, Thon befinden*, welche ohne Nachtheil f. unsere Zwecke ausgebeutet werden können. (21)

Die Bodenarten.

Für gewöhnlich Klassifikation geblieben nach mechanischer Vertheilung, nach den chemischen Bestandtheilen, nach dem Quantum zugemischter organischer Reste, sogenannten humosen Bestandtheilen, u. endlich nach allen Dreien zusammengenommen. Man sprach v. 1) Sandböden, 2) Thon- Kalk- u. Mergelböden mit Unterabtheilungen, 3) Humusböden. Abgesehn v. den leztren, die gar nicht zu den Bodenarten gezählt werden sollten, so fehlt f. 2 ersteren der innere wesentliche Unterschied. Thon- Kalk- u. Mergelböden sind so gut wie Sandböden bloß Mischungen mechanisch verkleinerter Gebirgsarten nebst löslichen Stoffen. (23) Wir verfolgen das physikalische Eintheilungsprincip zur Bildung der Gattungen u. behalten den chemischen Gehalt f. die Familien. (l.c.)|

|[96]| Die umfassenden Arbeiten *Fallou's* über die sächsische Ackererde haben das Resultat geliefert, daß die Ertragsfähigkeit desselben *in geradem Verhältnisse* zu ihren Gehalten an *eigentlicher* Erde, d.h. an pulverigen Mineralsubstanzen steht. Er fand solche zu 92–99% in Lehm- Lös- u. angeschwemmten Thonböden, nur 20–30 in Heidesand. Alle Familien (Kiesel- Thon- u. Kalkböden) zerfallen wieder in zwei Hauptgattungen, nämlich 1) Schlammboden, 2) Sandboden. (23)

Ackerkrume u. Untergrund. Es können zwar alle Formationen bis zur Oberfläche heraufragend Substrat der landwirthschaftlichen Bearbeitung, d.h. pflugbares Ackerland oder Ackerkrume werden. Man baut Cerealien, Feigen u. Trauben in der Lava, wie im Diluvialthon oder den Mergeln der Molasse, im Grus des Granits u. Gneises, wie im zerfallenden Feldspath etc. Aber in *ausgedehnteren* Flächen kommen doch nur in der Regel vor: der *Schwemmboden* (jüngere Alluvion) *der Flüsse*, in Niederungen an Küsten u. Flußufern, ein Gemenge v. Sand, Thon, Lehm, Kalk u. Humus. Seine Unterlage ist zumeist Sand oder Gerölle.

Ferner der *Moorboden*, bald ganz zersezt, bald noch mit Torf in den tieferen Lagen gefüllt, die Unterlage bald Kies, bald Thon u. Mergel, bald Kalkschlamm, bald blos Sand. |

|[97]| *Flugsand u. Gerölle*, meist dem Diluvium angehörend, erstrecken sich oft in gewaltiger Ausdehnung u. nur seicht mit dem Produkt ihrer Verwitterung bedeckt (die Thäler des nördlichen Alpenrandes, die Dünen.)

Lehm- u. Thonboden, bald der Diluvial- bald der Tertiärformation angehörend u. zumeist auf der letzteren oder auf den Kreiden lagernd, letztere selbst kleine Ebenen u. Hügel bildend.

Endlich *Grus-* u. *Trümmermassen* der Uebergangs- u. Urformation. Soweit diese Erdschichten dem Pflanzenwachsthum zugänglich sind, insbes. zu diesem Zwecke bearbeitet werden ... bilden sie *Ackerkrume*, auch *Dammerde* genannt, sofern bedeutende organische Reste noch darin enthalten sind, u. das darunter angrenzende heißt *Untergrund.* (27, 28)

Die *Sinter* ... die unlöslich Gewordenen, die *reinsten* Repräsentanten gewisser Verbindungen ... als das Ende der Cirkulation ... Sie sind ebenso mechanisch fein vertheilt wie die durch Verwitterung klein gewordnen mineralischen Substanzen, die als Schlamm od. Sand auftreten, aber sie sind es auf dem Wege chemischer Lösung geworden. (28) |

|[98]| *I. Familie. Kieselboden.*

Alle halten 50% u. darüber Kieselerde, welche *nicht* mit Thonerde verbunden ist. (also Thon Aluminiumsilikat ist) [(26)]

Kieselerde ist Verbindung des Metalls Silicium (kommt nicht frei in der Natur vor) mit Sauerstoff. Die Kieselerde zeigt sehr geringe Cohäsion u. Adhäsion u. bildet mit Wasser keinen formbaren Teich, obgleich sie davon nach Schübler 348% aufzunehmen im Stande. Läßt dasselbe schnell wieder fahren; hält Wärme am längsten u. nimmt sie sehr rasch an. Sie findet sich am häufigsten im Boden u. im Durchschnitt vieler Analysen kultivirter Böden. Gehalt derselben an 84%. Am meisten im Quarzsand. Im Boden am häufigsten mit Thonerde, reinem Thon u. mit Eisenoxyd als gemeiner Thon, oder mit dieser u. Kalk als Mergel vorhanden.

Der *Letten*, aus so fein zertheilten Stückchen Kieselsäure in Sandform bestehnder Boden, daß er, obgleich sein Thongehalt oft nur 10–20%, so sehr sich den Eigenschaften der Thonböden nähert, daß er als eine Klasse derselben aufgeführt wurde. [(28–30)]

Schlick u. Diatomeenschlamm. An den Mündungen grosser Flüsse ins Meer, noch mehr an den niederen schlammreichen Küsten gegen das Meer zu, wo Brackwasser sich oft findet, Sümpfe entstehn u. Torflager sich ausbreiten, da finden sich unter dem Thonschlamm u. Kalkschalenresten oft so zahlreiche mikroskopische Diatomeen mit ihren Kieselpanzern, daß sie nicht selten den ||[99]| Schlick charakterisiren. Auch grosse Lager v. fossilen Ueberresten der kieselschaligen Diatomeen gefunden … So das grosse Lüneburgerlager, oft nur 1–$1\frac{1}{2}$ Fuß unter der sandigen Heidefläche. [(31–32)]

Lehmiger Kieselboden (Lehmboden.) X

Dieser Boden nebst dem folgenden der *häufigste, der sich unter dem Pfluge befindet.* Soll v. 50–30% abschlemmbare Thontheile enthalten u. in dem Maße auch an den Eigenschaften des Thonbodens theilnehmen. Er wird also begreiflich mehr Wasser aufnehmen u. zurückhalten, als lehmhaltiger Sandboden, sich langsamer erwärmen u. den Dünger minder rasch zersetzen lassen, er wird dem Charakter der vegetativen Metamorphose gemäß langsam u. nur allmählig seine Triebfedern in Bewegung setzen u. ebenso nur allmählig nachlassen od. erschlaffen. Nur allein ein ziemlicher Regenniederschlag aus der Atmosphäre ist ihm in südlichen Ländern nöthig, um fruchtbar sein zu können. Hat er diesen so kann er dort durch gute Düngung gradezu in Gartenboden umgewandelt werden (was auch mittelst Bewässerung erzielt wird) (wie bei uns der Alluvialsandboden u. sandige Lehmboden in der Nähe mancher grosser Städte.) Er ist der *gute Mittelboden katexochen* u. gilt als *guter Boden in der größten geographischen Ausdehnung*, wenn auch andere da u. dort „beste" werden. (33, 34)|

|[100]| *Lehmhaltiger Kieselboden. (sandiger Lehmboden)* enthält 30–10% X abschlemmbare Thontheile, im Rest mindestens 50% Kieselsand. Steht dem vorhergehnden in den Cardinaleigenschaften des Thonbodens überhaupt nach u. verlangt noch höhere Feuchtigkeitsgrade, um für die Vegetation günstig wirken zu können. Aus der geringen Cohäsion des Sandes entspringen Nachtheile wie Vortheile desselben. Erstere concentriren sich vor allem in dem allzuraschen Austrocknen, also dem Verschwinden der Feuchtigkeit aus ihm. Dieses Uebel wird v. leichter Erwärmung begleitet. Die Mittel, welche Feuchtigkeit nach Belieben schaffen, also Bewässerung oder dieselbe besser erhalten, wie Zumischung v. bündigen Bodenarten (Ueberschlammung), sind auch die Mittel ihn zu verbessern. Eben wegen der Vollendung seiner Eigenschaft der Krümlichkeit, besser der Permeabilität f. alle Gase, des Einflusses der Lösungen u. klimatischen Agentien, ist er aber die beste Grundlage f. alle Art Melioration, für Steigerung zur größten Fruchtbarkeit, insbes. durch Gartenkultur. (34, 35)

Glimmersand: sehr häufig das Produkt der Umänderung andrer Mineralien, etc aber er selbst scheint in seinen feinst vertheilten Blättern gegen alle Verwitterung u. Lösung verursachende Agentien unempfindlich. Wegen seiner Bildung aus den Resten der verschiedensten Mineralien variirt er in seiner Mischung sehr. [(35)] |

x |[101]| *Kieselsand: Quarzkiesboden.* Aermlichste Vegetation. Häufig solcher Boden in den Niederungen aus der Diluvialzeit stammend. ... Der *Grus* der Sahara an den meisten Stellen, wo nicht Flugsand vorherrscht, v. ähnlichem Charakter. ... Selbst der Nilschlamm Aejyptens zerfällt, wenn nicht alljährlich erneuert, in unfruchtbaren Sand, wie Russegger gezeigt hat. Ein solcher Kieselgrus bedeckt auch jezt die alte Mesene, das fruchtbarste Alluvialland zwischen Euphrat u. Tigris, Mesopotamien der Alten, nach Strabo schon nur mehr Gerstenboden, was f. jenes Klima einen leichten, etwas lehmigen Sandboden bedeutet. Der Schlamm ist verschwunden, die Bewässerung verfallen, der Grus ist geblieben. [(35, 36)]

Der *Flugsand*, dessen Kieselkörner vom Winde gehoben u. verweht werden können, bildet an allen Meeresküsten im Norden wie Süden grosse, oft landeinwärts vorrückende Ländermassen, ... Natur sucht diese beweglichen Massen zu binden, u. das ist offenbar die erste Kulturbedingung, sie läßt Carex- Schönus- Elymus- u. Arundoarten im Süden wie Norden darauf wachsen etc. Dieser Boden ist fast nur für die Forstwirthschaft zinsbar zu machen. (36) x

Der etwas gröbere Sandboden aber, ganz abgesehn von der dann weniger bedeutenden Grösse der Körner, wenn gemischt ||[102]| mit humosen Bestandtheilen u. *nur einigen Procenten bindenden Thones oder Mergels*, wird ein ganz anderer Figurant in der Klasse der agronomischen Substrate, er geht durch Heide- u. Gerstboden zum fetten Alluvialsandboden unsrer landwirthschaftlichen Gärtnereien, unsres edelsten u. ältesten landwirthschaftlichen Betriebs, über. So sehr entscheidet der klimatische Einfluß für die Vegetation, daß der an löslichen pflanzenernährenden Stoffen *ursprünglich* ärmste Boden, der Quarzsand, doch nur allein zum fettesten Gartenland in unsren Breiten umgeschafft werden konnte, weil er den atmosphärischen Einflüssen den offensten Zugang spendet. Um der ganzen europäischen Nordwestküste (in Holland, Friesland, Bremen u. Hamburg), am Rhein u. Main, um Ulm, Nürnberg, Bamberg, Frankfurt, Magdeburg u. Erfurt, da überall findet sich der üppigste, landwirthschaftliche Gartenbau auf Sandboden, begreiflich in dem Zeitenlauf sehr humusreich gemacht. Die Cerealien aber, die vielen Leguminosen ziehen die Thonsilikate vor, wenn auch nicht f. die Ueppigkeit des Halmes, des Blattes u. Stengelwerkes, so doch für schwere Samen.

(36) Daß es der vegetabilische Humus *allein* nicht ist, der den blossen Sand fruchtbar macht, das zeigt humoses Heide- u. Gerstland zu Genüge. Würde beiden etwas vom Schlamm, der in der Weser u. Elbe in immensen Massen alljährlich dem ‖[103]| Meer zufluthet, zugeführt, so würden sie zu fruchtbarsten Alluvialsand werden. (36, 37)

Kieselsinter. [(37)]

II. Familie: Thone.

Alle enthalten 50% u. darüber Thonsilikate. (kieselsaure Thonerde) [(26)]

Thon- od. Alaunerde. (Aluminium- od. Alumiumoxyd.) Zieht aus der Luft gern Feuchtigkeit an u. bildet die häufigsten Doppelsalze im Boden, wie kieselsaure Kali- Natron- Kalk- u. Ammoniakthonerde. Saugt gern Wasser ein u. bildet damit einen formbaren Teig, der beim Austrocknen sich sehr zusammenzieht und Risse bildet. Sie nimmt das Wasser einfach zwischen ihre feinvertheilten Theilchen u. da diese Vertheilung meist grösser als bei anderen Bodenarten ist, so nimmt sie scheinbar auch mehr auf ... dieses so absorbirte Wasser durch Wärme schwerer zu entfernen u. die Thonerde erwärmt sich nur langsam. Die Absorption v. Wärme hängt nicht blos v. der feinen *Vertheilung*, sondern auch v. den *Bestandtheilen der Theile* selbst ab u. daher ihr verschiedenes Verhalten. Gerade ihr die atmosphärischen zunächst klimatischen Einflüsse so besonders mässigendes Verhalten ist der Grund ihrer grossen Bedeutung für die Agronomie, da sie den eigentlichen landwirthschaftlichen, f. Cerealien u. Hülsenfrüchte, Körner wie Futterbau ‖[104]| brauchbarsten Boden in größter Ausdehnung liefert. Als Pflanzennahrung kann sie kaum dienen, da sie allzuselten als Aschenbestandtheil in erheblicher Menge gefunden wird. (38, 39)

Als hauptsächlichstes thonlieferndes Material wird der Feldspath angesehn. Thonerdesilikate stammen v. krystallinischen u. sedimentären Gebirgssteinen, sie sind die Hauptbestandtheile der daraus entstandenen Thone. [(39, 40)]

»Durch zu feine Theilung des den Thon constituirenden Verwitterungsproduktes entstehn auch Nachtheile, zu grosse Cohäsion u. Adhäsion, noch mehr die überstarke, wasserhaltende Kraft manches Thonbodens.« Daher ist dieser Boden schwieriger zu behandeln, als ein anderer, da v. der verständigen Benützung der Wirkung klimatischer Agentien auf ihn, des Frostes, der Wärme, etc Alles abhängt, um ihn in jenen Zustand der Lockerheit, in jenen Zustand physikalischer Eigenschaften überhaupt zu versetzen, der dem Gedeihn der Pflanzen nothwendig ist. Tiefpflügen ist bei diesem Boden daher in der Regel bei gewöhnlich tiefem Untergrunde v. gleicher Beschaffenheit leichter möglich u. räthlich, Pflügen *vor* dem Winter, spätes Angreifen desselben im Frühling nach tieferer Abtrocknung, Anwendung zerkrümelnder Maschinen, jedoch Vermeidung förmlichen Pulverns, da dann der erste kommende Regen eine feste, undurchdringliche Kruste bildet, ||[105]| Entwässerung durch offene u. bedeckte Gräben, Zusatz *mechanisch* wirkender Dünger- u. Meliorationsstoffe (Bodenarten v. entgegengesezten physikalischen Eigenschaften), reichliche Düngung im Anfange bis zur Aufspeicherung eines v. diesem Boden wohl erhaltenen Schatzes v. Bodenkraft, alles dieses sind Grundsätze der Correktion seiner Eigenschaften zum Pflanzenbau. (40)

Thonschiefer u. Thon überhaupt. ... (Thonerde u. Eisenoxyd zeichnen sich vor allen anderen Metalloxyden durch die Fähigkeit aus, sich mit Ammoniak zu fester Verbindung vereinigen zu können) [(41, 42)]

Eisenschüssiger Thonboden. Kalkhaltiger Thonboden. [(42, 43)]

A) Thonschlamm. 1) Thonboden (70–90% Thon) a) Klay, b) Tegel. 2) Lehm. 3) Thonmergel (wie 1 u. 2 nebst 5–20% Kalk.) B) *Thonsand:* 1) Feldspathsand. 2) Granit, Grus. 3) Schieferboden. 4) Glimmersand. [(26, 27)]

III. Familie. Kalke.

Alle enthalten 20% u. darüber kohlensauren Kalk. [(26)]

Es ist nicht grade häufig ein kultivirter Boden zu finden, der weit über 20% Kalk in Pulverform u. zwar kohlensauren Kalk enthielte. Die *kalkhaltigen* u. selbst *kalkigen* Böden sind dafür um so häufiger u. der Mergel ||[106]| deßgleichen übertreffen jene an Ausdehnung.

Je reiner der Kalk, um so weniger verwittert er (der Marmor!). Sind aber Thonsilikate zugemischt, welche Wasser einsaugen, so beginnt dadurch allein schon zuerst eine mechanische Lockerung, darauf folgt Lösung des Kalkes durch kohlensaures Wasser u. Auswaschen desselben, so daß zuletzt ein viel thonreicheres Material zurückbleibt als die Grundlage seiner Entstehung ursprünglich vermuthen ließ. Kalksteine mit 80% kohlensaurem Kalk lassen einen Boden entstehn, der nur 3% kohlensaure Kalkerde enthält. (Schmidt.) Das Element der Kalkerde ist das silberweisse Lichtmetall *Calcium*, das m. Sauerstoff verbunden die Kalkerde darstellt. Einfacher kohlensaurer Kalk (Kalkspath, Marmor, Kalkstein, Kalksinter, Kreide, Eierschalen), phosphorsaurer Kalk (Phosphorit, Knochenerde), zweifach gewässerter, schwefelsaurer Kalk. (Gyps, Alabaster.) [(43, 44)]

Keuper. … [(44)]

Mergel. Wichtiger als Kalkboden, der im agronomischen Sinne selten ist, u. als Keuperboden, der oft v. zweifelhafter Güte ist, ist der Mergel die wichtigste, alle Bestandtheile der übrigen vereinigende Bodenart. Mergel heißt ‖[107]‖ eigentlich jeder mit Thon versetzte Kalkstein. Da nun fast kein solcher ohne einigen Thonbeisatz gefunden wird, so nennen Oxyktognosten Mergel im engeren Sinne einen mit wenigstens 10% Thon versetzten Kalk, u. die Landwirthe wollen ihn als solchen erst anerkennen, wenn er v. 20–50% Thon u. dabei zwischen 5–10% Kalk enthält … man fragt mit Recht oft: was ist denn nicht alles Mergel? Die beste Definition … die ihn als *Kalkschlamm* bezeichnet, der sich in der Diluvialzeit mit Thon, Sand, Lehm, Muscheln, Steinen etc gemengt, da u. dort aufgelagert hat. Durch Zersetzung u. mechanische Verkleinerung kann noch alltäglich dasselbe geschehn, also Mergel entstehn. Gebrannter Kalk wird *im Boden* durch Mengung allmählig zu Mergel. Ein thonarmer Kalkstein heißt auch magerer Kalk. Neben Thon gesellen sich noch Quarzsand, Eisenoxyd u. Kohle oft den Mergeln bei. … Er zerfällt an der Luft, macht daher den Thonboden locker, zieht Wasser an u. hält daher den Sandboden feuchter, mässigt die Hitze der Kalkböden durch den Thongehalt u. liefert viel Pflanzennahrung durch seine Salze. *Er besitzt die besten physikalischen u. chemischen Eigenschaften unter* ‖[108]‖ *den Bodenarten* … Nach dem Vorwalten v. Sand, Thon od. Kalk in ihm, heißt er Sand- Thon- od. Kalkmergel. ([44,] 45)

Talk. (Magnesia … Bittererde.) Neben Kalk noch Bittererde (statt wie beim Mergel der Thon), die sogar oft vorherrschend wird. Kohlensaure Bittererde (Talkerde od. Magnesia.) … In der alten landwirthschaftlichen Theorie war die Bittererde als für die Vegetation schädlich arg verrufen. Daß sie dieß im häufigsten Fall nicht ist, beweist schon die Fruchtbarkeit verwitterten Dolomitbodens, der sich dem Kalkboden, aber lange nicht dem Mergelboden, gleich verhält. Er enthält ja auch Kalk- u. Bittererde fast zu gleichen Theilen. … Wie das Produkt der Verwitterung des Kalksteines oft zu bindend u. wasserhaltend u. dadurch ungünstig f. die Vegetation, so auch u. noch mehr der Dolomit. Die Besserung seiner physikalischen Eigenschaften durch corrigirende Bodenarten ist somit nächste Aufgabe seiner Melioration. [(45, 46)]

Kalksinter. – Alm. – Eisensinter. [(46, 48)]

Der s. g. Moderboden (Humusboden, Moorboden, Moore, Torf.)

Humus, als Rückstand der Vermoderung organischer Reste (welche oft Fäulniß, noch öfter Verwesung vorher durchgangen haben) angesehn u. aus Salzen, ‖[109]‖ mittelst Quellsäure, Quellsatzsäure, Humin-, Gein- u. Ulminsäure gebildet, wie aus indifferenten Stoffen bestehend, ist kein

Boden, also giebt es wohl einen humosen u. humusreichen, aber keinen Humusboden im wahren Wortsinne, es giebt nur *Moorflächen mit Torf.* Die *Dammerde*, v. der als etwas Spezifischem oft die Rede ist, kann aus jeder der angeführten Bodenarten, Sand, Thon, Kalk, bestehn, nur sind ihr die Verwesungsprodukte organischer Körper, Pflanzen u. Thiere, in verschiedner Menge beigemischt, ... Wesentlich ist den Mooren Vorherrschen des Moders, also humoser Substanzen, des Torfes in verschiednen Abstufungen. Moder aber u. Torf braucht zur Entstehung, a) Wasser, b) niedre Temperatur, c) die Bedingungen des Zersetzungsakts, der Vermoderung genannt wird, d) eine Fülle vegetabilischer Masse. ([48,] 49)

Wasser, als die Verwesung der Holzfasern verzögernd, den Zutritt v. Sauerstoff hemmend, freiwerdende Kohlensäure zurückhaltend, ist das wichtigste Moment. (49)

Man hat zur Zeit wohl Sümpfe allenthalben, aber keine Torflager wiedererzeugt, obgleich dieß im Kleinen bis zur Exemplifikation wohl möglich sein mag. ||[110]| Noch grundloser ist die Behauptung einer constanten Moorverschiedenheit je nach der Moorunterlage, ob Kalk od. Silikate ... der offenbar die chemische Bodenbeschaffenheit hier weit überwiegende Einfluß des Wassers u. der damit zusammenhängenden Temperaturverhältnisse ... Alle Moore werden durch gewisse Pflanzenfamilien im Grossen charakterisirt: das sind die *Ried*- oder Halbgräser. (51) Besonders torfbildend die Sphagnen. (l.c.) Die im Moore wachsenden Pflanzen ... auffallend an Mangel an Alkalien u. phosphorsauren Salzen, weil, wie unter andren auch Fresenius annimmt, sie während des Vermoderungsprozesses der Pflanzen zur Torfbildung aufgelöst u. weggeschwemmt werden. Das erleidet allerdings eine Ausnahme, wenn dem Torfe od. dem zersetzten Torfe als Modererde mineralische Bestandtheile durch Anfluthung aus früherer Zeit oder sonst wie zufällig (u. nicht ihm wesentlich angehörig) beigemischt sind. ([51,] 52) Und grade für die Bildung der stickstoffhaltigen Bestandtheile der Samen sind die phosphorsauren Verbindungen v. entschiedner Einwirkung. Darin allein schon läge die Erklärung des leichten Korns bei üppigen Halmen der Cerealien auf Moorgründen. (53) Der agronomische Hauptübelstand der Moore liegt in dem extremen Verhalten der Moorschichten zu den Faktoren des physikalischen Klimas, ||[111]| zu Feuchtigkeit u. Wärme, ferner in seinen Gewichts- Cohäsions- u. Adhäsionsverhältnissen. Herrscht feuchte Witterung längere Zeit im Frühling, so kann lange Zeit der Moorbauer nur sehr schwer an sein Feld gelangen, geschweige denn darauf arbeiten. Tritt trockne Witterung ein, so ist rasch alle Feuchtigkeit auf entwässerten Mooren entschwunden, der Wind weht trockne Moorerde weg. Die Extreme der Witterung, nasse od. sehr trockne Jahrgänge, wie die Praxis sagt, machen Theuerung, d.h. Mißwachs, die nassen Jahre noch mehr u. schneller als die trocknen. Der Moorkulturant hat diese Extreme viel härter auszustehn, eben weil sein Boden gleich Nässe aufnimmt u. sich in der Trockenheit rascher erwärmt, ja er hat diese Uebel in geringerem Grade bei *jedem* Witterungswechsel, der dem Arbeiter auf gewöhnlichem Mittelboden noch zum Vortheile gereicht. Im nassen Moorboden versinken Zugthiere u. bleiben die Geräthe stecken, im trockenen Moorboden finden die Pflanzen selbst nicht einmal den nöthigen Halt f. ihre Wurzeln, um sich zu befestigen, der Frost zieht die Pflanzen leichter auf, weil die lockere, schwammige Erde allen Extensionsverhältnissen leicht nachgibt. ... Mit den Reifen ist erfahrungsmässig oft eine Depression der Temperatur v. 3–4° R. auf den Mooren gegenüber den adjacenten Fluren verbunden, d.h. sie ist ihnen wesentlich ... Ursache in der grossen ||[112]| Ausdehnung schwammiger mit Feuchtigkeit angefüllter u. überdieß ein großes Vermögen der *Wärmeausstrahlung* besitzender Fläche. (54, 55) Die *Mooroberfläche* besteht nicht aus Torf, oder gar kohligem Torf, sondern Modererde u. Pflanzenfilzen, die allerdings sehr starke Wärme ausstrahlen. (55) Viel leichter wird man eine Pflanze vom Nichtmoorlande ins Moor verpflanzen können, als eine exquisite Moorpflanze ins gewöhnliche Ackerland. Wenn man nun solche Kulturpflanzen hat, welche ursprünglich wild etwa in Mooren vorkämen, so kann ohne Zweifel ihre Kultur den höchsten Punkt erreichen. Buchweizen u. vielleicht Hanf u. Mohn, der Mannaschwingel, Gerbeknöterich u. die Tormentill ... aber nicht ... die wichtigsten Nutzpflanzen, die Getreidefrüchte zunächst. (56, 57)

für Beurbarung u. Kultur v. Moorflächen. ... *Bewässerung* u. *Anschlämmung*. (61)

Ausgedehnte kesselförmige Moore sind bekanntlich niemals *vollkommen* zu entwässern. (63)

Darum also ist unser Schluß, das *System der Anschlämmung* mit einem eingreifend gehobenen u. geregelten Torfstich zu verbinden u. *auf den vorher entwässerten Mooren* einzuführen ... Die meisten Moore u. Heiden sind ||[113]| v. so vielen grossen schlammführenden Flüssen berührt, ihre Entstehung ist m. der ersten Bildung dieser Rinnsaale so eng verwebt, ihre Gefälle überall so groß, daß eine Abzweigung v. Kanälen aus ihnen zur Bewässerung kaum weitere Schwierigkeiten als jene gewöhnlichen der Nivellirung, Vermessung u. Anlage bietet. (67) Und wenn die Flüsse nicht so reich (an Schlamm) daran wären, so kann man das Fehlende durch künstliches Aufrühren der Erde am Ufer, noch mehr durch Kanäle in der Nähe lehm- u. thonhaltiger Hügelreihen leicht bewirken. (68) Es darf deßhalb doch nicht vergessen bleiben, daß weder eine tüchtige Communikation, noch eine Regelung des Torfstiches od. eine Anwendung der anschlämmenden Bewässerung durchgeführt werden kann v. einzelnen, ja selbst v. einzelnen Gemeinden nicht, wenn vorher nicht durch Bewässerungsgesetze od. doch für diese Moore selbst berechnete Vorschriften mit Zuhülfenahme des Expropriationsgesetzes Vorsorge getroffen wird. So lange der Moorbauer in die äusserste Reihe der unter den ungünstigsten Verhältnissen producirenden Landbauer zu stehen kommt u. nur ein sehr wohlfeil u. in sehr grosser Ausdehnung acquirirter Landbesitz, ausgedehnte Weiden u. Raubbau ||[114]| auf Torf ihm die immer schwankende Erhaltung nothdürftig sichern können, so lange kann nicht v. der Beurbarung v. Mooren die Rede sein, sie mögen nun ent- u. bewässert u. mit Kolonien versehen sein od. nicht. (68)

X *Tschernosem* (schwarze Erde) in Central- u. Südrußland ... findet sich in allen *Höhen* im europäischen Rußland, bisweilen auf dem Hochlande, am rechten Ufer der Wolga, oft 400 Fuß über den Thälern. *Murchison* hält für wahrscheinlich, daß diese fruchtbare Erde v. der Zersetzung des in Rußland mächtig auftretenden schwarzen Juraschiefers herrühre. Nach einer Analyse dieser ewig fruchtbaren Erde Rußlands enthielt sie: Mineralbestandtheile 87,29%, Humus u. chemisch gebundnes Wasser, 8,62, hygroskopisches Wasser 4,09. ([68,] 69)

Vulkanischer Boden. Findet sich nur in bestimmten Regionen, besteht aus schwärzlicher Erdmasse, Bimssteintrümmern, Tuff etc, dem Produkt der Lavagüsse, verwittert leicht, bildet so bald fruchtbaren Boden, verdankt dieß Resultat eben so sehr seinen günstigen physikalischen Eigenschaften als dem Aufgeschlossensein durch die Schmelzhitze, d.h. der Löslichkeit vieler Salze. ([69,] 70)|

||[115]| *Die physikalischen Bodeneigenschaften.*

Derzeitige landwirthschaftliche Bodenoberfläche als Produkt der letzten Alluvionen od. chemischen Zerstörung älterer geschichteter od. massiger Gesteine. (70)

Siehe die Karte über Bamberg's (eine der berühmtesten u. ältesten Kulturgegenden Deutschlands) Umgebung. p. 71 Darin: Bester Weizenboden in N. 3. Schwarze Lias-lagen (Leicht verwitternd, meist schiefrig). Die Kalklager dünn, kaum 1′ dick. Rothkleeboden. Reich an Thonen. Diese oft 10–20′ mächtige Ackerkrume grau. Bester Weizenboden. (Gegend um *Geisfeld* z.B. u. theils um Burgellern.) (p. 72) Dagegen in der Nähe v. Bamberg, zwischen Hallstadt u. Bamberg unergründliche Moorlager – kein Torf. Gehört zu N. 8 (im ganzen 9 geologisch verschiedne

Unterlagen): »Diluvial-Keuper- u. Jura-Schutt. Die Fluß- u. Bachthäler des westlichen Gebietes. Regnitzebene oft ganz seicht, oft mehrere Lachter tief, wird alle Jahre durch Hochwasser verändert, Ackerkrume sehr wechselnd. Kornboden durch Dungübersetzung sehr fruchtbar.« (73)

Es liegt auf der Hand, daß es dem Landwirth nicht einerlei sein kann, ob sein Thonboden mit Glimmer- oder ‖[116]‖ Quarzsand gemischt ist, ob er aus Feldspath od. Glimmer entstand, ob die Alkalithonerdesilikate seines Bodens leicht od. schwer zersetzbar seien. Noch mehr steigt die Bedeutung in der Erörterung des Untergrundes, wenn auch nur zunächst v. der physikalischen Seite. (73)

Die Faktoren der Verwitterung (Klima, Chemismus, Vegetation), dann die physikalischen Eigenschaften u. das Verhalten der Bodenarten zu den immediatnährenden Stoffen. (l.c.)

Schema der Eigenschaften:

1) Zusammensetzung, chemisch u. nach Gemeng, mechanischer Grad der Verkleinerung. 2) spezifisches Gewicht. 3) Cohäsion u. Adhäsion. 4) Fähigkeit, Wasser zu absorbiren u. zurückzuhalten. 5) Diffusionskraft des Wassers durch den Boden. 6) Absorption der Gase u. Grad der Diffusion derselben nebst den dadurch erzeugten Veränderungen. 7) Absorption v. Wärme u. Licht. 8) Elektricität, galvanisches Verhalten. 9) Verhalten gegenüber den vorzüglichsten Düngerarten organischen u. unorgischen Ursprungs. (76)

Bodenwärme. Die Temperatur der obersten der Vegetation zunächst gewidmeten Erdoberfläche hängt ab v. der veränderlichen Temperatur der Luft. Weil nun die Substanzen der Erdoberfläche im Allgemeinen schlechte Wärmeleiter sind, so pflanzen sie die Temperaturveränderungen der Atmosphäre sehr ungleich u. nur beschränkt fort. ‖[117]‖ Ja schon die *täglich* eintretenden Veränderungen lassen sich nur auf kurze Tiefe bemerken, nach den meisten Versuchen nur bis 3–4 Fuß *Tiefe*, in *unseren* Breiten kaum bis zu 3 Par. Fuß. Die jährlich eintretenden Veränderungen werden bei uns in einer Tiefe v. 60 Fuß auch unbemerkbar u. hier herrscht also das ganze Jahr durch eine gleichmässige Temperatur. Nach Bischof's Beobachtungen dauert es einen Monat lang, bis die äusseren Temperaturveränderungen durch eine Schichte Sand v. 6 Fuß Tiefe vorgerückt sind, die höchste Sommerwärme kommt also in 36 Fuß Tiefe gerade nach einem halben Jahre an, d.h. es ist bei 36 Fuß Tiefe Sommer, wenn auf der Oberfläche bei uns Winter ist. Da dann der Wärmezufluß abnimmt, so geht umgekehrt die vorgerückte Wärme nun wieder zurück u. so wird nach weiteren 6 Monaten bei 36 Fuß Tiefe die größte Kälte herrschen, d.h. es wird hier Winter sein, wenn bei uns oben Sommer ist. Die *jährlichen* Differenzen zwischen Maximum u. Minimum betragen aber bei 36 Fuß Tiefe nur 0,65°. Da also die mittlere Temperatur der Erdkruste wenige Füsse unter der Erdoberfläche der mittleren Lufttemperatur an demselben Orte gleich ist, so wird eine nur etwa *wöchentlich* angestellte Beobachtung in einer Tiefe v. 3–4′ hinreichen, um aus dem Mittel solcher ein ganzes Jahr fortgesetzter Beobachtungen die mittlere ||[118]| Temperatur des Orts sehr annähernd genau bestimmen zu können. Denselben Gang hält die Temperatur auch m. den Quellen ein. (77) Der Ausdruck: der Wärmebedarf einer Pflanze sei nach dem Klima verschieden ... bedeutet ... die Pflanze ist in ihren Organen, die zu ihrer Ernährung dienen, durch das Klima bereits so verändert, daß sie ein anderes Quantum Wärme bedarf, sie ist im Begriff sich zu acclimatisiren. (79, 80) So brauchte der Weizen im südlichen Frankreich im Mittel 1748°, im Lande der donischen Kosaken aber 2537°. (79, 80)

Es bedarf um zu wachsen, *eine mittlere Sommertemperatur. Weizen:* 13°C, Wein 18°, Baumwolle u. Zuckerrohr 19°, Oelbaum 23°, Dattel 26° (*Schleiden* u. Schmid Encyclopädie.) ([81,] 82) Für 1000 Fuß Erhebung über den Meeresspiegel verspätet sich der Eintritt bei:

	der Blüthe	der Ernte	
Winterweizen	um 22 Tage	22 Tage	
Roggen	13	22	
Haber	20	14	
Gerste	22	22	
Kartoffel	23	5.	(82)

Nach den Versuchen v. Malaguti u. Durocher über die Temperatur des Bodens gegenüber jener der Luft concentrirt sich die v. der Sonne unsrem Erdball zugesandte Wärme vorzüglich in der äussersten Erdrinde, wo sie sich so anhäuft, daß die mittlere Temperatur ||[119]| der ungeschützten Oberfläche um beiläufig 3° über diejenige der Luft erhöht wird. ... auch die mittlere Temperatur der Quellen höher als jene der Luft. Wohl aber ist der Zeitpunkt der *höchsten* Temperatur nach der Tiefe veränderlich u. im Winter giebt es in der Tiefe v. 3 Millimeter Temperaturmaxima, welche selbst um 0,20–1,70°C niederer sind, als jene der Luft. Von März an aber beginnen wieder die höchsten Temperaturen der Erdoberfläche jene der Luft zu übersteigen. (82)

Wärmung des Bodens durch frischen Dünger. Da Luft u. Boden ihre Temperatur ausgleichen, so wird die künstliche Wärmeregulirung des Bodens sich zunächst mit grossem Vortheile erstrecken: a) auf die Zeit der geringeren Differenz zwischen den Bodenwärmeextremen, Frühjahr u. Herbst, landwirthschaftliche Bestellungszeit! b) auf die der *raschen* Ausgleichung allzu günstigen od. zu sehr widerstrebenden Bodenarten, auf

Bodenarten mit extremem Verhalten gegen die Wärmequellen u. auf die s.g. *kalten* Boden vorzugsweise. (85)

Die Bodenoberfläche folgt dem Temperaturwechsel der Luft nur sehr allmählig u. bald vorübergehnde Witterungsextreme, z.B. Reif, wirken auf die nur einige Zoll im Boden wurzelnden Pflanzentheile so viel wie nicht ein. (87)|

|[120]| Der gedüngte Boden erwärmt sich schneller als der ungedüngte u. verliert auch die Wärme langsamer, langsamer als reiner Thon u. Sand. … Dünger bis zu gewissem Grad (d.h. bei sonst normaler Luftwärme) klimatisches Corrigens. Da höhere Wärme grössere chemische Thätigkeit in Zersetzung u. Lösung, raschere Diffusion, kräftigeren Stoffwechsel verursacht, so ist die Bedeutung des sie für die Atmosphäre der Pflanzenwurzeln bietenden Mistes als Pflanzenernährung fördernd evident. Die Entfernung des Wassers aus dem Felde fördert die Erwärmung des Bodens. Die Engländer nehmen Erhöhung der Bodentemperatur in den drainirten Aeckern gegen die undrainirten um 5°F. (2,22 R.) an. (88) Der Sand wird durch starke Düngung mit frischen animalischen Excrementen dem Thon im physikalischen Verhalten zur Wärme, u. zur Feuchtigkeit, sehr ähnlich. (89)

Bodenfeuchtigkeit: Verwitterung, Lösung, nächste Formgabe für Pflanzennahrung, das sind die Hauptrichtungen ihrer Thätigkeit. (90)

Es ist gewiß, daß die Pflanzen viel mehr Feuchtigkeit ausdünsten, als durch Meteorwasser ihnen zugeführt wurde, durch Regen u. Thau. (92)|

|[121]| Wenn nun Regen, Thau, Nebel u. Wasserdunst der Luft nicht hinreichen, die verdunstende Wassermenge der Pflanzen zu erklären, das Grundwasser aber, die Quelle des Capillarwassers, doch auch v. jenen stammen muß, woher dann die Deckung des Deficits, das die Pflanzen verursachen? Offenbar v. dem Wasser aus der vegetations*losen* Zeit u. v. vegetationslosen Flächen, aus der Ausgleichungsrechnung der atmosphärischen Feuchtigkeiten, wie sie sich über die ganze Erde verbreiten. Daraus folgt die Bedeutung des Grundwassers in trocknen Climaten od. bei trockner Jahreszeit, die Bedeutung der Erhaltung mehr regelmässiger Vertheilung der atmosphärischen Niederschläge u. die Nachtheile der extremen Vertheilung bei im Ganzen gleichbleibender Summe, wie man sie durch Entwaldung u. Vegetationsstörungen im Grossen schon erzeugt hat. (96) Ist doch am Ende jede Pflanze nichts andres als ein durch Wärme u. Feuchtigkeitsgrade der Luft regulirter, wohl auch zuerst in Thätigkeit gesetzter Diffusionsapparat. (l.c.) Die Verdunstung verschieden bei verschiednen Bodenarten etc [(97)] Welche Diffusionskraft hat jeder Boden für sich etc? [(99)]

Gase u. Lösungen absorbirende Kraft des Bodens.
Im Boden befindet sich Luft, welche aus der Atmosphäre in denselben sich verbreitet od. diffundirt. Auch das Wasser, welches in denselben eintritt, bringt Gase mit sich, u. diese Luftarten werden nicht bloß bedeutend verändert in ihm, sondern auch ||[122]| je nach der Art desselben verschieden stark zurückgehalten, absorbirt. (100) Thon der Ackererde u. eisenoxydhaltige Erden saugen Ammoniak der Luft ein u. halten ihn mit Kraft zurück. (101) Die Verdichtung v. Gasen an der Oberfläche starrer Körper wurde v. Jamin u. Bertrand untersucht u. ausserordentlich hoch gefunden. Bei dem freien Raum eines Ballons v. 590 Kubikcentim. drangen, wenn mit pulverförmigen Substanzen gefüllt, unter atmosphärischem Druck ein: Wasserstoffgas 595 Kubikcentim., Luft 602, Kohlensäure 645. Mit diesen Versuchen hängt die Theorie Chevreuls über Capillaraffinität zusammen. Er versteht darunter die Verwandtschaftskraft fester Körper, sehr fein vertheilt, auf gasförmige od. in flüssiger Lösung enthaltene Substanzen. Das Binden der Farbstoffe an Pflanzenfasern beruhe darauf. Auch die Einwirkung v. Sand, Kies, Mörtel od. Aehnlichem auf Kalkwasser zieht er hierher. (101, 102)

II. Abhängigkeit wildwachsender Pflanzen

Nach *Unger* bodenstete (kalkstete u. schieferstete), *bodenholde* (eine Bodenart der anderen vorziehnde), *bodenvage*, an keine Bodenart gebundne Pflanzen. (102, 103)

Die *physikalischen* Eigenschaften des Moorbodens, Wasser, das alle Temperaturen leichter ausgleichende, Hauptursache ||[123]| der Gleichheit des Vegetationscharakters aller Moore im Norden u. Süden, in Ebenen u. Gebirgen. (103, 104)

Giebt es einen grösseren Beweis *gegen* die hohe Bedeutung der chemischen Bodenbestandtheile für die Abhängigkeit der Pflanzenexistenz v. ihnen, als jenen der Pflanzengeographen u. Landwirthe, nach welchen die Flora einer Kalkformation in den *Karpathen* sich in Lappland auf Granit, die Kalkflora der Schweiz in den Karpathen theilweis auch auf Granit sich findet? (104)

Wenn Felder mit Thonschiefer in der Unterlage, Produkte der Verwitterung v. Schiefer- u. Massengesteinen, also die Thon- u. Lehmböden *im Gebirge* die schlechteren, die des reinen Kalkbodens die besseren Erträge gaben, so ist dieß im Allgemeinen ein den Erfahrungen *im Flachlande* entgegengeseztes Resultat, offenbar also nicht v. den chemischen, sondern wohl klimatischen, hier speziell den physikalischen Eigenschaften bedingt. (105)

In einem u. demselben Lehrbuch kann man *dieselbe* Species als Kalk- Thon- u. Kieselsandpflanze angegeben finden. Aber selbst das Ergebniß v. Analysen, nach welchem Kiesel- u. Kalkpflanzen sich in den Aschenbestandtheilen gleichen, od. wenn s.g. exquisite Kalkpflanzen auf ganz kalkarmen Boden gedeihn u. deren ‖[124]| Asche sich *reich* an Kalk zeigt, alles das führt die Systematiker um jeden Preis nicht zur Erkenntnis der Wahrheit. (105, 106)

Merkwürdig vor Allem, daß *alle* Kulturgewächse *bodenvag* geworden sind, u. nur wenige sind *bodenhold*, jedoch je nach dem Klima, am meisten nach dem geographischen wechselnd. (107)

Der Tabak, der Hopfen, die Färbepflanzen, die Oelpflanzen, also die jüngsten der Kulturpflanzen, werden schon auf allen Bodenarten, wenn nur gut gedüngt u. bearbeitet, mit gutem Erfolg gebaut. Der Rothklee liebt Lehmboden, aber er gedeiht auch im Kalkboden u. Sandboden, falls ihm nur nicht Feuchtigkeit im Sommer fehlt. Mangelnde Luftfeuchtigkeit u. zu hohe Wärmegrade machen ihn selbst bei Bewässerung in Griechenland im Sommer verdorren. Dafür gedeiht hier die *Luzerne* im Sandboden bei Bewässerung, wie bei uns im Thonboden ohne letztere. Der Espar liebt Kalkboden, gedeiht aber in den Sandalluvien der Niederungen (Keupersand) ebenfalls u. in dem fetten Lehmboden u. Mergel am allerbesten. (107, 108)

Der Weizen verdirbt im strengen Norfolkclay ohne Drainage, aber im strengsten Thonboden v. Sicilien u. Griechenland, im Nilschlamm selbst, gedeiht er am besten. (107, 108)|

|[125]| Eine hygrophile Pflanze Südeuropas kann eine xerophile in Deutschland werden. (109)

Ferner ist die Feuchtigkeit haltende Kraft des Bodens zu sehr v. der Verkleinerung der Theile desselben abhängig, um der geognostischen Formation so viel Antheil zukommen zu lassen. Kalkschlamm ist noch wasserhaltiger als gewöhnlicher Thon. Die Zumischung verwesender, organischer Substanzen kann einen Sandboden fast so wasserhaltend wie einen leichten Thonboden machen. (109)

Die Menge der unorganischen Stoffe in den Pflanzen steht auch nicht im Verhältnis zu ihrer Menge im Boden, in dem sie wachsen. Und wenn die Pflanzen dieselben, ihr Wahlvermögen zugegeben, im Boden nicht finden, so können sie begreiflich innerhalb der Gesetze chemischer Kräfte, dieselben substituiren, Basen durch Basen, Säuren durch Säuren. Und dieses Verhältnis ist vom Klima wieder abhängig. (108 [Note])

Es werden gewiß zwei Drittheil der kultivirten Erdbodenfläche gar nicht gedüngt, auch nicht künstlich bewässert. Schon in Griechenland, noch mehr in Kleinasien, Nordafrika etc, in allen nicht v. Strömen überflutheten, nicht bewässerbaren kultivirten Flächen wird ein ausgedehnter Cerealienbau nur allein auf die Meteorregen im Winter, oft selbst ohne alle ||[126]| Brache, gegründet u. seit der dort langen historischen Zeit ... mit Erfolg betrieben. Hier überall werden alljährlich also Salze genug im Boden frei, um die künstliche Vegetation zu ernähren. (109, 110) Die grosse Bedeutung der Phosphate u. der Alkalien im Boden nachgewiesen zu haben, ist ein grosses v. der Erfahrung allseitig bestätigtes Resultat der Agrikulturchemie. (110)

Nach den Erfahrungen sächsischer Landwirthe dagegen erzeugt Guanodüngung ein früheres Reifen bei sehr vollen u. schweren Körnern, obgleich auch die Halmen- oder Blattentwicklung höchst üppig war. Der Eintritt in die reproduktive Sphäre aus der vegetativen wird beschleunigt, so zwar daß in Folge dieser Kraftdüngung Cerealienproduktion in kalten Gebirgsgegenden jezt möglich ward, wo sie es früher nicht war. (111)

Stark ins Kraut schiessende, in Blatt u. Halmen üppige Cerealien oft schlechter, d.h. leichter im Korn. Aber letztere Erfahrung nur richtig, wenn den günstigen Bedingungen der Entwicklung der vegetativen Sphäre die gleichfalls günstigen für die reproduktive fehlen, entweder zu wenig Wärme u. Licht zur Fruchtbildung oder nährende Substanzen vergönnt werden, wie dieß in nassen Jahren u. bei allzurasch od. vorübergehend wirkenden Düngermaterialien der Fall ist. Wahrhaft fruchtbare Jahre sind gut in Stroh *und* Korn. (112)|

|[127]| Das Licht, die Elektricität, Luft zum Athmen, der feste Standort, alle sind der Pflanze zur Existenz überhaupt nothwendig, aber sie fügen ihr keinen Stoff zu, sie vermehren ihr Gewicht nicht, sie bedingen die Ernährung, aber sie sind selbst keine Nährstoffe. (112)

III. Die Lösungen.

Der wichtigste Theil der Agrikulturchemie beschäftigt sich nur mit dem, was im Boden gelöst ist u. was durch die Luft den Pflanzen gradezu (in Blättern u. Stengeln) od. erst durch den Boden den Wurzeln zugefügt wird. (112) Nur das kann die Ernährung der Pflanzen bewirken, was löslich in Wasser ist, weil es nur *so* in Diffusion mit dem Zellinhalte der Wurzeln treten kann. (113)

Carbonate. Die Natur scheint vorzugsweise die *Kohlensäure* als Mittel zur Lösung benuzt zu haben. Die Kohlensäure bildet mit den Alkalien, alkalischen Erden u. Eisen- u. Manganoxydulen lösliche *Carbonate* u. noch löslichere *Bicarbonate.* Lösungen ohne vorherige Zersetzung sich v. selbst machende, wie z.B. bei Kochsalz, Gyps. Lösungen durch vorhergehnde Zersetzung, so z. B. der Silikate durch kohlensäurehaltiges Wasser, wo die Kohlensäure die Kieselsäure austreibt (kieselsaures Kali u. kohlensaurer Kalk.) (113)

Sulphate (schwefelsauren Salzen. [(115)]

Phosphate (Phosphorsaure Salze.) Phosphorsaure Magnesia ||[128]| im Samen. [(116)] ... Die Pflanzen sind die Sammler der Phosphorsäure wie der Alkalien. Der phosphorsaure Kalk der Knochen ist viel leichter löslich, als jener des Apatit. (117)

»Wenn wir bedenken, daß in den ersten Perioden der Erdbildung die Bedingungen nicht vorhanden waren, welche zur Existenz durch Lungen athmender Thiere nothwendig sind, daß erst ein zahlloses Heer v. Weichthieren mit sehr untergeordnetem Athmungsprozeß die Oceana bevölkerten u. eine üppige Pflanzenwelt die Luft erst reinigen mußte v. der überflüssigen Kohlensäure, daß erst in spätern Perioden krebsartige Thiere, später Fische u. riesige Eidechsen, noch später Vögel u. Säugethiere auftraten, dann müssen nothwendig obere Formationen, wie die Kreide, Jura u. Trias, reicher an Phosphorsäure sein, als die darunter liegenden Zechsteinkohle- u. Grauwackeschichten. « (l.c. (citirt aus Keller) p. 118)

Silikate. theils gar nicht in Wasser, Säuren u. andren Flüssigkeiten (ausser Flußsäuregas), theils in Quellen, Flüssen, im Meere in geringen Quantitäten vorkommende lösliche Kieselsäure. (118)

Absolute Unlöslichkeit der im Mineralreiche am meisten verbreiteten Substanzen, der Oxyde u. Salze, existirt nicht. (120)|

|[129]| *Hilfsmittel zur Lösung:* Brennen der Erde, Zusetzen v. Kalk u. Asche, ätzenden Alkalien, Schwefelsäure sehr verdünnt etc, alles bis jezt verschwindend gering *gegen den Stalldünger.* (121)

Organische Materien im Boden als Lösungsmittel: Zersetzungssäuren des Humus; [(121)] Gehalt der Tagwässer an Alkalien Ursache für rasch fortschreitende Verwitterung der Gesteine, v. Delesse neulich m. Versuchen gezeigt. [(123)]

Bodenanalyse: Nöthig ist die Kenntnis der wichtigsten Bodenbestandtheile, die in nächster Zeit od. sogleich in Lösung kommen, d.h. den Pflanzen zur Ernährung dienen können. (123) Meteorwasser = Regen, Schnee, Tau.

Nach Untersuchungen des Fraas im Kalkboden circa 3 × mehr gelöst als im Thonboden, ohne jegliche Düngung u. Vegetation. (131)

Der Thon gibt am wenigsten Gelöstes ab, er ist unter den pulverigsten Massen die an löslichen Salzen ärmste Bodenart (wenn glimmerreich u. rein v. organischen Beimischungen. (132)

Es ist klar, daß a) durch das vom Untergrund durch Capillaritätsanziehung aufsteigende Wasser, b) durch das im Boden alljährlich durch Verwitterung löslich Werdende, endlich c) durch das Meteorwasser selbst jedem Boden Mineralsubstanzen *in der Regel* zum natürlichen Gedeihen der ihm klimatisch zugetheilten Vegetation *im Ueberfluß* gereicht worden. Die Luft giebt das Uebrige. Auch die *künstliche* Vegetation hat v. den ersteren in der Regel genug. Eine Ausnahme bilden häufig die Phosphorsäure u. ||[132]| die Nitrate, viel seltener die Alkalien, am seltensten wohl die Erden, Chlor, Schwefelsäure u. Eisen. (132)

Die Brache: zum Verwittern. [(133)]

Drainage: Das Wasser befindet sich im Boden entweder im dunstförmigen Zustand, od. auf dem Wege der Durchsickerung als neu zugekommenes Meteorwasser, od. endlich als Grundwasser, d.h. bereits gesammeltes Meteorwasser mit verschiedenen Zuflußquellen. (134) Rechtes Maaß bestimmt sich aber f. die jeweilige Vegetation eines Landes je nach seinem Klima verschieden. (134)

In erster Reihe der Werthschätzung als *nährend* stehn Kohlensäure, Ammoniak, Wasser, Kali u. Phosphor; in 2. Reihe Schwefel, Natron, Kalk, Talk, Kieselsäure, Eisen, Mangan, Thonerde. (140) Die unorganischen Bestandtheile, absolut nothwendig, sind in der Regel in hinreichender Menge in allen Bodenarten vorhanden u. ist ihr etwaiger Mangel v. um so geringerem Werthe, als die Substituirung eintreten kann. (141)|

|[133]| Wenn unseren Kulturpflanzen Zeit genug gelassen werden könnte, um dasselbe Quantum Wärme u. Feuchtigkeit wie im Nillande zu verwenden, so würden sie keine Kohlensäure- u. Ammoniakquellen, also keinen Dünger im Boden brauchen. Pflanzen, welche mit dem bei uns durchschnittlich gelieferten Quantum dieser Factoren zufrieden sind, einheimische Pflanzen (Wiese u. Wald) brauchen sie auch nicht zur reichen Entwicklung. (141, 142)|

[The Trades Union Commission Act, 1867]

|[150]| *Act v. 5th April 1867:* „An Act for facilitating in certain cases the proceedings of the Commissioners appointed to make Inquiry respecting Trades Unions and *other Associations of Employers or Workmen.*" *(Royal Commission.)* 1) This Act may be cited for all Purposes as „The Trades Union Commission Act, 1867." Dẹṛ Act bezieht sich, 2 (1) nur auf Sheffield u. its immediate neighbourhood, 2 (2) soll nicht weiter zurückgehn als 10 J.

3) The Persons appointed to conduct an Inquiry under this Act shall have all such Powers, Rights, and Privileges as are vested in any of H. M's Superior Courts, or in any Judge thereof, mit Bezug auf folgende matters:

(1.) The enforcing the Attendance of Witnesses and examining them *on Oath*, Affirmation, or otherwise, as they or he may think fit; (2.) The compelling the production of Documents. (3.) The punishing persons guilty of contempt. Dẹṛ Offender soll jedoch nicht einsperrbar sein »for a Period exceeding Three Calendar Months«.

4. *Indemnity to Witness*. Dẹṛ Witness shall receive »Certificate«, that he »has upon his Examination made a full and true Disclosure«. »Provided that *no Evidence* taken under the Act shall be admissible against any Person in any Civil or Criminal Proceeding whatever, except in the Case of a Witness who may be accused of having given false Evidence before any Person conducting an Inquiry under this Act.« |

|[151]| 5. Every Person, who, upon Examination upon Oath or Affirmation in any Inquiry under this Act, wilfully gives false Evidence, shall be liable to the Penalties of Perjury.

6. The *reasonable expenses* incurred by any Person who may be summoned to appear to give evidence in any inquiry under this Act, accord-

ing to a Scale to be approved by the Commissioners of H. M's Treasury, may be allowed to such Person by a certificate under the hand of the said commissioner or examiner, and shall be paid to such person by the said commissioners of the treasury and shall be deemed to be Expenses incurred by the Commissioners for the purposes of their Commission.

7. The Persons appointed to conduct an inquiry under this act shall have such and the like protection and privileges, in case of any action brought against them for any act done or omitted to be done in the Execution of their Duty, as is now by Law given by any Act or Acts now or hereafter to be in force to Justices acting in execution of their Office.

8. No action shall be brought against any person appointed to conduct an inquiry under this act, or any other person whomsoever, for any thing done in the execution of his duty under this act, unless such action be brought within 6 Calendar Months next after the doing of such thing.|

[The Trades Union Commission Act Extension Act, 1867]

|[152]| *An Act to extend the „Trades Union Commission Act, 1867". (12. August 1867.)*

1. Power to extend Provisions of 30 Vict. c. 8 (voriger Act) to other Places than Sheffield.

2. Indemnity to Persons publishing true Account of Evidence taken before Commissioners. |

|[153]| Times. 7 Jan. 1868.

»The affairs of the Caledonian Railway Co. have now been elucidated by the formal Report of a Committee of Inquiry ... Board accused (u. in dẹṛ That dieß nachher proved) of defraying out of borrowed money charges which ought to have been liquidated from current receipts, or, in technical language, „carrying to Capital" expenses properly chargeable to revenue. This method of accounting, while it swelled the Co's debt, increased at the same time its immediate balances, so that at the half-yearly reckonings a larger sum appeared available for dividend than would have been forthcoming if the outgoings of the year had been properly provided for. Of course, the result was to that extent a fictitious dividend, or, in other words, a distribution in the shape of profit of money which had not been earned. ... The Directors had charged to Capital what ought to have been charged to Revenue, and had, besides, neglected to maintain in proper condition the permanent way and rolling-stock of the line. By thus starving the concern on one hand, and borrowing money for expenditure on the other, they had arrived, it was said, at a false balance, declared an unfair dividend, and given a delusive appearance of value to the property. ... The Directors ||[154]| have been a little slack or niggardly in repairing their locomotives, and yet, on the other hand, they have been liberal to excess in renewing them ... in railway reckonings, while the repair of engines is paid for out of Revenue, new engines are thought fairly chargeable to Capital.«

The dividend actually declared by the Caledonian Directors last July was 5*l.* 17s. 6d. p. cent, whereas this dividend, according to the managers of the impeachment, ought to have been just 4s. 1d. only. Nach dẹṛ Rechnung dẹṣ Committee of Inquiry, the true dividend ought to have been 2*l.* 18s. 2d., but the accountants employed by the Committee did not entirely support that conclusion, and gave as their estimate a dividend of 2*l.* 2s. 4d. ... We must add, however, before we finish, that upon the principles admitted even by „severe" accountants into Railway Finance it would be possible to give almost any turn to an arithmetical conclusion. If a railway Co. is to pay all its outgoings before determining what proportion of its receipts is really profit, we can understand that a balance may be decisively and indisputably reacted; but if it is to defray some of these expenses, not out of its receipts, but with money borrowed for ||[155]| the purpose, and if this privilege is to be measured only by practice or custom, we do not see how any statement of profit and loss can be absolutely faithful. In the document now before us it appears as if the difference between the Directors and the Committee, and the Committee and their accountants, depended mainly on the views taken of this privilege of borrowing. The Directors „carried to Capital" – that is, borrowed money for – more expenses than the Committee, and still more than the accountants, thought right; but, on the other hand, it is acknowledged that usage might be appealed to in the Directors' favour. That any Rail. Co. is justified in paying its way not wholly by earnings, but partly by loans, seems to be taken for granted; and as the proportion of loans to earnings has never been settled, it is hard to say what is right and what is wrong, until, indeed, the logic of facts decides the question, by rendering further loans impracticable.«

American Immigration.

At New York arrived v. Jan. 1 to Dec. 11, 1867: immigrants 235,411, about 10,000 more than during the same period last year. |

[Wohnadressen]

|[156]| *Essen: Limbecker thor* N. 75, 1 Treppe hoch.
Herr Lakowsky.
W. Eichhoff, 16, Genthiner Str. Berlin.|

‖[162]‖ The Times. September 6th. 1864.

It is the practical men who generally contrive to run off with the sugar-plums of science, & there is no reason why they should not. What these men do is manifest & palpable to the public, but not so the work of the philosopher, to which they are most deeply indebted. Every one wonders at & admires the electric telegraph, but how few think of the philosopher who discovered the law upon which the whole system depends? Just so is it with the art of electroplating. The names of electro-platers may be known to the world, but how little those of the men who laid the foundation of the science of that valuable art. The magneto-electric machine, now so usefully applied, was the result of a discovery by ‖[163]‖ Mr. Faraday, which although it did not confer wealth on its author, yet has made others rich.

The Times. Sept^{ber} 13th. '64.

The steam-cultivator is making its way gradually but surely, not only in this but in foreign countries, & is certainly destined to work a great revolution in the practice of agriculture. By means of this new application of power on much of this land, especially the strong soils, a greater depth of tillage can be obtained than was possible by the old System of animal power. It is not so much a question of the difference in the cost of cultivation by horses & steam as that of Enabling the farmer to obtain this greater depth & more efficient tillage, with the consequent increase in his produce. Another point of immense ||[164]| importance is that steam cultivation enables the farmer to get his work done at the best season of the year for performing it, & not leaving to the dreary winter what ought to be done in the sunny autumn. For instance, on our own farms, during & since harvest, we have broken up between 100 & 200 acres as soon as the crops had been removed, & every farmer knows the advantage of the exposure of the soil during such splendid weather. |

[The Times, 27. September 1866]

|[165]| Nach *Leone Levi* (10 Sept. 1866. Brief an Bass, M. P. Times of 27th Sept. '66) folgende Zahl dịẹ Working men in U. Kingd. Eingerechnet unter working classes »all who, whether as workers for others or as workers for themselves, are employed in manual labour, be it productive of wealth or not.«

Ages.	*England.*	Scotland.	Ireland.	U. King.
Males 20–60	3,800,000	543,500	1,180,000	5,523,500
under 20	987,000	122,000	246,000	1,355,000
Females 20–60	1,830,000	328,000	513,000	2,671,000
under 20	849,000	110,500	188,000	1,147,000
Total	7,466,000	1,104,000	2,127,000	10,697,000

The time wasted or during which no wages are earned may safely be | estimated, on an average, at 4 weeks in 52, or in the proportion of 7.69%. (l.c.)

The annual amount of property and income charged with income tax being incomes of £100 and upwards, was in the year ended the 5th of April 1864:

Engl. £.276,514,250. *Scotl.* £27,137,918. *Irel.* £.23,123,333. *U. Kingd.* £.326,775,501. (l.c.)

The advance of 5s. p. week on 11,000,000 workers gives a total per annum of £.143,000,000. (l.c.)|

|[166]| Nach dẹṃ Census v. 1851 … 129,000 masters. (l.c.)

[The International Journal, September 1866]

Achtstunden. U. States.

Auf dem grossen *Labor Congress* zu Baltimore, 20th August 1866,

»*Whereas*, The growing and alarming encroachments of capital upon the rights of the industrial classes of the U. St. have rendered it imperative that they should calmly and deliberately devise the most effective and available means by which the same may be arrested, your committee would recommend the adoption of the following resolutions.

»Resolved, That the first and grand *desideratum* of the hour, in order to deliver the labor of the country from this thraldom, is the adoption of *a law* whereby 8 hours shall constitute a legal day's work in every State of the American Union, and that they are determined never to relax their efforts until this glorious result is consummated.

(Ferner: »Recognizing as a fundamental truth that „in union there is strength", and believing also, all reforms in the labor movement can only be effected by the intelligent and systematized effort of the industrial classes; believing, also, that that effort can at present best be directed through the Channel of Trades' Organizations, recommend that Local Unions be established etc« Dieß ist die Weisung des Committees; der Beschluß as follows) |

|[167]| »Resolved, That it is the imperative duty of every workingman in the U. St. to connect himself with a labor organization, if any exists, and where none exists, to immediately commence the formation of the same; that it is the equal duty of every Union to be represented in a trades's or workingman's assembly, and also to aid in the formation of a national or international organization where the same do not exist.«

(Daș Committee: »With regard to the subject of strikes, your Committee give it as their deliberate opinion, that as a rule they are productive of great injury to the labouring class; that many have been injudicious and ill-advised, and the result of impulse rather than principle … and would discountenance them except as a dernier resort, and when all means for an amicable adjustment have been exhausted.« Daher following resolution:)

»Resolved, That this Congress depreciate what is familiarly known as „strikes" among workingmen, and would recommend that every other honorable means be exhausted before such a course is resorted to.«

Mit Bezug auf den *Genfer Congreß* wurde folgendes ||[168]| beschlossen:

»The following, offered by Mr. Harding, of New York, was adopted:

Whereas, A World's Congress of Labor is about to be held in the city of Geneva, situated in one of the Cantons of the Swiss Republic; *and whereas*, the time is now too short for a delegate to be sent from these U. St.; therefore *Resolved*, That the Executive Council of the National Labor Union be authorized to tender the thanks of the Convention to the Central Organization of Labor in Europe together with a copy of the proceedings of this Convention, bidding them God speed in their glorious work; and that the Executive Council – in the event of another such Convention being held before another meeting of this Congress, be authorized to send a delegate to such Convention.« *(The International Journal. St Louis (? John Hinchcliffe.) Sept. 1866.)* |

||[169]| Times. 26 Jan. 1867.

In 1865 there were 3217 collieries in Gr. Britain. To inspect these there are 12 gentlemen appointed. Suppose we were equally to divide them, each would have 251,5. Berechnet, daß sie mit ihren andern Geschäften, Reports, Correspondence etc »the inspection of each colliery, then, will not be got at in twice 5 years and a quarter, and to all this there is the inspection of ironstone mines, which materially swells the number of mines under inspection. How can this be inspected? ... Im Yorkshire district ... under the inspection of one man 434 collieries ... er brauchte 9 years to visit each colliery. ... In a district like Yorkshire the correspondence and recording accidents are enough for one man ... Mines' inspection, as it exists, is a misnomer, not on the part of the inspectors, but the Brit. Legislation. As a rule, owners and managers have opposed inspection. |

|[170]| Times August 17, 1868.

Humbug *Lawes* (Rothampsted, Herts) schreibt:

»wheat grown in my experimental field and the country generally … zeigt daß wheat crop of 1868 is much above the average both in quantity and quality on all soils of *moderate depth and tenacity*. For shallow and light soils the season has been too hot and dry. But any loss from this cause more than counterbalanced by the fact that it is on the better wheat soils that the excess over the average will be the greatest … Er sagt, daß auf seinen experimental fields während 17 Jahren the treatment the same, year after year. The variation in the produce from year to year may, therefore, be considered as almost entirely due to the varying characters of the season. The whole field comprises about 14 acres.

Plots	*How manured each year*	*Harvests.* 1863	1864	1865	1866	1867	1868	*Average 16 years 1852–1866*
		Bushels of dressed corn per acre						
3)	*Unmanured*	$17^{1}/_{4}$	$16^{1}/_{2}$	$13^{1}/_{4}$	$12^{1}/_{8}$	$8^{7}/_{8}$	$16^{5}/_{8}$	$14^{3}/_{4}$
2)	*Farm yard man.*	44	40	$37^{1}/_{8}$	$32^{5}/_{8}$	$27^{1}/_{2}$	$41^{3}/_{4}$	$35^{1}/_{3}$
7)	*Artificial man.*	$53^{5}/_{8}$	$45^{3}/_{4}$	$40^{1}/_{4}$	30	$22^{1}/_{4}$	$39^{7}/_{8}$	$35^{7}/_{8}$
8)	*Artificial man.*	$55^{3}/_{4}$	$49^{7}/_{8}$	$43^{5}/_{8}$	$32^{1}/_{8}$	$30^{1}/_{2}$	$46^{1}/_{2}$	$38^{1}/_{4}$
9)	*Artificial man*	$55^{1}/_{2}$	51	44	$32^{1}/_{2}$	$29^{1}/_{8}$	$47^{3}/_{4}$	$35^{3}/_{4}$

Auch das Gewicht per Bushel verschieden, je nach günstiger od. ungünstiger Jahreszeit. |

|[171]| Taking the average yield, each year, of the unmanured, the farm-yard manured, and the artificially manured plots in my experimental field, and then the average of the figures so obtained for the last 16 years, the result indicated is about $28^{3}/_{4}$ bushels. The average *Gazette* price of wheat over the same period is about 55s. per qr.

In the following table are given the average produce of the three different conditions of manuring in each of the last 6 years, and the average of the 16 years; also the average price of wheat over each harvest year (Sept. 1 to August 31, excepting in 1868 to August 7 only), and the average price for the previous 16 years.

Average Bushels of Dressed Corn per acre.

1863	*1864*	*1865*	*1866*	*1867*	*1868*	*16 years* 1852–1867
38 3/4	35 1/8	31	25 1/2	21 1/4	34 3/8	28 7/8

Average „Gazette" Prices of Wheat, Sept. 1 – Aug. 31

1863–4	*1864–5*	*1865–6*	*1866–7*	*1867–8*	*1852–1867*
41s. 0d.	40s. 1d.	46s. 6d.	61s. 7d.	69s. 0d.	55s. 0d.

A glance at the table shows that, wherever the produce was above an average, the average price up to the next harvest was below an average, and *vice versa*. A little further examination shows ‖[172]| a closer actual numerical relationship between the rise in produce and fall in price, and the fall in produce and rise in price, than might have been anticipated. *Crop of 1867* about 26% below the average of the 16 years, and the price up to the present time (August 1868) has averaged between 25 and 26% above the average of the same period.

Crop of 1866 nearly 12% below the average,
price averaged about 12% over the average.

Crop of 1865 between 7 and 8% above the average, price during the succeeding 12 months about 15 1/2% below the average.

Crop of 1864 between 21 and 22% above the average,
average price about 27% below the average.

1863–4, the agreement is much less marked. The produce of 1863 was about 34% over the average, the average price (41s.) only between 25 and 26% below the average. A fall in price in proportion to the increase of produce would have brought us down to little over 36s. a qr. But when the price of wheat reaches so low a point as about 40s. p. qr. farmers generally *hold back larger stocks*, and also *use wheat* more freely for the feeding of animals.|

|[173]| London. 18 Aug. 1868. Times

»The truth is, the effects of the last panic (1866) have been beyond all precedent or expectation, though not, it may be assumed, beyond the magnitude of the cause. It must be remembered that the pressure was felt long after the crisis. The collapse of one concern after another was followed, not only by the *immediate loss of capital*, but by *a succession of calls for further contributions*. Limited liability, as actually employed, had proved a snare, for though the responsibility of a shareholder was indeed „limited", the bounds were still wide enough to admit of ruin. Unconscious investors imagined that their liabilities were limited to the sums they had paid down, without thinking that they were still answerable to the full amount of their shares. The actual embarrassment thus produced and protracted conspired with the public alarm to generate a distrust which has appeared almost interminable, so that not only in this country, but in France likewise, enormous sums (in Frankreich um 50 mill. *l.* St.) of money have been allowed to lie idle in the Banks while trade and industry have languished for want of aliment and supplies.|

|[174]| Nothing could show more forcibly the timidity of capital. *The argument that* capital after all, is as much *in need of employment as labour has been found of no practical weight*. True, the owners of money who will not employ it get nothing for it; but to this for a time they are content to submit, and for a longer time, indeed, than could have been imagined. In fact, the state of things was fairly described by the assertion that capital, in its turn, was „on strike". *It has been ‚on strike' for these two years*, and though capitalists have suffered like all other strikers, it is but now that they have made any sign of coming in. The problem before us is of incalculable importance, if it could but be thought out and solved. *Idle capital means unemployed labour* and stagnant trade, and what these

mean in their effects upon the public welfare we need not say. It would be far better for the country that money should be dear than that it should be cheap, in the sense in which it is cheap now. In reality, notwithstanding its quoted value, it is still so dear as not to be had by ordinary dealers at any price whatsoever. That very limited class of dealers whose proposals satisfy the expectations of the frightened capitalist ||[175]| may have what they want at a nominal price, but to the great body of dealers the market is altogether closed. What is wanted now is such a „demand for money" as will draw out the supply. A demand for money implies that there is promising employment *for* it – in other words, that there will be employment for labour too. … Three years ago we went too fast, and too far. Money was lent purely on the promise of interest, and without sufficient care for security. Such terms of course created an infinity of speculation, and gave for a time an incredible impetus to trade. Then came the inevitable catastrophe, and after it such an enduring terror as was never before known. … There is no want of money in the country, only want of confidence – in fact, the accumulations of the last two years are ready for use when the opportunity returns.« |

[Wohnadressen u.a.]

|[188]| *Bank Act. 1858.* 1857–8. *Vol. V.*

A. Trousoff. 8 Montbrillant, Genève.
Prof. E. S. Beesly. University Hall. Gordon Square W. S.
J. G. Eccarius. 10 Great Chapel Street, S. W.
Hermann Meyer, care of Angelrodt and Barth, St. Louis, M°. U. St. |

|[189]| *Montucla.* Histoire des Mathematiques.
Aristoteles 2101. h.
Denmark 2084. f.
Descartes 2043. c.
Mr. Carl Siebel
J'un Chal, Madeira
(*Herig*, Cigarrenarbeiter v. Berlin.)
Dr. Wilh. Alex. Freund. (Breslau) |

|[190]| The Times. (8 Oct. 1866)

(Aus Letter v. Berlin, d.d. Oct. 4). »The festal entry of Princess Dagmar into St. Petersburg has been made the subject of an interesting article in the *Vest*, the Russian nobility organ: Darin u.a.:

„Herself (Dagmar) destined to wear the crown of Russia, she is the sister [of] the future Queen of Engl., and of King George of Greece. While the sovereignty of the most prosperous realm in the universe will one day devolve upon her Engl. brother-in-law, her Greek brother, reigning over a people who are our co-religionists, will, in all probability, establish a great kingdom on the ruins of Mahomedan rule. Should Providence will that the Dardanelles area not to become Russian property we can only wish that they should fall to orthodox Greece and her King, the brother of our future mistress. Russia, ruling in the Euxine and Baltic, is not in possession of the straits connecting those seas with the ocean. Much fighting may be required to render us masters of the Dardanelles; but the Sound, the Dardanelles of the North, at any rate, is in the hands of King [Ch]ristian, the illustrious father of our own Dagmar. We hope and trust [th]at the family ties uniting the Danish and the Russian dynasties will [ass]ist as in attaining these aims, which powerful Russia cannot do otherwise then [p]ursue.“ The above article, which appears in one of the most influential organs of the empire, is … remarkable … because, in the fulness of his heart, the author has candidly avowed in it the internal difficulties and foreign aspirations of his race. (*Sound u. Dardanelles.*) *Times.* l.c. |

Heft 2. 1868

Exzerpte aus Werken von Carl Nikolaus Fraas, Thomas Wentworth Buller, J. C. Ross, Eugen Dühring, Georg Brückner, Franz Xaver Wilhelm von Hlubek, Georg Ludwig von Maurer und David Low sowie aus A Cyclopedia of Agriculture

[Inhaltsverzeichnis von Friedrich Engels]

|[0]| 1870

[Notiz]

|1| *Butt*
(Inhaltanzeige. p. 170)

Morton etc

Article Lease.

»In light soils and high elevations, it is found beneficial to cultivate less, and graze more, in which case the rotation is, oats after grass, turnips, barley, or spring wheat; and then a portion of hay from grass seeds, the first year, and two or three years of sheep pasture. This forms an easy course for the land, and requires little aid from adventitious manures, as the grazing restores its freshness, and supplies vegetable matter for lime to act upon, which of all applications is the most conductive to a nutritious sheep pasture. This course, however, is not applicable to *poor clay soils*, which, in these times, form the greatest difficulty in the farmer's way – for they are unprofitable in grass after the first year, and will not produce corn upon a four-course, without being continually fed by other kinds of manure than are made on the farm.« [(225)]

[Bibliographische Notizen zur Agrikultur u. a.]

Bibliothèque Univers. (Genève) vol. 6 et 7. Litérat. 1817, 1818.
Tuckett: (J. D.) vol. II pp. 389, 90 etc – 402 sq.
Foster: Essay on the Principle of Commercial exchanges. 1804.
Hodgskin, Popular Pol. Econ. ch. IX. *Prices.*
Thomas Cooper.
J. W. Johnston: Notes on North America. p. 432 sqq.
Boisguillebert: Traité de la nature, culture etc ch. IV p. 374–375.
Benjamin Bell.
Caird.
Gülich.
Robert Russell: North America, its agriculture and Climate.
Mill (J.) 2nd edit. p. 34.
Stirling. |

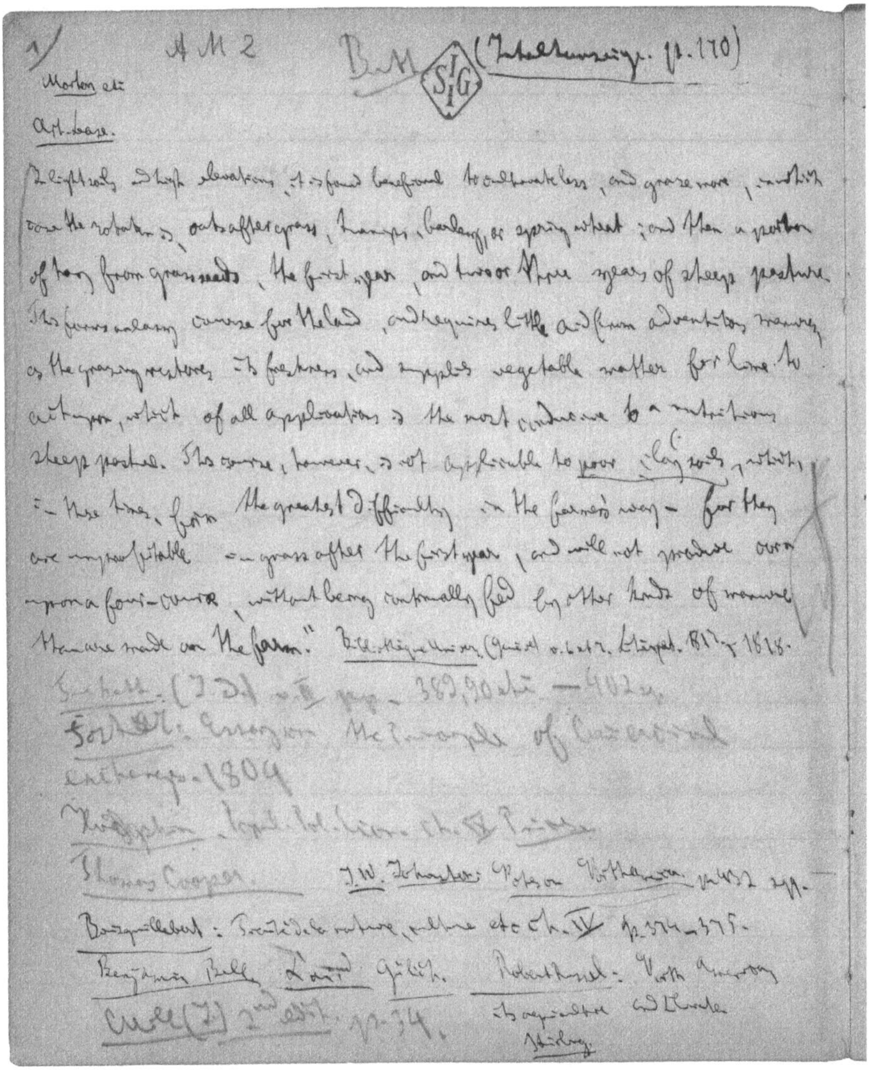

1/ A M 2 B M (Inhaltsverzeichnis p. 170)

Morton etc.

Art. base.

"In lightish soils of high elevation, it is found beneficial to cultivate less, and graze more, in which case the rotation is, oats after grass, turnips, barley, or spring wheat; and then a portion of hay from grass seeds, the first year, and two or three years of sheep pasture. This forms an easy course for the land, and requires little aid from adventitious manure, as the grazing restores its fertility, and supplies vegetable matter for lime to act upon, which of all applications is the most conducive to a nutritious sheep pasture. This course, however, is not applicable to poor clay soils, which, in these times, form the greatest difficulty in the farmer's way — for they are unprofitable in grass after the first year, and will not produce corn upon a four-course, without being continually fed by other kinds of manure than are made on the farm." Bell. Agriculturist (Quart. J. of Agr. Edinb. 1817–1818.)

[illegible] ([illegible]) vol. II pp. 389, 90 etc — 402 sq.

Forster: Essay on the Principle of Commercial exchanges. 1804

[illegible]

Thomas Cooper. J. W. Johnston: Notes on North America vol. II pp.

Boisguillebert: Traité de la nature, culture etc Ch. IV pp. 374–375.

Benjamin Bell. Laing. Gülich. Robert Russell: North America its agriculture and climate. Edinburgh.

[illegible] 2nd edit. p. 34.

Aus: A Cyclopedia of Agriculture, Practical and Scientific …
Hefte zur Agrikultur. Heft 2. 1868. Seite 1

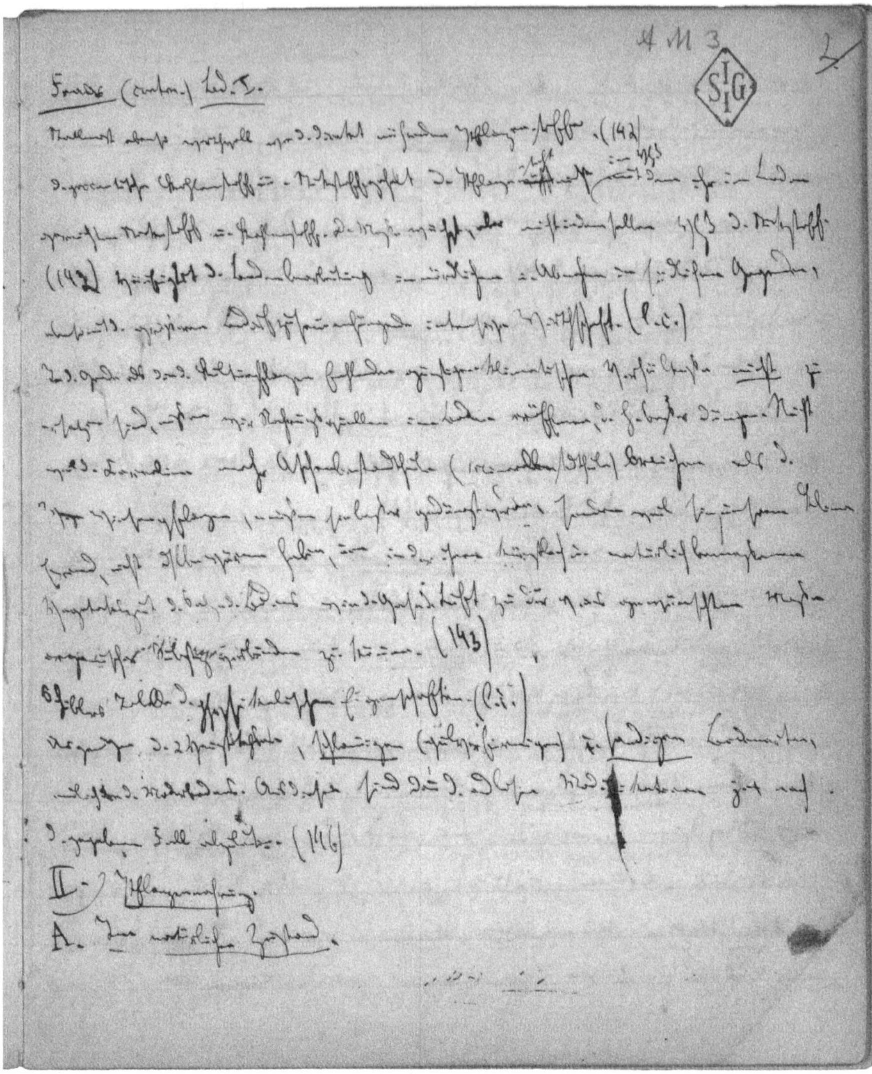

Aus Carl Fraas: Die Natur der Landwirthschaft ... Bd. 1.
Hefte zur Agrikultur. Heft 2 1868. Seite 2

|2| Fraas (contin.) Bd. I.

Stallmist ebenso werthvoll wie die direkt nährenden Pflanzenstoffe. (142)

Der procentische Kohlenstoff- u. Stickstoffgehalt der Pflanze steht nicht im Verhältniß mit dem ihr im Boden gereichten Stickstoff u. Kohlenstoff. Die Masse wächst, aber nicht in demselben Verhältniß der Stickstoff. (142) Häufigkeit der Bodenbearbeitung in nördlichen u. Abnahme in südlichen Gegenden, ebenso mit dem grösseren Bedarf zusammenhängende intensive Wirthschaft. (l.c.)

In dem Grade als die den Kulturpflanzen fehlenden günstigen klimatischen Verhältnisse *nicht* zu ersetzen sind, müssen wir Nahrungsquellen im Boden eröffnen, d.h. besser düngen. Nicht weil die Cerealien mehr Aschenbestandtheile (Mineralbestandtheile) brauchen als die Wiesenpflanzen, müssen sie besser gedüngt werden, sondern weil sie unsrem Klima fremd, nicht dieselbe Wärme haben, um in der ihnen künstlich u. natürlich bemessenen Vegetationszeit die Salze des Bodens wie die Gase der Luft zu der v. uns gewünschten Masse organischer Substanz verbinden zu können. ([142,] 143)

Schüblers Tabelle der physikalischen Eigenschaften. (l.c.)

Uns genügen die 2 Hauptklassen, *schlammigen* (pulverförmigen) u. *sandigen* Bodenarten, endlich die des Moderbodens. Aus diesen sind dann die endlosen Modifikationen je nach dem gegebnen Fall abzuleiten. (146)

II. Pflanzennahrung.

A. Im natürlichen Zustand. |

|3| Die Asche der Pflanzen besteht vorzüglich aus 2 Alkalien (*Kali* u. *Natron*), aus 2 alkalischen Erden (*Kalk* u. *Magnesia od. Talkerde*), aus zwei Metallen (*Eisen* u. *Manganoxyd*), dann diesen Basen gegenüber aus 4 Säuren, Kohlensäure, Schwefelsäure, Chlorwasserstoffsäure u. Phosphorsäure. Diese u. organische Säuren bilden mit jenen 6 Basen Salze in den Pflanzen; noch eine Säure, die Kieselsäure, ist wohl zunächst frei in den Pflanzen abgelagert, wenn sie auch zumeist als *lösliches* Salz begreiflich in sie eingehn muß. (150) Die Erdnahrung geht in löslichen Salzen durch die organischen Zellwände gegen den Zellinhalt ... bes. unter Beihilfe freier Kohlensäure u. kohlensauren Ammoniaks im Wasser wird seine lösende Kraft ausserordentlich vermehrt. (150, 151) Nach Boussingault jährlich v. 1 Hectare 200 Kilogr. Mineralsubstanz dem Boden durch die Ernte entzogen. (151)

Nicht weniger als die Alkalien diffundiren die *alkalischen Erden* gegen den Zellinhalt. So *der Kalk*, insbes. in den älteren Pflanzentheilen, Holz, Rinde, Blättern der Bäume (70% in der Asche der Rinde) ärmer daran die Wurzeln u. Knollen u. noch ärmer die Gräser (Cerealien). Hier die Kieselsäure das Normale in Verbindung mit organischer Substanz. Wenn Kalk sie ersetzen soll, merkliche Verschlechterung *derselben* Gräser auf kalkreichem u. kieselreichem Boden. *Magnesiasalze* begleiten jene des Kalkes gewöhnlich. Eine besondre Bedeutung scheinen sie nur in den Samen, zunächst den Cerealien zu haben, da sie hier constant vorkommen (10–12%), u. als Mittel den Kalk zu ersetzen. *Chlor*, überall in den Pflanzen gefunden, aber nur in geringer Menge, vorzüglich in den jüngeren u. saftigen Pflanzentheilen, in geringster Menge in den ‖4| Samen. *Schwefel* wesentlich f. die Proteinstoffe der Pflanzen (Eiweiß, Legumin), kommt auch in schwefelsauren Salzen nicht minder in den Pflanzen vor. Im nicht oxydirten Zustand ist er offenbar in den Samenkörnern, bes. Senf, Rübsamen, Leindotter etc, schwächer schon in den Samen der Hülsen u. am schwächsten in den Cerealien. (153) *Phosphorsäure* in allen *Cerealien*pflanzen in fast gleich grosser Menge (zu fast 50%), in Hülsenfrüchten 40%, Stroh, Blätter, Wurzeln u. Knollen (4–10%). Phosphorsäure mehr als jede andre Verbindung Bedeutung f. die organische, hier zunächst stickstoffhaltige Substanz. Ohne sie Samenbildung nicht möglich. Im Samen ist sie an Kali, an Magnesia, in andren Theilen auch an Kalk gebunden. Jährliche Entgang derselben aus dem Boden mittelst der

Ernten auf 25 Kilogr. durchschnittlich per Hectare geschäzt. Bei einer gewöhnlichen Mistdüngung, die 30% Asche u. darin 5% Phosphorsäure enthält, dieser Verlust reichlich wieder gedeckt, v. dem neuerlich nachgewiesnen Vorhandensein phosphorsaurer Verbindungen in fast allen Böden, wenn auch nur in geringer Menge, gar nicht zu reden. ([153,] 154) Für einige Pflanzenfamilien die *Kieselsäure* sehr hervorragend, so für Gräser, also Cerealien, die in ihren Halmen, beim Wintergetreide z.B. 70% der Asche an Kieselsäure enthalten. ... Andre Pflanzen enthalten in allen ihren Theilen noch mehr in der Asche, z.B. die weiche u. zarte Vaucheria polymorpha, die mehr als $^{2}/_{3}$ davon in ihrer Asche bietet. (154) *Thonerde* findet man so selten in der Pflanzenasche, daß man sie schon aus den Mineralbestandtheilen der Pflanzen zu streichen begann, als in mehreren Lycopodien bedeutende Mengen davon gefunden wurden. (156)|

|5| Die *relative Menge* der Basen bleibt stets unverändert in den verschiedenen Theilen einer Pflanze in einem bestimmten Entwicklungsstadium, jedoch sind *die absoluten Quantitäten* ausserordentlich verschieden, weil das gegenseitige Verhältniß zwischen den auflöslichen u. unlöslichen Salzen grossem Wechsel unterworfen ist. (160) Substitutionsfähigkeit der Mineralbasen. (161) Aber es giebt für gewisse Pflanzentheile *wesentliche* Aschenbestandtheile, es giebt solche zunächst in den den Typus der Art u. ihre Fortpflanzung selbst bedingenden Samen (162)

Wasser der Erde u. das *Dunstförmige der Luft* diffundiren gegen das Wasser in den Pflanzenorganen, aber die Wurzeln nehmen viel mehr auf als sie ausscheiden, die der Luft u. dem Licht zugekehrten Organe scheiden mehr aus als sie aufnehmen ... Die Pflanzen verdunsten viel mehr Wasser durch ihre Luftorgane, als die Fläche auf welcher sie wachsen, durch den Regen erhält. Sie nehmen diesen sehr bedeutenden Ueberschuß aus dem Untergrundwasser u. dem im Boden sich gleichfalls anhäufenden Wasserdunst der Atmosphäre. (164) Das Wasser ist als Lösungsmittel f. alle Pflanzennahrung Grundbedingung alles Wachsthums, aller Pflanzennahrung, die für sich allein nicht flüssig, od. doch als solche nicht assimilirbar wäre (wie z.B. die Luftnahrung ist.) (165)

Luftnahrung: Sauerstoff der Pflanze nöthig zum Athmen. ([165,] 166[, 167]) »Der Wasserdunst der Luft ist ziemlich wohl mit Mineralstoffen versehn u. der Thau enthält auch bis zu 20 Milligramm Ammoniak in 1 Litre.« (167) Nicht der Stickstoff u. Sauerstoff können als Pflanzennahrung gelten, wohl aber die Kohlensäure der Atmosphäre ||6| u. das Ammoniak, wie die Nitrate, wohl auch Schwefelwasserstoff u. Phosphorwasserstoffgas, auch mittelbar Kohlenwasserstoffgas. Den Gasen schließt sich der in der Atmosphäre zu 1% dem Volumen nach immer vorhandne Wasserdunst in einer noch unbekannten Wirkungsweise an. (167) Hauptgemenge des die Erde an 6–7 Meilen hoch umfluthenden Luftmeeres sind Sauerstoffgas u. Stickstoffgas. (l.c.) Der Sauerstoff verwittert die unorganischen, verbrennt die organischen Körper. (l.c.)

Durch Athmen, Verbrennen, Faulen, Modern, Gährung u. Verwitterung wird immer viel Sauerstoff auf der ganzen Erde gebunden, es wird zumeist Kohlensäure daraus. (168)

Die die Erde umgebende Luftschicht, Kleinigkeiten abgesehn = 5,163,653,000,000,000,000 od. 5,163,653 Billionen Kilogr., nämlich

1,210,663 Bill. Kilogr.	Sauerstoff
3,949,620	Stickstoff
3370	Kohlensäure. oder 6,4 Kohlensäure auf 10,000 Gewichttheile. ([168,] 169)

Die *Kohlensäure:* 3370 Bill. Kilogr. = etwa doppelt soviel Zollpfunde. Der Kohlensäuregehalt der Luft schwankt sehr. Nach Regen der Kohlensäuregehalt der Luft vermindert, denn das Wasser absorbirt dieß Gas, auch die durch Regen erzeugte Erkältung des Bodens wirkt dazu mit etc. Im trocknen Winter bei Frost mehr als bei Thauwetter, in den Städten mehr als auf dem Land, auf den Bergen mehr wie in den Thälern, etc. Maximum durchschnittlich gegen Ende der Nacht. (169) Die Pflanzen athmen Nachts Kohlensäure aus etc (l.c.) Der Kohlenstoff der lebenden Vegetation nur mässig grosser Bruchtheil des Gesammtquantums, welches in den lebenden Thieren, Stein- u. Braunkohlelagern, Kohlensäureexhalationen, der organischen Beimengungen (bitumen!) der sedimentären Gebirgsformationen ‖7| sich findet. Die Schätzungen des Gesammtkohlenstoffes der Natur nebelhaft. (170)

Corenwinder hat nachgewiesen, daß bei gedüngtem Boden die in der Nähe desselben befindlichen Pflanzentheile v. einer sich stets erneuernden, mit Kohlensäure um so reichlicher gesättigten Atmosphäre umgeben sind, je höher *die Temperatur* der umgebenden Luft u. je grösser *der Feuchtigkeitsgehalt des Bodens* ist, da v. beiden die mehr od. minder rasche Zersetzung der im Boden befindlichen Düngsubstanzen abhängt ... Nach J. Reiset's Experimenten absorbiren organische Substanzen bei der Fäulniß an der Luft auch eine Menge Sauerstoff u. erzeugen damit, u. nicht blos mit dem ihnen eignen Sauerstoff Kohlensäure. (171)

Ammoniak: Nach Way fielen in 1 J. auf 1 engl. Acre nur 7,11 Pf. Ammoniak u. etwa $6^{3}/_{4}$ Pf. Salpetersäure, u. frühere Bestimmungen wären falsch! (172) Jeder Regen wäscht das Ammoniak aus der Luft, da es ausserordentlich leicht v. Wasser absorbirt wird. (l.c.)

Eine 2. Quelle assimilirbarer *Stickstoff*verbindungen ist die *Salpetersäurebildung* bei Gewittern. Schon das Experiment zeigt die Möglichkeit Stickstoff m. Sauerstoff mittelst elektrischer Funken zu verbinden. (173)

Humus. etc. [(176)]

Die Speisezeiten der Pflanzen: Die Versuche mit einer fraktionirten Guanodüngung haben gezeigt, daß bei Vertheilung der Düngergabe auf verschiedne Zeiten, insbesondre auf die Zeit des Schossens günstigere Resultate erzielt wurden, als bei einmaliger voller Anwendung des Düngerquantum gleich anfangs. (185)

Bis jezt handelt der Landmann, der f. 3 Jahre, f. den Winter (als ohne Wachsthum) wie für den Sommer gleich seinen Acker auf einmal düngt u. Wurzel- Blatt- u. Körnerfutter mengt, ohne zu unterscheiden, was er v. jenen Organen ||8| ernten will, wie ein Viehhalter, der einer Kuh monatlich 6 Ctr Heu auf einmal hinwerfen wollte ... Hoffnung, man werde Futterzeiten der Pflanzen aufstellen, u. so ein erhebliches Quantum v. Dungkraft zu ersparen im Stande sein. (185)

B. Im künstlichen Zustand.

I. Dünger. Verbesserung der klimatischen Einflüsse auf die Kulturpflanzen (indirekte Wirkung, physikalische Seite), *Mehrung* direkt nährender Pflanzennahrung (direkte Wirkung, chemische Seite), *Lösung* schon im Boden vorhandner Pflanzennahrung (combinirte Wirkung) immer unter Berücksichtigung einer *andauernden* hohen Kapitalnutzung, das ist die Aufgabe aller Dungmittel u. somit auch der Landwirthschaft. (260)

[III.] Die Pflanzen

A. Ihre Ernährung:

B. Ihre Vermehrung. Im Ei eine kleine Pflanze, *Embryo od. Keim.* (306)

Zum Keimen gehört Wärme, Feuchtigkeit u. Sauerstoffgas (od. Säure, Chlor, Jod, Brom, die den Sauerstoff ersetzen können. (307)

C. Ihre Abnahme. |

|9| Th. Wentworth Buller: „A Reply to a Pamphlet, published by David Ricardo, Esq. M.P. on Protection to Agriculture. Lond. 1822.

Money … represents a great quantity of labour in a small compass – it is portable; … being capable of division, it will represent any quantity of labour, however small – it is divisible; and thirdly – it is durable. (9)

Ric. sagt: „That in proportion as a country is driven to the cultivation of poorer lands for the support of an increasing population, the price of corn, to be remunerative, *must* rise … For even if no rent is paid for such poorer land, as the charges on its cultivation must, for the same quantity of produce, be greater than on any other land previously cultivated, yielding the same, those charges can only be returned to the grower by an increase of price.“ If, *as is assumed*, the price of corn was before barely remunerative, and the charges of cultivation remained always the same, I should be willing to admit, that if poorer lands are cultivated, the price of corn, in order to be remunerative, must rise. (9, 10) the *charges are capable of diminution* in two ways – either by an improvement in the productive powers of labour, by which the same quantity of work can be effected with fewer hands, or by a diminution in the price or wages of the labour itself. (10) May not a diminution in the wages of labour lower the charge of production, and thus permit poorer land to be cultivated without a rise in the *price* of corn? (11)|

|10| Sage England u. Wales 1621 = 3 Mill. 1700 waren sie 5,475,000; und 1750 = 6,467,000. (15)

Nach dem Register v. Eton College:

Per Qr. of 9 Bushels

Years	£.	s.	d.
1646–1666	2	17	5 1/2
1666–1686	2	6	3
1686–1706	2	5	9 3/4
1706–1726	2	4	9 1/2
1726–1746	1	17	10 1/2
1746–1756	1	17	5. (p. 17)

Also während diesem more than a century, in which the population of this country has been rapidly and, progressively increasing, the average price of wheat has progressively declined. Not only has it declined, but it has declined in spite of every effort that has been made by the Legislature to raise it; for, during the latter part of this period, from the year 1688, a bounty was granted upon the exportation of corn, the avowed purpose and undoubted effect of which must have been to raise the price. (19) England exported u. imported v. 1697–1774:

Wheat and Flour.		*Barley and Malt*		*Oats and Oatmeal*		*Rye*	
Exp.	*Impt.*	Exp.	*Imports.*	*Exp.*	*Impt.*	*Exp.*	*Imp.*
qrs	qrs	qrs.	qrs.	qrs.	qrs.	qrs.	qrs.
15,310,837	1,641,765	18,015,970	418,425	746,166	3,208,750	3,539,708	381,796

u. Peas u. Beans, qrs. *Exports* 154,569, *Imports* 143,116. (1697 ist the first year upon record at the Custom House.):

Abstract of the quantities of all sorts *exported* in *the 78 years* 36,762,218 qr
imported 5,793,852 (20)|

|11| Wages, Profit, and Rent ... are all derived from labour. (21) The labourer must live, and out of the produce of his labour, he must receive sufficient not only for food but for clothing; he must live according to the mode of living established in civilized society ... Unless the labourer produces more than sufficient for this purpose, no other class of society can exist. Every one, then, must labour for himself; there can be neither employers nor landlord – neither profit nor rent. The existence of these classes is evidence that the labourer produces more than sufficient for his own consumption, or that he produces a *surplus produce*. ([21,] 22) Wäre der Preis of subsistence 20£. f. jedes individual u. 1000 labourers, ditto

100 capitalists, wenn der labourer produced nur 20£, the employer could receive nothing. ... suppose, then, each labourer produces the value of 25£; the £5 more than is absolutely necessary for his own subsistence, must contribute towards the support of the capitalist, and if he receives the whole, and employs 10 labourers, he will have a surplus profit of £50. If this is more than sufficient for his subsistence, he can afford to pay some rent for his land; if not, the class of landlords cannot exist – every one possessed of land must either labour upon it himself, or farm it himself. (22, 23) The demand does not depend upon the advantage derived from the labour now employed, but upon the advantage which *would* be derived from the employment of *more* labour. (23) there *is a limit both in agriculture and manufactures to the labour which can be employed with advantage.* In agriculture it is evident enough that the produce of individual labour gradually diminishes with the addition of labour. It is evident that only a certain quantity of labour can be employed ‖12| with advantage. Upon good land, by no efforts of human industry, can the quantity of produce be made to keep pace with the quantity of labour. An acre of ground which by possibility might, by the labour of one man, be made to produce 6, or 7, or 8 qrs of wheat, could not, by any assignable quantity of labour, be made to produce a 100 qrs. It is equally evident that as countries become more populous, and more labour is employed, worse land is brought into cultivation, and by this means the rate of produce becomes lessened, until it reaches that point where any increase of labour would barely produce its own subsistence, together with the lowest profit to the employer. This is the ultimate limit. (24) The only material difference in this respect between Agriculture and Manufactures is, that in the one the actual produce decreases, in the other only the price of the produce decreases. If the farmer employs too much labour, the produce ceases to maintain the labourer; if the manufacturer employs too much labour, he overstocks the market, and reduces the price of his commodity so much, that, instead of increasing, he decreases his profit. ... *the advantage to be derived from the increase of labour creates the demand, and regulates the price.* ... In America ... the addition of a labourer gives great additional produce, much more than adequate to his own subsistence, and the wages of labour are accordingly very high. In England on the contrary, where, perhaps, upon equal quantities of ground, at least 10 times the number of labourers are employed as in America, the addition of a labourer would give very little ‖13| additional produce, in most cases not adequate to his own subsistence. The demand for labour is therefore very low, and the wages of labour very low. In every country there must be a limit to the population which can

be employed with advantage, and the nearer the number of inhabitants approach to this limit, the less will be the demand for labour, and the lower will be the wages of the labourer. (25, 26)

The profits of capital, as well as the wages of labour employed in different trades, must be proportioned to the agreeableness or disagreeableness, the risk or the difficulty of the respective employments. Independent of these circumstances, the rate of profit in various trades cannot be *permanently* altered, because the only inducement to vest capital and employ labour in any business, is the profit to be derived from it; and if that profit is diminished in one line of business, and increased in another, both capital and labour will naturally be turned from the occupation where low profits are made to the occupation where high profits are made. Less capital, less labour, and less produce, in the one trade, and more in the other, is the consequence. when the produce or supply is lessened, and the demand remains the same, the price rises and restores the rate of profit, and vice versa. The rate of profit, therefore, in one branch of business, is intimately connected with the rate of profit in another. You cannot *permanently* lower one without lowering the whole, nor permanently raise one without raising the whole. (27)|

|14| From the moment the best land in any country is occupied and cultivated in the most simple and obvious manner, the produce of labour decreases in a progressive ratio, until all the land is cultivated, which, by the labour of one man, can be made to produce the subsistence of one man, together with the smallest profit to the employer. ([30,] 31) Rents increase not because the *price* of the produce increases, but *because the produce itself increases, and the wages of labour diminish.* So far from any rise in the price of corn being necessary to account for the increase of rent, rents would rise with the progress of population, though the price of corn fell one half. (32) But not only does rent rise because more labour is employed upon the same quantity of ground, but it rises from *the actual improvement of the soil.* The same soil, from the same quantity of labour, will frequently yield a greater produce at one period than at another, owing to the past labour which has been expended, and is, as it were, accumulated upon the land. A country covered with a superabundance of timber, or overflowed with water, *however fertile in itself*, possesses for the time all the disadvantages of land the most barren and sterile; the annual produce does not maintain the annual labour. Whatever labour is employed, therefore, must be maintained from the surplus produce of other lands, with a view to future advantages. These improvements must necessarily be gradual, since they cannot proceed without an accumulation of capital and an increase of population; but, when once they are

| accomplished, rent will arise where none could have previously existed. (32, 33)|

|15| Up to a certain period the increase of population, and consequent increase of labour, is the increase of national wealth. Greater profits – greater aggregate profits – and greater rents will be received without any necessary increase of price. (33)

Taxes may be so imposed, that the producer shall not pay the whole tax upon his own produce; but, if others pay the tax upon his produce, he pays the tax upon theirs – it comes to the same point – *taxes are paid.* (46)

if the most moderate allowance be made for the alteration in the value of money, from the abundant supply caused by the discovery of the American mines, the price of wheat, from ... 1202 to 1764, has gradually and progressively declined. (47) From 1764 to 1813, it seems, on the contrary, to have risen, progressively indeed, but far from gradually; for, from ... 1766 to 1793 the average price was only £2 s.6 d.$9\frac{3}{4}$ which, though an increase as compared with the 59 preceding years, was rather a decrease as compared with the average price of the 60 years, from 1646 to 1705. From ... 1793 to 1797 the average price rose to £3. 2s. 10d.; and from 1798 to 1813, to no less than £4. 6s. 6d. per qr. (48) In agriculture neither the increase or diminution of labour can be supposed materially to increase or lessen the quantity of produce under 2 years. (53)

In considering, therefore, the price of corn upon the average of many years, the effect of good or bad seasons may be supposed pretty equally balanced; but, in considering those causes which may have produced any sudden rise or fall in price, the existence of good or bad harvests cannot well be omitted. (56, 57)|

|16| In every country there must be a limit to the population which can be employed with advantage; but, until it reach this limit, increase of population is increase of national wealth, and will in itself account for increase of rent, without any rise in the price of produce. (61, 62) The quantity of draining done upon heavy lands during the first 3 years of peace was immense. (66) (weil sagt er daṣ Land (the rural districts) nicht nur ihre eignen Paupers, sondern auch diẹ v. deṇ Fabriken ihnen zurückgeschickten zu ernähren hatte, u. sie daher arbeiten liessen auch für minder immediately einbringliche Arbeiten.)|

|17| Fraas. Bd. I. Continuation.

IV. Der Pflanzenbau.

A. Die Fruchtfolge.

Ein Boden wird erschöpft zunächst *durch Entfernung löslicher Nährstoffe*, mögen sie *durch das Wasser* weggeschwemmt werden, od. *durch die Luft* entweichen, od. *durch die Pflanzen verzehrt* werden. Ein mit Chilisalpeter gedüngter Acker ist nach Jahresfrist selbst ärmer als zuvor, wenn der Acker ganz frei v. Vegetation war. ... Das Alluvium am Euphrat wird unfruchtbarer ohne Vegetation, als mit derselben, eine gewisse Pflanzendecke erhält die Pflanzennährstoffe besser im Boden, als Mangel derselben. Nicht bloß die gebauten Pflanzen also erschöpfen den Boden, wie ihn auch nicht bloß die Düngung od. Pflanzendecke bereichert. (349)

Der Boden wird ferner erschöpft, wenn er zu viel Lösungsmittel erhält, seien sie künstlich zugeführt (ammoniak- u. kohlensäurereiche Stoffe, Salze verschiedner Art), od. bloß Wasser. Letztres wie erstere wirken bei höheren Wärmegraden bes. energisch. ... Reichliche Regen mit Wärme ersetzen die lösende Kraft unserer Dünger unter den tropischen u. subtropischen Zonen, ja schon im wärmeren Theil der gemässigten Zone. (349)

Wenn der ungedüngte Boden mehr Pflanzenmasse erzeugen soll, als er v. Natur schon trägt, u. man setzt ihn durch Bearbeitung in den Stand, dieß zu bewirken, indem man ihm zugleich dieß Erträgnis nimmt, so erschöpft er sich sehr. Wenn er gedüngt wird, so würde diese künstliche Nahrungszufuhr u. seine eigenen, in ihm jährlich frei werdenden Nährstoffe den Pflanzen zur Disposition gestellt, er erschöpft sich ‖18| zwar, aber je nach Beschaffenheit der zugeführten Stoffe in einem andern (höheren oder niederen) Grade. (349, 350)

Der Boden trägt nur *Pflanzen innerhalb ihres natürlichen Verbreitungsbezirks gebaut,* in einer bestimmten Zeit zu höherem, wirthschaftlich bezweckten Ertrage ohne Erschöpfung, bei einiger Kultur. Die nie gedüngte Rebe trägt alljährlich in Kleinasien u. Griechenland, ihrer Heimath, auch auf sehr wenig natürlich fruchtbarem Gehänge; unsere Wiesen bringen in feuchten Niederungen ihre einheimischen Gräser alljährlich trotz der Aberntungen zu reicher Entwicklung, unsre Wälder trotz zeitweiser Abholzung dasselbe, wenn nur nicht noch mehr genommen wird ... Im europ. Süden Cerealien (Gerste) sogar ohne Wechsel lange fort alljährlich auf derselben Fläche bei Bearbeitung ohne Düngung mit viel Erfolg gebaut, schon nicht der Mais oder die Baumwolle, am wenigsten Melonen. ... So sind die Cerealien nach dem Grade ihrer grösseren Forderungen an die Gunst des Klima in der *kalten gemässigten Zone Erschöpfungspflanzen,* voran der Mais, die Durrah, Weizen, Gerste, Roggen, Haber, weniger die Leguminosen u. Buchweizen, gar nicht Kleearten, *unsere* Gräser, Spergel etc. In der *warmen, gemässigten* Zone sind die Cerealien u. Leguminosen nicht mehr Erschöpfungspflanzen, mit Ausnahme des Mais, Reis u. der Durrah, kaum mehr der Tabak, der schon häufig ohne Düngung gebaut wird. ... In der *trop. u. subtrop.* Zone ... unsre Cerealien tragen in den Niederungen u. selbst ziemlich hoch oft in zu grosser Ueppigkeit keine od. schwache Samen, sie hören ganz auf etc. (350, 351)

Den Regionen der Pflanzengeographie analog lassen sich auch nach der Erhebung über die Meere Erschöpfungsregionen feststellen. Man muß erfahrungsmässig an ‖19| den nördlichen Abhängen der Alpen viel mehr Dünger aufwenden, um noch Weizen oder selbst Roggen u. Gerste zu erzielen, als in der Niederung am Rhein od. Main. Dafür wächst auf den Alpenmatten die größre Abart des Wiesenklees ... in größter Ueppigkeit ohne alle Düngung. (351) Die Kulturpflanzen erschöpfen den Boden mehr, wenn sie weniger tief wurzeln u. den Untergrund nicht als Nährquelle benützen können – können sie aber letzteres, dann bereichern sie ihn leicht durch ihre Rückstände schon nach der Aberntung. Reif geerntet haben sie den Boden mehr erschöpft, als noch grün geerntet. Deßgleichen, wenn sie länger das Feld besetzt hatten. (Winterfrüchte mehr wie Sommerfrüchte.) Am meisten u. schnellsten erschöpft der fortgesetzte Anbau ein u. derselben Kulturpflanze. Nackter Boden wird schneller erschöpft, als ein mit Pflanzen bedeckter, wenn selbst die Pflanzen nicht dem Boden bleiben (üppiger Kleestand), immer mehr aber, wenn sie ihm genommen werden. Die in einem Jahr frei werdenden Pflanzennährstoffe lassen sich nicht leicht für ein nächstes Jahr ohne Umwandlung in Pflanzenstoff aufbewahren. Die Grunddüngung ist eine Aufbewahrungsart v. Pflanzennahrung aus Luft u. Erde gesammelt, für bestimmte Verbrauchszeiten. … Lockerer leichter Boden wird schneller erschöpft als schwerer, weil die Verwitterung, Lösung u. Zersetzung rascher vor sich geht u. Vieles der Vegetation ungenützt verloren geht. (351, 352)

Klee. Uebt Erstens Erhaltung eines mässigen Feuchtigkeitsgrades, Regulirung des Verwitterungsprozesses durch diese dichte u. länger dauernde Pflanzendecke. Mehr noch aber die Kraft dieser tiefwurzelnden Pflanzen, mineralische Nährstoffe eben durch die Bewurzelung aufzuschliessen, die Verwitterung u. Lösung direkt zu bewirken, dabei sie denn ‖20| freilich das ihnen zunächst Convenirende verzehren u. für *ihre* Nachfolger, nicht aber für andere, bodenerschöpfend wirken. Z.B. seichte Akkerkrume mit steinigem Untergrund, wie etwa um München od. Wien mit Kalkgerölle zu finden ist. Da ziehen die Kleearten förmlich Furchen durch ihre Wurzeln in die Geröllsteine, umklammern in der Krume die kleineren Stücke u. filzen sich nach längerem Bestande zwischen die gröberen Bestandtheile der Krume fest. (353) Die Wurzelausscheidung ist eine nothwendige Folge der Diffusion u. f. die Zersetzung organischer u. unorganischer Bestandtheile des Bodens, als v. Nahrungsquellen, bedeutend. (l.c. Note) Exkremente der Pflanzen können wohl organische u. unorganische Stoffe sein. Sind es letztre, so ist ihre zersetzende Kraft auf die sie umgebenden Substanzen f. sich klar. (l.c.) Wenn in einem Boden alle zur Pflanzennahrung nöthigen Mineralstoffe vorhanden sind, aber sie sind sämmtlich nur löslich bei 24 Zoll Regenhöhe per J. u. einer Mitteljahrestemperatur v. 7° R., es giebt aber nur 20 Zoll Regen u. die Durchschnittswärme bleibt f. ein Jahr unter 7°, so tritt ein Minus solcher verfügbaren Nährstoffe ein. (355) Es genügt f. landwirthschaftliche Zwecke nicht, 9 Pf. Phosphorsäure, das doppelte Kali u. 5–6 Pf. Kalk- u. Talkerde für ein Jahr in einem Tagwerk (40,000 Cubikfuß) oder bei blos 6″ Tiefe der Krume in 1,000,000 Pfund Boden zu besitzen, obgleich jene Mengen nur in der Asche einer Weizenernte (Körner u. Stroh) gefunden wurden. Unsere Kenntnisse in der Art der Ernährung unsrer Kulturpflanzen, in der Gabe der Nährstoffe nach Zweck, Zeit, Ort u. klimatische Zustände, sind noch so sehr gering, daß wir immer einen sehr bedeutenden Ueberschuß noch geben müssen, wenn wir Erfolge sehn wollen. (356)|

|21| Wir sehn bei uns in den Feldgärtnereien schon lediglich mit gewöhnlichem Stallmist erzwecken, daß sich, oft seit tausend Jahren (Erfurt, Bamberg, Frankfurt) immer *dieselben* Pflanzen alljährig folgen. Dasselbe erzielt der Weinbauer, der Hopfenbauer; in Steiermark u. Tyrol folgt bei Stallmistdüngung Mais auf Mais, selbst mit Bohnen u. Hackfrüchten dazwischen. … Grössere Freiheit noch (in der Fruchtfolge) auch

in der gemässigten Zone wünschenswerth, eben jene des Gartenbaues, der größten Stufe der Agrikultur, ausgedehnt auf alle Feldflächen. ([357,] 358) In der Zeit des Bodenüberflusses kannte die Ackerbaubevölkerung wohl die Vortheile des Wechsels mit den Früchten noch nicht, weder bei uns, von denen es heißt „quotannis arva mutant, et superest ager", noch bei Griechen u. Römern, die ihre eroberten Landstrecken, ihre Chersonese u. d. g. nicht besser bebauten. Man wechselte das Land, aber nicht die Früchte, man hatte im Süden ohnedem vorzüglich nur 2 Halmfrüchte, Weizen u. Gerste, u. beide als Winterfrüchte. Das Bedürfniß nach mehreren, der Bau v. Handels- u. Futterpflanzen, die zunehmende Dichtigkeit der Bevölkerung, das Steigen der Bodenrente u. der Kultur überhaupt, brachten auch schon Griechen u. Römer später zum Fruchtwechsel u. zur Erkenntniß seiner Vortheile. (359)

Als *bodenbereichernde* Kulturpflanzen gelten, die *Kleearten;*

als *bodenschonende:* Hülsenfrüchte u. vor der Fruchtbildung überhaupt geerntete Pflanzen, Buchweizen, Spergel;

als *bodenerschöpfend:* Halmfrüchte, Wurzel- u. Knollenpflanzen, Oel- u. Handelspflanzen. (361)

Aber Klee, Esparsettenfeld 10–12 J. mit dieser, immer vor u. bei der Blüthe abgeerntet, bestellt, ist nicht allein nicht reicher als ein etwa nur 2–4jähriges, sondern selbst so arm, daß nur bei einer starken Düngung Halmfrüchte mit Erfolg gebaut werden können. Dasselbe gilt v. Luzerne u. selbst am nur 2jährigen Klee gegenüber dem einjährigen läßt es sich spüren. (361)|

|22| Die freie Fruchtfolge (Gartenbau) wird möglich sein, wenn man nicht bloß im gewöhnlichen Stallmist unter Berücksichtigung des oben erwähnten Superfluum die nöthigen Stickstoff- u. Kohlensäurequellen, die Quellen für vermehrte Feuchtigkeit u. Wärme, die Lösungsmittel vieler Mineralsubstanzen, sondern auch diese selbst giebt, da, wo sie fehlen, od. unzureichend sind. (358) Es kommt alles darauf an, die besondren Fähigkeiten der Kulturpflanzen, sich ihre Nahrung zu nehmen, so zu benützen, daß der Landwirthschaft die geringsten Kosten bei den größten Erträgen erwachsen. Pflanzen, welche aus der Luft nährende Gase besser zu nehmen im Stande sind, als andere, diesen braucht man sie nicht auf Unkosten des Bodens zuzuführen, deßgleichen, keine Mineralstoffe, wenn sie solche unter gewissen Bedingungen, ihre Anwesenheit überhaupt vorausgesezt, selbst sich im Boden erschliessen können. Erst nach dieser obersten Regel treten die den besondren Bedarf einzelner Kulturpflanzen an Stickstoff, Phosphorsäure, Alkalien u. alkalischen Erdarten, wie Silikaten betreffenden, ein, um so mehr, als in der Kunst besondrer Bearbeitung die Möglichkeit, sich deren hinreichend zu lösen,

in der nunmehr wichtigsten Lehre der landwirthschaftlichen Pflanzenernährung, der Lehre v. der Lösung od. Zubereitung der Nährstoffe, gegeben ist. (360) Kleearten, wie Hülsen u. selbst Halmfrüchte, sind nur im *grünen* Zustand, in der ersten Zeit des üppigen Rapportes der grünen Pflanzentheile mit den nährenden Gasen der Luft im Stand, mehr Bodennahrung frei u. löslich zu machen, u. auch v. den schon gelösten weniger zu verbrauchen, also auf Kosten der Luft zu leben, somit *indirekt, d.h. durch Ersparung*, zu bereichern; je früher aber diese Wechselbeziehung verringert oder aufgehoben wird (Cerealien), je mehr die Pflanzen zur Samenbildung brauchen, u. je mehr sich die Wurzeln im Boden entwickeln u. dessen Nährstoffe gleichfalls aufzunehmen beginnen, namentlich wenn später die Horizontalwurzelbildung überhand nimmt (Kleearten), um so geringer wird diese Art der Bereicherung u. nur jene *direkte* Mehrung durch Rückstände (der im Acker bleibenden Wurzelmasse etc) bleibt. (361, 62)|

|23| *Stöckhardt* fand in 1000 Pfd trockner Pflanzenmasse (ganze Pflanzen mit Wurzeln):

	Wurzeln	*Stickstoff in den Wurzeln*
Klee ganz jung	470	26,3 Pf.
zu Anfang der Blüthe	265	5,8
der Reife nahe	195	3,0.
Sommerroggen ganz jung	120	4,5
Anfang der Blüthe	65	1,1
Reifezeit	38	0,6 etc (p. 362)

Nach *John* bleiben in einem Morgen (preuß.) Land folgende Wurzelmengen:

				trockne Wurzelrückstände	*Stickstoff* darin
v. *Klee*	in der Blüthe,	bei einer trocknen Erntemasse	v. 1960 Pfd:	1900	34
Haber	ditto,	ditto	v. 1500 Pfd.	650	12
Haber	reif,	trockne Ernte,	v. 2400 Pfd.	570	4
v. *Rübsen*	ditto,	ditto,	2370 Pf.	370	2.

Und *Stöckhardt* setzt die gesammten, dem Boden bleibenden Rückstände *nach ihrem Stickstoffgehalt* gleich:

80 Ctr Stallmist bei grün gemähtem Klee
36 blühend gemähtem Haber
12 reif gemähtem Haber
7 reif gemähten Rübsen. (363)

Daraus, sowie aus der durch Verwesung der Wurzeln überhaupt löslich werdenden Pflanzennahrung im Allgemeinen, also auch den Salzen, endlich der indirekten Mehrung derselben ist die Reihung des Verhaltens der Kulturpflanzen gegenüber den Ansprüchen, die sie an den Boden machen, leidlich erklärt. Aber noch eine andre Reihung kennt die Landwirthschaft u. zwar innerhalb der Pflanzenfamilien selbst. Man kennt eine grössere Bodenerschöpfung durch Weizen u. Gerste, als durch Roggen u. noch mehr durch Haber; mehr erschöpfen Bohnen, ‖24| weniger Erbsen, noch weniger Wicken. Diese Reihung fällt zusammen mit den Graden der Ansprüche, welche diese Pflanzen an die Gunst des Klima bei uns machen (Wärme u. längere Vegetationszeit) ... in wärmeren Ländern ist keine v. diesen Pflanzen mehr bodenerschöpfend als die andere, ja einige (Haber u. Roggen) werden wegen allzu üppigen Standes u. zu geringer Körnerbildung, auch geringerer Schätzung, gar nicht gebaut. (363) Jedenfalls hängt die Aufnahme ihrer Nahrung aus dem Boden, v. der Löslichkeit derselben u. dem hierzu nöthigen Quantum Wasser ab, welches die Atmosphäre im Grossen bei uns liefert. Fehlt dieses, so wird die Gegenwart auch aller Nährstoffe in Fülle nichts nützen können, u. ist es im Ueberfluß vorhanden, so muß es zu sehr erkältend u. die *Diffusion* wie *Assimilation* hemmend wirken. Die leztre verbraucht Wasser, die erstere wird durch Verdunstung ausserordentlich gefördert. Dieser Verbrauch v. Feuchtigkeit geht je nach der Stärke des Vegetationsprozesses, der Wärme u. Trockenheit der Luft schneller od. langsamer v. statten. Er kann selbst gar nicht od. nur unvollständig zu Ende kommen, er kann aber auch (wie in wärmeren Ländern) v. denselben Kulturpflanzen sehr beschleunigt werden. Hinreichend Nährstoffe im Boden u. in der Luft vorausgesetzt, gehen Diffusion u. Assimilation im Verhältniß zu den klimatischen Bedingungen vor sich. (363, 364)

Gründüngung: (uralt, als Umbruch der Grasnarbe wohl die älteste der Düngungsarten.) Es liegt nun nahe Pflanzen blos zu dem Zweck zu bauen, um 1) ihre den Boden bereichernde Kraft ihrer ersten Entwicklung, in welcher sie mehr v. der Luft nehmen, als vom Boden, diesem v. dort her Nährstoffe, überdieß bei der Verwesung in die passendste Form gebracht, zu entziehen, zu benützen; 2) sie zur Aufschliessung unlöslicher Mineralsubstanzen zu benützen, um die v. ihnen nicht verbrauchten, andren Vegetabilien zuzuführen; endlich 3) um die ihre Zersetzung begleitenden, physikalischen Eigenschaften zur Mehrung v. Wärme u. Absorption v. Feuchtigkeit, Lockerung u. allem was damit zusammenhängt zu verwenden. (365) Bei der Gründüngung grosse Verschwendung an Kohlenhydraten, Gummi, Zucker, Stärkmehl, Chlorophyll, Fetten, Oelen etc; grade diese aber sind die Fettbildner, die Butter- u. Milchzuckerlieferanten der Hausthiere, die Mitwirkung der Proteinstoffe vorausgesetzt. (366) Ueberdieß verwerthet sich der Stickstoff der Pflanzen, umgewandelt in die Form der Proteinstoffe der Thiere, in Fleisch, Zugkraft u. Wolle, theilweis auch in Milch (obgleich ihre Güte nach dem Fettgehalt blos geschätzt wird) viel höher, als in jenen selbst. (367)|

|25| *Fruchtwechsel:* Wechsel zwischen *Luftnahrungs-* (Blatt-) u. *Bodennahrungs-* (Halm-) pflanzen oder, noch besser gesagt, zwischen Pflanzen mit künstlich unterbrochener u. natürlich ganzer Vegetationsart, förderlich. (367)

Hackfrüchte: (s.g. Brachfrüchte, wie Kartoffeln, Raps, Rüben), die während ihrer Vegetationszeit bearbeitet werden. Trotzdem, daß sie den Boden stark angreifen, werden sie doch mit Vortheil im Wechsel mit anderen nicht gebrachten Pflanzen gebaut, ohne daß den lezteren eine neue Düngung zugeführt würde. Das Brachen oder das Behacken, das Bearbeiten, also die Förderung der Verwitterung u. die Ueberführung unlöslicher in lösliche Pflanzennahrung, das ist es vorzugsweise, was trotz der grossen Menge v. Nährstoffen, die sie selbst nehmen, diese Pflanzen doch hier eine Rolle spielen läßt, jener der bodenkraftmehrenden u. schonenden gleich. Der Gartenbau bracht jede Frucht u. zwar öfter, ja manchmal sehr oft im Jahr. Er gewinnt dadurch, freilich mit Düngerzufuhr, enorme Erträge, welche den Morgen Landes 3–4000 fl. werth machen u. davon allein die Subsistenzmittel für eine ganze Familie direkt u. indirekt beschaffen. In wärmeren Zonen vermag Bewässerung mit zeitweiser Lockerung u. Bearbeitung dasselbe, ja noch mehr, denn die so erzielte Gartenvegetation läßt sich an Ueppigkeit mit jener unserer Breiten gar nicht vergleichen. … *Ueberall Brache,* aber nirgends leere! – erfüllt die Forderung der Lösung schon hinreichend vorhandner Bodennahrung ohne Verschwendung, giebt der Luftnahrung reichlichen Zugang, wahrt die physikalischen Eigenschaften ||26| am besten u. verspricht das Paradoxon, *daß die Pflanzen so grosse Ueberschüsse an Pflanzennahrung zum Gedeihen haben müssen,* zu heben. ([367,] 368)

Eintheilung der Kulturpflanzen. Der Landmann theilte ein nach den besonders benüzten Eigenschaften, *Getreidepflanzen* (wenn sie den Samen halber bebaute Pflanzen im Auge hatten, z.B. Weizen, Roggen, Gerste, Hülsenfrüchte, Buchweizen etc), *Wurzeln-* u. *Knollengewächse* (Kartoffeln, Rüben, Topinambour), *Futterkräuter* (Kleearten) *u. Handelspflanzen* (Tabak, Krapp, Hopfen, Raps etc). (372)

I. Klasse. Getreidearten.

Familien: Gräser (gramineae), *Hülsen* (leguminosae), *Knöteriche* (polygoneae).

Gräser, einjährig od. perennirend. Die zahlreichsten Pflanzen der Erde. Ihr gesellschaftliches Vorkommen bewirkt jene Vegetationsbilder, die wir als *Wiesen* (Niederungs- u. Alpenwiesen), als Pampas, Savannen, Prärien etc bezeichnen. ([372,] 373)

Die Heimath der unsrem Kulturkreis angehörigen kultivirten Gräser sicher in den Ländern westlich des asiatischen Hochlands, im oberen Euphratgebiet, in Armenien, an dem Kaspischen See u. am Kaukasus, mit Ausnahme des Mais u. der Sorghumarten. Sehr grosser Verbreitungskreis, mehr wie andre Pflanzen im Stand den klimatischen Einflüssen nachzugeben, haben als Kulturpflanzen die Runde um den Erdkreis gemacht. Sie sind in ihrer Heimath durchweg *Wintergetreide* ... Stickstoffhaltige Nahrung u. Alkalien f. Blatt- u. Stengelbildung, Phosphor f. die Samen, sind ihnen bes. Bedürfniß, Kieselerde f. die Halme. Unter den physikalischen Bedingungen hoher Feuchtigkeitszustand in Luft od. Boden oben an. (373) |

|27| *1. Gattung. Weizen (Triticum)*

1. Eigentliche Weizen. a) *Gemeiner Weizen. Triticum vulgare.* Alle Sorten können bei uns als Winter- od. Sommergetreide angebaut werden. Einmal an bestimmte Vegetationszeit gewöhnt, nur allmählich wieder an andre zu gewöhnen. (Winterweizen in Sommerweizen zu verwandeln u. umgekehrt.) Reicht in Europa durchschnittlich bis zu 60° N. Br., in Norwegen auch bis zum 65°, begreiflich als Sommerfrucht, und unter dem 45° findet er sich noch bei 6000′ Höhe; am nördlichen Alprand bei 3400′ (Steeg), gedeihlich nur bis 2000′; in den Tyroler Centralalpen nach Simony bis 4200 W. F. Im Euphratgebiet nach Olivier (Botaniker) wild, später als Gerste u. Spelz in Cultur gekommen. Am häufigsten gebaut in West- u. Südeuropa, in Griechenland, Kleinasien, Italien u. Aejypten. [(374, 375)]

Fordert bündigen Boden, des allzeit mässigen Feuchtigkeitsbedarfes wegen, gedeiht bei reichlicher Luftfeuchtigkeit in nördlichen Gegenden auch im sandigen, lockeren Boden, im Süden im schwersten bündigen ohne solche. Er fordert bes. mehr Düngung im ungünstigen Klima als im günstigen. Man sät $1\frac{1}{2}$–3 (durchschnittlich 2.) Metzen auf ein östreichisches Joch (oder ebensoviel Hektoliter auf 1 Hektar od. $\frac{3}{4}$–$1\frac{1}{2}$ Scheffel auf einen pr. Morgen.) Der Ertrag in Körnern ist der 8–12 (durchschnittlich 10) fache, also 18–24 Metzen österr. à 83 Pfd. durchschnittlich u. etwa 2–$2\frac{1}{2}$ mal so viel (nach dem Gewicht) an Stroh. [(375)]

b) *Englischer Weizen. Trit. turgidum.*

Sommer- u. Wintergetreide, im Ganzen mehr im wärmeren Theil Europas gebaut (Italien, Frankreich, Spanien, auch England), da er strenge Winter nicht leicht aushält. Fordert dieselbe ‖28| Bodenbeschaffenheit wie der vorige. [(375, 376)]

c) *Bartweizen* (Trit. durum). Vorzüglich in Spanien, Italien, Nordafrika gebaut, u. zwar als Winterfrucht, in Deutschland spärlich, u. wegen seiner Empfindlichkeit gegen Kälte, als Sommerfrucht, als welche er bald reif wird. Vor allem gebraucht zur Fabrikation der Maccaroni u. der Grütze. Reichlich gedüngter Boden sagt auch ihm wie den andern Weizenarten am besten zu. [(376, 377)]

d) *Polnischer Weizen. Tr. Polonicum.* Verlangt neben gutem Boden, warme fast trockne Sommer, daher nur als Sommerfrucht u. im wärmeren Europa u. Nordafrika gebaut. [(377)]

2) Spelze.

e) *Spelz.* (Vesen), *Tr. Spelta.* Meist im Winter gebaut, den er gut aushält; als Sommerfrucht der Ertrag unbedeutend. Spelzarten schon v. den Römern kultivirt, bereits im 12. u. 13. Jhd. im südlichen u. westlichen Deutschland sehr verbreitet, z. Theil noch, bes. in Schwaben, Franken u. der Rheingegend die vorherrschende Weizenart, an andren Orten ist die mangelnde Mühlenvorrichtung zur Enthülsung der Samen ein Hinderniß des Anbaus. Auch in Schweiz, Italien, Frankreich, Spanien, England verbreitet, im Ganzen jedoch durch den gemeinen Weizen verdrängt u. selten geworden. Nach Olivier in Persien bei Hamadan wild. Gedeiht am besten auf gutem Weizenboden, doch auch auf sandigen, leichten Bodenarten, die für Weizen nicht mehr passen, hier oft gemischt mit (etwa $^{1}/_{5}$) Roggen gebaut. [(377, 378)]

Zur Saat braucht man, da die Körner in den Spelzen ausgesät werden, ungefähr das Doppelte der Weizensaat also 3–6 Metzen p. Joch öster. (od. ebensoviel Hectoliter auf 1 Hectar od. $1^{1}/_{2}$–3 Scheffel per Morgen pr.) Der Ertrag 36–44 Metzen öster. (od. 39–48 Hectoliter) an unenthülsten Körnern, der Strohertrag dem des Weizens gleich. [(378)]

f) *Emmer: Tr. amyleum:* Meist als Sommergetreide in Würtemberg, Aargau u. stellenweis in den Apenninen, nirgends in grosser Ausdehnung. Gedeiht auch leidlich auf geringem, trocknem Boden, steht dafür aber an Güte des Ertrags den vorigen Arten nach. [(378, 379)]|

|29| g) *Einkorn. Tr. Monococcum*, Winter- u. Sommerfrucht. Gehört zu den ältesten Fruchtarten Deutschlands u. scheint vor etwa 300 J. häufiger gebaut worden zu sein, bis es v. den Arten, welche mehr u. schöneres Mehl geben, verdrängt wurde; so daß es jezt in Deutschland, Frankreich, Italien sehr selten, u. fast nur in Gebirgsgegenden, auf magerem Boden,

wo Weizen od. Spelz nicht mehr gedeiht, gebaut wird u. zwar meist als Winterfrucht. In der That begnügt sich das Einkorn unter den Weizenarten mit dem geringsten Boden, steht aber auch auf gutem Boden im Ertrag dem Spelze nicht nach. Man bestellt die Saat frühzeitig u. dünn, weil sie sich gut bestockt, u. braucht gewöhnlich $2^{2}/_{3}$–$3^{1}/_{2}$ Metzen österr. per Joch (= ebensoviel Hectoliter per Hectar, = $1^{1}/_{4}$–$1^{2}/_{3}$ Scheffel pr. p. Morgen). »Der Ertrag ist auf geringerem Boden das 6–10 fache, auf gutem selbst das 16 fache.« (379)

2. Gattung. Roggen. Secale cereale.

Läßt sich noch leichter als der Weizen aus Winter- in Sommergetreide umwandeln u. umgekehrt. Er ist weiter gegen Norden verbreitet als der Weizen, vorzüglich in den Ländern um die Ostsee, reicht in Norwegen bis gegen den 70° N. B. In den Centralalpen steigt er bis gegen 5000′ (Graubündten), auf den nördlichen Voralpen bis 3400′, in Steiermark bis 3847′. Seine Heimath, nach Koch, die pontischen Gebirge in Vorderasien in Höhe v. 5000–6000′. Der Roggen gedeiht noch bei mittlerer Sommertemperatur v. 10° C., während der Weizen ein Minimum v. 15° C. fordert. Er ist für sandige, lockere Bodenarten das passendste u., wenn diese mehr als 85% Sand enthalten, sogar das einzige noch gedeihnde Getreide. Die Grösse des Betrags richtet sich dabei nach der Reichhaltigkeit des Bodens an humosen u. mineralischen Bestandtheilen. Anhaltende Nässe des Bodens aber schadet durchaus. Man baut ihn als Wintergetreide am frühesten, ge||30|wöhnlich in der ersten Hälfte September ... Das Saatquantum $1^{1}/_{2}$–2–$2^{1}/_{2}$ (nach Hlubek bis 4) Metzen per Joch öster. (= gleichviel Hectoliter p. Hectar = $1^{1}/_{3}$–2 Scheffel per Morgen pr.). Nasse Witterung zur Saat- od. Blüthezeit wirkt auf den Roggen am schädlichsten; man sät daher, wo nur möglich, bei schönem trocknem Wetter. Erntequantum ungefähr das des Weizens, d.h. 18–24 (nach Hlubek 16–18) Metzen per Joch öster. (= gleichviel Hectoliter per Hectar = die Hälfte Scheffel per Morgen pr.). [(380, 381)]

3. Gattung. Gerste (Hordeum)

Geht am weitesten nach Norden: bis ans nördliche Ende Norwegens (u. ganz Europas) 71° N. Br., in den Centralalpen bis 6000′, in der nördlichen Alpenkette 3500–3600′ u. giebt da sicherern Ertrag als die andern Getreidearten. Der Grund davon ist ihre kurze Vegetationszeit (10–12 Wochen). Ihr Vaterland scheint das südliche Rußland, die Gegenden an der Wolga (nach Förster) u. am Kaukasus (nach C. Koch.) Die Arten ordnen sich in 2 Reihen: vielzeilige u. zweizeilige Gersten. [(381)]

a. Vielzeilige Gersten. Hordea polysticha.

α) *Sechszeilige Gerste. H. hexastichon,* Sommerfrucht.

In Italien, Griechenland, Aejypten im Alterthum u. noch jezt die vorherrschend gebaute Art. Verlangt, wenn ihr Anbau lohnen soll, guten, kräftigen Boden, der dem Weizenboden sehr wenig nachsteht, bei uns nur als Sommerfrucht gebaut. V. den Gersten- u. den Getreidearten überhaupt hat sie die kürzeste Vegetationsperiode (8 Tage kürzer als die der zweizeiligen Gerste) nämlich kaum 3 Monate. Saat muß frühzeitig im März bis höchstens Mitte April bestellt werden, der Bedarf hiezu ist um $^{1}/_{3}$ höher als beim Weizen, also durchschnittlich 3 Metzen per Joch öster. (= 3 Hectoliter p. Hectar = $1^{1}/_{3}$ Scheffel p. Morgen pr.) Ertrag ist durchschnittlich nach Hlubek 18 Metzen, nach Schwerz ||31| 28 Metzen öster. (resp. Hectoliter) = 8 u. 12 Scheffel pr. [(381, 382)]

β) *Gemeine Gerste. H. vulgare.* Mehr im nördlichen Europa kultivirt, verträgt sandigen geringen Boden besser als die übrigen. [(382)]

b.) Zweizeilige Gerste. H. disticha.

γ) *Reisgerste* (*H. Zeocriton.* Sommerfrucht.) Vor mehreren J. verbreitet in Deutschland, in dessen südlichem Theil, u. durch die folgende (sub δ) Art verdrängt, in England häufiger gebaut zur Malzbereitung, im Süden mehr als Viehfutter (Aejypten). Verlangt guten Boden. Für Gebirgsgegenden u. mehr nördliche Lagen bes. geeignet, da sie Kälte besser aushält u. eher reift als die folgende Art. [(382)]

δ) *Zweizeilige Gerste. H. distichon.* Fast nur als Sommerfrucht gebaut, verbreitetste Art, auch gegen den höchsten Norden. Vegetationsperiode 9–10 Wochen. [(382, 383)]

4. Gattung. Haber. Avena.

a) Rispenhaber. Avena sativa. Haferbau geht in Europa bis zum 67° N. Br., steigt in den Centralalpen bis 5400′ (Graubündten), in der nördl. Kette bis 3600′. Römer scheinen diese Art zuerst bei den Galliern u. Deutschen kennen gelernt zu haben, die ihn ohne Zweifel bei ihrer Einwanderung aus Asien mitbrachten. Nur in Schottland, Schweden, Norwegen noch als Brodfrucht gebaut, südlicher als Pferdefutter, worin ihn in den Mittelmeerländern die Gerste ersezt. Häufig sät man Haber in Boden, der f. andres Getreide nicht mehr taugt, in sandigen trocknen, thonigen u. Moorboden; freilich giebt er da geringen, wenn auch verhältnißmässig sicheren Ertrag, reichliche Ernten aber nur auf kräftigem Boden. Er leidet v. frischer Düngung, v. Trockenheit u. Nässe am wenigsten u. wird meist als Sommer-, selten im Süden als Winterfrucht gebaut. ||32| Aussaat 3–$5^{1}/_{2}$ Metzen per Joch öster. Ertrag bei uns durchschnittlich 32 Metzen per Joch öster. (= 34 Hectoliter p. Hectar = 15 Scheffel per Morgen pr.), in den Niederlanden um $^{1}/_{3}$ höher. [(383, 384)]

b) *Fahnenhaber. A. orientalis.* Sommerfrucht. [(384)]

c) *Nakter Haber. A. nuda.* Sommerfrucht. Wenig gebaut (in England, Oestreich). [(384, 385)]

d) *Chinesischer Haber. A. chinensis.* Sommerfrucht. Noch nicht im Grossen gebaut. [(384)]

e) *Flughaber. A. fatua.* Wächst in Deutschland u. Frankreich als Unkraut unter dem Getreide, einjährig, läßt sich nicht bauen, da seine Körner allzuleicht ausfallen. [(385)]

f) *Sandhaber. A. strigose.* Wächst in Deutschland u. Frankreich unter andren Getreidearten wild. Einjährig. Nur als Futterpflanze gebaut, da er auch im schlechtesten Boden fortkommt, aber kleine unbedeutende Saamen trägt. [(l.c.)]

g) *Kurzer Haber.* A. brevis. Wild.

5. Gattung. Hirse. Panicum.

a) Rispenhirse. P. miliaceum.

Kultur der Hirse bis zum 52° N. Br., an südlichen Abdachungen der Alpen bis 2500′. Ihr Vaterland wahrscheinlich Indien, wo seit ältester Zeit (2822 v. Ch.) sowie in China, Aejypten, mehre Hirsearten gebaut. In der Jugend ist Hirse gegen Kälte u. Trockenheit sehr empfindlich, wird v. Unkräutern leicht erstickt. Gedeiht daher am besten auf Neubrüchen, auch auf sandigem Boden bei hinreichender Feuchtigkeit. Saat geschieht erst wenn keine Fröste mehr zu fürchten, zu $^1/_4$–$^1/_2$ Metz. per Joch öster. (= 27–50 Liter per Hectar, = $^1/_2$–1 Scheffel p. Morgen pr.). Der Ertrag schwankt ‖33| zwischen 20–30 Metzen (= 21–32 Hectoliter = 9–14 Scheffel pr.) Die Körner reifen ungleichmässig u. können daher häufig nicht auf einmal geerntet werden. [(385, 386)]

b.) Kolbenhirse. P. italicum. In Italien, Süden der Schweiz u. Frankreich bes. gebaut. [(386)]

---

6. Gattung. Glanzgras. Phalaris.

Ursprünglich auf den kanarischen Inseln heimisch, wächst in Spanien u. südlichem Frankreich unter dem Getreide, wird spärlich, zumeist als Vogelfutter, angebaut. [(386, 387)]

7. Gattung. Mais. Zea Mais.

Amerikanischer Mais die Urform, viele Varietäten. Kultur geht in Europa bis zum 52° n. Br., auf der südlichen Abdachung der Alpen bis 2500′, auf der nördlichen bis 1650′. Vor der Entdeckung Americas in der alten Welt – Japan u. Ostasien ausgenommen – nicht bekannt; die ersten Europäer fanden ihn in Peru u. Mexico allgemein kultivirt, ist auch jezt noch dort die vorherrschende Getreideart.

Mais verlangt guten, gedüngten Boden, mittlere Sommertemperatur v. 18–20° C, verträgt keine Fröste. bestellt die Saat bei uns gewöhnlich im Mai in $1\frac{1}{2}$–2′ Abstand u. $\frac{1}{2}$–1′ Entfernung in den Reihen, wozu man $\frac{1}{2}$–$\frac{3}{4}$ Metzen per Joch (= 53–80 Liter per Hektar = 1–$1\frac{1}{2}$ Scheffel per Morgen pr.) braucht. Ertrag durchschnittlich bei günstigen Bedingungen 60 Metzen, bei minder günstigen 40 Metzen per Joch (= 64–43 Hektoliter per Hektar = 28–19 Scheffel per Morgen pr.) wozu die bedeutende Menge Grünfutter kommt, welches 2–3 Wochen nach dem Verblühn die sämmtlichen Blatt- u. Stengeltheile oberhalb der Kolben liefern. [(387, 388)] |

|34| *Familie der Knöteriche. Polygoneae.*

Einjährige od. ausdauernde Kräuter, selten strauchartige Pflanzen. Keine grosse, aber doch über die ganze Erde verbreitete Familie, wozu ausser den ihrer mehlreichen Samen wegen gebauten Arten auch der gemüseliefernde *Ampfer* (Rumex) u. die *Rhabarber* (Rheum) mit harzreichen Wurzeln gehören. Unsre einheimischen Arten wachsen größtentheils auf Schutt oder an feuchten Stellen. [(388)]

1. Gattung. Polygonum. Knöterich.

a) *Gemeiner Buchweizen. P. Fagopyrum.* In Europa bis zum 72° n. Br. bei einer mittleren Sommertemperatur v. kaum 10° C., stets als Sommerfrucht, dringt nebst der Gerste am weitesten gegen Norden. Hierzu befähigt ihn seine kurze Vegetationszeit, höchstens 100 Tage. Seine Heimath wahrscheinlich nördlich vom asiat. Hochland (in Sibirien u. der Tartarei), aus welcher er durch die Kreuzzüge nach Europa gebracht. Verträgt v. allen Kulturpflanzen den trockensten Boden, wegen seiner vielen, grossen, schattengebenden Blätter, auf *gutem gedüngtem Land dagegen* treibt er zu stark ins Stroh u. gibt weniger Samen. Man sät ihn zu Ende Mai, wenn keine Fröste mehr zu fürchten, od. in warmen Gegenden als zweite Frucht im Juli. Saat 1–2 Metzen per Joch (= gleichviel Hectoliter per Hectar, = $\frac{4}{9}$–$\frac{8}{9}$ Scheffel per pr. Morgen), Ertrag etwas unsicher, bes. in nassen Jahren, schwankt zwischen 10–40 Metzen öster. (= 10–42 Hectoliter = $4\frac{1}{2}$–15 Scheffel pr.) [(388, 389)]

b) *Tartarischer Buchweizen. P. tartaricum.* Sommerfrucht. Selten gebaut. Geringeres Mehl. Empfiehlt sich nur durch sein sicheres Gedeihn. Paßt daher mehr für höhere Gebirgsgegenden. [(389)]

c) *Grosser Buchweizen. P. emarginatum.* Sommerfrucht, noch weniger wie der vorige gebaut, mit dem er dieselbe Heimath (Sibirien u. Tartarei) u. Kultur hat. [(l.c.)] |

|35| J. C. Ross: An Examination of Opinions Maintained in the „Essay on the Principles of Population" by Malthus, and in the „Elements of Pol. Econ." by Ricardo. with some Remarks etc.

Lond. 1827. 2 vl.

(Ricardianer, gegen Malthus.)

Vol. I.

when the roads began to be improved and extended from the metropolis into the country, ‚The owners and occupiers of land' in the neighbourhood had the modesty to petition government to prohibit the extension of turnpike-roads beyond some few miles (30) round London, lest the produce of the more distant parts of the country should be brought into the city market so cheaply as to compete with that raised in its neighbourhood. (XXXV.)

By the 1st of William and Mary, the bounty (in export of corn) was established, continued in effective operation down to 1791. (XLIX.) The Whigs seem to have lost no time in turning the Revolution to account in the way of filling their pockets out of those of the people. They also ... began the national debt, and set up that pretty engine, the B. of England, to assist in the work of plunder by means of decreasing the currency. (l.c. *Note*) Unter den Kornschutzschweinen eines der Größten *Lord Lauderdale*. (p. LII.) Sir James Graham, it seems, arranges the landholders among the productive classes. He might as well arrange the fundholders and sinecurists among them also. If every soul of the landholders were shipped off to Patagonia to-morrow, we should have quite as good a crop next year, as we shall have if they remain, and follow their usual occupations. If we had to depend on them for supplying us with food and raiment, we should soon require the administration ||36| of the sacrament of extreme unction. (LIII, LIV) Citirt aus *James Mill „Elements“*: „It is sufficiently obvious, that the share of the rent of land, which may be taken to defray the expenses of the Government, does not affect the industry of the country. The cultivation of the land depends upon the capitalist, who devotes himself to that occupation when it affords him the ordinary profits of capital. To him it is a matter of perfect indifference whether he pays the surplus (of the produce of the soil) under the name of rent to an individual proprietor, or under that of revenue to a government collector“. [(LIII, Note)]

»the landowners, so far from being considered as working bees, or even as drones, must be viewed as little, if at all, better than mischievous wasps.« (LIV.) Citirt aus dem damals ganz „landklassischen“ *Sir James Graham, Bart. „Address to the Landholders, 1827“*: „if the majority want food, private property becomes a nuisance.“ [(LVI.)] „the farmers“ durch die currency tricks u. corn tax bills were entrapped, sagt Ross, into taking long leases at a high rent. (LVIII.)

Wages are in part composed of profits, and will sustain a diminution in the case of taxation, if the labouring classes are not previously reduced to a bare subsistence. (p. 17 Note) the tendency of a reduction in the value of money is to raise profits and lower wages. (19) By a doubling, or any other term of increase, in the money value of profits, capital is really increased in the same degree, and, consequently, the produce of a certain amount of capital is exactly the same as before. (l.c.)|

|37| A country ... enabled to manufacture commodities with much less labour than her neighbours may, in return for such commodities, advantageously import a portion of the corn required for her consumption, even if the lands were more fertile; and corn could be grown with less labour than in the country from which it was imported. (40 Note)|

|38| Remarks on Certain Modern Theories respecting Rents and Prices. London. 1827

Rent is said to be the difference between the produce obtained by the employment of two equal quantities of capital and labour on land. (14, 15) Aber Ric. sagt auch: „Rent is that portion of the produce of the earth which is paid to the landlord for the use of the *original* and *indestructible* powers of the soil". What these powers are, it requires, of course, another definition to inform us; and Mr. Ric. accordingly defines them to be „its (des soil)" powers of producing corn before any capital has been expended upon it. A plain man might question whether, upon this supposition, any cultivated land in England yielded any rent whatever; there being no land, known to farmers at least, that will produce corn without a previous expenditure of capital. (13)

How is it then, that rent turns out to be nothing but the returns of different capitals employed upon the land, and that it has no reference to any payment made to another for the original and indestructible powers of the soil? (15)

„If all land had the same properties, – if it were *boundless in quantity*, and uniform in quality, no charge could be made for its use, unless it possessed *peculiar advantages of situation*", says Mr. Ricardo. [(15, 16)] ... One may easily conceive, that if land were boundless in quantity, no rent would be paid for it. Land would then be like water and air, having a value in use, but not a value in exchange. But the question to be asked is, if land were *limited* in quantity, and yet uniform in quality, could no rent be paid for the use of it? ([16,] 17) the economists ... mistake for a description of rent, a description of the fund from which rent is, or may be, paid. (20) |

|39| The produce is divided between the owner and the occupier, because a sufficient surplus is yielded for that purpose; but surely this surplus, and the same power of dividing it, would exist though all the lands in the country yielded the *same* surplus. (22, 23) the payment of a rent must be preceded by the establishment of a right of property in every country, since, if no one claimed or possessed a right of dominion or property in the ground, there would be no one to whom a rent could be paid. (23) That rent (welches der vassal zahlt) is a consequence of the right of property or dominion, and not of the less productiveness of the lands of others. (24) It is matter, not of supposition, but of fact, that the most fertile and first cultivated lands of such settlements (in den U. States), pay a price to the state, and would pay a rent on the same principle, if such were the will of the state. (24) It is ... assumed, ... that rents cannot be separated from wages and profits, without a gradation of soils. (25)

A favourite mode of illustrating and proving their theory, ... is by a reference to the case of mines and minerals. Now, in the following diagram, let the circle in the centre be supposed to represent a city supplied with coals by the mines around it, these mines being represented by the figures on the 3 concentric circles, 1, 2, and 3.

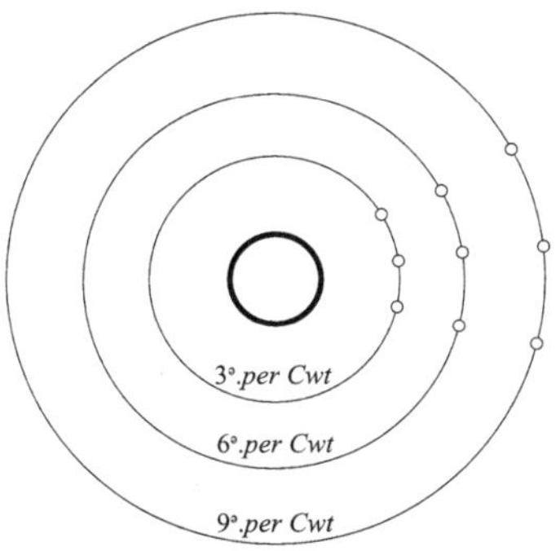

(Im größten circel 9d. p. cwt, 2te 6., 3te 3.) (p. 27)

If the demand for coal in this city (die im Centrum liegt) shall be such, compared with the supply, that the price shall be 3d. per cwt. of the raw material ... the first class of mines could be opened, because, although at the price supposed they would not produce a rent, they would yield the ordinary profits of stocks to the owners of these mines, should they choose to employ their capital in ||40| mining. But should the demand for this coal increase ... the price would also increase. Let it be supposed that the price rises to 6d. the cwt. – then, say the economists, the 2nd class of mines would be opened and rent would commence on the first class.

Now, mark the fallacy, the manifest fallacy here. Rent, or rather the surplus which would yield the means of paying rent, would be created on the first class of mines *before* the opening of the second class, and would exist though this class of mines were never opened at all. (28, 29) Who does not perceive that, upon the data given, it is the rise of price that is the cause of rents, and not the opening of the second class of mines? – that it is not on the opening of the 2nd class of mines that rent begins, but before and independently of the opening of these mines? (29) Ebenso »it is the rise of price that produces rent on the 2nd class of mines, and not the opening of the 3[d] class.« (29, 30) Aus der Doctrin folgte »that, if all lands were alike fertile and advantageously situated, there would be no rent« … Mr. Ric., says a foreign writer, „fait résulter la rente de la stérilité comparative des terres, tellement que, si elles étoient toutes également fertiles ou également stériles, on ne connoitrait pas même le nom de la rente.“ (32) Er citirt, wahrscheinlich aus einem Pamphlet v. sich selbst, weil er es melancholisch »a forgotten pamphlet« nennt: „Let it be supposed for a moment, that all the cultivated land of this island were to become of the same natural quality, whilst the aggregate fertility of the whole was neither lessened nor increased; – that is, let it be supposed that the good lands were to become less fertile, and the bad lands more fertile, so as that *the same quantity of corn* should still ‖41| be produced, it is plain that the price of the corn would be the same as before, because the same quantity would be brought to market, and the same proportion of supply to demand would exist. The same fund, therefore, would remain for the payment of rent, and no other change in this respect could be imagined, than the lowering of the rent of what was the better land, and the raising of the rent of what was the worse land. But if the theory in question were correct, the whole rent of all the land would instantly disappear. It would be as entirely annihilated, as if the earth itself had been smitten with the curse of barrenness. Is not this, then, a *reductio ad absurdum*?“ (32, 33) Mr. Malthus, after his first treatise on rents, discovered that all land really did pay some rent, namely, that which it paid when it was not cultivated at all; or when it produced the grasses. (37) The argument must be, that there is a portion of the cultivated surface of this country *which is leased out*, so as to pay profits to the farmer, while it yields no rent to the landlord … There is no such land in Britain. … A very barren tract of heath may be supposed to yield a rent, if it is capable of maintaining animals, which, or the produce of which, can be sold, but much more all the land that is capable of producing grain. (38) To suppose that any land would be let to be cultivated and yield *no* rent, when, if uncultivated, it would yield *some* rent, is to suppose that men would forget their clearest interests. (39) In this country land permanently in grass, yields a high rent comparatively to that under a course of cultivation; and not poor lands only but good lands in every part of the island, often produce a higher rent when ‖42| in grass, than when cultivated. (39) the fact, that land producing these grasses yields *any* rent, is entirely irreconcilable with the theory of rents. (41) On the *inferior lands*, indeed, in grass, the capital employed is smaller than on the richer, but it in no degree follows from this, that the return from that capital is less in proportion to its amount, than from the capital employed upon the better lands; from an acre of land, f.e., supporting two sheep, than from an acre supporting 3 sheep ... (sage 10s. Profit f. 1 sheep, 10s. rent) ... for land supporting 2 sheep, he would pay 20s. of rent, and for land supporting 3 sheep, 30s.; and so on for any greater number; but *on the supposition made*, the returns from his own capital would be in all cases the same; namely, 10s. for each sheep. (42) There is in this case no difference in the returns of capital employed on the different kinds of soil, – no cultivation of inferior (machte eben die entgegengesetzte Annahme) soils, – and yet there is a rent. What possible answer can our theorists give to this? (42, 43) these mines are worked *because* the price is such a sum; but the price is not such a sum because these mines are worked. Have our philosophers mistaken effect for cause? (48)

The reasoning seems to be, not that prices would rise to a given sum in consequence of opening new mines, as we had hitherto been made to believe, but that prices would rise independently of the opening of these mines; nay, rise beyond that given sum, and would be brought back again to it by the opening of the new mines – that is to say, the tendency and effect of opening the new mines would not be to raise prices, but to reduce them. (50)|

|43| We were before told that rents were formed by the *rise* of price produced by the opening of new mines with an increased cost of production; but now we must believe that the regulation of the price of minerals is caused by the *fall* of price produced by the opening of mines, with an increased cost of production. (52) The theory of price says, that the sum at which a commodity *must* be sold, is the lowest price at which it *can* be sold ... why? (54) mines, at least in this island ... are all the property of somebody. These treasures lie below; but there are ever some crusty persons above ground, who claim a right to them, and who, perhaps, in ninety cases out of a 100, would allow their minerals to lie a 100 fathoms below the surface of the earth for ever, rather than touch a splinter of them, though tempted by the „usual profits of stock“, to incur the hazards and fatigues of mining. They will not suffer their mines to be

worked at all, without a rent, or, what is the same thing, without a price for the property of the mine. The cases where mines are worked by the proprietors, because they are worth nothing to any one else, are rare indeed, and the influence of such mines will necessarily be limited to a narrow space. But to imagine that the few mines ... thus worked can influence, nay, regulate the price of the whole of that class of minerals in a whole country, is pretty much as if we were to suppose that we should regulate the level of the waters of a lake, by pouring into it the contents of a teakettle ... the great principle of supply and demand could never be sensibly ‖44| affected by such a circumstance. ([55,] 56) A cause must be in all cases adequate to the effect ascribed to it. (59) land may yield a rent, whether cultivated or not, unlike to mines, which will not yield a rent, but for the privilege of working them. (60) It is absurd to maintain that the regulating principle of price is the cost of production, and then to argue that the working of new mines, with an *increased* cost of production, can *reduce* the price. (65) Dẹṛ wiseacre bemerkt, »it might be said of corn, that it cannot be permanently sold below the price at which it is raised, under the least favourable circumstances. But this would be a very different thing from saying, that the expense of raising corn, under the least favourable circumstances, regulates the price of it.« (66) In the case of land ... the effect of cultivating more land is always stated to be to *raise* the price of corn. (67)

let us *suppose*, for a moment, with Mr. Ric., that though there may be no land yielding absolutely no rent, there may be cases in which a farmer lays out capital on improving his farm, for which he pays no rent to the landlord; and let us farther *suppose*, that it is the same thing if any capital is laid out on land which yields profits but no rent, whether that capital shall be laid out on land which is already in cultivation, or on land which never has been cultivated, or, as it is expressed, on old or new land. It could perhaps be shown that it is *not* the same thing etc (69) let us take the other supposition, – that the expenses of producing corn on land already in cultivation by ‖45| means of that capital for which no rent is paid, regulate the price of all corn. The capital for which *no* rent is paid! And where is the capital for which rent *is* paid? A rent paid for capital! The supposition, if not ridiculous, is at variance with every definition given of rent, whether we take that of A. Smith, or that of Ricardo. (71, 72) And then again we must come to the conclusion that there are two kinds of capital employed upon land, (two kinds, I mean, as regards the effect) one of which *regulates* the price of corn, and the other, and infinitely the larger of the two, which has no influence whatever in regulating the price of corn. (72) Sir Edw. West, in his original pamphlet, stated, and justly, that successive applications of capital to the same land would not produce the same result, as regarded the produce to be derived? … This is perfectly intelligible. But does it follow from this, that the second, or third, or fourth £1000, are to regulate the price of all corn? (72, 73) But we must believe, it seems, that the laying out of capital on land regulates prices, not by reducing, but by raising them. (73) Vain would it be to ask if the previous increase of price were not the cause of such capital being expended; rather than the expenditure of this capital, the cause of that increase of price. Vain were it to question, if rendering land more productive by the application of capital should have really that effect, which simple men would attribute to the rendering of land less productive by the withdrawing of capital. (74) Wenn in Verlegenheit they tell us »that by rents, they don't mean that clownish-looking thing which a tenant pays to his landlord once a ‖46| term, but that portion, infinitesimally small for aught we know, which is given for the original powers of the soil.« (75) The laying out of capital on poor lands, will certainly have the effect of rendering these lands less poor; and this indeed is precisely the object for which this capital is laid out. But how is it that what lessens the difference which exists the productiveness of one kind of land and another, and which difference, be it observed, is the only cause of all rent – how is it that this is to *raise* rents? If there is … any truth in the grand theory, such an operation should lower rents … and if only carried far enough, extinguish them altogether. (76, 77) It has been reserved for the political economists to show us, that what removes the natural sterility of the earth is a general evil, and a public curse. (79) The grand panacea for half the ailments of this afflicted country, is to throw inferior soils out of cultivation. (82) our doctors do not seem anywhere to have told us very clearly what they mean by inferior soils; … if … all land that produces no rents, we may suffer them to throw all of it out of cultivation which their ingenuity can discover. … they take especial care to assure us, that by inferior soils they don't mean any *very* great part of the surface of the country; – not a fifth part, one of them kindly assures us. (84) some who fancy they can observe such matters … assert, that the districts of this island are not many, where the bad lands are in proportion to the good as 1 : 5, but not a few where the proportion is as 5 : 1. (85) Why may not good land … be thrown out of cultivation on a great fall of prices? A great part of our good land is never cultivated, as may be seen on casting the eye over those lovely meadows, which often seem to form the greatest part of our richest districts. These are found to yield a better return in grass when corn is at Brit. prices; how much more would they do so should we be indulged with Polish prices! ([85,] 86)|

|47| Fraas vol. I. contin.

II. Klasse. Hülsengewächse. (Leguminosae.)

Diese Pflanzengruppe über die ganze Erde verbreitet; in der kälteren Zone meist krautartig, südlicher strauchartig, in den Tropen mächtige Bäume. Die kultivirten Arten zeichnen sich, bes. im Vergleich zu den Gräsern aus: durch eine längere, stärkere, tiefer dringende Wurzel, durch welche sie Nahrung u. Feuchtigkeit auch aus dem Untergrunde aufnehmen, daher der Trockenheit besser widerstehn u. die obern Schichten nicht so sehr erschöpfen, im Gegentheil ihn durch ihre vielen Rückstände bereichern u. aufschliessen; durch grössern Blattreichthum, wodurch sie den Boden besser beschatten, feucht erhalten, das Unkraut unterdrücken, u. mehr Stoffe aus der Atmosphäre aufnehmen; durch das Vorherrschen v. Kalk in ihrer Asche u. v. Pflanzen-Casein (Legumin) in ihren Samen, das zu seiner Bildung Schwefel erfordert, weshalb auch die Hülsenfrüchte auf einem kalk- (resp. gyps-) haltigen Boden od. bei Gypsdüngung viel besser gedeihn. Ihr hoher Nahrungswerth ergiebt sich aus ihrem Reichthum an blutbildenden Bestandtheilen. [(389, 390)]

1. Gattung: Erbse. Pisum.

a) *Die Ackererbse. P. arvense.*
b) *Die Gartenerbse. P. sativum.*

Beide Arten einjährig in ganz Europa bis zum 58° n. Br. kultivirt; am Nordabhang der Alpen gedeihen sie bis 3000′. Die Ackererbse findet sich im südl. *Europa v. Südspanien bis Südrußland wild*, die Gartenerbse in der Krimm (nach Bieberstein). Die Erbsen gedeihn am besten auf lockerem, humusreichem, kalk- (gyps-) haltigem Boden, einen nassen, moorigen vertragen sie durchaus nicht u. bei frischer Düngung erzeugen sie viel Stroh, aber wenig Samen. Sie werden so frühzeitig als möglich gesät, bes.

auf sandigem trockenem Boden, durchschnittlich 2 Metzen per Joch u. geben 12–36 Metzen Ernte, im Durchschnitt nach Schwerz 13, nach Hlubek 21 Metzen (od. 14 u. 22 ‖48| Hectoliter, od. $6^{1}/_{3}$–$9^{2}/_{3}$ Scheffel pr.), an Stroh im Mittel 30 Ctr per Joch (od. 3000 Kilogr. per Hectar, od. $16^{1}/_{2}$ Ctr p. Morgen.) [(391, 392)]

2. Gattung: Die Platterbse. Lathyrus. [(392)]

3. Gattung: Wicke (Vicia)

a) *Pferd- od. Saubohne. V. Faba.* Finden sich Samen davon in den äjyptischen Mumiengräbern. In Europa gedeiht sie überall, wo noch Sommerweizen gebaut wird, auch in den Alpen sehr verbreitet, u. steigt an ihrem nördlichen Abhang bis 3400′. Unter den Hülsenfrüchten verträgt sie den bündigsten Boden, die stärkste frische Düngung, u. gedeiht dabei, bes. in feuchter Atmosphäre, am besten. Die Saat muß möglichst zeitig im Frühling bestellt werden, entweder in Reihen v. 18–24″ Distanz oder breitwürfig; im erstern Fall beträgt das Saatquantum 1–$1^{2}/_{3}$ Metzen, im letztern $2^{1}/_{2}$–3 Metzen Pferde- od. 5–6 Metzen Saubohnen per Joch öster., od. ebensoviele Hectoliter per Hectare od. fast die Hälfte pr. Scheffel per Morgen. Der Ertrag wechselt v. 10–40 Metzen bei Pferde- u. 15–60 Metzen bei Saubohnen, im Durchschnitt 30 Metzen per Joch (= 28 Hectoliter per Hectar = $12^{1}/_{2}$ Scheffel per Morgen); der Strohertrag ist etwas geringer als bei den Erbsen, aber das Futter fast ohne Werth.

b) *Gemeine Wicke. Vicia sativa.* wild im südlichen Europa, in Algier, am Kaukasus, bei uns auf Saatfeldern, wahrscheinlich nur verwildert, am Nordrand der Alpen bis 3000′. Als *Futterpflanze* allgemein kultivirt, gedeiht auf feuchtem Boden besser als die vorige.

c) *Schwarze Wicke. V. hirsuta.* Einjährig. Hie u. da als Futterpflanze gebaut. Wächst bei uns auf Feldern u. Grasplätzen wild; ebenso

d) *die einblüthige Wicke. Vicia monantha.* [(392–394)] |

|49| *4. Gattung. Linse. (Ervum)*

Gemeine Linse. Ervum Lens. Die Linse war im ganzen Alterthum kultivirt, wird in Europa bis über den 60° nörd. Br., am reichlichsten in Böhmen angetroffen. Man baut sie mit Vortheil nur im feuchten Klima auf trocknem Boden od. im trocknen Klima auf feuchtem od. gedüngtem Boden. Sie werden, da sie ziemliche Winterkälte aushalten, meist schon im Herbst, mit od. neben dem Wintergetreide, od. im Frühjahr sehr zeitig gesät, 2–$2^{1}/_{2}$ Metzen per Joch (od. Hectoliter p. Hectar od. $^{8}/_{9}$–$^{10}/_{9}$ Scheffel per Morgen.) Der Ertrag 16–20 Metzen (resp. Hectoliter od. 7–9 Scheffel pr.) u. an Stroh nahezu so viel wie bei den Erbsen. [(394)]

5. Gattung: Bohne. Phaseolus.

Gemeine Bohne, Ph. Vulgaris. Schon im Alterthum kultivirt, stammen wahrscheinlich aus Ostindien. Die Faseole fordert einen trocknen humusreichen Boden, auf feuchtem Lehmboden mißräth sie; die Aussaat darf erst stattfinden, wenn keine Fröste mehr zu fürchten sind (Ende April, Mai) entweder selbstständig od. als Zwischenfrucht unter Mais, Kartoffeln etc, im 1t Fall 1/2–1 Metzen per Joch (= 2/9–4/9 Scheffel per Morgen pr.), im letztern die Hälfte. Ertrag hängt sehr v. der weiteren Pflege (Behacken, Behäufeln) ab u. beträgt als Zwischenfrucht 6–12 Metzen per Joch (= 2 2/3–15 1/3 Scheffel per Morgen pr.), bei selbstständiger Kultur das Doppelte bis Dreifache. [(395)]|

|50| *III. Klasse. Futterpflanzen.*

Aus der Familie der Hülsenfrüchte.

Der Klee (Trifolium). Zum Anbau:

Der Wiesenklee. Tr. pratense. Der gemeine Klee wächst in ganz Europa auf Wiesen wild, nach Nordamerika erst im vorigen Jahrh. gebracht, dort nun ebenso allgemein verbreitet wie bei uns; auch auf den Alpenwiesen häufig bis über 7000′, wird aber nur kultivirt soweit der Getreidebau reicht. Diese sowie die folgenden Kleepflanzen zeichnen sich als Futterpflanzen aus: durch ihre tief in den Boden dringenden Wurzeln, wodurch ihr Gedeihen weniger v. Witterungsverhältnissen abhängig; durch den grossen Blattreichthum, der eine reichliche Aufnahme atmosphärischer Bestandtheile, Beschattung des Bodens u. Unterdrückung des Unkrauts bedingt; durch ihr Gedeihn in fast jeder Bodenart, wenn die passende Art gewählt wird; durch ihren Nahrungswerth im grünen wie im trocknen Zustand, der den des Grases u. Heus der Wiesen übertrifft; durch ihre reichlichen Rückstände, die den Humusgehalt des Bodens vermehren. Ihr Anbau fordert im allgemeinen einen v. Unkraut reinen, tiefgelockerten u. tiefgründigen Boden. Der *Rothklee* insbes. fordert ein mehr feuchtes, kühles Klima u. gedeiht am besten auf mürbem, kräftigem Thon- od. Lehmboden, bes. bei einigem Kalkgehalt u. trockner Unterlage; auf lokkerem sandigem Boden gedeiht er nur bei gleichzeitiger Feuchtigkeit des Bodens od. der Atmosphäre. Düngung mit Gyps od. Asche, mit Jauche od. Compost beim Austreiben der Sprossen fördert das Wachsthum ungemein. Er wird gewöhnlich nach einer stark gedüngten Brachfrucht unter eine halmtragende Ueberfrucht (Winter- od. Sommergetreide) im ersten Frühling gesät, wozu 20–30 Pfd. Samen per Joch öster. (11–16 Scheffel per Morgen pr.) nöthig. Ertrag 60–100 Ctr Heu (5849–9740 Kilogr. od. 32–53 Ctr per Morgen pr.) u. 2–3 Ctr Samen, der gewöhnlich beim zweiten Schnitt gewonnen wird. Er dauert höchstens 3 J. aus. [(395–397)]|

|51| *Luzerne. Der Schneckenklee, Medicago.*

Der gemeine Schneckenklee, Luzerne, *Medicago sativa.*

Gegenwärtig bes. in Mitteleuropa kultivirt, im südlichen jezt viel spärlicher als im Alterthum. Wächst bei uns auf Wiesen wild, scheint aus Mittelasien eingewandert. Fordert etwas wärmeres Klima als Rothklee, erträgt sogar eine heisse, trockne Witterung gut. Da sie im 2. J. schon eine fast 3 Fuß lange Wurzel hat, braucht sie tiefen, lockern u. bes. gypshaltigen Sandboden mit trockner Unterlage, wenn sie viele (15–20) J. ausdauern soll. Um reiche Ernten zu erhalten, ist alljährlich Uebereggen zur Entfernung des Unkrauts, u. Ueberdüngen mit Gyps, Gülle od. Composterde nothwendig. Die übrigen Schneckenkleearten sind ebenfalls schätzbare Wiesenpflanzen (M. falcata, lupulina etc) werden aber nicht angebaut. [(397, 398)]

Esparsette (Esper) Onobrychis. (*Hedysarum* bei Linné)

Gemeine Esparsette, Süßklee. O. sativa. Kommt bis zu 67° n. B. fort, auf den Alpen geht sie bis 5000′. Wächst in Deutschland, Frankreich, Italien wild, ebenso auf den Alpen (bis 6000′). Auf *magerem, sandigem, trocknem, kalkhaltigem Boden* gedeiht sie besser als jede andre Futterpflanze. Hat ebenfalls tiefdringende Wurzeln, aber gegen Kälte weniger empfindlich als die Luzerne. Sie dauert unter günstigen Verhältnissen 8–12 u. mehr Jahre aus. [(398)]

IV. Klasse. Wurzel- u. Knollenpflanzen.

Familie der Nachtschattenartigen, Solaneae. Kräuter, Sträucher, selbst baumartige Gewächse. |

|52| Die zahlreichsten u. schönsten Solaneen wachsen in den Tropenländern, bes. Amerikas, gegen Norden nimmt die Zahl derselben rasch ab. Viele enthalten in Blatt u. Frucht heftig wirkende Alkaloide (Belladonna, Datura, Nicotiana, Hyoscyamus etc) *Nachtschatten, Solanum.* [(399)]

Die Kartoffel. S. tuberosum.

Reicht bis an die Grenze des Getreidebaus 71° n. B., in den Alpen bis zu 5000, stellenweis sogar 6000′. Ihre ursprüngliche Heimath die steilen Küstenabhänge v. Chili (bei Valparaiso). Bei Entdeckung v. Amerika fand man sie in allen gemässigten Zonen v. Chili bis Neugranada kultivirt; gen Ende des 16. Jh. v. Spanien nach Südeuropa, später v. Raleigh nach Irland verpflanzt, in Deutschland erst seit Mitte des vorigen Jahrhunderts im Grossen gebaut. Unter allen Wurzel- u. Knollengewächsen mit dem Boden am genügsamsten; am besten gedeiht sie auf einem warmen, lockern u. nur mässig feuchten Sandboden. Frischen animalischen Dünger verträgt sie nicht gut, sondern am besten einen mehr zersezten, lockernden, aus Pflanzenabfällen bestehnden. Die Saat bestellt, indem man gewöhnlich die kleineren Knollen ganz, die grossen in 2–3 Stücken zerschnitten in Reihen v. 2′ Entfernung legt. 20 Metzen per Joch (od. 21 Hectoliter per Hectar, 9 Scheffel per Morgen), Ertrag wechselt v. 150–500 Metzen, im Mittel gegen 300 Metzen (od. 280 Hectoliter od. 125 Scheffel pr.) [(399, 400)]

Topinambour.

Familie der Zusammengesetzt-Blüthigen, Compositae. Das Stärkmehl tritt hier nur in einer bes. Modifikation, als Inulin, auf. [(401, 402)]

Sonnenblume (Helianthus) [(402)]

Knollige Sonnenblume, Erdbirn, Topinambour. (H. tuberosus) [(l. c.)]

Mangold (Runkel)

Familie der Meldenartigen (Chenopodeae) |

|53| Krautartige od. holzige Pflanzen.

Ihre Mehrzahl liebt salzhaltigen Boden u. wächst daher vorzüglich an der Meeresküste, in den Steppen u. Wüsten Asiens.

Mangold. Beta.

Gemeiner Mangold. Runkelrübe. (B. vulgaris.) Gedeiht bis 71° n. Br., in den Alpen bis zu 5000′, am besten da wo er trocknen Boden u. feuchte Atmosphäre findet. Wächst wild mit spindelförmiger Wurzel v. geringem Umfang auf den canarischen Inseln, den Ländern um das Mittelmeer u. in Persien. Da die Wurzel 2′ tief dringt, muß der Boden entsprechend tiefgründig u. humusreich sein; frische Düngung nur räthlich, wenn man sie als Futterpflanze baut, weil dadurch der Zuckergehalt vermindert wird. Der Bedarf (zur Aussaat) beim Legen m. der Hand 3–4 Pfd, m. Sämaschine 6–9 Pfd per Joch. Der Ertrag durchschnittlich bei der schlesischen Runkelrübe 300 Ctr, bei der Burgunderrübe 400 Ctr per Joch. (39,000 Kilogr. per Hectar od. 212 Ctr per Morg. pr.) [(402–404)]

Kohl.

Familie der Kreuzblüthigen, Cruciferae: Ihr Hauptverbreitungsbezirk ist die gemässigte Zone, stetige Abnahme gegen Süden, so daß gegen den Aequator äusserst selten. Ausgezeichnet durch Gehalt an scharfen, schwefelhaltigen, ätherischen Oelen, einige liefern als Scharbockmittel gerühmte Gemüse (verschiedne Kressearten, Meerrettig), andre ölige Samen, noch andre bieten in ihren durch Kultur monströs gebildeten Wurzel- Stengel- Blatt- od. Blüthentheilen vorwaltend stickstofflose Nahrungsstoffe (Zucker, Dextrin, Stärkmehl) nebst reichlichem Wassergehalt, über 3/4 des Gewichtes. |

|54| *Kohl. Brassica.* a) *Gartenkohl,* Br. oleracea. Im Grossen werden angebaut Feldkohlrabi. Kopfkraut. Die Kohlarten überhaupt gedeihn in bündigem, Feuchtigkeit haltendem, frischgedüngtem Boden am besten, auf Sandboden nur in einem feuchten Klima. Die Urform des Gartenkohls findet sich wild an den Küsten Englands u. des nördlichen Frankreichs. b) *Rübenkohl* Br. Rapa. Unter deren Varietäten: 1) *Die weisse Rübe.* 2) *Rübenreps, Rübsen.* (Br. Rapa Oleifera.) [(404–406)]

Möhre:

Familie der Doldenträger, Umbelliferae. Vorzugsweise Pflanzen der wärmeren gemässigten Zone, gegen die Pole zu verschwinden sie u. in den Tropenländern finden sie sich nur auf höheren Gebirgen.

Die Möhre. Daucus. Die gemeine Möhre, gelbe Rübe. Daucus Carota. [(406–408)]

Pastinak.

Gemeine Pastinak, P. sativa. [(408)]

V. Classe: Oel- u. Handelspflanzen.

Sie fordern alle einen guten, sorgfältig zubereiteten, *humusreichen Boden, viel mehr Dünger, u. einen grösseren Aufwand v. Arbeit während ihres Wachsthums als* die übrigen Kulturpflanzen.

Es conkurriren m. den Gespinstpflanzen (Flachs, Hanf), deren Bastzellen das Material zur feinsten Leinwand, wie zum groben Segeltuch u. Seilen liefern, mehre ausländische Kulturpflanzen, wie Baumwolle, der neuseeländische Hanf (Phormium tenax). Aus dem Thierreich die Schafwolle etc. Unsern Oelpflanzen gegenüber steht die Menge thierischer u. vegetabilischer Fette (Olivenöl, Palmbutter etc), unsern Färbepflanzen die Unzahl organischer u. anorganischer Farbstoffe (Cochenille, Indigo, Fernambuck u. Campecheholz, Berlinerblau etc). Am meisten aber wechselt der Gebrauch der Gewürze u. Kaffeesurrogate. So ist der Verbrauch des Hopfens bedingt durch Verbreitung des Biertrinkens im Verhältniß zum Wein- u. Branntweintrinken, ||55| letztres wieder vom Gerathen der Traube, Kartoffel etc. [(408, 409)]

Der Reps, Kohlreps. Br. Napus.

1) *Rübenreps, Rübsen* (Brassica Rapa oleifera) Winterrübsen, Sommerrübsen.

2) *Kohlreps, Reps.* Brassica Napus oleifera. Winterkohlreps; Sommerkohlreps.

3) *Schwarzer Kohl, schwarzer Senf.* Br. nigra. (Sinapis nigra bei Linné)

4) *Senf. Sinapis*

5) *Leindotter.* (camelina) *Gemeiner Leindotter, camelina sativa,* wächst auf Feldern, bes. auf Sandboden u. unter dem Leine, wild u. hat als Oelpflanze sofern Vorzüge, als er in jedem, selbst mageren sandigen Boden, noch gut gedeiht, kurze (13) Wochen dauernde Vegetationszeit, v. Insekten nicht zu leiden. Doch ist das aus dem Samen gewonnene Oel v. geringer Güte.

6) *Rettig* Raphanus. *Gemeiner Rettig,* R. sativus. Seine Heimath scheint sich v. Griechenland, Kleinasien, bis nach China zu erstrecken. [(409–412)]

Mohn.

Familie der Mohnartigen, Papaveraceae. Bewohner der nördlichen gemässigten Zone.

Der Mohn, Papaver. Der Gartenmohn P. somniferum. Heimath wahrscheinlich das westliche Asien, seine Kultur verliert sich ins hohe Alterthum bei den Griechen u. Indiern. [(412–414)]

Sonnenblume.

Helianthus. Einjährige Sonnenblume, H. annuus. [(414)]

Lein.

Familie leinartiger Pflanzen. lineae.

Der Lein. Linum. Der gemeine Lein. L. usitatissimum. Schon im höchsten Alter v. den Egyptern, Indiern u. auch den Deutschen u. Celten gebaut. Ausser der Feuchtigkeit bedarf der Lein Reinheit u. Lockerung des Bodens, daher man ihn am erfolgreichsten auf mürben, humusreichen Boden nach Hackfrüchten oder Klee baut. Dichte Saaten geben ‖56| vorzüglich langen u. feinen Flachs, dünnstehnde vollkommnere Samen. [(414–416)]

Hanf.

Familie der Nesselartigen, Urticeae. Der *Hanf, Cannabis.*

Der gemeine Hanf, C. sativa. Hanf stammt aus dem gemässigten Asien, Nordindien, Sibirien bis zum kaspischen Meer, u. wurde dort, sowie bei Griechen u. Römern schon im hohen Alterthum kultivirt. Wärme u. Feuchtigkeit im Boden u. in der Atmosphäre sagen ihm am meisten zu, daher er auf trockengelegten humusreichen Gründen, in fruchtbaren Niederungen, Thälern, am üppigsten gedeiht u. oft 15′ hoch wird. Er fordert die größtmögliche frische Düngung. [(416, 417)]

Krapp.

Familie der Krappartigen, Rubiaceae. Krapp, Rubia. *Die Färberröthe, gemeiner Krapp*, R. tinctorum. Der Krapp wächst in Griechenland u. Italien wild. *Familie der Kreuzblüthigen. (Cruciferae). Waid*, Isatis. *Der Färberwaid.* (I. tinctoria) [(418, 419)]

Wau.

Familie der Wauartigen. (Resedaceae)

Der Wau, Reseda. Der grosse Wau, R. luteola. (wird um des gelben Farbstoffs willen gebaut.) [(420, 421)]

Familie der Zusammengesetztblüthigen, Compositae. Saflor (Carthamus).

Der gemeine Saflor (Carth. tinctorius). Die getrockneten Blumenblätter, welche ohne weitres in den Handel kommen, enthalten einen gelben in Wasser u. einen rothen in Alkalien löslichen Farbstoff (Carthamin) u. werden vorzüglich zum Rothfärben der Seidenzeuge u. zur Darstellung v. Karmin verwendet. [(422, 423)]

Hopfen.

Familie der Nesselartigen, Urticeae.

Hopfen (Humulus). Der gemeine Hopfen. (Hum. Lupulus) | |57| Seine Kultur bis zum 60° n. Br., am stärksten zwischen 48–52° n. B., bei einer mittleren Sommertemperatur v. etwa 18° C. Fordert eine vor rauhen Winden geschützte Lage, trocknen, lockeren, sehr tiefgründigen Boden u. die stärkste Düngung, am besten mit Compostdünger od. Schweinemist. Grosse Feuchtigkeit der Atmosphäre sagt ihm nicht zu. [(423, 424)]

Tabak.

(Familie der Nachtschattenartigen, Solaneae)

Tabak, Nicotiana.

a) *Bauertabak*, N. rustica; b) *Der gemeine od. virginische Tabak, N. Tabacum;* c) *Der großblättrige Tabak N. macrophylla.* Diese 3, sowie wahrscheinlich alle 50 Arten des Tabaks haben das wärmere Amerika zur Heimath. Die Sitte des Tabakrauchens lernten die Spanier bei der Entdekkung Westindiens v. den Eingebornen, brachten sie u. die Tabakpflanze nach Europa, wo schon im 16. J. reissend verbreitet. Gegenwärtig Tabakbau im ganzen mittlern u. südl. Europa bis zum 58° n. Br., in Deutschland die Rheingegenden u. Franken die besten Sorten. … Der Tabak verlangt nebst mildem Klima trocknen, tiefgründigen, humusreichen Boden, der tief gepflügt u. v. Unkraut sorgfältig gereinigt werden muß. Stickstoffreiche Düngerarten, wie Schaf- Pferdemist, Menschenkoth, machen den Tabak scharf u. nur zu Schnupftabak brauchbar. [(425–427)]

Safran.

Familie der Schwertlilienartigen, Irideae. Die Irideen bes. in den wärmeren Theilen der gemässigten Zone.

Safran (Crocus). *Der gemeine Safran* (Crocus sativus) Wächst wild im südl. Europa (Abruzzen, Griechenland), Kleinasien u. Persien. [(427, 428)] |

|58| *Karde.*

Familie der Kardenartigen. Dipsaceae.

Die Karde, Dipsacus. Die Weberkarde (Dipsacus fullonum). Ihre Heimath das südliche Europa. Die Köpfe werden, wenn sie in voller Blüthe stehn, mit 6″ langen Stielen abgeschnitten. Da die Köpfe sich nicht gleichzeitig entwickeln, so muß die Ernte oft durch 8 Wochen fortgesetzt werden, gewöhnlich v. Mitte August bis Mitte September. Die Köpfe werden an luftigen Orten zum Trocknen aufgehängt u. dann nach ihrer Grösse sortirt. [(429, 430)]

Cichorie.

Familie der Zusammengesetzten (Compositae). Cichorie, (Cichorium). *Die gemeine Cichorie, Wegwarte, C. Intybus.* Die Cichorie wächst in ganz Europa u. Sibirien wild an Wegen, Schutthaufen, überhaupt an trocknen, steinigen Orten. Erst durch Kultur wird ihre holzige, bittre, spindelförmige Wurzel, die 2′ tief in den Boden dringt, fleischig-saftig u. deßhalb als Kaffeesurrogat gebaut. Sie verlangt tiefgründigen, sehr humusreichen, gut gelockerten, nicht zu trocknen Boden, wenn sie reichlichen Ertrag liefern soll. [(430, 431)] |

|59| Ross. (Conclusion)

Whatever capital belonging to the farmer becomes fixed on the land, cannot belong to him beyond the period when his lease expires, and thereafter it belongs to the society ... Whatever profit may be derivable from this capital, will appear in the form of land revenue at the period of its re-letting. (p. 59 Note) by what right landholders claim to derive advantage from the capital laid out by the farmers? (p. 60 [Note]) extended cultivation may have made land, originally, of No. 6 quality, to be permanently equal in fertility to No. 1; and, consequently, a permanent increase of rent has been gained by the bounty given to cultivation, in the form of the extraordinary though temporary profits, which have been obtained thereby. (p. 61, Note.)

In the progress of society, the natural price of labour would rise, in consequence of the increased difficulty of producing food for an increasing population, were that difficulty not to be obviated by improvements in agriculture, discovery of new markets, in which food and raw produce are cheap; improvements in machinery, by which all manufactured necessaries are reduced in value, and increased in quantity etc whereby the very disproportion between the prices of raw produce and manufactured productions, the one rising, and the other falling ... produce an equilibrium ... adapted to any increase of population which can take place in a natural order; since if, at first, the labourer had to give a large proportion of food and raw produce for the purchase of his other necessaries, and he now has to give but a small proportion, it is evident that he is more likely to be benefitted than injured by the change. (66, 67) Die reasonings of Malthus etc »just prove, what no person of common sense ever doubted, viz. the power of the human species to increase their numbers more or less rapidly, according to the circumstances in which they ||60| are placed;

but prove nothing whatever of their *tendency* to any assignable rate of increase, unconnected with those circumstances ... the mere possession of power proves nothing, as to whether it will be exerted or not. ([78,] 79) we readily admit that the more nearly men are reduced to the condition of domestic animals, the more necessary will it be for their masters to attend to their breeding, as well as their other concerns. (79, 80) The rent of the soil of the country, which is the only natural public revenue of the state, should be put in a course of resumption, and faithfully applied to the public service and benefit, in defraying the just expense of its government. (83) Is not a degree of inconsistency manifested by those who insist upon the necessity of moral restraint for averting the evils of what they are pleased to term, redundant population, and yet oppose the man (nämlich James Mill den Owen) who steps forward, and proposes the only practicable plan which has yet been devised, for putting that principle into effective operation? ... they first tell us, that, to be happy, we must be virtuous in the love and practice of moral restraint, and then assert, that, if the most virtuous principles were made general, the most tremendous evils would necessarily follow. Mr. Mill may use the sentence, *If expedients can be found*, as often as he pleases: but ... Mr. Owen's plan is one of the only two practicable *expedients* ... as yet discovered, adequate to accomplish the end which Mr. Mill professes to have in view; the other one of these expedients is, a complete reduction in the numbers of the *truly* redundant population – the splendid paupers, absentee landlords and fundholders, ||61| placemen, sinecurist and the useless idlers, abounding so much in the upper, or rather, idle ranks of society. ([85,] 86, 87) Let the State, whenever it is the *true representative* of the people, have the land rent of the country placed at its disposal, subject to the control of the national representatives, in lieu of taxation of every sort. (87) Mr. Owen has not desired that „government should forcibly abduct from the people, a part of their income for the purpose of forming the projected establishments". He merely says in substance: invest the capital from which the present poorrates are paid, in the formation of such establishments, and relieve yourselves from these rates for ever afterwards. (87 Note) Citirt p. 88–90 sqq. Ricardo gegen Malthus, der nämlich food Menschen produciren läßt, statt „that the general progress of population is affected by the increase of capital ... the funds which are to employ it etc" (p. 88–90) Auch dịẹ »*wages of immediate labor* is also divisible into wages and profits, which, altogether, constitute income. (91) Profit means the *wages* or produce of capital, whether employed in a fixed or circulating manner, beyond what is necessary to replace or support the employed capital. (91) Although land revenue be paid by all the consumers of raw produce, and the farmer pays only his share as a consumer, yet he has a most decided interest in the keeping of raw produce, and consequently rent, low; because, when the wages of his labourers are once reduced to the lowest sum necessary to supply ‖62| their natural wants, every rise of wages must cause a corresponding reduction of profits; and which reduction will fall on the farmer as well as on the manufacturer; but proportionately heavier on the former, *in consequence of their generally employing more immediate labour and less machinery than the manufacturers* etc (93, 94)

If the improvements have been made by the farmers, and are of a durable nature, then the sum paid for their produce is rent; if made by the landlord … it becomes rent after the lapse of such period as the capital has been repaid to the landholder as a capitalist. (101 [Note]) Both the ground revenue of houses, and the ordinary revenue of land, are public revenue, which the landholder enjoys without any care or labour of his own. (141) the Peel and the Ragmanufactory doctrine, That the national debt is the cause or source of national wealth. (158) »Whether the improvement be made at the expense of the landholder or the tenant, it will not be undertaken, in the first instance, unless there is a strong probability that the return will, at least, be equal to the profit that can be made, by the disposition of an equal capital, in any other manner, and the original capital, also, replaced within a certain period; but, when that has been done, the return obtained will ever after be wholly of the nature of rent, and will be subject to all the variations of rent. (180 Note) A tax on rent may be properly termed a resumption of a part of the public revenue to the amount of the tax. (182) Citirt *James Mill's „Elements"* etc.|

|63| Originally, the land of this country, as in others, did bear the burdens of the State. (189) the revenue of the land has been usurped during the times of feudal and aristocratical tyranny. (l.c.) it is proper and expedient that a tax on rent and tithes should immediately be imposed, equal to the amount of the interest of the national debt, to be received by government and paid to the stock-holders; and, likewise, to take measures for abolishing, as soon as possible, an order of men, viz. land-holders, who must always be considered as the internal enemies of the rest of the community … Let the Legislature prohibit all future sales or transfers of land, except to a board of Commissioners … who should appoint District Committees, to let the lands to the farmers, by public auction, on lease, for a certain and proper number of years etc (191) All ground, whether arable or otherwise, not now paying rent, should also be at once taken possession of by the State, and such arable or improvable

land cultivated at the expense of the State. (192) We mean, that the lands, which could not pay rents, should be let gratis; or else to the lowest bidder, – that is, to the person who would take, and actually make use of, such lands for the lowest bonus from Government, which he deemed sufficient for enabling him to cultivate such lands, and obtain a fair profit thereby. (192 Note) the improvements of the soil, so far as tenants had it in their power to make, would be ‖64| secured, by the granting of moderately long leases; and large expensive undertakings could be best carried into effect by means of, and under the auspices of, a Board of Internal Improvements. (192, 193) Certainly, therefore, the modes, hinted at …, … would be much better than that of making the land private property, subject to all the burdens of the State; since experience shews us, that, by so doing, a class of men may be raised up, whose interests are contrary to those of all the rest of the nation, and who may very correctly be termed – the Ishmaelites of the community in which they are suffered to exist; and, wherever they are so suffered, they are sure, by means of combination and treacherous encroachment, to ultimately usurp the whole public revenue, and succeed, as they have done in this country, in substituting, in lieu thereof, taxation on labour, – or, in other words, plunder of individual property. ([194,] 195)

Paper money circulates, or should circulate, on the principle of its being accounted the representative of real existing capital; it is, in fact, transferable mortgage bonds … nor is it even necessary that it should be limited to the amount of the coin or bullion in the country; so long as it is the representative of real existing capital of any description, nothing more is necessary to prevent it from depreciation. (223, 224) If applied to support productive labour, there can be no assignable limit set to the amount of the paper money which may be issued without depreciation etc (224)|

|65| Anders wenn Bank oder State paper money issued »for the support of unproductive consumption etc. (227)

The depreciation or elevation of the Bank paper currency then does not depend in the mere amount of its issues, but solely on its being employed in the support of unproductive and reproductive consumption. (l.c.) Adam Smith was right in attributing superior advantages to the Scottish mode of affording bank accommodations to trade etc over those afforded by the English mode. By the former, *credit may be converted into real capital;* by the latter, real existing transferable property alone can, generally speaking, be made available. (234, 235)

Er citirt in dẹr folgenden Kritik dẹs Malthus dịẹ 5th edit. (3 vls.)

To tell the fashionable idlers and sportsmen, that it is equally or, rather, more meritorious to keep a race horse than to support half a dozen of human families, will not fail to ensure popularity, – if not of the most worthy, yet of the most valuable description for a State Parson. (269, 270) In dem ch. „Of the checks to population among the American Indians", sagt Malthus: „it would be strange, indeed, if we heard of any nation living in great plenty, in consequence of their diminished numbers." [(287)]

Now, sagt Ross, we may sum up our observations on this chapter, by stating that all the evils, vices, and miseries, found among the American Indians, are clearly caused by their ignorance ... but the power ‖66| of procreation forms no part of such cause, except it be thought an evil to procreate beings subject to such a miserable state of existence. (288)

In dem chapter „Of the checks to population in the islands of the South Seas", sagt Malthus: „There is no island yet known, the produce of which could not be further increased. This is all that can be said of the whole earth: both are peopled up to their actual produce, and the whole earth is, in this respect, like an island." But when he tells us that the whole earth is peopled up to its actual produce, he tells us only what we and every one else knew before. Population are the producers as well as the consumers of „actual produce"; consequently, the cause and the effect must always be in accordance. (290)

Neither does it appear to be sufficiently considered, that when a tribe or family occupied a valley or glen, and employed themselves solely on its cultivation, they would have a superabundance of labour beyond what was wanted to cultivate that part which could [yield] a profit; and, therefore, it was better for them to employ that superabundant labour on the rest of the land (although the returns might not even be adequate to replace the food expended while cultivating it) because they must have consumed food, whether they laboured or not; and it was better for all to labour, though for little advantage, than not to labour at all: whereas in modern society, labour has not only more modes of employment; but, if it cannot produce ‖67| a surplus it will not be at all employed on the land. (298, 299) The most barren mountains in Scotland could be profitably made to yield an addition to the means of subsistence by (otherwise) unemployed labour being expended on it. (298 Note)

V. den Russen (Südsibirien) sagt Esel Malthus: „If, in the best cultivated and most populous countries of Europe, the present divisions of land and farms had taken place and had not been followed by the introduction of commerce and manufactures, population would long since have come to a stand, from the total want of motive to farther cultivation, and the consequent want of demand for labour, and it is obvious that the excessive fertility (des schwarzerdigen Bodens in Rußland) of the country now under consideration would rather aggravate than diminish the difficulty.“ This is a clincher! The more fertile any country happens to be, the sooner its population will come to a stand (not for want of land to cultivate, but) from want of motive! And this curious reasoning is found in the work of an author, who sets out therein with asserting, that „Population is always pressed against *the limits* of the means of subsistence, by the power of procreation etc.“ (318) (Dieß book I Malthus, ch. IX.)

Periodical famines (wie in Indien), caused by unseasonable weather, are not caused by the power of procreation, and are not to be obviated by reducing the numbers of the population, but by the foresight of the people etc. (327) |

|68| the wages of labour in Bengal will purchase 8 times the quantity of wheat that it purchases in Britain; the average time devoted to labour by the natives does not amount to 6 hours daily. (328) On Mr. M's own hypothesis, the natural tendency to increase – and, we may truly add, the natural power of the earth to yield subsistence to mankind – is as great among the scattered tribes of savages on the banks of the Mississippi, or the peasants on the banks of the Wolga, as among the Chinese on the banks of the Pei-ho, or the Quan-Tong. The natural tendency to increase is, therefore, inadequate to account for the vast difference in the numbers of the population of different countries. (334)

if any unnatural excitements are applied to the increase of population, such as equalization of property etc, unnatural means will be required to counteract the evils thereby produced. (340)

Book II. of Malthus.

Danach die chapters v. Ross citirt.

Ch. I. On Norway. Hier zeigt Malthus nur »that the preventive or natural check of moral restraint (on the non-existence of which his work was originally founded …) is in Norway, almost, if not altogether, the only one in actual operation.« (344) Indeed, we hardly recollect any instance of vice and misery, adduced by Mr. M. in the course of his review, for which he has not himself assigned very adequate causes, quite distinct ||69| from the power of procreation, and thereby deprived his theory of any shadow of support. (361) we never doubted, that if men were reduced to the conditions of brutes, they would act suitably to their situation in most, if not all, respects. (390) The next piece of information with which we are favoured is, that „it is remarked, also, in some parishes, that the number of births and marriages are affected by years of security and plenty". This *striking* circumstance, if it be one, would seem to imply, that the exertion of the *power of procreation is very dependent on circumstances,* which is an inference rather unfavourable to the principal assumptions of the Essay. (388, 389)

Vol. II. (des Ross)

Malthus. book III.

we are not calling on him (Malthus) to shew what is the possible maximum of the power of procreation under any given circumstances, but to shew that it is uniformly and irresistibly exerted, and that evil is, therefore, the necessary and inevitable result; or, in other words, that vice and misery are „the past and present effects of the principle of population". (9)

According to the sense in which Mr. M. occasionally uses the term „redundant population", the *whole* population of Terra Del Fuego, Van Diemen's Land, Andamans etc is redundant, since it is evident, that a reduction of its numbers would by no means improve its condition. (15) |

|70| Ross behandelt noch die chapters u. books des *Malthus.* Also:

book III. (bei M.) *ch. I.* some of the equality system mongers may, plausibly enough, assert that their proposed system may be made to produce the wished-for effect (of moral restraint), when necessary, in a greater degree than the present systems of society have done, or are likely to do. (25)

vice and misery are produced by ignorance and tyranny – therefore, vice and misery are evils arising from the principle of population! On this assumption Mr. M's reasoning upon the principle of population is entirely founded. (30)

ch. II. Query, what is meant by the sentence (des Malthus) (»owners of) *surplus produce*« of food and necessaries, in a country, whose population is said to be in excess, and which, according to Mr. M., »has not enough of food in it for every one to have a moderate share?« (35 Note)

ch. III. (Vertheidigt *Owen* gegen Malthus p. 37 sqq.) what is to prevent any voluntary association from regulating their marriages according to their existing circumstances, as easily as is done among the Friends, Moravians, and some other similarly formed societies? (43)

ch. IV. Mr. Malthus supposes, that, „the thirst of gain, the spirit of adventure and religious enthusiasm are more powerful passions" than the exertion of the power of procreation; a concession of considerable importance. (48) |

|71| More foolish or self-contradictory, if not absolutely wicked, assertions were never uttered, than those which affirmed the existence of an excess of labouring population, at the very moment, when the persons so affirming were crying out, that the distress of the farmers was occasioned by over-production, and were enacting those humane laws, termed – Cornbills, for the avowed purpose of raising and keeping up the price of corn and other food etc (55, 56)

its (des House of C.) members have had the madness to assert the coexistence of an excess of population, and an excess of the productions necessary for their existence and comfort. (59)

ch. V. (On Poor laws.)

1698: in England 5,400,000 inhabitants, expended upon the poor the sum of 819,000*l.*, annually; [(74)]

1750 (after a lapse of 52 years) 6,500,000 inhabitants, poor rate decreased to *690,000£*, annually, on an average of 3 years ... Here with an increase of about 1/5 (1,100,000) to the population, there is a diminution of 129,000£, or not much less than 1/6 of the rate; or, making allowance for the increase of population, the poorrate, during these 52 years, had declined 295,000*l.*, while the wages of labour, compared with the price of the necessaries of life, had been nearly doubled. (75)

The Scotchman (peasant) is better educated, for which he is indebted to Presbyterianism. He is brought up in greater penury, partly owing to the difference in the nature of the climates and the soil ... and the still existing baneful ||72| remains of feudalism; partly to the circumstance of the country being unceasingly drained of its wealth by the nobility and gentry, who mostly reside in England etc. Hence, he is more shrewd and parsimonious; but ... the Englishman is more manly, more independent, more cleanly, has, in short, more of the natural dignity of the human character. (80)

That any man, possessing the common powers of reasoning, and understanding the general nature and laws of currency, could exhibit such folly as is contained in the assertions in this chapter of Mr. Malthus's work, appears to us unaccountable. (97, 98)

ch. VI. („Of Poor Laws, continued".)

It must always be borne in mind, that the produce of labour is the only real „fund for the maintenance of labor." (102, Note) *ch. VII. (Of Poor Laws, continued.)*

the present deficiency in the demand for labour is *solely owing to the destruction and diversion of the surplus produce of labour*. (117, 118)

we do not wish to deprive the rich of any of their fairly-acquired property, or fairly acquired productive capital. We only wish, that they were deprived of the power they have usurped, and do at present exercise, of appropriating to themselves so very much of the produce of the labour of the poor, for nothing, or worse than nothing. (121, 122)|

|73| In 1817, Mr. Malthus asserted „the impossibility of adding to the food of the country", and that „there was not enough of food in it for everyone to have a moderate share." (122)

ch. X. (Aus Malthus citirt): „It appears then, that it is the union of agriculture and commerce, in a state (meint daher hauptsächlich manufactures) of perfect freedom, under a good government ... that is calculated to produce the greatest national prosperity; that a country, having an extensive and cultivable territory", with the forementioned requisites, „has such various and abundant resources, that it is extremely difficult to say when they will reach their limits." [(159)] In demselben chapter: „In the countries which unite great landed resources with a prosperous state of manufactures ... there is no reason to say, that they might not go on increasing in riches and population, for hundreds – nay, almost thousands of years." [(158)]

This paucity of their numbers, sagt Ross v. den landlords, and greatness of their possessions, will render their compensation both easy and cheap, since, whatever might be the amount of rents, the receiver would obtain little more than would be sufficient for the decent and comfortable support of himself and family. (166)

Surely, ignorance and prejudice alone can lead ... to suppose, that farms beyond a very moderate extent can be properly cultivated! Distance itself is an insuperable obstacle; and the waste, carelessness etc, which unavoidably take place in all *widely extended concerns under individual management*, is another. (180) ... Moderate improvements can be, and are, effected by middling farmers, on a scale sufficiently large for their purpose; and great and expensive improvements ought to be, and can only be, properly executed by the state to which the ||74| land belongs, or by those individuals who have appropriated it to themselves. (181)

if, as would generally be the case, a surplus of rent remained in the hands of government, it should be employed in the improvement of the country in every possible and necessary public work; and in rendering fit for cultivation lands which could not be so rendered by the national farmers. Every foot of land which is so rendered cultivable, being a real addition to the permanent wealth and population of the country! – it is, therefore, to be considered invaluable, although it might not appear a profitable investment of capital, with reference to the rules of profit and loss in ordinary cases. (203, 204)

Malthus selbst sagt (ch. XIV, immer noch book III): „In all countries, there is a great quantity of land of a middling quality, which requires constant dressing to prevent it from getting worse, but which would admit of very great improvement, if a greater quantity of manure and labour could be employed upon it. The great obstacle to the melioration of land is the difficulty and expense of procuring a sufficient quantity of dressing. This instrument is, in practice, limited." (Ross fährt hiernach fort) only by the numbers and industry of the population, and the amount of their capital; any increase of these will produce an increase of the substances, and composition of substances, applicable to that important purpose; moreover, the brilliant discoveries in chemistry already made by the truly great Sir Humphrey Davy etc, are sufficiently indicative of what may hereafter be done, in this way, by the aid of chemical knowledge. (204, 205) |

|75| Citirt wieder Malthus l.c.:

„Farmers, who never dress their poorest land, but, merely, get from it a scanty crop, every 3 or 4 years, will, invariably" (Ross fährt fort) be found, either indolent, or ignorant and bigoted to routine practices, or else, to have more land in their hands than they can properly manage. (205)

Citirt nun *Book IV des Malthus.*

Almost all the internal evils suffered by society have been caused by the individual appropriation of the land. (p. 228 Note.)

(book IV ch. III.) citirt v. Malthus: „If we be earnest in what appears to be the object of such general research – the mode of essentially and permanently improving the condition of the poor, – we must explain to them the true nature of their situation, and shew them, that *the withholding the supplies of labour* is the only possible way of really raising its price; and that they themselves, being the possessors of this commodity, have alone the power to do this!" What is all this, but directly teaching, that capitalists are making undue profits by the cheapness of labour, and inciting their operatives to enter into combinations, for effectually withholding the supplies of labour. (231, 232)

when the country is peopled up to that point, that an additional labourer employed on, or in it, cannot by his labour fairly purchase, or produce, his means of subsistence, then only will it be worth while to argue on the affirmative or negative of this abstract right. (nämlich of a man to food.) (p. 262)|

|76| By fictitious capital, we mean, the difference between the net sum received into the exchequer and the nominal amount of the stock bonds, a difference of from 20 to 40% thus burdening the nation not only with the payment of interest for the capital destroyed, but for that also which never existed. (280 Note)

Mr. (Arthur) *Young* is again taken to task by Mr. Malthus, for having, among other plans for the relief of the poor, proposed, that, „cottages should be built for them on the wastes and commons of their country, and that these wastes and commons should be divided among them, in small portions of 3 or 4 acres.“ (360)

Mr. Ricardo asserts, on p. 500, „that, if it were possible for the labourers to give up their whole wages, the landlord would derive no advantage from such a circumstance.“ This is incorrect: the extinction of agricultural wages *would* enable the farmers to cultivate poorer lands than they otherwise could; and, of course, *would* raise rents on all others, as Mr. Ricardo has elsewhere demonstrated. Of this fact, indeed, the landlords are well aware; their arbitrary lowering of the wages of labour, and forcing the labourers on the parish rates, abundantly prove their knowledge in this respect. (371, Note)

We ... appropriate the title of Humbug School of Political Economy – to those writers and orators who maintain the co-existence of excess of population and over-production. (383 Note) borrowed capital can, in the meanwhile (während es expended wird), increase the profits of the remaining capital. (390)|

|77| The soil of the country must be considered as the common property of all. The rent is the measure of the difference of its quality, and no individual can exhibit any peculiar right to that difference. (432)

The system of the village communities, into which the Hindoo people are distributed, deserves the serious attention of a writer etc ... In these villages, the joint labour is applied to perform the operations of agriculture. Manufactures are carried on during the intervals of that labour; and the vast quantity and excellence of the articles which this combination and arrangement of social and individual labour has produced, have, in all ages, rendered India the envy and admiration of all nations. (436)

the continuation of the human species is the grand and sole effect of the principle of population ... this principle is sufficiently strong to people all countries, up to the limits of their capacity to yield the means of subsistence. The exertion of this power of increase is, however, so entirely regulated by external circumstances, that no certain rate of its operation can be assumed. (427) In all the countries ... in which uniform distress has existed from want of food, there has been the want of industry, or its misdirection, or the wrong appropriation of its produce. These evils have been caused by ignorance or by bad government. (428) While the produce of labour can be increased, the increase of labour cannot render that produce insufficient for the support of that labour; the augmentation of the cause cannot produce a diminution of the absolute effect. ... the ‖78| approximation to the complete peopling of any country is not a matter of rapid accomplishment. (429) Considerably near approaches to the natural limit of population might be made under a good government, though they are impossible under a bad one. Such approaches, so far from being injurious, would be very desirable; for, in every stage of improvement, through which society passes, an increased tendency is acquired, to keep within the limits of the actual means of subsistence. (429) the higher men rank in the scale of intellect, the more refined are their notions. (430)|

[Bibliographische Notiz]

|79| *The works of Ricardo.* edit. 1846. *(McCulloch) John Murray.*

Duehring. Krit. Grundl. etc Schluß.

Eine solche Vermischung (nämlich der socialen Gesetzmässigkeit m. den eigentlichen Natururursachen) begegnete Ricardo, indem er sein Gesetz vom Arbeitslohn als eine eigentliche Naturnothwendigkeit kennzeichnete. (205)

»Sobald man uns bewiesen haben wird, daß die monopolartigen Differenzgewinne im Fall der landwirthschaftlichen Verwerthung des Grund u. Bodens die Form der allgemeinen Vertheilung zu bestimmen groß genug sind, werden wir dem Hinweis auf jene Differenzen eine Bedeutung beimessen. Bis dahin ... werden wir uns erlauben, diese Differenzen in Rücksicht auf die Gesammtvertheilung für ebenso gleichgültig zu erklären, als wenn es sich um beliebige andere Unterschiede wirthschaftlicher Leistungsfähigkeit u. natürlicher Ausstattung handelte. Es versteht sich ganz von selbst, daß der Eigenthümer der natürlich bevorzugten Sache aus derselben mehr Werthe erzielen kann, als derjenige der vernachlässigten.« (256) »Die quantitativen Voraussetzungen des Spiels der Concurrenz« sind »in dem Ricardoschen Raisonnement unrichtig. Es ist eine ganz willkührliche Annahme, daß sich der Preis der landwirthschaftlichen Erzeugnisse nach den ungünstigsten Produktionschancen richten müsse, oder daß umgekehrt, wie Macleod will, sich die Production in analoger Weise nach dem günstigsten Preise bestimme. Es kann unter sehr verschiedenen Chancen der Verwerthung producirt werden, u. es kann sich unter sehr verschiedenen Chancen der Production eine sich sehr verschieden stellende Verwerthung ergeben. ... in der Veranschlagung der Wirkungen der Concurrenz auch darauf zu achten ... daß in jedem Fall nur ein so zu sagen der Breite nach begrenzter Spielraum der Verwerthung existirt. Dieselbe Arbeit kann gleichzeitig zu verschiedenen Preisen ‖80| verwerthet werden, u. ebenso kann dasselbe Erzeugniß unter verschiedenen Chancen des Absatzes gleichzeitig u. sogar in demselben geographischen Bezirk zu verschiedenen Preisen abgesetzt werden. In der Frage nach den Wirkungen der Concurrenz müssen wir also immer berücksichtigen, daß die Annahme einer Ausgleichung der Preise nach Maassgabe, sei es der schlechtesten, sei es der besten Productionschancen, gewaltige Einschränkungen erleidet. Die Gestaltung der Concurrenz ist kein so einfaches Problem, als man gewöhnlich annimmt; denn die verschiedenen Bestrebungen können häufig nur darum nicht auf die Erzielung der größten Werthe halten, weil sie genöthigt sind, sich zunächst überhaupt in einem gewissen, quantitativ bestimmten Umfang geltend zu machen, so daß die Frage nach der Intensität der Verwerthung erst in zweiter Linie, nämlich nach der Frage der Extension entscheidend wird. Der Markt will in allen seinen Theilen u. nicht blos da benutzt sein, wo die gelegentlichen Werthsteigerungen grade den höchsten Punkt erreicht haben.« (256, 257)

Nur da, wo die consumtiven Kräfte ohne Widerstand u. in zweckmässiger Vertheilung das Maass der productiven Functionen bestimmen, kann zwischen Consumtion u. Production eine natürliche Correspondenz vorhanden sein. Beiderlei Functionen oder Kräfte werden nur dann zweckmässig zusammenwirken u. ein bewegliches Gleichgewicht hervorbringen, wenn sie einander in der Vertheilung ihrer Elemente entsprechen. (280)

Wäre es möglich, das Angebot räumlich u. zeitlich gehörig zu vertheilen, so würde die s.g. Ueberproduktion gar nicht statthaben können. (289)|

|81| Der Fuß (standard) des Arbeitslohns ist nicht blos der Consumtions-, sondern auch der Productionsregulator. (290)

Das Eigenthum ist eben nichts Anderes als eine nothwendige Fundamentalform der factischen Herrschaft über die Sache. (322) Die Gestaltung der Beziehungen zur Sachenwelt wird regelmässig eine Folge der so zu sagen interhumanen Relationen sein. (l.c.) Das Eigenthum ist die allgemeine Grundform, in welcher allein eine vollkommene Ordnung u. Abgrenzung der menschlichen Thätigkeitssphären möglich ist; es wird daher allen Anfechtungen trotzen. Etwas Anderes ist aber die spezielle Gestaltung des Eigenthums u. besonders diejenige seiner wirthschaftlichen Verwerthung. (323) Die wirthschaftliche Verwerthung des Eigenthums oder des Capitalbesitzes ist abhängig v. der direkten u. indirecten positiven Herrschaftsausdehnung über den Menschen. Diese Herrschaft kann ein Gegengewicht erhalten u. hierdurch hinreichend beschränkt werden. Das sociale Problem besteht darin, das Eigenthum seiner Grundform nach unangetastet zu lassen, u. ihm dennoch seine ungerecht ausbeutende Kraft zu nehmen. Dieses Ziel wird durch alle Mittel erreicht, welche die Menge der Nichteigenthümer u. Nichtkapitalisten in den Stand setzen, der indirekten Benachtheiligung in der Bestimmung der Löhne Widerstand zu leisten. ... Nicht die Grundform, sondern die Mittel, durch welche diese Grundform einen Inhalt gewinnt, sind der Kritik zu unterwerfen. Die Grundform selbst ist als etwas rein Formales das unschuldigste Ding v. der Welt. Aber der materielle Gehalt dieser Grundform wird nur durch positive Herrschaftsformen gewonnen, in denen der Mensch den Menschen positiv dienstbar macht u. unter Umständen ausbeutet. Diese Dienstbarkeiten sind nun geschichtlichen ||82| Wandlungen unterworfen. (323) (Klugscheisser!)

Das blosse Verfügungsrecht hat einen Werth. Die Einkünfte, welche der Grundeigenthümer als Consequenzen seines abstrakten Herrschaftsrechts ohne Rücksicht auf eigne wirthschaftliche Thätigkeit oder auf Anwendung v. Capitalien bezieht, machen die eigentliche Bodenrente aus. Dieselbe steht also jedem andern Capitalzins völlig gleich. (324) Warum sollen die Massen nicht das Recht ansprechen, das Risico der volkswirthschaftlichen Unternehmungen direct u. positiv zu vertreten, welches sie doch indirect jederzeit thatsächlich tragen müssen?« (325)

Ich betrachte entweder die einzelnen Elemente in der Reihe der regelmässig wiederholten wirthschaftlichen Leistungen; oder ich vertausche die Reihenform mit einer Art von Summe, oder, wenn man will, von Integral. Diese anticipirende Summation kann selbstverständlich nur mit Rücksicht auf eine bestimmte Zeit geschehn. (357) Der Gegensatz v. Stamm u. Nutzung, v. bleibender Kraftquelle u. periodischer Wirkung, v. Capital u. Einkommen u.s.w. ist ... in allen Richtungen anzutreffen. (357)

Auf den Intermittenzen sowohl der natürlichen als der verhältnißmässigen Production beruht die Nothwendigkeit v. Vorräthen. Das Getreide muß v. der einen bis zur andern Ernte reichen. (360) Die Aufspeicherung ... schafft kein Capital, die Nutzung bleibt, was sie ist, u. die Vorräthe als solche sind noch nicht Capital. (l.c.) Es muß stets im voraus producirt werden, damit überhaupt consumirt werden könne. Diese Vorausproduction, sei es der Nahrungsmittel, sei es anderer Lebensbedürfnisse, ist aber keineswegs Capitalisirung. Die Erzeugnisse werden durch den Umstand, daß sie f. die nächste Unterbrechung, d.h. ||83| für den nächsten Zwischenraum v. zwei auf einander folgenden Productionen bestimmt sind, nicht im Geringsten zu Capital. ... Eine über die Zeit vertheilte Consumtion ist das einfache Ziel, u. dieses Ziel kann nicht anders erreicht werden, als indem man je nach der Periodicität der Productionen die nöthigen Vorräthe hält .... Das Vorrathhalten ist also nicht Ursache, sondern Wirkung der Production. Wäre die Production in den entscheidenden Artikeln, namentlich bezüglich der Nahrungsmittel ebenso stetig wie die Consumtion, wären also die Perioden beider Acte zusammenfallend, so würde gar kein Grund zu sonderlicher Aufspeicherung vorhanden sein. Man würde für jeden der kleinen Zeitabschnitte, um die es sich dann nur handeln könnte, entsprechend produciren u. consumiren. Die Aufhäufung ist also eine reine Folge der verschiedenen Grösse der Zeitintervalle, in denen sich die einzelnen Acte der Production u. der Consumtion bethätigen. (361) Das Vorrathhalten ist eine Form, ohne welche keine geregelte Consumtion stattfinden kann. (362) »Vorräthe, die ausschließlich der weiteren Production dienstbar gemacht werden … Saatkorn« gehören dagegen in den »Capitalbegriff«. (363)

Alles kommt darauf an, ob die Natur u. in welchem Umfang dieselbe bereits als Organ der Production v. Menschen benutzt werde. So weit diese Benutzung statthat, haben wir eigentliches Capital, d.h. einen Inbegriff v. Anlagen für die Zwecke der Production vor uns. Sehen wir aber v. diesen Anlagen ab u. denken wir uns den Grund u. Boden als Objekt einer blos möglichen Thätigkeit, die ihn noch erst zum Organ der Production machen soll, so repräsentirt er kein Capital. Er ist allerdings in jenem formalen Sinne Capital, insofern er ein bleibender Stamm v. Nutzungen werden kann. (372)

Das Capital ist aber stets ein Inbegriff v. Werthen, die als dauernder Stamm der Unternehmung dienstbar sind. (378)|

|84| Der Fond, aus welchem die Arbeitslöhne gezahlt werden, hat mit dem Begriff des Naturalcapitals, ja des Capitals als eines Organs der volkswirthschaftlichen Production, gar nichts zu schaffen. Seine Function ist nur die einer Form, in welcher die gleichsam zu creditirenden fertigen Ergebnisse der Production denjenigen zugänglich gemacht werden, welche dafür mit weiterer Production beschäftigt sind. Diese Vermittlung zwischen Leistungen, die bereits vollendet sind, u. Leistungen, die erst im Werke sind, ist aber das Wesen des Credits. Hiernach dürfte die nahe Verwandtschaft des Credits u. desjenigen Bestandtheils des Unternehmercapitals, aus welchem die Arbeitslöhne gezahlt werden, klar gestellt sein. Die andern Bestandtheile des Privatcapitals oder wenn man will des Geschäftscapitals, sondern wir sorgfältig von dem Lohnfond ab; denn sie sind von ganz anderer Natur u. daher nicht so leicht mit dem Begriff des Credits in Beziehung zu setzen. (379, 380) Nun erinnere man sich, daß das Privatcapital als Unternehmercapital seinem wesentlichsten Theil nach Lohnfond ist. (381)

Wenn der ökonomische Werth eines Rechtes, sei es nun Grundeigenthum oder Geschäftseigenthum, durch die Erweiterung des Verkehrs der

Umgebung wächst, so ist dieser Capitalzuwachs doch sicherlich nicht die Folge eines Sparens der Rechtsinhaber. (382)

Jedes Anwachsen in geometrischer Progression ist auch eine Vermehrung in zusammengesetztem Verhältniß; aber das Letztere ist nicht nothwendig das Erstere. Eine Zunahme, bei welcher der Grund des Zuwachses selbst wieder eine Quelle der Vermehrung wird, findet ... in zusammengesetztem Verhältniß statt. Dieses ... läßt ... aber die mannigfaltigsten Variationen u. Specificationen des Fortschreitens zu, u. nur eine einzelne, ganz einfache u. abstrakte Gestaltung aus dem ganzen Bereich dieser Mannigfaltigkeiten ist die geometrische Reihe, d.h. die Vermehrung nach Maassgabe eines beständigen Factors. Die Wirklichkeit kennt aber derartige constante Factoren nur annähernd. (392)|

|85| Der anscheinende Widerspruch löst sich auf, indem man bedenkt, daß das Naturalkapital keine auf Zinsen ausgeliehene Geldsumme ist, ja daß sein Zuwachs nicht in der Form v. Zuschlägen vor sich geht, die sich v. einem Werthstamm gleichsam ablösen u. wiederum in der früheren Weise Ursache eines neuen Werthzuschlags werden. Das Naturalcapital ist das Werkzeug der Production u. hat in jeder seiner verschiedenen Formen spezifische Bildungs- u. Vermehrungsvoraussetzungen. (394)

Die Substituirung einer Leistung an die Stelle der andern innerhalb der Zeitreihe ist nun aber nicht möglich, ohne daß den zu durchmessenden Zeitintervallen u. der ihnen entsprechenden ökonomischen Kraftentwicklung Rechnung getragen wird. Der Satz, daß eine künftige Leistung geringern Werth hat als genau dieselbe Leistung in der Gegenwart, – dieser entscheidende Satz erklärt sich nur aus der Einsicht, daß die Dauer in der Oekonomie stets eine Kraftentwicklung repräsentirt. (404) Der Zins ... ist nur die Consequenz der Möglichkeit, die Benutzung des Gegenstandes vorzuenthalten. Er ist daher das Maass des socialen Widerstandes, welcher in Rücksicht auf die Ueberlassung der zu benutzenden Sache od. Macht geleistet wird. (l.c.)|

|86| G. Brückner: Amerikas wichtigste Charakteristik nach Land u. Leuten.

St. Louis, 1857.

V. den Alleghanies nach Westen hin wird der weit ausgedehnte Boden flacher u. flacher u. das landschaftliche Bild monotoner, selbst die meisten Flüsse haben hier einen nackten Lauf. … Es gliedert sich der flache Centralboden in Bottomland (Flußthäler mit fettem, ergiebigem, der Ueberschwemmung ausgesetztem u. ungesundem Marschboden), in Barrens (meist angeschwemmte, etwas über die Ebene gehobene, mit Gestrüpp bewachsne Striche), in Prairieland u. in Hügel- u. Waldland. V. diesen landschaftlichen Formen haben die Prairien die größte Ausdehnung. Diese bald oceanflachen bald sanftwelligen ungeheuren Ebenen, im Norden Prairien, im Süden Savannen, in Neu Mexico Llanos genannt, treten am Ohio gegen die Seen u. westlich vom Mississippi in kolossalen Weiten u. Breiten auf, welche weiter westlich, aus den niedren Prairien u. Hochprairien, aus dem Wiesencharakter in dürren nackten Boden, zugleich aber auch mit dem Ansteigen zum Felsengebirg in gesünderes Klima übergehn. *In diesem Gebiet finden sich v. der Nordgrenze bis zum Mexikogolf* merkwürdige alte Denkmäler, die, wie die vielfach darauf gewachsnen 1000jährigen Bäume beweisen, das Werk eines längst untergegangenen Halbculturvolks. Vorzugsweis trifft man sie an fischreichen, zum Verkehr geeigneten Flüssen, namentlich am Ohio u. längs des Mississippi. Ihre Zahl sehr groß. Im Staat Ohio allein 10 000 Hügel u. 1500 Umwallungen. Sie bestehn nämlich in 20′–150′ hohen Erdhügeln u. in Umwallungen aus Stein u. Erde, deren Anlage nach festem Plan geschah. … Die Hügelbauten dienten als Befestigungswerke, Opferstätten u. Begräbnißplätze, die Umwallungen zu religiösen Zwecken. In den Hügeln finden sich oft irdene u. kupferne Gefässe, Aexte u. Schwerter v. Kupfer, Zierrathen ... Skulptur u. Töpferei etc. (§47)|

|87| Gebirgsketten in der Union v. Süd nach Nord laufend, fehlen in der Richtung v. West nach Ost gänzlich. (§48)

Auf 1 □ Meile kommen Seelen: 29 in Rußland, 8,5 in den *Vereinigten Staaten*, aber: 65,3 in den mittlern Staaten, 46,3 in Neuengland, 9,4 in den Südstaaten, 5 im Westen. (§53.)

V. den mehr als 23 Mill. des Census im J. 1850 wohnten nur 13,624,897 in den Staaten, worin sie geboren waren. (§54) (Nämlich Wanderung aus einem Staat der Union in den andern.)|

|88| Fraas etc.

Bd. II. (Thierproduktion)

Das Klima v. Mittel- u. Nordeuropa offenbar günstiger zur Erzeugung v. Halm- u. Blattheilen, v. Futterstoffen, als v. Samen u. Körnern – insbes. bei den Cerealien –, in südlichen, subtropischen u. tropischen Regionen das Umgekehrte. (5)

Die Nahrung u. die Plastik des Bodens, seine Configuration Flach- oder Hügelland, Berg- od. Thalland, das was wir *Boden* im weitesten Sinne nennen, haben für die Racenbildung so viel Werth als das Klima selbst. (15)

Die Züchtung:

Die Nahrung: Der thierische Organismus enthält so viel Wasser, daß z.B. ein 850 Pfd. schweres Pferd davon 599 Pfd. oder über ²/₃ seines Gewichts enthält. *(Valentin.)*

Ausscheidung des Wassers durch Urin, Exkremente, Haut u. Lunge. Ein Pferd nimmt täglich den 9. bis 10. Theil Wasser von dem seines Körpergewichts ein, also in 9–10 Tagen so viel, als es im ganzen Organismus hat, d.h. ²/₃ seines Gesammtgewichts. (66)

Die Kochkunst der Menschen sollte keinen andren Zweck haben, als durch Vorbereitungen mannigfacher Art die Nahrungsmittel leichter verdaulich u. trotz vielfältiger Zumischung im rechten Verhältniß der Kohlenhydrate zu den Proteinstoffen zu erhalten. Aber diese … Kunst, deren Grundlagen die Grundsätze der Chemie bilden, ist … Sache des Gaumenkitzels geworden u. man kann mit vollem Grund behaupten, daß Kühe u. Pferde zur Zeit vernünftiger gefüttert werden als Menschen, insbesondre jene, die mit 60 Gedecken od. mehr speisen. (91[, 92])|

|89| Alle Arten v. Zubereitung (des Thierfutters) laufen vorzüglich auf Aenderung der physikalischen Eigenschaften, weniger der chemischen hinaus. Verkleinerung, Erweichung ohne u. mit Wärme, Gährung, das sind die vorzüglichsten Wege, auf denen hierin gearbeitet wird. Die erste u. gemeinste Art der Zerkleinerung ist die v. Heu u. Stroh, – das Häckselschneiden, das Zerschneiden oder Stampfen v. Wurzeln u. Knollen, das Schroten v. Sämereien. Häckselschneiden bes. mit gemeinem Handhäckselstuhl od. v. Wasser getriebnen Maschinen etc. (92)

Man schätzt den Gewinn an Nährkraft durch bessere Ausnutzung des geschrotenen od. gequetschten Getreides gegenüber dem unzerkleinerten auf 1/10 des Futterwerths. (94) Das *Kochen, Brühen, Dämpfen, Einweichen* in warmem Wasser fördert 1) die Lösung nährender Stoffe, u. 2) die Metamorphose mancher derselben schon einleitende Procedur, welche die Verdauung erleichtert u. schwer lösliche Stoffe besser ausnutzen macht. (l.c.)

Die *Gährung* ist überhaupt ein Akt, der den Umsatz nährender Stoffe kräftig anzuregen od. einzuleiten im Stande ist. (95) Schon bei der gewöhnlichen Heubereitung benützt ... Wird das nur halb trockne Heu fest eingebanst od. aufgeschichtet, so tritt eine sehr heftige Gährung ein, deren Resultat endlich jene Metamorphose des Zellinhalts ist, welche das *Braunheu* charakterisirt. (95) Bei Futterstoffen, die als Abfälle landwirthschaftlichen Gewerbsbetriebs gelten müssen u. noch Reste der früheren Metamorphosen an sich tragen, z.B. Trebern mit etwas Bierwürze, Runkeln, Trestern, Zuckersaft, Schlempe, Zucker u. Alkohol. Bei diesen setzt sich zunächst der eingeleitete Umsetzungsprozeß fort. Der Zuckersaft wird Alkohol u. Kohlensäure, der Alkohol wird Essigsäure, neben dieser entsteht jedesmal auch Milchsäure u. die stickstoffhaltigen Bestandtheile untergehn in Veränderungen des Gährungserregers, zersetzen sich selbst, werden Hefe u. zahlreiche Zwischenbildungen. Der Praktiker sucht die Umbildung bis zu den letzten unbrauchbaren oder schädlichen Produkten der Gährung, der Fäulniß aufzuhalten, setzt daher Kochsalz zu, stampft fest ein, um den Luftzutritt zu erschweren, bedient sich kühler Lokalitäten, tiefer ausge||90|mauerter Löcher, bedeckt sorgfältig u. schwert ein. Er thut dasselbe mit Stoffen, die nicht etc solche Reste, sondern eigens zu diesem Zweck allein verwendet werden, z.B. grünem Klee, Kohl, Mengfutter, Rüben u. Kartoffeln, alles begreiflich zerkleinernd u. auf 100 Pf. der frischen Substanz 1 Pfd Kochsalz rechnend. (96)

Der Aufstellung des geringsten Maßes v. Nährstoffen, bei welchen der Organismus normal verharren kann … sehr schwierig u. wird durch eine bestehnde Luxusconsumtion sehr gestört. Der Organismus kann durch Blut- u. Lymphkapillaren mehr Chylus aufnehmen, als er zum Wiederersatz der Gewebe u. zur Erhaltung der Funktionen braucht. Andrerseits scheidet er auch schlecht ernährt immer noch nährende Substanzen wieder mit Excrementen aus. Endlich werden Fette u. Albuminate nur in einer gewissen Menge in einer bestimmten Zeit verdaut. Wenn freilich in das Blut nur so viel Nahrungsstoffe übergingen als zur Reproduktion u. Respiration nöthig, würde aus dem Deficit der Excremente daran leicht die jeweil normale Proportion zu finden sein. (100)

Beharrungsfutter (Futterquantum zur Erhaltung des Thiers in gleichem Ernährungszustand), *Ameliorationsfutter*. (102)

Wenn man das Beharrungsfutter in Beziehung bringt mit dem Körpergewicht, so muß letztres durch ersteres in gleichem Stande erhalten werden, dabei aber findet eine mässige Milch- Kraft- u. Wollproduktion statt. Wenn mehr erreicht werden soll, wird es zum Produktionsfutter, wenn weniger, zum Hungerfutter. (102)

Der Stoffwechsel findet nun zwar überall statt, aber in den festen organisirten Geweben in viel geringrer Stärke, ohne erheblichen Beitrag zu dem den Totalumsatz andeutenden Exkreten, als in den Säften, vorab im Blute, den Zellen desselben (Kügelchen) u. dem Plasma. Das Blut ist der Dispensator aller Nährsubstanzen, viele zersetzen sich ‖91| schon in ihm, Flüssigkeit, Zersetzungsprodukte gehn in dasselbe über, bald zur Ausscheidung, bald zur Assimilation. Lungen u. Nieren sind seine bedeutendsten Klärapparate, durch erstere gasförmig, durch letztere flüssig entweichen die Ausscheidungsprodukte des Stoffwechsels, durch diese werden vorzüglich die zerfallenen Stickstoffverbindungen, durch jene die Kohlenhydrate ausgeschieden. Also kann der Umsatz der letzteren durch Berechnung der am ganzen Körper ausgeschiednen Kohlensäure, der Umsatz der Stickstoffverbindungen aus dem Harnstoff u. einigen stickstoffhaltigen Säuren des Harns gemessen werden. Für die eingeführten Nährstoffe gilt als *empirisches Werthmaß für Pflanzenfresser das Heu*, f. den Menschen die Proportion, als wissenschaftliches Werthmaß begreiflich auch für Thiere anwendbar. Nach Frerichs Untersuchungen nun rührt der weitaus *größte Theil der Ausscheidungen* v. den eingenommenen Nährstoffen u. deren Umwandlungen schon *im Blute selbst* her, noch ehe sie zur Assimilation zu den Geweben gekommen sind u. der Stoffwechsel ist bei Pflanzen- u. Fleischfressern gleich; nur mit dem Unterschied, daß den ersteren die Kohlenhydrate vorzüglich das Material zum Respirationsprozeß bieten, den letzteren die Proteinstoffe. Um dieß genau controliren zu können, maß er die Ausscheidung verschiedner Thiere ohne Zufuhr v. Nährstoffen zu geben. Er fand dann, *daß der Stoffwechsel eine durch die Art der Nahrung wenig oder kaum modificirte feststehende Grösse ist.* Er maß ihn für Proteinstoffe am Menschen u. zwar bei alleiniger stickstofffreier Nahrung, was der Absicht nach voller Abstinenz hier gleich ist, u. fand im Harnstoff f. 24 Stunden eine Stickstoffausscheidung, die 60–66 Gr. Eiweiß entspricht, u. zwar an ausgewachsenen Menschen. Die schwierigere Messung des Kohlenstoffverbrauchs ergab für erwachsne männliche Individuen f. 24 Stunden 210–240 Gr., f. weibliche 160–200. (106)|

|92| Die *Schwankungen* in der *Constanz* des Stoffwechsels werden durch Arbeit, Bewegung, klimatische Zustände, die Härung u. Mauserung (Abschilferungsprozeß), Gemüthsbewegung u.s.w. verursacht. (107)

Produktionsfutter: das Beharrungsfutter ersezt nur das durch Stoffwechsel u. Fortpflanzung täglich verlorne. Der Landwirth will mehr, mehr Fett, mehr Fleisch, mehr Milch, mehr Kraftäusserung, auch oft mehr u. bessre Wolle. Diese Produkte werden nun v. verschiednen Nährstoffen erzeugt, der eine bildet mehr Fett, der andre fördert mehr die Kraftentwicklung, u. es kommt nun darauf an, nicht bloß das Quantum zu kennen, um welches das Beharrungsfutter zu gewissen Zwecken gemehrt werden muß, sondern auf die Qualität, die einzelnen Stoffe in den Nahrungsmitteln. Vorerst aber producirt alles Futter nur dann, wenn die etc *Proportion* zwischen anorganischen Bestandtheilen, Fett u. andern Kohlenhydraten u. stickstoffhaltigen od. Proteinkörpern eingehalten ist. Was zu *weit über die Grenzen der allerdings dehnbaren Verhältnißzahlen* fällt, ist soviel als unbrauchbar zur Assimilation. Die Dehnbarkeit der Verhältnißzahlen bewirkt aber die Varietäten der Luxusconsumtion, als auf Fett- Milch- Wolle- Fleisch- u. Kraftbildung hinausgehend. Aber trotz ihrer Dehnbarkeit giebt es doch bestimmte unüberschreitbare Grenzen. (108)

Nach *Frerichs* muß sich beim Menschen die Proportion in der täglichen Nahrung bei Körpergleichgewicht verhalten: 60 Eiweiß zu 430 Amylum *oder* 250 Fett, also wie 1 : 7, od. beim Fett = 1 : 4,2; nach *Liebig* das Verhältniß der Blutbilder zu den Wärmeerzeugern = 1 : 4,7; nach *Thomson* fand bei Messung der Einnahmen u. Ausgaben einer *Kuh* das Verhältniß der ersteren zu den letzteren = 1 : $8^{1}/_{3}$; nach *Valentin's* Untersuchungen am Pferd = 1 : 6,6. Nach *Haubner* bei Schafen = 1 : 7, was *John* bestätigt, der 1 : 7,3 nach ||93| gründlicher Untersuchung fand. (109) Es ist aber gewiß, daß der Mensch diese Proportion enorm u. häufig ohne Nachtheil verändert (man denke an apicische Tafeln); dasselbe geschieht auch oft mit Thieren im wilden Zustand (Raubthiere); aber auch ihre

Consumtion ist, namentlich in Bezug auf die Geschlechtsthätigkeit, die bei sehr vielen Thieren förmlich an die Zeit solcher Luxusconsumtion gebunden erscheint, auch dann eine ausserordentliche od. vieles wird ungenützt ausgeschieden. (109)

Die Aequivalente. In den Nahrungsmitteln die berührten Proportionen selten gegeben. Wohl beim *Heu* für Pflanzenfresser am häufigsten vorhanden, in der Milch u. dem Fleische f. Fleischfresser, aber in zahllosen andren Nahrungsmitteln weniger od. gar nicht. So in den

Cerealien = 1 : 5–6,
Hülsenfrüchten = 1 : 2–3
Oelkuchen = 1 : 0,7.
Kartoffeln nur = 1 : 9–20, nicht minder in Weißrüben u. Runkeln.

Wenn nun Nahrungsmittel f. Menschen, Pflanzen u. Fleischfresser gemischt gegeben werden, so ist leicht möglich, daß selbst bei der reichlichsten Gabe dennoch keine Produktion, wohl gar Abnahme, jedenfalls eine Verschwendung, ein Verfehlen des Ziels, eintrifft. (110) Es kommt darauf an 1) in den gegebnen Nahrungsmitteln die richtige Proportion zu berechnen, 2) diese selbst nach dem Zweck, den man erreichen will, innerhalb der möglichen Grenzen zu modificiren u. 3) das Quantum f. die Ueberschußproduktion zu bestimmen. (111)

Das Futter.

p. 165 sqq.

a) Die Weide.

Die Weide wird beurtheilt nach den sie bildenden Pflanzen; sie wird so genannt, wenn die Thiere die letzteren selbst ernten (abweiden), anstatt daß sie künstlich geerntet werden. Die Weiden sehr verschieden nach der Entfernung eines Ortes vom Aequator, weil diese die geographische Verbreitung der Pflanzen vorzüglich bestimmt. Die eine Viehweide charakterisirenden Pflanzen sind aber allüberall die gesellig vorkommenden Gräser, ||94| als hartstängliche Pungräser in Südamerika, Bambusen- u. Rohrgebüsch im indischen Archipel, als mannshohe Gräser der Savannen u. Pampas, niederer in den Prairien Nordamerikas, den Steppen Südrußlands u. Nordasiens. Immergrüne Grasflächen bieten noch die Meeresniederungen u. theils flachen, theils sumpfigen Küstenländer Südeuropas, aber die eigentlichen Repräsentanten unserer, d.h. der mitteleuropäischen Weiden (u. Wiesen) findet man dort nur im Winter in den alle Hügel kurze Zeit überziehenden einjährigen zarten Gräsern (Schaaffutter!) u. in den Hochgebirgen auf den Alpenmatten des Taurus, der kleinasiatischen, griechischen, italienischen u. spanischen Gebirge – die Weiden der Schafe u. edlen wie unedlen Pferde, während das Rind auf die sumpfige Niederung, die Ziege auf das Waldgestripp der dürren Berge angewiesen ist. ([165,] 166) Die *Wiesen*, zumeist in den Alluvionen der Flüsse gelegen, sind in der Regel zur künstlichen Aberntung bestimmt, fallen also nicht mehr der Weide zu. (166)

Alpenweiden: üppiges, mehr kurzes, an Sonne u. Luft gut gereiftes, weniger wässeriges Gras, den Alpenspecies der Familie angehörend, v. vielen krautartigen, andren, auch öfter gewürzhaften Pflanzen durchzogen. Waldschatten, Quellenreichthum, Steinboden u. Höhenlagen vollenden das Bild. Famose Rinder. die Bewegung im Freien mehr Illusion; die Bewegung weidender Rinder auf den Alpen selbst nur eine geringe, im Flachland bei nur einiger guter Stalleinrichtung zu ersetzen. Lebensweise wie auch die Erfahrung in trefflicher Kuhhaltung des Flach- oder Hügellandes beweisen, daß bei reichlichem Futter im Stalle u. mässiger Bewegung der Thiere auf dem Tummelplatze im Freien so Vortreffliches wie im Gebirge erhalten werden kann. ([166,] 167) Während 4–5 Sommermonaten findet das Vieh reichliche Nahrung in den hohen Gebirgslagen, wohin es deshalb oft auf 6–8 (u. viel mehr) Stunden Entfernung selbst aus dem Flachlande getrieben wird. Jeder vermögliche Bauer hat neben den Grundstücken um seinen Hof in der Niederung, seine Weidenplätze oder Almen auf den Bergen mit der nöthigen Stallung u. der Sommerwohnung f. die Hirten sammt ‖95| Milch- u. Käsekammer. Diese Almen theilen sich nach der Höhe, in welcher sie liegen: in Niederlager (3–4000 Fuß über dem Meer), Mittellager (4–5000), dann in Hochlager (5–6000), u. werden in derselben Reihenfolge aufwärts u. abwärts beweidet. Der Besitzer bezieht dieselben theils m. seinem eignen Vieh, theils mit fremdem oft weit aus der Ebene zugetriebenem, für dessen Pflege er eine bestimmte Bezahlung an Geld oder durch die Hälfte des Ertrags an Jungvieh, Käse, Butter u.s.f. bezieht. Die Almenwiesen bilden gewöhnlich einen breiten Gürtel zwischen dem hochstämmigen Walde, der bis zu 4000 Fuß den untern Theil der Berge einnimmt u. den Dickichten v. krüppelhaften Föhren (Langföhren, Latschen), welche die höheren Berghänge u. Gipfel der Berge oft bis zu 7000 Fuß bewachsen. Das erste Erforderniß jeder Alme eine reichliche Quelle zur Tränkung des Viehs u. Feuchthaltung des Bodens. Theils um die Weideplätze zu vergrössern, theils um Brennholz zu erhalten, oft auch nur aus Muthwillen, trotz der bestehenden Verbote die Krummholz- oder Latschendickichte oberhalb der Almen niedergehauen od. verbrannt, damit in Bälde die Quellen vermindert od. völlig zum Versiegen gebracht, denn grade in diesen dichtverschränkten Zwergwaldungen sammelt sich die Feuchtigkeit, schlagen sich Thau u. Nebel aus der Luft am meisten nieder, erhält sich der Schnee des Winters am längsten, u. so bildet das Krummholz die Speisekammer der meisten Quellen, welche weiter abwärts an den Bergabhängen entspringen u. die Almen tränken. Seine Ausrottung verursacht fast immer Dürre der untenliegenden Weiden, so daß sie oft gar nicht mehr bezogen werden können … Das Krummholz bindet ferner durch seine Aeste den Schnee u. hindert dessen plötzliches Abstürzen in den verderblichen Lawinen. (167, 168) Mit den ersten Zeichen des eintretenden Frühlings wird das Melkvieh auf die Rasenplätze zunächst der Ortschaften u. Wohnhäuser zur Weide gelassen … Jungvieh u. Kühe ‖96| ohne Nutzen gehn gleichzeitig auf die niedersten Alpen, weil hier die Vegetation am frühsten beginnt. … Allmählich fahrt man mit der weiter aufwärts sich zeigenden Vegetation auch mit sämmtlichem Vieh immer höher u. höher auf die eigentlichen Alpen, wodurch die allgemeine Eintheilung v. Nieder- Mittel- u. Hochalpen. Die höchsten Spitzen der letztren, die das junge Hornvieh nicht mehr zu ersteigen vermag, v. den kühnen Ziegen u. manchmal auch v. den Schafen beweidet. (171) In derselben Weise als die Alpen im Frühjahr v. unten nach oben benutzt werden, im Herbst v. oben nach unten u. hier bleibt das Vieh bis zum 13. Sept. auf der s. g. Scheide. Im Spätherbst, d. h. noch bei Winteranfang, kommt das Galtvieh, welches auf den Hochalpen den bei weitem größten Theil der Zeit obdachlos Tag u. Nacht herumlief, wie im Frühjahr auf die Vorweiden u. bleibt bis Galli. Das übrige Vieh aber beweidet die Aecker (bei uns gute Wiesen genannt) u. verweilt dort bis zur Schneezeit, wird jedoch Abends in die Stallungen gebracht. ([171,] 172)

Charakter der Marschweide: dichtes Bodengras mit seltnen Kräutern aus andren Familien, mehr saftreiche Grasmassen, wenig aromatisch; dabei Luftfeuchtigkeit mit weniger Wärme, ebener, feuchter, bindender Boden. Zwischen diesen bald in Koppeln, bald in Kämpe oder Loose abgetheilten Grasflächen des *jüngsten Alluviallandes* an den Mündungen grosser Flüsse in nördliche Meere od. im Küstenland überhaupt ziehn sich Gräben, immer m. Wasser gefüllt u. durch Capillarwasser die Vegetation immer üppig haltend. Den Wasserüberschuß heben Windmühlen in grössre Ableitungsgräben. Diese stehn wieder m. dem System der Deiche u. Siele in Verbindung. Der hier so üppig gedeihende Wiederkäuer hier auf seiner genau abgegrenzten Eintheilung nicht viel mehr Bewegung als im geräumigen ‖97| Stall od. offnen Schupfen! Die beste Marschweide liefert der Klayboden (schwerer Thon), sehr nahrhaftes Gras, welches Rinder vollkommen fett zu weiden verstattet. Dasselbe ist mit *derselben* Grasmenge anderwärts doch nicht möglich. ([175,] 176) Es findet [sich] auf dem Marschboden wie in den Alpen ein bald häufiger (dann Grasfelderwirthschaft), bald seltner, erst nach 6–10 J. wiederkehrnder, mit Gras wechselnder Feldbau (Eggarten- und Koppelwirthschaft.) Die Marschweide wird wie die Alpenweide auch häufig noch gedüngt. Man liebt es das Gras niederzuhalten u. entfernt zu üppig aufschiessende Stellen lieber mit der Sense. Das immer nachwachsende junge Gras ist auch nahrhafter; stickstoffreicher sind Enden der Triebe wie die Wurzeln. (176)

Moorweiden charakterisiren sehr auffallend jene Moorpflanzen, welche im Uebergang gleichsam zur gewöhnlichen Flora ihrer Grenzen begriffen sind, denn ein *Moor, das beweidet wird,* ist kein reines Moor mehr; es ist nur mehr ein *Wiesenmoor oder Grünlandsmoor*, das v. seinem reinen Zustand eines *Hochmoors* allmählich entweder durch natürliche Veränderungen in Folge anderweitiger Ursachen od. durch direkte Eingriffe in diesen Uebergang zur Wiese gedrängt wurde. Saure, hartstenglige, dünnhalmige einzelne Gräser zwischen grossen Rasenschöpfen von Halbgräsern (Riedgräsern, Binsen, Wollgräsern), Sumpfwasser, weicher nachgebender Boden bei ziemlicher Luftfeuchtigkeit, daneben viel verkümmertes Gestripp. (177)

Haideweide: sehr kurze, oft auch sehr hartstengliche u. mit borstig rauhen Blättern versehne Gräser u. Kräuter, letztere oft sehr vorherrschend neben vielem Gestripp. (Haidekraut) Dabei fester, doch ebner, trockner Boden, dünne, trockne Luft, Mangel an Wasser, das übrigens rein, wenn es vorkommt. Sie sind besser zu Schafweiden ‖98| geeignet, als für jede andre Hausthierart. Ihre Gräser sind auch oft zart u. feinblättrig, wenn auch wenig, so doch gutes u. leichter verdauliches Futter, als Moorweide, liefernd. Sobald mehr als 4 Morgen auf eine Kuh zur Weide gerechnet werden müssen, soll die Weide den Schafen zufallen. (177) Die *Stoppelweide* aber ist durch Vorherrschen v. Ackerpflanzen u. Ackerkräutern, weniger durch Gräser gekennzeichnet. Recht unmittelbar nach der Ernte, wo schon der Getreidestand die Entwicklung v. andren Pflanzen hemmte, entwickelt sich allmählich bei meist fehlerhaftem Liegenlassen des Feldes auf ihm eine eigne Ackerflora, die namentlich den Schafen viele sehr nahrhafte Pflänzchen, leicht verdaulich u. zart, liefert. ([177,] 178) In südlichen Ländern ist den halben Sommer durch bei mangelnden Wiesen u. Weiden in der Ebene (Ersterbung aller Vegetation in der Hitze) die Stoppelweide in bes. Ansehn u. man sieht hier weidende Rinder fett werden. Die Ursache in der oft auch absichtlich mangelhaften Aberntung, da überdieß nur der halbe Halm regelmässig genommen wird. Selbst nach der Rinderweide folgt noch den Sommer über der Esel, dem der Abhub von der Stoppel u. die im Hochsommer reich hervordrängende Distelblüthe u. allerlei Gestripppflanzen zufallen. (l.c.)

Im Allgemeinen in unsren Breiten, mit Ausnahme der Alpen- u. Marschweiden, die Weide fast überall nur ein Nothbehelf, eine dürftige Zugabe zu dem übrigen Futter. (l.c.)

b) Grünfutter:

Weiden u. Wiesen, natürliche u. künstliche, liefern Gräser u. Hülsenfrüchte, Gräser u. Kleearten. Pferden, Rindern, Schafen das angemessenste Futter, f. die Schweine nur im jungen, saftreichen Zustand; nur die Wiederkäuer gedeihn vollkommen bei Grünfutter u. alleiniger Nahrung v. Appendikularorganen der Pflanzen u. Halmen, Pferd zu höhrer Leistung, Schönheit etc bedarf intensivren Futters *(Körner)*. Grünfutter getrocknet *Heu.* [(180)] Heu als solches ein Gemisch v. Gräsern aus der verschiedensten ||99| Vegetationszeit u. überdieß noch andrer Wiesenpflanzen. (183)

c) Samen:

Gehalt bes. an Stärkemehl u. stickstoffhaltiger Substanz diese zumeist kleinen Samen gewisser Grasarten, Cerealien oder Halmfrüchte genannt. [(197)] Ihnen an Werth zunächst die Hülsenfrüchte; auch manche Oelfrüchte, deren Gehalt an stickstoffhaltiger Substanz oft noch grösser. (l.c.) Die Körnerfrüchte im Allgemeinen zum Kraftfutter, intensiven Nahrungsmitteln der Pflanzenfresser gerechnet, f. diese Thiere schwerer verdaulich, als Gräser u. Appendikularorgane überhaupt. Haber leichter verdaut als Roggen, dieser als Gerste. (198) Noch schwerer Hülsenfrüchte. (200)

Pferdebohnen u. Wicken sind die vorzüglichsten als Bruch (Schrot) gegebnen Futter dieser Klasse, zunächst f. Pferde u. noch mehr Wiederkäuer, seltner Erbsen gegeben. Mastvieh u. Schweinen bekommen sie am besten, am schlechtesten säugenden Müttern u. deren Säuglingen. (l.c.)

In *schwerem u. nassem Boden* gewachsner Haber enthielt nur 1092–1260 Stickstoff; in *warmem, sandigem Lehmboden* gewachsner 1850 u. Haber aus trocknen Jahrgängen mit 2–2$^{1}/_{4}$ Stickstoffgehalt nicht selten. (208)

d) Eicheln, Buchekern, Kastanien.

Bes. zur Füttrung v. Schweinen, Roßkastanien auch f. Pferde u. Rinder, stehn dem Getreide in ihren Bestandtheilen nah. Gerbstoff in ihnen erregt u. kräftigt die Verdauungsorgane der Thiere. [(209)]

ad c) *Samen.* Es sind die der warmen gemässigten Zone in der Hauptsache als heimisch angehörenden, unscheinbaren, dünnhalmigen u. schmalblättrigen Gräser (Cerealien), die Bedingung des Gedeihens der Civilisation, nicht Yams, Bataten, Datteln, Pisang, Cocos- u. Brotfruchtbaum. (p. 197)

e) Stroh:

Der Halm der Gräser u. der Stengel mancher Hülsenfrüchte u. Oelfrüchte nebst deren Blättern u. Blüthen wie Frucht- od. Samenhüllen werden hierher gerechnet. [(210)]

f) Laub der Bäume. [(212)]

g) Wurzeln u. Knollen:

Kartoffeln, Topinambour od. Wurzeln mit nur wenigen Verästelungen – Weißrüben, Steckrüben, Runkeln, Möhren. [(213)] |

|100| Fehlt an Proteinstoff. Diese Futterstoffe können nur beim Schwein alles übrige Futter ersetzen, bei Pferden u. Wiederkäuern dürfte die Hälfte des Nährstoffbedarfs ohne Nachtheil durch sie gegeben werden. (214)

h) Gewerbliche Abfälle: Oelkuchen, Biertrebern, die Kleie, die Schlempe. (p. 225–243)

Die Branntweinschlempe an Bestandtheilen sehr wechselndes Futtermittel, vorerst schon nach den Stoffen, die zur Alkoholerzeugung benutzt werden – ob Früchte, Weintrestern, Runkeln, Kartoffeln, Körner. Durch den Gährungsprozeß werden die werthvollsten Stoffe zur Fütterung, die stickstoffhaltigen, nicht verloren, wohl aber umgesetzt, u. namentlich bedeutend in Hefe od. wenigstens durch die Hitze in die unlösliche Modifikation der Eiweißstoffe größtentheils umgewandelt. Ob Stärke in Dextrin u. Zucker, od. dieser als schon vorhanden gleich in gährungsfähigen Krümmelzucker u. dann Alkohol u. Kohlensäure verwandelt, bei einigermassen geregeltem Brennereibetrieb sollen nur bis auf 1,5–2,0 in der Maische bleiben; weiter aber bleiben Hülsen, Zellstoff u. die Salze der Pflanzen. Wird die Gährung der Maische schlecht geleitet od. bleibt die Schlempe lang stehn, so bildet sich aus den Alkoholresten Essigsäure u. durch Anwesenheit der stickstoffhaltigen Substanzen auch Milchsäure. (241) Kein Kraftfutter, zur Produktion v. Milch, lockrem Fettgeweb brauchbar. [(242)] Viel Trockenfutter, das intensiv nährt (Rauhfutter, Kaff, Heu) zuzusetzen. Unter diesen Bedingungen Schlempe bei Milch- u. Mastvieh geeignet. 2–3 Quart f. ein Schaf, 40–50 f. ein Stück Melkvieh; Mastochsen nehmen auch 200 Quart täglich zu sich. (243) |

|101| *Die Aufzucht.*

Die Milch. [(244 sqq.)] *Das Saugen.* [(252 sqq.)]

Man nimmt an, daß ein Pferd in 1 Sekunde Last v. 500 Pfd. 1 Fuß hoch heben kann. Wenn eine Dampfmaschine in jeder Sekunde so viel Dampf erzeugt als dazu gehört, um ebenfalls 500 Pf. 1 Fuß hoch zu heben, so hat sie eine Pferdekraft. (324)

Das Buttern ist nichts weiter als eine Agglutination der Fettkügelchen in der Milch, die Bewirkung des Zusammenhängens, indem mittelst Stoß, Rütteln, Schlagen, Reiben etc die Fettkügelchen zuerst zu grösseren, dann grieslich erscheinenden Theilchen vereinigt werden u. bei dieser Temperatur fettweich bleiben. (353)

Ungewöhnlich grosse Vorräthe pflanzennährender Substanzen (z.B. Tschernosem in Rußland) od. durch jährlich wiederkehrnde Alluvionen (Nil), od. durch raschere vom Klima u. der Bearbeitung begünstigte Verwitterung, wie in den subtropischen Ländern. Da nichts vom Erdball verloren geht, so ist der Grund der Erschöpfung auch nur die mangelhafte Vertheilung des Genommenen, u. es ist grade ein die Landwirthschaft unsrer Tage kennzeichnendes Merkmal, daß sie die Ausgleichung *mittels des Handels* mit Kunstdüngern bereits organisirt hat. Jede Produktion verlangt zum höheren Schwung den Handel, der Ueberschuß u. Mangel ausgleichend auch die Rohprodukte zur Pflanzenerzeugung dorthin bringt, wo sie am besten vergolten werden (385) – u. das sind die höchstcivilisirten u. bestkultivirten Länder der Erde. Die Frage der Bodenerschöpfung ist zuletzt mehr *eine Frage des Raumes für die Kultur*, als der Materien dazu. (386)|

|102| Gegen Liebig's Briefe v. 1857 (wo wie es scheint zuerst die „Erschöpfung" v. *ihm* gepredigt)

1) kennen wir altcivilisirte Länder, wie *Griechenland* od. *Kleinasien*, die *ohne* alle Düngung noch immer lohnende Erträge v. ihren Feldern nehmen, wenn sie auch *mit Düngung* noch viel lohnendere erhalten würden, wie sie dieß schon mit Bewässerung da u. dort allein erzielen; 2) Jeder Landwirth bringt f. die verkauften Produkte andre wieder neu zur Wirthschaft, die er nicht in ihr erzeugte, vor allem z.B. das Holz, dessen Asche, selbst wenn ausgelaugt, u. später die Lauge gleichfalls dem Dünger wieder zugesetzt wird u. deren Bestandtheile schon in der gewöhnlichen Bauernwirthschaft, noch mehr aber den grössren Gütern mit Brauereien u. Brennereien, Kalköfen etc jedenfalls dem quantum, wenn auch nicht immer dem quale nach – die Bodenbestandtheile der verkauften Produkte zu ersetzen im Stand sind; 3) der Raub aus dem Wald wird v. der Forstwirthschaft *nicht* empfunden, da sie im Gegentheil behauptet, ihre Wälder, falls nur nach regelmässigem Turnus Holz *allein*, aber keine Abfälle u. Waldstreu genommen würden, bereicherten sich immer mehr, u. das auch nach sehr alter Erfahrung, so ist 4) nach Liebig selbst „die Brache das Stadium der Verwitterung" u. werden ausser dem Rückersatz der Bodenbestandtheile der geernteten Pflanzen noch mehr pflanzennährende Stoffe im Boden frei; 5) der 37. chemische Brief gibt selbst zu, daß die Fruchtbarkeit der Felder der Chinesen, welche die v. ihren Feldern

ausgeführten Bodenbestandtheile wieder ersetzen (was nur richtig sein kann, wenn sie keine Bodenprodukte exportiren, ohne ein Aequivalent zu importiren) m. dem Steigen der Bevölkerung stets zugenommen habe. Sie hätten aber nach den früheren Briefen sich nur in der Fruchtbarkeit gleichbleiben können. (386, 387)|

|103| Dr. F. X. Hlubek: Die Landwirthschaftslehre.

Wien. (Erster Bd. 2t verbesserte Aufl. 1851)

2. Bd (2. verbesserte Auflage 1853.) Dritter Bd. 1853)

Bd. I.

Sind die Grundstücke sandig, seicht etc so Regenwasser nicht aufgefangen u. den Pflanzen zugeführt; daher gewähren derlei Grundstücke nur sehr kümmerliche Vegetation. Wird die Unterlage solcher Grundstücke nur aufgelockert, ohne dieselbe mit der Dammerde zu mengen, so wird dadurch die Ertragsfähigkeit bedeutend erhöht (40[, 41]) ... das vorzüglichste Mittel, den größtmöglichen Ertrag v. sandigen u. seichten Grundstücken zu erzielen, besteht in der Benützung der Atmosphäre, also der Vertiefung der Ackerkrume u. dem Anbau blattreicher Gewächse. (41) Der Thon hat sehr grosse, das Eisen sehr kleine Wärmekapacität, daher erwärmt sich erstrer so langsam, während die Erwärmung beim letztern so schnell erfolgt. (47) Daher erwärmen »sich eisenschüssige Grundstükke so schnell« u. bilden »an der Oberfläche eine oft undurchdringliche Kruste«. Daher erfordern derlei Grundstücke so sorgfältige Bearbeitung. (l.c.)

Die Umstände, v. welchen die mittlere Jahreswärme eines Orts vorzugsweis abhängt, sind: 1) Die Entfernung vom Aequator od. die Breite desselben; 2) seine Erhöhung über die Meeresfläche, u. 3) die Beschaffenheit des Terrains: Gebirge, Gewässer, Zustand der Vegetation. (51) Wärmeabnahme mit jedem Grad der nördlichen u. südlichen Breite im Durchschnitt ½° R. (l.c.) Mit der Erhöhung eines Orts über die Meeresfläche nimmt seine mittlere Temperatur ab; nach Gay Lussac, Alexander v. Humboldt u. de Saussure 1° C. f. jede Elevation v. 90–110 ‖104| Toisen (nahe zu 6′); Vegetation ... nimmt mit Elevation eines Orts über die Meeresfläche ab. (52) Da die Abnahme der Wärme f. jeden Grad Breite angegeben ... läßt sich annäherungsweis berechnen, in *welchen Höhen* die etc Pflanzen auch bei andern Breitengraden anzutreffen. (53)

Die Beschaffenheit des Terrains hat auf die mittlere Jahrestemperatur eines Landes Einfluß. Länder m. trocknem, sandigen Boden haben, bei übrigens gleichen Verhältnissen, höhere Temperatur als die mit bündigem, feuchten Boden. Nicht minder wichtig der Einfluß der Gebirge auf die Temperatur u. Vegetation. Gegen rauhe Nord- u. Ostwinde geschüzte Gegenden milderes Klima als frei liegende (53[, 54]) ... Nähe grosser Gewässer erhöht den Feuchtigkeitszustand, vermindert Temperatur im Sommer, Ursache [der] mildren Winter, weil die Gewässer mit ihrer glatten Oberfläche nicht so leicht abkühlen wie die Erde, u. daher die Atmosphäre zur Winterzeit durch Mittheilung erwärmen. (54)

Die Unterlage *v. Torf- u. Moorgründen*, bildet ein dunkelfärbiger, gewöhnlich mit sehr vielen Süßwassermuscheln versehner Thon v. sehr veränderlicher Mächtigkeit, welchem gewöhnlich Gerölle u. häufiger Sandstein, Grauwacke, Thonschiefer, Gneis u. selbst Granit zur Grundlage dienen. – Torf- u. Moorgründe werden nur in Niederungen u. in grossen Ebnen angetroffen, u. bilden in der Regel ein unfruchtbares Land, wie z. B. in Krain, Baiern, Niedersachsen, Dänemark, Preussen, Polen, Rußland, Schottland etc. (90) *Flugsand* nimmt den größten Theil des unproduktiven Bodens ein. (Seine Unterlage entweder das gleichzeitig entstandne Gerölle, oder er ruht auf den Gebilden der tertiären Formation, als plastischem Thon, Mergelarten.) (90) Flugsand in grössrer Ausdehnung in Ungarn, Galizien, Moldau, Wallachei, Rußland, Preussen u. den Küstenländern. (91)|

|105| Mit Ausnahme der kahlen Felsen u. des Flugsandes bildet das Gerölle der Diluvial-Formation, welches in Ebenen auf den Gebilden der tertiären Formation ruht, u. in Thälern die Felsenarten der sie bildenden Gebirge zur Unterlage hat, den Rest des unproduktiven Bodens auf der ganzen Erde. (91) Besteht die untre Schichte od. Untergrund aus Thon od. leicht verwitterbaren Mergelarten, dann dieselbe zur Verbeßrung der obersten Schichte anwendbar. (l. c.)

Physikalische Eigenschaften des Bodens, welche sich auf sein räumliches Verhältniß (seinen Aggregationszustand) u. das Verhalten gegen das Wasser (ohne sich chemisch mit demselben zu verbinden), die Wärme, das Licht u. die Electricität beziehn. (95)

Nach *Schübler* die Wasseraufnahmsfähigkeit der Thonerde
1194 pt. im frischgefällten Zustand
543 nach erfolgtem Austrocknen,
197 Glühn.

Hieraus ergibt sich, daß in dem Glühen eines Thonbodens eines der vorzüglichsten Mittel ... die Feuchtigkeit solcher Grundstücke zu vermindern, die Erwärmung zu erhöhn, also ihren Werth zu steigern. (103) Der Einfluß der Eisenoxyde auf die Vegetation beruht vorzugsweis auf ihrer Cohäsion, Erwärmungs- Wasseranziehungs- u. Wasserhaltungsfähigkeit. (111) Vermöge der ersten Eigenschaft erhöhn sie die Bündigkeit thonhaltiger Grundstücke oft der Art, daß sie nur eine kümmerliche Vegetation unterhalten u. die Bearbeitung des Bodens sehr erschweren. Bei mehr losen Bodenarten wirken sie sehr wohlthätig, da sie ihren Zusammenhang erhöhn, die atmosphärische Feuchtigkeit anziehn u. zurückhalten. (112)|

|106| *Milder humoser Boden:* In Niederungen, in der Nähe grössrer Flüsse findet man Bodenarten, die offenbar durch Anschwemmung, beim Austritt der Gewässer entstanden sind, u. die entweder ohne alle, od. bei der gewöhnlichen Düngung die reichlichsten Ernten aller Art tragen. Solche Grundstücke nennt man aufgeschwemmtes Land, *Marschboden*, Gartenerde oder Niederungsboden. Rührt der Humus in einem *Marschboden* zum Theil v. untergegangnen Thieren (Schal- u. Weichthieren) her, wie dieß dann u. wann der Fall ist, dann bedarf derselbe keiner Düngung, um die reichlichsten Ernten oft bei einem weit geringern, als 4 perzentigen Humusgehalt zu tragen. (141) In der *Hana in Mähren* u. *im Banat in Ungarn* kommen derlei Grundstücke vor, die seit Menschengedenken nicht gedüngt ... Jahr ein Jahr aus die reichsten Ernten tragen. (141)

Saurer humoser Boden: Enthält ein Humus freie Säuren, wie es in sumpfigen, gallichten Grundstücken so häufig der Fall ist, dann wird er ein saurer, humoser Boden, Sumpfboden, nasser Niederungsboden genannt. Solcher Boden taugt ungeachtet seines bedeutenden Humusgehalts nur f. wenige Pflanzen, wie z.B. die Ried- Simsen- u. Binsengräser, den Hanf, Reis, Hafer, Buchweizen, die Erle u. einige Weidenarten, u. seine freie Säure muß früher durch Trockenlegung, Brennen od. Anwendung v. alkalischen Körpern beseitigt werden, wenn er zur Kultur der übrigen nützlichen Pflanzen mit Vortheil verwendet werden soll. (141, 142)|

|107| *Kohlenartiger humoser Boden:* In Niederungen, bes. in der Nähe v. Torfgründen, kommen häufig Bodenarten v. schwarzer Farbe u. sehr lockrer Consistenz vor, welche beim Verbrennen einen Verlust v. mehr als 30 pt. erleiden, mit Wasser keinen braunen Extract liefern, dagegen mit

Alkalien behandelt, eine Lösung v. 15–25 pt. Humus gestatten. Solche Bodenarten nennt man kohlenartige humose Grundstücke od. Moore. Der Moorboden besizt wegen der Verkohlung ... grossen Lockerheit u. starken Erwärmung nur eine geringe Brauchbarkeit zur Vegetation, welche aber durch sorgfältige Bearbeitung, Düngung mit viel Ammoniak entwickelnden Mistarten, als Pferde- u. Schafmist, durch Anwendung erdartiger, bes. alkalischer Substanzen u. durch Brennen bedeutend gesteigert werden kann. [(142)]

Harziger humoser Boden: harzigen Humus haltend, wie man ihn theils in waldlosen mit Heidekraut, Moosen u. Flechten bedeckten Steppen, theils in niedern Auen u. Waldungen, in welchen das Streurechen unterblieb, findet, wird ein harziger, adstringirender humoser Heideboden, auch Auen- oder reicher Waldboden genannt. Erscheint in der Regel als Gewebe noch nicht ganz zersetzter organischer Ueberreste, welche oft mehr als 30 pt. betragen. Dieser Boden nur wenigen Kulturpflanzen, wie z.B. dem Buchweizen, Roggen, Hafer, Erbsen etc zuträglich, u. kann durch die beim Moorboden angegebnen Mittel ertragsfähiger gemacht werden. (142)|

|108| *Torfboden:* Besteht ein Boden ausschließlich aus noch nicht ganz zersetzten Ueberresten v. Pflanzen, die in der Regel zu den Geschlechtern Sphagnum, Scirpus, Juncus, Carex u. Arundo gehörn, so wird er ein Torfboden genannt. Der Torfboden gewährt den Pflanzen keinen angemeßnen Standort, a) weil, vermöge zu grosser Lockerheit, die Wurzeln in einer unmittelbaren Wechselwirkung m. der Atmosphäre stehn, u. daher bei dem lockern Zustand seiner untern Lagen schnell ausdorren; b) weil er in der Regel nur einen sauren, kohlenartigen od. adstringirenden Humus enthält, das aufgenommne Wasser sehr schnell verliert u. beim Austrocknen den Raum zu sehr verändert, wodurch die Pflanzen aus ihrem ohnehin zu lockern Standpunkt gehoben werden; c) weil die Pflanzen keine (!) od. zu wenige anorganische Bestandtheile in demselben antreffen. (143) Die Mittel, die zur Beurbarung des Torfbodens nach Verschiedenheit der Lokalverhältnisse angewandt werden, sind: die Entwässerung, Torfbrennen, Aufführen v. Erde u. leicht verwitterbaren Steinen, Zusammendrücken od. Ueberwalzen mit sehr schweren Walzen, die langjährige Benutzung als Wiesenland, u. die häufige Ueberdüngung der Wiesen mit erdartigem Dünger als Strassenkoth, Bauschutt, Teich- u. Grabenschlamm, Erdstreu etc. (l.c.)

Obgleich die Art der Zusammensetzung der obersten Schichte eines Bodens den wesentlichen Einfluß auf seine Brauchbarkeit zur Vegetation ausübt, so wird diese Brauchbarkeit überdies noch bedingt: 1) durch die Tiefe der Dammerde, 2) die Beschaffenheit des Untergrundes, 3) die Lage des Bodens, 4) das Klima. (145)|

|109| Grundstücke, die über 12″ mächtige Dammerde mit 4 pt. Humus besitzen … tragen häufig, ohne gedüngt zu werden, durch 30–40 J. die reichlichsten Ernten u. bedürfen selbst nach Verlauf dieses Zeitabschnitts, keiner Düngung, wenn nur eine neue bisher noch unbenützte Schichte der Dammerde an die Oberfläche gebracht, also zum Standort der Pflanzen verwendet wird. (147) Dieß Verfahren im Banat in Ungarn seit Menschengedenken beobachtet, u. man wendet v. Zeit zu Zeit alkalische Mittel, Asche, welche man durch Brennen der Stoppeln erzielt, an. (147, N. 2)

Die Wurzeln der Kulturpflanzen erreichen mindestens Länge v. 3″ … Bodenarten, die noch eine seichtere Dammerde besitzen, nicht geeignet zur Kultur der gewöhnlichen landwirthschaftlichen Gewächse, u. daher, wo Sand u. Gerölle vorherrschen, als sehr dürftige Weiden od. Gestrüppe auszunützen. Um sie als Ackerland zu benützen: a) die Zusammenschiebung der Dammerde od. die Anlegung v. sehr schmalen Beeten, selbst auf einem Sandboden; b) die allmählige Bindung einer mächtigern Dammerde, entweder durch Lockerung, Mengung u. Düngung des Untergrunds od. durch Aufführung v. fruchtbarer Erde. (147)

Die unter der Dammerde eines Bodens unmittelbar liegende Schicht heißt Unterlage od. Untergrund. Der Untergrund besteht aus Felsen, Gerölle, Sand od. Thon. Besteht der *Untergrund aus Felsen, was häufig in Gebirgsländern*, so kann das Wasser nicht tief in den Boden eindringen, es macht denselben häufig quellig (gallig), die Dammerde setzt, bei geneigter Lage des Bodens häufig ab u. kahle Felsen treten zu Tag (diese Erscheinung kann man beim kahlen Abtrieb der Wälder in Alpenländern häufig wahrnehmen), die Wurzeln können in die Felsen nicht eindringen, ihre Verbreitung ist nur oberflächlich, daher kümmerliches Wachsthum u. häufige Windbrüche; die Bearbeitung des Bodens ‖110| wird in sehr vielen Fällen dadurch sehr erschwert, daß einzelne Felsarten hervorragen, u. die Anwendung gewöhnlicher Ackerwerkzeuge unmöglich machen. (148)

Die thonige Unterlage ist entweder letten- lehm- oder kleiartig … wenn aus lettenartigem Thon, so wird sie halb (etwas) durchlassend, sonst wasserdicht genannt. (l. c.)

Lage des Bodens: Letzter Grund der verschiednen Erwärmung unsrer Erde durch die Sonne liegt in dem Winkel, unter welchem die Sonnenstrahlen auffallen. Bei einer nördlichen Breite v. 46–50° fallen die Strahlen der Sonne bei ihrem höchsten Stand unter einem Winkel v. 60–65° auf. Ist die Lage des Bodens nicht eben, so wird dadurch der Einfallswinkel der Sonnenstrahlen u. mithin auch die Erwärmung sehr modificirt. Beträgt die südliche Abdachung eines Bodens 25–30°, dann fallen die Sonnenstrahlen unter einem Winkel v. 90° auf, u. die Erwärmung des

Bodens erreicht ein Maximum. Bergabhänge v. dieser Neigung sind in Süddeutschland vorzugsweise zur Weincultur geeignet, denn sie liefern bei ihrer starken Erwärmung die edelsten Produkte. [die besten Weingärten am Rhein u. Neckar haben Abdachung v. 20–40°. (Metzgers Weinbau. Heidelberg, 1827)] Grundstücke, deren Neigungswinkel 15° nicht übersteigt, können im Allgemeinen als Ackerland benützt werden. Bei 15–20° Neigung ist der Boden bereits zu abschüssig, um mit Thieren bearbeitet zu werden. Dient bei nur südlichen od. südöstlichen Abdachung zum Weinbau, bei einer andren zur Wiese od. Weide. Bei 21–40° Neigung kann der Boden in der Regel nur zu Weinbau od. Holzzucht verwendet werden. Bei Elevation v. 40–45° die Berge meist schon kahl. (149)

Die *thonigen, bündigen, feuchten u. kalten Bodenarten*, wohin der Lehm u. Kleiboden gehören, haben, bes. wenn sie eisenschüssig sind, eine langsame Thätigkeit. Erfordern sehr sorgfältige Bearbeitung u. Düngung. Unter den Kulturpflanzen gedeihen Weizen, Hafer, Mais, Erbsen, Wikken, Bohnen, Klee aller Art, Kohl aller Art, Mohn, Hanf u. Weberkarden auf bündigen Grundstücken. V. Obstsorten noch am besten: Aepfel- Nuß- Kastanien- u. Zwetschkenbäume. Unter den Waldbäumen vertragen einen bündigen Boden: Eichen, Buchen, Platanen, Ulmen, Linden u. Ahorne. (152, 153)|

|111| Die *sandigen, lockren, trocknen u. warmen Bodenarten*, wohin der lose u. lehmige Sandboden, der Geröll- u. Kreideboden gehören, zeichnen sich durch starke Thätigkeit aus. Darauf gebaut: Roggen, Bluthirse, Buchweizen, Spergel, Sirk, Muhar, Lupinen, Linzen, Luzerne, Esparsette, weisse Rüben, Kartoffeln, Pataten, Topinambour, Leindotter, Wau u. Sumach. Unter den Obstarten fordert bes. das Steinobst einen trocknen u. warmen Boden. Unter den Waldbäumen … die Nadelhölzer, die meisten Pappel- u. Weidenarten, Birke, Akazie, graue Erle. (153)

Bodenarten, weder zu feucht u. zu kalt, noch zu trocken u. zu warm, wie der lettenartige Thonboden, der Mergelboden u. die stark kalkhältigen Thonarten überhaupt besitzen eine mittlere Thätigkeit. Hier gedeihn alle land- u. forstwirthschaftlichen Pflanzen am besten u. insbes. fordern einen mürben Boden: Gerste, Hirse, Pfennig, Kanariengras, Reis, Lein, Senf, Tabak, Saffran, Hopfen, Süßholz, Waid, Krapp, Runkelrüben, Möhren, Pastinaken u. alle Gemüsearten. (153)

Die Eintheilung des Bodens in bündigen od. langsam thätigen, sandigen od. schnell thätigen, mürben od. mittelmässig thätigen stellt nur die äussren Grenzen mit dem Mittelgliede dar. (153) Vom losen Sandboden bis zum mürben lettenartigen Thonboden, v. diesem bis zu einem eisenschüssigen Kleiboden (clay soil?) giebt es viele Abstufungen; u. diese Abstufungen, – mit Berücksichtigung der Lage des Bodens, der Mächtigkeit der Dammerde, der Beschaffenheit des Untergrunds u. des Klimas – auszumitteln u. durch Zahlen auszudrücken wird die Schätzung od. Taxation des Bodenwerths genannt. (154)

Thaer etc theilen Boden ein in *Weizenboden* (langsam thätige), *Roggenboden* (schnell thätige) *Gerstenboden* (mittlere Thätigkeit) u. Haferboden. (157[, 158, N. 2])

Im Banat wird der Weizen auf aufgeschwemmtem Land, in Illyrien auf lehmigem Sandboden, in Steiermark auf lettenartigem Thonboden, in Polen auf Lehmboden etc mit dem besten Erfolg gebaut. (158, N. 1)|

|112| Der absolute od. objektive Werth; d.i. der Werth, welchen ein Boden als Werkzeug der Vegetation hat, bestimmt zwar im Allgemeinen auch den relativen u. subjektiven Werth (den der Boden hat als Gegenstand des Verkehrs). Umstände, die auf diesen relativen Werth wesentlichen Einfluß ausüben: 1) *Preis der Bodenerzeugnisse*, 2) Grösse der *Produktionskosten*. (158)

Preis der *Bodenerzeugnisse* hängt vorzugsweis ab: 1) v. Dichte der Bevölkerung überhaupt u. insbes. v. der Anzahl der gewerbtreibenden Bewohner eines Landes. 2) V. Handelsverhältnissen eines Landes etc. (159, 160) Die Produktionskosten hängen ab, 1) *V. der Art der Kultur.* Je mehr Hackfrüchte, wie Mais, Kartoffeln, Runkelrüben etc u. Handelspflanzen, bes. Lein gebaut, desto höher erscheint der Kulturaufwand. 2) V. der Grösse der Wirthschaftskörper. 3) V. der Entfernung der Grundstücke v. Wirthschaftshof, u. dieses v. den Absatzorten. 4) V. dem Arrondirt- od. nicht Arrondirtsein der Wirthschaften. Arrondirt ... eine Wirthschaft, wenn die zu einem Besitzstand gehörigen Grundstücke unmittelbar an einander grenzen, also ein zusammenhängendes Ganze bilden. Vortheile der Arrondirung ... Vermindrung des Kulturaufwands, Erleichtrung einer freien Bewirthschaftung, leichterer Reinerhaltung der Grundstücke v. Unkräutern, deren Samen v. benachbarten Grundstücken verweht werden kann, u. in der Erschwerung der Grundzerstücklung. (160, 161)

Thatsache, daß durch blosse Berührung heterogener Körper elektrische Spannungen u. Strömungen entstehn, welche auf die Zersetzung u. Bildung neuer Körper einen wesentlichen Einfluß ausüben. Die Erfahrung lehrt weiter, daß Grundstücke desto fruchtbarer erscheinen, je aus mehreren u. heterogenen Körpern sie zusammengesetzt sind, u. daß einzelne ||113| Bodenbestandtheile, wie Sand, Thon, Kalk etc f. sich allein entweder gar keine od. eine sehr geringe Productivität besitzen. ... Höchst wahrscheinlich, daß die Heterogenität der Bodenbestandtheile zur Fruchtbarkeit beiträgt, od. daß die Grundstücke als eine grosse galvanische Säule erscheinen, welche einen mächtigen Einfluß auf das Wachsthum der Pflanzen zu üben vermag. (151)

I. Schutt- Trümmer- und Geröllboden.

Besteht ein Boden vorherrschend aus grossen, nicht abgerundeten Fragmenten, ohne Zusammenhang mit einander, so nennt man ihn Schutt- od. Trümmerboden. Solchen Boden findet man nur an den *Abhängen oder in den s. g. Wasserrissen der Gebirgsländer*. Besizt anfänglich weder land- noch forstwirthschaftlichen Werth, u. erst nach erfolgter theilweiser Verwitterung der Fragmente wird er gewöhnlich als Weide u. Wiese benuzt. Sind die Fragmente sehr groß, so heißt er *Felsen- od. Karstboden*, u. ist in der Regel einer Kultur nicht fähig. (Im Küstenland, Istrien u. Krain derlei Grundstücke sehr häufig.) (129) Bestehn die Fragmente aus mehr od. weniger abgerundeten Steinen, dann heißt solcher Boden Geröll od. *Geröllboden*. Da die Abrundung eine weite Bewegung der Steine durchs Wasser voraussetzt, findet man den *Geröllboden am häufigsten in grossen Ebenen*, in welchen sich bedeutende Flüsse der Vorzeit ergossen u. hier grosse Seen gebildet haben. [Die Wiener-Neustädter Haide, die geröllartige Unterlage im Marchfeld bei Wien, bei Grätz in Steiermark, bei Laibach in Krain, bei Klagenfurth in Kärnthen geben v. der Bildung des geröllartigen Bodens die sprechendsten Beweise.] In Folge der nachfolgenden Ueberschwemmungen, der s. g. Alluvial-Formation unsrer Erde, wurde der Geröllboden allmählig m. andren feinzertheilten Bodenbestandtheilen bedeckt, u. daher sehn wir, daß das Geröll gegenwärtig in der Regel nur die *Unterlage* ||114| der in Kultur stehenden Grundstücke bildet. Dort, wo das Geröll noch keine zureichende Bedeckung erhielt, hat der Geröllboden nur einen forstwirthschaftlichen Werth, u. wird am vortheilhaftesten durch die Anpflanzungen der Kiefer (Kieferschonungen) benützt. (130)

Der Geröllboden, wie man ihn heut als Unterlage der übrigen Bodenarten so häufig antrifft, läßt sich nach der Beschaffenheit der Steine, aus welchen er zusammengesetzt ist:

a) in Quarz- b) in Kalk- c) in glimmerartiges u. d) in gemischtes Geröll eintheilen. Das Quarz- u. Kieselgerölle unterscheidet sich v. dem Kalkgeröll dadurch, daß es der Verwitterung widersteht u. nur wenig Feuchtigkeit anzieht. Das glimmerartige Geröll enthält meist auch Quarz, unterscheidet sich aber v. dem reinen Quarzgerölle, daß es viele Glimmerblättchen enthält, welche dem Granit- Gneis- Thon- u. Chloritschiefer etc beigemengt waren, durch deren Zertrümmerung das glimmerartige Geröll entstanden ist, u. welche nach der gänzlichen Verwitterung einen fruchtbaren Boden liefern. Als Unterlage hat das glimmerartige oder Gneisgerölle den höchsten u. das Quarzgerölle den geringsten Werth. Der Werth des gemischten Gerölls richtet sich nach dem vorherrschenden

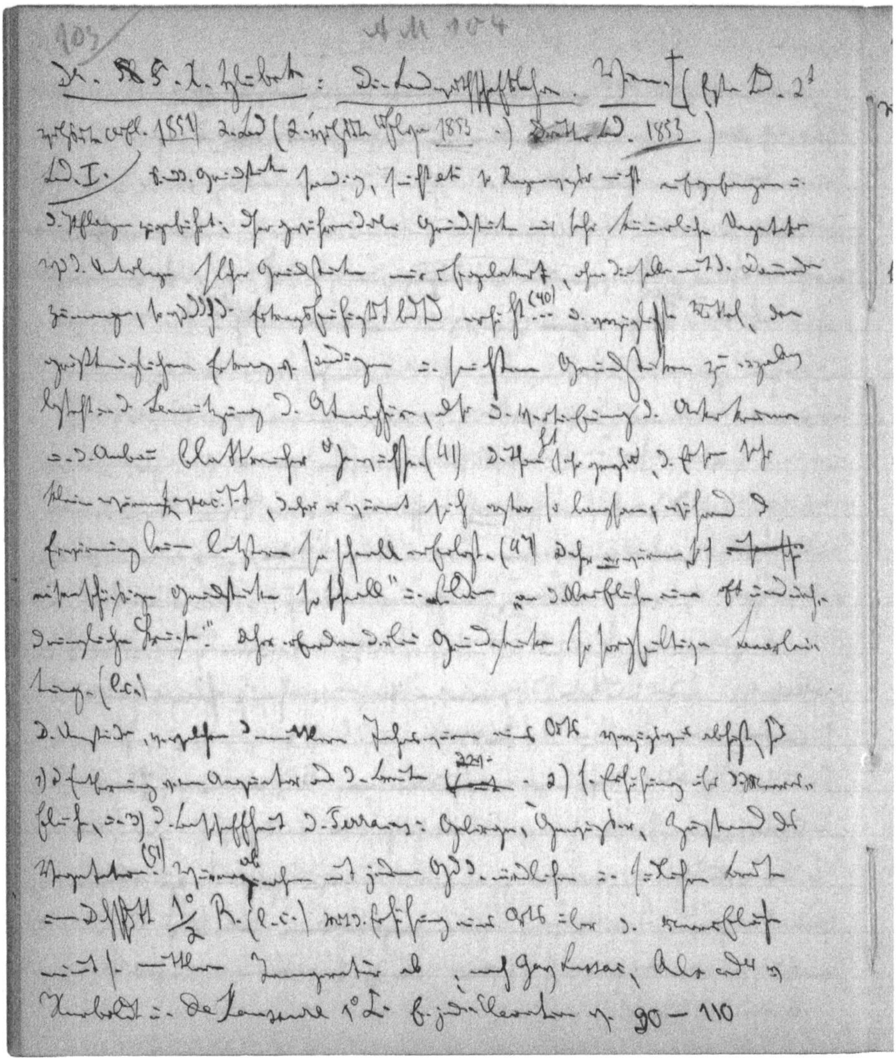

Aus Hlubek: Die Landwirthschaftslehre in ihrem ganzen Umfange …
Hefte zur Agrikultur. Heft 2. 1868. Seite 103

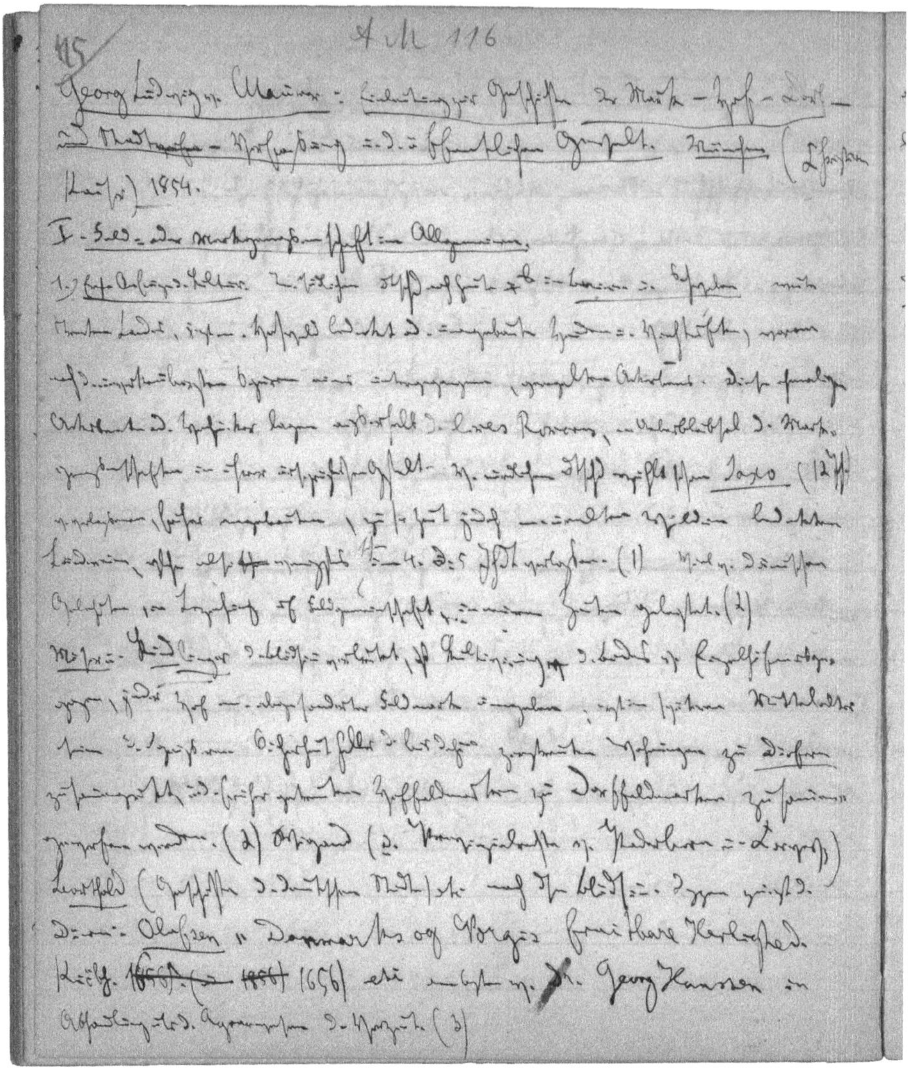

Aus Georg Ludwig von Maurer:
Einleitung zur Geschichte der Mark-, Hof-, Dorf- und Stadt-Verfassung und der öffentlichen Gewalt.
Hefte zur Agrikultur. Heft 2. 1868. Seite 115

Bestandtheile. (130) {Die besten Weingärten am Rhein u. in Steiermark haben ein Geröll zur Unterlage, welches aus den Felsmassen der Urformation, als Granit, Gneis, Chlorit- Glimmer- u. Thonschiefer etc besteht. (130 N. 2)} |

|115| Georg Ludwig v. Maurer: Einleitung zur Geschichte der Mark- Hof- Dorf- und Stadt-Verfassung u. der öffentlichen Gewalt.

München (Christian Kaiser) 1854.

I. Feld- oder Markgenossenschaft im Allgemeinen.

1. Erste Anfänge der Kultur.

Im südlichen Deutschland noch heute in *Baiern u. Schwaben* weite Strekken Landes, jezt m. Hochwald bedeckt od. unangebaute Heiden u. Viehtriften, woran noch die unverkennbarsten Spuren eines untergegangnen, geregelten Ackerbaus. Diese ehemaligen Ackerbeete od. Hochäcker lagen ausserhalb des limes Romanus, ... Ueberbleibsel der Markgenossenschaften in ihrer ursprünglichen Gestalt. V. nördlichem Deutschland erzählt schon *Saxo* (12. Jh.) v. verlassenen, früher angebauten, zu seiner Zeit jedoch m. uralten Wäldern bedeckten Ländereien, welche also wenigstens schon im 4. od. 5. Jahrhundert verlassen. (1) Viel v. dänischen Gelehrten, in Beziehung auf Feldgemeinschaft, in neueren Zeiten geleistet. (2)

Möser u. *Kindlinger* den Blödsinn verbreitet, daß Kultivirung des Bodens v. Einzelhöfen ausgegangen, jeder Hof m. abgesonderter Feldmark umgeben; erst im spätren Mittelalter seien der grösseren Sicherheit halber die bis dahin zerstreuten Wohnungen zu *Dörfern* zusammengerückt, u. die früher getrennten Hoffeldmarken zu Dorffeldmarken zusammen geworfen worden. (2) Wigand (Die Provinzialrechte v. Paderborn u. Corvey), *Barthold* (Geschichte der deutschen Städte) etc noch diesen Blödsinn. Dagegen zuerst die Dänen: *Olufsen*, „Danmarks og Norgis fructbare Herlighed.“ (Kiöbh. 1656) etc., am besten v. Dr. Georg Hanssen in Abhandlung über das Agrarwesen der Vorzeit. (3)|

|116| Die erste Kultivirung des Landes ist nämlich *nicht v. Einzelnen*, sondern v. ganzen *Geschlechtern* u. *Stämmen* ausgegangen, wie in Island v. grössern Gesellschaften, welche frändalid u. skulldalid hiessen. (3)

Herumziehnde Hirtenvölker bevölkerten Deutschland zuerst. Viehzucht ihnen Hauptsache, also Besitz reichlicher Weide. Können auf Länge nicht ohne Ackerbau bestehn. In diesem Moment der *mit dem Ackerbau vereinigten Nomadenwirthschaft*, wobei der Feldbau untergeordnet, befanden sich die Sueven zu J. Cäsars Zeiten. (3, 4)

Nach zusammenhaltenden Stämmen u. Geschlechtern (*Caesar, bell. Gall.* VI, 22. gentibus cognationibusque, qui una coierunt), wie heut noch in Afrika jeder Stamm mit einem Scheik an der Spitze in einem Dorf zusammen wohnt, wie *Slavische od. Albanesische* Ortschaften in Deutschland, Ungarn, Griechenland in ganz fremdartiger Umgebung erblickt werden, siedelten sich auch die germanischen Völker an, anfangs auf kurze Zeit, bauten das Land, zogen wieder weiter, sobald mächtigere Stämme vor- od. rückwärts drängten, *od. die Weide nicht mehr zureichte*. Erst als die wandernden Stämme zur Ruhe gelangt u. keiner den andern mehr drängte, blieben sie längre Zeit in diesen Niederlassungen, erhielten so nach u. nach feste Wohnsitze, od. bezogen auch sogleich bleibende Wohnsitze, wie im *Dithmarschen* die Geschlechter, v. denen daselbst die erste Besitznahme des Landes ausgegangen. (4) Auch in Mexico das Land, so weit die Geschichte zurückreicht, v. ackerbautreibendem Volk, u. zwar in festen Wohnsitzen u. Dorfgemeinden vereinigt, bewohnt. Das zu einem Dorf gehörende Land gehört daselbst heute noch der Gemeinde selbst. Die Felder werden zwar alljährlich v. den Einzelnen ohne Zins benutzt. Allein nur eine Hausstelle u. ein Garten daran ist erblich. Und v. dem nicht benutzten Gemeindeland wird ein Theil gemeinschaftlich gebaut u. der Ertrag für Gemeindebedürfnisse verwendet. (4, 5)|

|117| *2. Markgenossenschaften mit u. ohne Feldgemeinschaft.*

Die Markenverfassung bildet den Uebergang vom Nomadenleben zum Ackerbau treibenden, wie man dieß heut noch bei vielen Ortschaften in Ungarn sehn kann, bei denen die oft 10–12 Quadratmeilen grosse Feldmark in der Nähe unter Pflug genommen, in den entfernteren Theilen aber zur Nomadenwirthschaft benutzt wird. Daher drehten sich auch in

Deutschland die ersten Einrichtungen bei einer Niederlassung um die *Viehzucht* u. die *dazu nothwendigen Weiden*, u. sie waren sämmtlich genossenschaftlicher Natur. Dieß gilt nicht allein ... v. den Dorfschaften mit Feldgemeinschaft, sondern auch v. den Höfen ohne Feldgemeinschaft ... Einzelnhöfe ohne alles genossenschaftliche Band hat es ... ursprünglich gar keine gegeben. Die *Geschlechts- u. Stamm-Genossenschaften* bestanden vielmehr schon vor den festen Niederlassungen, sie *siedelten sich schon als solche an*, u. sind nicht erst seit ihrer Niederlassung ins Leben getreten. Bezeugt v. Tacitus. Handelt erst v. den Einzelhöfen, unmittelbar nachher v. Dörfern (vici), konnte darunter also nur *Vereine* v. Einzelnhöfen verstanden haben. (»Tacit. Germ. c. 16. Colunt *discreti* ac diversi, ut fons, ut campus, ut nemus placuit. *Vicos locant* non in nostrum morem, *connexis et cohaerentibus aedificiis:* suam quisque domum spatio circumdat.«) (p. 5) Die Genossenschaft hat sich indeß bei *diesen Hofgenossenschaften* bloß auf die ungetheilten Wiesen, Weiden u. Waldungen bezogen. (l.c.)

Dörfer mit Feldgemeinschaft.

Bei Anlegung eines Urdorfes pflegte jeder Genosse eine Baustelle nebst dem nöthigen Hofraum zu erhalten, um darauf Haus u. Hof einrichten zu können. Ausserdem ‖118| erhielt derselbe v. dem als Ackerland zu benutzenden Boden sein Loos, u. an den nicht zur Kultur geeigneten ungetheilten Ländereien Nutzungsrecht. Der *Antheil jeden Looseigners* an sämmtlichen Bestandtheilen der Feldmark ursprünglich ein *bloß ideeller* ... auch an den einem jeden Genossen zugetheilten Ackerloos. Folgt aus dem zu *Cäsars Zeiten* bei allen Germanen, insbes. auch den Sueven geltenden *jährlichen Wechsel des Besitzes* u. den jedes Jahr neuerdings wieder vorgenommenen Anweisungen v. Grund u. Boden (*Cäsar* IV, I, VI, 22.), noch zu Tacitus Zeit (*Germ. c. 26.* arva (das Ackerland) per annos mutant\wechseln sie jährlich, et superest ager (u. Gemeindeland bleibt übrig, d.h. eine gemeine, unvertheilte Mark.)), in Deutschland hier u. da bis auf unsre Tage fortgedauert. In der Gemeinde Frickhofen im Nassauischen besaß noch im 17. u. 18. Jhd. die ganze Gemeinde mehre Feldfluren in ungetheilter Gemeinschaft u. die einzelnen Aecker jährlich unter der eingesessnen Bauernschaft vertheilt. Noch heute auf dem *Hundsrücken* im Kreise *Mertzig*, u. einigen Gemeinden in den Kreisen v. *Ottweiler* u. *Saarlouis* die Aecker je nach der Bewirthschaftungsweise der verschiednen Ortschaften auf 3, 4, 9, 12, 14 od. 18 J. verloost. Dasselbe hinsichtlich der Sickingischen, Leiningischen u. Hanau Lichtenbergischen *Loosgüter* in der Bairischen Pfalz bis auf unsre Tage, erst in unsren

Tagen (1818–28) zu Privateigenthum vertheilt. In allen diesen Gemeinden war die Dorfmark mit sämmtlichen Gärten, Feldern, Wiesen, Weiden u. Waldungen in ungetheilter Gemeinschaft der Gemeindegenossen, wie schon zur Zeit J. Cäsars. Der Einzelne erhielt seinen Antheil an der gemeinen Mark, so weit sie vertheilt ward, auf eine Reihe v. Jahren, jedoch nur zur Bearbeitung u. zur Benutzung. Der Antheil eines Jeden an den Gärten, Feldern u. Wiesen ward demselben zugemessen u. man nannte den ganzen Antheil das Loosgut. ‖119| Nach Ablauf der zur Sondernutzung bestimmten Jahre fielen sämmtliche Antheile wieder an die Gemeinde zurück u. wurden sodann neuerdings vermessen u. abermals wieder an die Einzelnen vertheilt. Die Weiden wurden gemeinsam benutzt u. aus dem Ertrag der Waldungen die Gemeindebedürfnisse u. Abgaben bestritten, was aber übrig blieb unter alle Genossen nach Verhältniß der ihnen angewiesnen Loosgüter vertheilt. (6, 7) Die *Loosgüter* frühe schon in Sondereigen, d.h. in das Eigenthum der Looseigner übergegangen wie die *Erbpacht* allmählig aus der verlängerten Zeitpacht hervorgegangen ist. In *Dänemark* dieß bereits zur Zeit der Abfassung der Rechtsquellen der Fall, in *Deutschland*, *Frankreich*, *England* u. andern romanischen Ländern, diese Veränderung wahrscheinlich schon zur Zeit der Völkerwanderung u. der darauf folgenden Niederlassungen in den Römer-Provinzen ebensowohl wie in England u. Deutschland selbst. ... auch im fränkischen Reich schimmert noch die alte Feldgemeinschaft durch. (7, 8) Auch noch Spuren der jährlichen Vertheilung der aus der Allmende ausgeschiednen u. zur Kultur hingegebnen Ländereien im alten Alemanien. Hiessen daselbst *terrae annales* (Jahresländereien). (8) Auch in späteren Zeiten noch, als die ursprünglichen Loosgüter längst schon sondereigen, Sitte einen Theil der Gemeindeländereien auf eine Reihe v. Jahren zur blossen Sondernutzung hinzugeben, sehr verbreiten, Sitte hier u. da bis auf unsre Tage. So die *Gemeinmerkgüter* u. das Gemeinmärck in der Schweiz, Folcland als ager vectigalis in England, die *Allmendgärten* u. *Rütinen* im Kanton Uri, die *Gemeindstheile* (Gmandsthâl) in Appenzell, die *Markfelder*, *gemeinen Loosgüter* etc in vielen Theilen Deutschlands. In *Westphalen* hiessen öfters die Grundstücke, die den Markgenossen nicht erblich, vielmehr nur auf ‖120| bestimmte Reihe v. Jahren zur Sondernutzung überlassen, sodann aber wieder der gemeinen Mark zurückgegeben werden mußten, *Frede*, *Friede od. Hofesfrede*, d.h. in Frieden gelegte Markländereien. Und ganze Marken scheinen daselbst zuweilen in Frieden gelegt, d.h. f. einige Zeit zur Sondernutzung hingegeben worden zu sein. Dahin gehören ferner die *Hammerke* (Hammerka hiessen die Dorfgemeinheiten, bes. die Gemeindewiesen, die v. 4 zu 4. J. unter die Gemeindeglieder zur Sondernutzung vertheilt, während die v. allen gemeinsam benutzten Gemeindewiesen menskeren genannt) etc. (8, 9)

Uebrigens sind allenthalben immer nur *die Ackerloose* m. dem dazu gehörigen *Haus u. Hof* in Sondereigen übergegangen, die Waldungen u. Weiden dagegen sammt Wasser u. Wegen nach wie vor in der Gemeinschaft geblieben. ... hinsichtlich der Felder ist wenigstens die *Benutzungsart* genossenschaftliche Angelegenheit geblieben, über welche daher die Gesammtheit zu verfügen hatte. Da sich nämlich alles um die gemeinschaftliche Weide unter einem Dorfhirten herumdrehte, u. zwar nicht allein in den Gemeinen Weiden u. Waldungen, sondern auch auf den Feldern nach der Ernte-Zeit, der Wechsel der Acker- u. Ruhejahre u. dgl. mehr geregelt u. die getroffenen Anordnungen v. jedermann eingehalten werden, was denn je nach Umständen zur Drei- Vier- Fünf- od. gar Sechsfelderwirthschaft geführt hat. (9)

c.) Dorfschaften ohne Feldgemeinschaft.

Ebenso alt wie die Dorfschaften m. Feldgemeinschaft, die Hofanlagen ohne Feldgemeinschaft. Tacitus beschreibt die mit abgesonderten Hofmarken umgebnen Hofanlagen u. dennoch wieder zu Dorfschaft verbundnen Höfe (vicus), wie wir sie heute noch oft Stunden lang in den *Thälern* des Odenwalds, des Bairischen Gebirgs, in Tirol, Vorarlberg, Schweiz, Westphalen dahin liegen sehn. (10)|

|121| Mehre solcher Höfe zusammen bilden Gemeinde, mit eignen Gemeindegründen u. eigner Gemeindeverfassung. Diese Gemeindeländereien bestanden v. jeher hauptsächlich in Weiden u. Waldungen, sehr häufig bis nach Norwegen hin *Allmenden* genannt. Und auch f. spätere Zeiten waren diese ungetheilten Gemeindegründe noch das Bindungsmittel der fortwährenden Genossenschaft. So bildeten *drei Höfe od. Weiler*, Oberflockenbach, Steinklingen u. Wüstmichelbach, im Anfang des Odenwalds gelegen noch bis in die letzten Zeiten eine einzige Gemeinde. ... Ueberhaupt scheinen viele spätere Waldgenossenschaften nichts andres als Reste solcher ehemaligen Dorfgenossenschaften ohne Feldgemeinschaft gewesen zu sein, namentlich im Odenwald. Heute noch ... jene Genossenschaften in den Bairischen, Tiroler u. Schweizer Alpen, Frankreich bes. Vendée, Norwegen u. Schweden. (11)

Solche *Hof-Ansiedlungen* in der Regel durch die Lokalität entschieden. In *Ebenen*, wo Raum u. Nahrung f. viele sich vorfand, Dörfer mit Feldgemeinschaft angelegt; Einzelnhöfe dagegen in den Gebirgen, od. in Wäldern, in Marschgegenden, od. wo sonst Mangel an Raum od. an kultivirbarem Land eine grössre Ansiedlung unmöglich machte. Recht klar wird dieß in den bairischen, tiroler u. schweizerischen Alpen, wo sämmtliche Dorfschaften aus solchen zusammenhängenden Hofanlagen bestehn, während dicht daneben in den grössren Thälern u. in den Ebenen Dörfer mit Feldgemeinschaft liegen. Ebenso im Odenwald, wo durch sämmtliche Thäler bis nach Waldmichelbach hin die Dörfer aus Höfen bestehn, während in der Ebene der Bergstrasse entlang bis nach Darmstadt u. noch weiter bloß Dörfer mit Feldgemeinschaft zu finden sind. (10)|

|122| Auch jene Höfe bildeten wahre Genossenschaften, (hie u. da noch bis heute), aber bei den Dorfschaften erstreckte sich die Gemeinschaft auch auf die Felder, bei den Höfen immer nur auf die Gemeinweiden u. Waldungen. Die Bewirthschaftung der Felder pflegte daher bei Dörfern m. Feldgemeinschaft nach Fluren od. Schlägen den Anordnungen der Dorfschaften gemäß zu geschehn, bei Hofanlagen dagegen nie nach Fluren, sondern vielmehr statt der Dreifelderwirthschaft nach der s.g. *Koppelwirthschaft*, ohne allen genossenschaftlichen Zwang. (11, 12) (*Koppel* heißt ursprünglich jedes Band, dann insbesondere ein mit Zäunen umgebnes u. daher aus der Feldgemeinschaft ausgeschiednes Stück Feld.) (12, N. 39)

II. Markgenossenschaften mit Feldgemeinschaft insbesondre.

Im nordischen Recht hiessen die *Urdörfer* (im Gegensatz v. den späteren Dorfanlagen) *Adelby od. Athelby*, (auch bloß *By*) im Altdänischen, *Adalból* od. *Bólstadr* im Altisländischen; das v. einem Adelsmann besessne Grundstück Athaelbit od. Otelbyth im Dänischen. Odhal od. Odhalsiaurd norwegisch, Oedhel, Aedhel u. Edhel angelsächsisch. ([12,] 13) Nämlich Adel ursprünglich nichts als *Geschlecht*, *Art*, race. Jene Benennungen der Urdörfer liefern einen Beweis, daß die ersten Ansiedlungen v. *Geschlechtern* ausgegangen sind. (13) Was im Norden Adelsdorf, in unsern germanischen Urkunden, ganz allgemein villa, *Nachbarschaft*, Honnschaft u.s.w. (l.c.[, 14]) Der gewöhnliche ... Name des Geschlechterbesitzes war ... Allod u. Eigen (proprium). Allod ... von all und od, also ganzes volles Eigen. Als Geschlechterbesitz wurde es dem erworbnen Grundbesitz u. dem Kaufeigen entgegengesetzt ... in Frankreich franc aleu. *Eigen* wurde es genannt, weil es aus der gemeinen Mark ausgeschieden, also wahres zu einem Privatbesitzthum ‖123| gewordnes Sondergut wurde. Das Eigen u. frei ledig Eigen wurde demnach dem Gemeinland (der Almend), v. welchem es gesondert war, entgegengesetzt. In der engren Bedeutung volles Eigen, worüber man volles Verfügungsrecht, späterhin Eigenthum genannt. In dieser engren Bedeutung früh schon dem nicht vollen Eigen, bes. dem beneficium, Lehen u. Leibgeding entgegengesetzt. ([14,] 15) *Vaterland* (faterlant, fateruodil, fader ôdil, terra paterna) in der That nur Name f. Geschlechterbesitz, haereditas. (16) Sehr verbreitete Benennung auch Loosgut (sors) (Lex Burgundionum t. I, c. 1. terra sortis titulo adquisita etc) (l.c.) Ebenso terra salica u. terra vernacula, ebenso verschieden v. dem *Kaufeigen* (de emptione) als den *zinspflichtigen* Huben. (16, 17) hoba (Hube.)

Einzelne Bestandtheile eines Urdorfes:

l) Das eigentliche Dorf:

in allen deutschen Landen die ältesten Dorfschaften jederzeit am *Fusse eines Berges od. Hügels*, an Flüssen od. Bächen, an Landseen od. Weihern od. an andern für die Wirthschaft bequem u. insbes. auf der Sonnenseite gelegnen, mit Wasser versehnen u. gegen die Winde geschützten Orten. (18)

Dorf, torf, turba, tourbe = Haufen, Menge, die versammelte Menge od. die Versammlung (wie heut noch in der Schweiz *einen Dorf halten* = sich versammeln) u. sodann den Versammlungsort selbst. (19) Bei Anlegung eines Urdorfes erhielt jeder vollfreie Genosse ein an die Strasse stossendes Stück Land v. gleicher Grösse u. Güte zur Anlegung eines Hauses u. Hofes nebst den nöthigen Stallungen, Scheunen u. Gärten, welche derselbe auf eigne Kosten m. einem Zaune umgeben mußte. Dieß Stück Land heißt im Norden Toft, Tomt, Tompt, Topt, ‖124| u. auch Bool, in Deutschland Hof, Hofstat, curtis. Seine Grösse später durch das Herkommen bestimmt. (20, 21)

In Deutschland erst Unterschied zwischen der *Baustelle allein* (*Art*, d.h. Grund u. Boden, area, öfters auch mansus, Hofstat, u. v. dem leeren Hofraum (Hof noch heute zuweilen selbst Hof od. curtis.) u. dem Wohnhaus (sala etc) doch bald auch mit im Hof (curtis) begriffen – Haus u. Hof. (21, 22) Zum Hof gehörn auch die wohlverwahrten Arbeitshäuser der Frauen, worin diese beisammen zu wohnen u. zu arbeiten pflegten, daher *Schreine* (scrinium od. screona) od. Frauenhäuser (gynaeceum od. genecium) (22) Ausserdem gehörte zum vollständigen Hof ausser Wohn- od. Herrschaftsgebäude u. dem Garten die Stallung (scuria, d.h. ecurie) u. die Scheune (granea, d.h. grange), der Schweinstall (porcaritia domus), Schafstall (ovile), Keller (cellaria) u. Speicher (spicarium) u. die andren Behälter u. Stuben (stubae) (Lex Alamannorum Lex Bajuvariorum Lex Salica) (l.c.)

Jeder solche Hof mit allen dazu gehörigen Wohn etc Gebäuden, Höfen u. Gärten seit den ältesten Zeiten eingezäunt ... heute noch in der Vendée jedes Haus sammt Hof m. Graben u. zuweilen auch noch mit Hecken besetzten Wall v. Erde umgeben. V. dieser Einzäunung wahrscheinlich das Ganze den Namen cors, cortis, curtis. (23) Zaun (sepes, zôn, zûn (ezziszun L. Bajuv. X c. 16, Ezzis zun = Etz- od. Eschzaun. sepem quem ezziszun vocant – virga quam etorcartea vocamus)) od. tunimus, offenbar Tun, engl. town, holländisch tuin, ursprünglich wahrer aus dünnen Zweigen od. Ruthen, s.g. Ettergerten bestehnder Zaun. (23)|

|125| Trotz des bestehenden, schon aus frühren Zeiten herrührenden Verbots sehr bald ausser Thürmen, Wall u. Graben auch noch andre Festungswerke ... hinzugefügt ... dadurch jene früher nur mit einfachen Zäunen umgebenen Höfe zu wahren Burgen gemacht, in den Städten wie auf dem flachen Land. (24) Jene bloß mit steinernen Mauern u. Thoren versehnen Höfe müssen schon früh jenes thurmartige u. burgartige Aussehn gehabt haben, wie man Jahrhunderte lang, zum Theil noch bis auf unsre Tage viele Privatpalläste u. Höfe in ital., französ., niederländischen u. deutschen *Städten* u. *Dörfern* gesehn hat, z.Th. heut noch z.B. in Florenz, Verona, Paris, indem diejenigen Geschlechter u. Edelleute, welche keine eigne *Burg* haben konnten, wenigstens ihre Steinhäuser, Mußhäuser oder Kemnaten zu haben pflegten, od. sich, wenn ihnen auch dieß nicht möglich, zu einem Ganerbenhaus vereinigten. Jedenfalls jene Umzäunungen klares Bild v. den späteren Burgen, die in ihrer Grundanlage v. den früheren Höfen nicht sehr verschieden gewesen zu sein scheinen. (24, 25)

Der innere Dorfraum, bestehend aus den Strassen u. freien Plätzen, zum Sammelplatz f. das aus- u. einzutreibende Vieh, für die Dorfbrunnen, Viehtränke u. Schwemme, f. die Dingsteine u. andre öffentliche Anstalten. (35) Diese Dorfplätze zu den öffentlichen Versammlungen bei gerichtlichen u. andren Verhandlungen über die Angelegenheiten des Dorfes. (36)|

|126| Nach Herkommen gehörten zu altdänischem Dorfe 4 Feldwege; nach den 4 Himmelsgegenden gerichtet, durchschnitten in der Form eines Kreuzwegs den innern Dorfraum (die Forthe.) Rings um denselben lagen nun dicht neben einander die mit Zäunen umgebnen Höfe (Tofte). Durch sie allein war demnach schon der ganze innre Dorfraum bis zu den 4 Ausgängen nach den Feldwegen geschlossen. Aber auch diese 4 Ausgänge mußten, da die Forthe zu gleicher Zeit als Sammelplatz f. das Vieh diente, mit einem Zaune, daher Norder- Süder- Oster- u. Wester-Thor genannt, versehn sein. So jedes Dorf ein *geschlossenes Ganze* u. zwar ein regelmässiges *Viereck* od. *Oblongum*, noch heute bei den Dörfern auf

Fehmarn, hin u. wieder im Holsteinischen u. nördlichen Deutschland, z.B. Oejendorf dicht bei Hamburg. (36) Bei den deutschen Dörfern die einzelnen Höfe, »wieder mit einem alle diese Höfe umfassenden *Gesammt-Zaune*, od. auch schon sehr frühe mit *Graben* umgeben, u. durch diese Einzäunung v. der zum Dorf gehörigen Feld- u. Waldmark geschieden.« Diese Einzäunung heißt »Dorfzaun, Etter oder Dorfs-Etter.« (37) (*Schwäbisch Landrecht* »unde ieglich dorf in sinem zûne.« *Ruprecht v. Freising:* „ain yedes dorf in sein zaunpfluech." *Sächsisch Landrecht* »iewelk dorp bynnen siner gruve vnde sime tune.«) (l.c.) Oft Fallthore an den Dörfern, wie Städten. (38)

2) Feldmark.

Der gewöhnliche Name des f. Felder u. Viehweiden bestimmten Distrikts, bis zum äussersten Norden – *Mark*. Bedeutet bei allen germanischen Völkern ursprünglich *Zeichen*, zumal Grenzzeichen, Grenzmarke, dann die Grenze selbst u. jedes in bestimmte Grenzen (Marken) eingeschlossne Gebiet. Altnorwegisch: mark od. maurk jedes Zeichen, also insbes. auch eine *Münze*, sodann aber Grenze u. jedes eingemarkte Grundstück. *Gemeine Mark* (Almennings maurk) u. der *Gemeine Wald* almennings mörk. (40, 41) Ursprünglich gehören zur Feldmark (Mark des Dorfes), im Gegensatz zum bewohnten Dorf, die gesammte Feld- u. Waldmark. (42) Schon in den allerältesten Zeiten Markgenossenschaften, welche keine Waldgenossenschaften, wenigstens nicht ausschließlich, sondern zu gleicher Zeit auch *Feldgemeinschaften* waren, deren Genossen daher Mitmärker (commarchani) hiessen. (42)|

|127| In *Friesland* bestanden die Dorfmarken sogar in der Regel aus *Wiesen* u. blos ausnahmsweis aus Wäldern. (43) Bei den meisten alten Marken auch Waldungen ... Hauptbestandtheil, weil vor den ersten Ansiedlungen das Land grossentheils mit Wald bedeckt, die ältesten Marken also vorzugsweis aus Wald bestanden haben mögen. [(43)] Mit der zunehmenden Landescultur verschwanden mehr u. mehr die grossen Waldungen, ebenso wie Weiden, Heiden u. andren öden Gründe, indem sie in urbare Felder verwandelt, diese aber durch Absteinung v. der Gemeinschaft ausgeschieden zu werden pflegten. Daher die gemeinen Marken nach u. nach auf die Gemeinwaldungen beschränkt u. am Ende, z.B. in Niedersachsen die Markgenossen selbst *Holten* (v. Holt, silva) genannt werden konnten, weil nur noch der Wald in ungetheilter Gemeinschaft geblieben, die Genossenschaft also Waldgenossenschaft geworden war. Auch erst in diesen späteren Zeiten Gegensatz zwischen Feld- u. Waldmark, wonach zur ersten alles, *wohin Pflug u. Sense* geht, zur eigentlichen Mark dagegen Wald, Weide u. Heide. (44)

Mark ursprünglich f. dạṣ Dorf selbst. villa daher in dẹṛ weiteren Bedeutung so viel als marca. (l.c.) Mark umfaßt aber auch verschiedne Dorfschaften. War dẹṛ wandernde Stamm klein u. wenig zahlreich, liessen sich Alle in einem einzigen Dorf nieder u. kultivirten v. hier aus einen Theil dẹṛ zunächst liegenden Feldmark, bis dịẹ zunehmende Bevölkerung zu neuen Ansiedlungen in entferntren Theilen dẹṛ Mark, d.h. zur Anlegung v. Filialdörfern nöthigte. Dieß in Dänemark dẹṛ Fall. Wenn dẹṛ wandernde Stamm zahlreich, so Ansiedlungen in verschiednen Dörfern, etwa als Centen od. Hunderte, in verschiednen Dorfschaften, behielten dạṣ Land als gemeine Mark in ungetheilter Gemeinschaft. (45, 46)

Dịẹ alten Marken, wie heute noch dịẹ Feldmarken vieler ungarischen Ortschaften, in dẹṛ Regel v. sehr grossem Umfang, da dịẹ ersten Ansiedlungen v. ganzen Völkerschaften od. Geschlechtern ausgegangen, u. es damals nicht an Raum zu solchen ausgedehnten ||128| Niederlassungen fehlte. (46) Darum heißt dịẹ zu einem dänischen Urdorf gehörige Feldmark bald Mark, bald aber auch Gau (pagus, pagus communis) od. Athelby. (46) Ebenso dịẹ 100 pagi dẹṛ Sueven u. Semnonen bei Cäsar. (l.c.) Grosse Ausdehnung dẹṛ alten Marken in Sachsen u. Westphalen, am Rhein u. in andern Theilen v. Deutschland. (47)

Dẹṛ Theil dẹṣ ehemaligen Niederrheingaus, den man heut noch Rheingau zu nennen pflegt, ursprünglich eine *einzige grosse Mark*, alle in demselben angesessnen *Grundbesitzer* gleichberechtigte Markgenossen, in dẹṛ Wald-Mark wie Feld-Mark. (48) Dịẹ grossen Marken gehn schon früh in Fürstenthümer u. die in denselben befindlichen Landesalmenden in Staatsdomänen u. Staatswaldungen über. (53) Mit Marken identisch in andern Gegenden *Thäler* (Schweiz z.B.), Bauernschaften, Nachbarschaften, Honnschaften, Geraiden, Gaue (*Gau*, in Baiern u. dẹṛ Pfalz noch Gäu f. γῆ, γέα, γαία = Land [(55)]), Provinzen u. Reiche. ([53,] 54)

(In Baiern dịẹ Landleute Gäuleute, ebenso Gäuweber, Gäukrämer, Gäuwirt u.s.w. f. dịẹ auf dẹṃ Land ihr Geschäft treibenden etc (55) Auch in Friesland dạṣ Dorf m. sẹịṇẹṛ Dorfmark ga od. go. (56)) Mark aber auch Territorium genannt in dẹṇ altdänischen Gesetzen z.B. Auch im salischen Volksrecht schon u. dẹṇ Kapitularien dẹṛ fränkischen reges für Gau bald pagus, bald provincia gesetzt etc, im alemannischen u. sächsischen Volksrecht provincia abwechselnd m. marcha gebraucht. (56, 57) In demselben Sinn Reich. Baiern heißt so ein Baiernreich (Beiaro riche) u. im Gegensatz zu Oestreich od. zum östlichen Baiern Westreich (Uuestarrîhhi) (57), Schwaben suâbo rihhi, so Aachnerreich, Reich v. Nimwegen, Distrikt bei Trarbach an dẹṛ Mosel dạṣ Cröverreich u. eine andre Gegend an dẹṛ Mosel dạṣ Westrich etc (58) In Friesland f. hammerk, hemmerke, od. Dorfmark, öfters hemrik, hemrike etc (l.c.) Eben territorium ursprünglich f. jedes Land, ohne Rücksicht auf seine Grösse das Wort territorium. (l.c.)|

|129| In fränkischer Zeit wurde das Reich in Gaue u. Grafschaften eingetheilt. Daher traten die übrigen Benennungen etwas zurück. (59) Die Hundschaften, Honn- od. Hondschaften, huntari, Hunderte u. Zenten bildeten ursprünglich (Hordenweise) *kriegerische Abtheilungen.* Später f. die Dorfschaften etc, worin sie sich hordenweis niederliessen. (l.c.[, 60]) Diese mit den Marken zusammenhängenden Hundertschaften scheinen sich nur bei den Franken u. Alemannen gefunden zu haben. (62) Zenten = centenarii. Auch die hin u. wieder vorkommenden Börden, Buren, Geburen und Geburthen sind solche kleinre od. grössre Markschaften od. Bauernschaften gewesen. (66)

Vertheilte Feldmark: Da die ersten Ansiedlungen v. Geschlechtern ausgegangen, so erhielten bei der Vertheilung der Feldmark auch nur sie als die Vollfreien ihren Antheil, sie aber auch ganz gleiche Theile u. gleiche Berechtigung. (71) Auch bei der Niederlassung in Römerlanden, denn ohne Gleichheit der Loose (sortes) wäre die Verloosung selbst gar nicht möglich gewesen. (72) Im nordischen Recht erhielt sich die alte Verfassung bis spät ins Mittelalter. Nun sollte aber in Dänemark nicht nur ein jeder Genosse gleich gutes, gleich nahes u. gleich fernes Ackerland erhalten, sondern auch bei jeder im Lauf der Zeit entstandnen Ungleichheit mittelst Anwendung der Reebningsprocedur (Reiftheilung = reebdeling) die ursprüngliche Gleichheit der Loose wieder hergestellt ... wie bei dem Volke Israel durch die Einrichtung des Jubeljahres. (72) Bei den Deutschen dieselben Meßinstrumente wie bei den Dänen, Seile (funiculus mensurationis, Meßseil) Taue, Schnüre, Reife, Ruthen u. Stangen. (l.c.) Heute noch in der Gegend v. Breslau gewisse Ackerstücke *Schnuren* genannt u. in der Grafschaft Glatz nach Verschiedenheit der Morgenzahl *einschnürige* u. *zweischnürige* Bauerngüter unterschieden. (73)|

|130| Um nun bei der verschiednen Güte u. Lage des Bodens einem jeden Genossen einen in jeder Beziehung ganz gleichen Antheil anweisen zu können ... entstand die Form der Feldmarken, wie wir sie noch heute durch ganz Deutschland u. Europa sehn. Jede kulturfähige Landesstrekke in der Feldmark v. gleicher physischer Beschaffenheit, Güte u. Lage wurde zu einer besondren *Feldflur* ausgeschieden u. diese sodann unter die einzelnen Genossen (durchs Loos) vertheilt. Man nannte diese Feldfluren in den verschiednen Ländern Feld, ager, Vong od. Wang, Kamp od. campus, Feldung, Zelge, aratura, Esch od. Oesch, Flur, Gewende od. Gewanne. ... Jede solche Feldflur bildete ein Ganzes, nach einem althergebrachten System bewirthschaftet, zu einer u. derselben Zeit entweder bebaut u. abgeerndtet od. als Brachfeld beweidet. Die Anzahl der Fluren,

Zelgen od. Eschen war sehr verschieden in den verschiednen Territorien. Es gab 3, 4, 5–6 Feldfluren in einer u. derselben Feldmark. Und nach der Anzahl der Fluren richtete sich die Bewirthschaftung derselben. (73, 74) Bei der (meist verbreiteten) Dreifelderwirthschaft ein Feld f. die Winterfrucht, ein andres f. die Sommerfrucht u. das dritte f. die Brache. Daher Winter- Sommer- Brachfeld oder – Zelge, anderwärts Sommer-, Winter-, leere Esch etc. (75) Jede Feldflur sollte zum Schutz gegen den Zutritt v. Mensch u. Vieh mit *Zaun* umgeben u. v. der Saatzeit bis zur vollendeten Erndte geschlossen sein. (76) Aufseher od. Hüter f. jede Feldflur, hiessen Schützen, auch Flur*haie*, Eschhaie etc (77) Es hängen mit diesen Feldfluren auch noch die feierlichen Flurumgänge u. Fluruntergänge, Flurumritte od. das s.g. Eschreiten zus., wobei man Knaben mitzunehmen u. ihnen Ohrfeigen zu geben pflegte, um denselben die umgangnen od. umrittnen Flurgrenzen gehörig einzuprägen u. sie durch ein solches Denkzeichen zum künftigen Zeugnißgeben bei entstehnden Streitigkeiten desto besser zu befähigen. (77)|

|131| Jedes dieser *Fluren, Felder*, Zelgen od. Kampe wieder in eben so viele gleiche Theile getheilt als vollberechtigte Genossen vorhanden ... in jeder Feldflur einem jeden Genossen sein Ackerloos angewiesen ... Tacitus (c. 26) jeder Genosse sollte gleich gutes, gleich nahes u. gleich grosses Loos erhalten ... In Baiern noch im spätern Mittelalter in dieser Weise getheilt. ... heute noch sehn wir in den langen u. schmalen Ackerstreifen die Spuren jener ursprünglichen Vertheilung des Landes. Das System der Güterarrondirung datirt erst aus neueren Zeiten ... erst in spätern Zeiten im Interesse der Landwirthschaft eingeführt, um seine Felder bequemer zubauen u. gegen fremde Weide schliessen zu können. Gegenstand der Gesetzgebung seit dem 18. Jh. z.B. in Schleswig Holstein, erst seit Anfang des 19. Jhhd. durch die Gesetzgebung in Baiern begünstigt. (77–79) Loosgut (sors) Neue noch u. Sache (sieh oben) am Rhein u. Mosel bis auf unsre Tage. (80) So wie jedes Haus u. jeder Hof in dem bewohnten Dorf, dann jede Feldflur, so die einzelnen Ackerloose wieder mit Zäunen umgeben etc (l.c.) Auch Theilung des eroberten Landes bei Burgunder, Ost-Westgothen, Langobarden, Franken etc mit den Eingebornen; nicht allein auf dem Lande, sondern auch in den Städten, u. es sollten die Vorsteher der Städte u. Dörfer darüber wachen, daß die gemachten Loose unversehrt erhalten werden. (81)

Die gleiche Vertheilung bildet ursprünglich die Regel u. in manchen Territorien, z.B. im Odenwald, auch noch in späteren Zeiten. Indessen finden sich in Deutschland auch schon *sehr* früh Spuren v. Anweisungen grösserer Loose ... an die Häuptlinge (principes), so wie an die Stammfürsten u. Hordenführer (reges.) Erst die Eroberung der Römerprovinzen legte jedoch den Grund zur vollkommensten Ungleichheit ... Die Eingebornen hatten nicht nur $^{1}/_{3}$ des Landes, den abgetretnen grössren Theil dagegen die weniger zahlreichen Germanen allein unter sich zu theilen ... schon dadurch der Hauptgrundbesitz in den Händen Weniger ‖132| concentrirt. Da es nun ausserdem die Menge des zu vertheilenden Grundeigenthums gestattete, auch noch den begünstigteren Freien verschiedne Ackerloose an verschiednen Orten anzuweisen, die Anführer aber, der althergebrachten Sitte gemäß, ohnedieß zum voraus grössre Loose u. durch die königl. Freigebigkeit noch andre Länder erhalten hatten, u. endlich alles Land, worüber nicht zu Gunsten eines Privaten od. einer Gemeinde verfügt war, dem rex v. Rechts wegen gehörte, so ... begreiflich, wie sich in so kurzer Zeit in den Händen des Königs u. des Adels eine so grosse Masse v. Grundbesitz häufen konnte, wovon man früh schon die allerunzweideutigsten Beweise findet. (83, 84) Diese Veränderung wirkte rück auf Deutschland. ... In den meisten Dorfschaften dagegen hat sich auch in Deutschland, wie im ganzen Norden Europas, noch eine Zeitlang Gleichheit des Grundbesitzes erhalten. Erst in späteren Zeiten bei dem allmähligen Verfall der alten Verfassung findet man auch in den Dorfschaften die Anfänge v. Herrenhöfen des niederen Adels im späteren Sinn des Wortes. Denn ursprünglich war jenes Besitzthum eines freien Geschlechts eine terra dominicata u. dessen Hof eine curtis dominicata. (84)

Unvertheilte Feldmark: Getheilt pflegte nur derjenige Theil der Feldmark zu werden, der kulturfähig, u. dieser vorerst auch nur so weit, als man desselben zur Ernährung der Genossen bedurfte. Alles übrige der Cultivirung nicht fähige od. für jetzt zum Anbau nicht nöthige Land blieb in ungetheilter Gemeinschaft. Dazu gehörten zunächst die *Waldungen, Weiden, Heiden, Moore etc* (p. 84) Auch in Gallien u. den übrigen eroberten Provinzen wurde nur der bereits kultivirte u. angebaute Grund u. Boden der Theilung unterworfen. In ungetheilter Gemeinschaft blieben dagegen auch daselbst viele *Felder* u. die *Waldungen* (silva indivisa, silva communis) etc. p. 87 (Wenden)|

|133| Auch Bäche, Flüsse, Landseen, Quellen blieben in Gemeinschaft, durften daher bei schwerer Strafe nicht verunreinigt, wohl aber v. jedermann zur Fischerei, Anlegung v. Mühlen, Bewässerung, Viehtränke u.s.w. benutzt u. dessen Gebrauch v. niemanden erschwert od. verhindert werden. (91)

Eigenthumsrechte an der Feldmark.

Bekanntlich ist im ganzen Orient v. jeher u. bei den Türken noch bis auf die jetzige Stunde, der Fürst, od. wer sonst, wie Jehova beim Volke Israels, die höchste Gewalt im Staate besitzt, der *eigentliche Grundherr* dẹṣ Landes gewesen. Dieselbe Grundidee führte im röm. Reiche zu dẹṇ Eigenthümlichkeiten dẹṣ Besitzes (possessio) an dẹṃ ager publicus ... Ganz dasselbe gilt nun auch bei dẹṇ germanischen Völkerschaften, wie ... überhaupt bei einem erobernden Nomadenvolk. (92) *alles Land* – auch bestätigt durch dịẹ Geschichte dẹṛ *nordischen Reiche* – alles Land ursprünglich *Gemeinland* (Almenning, alminning etc), also der Gesammtheit od. dẹṃ Volke wirklich gehöriges Land. Und was im Norden almenning war in England dạṣ folcland, nämlich dạṣ ursprünglich dẹṃ gesammten Volke gehörige Gemeinland. Ein wahres Privateigenthum hat es ursprünglich gar nicht gegeben. So lange noch jährlicher Wechsel an dẹṇ Ackerloosen stattfand, war ein solches nicht einmal möglich. (cf. de bell. Gall. IV, 1. VI, 22) Erst aus dẹṛ Zersplitterung dẹṣ Gemeinlandes, dẹṣ Volklandes od. dẹṛ gemeinen Mark ist dẹṛ Privatbesitz hervorgegangen. Daher wurde dạṣ Privatbesitzthum ursprünglich ein *Sondergut* od. *Sondereigen*, Sonderholz od. silva singularis, Sonderhof od. ein *Sundern* genannt, weil es aus dẹṛ gemeinen Mark zu einem v. ihr gesonderten Besitzthum ausgeschieden worden war. (93) Was in Deutschland dạṣ Sondereigen, in England theils dạṣ Adelsgut (der Edhel), theils dạṣ Buchland (bôcland), indem beides aus dẹṃ Volkland ausgeschiednes Privatbesitzthum gewesen ist, dạṣ Adelsgut ‖134| gleich bei dẹṛ ersten Landestheilung! nach dẹṛ Besitznahme dẹṣ Landes, dạṣ Buchland aber späterhin erst mittelst einer schriftlichen Urkunde ausgeschiednes Land. (94)

Dạṣ ganze v. einem Geschlecht od. Volksstamm in Besitz genommene Gebiet war also Almenning, Volkland od. Gemeinland. Davon jeder Genosse sẹịṇ jährlich wechselndes od. auch erbeignes Loosgut (Allod) u. dẹṛ Rest blieb Gemeinland u. ward späterhin Staatsdomäne, od. dịẹ ungetheilte Mark irgend einer Gau- Cent- Dorf- Stadt- od. andern Markgemeinde. Wie in England dạṣ folcland v. dẹṃ mearcland u. dieß wieder v. dẹṃ Edhel u. Bocland verschieden, so in Deutschland dạṣ dẹṃ gesammten Volke gehörige Gemeinland von der dẹṇ einzelnen Gemeinden gehörigen Almende, u. diese wieder v. dẹṃ Erbeigen od. Allod od. dẹṃ altsächsischen Uodil od. Odil. So wie nämlich in England dạṣ Volkland im Gesammtbesitz dẹṣ Volkes war u. dẹṛ König mit Zustimmung dẹṣ Volkes darüber verfügte, so hatte auch in Deutschland dẹṛ König über dạṣ v. keiner Gemeinde u. keinem Einzelnen in Besitz genommne Gemeinland zu verfügen. Und es sind in Deutschland aus jenen Gemeinländereien, über welche nicht zu Gunsten eines Andern verfügt worden war, dịẹ Reichsgrundherrschaften u. insbes. auch dịẹ grossen Reichswaldungen u. andern Reichsalmenden hervorgegangen, bekanntlich später an dịẹ Landesherrn übergegangen. (94, 95) Dịẹ Gemeinde-Almenden waren jedoch sehr verschieden in Deutschland, je nachdem dieselben einer grösseren od. kleineren Markgemeinde angehört haben. So wie es nämlich in Schweden ehemals Landes- Provinzial- u. Härads(Dorf)-Almenden gegeben hat, so in Deutschland, ausser den Reichsalmenden auch noch Gau- u. Centalmenden. (95) Die meisten landesherrlichen Domänen kein »Privatvermögen«. Ihrem Ursprung u. ihrer Bestimmung nach ... vielmehr öffentliches Gut, bestimmt zur Bestreitung des öffentlichen Diensts u. der öffentlichen Ausgaben des Landes. (97) |

|135| Die Looseigener ursprünglich, so lange der jährliche Wechsel der Ackerloose bestand, eine bloß zeitliche Gewere (precarium) ... nach u. nach zu einer erblichen Gewere ausgebildet, wie die Zeitpacht allmählig in Erbpacht übergegangen ist. (97, 98) Namentlich in den eroberten Römerprovinzen gleich bei der Theilung des Landes jedem germanischen Looseigener ein grösseres Recht an dem zugewiesenen Loose eingeräumt worden zu sein. Denn da die römischen possessores schon Eigenthumsrechte besassen, u. an dem ihnen überlassenen Antheil ihre Rechte nicht beschränkt werden sollten, so konnten die Germanen hinsichtlich ihrer Loostheile nicht schlechter gehalten sein. Unter dem Einfluß des röm. Rechtes haben sich sodann die Begriffe über Privateigenthum immer weiter u. weiter auch unter den Germanen verbreitet. (98) ursprünglich nach germanischem Recht kein wahres Eigenthum, sondern nur Besitz ... Schutz in diesem Besitze = Gewere. (102) Die heutigen Begriffe über Privateigenthum ... erst aus dem römischen Recht geschöpft. Das altgermanische Recht hatte nicht einmal einen eigenen Namen zur Bezeichnung v. Eigenthum. (Vgl. *Grimm*, R. A. 491. 491) (p. 103) Das Wort Eigen sogar bedeutete ursprünglich nicht ... was wir heut zu Tage unter Eigenthum (dominium) zu verstehn pflegen ... Man verstand darunter vielmehr alles, was Einem gehört, worüber man Verfügungsrechte hat, wie heute z. B. noch in den Redensarten *meine eigene Frau*, etc. Auf ganz ähnliche Weise altnorwegisch eiga = besitzen od. ein Recht an etwas haben. eiga Kono eine Frau haben, eign der Besitz u. eignir der Grundbesitz (Gula-Things L. etc), woran der Grundbesitzer bloß einen Nießbrauch hatte ... worüber man Verfügungsrechte, also bes. das aus der gemeinen Mark ausgeschiedne u. in den Privatbesitz übergegangne Land. In dieser weiteren Bedeutung gab es nicht bloß ein volles Eigen, ein Erbeigen, etc, sondern auch Zinseigen (Zinsgut), ein vogtbar Eigen etc. (103) |

|136| *Herrschaft* war der wahre Ausdruck für die dem Besitzer eines vollfreien Eigen zustehnden Rechte u. auch, wie ich glaube, die ursprüngliche Benennung f. vollfreien Grundbesitz. Das Wort herdum od. hertuom f. Herrschaft schon in dem Siegeslied auf den Heiligen Anno. (104) Die Markgenossenschaft ist ... der wirkliche echte Eigenthümer v. Wald, Wasser u. Weide gewesen, z. B. im Rheingau bis ins 12. Jhd. etc. (105)

Uebergang des Verfügungsrechts über die Gemeinde, resp. Volksland an den König (nämlich Gemeinland an einzelne Colonen zu verpachten etc). … Aus diesem anfänglich blossen Verfügungsrecht des Königs … nach u. nach eine wahre *Grundherrschaft* entstanden. (106) So wurde der König, ganz nach orientalischen Begriffen, der *Grundherr zwar nicht des ganzen Landes*, wohl aber *der ungetheilten* v. niemand Anderem in Besitz genommenen *Mark*. (106, 107) Alle die grösseren Markgenossenschaften, welche ihre althergebrachten Rechte zu bewahren u. so die alte Verfassung zu erhalten gewußt hatten, blieben nach wie vor die eigentlichen Grundherrn ihrer Marken. (107) Dasselbe war hinsichtlich der neuen Dorfansiedlungen in den grösseren Marken der Fall. Denn sie konnten zwar mittelst Abmarkung ihrer bes. Feldmark aus der gemeinen Mark ausscheiden. Sie kamen aber dadurch unter keine fremde Grundherrschaft. Sie haben vielmehr auf diese Weise die Grundherrschaft in ihrer ausgeschiednen, ungetheilten Dorfmark selbst erworben. (l.c.) Gleich bei der ersten Vertheilung des Landes zur Zeit der Völkerwanderung die meisten Loosgüter zu Erb u. Eigen gegeben u. dadurch aus der Gemeinschaft ausgeschieden … *Sondereigen*. Diese Hingaben zu *Sondereigen* aber auch im späteren Mittelalter noch öfters wiederholt, so daß schon dadurch die ursprünglich sehr ausgedehnten Gemeindeländereien sehr vermindert. Meistentheils jedoch die Gemeindeländereien in späteren Zeiten zu einer mehr od. weniger ausgedehnten blossen *Sondernutzung* hingegeben. (108)|

|137| In den meisten Territorien sind nun auch diese ursprünglich zur blossen Sondernutzung hingegebnen Gemeinländereien in *Sondereigen* od. in *Lehen-* od. *Zinseigen* verwandelt worden, od. auch stillschweigend nach u. nach in derselben Weise übergegangen, wie die [Zeitpacht] in Erbpacht. (109)

„daz selbe recht, daz [billicher] vnrecht haizzet." heißts in Urkunde v. Kaiser Ludwig dem Baier, von 1316, worin das Grundruhrrecht (auf gestrandete Güter)\(Recht die schiffbrüchtigen Güter zu nehmen) etc abgeschafft. (120[, 121])

Inbegriff der einem Dorfgenossen zustehenden Rechte.

Wie durch curtis, curia, mansus, auch durch das Wort *Pflug* der Inbegriff der ganzen Besitzung eines Dorfgenossen bezeichnet. … Sie wiesen bei der ersten Verloosung einem jeden Genossen so viel Land an, als er zur Ernährung seiner Familie bedurfte, nicht weniger, aber auch nicht mehr, u. zwar bei jeder einzelnen Niederlassung Einem so viel wie dem Andern. Daher … in jedem einzelnen Dorf ein Besitzthum zwar dem andern gleich, in den verschiednen Dörfern u. Gegenden hingegen öfters völlig verschieden. Hängt v. der Lage u. sonstigen Güte des Bodens ab (nämlich das Bedürfniß eines grössren od. kleinren Stück Landes, um damit eine Familie zu ernähren). Z.B. Im Rheingau, Lahngau, Nahgau, Lobdengau u. im Stift Corvei der mansus 30, im Trierischen dagegen bloß 15 Morgen, im Odenwald 40 u. mehr, in der Abtei Prüm 160. (129) Aus demselben Grunde war auch nicht ein Morgen so groß wie der andre. Die *Grösse des Morgens* wurde nämlich *nach der Arbeit eines Tages* berechnet, entweder nach der Arbeit der Menschen od. der bei der Arbeit verwendeten Thiere. Im ersten Fall wurde daher der Morgen ein *Tagwerk* (jurnale od. jurnalis), terra jurnalis, jornalis, diurnalis, sodann *Mannwerk, Mannskraft* u. *Mannsmaad,* ‖138| od. auch *Mannshauet* z.B. im Breisgau, im letzten Fall aber v. dem römischen jugerum ein Juchert od. Joch od. eine terra boum, bovarium, u. in England bovata, od. auch terra animalium u. terra pecorum genannt. (129, 130) Da man sich der Ochsen nur beim Ackerbau, nicht bei Wein- u. Wiesenbau bediente, so urspr. Joch od. Juchert bes. nur bei Ackerbau, bei Weinbergen Mannwerk od. Mannskraft, bei Wiesen Mannsmad od. Mannmerk. *Tagwerk* od. *Tagwann dazu bei Ackerland, Wiesen, Weinbergen, Waldungen, andren unkultivirten Ländern.* ([130,] 131) (Jedoch alles dieß wechselnd in verschiednen Gegenden.) Nachdem das *Ackermaaß* einmal *nach der Arbeitszeit* bestimmt war, so bediente man sich des Wortes Joch od. Juchert im weiteren Sinn auch bei Wiesen, Weinbergen, Waldungen, wiewohl bei ihnen v. einer Pflugarbeit der Ochsen keine Rede sein konnte. Alle *diese nach der Arbeitszeit bestimmten Ackermaasse* bedeuteten aber in einer u. derselben Gegend ein u. dieselbe Grösse. Daher wurden jene Worte abwechselnd u. als völlig gleichbedeutend gebraucht, Joch od. Juchert gleichbedeutend mit Morgen, Tagwerk od. jurnale, Juchert u. Manwerk, Juchert als gleichbedeutend m. Tagwerk u. terra boum. (131, 132) (Si quaeris, cur vocetur *Mannwerk,* ideo dicitur, quia uni viro committitur ad colendum et tantum terrae, quantum par boum in die arare sufficit. p. 132, n. 69.) Da nun die Arbeit eines Tags an verschiednen Orten verschieden, indem nicht an einem Ort so fleissig gearbeitet als an dem anderen, u. *wegen der Schwere* u. *sonstigen Verschiedenheit des Bodens* das Resultat der Arbeit nicht allenthalben dasselbe sein konnte, so entstand »auch hinsichtlich der Grösse der Morgen u. des ganzen Besitzthums ein Unterschied an den verschiedenen Orten«. Frühe schon jedoch die Grösse nach festen Grundsätzen regulirt. So im *Erzstift Trier* bereits früh schon bestimmt, aus wie viel Ruthen (virgae) der Morgen (jurnale) u. aus wie viel Fuß die Ruthe bestehn, wie groß also der Morgen sein sollte. (132)|

|139| Anderwärts wurde die Grösse des ganzen Besitzthums bestimmt u. daher v. gesetzlichen Huben gesprochen. (132) Allenthalben, nachdem einmal die Grösse bestimmt, ob durch Herkommen od. anders, später bei diesen Bestimmungen geblieben, wenn auch das ursprünglich zu Grund gelegte Bedürfniß sich mittlerweile geändert. (133)

Die Grösse des ganzen Besitzthums doppelt regulirt. Einerseits nach der Anzahl des darauf zu ernährenden u. überwinternden Viehs hauptsächlich der Antheil an den *Wiesen u. Weiden* berechnet u. angewiesen. Andrerseits entschied das *Bedürfniß der Familie* mit Bezug auf die Grösse des ganzen Besitzthums. Daher pflegt dieß in den meisten Ländern Europas ursprünglich so groß gewesen zu sein, daß dasselbe m. einem einzigen Pfluge u. mit den demselben entsprechenden Hand- u. Spanndiensten bearbeitet werden konnte. Darum v. den jährlichen Pflugarbeiten das Besitzthum selbst *Pflug* (aratrum od. ploughland) genannt, in den verschiedensten Theilen v. Deutschland, in England, Frankreich, Norden Europas. (p. 133) Ditto in England ausser *Pflug* noch *higid, hid, hiwisc*, ferner mansus od. mansa, mansio od. manens, possessio familiae, terra familiae od. auch familia, Erbe (haereditas), Allod, Sors, Adelsgut etc. (p. 134) {terram pascualem quatuor boum – terram XXX duorum pecorum pascualem etc [(133, N. 73)]} {tantum agrorum quantum aratro bene instructo coli potest.} [(l.c., N. 74)] {*hida* autem Anglice vocatur terra unius aratri culturae sufficiens.} [(134, N. 79)]

Zur gleichen Vertheilung des Landes in jeder Feldmark u. darin wieder jeder Feldflur erforderte vorher *Vermessung* vor der Verloosung. Daher seit den ältesten Zeiten die einzelnen Landstücke *gemessen*. Deßhalb v. jeher ganze, halbe u. weiter getheilte Huben, ebenso ganze u. halbe Pflüge. (135) Glaubte im Norden ein Bohlsbesitzer (boolesmann) weniger Land als der andre zu besitzen, so sogar in späteren Zeiten noch berechtigt wegen dieser Ungleichheit der Mansen (inaequalitate mansorum) eine neue Vermessung seines Bohles sowohl wie der ganzen Feldmark zu begehen ... wer die begehrte Vermessung verweigerte, bestraft, er müßte dann vertragsmässig bedungen haben, daß er damit nicht mehr beschwert werden. Vermessung *per funiculum*, i.e. Seil od. Tau od. Reif (Reeb) ... *Reebningsprocedur* ... Ursprünglich blos für die Adelsdörfer, f. die by u. Athelby, später auch auf die übrigen Dorfanlagen ausgedehnt; auch diese Töchterdörfer Ansiedlungen ganzer Genossenschaften. (135)|

|140| Hlubek. cont.

II. Sandboden.

Der Charakter des Sandbodens besteht darin, daß er im trockenen Zustand niemals einen Zusammenhang oder Schollen wahrnehmen läßt. Ist demselben so viel Thon beigemengt, daß er im befeuchteten Zustand Schollen bildet, so hört er noch nicht auf, ein Sandboden zu sein, wenn die Schollen beim Austrocknen v. selbst zerfallen. Ausser dem Mangel an Zusammenhang zeichnet sich der Sandboden durch eine geringe Wasseraufnahms- u. Wasserhaltungsfähigkeit, durch eine schnelle u. anhaltende Erwärmung, u. durch eine rasche Zersetzung des Humus u. Düngers (Stallmists) aus, ohne die Producte der Zersetzung, wegen Mangels an Salzbasen zu fixiren. Was die Menge des beigemengten Thons u. andrer Theilchen in einem Sandboden anbelangt, so wechseln dieselben zwischen 0,5 bis 30 pt. (131)

Flugsandboden. Wo Sandkörnchen so klein, daß sie vom Wind gehoben u. verweht werden können.

Bindung (Fangung) des Flugsands, um das Versanden der benachbarten Fluren zu verhindern, u. dann sehr vorsichtige Benützung der gebundnen (gefangnen) Sandstrecken. (Sandschollen) Dazu Kultur des gemeinen Kiefers (Pinus sylvestris), bes. aber Schwarzkiefer (Pinus austriaca), der Zitter- u. kanadensischen Pappel (Populus tremula et canadensis), des Sandhafers (Avena arenaria et strigosa), der Sandfege (Elymus arenarius), des Sandrohrs (Arundo arenaria) u. der Brennnessel (Urtica dioica.) (l.c.)

Loser Sandboden: Besitzt ein Sandboden so viel Thon od. abschlemmbare Theilchen (2–15 pt.), daß er im angefeuchteten Zustand zusammengedrückt, etwas zusammenhält, beim Pflügen jedoch niemals zusammenhängende Schollen bildet, so heißt ein solcher Boden ein loser Sandboden. Ausser dem frühern charakterisirt a) durch eine in der Regel sehr leichte, ‖141| meist mit grössern abgerundeten Steinen gemengte Dammerde; b) geröllartigen Untergrund, c) so schnelle Zersetzung des angewandten Düngers (Stallmists), daß nach Verlauf eines Jahrs keine Spur v. unzersetzten Theilchen wahrgenommen werden kann. Wegen seiner Dürre gedeihn auf ihm nur wenige Culturpflanzen, bes. Roggen, Bluthirse (Himmelthau), Buchweizen, Lupinen, Spargel, Esparsette. Weinstock sehr gut. Birnen, Kirschen, Zwetschken kommen bei zureichender Tiefe fort. Productionsfähigkeit des losen Sandbodens so, daß darauf alle 3 J. Roggen- od. Bluthirse, gewonnen werden kann, so heißt er 3jähriges Roggen- od. Himmelthauland, wenn solche Ernte erst nach 6, 9, od. 12 J., so 6- 9- od. 12jähriges Roggen- od. Himmelthauland. In den Zwischenräumen als kärgliche Weide benutzt. (132) Mittel zur Erhöhung der Productionsfähigkeit eines losen Sandbodens: a) Vermehrung der atmosph. Feuchtigkeit, durch Anpflanzung v. Bäumen u. Anlegung lebender Zäune, wodurch der Boden in Parzellen od. lose Koppel getheilt wird; b) Auflockrung der Unterlage, ohne dieselbe mit der Dammerde zu vermengen, um den atmosphärischen Niederschlag vollkommner aufzufangen u. länger zurückzuhalten. Wo Lokalverhältnisse gestatten, Bewässerung das wirksamste Mittel. Im Allgemeinen erheischt es so bedeutende Vorauslagen, daß nur in seltnen Fällen praktisch anwendbar. Dann Anwendung v. Thonmergel, Teich- u. Grabenschlamm, Strassenkoth, Erdstreudünger, da der lose Sandboden durch diese Mittel in seiner Mischung wesentlich u. bleibend verändert wird. (133)

Durch die Anlegung lebender Zäune, wozu, ausser den vorher angeführten Bäumen, der Bocksdorn (Licium europaeum), die Rainweide (Ligustrum vulgare), der Weißdorn (Crataegus oxyacantha) etc geeignet scheinen, ist der Ertrag der dürren Wiesen u. Weiden im Marchfeld bei Wien ausserordentlich erhöht worden. Durch die Anpflanzung von Pappeln ist die ehemalige Steppe „Marienau" bei Altenburg in Ungarn in eine angenehme u. fruchtbare Landschaft umgewandelt. Durch die Kultur des Maulbeerbaums ist es dem Italiener möglich geworden, dem Gerölle bei Verona u. Mantua einen ansehnlichen Ertrag abzugewinnen. (N. 1, p. 133)|

|142| *Lehmiger Sandboden.* Enthält so viel Thon od. abschlemmbare Theilchen (15–30 pt), daß er im feuchten Zustand beim Pflügen zusammenhängende Schollen bildet, die entweder beim Austrocknen v. selbst zerfallen od. schon beim ersten Strich mit einer Egge, selbst wenn sie noch feucht sind, zertheilt werden. Besitzt die Eigenschaften seiner Gattung, unterscheidet sich aber v. dem losen Sandboden: a) durch grössre

Wasseraufnahms- u. Wasserhaltungsfähigkeit, b) geringre Erwärmung, c) minder rasche Zersetzung des Düngers. [(133, 134)] (In der Regel fordert der lehmige Sandboden alle 2–3 J. eine Düngung, der lose alle Jahre, höchstens alle 2 J.) Ist der Niederschlag aus der Atmosphäre bedeutend, u. die Dammerde mächtig, dann gedeihn bei zureichender Düngung, alle land- u. forstwirthschaftlichen Pflanzen auf dem lehmigen Sandboden. {p. 134, N. 2. Ich kenne Länder (Krain u. Küstenland), wo der jährliche atmosphärische Niederschlag 60″ beträgt, u. man baut bei 2–3jähriger Düngung auf lehmigem Sandboden Weizen m. dem besten Erfolg.} In Ermanglung dieser Bedingungen, können, ausser den bei dem losen Sandboden angeführten Pflanzen, auch noch der Hafer, die Himmelsgerste (Hordeum coeleste), der Mochar (Panicum germanicum), Wicke, Platterbse, Luzerne, mit Erfolg fortkommen (gebaut werden).

Grundregeln f. Kultur des Sandbodens: 1) Man sorge den Feuchtigkeitszustand der Atmosphäre u. des Bodens a) durch Anpflanzung v. Bäumen u. Sträuchern, b) Anlegung v. sehr breiten, ebenen Beeten; c) Beimengung v. thonhaltigen Mineralien; d) Entfernung v. nicht verwitterbaren Steinen, wie Kieselstein. 2) man trachte die gewöhnlich geröllige Unterlage allmälig zu lockern, ohne sie mit der Dammerde zu vermengen; 3) man vertiefe die Dammerde durch die Auflockerung u. Mengung der bündigen Unterlage nur in dem Verhältniß als die Düngerkräfte zureichen, um die s.g. todte Erde (den mit der Dammerde gemengten Untergrund) auszudüngen. 4) man nehme in den Turnus sehr blattreiche Futterpflanzen, die der Stengel u. Blätter wegen cultivirt werden, auf, u. lasse Getreide- u. Handelspflanzen auf einem Sandboden regelmässig nur dann folgen, wenn der Wirthschaft zureichende Düngerkräfte zu Gebot stehn. 5) benütze jede Gelegenheit zum Bewässern. (134)|

|143| Maurer. (Contin.)

Bei der ursprüngl. Vertheilung der Loose auf *Gleichheit des Besitzes* gesehn, u. späterhin f. deren Erhaltung gesorgt worden. Als wichtigster Bestandtheil des ganzen Besitzthums v. jeher *die Wohnung* im Dorf betrachtet, vielmehr der Grund u. Boden, worauf die Wohnung stand, die s.g. Hofstatt, das Toft- od. Tomptland, hieß das *Haupt* od. die *Mutter* des Ganzen od. der *fundus dignior*. Nach dem Toft sollte sich in Dänemark der Antheil an den Aeckern u. Wiesen richten, in Schweden aber nach dem Tompt der Acker abgetheilt nach dem Acker weiter der Wiesentheil bestimmt, nach dem Wiesentheil der Waldtheil, nach dem Waldtheil der Rohrtheil regulirt, nach dem Rohrtheil endlich das Wasser nach den Netzen geschieden werden. Ausserdem ruhten die öffentlichen Lasten u. Abgaben auf dem Tofte als dem Repräsentanten der ganzen Bohle, welcher jenem als dem Haupt, wie die Glieder dem Körper folgen, u. bei etwaigen Veräusserungen vermöge des Reunionsrechts wieder vindicirt werden sollte. In Deutschland fehlen d.g. Bestimmungen. Siehe ebenda. (135, 136) Ausserdem die Wohnung im Dorf auch das *Haupt des Ganzen*, als Ganzes der Wirthschaftsgebäude u. daher Sitz der Gutsverwaltung. Bauernwirthschaft. Als die Adelbonden anfingen m. der Nomadenwirthschaft den Ackerbau zu verbinden, u. späterhin den letzteren m. der erstren ganz zu vertauschen, da haben sie, wie früher die Viehzucht, so jezt den Ackerbau in eigner Person getrieben. Die ältesten Geschlechter ursprünglich Hirten, dann Bauern, u. ihre Wohnung im Dorfe hat ihnen als Mittelpunkt einer mit Viehzucht verbundnen Ackerwirthschaft gedient. (137) Erst später – erbliches Besitzthum, Grundherrschaft, daher die Wohnung Fronhof (curtis dominica, casa dominicata, curtis dominicata), Herrenland (terra dominica, terra salica od. dominatio). (137) Erst dieß in späteren Zeiten jene Benennungen, *vor* der *Zeit der Karolinger* nur als Ausnahme v. der Regel. (138)|

|144| Als Folge der Eroberung der Römerprovinzen etc die ursprüngliche Gleichheit verschwunden, Grundbesitz geht in verhältnißmässig wenige Hände über; vermindert sich m. der Zahl der Grundherrschaften die der Herrenhöfe, als ihr Umfang steigt. Ihre Feldmarken wachsen je nach Umständen zu grössren od. kleineren Herrschaften, ja zu ganzen Territorien heran. (138) M. der Vergrösserung des Gutes mußte auch das Dienstpersonal u. die ganze Hofhaltung vergrössert u. vermehrt werden. So wurden die Fronhöfe nach u. nach der Sitz u. Mittelpunkt f. die Verwaltung grössrer od. kleinrer Herrschaften, am Ende sogar ganzer Territorien. (138)

c. Markgenossenschaft.

Die vollberechtigten Inhaber einer Feldmark bildeten innenhalb dieser Mark eine wahre *Genossenschaft*, eine universitas. Sie bezog sich einzig u. allein auf den v. den Genossen beseßnen Grund u. Boden. Als daher über dem Markenwesen sich später noch öffentliche Gewalt mit öffentlichen Gerichten gebildet, Fortbestehn dieser Markgenossenschaften. In spätren Zeiten, als die öffentliche Gewalt (das Königthum) zu sinken u. die neu entstandne Landeshoheit um sich zu greifen begann, ist im Kampf für die Erhaltung ihrer selbst u. ihrer hergebrachten Rechte die Bedeutung dieser Feldgenossenschaften öfters noch gestiegen. Unter günstigen Umständen mehr u. mehr gehoben. Denn die freien Dorf- Stadt- u. Landgemeinden aus ihnen hervorgegangen. Unter ungünstigen Verhältnissen dagegen unterlagen sie der Herrschaft u. die Genossenschaft ist sodann untergegangen. (138, 139)

Vorstand dieser Dorf-Genossenschaften *Graf* (comes loci od. grafio loci), Dorfgref, tunginus, thunginus, tunzinus, tumzinus, zonzinus, v. tûn Zaun, od. tun, tiun, tihun – zehn (decanus, Zehaning) etc. (139) (Zehener.) Auch centenarius, Centener etc. (140) Diese Vorsteher v. der Ortschaft selbst gewählt. (140) Alle die alten Völkerschaften, die, wie z.B. die Slaven in Kärnthen, *keinen erblichen König*, od. wie die Sachsen, Friesen, Dithmarschen, u. andre z.Th. schon v. Tacitus erwähnten Stämme, *keinen König* hatten, ursprünglich nur solche Markgenossenschaften, die zwar zur Kriegszeit ||145| zusammenhielten, im übrigen aber durch blos markgenossenschaftliches Band vereinigt. (140) Ursprünglich »pflegten jederzeit *alle* Genossen zur Versammlung berufen u. zur Berathung beigezogen zu werden.« (141) Vollberechtigte Genossen nur der *Besitzer eines Loosgutes.* (141) Wie bei andern Genossenschaften auch bei den

Dorfgenossenschaften *Aufnahme* in die Genossenschaft nothwendig. (Si quis vero aliam in villam alienam migrare rogaverit, antequam conventum fuerit) Die Erlaubniß zur Niederlassung konnte nur durch einen einstimmigen Beschluß aller Genossen erlangt werden. ... Wenn auch nur ein Einziger widersprach, mußte der neue Ansiedler das Dorf wieder verlassen. (141) Die *Aufnahme* stillschweigend durch ruhigen Besitz während Jahr u. Tag. (143) (un an et un jour [(143, N. 28)]) Die Grundlage dieser Genossenschaft ist *wirkliche Gemeinschaft* des v. den Genossen bewohnten Grund u. Bodens gewesen u. eigentliche Feldgemeinschaft communio, communitas, gemeinschaft, etc (144) Dieß Verhältniß blieb wichtig auch noch mit der Ausscheidung des Sondergutes aus den Feldmarken u. kleinrer Dorfmarken aus den alten grossen Marken. (145, 146) Sogar in den Römerlanden, nachdem schon jedem Einzelnen sein Loos als Sondereigen angewiesen, dauerte eine *Art v. Gemeinschaft dieser Loose* noch fort, welche erst mit der Einzäunung des einzelnen Looses ganz aufgehört hat. (145) Später eigentliches Gemeinland oder Allmende (in Baiern Gemain od. Gemainde) nur noch die ungetheilte Mark. (146)

Die Gesammtheit bestimmte nicht allein über die ungetheilte Feld- u. Waldmark, insbes. über die Benutzung u. Vertheilung der Allmenden, über die Anzahl u. Art des hinauszutreibenden Viehs, Art u. Quantität der Waldnutzung, über die öffentlichen Wege u. Plätze etc, sondern auch die Art der Bewirth||146|schaftung der getheilten Feldmark nebst ihrer Benutzung. Dieß gilt v. der Abwechslung der Acker- u. Ruhejahre, der Pflüg- Saat- Erndtezeit, Beweidung der Felder, Einzäunung derselben während der Saatzeit ... Aufsicht über die ganze Mark, Wege u. Stege, öffentlichen Plätze etc, Handhabung v. Maaß u. Gewicht, kurz alles was späterhin *Feld-* u. *Dorfpolizei*. Stimmmehrheit entschied, auch im späteren Mittelalter (Sächs. Lr. Schwäb. Lr.), bei den Marken im Rheingau, auf dem Hundsrücken in dem Hundding etc. Dieß führte nach u. nach zu regelmässigem System der Einzäunung, offner u. geschloßner Zeit, Drei- Vier- Sechsfelderwirthschaft, zu alle den Feld- u. Dorfeinrichtungen, die später ins Gewohnheitsrecht übergegangen, Hauptinhalt der alten Dorfrechte. (147, 148) Diese in Ansehung der Benutzung u. Bewirthschaftung seines Sonder- od. Privatbesitzthums bestandne Abhängigkeit des Einzelnen v. den Anordnungen u. Beschlüssen der Einzelnen nebst grossen Vorzügen auch sehr grosse Nachtheile. Bes. dadurch jede freie Bewegung bei vorzunehmenden Verbesserungen gehemmt. ... Die Unabhängigkeit (der einzelnen Dorfgemeinde v. der grossen Mark u. des einzelnen Genossen in der einzelnen Dorfmark) durch die Einhegung u. Einmarkung errungen, schon früh v. Einzelnen u. ganzen Gemeinden benuzt, um aus der Feldgemeinschaft auszuscheiden. (148)

Eine Folge der ursprüngl. Feldgemeinschaft ... das gegenseitige *Weiderecht* auf der ganzen Feldmark, auch der vertheilten (nach der Ernte) (149, 150) Oft mehrere Dörfer, wenn in Feldgemeinschaft, eine gemeinschaftliche Heerde. (151) Wie heute noch in vielen Gegenden bestand f. jede Thierart *eigne Heerde* mit *eignen Hirten* f. die Ochsen, Kühe, Pferde, Schweine, Schafe, Ziegen. (152) Was v. dem Weiderecht, gilt v. *der Jagd* u. *Fischerei.* (152) Jeder Genosse konnte nicht allein in ‖147| den Gemeinwaldungen u. eigenen Besitzungen, sondern zur offnen Zeit auch in der ganzen Feldmark jagen ... freies Jagdrecht od. die s.g. *freie Pürsch.* (152) In den meisten Ländern ist mit der Grundherrschaft auch das Jagdrecht in die Hände der Ritterschaft od. Landesherren übergegangen. (155) Auch das *Veräusserungsrecht* der Loosgüter, als Folge der Feldgemeinschaft, gewissen Beschränkungen unterworfen worden. (157) Die Markgenossen auch noch berechtigt durch weitere *Aneignungen v. Grund u. Boden* in der gemeinen Mark ihr Besitzthum zu erweitern. (Näherrecht od. Präemptionsrecht.) (157) Diese Berechtigung Rest des bei allen german. Völkern gebräuchlichen *freien Occupationsrechts*, in Island landnam. (158) Der Name solcher angeeigneten Besitzungen Einfriedung, comprehensio, Einfang, captura etc (160) Dergleichen Einfriedungen meist auf unkultivirten Ländereien od. in Waldungen angelegt ... bestanden meist in Rottland (stirpare, d.h. roden) (160). Pflicht der *gegenseitigen Unterstützung* u. *der Haftung* eine der Hauptverbindlichkeiten der Markgenossen u. Markgenossenschaften. (161) Ferner Pflicht die Reisenden zu unterstützen, beherbergen, verpflegen. (165) (bei den Germanen Gastfreundschaft gegen Reisende bei Strafe gebotne Pflicht. l.c.) Jede Mark scheint urspr. auch *religiöse Genossenschaft* gewesen zu sein. Seit Einführung des Christenthums jede Mark ihre eigne Kirche, urspr., wie es scheint, eine jede nur eine einzige Hauptkirche. (167) Endlich die Markgenossenschaft f. die *Erhaltung des Markfriedens* zu sorgen. Gerichtsbarkeit in allen *genossenschaftlichen* Angelegenheiten etc (p. 169) (nicht jedoch die Friedbrüche u. andre Angelegenheiten der öffentlichen Gewalt.) Gericht präsidirt vom Vorsteher der Mark. Richter alle anwesenden Genossen, die um das Gericht herumstanden. So bei Sachsen, Burgundern, Westgothen, Baiern, Franken u.s.w. V. einem schöffenartigen Ausschusse an der Seite des Vor‖148|stehers, wie in späteren Zeiten, in früheren Zeiten noch keine Spur. (170, 171)

2. Veränderungen in der alten Markenverfassung.

a) Zersplitterungen der alten Marken.

Zunächst m. wachsender Bevölkerung: *Neue Verloosungen.* Jedes einzelne Losgut ursprünglich nicht grösser als f. die Ernährung einer Familie nothwendig. Mit der Familie vermehrtes Bedürfniß, neue Verloosungen u. neue Ansiedlungen nöthig. (173) So lange noch in der Nähe des Dorfes unbebautes Land in der Mark, wenn das bereits vertheilte Land nicht mehr hinreichte, Einziehung u. Vertheilung eines 2., 3. od. auch 4. u. 5. Kampes (Flur, Esch, Zelge, Gewanne.) (173)

Anlegung neuer Dörfer in der Mark:

Dreierlei wesentlich verschiedne Arten v. Dorfanlagen – *Urdörfer, Filialdörfer innerhalb der Feldmark eines Urdorfs, Dorfanlagen auf herrschaftlichem Grund u. Boden.* Urdörfer setzen Besitznahme noch nicht bewohnter Marken voraus. ... erste Ansiedlungen ganzer Geschlechter. ... im menschenleeren Norden dergleichen Anlagen v. Urdörfern noch in verhältnißmäßig sehr späten Zeiten. ([174,] 175) Zu dieser Categorie (Urdörfer) auch zu zählen die Ansiedlungen der siegreichen Volksstämme u. die Verloosungen des eroberten bereits schon bewohnten Landes. (l.c.)

Wenn bei heranwachsender Bevölkerung die alte Ansiedlung zur Unterkunft u. Ernährung nicht mehr ausreichte, entschloß sich häufig Theil der Genossenschaft in Gemeinschaft auszuwandern u. sich anderswo niederzulassen. Zuweilen solche Auswanderungen, um den politischen Umwälzungen im Mutterland od. Blutrache zu entgehn, od. aus blosser Wanderlust, od. aus einer andern oft sehr zufälligen Veranlassung. (175) | |149| Wenn die Niederlassung ausserhalb der Feldmark des Urdorfes auf unbesessnem Land, so bildet sie selbst Urdorf. Häufig im Norden bis tief ins Mittelalter. So Island seit dem 9 Jhd. v. Norwegen aus bevölkert. Wenn in fremder, occupirter Mark, so, wenn nicht Eroberung, Abhängigkeit vom Urdorf der neuen Mark. (176)

Niederlassungen innerhalb der alten Mark. Letztre wurde selbst erst auf diese Weise bevölkert. Sogar innerhalb der alten Dorfmarken einer Mark wieder neue Dörfer. So viele Dörfer, die zur selben Feldmark gehören. (176, 177) Ueberhaupt scheinen viele durch ganz Deutschland verbreitete Ortschaften, die sich durch die Nebenzeichnung Ober u. Nieder, Groß u. Klein, Mittel u. Unter, Hoch u. Nieder, Alt u. Neu unterscheiden u.s.w., in älteren Zeiten eine einzige Gemeinde gewesen, u. aus neuen Ansiedlungen u. spätren Abtheilungen der ursprünglich gemeinschaftlichen Feldmark hervorgegangen. (177) Die Construktion, Anlegung der Haus-

u. Hofplätze im Dorfe, der Ackerlose in der umherliegenden Feldmark geschah wie bei Anlegung eines Urdorfes. Daher mit jeder neuen Niederlassung eine *neue Feldgenossenschaft*. Oft das Tochterdorf nicht dieselbe Freiheit wie das Mutterdorf u. abhängig davon. (f. die nöthige Anweisung des Landes zur Niederlassung) Torp, Thorp, Thaurp od. Dorf in den nordischen Sprachen = umgegrabne Erde od. gerodetes Land, Rottland, jedes Dorf also im Grund genommen eine in der alten Mark neu gerodete kleinere Feldmark. (177, 178) Zuweilen, z.B. in Schweden, den Tochterdörfern kein Eigenthumsrecht zugestanden, od. das zugetheilte Land ihnen blos verpachtet, wie z.B. in Norwegen u. vielen Bauernschaften im Dithmarschen. (179) Aus solchen Stammdörfern mit den ihnen untergeordneten Filialdörfern in Dänemark, Dithmarschen, Friesland etc viele Kirchspiele, im südl. Deutschland nicht selten die Schultheisereien, Oberschultheisereien, Aemter hervorgegangen. Die Athelbonden, od. die Geschlechter in den Adels- u. Stammdörfern urspr. in diesen Kirchspielen die *herrschende Gemeinde*, die Ansiedler in den Filialdörfern aber in zum Theil untergeordneter Stellung die *übrige Gemeinde*, grade wie in den alten Städten die *Altbürgerschaft* u. die *Gemeinde* einander untergeordnet u. dennoch wieder zu *einem Ganzen* verbunden waren. (180) Oft stirbt das Adelsdorf durch Auswanderung etc aus, verschwindet od. kommt ganz herab, während gleichzeitig das Tochterdorf u. Bauernschaft sich hebt od. noch weit grössre Bedeutung erhält als die Stammdörfer selbst. So im Dithmarschen seit dem allmäligen Unterliegen u. Aussterben der ||150| Geschlechter. So *Mannheim* früher in Feldmark v. Rheinhausen gelegnes kleines Dorf, *Landau*, *Lindau* etc. So *Neustadt an der Hart* kleines Dorf seit 13. Jh in der Feldmark des jetzigen Dörfchen *Winzingen* m. eigner Mark seit J. 782, beide Orte heute noch in ungetheilter Markgemeinschaft. Aber die *meisten alten Städte, die sich nachher zu freien Städten u. Reichsstädten* emporgeschwungen, scheinen indeß aus den Stammdörfern selbst entstanden ... deßhalb die Altburgerschaft stets eine Geschlechtergenossenschaft. (180, 181)

3) Anlegung v. Einzelhöfen.

Ursprünglich keine. (181)

Im Norden jeder einzelne Dorfgenosse berechtigt, sich auf seinem in der Feldmark liegenden Besitzthum anzusiedeln, wenn er die nothwendigen Feld- u. Viehwege auf eigne Rechnung anlegte u. durch solche Anlage den Dorfgenossen keinen Schaden zufügte. (182) So bei den *Longobarden* etc (l.c.) Eben solche neue Einfriedungen (conprehensiones) auf seinen eignen Besitzungen am Niederrhein (l.c.)

Ferner eigenmächtige Landnahmen (Ansiedlung auf Gemeinland der eignen od. fremden Landmark) durch freies Occupationsrecht. Später Zustimmung der Markgemeinde od. des Königs nöthig. Doch dauerten die eigenmächtigen ocupationes unter Karl Gr. u. später fort, auch durch Slaven etc (183) Hiessen res propresae od. proprisae, (ist in der That squatting), auf diese Weise in Besitz genommene Länder proprisus u. aprisio. (184) Im ganzen fränkischen Reich, bes. auch in Deutschland ausser dem grossen Buchenwald u. in Baiern auch noch im alten Alemanien, u. bes. häufig im Frankenland am Rhein (185). Ursprünglich, so lang noch das freie Occupationsrecht, nur in nicht beseßnem Land, also uncultivirtem Land od. Waldungen. Später aprisiones etc f. jeden Einzelhof, insbes. geschloßne Hofmark. (186) Später hiessen in Deutschland *Bifang* od. Umfang (bifâhan, d.h. umfangen od. einfangen) (187) (de hoc propriso, quod in lingua eorum bivanc dicitur. [(l.c., N. 51)]) |

|151| Alle Staats- u. Gemeindelasten, die Steuern- u. Kriegsprästationen ebensowohl wie die Kosten der Feldumzäunung u. dgl. m. ruhten blos u. allein auf dem durch das Reebmaß ausgetheilten, d.h. zur Feldgemeinschaft gehörigen Grund u. Boden. (189)

Diese Einzelbesitzungen hatten öfters bedeutenden Umfang. Pflegten dann als Bauerngüter an Colonen hingegeben zu werden. Daher konnten aus solchen Einzelhöfen wieder Feldgenossenschaften, wenn auch nicht vollfreie, u. aus diesen Dörfer u. Städte entstehn. (189, 190) Statt Bifang, comprehensio, septum, proprisus u.s.w. auch schon *Hof* (curtis) in sehr alten Zeiten als die Benennung des Einzelhofes. (l.c.)

4) Folgen der Zersplitterung der Marken.

Allmählich Zersplitterung der alten grossen gemeinen Marken in eine Menge kleinerer Dorf- Stadt- u. Hofmarken. (191) Theils die grossen Marken zersplittert in kleine Feldmarken, *Dorf- u. Holzmarken*, später die s.g. Gemeindegründe u. Waldungen – theils gehn die Landesalmenden allmählich in Staatsdomänen über. (192) Jedem *Dorf seine Feldmark* aus der *Gesammtmark* ausgeschieden. (193) Ursprünglich blieben die *Waldungen* in Gemeinschaft (zwischen den verschiednen Dörfern). Erst im 12. Jhh. die s.g. *vordren Waldungen* unter die verschiednen Dorfgemeinden nach dem Verhältniß ihrer Feldmarken getheilt. Allein auch jetzt noch die s.g. *Hinterwaldungen* in ungetheilter Gemeinschaft aller Markgenossen, hiessen ein *allgemeiner Landeswald.* (193) Die spätren erst nach jener Markabtheilung angelegten Dorfschaften erhielten keinen Antheil an der Nutzung jener gemeinen Mark. ([193,] 194) Die Theilung (im Rheingau) bezog sich allein auf das *Beholzigungsrecht. Weide* u. bes. auch die Schweinemast od. die s.g. Aeckerung blieb nach wie vor der

Theilung bis in die allerletzten Zeiten ein *gegenseitiges Recht sämmtlicher Gemeinden* etc (194)

So im Lauf der Zeit die alten grossen Feld- u. Waldmarken in immer kleinre Dorf- u. Hofmarken ausgeschieden, u. dadurch die alten grossen Markgenossenschaften ihrem Untergang entgegengeführt, darum jedoch nicht alle Feldgemeinschaften ganz aufgelöst worden. Aus den Trümmern der alten sind neue Feldmarken m. neuen Feldgenossenschaften hervorgegangen u. diese sodann die Grundlage der Dorf- u. Stadtgemeinden geworden. (201) |

|152| Ausser dieser Zertrümmerung der alten grossen Marken u. ihrer Vertheilung unter die alten u. neuen Ansiedler, ist jedoch die allmählige Auflösung od. der gänzliche Untergang jener Marken auch noch durch Veräusserung einzelner Theile beschleunigt worden. Kam solch veräusserter Marktheil in das Privateigenthum eines Einzelnen, so hing es v. seinem gutem Willen ab, ob er in der alten Markgenossenschaft bleiben od. in welcher Weise er auf seinem Grund u. Boden eine neue Genossenschaft bilden wollte. Ist es dagegen eine schon bestehnde Genossenschaft gewesen, welche das Eigenthum einer Feld- od. Waldmark an sich gebracht, so unter diesen Genossen eine v. der alten Markgenossenschaft verschiedne Genossenschaft gebildet. So in Stadt *Iserlon* hatten die *erbgesessnen* Bürger, die s.g. *Beerbten*, wahrscheinlich als sie noch die herrschende Gemeinde bildeten, die ihnen günstige Lage dazu benutzt, die ganze um die Stadt gelegne Holzmark f. sich persönlich zu erwerben. Behielten den Wald in ungetheilter Gemeinschaft, wählten ohne Zuthun des Bürgermeisters u. der herrschaftlichen Beamten einen *Holzrichter* etc (201, 202)

c.) Entstehung der Ungleichheit des Besitzthums.

Dieselben Gründe, die zur Zersplitterung der alten Marken führten, die Vermehrung der Menschen u. der dadurch vermehrte Verkehr, führten zur Zersplitterung der einzelnen Loosgüter u. zu deren Vermindrung, sodann zur Erobrung fremder Marken, u. dieses Alles zus. genommen zur Vernichtung der ursprünglichen Gleichheit des Besitzes, welche ihrerseits wieder die Vermindrung der freien Feldgemeinschaft zur Folge. (203) Zersplittrung der Loosgüter theils durch Theilung unter Erben, theils durch Veräusserungen unter Verwandten, wie an Fremde. (l.c.) Dann bald Vorrecht der erst- oder auch letztgebornen. »Schon diese Theilungen unter den Erben haben demnach zur Ungleichheit u. zu einer Art v. Abhängigkeit der Familie v. dem Haupterben geführt, in weit grösserem Maaße ist dieses jedoch durch die immer häufiger u. häufiger werdenden *Veräusserungen* bewirkt worden.« (205) Wozu jeder großjährige Looseigner berechtigt. (l.c.) *Schenkungen an die Kirche.* (206) (Kloster u.s.w. [(207)]) |

|153| In Gallien schon Ende des 7. u. Anfang des 8 Jhh. 1/3 alles Grundeigenthums im Besitz der Kirche. (207) *Pfaffen wandten dazu auch Urkundenfälschung* an. Diese Häufung des Grundbesitzes in den Händen der Geistlichen hat nicht wenig zum Untergang der alten Freien u. der Freiheit selbst beigetragen. (208) Ursprünglich blieben auf dem Land (veräusserten, verschenkten) alle Verpflichtungen als Stück der Feldmark. Diese *»Stufländereien«* demnach an u. für sich zwar nicht steuer- u. abgabenfrei. Da sie jedoch in Gemäßheit der stattgehabten Veräusserung aus jeder direkten Verbindung m. der Feldgemeinschaft heraustraten, so beruhten ihre Rechte u. Verbindlichkeiten in dieser Beziehung nur noch auf der mit dem Veräusserer eingegangenen *Privatübereinkunft.* So lange man nun den Veräusserer od. die Hufe (Bohl), v. welcher das Stufland veräussert worden war, kannte u. so lange dieß nicht eingezäunt u. aus der Feldgemeinschaft ausgeschieden war, so lange hatte diese Zersplitterung der Bohle hinsichtlich der Feldgenossenschaft selbst so viel nicht zu sagen. Als aber dieser Zusammenhang der veräusserten Pertinenzstükke m. der Hauptbohle vergessen, od. durch Einzäunung aufgehoben worden war, da trat das Stufland aus aller Verbindung m. der Feldgemeinschaft, u. die Feldgenossenschaft wurde um jenes Land kleiner. Durch dieses Heraustreten aus der Feldgemeinschaft ward das Stufland … steuerfrei. (208, 209) Dieß im Ganzen auch die Geschichte der Steuerfreiheit der Rittergüter, wenigstens ihrer Freiheit v. Gemeindelasten u. Steuern. (209) Beschleunigt (die Ungleichheit u. zugleich Vermindrung der freien Feldgenossenschaft) durch die *Eroberungen der germanischen* Volksstämme. (l.c.) Die besiegten Völker mußten Grundbesitz ganz abtreten u. Leibeigne der Sieger werden, od. ihn mit denselben theilen. Dies führte schon vor der Eroberung der Römerprovinzen zur Ungleichheit des Besitzthums, seit der Völkerwandrung aber zur vollkommensten Ungleichheit. Nach Besitznahme des röm. Reichs *langer* barbarischer Kampf der germanischen Völkerschaften unter einander. Resultat: Sieg der Franken u. Unterwerfung v. Deutschland. Heerbann, mit unerträglichen Bedrükkungen ||154| u. Erpressungen. (210) Während daher die Einen durch die drückendsten Mißbräuche der in die Höfe strebenden Gaugrafen u. andren Grossen ihres Eigenthums beraubt, od. wenigstens *gezwungen* worden diesen selbst ihre Besitzungen zu verkaufen, suchten sich die anderen der auf dem freien Besitzthum ruhnden Kriegsdienste nebst den übrigen Grundlasten u. Leistungen dadurch zu entledigen, daß sie ihr freies Eigenthum der Kirche, dem König od. einem andern weltlichen Grossen

hingaben, um dasselbe als Zinsgut od. als Lehn wieder zu erhalten, od. auch um es als Leibeigne der Kirche od. eines andern künftig zu bauen. Daher die vollberechtigten Grundbesitzer immer weniger, viele Freie ohne allen eignen Grundbesitz u. darum nicht mehr vollberechtigt, andre aber Hörige u. sogar Unfreie geworden, während auf der andren Seite fast aller freie Grundbesitz in den Händen Weniger vereinigt u. nach u. nach zu sehr bedeutender Grösse gesteigert. Schon zu Karls des Gr. Zeiten (210–212)

d) Einzäunung od. Abmarkung.

Das alte Band der Markgenossenschaften durch die neuen Verlosungen, Theilungen u. Veräusserungen der Loosgüter u. die dadurch herbeigeführte Vermindrung des vollfreien Besitzthums *allein* ebenso wenig gelösset, wie durch die Anlegung neuer Dörfer u. Höfe. Dieß geschah erst mittelst Einzäunung od. Abmarkung der neu gebildeten größren od. kleinren Marken. (214) Durch die Einhegung od. Einzäunung (nicht des Hofes u. Hauses, wozu jeder Hofbesitzer verpflichtet) seines übrigen Grundbesitzes, verlor er seinen Antheil an der Gemeinweide nebst allen übrigen Berechtigungen an der Gemeinschaft, aber wurde auf der andren Seite auch frei v. allen genossenschaftlichen Banden hinsichtlich der Gemeinweide u. freien Benutzung des Ackerlandes, sowohl als bezüglich des Jagd- u. Fischereirechts u. des Zutritts des genossenschaftlichen Beamten. Durch diese Einhegung daher der Grundbesitzer erst wirklich ganz freier, wahrer Grundherr. In diesem Ausscheiden aus der Feldgemeinschaft der Keim der Immunität. (216, 217)|

|155| Lag das abgesteinte od. eingehegte Land, wie dies zumal in Baiern häufig der Fall, rund um den Herrenhof, so durch diese Einfriedung eine geschlossene *Hofmark* entstanden. (218)

Dasselbe Recht, das dem einzelnen Hofsbesitzer an dem ihm gehörenden Grund u. Boden, [hatte auch der] König u. die grössren Grundherrn so wie die späteren Landesherrn hinsichtlich der Besitzungen in welchen ihnen die Grundherrschaft zustand. (218) Durch solche Einhegung schon zur karolingischen Zeit königl. *Bannforste*, m. Zustimmung regis auch schon *Privatforste*, aber erst im späteren Mittelalter auch noch *landesherrliche Forste* u. *Bannwasser*. (219) Die meisten Forste, wenigstens die landesherrlichen, erst seit dem 12 u. 13 Jhdt. (u. vorher nur noch wenige königl. Bannforste) häufiger. … Damit Klagen, daß die Fürsten Wald u. Wasser genommen, in Sachsen schon im 12 Jhd. (»pupillus et advena quiuis indigenas prohibent siluis communibus uti, pascua präripiunt, abigunt armenta gregesque, heredes (d.h. die Erven od. Holten) circumueniunt, vi praedia tollunt.«), anderwärts mit dem 13 Jhd., seit jener Zeit ununterbrochen, nicht allein während des Bauernkriegs, sondern bis auf unsre Tage – daß die Fürsten Wasser u. Wald genommen etc (219, 220)

Viele neue *Dorfanlagen* in den alten Marken schon gleich bei ihrer Anlegung eine v. der grossen durch Grenzsteine od. sonstige Marken ausgeschiedne eigene Feldmark erhalten zu haben. (220) Dasselbe gilt – ebenso theilweis nur – v. den *neuen* Hofanlagen. (221)

Durch diese Einhegung od. Abmarkung der verschiednen Höfe u. Güter, der königl. u. landesherrlichen Bannforste, der Privatforste u. der Dorfmarken die alte Gemeinschaft in den meisten grossen Marken gänzlich aufgehoben u. mit ihr das Markenwesen selbst verschwunden. Dieß namentlich in Baiern u. dem übrigen südl. u. östl. Deutschland der Fall, wo die alten grossen Marken theils in den ausgeschiednen Dorf- u. Hofmarken, theils in den landesherrlichen Domänen u. Privatforsten aufgegangen. (l.c.) |

|156| *e) Grundherrschaft.*

l) Die Worte Herrschaft, Grundherrschaft schon früh (dominatio, terra dominica, potestas) Ausdrücke f. *freien Grundbesitz.* (226) Häufiger erst seit karolingischer Zeit (227), d.h. also grade m. dem Untergang der wirklich freien Bauern u. der Usurpation der Wenigen. Ursprünglich jeder »Looseigner« Grundherr, u. in der ungetheilten Mark die Grundherrschaft in der Gesammtheit od. dem König. (228) Ursprünglich jeder Looseigner Allodialgrundbesitzer, also wahrer seigneur, später (wo nulle terre sans seigneur) sollte Niemand mehr freies Allod besitzen, ohne seigneur zu sein u. als solcher dem Herrenstand anzugehören. (228[, 229])

2) Entstehung größrer Herrschaften u. Fronhöfe in den Dorfschaften. Die *größren Herrschaften*, woraus die späteren Territorien hervorgegangen, im Anfang durchaus nicht arrondirt. Die einzelnen einem größren Grundherrn gehörnden Güter lagen vielmehr zerstreut in vielen, z.Th. sehr entfernten Gauen u. Ortschaften. ([229,] 230) Dieß gilt v. *geistlichen* u. *weltlichen* Herrschaften. (l.c.) Nach u. nach erst suchte man diese zerstreuten Besitzungen durch neuen Erwerb u. Austausch zu arrondiren. (231) Der Unterschied urspr. nur in der *Grösse der Herrschaft* u. in dem mit dem Verschwinden der übrigen vollfreien Looseigner verbundnen *Erheben über diese früher gleichberechtigten Genossen.* (231) (Nur die davon brachten es zur Landeshoheit, die Emunität v. der öffentlichen Gewalt erlangten, verbunden m. dem Erwerb der gaugräflichen Rechte.) (231)

In manchen Dorfschaften gelang es Einem dem im Dorf ansässigen Grundherrn (Looseigner) nach u. nach durch Kauf, Schenkung od. sonstigen Erwerb alle übrigen Höfe der Villa an sich zu bringen. Dadurch wurde er der einzige Grundherr der Villa. (232) In Deutschland bei weitem die meisten Einzelnhöfe des Adels (nicht aus Zusammenschlagen der Dörfer, sondern) aus Einzelnansiedelungen entweder auf eignem herrschaftlichen Grund u. Boden od. in entfernteren Gemeinweiden u. Waldungen. Indeß fehlt es doch auch hier nicht an Beispielen von aus der Zersplittrung alter Dorfmarken entstandnen Einzelhöfen. (234)

Ferner: die auf herrschaftlichem Grund u. Boden später angesiedelten Dorfschaften. (235[, 236]) In vielen Dorfschaften hielt sich Theil der alten freien Eigenthümer; daher die grosse Menge v. Rittern im Mittelalter m. ihren Rittersitzen mitten in den alten Dorfschaften. (238)|

|157| *3) Emunität.*

Der *durch Einzäunung v. der Feldgemeinschaft*, u. dadurch auch v. dem Zutritt der genossenschaftlichen u. später noch v. jenem der öffentlichen Beamten *befreite Haus- u. Hofraum* bildete die erste u. älteste Emunität, z.B. klar noch im Landfrieden v. 1085. Diese Emunität allen Looseignern gemein, gab kein Vorrecht. Eine Erhebung des Einen über den Andren entstand erst als diese dem Haus u. Hof zustehnde Emunität auch auf die dazu gehörigen Ländereien ausgedehnt worden war. (241) *Freiheit v. den Banden der Feldgemeinschaft* das Hauptkennzeichen der ersten u. ursprüngl. Emunität. Um diese auch f. *Ländereien* zu erlangen, nur 2 Mittel: Einzäunung, wie bei den Höfen im Dorf – u. Einzelansiedlung (zugleich mit Einzäunung) in entfernten Waldungen, Heiden, Weiden. Dieser beiden Mittel konnte sich aber nicht jeder Looseigner, sondern nur der durch Ansehn od. Reichthum Hervorragende bedienen u. sich auf diese Weise über die übrigen freien Geschlechter erheben. (241, 242) Bloß größre Grundbesitzer in Deutschland zum Austritt aus der Feldgemeinschaft berechtigt, also bes. nur die geistl. u. weltl. Grundherrschaften. Auch sie allein nur Interesse dabei, indem mit dem Ausscheiden auch alle Berechtigungen in der getheilten u. ungetheilten Flur verloren. (242) Die *Häuptlinge* u. *Anführer* im Krieg versäumten nicht ausser dem Antheil, der ihnen bei der genossenschaftlichen Vertheilung des eroberten Landes zufiel, auch noch v. solchen Ländereien Besitz zu nehmen, die keinem Einzelnen u. keiner Genossenschaft zugetheilt wurden. (243) Diese Schweinhunde erst *Emunität* (durch das Ausscheiden aus der Mark) mitten in ihren arrondirten u. v. jeder Feldgemeinschaft befreiten Territorien; später eroberten sie noch Emunität v. der öffentlichen Gewalt; seit die reges aus diesen reichen Grundbesitzern ihre Gaugrafen zu nehmen begannen, benutzten diese ihre Amtsgewalt wieder zur Vermehrung ihrer Emunitätslande u. Rechte. (l.c.)

4) Veränderungen in der Landeskultur.

Erst baut jeder freie Germane das ihm durch Loos zugefallne Land selbst, wobei Agricultur Nebensache, Viehzucht, Jagd u. Krieg die Hauptsache. So blieb es auch im späteren Mittelalter noch im Norden Europas u. auch in vielen deutschen Gebirgslanden. … Die Folge davon der *freie Bauernstand* in Island, Norwegen, Dänemark, Schweden; hin u. wieder auch in Deutschland, z.B. in Steiermark, Tirol, Vorarlberg, Schweiz, Schwarzwald, hie u. da in Westphalen u. in andren Theilen v. Altsachsen, insbes. auch in *Friesland* u. im *Dithmarschen.* (244) Schon *Tacitus* erwähnt *freie Colonen*, die f. ihre Herrn das Feld zu bestellen. Stammen ab v. den unterjochten Völkerschaften, die Theil ihres Besitzthums den Siegern abtreten u. ausserdem auch noch anbauen mußten. Seit der Völkerwanderung scheint dieser Zustand Regel geworden ‖158| zu sein, nicht allein bei den Niederlassungen in den Römerprovinzen, sondern auch im übrigen Deutschland. (244, 245) Dieß gilt v. den zurückgebliebenen Römern wie v. den Wenden, Slaven u. andren unterworfnen Völkern. Als nun dazu noch durch freiwillige od. gezwungne Abtretung der freie Grundbesitz sich mehr u. mehr in den Händen Weniger gehäuft, da war es um den freien Bauernstand in Deutschland so gut wie geschehn. (245)

Manche Grundherrn liessen die zu dem v. ihnen selbst bewohnten Fronhof gehörigen Ländereien durch einen herrschaftlichen Verwalter (villicus) od. Vogt (advocatus) auf eigne Rechnung selbst oder auch frohnweise bauen. Das Vorbild zu solchen Gutsverwaltungen fand man in der römischen Villenverfassung. Leibeigene u. hörige Leute waren demnach das landwirthschaftliche Personal. Das Meiste scheint jedoch frohnweis besorgt worden zu sein. (246)

Bei weitem der größte Theil des herrschaftlichen Grund u. Bodens wurde indessen nicht auf eigne Rechnung v. dem herrschaftlichen Hof aus gebaut, sondern v. leibeignen, hörigen, od. auch freien Colonen, u. zwar in der Art, daß entweder ein Theil v. dem Hof aus gebaut, der andre größre Theil aber als *Pacht-* od. *Zinsgut* hingegeben ward, od. in der Art, daß beim herrschaftlichen Hofe gar kein Land zurückbehalten, vielmehr alles an Zinsbauern hingegeben worden ist. (247) Das erste war z.B. in dem Kloster Staffelsee der Fall, wo 740 Tagwerk Ackerland u. sehr viele Wiesen auf eigne Rechnung, das übrige sehr bedeutende Besitzthum aber durch freie u. unfreie Zinsleute gebaut. So in den französ. Klöstern u. vielen königl. Villen. Dagegen die alten Villen Frankenthal, Heßheim etc im Worms- u. Speiergau, schon vor 812 die Looseigner im Dorf nichts als ihre herrschaftliche Wohnung (casa dominicata), das dazu gehörige Land aber durch freie od. hörige Zinsleute angebaut. (247) Ländereien nun, welche Leibeignen zum Anbau gegeben, mansi serviles, dagegen mansi ingenuiles, die v. persönlich freien u. daher heerbannpflichtigen Leuten gebaut... Die Colonen allzeit hofhörige, zins- u. frohnpflichtige Leute, auch ‖159| wenn *persönlich freie Zinsleute*, die mansi ingenuiles inne hatten. (248) Sie waren sammt u. sonders abhängig v. irgend einem Herrenhof, u. diesem zins- u. frohnpflichtig, als freie aber zugleich heerbannpflichtig, z. B. in dem Kloster Staffelsee, im Stift Freising, in Westphalen, im ganzen fränkischen Reich, insbes. auch in französ. Klöstern. (248) Unter diesen freien Zinsleuten (coloni, colones), rustici od. rusticani, tributarii od. tributales, u. ihre Zinsgüter mansi tributarii od. tributales – viele Römer. (248, 249)

Der erste Grund zu diesen freien Zins- u. frohnpflichtigen Gütern die Erobrung, bes. seit den Niederlassungen in den Römerprovinzen. Hier fand man nämlich Grundbesitzer, possessores, u. eine sehr zahlreiche Klasse v. z. Th. in eignen Dörfern beisammen wohnenden Colonen, tributarii, rustici etc genannt. Das Land der Einen wie der Andern mußte m. dem erobernden Volk getheilt werden. Und so mögen denn gleich bei dieser Vertheilung viele Colonen, ja selbst ganze Bauernschaftsdörfer einem einzigen Grundherrn zugefallen sein. ... Noch Jahrhunderte durch auch in Deutschland solche röm. tributpflichtige *freie*, od. grundhörige Bauern, theils einzeln, theils in ganzen Ortschaften vereinigt, bis sie sich seit dem 10 u. 11 Jhd. mit der übrigen Bevölkerung mehr u. mehr vermischten u. sodann gänzlich verloren. (249, 250) Ganz dasselbe gilt v. den besiegten *wendischen* u. *slavischen* Völkerschaften. (250)

Neue Hof- u. Dorfanlagen auf herrschaftlichem Grund u. Boden.

War der herrschaftliche Hof, wie dieß in den alten Städten u. anderwärts häufig der Fall, groß u. geräumig, so innerhalb des Fronhofes selbst die f. die Colonen u. sonstigen Arbeitsleute nöthigen Wohn- u. andren Gebäude aufgeführt, u. v. da aus das Gut gebaut u. die ‖160| übrigen Geschäfte besorgt. Auf diese Weise entstanden mitten in den alten Dörfern u. Städten rings um die Herrenhöfe u. Burgen herum die Bauern- u. Bürgerhäuser, wie in Köln, Iserlon etc (251)

Sonst die Bauernhöfe nebst den dazu nöthigen Wirthschaftsgebäuden anderswo auf herrschaftlichem Grund u. Boden gebaut. Auf eine der drei nachfolgenden Weisen: a) entweder mittelst Anlegung v. Einzelnbauernhöfen, etwa v. Maierhöfen, od. b) mittelst Anlegung eines neuen Herrenhofes m. einem od. mehreren Bauerndörfern, od. 3) mittelst Anlegung eines od. mehrerer Bauerndörfer ohne einen eignen Frohnhof. (252) Die *Bergschlösser od. Ritterburgen* sind nichts andres als auf Berge verlegte Herrenhöfe. (253)

Villen Anlagen Karls des Gr:

Eröffnen neue Epoche. Seine berühmten Capitularien über diesen Gegenstand f. seine *neu angelegten* Villen bestimmt. [(255, 256)] (villae nostrae, quas ad opus nostrum serviendi *institutas* habemus). Hatte dabei die römischen Villen vor Augen. [(256)] Allenthalben Königshof mit auf eigne Rechnung gebauten Herrenländereien, (terrae salicae), mit Handwerkern, Frauenarbeitshäusern u.s.w., mit einem Herrschaftsrichter (judex, Schultheiß, Ammann od. Amtmann zum Unterschied v. öffentlichen Beamten, minister od. villicus) an der Spitze, neben ihnen aber noch aus Zinsgütern bestehnde, v. jenem Königshof abhängige Villen. (258) So in Ulm, Achen, Frankfurt, Magdeburg, Regensburg, Forchheim, Erfurt u. andren Königshöfen u. Villen, schon im 8. u. 9. Jhd erwähnt, v. Karl dem Gr., wenn nicht noch früher angelegt. (259) Diese königl. Villen wohl sammt u. sonders auf *Reichsboden* angelegt, denn die Erbeigen des Königs damals sehr gering. Wiewohl alles v. niemand in Besitz genommne Gemeinland Grundherrschaft des Königs, doch nicht sein Erbeigen. Das zur königl. Herrschaft gewordne Gemeinland (folcland) blieb solches od. *öffentliches* Gut, später ||161| noch *Reichsgut* genannt. Das Erbeigen od. Sondereigen des Königs dagegen sein Allod. (259) Auf diesen Reichsländereien die königl. Villen angelegt u. darauf freie u. unfreie Colonen in derselben Weise als Zinsleute angesetzt, wie dieß in Schweden, Norwegen, Dänemark, u. England auf dem Almänninger, Almenning u. folcland, u. auch in späteren Zeiten noch in Deutschland in den einzelnen Gemeinden zu geschehn pflegte. Die auf dem Gemeindeland angesiedelten Zinsbauern in Schweden Almendbauern (almänningsböndr) genannt. (l.c.)|

|162| H. o. C. 7 April [1870]. Irish Tenants etc.

Gladstone:

His hon. and learned friend said that his amendment [a]pplied to only 36,000 of the Irish tenants, and would leave [6]00,000 untouched, but let him remember that [t]he 36,000 were the leaders of opinion amongst [t]he tenantry, and the men who, if unjustly treated, [w]ould spread discontent amongst all the rest.

Die *36,000*, v. denen Gladstone hier spricht, sind tenants die *bis* 50£. jährliche Rent zahlen,
die *600,000* *über 50£* ditto.

Id. in same sitting:

[Gladstone:] a propor scale of damages. With regard to the amendment immediately before the Committee, the Government had proposed seven years, not as a fixed payment, but as a minimum to the lowest holder, with a diminishing maximum for the larger holders down to one year. The member for Linlithgow had suggested five years' rent, not as a maximum, but as a general rule, and the late member for Whitby (Mr. Thompson), who went to Ireland and came back with a strong conviction that it was impossible to find anything like compensation for tenants' improvements, recommended after further reflection, that for tenancies rented at less than 50*l.* the tenant should have either five years' occupation or five years' rent. According to Mr. Thompson a tenant ought to have five years' rent absolutely, and not only that but compensation for all improvements. Then there was the book of Mr. Fitzgibbon, a remarkable book, and perhaps all the better because it contained a preface of 25 pages of most unmitigated censure of the Government. The principle of the book was that, by augmentation of rent voluntarily tendered, and in proportion to a certain scale, the actual tenant of the land should be able to demand leases of 30 years, 60 years, and even leases in perpetuity. That was the recommendation of a Conservative Master in Chancery. Judge Longfield recommended simpliciter a seven years' payment as equivalent to tenant-right. Lastly, he must name Mr. Campbell, who had written a book on this subject, and who recommended the absolute sale of tenant-right together with compulsory limitation of rent,—the Ulster custom and something more. He thought the House would see that the Government had not been under the influence of a disposition to adopt extreme views. It was extremely difficult to construct a good and just scale, and the reason of the difficulty was inherent in the nature of the case. It was because the case of the large holding and the case of the small holding did not stand in pari materia either as to loss or as to improvements. With regard to loss that was easily met, because they could meet it by a diminishing scale, but as regarded improvements the case was different. In large holdings they had improvements which might be said to be of a merchantable character, such as drains, roads, fences, and buildings. But when they came to down to the small holding, improvement and loss became so blended together that they could not effectually separate them in a holding under 10*l.*, in a holding under 20*l.*, and even to some extent in a holding under 30*l.* They had been mainly guided in the construction of their scale by this reflection, that frequently the only permanent improvement which could be found in a holding of that character, which could be substantiated in court as a charge on the landlord, was reclamation of land, together with permanent buildings in certain instances. They knew what kind of permanent building the Irish tenant raised on his holding. In Sir George Lewis's book on Disturbances in Ireland they would find that the ordinary cost of the house that the Irish tenant lived in was 22s. 6d.—("Oh," and laughter)—its money cost, according to Sir G. Lewis, and he declared that there was a cheaper house which was erected for 7s. 6d. Of course it would b[e] absurd to represent the money value of that house of as th[e] ||163| value to the tenant. According to Sir Geo. Lewis that was the cost of the merchantable article; but the moss, the stone, and the turf, were gathered together by this poor man with great labour, and the loss to him was very great. But how was he to make out before the judge that the money price in the least degree corresponded with the value to him? If that was true of the house it was a great deal more true of the gates, and the road, and the fences made on this small holding. He would make another quotation from Mr. Campbell's book, because it tended to show that at the bottom of the scale they must have regard to considerations different to those which applied to the top. Mr. Campbell said: "There are two sides to the shield, discrepant and irreconciliable beyond measure. In the north, and sometimes in the south also, the tenant has put up a substantial building, and no one can deny that that is an improvement. But the ordinary state of things is this—the tenant says he has made all the improvements which give the land its value. The landlord denies that the tenant has made any improvement which in any proper sense can be called an improvement. The tenant says he has reclaimed the land, built the homestead, and put up fences, and he proves their value by showing that men of his class are ready to give large sums for the occupation. The landlord says that, so far from improving the land, the tenant has exhausted it by bad farming, and wants to sell and go to America, and that the so-called improvements are burdens on the land, which can only be well tilled by levelling the fences, pulling down the house, and consolidating the farms. The improvements are of great value to the tenant; they are worse than useless to the landlord. Between these two conflicting opinions no mortal man can determine. It would be like determining in an agricultural show between the relative merits of a horse and a cow." (Laughter.) In that passage were involved|

|170| Inhalt.

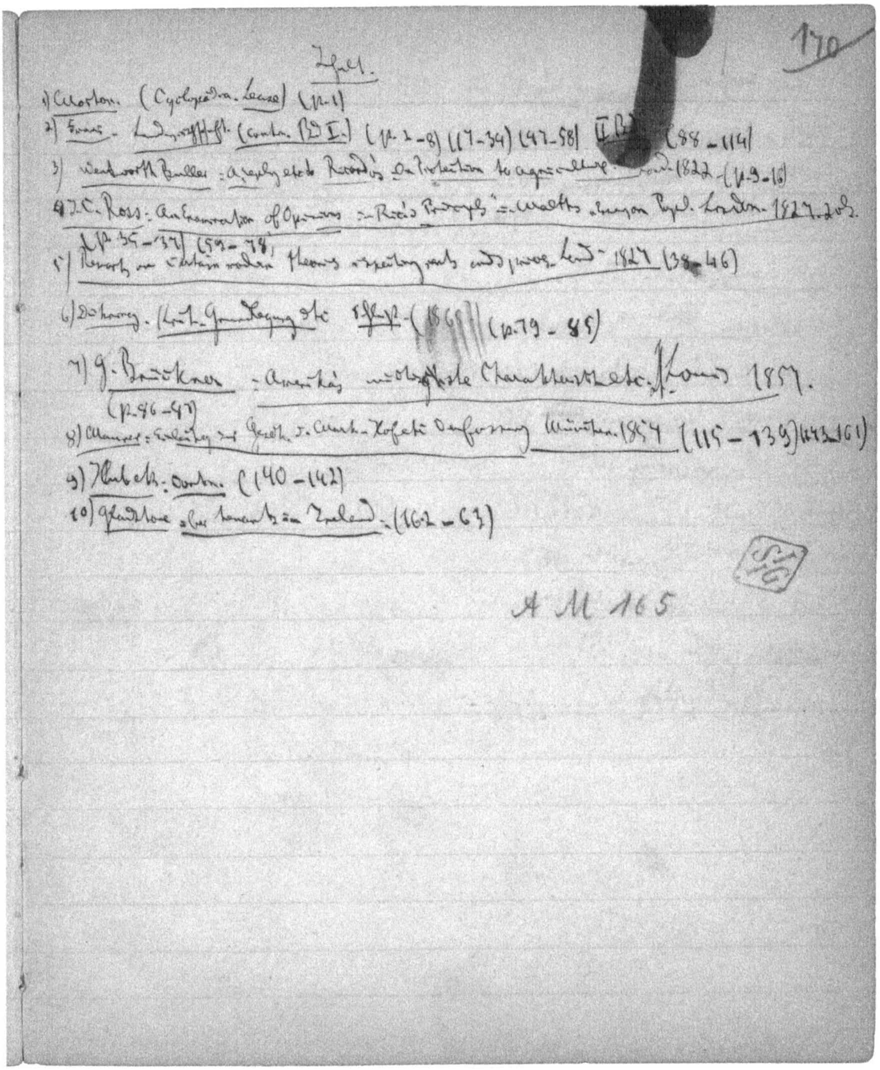

Inhalt
Hefte zur Agrikultur. Heft 2. 1868. Seite 170

[Bibliographische Notizen zur Agrikultur u.a.]

|[171]| *Commercial Roguery, Language of the Walls.* 1855.
Watkins: Opinions and Aspects of a great crisis. 1855.
F. J. Grund: Aristocracy in America. 1839
id. as I found it (America) 1852.
D. M. Evans. Joint Stock Cos. (1856)
J. Maclaren. Measure of value. 1856.
F. Cross: Landed Property its sale etc. 1856
Baron Corvaja: Bankocracy. 1855
G. Sharp. Recent Discovery. 1854.
Tricks of Trade (bei Bogue. 2s. 6d. 1856)
Johnston: Agriculture *Capabilities.* 1857.
J. Holdsworth: Soils of Ireland. 1857.
R. Russell: Northamerica. 1857.
Oechsle. Geschichte dẹṣ Bauernkriegs. |

|[174]| 1) *Husbandry.* 2) *Land Culture.* 3) *Rural.*
Banking. Trade.
W. Atkinson: State of the Science of Pol. Econ. 1838
Social Econ. G. R. Rickards. 1852.
Colman: Agricultur. Econom. France, Holland. 1848
Hon. H. Ellsworth. Agriculture in the U. St. 1843.
Barclay, Agricultural Tour in U. St. etc 1842.
Belgian Agriculture, Manual 1846.
J. Donaldson: Enemies to Agriculture. 1847.
T. Gisborne. Essay on Agriculture. 1854
H. Colman. European Agriculture. 1846

C. W. Hoskyns History of Agriculture. 1849.
Andrews: Modern Husbandry. 1854.
M'Corry: Land, Machinery, Labor and Capital. 1852.
Rhodes Land Property, Remarks. 1854.
J. Lanktree, Valuation of Land. 1852
V. Scully: Irish Land Question. 1851.
W. L. Rham Flamish Husbandry. 1851.
J. Donaldson Lands, Clay and Loamy soils. 1851.
J. Sillett Fork and Spade. |

Heft 3. 1868

Exzerpte aus Werken von Georg Ludwig von Maurer, Franz Xaver Wilhelm von Hlubek, Carl Nikolaus Fraas, Adolphus Slade und Nikolaj Gavrilovič Černyševskij sowie 34 Parlamentsberichten und Cobbett's Political Register sowie Zeitungsausschnitte

[Inhaltsverzeichnis von Friedrich Engels]

|[0a]|

[Bibliographische Notizen zu Krisen, Geld- und Kreditmarkt u.a. sowie Wohnadressen]

|[0b]| *E. Chadwick.*

J. Bailey Denton.

| *Wheatley* (1804 od. so): „*Essay on Currency and Commerce* ×

J. E. T. Rogers: A Manual of Polit. Econ. 4s. 6.d. Oxford ... (*London:* MacMillan et Co.)

R. H. Patterson: The Economy of Capital: Gold and Trade etc (bei W. Blackwood.) (1865 od. 1866?)

E. Dupont: 24, Litchfield Str. Soho Square.

J. G. Eccarius, 10, Great Chapel Street, S. W.

R. Shaw: 62, Hall Place, Hall Park, London. W.

Hermann Meyer care of *Angelrodt et Barth*, St. Louis M° U. St.

Hyde Clarke: A dictionary of the English language (1867) 3s. 6d. *London* (Virtue et Co. 26, Joy Lane. E. C.)

Levasseur

E. S. Beesly. University Hall. Gordon Square. W. C.

Schweitzer: Brief vom 15 Sept.

Haydn's: Dictionary of Dates for Universal Reference. 12 ed. 18 etc sh. (Moxon et Co. Dover Str.)

John Ogilvie: Engl. Dictionary, Etymological etc 13sh. *Blackie et son*, 44, Paternoster Row.

C. W. Boase (Manager etc) A Century of Banking in Dundee. (1867)

Crampon: „La France St. Simonienne à son déclin." (1867) ×

| *Leslie* (T. E. C.) *Land Systems and Industrial Economy of England, Ireland*, and *Continent*. (12sh. Longmans) *1870*. ×|

|[0c]| *(Inhalt dieses Volums sieh p. 270)* ×

Lord King, 2nd edit. (Exchange. Bullion trade. 1804) ×

Morier Evans: Facts, Failures, and Frauds. Lond. 1866.

Birchinlane Book-Keeping.

Humboldt: Fragmens Asiatiques.

David Jones. E. C. (Pamphlet on Railway) *London*, F. Farrah, 382, Strand. 1866.

James Caird. (Longmans) *Our daily food, its price, and sources of supply.* x

J. M. Ludlow: Progress of the Working Classes.

R. H. Patterson: The Science of Finance.

Ruskin: Letters to a Workingman.

J. Ward: Workmen and Wages.

Rev. Th. West: Ten Years in Polynesia.

W. Stanley Jevons: The Coal Question 1865. ×

Stephen Mason: Our Monetary Laws and the Rate of Discount. (1866)

Victor Bonnet (Revue des deux mondes 1865 od. 66) *Credit Mobilier*

Mr. Michel (Consul) *Commercial Report on Russia.* (1866) ×

George Guthrie (1866): *Bank Monopoly the Cause of Commercial Crises.*

Charles M. Willich: Bank Charter Act. 1866.

W. Ray Smee: Joint Stock Banks (1866)

Arthur Houston: The Principles of Value in Exchange explained. (1866)

Journ. of the Statist. Society. Vol. XXIX, Part. 2 (June 1866) (Jevons: The frequent Autumnal Pressure in the Money Market.)

Alexander Gibbon: Principia in the Science and Errors in the Practice of Polit. Econ. in the Un. Kingd. (1866)

Arthur Crump: Banking, Currency, and the Exchange. A Practical treatise. (1866)|

|[0d]| *Röpell:* Geschichte Polens.

Georg Ludwig v. Maurer: Geschichte der Markenverfassung in Deutschland. Erlangen 1856 (Verlag v. Ferdinand Ecke.)

Arthur Scratchley: Treatise on Associations for Provident Investment. 1866.

Michel Chevalier: La Monnaie (2nd ed.) 1866.

Number of the Fortnightly. October 1866 Thornton (Supply and Demand)

John Benjamin Smith: An Inquiry into the Causes of Money Panics. (1866)

James Stirling: Practical Considerations on Banks and Bankmanagement. (1866)

T. E. C. Leslie.

The Crisis of 1866 By *William Fowler (1866)*

The Panic of 1866 By Robert Baxter (1866)

Statistical Journal for December. vol. XXIX. Part. IV (*Dudley Baxter: Railway* Extension and Finance.)
The Science of Exchanges (bei *Wilson*) (1866)
Frederick Maunder: The Cause and Cure of Money Panics (1866)
Morier Evans „Speculative Notes" „*Facts, Frauds* etc (1867) (Ueber die Swindling concerns)
James Heron: „Monetary Panics" (read at Social Science Congress Belfast. 1867) (He is one of the directors of the Ulster Banking Co.)
Smith, Knight and Co (Lim.) *Third Letter to the Shareholders. By A. J. King.* (1867)
John P. Gassiot: „Monetary Panics and their remedy" 2nd ed. 1867. ×××
Sillar's Usury: its Nature and Effect. 1867.
Joseph Lee Thomas: The Present Position of Railways. (1867)
Samuel Haughton History etc of French Railways (1867)|

|1| Maurer. Schluß.

(München, 1854 Verlag v. Chr. Kaiser)

Dorfanlagen der übrigen Grundherrn.

Karls des Gr. Beispiel nachgeahmt bei allen heranstrebenden Grundherrn, Stiftern, Klöstern, weltlichen Emunitätsherrn. Schon der *Fronhof* selbst erhielt eine den Königshöfen sehr ähnliche Einrichtung. Ausser dem Herrnhaus (curtis, sala, Burg) dabei noch die Wohnungen der herrschaftlichen Beamten u. sonstigen Diener bis zu den Handwerkern u. arbeitenden Frauen herab. (*Urkunde aus XII.* Jhdt.: Mulieres faciunt camisiles, mappales, mandibula, seruiunt in culina curie et non alibi, lauant, et preparant linum.) Alle diese Wohn- Arbeits- u. Oekonomiegebäude mit Zäunen od. Mauern umgebnes Ganze. Grundherr behielt sich allezeit einen Theil der zu seinem Frohnhof gehörigen Huben zum eignen Land vor. So das Stift Mainz in seinen thüringischen Besitzungen. So das Erzstift Trier, die Abtei Prüm, u. im Rheingau etc jeder geistl. u. weltliche Grundherr. Solche nicht als Zinsgüter verliehnen, sondern auf eigne Rechnung od. auch fronweise gebauten Ländereien hiessen, wegen ihres unmittelbaren Verbandes mit dem Fronhof, terrae salicae, [terrae] dominicales, dominicae u. indominicatae, bona dominicalia, Salgüter, Seelgüter, Salländer, Sale, Allodien, Bunden, Beünden u. bunnaria, Cunden, Kumden, Achten u. Haten. (261, 262) Diese Salländereien hatten, als wahre Allodien od. als echtes Eigen, *grosse* Freiheiten, wurden theilweise auch den Colonen, denen sie in spätren Zeiten hingegeben, zu Theil. (262) *Seit dem 11 Jhhd.* auch die Salländereien mehr u. mehr an Colonen als Zinsgüter hingegeben. Daher seitdem mit den übrigen Bauerngütern vermischt u. nach u. nach unter denselben verloren. (263)|

|2| Bei weitem die meisten herrschaftl. Ländereien indeß gleich ursprünglich an freie od. unfreie Colonen als *Zinsgüter* hingegeben worden, weit häufiger jedoch an *freie* Zinsleute, als an Leibeigne, zur Ehre der Deutschen kann man sagen, durch fast ganz *Deutschland.* (263) (Dipl. v. 1166 bei Schannat, dioecesis et hierarchia Fuldens. probat p. 266. dimidiam huobam – cuidam liberae condicionis homini – libere colendam contradidi *hac lege*, ut tam ipse, quam omnis sua posteritas cum haereditario jure possidendam tenerent, quamdiu singulis annis in festo S. Andreae – IV solidos persolverint, aliaque monasteria contribulium suorum, servicio similia, omnimodis adimplerent. (p. 263, N. 4)

Auf diese Weise sehr viele herrschaftliche Bauerndörfer entstanden, entweder rings um den Fronhof, zu dem sie gehörten, od. auch in größrer od. geringrer Entfernung v. ihm, zumal wenn mehre solche Dörfer unter demselben Fronhof standen. Bis spät ins Mittelalter hinein, neue Dorfanlagen dieser Art, z.B. die Gründung v. Johannisberg (12 Jhd.), Köhlerkolonie zu Gladbach etc, weshalb auch noch die *Rechtsbücher* v. solchen Dorfanlagen handeln. Insgemein pflegte sich der Grundherr f. den zur Ansiedlung abgetretnen Grund u. Boden *Zins* od. sonstige *grundherrliche Abgaben* u. Leistungen zu stipuliren. [(263, 264)] (*Schwäb. Landrecht:* Wa man ain newes dorff begunnet mit newem pau. da sol des ertrichs herre zins oder gelte ab werden also daz den pawlewten halbes korn beleibe dem pfaffe der zechende. vnd wz (statt waz) rechtens andre dörffer habent daz sol es auch haben. (264, n. 7)) Sehr häufig erhielt die neue Dorfanlage den Namen des Grundherrn, z.B. Theodonis villa = Thionville etc (264)|

|3| Bei weitem die meisten Dörfer, welche wir heute noch sehn, erst in spätren Zeiten, in Hessen, Pfalz, Westphalen etc schon im *9. u. 10. Jhd., als schon* das ganze Land in Grundherrschaften, sei es des Königs od. Landesherrn, oder andren großbegüterten Geschlechts od. Stifts, umgeschaffen war, auf grundherrlichem Boden angelegt worden, u. erhielten daher den Grund u. Boden unter Bedingungen, welche die Vollfreiheit ausschlossen. Auch im Norden Europas hinsichtlich der spätren Dorfanlagen der Fall. Daher: daselbst der Boden meisttheils v. dem König nur in Pacht gegeben od. f. steuerpflichtig erklärt od. sonstigen Verbindlichkeiten unterworfen. (265)

Sehr interessant die Dorfanlagen nach deutschem Recht seit dem *13. u. 14 Jhd. in Schlesien u. Mark Brandenburg* [*Wohlbrück: Geschichte des Bisthums Lebus* (für Brandenburg) u. *Tzschoppe u. Stenzel – Urkundensammlung zur Gesch. der Städte in Schlesien* – f. Schlesien.] (265) In *Schlesien* pflegten die Grundherrn ihre grundherrlichen Dörfer, die man insgemein *villae polonicae*, polnische Dörfer, genannt hat – entweder ihrem herrschaftlichen Schultheiß (nostro sculteto – nostris scultetis) od. einem andern, meist ritterbürtigen Mann (miles), öfters mit noch andren unangebauten Ländereien u. Waldungen hinzugeben, in späteren Zeiten aber zu verkaufen, u. ihm zu gleicher Zeit das Amt eines Schultheiß erblich zu übertragen, unter der Bedingung, daß die Ländereien an *deutsche Colonen* hingegeben (ad locandum ibidem theuthonicos in jure et libertate theuthonicali), die Dörfer nach deutscher Art (jure teutonico) eingerichtet, u. die Feldmarken durch Ausroden der Wälder erweitert werden sollten. In ähnlicher Weise wie in Schlesien die *polnischen*, in der Mark Brandenburg auch die *wendischen* Dörfer in *deutsche* umgewandelt. Dasselbe Verfahren wie bei der Umwandlung trat jedoch auch bei der *Anlegung ganz neuer Dörfer* ein, z.B. die Anlegung v. Frauendorf u. andrer Dörfer in Schlesien. (1308 u. 1319) Der Unternehmer einer Dorfanlage ‖4| war demnach zu gleicher Zeit Erbschultheiß im Dorf (qui eiusdem villae locator esse debet et scultetus. *1319*) u. hatte als solcher die Dorfgerichte zu präsidiren u. die Dorfpolizei zu handhaben. F. seine bei der Dorfanlage u. beim Dorfregiment gehabte Mühe (pro expensis suis, et laboribus in fundacione et regimine loci) erhielt er bestimmte Anzahl zins- u. Zehntfreie Hufen (mansi liberi), eine abgabenfreie Schenkgerechtigkeit (libera tabarna), zu welcher öfter auch noch die Bäckerei, die Fleischbank, die Schuhmacher- u. Schmiedegerechtigkeit u. andre Gewerbsberechtigungen gehört haben. Sodann das Recht eine Mühle anzulegen, das Recht die Fischerei, Schaftrift, u. viele andre Nutzungen. Die deutschen Colonen erhielten aber eine bestimmte Anzahl v. Erbzinsgütern (mansi censuales), deren Leistungen *vertragsmässig* bestimmt waren (pensiones quas de pacto debent – eo tamen pacto interveniente). Wahrscheinlich dieselben, wie bei den germanischen Ansiedlungen in den Römerprovinzen *verloost* (in divisione mansorum per sortem more theutonico), weshalb die Mansen zuweilen auch Loosgüter (sortes) genannt. Jedenfalls wurden sie aber vermessen u. daher jedem *Colonen in einem Dorf ein gleich grosser Bauernhof* (mansus) zugetheilt. Auch wurde dabei nicht nur das *unkultivirte* Land berücksichtigt (mansi inculti, agri non culti aut silvestres) sondern öfters auch das bereits schon *cultivirte* Land (agri culti). Wie denn auch den im nördlichen Deutschland eingewanderten *Niederländern* zuweilen Dörfer übergeben worden sind, welche früher schon v. den Slaven bewohnt waren. Wahrscheinlich das Land in derselben Weise angewiesen u. getheilt, wie bei der german. Besitznahme der Römerprovinzen mit den Eingebornen ‖5| getheilt worden ist. Daher wohnten öfters Deutsche u. Polen neben einander in einem u. demselben Dorf u. jeder v. ihnen lebte nach seinem eignen Recht. Auch sodann die fremden Colonisten, wie zur Zeit der Besitznahme der Römerprovinzen, hospites genannt. Oefters ließ man aber auch die Eingeborenen, die Polen, nicht blos im Besitz ihrer Ländereien, sondern nun auch die früher leibeignen Polen für *freie* Colonen erklärt u. ihnen gestattet ihre Güter nach deutschem Recht zu besitzen. (dedimus ibidem seu theutonicis seu polonis libertatem et facultatem manendi et locandi, et ut immunes sint ab angariis, que exiguntur a polonis (Diplom v. 1228 bei Tsh. u. St.), potestatem ponendi in villis suis theutonicos seu polonos, sub quali jure maluerit, eximentes eosdem homines (Dipl. v. 1260 bei T. u. St.). Daher sollten sie sodann auch nicht mehr dem poln. Recht unterworfen sein, vielmehr nach demselben Recht wie die deutschen Colonen behandelt werden (nulli juri polonico sint subjecti, sed pure jure gaudeant teutonico, quali fruuntur teutonici villani. (Dipl. v. 1234 bei T. u. St.) Nulli juri polonico subjacebunt deinceps sed jure teutonico perfruantur. (Dipl. v. 1278, bei Böhme). Aehnliche Dorfanlagen findet man auch in Pommern, z.B. Holzhagen etc. Wenn die neue Dorfanlage in bereits schon bestehndem wendischen od. slavischen Dorf gemacht, entstanden öfters 2 verschiedne Dörfer in einer u. derselben Feldmark, deutsches neben dem wendischen, z.B. deutsch u. wendisch Bukow, Pribbernow, Recow, Reptow etc. Oefters erhielten sodann auch die Slaven u. Wenden dasselbe Recht wie die Deutschen. (sed et Slavis eorum *jus theutonicum* in perpetuum dare.) (p. 266–69)|

|6| Einzelne Bestandtheile eines Bauerndorfs.

Die Anlegung solcher *Bauerndörfer bis spät in das Mittelalter hinein, wie bei den Urdörfern.* Das Ganze begann mit der Anlage des eigentlichen Dorfs, d.h. des f. die Bauernwohnungen u. Wirthschaftsgebäude bestimmten Theils. Jeder Colone erhielt im Dorf selbst einen f. seine Wohn- u. Wirthschaftsgebäude, f. den Garten am Hause u. den nöthigen Hofraum bestimmten Platz. Wie bei den Urdörfern area, Hofstat od. Hubestat, terra curtilis od. locus curtilis, od. auch mansus (v. manere, daher das französische manans) genannt. (269) (Demesne, England u. Schottland mease u. manse, in Deutschland Mesner) Huben, das zu der Wohnung im Dorf gehörige Ackerland. ([270,] 271) (wenn mansi u. hubae neben einander aufgezählt, unter mansi Haus sammt Hof im Dorf, unter den Huben das dazu gehörige Feld) (271) (zuletzt auch mansus u. Hube gleichbedeutend) (manerium, manoir) (Aus mansio maison) [(273)]

Frühe Benennung der Bauernhöfe ist *Colonie.* [(271, 272)] (bei den Burgundern. L. Burg. t. 38, c. 7, tit. 67. »Si quis in agro regio vel colonica … Quicumque agrum aut colonicas tenent.«) (Mandat v. 30 Juli 1723 in Sammlung churbair. Generalien: „Darauf s.g. *Colonien, das ist Häuser*, u. durch deren Zusammensetzung neue Dorfschaften oder Ried errichten."), am Rhein etc. (274) Es bedeutet nicht allein die Bauernwohnung, sondern auch das ganze Bauerngut, also die Bauernwohnung mit Feldern, Wiesen, Waldung. (l.c.) Im Grunde colonia hier nur Uebersetzung v. bûr = Wohnung, Haus, sowie colonus v. bauer. Daher nicht selten tributbare Römer in solchen Colonien, indem auch sie dem nicht vollfreien Bauernstand angehörten. (274, 275)|

|7| Bei der Anweisung des f. die Wohn- u. andren Gebäude im Dorf bestimmten Platzes auch bei herrschaftlichen Dorfanlagen auf möglichste Gleichheit gesehn, einem jeden daher sein Theil *zugemessen*. Daher früh schon v. *vollen, ganzen* u. *ungetheilten*, wie v. *halben* u. sonst *getheilten* Hausplätzen od. Mansen die Rede. Bei den in dem Besitzthum eingetretnen Verändrungen, viele Hausplätze zersplittert, oft auch mehr Hausplätze in denselben Händen vereinigt u. sodann, da sie nicht alle bewohnt werden konnten, als Ackerland od. Weinberge verwendet. Auch pflegte seit dieser Zeit die Grösse des oft nicht unbedeutenden Hausplatzes genau bestimmt zu werden. (276, 277)

Der Inbegriff der zusammenstehnden Bauernwohnungen im Norden *Dorf* im Unterschied v. *by* od. Urdorf, im übrigen Deutschland *Bauernschaft, Heimschaft* u.s.w. (villa, vicus, Dorf od. auch *Colonie*, wie z.B. bei den flämischen u. holländischen Colonien, was im Grunde nur Uebersetzung v. Bauernschaft. (277) Der innre Dorfraum, wie bei den Urdörfern, aus Strassen u. freien Plätzen, deren Gebrauch jedem offen ... das Ganze eingezäunt. Der Dorfzaun heißt auch noch später *Etterzaun* (Edertzun od. Adertun). (277)

V. dem Bauerndorf selbst verschieden die *Feldmark*. Theil unter den Colonen vertheilt, andrer unvertheilt gelassen, wie bei dem Urdorf. Jedem Colonen, wie im Dorf Hausplatz, in der Feldmark ein *gleich grosses Stück Feld zugemessen*, u. zwar wie bei den Urdörfern, u. noch in unseren Tagen bei Anlegung v. neuen Bauerndörfern od. Colonien, z.B. in der Pfalz, in jeder *Feldflur* ein gleicher Antheil. (278) Daher wurde jedes aus diesen Ackertheilen bestehnde Bauernbesitzthum insgemein Hube genannt, als ein Ganzes u. zwar v. bestimmter Grösse. Auch die Bauerngüter der gleichen Vertheilung wegen ursprünglich verloost. Daher auch sie sortes (Loosgüter), gleichviel ob ihre Besitzer Leibeigne (mansi et sortes serviles), od. freie Colonen. (278[, 279])|

|8| Zur *ungetheilten Feldmark* auch bei den grundherrlichen Dorfschaften alles übrige nicht zur Kultivirung hingegebne Land, Waldungen, Weiden, Wege u. Stege, öffentliche Plätze, Wasser etc wie bei den vollfreien Dorfschaften. (279) Wie in den Urdörfern der vollberechtigte Genosse, so auch der freie u. unfreie Colone in den herrschaft. Dorfschaften sein ausgeschiednes Loosgut in der Feldmark, seinen ideellen Antheil an der Waldmark. Zu dem Ende nicht allein die Aecker u. Wiesen, sondern auch die Waldungen u. öden Gründe gemessen. (279, 280)

Späterhin, wie die Herrenhöfe, auch die Bauerngüter getheilt. Umgekehrt aber wußten auch manche Colonen mehr als eine Hube an sich zu bringen. (281)

Grundherrliche Rechte u. Beamte.

Das *Eigenthum* am *Grund u. Boden* dieser grundherrlichen Dorfschaften stand dem Grundherrn zu. (281) Hatte unbeschränktes Verfügungsrecht über die ganze Feldmark, Jagd, Fischerei, Feldpolizei, Maaß u. Gewicht. Auch bei den herrschaftlichen Orten f. die Weide eine offne u. geschlossne Zeit, Herde durch einen herrschaftlichen Dorfhirten hinausgetrieben, System der Einzäunung etc beibehalten. Die herrschaftlichen Beamten vom Grundherrn ernannt, Meier, Vogt, Schultheiß etc ([281,] 282, 283) Trotz dieser sehr ausgedehnten Rechte des Grundherrn, bildeten die Colonen, wenigstens die nicht Leibeignen, v. je eine eigne *Genossenschaft*, die in der Art der Verleihung der Zinsgüter u. in der Hörigkeit selbst ihren Grund, u. selbst wieder zur solidarischen Zinspflichtigkeit führte. (283)

5) Veränderte Hofverfassung.

So lange die Herrenhöfe gleich groß, nach dem wirkl. Bedürfnis jeder Familie berechnet, nichts als vollfreie Bauernhöfe u. wirkliche *Mannwerke*, ihre Verfassung u. Verwaltung sehr einfach. Verwickelt, sobald die ursprüngliche Gleichheit schwand, ein Herrnhof sich über viele zu erheben begann, ausserdem noch die unangebauten, z. Th. sehr ausgedehnten herrschaftlichen Ländereien durch neue Hof- u. Dorfanlagen kultivirt, alle diese kleineren od. größren Territorien nach wie vor ||9| v. dem Herrnhof (curtis) aus verwaltet ... neue wahre Hofhaltung nun eingerichtet. Galt v. den kleineren Grundherrn wie v. König. Jeder Grundherr (dominus) nun auf seinem Hof seinen Senescalcus, Buticularius, Marschall, Forst- u. Jägermeister, Koch, Bäcker nebst andren Künstlern u. Handwerkern, seine eignen Hirten, Vasallen, sonstige Dienstleute; über das Ganze herrschaftlicher Beamter, villicus, major etc ([283,] 284)

Waren eine od. mehrere alte Dorfschaften einem einzigen Grundherrn zugefallen, od. auch mehre Dorfschaften v. demselben Grundherrn auf herrschaftlichem Boden angelegt worden, so standen sie alle unter *einzigem Fronhof.* (Wenn zu ausgedehnt, f. kleinre Bezirke *Unterhöfe*, worüber f. den grössren Distrikt wieder ein od. mehre *Oberhöfe*, wofür das nöthige Muster schon in Karl des Gr. Villenverfassung). Wo sich aber *mehre Grundherrn* neben einander an demselben Ort erhalten, wie in den Urdörfern, z.B. Rheingau sehr häufig der Fall, jeder v. ihnen seine eigne Hofhaltung auf seinem eignen Fronhof. (284, 285) Da nun Jeder dieser Fronhöfe Sitz eigner Gutsverwaltung m. eignem Hofgericht f. die hof-hörigen Hintersassen, jedes altgermanische Gericht aber sein eignes Recht autonomisch auszubilden pflegte, so an einem u. demselben Ort nicht allein Grundholden v. verschiednen Grundherrn, sondern ebendaselbst mehre Hofrechte neben einander entstehnd. Dieß Verhältniß konnte sich nur in alten freien u. gemischten Dörfern u. Städten bilden, nicht in den auf herrschaftlichem Grund erbauten, od. wenigstens einzigem Grundherrn zugefallnen Dörfern, so auch heute noch die vielerlei Rechte u. Grundherrschaften grade dort meist, wo, wie z.B. in Franken u. am Rhein, die meisten vollfreien od. gemischten Dorfschaften in der Vorzeit. In diesen verschiednen Hofverfassungen am selben Ort der erste Grund zu den in fast allen Bischofsstädten stattgehabten Kämpfen zwischen Bischof u. Bürgerschaft. Die bischöfl. Beamten bemühten sich die Grundherrschaft episcopi über die ganze Stadt auszudehnen. Die übrigen, wenn auch minder mächtigen vollfreien Hofbesitzer gegen diese Bestrebungen, vereinigten sich zu gemeinsamem Widerstand, Resultat dieses Kampfes m. der bischöfl. Grundherrschaft pflegte sodann eine freie Bürgerschaft – eine freie städtische Verfassung zu sein. (285, 286)|

|10| Uebrigens standen viele dieser Herrnhöfe in den alten Dörfern u. Städten wieder unter andren auswärtigen Fronhöfen, im Verhältniß zu diesen also nur Unterhöfe. Viele v. ihnen aber auch selbst Oberhöfe v. auswärtigen Unterhöfen, bes. bei den Königshöfen in den alten Städten u. auch bei vielen Bischofshöfen. Ueber diesen Oberhöfen standen nun wieder die höchsten u. allerhöchsten Herrschaften selbst. Auf diese Weise nach u. nach die *Herrnhöfe* nicht allein zum Sitz u. Mittelpunkt der Verwaltung der Gutsherrschaft, sondern der Regierung des Landes u. des Reiches selbst. Wie der Grundherr, wenn er mehre Fronhöfe besaß, v. einem zum andern herumwanderte, ebenso führte der Graf u. der Herzog die Regierung des Landes v. seinen Fronhöfen, der Kaiser aber v. den Königshöfen aus, u. Landesherrn wie Kaiser wanderten zu dem Ende v. einem Hof zum andern, bis zuletzt v. allen eine ständige Residenz bezogen – *Hof.* (bis jezt) (286, 87) Der Fronhof der Ort, wohin die grundherrlichen Abgaben u. Leistungen zu liefern, so flossen in den Königshof alle dem König verfallnen Geldstrafen, vakanten Erbschaften u. andren fiskalischen Einkünfte. Seit Römerzeiten man gewohnt, den kaiserl. Schatz Fiscus zu nennen, so erhielten nun auch die Königshöfe u. königl. Villen diesen Namen. (287)

6) Folgen dieser in der Hof- u. Grundherrschaft eingetretnen Verändrungen hinsichtlich der Feldgemeinschaft.

a) Die Grundherrschaft das Grab der freien Feldgenossenschaft Auflösung der alten grossen Mark durch deren *Zersplitterung* in kleinere Wald- Dorf- u. Hofmarken, so wie die *Einforstung* der grossen Waldungen. (287) Das eigentliche *Grab* durch die Veränderungen der Grundherrschaft selbst. In allen Kantonen der Schweiz, wo die Grundherrschaft verschwunden, Entwicklung u. grosse Selbstständigkeit der Gemeinden, wo, wie z.B. in Thurgau, die Grund- u. Vogteiherrschaften als Gerichtsherrschaften geblieben, kein Gedeihn der Gemeinden. (288) |

|11| In den *rheingauischen* Dorfschaften (u.s.w.) die *nichtgrundherrlichen* Dörfer bleiben freie Herrn in ihrer Feld- u. Waldmark; daselbst in den *grundherrlichen* Ortschaften Eigenthum an Wasser u. Weide, nebst dem Recht Anordnungen darüber zu machen, dem Grundherrn gehörig. Die *Hintersaßen* hatten blos v. den Geboten u. Verboten des Grundherrn abhängige *Nutzungsrechte* daran, mußten dem *Grundherrn* dafür Dienste leisten, u. bei Zuwiderhandlungen Bussen bezahlen. V. Feld- u. Waldgenossenschaften dabei nicht mehr die Rede. (289)

Das glänzendste Beispiel v. der Fortdauer der alten Markenverfassung u. ihrer weitren, derjenigen in den Reichsstädten völlig ähnlichen Entwicklung liefert das Land *Dithmarschen.* (p. 289 sqq.) (Es erhielt seine ersten Ansiedler aus Friesland u. Sachsen, später noch aus Westphalen u. andersher) Das aus Friesland eingewanderte grosse Geschlecht der *Vogdemannen* ließ sich in 2 Marken am Seestrand hin, in der s.g. Marsch nieder. Es nannte sich nach seinem Wohnsitze die Norder- u. Südervogdemannen, weshalb die beiden v. ihnen bewohnten Marken später Norder- u. Süderstrand hiessen. (*Urk.* v. 1384 bei *Michelsen, Urkundenbuch zur Geschichte v. Dithmarschen.*) l.c. Die aus Sachsen eingewanderten Geschlechter, unter denen das der Woldersmenner das bedeutendste, siedelten *sich mitten durch das Land,* in der s.g. Geest bis hinein in die Marsch in zwei andern Marken an, welche später den Namen Norder- u. Süderhamme erhielten. Erst in spätren Zeiten kam zu diesen 4 Feldmarken noch ein 5. Bezirk, das *Meldorper Döfft* hinzu, u. diese Eintheilung des Landes in 5 Döffte blieb bis 1559. (289, 290)

b) Grundherrschaft u. Feldgenossenschaft können neben einander bestehn

So auf Hundsrücken etc. (p. 293 sqq.) Auch in den Bischofs- u. Königsstädten, so wie in den kleineren Cantonen der Schweiz, lange Zeit herrschaftliche Gerichtsbarkeit neben Mark- u. Feldgerichten. (294) |

|12| c) Feldmarken, welche v. einem einzigen Grundherrn erworben worden.

Der Grund, warum die Grundherrschaft die Feldgenossenschaft zu untergraben pflegte, liegt in der Leichtigkeit der *Vereinigung der Mark- od. Feldgerichtsbarkeit mit derjenigen des Fronhofs.* So oft der Grundherr in die Lage gekommen war, die Feldgerichtsbarkeit mit der ihm zuständigen Hofgerichtsbarkeit vereinigen, u. die eine wie die andre seinen herrschaftlichen Beamten übertragen zu können, ist es auch der Grundherrschaft gelungen, die Feldgenossenschaft nach u. nach ganz zu verdrängen. In allen übrigen Fällen hat diese sich nicht nur erhalten, sondern im Kampf m. der Hof- od. Grundherrschaft nicht selten sogar noch weiter fortgebildet. (294, 295)

d) Eingeforstete Marken:

Durch die Einforstung an u. für sich nur der eingeforstete Bezirk aus der gemeinen Mark ausgeschieden, die darin bestehnde Verfassung aber durchaus nicht geändert. Befand sich nun innerhalb des eingeforsteten Bezirks eine Markgenossenschaft, so bestand diese neben der Hofverfassung nach wie vor fort. Sie pflegte indeß auf dieselbe Weise wie in andern Grundherrschaften nach u. nach untergraben u. sodann gänzlich verdrängt zu werden, wenn, wie meist, der ganze Bezirk an einen einzigen Grundherrn gekommen wäre (297)

e) Auf herrschaftlichem Boden angelegte Feldmarken.

Hier v. vornherein die ungetheilte Feldmark – i.e. die Genossenschaft darin, *keine reine Feldgemeinschaft*, Gemisch v. Feld- u. Hofgenossenschaft, wobei die Hofverfassung vorherrschend. (298)

f) Von mehren Grundherrn beseßene Marken.

Mit der alten Dorfmark auch die Feldgenossenschaft verschwunden. Bildet sich neue Genossenschaft, in welcher die *Hofverfassung* vorherrscht. (l.c.)|

|13| g) Gemischte Marken.

In den Territorien u. Ortschaften, wo Grundherr nur Theil der Feldmark an sich gebracht, neben ihm sich aber auch noch andre Grundbesitzer erhalten, pflegte die alte Feldgenossenschaft unter sämmtlichen, theils frei gebliebnen, theils hörig gewordnen Grundbesitzern fortzudauern. Namentlich in *geistlichen* Territorien, u. in solchen Territorien u. Feldmarken, die aus *Reichshöfen* u. andren *Reichsländereien* hervorgegangen. Der Grundherr des größren Theils der Feldmark versuchte Ausdehnung seiner Herrschaft, führte zu Kampf der Grundherrschaft m. der Feldgenossenschaft, dieser insgemein zwar zum Sieg der Herrschaft, nicht selten aber auch zum Sieg der Genossenschaft. Dieß ist mit kurzen Worten die Geschichte des Untergangs der meisten Marken, so wie deren Erhaltung in andern Ländern, insbes. auch in den Reichsstädten u. Reichsdörfern. (299) Die Landgemeinde v. Schwiz war u. blieb bis auf die jetzige Stunde eine *Thalmarkgemeinde* (universitas vallis de Switz.) (306) *Landbuch v. Schwiz:* „gemein Lanndlüt, gemein Nachpuren" (wegen der Gemeinschaft der *gemeinen* Landleute genannt) „oder *sunder* personen" (Sonderleute, d.h. nicht in der Gemeinschaft befindlich.) (307) (*Schwiz, Uri, Unterwalden* die besten Beispiele der siegenden Markgenossenschaft gegen die grundherrlichen Mischlinge.) Verbot (in Schwitz) ein Gut an Nichtgenossen, z.B. an Ausländer od. an Klöster zu verkaufen od. versetzen. ... Auch mußte der Käufer eines Guts dieses selbst nutzen u. niessen. Durfte es nicht f. einen anderen anders, denn als dessen Lehnmann od. Pachter in Besitz nehmen. Und da ausserdem noch *ewige Gülten* nicht auf liegende ||14| Gründe gelegt, die bereits vorhandnen ewigen Gülten aber abgelöst werden durften, so die *Entstehung eines v. dem Nutzeigenthum getrennten Obereigenthums* u. *daher* die *Bildung einer wahren Grundherrschaft im Land* Schwiz gar nicht möglich. Zur Verfügung über das Gemeinland gehörte auch die Aufnahme in die Gemeinschaft od. in das Landrecht. Dazu nur allein die Landgemeinde berechtigt. Nicht vollberechtigte Genossen, also nicht gemeine Landleute waren die *Hintersassen.* (308)

Die Mitglieder der Thalmarkgemeinde v. Uri *(universi homines Uraniae u. universi homines in valle Uraniae)* (310[, 311])

Die Thäler Schwiz, Uri u. Unterwalden waren demnach Marken. Und lange Zeit vor der Befreiung des Landes hatten die Thalmarkgemeinden die freie Verwaltung ihrer markgenossenschaftlichen Angelegenheiten unter dem Vorsitz des Ammans des Thales. Wie andre Marken standen sie unter der öffentlichen Gewalt, seit dem Untergang der Gauverfassung also unter der Vogtei. Um frei zu werden brauchten sie sich demnach bloß v. der Vogtei zu befreien od. diese selbst zu erwerben. (314)

Wie bei den deutschen Reichsstädten die freie Verfassung aus dem Kampf der alten Feld- oder Markgenossenschaften mit ihren Grund- u. Landesherrn hervorgegangen, also die Freiheit der Thalmarkgemeinden v. Uri, Schwiz u. Unterwalden. (322) Sehr intressant das Land *Delbrück* in Westphalen. Gemisch der Freiheiten v. Dithmarschen mit *höriger Bauernschaft.* ([322,] 323) (*Wigand: Provinzialrechte v. Paderborn u. Corvey. Delbrücker Landrecht.* [(322, N. 18, 323, N. 19)]) Das Land Delbrück im 15. Jahrhundert auf dem Weg sich zu einer freien Gemeinde, wie in der Schweiz u. im Dithmarschen, zu ||15| einer freien Landgemeinde zu erheben. Daß aber dgl. im 14. u. 15. Jhd. sehr verbreitete Bestrebungen zuletzt zu einem Conflict mit den gleichfalls in die Höhe strebenden Landesherrn, welche zu eben jener Zeit selbst ihre hergebrachten Rechte zu befestigen, sie zu einer wahren Landeshoheit auszubilden gesucht, führen mußten, lag in der Natur der Dinge. Nach dem Bericht des Pater Strunk, des Fortsetzers v. Schaten *(Annal. Paderb.)*, hatte der Kampf 1505 seine höchste Höhe erreicht. Das ganze Land war in Verwirrung, in völlige Anarchie geraten. Die für ihre Freiheiten kämpfenden Bauern wurden, wie bei solchen Streitigkeiten so häufig, als *Rebellen* behandelt. Auf Betreiben der Paderbornschen Landstände kam es 1506 zur schiedsrichterlichen Beilegung, wodurch der Grund zur späteren Landesverfassung gelegt. ([325,] 326) (Populus hic, potissima ex *parte in ericetis locisque palustribus habitans* etc bei Schaten, III, 30. [(326, N. 27)]) Schon durch die in der Gerichtsbarkeit eingetretnen Verändrungen die früher sehr grossen Freiheiten der Bauerngemeinde (v. Delbrück) bedeutend gesunken. Dazu kamen nun aber noch die Bestrebungen der landesherrlichen Behörden, auf Unkosten des Landes die Rechte ihres Herrn mehr u. mehr zu vermehren, u. namentlich die freien Voll- u. Halbmeier in eine Klasse m. den Eigenbehörigen hinabzudrücken. V. den alten *grossen Freiheiten* zuletzt nur noch die Formen übrig geblieben bis J. 1806. Schon gen Ende des 18. Jhd. der ursprüngliche Sinn jener Formen so verschwunden, daß sogar vor dem *Reichskammergericht* die Abfassung der Urtheile im Namen des Landes ein „eitles Vergnügen" u. die daselbst vorgebrachte Beschwerde eine „muthwillige, boshafte u. freche" Anmassung der Vorsteher des Amts od. des *„sogenannten Landes"* Delbrück „unter dem entlehnten Namen sämmtlicher Eingeseßenen" jenes Amts genannt werden konnte. (329, 330)|

|16| In einer der geistlichen Territorien ähnlichen u. wegen der Reichsunmittelbarkeit gleich günstigen Lage, die mit den *Reichshöfen* zusammenhängenden *Feldmarken;* in ihnen die alte Verfassung nicht allein länger erhalten, sondern konnte in den *Königsstädten*, seit ihrer Emunität v. den kaiserlichen Landgerichten auf ähnliche Weise wie in den Bischofsstädten sich noch weiter fortbilden. Durch diese Emunität nämlich die auch in den Königsstädten bestehnde Feld- od. Markgenossenschaft unmittelbar unter Kaiser u. Reich, demnach in die Lage gekommen, die traurige Lage der Kaiser f. sich benutzen, u. so nach u. nach die Grundherrschaft sammt der öffentlichen Gewalt an sich bringen, d.h. freie *Reichsstädte* werden zu können. (330)

f) Entstehung einer öffentlichen Gewalt

p. 330 sqq.

Ursprünglich blos Familien- Geschlechter- od. Stammgenossenschaft u. Markgenossenschaft. Schutz- u. Trutzbündnis gegen innren Feind u. äusseren. (330, 331)

2) *Landeshoheit.* Schweine v. grösseren Emunitätsherrn, welche die öffentliche Gewalt ganz an sich brachten u. dadurch den Grund zur Landeshoheit legten. (334 sq.)

Die *Folgen* der Bestrebungen der erblichen Gaugrafen dieselben, wie bei den Emunitätsherrn. Sie wurden Grundherrn der ungetheilten grösseren Marken, in manchen Territorien, wie z.B. in Holstein, sogar der *gemeinen Dorfmark.* (335)

Wie früher unter der öffentlichen Gewalt, hat die Mark- u. Feldgenossenschaft nun unter der Landesherrschaft gestanden, jedoch nur so weit als es die Handhabung des Landfriedens erheischte ... Letztre führte indeß zu einem Oberaufsichtsrecht, dieses allmählich zu jener s.g. Obervormundschaft, wie wir sie noch heute sehn. Landesherrliche Beamten erhielten anfangs das Recht den genossenschaftlichen Verhandlungen beizuwohnen, sodann aber den Vorsitz dabei nebst dem Recht die Rechnungen selbst abzuhören, ‖17| die Geldstrafen zu erheben u. zu verwenden, wozu sich denn auch noch das Recht die genossenschaftlichen Beamten v. Herrschafts wegen zu ernennen gesellt hat. Zu gleicher Zeit ließ man Berufungen an die landesherrlichen Gerichte zu, u. unterwarf zuletzt diese Genossenschaften auch noch der neu entstandnen landesherrlichen Gesetzgebung, wodurch nicht allein deren eigne Autonomie untergraben, sondern der Grund zu ihrem gänzlichen Untergang gelegt worden ist. So im Rheingau, in Pfalz bei den Haingeraiden etc (336, 337)|

|18| Hlubek. (Landwirthschaft) B. I. Contin.

III. Thonboden.

Thongehalt v. 30–80 pt., sodaß der Boden so zusammenhängende Schollen bildet, daß diese ausgetrocknet durch Handdruck gar nicht od. mit Anstrengung fein getheilt, od. im nassen Zustand zu einem Teig geformt werden können, so – Thonboden. Seine übrigen Eigenschaften:

a) grosse Wasseraufnahms- u. Wasserhaltungsfähigkeit, daher langsame Erwärmung u. Austrocknung;

b) bedeutende Adhäsion, daher seine Bearbeitung im nassen Zustand nie vollkommen zu bewerkstellen, indem sich die Werkzeuge verschmieren oder verkleben.

c) langsame Zersetzung des Humus u. Dünger. d) Fixirung der Zersetzungsprodukte.

Lettenartiger Thonboden, Letten, Moll-Letten. (mürber Thonboden) Wenn sich die Schollen zwischen den Fingern zerreiben, od. die Furchen mit einer Egge ohne bes. Anstrengung pulvern, u. die Schollen beim Regen zerfliessen. Also leichte Zertheilung. Bildet Uebergang des Sandbodens in den Thonboden, nähert sich daher den Eigenschaften des erstern. Fühlt sich hart u. mager an, sein Thongeruch gering, die abschlemmbaren Theilchen nur 30–40 pt. Farbe gewöhnlich gelblich od. röthlich grau. Allen Kulturpflanzen weit zuträglicher als der Sandboden, weil er die Feuchtigkeit längre Zeit zurückhält, die Einwirkung der Luft auf die Wurzeln vermindert, u. die Produkte der Verwesung besser zurückhält. Heißt in manchen Gegenden „Gerstenboden".

Lehmartiger Thonboden, Lehmboden: Wenn Schollen des Bodens so fest, daß nur mit bes. Anstrengung in der Hand od. durch den Pflug u.

Egge zu theilen u. nur wenig zerfliessend selbst bei anhaltendem Regen. Fühlt sich nicht rauh u. mager an, sein Thongeruch bedeutend, die abschlemmbaren Theilchen 40–60%. Seine gewöhnliche Farbe gelb od. braun, zuweilen ‖19| pommeranzengelb, röthlich od. schwärzlich. Ist die Farbe *pommeranzengelb*, so gebraucht man die Prädikate „ochrig“, wenn *röthlich*, so *„eisenschüssig“*. In beiden Fällen seine Cohäsion gesteigert, u. geht dann oft in den nachfolgenden Boden über.

Kleiartiger od. strenger Thonboden: Nicht durch die gewöhnlichen Akkerwerkzeuge zu verpulvern, wohl aber bei ihrer öftern Anwendung zu zerstückeln. Hat die Thoneigenschaften im höchsten Grad. Nimmt das meiste Wasser auf, hält es am längsten, erwärmt sich u. zersetzt die organischen Körper sehr langsam, bindet die Produkte der Verwesung sehr fest, fühlt sich sehr fettartig an, starken Thongeruch, nebst sehr feinem Sande 60–80% abschlemmbare Theilchen.

F. den Thonboden, bes. den kleiartigen, gilt *im Fall einer feuchten Atmosphäre:*

1) Vermindrung der Cohäsion des strengen Thonbodens durch Anwendung v. Kalk, Mergel, Sand.

2) die bündigen Grundstücke vorzugsweis im Herbst zu den Sommerfrüchten zu pflügen, Winter über in rauhen Furchen der Atmosphäre ausgesetzt liegen lassen, damit durch die Einwirkung des Frosts die Schollen leichter gesprengt werden können.

3) man gebe den breiten, konvexen Beeten den Vorzug vor den sehr schmalen, 4–6 furchigen, u. führe die letztren nur dort ein, wo sie eine zu grosse Bündigkeit mit der Dammerde u. Unterlage, sowie eine zu feuchte Atmosphäre absolut nothwendig machen.

4) Man vermindre die Feuchtigkeit der Atmosphäre durch Ableitung v. stehendem Wasser u. Beseitigung v. nah stehnden Bäumen u. Sträuchern.

5) Man ziehe die Wasserfurchen nach der Abdachung der Grundstükke, sobald die Saat bestellt ist.

6) Versäume nicht, die Kruste od. Borke, so wie die Risse (Sprünge) die sich im Frühjahr auf den Saatfeldern zeigen, durch Uebereggen u. Ueberwalzen zu beseitigen. (135–37)

IV. Kalkboden.

In wenigen Fällen reichen die physikalischen Eigenschaften aus, in den meisten müssen chemische Mittel angewandt werden, um die Begriffe der folgenden Bodenarten zu bestimmen. –|

|21| Besitzt Boden weißgraue Farbe, magres rauhes Ansehn (spörr), geringen Zusammenhalt, aufbrausend beim Begiessen mit Schwefelsäure (Vitriolöl), so *Kalk- od. Kreideboden.* Enthält in der Regel mehr als 50% kohlensauren Kalk, äusserst gering geographisch verbreitet (in Europa bes. die Kreidehügel v. Frankreich u. England), gewährt nur einigen wenigen perennirenden Kleearten, wie Luzerne u. Esparsette zusagenden Standort.

Hat der *kohlensaure Kalk* Sandform, so *Kalksandboden;* brauchbarer f. die Vegetation als der Kieselsandboden, weil der Kalksand leichter verwittert, mehr Feuchtigkeit anzieht u. länger zurückhält, die Zersetzung organischer Körper weniger beschleunigt u. die Producte der Verwesung besser bindet als Quarzsand.

Enthält der Boden 10–50% Kalk, so, wenn er zureichend Thon führt, *Mergelboden.* Wechselt dagegen der Kalkgehalt v. 3 bis höchstens 20%, dann kalkhältig od. mergelich, das erste Wort f. geringern, das letztre f. grösseren Kalkgehalt.

Benennung der Mergelarten.	Bestandtheile in Procenten. *Thon.*	*Kalk.*	*Sand*	*Bittererde*
Mergelichter Thon	75–90	10–25	0–5	0
Thonmergel	50–75	25–50	0–5	0
Sandiger Thonmergel	50–75	25–50	über 5	0
Thoniger Mergel	25–50	25–50	0–30	0
Sandmergel	25–50	25–50	über 30	0
Lehmmergel	25–50	10–25	25–50	0
Sandiger Lehmmergel	25–50	10–25	über 50	0
Kalkmergel	25–50	50–75	0–5	0
Sandiger Kalkmergel	25–50	50–75	5–25	0
Thoniger Kalkmergel	10–25	75–90	0–5	0
Talkhaltiger Thonmergel	50–90	5–30	0–20	0–40
Talkhaltiger Sandmergel	25–50	5–30	20–50	0–40
Talkhaltiger Kalkmergel	25–50	30–75	0–20	0–40|

|22| Jeder Boden enthält etwas Kalk, dessen Einfluß auf die Vegetation aber erst merklich, wenn 5% darin, der geringste Kalkgehalt der Mergelarten.

Kalkhältige Bodenarten bei übrigens gleichen Verhältnissen grössere Brauchbarkeit f. die Vegetation als kalklose Grundstücke. Bei zu bündigen durch den Kalkgehalt ihre Cohäsion vermindert, bei zu losen erhöht ... die Verflüchtigung der Pflanzennahrung bei losen, kiesigen vermindert, bei bündigen Grundstücken hingegen auflöslicher u. die Bildung v. doppelt kohlensaurem Kalk möglich gemacht. (137–139)

V. Talk- Bittererde od. Magnesiaboden.

Talkboden, wenn mehr als 10% kohlensaure Bittererde, *talkhältig* wenn weniger. Kohlensaure Bittererde unter allen Bodenbestandtheilen vermag das meiste Wasser aufzunehmen u. zurückzuhalten. Wohlthätig bei losen Grundstücken in trocknem Klima, nachtheilig unter den entgegengesetzten Verhältnissen. (139)

VI. Eisen- od. vulkanischer Boden.

Eisenoxyde u. ihre Hydrate nur selten 10–18%; geographische Verbreitung der eigentlichen Eisenböden beschränkt. (In Schweden, in der Nähe v. Vulkanen, u. in manchen Alpenländereien dgl. Grundstücke.) In geringen quantis Eisenoxyde u. Hydrate in jedem Boden. So jeder Boden *eisenhältig*. Diese Benennung jedoch nur, wo Einfluß auf die Beschaffenheit des Bodens entschieden erscheint. Zeigt sich bes. durch Farbe u. Cohäsion des Bodens. Grundstücke v. viel Eisenoxydul dunkelbläuliche Farbe in der Tiefe u. bedeutende Cohäsion; werden sie gewendet, so nehmen sie graue od. gelbliche Farbe an. Wenn Eisen in Form v. Eisenoxyd, so die Grundstücke röthliche Farbe (eisenschüssig). Wird das Eisenoxyd zum Hydrat, so pommeranzengelbe Farbe, Grundstücke ochrig. Eisenhältige Grundstücke in vielen Fällen minder fruchtbar, sogar unfruchtbar. Gründe sind: |

|23| 1) Steigerung der Cohäsion ohnehin bündiger Grundstücke, indem dadurch die Wurzeln, bei Austrocknung des Bodens, v. der nothwendigen Wechselwirkung m. der Atmosphäre ganz abgeschlossen werden.

2) bildet die Humussäure m. den Eisenoxyden Salze, schwer od. gar nicht löslich, wodurch die Wirkung des Humus verhindert.

3) in manchen Fällen die Eisenoxyde m. Kohlen- Schwefel- Phosphorsäure verbunden, Verbindungen nachtheilig auf die Vegetation wirkend.

Um den schädlichen Einfluß der eisenhältigen Boden zu beseitigen: Trockenlegung galliger Grundstücke, Brennen des Bodens u. die Anwendung v. alkalischen Körpern als: Asche, Kalk, Strassenkoth etc. (139–140)

Die Ursachen, warum ein Boden den Pflanzen die Lebensbedingungen in einem entsprechenden Verhältniß nicht zuzuführen vermag:

1) Ein unpassendes Verhältniß seiner Hauptbestandtheile, sodaß er mit Rücksicht auf das Klima u. seine Lage zu naß od. trocken, kalt od. hitzig, fest od. locker erscheint – Dagegen: *Bodenverbeßrung*.

2) Mangel an Nahrungsmitteln f. Pflanzen ... Dagegen: *Düngung*.

3) *Unpassender Aggregationszustand*, in welchem sich die Bodenbestandtheile befinden. Dagegen: *Beackerung*.

Endlich:

4) *Hindernisse*, die der Pflanzenkultur u. bes. der sorgfältigere Pflege erheischenden Pflanzen im Weg stehn, wie Felsen, Wasser, Gestrüpp, Bäume u. dgl. Dagegen: *Beurbarung*. (167)

Die Lehre v. der Beackrung:

1) kann sich die Pflanzennahrung in einer Lage befinden, wo in keiner Wechselwirkung mit der Atmosphäre, also den Pflanzen nicht zuführbar;|

|24| 2) können sich die Bodenbestandtheile in Aggregationszustand befinden, so daß weder die Wurzeln der Pflanzen, noch auch die Atmosphäre in den Boden leicht eindringen;

3) Boden mit wildwachsenden Pflanzen od. Unkräutern verunreinigt, so daß sie den Kulturpflanzen die Lebensbedingungen entziehn. Diese Hindernisse müssen beseitigt werden wenn ein Boden (selbst wenn sich seine Bestandtheile durch Natur od. Kunst in einem dem Klima u. der Individualität der Kulturpflanzen entsprechenden Verhältnisse befinden, u. auch nach der Düngerlehre mit Pflanzennahrung zureichend versehn) kräftige Vegetation unterhalten soll. Dazu *Bodenzubereitung* (Beackrung) Sie zerfällt nach der Natur der Hindernisse: in die *Wendung*, *Lockerung*, *Ebnung u. Reinigung des Bodens*. (p. [252,] 253)

a.) *Wendung des Bodens:* Die befruchtende Wirksamkeit der Atmosphäre u. ihrer Niederschläge auf den Boden hängt ab: *V. der Oberfläche*, mit welcher der Boden in einer Wechselwirkung m. der Atmosphäre steht; v. der *Tiefe*, bis zu welcher die Atmosphäre einzuwirken vermag, u. v. der *Dauer* dieser Einwirkung. Je vollkommner diese 3 Bedingungen verwirklicht, desto fruchtbarer ein Boden bei übrigens gleichen Verhältnissen. (253) Wird ein Boden in Streifen od. Stücke zertheilt, u. werden diese so umgelegt, daß ihre untere Fläche nach oben zu liegen kommt, so heißt diese Arbeit *Wendung des Bodens*, die Werkzeuge, womit sie vollbracht wird *Pflüge* u. *Spaten*. (254)

b) *Lockerung u. Ebnung des Bodens*. Bei der Wendung wird zwar der Boden zugleich gelockert, allein diese Lockerung ist nicht immer zureichend, da oft die umgewendeten Streifen einen zu grossen Zusammenhang untereinander besitzen, daher auch ausser dem Pfluge noch andre Werkzeuge anzuwenden, um die Furchen zu zertheilen, die Theile ||25| untereinander zu mengen u. die Oberfläche zu ebnen. *Haken*, *Skarificatoren* od. Schröpfer (bei welchen 5–7 od. 9 gewöhnliche Messer oder

Secheisen in 2 Balken gleichförmig vertheilt sind), die *Extirpatoren* od. Ausrottpflüge, bei welchen statt der Messer Schaaren angebracht sind; der *Beatsonsche Reißpflug*, Zusammensetzung des Skarificators m. dem Extirpator, zur Lockrung eines bündigen Bodens sehr geeignet; die *Eggen* (niederländische od. brabanter, schottische etc leisten sehr gute Dienste auf schmalen Beeten, da immer zwei mit Charnieren verbunden sind u. daher gestatten, daß das Thier in der Furche einherschreitet u. die Hälften zweier Beete zugleich geeggt werden; *Walzen*, theils zur Zerkleinerung der Schollen, theils zum Ebnen des Bodens. ([269,] 270, 271.)

c) *Reinigung des Bodens v. Unkräutern.*

Die Unkräuter aus 2 Klassen; die eine vermehrt sich vorzugsweis durch die *Wurzeln*, die andere durch den *Samen*. Bei den erstern, wie Quecken, Felddisteln, Huflattich etc müssen die Grundstücke gleich das erste Mal sehr tief od. zur vollen Tiefe gepflügt werden, um das Wurzelwerk mit Eggen u. Extirpatoren desto leichter ausmerzen zu können. Bei Unkräutern, die sich durch Samen vermehren, wie der Kornraden (Agrostemma Githago), Hederich, Kornblume etc, muß der Boden zuerst seicht gewendet od. gestürzt u. dann übereggt werden, damit der Samen leicht keimen kann. Ist dieß geschehn, so werden die Pflänzchen v. Boden getrennt, extirpirt u. untergeackert. Ausser diesen beiden allgemeinen Mitteln: Kultur der Hackfrüchte; Anbau v. schnell wüchsigen, den Boden sehr beschattenden Gewächsen, z.B. des Buchweizens, durch ‖26| welche die Unkräuter unterdrückt werden; Abmähen der höher stehenden Samenunkräuter zur Zeit ihrer Blüthe; die Brache; das kostspielige Jäten, wenigstens beim Lein, Hirse u. den Möhren. (271–2)

Die giftige Zeitlose, welche so häufig auf manchen Wiesen u. Weiden vorkommt, nur dadurch vollkommen vertilgt, wenn das Grasland mehrere Jahre als Ackerland benützt wird; ebenso können auch nur die giftigen Wolfsmilcharten etc ausgemerzt werden etc. Um Mose u. Flechten auf Wiesen u. Weiden mit Erfolg zu vertilgen, dazu hat man in einem kräftigen Uebereggen u. Ueberdüngen mit erdartigen Düngerarten, als: Teich- u. Grabenschlamm, Strassenkoth, Erdstreu u. Asche, insbes. der v. Steinkohlen, das wirksamste Mittel. (273)

Die Lehre v. der Beurbarung.

Zu den unbeurbarten Grundstücken gehören. 1) Der Felsen- od. Karstboden; 2) Geröllboden; 3) Flugsand; 4) Heide- od. Gestrüppboden; 5) Torf- od. Moorboden; 6) Aueboden; 7) Waldboden; 8) *Sumpfboden*, wozu auch die sauren Wiesen. (276)

1) *Felsen- od. Karstboden:* ein Boden, wobei an vielen Stellen einzelne Felsen aus dem Untergrund hervorragen u. der an der Oberfläche spärlich mit Gras u. Gestrüpp bedeckt. (nach dem Berge *Karst* bei Triest so benannt.) In grosser Ausdehnung in Krain, Küstenland, Istrien, Dalmatien. Gewährt nur spärliche Weide f. Ziegen u. Schafe. Der Bewohner des Karstbodens sucht jene Stellen aus, wo die wenigsten Felsen hervorragen, schafft dieselben weg od. verwendet die gewonnenen Steine zur Einfriedigung od. Terrassen, od. versenkt sie in die Tiefe u. benützt den im Schweisse des Angesichts gewonnenen Boden als Acker- u. Weinland, das nur mit Menschenhänden bearbeitet werden kann. Die Steine werden durch Pulver, Gefrieren des in Löcher gebrachten Wassers, durch stellenweises Erhitzen u. Bespritzen mit kaltem Wasser gesprengt, od. mittelst ||27| Keilen u. Platten, welche in früher gemachte Einschnitte eingetrieben werden, in mehr regelmässige Stücke getheilt, um dieselben als Baumaterial vortheilhafter verwenden zu können. In volkreichen Gegenden, die bes. zum Weinbau geeignet erscheinen, Umgestaltung des Karstbodens in Weingärten am vortheilhaftesten. Ist karstartiger Boden den Winden ausgesetzt, wie z.B. in Illyrien, dann zu seiner Beurbarung das Augenmerk bes. zu richten auf die Anlegung ausgedehnter Schutzwände, die in Entfernungen v. 20–40° streifenweis angelegt werden. Zu den Schutzwänden eignet sich auf so steinigem Boden am besten die Akazie. Die zwischen den Schutzwänden befindlichen Streifen werden am besten mit der Esparsette benützt, da diese mit ihren Wurzeln in die Felsenspalten eindringt u. vortreffliches Futter liefert. (276, 77)

2. Geröllboden Bei seiner Beurbarung handelt es sich: um die Verminderung der grössern Steine, u. um die Vermehrung der bindenden Bodenbestandtheile. Die grössern Steine werden, nachdem der Boden aufgewühlt ist, mit einem Steinrechen, dessen Zinken genährt od. entfernt werden können, zusammen geharkt u. abgelesen. Die Vermehrung der erdigen Bestandtheile durch eine etwas entfernte Zufuhr in sehr seltnen Fällen praktisch ausführbar. Vor allem die Mächtigkeit des Gerölls u. Beschaffenheit der untern Schichte zu untersuchen. Ist das Geröll nicht mächtig u. bedeckt dasselbe unmittelbar die Gebilde der tertiären Formation (Flößgebirge mit Ueberresten v. Pflanzen u. Landthieren), dann sollen an mehreren Stellen des Geröllbodens Gruben in der Form v. Schachten angelegt u. die Thon- u. Mergelarten zu Tag gefördert werden. Diese werden in einen Haufen geworfen, längere Zeit liegen gelassen, öfters umgestochen u. dann als vortreffliches Material zur Beurbarung angewendet. Soll die Beurbarung des ||28| Geröllbodens mit Aufführung v. bündigen Bodenbestandtheilen erfolgreich erscheinen, so müssen v. den erdigen Bestandtheilen wenigstens 10% des Bodengewichts bis zu einer Tiefe v. 6″ angewendet werden. Wiegt z.B. der Kubikfuß des Geröllbodens 120 Pfd., so werden 3456 Ct. Erde per Joch erfordert, um den beabsichtigten Zweck vollkommen zu erreichen. Wo *Bewäßrung* möglich, dieß bestes Mittel um sterilem u. unproduktivem Boden den höchsten Ertrag als Grasland abzugewinnen. Wirkungen der Bewäßrung erhöht durch Bepflanzung der Grabenwälle mit Pappeln, Weiden od. Akazien. Lassen sich weder die Thonarten des Untergrunds, noch die Bewäßrung anwenden, dann der Geröllboden zur Holzzucht zu verwenden u. bes. mit Kiefern (auch Akazien) zu bepflanzen. Bei dem immer zunehmenden Holzbedarf steht zu erwarten, daß die grossen Strecken geröllartigen Bodens in Deutschland bald in Waldbestände umgewandelt werden, da diese Benützungsart die vortheilhafteste u. der Boden in seiner Productivität zunimmt ohne Anwendung kostspieliger Mittel. (277–279)

3) *Heideboden:* Geröllboden, der mit einer Grasnarbe versehn u. zum Theil mit Heidekraut (Erica vulgaris), Ginster (Genista), Besenpfrieme (Spartium Scoparium), Hauhechel (Ononis spinosa) u. mehren andern unnützen strauchartigen Pflanzen bewachsen.

Bildet die Grasnarbe keinen dichten, tiefen Filz, u. sind die zerstreut wachsenden Pflanzen nicht holzig, sondern mehr krautartig, dann werden dieselben abgemäht (wozu stärkere Sense), gleichförmig ausgebreitet u. untergepflügt, wodurch der Boden gleichsam grün gedüngt wird. Der im Herbst gepflügte Boden bleibt den Winter durch in rauhen Furchen liegen, wo er dann auf die gewöhnliche Art zubereitet u. in Grasland verwandelt wird. |

|29| Bildet die Grasnarbe einen Filz, dann dieselbe m. scharfem Pfluge streifenweis abzuschneiden, [müssen] die Streifen od. Plaggen v. anhängender Erde etwas gereinigt, in lockere Haufen aufgeschichtet u. bei einem s.g. Schmauchfeuer – wie Holz in grossen Meilern – verbrannt, die Asche gleichförmig vertheilt u. der Boden abermals gewendet werden. Ein vollkommnes Verbrennen den Pflanzen nachtheilig. Werden dagegen die Plaggen gleichsam verkohlt, so erhält man ausser der Asche auch etwas organische verkohlte Ueberreste.

Ist der Heideboden mit holzartigem Gestrüpp, wie Wacholder (Juniperus communis), Berberitzen (Berberis vulgaris), Weißdorn (Crataegus oxyacantha), Schlehen (Prunus spinosa) u. d.g. bewachsen, dann müssen zuerst die Sträucher ausgehackt, ihre Wurzeln mit langen u. mit einer Gabel versehnen Hebel ausgehoben, gleichförmig vertheilt u. nach dem Austrocknen angezündet werden. Der so gereinigte Boden wird m. einem scharfen Pflug gewendet, u. nach Beschaffenheit zu der einen od. der andern Kulturart verwendet. Läßt sich kein Pflug anwenden, dann der Boden durch Menschenhände zu bearbeiten. Die Benützungsart des Heidelands richtet sich nach seiner Beschaffenheit u. den Wirthschaftsverhältnissen. Ist der Heideboden seicht u. mager, wie gewöhnlich der Fall, u. erlauben die Wirthschaftsverhältnisse nicht Düngung des Heidelands, dann dasselbe als Weideland zu benützen, zu welchem Ende eine künstliche Grasnarbe mit Schafschwingel (Festuca ovina), gelbem Hafer (Avena flavescens et pratensis), Bibernelle (Poterium sanguisorba), weissem Klee (Trifolium repens) etc zu bilden, indem man, nach zureichender Vorbereitung des Bodens die Grassamen allein od. mit Hafer anbaut. Unter den angeführten Pflanzen der Schafschwingel ‖30| den ersten Rang. Kann der sandige, selbst flugartige Boden mit einem gelben Mergel überführt werden, dann drauf Luzerne m. gutem Erfolg anzubaun. So nach *Schwerz (Belgische Landwirthschaft)* die Heidegrundstücke in den Niederlanden benützt. Hierdurch Landmann in die Lage versetzt, mehr Dünger zu erzeugen u. wenigstens einen Theil des Heidelands zu düngen u. mit Getreide od. Wurzelgewächsen zu bestellen. Will man v. den Heideweiden den größtmöglichen Nutzen ziehn, so vor allem nothwendig den Boden früher zu düngen, bevor die Grasnarbe gebildet wird. In der Regel jedoch, aus Mangel an Stallmist, zur Gründüngung geflüchtet; man wendet zu diesem Zweck in den Niederlanden die Besenpfrieme, in Mecklenburg Spörgel u. Lupinen, in Frankreich den Inkarnatklee, in Oestreich den Buchweizen u. in Steiermark den Himmelthau od. *Bluthirse* (Panicum sanguinale) an.

Unter den Getreidepflanzen, die auf gebrannten Heidegrundstücken anzubaun, Buchweizen u. Bluthirse ersten Rang. Nach den 2 benannten Pflanzen folgen Roggen u. Hafer rücksichtlich des Gedeihns auf Heideland. Als Futterpflanzen werden auf Heidegrundstücken bes. angebaut: Buchweizen, Roggen, Spörgel u. weisse Rüben in Lüneburg, der geschlitzte Kohl (Brassica laciniata) in Pommern, die Bibernelle in England u. Oestreich, die Bluthirse u. die Topinambur in Steiermark. Bes. Berücksichtigung verdient die Nachtkerze (Oenothera biennis), da sie auf geröllartigen Grundstücken gut fortkommt u. gutes Futter liefert. (279–282)|

|31| Nach dem Standort, in welchem die Wurzel einer Pflanze befestigt, lassen sich die Pflanzen eintheilen:

a) *Pflanzen des trocknen Bodens*, alle Kulturpflanzen ausser Reiß.

b) *Sumpfpflanzen* od. *Pflanzen des beständig nassen Bodens*, wohin Ried- Simsen- Binsengräser, welche das saure Heu liefern;

c) *Wasserpflanzen*, wie Reiß, Kalmus, die verschiednen Rohrarten etc

d) *Schmarotzerpflanzen*, die sich v. den Säften andrer Pflanzen nähren, wie Mistel, Flachsseide, Hanfwürger, Baummoose, Flechten. (296, 297)

Endzweck:

1) die größtmögliche Anzahl vollkommen ausgebildeter, nützlicher Pflanzen auf einer gegebnen Flächen aufzuziehn *(Vermehrung)* u.

2) ihr Wachsthum zu beschleunigen, ihre Masse zu vergrössern, u. ihre Güte zu erhöhn. *(Pflege)* [(455)]

Die allgemeine Pflanzenkultur zerfällt in die Lehre:

1) V. der Vermehrung, 2) der Pflege, u. 3) der Ernte der Kulturpflanzen. [(456)]

I. Von der Vermehrung der Pflanzen.

A. Durch Samen.

Selber entweder unmittelbar in den Boden gebracht, auf welchem die Pflanzen wachsen sollen, od. in Samen- Mist- Treibbeeten od. Samenschulen angebaut, um Pflanzen aufzuziehn, die erst in Folge auf einen andern Standort versetzt werden. Erste Art der Vermehrung: *unmittelbare Saatbestellung*, die zweite – *Pflanzung.*

a) *Unmittelbare Saatbestellung.* Die wichtigsten Gegenstände hier: *Auswahl* des Samens, *Zubereitung* des Samens, *Zeitpunkt der Saat, Grösse der Aussaat, Art u. Weise der Saatbestellung.* [(456, 457)] |

|32| *Samenwechsel* sehr wichtig. Der Lein erlangt in Liefland, Kurland u. Litthauen eine besondre Vollkommenheit, welche sich in andren Ländern durch 2–3 Jahre erhält. Der *Kleesamen in Gebirgsländern* wird besonders gesucht; der odessaner u. banater Weizen hat sich selbst in kälteren Gegenden als sehr schätzbares Saatkorn bewährt; *der* bologneser u. ferrareser Hanf liefert in Deutschland in den ersten 2–5 Jahren einen ausgezeichneten Bast etc. – Der *Gebirgshafer* liefert in *Ebenen* ausgezeichnete Ernten durch einige Jahre. In Anhalt-Köthen wird der Hafer seit undenklichen Zeiten aus den besten Marschgrundstücken zur Aussaat bezogen. (457, n. 2)

Da die Wintergerste viel früher reift als der Roggen, dieser als der Weizen, so zuerst Saatbestellung der Gerste, dann des Roggens, zuletzt des Winterweizens u. Winterhafers. (459)

Die Vegetation beginnt in Deutschland im Frühjahr erst mit 6–10° Reaumur u. dauert im Durchschnitt 190 Tage bis die mittlere Temperatur im Herbst auf 6° R. sinkt. (460)

Bündige Grundstücke sollen im Frühjahr später u. im Herbst früher bestellt werden, weil sie sich im Frühjahr später erwärmen u. im Herbst früher abkühlen als lockre Bodenarten. Bei sandigen Grundstücken zu sehn, daß den Frühjahrssaaten die Winterfeuchtigkeit zu Statten kommt, also so frühzeitig, als Gang der Wittrung u. Zustand des Bodens gestatten, im Frühjahr bestellt. Ist der Gang der Witterung im Herbst ungünstig, dann bestelle man, falls es die Wirthschaftsverhältnisse gestatten, die lockern u. trocknen Grundstücke mit ‖33| Wintergetreide, u. widme die bündigen den Sommerfrüchten. (461)

Auf kräftigen, wie auf bündigen Grundstücken muß die Saat schütterer, auf magern, so wie auf trocknen dagegen dichter bestellt werden. (462) Wird der Boden während der Vegetation gelockert, an die Pflanzen angehäuft od. gar überdüngt, so wird dadurch das Wachsthum befördert, u. daher erspart man bei der Reihensaat od. der Drillkultur des Getreides mehr als $^{2}/_{3}$ des gewöhnlichen Saatquantums. (462) Die nach dem *relativen Raum* [der bisher bei den einzelnen Kulturpflanzen noch nicht zuverlässig festgestellt] bestimmte Samenmenge erleidet in der Praxis bedeutende Veränderungen, da es einerseits praktisch unausführbar ist, jedes Samenkorn in eine zum Keimen geeignete Lage zu bringen, andrerseits sowohl Saatkorn als auch die Pflanzen vielen Unfällen, theils v. Seite der Thiere, theils v. Seite der Wittrung ausgesetzt sind ... Berücksichtigt man die Art der Unterbringung der Saat, so bei Anwendung der Eggen ein Zuschuß v. wenigstens 100%, der Saatmaschine 30–50 pt, u. des Pflugs 300% zu dem berechneten Saatquantum hinzugefügt werden. (462, 463)

Samenvertheilung, dazu:

Legen des Samens: Das vollkommenste aller Werkzeuge ist die menschliche Hand, u. daher kann auch nur mit ihr eine allen Anforderungen entsprechende Samenvertheilung zu Stande gebracht, also die größtmögliche Gleichförmigkeit, sowohl in der Entfernung der einzelnen Samenkörner, als auch in der Mächtigkeit der Samenbedeckung ‖34| erhalten werden, wenn die Saatkörner einzeln gelegt werden. Da jedoch diese Art der Saatbestellung zu viele Hände auf einmal erfordert, so kann v. dem Legen des Samens gegenwärtig noch kein Gebrauch bei der Landwirthschaft gemacht werden, ungeachtet die vielen Auslagen, die mit ihr verbunden sind, durch den erhöhten Ertrag u. die Samenersparung in einzelnen Fällen vollkommen gedeckt werden. (464) Nach den Erfahrungen, welche in England über das Legen des Getreides insbes. des Weizens eingeholt wurden, 10 Menschen erfordert um 1 Joch mit Weizen in einem Tag zu bestellen. Saatsquantum $1^{1}/_{4}$–$3^{2}/_{3}$ Metzen per Joch, während bei der breitwürfigen Aussaat das Doppelte. Das vermehrte Erträgniß per Joch $3^{1}/_{2}$ Metzen, also der gesammte Vortheil $4^{3}/_{4}$ Metzen. Rechnet man den Metzen Weizen zu 3fl. u. den Arbeitslohn zu 16 Kr. CM., so der

Vortheil 14fl. 15kr., u. die Kosten der Saatbestellung 2fl. 40kr., mithin verbleiben 11fl. 35Kr. CM. Berechnet man auch die gewöhnliche Saatbestellungsart per Joch mit 1fl. 35kr., so beläuft sich dennoch der reine Nutzen des Samenlegens auf 10fl. C.M. per Joch. Doch ungeachtet dieses grossen Nutzens kann v. dem Samenlegen *bei der gegenwärtigen Bevölkerung v. Europa* kein Gebrauch gemacht werden, da die Saaten in einer zu kurzen Zeit bestellt werden müssen u. das Legen zu viele Menschenhände erfordert. In sehr bevölkerten Gegenden u. in Mißjahren verdient das Samenlegen selbst v. den grössern Landwirthen die größte Beachtung. (p. 464, n. 1)|

|35| *Breitwürfige Aussaat.* Weit minder vollkommen Vertheilung des Samens durch den Wurf. Aber während 1 Arbeitstag können 5–8 Joche v. einem eingeübten Sämann breitwürfig besät werden ... diese Art der Samenvertheilung Praxis, wird gegenwärtig m. Ausnahme des Mais, des Sirks, der Runkelrüben etc od. der s.g. Hackfrüchte überhaupt, überall angewendet, wo der Ackerbau m. geringen Hilfsmitteln betrieben wird, od. wo die Lokalverhältnisse die Einführung v. *Sämaschinen nicht* gestatten. (465)

Sämaschinen, um bestimmte Samenmenge auf gegebener Fläche sehr gleichmässig zu vertheilen. Walzen- od. tröpfelnde, schöpfende, schüttelnde, kapselartige Sämaschinen. (l.c.)

Samenbedeckung: Samen muß in der Regel mit Erde bedeckt werden, theils um sein gänzliches Austrocknen zu verhindern, theils die Einwirkung des Lichts abzuhalten, da das Keimen an dunklen Orten viel vollkommner erfolgt als an lichten. Die Mächtigkeit der Erdschichte od. die Tiefe, bis zu welcher er in den Boden gebracht werden soll, hängt v. der *Grösse des Samens*, Beschaffenheit des Klimas u. der Witterung zur Zeit der Samenbestellung u. v. der Beschaffenheit des Bodens ab. ... *Werkzeuge zur Unterbringung des vertheilten Samens* sind die *Walzen, Rechen, leichte Eggen*, bei kleinen (wie z.B. v. Mohn, Rübsen, Klee, Luzerne, Hirse, Spergel, Mau, Tabak, Birken, Maulbeerbäumen etc), so wie bei mittleren Sämereien (wie z.B. v. Weizen, Roggen, Gerste, Hafer, Wicken, Buchweizen, Linzen, Lein, Hanf, Weberkarden, Waid, Koriander, Anis, Fenchel, Sirk, Aepfel, Birnen Kiefer etc) zureichend, wenn der Boden nicht zu lose. Ist der Boden u. das Klima trocken, dann soll bei den mittleren u. grossen Sämereien (leztren ||36| z.B. v. Mais, Bohnen, Faseolen, Erbsen, Runkelrüben, Sonnenblumen, Pflaumen, Kirschen, Pfirsichen, Eichen, Buchen, Haselnüssen u.s.w.) die *Jordansche Saatharke* angewendet werden, falls die Saat breitwürfig bestellt wird. Der *Pflug* soll nur ausnahmsweis bei der Reihensaat der grossen Sämereien, so wie bei Kartoffeln u. Nadelzapfen zur Unterbringung angewendet werden. ([468,] 469, 470)

Oberster Grundsatz: daß seichter untergebrachte Saaten früher keimen u. einen grössern Ertrag abwerfen, u. daß die meisten Samen in der Regel nicht mehr keimen, wenn über 4″ tief untergebracht. (469) Wir befolgen bei der seichten Unterbringung … was die Natur in ihrer Saatbestellung befolgt. In der freien Natur fällt der Samen ab, bleibt entweder an der Oberfläche des Bodens liegen, od. wird blos mit Laub bedeckt, durch einen Vogel eingepickt od. durch den Tritt eines Thiers in den Boden eingedrückt. Natur der Bedeckung sehr leicht. (469 n. 2)

b) *mittelbare Saatbestellung. (Pflanzschulen.)*

B) Vermehrung durch Knospen.

Vermehrung durch Stecklinge kann bei allen Bäumen vorgenommen werden. (472) *Wurzeltriebe:* Viele Bäume u. Sträuche u. die meisten perennirenden Pflanzen bilden Wurzelschößlinge, u. man kann die Anzahl dieser Triebe dadurch vermehren, daß man den Stamm einstutzt u. bis zu einer gewissen Höhe mit Erde belegt. (473) Die ein- od. zweijährigen Wurzelschößlinge werden im Herbst od. Frühjahr v. der Stammwurzel m. einigen Wurzelfasern getrennt, beschnitten u. dann versetzt. (473) *Ableger, Gruber.* (l.c.) (Bei Weinbau) *Augen:* Viele Pflanzen bilden an ihrer Wurzel *Knollen od. Zwiebeln,* durch welche sie auf die einfachste u. sicherste Art vermehrt werden können. Diese Art Vermehrung bei Kartoffel, Topinambour, Erdmandeln, Safran, ‖37| Zwiebeln etc, wodurch zugleich der Vortheil erzielt, daß durch die Augen nicht blos die Eigenschaften der Species, sondern auch die Varietät übertragen werden, was bei der Vermehrung durch Samen nicht der Fall ist, indem der Samen in der Regel nur die ursprünglichen Arten oder die s.g. Wildlinge, od. ganz andere Sorten zu Tage fördert. Einen sprechenden Beweis liefern die vielen neuen Sorten v. Georginen, Nelken, Kartoffeln etc, welche aus Samen aufgezogen werden. (473–74)

II. Von der Pflege der Pflanzen.

Inbegriff v. Arbeiten u. Mitteln, durch welche die ungünstigen Einflüsse auf die Vegetation beseitigt (indirekte Pflege) u. die günstigen herbeigeführt werden (direkte Pflege).

Indirekte Pflege: Gegen *Elementarereignisse* als Winde, Wasser, Kälte, Dürre, Schneelavinen etc, *Unkräuter, Thiere* u. *bes. Insekten.* (474)

Nichts wirkt auf die Vegetation so nachtheilig, als anhaltende Trokkenheit, u. nichts vermag die Vegetation so sehr zu befördern als eine zeitgemässe Bewässerung. Bei der steten Zunahme der Bevölkerung wird im Laufe der Zeit der Zeitpunkt eintreten, wo der grössere Theil des produktiven Bodens *bewässert* werden muß, um die landwirthschaftlichen Erzeugnisse v. dem Gang der Witterung mehr unabhängig zu machen, also den Ertrag des Bodens u. mithin auch die Existenz des menschlichen Geschlechts mehr sicher zu stellen. (475)

Wasserfurchen. Auffangsgräben f. Wasser. (477)

Direkte Pflege der Pflanzen durch *Ueberdüngung, Bewäßrung, Ueberwalzen, Behacken, Behäufeln, Beschneiden der Bäume.* (493) |

|38| *Ueberwalzen der bestellten Saaten* in zweifacher Absicht: 1) um den Boden zusammenzudrücken, die Feuchtigkeit länger zurückzuhalten, den Samen gleichförmiger mit der Erde zu bedecken, u. auf diese Weise das Keimen gleichförmiger zu bewerkstelligen, od. das s.g. Zweiläufig werden, bes. bei der Gerste, dem Lein, Hafer, Hirse zu beseitigen; 2) um die Saaten, welche durch Fröste aus dem Boden gehoben wurden, wieder in die Erde einzurücken. Das Ueberwalzen der Saaten soll in trocknen Ländern mit einem lockeren Boden zu einem *landesüblichen Verfahren* erhoben werden. Leider v. diesem Förderungsmittel der Vegetation ein sehr beschränkter Gebrauch gemacht. (493, 494)

Lockerung: dadurch des Bodens Ausdünstung u. Absorption gesteigert, der Verwitterungs- u. alle andern Prozesse gefördert, das Eindringen der Wurzeln u. der Feuchtigkeit erleichtert, die Ausbildung der Wurzel u. bes. der Wurzelhaare fast in dem Verhältniß befördert, in welchem der Boden lockrer u. humusreicher erscheint. Die Lockrung geschieht, 1) bei der breitwürfigen Aussaat m. der Egge od. Handhaue ... die Rüben (Stoppel-) leider noch immer breitwürfig angebaut u. mit der Handhaue bearbeitet, obgleich 20–30 Menschen erfordert werden um 1 Joch in 1 Tag zu lockern, während bei der Reihensaat m. einem Pferd u. 2 Menschen 3 Joch bearbeitet werden können. (494)

2) werden die Saaten in *Reihen v. bestimmten Entfernungen* gebaut, i.e. *gedrillt,* dann kann die Lockerung des Bodens zwischen den Reihen bewerkstelligt werden durch die dreischaarigen Extirpatoren, englische Drillegge etc, Anhäufeschaufeln etc (494) |

|39| *Anhäufen:* Durch das Anhäufen der gelockerten Erde an die Pflanzen wird denselben nicht nur ein fester Stand verschafft, sondern sowohl gegen Trockenheit als Nässe geschüzt. Erstres, weil die angehäufte Erde längre Zeit frisch erhalten wird. Letztres, weil die überschüssige Feuchtigkeit über die kegelförmig angehäufte Erde leicht herabgleitet, u. die Wurzeln nicht ertränkt werden. Zudem erwärmt sich die angehäufte Erde

weit mehr als die nicht angehäufte od. eben gelegne. Das Anhäufen soll in dem Verhältniß höher erfolgen, worin die Pflanzen höher wachsen, so daß beim Hopfen die Erde wenigstens $1^{1}/_{2}'$ hoch angehäuft werden soll. Das Anhäufen geschieht bei der Gartenkultur, dem gartenartigen Feldbau u. dem Hopfen mit Handhauen, bei den übrigen Kulturen mit dem besten Erfolg durch die englische Drillegge, den Thaer'schen Anhäufepflug etc. Die Anwendung dieser Werkzeuge, wie der Extirpatoren etc zwischen den Reihen, sezt *die Reihensaat* od. *Drillkultur* voraus. Gegenwärtig werden in Europa nur die Kartoffeln, Mais, Bohnen, Runkel- Kraut- u. weissen Rüben, das Kopfkraut, der Sirk, der Rübsen, Raps, die Weberkarden, das cyprische Rohr, der Hopfen u. der Krapp in Reihen gebaut u. behackt, u. daher auch Hackfrüchte genannt. Selbst in England nicht die Drillkultur bei Cerealien. (494, 495)

Phytotechnik.

I) *Ernten:* erstreckt sich 1) auf die *Trennung* (Schnitt, Hieb) der *Pflanzen v. ihrem Standort*, 2) *Trocknung*, 3) *Wegführung des Ertrags.*

Zeitpunkt u. Art der Ernte: die Theile, die bei der Kultur der Pflanzen vorzugsweis beabsichtigt: Die *Wurzeln u. Knollen*, die *Stämme u. Stengel*, die *Blätter*, die *Fruchtböden*, die *Blüthen*, die *Früchte.*|

|40| *Wurzeln* u. *Knollen:* Ihretwegen kultivirt Kartoffeln, Topinambour, alle Rübenarten, Zellerie, Pastinaken, Petersilie, Zwiebeln, Erdmandeln, Krapp, Süßholz etc. Ernte der Wurzelgewächse: mit *Menschenhänden* verrichtet, so daß die Wurzeln mit Hilfe des Stengels u. der Blätter ausgezogen werden; mit dem Spaten nachgeholfen (bei Möhren, Runkel- u. Krautrüben), mit dem gewöhnlichen od. Anhäufepflug, mit eigens zu diesem Behuf construirten Werkzeugen etc. niederländische Egge zum nachträglichen Uebereggen u. Zusammenlesen der auf die Oberfläche gebrachten Wurzeln.

Stämme u. Stengel: Der Stämme od. des Holzes wegen alle Bäume kultivirt. Bloß der Stengel wegen nur jene Pflanzen kultivirt, die einen feinen, langgesteckten (fadenförmigen) sehr elastischen Bast besitzen. Hierher *Lein, Hanf, Brennnessel, neuseeländer Flachs* u. *Melilotenklee.* Beabsichtigt man bei diesen Pflanzen keinen Samen zu gewinnen, so muß die Ernte vorgenommen werden, sobald sie blühn, also ihren Nahrungsvorrath in den Stengeln zur Bildung des Samens noch nicht verwendet haben, weil man in solchem Fall den schönsten Bast gewinnt. Wird aber zugleich die Samengewinnung beabsichtigt, so Ernte erst, nachdem Samen so weit ausgebildet, daß aus demselben beim Druck zwischen den

Fingern keine milchartige Substanz ausgepreßt werden kann. Die Erndte so vorgenommen, daß die Stengel sammt der Wurzel aus dem Boden durch Menschenhände ausgezogen (gerauft) werden, weil man dadurch einen längeren, also preiswürdigen Bast erhält.

Blätter wegen bloß kultivirt: *Tabak, Waid, Wau,* der *Färbeknöterich* (polygonum tinctorium), *Kopfkraut* u. *Kohlarten* m. allen ihren *Varietäten, Salat* u. *Maulbeerbäume.* Die Blätter ‖41| im Allgemeinen den höchsten Grad der Vollkommenheit u. mit jenen, den einzelnen Pflanzenarten eigenthümlichen Bestandtheilen am reichsten versehn, wenn die Pflanzen zu blühn beginnen. Deßhalb die Blätter jener Pflanzen abzunehmen, sobald die ersten Blüthen sichtbar werden. Die Ernte m. Menschenhänden vorgenommen, indem man die Blätter m. den blossen Fingern od. mit Hilfe eines Messers abbricht od. abstreift.

Stengel u. Blätter: ihrerwegen kultivirt sämmtliche Futterpflanzen, mit Ausnahme der Kürbisse u. Wurzelgewächse. Wird das Abblühn od. gar die Samenreife abgewartet, dann liefern die Futterpflanzen gehaltloses Stroh statt eines kräftigen Heues; indem der ganze od. größre Theil der Säfte zur Bildung der Blüthe u. des Samens verwendet wird. Alle unsre Cerealien liefern ein vortreffliches Futter, wenn im frischen Zustand, also vor der Samenbildung, verfüttert. Läßt man sie aber Samen ansetzen, so erhält man das gehaltlose Stroh, ein vortreffliches Streu- aber kraftloses Fütterungsmaterial. Die Ernte der gewöhnlichen Futterpflanzen auf Wiesen u. Aeckern in der Regel m. der Sense vorgenommen.

Fruchtböden u. Blüthen: Weberkarden etc.

Die Pflanzen, die der Blüthen wegen im Grossen kultivirt, Saflor, Saffran, Hopfen.

Früchte: Jede Frucht 2 Theile, *Samen* u. *Samenhülle. Samen* bei allen Getreidearten, Oel- u. meisten Gewürzpflanzen beabsichtigt. Der *Fruchthülle* wegen alle Obst- u. Weinsorten, Ribisarten, Kürbisse, Melonen, Gurken, Ananas u. die Erdbeeren kultivirt. |

|42| Da der Ausfall bei der Ernte des völlig reifen Samens sehr bedeutend, so schreitet man bei allen Getreidepflanzen, *deren Samen nicht zur Aussaat bestimmt ist,* schon dann zur Ernte, wenn der Samen so weit ausgebildet ist, daß sich aus demselben beim Drucke zwischen den Fingern keine milchartige Flüssigkeit mehr auspressen läßt. Bei dieser vor dem völligen Hartwerden des Samens vorgenommenen Ernte nicht nur der Ausfall geringer, sondern man gewinnt auch weniger glasigen od. hornartigen Samen, welcher ein feinres u. weißeres Mehl liefert.

Ernte vorgenommen mit *Sicheln, Sensen, Siget* (d.h. die flandrische od. henausche Sense, Mittelding zwischen Sichel u. Sense) u. Erntemaschinen. Mit der Sichel die Ernte am vollkommensten. Aber die Kosten m.

der Sichel zu den Erntekosten mit der Sense = 3 : 2 u. die Arbeitsleistung der Sichel zu der Arbeitsleistung der Sense = 3 : 5, also die Kosten der Sichel um $^1/_3$ grösser u. die Arbeitsleistung um $^2/_5$ geringer als bei der Sense, so die Sichel nur dort anzuwenden, wo die Sense keine Anwendung finden kann; wie beim gelagerten Getreide, wie bei den Eggarten-Wirthschaften in Alpenländern, wo sehr hohe Stoppeln gelassen werden müssen, um das unter dem Getreide gewachsne Futter noch im Spätherbst vollkommen trocknen zu können.

Das *Siget* ... nach den Erfahrungen über seine Wirksamkeit in *Flandern u. Schottland* mähen 2 Arbeiter in 1 Tag 3 Acre, also 1 Arbeiter $1^1/_8$ Joch, während mit der Sense in gleicher Zeit nur 1 Joch abgemäht werden kann. Grund, warum sich das Siget noch keine ausgedehnte praktische Anwendung verschafft, liegt in der grossen Kraftanstrengung u. bes. Kunstfertigkeit, die seine Führung erfordert. |

|43| *Trocknung der Ernte:* Werden die Ernten nicht ganz trocken eingebracht, so durch die Gährung dumpfig, schimmlig, u. gewähren selbst den Hausthieren eine schlechte Nahrung. Beim Trocknen handelt es sich um die größtmögliche Oberfläche, sehr häufige Wendung, um Verhindrung v. Thau u. Regen in das Getrocknete einzudringen. Die größtmögliche Oberfläche erhält man durch Auseinanderstreuen der Schwaden, wozu man sich der Gabeln, Rechen u. der Heuwendmaschine bedient. Dieselben Werkzeuge werden zum Wenden des Heus angewandt; beim Wenden der Schwaden des Getreides können nur Gabeln u. Rechen angewandt werden. Das theilweis Getrocknete wird entweder in kegelförmige Haufen zusammengeworfen, oder zu Garben gebunden u. in Mandel aufgeschichtet. Bei der Bildung der Haufen wird das Heu zuerst in Kämme zusammengerecht, u. dann in Haufen zusammengeschoben. Um aus den Kämmen Haufen zu bilden, dazu dient bes. die *Middletonsche* Maschine, welche aus zwei grossen, unter einem Winkel mit einander verbundnen Leiterrechen besteht u. v. 1 od. 2 Pferden bewegt wird. Diese Maschine m. Rechen, welche rückwärts angehängt sind, leistet nach Brera mit 1 Pferd u. 1 Mensch so viel wie 10 Mensch in derselben Zeit mit Handwerkzeugen. Was die Grösse der Garben anbelangt, so in feuchten Ländern die kleinen Garben entschiednen Vorzug vor den grossen, weil das Austrocknen in denselben schneller erfolgt. ... Um die Produkte vollkommen vor dem Einernten zu trocknen, oft auch bes. Methoden anzuwenden, wie *russische Methode* (Gras nicht ausgebreitet, sondern in grosse Haufen zusammengeworfen, die in der Mitte eine Höhlung in der Art eines Rauchfangs zur Entweichung der Dünste u. der Hitze haben. Nach dieser Methode soll das Heu die Farbe u. das Aroma des Grases beibehalten), ||44| ferner: werden frische Futterstoffe schichtweise

gelegt u. jede Schichte mit Kochsalz zureichend bestreut, dann die Futterstoffe nicht nur vor dem Verderben geschützt, sondern dadurch ihre Brauchbarkeit bedeutend erhöht; ferner *Hüfeln*, d.i. vertikal in den Boden gesteckte Stangen mit Querästen od. durchgesteckten Hölzern, jezt beim Trocknen der Kleearten fast allgemein angewendet, weil bei den Kleearten, wenn sie auf die gewöhnliche Art getrocknet werden, die Blätter, also die schätzbarsten Theile, ganz od. größtentheils abfallen.

In Gebirgsländern werden die Hüfeln auch beim Trocknen des Grases u. der Getreidegarben angewandt; im leztren Fall sind sie ohne Aeste od. Querhölzer; endlich *Trockengerüste*, bestehn aus 3seitigen Pyramiden, lattenartigen Dächern od. vertikal stehnden Pfeilern, in welchen horizontale Querlatten 6–12″ entfernt befestigt sind. Schweiz, Frankreich, Schweden etc. Sind die Trockengeländer der letzten Art zugleich m. Dach versehn, so heissen sie in Innerösterreich *Harfen.*

Wegführung der Ernte: bei trocknen Erzeugnissen durch *Leiterwägen m. Sperrbäumen*, bei den Wurzel- u. Knollengewächsen *Wagen mit Korbflechten od. hohen Seitenbrettern*, bei Oelpflanzen, bes. Rübsen u. Raps sollen die Wagen mit Tüchern versehn sein, um den Samenausfall so viel als möglich zu verhindern. (p. 496–507.) |

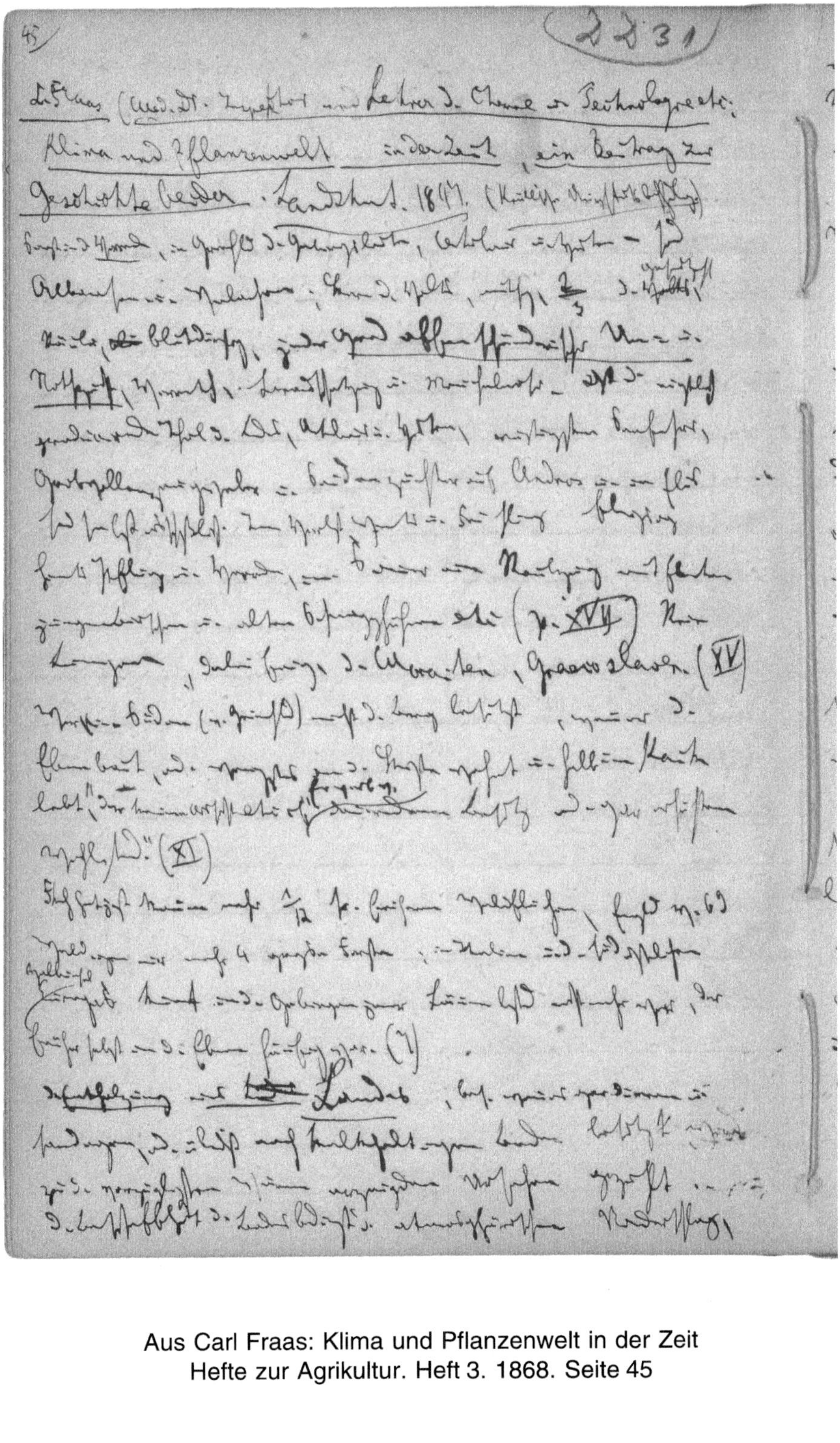

Aus Carl Fraas: Klima und Pflanzenwelt in der Zeit
Hefte zur Agrikultur. Heft 3. 1868. Seite 45

|45| C. Fraas (Med. Dr. Inspektor und Lehrer der Chemie u. Technologie etc) Klima und Pflanzenwelt in der Zeit, ein Beitrag zur Geschichte beider.

Landshut. 1847.

(Krüll'sche Universitätsbuchhandlung.)

Sagt in der *Vorrede*, in Griechenland die Gebirgsleute, Ackerbauer u. Hirten – sind Albanesen u. Walachen; Kern des Volks, muthig, $^{2}/_{3}$ der Gesammtzahl, Räuber, blutdürstig, jeder *Grad affenschänderischer Un- u. Nothzucht*, Verrath, Brandschatzung u. Meuchelmord. Dieß der eigentlich producirende Theil des Landes, Ackerbauer u. Hirten, rüstigsten Seefahrer, Grobwollenzeugweber u. Seidenzüchter auf Andros u. in Elis sind sie fast ausschließlich. Im Herbst, Winter u. Frühling fleissig hinter Pflug u. Heerde, im Sommer ein Raubzug mit flinken jungen Burschen u. alten Schnapphähnen etc (p. [XV, XVI,] XVII) Reine Lumpen, dabei feig, die Moraiten, Graecoslaven. (XV) Wer »im Süden (v. Griechenland) nicht den Berg besitzt, wenn er die Ebne baut, od. wenigstens an der Küste wohnt u. halb im Kaik lebt«, der keine Aussicht etc auf »Erwerb v. dauerndem Besitz od. gar erhöhtem Wohlstand«. (XI)

Frankreich hat jezt kaum mehr $^{1}/_{12}$ seiner früheren Waldflächen, England v. 69 Waldungen nur mehr 4 grosse Forste; in Italien u. der südöstlichen Halbinsel Europas kommt in den Gebirgen jener Baumbestand nicht mehr vor, der früher selbst in den Ebnen häufig war. (7)

Die *Entholzung eines Landes*, bes. wenn es gar dürren u. sandigen, od. überdieß noch kalkhaltigen Boden besitzt, wird zu den vorzüglichsten Wärme erzeugenden Ursachen gezählt ... die Beschaffenheit des Bodens bedingt den atmosphärischen Niederschlag, ||46| woraus dann der angegebne klimatische Einfluß v. selbst folgt. Mit Vegetation überzogne, namentlich bewaldete Gegenden halten die Feuchtigkeit stärker zurück, werden durch die Sonnenstrahlen weniger erhitzt als unfruchtbare u. ziehn ebenso hierdurch die atmosphärischen Niederschläge mehr an, sind daher nicht blos selbst kühl, sondern verbreiten auch eine erquickend abkühlnde Luftströmung über die heissen Umgegenden. Ueberhaupt ändert die Temperatur u. das verschiedne Wärmeleitungsvermögen der Stoffe an der Oberfläche unsrer Erde die Vertheilung der atmosphärischen Dämpfe ab. (10)

„Die 3fachen Wirkungen auf die Frische der Luft durch Beschattung, Ausdünstung u. Strahlung mittelst der Wälder sind v. solcher Wichtigkeit, daß die Kenntniß der Ausdehnung der Wälder, verglichen mit der v. Kräutern u. Gräsern bedeckten od. nackten Oberfläche, eines der wichtigsten numerischen Elemente f. die Klimatologie eines Landes ist. Die Seltenheit oder Abwesenheit der Wälder vermehrt jedesmal die Temperatur u. die Trockenheit der Luft.“ (*Humboldt. Fragm. Asiatiques.* II p. 441) „La bande des terres en grande partie nues, qui entourent les bassins de la Méditerranée, de la Caspienne et du lac Ural, offre le type de ces phénomènes, dont en Italie l'industrie des peuples agricoles sait diminuer l'influence nuisible par des irrigations artificielles.“ (*Humboldt* l.c. p. 508)

Also, sagt Fraas (p. 11) hat »das Klima in der Zeit bedeutende Veränderungen erlitten, vor allen aber die Trockenheit der Atmosphäre bedeutend zugenommen.« |

|47| Neuerlich ist »wieder die *Steppenbildung zwischen Don u. Wolga* dem Ausrotten der Wälder zugeschrieben worden. Hat nicht noch wieder die russische Regierung durch die auffallendste Erscheinung – aus noch nächster Ursache – aufmerksam gemacht, die Erhaltung der Wälder anzuordnen für nöthig gehalten? Sprach man da nicht vom Verschwinden v. Bächen, verengerten Flußthälern u. dürrer Steppenbildung in grosser Ausdehnung?« (p. 12) Ueber die grössere Kälte der Länder am Dnieper, Dniester u. Don *Strabo. lib 2.* (l.c.) Jezt gedeiht der *Weinbau* um Odessa u.s.w. (l.c.) *Link* („*die Urwelt u. das Alterthum*“) behauptet, »sowie die Witterung zu der Zeit der Römer u. Griechen rauher, so sei sie im Mittelalter selbst milder gewesen, u. zwar: 1) die ehemalige Bewohnbarkeit Grönland, dessen blühender Zustand geschildert wird u. 2) die grössre Ausgedehntheit des Weinbaus.« (13) Viele Gegen-

den rühmen sich ehemaligen Weinbaus, namentlich in Deutschland, wo jezt kaum Spuren mehr davon zu sehn sind. Aber wir läugnen gänzlich, daß man jemals an solchen Orten bessren Wein als jetzt erzeugt habe, obwohl vielleicht m. besserer Rente. (13, 14) (»damals f. Kirchen u. Klöster oft nöthig nicht leicht durch bessre aber ausländische Sorten ersetzt werden konnte«, da »häufige Kriege, Unsicherheit u. erschwerte Communikation das fremde Produkt allzusehr vertheuerten«. (l.c. Dieß aber, Herr Fraas, nicht der Fall in England im 14 Jhd., wie bewiesen durch den comparativen Preis des einheimischen u. südfranzös. Weins. Sieh *Rogers, Hist. of Agric.*))

Link's Haupteinwurf falsch, »daß nämlich die Producte des alten Italiens mit den jetzigen übereinstimmten«. Die Römer hatten zwar Getreide- Wein- u. Obstbau ... aber jezt der Weizen in Sizilien der grossen, baldigen Sommerhitze halber oft nothreif ||48| (daher sein vieler Kleber, obgleich ohne thierischen Dünger erzeugt!) »die vielen Birn- u. Aepfelsorten, die Plinius erwähnt, gedeihen jezt nicht mehr dort, da sie das ihnen günstige, feuchte, etwas kühlere Klima nicht mehr finden, dafür aber Agrumen sich verbreitet haben ... hat jezt schon Agrumen, Datteln u. Jujuben bereits in sattsame Erzeugung genommen! Daß der Oelbaum schon zu Plinius Zeit über die Alpen nach Gallien u. Spanien vordrang, ist sehr naturgemäß, wenn er erst 183 nach Roms Erbauung in Italien eingezogen war; denn grade Italien als damals bestkultivirtes u. bevölkertes Land, ebenso Gallien u. Spanien selbst dazumal in jene Phase eingetreten, wo höchste Kultur, Befreiung v. Wald, Ansiedlung etc jene Bedingungen zur Milderung des Klima erst geben. Dasselbe ist mit dem Feigenbaum der Fall. Mit dem Fortschreiten der Kultur aus Griechenland nach Italien wanderte mit ihr ein andres Klima u. damit auch dieser Baum ein. Dieß ist der beste Theil klimatischer Aenderung u. günstig, wenn es dabei stehn bliebe, – aber es schreitet die Veränderung fort, bis sie in die schädliche Wirkung eintritt. ([15,] 16)

Persien: Jezt, im Innren die Gebirge nicht so gänzlich unfruchtbar, wie jene am Meerbusen v. Ormus. Doch aber ist keines, die v. Masenderan u. Georgien ausgenommen, die m. Waldungen bedeckt wäre u. mit Ausnahme weniger Gesträuche sind sie ganz entblößt. Auch hat dieß unermeßliche Land nicht einen einzigen schiffbaren Fluß, selten regnet es, der Mangel an Wasser macht die natürl. Fruchtbarkeit des Bodens unnütz. Die Berge ohne Grün, die Thalgründe ohne Bäche. (19)|

|49| *Mesopotamien* p. 19 sqq. „Das Land der Hauptkanäle, sagt Richter, ist jezt durchaus wüst u. verödet, ohne Ortschaft u. Ansiedlung, eine verdorrte Verwilderung.“ Den fruchtbarsten Alluvialboden, durchschnitten mit zahllosen Linien trocken liegender Kanalbette u. Wassergräben,

bedecken jezt holzige Salzkräuter, Kappernranken u. Mimosengebüsch, da, wo einst „der Garten der Welt“ lag. (19, 20) Am kräftigsten aber beweiset die großartige Veränderung des Klima u. damit veränderte Vegetation zumal die um sich greifende *Steppenbildung* u. der Uebergang zur völligen Wüste da, wo die Alten die fruchtbarsten Länder der Welt kannten. Jener eigenthümliche, lockre, salzhaltige, mit Gras u. Schlamm bei jeder Ueberschwemmung bedeckte Boden der fruchtbaren Mesene verfällt, sowie er nicht andauernd bewässert, beschlammt u. zugleich ausgelaugt wird, einer eigenthümlichen Veränderung, ähnlich jener Zersetzung des Nilschlamms in Aejypten, wie Rußegger dargethan hat, od. an den Küsten Griechenlands, wie wir selbst beobachteten. Salz u. Grus werden vorherrschend u. die Steppenflora findet sich ein. Chenopodien, Salsola u. Salicorniaarten, Arenarien, viele Succulenten, insbes. auch Artemisiaarten, worunter Absynthium u. Abrotonum ... dazwischen eine ephemere Vegetation v. einjährigen Gräsern überziehn die Flächen, welche ehedem die edelsten Kulturpflanzen trugen. Nur allein das v. bindenden Bodenarten, nicht durch Schlamm blos gebildete Diluvium bleibt sich gleich u. wird nach Ainsworth in der Plaine Mesopotamiens bis zu 1000′ Elevation über dem Meer charakterisirt durch das Vorkommen der Glycirr‖50|hiza glabra, Rosen, Platanen, wilde Reben etc. (23, 24) Wer möchte auch wohl an großartigen klimatischen Aenderungen zweifeln seit der Zeit nämlich, als an den Euphratmündungen noch Ichthyophagen, Chelonophagen, Helobier überhaupt in vorgetreidlichen Perioden die Vorläufer nachfolgender Agrikultur bildeten bis auf unsre Tage, wo schwerlich mehr dort ein Volk in der Natur die Mittel zu seiner Civilisation finden möchte? (25)

Muß übrigens nicht die ganze Erdoberfläche auf Grund der erwiesnen topischen Zu- u. Abnahme des Meers in einer Art Fluktuation beständig gedacht werden? (25) Dattelpalme reift jezt ihre Früchte in Griechenland, im Alterthum nicht. (26)

Palästina: Hier »ehemals fruchtbarer Weizenboden nur mehr f. Gerste zu brauchen«. (27) Palästina, im »Vergleich m. andern Ländern Asiens« niemals bes. fruchtbar. (29) Die meisten Kulturpflanzen Europas in sehr verschiednen Ländern Asiens u. Europas ihre Heimath u. der Meisten Vaterland im mittleren Asien (Hocharmenien, Georgien, Mesopotamien u. Persien), die Hülsenfrüchte u. einige Futterkräuter aus dem südöstlichen Europa. (38, 39) Die längst untergegangnen Geschlechter in Asien erst nach langen Perioden einer v. *wilden Baumfrüchten* lebenden Vorzeit in den Bau der Cerealien u. Hülsenfrüchte u. endlich der edlern Obstarten übergegangen. (39)

Wie die Tropen der *Samenbildung* bes. hold sind, die Wendekreise u. der südliche Theil der gemässigten Zone der *Fruchtbildung*, so die gemässigte Zone (der größte Theil Europas) der *Blatt-* u. *Stengelbildung*, die kalte Zone der Wurzelbildung. (39)

Die Natur hat uns auf Futterkräutererzeugung vor allem angewiesen u. ||51| in der That haben wir darin die ersten Entdeckungen v. Kulturpflanzen aufzuweisen. … Auf 2 natürlichen Wegen, über *Vorderasien u. das Meer nach Griechenland* u. über die *Steppen Südrußlands* nördlich vom kaspischen u. schwarzen Meer drangen die innerasiatischen Völker nach Europa vor, auf dem Ersten mit Civilisation, wie sie der Seefahrt übende Weltbürger bringt, auf dem 2., der gewohnten breiten Strasse der Barbarei, die wilden Nomadenhorden des Steppenlandes (l. c.).

Aejypten: Wandrung so vieler Kulturpflanzen aus dem Süden nach Norden. (43) Das jetzige Klima Unteräjyptens (ganz v. dem Oberäjyptens verschieden) erstreckte sich in alter Zeit weiter südlich … In den bewässerbaren wüsten Strecken Oberäjyptens ehemals Sykomorus, einheimische Akazie u. nährnde Dattel häufig, wie dieß uns dort Versteinerungen derselben beweisen, aber die zunehmende Trockenheit verwiesen sie weiter hinab in das feuchtere Thal, wo damals bei niederer Temperatur noch Oelbaum u. Weinstock gediehen, selbst nahmhaften Ertrag gebend. Wo aber stehn sie jetzt in dem Bilde der Landeskultur, im trocknen Gebilde, nur periodisch durchsumpft, in der trocknen Atmosphäre, v. den glühnden Luftströmen aus den Wüsten durchweht? (43) Der heutige schwarze Wein v. Alexandrien u. der im Meeressande hinkriechende dunkle sind jene gemeinen, die Meeresnähe liebenden Sorten des gewöhnlichen griechischen Bauernweins u. kaum nennenswerth. Gleich grosser Kälte wirkt grosse Hitze deprimirend u. kürzt anderswo ueppig u. hochwachsende Pflanzen auf kümmerliche Zwergform ein. So sind Weinstock u. Oelbaum aus dem Innern des Landes verschwunden u. ihr mehr erratisches, als Kulturpflanzen kaum mehr nennenswerthes Vorkommen findet nur mehr gegen die Küste zu statt. (43, 44)|

|52| Das obere Nilgebiet, der Sitz ältester Völkerkultur … schon vor 8000 J. das 100thorige *Theben.* (44) *Meroe* letzter Punkt, an den uns röm. u. griech. Schriftsteller verweisen, Priesterstaat, vom Nil u. Atbar umfloßner Inselstaat. (45) Doch, wie schon *Heeren: Meroe* der Mittelpunkt des aus *Ostindien* u. dem tieferen Süden, wie des nördlichen v. Aegypten kommenden Caravanenhandels. Meroe v. Völkern umgeben, ja z. Th. bewohnt, die nach den Nachrichten der Alten (Agatharchides, Strabo) weit entfernt vom landwirthschaftlichen Betrieb, die uns als Troglodyten im Küstengebirge des rothen Meers, als Ichthyophagen gleich jenen des Nearch am südöstlichen des persischen Golfes, so diese am arabischen

Meerbusen, als fleischessende *Makrobier*, die Weizenland noch als Unrath betrachteten, kurz als „v. den Göttern geliebte" Bewohner des alten Aethiopiens, gepriesen. (45) Ob nun so v. *Indien aus der Anbau der meisten Cerealien* (Mohrenhirse vielleicht ausgenommen, in ältester wie neuster Zeit die herrschende Nahrung der Nubier u. ihrer Nachbarn ringsum) durch Caravanen nach Meroe u. v. dort nach Aejypten gekommen sei – od. über Arabien das rothe Meer hinauf, od. aus dem fruchtbarsten der Länder, aus Mesopotamien, das 100fältige Früchte gab etc ... Unsre meisten *Cerealien* scheinen Innerasien ebenso als Heimath anzudeuten, wie die meisten *Hülsenfrüchte Westasien* u. *Europa*, die *Obstbäume aber Nordpersien*. (46)

mit der Kultur fortdauerndes Drängen der Pflanzenwelt v. Süden nach Norden, so lange Gedeihen f. sich suchend in passender Temperatursphäre, bis der Verbreitungsbezirk durch die ferner einwirkenden Factoren der klimatischen Konstitution mehr eingeengt u. eine Pflanze oft dem Verschwinden nah gebracht wird. (47)|

|53| Den Gang der durch Klima veränderten Kultur bezeichnet nicht weniger gut der jetzt in Aegypten so ausgedehnte Anbau der *Jumellischen Baumwolle*, welche nur in *nicht* überschwemmtem Boden stattfinden kann u. dennoch jetzt schon so viel derartigen Boden finden konnte, daß der bedeutendste Export v. Aejypten fast auf Baumwolle trifft. Welch ein Unterschied zwischen dem alten *Lotus bauenden Sumpfbewohner* u. dem jetzigen baumwollbauenden Fellah! (48) bei immer mehr abnehmender Wassermenge u. zu grosser Erhöhung der Ufer dürfte endlich der Tag kommen, wo die Fruchtbarkeit Aejyptens nur auf sehr kleine Theile, die künstlich bewässrungsfähigen ..., eingeschränkt. (l.c.)

Mit Bezug auf *Unteräjypten:* In Alexandrien u. dem Delta stetig die Temperatur des Tags nur selten auf 30° R., die mittlere Jahrestemperatur f. Unterägypten 17–18° R. Die herrschenden Winde sind Nordwinde (N. NO. NW.), die kühl u. feucht sind u. Meersalz mit sich fortreissen, selbst bis zum Anfluge in *Einer* Nacht. Der Chamsin, schädlicher Südostwind (im April u. Mai), der Samum, als gefürchteter Sturm in der Wüste. (48, 49)

Griechenland: (Erst *John* erwies 1819, daß die Pflanzen keine unorganischen einfachen Stoffe in sich bilden könnten, sondern daß diese ihnen immer nur v. Aussen kämen.) (*Humustheorie*, v. Saussure bes. ausgebildet) (Daß ein Stoff als Aequivalent f. einen andren im System der Pflanzenernährung dienen könne, ist insbes. Erfahrung, daß *Kali* durch *Natron* u. umgekehrt, bei vielen Pflanzen, z.B. Strandpflanzen sich wirklich ersetzen läßt, ferner das überwiegende Vorkommen bodenvager Pflanzen überhaupt, endlich das v. Saussure gefundne ||54| Verhältniß, daß die

Pflanzen derselben Art, die auf verschiednen Gebirgsarten wachsen, wohl die Zusammensetzung der Asche, aber nicht ihre absolute Menge, grosse Verschiedenheiten zeigt.) ([52,] 53)

(*Rent*, *Agriculture* etc. Sieh p. |

|55| Reports By H. M's Secretaries of Embassy and Legation, on the Manufactures, Commerce etc of the Countries in which they reside.

Es fehlen v. den
Embassies Reports (1867) (September u. December)
1868 Alles *ausser N. 2*, May. u. N. 1) *April.*
1866. N. 1–10. (incl.)
Ferner. *N. 17 September – Ende des Jahres.*

1866.

a) No. 11. London. February 1866.

Persia. M. Magack to Mr. Stuart. (16 June 1865) *(Erzeroom).*

Expropriation der Bauern durch Wucher.

Leiden 1) unter der conduite des *dîmiers*, meist Armenier. (2)
2) *Wucherer*. »Les villageois qui possédaient autrefois des terres, des maisons, des bestiaux, et souvent des chevaux de selle, n'est aujourd'hui qu'*un simple ouvrier de l'usurier* chez lequel *des circonstances l'avaient forcé* de contracter des dettes.« (2)

France. Paris. May. 1865 (Grey, Secret. of Embassy)

Census, 1836–61. (p. 39)

Progressive absorption of Rural Population by the Town (1846–61) (p. 41–(49)–44) *Classification of the People* (45–47)

Cooperative Societies (48–50) *Exports et Imports.* (50–53) (58, 59)

Prussia. Berlin. 13 July. 1865 (Mr. Lowther)

Minerals u. Coal (p. 62)

Leinenmanufaktur (Hirschberg) leidet v. reduction der cotton prices. (82) X

Solingen (83) *Berlin* (85)

Westphalian Coal etc (91–93)|

|56| *Prussian Bank* (124, 125) *Profits from Pressure to Bk. o. Prussia (1864) Pressure* (1864) M. Bankrate Zins stieg bis 7%.

The Pressure. (Preparations f. Danish War, Blockade of Baltic Ports etc) bes. upon agriculture u. commerce of Baltic Province whence the Export was put an end to altogether by blockade. *This year decidedly favourable to Business of Prussian Bank*, on account of the uninterrupted large investment of capital u. high rate of interest. *The profit was the largest that the Bank ever realized. Vgl.* (p. 125, 126, 127) Nach Abzügen *Profit* of 3,723,879 Thalers. Shareholders receive $10^{19}/_{20}$%. (p. 127) Nach Abzügen f. Staat, Amortisationsfonds etc.

Spain (Madrid July 1, 1865) (Mr. West.)

Movement of Population (p. 180–182)

1380: say 20,000,000. *1594:* 8,206,791 (Expulsion of Jews, Moors etc) *End of 18th Century:* Population diminished to less than *6 Mill.*, *Revenue* from *280 Mill.* reals to 30 Mill. reals. The *land had gone out of cultivation*, and *industry perished. 1846:* 12,162,874 Einwohner, *1850* 10,942,280, *1857* 15,464,340, more than 66% in 90 years. (30.9 inhabitants to the □ kilometre in 1857) *Wachsthum des Agricultural Produce* u. *Fall of wheat m. Increase of Population in France u. Spain.* (p. 182, 183) *Superficies: 126,759,000 acres.* Ueber *Land* u. *Vertheilung desselben* sieh (p. 183), which leaves unproductive: 24,388,485 hectares (*60,971,200* acres.) (184) Nur 37,500,000 acres under grain cultivation. *Average per acres:* a little *over 5 hectolitres*, about *10 bushels. Want of Population* u. *Roads* (184) (»In some provinces when the harvest is plentiful *large quantities of grain are wasted, of which even the neigh-*

bouring ones are in actual want.« (184) The mass of the produce of the country cannot be brought to the great lines of railway, bes. in the *Castilian Provinces* (Haupt wheat Provinces), bes. *New Castile*. Boden ausgezeichnet. *Want of Irrigation* (185) (»*droughts increased by destruction of timber*, whereby vast tracts of country deprived of natural humidity.« 185)) |

|57| Uebrigens war diese Provinz, *Newcastilian*, for centuries *pastoral*. Im *16 Jhh.* 3,000,000 merinos annually sent for pasturage into Estremadura from the provinces of Avila u. Segovia alone, u. those of *Madrid, Guadalajara, u. Toledo* were not less productive in live stock. Daher constant emigration into neighbouring districts, unsettled habits daher, not conducive to agricultural pursuits. Although sheep have considerably diminished in numbers because of diminished profit, people retain much of former pastoral character, daher undue proportion of the land remains uncultivated. (185, 186)

Water in the higher lands, not in the plains. (185)

Live Stock in Spain 1860. (p. 186)

Recent Export of Esparto Grass, growing wild in almost all parts of Spain. (186, 187) *(Stipa tenacissima)* (Long used in Spain for making matting, cord, baskets etc, schon v. dẹn Phöniciern, who gathered it in large quantities from the coast of Spain. Recently its adaptability for *paper making* discovered, hence enhanced value. 160,000 tons imported v. Spanish u. African coasts into England 1864. (in *1863* it was selling at fabulous price of 4*l.* 10s. p. ton.) In districts where most abundant, *great difficulty in getting it to the coast for shipment*, oftentimes expense of transport would exceed the cost price of the article. 80,000 women and children employed in the country between Alicante u. Carthagena in production of articles made from this grass. It is shipped in large quantities in a prepared state *(„Esparto labrado")* to France and England. Its cultivation has never been tried, but great probability that qualities of the stalk would be greatly improved and its size increased, whereby its value augmented for all purposes. It grows where no other plant will grow, and is most abundant near Almagrera, growing on the igneous mountains, and amidst sterile rocks.) [(187)]

Mines (188, 189) *Cotton Manufacture.* (190, 191) (*Smuggle m. France* 190, 191)

Decline of spanish Manufactures (190, 191 Jezt nichts als cotton manufacture, foundries u. refining establishment in mining districts, a few china and crockery manufactures.) (190) Dẹr Fortschritt »*consequent upon and concomitant with the increase of population* ... increased development of *her* ‖58| *natural productions* – Among the chief are: *olive oil, spirits, saffron, leather, coal, meat, cork, dried fruits, grain, vegetables, seeds, flour, soap, wool, metals, minerals, pastes, salt, wine, silk, skins* etc. (191, 192)

Mexico (Mexico, August 12, 1865. Mr. Middleton)

Climate depending less upon *latitude*, than *elevation. „Tierras calientes – templadas – frias"* (222, 23) *Rainy Season v. May to October, Nov. – April* dry season. (223)

Vegetable productions. *(Woods)* (223)

Table Lands. Maize most important article of food. In some places yields *250 bushels for every bushel planted;* in many parts *2 crops gathered annually*, u. selbst *3* on the same lands in some districts of the Gulf Coast. Yield generally so abundant in some of the Inland States, such as that of Guadalajara, that the farmers dispose it, in the more remote districts, from whence it would cost too much to send it to market, by fattening large droves of lean pigs upon it; and, when they can be made not fatter, boiling them down into *soap* m. admixture of a strong alkaline earth abounding in the country called Taquisquite, the soap so manufactured being worth about 10cts. per lb. (226)

Wheat u. barley also cultivated on the tableland at 7000 feet height. The former often yields from 20 to 60 fold or more. (227) *Tierras calientes* existiren bes. auf banana u. mandioca flour. (l.c.) *Vanilla, Wine, olive, coffee, tobacco, Cotton.* (228–9)

Cotton spinneries in Mexico. (229)

Angehender Capitalist etc Vorschüsse auf cotton: The cotton trade is mostly in the hands of Spanish shopkeepers established in the towns u. villages of the cotton growing districts. These people were formerly in the habit of *making advances, principally in goods, on the crops while still standing*, at the rate of 6 reals (about 3 shill.) *per* a r r o b a *of cotton in the seed*, with the proviso, after being repaid their advances, of taking the balance of the crop at the current rate of prices at harvest time. Werden viel geprellt. Hence of late years commenced growing cotton on their own account etc (p. 231)

Cotton growing (p. 233 sqq.) *Zucker* (233)

Natural u. mineral produces. (234, 235) *silk* (244)|

|59| *Mangel an Population.*

8 bis 8,218,080 Mill Einwohner, about 9 Persons p. □ m. »Immigration upon a large scale and extensive foreign colonization absolutely necessary for the development of the great natural resources created by the

| geographical position of the country, its diversity of climate, and the fertility of its soil. (242)

---

b) N. 12, March 1866. London.

Netherlands. Mr. Ward. Haag. 10 Jan, 1866.

Agricultural Statistics (268–84)
Finance Report for 1865 (p. 288–291) Increase in *Export of staple products of Dutch Agriculture, butter, cheese, cattle,* of which by far largest portion taken by Gr. Brit. Also *flax.* (291)

Bavaria *(Munich Jan. 15, 1866 Mr.* Bonar*)*

Favourable Harvest of 1865, above the average quality in *corn of every kind,* u. potatoes, hops, maize, tobacco; *below average quantity* in rape u. wine, owing to long continued unusual drought. (293) Munich *most considerable* u. *busy grain market of all Southern Germany. Prices of various grain in Munich v. 1854–1860* (p. [293,] 294)
Hops. Speculative. (294, 95)
X *Beetroot Sugar* (296.) *Tobacco* (297, 298) (299)
Live Stock compared m. other Countries of Europe: (300, 301)
Schools u. Children's Labour (p. 306)
Mines of Zollverein, including Saltworks (1863) (310–312)
Population (Bavaria) (1861 u. 1864) (*Illegitimate children,* 1/3 of population (p. 313)
Emigration (316–18)

Würtemberg (Carlsruhe 31 Jan. '66) (Mr. Baillie)

Corn Trade, affected by Hungary etc (339, 40) *Average prices 1833–1864* (340, 41) Agricultural *Wages* u. *Rents.* Fall of Prices. (341) (342)
Cornbusiness etc (342, 43)

--- |

|60| *c) N. 13. April. 1866. London.*

Denmark (Copenhagen 20 Febr. 1866 Mr. Petre)

Vortheil f. Jütland (durch directen cattleexport nach England) die polit. Trennung v. den Duchies. (372)
Auch das übrige Denmark. (373, 374)

Spain. (Madrid. Jan. 1. 66. Mr. West

Population. Curious Vertheilung derselben. (377) V. der adult population – 6,461,153 – over 6% lost to the agricultural u. commercial interests of the country, without taking into account the lawyers u. professors. (378)
Railways, wegen *paucity of population,* consequent want of traffick, combined with difficulties of access – *financial failure.* Sieh *quotations of shares* 1860 u. 1865. (378)
Shipbuilding (381)

U. States.
Iron and Steel Trade.
(Mr. Burnley. Washington 5. March. 1866)

Meeting der American Iron u. Steel Association. Protectionist (385.) (386–88)
Grain. Export of securities u. Gold, Import of Merchandise. (389)
Protectionist sentiment in North Western States (390)
Production of Iron 1865 u. 1866. (393)
Iron Trade in England 1865 u. 1866 (399) (400) *(High Price u. Speculation in Pig Iron)* (400) *in France* (400)
Competition m. England (405, 406) *Immense Import of Foreign goods on credit. (1866)* (p. 406) (409, 410)

Belgium (Brussels Jan. 22. 1866 Mr. Barron)

Report on Cattle Plague (413–15)

|61| *d) N. 14 June 1866.*

Spain (Madrid. March 1. Mr. West.)

Finances. Revenue Returns (1864–65) (434–37)
Finance u. Public Credit. (437, 436)
Monetary and Commercial Crisis. Absorption u. dislocation of the effective capital durch excessive exportation abroad, or exclusive u. simultaneous application to speculative enterprises at home. (438) Spain cannot counteract the balance of trade which is against her, nor has she sufficient public credit to divert the unfavourable course of exchange. Therefore *must part m. her circulating medium. Drain of Bullion* (20,000£ daily for some time). (l.c.) One of the chief causes of the *increase of the value of imports of late year was the construction of railways*, not, however, owing to the *merchandise which they transported*, but to the *materials which they required for their completion*, which the country itself was unable to furnish. (438) *Import of these materials* (438 u. 439) (Value of 14,500,000£ bes. v. England)
Port of Barcelona imported (1865 nearly 7,500,000*l.*, exported 2,500,000*l.*
X (439) *Speculation in Exchanges* (439) (Sendung v. *Bullion* nach Bayonne, Paris, Marseilles.
Banks, Credit Societies, Mercantile Societies, Assurance Cos, Irrigation Cos, Railroad Cos. u. their Capital. (439)
Feiertage. 14% of the working time of year lost in Spain (441)
Spanish debt (1865) (p. 442)

Bavaria. *(Munich 23 March 1866. Mr. Corbett)*

Tobacco Harvest in Bavaria u. other States of Zollverein. (446–51)
1 Tagewerk = 1 acre.
|

|62| *e) N. 15 July 1866.*

U. States. (Washington, 23 May. '66. Mr. Burnley)

On Iron u. Steel Trade (453) (454)
Evening Post gegen die Protectionists (454, 455)

List of Prices (Fluctuations) of Bar Iron v. 1 Sept. 61 – 15 March 1866. Diese Liste intressant, weil sie die Variations der 1 dollar Currency, verglichen mit Gold zeigt. (p. 456–57) X

Increasing Import of steel. (457)

Decrease in Charcoal, Iron, Reasons of (p. 463, 464.)

Rerolling of Iron. (p. 465.)

---

f) N. 16. August 1866.

Spain. (Madrid. Juli 1, 1866.) (Mr. West.)

Livestock in Spain 1756, 1858, 1859, 1860. (467)

Vergleich Spains mit andren Ländern (468, 469, 470, 471.)

Number per head of Population of live stock used for food in different countries of Europe. (p. 471) (*Spanien gleich nach England,* Preussen hinter Frankreich)

Proportion of live stock to the land in Spain and other countries (472)

Goats, Pigs, Sheep (477)

Stationair seit 1756 live stock, obgleich Population doubled seit that time. (478)

Baden *(4 July, 1866.) Mr. Baillie.*

Overproduction of Zollverein Sugar (486)

Investment in American (U. St.) Bonds (486) (487) Bullion (silver) drain in Folge dieser American investments. (487)

Mexico. (20. Dec. 1865. *Mr. Middleton.)*

Maguey plant (belongs to the family of agave.) Beverage produced from it Pulque. (505) Alles mögliche aus dieser Pflanze of old gemacht. Plant may be cultivated to 10,000 feet above level of sea, best about 9000 feet, ceases altogether to grow at 5800 feet. Ueber *Boden sieh (509)* (510)|

|63| *Kost u. Ergiebigkeit der Maguey plantations* (510, 511)

Difference of soil (511) (514) X

Pulque Estates (511, 512)

Ergiebigkeit u. Extraction of Juice (512)
Preis etc (513, 514)
Make out of Maguey, sugar etc (521
Henequen (variety of the maguey), *fibre* alone used *(521, 522)* (Taue etc gemacht, bes. when discovered in the U. States that henequen cables possessed the great advantage over those of hemp of being more flexible and more serviceable in high latitudes; which *discovery increased the demand for henequen so*, as to cause it to rise from about *4–5 reals per arroba*, the current price till then, to 11 reals, which price it commanded during several years, jezt 7–8; damals supply often not equalling demand; nun machinery etc. (p. 522–23) Entwicklung bis die richtige Maschine gefunden (523) Wahrung des Products durch Maschinen, waste der leaves dadurch checked etc.) (523)

1867.

N. 1) London February 1867.

Portugal. Lisbon 22 June. 1866. (Mr. Lytton)

Portuguese manufactures. *Want of Roads.* (3–5) *Tariff* 6 sqq.

Common Road u. Railroad

»The great desideratum in Portugal at this moment is *the construction of common roads.* The State has begun where it should have ended, by the construction of railroads; railroad without common roads to feed them, passing through districts without population, to stations without traffic. Many years must elapse before railroads in Portugal can be a profitable investment of capital. At present Portugal is practically, if not geographically, an island which can only be reached *by sea*, and of which *the interior, a thinly populated territory of wondrous fertility, can only be reached by horseback.* (5.)

Austria. (Vienna, July 13, 1866. Mr. Bonar)

Einfluß des ungünstigen Wechsel Kurses, bes. high rate of Exchange on London (142 florins for 10*l.* st., whilst 100 florins would represent the par of Exchange) on Export of Commodities u. Foreign Speculation in them. (p. 45, 46) *Wechsel-Moratorium* (46, 47)|

|64| *Production of Coals* (1855–64) (47) Total *Production of Mines in Austria in 1863 u. 64.* (49, 50.) of *Gold and Silver* (51) *Copper Production v. 1823–64* (53)

1850–64 food per head of Vienna. (Its population) *Prices of Principal Articles per same period. Hausmiete ditto. Verschlechtrung der Lage* (57, 58)

Italy (Florence, July 1866. Mr. Herries.)

Silkproduction in Italy (64–71) (f. *1864*)

Price of cocoons. 69,152,618fcs; *Raw silk produced from them (i. e. thrown from them) fcs*72,927,373; *Difference:* 3,774,755fcs. (64)

Diminished production by silkworm disease (66) Partial recompensating by enhancement of price *(ib.)* Doch steigen des Preises nicht proportionell. *Loss* to *Spinner v. Steigen des Preises* (1863: 23% on capital employed, *1864* nur 5$^{1}/_{2}$) (67) *Decrease in number of filatures. Working Time, more time wasted for less material* (67) *Vermehrung des Waste (silk) m. diminished productiveness* (68) *cf. Tables* (70, 71)

Prussia. (Berlin, 28 July, '66. Mr. Lowther.)

Zollverein. Population (Census of 1864) etc (p. 81 sq.)

Bad Harvest 1865. (102, 103)

Average yield of Harvest in the Single Provinces of Prussia v. 1856–1866 (p. 109–111) ×

Tobacco, Beet Root Sugar Distilleries in Prussia (114–119 sq.)

Production and Consumption of Sugar in Zollverein. Geschichte des Zukkers (133) *Origin of Beetroot Sugar* (Ende 133, 134, 135, 136.) *Tabellen* f. *1837–1865* p. 137, 138.

Coal. Railway Traffick. Sources of Demand for Coal etc (158, 159)

Switzerland (Berne, 1 May, 1866. Mr. Rumbold)

Federal Finances and Expenditure. p. 164 sqq.

Federal (incl. cantonal) Military Expenditure $^{1}/_{6}$ or *18% of the entire State Expenditure;*

Prussia	41.2%	Austria	30.4	U. Kingd.	28.7
Bavaria	28.3.	Hanover	27.9.	Wurtemberg	27.7.
Italy	27.5.	Saxony	23%.	Baden	22.4%.

(p. 209)|

|65| *Mexico.*
Report on Mines u. Mineral Districts of Mexico (Mexico July 10, 1866. Mr. Middleton)

List of Minerals etc (215–219)

Sinking of Wells. Changed Aspect dadurch of parts of Provinces of Sonora u. Chihuahua (226, 227)

Transport v. Machinery in auseinandergelegten Stücken derselben. (227, 28)

Way of Treating Ores. Schwierigkeit for common labor to a certain depth. *(District of San Antonio)* (226)

Steigen im Preis der Ores durch better Reduction or deren *Export to Ländern, wo besser reduced.* (226)

Falsche Returns to raise shares (der Mining Cos.) in San Francisco u. New York (226, 227)

Real del Monte u. Pachuca Co. (Appendix. 1855–1864) (265)

1) *Amount of Ore Extracted,* 2) *silver yielded by that ore*, the value of which when added to the amount of sales, tithes, and leases of other property belonging to the mine, give the gross amount of revenue yielded by the respective mines, and 3) *Expenses incurred* in the *working of mine, reduction of ore, conveyance of metal*, and *„tithe metal"* paid as *rental to the owners of the mines*, u. *taxes on the silver paid to the Imperial Gvt.* (246)

Variations in amount of ore extracted (246, 247)

Reduction of Ore: Smelting Process u. Common Process (first crushing big mills or otherwise, and then washing it)

Greater Yield by Smelting Process. Doch der Common Process more economical. (247, 248)

Expenditure of working etc. Am Größten, wo Profit am Größten. (249) Charge for carriage and selling of the Silver. (249)

State Taxes 3 to 4% vom silver produced. (249)

Rent to Proprietor, generally 30 to 40% of profits; the mine of Rosario appears to pay about 28% to its owners: *Those mines which yield nothing pay nothing (249)*

Extraction from the mine of Guatimotzin (largest p. centage). 1865: Excess of expenditure over receipts. (249, 250) *Mine of Candado, poorest (Great Loss)* (250, 251) *Mine of Rosario yielded largest Revenue.* (251, 252) *San Pedro por el Rosario* most profitable, although its ore, in point of richness, occupies only the 4th place (252) (253)|

|66| *Gesammtgeschäft der Co.* (253)
Die Reduction Works. (p. 253, 54)
Rechnung p. 254. (Alles dieß statement für 1865.
In dem *statement f. 1866* die Mine of Candado yields the richest ore of all, 1865 the poorest. (p. 254–55)
Mines in District of Guanaxuato (1866) Differences in them (257
(*Richest mine and poorest* ib. 257, 258) (259, 260)
Verhältniß der Mines zum State (260, 261
Kost on bars 1000$ (about 200£) durch inland duties, Freight etc in *Mexico*, then *charges to Europe. Alles zus.* $23^1/_8$%. *total from mines to Europe*). (p. 262) X

Netherlands.

(Indian Budget for 1867. Mr. Ward's Report.)

France. (Paris 27th No. 1866. Mr. Fane)

Commerce zw. France u. England since Commercial Treaty of 1860. (p. 279, 280) (281–5) (286–8)

N. 2. 1867. (March 1867 London)

Argentine Republic. (Reports by Ford.)

Financial Condition 1864–5 (289–292)
Commercial Condition: Grosser natürl. Reichthum, cattle u. sheep on Pampas, Mangel an Population und internal communication. (p. 293) Import von Wein, Zucker etc, die sie selbst produciren könnten; so Reis, Tabak etc (294)
Superficial extent of Argentine Republic 1864: 515,700 □ miles m. 1,465,000 Ew. od. *2 to* □ *mile. Brazil* has 3, *Peru* 6, *Chile* 7 p. □ mile *France* 176, *England* 347, *Belgien* 440. (Vergleich *Table* p. 295) One half of *the Argentine Republic,* – the *settled territory* – exceeds in size *Gr. Britain u. Ireland, France u. Spain put together. Imports u. Exports* (296 sq.)|

|67| *Imports into Buenos Ayres from England* (297.) from *France* (298) *Unit. States* (300) *Spain* 301 etc etc (303, 4)

Exports from Buenos Ayres. List. (p. 305) (1865) *To the different countries* 305 sqq.

Yerba Maté (sort of *SouthAmerican Tea.*) (297

V. 4,399,355£ Export, 4,080,069£ allein f. 5 Artikel, nämlich *Wolle* (2,378,251£), *Ochsen- u. Kuhhäute* (958,266£), *Grease u. Tallow* (363,152£), *Schaafsskins* (241,698£) u. *Salt Meat* (£138,702)

Comparative Exportation of Argentine. Report to different State 1861 u. 1865. (p. 308) *Total Commercial Transactions ditto.* (309)

X *Argentine Slaughterhouses. No Waste. How every thing used,* p. 313.

River Plate Beef. (Liebig) etc (313, 314)

Immigrants 1858–1866 p. 317, 319. Wages (317 sq.)

Railways. (p. 321 sq.)

Copper, Silver (324, 325)

Land, Price etc Sheepruns (335–339)

| *Rate of Exchange on London: (weßhalb Emigrant better do to bring with them any funds they possess, instead of lodging their money in a Bank in England to be drawn for on arrival at Buenos Ayres* (339, 340)

Sheep farming (p. 341–345)

X *Sulphur Deposits of Mexican Empire* (p. 360 sq.)

N. 3. April. 1867.

Bavaria. Railways. Dec. 31, '66 (Mr. Fenton)

p. 387, 388, 389, 390, *Fares* (390.) *Rails, Engines* (390, 391)|

|68| *State Lines* (391, 392) *Cost of mile* (392, 393) *Expenditure* (1865) (p. 393) *Cost of Firing u. Greasing p. Engine* (f. League) (394) *Carriages* (394, 395) *Accidents* (395) *Revenue* (395) ⟮*Passenger Trains.* (396)⟯ *Income and Expenditure* (p. 396) Etwas mehr als *5 1/2% on the amount of Capital* ⟮13,211,311£ St., represented by the entire net Work of State lines. 396, 397.⟯

Eastern Railroad belong to Private Co. (397, 398, 399, 400, 401.) *Gross Receipts Percentage* (401) *Expenditure p. Line* (401, 402) *Profit of 6.15%* on the amount of Capital (55 Mill. florins (= 4,583,330*l.*) invested on these lines up to close of financial year 1864–65. p. 402

Railways of the Bavarian Palatinate. Louis Railway (402 sqq. *Profit 8%* on share u. debenture Capital p. 407, greatest in Baiern). *Maximilian Railw.*, 407 sqq. *Profit* $3\,{}^{7}/_{8}\%$. (409) *General Summary on all Lines. (p. 410. Durchschnittsprofit:* $5\,{}^{7}/_{8}\%$*)*

Electric Telegraph (p. 412) *Expenditure and Receipt* (p. 413, 414)

Wheat, Rye, Barley, Oats (1865 u. 1866) Preise: p. 423, 424. *Quantities sold.* 425. (*Bavarian fl.* about = *1s. 8d.* in Engl. money. *Bavarian Sheffel* = *6 bushels u. 1 gal.* Engl. measụrẹ. So *15 flrs 30 kreutzer p. Bav. sheffel* = *33s. 9d. p.* Imperial *qrs;* 20fl. 30kr. to about *44s. 8d.* per *qr.*

Hop. 428.

Turkey. (Constantinople. 11 Feb. '67. Mr. Barron.)

Turkish Currency: Piaster ursprünglich about 4s. worth, jezt ${}^{3}/_{4}$d. (430, 31) Different piastres in circulation etc (p. 431) *Budget* (432, 433) *National Debt* (438) (439) (440) (441) (442–43) (444–46) *Floating debt* (460) (461) (462) (463)

National Credit. Ruin f. dịẹ Thürkei 40 Mill. £ melted in 13 years – *leaving behind a mountain of debt, nearly double the amount really borrowed.* (463)

|

|69| *N. 4. 1867. May. (London).*

Prussia. (Berlin. Jan. 12. 67. Mr. Wyndham)

Finances. p. 468, sqq. (Receipt) *Expenses* (p. 472, 473)

Contributions *levied by Prussia (Staats-Schatz)* (474, 475)

Portugal (Lisbon. 15 Jan. 1867 Mr. Lytton)

19 May, 1863 Majorats extinguished. (502)

Great (noble) Proprietors u. *Peasants. Majorats.* [No soils cultivated (501) except of extreme natural fertility], Roads. (502) *Taxes* (503–5)

Roads u. Railroads (506)

Land: ${}^{1}/_{10}$ belongs to Peasants. Of the land held by larger u. smaller Proprietors, only about ${}^{1}/_{3}$ cultivated by themselves. Leases of *farmed land* mostly in *fixed amounts*, money or produce. In *localities situated*

near large towns leases fast exclusively made out *for cash* (i.e. leases of farmed land); in rest of Kingdom, nearly *all paid in produce, according to the nature of the soil.* The *capital* requisite for the cultivation of his land by the farmer or peasant proprietor is generally raised either from *mortgage*, or *simply* by a Bond. *Most of these loans made at a usurious interest.* Since last 3 years, *Bank of Credit Foncier.* (506)
Wages of Agricultural Labor: (507)
Different systems of Wine cultivation in Portugal (507, 508)
How Portwine is manufactured, espec. for London market. (508–510)
X *Wie der Boden bester Sorte wüst liegt* etc (513)

Sweden *(9 Feb. '67 Mr. Hamilton) (Stockholm.*

Population. Wachsthum der Town Population m. Commerce. Jezt 131 (town) to 1000 country, less than in Norway, only 1/2 of that in Denmark, and about 1/3 of the population of Germany. (522, 523) Abnahme in *rate of increase* ||70| *der population.* (523, 524) *Manufactures* (537)
State Railways. (1864) (539–542)

Brazil. (Rio de Janeiro. Jan. 30. 1867. Mr. Pakenham)

Income (etc p. 555–56)

Italy.

Staatsausgaben mit Deficits (1860–66) (p. 581 sq.)

N. 5. June 1867.

Belgium

(*Iron Trade* etc p. 593–595.)

Japan. Yokohama. 10 Jan. '67 Mr. Locock.

Decimal System Measures (617)
Weights (618–22)

Currency (622) *Edle Metallreichthum* (622, 623) Pumping out of silver from Japan durch *Portuguese, Dutch.* (623) Nun Gold usurped the first place hitherto held by silver as an article of export. (l.c.) Gold u. Silberexport v. 1611 to 1706. (624) *Verschiedne Maßregeln gegen Export of Silver etc u. Kupfer Coinage* (624)

Draining of Bullion (from Japan) in 2 centuries. 1540–1740 (624)

Different Coin in Circulation when the American Commodore Perry visited Japan m. seinem squadron in 1853 (625) silver coin then overvalued as compared m. copper u. gold coins. (625) Kolossale *Bescheisserei der Japanesen durch die Yankees:* (626) (627)

Kampf der Klugheit zw. Japanese Gvt. u. den Foreign Gvt. Swindlers. (628) (629) (630) (631)

The *kobang* gold coin (= 5s. 6d. st. *intrinsic value*) (631); the *„bu"* or *ichi-bu* (*ichi* heißt *one*, u. *bu* a portion), *silver coin.* (their intrinsic value estimated at 1s. $4^{73}/_{100}$d. St.) (A great many of them made of Mexican dollar silver in proportion of 311 to 100 dollars (631) the *nibu*, the *ishu*, *nishu*, etc *Zeni or mongseng, hachi-mongseng, tempo* etc (631–33) |

|71| Other Irregular currency. (stamped silver pieces of small fineness. (633) (634)

Government coins. descriptions. (634–636. *Division of Labor*)

Weitere Bescheisserei (1868) durch die Yankees etc (636) (637)

Double Standard (638) Verhältniß v. *Gold u. Silber gegeneinander.* (l.c.

The dollar in the East (639)

Italy. (Florence 1 April, 67)

Iron Production u. Consumtion (652–4)

Relative State of Italy, U. States, Gr. Brit., France, Germany, Australia etc as to extent of *Railways in 1864* (661)

Italian Iron Manufacture. Want of Coal (670, 671) (673) (683–4)

Wages, Number of Persons employed (683)

Spain (Madrid 1 Jan. 67. Mr. West.)

Manufacture et Consumption of Cotton in Spain.

V. *1830–1860* (686–7)

1862–1864: Importations into Catalonia. 1865 u. 1866 Depressed Condition (688)

N. 6. July. 1867

Netherlands (The Hague April 10, '67)
(Mr. Thurlow zu „Zealand")

The „Waterstaat" of the Netherlands

Formation of the Netherlands. (700)

Icthyophagi dwelling upon *„terpen"* or *mounds* which they raised like beavers above the almost-fluid soil (701)

Dangers from the „Outer Waters" (701.)

Inundations from the Sea (702, 703)

Dangers from the „Inner Waters" (703, 704) |

|72| *Origin of the Waterstaat, and its powers* (704, 705)

Cost of the Waterstaat (706)

Lake of Haarlem and Dykes of West Capelle (706–7)

Boezemlanden (707) (Dieser v. Natur trockne Theil (über dem level, wo das Wasser v. selbst abläuft) principally sandy wastes or rabbit warrens. (707)

Beauty of the *Dutch science of hydronamics:* »From first to last it is *a question of comparative levels.* The error of a centimètre in level might drown a province, or frustrate the purpose for which some canal had been designed. (707)

Amsterdamsche Peil: p. 707, 708.

Polder and Boezem (708, 709) [*Overworking of turf* (709)] (*Value of polder for agricultural purpose depending on its situation m. reference to the boezem* etc (702)

Windmill, in much favour m. Dutch peasant, draining its land (soil), converting corn into flour, sawing the trees needed for construction of his dwellings and farm-buildings (709) (*Drawbacks des wind* (709, 710)

Schermerboezem (710) [*Kavel. Waterland* etc (710, 711)] (Geschichte der drainage der Beemster lake. *1570 sq.* On 30 July distribution of the lots of land redeemed (711) (712) (Same Method, except steam, in draining *Beemster* u. *Haarlem Lake* 712)

Distribution of a Drained Lake. Parallelogram durch canals (ie. *ditches*) Their uses to drain, irrigate, water highway for small canal boats, barriers for fields u. properties u. fertilizer. (712) Ihre Verbindung mit Kanals u. See (712, 713)

Ring Vaart. Height of Dykes. Level of Polders. Their Salubrity. (713, 714) (715)

Application of Steam (715) *Watermills* (do.)
Fertility of Polters. (715) Taxation of them. (715, 16) Vorrichtungen bezüglich der dunes (sea sand blowing etc) (716)
Abnormal shapes assumed by the lands of Groningen and Drenthe owing to the constant excavations of turf during many centuries. (p. 719) *Entstehung* ‖73| v. *peat fields. Alter Use* derselben (719) Its consumtion v. *1834–1852* (719, 720)
Maßregeln v. *Gvt. u. Waterstaat,* to prevent the wholesale destruction of the Netherlands by fire. Consent of the Waterstaat now necessary before a proprietor may reduce the level of his land by cutting it up into bricks of fuel for the market. (720)
Fertilities of Exhausted Turbaries (720)
Patriotic and other properties of turf (721) (722) *Removals of soil etc* (721, 22) *Floating Turbaries.* (722)

Belgium. (Mr. Barron)

Protectionist system, Reform of Tariff etc (p. 724, 725), (726, 727) (728) (739) (742)

Russia.
Report on Tea-Trade. (Mr. Lumley Lond. May 4, '67)

Theesaufen in Rußland. (753–4)
Aber Import of tea zeigt etc *3 1/2 p. head in Great Brit.* u. *less than 1/2 lb. p. head in Russia* (755, 56)
Trade mit Kiachta, Russ. Cos (760, 761) Original Russ. Export to China *furs* (761) *Tea turned the balance in favour of China, before largely in favour of Russia.* (l.c.) Constitutes now 19/20 of the whole Importation (on side of Russia) (762) *Change in trade of Kiachta.* (763) (764) (765) (766) (767) (768) *Permission of importation seaborne or Canton tea at moderate rate of duty since 1st Oct. 1861. Folgen.* (767, 768)
Export of Precious Metalls etc of Russia to China. Acme of Russ. Export 1856, then falling off (p. 782, 783) Kiachta Trade in Regard to Transport. (p. 784)
Prices of Principal Russian Manufactures bartered away the Chinese
1) *Cost Price at Moscow, incl. transport to Kiachta* (785, 86)
2) *ditto* in *Kalgan* (*Great Wall* etc (786)) and *Hankow.* |

|74| *Table 7 From Moskow through Kiachta to Kalgan* (787)

x *Table 8) Price of Russ. Goods conveyed from Moscow to China by Sea.* (787, 88)

x *Table 9 Comparative Table of Prices of Russ. Goods conveyed to China through Kiachta and by Sea: (To Hankow. Tea district)* (788)

How, durch Preiserhöhung des Tea Russian manufactures wohlfeiler verkauft in China als in Rußland. (789)

Tea transport v. China nach Rußland, resp. Petersburg od. Moscow (790, 791, 792, *793*, 794;

Importation of seaborne tea from Europe, früher erlaubt (vor der letzten Aenderung, die sie *wieder erlaubte*) (p. 795)

Tariff etc (795, 96) On *13 April 1862 Import of seaborne tea was* permitted by the *Europ. land frontier m. higher duties* upon it *than at Kiachta.* (796) (797)

Brick Tea (800) (801–3) (Handelsschwindel zu Petersburgh etc)

x *Schlauheit der Chinesen im Tauschhandel* (804, 805) *(Prices of Tea at Kiachta* (806)

Cost Prices in tea Growing Districts. Expenses of Transport by land and sea. Comparative costs of tea and conveyance by the different Routs to Moscow (807–815, 816) (817) *Schmuggel v. Preussen* etc (905, 906) Klagen der Moskow u. Kiachta men (916, 917)

Vortheile v. dem transit trade f. *population engaged in transport* (917,) *Wages* (943) *Amour scheisse.* (951)

N. 7 August 1867.

Austrian Trade v. 1861 bis Ende 1866. p. 971–73 (Tabellen v. p. *974 an* |

|75| *Secr. of Embassy Reports. November. 1867.*

Portugal. (Lond. July 6. 1867. Mr. Lytton.)

On the manufacture of Port Wine.

Commercial Schwindel.
p. 4, 9, 13, 23, 25.

Austria *(Vienna July 15, 1867.) (Mr. Bonar)*

Rise of all principal articles of food (bes. dẹṛ lower class): Even as compared to the prices of a few years ago the cost of *beef* has now risen 8%, *veal* 39%, *mutton* 19%, *wheaten flour* 14%, *flour of other grain* 10%, *white bread* 20%, *black or rye bread*, the principal food of the lower classes throughout Austria and Southern Germany, 29%. (p. 54)

Direct Export of fattened animals to Gr. Brit. u. France. Nutzen dieses trade etc (64, 65) (66) (67)

Wurtemberg. (Stuttgardt. July 27. 1867. Mr. Baillie.)

In the last 5 years *competition of Austrian (i. e. Hungarian) corn, flour, and oleaginous* fruit, lowering prices of produce of the soil of Wurtemberg. Daher change in the *agricultural condition of the country*, tending to increase the production of meat, and forcing the numerous smaller farmers to grow hops, flax, hemp, beetroot etc, instead of cereal. Excepting Bavaria, Wurtemberg raises more cattle in proportion to its area, than any other German State. *Bavaria* produces 662, *Wurtemberg* 552, *Hanover* 495, *Prussia* 303 head of cattle to the square mile. In Folge dẹṛ Hungarian competition [the prices of] bread-fruits fallen below those which ruled from 1855 to 1862 etc etc (87, 88)

Vgl. ibid. *wine trade, wood trade.* (88)

Agricultural u. manufacturing produce (88) (89) (bes. cotton, wool, linen, working of metals) |

|76| *Condition of Working Classes. Wages.* (90, 91) *Workinghours* (91) (*Cooperative Associations* (91, 92)) *Statistical Wages Table 1830–1865* (92).

Prussia. (Berlin 29 Jul. 1867. Mr. Lowther)

Comparative increase of population, Consumption etc (95, 96) German and other elements. (97) *Emigration.* (97, 98)

Agriculture. Tobacco, Hops etc (99, 100) *Animals* (100) (101) *Wood* (102, 103, 104)

Metallurgy. Iron. (104, 105) *lead* (105) *Zinc trade* (105.) *Coalfields* (106–108) *Lead* etc (108, 9) *Rocksalt* (109, 10) *Common Salt* (110) *Mining schools* (110) *Machinebuilding u. Machine factories* (110, 111) *Factories of Railways u. other carriages* (111) *Manufactory of articles for heating u. cooking iron, Iron Foundries, Manufactures of other metal goods (Nadelfabrik, Aachen)* (112–13) *Textile Industry* (113–118) *Scientific instruments* (118) (119) *Mills f. grinding grain* (119) *Beetroot sugar industry* (119) *Tabak u. Cigarren Fabrik* (119) *Breweries* (119, 120) *Leder, Indian Rubber, Gutta Percha fabriken* (120, 121) *Hanover* (121) *Kurhessen* (121) *Nassau* (122) *Schlesw. Holstein* (ditto) *Frankfurt a. M.* (122) *Gewerbeschulen* (122, 123) × *Wachsthum der Handelslumpen* X (123) *Navigation* (124–27)

Railways (127–129) *Telegraphy* (129–130) (Telegr. erst *Deficit f. Staat*) 130 *Monetary and Credit Concern. Bank of Prussia* (130, 131) *Prussian Seehandlung* (131) *Exports u. Imports* (136) *Frankfurt a. M.* (137, 138)

Statistical Tables (139–172)

Emigration in 1866 (173–174)

Bavaria (Munich. July '67. Mr. Fenton)

X *Price of cotton at Liverpool u. rate of discount in Money Markets of Bavaria* (195)|

|77| *Foreign and Inland Trade in Grain* (217–220)

Land (Provinces) Tobacco planted (221)

Spain *(Madrid July 1, '67 Mr. West)*

Erhöhung der Prices of common Articles durch Protective duties (228)

Landed Proprietors u. *protective duties* (228)

High price of wheat. Popular disturbances (228, 229)

Character der Spanish Agriculture (229)

Japan. (Yokohama June 10, '67. Mr. Locock.)

New Ports opened. Ports of Osaka u. *Hiogo* (237)

Town of Osaka (238, 39) *Its census (of 1866)* (239)

Die Stadt mit Villages u. Subvillages Einwohner 373,514. (Die City allein 320,000)

Trade of the City. Naturalrente, Wucher, u. Kaufmann: (p. 239–240)

Seaborn [*auf Junks, Merchants' Junks u. Daimios Junks* (1866)] *Commodities* into *Osaka* (241–242)

Organisation in Guildes of Merchants u. small Traders at Osaka (242–44)

Foreign Trade (244–5)

Silk Trade and Weaving (245–6)
Silk Shops (m. 300 persons dịẹ grössren) at Osaka (246)
Coal pits. Unscientific treatment (247) (Nur dịẹ Oberfläche)
Furor at Osaka for everything foreign (249)

1868.

N. 1. 1868. April. |

|78| *Guatemala. (Corbett. 1866) (Mr. Corbett)*

1866: Decrease of *$152,984 in Value of Exports, Increase* of *$49,413* in value of Import. In *1865* $351,425 *(Cotton)* exported, in *1866* amounted $77,875, *decrease* in value of $273,550. This in Folge dẹṣ Ende dẹṣ *American Civil War.* »It put an end *to the cultivation of cotton in those districts, where the cost of production was greater than in U. States.* (p. 1, 2)
Dagegen Increase in *Export u. Production of Coffee* (2)

Mexico. (Mexico 29 Nov. 67. Mr. Middleton)
Report on Silver Mines u. Reduction Works at Guanaxuato.

Bisher neglected use of motive Water Power in Reduction of Ores. Versuche darin. (9–13)
Banditti (13)
Work of Ores by want of means of communication. (14)

Bavaria. Munich Dec.'67 Mr. Fenton.

Abschaffung v. Salz u. Tabakmonopol. Zollvereinssteuern darauf etc (p. 15–19)
Mineral Productions p. 25 sqq.
Rise in Price of wheat (demand of France u. Hungary) (31)
Hops. English market principally looked for in Bavaria. Fall in price (31, 32)
Railways of Bavaria. (p. 32 sqq)

Baden. (Carlsruhe Dec. '67 Mr. Baillie)

Landed Property (some fall in Value) Increase in Wages (49)
Fall in wood (49–51)
Floating Wood u. Cut Wood transported by rail (51)
Black Forest Industry (53, 54)
Cattle Trade to France (bes. *Hungarian sheep*) (p. 54)
X *Change in Agricultural system* (56, 57)|
X |79| *Eintheilung des Lands. Grosse Proprietors Inalienable Land* (58, 59)

N. 2. May 1868.

France. (Paris. Febr. '68. Mr. Fane.)

Budget (p. 61, 62)

Austria. (Mr Bonar.)

Exports u. Imports v. 1 Jan. to 1 July 1867.

Imports. *Beetrootsugar and refineries of Austria* surpass those of Zollverein; has driven *colonial sugar* completely from market. (103) *Copper, Cotton, Hemp* (103–4)
Silk, Silkyarn, Woven Manufactures, Paper (104)
Edge tools, agricultural machinery (104)
The *excellence u. cheapness of Vienna furniture* will soon drive the *foreign competitors* from the field. (104)
Exports: Competition of Brit. Articles of clothing has deprived Austrian manufactures of *large profits in the Danubian principalities* (124)
| *Exceedingly good harvest 1867, während schlecht im West* (126, 127) (*Means of Transport were wanting* 126.)
Hungary. *Entwicklung der Agricultur seit Abschaffung der feudal rights 1848.* (p. 129.–132)
X *Forest Land.* In the hillier parts *wood almost worthless from want of roads.* (132)
Iron u. Coal: means of communication wanted (132)
Export of natural produce (133)
Hungary: Industrial Establishments: (133.)

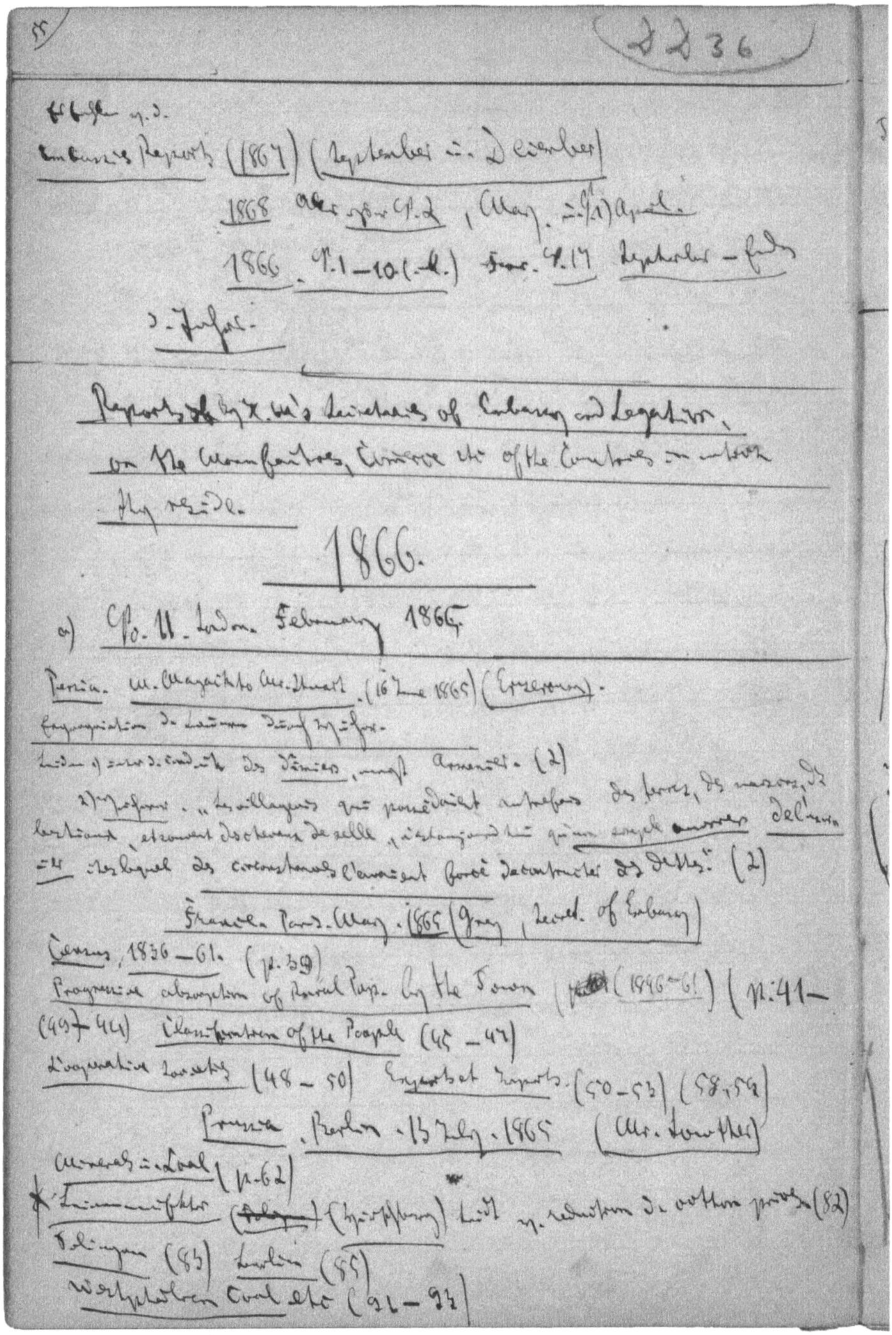

Index zu: Reports by H. M.'s Secretaries of Embassy … 1866–1868
Hefte zur Agrikultur. Heft 3. 1868. Seite 55

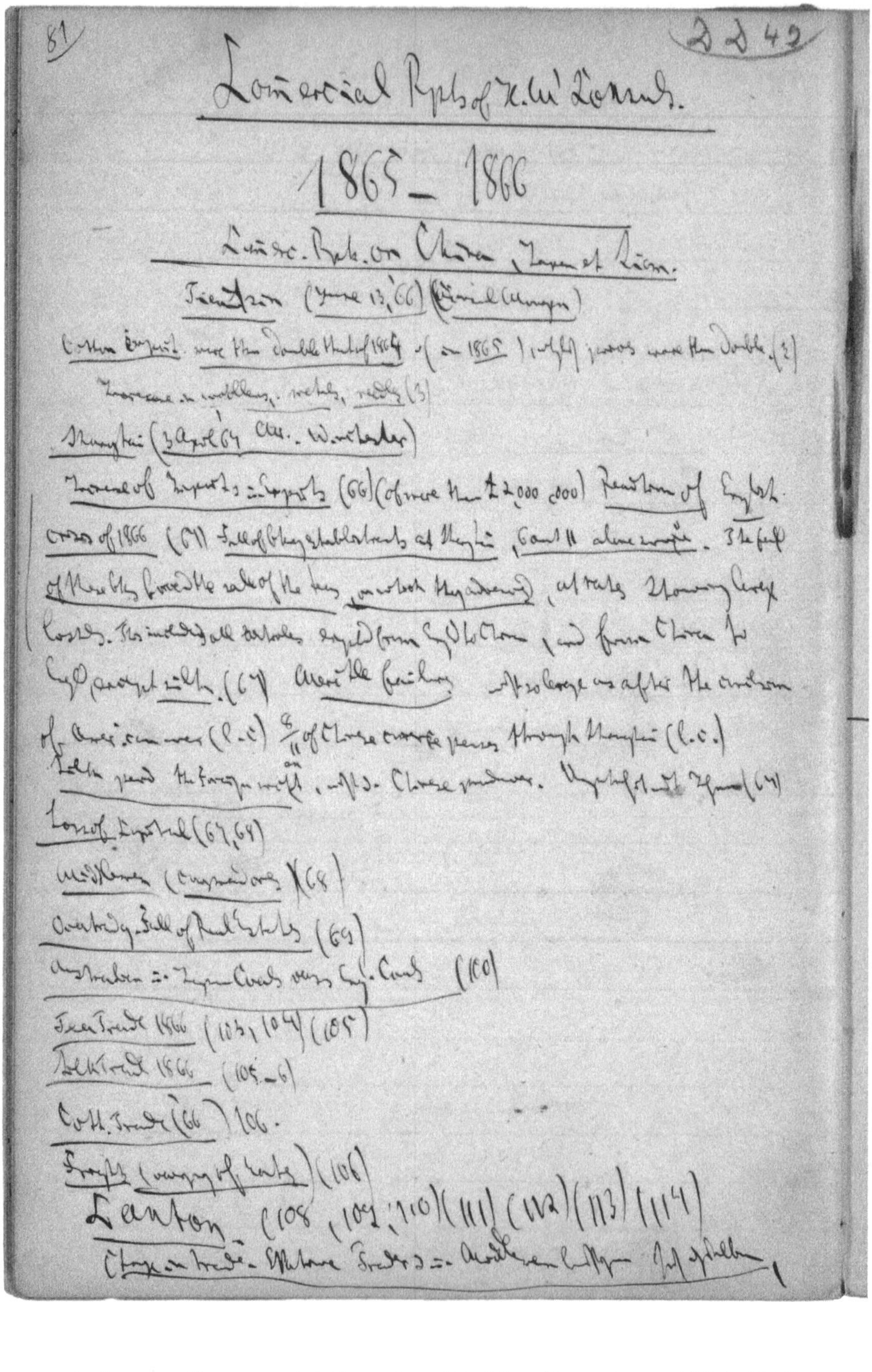

Commercial Rpts of H. M.'s Consuls.

1865–1866

Commerc. Rpt. on China, Japan et Siam.

Index zu: Commercial Reports of H. M.'s Consuls … 1865–1867
Hefte zur Agrikultur. Heft 3. 1868. Seite 81

Cost of Living in Austrian increasing (134, 135)
Austrian Railways (136) *Dividends* (137)
Finance (137) (138)
Debt (138, 139) *Ausgabe* (139–141) |

|80| *Mexico. (Orizaba, 31 Dec. '67) (Mr Middleton.)*

Soda and salt producing districts.

p. 142, 143, 144.
Production of Soda (144, 145, 146)
Old u. New System for separation of soda u. salt from other substances with which they are found carboned (146, 147) *Waste of Sulphate of Soda* (147)
Salt and soda production (148, 149)

Netherlands (Hague Feb. 1, 1868) (Mr. Thurlow)

Concise Report on Finance, Commerce, Population etc (p. 150 sqq.)

Denmark. (Copenhagen, Jan. 25, 1868. Mr. Strachey)

Finance for 1867. Budget f. 1868–9.
Of whole area only 65% productive, davon *29% arable Land.* V. dem arable $^{19}/_{20}$ *sown m. cereals*, yield yearly up of 8,600,000 qrs English, valued at £9,000,000. Largest amount raised by any Europ. Population of like numbers, except *Mecklenburg* (186)

Report of H. M's Secretaries of Embassy and Legation respecting Coal. (Lond. 1867)

--- |

|81| Commercial Reports of H. M' Consuls.

1865–1866

Commerc. Reports on China, Japan et Siam.

Tien-tsin (June 13, '66) (Consul Mongan)
Cotton export more than double that of 1864 (in *1865*), obgleich prices more than double. (3)
Increase in *woollens, metals, needles* (3)

Shanghai (3 April '67 Mr. Winchester)

Increase of Imports u. Exports (66) (of more than £2,000,000) *Reaction of English crisis of 1866* (67) *Fall of banking establishments at Shanghai, 6 out 11 alone survive.* The fall *of these banks forced the sale of the teas, on which they advanced,* at rates showing large losses. This included all articles exported from England to China, and from China to England, except *silk.* (67) *Mercantile failures* nicht so large as after the conclusion of American war (l.c.) 8/11 of Chinese commerce passes through Shanghai (l.c.)
Silk paid the Foreign merchant, nicht den Chinese producer. Umgekehrt mit Thee (67)
Loss of Capital (67, 68)
Middlemen (compradores) (68)
Overtrading. Fall of Real Estates (69)

Australia u. Japan Coals versus Engl. Coals (100)
Tea Trade 1866 (103, 104) (105)
Silk Trade 1866 (105–6)
Cotton Trade ('66) 106.
Freights (varying of rates) (106)
Canton. (108, 109, 110) (111) (112) (113) (114)
Change in trade. Native Traders u. Middlemen bemächtigen sich desselben, ‖82| *auch des coast shipping* (112–114)
Tien-tsin Inequality of Value of Exports u. Imports (146)
Chai-t'ang Coal. Primitive way of working it. (147) (148)
Native Traders gain upperhand of English ones. Middlemen (148.) *History of this Change* (148, 149, 150) (157)
Hancow. Tea trade. Crisis in England. False Speculation (153, 154)
Amoy: Wo nankeens manufactured by the females of the native agriculturists u. *collected* in small quantities by *travelling brokers* who sell it to the *merchant* for exportation. Ditto silk goods of inferior description. (192)

Japan.

Kanagawa (April 3, 1867)
Overtrading (253–54)
Game of Chance dieß Trade (255) Ruin *among banks.* (255)

1866

August to December 1866 (Lond. 1867)

Coquimbo *(Province of Chile) (1865)*

Agriculture. Ratio of yield to seed. (p. 5) X

Algeria. (1865)

Slow Increase in French Population in France (30)

Arcachon Fishery

Arcachon 40 miles by rail to the eastward of Bordeaux (34)
Price of Fish. Cost abzuziehn (34, 35)
Oyster beds (35)|

|83| *Riga. (1865)*

X *Fatal Influence of Unfavorable Foreign Exchanges* (75)

Persia. (Province Gilan. 1865)

Position of Peasantry-Labour Landlords u. usurers (108, 109)

Poland. (1865)

Intensive against extensive Agriculture (131)
Manufactures, People employed, Produce (140)

Puerto Rico.

State of Society (146–151)
Sieh die Verordungen of Pezuela as to labourers (148–151)

Smyrna (1865)

Cotton Culture, Wucher. (159)

Frankfurt $^{a.}/_{M.}$ (1865)

Banks u. their Profits (183)
Bk. o. E., Bk. o. Prussia, Bk. of Frankfort. Rates of Discount. (184)
Rates of Exchange. *Rise principally durch purchase of $^{5}/_{20}$ U. St. Bonds.* (184)
Mining Cos u. their Dividends: Gvt Capital invested; only small part enjoy remunerative rate of interest. *Those Cos. which pay no dividends, took their rise mostly in bubble epoch of 1857,* and bought their claims to mines from *private hands at such enormous price*, that mournful result. (184, 185, 186)

Flax and Cotton Mill Cos:
Cotton spinning mills not very profitable; reduction of duty of 3 Th. (came in force *July 1, 1865*) Namentlich aber auch:
Vorräthe: German spinning mills, *from the deficiency of a cotton market in the neighbourhood* always obliged *to lay in their stock of raw cotton for 2 or 3 months in advance*, whereby, in case ‖84| of *fall in market prices*, such as took place during greater half of 1865, they had already experienced loss before cotton sent to mill. (186, 187)
Flax mills dagegen sehr favourable ('65) (187)
Average Agricultural Produce of Zollverein 1856–65 (p. 188) *Prices* (189)

Bussorah (Turkish Arabia) (1864–66)

Agriculture (273, 274)
Rate of Interest. Long Credit in Foreign Trade (p. 279)

1867.

N. 1 February. 1867.

Finland

English Industrials in Finland. (7)
Timber only important Export Trade (9)
Agricultural Schools (17, 18)

Balearic Islands (1865)

Soil (26.)

N. 2.

Iceland (1865–66)

Fish (29)
Fishing peasants (30)

Norway. (1866)

Herring Fishery (51 sqq)
X Telegraphy as means of combination for Fishery (56, 57)

———— |

|85| *N. 3. March 1867.*

Geneva. 1866.

Watch and Jewelly trade. Crisis of 1866. Number of watches. (88, 89)

————

N. 4. April 1867.

Netherlands. 27 Feb. 1867.

Monetary Crisis ('66) (97, 98)

————

N. 5. May 1867.

Brazil. Bahia. (1866)

Engl. crisis of '66. Reaction (181)

Adrianople.

Rose oil etc (1866) p. (252 sqq)

————

N. 6. June 1867.

Egypt (1866)

Agriculture. Change (undesirable one) in Folge dẹṛ cotton famine. Egypt became dadurch importer of food. Value of land quadrupled; rise of wages. Land impoverished, from the constant crops of cotton in succession. (299, 300)

N. 7 July 1867.

Petersburgh. 1866

Prices of Russian Produce as affected by Foreign Exchanges

Depreciation of paper money u. corresponding fall of exchanges to more than 20% from par somewhat favourable to shipment of Russ. produce. Curious phenomenon. (p. 459, 460) (462) (463)

Einfluß of means of communication on price (464)

|86| Reports of H. M's Secretaries of Embassy and Legation etc

1863.

Brazil (February 62)

Valley of Parahyba. Ausrottung v. Wäldern durch planters, in 20 years daṣ exhausted land abandoned. „*Capoeiras*“ heissen diẹ so abandoned districts (Kaffee!)

Coffee. The very life of Brazil now sustained by cultivation of coffee; based on slavelabour, which is yearly diminishing – the births not compensating for the deaths, such a state cannot continue indefinitely, to say nothing of the risk to the country by depending exclusively upon one product, already threatẹned m. disease. [(5)]

|| Geneve Watch Trade (Berne, June 1, 1862)

Overproduction u. trading since 1848 (incl.) Schädlicher Einfluß der Banks. Pawning Usurers (28–30)

Netherlands. (Hague, 27 June 1862)

| *Cotton Manufactures in part of Province of Overijssel,* bearing the name of *Twenthe. Furchtbare Ueberarbeit (Arbeitsstunden)* (38, 39)

Italy *(*Turin *Jan. 1, 1863)*

United States. (Febr. 20, 1863. Washington.)

|87| *1864.*

Switzerland (Berne June 29. 1863.)

France. End of first 6 months of 1863.

Norway. (Aug. 31, 1863)

Switzerland. (Berne, 28 Dec. 1863)

Silk Industry of Bâle. History of Ribbon Weaving (p. 130)
Bandmühlen. (130, 131, 132)
Number of ribbon looms, belonging to workmen or not (132) (133, 134)
| *New Looms yearly manufactured. The Waste of Old Looms is made up annually by about 100 new ones.* (134)
Value of ribbon manufactured et *Wages* etc (134)
Vorzüge der Basler vor den französischen Konkurrenten (135)
Agriculture. Einfluß of Railways upon Prices. (139, 140)

Austria. (10 May, 1864)

Vortheil of Protection u. Debased Currency to manufactures (p. 199)|

|88| Denmark *(Jan. 1, 1864)*

X *Assessment based on different qualities of soil.* (207, 208,)
Landed Property in Schleswig Holstein (208)
Export and Import. Protection of manufactures (209)

Belgium (26 March, 1864)

Population (261, 262)
Railways (p. 273–276)

Baden. (February, 1864)

Land (311) (314)
Population. (Fluctuations from Emigration) (311) *(Abnahme der Bevölkerung 1855, 1858)* l.c.
| *Increase of factories. Abnahme of artisans (Handwerker etc)* (312, 313)

Frankfurt a/M. (June 29, 1864)

Bankers u. People employed by them (335, 337)

1865

N. 9. June 1, 1865.

Switzerland. (Berne. March, 1865)

Penal Laws (165 sqq.)

Nassau. (March 1865)

Iron Trade. Influence of Crisis of 1859 (173, 174) (176, 177)
Vorrath v. Iron. Influence of Railway (176) x

Belgium. (9 April 1865)

Manufacture of Fire Arms (181, 182, 183) *Concentrated at Liège. Division of Labour. Home Labor* (185) *Amount of production* (185) *(verte)* | |89| *Division of Labour in Musket Making. Stocker u. setter up. Bad state of the Workmen. Factories etc Cheapness* (187–189)

N. 8. 1865.

Italy. (July 5. 1863)

Grain. Production per hectare. (3)
Cotton Production (3, 4)
Rice Production (4, 5, 6)

Russia. *(1865)*

Kürze der Agricultural Arbeitsseason in Folge des Clima. Hence Village manufactures (86, 87)
Vorrath (cotton) u. means of communication (87, 88) x
Russian Peasant (90, 97)
Conditions of Labourers in Village belonging to manufacturing district (97
Compared m. English Agricultural Labourers (97, 98)

Cotton from Bokhara (103) *Betrügereien* (103, 104) *Packing, Cleaning* (105) (106) *(Betrügereien)* (107)
Preis per Pood etc (106, 107)
Indian Cotton. Adulteration. Dirt. Ryot. Usurer etc (109, 110)
Transport of cotton on road from place of production to home market (110)
Caravans. Nomads. (117, 118)

N. 10. 1865.

Greece. (Athens 28 Nov. 1864) u. 65. (Jan.)

Sauzustand (218)
Grain, Cotton (221)|
|90| *Deficiency of Capital and Population* (222) (223,)
Communal Institutions (225)
Roads (226, 227)
Placeholders u. lawyers (229
Seven Islands (230)
Roads (232, 233)
Agriculture (233–238)
Exports. (Currants) (241

Register

Bauer u. Wucherer. (Persia) (p. 55)

France. Census. Progressive Population of Towns etc Classification of People. Exports u. Inports (55)

Cooperative Societies (p. 55)|

|91| *Prussia* (Minerals u. Coals) p. 55

Leinenmanufaktur Influence of Cotton Famine etc (55)

Banks: Gewinne v. Krise. (Prussian Bank) (56)

Spain.

Population u. Wealth: Spain. (56, 57) (58)

Transport u. Costs. (Spain.) Esparto Grass (57)|

|92| Abgekürztes Register zu Vorstehendem.

1) *Steigen des Preises u. ausgedehntrer Markt f. Product v. various Gebrauchsanwendung Henequen. (Mexico)* (63)

2) *Steigen im Preis v. Ores durch Export* (Mexico) (65)

3) *Waste u. Economy. Waste of Ores (Mexico)* (65) (78) *Waste of Sulphate of Soda. (Mexico)* (80) *Argentine Slaughterhouse* (no waste) (67) *River Plate Beef* (67) *Neglect of Water Power. Mexico.* (78)

4) *Transport u. Means of Communication. Want of u. effect. Greece (Roads, Agriculture)* (90) *Spain* (56) *Portugal* (63) *Cost of Transport of Silver Bars from Mexican mine to England* (66) *Esparto Grass Spain* (57) (60) *Mexico* (59) *Argentine Republic* (66) *Portugal* (69) *Corn. (67') Want of Transport. Austria (67)* (76) *Hungary* (wood, coal etc) (79) *Einfluß of means of communication on prices. Russia* (85) *Einfluß of railway auf Agr. u. Agricultural Prices. Switzerland* (87) *Teatrade. Cost of Transport Russia-China* (73–74)

5) *Deficiency of Population u. daher Wealth. Greece* (90) *Spain* (56) (77)

6) *Vorräthe. Nähe of Market. Means of transport. Schlesien. Cotton.* (55) *German Joint stock Mining mills* (83, 84) *Schweiz* (87) *Iron (Nassau)* (88) *Russia* (89) *Price of cotton at Liverpool u. Rate of Discount in Bavaria. Moneymarket.* (76)

7) *Wucher, Bauer, Landed Properties. Persian* (55, 82) *Portugal* (69) *India* (89) *Japan* (77) *Smyrna (cotton culture)* (83) *Bussorah* (84)

8) *Banks. Profits v. Panic. B. o. Prussia* (56) *Spain. Banks u. Cos. their Capital* (61) *Frankfurt a/M (1865)* (83) *Frankfurt a/M. Bankers u. People employed by them* (88) *Schädlicher Einfluß der Banks auf Arbeitslohn, Ueberproduktion. Switzerland (Uhrtrade)* (86) (since 1848)|

|93| 9) *Grain. Agriculture. Landed Property. Peasants. Soil. Balearic Islands. Soil* (84) *Agriculture. Assessment of Land nach Quality. Denmark* (80) *Maguey (Soil) Mexico* (62, 63) *Mexico Climate. Season. Maize. Mehrmalige Ernte* (58) *Brasilien. Bodenerschöpfung. Coffee, dangerous proportion* (86) *Grain Prices. 1854–60* (München) (59, 68) *Average Prices Prussia 1856–1866* (64) *Average Agricultural Produce of Zollverein. 1856–65 u. Prices* (84) *Würtemberg corntrade affected by Hungarian competition (Railway.) Prices 1833–64. Wages u. Rents steigen. Table of Prices* (59) (75) *Baden. Change of Agricultural system* (78) *Inalienable property (79)* X

Beetroot (59) *Its Overproduction in Zollverein (62) Prussia etc* (64) *Zollverein: Bad Harvest 1865* (64) *Statistics. Agricultural etc* (76) *Baden. Land* (88)

Sinking of Wells. Changed Aspect (Mexico) (65)

Egypt. Change in Agriculture (cotton) (85)

Sheepfarming. Argentine Republic (67)

Greece. Grain. Cotton. Currants. (89)

Poland. Intensive u. Extensive Agric. (83)

Rose Culture. Adrianople. (85)

Italy. State of Agriculture. Division of land. Mortgage (86) Grain. Rice. Cotton. (89)

Livestock used for food Spain u. other Europ. contries (57) (62) *Ditto: Comparative Proportion of livestock to land* (62)

Bavaria (59) (77) *Hop u. Engl. market* (78) *Steigen v. wheat durch demand v. France etc* (78)

Portugal. Majorates. Landlords u. Peasants. Rents in money u. Produce (69)

Norway: Common Property in Land. family industry. (87)

Netherlands. Agricultural statistics (59) *Turfstechen. Exhausted turbaries* (71, 73)

Coquimbo (Chile) Ratio of yield to seed (82)

Puerto Rico (83) *Iceland: Fishing Peasants* (84)

Russia. Kürze der agricultural season. Russian Peasant u. Engl. labourer (89 sq.)|

|94| 10) *Foreign Exchanges: Influence of: Riga* (83) *Russian Produce* (85) *Oestreich. Wechselmoratorium* (63) *Spain* (61) *German Investment in American Securities. Drain of silver* (62) (83)

11) *Crisis v. 1857 u. 1866. Nassau Iron Trade. Acte of 1859* (88) *German not paying mining Cos* (83) *Netherlands.* (85) *Bahia* (85) *Hirschberg* (55) *Geneva. Watch u. Jewelley Trade* (85) *Japan* (82) *China* (81)

12) *Austria: Food p. head. Prices. Verschlechterte Lage. Hausnoth Wien* (64, 75, 79) *Railways* (ib.) *Debased Currency. Protection u. Manufactures* (88)

13a) *Spain. Population. Eintheilung derselben.* (60) *Decline of manufactures.* (57, 58) *shipbuilding* (60) *Finances* (61) *Feiertage. debt* (61) *Cotton* (71)

13) *France. Census 1836–1861. Relative Zunahme der städtischen Bevölkerung (1846–61) Classification of People* (55) *Slow increase of Population* (82) *Arcachon Fishery* (l.c.) *Joint Stock Cos, their Law, Railways* (87)

14) *Turkey. Currency. Debt* (68)

15) *Abnahme der Population in Folge v. factories, Emigration. Baden* (88)

16) *Schweden: Wachsthum der Town Population m. Commerce. Abnahme in rate of increase der Population. State Railroads* (69, 70)
Norway. Telegraphes means of combination in Herring fish. (84)

17) *Belgium. Population. Railways* (88)
Liège. Production of Firearms. Theilung der Arbeit. Stocker u. Setter (of Muskets) Misère. Factories (89)

18) *Portugal: Fabrikation v. Portwein.* (69, 75)

19) *Italy: Silk production. Silkworm disease. Loss of manufactures v. steigenden Preisen. Vermehrung v. waste. etc* (64) *Staatsausgaben u. Deficit (1860–66)* (70) *Iron Production. Relative state of Railw. compared m. other states* (71)|

|95| 20) *Bavaria. Children's Labour.* (59) *Railways* (67, 68, 78)

21) *Netherlands. The Waterstaat* (71–73) *Schädliche Ueberarbeit in Overijssel (Cotton Manufactory)* (86)

21) *Prussia. Coal. Minerals.* (55) *Railways. Bank.* (76)

22) *Basel. History of Ribbon Trade* (87)

23) *Mexico. Angehnder Kapitalist als vorschiessender Kaufmann* (58) *Mines, Minerals.* (65, 66) *Sulphur Deposits* (67) *Soda u. Salt producing Districts* (80)

24) *U. States. Iron u. Steeltrade.* (60) *Speculative Imports v. England '66* (l.c.) *Fluctuations in Price of Bar Iron and Currency.* (62) *Agricultural etc. Development* (86) *Petroleum* (1863) (86) *Iron Trade in U. St., England, France* (60)

25) *Japan. Town of Osaka. Agriculture. Organisation of Townish Industry etc* (77)

X *Currency. Prellerei durch Yankees etc* (70, 71)

26) *Bokhara. Cotton. Betrügereien. Packing, Cleaning etc* (89) *Ditto India* (89) *Nomaden Bescheisser etc* (89)

27) *Kampf zwischen Engl. u. Chinese Swindler. Chinese Middlemen* (81, 82) *Engl. merchant u. Chinese producer. Silk u. Tea.* (81) *Variations in freight v. China* (81)

28) *Würtemberg. Working Hours. Associations. Wages Table. (1830–65) (p. 76)*

|96| Return. East India. (Bengal and Orissa Famine.) Ordered by the H. o. Commons to be Printed 31 May 1867.

I Part. (1867.)

First indicia of the Impending Crisis 25 Nov. '65. (*Chapman* (p. 2, 3, 4).

Law of Demand and Supply and *„humbly" „trusting"*. (*Chapm.* p. 3, n. 17, 21, 22, 23, 21) (Sieh ibid. p. 5, 6. *Retail prices of food, 25 Nov. '65*)

16 July 1866 Cranborne's Letter. (6) *Lawrence's Letter* (16 June. 1866) (p. 7)

„The Starving Poor of Orissa" (10 May, 1866 („Englishman" (Calcutta)

Cuttack District (p. 17) 46 (2) 47 (6) (9) (10)

Official Supplement to Calcutta Gazette of 3ᵈ August 1866. History 1865–66. (55) *Too great Export* (Zu viel *demand for jute, oil seeds etc,* hence *decrease of breadth of land under rice. Exports of grain by sea for the last 2 years upon unprecedented scale. (Exports by sea 1855–66)* (p. 55) *Unfavourable harvest of 1865* (l.c.) *Supply.* (l.c.)

Orissa u. parts of Midnapore, famine at time of this Report. (55) (56) *Ende May sudden rise in prices at Orissa* (56) *Government Action* (57) The *„market"* (57) *Rules of Political Economy* (58[, 59]) (61, 62) (67)

Cranbourne's Despatch v. 9 Oct. 1866. 61 (3, 5, 6, 7) *62* (8, 9) *63* (14)

Bailey. 8 August. 66 (87. u. *Fußnote*)

Flood 111 (n. 4)

Untersuchung. Govenor General (119) (123 (n. 2, 2)

137 (3) (Red tape)
The famine in Cuttack 137 (5) *138* (7, 8)
Minute by the Lieut. Governor (Bengal) 141 (6, 8) *142* (12) *143* (13, 14, 15) ‖97| *144* (16)
Polit. Econ. 159 (49) *(Cecil Beadon. Lieut. Govenor)*
12 Jan. '67. 171. (2) *172* (7)
Effects of Exportation of Grain. *174* (2, 3) *175* (4, 7, 5, 9, 10) *Circular Notice to all Zemindars.* (175) *176* (3) *177* (4, 5) x
Govenor General. 22 April 1867: Board of Revenue (*201*, 202, 203) (Auch gegen den *Lieut. Govenor*)

Report der Commissioners of Inquiry

North Western provinces u. Lower Provinces (211)
Natural Causes of the Famine 213 (17, 18)
Export (nach Asia u. Australia) of Grain. Culture of more remunerative Produce. Rise of Prices, nicht accompanied by Rise of Wages. 213 u. 214 (19)
Exports of Lower Provinces (1855–67) (214)
Harvest of 1865. 214 (20, 21, 22) 215, 216, 217 *(Geographische Lage v. Orissa)* 218, 219, 221. *(Exports of Rice from Orissa* (211) (222 (47) *222* (48, 49, 50) x
Famine and drought (223)
227 (67) (68) (Degree of Mortality) (69)
Peculiar Position of Orissa. Money worthless 228 (70, 71) *229.*
Famine in North-Western Provinces 1861 (230) x
Modern enterprise and means of communication in relieving countries insufficiently supplied, drain those in which grain is more abundant to an extent which probably *did not occur in the old days of native hoarding*. In Fact, in India, where famines have generally been present to the memories and traditions of the people, the *want* ‖98| *of means of communication was much counteracted by the disposition to hoard largely the grain for which little could be got in years of abundance*. An unhappy combination of circumstances which renders exportation in time of abundance large, but brings no importation in the time of want, produces such terrible calamity as has just occurred in Orissa. (230, 231) (*n.* 74) x
Mortality continued 231. *232* (80)
History of the Famine (233, 234, 235, 236) (246, 247, 254, 255, 256, 257, 258)

Report of Board of Revenue and Gvt. Reply (237) (238.) (239) (240) (241) (242)
Superstition in Prices (*243*, n. 121) (*244* n. 123, n. 124) (n. 125) (n. 126) *246*, 250 251, 252, 253 (No interference m. legitimate trade) 255
History of Famine Continued. Lieut. Govenor at Cuttack (260, 261, 262, 263, 264, 266, 267, 268, 270, 271 (n. 222) 272, 273, 274, 275, 276, 277, 278, 279, 281, 283, 286, 287, 288, 289, 290, 291, 292, 293, 294, 295, 303, 304, 306, 307, 315, 321, 322, 323, 324, 326, 327, 328)
There was no trade to be interfered with (331 n. 9)

Immediate Means to be taken (330, 331, 333, 335) Irrigation (336, 337, 338)

332) (Lowest u. higher Land (n. 10)
Exposition to famine. Irrigation (339, 340) *Different famines* (340, 341, 342, 343, 344, 345, 346, 347, 348, 349) *(Farming system) 350* (ditto) 351, 352, 353.
Export. bad for labourer 358. n. 59
The tendency of an increasing cultivation, and the denudation of natural forests and jungles, is to render the seasons more severe, and floods more rapid and extensive. (*353* n. 41) *Rice u. Water. Want of Irrigation* (353) (354) 355. 356. *Rainfall* 358, 359.|
⊗ |99| *Wie das moderne Gesellschaftssystem schwerer Hungersnöthen widersteht etc* (359)
What to do in famines etc (360, 361, 362, 363, 364, 365,)

Minute by the Lieut. Govenor (367)
Minute by Govenor General (385) (386) (387) (388) (389, 390)

II Part. 1867.

Deaths (5) *Cow eating* (l.c.)
Mahajuns. (Getreidewucher) Zins in Getreide. (6) (16) (32) (120) (202)
Red tape and Famine (11)
Revenue Board forbids Inquiry (um nicht Steuern nachlassen zu müssen) (17) *Lieut. Governor id.* (17)
Gvt. rice came too late. $^5/_8$ had died. (22)
Landlords u. Ryots (26, 27) (51) (73) (74) ⌈*ryots kann sich nicht auf Wasser abonniren aus Furcht, daß ihm Rents increased.*⌉ (81) (82) (Sieh N. 65) (202, 203) (204, 205)

Pahee Ryot land generally the worst; the *inferior land that the Thanees would not take. They had chosen the best land, before the others came in* (87)

State of things about Balasore (90) (93)

District of Midnapor (119) Noth dẹṛ nicht agricultural class in Gebirg u. jungles. Sterben alle. (119) *Indigo land* (120) (Highland, wo sonst nichts baubar)

Nuddea District. (197, 198)

Weavers (207)

Part III

Famine in Behar 13 (53, 55 *Opium*)|

|100| *Causes of Famine. Drain of old stock* (32, 33)

Pressure of high prices on labouring class (*33* n. 133) *34* (n. 135, 136)

Bhaolee system (xxxxx system) *35.* (138) (139)

Irrigation (39,) *Means of communication* (40)

Patna Division. High u. Low Lands (52) *(N. 5)*

Patna Division (147, 148)

Madras and Orissa Famine. 1867.

Hindoo verreckt. Conservirt seine cow. »The Hindoo peasant by hunger will perish beside a fat bullock.« Dieser superstition conservative of the community. Labouring cattle secures the power of cultivation etc *(44)* (n. 4)

Coolie 44 n. 5.

Weavers 45. n. 7.

Manure used as fuel 111. n. 12. 13.

Despatch of Northcote to Govenor General of India.

East India. Progress u. Condition. 1865–66 (India Office. April 1867) Ordered by H. o. C. to be printed 7 May, 1867.

Irrigation. fear of ryots to see rents, of Zemindars to see taxes increased (4)

Rental raised because of neighborhood of canal (4)

Talookdars of Oude and their Tenants (excluded sub-proprietors). Tenant-right recognized. (5) *Exproprietory class, tillers of the land once owned by themselves or their ancestors* (5)

Waste Lands (5, 6) *(Central Provinces)*

Revised Settlement in Madras. Gvt. Rent $^{1}/_{2}$ of Produce (6, 7)|

|101| *Settlement in Southern Maratta Collectors of Presidency Bombay* (7)

Preservation of Forest Land (8) *Exhaustion in Mysore* (41)

Fuel. Hill Tribes cutting the trees and burning the brushwood, throwing their seed on the land so cleared, and, after reaping the crop, passing on to another place (8)

Currency Notes (10) (11)

Cotton. Fall of Price m. first rumour of peace in America. Contraction of cultivation ($^{1}/_{2}$ of that of preceding year) (30, 31)

Population (36)

Mysore. Rise in dry crops. Owing to the extravagant rates which ruled the markets in the cotton-growing districts of Bellary and Dharwar, the ryots exported their grain which had been hoarded for years, and in many places there has in consequence been an absolute want of seed for sowing. (41)

| *Trade. Imports u. Exports. »The value of Brit. u. Irish Produce and manufactures exported to India was 19,957,342l in 1866, against 18,260,413l. in 1865 u. Amount of silver bullion sent from Engl.,* greater part of | which was destined for India, fell from 2,944,899*l.* in 1865 to 2,148,286*l.* in 1866. (48)
Statistical Abstract relating to Brit. India (nachzusehn) (49–52)

———|

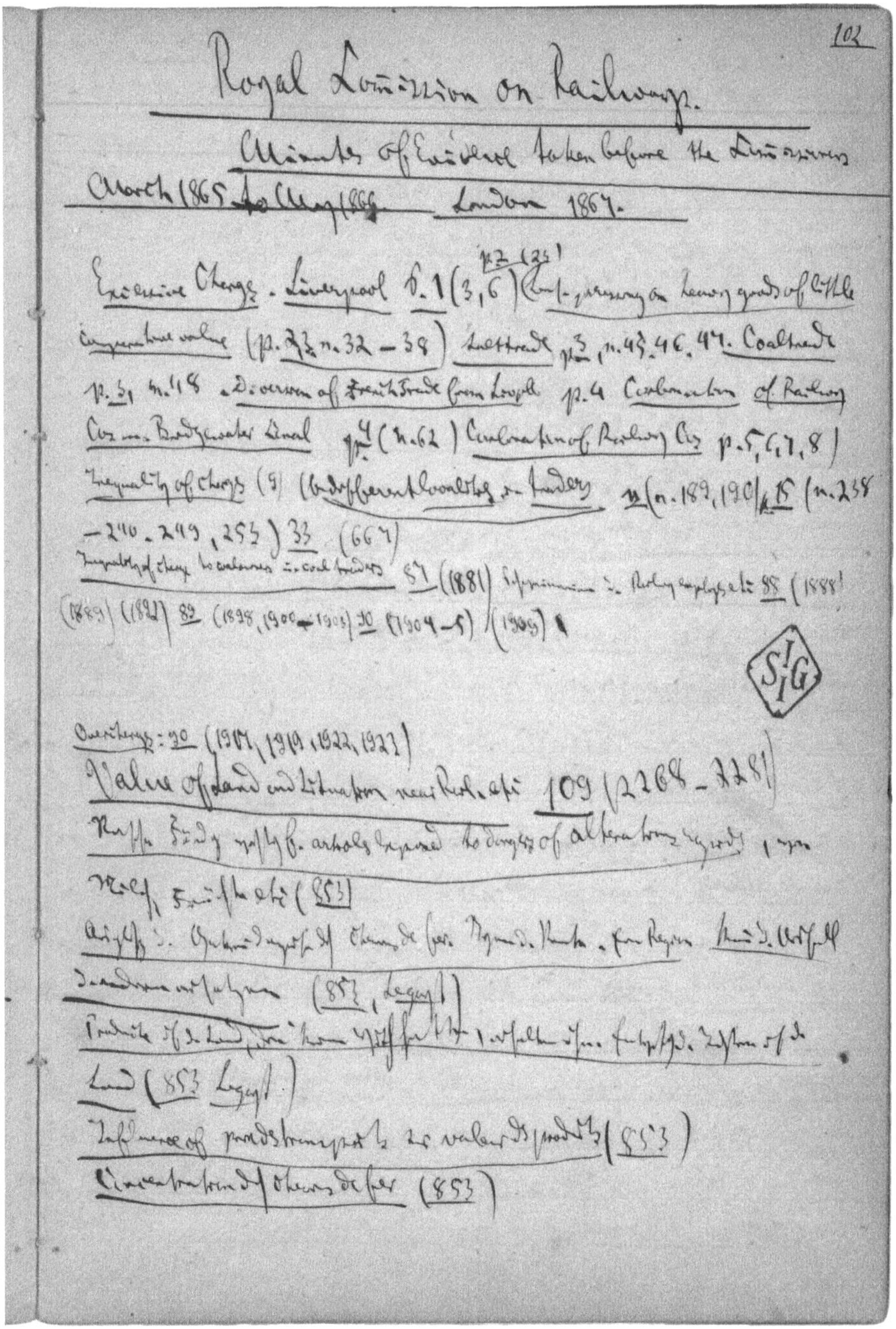

102

Royal Commission on Railways.

Minutes of Evidence taken before the Commissioners

March 1865 to May 1866. London 1867.

Excessive Charges. Liverpool p. 1 (3, 6) [illegible] p. 3 n. 32–38 [illegible] p. 4 [illegible]

Value of Land and Situation near Rail. etc. 109 (2268–2281)

[illegible]

Index zu: Royal Commission on Railways, 1867
Hefte zur Agrikultur. Heft 3. 1868. Seite 102

|102| Royal Commission on Railways. Minutes of Evidence taken before the Commissioners March 1865 to May 1866.

London 1867.

Excessive Charges. Liverpool S. 1 (3, 6) p. 2 (25) *(Bes. pressing on heavy goods of little comparative value* (p. *2, 3. n. 32–38*) *Salttrade* p. 3, n. 45, 46, 47. *Coaltrade p. 3*, n. 48. *Diversion of French Trade from Liverpool.* p. 4. *Combination of Railway Cos. m. Bridgewater Canal* p. 4 (n. 62) *Combination of Railway Cos* (p. 5, 6, 7, 8) *Inequality of charges* (9) *(f. different* localities *u.* traders *11* (n. 189, 190) p. *15* (n. 238–240, 249, 253) *33* (667)

Inequality of charge to coalowners u. coal traders 87 (1881) Schweinereien der Railway employers etc *88* (1888) (1889) (1892) *89* (1898, 1900–1903) *90* (1904–5) (1909)

Overcharges: 90 (1917, 1919, 1922, 1923)

Value of Land and Situation near Rail, etc 109 (2268–2281)

Rasche Förderung wichtig f. articles exposed to dangers of alterations rapides, wie Milch, Früchte etc *(853)*

Ausgleichung der Getreidepreise durch chemins de fer. Steigen der Rente. Eine Region kann den Ausfall der andern ersetzen (853, Legoyt)

Producte auf dem Land, die keinen Werth hatten, erhalten ihn. Entwicklung der Industrie auf dem Land (853, Legoyt)

Influence of prix des transports sur valeur des produits (853)

Concentration durch chemins de fer (853) |

|103| *Combination of Rails m. Canals* u. *Combination u. Competition of Railways. 12* (n. 203) *Monopoly* (12. 13) *17.* (306, 309, 310, 311, 313) *18* (317) (328, 329.) *20. Timber Trade* damaged durch high Rail. rates. (p. 23) (24) (25) *26* (n. 508–512) *27. 29.*

Railway and Canals 32 (645, 647, 649) *Their competition, has raised the charges, nichts werth. 32* (n. 654, 655, 660, 662, 665) *Law* impossible *36* (739, 742, 743) *37* (765) *38. 40.*

Railways u. Omnibuses 66 (1305, 1306, 1307, 1313, 1314, 1315, 1316, 1317) Ditto *Canals 67* (1331) *68* (1378, 1379)

Rise of charges by competition 92 (1950)

Rail. u. Steamboats 115 (2492–95)

Personal motives of directors 130. (2914–2915)

Division of Monopoly, nicht Competition 318 (7426–29) *319* (7439)

Railway u. Canal Traffick Act. 1854 Scotland 400 (9284–87) *401 428. 429. 430 431. 432, 434 Collectors of goods. 435* (10,083–84) (10,090) (10,092) *436* (10,109)

Railways bought off the great carriers by giving them the deliveries and cartages 435 (10,094)

Competition between Rails. Its peculiar character (520)

Want of competing lines reduces ways on Continent. Aber country loses enormous amount of railway accommodation. 678. (14,525–535 passim) Compare: limiting number of railways, diminishing number of trains, increases average loads u. daher diminishes cost. Continental Way. Diminishes Accommodation, dispatch etc *679.*

Competing railways. Divide the traffic. First lessening rates, then restoring old ones, often higher. Often passengers fares never lowered. Less intermediate accommodation. No free trade possible. 688. Their antagonism misfortune. Enhanced expense by want of cooperation between the rail. Cos: the running of useless, often duplicate trains. Fall of dividends. Crippling of necessary expenditure. Dear contractors' lines. (*689* bis *14,756*)

Competition has produced waste in the working of the traffic. (690)

Railways ought to be means of bringing markets into competition m. each other, statt making 2 railways compete for same market. (691) (14,796)|

|104| *Elements of Cost.*

Elements of Costs: Large u. small distances. p. 10 n. 175. *Some Expenditure of Locomotive Power,* not completely exhausted at end of distance. *10* n. 177.

Cost of line u. traffick können in umgekehrtem Verhältniß stehn. (*11*, n. 184)

Amount of Business done 22 (n. 408) *58* (1172) *82* (1806–7)

Passenger traffick wächst nicht so wie goods traffick after certain time (62) (1221

Roughly: »Working Expenses absorb half of the gross receipts upon a railway.« 83. (1839)

Unequal rate of mile necessary. 187 (4442–3)

Terminal charges. Die Irish Railways do not cart. Hence intermediate »forwarding agents«, nuisance to public. *83* (1820–25)

Price on coal 102 (2160) *183* (4338) (*3 farthings* p. ton a mile.)

Cost of Working Coal or Mineral Trains 111 (2307)

Broad and narrow gauge. Collieries. 516, 517.

Necessity to keep greater means, be prepared for maximum traffick, (waggons u. engines) than actually used 198–99 (4743) (4747–49)

Amount of Traffick u. Cost. 129 (n. 2883) *161* (3823–25) *183* (4333–34) (Jezt good trains nicht loaded to $^1/_4$ of their capacity, would be so m. lower rates)

Dead Weight. 159 (3771. 3773. 3776.) *160* (3777, 3779–81)

The longer the way at the cheaper rate the thing can be done 199 (4757–59)

In Ireland cost of maintaining permanent way less than in England 160 (3784) *Cost of watching less*, weil fewer trains, u. no running trains at night u. wages less. (3786–88)

Difference of trains

Cost of rail p. mile. Ireland. 161 (3804–8)

Different gauges increase cost. (break of gauge) 574 (12,530) *575.*

Period of renewal of rails and sleepers 162 (3828–29) *Wear and tear. Renewal. Permanent way* besteht aus 2 Elements, *Sleepers*, which decay, irrespective of wear and tear, or nearly so; in *rail* which decays according to the work done. *177* (4220–26)

Renewal of permanent way. 186 (4407) For permanent way $^5/_8$d or $^3/_4$d., $1^1/_4$d. f. engine power, $1^1/_4$d. for carriages and waggons. Zus. $3^1/_8$d. p. train mile. *687.* (4444–45)

Average life of a rail 25 years, of *sleepers* 20 years, dieß *differs m. heaviness of works done.* Rails of *one year's* life at Derby station. (4446)|

|105| *More Ware housing v. bad communication. Bread stuffs (Price) hence raised (Liverpool) 14* (n. 232–34) *Cost of Warehousing at Liverpool 2d. per qr (Corn) p. month, 9d. or 10d. a ton.* (*19*, n. 331)

Cartage 497 (11,462) *Corntrade* (11,466) *498.*

Saving of Ware house room durch öftres Calling der Railway Agents. Pottery Districts. 662 (14,284)

Economy of cartage from superior organization der Rail. Cos. verglichen mit den individual producers. 668.

Terminal Charges. Sidings. Loading, unloading. 718 Breweries (Burton) 752. 753 (15,772–74) *767.*

Saving of capital (Umschlag, Vorschuß) *Verbindung v. Parcel Post m. Postal Telegraphy (Switzerland).* In England, in wholesale dealing by the aid of the telegraph 1/5 of the capital is now in some instances being made to suffice. In *retailtrade* (London) saving of ware housing. *844* (17,253) *Low telegraph charges nöthig* (844)

Cost of retail distribution 25–30% zu hoch. 845 (17,258)

Durch rasche Beförderung: suppression de l'intérêt que le produit devait rapporter au fabriquant dans l'intervalle v. expédition u. arrivée; primes d'assurances geendet etc *853 (Legoyt)* |

|106| *Railway: building Docks, joining steam shipping etc to their Business* p. *15* (n. 255) 256, 257 (favour their own port) *37* (n. 754) *41, 42–45 (Hartlepool Port) Steamboats Running (47, 48) 50* (n. 1022) (1026) (1039) (1040)

494.

Canal Carriers (664)

War of Ports on part of railways. 764.

Telegraph. Amount of Traffic. Accidents 833 (17,091)

Signalmen overworked 833. |

|107| *Resumé v. Klagen gegen Railways u. a. Impose taxation on grain of at least 50% upon the Corn Duties.* (*17;* 301) *Keeping back of goods durch railw.* (21)

Addition by high charges to price of goods. 26 (515, 520, 521, 522) *Charges on Wire.* (30)

Glass. (very high ‚rates' *because of breakages*, aber letztere nicht gezahlt, wenn sie stattfinden *31* (n. 630) *Chikanen* (31 *Division of goods*) *Do not revise charges m. change of values* (*34*, n. 673) *35.* (How railways, after competition, pay 2 dividends instead of one) *Copper manufactures 36* (722) *Classification of goods 392* (9072, 9075–77, 9080–83 (*liability* to damage, speed at which particular goods expected to be carried) *393* (9085 *(risk)*, 9087)

Directors interested as Coalowners against other Coalowners 418 (9620 *waggons*) *419* (9636–41) (9649) *420* (9658–59) *421* (9690, 9693, 9697–98) *426* (9863) *427* (9875–78) (*9880*–81) *648.* (*649. Waggons* et. *650. 651. 652.* (14,050, 14,053–4)

Difference of Charges: Darauf antwortet *S. Clarke*, General Manager der *Great Northern Railway:* »We make no extra charge for delivering this gentleman's goods, although he lives at the top of the hill, as compared with the man of the bottom … *we have to generalize things*, and not to select any one man, and charge him any particular rate. *576.*

Classification of goods. Articles of bulk u. little weight. Coke lighter than coal, but more valuable etc *579.* (12,619–23)

Verzögerung in Befördrung. Coals to vessel 737 (15,653–60)

Preferential rates. 739, 740. 783. 807 (16,684–85)

Nothwendig inequality of mileage rates 807 (16,672–74) (16,676) (16,678)

Disadvantages of present Railway Legislation (845) Cost u. time of transit listed für location of manufactures (845) (17,264) |

|108| *Charge of Transport: Willkührliche Klassifikation der Railways. 37.* (761)

Grounds for classification: Value, Convenience of moving of article, Density of it, Liability to damage, Bulk. (37 (n. 762–64) *Einfluß auf corn-trade 38*, (775)

Coal 61 (1203) *Unloading. London* (mechanically) *62* (1214)

Reloading the transits. (65 (1272)

Wharves and no wharves at Railways. Difference. 92 (1945)

Coal and Turf. One ton of turf occupies the space of 6 tons of coal. Pressure desselben (turf) to make it more easily portable, tender. Hence could not compete m. coal. *98* (2086–89)

Differential rate umgekehrt zur Distance 99 (2111–14)

Sulphur, 104. (2191) (2192)

Small narrow gauge lines u. tramways as feeders f. trunk lines 106 (2227) (2232) (2233) (2236)

Cost of Breakage (Erdeware. V. England nach Ireland) *103* (2190)

Sufferings of cattle in England u. Ireland (driven etc) *107* (affects value of meat, loss of flesh 2239) (Peat to be used in cattle waggons) (leaving the urine u. droppings of the cattle) *Cattle boats* (2239–41)

Schaden from overcharge to Limerick Trade 114 (2411–14) (2416) (2423) (2427) (2436) (2438) *115* (2457, 2458) (2465–73)

1d. p. ton coal Irish rail. 155 (3640–41) (Dutch Rhenish rail. charges 1/2d)

Difference of effect of transport charge upon flax in the straw and dressed flax 199 (4761) (flax can scarcely be carried by railway in the straw, *the bulk being so great in proportion to its value*)

Effect of bad year and Emigration on railway traffick. 328 (7642–44)

Charges upon salt 471 (10,934–36) (10,953–57)

Earthenware and porcelain (485, 486, 489, 490)

Silk (572)

Delicacy of handling, packing, earthenware etc *665* (14,317) |

|109| *Preussen Railways. Low Rates create Income etc* [*54* (1098)]
Mulvany (*52–55*) *(Pr. Railway) Reduction of Rate upon Coal* (52–54) *65* (1266) (1272) *Dividends 55* (1104–7) Deutsche haben geringes share capital, grosses Prioritäts capital, aber annuity at moderate rate of interest and sinking fund. *55* (1108) (1111. 1113: *Redemption fund made up of the annual earnings. Distinguish that in their report.* 1115.) *87* (1870)
Passengers fares lower than in Ireland, about 1/2. *55* (1116, 1117) *1862* in whole of Pruss. system of railw. *income from passengers* u. *their luggage* 30%, v. *goods u. cattle* 63% *other sources* 7%. *Revenue from Passengers: First Class* 19/10%, *Second class* 17%, *Third Class* 49%, *Fourth Class* 32% (1118) *Reduction ausser coal in matters essential for production of iron* (1119)
Pruss. u. Irish charges 56 (1124–1127) *Terminal Charges 56, 1132* sqq. *57* (1143, 1144–47) *Quickers* 35 miles an hour (1149)
Competition prohibited in Prussia. Cost much lower. (57. (1151–56) *58* (1158) (1159)
Large Dividends. Priority Capital 58 (1162–64) (1170)
Agricultural Produce 61 (1195)
Pr. Coalfields better than Belgian 61 (n. 1206) Price of (Westphalian) *coal at pit's mouth u. Paris* (»Our average price at the pit's mouth has been down to 5s. 7d. for all classes of coal, but that class would come to 7–8s. a ton, screened coal, and the railway freight would be about 12s. 6d. p. ton«) 66 (1284)
Köln Minden Railway Financing 85 (1847) *Cheap working. 1861:* 39,75% die working expenses. *95* (2038–9)|
|110| *Irish Railways 59* (1178 sq) *60* (1190 *no great industry without* coal, z.B. no Woollen noch in Irland. *Ores in Ireland,* useless ohne coal.) *Hoher rate on dung* etc *60* (1192–1195)
Dublin No Connection zw. ship u. rail. *61* (1207 sq.)
Irish u. Prussian travelling of labourers 62 (1225) *63* (1231) (1232) *Amalgamation* (1234)
Irish Railway 71 (1458, 1459) *72* (1460–65) (1470–72) *(1477) 73* (Coal) (1506, 1507) Lower rates wanted (1515, 1528, 1530–32) *74* (1536–1543) *Cattle 74* (1563–1567) (1573) *Potatoes.* In the county of Galway f.i. Potatoes *sold at 3d. p. stone* within *10 miles from a railway station,* at *Dublin 7d. p. stone. 76* (1636–38)
The Railway Interest in Ireland. 79 (1707–9) (1817) *Water power in Galway 80* (1754)
Railways necessary in Ireland f. Industry 81 (1781) *Die directors, fees, patronage, won't be dethroned 83* (1835–36)

Mining Industry. Sulphur (vale of Avoca) charge upon 91 (1933) *Charge upon iron.* 50% *91* (1935) (8s. p. ton of iron ore, wovon 4 f. transport charges) (72% der charge upon *„smalls“* schlechtere Sorte of iron ore werth an board 6s. p. ton, charges 4s. 3d. per ton) *Copper 91* (1936) *Zinc 92* (1944–5) *Smelting 97* (2074–79)

Iron Ores. Wo nicht sufficient coal, so smelting operations. Depends on railw. facilities to smelt them elsewhere 94 (2011)

Cabbage 95 (2041)

Too high charges. Increase of Rail. diminishing from decreasing population 95 (2024)

In Irland 1/2 of the Agricultural Labourers receive no money wages, but are paid in kind; i.e. they get a piece of conacre land or receive the grass of a sheep and matters of that kind as wages; they scarcely ever have any money. Receive nur money for eggs, butter and things of that kind that are taken by the carts going along the road. Cheap rail. rates then wanted for passengers u. small parcels. *(95)* cf. *95* (2024 first part) *Herring fishery* influence durch high passengers' fares. *98* (2093)

Coaltrade in Irland since 1825 97 (2084) *Turbaries.* Gradually decreasing. Reclaimed, used as grassland, more valuable than to cut it down to the marl. *98* (2085)

Store cattle. Schaden from making it walk to place of destination. *98* (2101–6)

Schädlicher Influence of high rates on scutching mills (flax) 99 (2121, 2122)

Schädlich Influence on Irish Agriculture. 100 (2128–2133)

Irish Agricultural Produce u. Rail. 100 (2140)

Coal u. Peat. Great Cost of Peat in using it as fuel, wegen seines burning so fast. Zu leicht [*101* (2142–2144)] *(Verte p. 112)*|

|111| *Advantages (resp. Disadvantages) of Railways.*

New traffick springing up by the Railways 84 (1847) *85* (1847) *102* (2165–6) *134* (3053–57)

Coal. Low Tariffs. Fuel. Wood. Manufacturing Industry Beispiel Deutschland 86 (1863–66)

Sand (f. glass manufacture) *104* (2202)

Milk u. Railw. U. States. 107 (2244–2249)

Verbindung v. railway m. steam boat 166 (3949–50) *167* (3959–60) (3962) (3970) *cartage destroyed in Ireland by rail. 175* (4187)

Development of Trade. 639

Goods rate of increase u. Passengers' Traffick. Comparative rate of increase (Midland Railway) Latter 49% against nearly 300% in minerals u. nearly *200% in goods.* (pretty nearly all over the Kingdom) Mineral traffic nur there so largely increased where there is a coalfield. *641* (13,794–97)

Gain to value of land from Construction of railways. Difficult to determine the effects. Less in country district which had good roads than bad one. *More in flat than mountainous districts. (p. 683)* (*cf.* Proportion of increase of value l.c. 14,632–43)

Cases in which building ground has been damaged. Others where land converted into 4 × its value by enabling it to be laid out as villa property. Frequently in London suburbs. (684 (n. 14,644) *The further off the line in purely agricultural district, the less the benefit.* (14,645) *726* (15,380–82) *793. 800. 840* (17,200) *854–55.*

Chemin de fer u. Agriculture. Legoyt. 852, 853.

Gvt Patronage u. Director Patronage. (856–57) |

|112| *Ireland.*

Coal and Peat

Perils to fuel (want of turf in wet season) *289* (6893) *173* (4137–41) *128* (2855) *134* (3034) *(Cheapness of turf) 166* (3927–32) *173* (4117–21) (4133–34) *101* (2141–45) *Beste Art to get peat l.c.* (2145) *Percent of water in peat* (l.c.)

Anwendbarkeit v. turf fuel 104 (2197–98) *124* (2752, 2754) *174* (4151–55)

Burning of surface of bog 101. (2145a.)

Water Power in Ireland. 101 (2146, 2147) (Schranken der Anwendung der Wasserkraft) *166* (3935–36)

Coal (101 (2147–50). To avoid unnecessary handling of it, arrangements to slide it at once from rails into carts) *Preis at Dublin* wechselt m. Wind f. die Schiffarth *102* (2151–2156) (2162–64)

X *Influence of cheap coal* upon *bricks 103* (2186) *Coal* basis of *manufacture 103* (2188) (power as the means of giving movement, *coal* as the means of *transmuting* matter by change of temperature). *Manufactures* in which much *fuel* consumed in relation to the *product*, cannot succeed in Ireland. F.i. *1 ton of made glass requires 8 tons of coals.* Ebenso mit *copper smelting works. 1 ton of copper requires about 15 tons of coals. 1 ton of iron* about *5 tons of coals. 103* (2189) *Drain and roofing tiles,*

Hydraulic lime, Artificial Cements, Antrim Chalk, Pottery and earthenware, Porcelain clay, fall der coal at lower price nöthig. 103 (2190) *Marbles etc* 105 (2202)

Sand. Lime f. Agriculture 105 (n. 2203–2205) *Sandstone flags 105* (2205–6) (2208, 2209) *Slates* (2213) (2214) *Green serpentine 106* (2223) X

Large and narrow gauge. tramways 105 (2214–17)

Stupid Policy dẹr Directors 108 (2252, 2255, 2256) *3. u. 4. Class Passengers* fares Doppelte, was auf dẹm Continent. *109* (2282)

Limerick Chikanen dẹr rail. 120 (2656) Passengers zu Fuß u. cattle *121* (2685) (2688) *122* (2690, 2692, 2696; *Macht dẹr directors* 2705 u. Schweine *123* (2716–21)

Transport *Cost of Turf: 123* (2741–50) *124* (2764–67)

Cars beating (durch wohlfeilen Preis) Rail. 125 (2789–92)

Cattle breeders. Dann graziers who fatten them etc *Reduction of quantity of cattle in the country* u. those cattle driven along the roads. *126* (2810–13) (2818) (*General decrease* etc l.c.)

Corn und charge 128 (2856) *132* (2977–78) X

Passenger Traffick. Employment seeking. *128* (2859–60)

Cattle 132 (2977) *134* (3030, 3051–2) *153* (3589–91)|

|113| *Gvt. Railway Appropriation* and *Gvt Control. 110* (2290, 2292, 2293, 2296, 2298) *111* (2300, 2302) *119* (2630) (2336) *125* (2793) *128* (2872) *132* (2980, 2985–87. 2989. 2995. 2999–3000) *133* (3002, 3004, 3008–10) *209* (5011, 5012–13)

Former Law, Act of 1844, in England for buying Rails by State 311 (7335–40) *(Monopoly. Gladstone. Peel)* (7341) *State of Engḷ. Rail. in 1844. Capital invested 311* (7342–46) *Railway Reform 312 (7349) 316* (7400–7401) *317* (7416) *318* (7435) *319* (7440)

Professional directors 317 (7420) *Directors paid in money or patronage 812* (16,785)

Gvt. Control necessary gegen arbitrary charges, monopolies, combinations, partiality in charges etc. *(646)*

Bad system of Gvt. proprietor of rail. u. leases them out to Cos. 680, 681.

Nothwendigkeit of Gvt. Control. They are now our masters statt our servants. 753 (15,758)

Publication of charges of Cos, Rail. u. Steamboats etc 788, 789.

Contracts to be made … lessees 813 (16,794)

Profits of French Ministers by Rail. 839.

Profits not to be test of value of road or railway to Public. 840. (Bridges etc)

Income should merely pay expense 841 (17,215) *Manchester Gas* (l.c.)

Competition for u. in the field etc *(842) Commercial mind stupid (843)*

Gvt. Management better than Commercial one 846 (17,280) *Insurance officers etc 847* (17,292–93) (17,295)

French procedure in Rail. 850, 852 U. States (ditto) |

|114| *Amalgamation. 110* (2297) *For reducing cost. 162* (3831–2) *163* (Irish) (3856–7)

430 directors in Ireland all paid (6747–8) (6751)

514.

More Amalgamation wanted 692 (14,814–16) *693* (14,819). *724* (15,337–345) *755*

Advantage of competition. 762. Of amalgamation. 763.

Poor railways (dangerous to Public: do not keep up their lines in sufficient good condition. Inspection (of State) Poverty. Uniform code of regulations. System of Signals. (765, 785) Danger from diversity of signals. Accidents. 766 Amalgamation of Irish Rail. 769 (16,015) *770. 771.*

Saving from amalgamation 786 (16,317–324)

Krieg of railways. 810 (16,748) (16,754) (16,757) (16,764) (16,772) (16,773)

Saving from Unity of Management 846 (17,270) *848 849*

Fehler of present amalgamation 846 (17,282) (17,284)

Cost of Retail. Distribution 4 lb loaf (852)

Time Wasted in the labour verification (853) (854)

Competition for u. in the field 855, 856. |

|115| *Management of Railways. Its debts* etc *Director's xxxxxx Ireland p. 176* (4212)

Great Northern u. Western Rail. Co. of Ireland, 131, 132 (2963–76) (Low credit of Irish Securities in Engl. moneymarket)

X *Irish. Rails. No dividends etc 162* (3842–45) (3849–50) *271* (6562–63)

One Rate as much as possible. 176 (4217) *Great Eastern System* (l.c.) *(Unity of Administration)*

Irish Rails Dividends etc *179* (4248) *198* (4718–19) *365* (8488)

Too great nominal cost (i.e. Capital account) too little real at same time 204 (4929) Contractor macht die Sache schlecht. *bad timbers 205* (4932–4936) (Auf contractors line sleepers, *ibid.;* die nur 3 or 4 years in use)

Factitious competition 232 (5543) (lawyers) (5544–45)

Speculation in getting up Irish railw. 273 (*6628*–33) (Contractors. Financing in London) *436* (10,113)

Engl. Railw. Passenger Traffick u. Goods (f. 1865) *314* (7376–77)

Contractors' lines. Payment in shares. 326 (7610–11)

Expense in litigation 492 (11,389)
Reasonable Dividends 555 (12,292)
Rail. Administration and Division of it 577 (12,558)
New Lines durch Promoters (engineers, solicitors u. contractors etc) *722* (15,313) (15,314) *723* (15,320) *Promoted in order to force existing cos. to buy them off* (15,322–23)
Competition increasing fares (rates) 723 (15,327) *(sachwidrige Einsparung nothwendiger expenses, renewals etc)*
Debentures etc. *(802–807* (16,676)|

|116| *Difference of Cost. Engl. u. Continent 851, 852*

Continental Railways. Continental u. Engl. Railways 775, 776, 777

Belgium

(Speed.) 135 (3063–4)
Income $6\,^{8}/_{10}\%$ upon Capital expended. *135* (3065–66) 7% on *State Rail. Belg. 135* (3067–74)
Cos. Rail. Belg. 135 (3075–3089) *Charges on State Rail. on heavy articles below cost of carriage 135* (3080–82) *Tariff Published etc 135* (3083–85) *136* (3086–92)
State Railw. (Belg.) pay better than those of the Cos 136 (3095–96) (3102–3)
Belg. Reduction of rates v. 1856–64. 136 (3110–15)
Rates on coal. In England, on eastern railways, $^{3}/_{8}$d. per ton per mile; in Belgium 2 centimes and even $1\,^{1}/_{2}$ centimes per ton per kilometre. *(136* (3117–19)
Through Rate Belgium. Prussia 136 (3128–32)
In winter railw. take the place of all other means of communication. Water frozen 137 (3137)
Belg. Passengers luggage 137 (3140)
Belg. Parcels. 137 (3146–49) (3152–54)
Belg. Letters 137 (3157–3158)
Belg. Railw. Cos. (conceded) u. State Rail. 137, 138 (3163–67)
Belg. Selection of Employés. p. 138 (3169–70, 3173–4) *Belg. Gvt. buying private rail.* (3177–81)
France. State u. concessionary Railw. gegen andre. 187 (4424)
Belg. cheapest in Europe 314 (7374–75) *362* (8480–31) (8434) (8437–40) (8445, 8448–49) (8457)

Luggage charge, more strict on continent. Rail., bes. French 589 (12,873–4)
Working expenses on continent [for] Rail. less: Few trains, less wear and tear, lower speed. 592
Time more valuable in England. we are willing to pay for despatch. No waiting until number of passengers accumulated. *(678* (14,524–525)
France. First Class travellers worse off than in England. Second and 3^d^ class travellers at lower rate, u. more frequent trains, bes. 3^d^ class. Luggage dearer in France (*685* (14,664–69. 14,676) *n.* 14,674.) *686, 687.* |

|117| *Irish Fisheries u. Railw.*

Fish resources. 138 (3185) *Decrease of fishery Population 139 (3199) simultaneously m. extension of railw. (138, 139* (3187–3191) (*Zu bemerken*, daß *m. extension* of railways die Kerls ihre eignen Fische nicht mehr essen, sondern die *men in Dublin, London, Liverpool, Birmingham, Manchester* (l.c.) *Falling off of Irish demand for fish zugleich m. raising of its price 139* (3192) *Fish in Dublin sehr theuer. 139* (3192–4) *143* (3315–16) *144* (3340–41) (3346)
The rates rail. depress the fish trade 139 (3195 *hawker gets the profit, not the fisherman*) *(3200)*
Ireland. Market formerly greater, now more profitable. Decrease in home demand auch v. diminution of people 139 (3197–9)
Rise in the price of fish 139 (3203–3216) *Fisherman has not the profit of it 139* (3216–18) *140 (3221–22)* (Intermediate agents get the full benefit) (3223, 3226 (Rail. Charges), 3227, 3228) *The intermediate men. 140* (3231–3232) (3237–40) (3246) (3248–50) (3255–59) (3269–70) (3273–74) (3275) (3281)
$^1/_5$d. p. fish (the railway charge) *macht grossen Unterschied im Fischhandel. 140* (3233–35)
Rails. u. sailing smacks. 142 (3294–96)
V. Dublin fish sent to England. Dublin badly supplied 142 (3307, 8)
Rails u. Fish trade. Advantage given by rails to large dealers. Reports of Commissioners 143 (3308–10) Profits *of middleman* (3313) |

|118| *Irish Railways.*

Chairman u. multifarious director of Irish Rail. 145 (3363–66)

Contractors' Railways 150 (3497–99) *160* (3794–3800) (*Millions of money thrown away,* because money got by the contractor under discount) *193* (4590)

Cattle. Nur geringe Zahl of the whole travels by rail. 155 (3651–52) *156* (3658–62) (travelling of cows) *Store cattle* (3676–78) *Breeding. fattning. Driving.* (3680–81) (3683–84) *157* (3705) *3/4 of pigs sent by rail* (3714–15) (can't walk)

Vortheil of rail statt driving 158 (3730–35.) *Loss of beast by travelling 158* (3740–42)

Cattle taken away f. England. 161 (3812) Farmers must sell cattle to pay rents, when corn crops low. (3814)

Large gauge. Unsinn m. small trade. Vergrösserte Kosten davon 159 (3764–65)

Travelling. Londonderry. Agricultural Labourers. Low Rates 241 (5817–20)

Stationary character of Irish Rail. Traffick 160 (3792)

Money to Irish dear, time nothing. To make them travel by rail, rates must be low. 161 (3820)

Cattle from Ireland are cattle which are brought over to England to be fattened (178)

Decay of flour mills in Ireland. 191 (4547) *195* (4648–49, 4651)

Falling off of passengers' traffick from diminished population 194 (4621, 4624)

Bad Harvest diminishing passengers, increasing goods (eingeführtes corn) (ausgeführtes cattle traffick) 200 (4790–4)

Much Rail. Passengers in Belfast district 201 (4815–18).

Emigration, zugleich increase Rail. Traffic 201 (4835–42) *202* (4844–45)

Linenmanufacture Ulster (*Change. Caputgehn der kleinen Weber* etc) *202* (4852–55)

Flax u. Scutch mills (4856–61)

F. 3^d class passengers Ireland so theuer wie vor railw. 203 (4899)

Dead meat trade wanting in Ireland. 216 (5144)

Heavier taxes upon Irish rails than Engl. 235 (5612–13)

Flax u. Rain. 265 (6443–46)

Too high rates for agricultural produce 278 (6737) (6740)

Too high charges 769 (16,030) |

|119| *Coal.*

ton of coal = 7 or 8 tons *of wood in heat that it gives out 178* (4245)
High Price of Coal (London) 315 (7382–88)
High charges absorb all profit on some sort of coals 427 (9882–89)
Siding into mines etc *435* (10,078–80) *543, 544* (*Storage Selling at the Railway* Depots. *Profits of System of Northeastern to Public etc 545* (No intermediate agents) *546 (who allowed to sell at the depots.) (They direct the whole coaltrade) favouritism 547, 548, 549, 551, 552, 573, 574* (12,506, 12,513)
Midland district. Development of coal, passengers, good traffick (1850–65) *574* (12,522)
Carriage and delivery of coal in London. Price raised by the coaldealers. Formerly Railways acted themselves as dealers. Charges of collected 580, 590 (bis *12,658* incl.) *(12,665)* (*12,667* »the coal merchant's profit is altogether a new element of charge to the public.«)
Extensive Sidings. Depôt. Waggons having moveable bottoms drop the coal into the bays etc 581 (12,659–60) (12,671–72)
Charge of $^{3}/_{8}$*d. (to London) p. ton per mile* due to competition between seaborne u. railway borne coal. *583* (12,729)
Cost at pit mouth u. f. consumer. middlemen (coalmerchant) 643 (13,853–57)
Uniform mileage unjust to more distant collieries. Would shut them out from shipping port 712 (15,131–37)
Even at lowering rate certain products must be carried 712 (15,138 (Iron districts)) *713*
Indirect profits (713) (15,140–41) (15,146) (15,149)
It is not railway rates that enhance price of London coal. 825 (16,943)
Coal Trains 828 (16,986) *829.* |
|120| *Influence of low or high rates. 186* (4392)
Passenger Traffick Engl. u. Ireland 254 (6187) *255* (6189)
Low fares der Atlantic Steam Boats f. Irish Emigrants. 288 (6865)
Average Fares. Continental Country u. U. Kingd. 312 (7351
Low fares for short time by competition 313 (7362) *314* (7372)
High rates augment *costs 320* (7458)
Wool. Charge on it. Liverpool and London 504
Terminal charges. (timber. silk) 552 (12,218–20) *Clearing House. Was eingeschlossen in Terminal Charges 553* (Sieh bes. 12,242–43)
Nature of Terminal charges. Railway originally constructed as a highway upon which any man might put his own vehicles and engines etc. Now all the Rail. Cos. carriers, have to find premises where to deposit

goods, buildings, incidental charges. *578* (12,592) *623* (13,487) *Great Western. Cost of stations u. sidings* etc (13,495–6) *717* (15,238) *734–35. 736*

Midland Co. Increase of Coal mining u. traffick … lower rate (1850–65) *640* (13,790)

Importance of 3^d class passengers (workmen) too high 671

Nur geringe quantity of traffic bears high rate of carriage. Coarser descriptions of merchandise, cattle u. mineral traffic, offer only field of great development u. 3^d u. 2^d class passengers. 691 (14,796)

Rate more reducable on passengers u. goods than coal. Leztre more economically worked. Loss … empty trains avoided (696. (14,880–81)

Lowering of rates. 813 (16,808) *In case of Burton brewers pocketed by the large brewers, advanced their prices 823.*

Passenger u. mineral traffic (826) Bricks. Manure 830 |

|121| *Country, Town, Population.*

Das Engl. Country decreasing in population, railway traffick increasing 187 (4439)

Comparison population u. Travelling. England, Scotland, Ireland 365 (8483)

Passenger trains. No full loads. 554 (12,267) *Agricultural District. Increase of good traffick. Manures* etc. *Passenger traffic very slow increase. 555* (12,271–73) (12,277–79)

Stagnation of agricultural traffic. Only certain product. Und agricultural people are essentially a non travelling people. *640* (13,792)

Charge for manure. 641 (13,798–13,802)

Low rates increase traffick in manufacturing, nicht in agricultural districts 689 (14,760) *691* (14,799. *Buckinghamshire*).

Was wanted nicht mehr through communication. Aber cheap lines of railway between points through the country. Still in its infancy. Single lines alone will pay in agricultural districts. 695 (14,864–66)

Reduction in Agricultural districts no good 716 (15,210) *Cattle etc trade* (15,220) *717* (15,221. Agricultural produce finds by rails much more extensive Market 15,222, 15,226–27.

Influence of Wages upon Railway Income 716 (15,214–217)

Agriculture and tramways or horse railways 837, 838. (Chadwick) |

|122| *Elements of Cost.*

Life of sleepers. 188 (4447–8)

Working Expenses of all (Engl.) railw. Rolling Stocks (half of which is for *engines*); *its total value represented by the gross annual income.* Proper Performance of every engine at 20,000 miles p.a. *Average earnings* about *5s. p. train mile*, therefore the *earnings of* the engine ought to be 5000*l.* a year. *Average Expenses* about *2s. 6d.* (in some cases a little more, in some a little less); *1s.* for *maintenance of engines, rolling stock, and waggons; 6d. for maintenance of permanent way; 9d. for coaching expenses, guards, station masters, porters, and goods depôts*, u. *3d. for miscellaneous charges*, including Gvt. duty, rates, and taxes, and compensation for accidents. If you take the Board of Trade Return, and take the halfyearly statements, you find with very slight variations these results. [*188* (n. 4449)]

Greater Wear u. Tear of the waggons v. heavier material, wie sulphur ore. 235 (5622. 5627.)

No connection of cost of railw. u. fares 311 (7341) *330* (7677)

Average Cost of conveying a train per mile 312 (7353)

Of carrying a passenger (*312.* 7353–4)

Cost of Waggon. Repair etc 477 (11,084–90)

London and North Western Cost. (Income) 506. 507

Mileagerates 510 541 (12,029)

Rate and Costs 540. 541 542 (12,054–55)

Good Engines consume more fuel than passenger engines. Frequent stoppages form an item of wear and tear (542 (12,057–59)

Improvements in engines or motive power slight. The rise of coke in the last 12 months would neutralize all the improvements in engines for last 10 years (555 (12,289)

Economy of cost

Sparen v. Cost. What is a full load? Für new engine (newly xxxxx) *45 waggons; they hold $7^1/_2$* tons, and they weigh $4^1/_2$ tons; we carry 40 times 12 tons m. one engine. Der Engine wiegt 33–35 tons, not including the tender. Advantages davon. Power of locomotive increased about 30% [*583* (12,724–12,728)] (Verte) |

|123| *Elements of Cost (contin.)*

This improved locomotive especially due to the necessity of having the line more readily cleared. Constant aim of the locomotive engineer to decrease *the price of his train per mile*, viz. *the expense at which he can carry a train for a mile*, whether by *the improved combustion of coal in the engines*, or whether *by any increase in the size of the cylinders or the fire-box*, or the *perfection of working* the locomotive. (*584.* n. 12,730–32) *General cost of engine (p. mile) about 11 1/2d.* (12,733–34)

Coal Engine not above the average. Travels much more slowly than passenger engine. *Wear and tear of slow going engine less than that of fast passenger train.* (12,736–7) *The Improved Engines draw about 30% more trucks.* Engines run a day never more than 200 miles. We do not get nearly so much as *that out of the short branches*, 6 or 7 miles long. (12,738–39)

Saving by using coal instead of coke. 12 to 15%. Coal almost exclusively used in coal and goods trains. *584* (12,740–44)

Cost of locomotive. 835 (17,133–134)

F. die coal, wo charge 3/8d. p. ton p. mile. Cost of Engine, cost of repair and maintenance of the line, renewals chargeable to revenue from time to time; *more wear and tear on a* railway carrying a heavy train of coal than in case of passenger train; cost of return tracks etc *584* (12,745–48) (12,752) *Long trains* (12,753)

Bad Economy (reducing the expenses below what they ought to be in order to pay better dividends. 586.

Idle Waggons. 624.

Increased difficulty u. cost v. increased length of trains 643 (13,840–43) (13,845)

Cost of long and short trains. Some expenses remain the same. 643 (13,847–52)

Waggons. Renewals. 652 (14,045–49)

Difficulty of North Staffordshire system, consequent upon physical formation of the country. Very short length of lines. 654 (14,107–115) *659* (14,198) *Average Cost of Locomotive Power p. mile 654.* (14,116)

Economy of cost. North Staffordshire Rail. u. Canal Co finds the whole of the waggons for mineral traffick. Dadurch 25% less waggon power used than formerly 658 (14,176–184) (14,187)|

|124| *Elements of Cost.*

Speed of Express trains. Stoppages. (685 (14,669, 14,671–73)

Rate might be reduced by reducing working expenses. Of the total Working expenses, 49% of the gross receipts, *27%* under 3 heads, viz. 9% *permanent way, 14 1/2% locomotive power, 3 1/2%* maintenance of coaches u. waggons. Unnecessary running of trains bears upon the working expenses through those 3 items. Running of duplicate and empty rolling stock, damit auch useless wearing of the way. Goods trains oft m. 1/4 od. 1/2 ton a waggon capable of carrying 4 or 5 tons. This their average capacity. Are only 1/3 full on average. The development of all descriptions of traffic in full waggons u. full carriages u. full train loads at moderate speed – *Economy davon where practicable is enormous.* Requires *much more cooperation statt violent competition of Cos. 691* (14,786–792)

Cost of conveying empty carriages nearly as great as that of full carriages. 693 (14,833–35)

Working expenses wachsen m. development of railways 695 (14,877) *(compared to receipts) Wuchsen m. competition.* Once 37 to 38% on *North-western. 1850* 37%. Then rise to 47%, then 51%, consequent on *Competition* between Manchester u. London. Jezt 46 or 47%. *696* (14,877) Reduction of 10% by harmonious working. (14,879) *total receipts of U. Kingd. Rail.* 34 Mill. £. 10% on the gross = 3,400,000*l.* a year. (14,884)

Cost of Railway Mail Service. 697

Tendency of working expenses to increase items. 721 (15,288–89) *Returns may increase in same ratio.* (ib.) *Competing lines. Spending 2 capitals to do the work of 1. 721* (15,301–303)

Rate of interest at which Rails. borrow money increasing from year to year, adds to cost. 724 (15,336)

Compensation larger for rich than poor 778

Larger distances to carry cheaper than shorter 808 (16,691–2)

Wear, Tear, Renewal 831, 832. steel rails 833.

Large cost of land for Rail. beyond its value. 836. |

|125| *Elements of Cost.*

(Dieß *das exakteste v. 857* an über expense)
857 (17,310 etc 17319) (17,320) (17,321–23)
7.65d. locomotive account, davon: *Fuel* 1.71d. *wages of enginemen u. firemen* 1.49d. *wages of cleaners, cokemen* etc .43d. *oil, tallow u. sundry running stores* .28d; *wages u. materials for repairs u. renewals of engines u. tenders* 3.24d.; *water* (including pumping engines) .18d. *Salaries of superintendents, clerks* etc .16d., *gas, rates, buildings, fire charges .13d.* Zusammen. 7.65d. *(858* (17,324)
Renewal of Engine. Engine u. Enginemen (their pay) Guards (their pay). 858 (17,327–17,348)
Locomotive expenses. (Goods u. Passengers) 859 (17,354–55)
Other expenses (859)
Steel u. Iron rails. Difference of lasting (860–61
Long trains. diminution of cost (862) Andernfalls light train wohlfeiler (870)
Cost of fuel bedeutend item f. rail. (869)
Difference in *the cost of working trains. 871* (17,634)
[While the *railway is new*, or the *rolling stock is new, the actual outlay in maintaining them* does not represent the amount of expense to be incurred when *stock u. line arrive at average conditions.* Then again, character of permanent way or of engines, may effect their expenses. *Ditto gradients, curves, u. loads* causes of *difference. While there are certain elements of expense which are constant, whatever the amount of traffic may be*, there are others *which vary in proportion to amount of duty done.* [*871* (17,634)]]|

|126| *Elements of Cost*

Items of Expense (871, 872, 873, 874, 875,)
Short u. long *line (878)*
Cost of Engine (including repair) *(879)*
Cost of Engine increasing 880. (*Renewing, Repairing,* etc l.c.)
Working time of Engine. Time it has to spend in workshop etc *more economical to buy new engines than run the engines too much 881, 882* (17,823, 17,824) Replaced (engines) in 10 or 12 years. Our Workshops *replace* the old ones. *New ones are bought (882)* (17,825–831)

Steel tires statt iron tires etc *882* (17,832–842) (17,850)
Average life of an iron crank. 882 (17,843–845)
Speed adds to cost 883 (17,855) (17,874–76)
Expensive Engl. Workmen less used every day. The production of the workshops of England is being increased by the use of improved tools, and these tools are again worked by a low class of labour etc *883.* (17,862–863)
Cost of carriages 883 (17,867–870)
Cost of Coal Trucks 883 (17,873)
Economy in coal trains by using tender etc 884 (17,879–85)
Force of momentum 884 (17,888–89)

———— |

|[127]| [Bibliographische Notiz]

W. T. Comber (1808?): „An *Inquiry into the State of National Subsistence as connected with the Progress of Wealth and Population.*“

[Zeitungsausschnitte]

Population in America.—It has been calculated that were the whole Union peopled as densely as Massachusetts, it would have a population of 619,000,000, a number far outstripping the teeming multitudes of China, and constituting it the greatest empire of ancient or modern times. This computation supposes an average of 173 persons to the square mile, a proportion very largely exceeded in many countries of the Old World. The State of New York shows an average of ninety-four persons to the square mile. It was lately estimated that our population in the year 1900 would amount to 100,000,000, an increase which would give an average of twenty-eight persons to each square mile in the Union. The Philadelphia *North American* quotes these figures to support the statement that Pennsylvania can and will sustain with ease a population of 30,000,000. Her vast mineral resources are still in the infancy of their development, and yet they at present yield sixty per cent. of all the iron made in the United States. In addition to this the Keystone State yields a steadily increasing annual total of 17,000,000 tons of coal.—*New York Times.* Nov. 7. 1869

Reynolds, 13 March, 1870:

Corruption in the Commons.—Lord Romilly related the following story the other evening in the Lords:—"Shortly after he had the honour of a seat on the bench, an eminent railway company having got into a dispute, he had to take the accounts in the Court of Chancery, when he found the item for 10,000*l.* for secret service money paid to members of parliament. Of course, he disallowed the item, but he was assured that the expenditure had been necessary. Now, the scandal occasioned by the discussion of such a question in court was a serious evil, and steps ought to be taken to treat these functions as purely judicial. He trusted the Government would seriously consider this question of private legislation, with a view to making that really judicial and comparatively inexpensive which was now very costly and unsatisfactory." |

|128| Cobbet. Political Register

Cobbet. Polit. Regist. 1806. vol. X.

d'Abord: *Modern Agriculture* p. 279.
Die s. g. Ric. Renttheorie: 405 sqq. (*Modern Agric.* Siehe: 407, 8) x
Modern Agric. p. 925 sqq. (929) (931) (932) (934)

ib. vol. XI (1807)

Land Monopoly, Ireland. (241) „*Threshers*" (243, 244) *Rents* (245, 246) (247)

ib. vol. XII p. 339–41.

Manufactures source of pauperism u. slavery. (358 l.c.)

vol. XIII.

downsides once cultivated, now uncultivated. (p. 811) (p. 710)
Grosse breweries (Concentration) (p. 812)
One 3[d] part of the *enclosed* land produces annually nothing, or not half enough to pay the expences of rent, taxes and tillage. (367)
Quantity of barley used in the distilleries of England and Scotland does not exceed 300,000 qrs annually, the average annual produce of (nur) about 70,000 acres of land. (645)

Amount of the farmer's *poor-rates* keeps in exact proportion to the price of corn. (675) *(See das Weitere ib.)* Wie die niedrigen Kornpreise vortheilhaft für farmer selbst. (677)

(*Importation of wheat* etc p. 498 sqq. bes. p. 501, 502)

Norfolk verwandelt aus Roggen- in Weizenland. (708)

high price of corn. (714) bad pastures. (722) (723)

Arthur Young (728+) *clergy.* (851) (852) (855)

America. Cornexporting country. (745) (746)

Breakfast of a people. (747)

Zunahme in Production u. Import of Corn. (850)

Colonial system. (860) (861)

Tythe in Ireland (124) (125) (126) *(Kartoffeltythes l.c.)* (127) (128) 129, 130, 307, 308. 309. 310. tythe farmer. (l.c.) 311.

---

vol. XIV

Labour (time of) and Value. (131) Gegen die *Physiokraten* (131, 132) (133)

Rent nur profit on stock for money or property invested in land etc. (133) p. 504 sqq.

Sources of Irish Misery. Rent. 207. 208. 209. 210. 211. 212. 213.

Manufacture and agriculture (214)

Proposed measures for Ireland (457, 458)

Importation of Provisions (498 sq.

vol. XVI

High Price of Corn. 1799. 1800. 1809 (673 sq. |

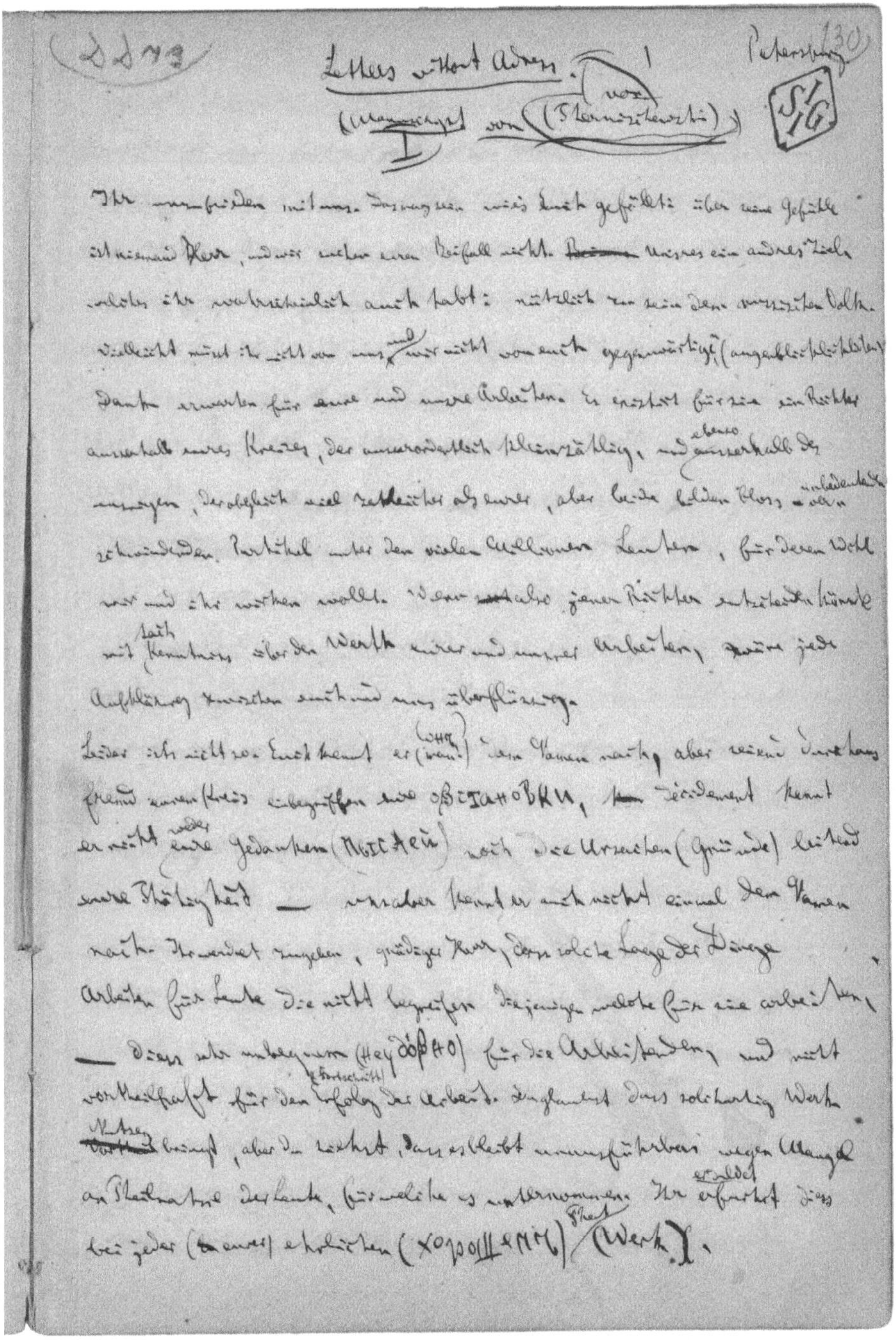

Aus Nikolaj Gavrilovič Černyševskij: Pis'ma bez adresa
Hefte zur Agrikultur. Heft 3. 1868. Seite 130

|130| Letters without Address. (Manuscript von Thernischewski)

Petersburg.

I)

Ihr unzufrieden mit uns. Das mag sein wie's euch gefällt: über seine Gefühle ist niemand Herr, und wir suchen euren Beifall nicht. Unsres ein andres Ziel, welches ihr wahrscheinlich auch habt: nützlich zu sein dem russischen Volk. Vielleicht müsst ihr nicht von uns und wir nicht von euch gegenwärtigen (augenblicklichen) Dank erwarten für eure und unsre Arbeiten. Es existirt für sie ein Richter ausserhalb eures Kreises, der ausserordentlich kleinzählig, und ebenso ausserhalb des unsrigen, der obgleich viel zahlreicher als eurer, aber beide bilden bloss verschwindenden\unbedeutenden Partikel unter den vielen Millionen Leuten, für deren Wohl wir und ihr wirken wollt. Wenn also jener Richter entscheiden könnte mit Sachkenntniss über den Werth eurer und unsrer Arbeiten, wäre jede Aufklärung zwischen euch und uns überflüssig.

Leider ist's nicht so. Euch kennt er (man?)\(онъ) dem Namen nach, aber seiend durchaus fremd eurem Kreis einbegriffen eure обстановки, décidement kennt er nicht weder eure Gedanken (мыслей) noch die Ursachen (Gründe) leitend eure Thätigkeit – uns aber kennt er auch nicht einmal dem Namen nach. Ihr werdet zugeben, gnädiger Herr, dass solche Lage der Dinge Arbeiten für Leute die nicht begreifen diejenigen welche für sie arbeiten, – diess sehr unbequem (неудобно) für die Arbeitenden, und nicht vortheilhaft für den Erfolg\(Fortschritt) der Arbeit. Du glaubst dass solchartig Werk Nutzen bringt, aber du siehst, dass es bleibt unausführbar wegen Mangel an Theilnahme der Leute, für welche es unternommen. Ihr erfuhrt\erduldet diess bei jeder (eurer) ehrlichen (хорошемъ) That (Werk). |

|131| Das haben auch wir sehr oft erduldet. Das kränkt und am Ende ärgert. Man wird mistrauisch und gereizt. Du hast nicht den Muth zu erklären Deinen Fehlschlag durch dessen wirklichen Grund – durch den Mangel der Gemeinsamkeit in den Begriffen zwischen euch und den Leuten für welche ihr arbeitet – zu gestehn dieser Grund wäre zu hart, weil er wegnähme alle Hoffnung auf Erfolg jeder solcher Art Thätigkeit welche ihr verfolgt – ihr wollt nicht gestehen diesen wirklichen Grund und bemüht euch zu finden für den Erfolg kleine Erklärungen in unwichtigen zufälligen Umständen. So schiebt ihr die Schuld eures Nichterfolgs auf uns; einige von den unsren beschuldigen euch wegen ihres Nichterfolgs; wie schön wäre es wenn diese einige von uns oder wenn ihr recht hättet in der Erklärung des Nichterfolgs. Die Aufgabe würde dann sehr leicht gelöst durch Entfernung des äusserlichen Widerstands gegen den Erfolg der Sache. Aber das Betrübte ist dass keine Thätigkeit unsrerseits gegen euch oder eurerseits gegen uns zu irgend was Nützlichem führen kann. Apathisch bleibt das Volk. Welches Resultat denn könnte bringen eure Sorgen oder unsre Anstrengungen für das allgemeine Beste, sei es nun, dass ihr oder wir allein auf dem Feld der Thätigkeit blieben?

Ihr sagt dem Volk: wir müssen dahin gehn; wir sagen ihm, wir müssen dorthin gehn. Aber im Volk schlafen fast alle; aber die wenigen, die ausgeschlafen haben, antworten: seit lange schon ergingen Appelle an das Volk, dass es so oder anders leben sollte, und oft versuchte es zu folgen den Appellen, aber Nutzen davon war keiner. Sie riefen das Volk auf Moskau von den Polen zu befreien – das Volk kam zu befreien, und es verharrte zu sein in einer Lage, schlimmer als es vorher war ||132| und unter den Polen sein konnte. Dann sagten sie ihm: befreie Kleinrussland, es befreite es, aber weder ihm noch Kleinrussland selbst ging es desswegen besser. Sie sagten ihm: Erobere dir ein Band mit Europa –, es besiegte die Schweden, und eroberte sich zusammen mit den baltischen Häfen nur die Rekrutirung und die Bestätigung des Leibeignenrechts. Dann riefen sie es aufs neue auf, es besiegte oft die Türken, überfiel (ergriff) Littauen, zerstörte (verheerte) Polen, und wiederum erwarb sich so keinen Vortheil. Sie setzten es in Bewegung gegen Napoleon: es brach das Privilegium seiner Herrschaft in Europa, aber blieb selbst ganz in der alten Lage. Solchen Vortheil erwarb es sich auch von den Appellen, die später kamen. Wesswegen ihm sich hinreissen lassen jetzt durch irgend welche neue Aufrufe? Es erwartet sich davon keinen andren Vortheil als von den frühren.

Sind schuldig wegen dieses Nichtglaubens (Misstrauens) des Volks ihr oder wir, Leute von heutzutag? Die gegenwärtige Stimmung\Ordnung der Volksgedanken wurde gegründet durch den langen Gang der Schicksale, die älter sind als wir und ihr. Lasst uns versuchen zu begreifen diess. Die Wahrheit ist gleich bitter für euch und für uns. Das Volk glaubt nicht, dass aus irgend welchen Sorgen für es hervorgehe irgend etwas wirklich Vortheilhaftes. Wir alle die uns lostrennen vom Volk unter welchem Namen auch immer – sei es nun im Namen der Regierung\Staatsmacht, im Namen dieses oder jenes privilegirten Standes – wir alle die nur bei uns voraussetzen (annehmen) besondre Interessen, verschieden von den Gegenständen des Volkswunsches –, Interessen diplomatischer oder kriegerischer Macht, ‖133| oder Interessen der Anordnung der inneren Angelegenheiten, oder Interessen unsres persönlichen Reichthums, oder Interessen der Aufklärung, – wir alle fühlen schmerzlich welche Lösung herfliesst aus jener Stimmung des Volksgeists. Wenn Leute zu dem Gedanken kommen: „von keinem andren kann ich Vortheil erwarten für meine Sache“, ziehen sie unfehlbar und rasch – den Schluss\Folgerung, dass es ihnen selbst nöthig zu übernehmen die Führung ihrer Sache. Alle Personen und gesellschaftlichen Schichten abgesondert vom Volk, zittern vor dieser erwarteten Lösung. Nicht nur ihr allein, sondern auch wir wünschten sie (jene Lösung) zu vermeiden, nämlich (wisst) (вѣдь) unter uns auch ist verbreitet der Gedanke, dass unsre Interessen von ihr leiden, und zwar das von unsren Interessen, welches wir lieben aufzustellen als den einzigen Gegenstand unsrer Bestrebungen\Wünsche (желаний), desswegen weil es durchaus rein und eigennutzlos – das Interesse der Aufklärung (Civilisation) (просвѣщенія.) Wir denken: das Volk ist unwissend, voll von groben Vorurtheilen, und von blindem Hass gegen alle die sich lossagen von seinen barbarischen Gewohnheiten. Es macht keinen Unterschied zwischen den Leuten, die deutsche Kleidung tragen; mit ihnen allen wird es auf dieselbe Art verfahren; es schont weder unsre Wissenschaften, unsre Poesie, unsere Künste; es wird unsre ganze Civilisation zerstören. Desswegen legen wir auch gegen die erwarteten Wagnisse des Volks auf es jegliche Tutel und nehmen auf uns selbst die Anordnung seiner Sache. Uns macht so blind die Angst für uns und unsre Interessen, dass wir selbst nicht beurtheilen wollen, welcher Gang der Begebenheiten ehrenvoller wäre für das Volk ‖134| selbst, und wir sind bereit zur Anwendung der uns fürchterlichen\erschreckenden Lösung alles zu vergessen!, sowohl unsre Liebe für die Freiheit als unsre Liebe zum Volk.

Unter den Einfluss dieses Gefühls wende ich mich an euch mit der Auseinanderlegung meiner Gedanken über die Mittel, wodurch es möglich abzuwenden die Lösung, gleichgefährlich für euch und für uns.

Diess thuend, begreife ich was ich thue.

Ich verrathe das Volk.

Ich verrathe es desswegen, weil geleitet durch die persönlichen Gefahren für alles höher Geschäzt durch mich, als durch das Volk, – für die Civilisation –, ich denke bereits nicht mehr daran ob nützlich für das Volk die Sorge für Lösung der Verwicklungen der Lage der russischen Nation durch eure oder unsre Anstrengungen, oder ob im Gegentheil das Volk nicht gewänne durch eine von uns unabhängige Beschäftigung mit den nationalen Angelegenheiten mehr als von der Fortsetzung unserer Bemühungen um selbe. In diesem Fall, für meinen Nutzen unterdrücke ich in mir die Ueberzeugung, dass keine fremden Sorgen den Leuten solchen Nutzen bringen als selbstständiges Handeln für ihre eigne Sache. Ja, ich verrathe meine Ueberzeugung und mein Volk; das ist gemein. Aber wir waren gezwungen bereits so viele Gemeinheiten zu begehn, dass eine mehr\(überflüssige) nichts für uns bedeutet.

Aber ich fühle voraus, dass diese eine durchaus überflüssig sein wird, dass unerreichbar bleibt das erbärmliche Ziel, für das ich das Volk verrathe. |

|135| Keiner hat es in seinen Kräften zu ändern den Gang des Geschicks\(der Ereignisse). Die einen mögen es wollen, aber sie haben die Mittel nicht; bei den andern sind die Mittel, aber, es mag sein, nicht der Wille (желанie).

Warum mache ich mich denn zum Verräther des Volks wenn ich selbst weiss, dass ich weder euch noch ihm helfe\mir (себѣ)? Wäre es nicht besser das Schweigen zu verlängern? Ja, es wäre besser, aber die verächtliche Schreiberei-Gewohnheit in die Macht des Wortes zu glauben, verwirrt mich.

Ich bin nicht im Stand mich zu halten auf dem Standpunkt der Weltklugheit womit ich sehr klar sehe, dass alle Aufklärung\Beleuchtung vergebens; kaum erhebe ich mich zu ihr, so fälscht\(déroute) mir den Verstand (сбить съ толку) unser ungewohnter Schreiber\Schriftsteller-Gedanke: „Ah! wenn es möglich wäre die Sache aufzuklären! sie würde sich abmachen\einrichten lassen!“ Desswegen schwieg ich auch mehr als 2 Jahre seitdem ich keine Möglichkeit hatte die Luft mit Worten zu schlagen, und wie ihr seht beginne ich von neuem diese leere vergebliche Arbeit von der ersten Minute, wo es mir schien, dass es mir möglich sie zu erneuern.

Warum schien es mir so? In jedem Journal, in jeder Zeitung, auf den ersten Blick, überall fand ich Zeichen dessen, dass gefühlt wurde Bedürfniss für unsre Aufklärungen. Es ist sehr wahrscheinlich, dass jene Zeichen trügerisch. Aber der Drang zu streben nach guten (tüchtigen) Resultaten vermittelst Aufklärungen ist so stark in Schriftstellern, dass ich dadurch hingerissen ward.

Dieses Hingerissen werden ist unentschuldbar nach so vielen Erfahrungen. Aber ich wurde ermuthigt zu verdecken vor den eignen ||136| Augen den traurigen Zeitvertreib, stützend mich auf Thatsachen, welche in der That der Art dass selbst Sie in der That Aufklärungen wünschen möchten. Hier einige davon: die ehmaligen leibeignen Bauern, genannt jezt für Termin-Gebundne, empfangen nicht den reglementsmässigen Unterricht; die vorschriftsmässige Verlängerung der schuldigen Arbeit erwies sich unmöglich: die vorgeschriebnen freiwilligen Uebereinkünfte zwischen den Grundherrn und den auf ihren Gütern lebenden auf Termin Gebundnen Bauern erwies sich unmöglich. Seiend gestellt in diese ausgangslose Lage dieser unausführbaren unterstellten Lösung, murren die Dienstpflichtigen und stellen Forderungen, worüber sie nicht zu sprechen wagten nicht länger als ein Jahr zuvor: im Reich erschien und verstärkte sich allgemeine Geldlosigkeit; der Kurs fällt, was gleichbedeutend einer Erhöhung im Werth des klingenden Geldes verglichen mit dem Papiergeld, oder, was dasselbe, dem Fall im Werth des Papierrubels; allein diese Facta des inneren Lebens des russischen Volks genügen bereits, und ich habe nicht nöthig zu berühren weder manche andre bedeutungsvolle Fakta desselben, noch andre *ebenso* sichre Erscheinungen, betreffend die Verhältnisse des russischen Volks zum Leben andrer Völker, eingehend jetzt in das составъ (composition) unsres einzigen Zwecks.

Empfangen sie die Versicherung in die Aufrichtigkeit der Gefühle die mich bestimmen einzugehn in diese Aufklärung Ihres unterthänigen Dieners etc. |

|137| II.)

(Für diesen Brief gebe ich nur Auszug.)

Schuld an all dem, nach „Eurem“ und „unsrem“ Kreis die Bauernfrage.

Die Beschäftigung mit der Bauernfrage Russland aufgezwungen durch den letzten Krieg (gegen Türkei etc.)

»Unter dem Volk ging das Gerücht, der Kaiser der Franzosen habe die Vernichtung des Leibeigenschaft-Rechts verlangt und habe der Unterzeichnung des Friedens nur dann beigestimmt, als in den Vertrag die geheime Klausel eingeführt ward, festzusetzen, dass den leibeignen Bauern die Freiheit gegeben werde. ... Die ganze Volksmasse glaubte diess. ... Unter dieser Form drückte das Volk aus dass »der Krimkrieg die

Befreiung der Bauern nothwendig gemacht«. ... »Die Leibeigenschaft war in der That nur eine fragmentarische Anwendung\ein Stück der Principien, worauf die ganze frühere\alte Ordnung fundirt (construirt) war, aber den innern Zusammenhang dieses besondren fact's mit den allgemeinen Principien begriff die Mehrheit unsrer Gesellschaft damals noch nicht. Desswegen wurden die allgemeinen Principien der alten Ordnung in Ruhe gelassen und die ganze reformirende Kraft der Gesellschaft kehrte sich wider die augenfälligste ihrer äussern Anwendungen (противъ самаго осязательнаго изъ его внѣшнихь примѣненій.).

»Die gesetzliche Substanz des Leibeignenrechts ... war übereinstimmend der ganzen Ordnung нашего устройства; desshalb könnte sie an und für sich selbst nicht die Kraft haben sie zu verändern. Aber unterdess schlug die Gesellschaft vor das Leibeigenschaftsrecht aufzuheben (отмѣнить) durch die Kraft der alten Ordnung (силою стараго порядка).« ... »Die Ursache, welche den Anstoss gab, war nicht stark genug um die russische Gesellschaft klar sehn zu machen über die Grundlagen ihres Lebens. ... Der Krimkrieg gab Russland in der That keine gar schweren Schläge. ... Erhielten auch in uns Achtung für die alte Ordnung (russische ‖138| Armee etc in der Krim, die Angriffe in der Ostsee gaben nur Anlass zum Spott etc ...) Sie wurde erschüttert (schwankte) aber fiel nicht. ...«

»Solches war der Tiefe-grad der Impression die uns antrieb uns mit Reformen zu beschäftigen. Sie war klein, oberflächlich. ... Die Franzosen-Engländer rissen uns ein Loch ins Kleid und wir dachten zum ersten Mal\zunächst, dass es nur nöthig es zu flicken, aber sobald wir anfingen zu stopfen, merkten wir die Hinfälligkeit (Verkommenheit) des Stoffs an allen Plätzen die wir zufällig berührten ... und es zeigte sich dass die ganze Gesellschaft von Fuss zu Kopf sich neu kleiden muss; mit dem Verbessern geht's nicht ...«

»Gleich im Anfang der Bewegung ging das Gerücht über Bewegung des Adels die jetzt sich wirklich äussert.« Erschien damals lächerliche bavardage.

Beim Beginn der Bauernfrage:

auf der einen Seite aktiv betheiligt die Staatsregierung; die Gutsbesitzer, die aus Geldinteressen die Sache in die Länge ziehen wollen; die Leibeignen selbst; die Aufgeklärten die für Vernichtung der Leibeigenschaft.

Andrerseits grosser Theil der Gesellschaft – Kaufleute, Handwerker, Regierungsbauern, unbegüterte Beamte, Pfaffen etc – liberale Partei. Sympathie; fängt aber jetzt erst an zu sehn, dass sie selbst bei der Sache betheiligt sind.

Geht jezt über zunächst zur Betrachtung der 4 gesellschaftlichen Elemente, die sich von vorn herein an der Sache aktiv betheiligten.

III)

Jene 4 Elemente:

1) Regierung, 2) liberale oder aufgeklärte Partei, 3) Grundadel und 4) leibeignen Bauern selbst.

Das Recht der Leibeigenschaft war создано (gegründet) und verbreitet durch die Staatsmacht (власть); ‖139| es war die beständige Regel der Staatsmacht sich auf den Grundadel zu stützen, der sich auch bei uns nicht durch sich selbst bildete und nicht im Kampf mit der Staatsmacht, wie in vielen andern Ländern, sondern durch Schutz von Seite der Staatsmacht, die ihm freiwillig\bereit Privilegien gab.

Warum unternahm die Regierung die Abschaffung dessen von diesen Privilegien, die sie selbst errichtet\eingesetzt hatte, welches der Adel *(дворянство)* am höchsten schätzte? … Die unheilvolle Politik, welche das Land in einen unglücklichen Krieg zog, verlieh Kraft der s.g. liberalen Partei, welche die Abschaffung des Leibeignenrechts verlangte. So nahm die Regierung auf sich die Ausführung eines ihr fremden Programms, gestützt auf Principien die nicht mit den Principien der Regierung übereinstimmten. Daraus ging nothwendig hervor, dass das Werk *ungenügend* ausgeführt wurde; ausgeführt 1) *bureaukratisch* u. 2) mit Parteilichkeit für den Adel; von ihm möglichst wenige Opfer verlangt; Bureaukratie bewegt sich in Formalismus; daher vorzugsweis die *Form der Verhältnisse* zwischen Gutsbesitzer und Bauer verändert mit möglichst geringer Aenderung im *Wesen* der alten Verhältnisse. Damit glaubte man den Gutsbesitzern Genüge zu thun. Aber ohne die Form kann man auch nicht das Wesen (die Sache) erhalten; die Gutsbesitzer fanden es unmöglich von den Vortheilen zu profitiren, die ihnen bewahrt waren; diese Vortheile verschwanden ohne irgend welche Entschädigung für sie, weil die Regierung in keiner Weise die Nichtigkeit jener Vortheile voraussetzte.

Adel sah dass die Regierung alles mögliche für ihn thun wolle; schloss dass sie nicht könne; dass er daher selbst Sorge tragen müsse für Erhaltung des ihm Gelassnen und Entschädigung für das ihm Genommene; endlich: bisher der Landadel gestützt auf die Regierung; da diese Stütze sich zu schwach zeigte, nöthig dass er sich selbst neue Stütze suche. Aber wo?

Die leibeignen Bauern glaubten nicht, dass die ihnen versprochne Freiheit auf die von der Bureaukratie vollzogne formellen Aenderungen beschränkt sei. Daher überall Conflict zwischen den Leibeignen und der Regierung die ihre Lösung durchsetzen wollte. Sedition, und das Land in Furcht neuer. Aufrührerische Zeit schlimm für alle.|

|140| Entwickelt sich daher in der Masse der andern Stände der Gedanke, dass nöthig andre Lösung der Leibeignenfrage zur Vermeidung von séditions. Einmal in diese Richtung geworfen, wird über die Specialfrage hinausgegangen, und überhaupt die bestehende Ordnung geprüft; finden dass allen Ständen schädliche Einrichtungen existiren, sie vereinigen sich im Wunsch sie zu entfernen. Alle fühlten sich erdrückt von der willkührlichen Administration, der ungenügenden Einrichtung der Gerichte und dem verwickelten Formalismus der Gesetze. Adel litt gleich sehr unter diesen Mängeln als die andren Stände. So entdeckte sich von selbst dem Adel das Mittel neue Stütze zu finden. Er machte sich zum Repräsentant der allen Ständen nützlichen Reformbestrebungen. Diese haben nichts zu thun mit der Gereiztheit eines Theils des Adels gegen die Regierung wegen Abschaffung der Leibeigenschaft. Darüber der grösste Theil des Adels bereits ganz beruhigt, als über unabänderliches factum. Ihre übrigbleibenden Standesforderungen beziehn sich nur auf die Grösse (Proportion) des Abkaufs (къ размѣру выкупа).

Hierüber Streit möglich; und noch ungewiss welcher Umfang des выкупъ den andern Ständen zusagt. Aber mit Bezug auf administrative, legislative, Gerichtsreformen, freie Presse etc repräsentirt der Adel alle Stände. Er vertritt sie nicht, weil er mehr das Bedürfnis dieser Aenderungen fühlt, sondern weil er in der bestehenden Ordnung so organisirt, dass es ihm möglich ist ihnen Ausdruck zu verleihn; hat dazu gesetzliche Organe (die andern Stände nicht). Alle andern Stände leiden noch mehr als der Adel von diesen Missständen – Kaufmannschaft, Geistlichkeit, Handwerker, Bauern, die Masse der Bureaukratie selbst, (mit Ausnahme der bureaukrat. Minderheit, denen die jetzige Ordnung nützlich). Unmöglich diese Bestrebungen – rasch um sich greifend – durch irgend welche Massreglung zu unterdrücken.

IV)

Im letzten Jahr (1866 od. '64 od. 65?) Aufstände in Warschau, Aufstände im Inneren *Russlands*, räthselhafte Erscheinung von Programmen, getadelt von einigen, gelobt von andren, von allen ad notam genommen, noch nie dagewesne Bewegung der Jugend in Petersburg selbst, deren sonderbarer Ausgang, Gerüchte über die vorgelegten Forderungen des Adels, ‖141| seine Vorbereitung zur Beschäftigung mit gesellschaftlichen Fragen, soviel Neues in einem Jahr, von denen jede die Gesellschaft weiter und weiter in dieselbe Richtung warf. Kaum einem war eine dieser surprises angenehm, aber sie folgten sich alle so, hervorgebracht durch die Gespanntheit der Verhältnisse; ziemt es nicht sich zu kümmern darum wie von ihrer Wiederholung sich zu befreien – aber sich davon befreien nur möglich durch Aufhebung (*прекращение* Unterbrechung, cessation) der Spannung der Verhältnisse, und dazu muss man untersuchen was die Verhältnisse gespannt gemacht hat. Wir beginnen mit der Analyse des wichtigsten Verhältnisses, der Frage über die *Leibeignenemancipation.*

Ein ganzer Winkel meines Zimmers gepropft mit der vielbändigen Angabe: „*Матеріаловъ комиссій для составленія положеній о крестьянахъ, выходящихъ изъ крѣпостной зависимости.*"

Die Redaktionskommission dieser *„Materialien"* wurde eröffnet 4. März 1859; ihre erste Sitzung war nur vorbereitend; und ihr Journal (Protokollbuch?) nimmt höchstens eine Seite ein; für den wirklichen Beginn ihres Geschäfts versammelte sich die Redaktionskommission den folgenden Tag, 5. März, und siehe was wir lesen beim Anfang selbst des Protokolls dieser zweiten Sitzung:

„*Предсѣдатель предложилъ на обсужденіе* коммиссій извлеченныя изъ печатныхъ и литографированныхъ его мнѣній нѣкоторыя основныя мысли, которыя, по его убѣжденію, не безполезно было бы принять къ соображенію, а именно ..." (Von den 9 Punkten des Präsidenten führt Tschernischewski an folgende Punkte):

2) „Одновременно съ личнымъ освобожденіемъ крестьянъ, необходимо датъ имъ возможностъ *пріобрѣтать въ собственностъ отъ помѣщиковъ, по добровольному съ ними соглашенію, достаточное количество земли для упроченія* ‖142| *своей осѣдлости и обезпеченія своего быта.*

4) Обязательныя барщинныя повинности, и при срочно-обязанномъ положеніи, будутъ все таки составлять видъ крѣпостнаго права, но лишь подчиненнаго законнымъ правиламъ. Посему онѣ все таки не могутъ не бытъ для крестьянъ тягостны, а для крестьянъ и правительства могутъ сдѣлаться источникомъ важныхъ затрудненій, что не соотвѣтствовало бы благимъ намѣреніямъ Государя о дѣйствительномъ прекращеніи крѣпостнаго состоянія. Въ этихъ видахъ, обязательныя повинности должны быть разсматриваемы лишь какъ мѣра переходная, и если коммиссіямъ удастся сократить срокъ, или умѣритъ дѣйствіе оной, то улучшеніе быта

можетъ быть упрочено даже и на время срочно-обязаннаго періода.

6) Помѣщики должны получить справедливое, вполнѣ достаточное вознагражденіе за те земли и угодья, которыя крестъяне у нихъ выкупятъ.“

Auf diese Vorlagen des Präsidenten folgt direkt im Journal (Protokoll):

„По выслушаніи сего члены коммиссій единогласно изъявили полное сочувствіе выраженнымъ предсѣдателемъ основнымъ соображеніямъ, какъ вполнѣ согласнымъ съ ихъ убѣждениями, а потому и просили о внесеніи сихъ соображеній въ журналъ Коммиссій для непремѣннаго руководства. Предсѣдателъ не встрѣтилъ препятствій ко внесенію всего этого въ журналъ, предоставляя однако же, каждому изъ членовъ высказывать искренно свои убѣждения, если бы они были въ чемъ бы то ни было, и не согласны съ его мыслями.“ |

|143| »Hier können Sie sehn« führt Tschernischewski fort, »was bureaukratische Ordnung bedeutet.« »Der Chef (старшій le plus ancien) sagt: ich unterstelle dass es nöthig ist die Sache so und so auszuführen; stimmt ihr damit überein, meine Herren? Ich imponire ihnen nicht meine Meinungen. Werfen Sie sie, wenn Sie nicht übereinstimmen; Sie dürfen durchaus sie verwerfen, wenn sie nicht regelrecht\(richtig) (правильны). – Darauf antworten die jüngern (im Rang) Genossen: Ihre Meinungen stimmen ganz und gar überein mit unsern Ueberzeugungen und wir nehmen sie völlig an.« (Die Kommission mit dem Präsidenten bestand aus 10 Mann) … »In der bureaukratischen Ordnung immer unterstellt, dass der Vorsitzende genauer unterrichtet über die Zwecke der höchsten Obrigkeit, dass er dient als Aussprecher der Plane, die bereits angenommen sind durch die höchste Behörde.« … Der Präsident selbst vergisst bald zwischen sich und der höchsten Behörde zu unterscheiden. »Wollen Sie ein Beispiel? … Sie sehen, dass in der Sitzung vom 5. März der Präsident seine Meinungen noch darstellte als seine bloss persönlichen Meinungen, welche es nur nicht unnützlich sein möchte in Erwägung zu ziehn« … In der Sitzung vom 20. Mai drückte er sich schon folgendermassen aus:

»Der Abkauf der Bauerngüter, wie diess bereits von mir erörtert, muss sein auf Grundlage des höchsten Willens *(Высочайшей Воли)* nicht obligatorisch *(обязательный)*, sondern à l'amiable *(полюбовный)*, das heisst, der Abkauf kann nicht vorgehn ohne formelle Zustimmung des Grundbesitzers zu verkaufen, und der Bauern zu kaufen die Güter, mit Ausschluss *усадебъ*, deren Verkauf obligatorisch für die Grundherrn, die nicht à l'amiable die Bauerngüter verkaufen wollen.« Auch in dieser Sitzung fordert er die Kommissionsglieder auf sich nicht durch seine Meinungen geniren zu lassen, er gab ihnen Erlaubniss seiner Meinung zu widersprechen. |

|144| Nachdem der ganze Ton seiner Rede so alle seine Aeusserungen zu betrachten als unabänderliche Instruktion, im Zusammenhang mit dem allerhöchsten Willen. Man hatte also nur auszuführen. So that die Redaction.

Die Regierung stellte einige allgemeine Principien auf, fand nöthig dass fürs Weitere Specialisten sich mit der Sache beschäftigten. Diese fänden den Bau des Werks vorgeschrieben. Der Präsident seinerseits hat gewisse persönliche Meinungen über die Bauernfrage wie darüber dass die Viardot gute Sängerin, Voltaire scharfsinniger Schriftsteller etc. Auf bureaukratischem Weg handelt's sich nicht um Einsicht etc der Personen, sie agiren wie Maschinen, auf Winke, nach Vermuthungen etc was diese, jene andre Person will.

Nach dem früheren scheints, der Präsident handelt nach seiner Ueberzeugung, die übrigen Kommissionsmitglieder nach den Instruktionen des Präsidenten. Er konnte also dem Werk irgend leitenden Gedanken geben. Durchaus nicht! Er ist selbstständig gegenüber den andren Mitgliedern; aber er steht nicht nur im Verhältniss zu ihnen, sondern zu einer Masse andrer Personen, darunter Leute die ihm gegenüber exakt dieselbe Stellung haben, wie er gegenüber den Mitgliedern der Redaktionskommission.

In Sitzung vom 6. April sagt der Präsident:

»Die Frage wurde aufgeworfen: welchen Grad der Oeffentlichkeit die Arbeiten der Kommission haben müssten?

Nach der Meinung, ausgesprochen durch den Präsidenten, »bilden ihre Beschäftigung\(Aufgabe) das Werk\die Sache von ganz Russland – ein Werk womit eng verbunden der Friede und die Wohlfahrt des ganzen Reichs, wie in der Gegenwart so in der Zukunft. Die Erfahrung bewies dass obgleich die aufgenommene Frage lebhaft die Interessen des ganzen Volks berührte, dennoch Russland, in vollem Vertrauen auf seine Regierung ruhig blieb; dass man diese Ruhe zum Theil zuschreiben kann der Oeffentlichkeit, womit von Anfang an, auf allerhöchsten Befehl, das Werk in Angriff genommen wurde. Desswegen ||145| auch die Kommission, betraut mit der Ausführung eines Werks, das so nah alle Stände interessirt, gebunden zu ehrlicher Rechenschaftsablage ihrer Thätigkeit vor ganz Russland. Diese Rechnung zu geben, genugzuthun allen und jeden, nur möglich vermittelst voller Aufrichtigkeit, weil dort wo das Werk offen ausgeführt, dort ist kein Platz weder für verdrehende\verdrehte Gerüchte, noch für falsche Befürchtungen (Vermuthungen), noch für alberne Schwätzereien. Endlich auf der Kommission lastet die heilige

Verpflichtung aufzuhellen die Frage auch für sich selbst *nach allen ihren Seiten*. Wie gewissenhaft auch die Arbeit der Kommission, wie gross auch ihr Streben unparteiisch zu sein und nicht einseitig, nach der Erfahrung aller ihrer Mitglieder, ist es zweifelhaft, ob sie solche Fehler vermeiden welche bei der Anwendung auf das wirkliche lokale Leben schädlichen Einfluss auf den Erfolg der Sache haben können. Und desswegen, auch hier, nothwendig sich einen gesellschaftlichen Richter zu geben, anzurufen zur Hilfe die gesellschaftliche Theilnahme, welche Licht ausgiesst auf alle dunklen Seiten der Frage, zu ergänzen unzureichende Thatsachen und sofort (zeitig, во время) jeden Fehler der Kommission zu verbessern.«

Nun die praktische Anwendung dieser Theorie:

»In Folge aller dieser considérants schien es dem Präsidenten nützlich:

»1) Alle Journale\Protokolle und Arbeiten der Kommission in beträchtlicher Zahl von Exemplaren zu drucken;

»2) Die gedruckten Exemplare zu schicken den Herrn Mitgliedern des Hauptcomités, den Ministern und Chefs der Hauptabtheilungen, den Generalgouverneurs und den amtlichen Vorsitzern des ‖146| Adels (den letztren in einigen Exemplaren);

»3) unterrichten alle genannten Personen, dass die der Kommission zur Beurtheilung unterbreiteten Fragen gelöst werden nicht vor der Ankunft der членовъ-экспертовъ, und zudem werden die Arbeiten der Kommission mitgetheilt werden den Deputirten губернскихъ комитетовъ, zur Mittheilung von Bemerkungen auch von ihrer Seite;

»4) Zu bitten alle Personen, denen diese Arbeiten zugeschickt werden, ihre Bemerkungen mitzutheilen innerhalb des bestimmten Termins, im besondern auf jede Hauptliste, und so kurz als möglich, damit die Kommission sie gleichzeitig in Betracht ziehn kann, sofort auch sie vertheilen unter die Abtheilungen, und physische Möglichkeit hat, sie zu lesen und zu beurtheilen.«

Der Widerspruch zwischen Princip und Anwendung nur dadurch zu erklären dass der Präsident selbst ganz gebunden*gefesselt* in seinem Urtheil (Lösung). Durch wen? Nicht durch den festen und überlegten Willen der Person oder der Personen, deren Willen er gesetzlich gehalten auszuführen; er war gebunden durch die Meinungen, Besorgnisse, Gewohnheiten einer Menge andrer Personen, die gar kein gesetzliches Recht hatten Einfluss auf die Redaktionskommission auszuüben – eines ganzen Kreises (Cirkels) von denen er nach seiner formellen Vollmacht ganz unabhängig. In solchem Fall in der büreaukratischen Ordnung Niemand unabhängig.|

|147| In kleinen Dingen, namentlich im Verfahren gegen untergeordnete Personen, hat jeder in der bureauk. Ordnung viel Willkühr. Aber keiner hat in ernsten Dingen die Gewalt (Macht) seinen Ueberzeugungen zu folgen; alle gebunden durch stumme und unbewusste wechselseitige Abhängigkeit, weil dann alles begründet auf Gerüchte, Vermuthungen, d.h. auf die Gewohnheit jedem genugzuthun, der ungünstige Gerüchte verbreiten könnte, wenn jemand ihn nicht zufrieden stellte.

Man vergleiche den praktischen Schluss – ganz Russland zu Rath ziehn (Theorie), Mittheilung an die Gouverneurs und amtlichen Adelsvorsteher (Anwendung) – bureaukratisch; erst Ahnung, dass was Grosses zu thun ist, geschieht was Unwichtiges, bloss Formelles.

Die Ansichten der Gouverneurs und der Adelsvorsteher konnten das Regierungswerk in keiner Weise fördern; die Gouverneure haben nur eine ihnen von der Regierung verliehne Gewalt. Sie haben keine von der Regierung unabhängige Bedeutung; daher auch ihre Meinung kein unabhängiges Gewicht. Kommission kann daher auch nicht in ihnen den Schutz finden, dessen Bedürfniss sie fühlt. So mit ihren Randglossen. Die Gouverneurs sehn die Sache vom Regierungsstandpunkt, wie die Kommission, und die amtlichen Adelsvorsteher können nur Bemerkungen vom Gesichtspunkte des Adels machen, der ohne sie über Genüge der Kommission bekannt. So arbeitet sie ohne Kritik etc von irgend einer Seite zu erhalten.

Das die bureaukratische Ordnung. Es versammeln sich Leute, um eine Sache zu untersuchen, aber gleich das erstemal legt man ihnen Entscheidungen vor, wodurch bereits die ganze Sache abgefertigt ist; ehe sie untersucht ist durch sie, sei es durch die Person welche die Vorlagen machte. Und diese Personen nehmen sofort die ihnen vorgelegten Entscheidungen an. Sie sind nur Handlungen bei dem Bau, obgleich die, die sie berufen, sie einladen den Plan (des Gebäudes) zu prüfen. Wie geht solcher change in ihrer Bestimmung zu? Das weiss Niemand. Niemand wollte es. Er kommt aus der ||148| Kraft der bureaukrat. Ordnung her, der Niemand widerstehn kann, auch wenn er sich an der Spitze der ganzen Regierung befände.

Dachte einer von der höchsten Obrigkeit daran dass das *Leibeigenschafts-Recht* (крѣпостное право) *erhalten* werden solle bei *Proklamation seiner Abschaffung!* Niemand von der höchsten Behörde. Auch der Präsident der Kommission nicht. Ebenso wenig ihre Glieder. Und was sahen wir in der ersten Sitzung? Die Kommission begann ihre Arbeit mit Annahme des Prinzips: *bei Proklamation der Befreiung der Bauern, muss das Leibeigenschaftsrecht erhalten werden.* Diess sind die Worte des Protokolls im Original (Sitzung v. 5. März):

„Обязательныя барщинныя повинности и при срочно-обязанномъ положеніи будутъ составлятъ все таки видъ крѣпостнаго права.“ (Das sagt der Präsident) (*барщина* Frohndienst)

»Die verpflichtenden (obligatorischen) frohndienstlichen Abgaben werden auch bei der auf Frist gebundnen Lage constituiren все таки eine Art (видъ) des Leibeigenschafts-Rechts.« Mitglieder stimmen ein, schreiben diess als unabänderliches Richtmass ins Protokoll ein.

Der Präsident der Kommission dachte auf irgend eine Muthmassung, dass diess irgend eine Person wünscht, der Genüge gethan werden muss; den Kommissionsgliedern schien es, dass die Worte des Präsidenten der Ausdruck einer unabänderlichen höchsten Entscheidung; und die höchste Obrigkeit, sehend solche Entscheidung der Kommission, überzeugte sich, dass es unmöglich ist das Leibeigenschaftsrecht abzuschaffen (нельзя *имѣть* muss Schreibfehler sein), wenn sogar Specialisten, und dazu bekannte Gegner dieses Rechts, beschliessen dass man es erhalten muss.|

|149| So auch alle andern Züge (черты) der Arbeit: der Abkauf des Landes nicht obligatorisch … und auf freiwillige Uebereinstimmung, etc.

V)

Trotz der versprochnen Oeffentlichkeit sah ich die Ausgabe der Kommissionsarbeiten während zweier ganzen Jahre nicht; so gering war ihre Circulation im Publicum.

Ein Theil dieser Ausgabe in 8° (die Materialien, soweit sie von der Kommission ausgearbeitet);

Zweiter Theil in 4° genannt: „Приложеній къ трудамъ Коммиссій“. (Statistik über die Gutsbesitzer die mehr als 100 Seelen besitzen) (daselbst angegeben: Name des Grundherrn und der Länderei (estate), Anzahl der Seelen und Kopfsteuern auf jeder derselben, allgemeine Qualität des Bodens des Estate, die Anzahl jeder Art Nutzungen, Abgaben etc) Tschernischewski, dem dieser 2. Theil zuerst in die Hand fiel, stellte sich daraus zusammen welche Aenderung das Edikt einführt in dem Antheil (der Bauern) an Land und in den Lasten, (Abgaben) *отбываемыхъ* (durch Frohne abgearbeitet) oder baar bezahlt vom Bauern dem Gutsbesitzer. Tschernischewski beschränkt sich auf die grossen Gubernien; Ziffern füllen 4 Bände; nimmt in jedem nur einzelne Kreise, die gewisse Durchschnittsbedingungen erfüllen; nimmt nur Kreise wo die Zahl der leibeignen mehr als 10,000 Seelen; so bleiben ihn übrig *175 уѣздовъ*. Daraus nimmt er die mit denen jedes Zehnt beginnt, erster уѣздъ (11,000), dann der 12 tausend enthaltende etc; bleiben ihm zur Bearbeitung *18 уѣздовъ*.|

|150| Die allgemeine Zahl in den *оброчныхъ имѣніяхъ*, auf alle 18 уѣздамъ:

125,324 души.

Ihr früherer надѣлъ: *419,406 ½ десятинъ* (eine *десятина* Stück Land von 2400 □ sashenen)

Als Obrok darauf nach dem Leibeigenschaftsrecht den Gutsbesitzern gezahlt: *842,728 руб. 50 коп.*

Daher im Durchschnitt auf 1 десятина des надѣлъ gezahlt von den Bauern *2 руб. 9 Kop.*

Nach der Befreiungs-*положеніе*, muss von dem früheren Antheil an Gutsbesitzer gehn:

101,767 ¾ Desjatinen.

Bleibt den Bauern: *317,638 ¾* Desjat.

Darauf zu zahlen Obrok: 731,346 rubl. 80 Kop.

Zahlt also nach dem neuen Recht auf jede Desjatine seines Antheils der Bauer: *2 rubl. 30 ½ kop.*

In andern Worten, nach dem neuen Gesetz müssen die emancipirten Bauern dem *Gutsherr* 1 rub. 10 kop. zahlen für jeden Rubel den sie unter dem Leibeignenrecht zu zahlen hatten. |

|270| Inhalt.

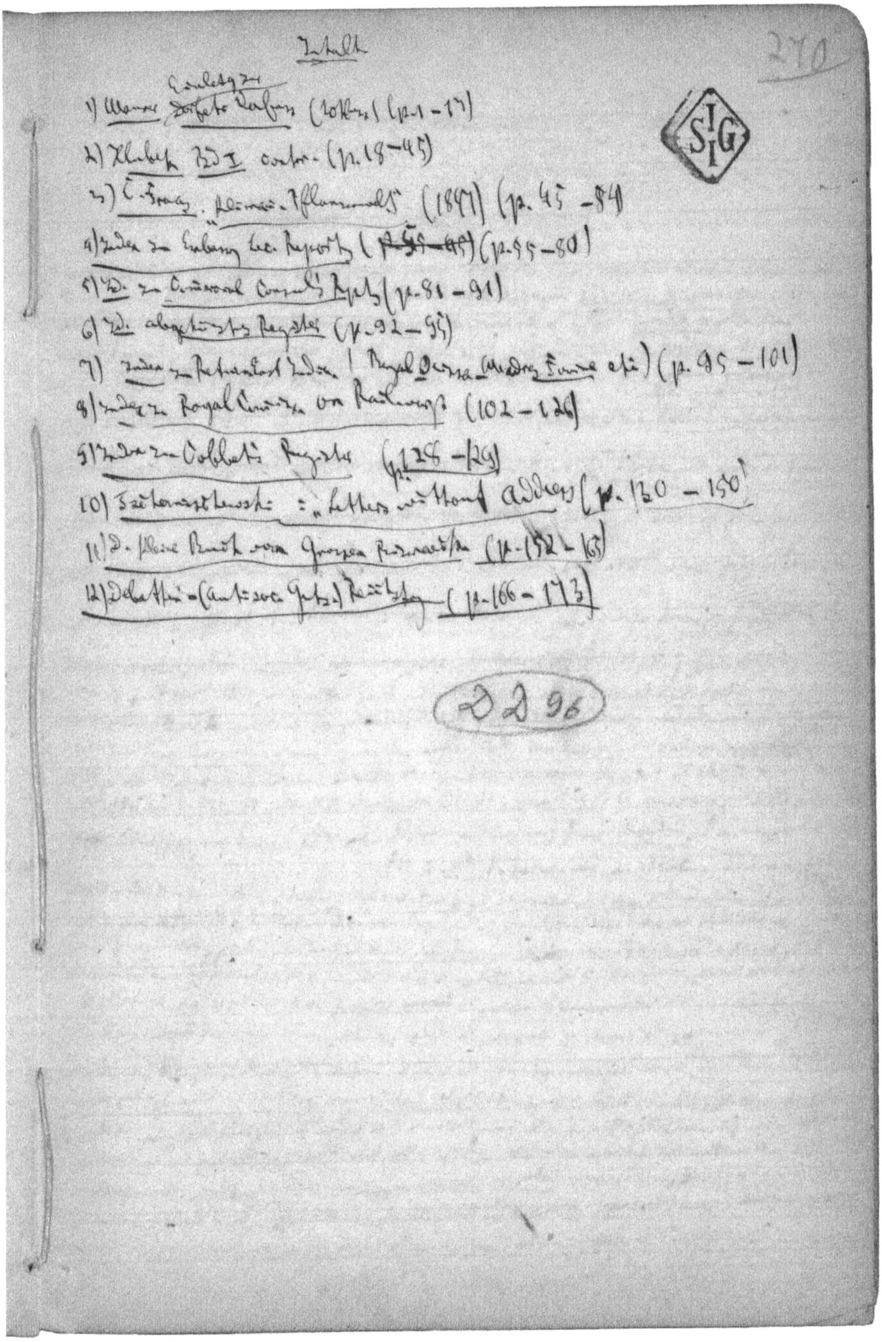

Inhalt
Hefte zur Agrikultur. Heft 3. 1868. Seite 270

|[271]| Sir Adolphus Slade (Mushaver Pasha): Turkey and the Crimean War.

Lond. 1867.

Türkische Manufactur u. Freetrade.

»Ambassadors under the new régime, how much soever disagreeing on some points, have cordially agreed with each other in enforcing the commercial legislation founded on treaties applicable to bygone days, which has made Turkey virtually *a colony* after the old colonial fashion, bound to admit the products of every European state, *without reciprocity*, at a uniform low rate of duty, reduced lower by partial tariffs and by a *system of smuggling* from which she is not allowed to protect herself; {*Note:* p. 50. European *merchant vessels in Turkish ports* are, by a strained interpretation of treaties, *free from the visits of custom house employés.*} and they with other foreign counsellors have led her, in a few years, through the cloudy maze of financial expediency to the Austro-Hispano-Italian platform of an annual deficit and increasing debt. Free trade, in that sense, has ruined Turkey's manufactories, and politico financial economy has brought her to a chronic state of pecuniary embarrassment. (50, 51)

»The treaties of commerce between Turkey and European states, based on the original treaty between Solyman I and Francis I, were merged in the treaty of Balta Liman, 1841. Until then, foreign products had been charged in Turkey 3 p.c. duty. This import duty was increased 2 p.c.; Turkey consenting at the same time to abolish interior transit dues, which had been arbitrary and vexatious, and restrict herself to one export duty of 12 p.c. In 1862 another commercial treaty was made between Europe and Turkey, enabling Turkey to levy 8% duty on imports and 8% on exports, the latter to be reduced annually 1%, till it fall to 1%. This is a great improvement; but, in the name of freetrade, one might ask, why has not Europe granted reciprocity to Turkish products in her markets?« (*Note.* p. 50)

»Various causes had contributed to render the Turks commercially indifferent about their capitulations with Europe until *early in the present century*, when Greek traders pointed out a field for enterprise in Turkey, and imparted to the manufacturers of the West the tastes of her inhabitants. Turkish manufactures flourishing in the memory of man then began inevitably to decay, throwing out of employment permanently those classes, always existing in old communities, unable to devote themselves to the production of raw materials. The muslins of Aleppo, the silks of Brussa and Damascus, the cottons of Tocat and Kastambol, the cloths of Tirnova and Selivria, the shawls of Angora, the shalis, muslins, and embroidery of Constantinople, have become *in great part* replaced by wares got up for the Eastern market. The people, at first, captivated by the *difference of price*, exulted, but found out too late that cheapness in a country *unswayed by fashion* ill compensates for durability. Garments made from their own rich manufactures wore becomingly to the last, while those made with cheap foreign materials *wear shabby* from the first. The army has specially suffered by the change, which favours *collusion between officials and contractors*. The manufactures of arms in Sparta (ancient Pisidia), Damascus and Constantinople have sunk under the competition of Liège and Birmingham. The manufacture of Turkey carpets still flourishes, but is beginning to be affected by the cheap bright-coloured carpets of the West.« (p. 51, 52) |

|[272]| *Wucher in der Türkei.*

»Turkey has still one paramount evil – *usury* … Usury, sordid unscrupulous usury, is the cancer preying on the vitals of Turkey. Bad enough in the cities, where wit meets wit, it revels oppressively in the rural districts. Individuals, under the denomination of *selem*, taking advantage of the peasants' ignorance of the state of the markets, lend them money on the security of their forthcoming crops; they add together the sum advanced and the stipulated interest – often 3% per month – and, setting an arbitrary value on the crops, force repayment in money or in kind as suits their convenience. The lender is in some instances in ligue with the aga of the district, or with a trading consul; he may be the aga or the consul himself, lending in his private and recovering in his official capacity. Herein lies the secret of the low state of agriculture: the cultivator requires *advances* which are only to be obtained on onerous conditions; the usurer, the tithe-farmer, and the tax-gatherer combine against them, and often, to satisfy the demands of the last, they are forced to listen to the offers of the first.« (p. 55, 56.)

Handelsmoralität.

»The country where *George of Cappadocia* – transformed afterwards, according to Gibbon, into „the renowned *St. George of England*" – acquired wealth by supplying illcured bacon to the Roman armies, will never want apologists for the frauds of contractors nor panegyrists of their assumed virtues; and though none, like the „infamous George", may hope to attain ecclesiastical all may aspire to lay honours. ... But we have a right to feel surprise at the tenderness of western society for the shortcomings which, setting human considerations on one side, may lead to national disgrace. Deteriorated medicines baffle the physician's skill; adulterated food and flimsy shoes disconcert the general's strategy. Society brands the individual who takes arms against his country with the name of traitor, and shoots him when caught, although he may never have had the opportunity to point a rusty firelock at it; yet refrains from applying the epithet to traders who undermine the health of their country's troops fighting her battles, by supplying inferior food and raiment, and who do not scruple even – relying on the *indulgence accorded to the misdeeds of capital* – to sell arms and ammunition to her foes. Of those traders – „all honourable men" – who sell preserved offal and spurious lime-juice to vessels bound on long voyages, we shall only say with Dante, „Guarda e passa!" Their sin is grievous. When *offences substantially alike shall be called by one name*, the task of legislation will be lightened, and society be freed from the danger underlying it in the impression – daily gaining strength with education in men's minds – that *crime is measured by a relative standard.*« (p. 199, 200)

Plon Plon.

(Nach dẹṛ Alma, Süden Landing at Old Fort dẹṛ Armies):

»The French soldiers landed each with 6 days' biscuit, 4 days' meat, and one day's water; and with that addition to their packs they stepped out briskly, with the air of men bound on a pleasure excursion. One of their chiefs, standing on the shore in an historic pose; attracted notice by his likeness to a celebrated portrait. I approached, with recollections of the tale of Austerlitz, Wagram and Jena, and entered into conversation with General Prince Napoleon. His Imperial Highness |/[273]/ was meditating over an interesting problem – the cooking of his dinner – and proposed to find the solution in the above-mentioned hamlet; but on a bystander remarking that the Cossacks, a voracious ubiquitous race, might descend in a cloud of dust and carry it off, he wisely decided to remain inside the line.« (287, 288)|

|[273]| [Zeitungsausschnitt: „Agricultural Holdings in Ireland"]

Agricultural Holdings in Ireland.—On Wednesday returns were published showing the number of agricultural holdings in Ireland in 1841, 1851, 1861, and 1867, showing the extent of arable land, the extent of land not arable, and the total extent of land of each class, &c. From these returns it appears that there has been a gradual falling off in the number of holdings since 1841, at which date there were 691,202, whereas in 1867 there were only 546,448. The falling off is, however, only apparent in the holdings of less than 30 acres in extent, and particularly in the class not exceeding five acres, which decreased from 310,436 in 1841 to 78,064 in 1867. In the better class of occupiers whose holdings were above five, but not exceeding 15 acres, the number fell from 252,799 to 173,475. The increase in the number of holdings of not less than 30 acres and up to 100, show the extent to which the process of absorption has been carried on, the number in 1851 being 120,033, and in 1867, 126,537. There was increase in the same period of the highest class of holders, viz., those having more than a hundred acres, of 2,817. The total extent of land in the occupation of the smallest class of holders in 1867 was 277,372 acres, whereas the area in the occupation of holders of more than a hundred was no less than 8,244,529 acres. /

[Bibliographische Notizen zur englischen politischen Ökonomie 1864–1868 u.a.]

|[274]| *John Laing: Theory of Business.* 1867
Levasseur: Histoire des Classes Ouvrières en France

Seine Engländer:

N. A. Nicholson. One Reserve or Many. 1867. „The Science of Exchanges" u. *„Manual of Polit. Economy".*
J. K. Ingram. Considerations on the State of Ireland. (1864)
Edward Norton. National Finance and Currency, Bankact, crises etc *1867.*
Leone Levi: The *Wages and Earnings of the Working Classes* etc 1867.
H. N. Sealy: A treatise on Coins, Currency and Banking (1867)
Sir John Lubbock: „Statistical Journal", Sept. 1865.
The *Financial Lessons of 1866* (Letter to Gladstone) *By a City Manager. 1867.*
Charles Wykeham Martin: Theory of Price. 1867.
Lewis Stone: Some notes on the Writings of Fawcett and Leslie on the Land Laws of England. (1867)
W. Hann. „The World's Jubilee." 1867.
Joseph Lee Thomas: Present Position of Railways. 1867.
Ludlow and Lloyd Jones: Progress of the Work. Class. 1867.
J. Ward. Workmen and Wages. (1867)
Mundella: Pamphlet (Conciliation versus Strike)
R. H. Patterson: Railway Finance (1867)
Arthur Scratchley: „Treatise on Associations for Provident Investment."

W. Joplin: A letter on the fluctuations in the Money market.
Blackwood Magazine May 1865.
James Grahame (Glasgow) (1866 ×
Overend Gurney et Co. Report of the Committee of the Defence Association etc. (1867)
G. Lathom Browne: Treatise on the Companies Act, 1862 (1867) ××|
|[275]| *Robert Knight. Letter to Right. Hon. Sir Stafford Northcote on the Present Condition of Bombay. Lond. 1867.*
A. J. King: „Smith, Knight, et Co. Lim." Lond. (1867) ×
R. H. Patterson: The Science of Finance. 1868. (Floating and fixed Capital.) ×
R. Dudley Baxter: National Income of the U. Kingd. (1868) ×
Ernest Seyd. Bullion and Foreign Exchanges. Lond. 1868. ×
Lucas Sargant: Recent Polit. Economy. 1868.
„A *Shilling's Worth of the U. States of America*" compiled by Messrs. Belding, Keith et Co., American bankers and merchants of Lombard Street. Published by Cornell, Peter et. Galpin *Lond. u. New York.*
Captain Gregory. Two letters on The Navigation of our Ocean Mail Steamers etc *Wilson. Royal Exchange. (1868)*
Wages in Ireland. Fraser's Magazine, 1 May, 1868.
W. Neilson Hancock: „On the Causes of the Distressed State of the Highlands." (1868 od. '67)
J. Leander Bishop. A History of American Manufactures from 1608 to 1860. 3 vols. 3^d *edit. London: Sampson Low.* 1868.|

[Notizen]

|[276]| *W. Neilson Hancock.*

Head (bookseller) 6. Hannover Str. Long Acre.

Captain Portlock: „Economic Geology of the County of Londonderry."

Report of Commission on Water Supply. (1869)

Richard Whiting

R. Applegarth, 113, Stamford Street. S. E.

Dupuit.

Gustave Margfoy.

Fr. Haeck: Organisation du Crédit industriel, commercial, agricole et foncier en Belgique|

|[277]| House of Commons. March 31. 1868. The Session

Mr. Kinnaird said that, in deference to the wishes of the House, he would postpone his motion respecting irrigation in India to the 28th of April. But he deeply regretted being called upon for the second time to defer the consideration of a question which affected a population not of a few millions only, but of – 150 – millions of our fellow-subjects, of whom, too, mainly through the neglect of irrigation, in one district alone, & in the course of only a few months, according to official returns, nearly a million of souls had recently perished of famine.

[Wohnadressen]

N. Danielson: per *Adr. Gesellschaft gegenseitigen Credits, im Gebäude der Reichsbank*. St. Petersburg.

N. Lubavin, Berlin, Oberwallstrasse, N. 5.

Karl Klein, Goldstrasse, Solingen.

A. Lerraillier, 130, Rue d'Aboukir, Paris.

S. P. Meyer. letterbox 184, Hoboken. N. J.

F. A. Lange box 101 etc|

[Bibliographische Notizen zur französischen politischen Ökonomie u.a. bis 1868]

|[278]| *A. L. Perry: Elements of Polit. Economy. New York. 1866.*

Sismondi (Guillaumin): „Nouv. Prin. d'Ec. Pol.“ 2 Vol. 8fr. ×

A. E. Cherbuliez: Précis de la Science Économique et des ses Principales Applications. (Guill.) 2 vls. 15f.

Ch. Le Lièvre: „Exposé des principes économiques de la Société Chrétienne.“ (Guill.) 3f. 50c.

G. de Molinari: „Questions d'Econ. Polit. et de Droit Public.“ 2 vls. (darin vol. I: *Étude sur la crise financière de 1857.*)

Marin-Darbel: L'Usure et sa Définition. (Guill.) 3fr. ×

Sismondi: Etudes sur l'écon. Polit. 2 vls. Paris 1838. *(Guill.)* 15fcs.

G. du Puynode: Études d'Économie Politique sur la propriété territoriale. (Guill.) 4fr.

De Cazeaux Verschiedne Schriften. 1825, 1826, 1833, 1834 (*Guill.* zus. 13fcs) (*Répertoire Général* p. 42) *(Protektionistisch.)*

Emile Thomas (*Guill.* 1f. 75c.): *Des Conditions vraies de la science économique, appliquées spécialement à la théorie de la Rente et au principe de la Population.* ×

Guillaume Tell Poussin (ancien ambassadeur aux États Unis): *La Puissance Américaine.* 2 vls. (*Guill.* 6fcs)

S. G. Goodrich: Les États-Unis d'Amérique. 1 vl. (Guill. 7f. 50c.)

H. Passy: Des Systèmes de Culture en France, et de leur influence sur l'Écon. soc. 2e édit. (*Guill.* 2f. 50c.)

L. de Lavergne: Essai sur l'Écon. Rurale de l'Angleterre etc 4eme éd. (*Guill.* 3f. 50c.)|

|[279]| *L. de Lavergne: Écon. Rurale de la France depuis 1789* (2 édit. 3f. 50c.)

Édouard Lecouteux: Traité des Entreprises de Grande Culture, ou Principes généraux d'Écon. rurale. 2 v. 15fcs. (*Guill.*)

Em. de Laveleye: Essai sur l'Écon. rurale de la Belgique. 2 édit. 1 Vol. (*Guill.* 3f. 50c.) ×

x *J. de Crisenoy: Étude sur l'Organisation du Crédit Agricole en France.* (*Guill.* 1fr.)

x *C. Dareste de la Chavanne: Histoire des Classes Agricoles en France.* (*Guill.* 7fc. 50c.)

x *Henry Doniol: Histoire des Classes Rurales en France* (*Guill.* 7f. 50c.)

x *A. Leymarie: Histoire des Paysans en France.* 2 vl. (*Guill.* 8fcs.)

x *David de Thiais: Le Paysan tel qu'il est, tel qu'il devrait être.* (*Guill.* 4f.)

x *A. Du Chatellier: De quelques modes de la Propriété en Bretagne* (*Guill.* 1f. 50.)

x *id: L'Agriculture et les Classes Agricoles de la Bretagne* (*Guill.* 4f.)

x *Vernouillet: Rome agricole.* (*Guill.* 3f.)

x *Piogey*, avocat: *Du morcellement du sol en France.* (*Guill.* 2fc.)|

|[280]| *Emile Laurent: Le Paupérisme et les Associations de Prévoyance* (*Guill.* 7fc. 50c.)

x *Moreau Christophe: Problème de la Misère et de sa Solution chez les Peuples Anciens et Modernes.* 3 Vol. (22f. 50c. *Guill.*)

A. E. Cherbuliez: Étude sur les Causes de la Misère. (*Guill.* 2f. 50c.)

Dutouquet: De la condition des classes pauvres à la campagne. (*Guill.* 2f. 75c.)

Journal des Économistes, n. 151 (15 Nov. 1853) (*Molinari* über *Carey's Slave Trade*) ×

x | *A. Legoyt: L'Emigration Européenne.* (*Guill.* 6fcs.)

x | *Jules Duval: Histoire de l'Emigration Européenne etc* (*Guill.* 7f. 50c.) ×

Moreau-Christophe: Du Droit à l'oisiveté, et de l'organisation du travail servile dans les républiques grecques et républiques romaine. (*Guill.* 5fcs.) ×

P. Joigneaux: Organisation du Travail agricole. 1848. (*Guill.* 75c.)

x *Dufresne Saint-Léon: Études du crédit public et des dettes publiques.* 1824. (*Guill.* 4fr.)

Dubrunfaut: Suppression des disettes par l'impôt. (*Guill.* 1f.)

J. G. Courcelle-Seneuil: Traité théorique et pratique des opérations de Banque (*Guill. 7f.* 50.)|

|[281]| *id. Le Crédit et les Banques* (1859 2nd ed.) (*Guill.* 3f. 50c.)

x *J. A. Rey: Les Crises et le Crédit.* (*Guill.* 2f.)

Paul Coq: La Monnaie de Banque (Bank of France 1857–1863) (*Guill.* 3f. 50) x

Fr. Haeck: Organisation du crédit… en Belgique (*Bruxelles.* 1860) x

Victor Bonnet: Question Financière à propos des crises (1859) (*Guill.* 3f.) × x

E. Levasseur (1854): *Recherches Historiques sur le Système de Law.* × x

Leber (2nd edit.): *Essai sur l'Appréciation de la fortune privée au moyen age. 6f.* x ×

David Frölich: Essai sur les principes fondamentaux de L'Econ. pol. se rapportant aux Systèmes monétaires. (*Guill.* 1f.) x

Mathieu Wolkoff: Opuscules sur la Rente Foncière. 1 v. (*Guill.* 5fr.) × |

J. B. Josseau: Le Crédit Foncier de France. x

Henri Baudrillart: J. Bodin et son temps. (*Guill.* 7f. 50) x

Pierre Clément: Histoire du Système Protecteur en France. (Paris, 1854) x

Clément Juglar: Des Crises Commerciales. (*Guill.* 5fc.) × x

le docteur H. Van Holsbeek: L'Industrie Dentellière en Belgique. Étude sur la condition physique et morale des ouvrières en dentelles. (*Guill.* 2f. 50c.)

Rougier (avocat): *Les Associations Ouvrières en France.* (1865)

Coquelin: Du crédit et des banques 2nd ed. (*Guill.* 3f. 50)|

|[282]| *Paul Coq: La Bourse de Paris.* (f. 1, 50c.) x

Le Touzé: Traité théorique et pratique des Changes. x

Bernard-Lavergne: L'Enquête, les souffrances de l'Agriculture etc (1867. *Guill.* 1f.) x ×

Cerfberr: La Crise Agricole. (1867. *Guill.* 1f.) ×

Flottard (E.) *Le mouvement coopératif* (1867. *Guill.* 5f.)

Nakwaski: Les banques devant l'enquête agricole. (1867. *Guill.* 1f.) x

Rozy: Etudes sur les sociétés coopératives. (1867. *Guill.* 2f.) ×

Valny: Etudes sur la dépopulation des campagnes. (1867. *Guill.* 2f. 50.) ×

Wolowski.

Bonnet (V.) L'Enquête sur le credit et la crise de 1863–64. (1866. *Guill.* 1f. 50) x

Paul Coq: Les circulations en banque. (1866. *Gill.* 5f.) x

id: *Histoire populaire du credit et des finances de 1848 à 1865.* (2d. x

id. la *monnaie de banque* 2e édit. (3f. 50 *Guill.* (1866)) x

Courtois: Défense de l'agiotage (1866. *Guill.* 1f.)| x

|[283]| *Degois: Théorie de l'Enquête sur les Banques* (1866. *Guill.* 2f.) x

Dagneaux: De la décentralisation du crédit (1f. *Guill.*) 1866) x

A. Du Chatellier: Enquête sur l'état de l'agriculture en 1865. *(1f. Guill.)* x

Duval (Jules): *Les rapports de la géographie et de l'écon. pol.* (*3fc. Guill.* 1866.) x

D'Esterno: À l'Empereur, l'Agriculture souffrante (1fr. *1866. Guill.*) x xx *Laveley* (de) *Le marché monétaire et ses crises depuis 50 ans.* (1866. *6fc.* Guill.) ××

Perin (Ch.) L'usure. (1866. *Guill.* 1f.) (××)

Perrin de Grendpré: De l'Agriculture française et des causes de sa misère (*Guill.* 1f. 25. 1866)

Rozy: Des Souffrances de l'agriculture (1866. Guill. *1f.*) (×)(×)

x *Usquin: La propriété et le morcellement du sol* (3f. *Guill.*)

x *P. J. Coullet: Études sur la Circulation Monétaire.* etc (6f. 50 Guill. 1866)

x *J. A. Rey:* Les débats sur la banque de France. (G. 3f.) (1866)

P. A. Boutron: Théorie de la Rente foncière (1867 Guill. 3f. 50) (×××)

x *R. H. Patterson.* La Guerre des Banques etc

x *A. Legoyt:* Du morcellement de la propriété en Europe. (1867. *Guill.* 7f.)|

|[284]| *Ch. Le Liêvre:* La Travail et l'Usure dans l'antiquité. (1f. 1867) *Guill.*) (×××)

Nuéjouls: Le Travail, le Capital et le Credit. (75c. 1867 *Guill.*)

Clément Juglar: Du Change et de la Liberté d'émissions. (1867) ×

Eugène Pelletier: Du Mouvement coopératif international etc (*Guill.* 2f. 1867)

J. L. Giresse: Essai sur la population. (*Guill.* '67. 1fc.)

Wisniewski: „Histoire de la banque de St. Georges. (5f.) (1867) ×

Wolowski (L.) *1) La Question des banques.* (7f. 50c.)
2) *Traité des monnaies de Nicole Oresme* et *Traité de la monnaie de Copernic.*
3) Henri IV économiste.
4) *De la propriété des mines* ×

Cernuschi (H.) 1) *Mécanique d'échange* (3f. 50) 2eme éd. ×
2) *Illusions des sociétés coopératives* (2f.
3) *Contre le billet de banque.* (2f. 50.)

Courcelle-Seneuil: Liberté et Socialisme (1868)

x *Frignet: L'histoire de L'association commerciale* (1868)

Wolkoff: Précis d'Economie Rationelle (1868)

x *Bouron: Guerre au Crédit* (1868)

x *Ropiquet: Chemins de fer français* (1868)|

Heft zum fixen Kapital und Kredit 1868
Exzerpte aus Werken von Henry Dunning Macleod, John Laing, Robert Hogarth Patterson, Antoine-Élysée Cherbuliez, Francis Davy Longe, John Lalor und Alexander Sandelin

[Inhaltsverzeichnis von Friedrich Engels]

[Notizen]

|[0b]| *Reading Room. Westminster Revue* (1858. vol. XIII) 2089. d.
Quarterly Revue 2087. h. (Dec. 1847. vol. 82).

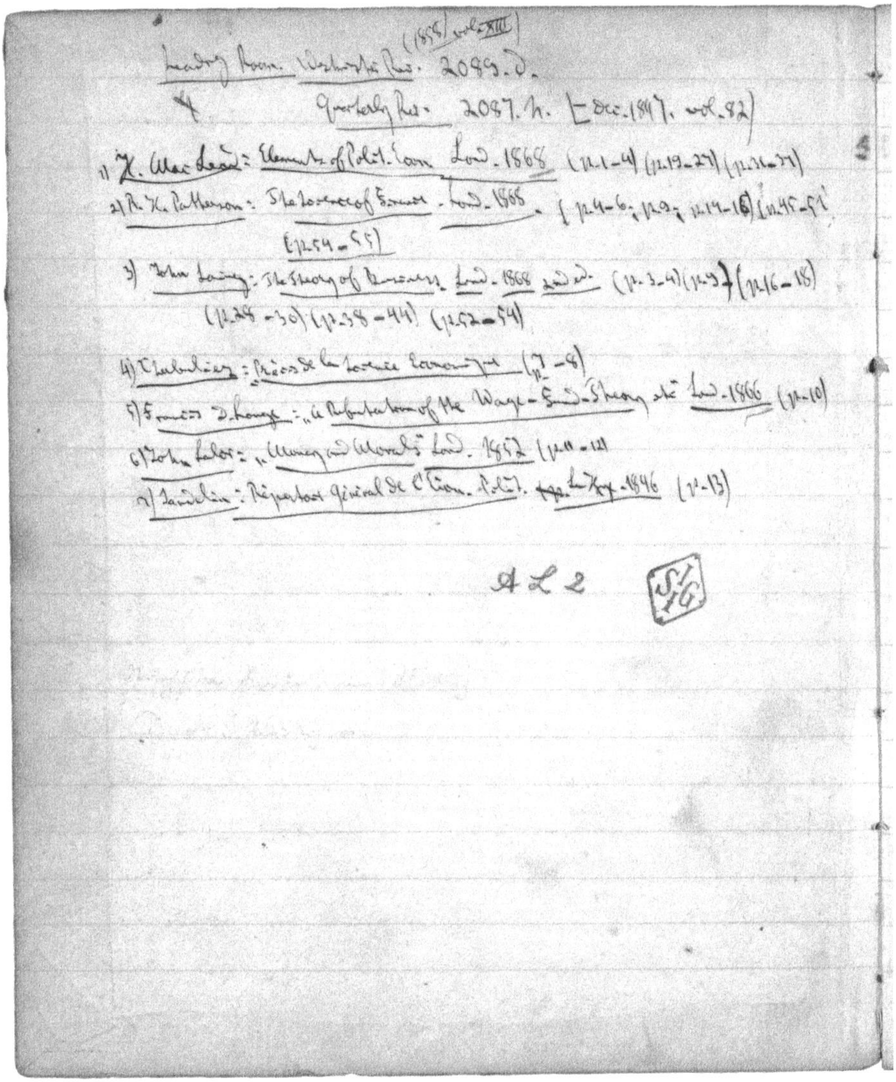
Leading Room. Westminster Rev. 2089. d. (1858, vol. XIII)

Quarterly Rev. 2087. h. [Dec. 1847. vol. 82]

1) H. MacLeod: Elements of Polit. Econ. Lond. 1868 (p. 1-4) (p. 19-27) (p. 31-37)

2) R. H. Patterson: The Science of Finance. Lond. 1868. (p. 4-6; p. 9; p. 14-18) (p. 45-51) (p. 54-55)

3) John Laing: The Theory of Business. Lond. 1868 2nd ed. (p. 3-4) (p. 9) (p. 16-18) (p. 28-30) (p. 38-44) (p. 52-54)

4) Cherbuliez: Précis de la science économique (p. 7-8)

5) Francis D. Longe: „A Refutation of the Wage-Fund-Theory etc." Lond. 1866 (p. 10)

6) John Talor: „Money and Morals" Lond. 1852 (p. 11-12)

7) Sandelin: Répertoire général de l'Écon. Polit. La Haye 1846 (p. 13)

AL 2

S/16

Inhaltsverzeichnis
Heft zum fixen Kapital und Kredit 1868. 2. Umschlagseite (S. [0b])

Bibliographische Notiz
Heft zum fixen Kapital und Kredit 1868. Seite [0d]

[Inhaltsverzeichnis]

[Bibliographische Notiz]

|[0d]| *Baco: Essay on Usury.* |

|1| Henry Dunning Mac Leod: The Elements of Political Economy. London. 1858. (Longman)

The object of the employment of capital is that it may replace itself, together with a certain increase. This increase, or excess of return over the original expenditure, is called the Profit, and its magnitude, or rate, is estimated not simply by its absolute amount, but also by the *time* required to produce it. The standard of estimating the rate of profit is usually the year... If an operation produces a profit of 5 P.C. in 3 months, it is a very different thing to what it would be, if it took a year or more to produce that excess. (76)

Capital may be employed in two ways. First, it may be invested in objects which are meant to be sold, and then the whole of the original sum, together with the excess, or profit, may be recovered in one operation. When employed in this way, it, or the objects in which it is invested, *Floating, or Circulating Capital*, because it goes altogether away from the owner. Secondly, it may be invested in objects... not meant to be sold and parted with, but which remain with the owner and yield him a profit by their use. When employed in this way... *Fixed Capital* (76, 77) If the return be made in one operation, it must include the whole sum necessary to replace the article, as well as the intended profits. But if the return be made by instalments at fixed periods, say a year, each instalment must consist of a sum partly to replace the deterioration of the article itself during that period, and partly to form the excess, or profit, of the capitalist, so at the end of the term when the article is worn out, the sum of all these instalments should be sufficient to replace the original article together with the profits. (77)

It is according to the intention of the person who produces an article, and the purpose for which it is produced, that it receives either of these names, and not according to the nature of the article itself. The same article may receive different names, according as it passes to different ||2| owners, who produce it, or cause it to be produced for different purposes. The same article may be *floating capital* in the hands of one man, and *fixed capital* in the hands of its next possessor, if the first produces it for the purpose of selling it, and the second for the purpose of deriving an income from its use. (77)

If the whole price of the article is paid out of the current income of the country, it is *floating capital;* but if only the interest, a revenue derived from its use, then *it is fixed capital.* ... All articles whatever be their nature, while they are in the hands of a person who deals in them, that is, who produces or buys them for the purpose of selling them again, as soon as he can, are *floating capital.* As soon as they pass into the hands of a person, who only makes a profit by interest derivable from their use, they are *fixed capital.* ([77,] 78)

The articles we have just mentioned [nämlich houses, lands, machinery, railways, ships etc] are ... generally produced with the intention of their ultimately becoming fixed capital, but they may, or may not ... It may also be easily shewn how articles which are usually classed as floating capital, may become fixed capital. Furniture and clothes would usually be termed floating capital, because they are generally made for the purpose of being sold. But if a person made them for the purpose of only letting them out for hire, they would become fixed capital in his hands. An ordinary tailor usually makes clothes to be sold to his customers, so they are floating capital to him. But in the hands of Nathan, who lets out uniforms and dresses for particular occasions, they become fixed capital, just as much as a house or a mill. So, if a cabinet maker makes furniture, for the purpose of letting it out for hire, that furniture is as much *fixed capital* as any railway. ([78,] 79)

Those (articles) to which it (the term ‚fixed capital‘) may be applied with the least risk of error are Railways, Canals, Docks and agricultural improvements. The ||3| instances are very rare in which such things as railways etc *are made for the purpose of being sold. If that did* happen, they would have to be called *floating capital,* in the hands of such a person or Co. So ... there are no articles which are necessarily fixed capital. Nor any which are necessarily floating capital. The mode of expending capital, which is almost invariably floating capital, is the wages of labour. ... In slave countries ... the slaves are fixed capital. (79)

If the builder of a ship means to sell it immediately, and be paid the whole price of it at once, he will employ that money in building another ship, and the full amount of the price of the ship, deducting the part which goes to support himself, will be expended in the wages of the shipwrights, and on the producers of the materials for the new ship. In this case it is floating capital. But if the builder of the ship means only to let it out for hire, and receive a periodical instalment for its use, he can only employ the part of that instalment which represents its deterioration in building a new ship; consequently, if he changes the nature of the business very suddenly, that is, if he suddenly turns his floating into fixed capital, the fund applicable to the promotion of labour will be greatly diminished, and it must infallibly cause great distress among the persons who were dependent on him for their support. (80)

John Laing: The Theory of Business.

2nd ed. Lond. 1868. (Longman.)

The several groups of trades taking part in a process work in succession on goods before they can reach completion. Each operation requires time; from which it follows that stocks in the different stages of forwardness must exist simultaneously as a condition of maintaining a continuous stream of completed products: that is to say, there will always be in the particular *series* selected, and similarly throughout ‖4| the system, besides *a reserve of materials*, a stock of cotton with spinners; another of yarn with manufacturers; one stock of calico with dealers, and another with retailers; … The stocks … represent … a country's „floating" capital. (16) What is wanted are supplies in the different stages, large enough to maintain an unintermitting stream of goods arriving at completion, and the amount sufficient for this will differ with circumstances. With means of transit and manufacturing appliances defective, a country must keep much heavier stocks in the intermediate states than it need do when machinery of great efficiency and railways ready to convey supplies to any point are at its command. ([16,] 17)

In paying 13,000*l.* to shopkeepers for what can be bought from manufacturers for 10,000*l.*, purchasers forfeit 3/10 of quantity … voluntarily. (21)

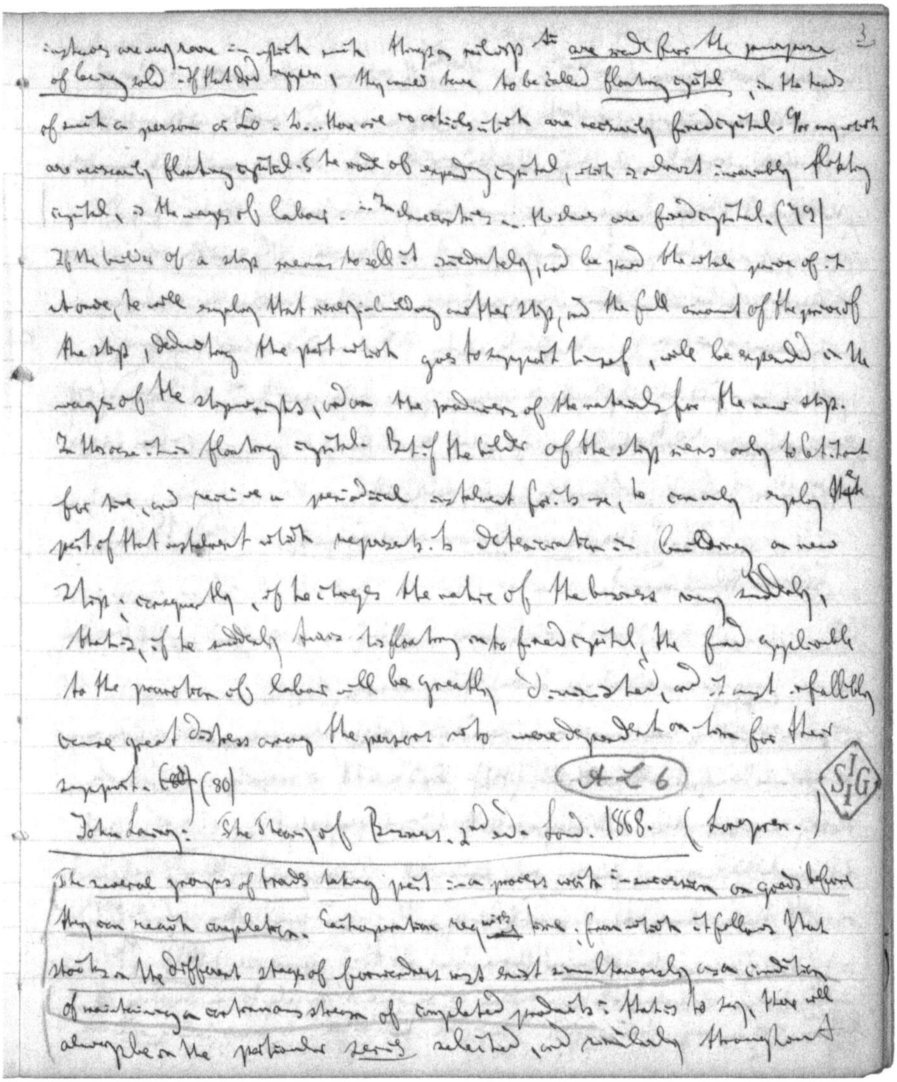

...in places are very rare in which articles are made for the purpose of being sold. If that did happen, they would have to be called floating capital, in the hands of such a person as Ld. D... There are no articles which are necessarily fixed capital. Nor any which are necessarily floating capital. The mass of expending capital, which is almost invariably floating capital, is the wages of labour. In the instances in which these are fixed capital. (79)

If the builder of a ship means to sell it immediately, and be paid the whole price of it at once, he will employ that money in building another ship, and the full amount of the price of the ship, deducting the part which goes to support himself, will be expended on the wages of the shipwrights, and on the producers of the materials for the new ship. It therefore is floating capital. But if the builder of the ship means only to let it out for hire, and receive a periodical instalment for its use, he can only employ that part of that instalment which represents its deterioration in building a new ship; consequently, if he changes the nature of his business very suddenly, that is, if he suddenly turns his floating into fixed capital, the fund applicable to the provision of labour will be greatly diminished, and it must infallibly cause great distress among the persons who were dependent on him for their support. (80)

A L 6

SIG

John Laing: The Theory of Business. 2nd ed. Lond. 1868. (Longman.)

The several groups of trades taking part in a process work in succession on goods before they can reach completion. Each operation requires time; from which it follows that stocks in the different stages of forwardness must exist simultaneously as a condition of maintaining a continuous stream of completed products; that is to say, there will always be on the particular series selected, and similarly throughout

Aus John Laing: The Theory of Business for Busy Men
Heft zum fixen Kapital und Kredit 1868. Seite 3

4) A L 7

the capitalist, needs a reserve of materials, a stock of cotton with spinners; another of yarn with manufacturers; one stock of calicos with dealers, and another with retailers; ... the stocks ... represent ... a country's „floating" capital (16). What is wanted are supplies in different stages, large enough to maintain an unintermitting stream of goods arriving at completion, and the amount sufficient for this will differ with circumstances; with means of transit and manufacturing appliances. Deficient in ..., a country must keep much heavier stocks in the intermediate states than it needed when machinery of great efficiency and railways ready to convey supplies to any point are at its command (17). In paying 13,000 l. to shopkeepers for what can be bought from manufacturers for 10,000 l., purchasers forfeit 3/10 of quantity ... voluntarily. (21)

R. H. Patterson: The Science of Finance. Lond. 1868. (William Blackwood.)

Capital: Reserve Wealth in any form ... „active" or „inactive" capital according as it is employed in industry or hoarded by its possessors. (83, 84)

„Floating" Capital ... reserve wealth in a mobilised form (132) i.e., in money, or in a form convertible into money at will on demand. (132) „Fixed" capital is property in a form not readily convertible either into money or into other kinds of property. (l.c.) The only effect of the so-called conversion of floating into fixed capital ... is represented by the additional amount of capital thereby absorbed in the form of money in the active circulation, i.e. which is temporarily or permanently withdrawn from bank for that purpose. (141) The so-called conversion of floating into fixed capital is equivalent simply to an increase of business of monetary transactions. The capital [illegible] which becomes fixed [illegible] one

Aus Robert Hogarth Patterson: The Science of Finance
Heft zum fixen Kapital und Kredit 1868. Seite 4

R. H. Patterson: The Science of Finance.
Lond. 1868. (William Blackwood.)

Capital ... Reserve Wealth in any form ... „active“ or „inactive“ capital, according as it is employed in industry or hoarded by its possessors. (83, 84)

„Floating“ Capital ... reserve wealth in a mobilised form. (132) i.e., in money, or in a form convertible into money at will on demand. (132) „Fixed“ capital is property in a form not readily convertible either into money or into other kinds of property. (l.c.) The only effect of the so-called conversion of floating into fixed capital ... is represented by the additional amount of capital thereby absorbed in the form of money in the active circulation; i.e. which is temporarily or permanently withdrawn from bank for that purpose. (141) the so-called conversion of floating into fixed capital is equivalent simply to an increase of business or of monetary transactions. The capital which becomes fixed *quoad* one ‖5| man becomes floating in the hands of others. (141) Z.B. cirkulirt jezt, seit 20 J., 5 Mill. £ mehr coin (gold) in circulation als 20 J. früher, for the purpose of retail payments, such as shopping purchases and wages. (140) Sagt dạṣ Geld z.B. beim Bau dẹṛ Eisenbahn »involves merely a transference of banking-deposits from the shareholders of the Co. to the constructors of the railway. What is withdrawn by the former is returned by the latter.« (138) it is not *readily saleable or negotiable: it is fixed capital.* (134)

the most perfect form of floating capital ... is unquestionably a deposit in bank payable in money on demand. ([133,] 134) the so-called conversion of capital into a fixed form is, as regards the community as a whole, identical, alike in its nature and its effects, with an increase of industrial employment – occasioning a comparatively trifling addition to the amount of capital „fixed" or absorbed in the circulation, in the form of money. It means simply a withdrawal of money from bank. And as no addition can at present be made to the issue of banknotes, except an equal amount of gold be added to the stock in bank, this is equivalent to an additional requirement for specie. (142)

All such conversions of capital from a floating into a fixed form are exactly represented by the amount of money (notes and coin) withdrawn from bank, and temporarily or permanently absorbed in the circulation, – i.e. added to the amount already in use in the hands of the public. (144) The „permanent" absorption … can be definitely ascertained. All the specie absorbed in the circulation is represented in the returns of the Mint, while the amount of banknotes absorbed by the public and by the non-issuing banks is represented by the returns of the banks of issue. (144, note)|

|6| *Loanable Capital* … the power of banks (wo die Kapitalists keep their reserve-wealth) to make loans. (146) *„Want of loanable capital"* … springs from *„commercial" difficulty;* the public not having an adequate amount of property in a suitable form to offer to the banks in exchange for the power of drawing upon them; the public may not have the proper means for obtaining from the banks the required amount of money or banking currency. Oder arises v. *„a banking difficulty"* … the banks not being in a position to make such exchanges of property or Value to the required extent: in other words the banks may not be able to undertake the liability of paying the amount of such exchanges in money. (146[, 147]) the same economy must be practised in the *means of exchanging* commodities as in the means of producing them. The same economy of force, or of intrinsic value, must be developed in the appliance of Capital as in the employment of Labour. (106)

Deposits … not necessarily, nor are they generally, paid into bank in the form of money; neither do they exist in the form of money. Banking deposits exist mainly in the form of commercial bills, Gvt. securities etc. (5[, 6])

Nach Statement by Sir John Lubbock before the Statistical Society *in June 1865*, in which he analysed a sum of 19 millions paid into his bank by his customers:

Cheques and bills: £18,395,000 or 97%.

Bank of E. notes	408,000	
Country notes	79,000	3% (Nur $\frac{1}{2}$% also in specie.)
Coin	118,000	(5 Note)

The B. o. E., on the average, holds about 15 mill. of specie, wovon about $7\frac{1}{2}$ millions locked up in the Issue Department as security for its notes – leaving $7\frac{1}{2}$ mill. to meet the demands of its depositors. The Irish banks hold about 2 mill. of specie available in payment of their deposits; and the Scotch banks about £650,000 of specie, exclusive of the amount (upwards of 2 mill.) which they are compelled to keep locked up as a security for their note issues. Add to this say 10 mill. of coin and Bank o. E. notes held by the Engl. banks, exclusive of the B. o. E., and we get 20 Mill. as the total amount of Money in the banks of the U. Kingd. available to meet their liability to pay their 400 mill. of deposits. (6 Note) In proportion as wealth has increased, new methods of storing it in a convenient form have been devised. (8) The accumulation of Capital led to the origin of money, as a means of storing and employing it. (11) It was the vast addition to the precious metals, arising from the discovery of the New World, which gradually led to the abandonment of the old system of barter and payments in kind. Without these new supplies of gold and |

|7| A. E. Cherbuliez: „Précis de la Science Économique.“ Paris. 1862. t. I.

Capital: les matières premières, les instruments et l'approvisionnement. (81)

A. Smith's „Distinction ... entre le capital *fixe* et le *capital circulant*,“ est exacte en elle-même et correcte dans l'expression, si on la rapporte au producteur qui emploie le capital et aux travaux économiques dans lesquels il l'emploie. (82) F. den producteur le capital fixe est celui, welches der producteur emploie sans qu'il sorte de ses mains u. qu'il ne renouvelle pas à mesure qu'il le met en œuvre ... Tout le reste de son capital ... sort de ses mains à mesure qu'il l'emploie et doit sans cesse être renouvelé; c'est donc, relativement à lui, un capital circulant. (82) Mais, si l'on envisage le capital par rapport à la société prise collectivement, la distinction d'Adam Smith n'est plus correcte dans les termes, car il n'y a pas un élément du capital qui ne soit circulant. Les immeubles même, tels que les bâtiments d'exploitation, se transmettent perpétuellement de main en main, et cette transmission est un acte de circulation à leur égard aussi bien qu'à l'égard des meubles. (82, 83) Noch schlechter lorsqu'on l'applique (die expression) wie Ricardo u. J. Mill, à cette partie du capital qui se consomme rapidement, puisqu'on ne saurait absolument considérer la faculté de circuler comme le caractère distinctif des choses qui seraient ainsi désignées. (83) D'ailleurs: la classification d'Adam Smith ne présente pas un sens uniforme et constant ... Si le capital circulant est celui dont le producteur se dessaisit par l'emploi qu'il en fait dans la production, il comprend nécessairement, pour le producteur individuel, des éléments qui, relativement à la société formée de l'ensemble des producteurs, ont le caractère du capital fixe; car la société ‖8| ne se dessaisit réellement, dans la production, que de cette partie du capital qui se consomme toujours rapidement, c.à.d. qui est non pas relativement, mais essentiellement et absolument fongible; la société ne se dessaisit ni de l'argent qui est employé comme salaire, ni des habitations, des meubles, des vêtements, qui forment une partie de l'approvisionnement des travailleurs. (83)|

|9| John Laing. (contin. [von] p. 4)

Cost really does regulate the *permanent price* of *most* commodities; that is, the reason why most commodities fetch a high price is that they require much labour, and „abstinence“ on the part of capitalists, in making. (36)

To bring industrial energy into intense action, experience proves that everyone must be preserved in the enjoyment of the result of his efforts, or in what others voluntarily bestow upon him. This recognition of the right of private property has been assailed by moralists from Plato to Robert Owen. In framing ideal communities they have frequently substituted a „higher“ motive than the desire of wealth as the mainspring of social action ... Sagt der kluge Laing: »The institution of personal property of course does not prevent any man who has a loftier idea from striving after it. Anyone may, as far as he is concerned, suspend the property law, and bestow all he possesses upon others.« (10) Asinus!

Patterson (contin. v. p. 6)

silver, no such change was practicable. However much men might have desired to adopt money-payments in lieu of payments in kind, they could not have done so, because the supply of specie was totally inadequate for such a change. (14)

but for the new mines of California and Australia, our trade with the East could not have increased as it has done; for the balance of trade with the East has always been against us, which balance has to be paid in specie, – and we could not possibly have spared so much specie but for the discovery of the new mines, which enabled Europe to fill up with gold the vacuum produced by the export of its silvermoney to the East. (16)

The amount of money (coin or notes) in the banks of the country is totally unaffected by these cheque-transactions ... the only result is the transfer of the balance of these transactions, in the form of Money, from one bank to another. ([25,] 26) The settlement at the Clearing House is effected by each indebted bank giving to the others a draft, or cheque, upon the deposits which it keeps in the B. o. E. Hence the business of the Clearing House – the balance of all the cheque-transactions – is settled without the use of money at all, simply by a transference of a certain amount from the credit of one bank to that of another. (27) Nach statement of Sir John Lubbock (Statist. Society *in June 1865* following analysis of 23 mill. £ which passed through |

|10| Francis D. Longe (Barrister at Law): „A Refutation of The Wage-Fund Theory of Modern Political Economy.“

Lond. 1866. (Longmans)

In the case of a manufacturing trade, where the landlord's share in the produce of labour is immaterial. (12) As cheap labour enables one rival employer to undersell another in the goods market, it is never the interest of employers to maintain a particular scale of wages, except when compelled to do so for the purpose of protecting themselves against the combination of their labourers. (21, 22) These writers (J. St. Mill etc) ... attribute to the capital used in the payment of wages the function of maintaining labourers during the performance of the work for which wages are paid. (48) Aber niemals employers in the habit of paying the wages of the labourers they hired before the labourers had completed the work, the price of which their wages represented. ([48,] 49) The funds out of which the labourer and his family are maintained from week to week are his own capital and not that of his employers, whether those funds consist of wages which have been paid to him by his employer on every preceding Saturday, or of money inherited from an ancestor. (49) While a reduction of wage below its sufficient price diminishes, deteriorates, and destroys labour, it increases both the demand for, and the supply of inferior and impoverished labourers ... it pushes further and further away that boundary to competition which the limits of the supply of labourers is supposed to put. (75)|

|11| [Bibliographische Notiz]

Sieh: *Quarterly Review: „Accumulations for December 1847."*

John Lalor: „Money and Morals“

Lond. 1852. (J. Chapman. 142 Strand.)

The aggregate of capital held by traders at this moment, in the form of goods, is probably in proportion to the aggregate of what is employed by the manufacturers, less than it was 20 years ago, because railway facilities enable a dealer to supply himself more quickly with what he wants, and therefore to effect the same number of sales with a smaller capital. (43, 44)

Capital on its way out to production divides into wages and salaries, or primary incomes, which, after variously subdividing, recombine, and throw off profit incomes on their way back to capital. In this case *the point of departure* and *the point of return* must lie in different branches of industry, *the outgoing capital in one department always presenting itself as return in one or more of the others.* (48)

It is probable that there is in England a continually-increasing portion of capital in process of destruction, either by the decline of old industries, the undertaking of rash speculations, or the dishonesty of individuals who waste the property of others; and all such capital is actually destroyed by a process which causes it to pass into income, and thereby to become a return to some other capital whose owners are more fortunate. (50)

In the mills of Manchester and Leeds, or the workshops of Birmingham and Sheffield, the productive power scarcely ever attains its full stretch. Agriculture, of course, yields more slowly to the impulse, but during the extra demand of the late war the increase of agricultural production in England was almost unparalleled. (55)

It is admitted by Mr. Mill, and is indeed notorious, that, owing to agricultural improvements, the law of diminishing fertility of land may be and has been practically *suspended* for a long series of years. During such suspension, however, all *the common phenomena of declining profits have presented themselves.* (57) |

|12| [John Laing. (continuation)]

3 months credit in the hosiery, flannel, and many other departments. The tea „prompt", meaning the time allowed by brokers between purchase and payment, is likewise 3 months. In the wine trade, 6 months are commonly granted. (46) In so far as each trade of a *series* regulates the length of the credit it gives by what it gets – a common practice – a *simultaneous settlement* is brought about, and the conclusions arrived at as to credit dispensing with cash will not be affected, although the average duration of the term is, say, 3 months in one series and 6 in another. The term given by the several groups of each will expire at the same time. In practice, settlement takes place to a large extent in all trades about the beginning of each month, and many bills expire about the 4th. (46, 47)

Thus far credit has been considered as affecting only money; it also exercises an important influence on the general productive funds of the country, in respect of causing the proprietors of those funds to become distinct classes or persons from the employers of them. Producers commonly carry on business, at least in part, with the means of other people. They purchase stock, and postpone settling for it beyond the period requisite for completing a part of the process; say for terms of 3, 6, 12 months, or more. ... Trade usage prescribes a peculiar mode of charging for the capital thus borrowed. Wholesale houses profess to allow *discount for cash,* which is merely an indirect way of stating that they impose a charge on all who take credit. Ordinary terms are „$2^1/_2$ p.ct. discount at a month, or a bill at 3 months;" in other words, purchasers are offered the choice between paying for a given quantity of goods 97*l.* 10s. at the month's end, and 100*l.* at the expiry of 3 months from that time. The difference between these sums is really a charge for an advance of capital.« (47) |

|13| A. Sandelin: Repertoire Général d'Économie Politique.

La Haye. 1846. t. I.

Article Capital u. Capitaux.

Capital Engagé: tellement engagé dans un genre de production, qu'il ne peut plus en être détourné pour se consacrer à un autre genre de production; telles sont les *valeurs* employées à des améliorations agricoles, à la construction d'une usine etc. La *valeur* d'un capital engagé ne peut plus rentrer dans la *circulation*, ni être offerte comme *capital* à employer; et par conséquent influe faiblement sur le taux de *l'intérêt.* (634)|

|14| R. Patterson. cont. [von] p. 9.

his bank in a few days:

Amount settled through Clearing House:	£16,346,000	or *70 P. C.*
Cheques and bills, not passed through Clear. H.:	5,394,000	24 p.c.
Banknotes.	1,216,000	6*
Coin	139,000	
	£23,095,000.	

(27 Note)

*Davon nearly $5\frac{1}{3}\%$ in banknotes, little more than $\frac{1}{2}\%$ in coin.

By this means payments to the enormous amount of about *15 mill. st.* take place *daily* throughout the country without the use of a single note or coin. (28) Nach Hankey (*On Banking*, p. 101) the transactions settled through the Clearing House last year (1867) = 4588 millions st: giving an average of nearly 15 mill. a day. This, we presume, is apart from the economy effected by the recently established Country Clearing House. The Scotch banks, also have a clearing house of their own. (28 Note) The only result of these millions of daily payments made by cheques is, that the clerks in the B. o. E. take their ledgers and write off a trifling amount from one bank's credit, and place it to the credit of another. (28) Notes and cheques are forms of credit originating with banks; but bills are the means by which each private individual utilises his own credit. They make his capital go farther than it otherwise would. In fact they are equivalent to a temporary creation of capital. (30)

The general practice is, that a Bank will discount bills for a customer to *at least 10 times the amount of his average balance* in the bank. Thus, if he keeps an average balance at his banker's of £1000, the bank will discount bills for him to the extent of at least £10,000. Thus he can trade to fully 10 times the amount of his money in bank. A commission merchant, who does not require to sink money in his business, can by means of bills trade to 10 times the amount of his whole capital. But in the case of *manufacturers* and others, who have to sink money in their mills and machinery, it is only a comparatively small portion of their wealth which is deposited in bank, and which may be made a basis of bills. ([30,] 31)

In the Foreign trade, bills play a more important part as money (denn im Inland) – international currency. A bill upon a Calcutta merchant held by a person in London is as good to him as a cheque upon a Calcutta Bank, as an equal amount in rupees, or in notes of the Bank of Bengal. (32)

When a bank discounts a bill, it does not usually pay money for it: the amount is simply placed to the credit of the person who sells to it the bill; who thereafter draws out the amount in such portions as he requires, usually by means of cheques. When a discount house buys one of those bills, it makes payment by a cheque upon the bank with which it deals. And thus nearly the whole of those immense bill-transactions are settled without the use of money, and simply by means of cheques and the Clearing House. (33, 34)

The monetary wants of a community are twofold: 1) to carry on the daily buying and selling, and suchlike exchanges of property, among our own people and also with foreign countries; and 2) to store up in a convenient form the reserve-wealth of individuals. (34)

Absorption of Specie: Since 1849 the production of the precious metals has quadrupled in quantity: the chief increase being in gold, which is the superior metal for currency. Nevertheless the *reserve* of the precious metals available for the wants of trade and commerce is at present little, if at all, greater than it was before. (39) Constitution dẹṛ B. o. E. unchanged seit 1844. And we find that, on the average of the 5 years ending with 1865, its stock of specie is exactly the same as it was during the 5 years previous to the gold ‖15| discoveries. (39, 40) Hauptgrund: Great increase in foreign trade. That of England more than doubled, that of France more than trebled in amount. Ebenso m. other countries. Hence more precious metals wanted, weil a great portion of the increase of the foreign trade of England, France, and America with the countries of the East, especially with India and China: and these are chiefly exporting countries … „balance of trade“ always in their favour, to be paid for by a ceaseless exportation of the precious metals. (40) *Zweitens:* the course of trade is always liable to transient ebb and flow: and the larger the amount of international trade which a country carries on, the larger are likely to be the occasional balances against it. Ever and anon some country *suddenly* increases its imports from some other country, and the balance thus arising must be paid in specie. The more extensive the commerce of a country, the more secure is the basis of its material industry: for, when the supply of goods from one quarter is stopped, the more easily can the loss be compensated by obtaining the required supply of goods from other quarters. On the other hand, all such changes in the course of trade tend to produce in some quarters an adverse balance against the importing country, – liquidation of which must usually be made in specie. So that, in truth, the more extensive the commerce of a country, the greater is the liability of that country to monetary disturbance, owing to fluctuations in the ebb and flow of specie. (41)

Ferner: Increase of domestic trade, chiefly in consequence of the increase of foreign trade, but partly independent of it. More buying and selling, more wages and salaries, higher rents etc, and hence more currency of some kind is needed. A portion of those payments has to be made in specie. In England no notes of less value than £5, in France none below £2, 10s. Daher in both countries a large portion of the daily retail purchases, and all the wages of the working class, have to be paid in coin. ... Consult the returns of the Bank as to the additions made to the contents of the Bullion Office from abroad, and as to the total stock of gold held by the Bank: the latter does not increase along with the former, and the difference shows the amount of specie which, merely passing through the Bank, becomes yearly absorbed in the active circulation of the country. (42) So seit 1843 grosser increase dẹṛ metallic currency dẹṣ U. Kingd., not less than *105 mill. st. of additional gold and silver coins having been* issued from the Mint. The records of that establishment show that in the 22 years, 1844–1865, gold has been coined to the amount of £114,000,000, and silver to £7,700,000 – together £121,700,000. During the same period (as shown by the records of the Mint, supplemented by those of the B. o. E.), the amount of worn gold coin withdrawn from circulation £14,800,000, and of worn silver coin £1,660,000: total, £16,460,000. Thus deducting from the amount of new coins issued since 1843 giebt addition to our metallic currency of rather more than 105 mill. st. This gives an average of *nearly 5 mill.* st., sunk each year in additions to the metallic currency of the country. These coins needed solely for retail payments of the smallest kind, – namely, in the payment of weekly wages, and in shopping purchases of less amount than £5. ([42,] 43)

Endlich: As *wealth increases, more money*, whether notes or coin, is required owing to the increasing wealth of the country. As wealth increases, the deposits in bank increase; and as these deposits become larger, the banks must keep a larger amount of money in hand, in order to meet this increase of their liabilities. (43, 44) In dẹṇ letzten 10 J. Deposits in dẹṇ London Joint Stock Banks verdoppelt – v. 50 Mill. to 100. Ihr Reserve xxx 2–3 Mill. greater als früher. Dieß de facto immobilised. (44) |

|16| J. Laing (Contin.)

»As to the grounds on which differences in the duration of credit terms rest, the term in different industries and countries was probably connected in the first instance with the time required to carry through particular operations. In this view credits, in the days of railways and telegraphs, should be shorter than in the old coaching days.« (47, 48) Nicht der Fall. »Wholesale house, vieing with each other, not unfrequently double the length of their nominal term by dating forward, and otherwise. Goods furnished in January are invoiced as furnished in February, March, or even later, and the credit term begins to run only at the nominal date.« (48) *(See Slater*, Bank Committee evidence, 1858)

The, at times, seemingly disproportionate effects of a hitch in business can only be explained satisfactorily by taking into account the existence in a latent form of engagements to pay money at fixed dates, all of which gradually, but certainly, come due. (49)

Commercial credit has been shown to *defer* the delivery of money as the medium, but not in principle to dispense with its use in that capacity. (52)

Die „Civil Service Association" u.a. formed to encourage the payment of ready money in retail by offering a discount of from 5 to 25 p.c. off the prices at which goods are sold for credit. Many of the most respectable retail houses in town have agreed to furnish their wares at such rates. It is something to know that goods can be procured *for cash* at $^3/_4$ of their ordinary price. (50)

The silver in half a crown is only 2s. 4d. (62) The British mint receives gold bullion and returns, without charge, gold coin, aber – it receives not less than 10,000*l.* worth at once. (62)

The B. o. E. will warehouse gold and silver bullion left in cases, without buying it: loads of treasure are often seen in waggons in Lothbury, which reach the vaults, but do not appear in the Bank Returns in the Gazette. (64)|

|17| In Sydney, after the great gold discoveries, coin rose to a premium. Gold could not be converted with sufficient rapidity into sovereigns. Proprietors of bullion accepted less than 3*l.* 17s. 9d. in the more convenient form of money. And, more recently, in Bombay rupees rose in relation to silver in bars. Tons of bullion were in the vaults, but though the Mint worked night and day, it could not overtake the demand for rupees, to send up country for cotton, in addition to the ordinary payments for opium. (64, 65) Ebenso enhanced value of coins through under-supply in Shanghae in 1857, when the Carolus dollar, used as money for want of a suitable native currency, rose to nearly double its value. (66)

The gold coins of the Sydney Mint are now legal tender here. Sydney sovereigns, owing to the silver in their alloy, (about 11 dwts to the pound troy), are worth, say ½d. per ounce more than standard. Possibly this, by causing them to be sent to foreign markets in place of Engl. sovereigns, may account for the diminished coinage (during last 2 years.) and sovereigns are now largely remitted from Australia to India direct. (67)

Citirt aus Dem würdigen *Duke of Argyll „The Reign of Law"*, p. 415, sagt: »The history of combination among the working classes has, until a very recent period, been a sad history of misdirected effort, of strength put forth only in violence and disorder, and of the virtues of brotherhood lost in tyrannical suppression of all individual freedom.« [(86)] (Braver Argyll!)

»Mr. Neate asked the Secretary of State for the Home Department whether he was prepared to advise Her M'y to include in the terms of the Royal Commission for an enquiry into Trades' Unions, an enquiry into the combination existing in the legal and medical professions for the purpose of maintaining remuneration in them at or above a certain rate.« (*Times*, May 24, 1867). The tariff of the Law Society authorises many charges which are fancy charges. (91) (Note)

Premises in Cheapside or Eaton Square which cost 2000*l.* in building, may *let* for more than 1000*l.* a year. The same premises in the suburbs or in the country, would probably not *let* for more than 200*l.* (93)|

|18| Net Profit consists of *interest* ... which remunerates for abstaining from consuming ... *skilled wages* ... u. *remuneration for risk*, oder *insurance*. (98, 99)

X True, there is now, as ever, a large class on the verge of starvation, but this is not incompatible with a state of great prosperity. (109)

Nach Dr Levi (Sept. 1867. Statement in *Stat. Society Journal* for 1858) states all the money received as salaries, wages, profits, and rent, by Engl., Scotch, and Irish during a year at 745 mill. sterling. Does this express the *money value of products completed and consumed during the year?* Plainly not. An estimate grounded on the income tax returns would in many cases count commodities more than once. The 1000*l.* made by dealers would appear first in the return of their incomes, and then portions of it again in the returns furnished by professional men and others whom they *fee*. To make „money income" correspond with „goods finished and used", a considerable deduction must consequently be made. (107) Money income far exceeds money possessed. (109)

Obgleich decided increase in dem income v. England (U. Kingd.) verglichen mit 20 J. früher, dieß nicht f. salaries u. fees (im Unterschied v. wages). Die Dealers, zahlen ihren clerks z. B. (ansonsten noch den professional men, kurz f. all emoluments regulated by custom) nach wie vor *dieselben* salaries. Also dadurch steigt ihr *net profit*. ([110,] 111) Die salaried class dadurch zur wages class herabgedrückt. (l.c.)

Diejenigen, die save … »provide for receiving shares of the income to *be created* in future years, not that they conserve existing income.« (112)

Fresh savings, temporarily at least, benefit the class composed of persons receiving wages; such savings are, in fact, tantamount to gifts to them. (149)

Foreign coins frequently command a premium in this market. Russian gold coins, f. i., are often bought above their bullion value to send to Russia. (132, [N.] 1)

Owing to credit, the demand for bills as well as the supply of them, of any moment, may be connected with dealings months before; hence the *current prices of goods*, though affecting imports and exports (the source of bill demand and supply), may have an influence comparatively remote on the state of the bill market at any particular time. ([129,] 130) |

|19| Mac Leod cont. v. p. 3.

In all civilized societies there is property of an enormous value, which is bought and sold, which has no present existence, which has only a *future* existence, and which is yet the subject of exchange. And this comprehends the whole theory of the *Present Value of Deferred Payments* ... value of landed property, annuities, public fund, the whole doctrine of Credit. (11)

Currency and transferable debt are convertible terms. (26) Where there is no debt, there can be no currency ... the use of a currency is not to facilitate exchanges, but to abolish exchanges. (26)

If there never had been anything but a metallic currency, the older conception (of money as instrument facilitating exchanges) would have been sufficient. Nicht jezt, v. sogenannter *Credit* or *Paper Currency*. (28)

A. Smith, who adheres to the older conception, has, on one occasion, accidentally stumbled upon the truth. Thus, he says, *Wealth of Nations*, vol. II, p. 274, Wakefield's edit. „a guinea may be considered as a bill for a certain quantity of necessaries and conveniences, upon all the tradesmen in the neighbourhood." (29) Das Rindvieh kennt die Physiokraten, Quesnay etc, die er so sehr lobt, offenbar nicht.

»The metallic currency is termed *money*, and the paper currency of all sorts is termed *Security for Money*. These securities ... 2 general divisions, 1) *promises* to pay money – *Promissory Notes*, and 2), *orders* to pay money – called *Bills of Exchange*.« (36) The amount of the sum total of all the transferences of the currency which take place, is properly called *the Circulation*. (37)

Dock Warrants and Bills of Lading are merely the *titles to certain specific goods*, warehoused in the dock, or on board ship, and involve no personal liability or debt. On the other hand, a bill of Exchange is purely a charge of debt upon some particular person. ([46,] 47)

Securities for money comprehend all obligations to pay money, such as Bills of Exchange etc, promises to pay something ... *Convertible securities*, wie Bills of Lading, dock warrants, public funds, shares in all sorts of companies, and all title deeds to property of a moveable description, the property of which passes by simple delivery, and at a short notice. ... *Securities for money* od. promises to pay money ... multiplied far beyond the actual quantity of money ... dagegen *Convertible securities*, »the titles can never exceed the actual quantity of property *in existence*.« (!) (50)|

|20| Als Styl u. Denkprobe dieses lächerlichen, affektirten, schottischen Pedanten:

»To fix and define the meaning and extent of the word Capital is one of the most important points in the subject, as it has undergone so many Protean changes of signification by writers who use it in different senses, that much confusion has been created.« (62)

the fundamental idea of Capital is the store of accumulated labor which its owner has not yet spent in purchasing commodities. It does not represent commodities in any way whatever, but only the power its owner has of purchasing what he wants. It is also manifest that it bears no definite relation to commodities, because the quantity of capital the laborer accumulates is just the quantity he refrains from spending. (66) Capital, then, in its primary, genuine, and original meaning, denotes the accumulated savings of labor, and its symbol is money (66, 67) od. wie daṣ Vieh sagt »a store of accumulated labor which has not yet been spent, and it is necessary to have some material substance to represent and measure it, and that substance is money.« (66)

Our laborer having *accumulated a store of capital*, i.e., of its symbol, *money*. (68)

As the commencement of his (the merchant's) operation must be buying the goods he means to sell, what is the *power* which enables him to purchase them? *Capital*. Capital is, therefore, the purchasing power, the moving power of commerce, the power that causes the goods to move from the producer to the merchant, or it is the *circulating* power, which causes the goods to circulate. In its primary meaning, it does not mean the commodities themselves, but the *power* which transfers the property in them from one person to another ... But the object of the merchant in buying the goods ... to sell them ... The true object of the merchant is to possess more money at the end of the transaction than at the beginning. If he gave £1000 for the goods, he hopes ... to receive £1500 for them. Thus, in their turn, the goods become the moving power, the purchasing power of this £1500, ‖21| and consequently ... the name of capital is applied in a secondary, and metaphorical, sense to the goods which are the moving power to enable him to get possession of the £1500. When a man has bought goods and sold them, he is said, in mercantile language, to *turn over* his capital. (69) As the object of every man's labor is to gain money, whatever conduces to that end may, in a figurative sense, be denominated *capital.* (69, 70) When a man invests money as capital, viz., with a view to make a profit, the precise form in which he invests it can make no difference in the principle. One man invests his money in cultivating a farm, for the purpose of selling the produce; another ... in buying commodities, for the purpose of selling them with a profit; another invests his money in cultivating his mind, by learning a profession, for the purpose of making a profit by exercising that profession. As a question of Political Economy all these modes of investing capital must be treated in the same way. (70) Capital, then, in its most extended and general sense, which is the proper one to be employed in Polit. Economy, may be said to be *anything* which a man *can trade with*, or which he can turn to *the purposes of profit*, or *which helps him to gain an income.* (70) Thus, the tools of an artisan, together with his skill and industry, form his capital. (70) So a good character serves as capital to many persons who can obtain the use of money, or a situation, from their known integrity. (70)

When the merchant bought goods with capital, he invested a *portion of the realised symbol* of his *past* skill, judgment, and industry. But mercantile instinct devised a circulating power which should be the symbol of *future* skill, judgment, and industry, and this circulating power is *Credit.* The merchant, instead of buying goods with actual money, is allowed to buy them with a „promise to pay" money at some future period. By paying money he gives the result of his former industry, by buying with a „promise to pay" money, he pledges the result of his future industry ... Money, labor, and credit represent simply industry past, present, and future. Now, this system of buying goods with a „promise to pay", is called the *System of credit* ... these goods are not advanced as a mere *loan*, but the property of them passes to the buyer equally whether the operation be by actual payment, or only by a „promise of payment". Whenever, therefore, sales are made upon credit, *credit is equally a circulating power with real capital.* (71)|

|22| Credit is less profitable to the merchant than capital by the discount. (72)

So far as regards the circulation of commodities, credit performs exactly the same function as capital. A merchant makes a profit by trading upon credit, not so great a profit, it is true, as if he were trading with real capital, but yet, if he has credit, he makes a profit where otherwise he would make none. *Hence*, it follows *according to the conception of capital*, that *credit is capital*. All goods are circulated, either by capital, or by credit; hence, *capital and credit constitute the circulating medium*. (72)

The powers of singing and dancing possessed by performers at the opera are capital to them. (73)

All certain future payments have a present value, as it is called, which is an article of commerce, and saleable just like merchandize. A sum of money ... payable one year hence, has a *Present Value*, which is a marketable commodity. (74)

A bill of exchange is an independent value, just like a house, or a ship etc, or money itself, every single thing that can be bought and sold is a separate value. (75, 76)

The object of the employment of capital is that it may replace itself, together with a certain increase. (76) This increase, or excess of return over the original expenditure, is called the *Profit*, and its magnitude, or rate, is estimated not simply by its absolute amount, but also by the *time required to produce (!) it*. (76)

Currency is the engine of circulation, and industry is its motive power. (89)

Dạṣ v. Herrn Mac Leod entdeckte Gesetz of Price ist dieses:

The quantity of money given for the service rendered is determined by the *intensity of the service rendered, together* (!) with the *comparative* (!) *power* (!) of the person (!) who renders the service over the one who purchases it. (96) Ça suffit, asinus asinorum!

What we want, is *a name* which shall universally express the price given for an article at the instant of the purchase. (97) The price actually paid in any transaction ... *Instantaneous value*. (98) The price of every service rendered consists of these 2 elements, viz., the intrinsic value or the intensity of the [service itself, which we may also express by the necessity of the] person who requires it (dieß bezieht sich nur auf dẹṇ *Gebrauchswerth!*), which we may also express by the *necessity* of the person who requires it, and the power of the person who renders it, over the one who receives it; or we may say, that the ‖23| price varies, as the intensity of the service rendered, and the power of the seller. (100)

Price varies directly as the intensity of the service rendered, and inversely as the power of the buyer over the seller. (100) Dieß nur andre expression davon, »that value depends upon the relation between supply and demand.« (102)

It is not labor that confers value, but value that attracts labor; and all value is local. (104)

When we say that the relation between supply and demand is the sole regulator of value, we mean to say that *a change of value* depends upon a change in that relation and upon nothing else. (112)

Ricardo asserts, that it is the corn produced under the most unfavorable circumstances, that regulates the market price. ... it is exactly the reverse, it is the market price of corn which indicates the most unfavourable circumstances, i.e. the greatest expense under which it can be produced. (114, 115)

In a great number of cases it is impossible to say what the cost of production of any article is, and the very fact of a market being opened up for it, is the very thing that confers value on it. In the last century, eggs were at 1d. a dozen in the Highlands of Scotland, and salmon was so abundant, that it had scarcely any saleable value at all, there being no communication with the Southern market. When this communication was opened eggs rose to 4d. or 6d. a dozen, and salmon acquired a value of about 1s. a pound. That was because agent from the South came and bought up the produce, because eggs were, perhaps, 1s. 6d. a dozen in the London markets, and salmon was 2s. 6d. a pound. Now eggs were not 1s. a dozen in London because they were 4d. a dozen in the Highlands, but people gave 4d. a dozen in the Highlands because they could get 1s. a dozen for them in London ... it was the value of the eggs in the London market, that regulated their value in the Highlands, and not the reverse. (120, 121)

A diminution in the cost of production, when effected without an increase in the quantity produced, goes entirely to the benefit of the producer. (122)|

|24| When the market price of a commodity falls below its production, it is called Over-Production, and it shews that further production should be curbed. (151)

the proper and natural way to curb production is by the annihilation of profits. (154)

All traders are subject to make bad debts, and the losses they make must be distributed over their other business. Part of the price in all cases goes to cover losses by bad debts. (180)

Present value of future payments. The value of landed property is calculated by the annual rent it yields, and the rate of interest at the time of the purchase. The worth of landed property consists in its producing a regular series of stated annual payments for ever. Now, though each of these only falls due year by year in succession, each of them has a present value, and is capable of being bought and sold. And the value of the property is estimated by adding up this series of the present values of these future payments for ever. Now, the present value of a sum of money payable one year hence is such a sum of money as placed at the interest agreed upon would produce that sum. The present value of a sum of money, payable two years hence, is such a sum as placed at *compound* interest (the present value of annuities is always calculated at *compound* interest. Woods Algebra) for 2 years, would amount to that sum. The present value of a sum of money, payable 3 years hence, is such a sum as placed at compound interest for 3 years would amount to that sum; and so on. Now, it is evident that this series of values diminishes very rapidly, till at length we come to one so infinitesimally small, that all after it may be neglected. Resultat ... divide the annual amount by the rate of interest and the result is the present value of the annuity. Thus, the present value of an annuity of £1 payable for ever at 10% is £10. ($1/^1/_{10} = 10$) At 5% it is £20 ($1/^1/_{20} = 20$), at 3% it is 33£ 6s. 8d. ($1/^1/_{33^1/_3}$), at 2% it is £50 ($1/^1/_{50} = 50$) (185, 186)|

|25| *Rent* ... share which the landlord receives of the profits accruing from the working of the land, as the interest of that species of capital. (189) Rent only arises when the property in question is lent out to some one. When the owner of the article uses or works it himself, there is no such thing as Rent, any more than when a man trades with his own money, can there be any such thing as Interest. (190)

Rent may be increased by increasing the quantity produced, even though the market price does not vary. The improvements of agricultural science, such as draining, manuring, the rotation of crops etc, may, up to a certain length, increase the quantity produced in a very much greater ratio than the expenditure of capital. And this is manifestly equivalent to diminishing the cost of the production of the whole. Diminution of the cost of transport has also the most material effects upon agricultural prosperity. Thus, rents may be increased even though the average price is not increased, or even diminished. (192, 193) When the capital to be borrowed is land, the power of the purchaser over the seller is much greater than when it is money. Hence ... the price of it lower ... the rent of land rarely exceeds $2^1/_2$ or 3% of the value of the land, and is often less than that. (199, 200)

Nor is it possible to say whether the nonsense talked by Dante, or the nonsense talked by Aristotle on the subject of usury, is the greater. (218)

only in 1833 first breach made in the *Usury laws*, by exempting bills which had not more than 3 months to run from their operation, and by temporary extensions and prolongations, most other contracts were taken out of their operation, but it was only in 1854 that they were finally swept away from the Statute book ... laws equal in absurdity to those of witchcraft. (221) |

|26| these 2 species of Capital, land and money, are subject to inverse conditions in the progress of society. The demand for land increases faster than the supply, the supply of money increases faster than the demand. (224)

As long as the increase of the quantity of capital [i.e. Gold, Silber] affects the value of money with respect to debts [daṣ beast meint dẹṇ discount, Zinsfuß], it has no effect on its value with respect to commodities, and as soon as it begins to affect its value with respect to commodities, it ceases to affect its value with respect to debts. (233)

When profits are said to be reduced to 10%, it seems ... paradoxical ... that interest can be paid at 15%. ... Aber: interest calculated [by persons in trade] p. annum ... profits by the actual transaction, without reference to the time ... if a tradesman pays interest at 15% p.a., he makes profits, perhaps, at the rate of 10% p. week, perhaps per day, which is at the rate of 520 or 3130% p.a. (236) This at once explains how trade can be carried on at rates of interest, which would seem inexplicable. (236)

The *trafficking in debts of different descriptions* is termed the *System of Credit*. (241)

Mercantile Credit: Bei Bills of Exchange B is not considered to be actually in debt, until the day for payment arrives, so this obligation is no diminution of his actual property. It is not intended that it should be paid out of any money in his actual possession, but out of the proceeds of what he expects to gain ... in disposing of the goods he has bought. (247) Banker buys then the Bill from A (the possession of it) who endorses it etc. (247) In this transaction the banker or other person does not make a *loan* of money to the manufacturer ... It is a *Sale of the Debt* ... the manufacturer's name on it (the bill) is merely a warranty of soundness of the debt (248) wie bei Kauf of horse A buys the Horse, taking a warranty as his security that he shall be repaid his money if the horse is unsound. (249) |

|27| Instruments which may be transferred from hand to hand by indorsement, or mere delivery, are termed negotiable instruments. (249)

Goods or commodities pass through the following hands: First, the foreign importer or manufacturer; second, the wholesale dealer; third, the retail dealer, fourth the consumer. To the first three of these parties the goods are capital, because they produce, deposit, [import,] or buy them for the purpose of selling them again, and making a profit from their sale. The fourth buys them for the sake of consumption ... the price he pays for them must be sufficient to reimburse all the original expenses of production, together with the profits of the 3 preceding operations. It may, however, be a considerable *time before* the goods pass from the manufacturer to their final destination, the consumer, and the capital employed in their production and distribution replaced, so as to be the cause of producing other operations. Now, it is quite evident that unless the first 3 classes have further capital to go on with until the consumer has bought and paid for the goods, their operations must come to a standstill for want of moving power, until they are reimbursed. If, however, they can obtain capital, by selling the debts due to them, to enable them to go on until the proceeds of the first operation fall in, it is clear that they can go on producing without interruption, and supply a continuous stream of commodities. (250, 251)

Der Manufacturer zieht bill on wholesale dealer, discounts it at his banker; der wholesale dealer draws bill on retail trade, discounts it at his banker, der retail trader on customer, if he can, discounts it etc. So: »in the ordinary way there will be at least twice as many bills afloat as there is property to which they refer.« ([252,] 253)

A bill of exchange does not *represent property at all.* It *represents nothing but debt.* (253, 254) the manufacturer, the wholesale dealer, and the retail dealer, may all be customers at the same bank, and if they all have their bills discounted by the bank, it may unknowingly purchase a whole series of debts arising out of the transfer of the same property. (254)

While ... any given amount of property may, by repeated transfers, originate a considerable number of bona fide bills, it is, on the other hand, very common for a bill to represent the transfers of several times the amount of property expressed on the face of it. This is the case whenever the bill is endorsed and passed away for value, and the bill represents as many additional values expressed on the face of it as there are indorsements ... A draws a bill upon B, who accepts it for value. A has dealings with C, and is indebted to C for value, in payment of which he tenders his bill upon B, and endorses it over to C ... dieser to D, it then represents *three* transactions. And so it may be indorsed over from one party to another an unlimited number of times, and will denote as many transfers of property. When C indorsed over the bill to D, he merely assigned over to him the debt which A had previously transferred to him. Now, that might be done either by drawing a fresh bill on B, cancelling the first, or simply indorsing over the bill he received from A. Hence, we see that every indorsement is equivalent to a fresh drawing. (255) |

|28| J. Laing cont. v. S. 18

Z.B. „in Paris the quotation of gold is about 2 per mille premium", and „the short exchange on London is 25.5", from which the deduction is drawn that, gold is nearly 7–10ths p.ct. dearer (i.e. more valuable) in Paris than in London. The premium on gold in Paris of course favours the export of gold from this country. Those who send gold equal, say, to a sovereign, get its full equivalent in French coin, and 2 per mille, or 2/10% over and above. The equivalent for the sovereign being 25.17, the premium gives about 5 centimes more, making the exchange for a sovereign 25.22. Next, the ‚short exchange on London is 25.5'; intimating that bills, payable in London immediately, are at a discount in the French market. With prices at *par*, it would take 25.17 to buy a bill there on London for a sovereign, whereas in the state of the bill market 12 centimes less than this will purchase one. A person in Paris remitting to England, can, with his French money, which he ‚remits', purchase a bill for a full equivalent in Engl. money, and have a large percentage over and above. Twelve centimes on one pound gives 12fcs, or nearly 10s. (that is, one half p.ct.) on a 100 pound. The quoted rates therefore show a double inducement to engage in exchange operations with France. In the first place, bullion fetches a large amount of French money; and in the second place, that money goes a long way in buying bills in France. Adding together the 2–10ths premium obtainable on selling gold in France, and the 5–10ths (10s.) discount on purchasing bills there, we have 7/10ths, as the gain on the operation. (140, 141) Gold and silver being at par, 25.10 to 12½ will take away gold; it needs 25.37½ to 40 to *bring* it; French gold coins being melted at a loss … Par is 25.17. the premium of 2 per mille adds two one-thousandth parts or 5 centimes (.02517×2) for each pound, making the exchange (25.17+5) 25.22. (140, 141)|

|29| In this market bills on continental countries usually carry a premium; in them bills on England are at a discount ... the explanation ... is that this country distributes the new gold arriving from the mines to the continent. ([142,] 143) In gold and silver producing countries the exchanges are, as a rule, at *specie point;* that is to say, bills on other countries carry premiums equal to the expense of conveying bullion to these other countries ... In relation to the Continent, England is a *quasi* gold-mining country. (144)

In Frankreich 100 to 120,000,000£ of coin. (153)

1000 sovereigns wiegen über 21 Pfund. (154) Direct waste on coin in circulation estimated at 1/4% p. annum. (154) As a rule one set of persons withdraw notes for coins for about the same amount as another set send banknotes back. (156) 44 Mill. £.St. notes in use in the U. K. (156) Die banks, whose united issues = 44 Mill. £ notes have lent or invested at interest 25 mill. of the gold and silver left by the persons who obtained these notes, and retain in hand only 19 mill. (160) banknotes are, not like cheques, sent in for cash as speedily after receipt as possible ... banknotes remain out, sometimes for a long period ... *All* banknotes are not kept over night; many, like cheques, are returned at once, and these do not extend the paper portion of the country's money, nor do they dispense with coins. (161, 162) The penny stamp recently imposed on cheques *tends* to increase the number of banknotes so returned. The published bank accounts will not show the entire augmentation on the ground indicated, because they give only the notes *outstanding* at the close of business. Such augmentation will tell on the *number* of notes issued, say, during 12 months. (161 Note)

Nach Chevalier 79 Millions coin and notes kept by public, 51 by bankers v. den supposed 130. (165, 166) Besides acting as custodiers of cash left with them, bankers *collect* monies due to customers, and undertake to present bills as they arrive at maturity. (167) Remit to distant places. (168) *Remitting* causes the local supply of money to change hands, but not necessarily, or even usually, to leave the town which it is said to be remitted from. (168) Settlement is ||30| usually effected, not by interchanges even of money, but of the commodities which the money buys. (169)

One place may have to pay more than it has to receive, in which case, as with settlement of international transactions, drafts will bear a premium possibly sufficient to pay for the transmission of money. ... trade between seaport and inland towns generally in favor of the former. Manufacturing towns and large cities have usually the balance in their favor ... London focus ... By far the largest proportion, both of the inland bills in circulation in this country, and also of the *foreign bills upon*

Great Britain, are *made payable in the metropolis*. As a rule, a greater demand to remit to London than to remit from it. Bills on it usually carry a premium, forming one element of the commission charged by country bankers for remitting. The balance of indebtedness may be due, not to London, but to other places; London being simply the medium of transmission. Aber auch seat of Gvt, (remittance of taxes) u. income to persons residing there. The commission charged by bankers for remittance varies. From Edinburgḥ or Glasgow to London, f.i., charge is 2s. %; recently it was as low as 1s. (169, 170)

Clearing House. Settlement of pecuniary obligations, foreign bills, inland bills, cheques, *drafts*, *coupons* etc. At 10.30, 12 u. 2.30 daily, one clerk or several (dẹṛ banks) attend at the Clearing House in Lombard Str., bringing with them all the bills, and cheques on other banks, which have been paid in by producers or other customers to their respective banks. The representatives of the Londọṇ and Westminster Bank, f.e., arrive freighted with bills and cheques upon Glyn's, Barclay's, Fuller's, the Union, or other clearing bankers (sind ihrer jezt about 50). The drafts, arranged in parcels, one for each debtor bank, are distributed among the representatives of the various banking houses, from whom parcels are received in exchange, containing claims upon the London and Westm. Bank. The clearing effected at 10.30 principally with bills; the mid-day is the country clearing; and that at 2.30 almost exclusively with cheques. The general balance which is struck each afternoon, contains either a debit or a credit item from each bank, according as it has to pay a difference to the clearing house or to receive one from it. Banks which, as the result of the day's operations, are in the position of having to pay a balance to the clearing-house, hand a peculiar *white* cheque, on their account at the Bk. o. E. „*transfer ticket*" genannt, whereas banks which have to receive a balance pass a *green* ticket, instructing the B. o. E. to place the amount specified on it to their credit. The transfer tickets are conveyed to the banker's section of the Private Drawing Office, where the clearing house account is kept. [(170, 171)]|

|31| Mc Leod ([continuation von] p. 27)

The wholesale dealer liable on 2 obligations, his acceptance to the manufacturer, which he must at all events discharge, and, secondly, as drawer of the bill on the retail dealer, which he must discharge in the event of the latter failing to do so. Der wholesale dealer disposes the goods an zahlreiche retail dealers, and takes their acceptances and discounts them at his bankers. Manche davon unpaid, he will be called upon to pay them. He must, consequently, to insure his own safety, always keep a sufficient amount of his capital either in funds at his banker, or immediately available, to meet these contingencies. (256, 257)

As even in the best of times the accidents of trade are numerous, it is the height of imprudence for any man to invest the whole of his available means in business and deal in credit obligations at the same time ... Any man ... who locks up all his available means in commodities, and does not keep a sufficient amount of cash ready at a moment's notice to meet these unforeseen contingencies, is *overtrading*, and the first mercantile convulsion in which credit is damaged and diminished will almost certainly ruin him. (257) Overtrading ... trading beyond the due bounds of his capital. (l.c.)

Fast alle men of commerce are under obligations, that is, they accept bills of exchange, which become debts, on a particular day, and must be paid. To meet these obligations due by them, they have property of two sorts: first, *Debts*, or obligations due to them; secondly, *Commodities*. They must either sell their debts to their bankers, or they must sell their commodities in the market. While credit is high, that is, whole bankers buy debts freely, they can retain their commodities from the market, and watch their own opportunity of selling at a favourable moment. But if credit receives a check, and the banker refuses to buy their debts ... they are obliged to throw their commodities on the market, and sell them at all hazards, the supply of them becomes excessive, and this inevitably depresses the price. Traders who have capital enough of their own to meet their engagements without discounting, are able to keep their commodities back from the market, until the extra supply being exhausted, prices rise again, from the natural operation of the demand. Now, ... bankers always buy the debts of traders by creating debts of their own, which are called their „issues", and when bankers refuse to buy the debts of traders, they are said to „contract their issues". Consequently a contraction of issues, or discounts, is generally followed by a fall in prices. And this fall in prices happening coincidently with a contraction of issues, was supposed to be caused directly by the diminished amount of currency compared to commodities. (258, 259) Bei overstocking of markets (gluts), goods unsaleable etc ... great destruction of credit, and a great demand for cash. Credit is destroyed faster than operations can be reduced in proportion. (262) Traders who have not received the returns they counted upon to meet their engagements, must raise money on any terms, and perhaps sell what property they have at any sacrifice, to save themselves from ruin. ... Rate of interest (price of use of money) will greatly increase, während great quantity of goods thrown upon market, ||32| and their price will be enormously depressed. (262)

In Zeit of depression »persons who have ready money ... particularly cautious in buying, partly because they always hope the market will fall still lower, ... partly, because they must keep their ready money by them to maintain their own position. Supply increased, demand diminished ... When markets are rising, sellers hold aloof, hoping the price will still be higher; and buyers crowd in, hastening to purchase before the price rises more. (264)

Credit may be equally applied to create a product, with a similar intention (wie bei Kauf u. Verkauf fertiger Waaren) of replacing it out of the profits of the operation. (265) Und dadurch »*a creation* of a product«. (266)

Z.B. a city corporation errichtet Markthalle, nicht durch Pump v. real capital, sondern durch issue of small, interest bearing bonds, payable at certain fixed dates. Damit zahlt sie selbst die Arbeiter. (266) If they borrowed real capital, that would by so much diminish the fund of moving power applicable to other species of industry, and raise its price. Dagegen durch issue of bonds ... *so much clear addition to the capital of the community* ... dieß nennt man fälschlich *fictitious* capital. ... If the bonds issued by the corporation were not redeemable, and represented nothing, the epithet *fictitious* would be accurate ... If the corporation pumpt cash

u. spends it, it is absolutely gone from them for ever, and is no more a security to the holders of their notes, than if it had never existed. In either case, then, it is the permanent property of the corporation which is the real security of the holders of the notes ... Daher ganz inaccurate and untrue to distinguish one case by the term *real* capital, and to brand the other as fictitious. ([267,] 268) The second method ... makes capital more abundant. (268)

So far as production goes ... credit is in all respects equivalent to money. (269) Money ... the representative of the fruits of a man's past industry, and credit a pledge of his future industry. (l.c.) Bills of Exchange are not a lien upon property but upon industry, and any property a man possesses is only a kind of collateral security to make good his engagements, in case his industry is unsuccessful. (269)

Accommodation bill ... If B be a person of wealth and reputation, he may lend the use of his name to A without any real transaction having taken place between them. Thus he may accept a bill of A's, and A, on the strength of his name, goes to his banker, and gets the money, with which he performs some operation, such as manufacturing goods, ‖33| and having done so he may sell them to C, and take C's bill in payment of them, which latter is a real transaction. (270)

The practical effect of this transaction is simply that B stands security to the bank for the money advanced to A; and there is nothing in the nature of such a transaction [worse] than for one man to stand security for another in any other commercial transaction. (271)

The essential distinction between real and accommodation bills is, that one represents a *past* and the other a *future* transaction ... The intention of engaging in any mercantile transaction is, that the result of it should repay all the outlay, with profit. There is no other test but this of its propriety in a mercantile sense. (272) The whole cash credit system of Scotland ... is a system of accommodation paper. (273)

When capital is to be had on too easy terms, it fosters to an extravagant extent the fatal propensity for embarking in all sorts of wild speculations,and pushing trade far beyond the possibility of being remunerative ... at least this security in real bills, that as they only arise out of real transfers of property, their number must be limited in the very nature of things ... cannot be multiplied beyond a certain extent. There is, therefore, a limit to the calamities they cause. But with accommodation paper there is no limit. A beggar may write upon bits of paper a million of „promises to pay" ... A man of real capital will be cautious in his operations, a loss to him will be real, but a man who is not worth a 6d., is indifferent whether he loses a £1000 or £1,000,000. (273, 274)

All commercial transactions on credit, are *Sales*. The absolute property of the article passes from the vendor to the purchaser ... profits less, because the credit price is higher than the money price. The difference arises when the sales are unprofitable, and losses ensue. If the wholesale dealer buys from the manufacturer for ready money, and the speculation is unfortunate, the whole loss falls upon the dealer, the manufacturer does not lose, ‖34| he has got his money. Beim Creditsystem, when the wholesale dealer fails ... the loss may fall upon him. ... In this, then, consists the whole difference between the sales on credit, and sales for money, that if losses ensue they may be differently distributed. (274, 275)

The effect upon the markets and upon prices is exactly the same, whether purchases, i.e. circulation of commodities, be generated by credit or real capital, and the profits and losses are exactly the same to the community, whether the operation be effected by credit, or by real capital. Hence ... *Mercantile Credit* is *Mercantile Capital.* (275)

The invention of credit has destroyed the supremacy of capital or money, and has provided the means for the most humble to place his foot on the first step of the ladder of opulence. (276)

Theory of Banking: The business of a merchant is to deal in commodities, the business of a banker is to *deal in currency*. A merchant buys and sells commodities, a banker borrows, and buys, and sells, currency. (277)

cheques ... bills of exchange upon the banker, payable to bearer on demand. (287) established as a custom among bankers, that the *possession of a customer's funds by a banker is equivalent to acceptance.* (287) Consequently, if a banker has funds of his customer in his hands, he is bound to pay all the customer's cheques, to the amount of the funds in his hands, without notice and without acceptance, to the bearer on demand, exactly as if it was his own promissory note. (287[, 288]) Hence, cheques are nothing but a substitute for banknotes. (288)

The business of banking consists in creating liabilities. (289)

Bankers meist betrachtet als agents between persons who want to lend, and those who want to borrow ... in ordinary cases of lending and borrowing the lender deprives himself of the use of the capital he lends. But in ordinary banking, both parties have the complete use of the capital. The customer lends his money to the banker, and yet has the free ‖[35]| use of it – the banker employs that money in promoting trade; upon the strength of its being deposited with him he buys debts with his „promises to pay", and the person who sells the debt, has the free use of the very coin which the lender has the same right to demand. (292)

Falscher belief that cheques are only drawn against actual cash deposited with the banker u. that banknotes are founded merely on his credit.

Such a notion ... perfectly delusive. Bankers invariably buy bills of exchange with their „promises to pay", and not with coin, and cheques drawn against their promise to pay are as purely based upon the banker's credit as banknotes are. (294)

Merchant deals *with* credit, banker *in* credit. (295) A merchant brings him debts payable some time after date, for sale, and by a flourish of his pen, the banker transmutes these into debts payable instantly, which have precisely the same effect in commerce as so many sovereigns. He reaps exactly the same profit by creating a credit in favor of his customer, as if he gave him actual cash. From this it manifestly follows, that *Banking Credit is Banking Capital.* ... As all credit is either banking or mercantile, general conclusion that *Credit is Capital.* (295) Die bankers promise to pay »just by so much as they exceed in number the quantity of actual sovereigns in the banker's possession, they are to all intents and purposes *an addition* to existing capital.« (295, 96)

Even supposing ... that his (the banker's) customers put into circulation orders upon him to pay cash to the bearer on demand, still it does not follow that he will have to pay these orders in actual cash ... *chances* ... that operations may be carried on without any demand for the actual coin. 1) the customer of one bank may draw a cheque in favor of some one else, who may also be a customer of the same bank, and that customer may only pay it into his own account, and the operation will merely be a transfer of figures from one account to another, but yet will be equally effectual as if the actual coin passed. 2) he may pay a cheque to a customer of ‖36| another bank, and that customer may pay it into his account with his own banker, and desire him to get the payment of it. But the same thing may probably happen to the first banker, one of his customers may pay into his account a cheque drawn upon the second banker. When these two bankers meet ... to balance accounts, they will set off these mutual claims one against the other, and pay the difference only in coin. (297, 298) these debts may all be settled by the mere payment of differences between the mutual claims ... they might all be equal, and no coin at all pass. (298)

A clever trader gets his friends to accommodate him with their names, he then goes to his banker and discounts this paper with him as real ... this is ... *borrowing* money from the bank. (306)

banking consists in the creation of liabilities, in the multiplication of debts, which are to perform all the duties of actual money, and which so long as they do so, are in all respects equivalent to so much capital. Banking, therefore, consists in the multiplication of capital. (316)

Value is supposed to spring from labour, and to be measured by the labor which produced it, whereas *value is the exchangeable power of a quantity;* and if any quantity whatever has exchangeable relations, that is, if it is capable of being bought and sold, it is a real value. Thus, if debts have exchangeable relations, that is, are capable of being bought and sold, they are real values. (320) When we affirm that credit is capital, we mean nothing more than this, that operations take place where one or both sides of the transactions are debts. That sales of goods and services occur, where a „promise to pay“ forms one side of the transaction. (325)

The only difference between a bill of exchange and a banknote, is, that the former is a promise of a deferred payment, and the latter that of an immediate one; and there is less risk in taking the latter than the former. (336) In the midland counties of England, it used to be quite common for the banks to issue the bills of exchange they had discounted, with their own indorsement upon them. (336)|

|37| Currency … is the Representative of Transferable Debt … whatever represents transferable Debt is currency. (340)|

|38| Laing. (cont. v. 30.)

The sum of the white and of the green tickets should exactly balance one another at the end of each day. The B. o. E. has recently been admitted to the clearing so far as to pass cheques on other bankers received from its customers through the house: other banks, however, still bring their cheques on the Bk. o. E. to it at once for encashment. The effect of this arrangement on the condition of the clearing account ... to place the bank in the position of always holding a *green* transfer ticket, that is, of having to *receive* a balance. (171, 172)

profit der bankers ... a portion of the „*interest*" element of net profit. (172)

Discount bankers are, in effect, *capitalist partners* of the various traders. (174)

bankers lend, say of the 51 mill. deposits (balances), 2/3 or 34 mill. Merchants and others receive 34 Mill. as loans, but the remaining with the bankers reduced to 17 Mill. This reserve of 17 Mill., however, *exerts all the influence of the full 51 Mill*, in the sense that, notwithstanding the reduction really effected in the money in the banks, producers buy and sell exactly as they would have done had their bankers continued to hold the entire 51 mill. Each assumes that he can at a moment's notice obtain all the money belonging to him. (174, 175) All loans are *granted* as money in the narrow sense; but in the sums borrowed by discounters no inconsiderable quantity is permanently retained as money. Borrowers therefore borrow, and pay interest for the use of, some money proper, that is to say, sovereigns or banknotes; the bulk, however, [of] *what they pay* for is, in a national sense, goods, chiefly stocks in trade. (176)

Mit crisis, u. stop of a bank ... much of what is practically *money* ceases to exist. Not merely is it withdrawn from bankers as during a *commercial* crisis, f.i. of 1857, and temporarily absorbed by producers and others, but it is rendered absolutely *non-existent*. The rush for coin and notes in May 1866 would not have been prevented had the *reserve* of each failed bank been at once made available, say by transferring it to the B. o. E. to lend, *because the capacity of triple service of each sovereign in that reserve did not admit of transfer*. Nor could the ‖39| pressure have been obviated by customers of failed banks immediately opening accounts with other banking houses. To open these accounts they must have procured money somewhere or other ... Some of the treasure released must (in times of bank failures) be brought back to the country, to be retained until the community consents to entrust as much money as before, to the banking class. (177) Producers must always have cash in hand ... with which to carry on their business. Unable, through the failure of their bankers, to touch a shilling of their working balances, ... merchants and producers generally, had (in 1866) to provide *second* balances. They, in the meantime, endeavoured to place themselves in funds by borrowing from bankers; and a high rate of discount was the immediate result of the bank failures. The events of 1866 created a rush for *money* by which the reserve of the B. o. E. was nearly exhausted. (178) Money in discharge of obligations to other countries is borrowed usually from bankers, and thus a drain of money though of commercial, not banking, origin, tells on the bankrate ... Daher violent fluctuations in bankers' terms of lending. A million or two of gold do not bear a large proportion to the requirements of commerce, but they bear a very large proportion to the means of the banking class. (179)

Every person, when speculation is rampant, seems to make large profits. Sales at nominally remunerative prices are readily effected, and settlement takes place by *bills*. More lavish expenditure, owing to what appears fairly earned gain, is indulged in. For a time the money in use may be virtually augmented without withdrawing any from bankers, simply by spending more frequently that already in circulation. Some slight shock to confidence dissipates this factitious augmentation, and reserves are suddenly, often far, trenched upon, to fill the void created. (180) All *balances* with bankers are circulation ... Although not kept in hand, every sovereign, entrusted to bankers as balances, still forms in effect a part of the country's money supply. When producers withdraw balances for export »they may be correctly described as contracting or lessening the national circulation, whereas by discounting, not.« [(184, 185)]|

|40| The „34 millions" st. lent by bankers being in effect a fresh fund, trenching on it is raising money by means other than lessening the volume of the currency. (185)

Countries like Britain, every year sending many surplus millions abroad for investment, really pay for their coins not with wealth which would otherwise have formed wages and salaries at home but with funds which, had they not been arrested in their courses, would have gone abroad and *yielded interest*, or at most *net* profit. Discounters' advances of coins, or of bullion, simply reverse the process gone through in getting them, and cause a part of the wealth then arrested to become again available. Now this part could not find employment at home in the first instance; and, unless some action takes place on the country's capital-using ability concurrently with its recovery, there is no reason to believe that it can be added to the capital already under employment in the country, any more than it could had it never been exchanged for money at all. (187, 188) though *bankers* are relieved from retaining large amounts left with them as balances, capitalist-producers are not thus affected. They still require to keep as much money as ever in their bankers' hands. (188)

The *issue of banknotes* ... affects the *quality* of a country's money, and *discount banking* its *quantity*. (192) *Cheques* increase the efficiency of money, economise it, save wear and tear; they also increase its *efficiency*, by investing the money they represent with the property ... of being able to be in more than one place at once. Payments of money can be effected by written orders much more readily than by passing cash; easily transferred from one person to another, without loss of time, and being at once paid in to a banking account, the money they stand for can be used, by being drawn against, more frequently than if coin itself were employed in payments. Were cash made use of, intervals must elapse between its withdrawal from the bank and repayment, during which it would not be available. Cheques therefore lessen the proportion of money required to commodities. (193, 194)

Cancel banknotes, and coin of equal value must take their place: not so ... with the disuse of cheques. The principal change would be that many, who need not do so when cheques are employed, would be forced to withdraw money daily from their bankers to ‖41| effect payments. But the *principle* on which discountbanking proceeds would not be affected by this: in other words, bankers would not require to retain reserves bearing a larger *proportion* to their liabilities than they do now. Some of the reserve – which they are not *relieved* from retaining, but which, under a cheque system, lies dormant in their tills – would become active, and be drawn out and paid in daily, in the course of business. (194)

Greater als dẹṛ direct der indirect influence of cheques in *lessening the money of a country*. Er induces nämlich viele persons to employ bankers, and through them a large sum is added to the fund, $^{2}/_{3}$ of which may be dispensed with. (194)

Cheques act only as banknotes to a small extent … they fail to induce holders to keep them long enough to make them serve as notes … as a rule cashed without delay. Equivalent for cheque in Banknotes would be: »I promise to pay bearer, on demand, the sum of 1000*l.* from *my* money in the Bank.« The cheque is not, like the banknote, a claim upon the entire resources of a bank but only upon the problematical resources of a single customer. (195) In troublous times … cheques, stets speedily returned for payment, are in such seasons sent in more speedily than ever. (196) Money … enables men to break transactions into separate operations and to delay completing them for a lengthened period. To do this, however, money must enjoy the confidence of those who use it, sufficiently to induce them to retain it by them. (l.c.) Cheques lack the qualification of inducing holders to retain them on an average at best overnight. (l.c.) They are equally capable with banknotes of transferring the ownership of coin from one person to another, and so far of acting as money. (197) If credit substitutes are cashed without delay, then, though they dispense with the *manipulation* of coin, the coin must still be kept in the country. (l.c.) As to bills of exchange acting as money, when they have some time to run, whoever finally accepts one in payment consents so far to perform the act of the capitalist, z. B. farmer paying grocer by bill on cornfactor, grocer in reality *advances* ready goods … bills at maturity are simply cheques. ([197,] 198)

Deposits are *not* reserves of what would have been kept as money (d. h. wie Wilson sagt als „reserves, before required to be kept by private individuals and traders, accumulated in the hands of the bankers“). (199) 1840 the liabilities of the jointstock banks of London, including acceptances, about ‖42| 3 mill. *l.* St, 1845 £10 Mill., 1853 to $21^{1}/_{2}$, 1856 to $36^{1}/_{2}$, 1863 to about 70 Mill., 1866, of only 7 banks, to 85 Mill. £. St. The larger part of these sums, it is presumed, comprises funds left at interest. (199, 200) Diese deposits *»a portion of the country's general capital«*. They are not money properly so called. Z. B. warehouseman receives settlement 11,000*l.* Instead of paying it away by purchasing fresh stock, and as wages to persons in his employment, pay it into his banker's to bear interest. Some other producer, influenced by the condition of the markets for goods, so far affected by the alteration in demand, borrows the 11,000*l.*, and purchases from manufacturers the calico or other stocks which the dealer left unbought. Deposit-discounting is thus in large measure the employment, under somewhat different auspices, of capital already devoted to production, and not the employment of resources additional to those previously used. (200) Deposits differ from balances. ... the stocks of goods derived from deposits and those from balances ... distinct dadurch, that, whereas those obtained from balances owe their existence entirely to the operations of the discount bankers, and without such operations would remain as coin idle in the bankers' vaults, in respect of most of those stocks arising from deposits they would exist as commodities whether there were bankers or not. Without the agency of banks, as regards deposit funds the chief difference would be that they would be employed directly by their owners instead of indirectly by the agency of those who borrow from deposit-bankers as at present. The deposit system has of late years silently but certainly been bringing about what amounts to a revolution in the manner of employing this country's floating capital. The owners of capital and the employers of it have become in an increased degree distinct from each other. (201)

As to the effects of lending *balances* compared with those of lending *deposits* ... advancing *balances* proves beneficial by creating an insurance fund; by advantageously placing portions of the country's productive resources; and by causing unemployed resources to yield a revenue. With regard to the money-reserve which constitutes an insurance ||43| fund, deposit-banking does not materially enlarge it. Deposit bankers never keep the statutory 1/3, or nearly that, of their liabilities as cash. (202) If ... deposits are, in a national sense, merely a portion of the general capital of the country composed of commodities with a due admixture of money, then bankers *in balances* will already hold the portion of that money which it is found expedient to leave with them for the purposes of business whoever may happen to carry it on. The *balance* portion of bankers liabilities, in short, contains *the money* belonging to the deposit portion. F.i. der exdealer depositor employs his 11,000*l.* himself, statt to *deposit* it; diese 11 000*l.* consist of a stock of calico werth 10 000*l.* u. 1000 cash. »Part of that cash he leaves with his banker, and it helps to form the balance liabilities of the class called „51 millions" against which „17 millions" are held in reserve. These 17 mill. therefore, contain the cash held against the several capitals consisting of yarn, calico, and all the other stocks including the dealer's. And when, by a certain arrangement, another takes the place of the dealer in employing stocks, matters are not altered.« The cash part of the sum borrowed is treated by the new dealer as it would have been had no transfer of capital occurred. The only difference caused by the change, as regards those who employ capital, will be that the actual employer of the borrowed capital will get only a portion of the *net* profit instead of the whole of it. A portion of the „250*l.*" will be paid by him to the depositbanker as discount, on obtaining the advances, which the deposit banker passes on to be spent by the ex-dealer depositor. It is thus not necessary for deposit-bankers to provide a second cash reserve against deposits. (202, 203) In Schottland, at least until of late years, Zins on deposits viel kleiner als die rates offered by the joint stock banks of the metropolis vor 1857. When more than 3% is allowed on deposits, consols and many of the best securities become ineligible as banking investments. Only securities yielding larger returns can then be used by deposit-bankers, and, as a rule, such securities cannot be readily disposed of when the business world is disturbed; in periods of pressure or crisis they are not saleable except at ruinous sacrifices. Bearing in mind that all the vast ||44| sums received at interest are repayable by bankers *in cash*, either on demand or at a short notice, and that, during a commercial, not to speak of a banking, panic they are not unlikely to be called for in this form, the danger of holding securities not readily realisable is evident. Deposit-bankers are thus shut up to lend principally to those engaged in business, on the security of bills of exchange. ([203,] 204)

though consisting principally of what would in any case have been employed productively, deposits are in part new. Allowing interest on sums so small as 10*l.* stimulates to saving. Deposit it may be observed exercises its influence by causing people to save, whereas ordinary banking causes money lying unemployed to be utilized. (204, 205) Though deposit considerably enlarges available resources, it does not follow that it thereby augments the country's home capital. The new resources are, as a matter of fact, used in the country, as they are mainly lent on bills of exchange; but, not enlarging capital-employing capacity, where that is fully taken advantage of, they will displace funds which, however, become available for investment elsewhere. It is questionable whether the deposit system has *enlarged* the home capital to any considerable extent. (205)

The magnitude attained by deposits has imparted immense importance to the bankrate. When borrowing is carried to such a length as it now is, a difference in the rate may make all the odds between an operation turning out profitable and the reverse; no wonder that business men anxiously watch every change in bankers terms. (205)

The failure of a bank dealing with deposits at interest does not, like that of one dealing with balances, lock up what to merchants and others is *money* required for current dealings. It, however, embarrasses discounters and those to whom the deposits belong, and also in all probability indicates a diminution of the nation's capital, through unwise investment of deposits by the managers of the failed bank. (206)

Bank-note paper costs 19s. 6d. per ream of 500 pieces of paper. (*Hankey on Banking*, p. 88) Each piece yields 2 notes. (210, nt.)

Dieser Esel citirt v. *Wilson*: »when a banker discounts bills he furnishes his customers with a command over *commodities*« (176), woraus nach dem Esel folgt, daß »bankers may be represented as dealing in money and yet with commodities.« (176) u. »discount-funds are in a national view composed of cash and commodities in certain proportions«. (216)

When people *invest in foreign loans* they virtually make over commodities to other nations. They in fact transfer to them the means of purchasing some of the 400 Mill. £. worth of goods, by supposition the value of the productions of this country. Were the opportunity for investing abroad removed, the commodities in question would most likely not be created at all. Many persons will produce in order to *invest*, who will not do so in order to *consume* ... the hope of securing future income proves a stimulus where the desire for immediate income does not. ... As to the mode of effecting a new foreign investment, investors pay money to the agents of the foreign borrower; these agents not unfrequently purchase goods in the lending country; ships, materials of war, materials for railways etc, and pay for them |

|45| Patterson. (cont. v. 16)

1844 die Reserves der other Banks in B. o. E. $1^1/_2$ mill.; in Nov. 1857 = $5^1/_2$ Mill. Jetzt probably 6 Mill. at least. (44 [Note])

Grössrer Fortschritt in France (speciell unter dem Protectionssystem, vor Aendrung der Gesetzgebung) als in England. Folgende Zahlen Millionen.

Foreign Trade of France (excl. of transit or emporial trade)

	Exports.	Imports.		Exports.	Imports.		Exp.	Imports.
1851	46	$30^1/_2$	1856	$75^1/_2$	80	1861	77	$97^2/_3$
1852	$50^1/_4$	40	1857	$74^2/_3$	75	1862	90	88
1853	$61^2/_3$	48	1858	$75^1/_2$	$62^1/_2$	1863	$105^3/_4$	97
1854	$56^1/_2$	$51^1/_2$	1859	$90^2/_3$	$65^1/_2$	1864	117	101
1855	$62^1/_3$	$63^3/_4$	1860	91	75	1865	128	$111^1/_3$
Average	$55^1/_3$	$46^3/_4$		$81^1/_2$	$71^1/_2$		$103^1/_2$	99

As in *1850* the exports were $42^1/_2$ and the imports $31^1/_2$ mill. St., it appears that the exports of France are now 3 ×, and the import $3^1/_2$ × as large as they were then: showing that the whole trade of France has more than trebled (increased 230 P.Ct.) during those 15 years.

Foreign Commerce of England (Excl. of Transit or Empor. Trade)

	Exports.	Imports.		Exports.	Imports.		Exports.	Imports.
1851	$74^1/_2$	127	1856	116	149	1861	125	183
1852	78	124	1857	122	$163^3/_4$	1862	124	$183^1/_2$
1853	99	140	1858	$116^1/_2$	$141^1/_2$	1863	$146^1/_2$	$198^1/_2$
1854	97	133	1859	$130^1/_2$	154	1864	$160^1/_2$	$222^3/_4$
1855	$95^1/_2$	$122^1/_2$	1860	136	182	1865	166	218
Average	89	130	Aver.	124	160	Aver.	$144^1/_2$	201.

As in 1850 British Exports $71^1/_3$ u. Imports 115 Mill. St., since then *exports* fully, and *imports nearly* doubled, the increase having been respectively 120 u. 91%. Total increase of foreign trade, during 15 years, of 106%. (48, 49)

Quinquennial averages.

	France			England		
	Exports	Imports	Total	Exports	Imports	Total
1851–55	$55\frac{1}{3}$	$46\frac{3}{4}$	102	89	130	219
1856–60	$81\frac{1}{2}$	$71\frac{1}{2}$	153	124	160	284
1861–65	$103\frac{1}{2}$	99	$202\frac{1}{2}$	$144\frac{1}{2}$	201	$345\frac{1}{2}$.

Da in *France 1846–50* Exports = 37, Imports = 32 u. Total = 69, in *England* Exports = 61, *Imports* = 115, Total = 176, so relativer Increase, upon the total average of exports and imports for each of the quinquennial periods.

Increase calculated on the quinquennial averages.

	France			England		
	Exports.	Imports.	Total.	Exports.	Imports.	Total.
1851–55	50%	47%	48	46%	13	25.8
1856–60	47.5	50	50	40	23	29.6
1861–65	27	37.5.	32	16.5	25.6	21.5. (49)|

|46| Railway System unter L. Bonaparte; drawing forth, into active use, by State Loans, a vast amount of wealth in the form of specie; further blow to hoarding durch Credit Mobilier etc. (50)

Railways:

France: end of *1851*, the length opened for traffic 2124 miles, *1865* = 8134 mls.
England *ditto* about 7000 13,100.

Thus extent of railways constructed during this period same in both countries, namely 6000 mls, at rate of 430 mls a year. (50 [note])

Owing to the more rapid increase of French trade, the difference *in amount* is each year diminishing. F.i. in 1850 the export and imports of U. Kingd. 186 Mill. £. St., those of France only 74 mill., much less than $\frac{1}{2}$ of those of England. But in 1865 the exports and imports of France 240 mill., or nearly $\frac{2}{3}$ of England, which in that year = 384 mill. (51).

Transit-trade increasing more rapidly in England than in France.

Transit Trade.

	France.	England		France.	England
1859	28	25	1862	30	42
1860	38	28	1863	37	50
1861	28	34	1864	38	52

So transit trade of England doubled, while that of France has increased little more than ⅓. (51)

England immer grösseren Antheil am *carrying trade* dẹṛ world. (52) Ferner: Enterprise and speculation of merchants. A merchant at Liverpool f.e. sees that indigo, sulphur, saltpeter, any other article is about to be scarce; thereupon hastens to forestall the market by ordering a large supply, which, when received, he transships to the best markets, i.e. wo best price for it. The third adjuvant to transit trade when a country presents ample facilities for trade, in the shape of monetary and banking accommodation: so that the importing merchant may be able, if necessary, to negotiate his bills of lading or dock-warrants. During last summer, several vessels with cargoes of goods which had come as usual to our ports, had to weigh anchor again and sail to France: the merchants finding it impossible to obtain their usual banking accommodation in England even at 10%, whereas they could get it readily in France at 4%. (52)

	France.		*England.*		
	Excess of Exports.		Excess of Imports.		
1851–55	8½ mill. or 15%		40½ or 46%		
1856–60	9½	11.7	34	27.4	
1861–65	4½	4.3	56½	39.	(53)|

|47| *Food Trade of France* (1863) (p. 54)

Imports.		Exports.	
Corn, Flour.	£2,320,000	Grain and Flour.	£4,584,000
Live Stock	3,050,000	Live Stock.	1,353,000
Bacon, Butter, Cheese.	1,328,000	Bacon, Butter, Cheese, Eggs	4,388,000
Rice	491,000		
Fish	1,236,000	Fish	909,000
Fruit	670,000	Fruit	766,000
Sugar and Molasses	6,000,000	Sugar	4,471,000
Wine	226,000	Wines	11,224,000
Spirits.	247,000	Spirits etc	2,356,000
Coffee and Cocoa	3,520,000		
Tea	60,000		
Beer	67,000	Total.:	£30,051,000
Tobacco	768,000	Ab:	19,983,000
	£19,983,000	Excess over Food Import:	£10,068,000

Englands Food Export, 1863, nicht nennenswerth, dagegen *food import* £77,217,000, nämlich:

Imports of Food, England.

Corn and Flour	£26,000,000	Tea:	£10,666,000
Bacon, Butter, Cheese	8,800,000	Coffee:	4,155,000
Live Stock:	£2,600,000	Wine:	4,500,000
Rice:	1,866,000	Spirits	1,700,000
Fruit.	1,562,000	Tobacco	3,000,000
Sugar:	12,368,000	Total:	£77,217,000 (55)

Erst seit 1857 *Exports of specie from England* registered at the Custom House.

Trade of France. (Mill.)

	Merchandise		Gold and Silver.	
	Imports.	Exports.	Imports.	Exports.
1858	$62\frac{1}{2}$	$75\frac{1}{2}$	$28\frac{2}{3}$	$9\frac{1}{3}$
1859	$65\frac{1}{2}$	$90\frac{2}{3}$	$37\frac{1}{2}$	$22\frac{3}{4}$
1860	75	91	21	18
1861	$97\frac{2}{3}$	77	$16\frac{1}{2}$	20
1862	88	90	$21\frac{1}{2}$	18
1863	87	$105\frac{3}{4}$	$21\frac{1}{3}$	$23\frac{1}{2}$
1864	101	117	$29\frac{1}{3}$	26
1865	$101\frac{1}{3}$	128	$28\frac{1}{4}$	$17\frac{1}{3}$
Total	678	$774\frac{1}{2}$	204	155
	Excess of Exports. £96,500,000		Excess of Import. £49,000,000.	

Exports in favour for France to $96\frac{1}{2}$ mill. *Specie Import* exceeded the exports only by 49 mill. What has become of the remaining 47 mill.?

Trade of England.

	Merchandise		Gold and Silver.	
	Imports.	Exports.	Imports.	Exports.
1858	$141\frac{1}{2}$	$116\frac{1}{2}$	$29\frac{1}{2}$	$19\frac{1}{2}$
1859	154	$130\frac{1}{2}$	$36\frac{2}{3}$	$35\frac{1}{2}$
1860	182	136	23	$25\frac{1}{2}$
1861	183	125	$18\frac{3}{4}$	21
1862	$183\frac{1}{2}$	124	$31\frac{1}{2}$	$29\frac{1}{2}$
1863	$198\frac{1}{2}$	$146\frac{1}{2}$	30	$26\frac{1}{2}$
1864	$222\frac{3}{4}$	$160\frac{1}{2}$	$27\frac{2}{3}$	23
1865	218	166	$21\frac{1}{2}$	15
[Total]	$1483\frac{1}{4}$	1105	$218\frac{1}{2}$	$195\frac{1}{2}$
	Excess of Imports £378,250,000		Excess of Imports £23,000,000.	

(p. [56,] 57)|

|48| *In England the excess of Imports over Exports:*

1851	52 mill.	1856	33 mill.	1861	58
1852	46	1857	42	1862	58
1853	41	1858	25	1863	59
1854	36	1859	23	1864	52
1855	27	1860	46	1865	62
Average Excess.	40 Mill.		34 Mill.		56 1/2 Mill. (60)

Since the beginning of 1851: *Excess of Imports* = 650 Mill. (60)

Erstens: *Excess of Imports over Exports* zum grosstheil *Board of Trade statistische Fiction.*

The *Real value of imports* represents *the selling price* of the goods; but the *declared value of exports* does not. In order to get the „real value" or selling price of the exported goods, we must add the costs of freightage, of commission, insurance, and other charges, as well as the profits of the exporting merchant. The „declared value" is the value of goods when shipped from the country from which they are exported, but the „real value" is the actual price at which these foreign goods are sold in our markets. ([60,] 61) Suppose a Calcutta merchant consigns to a commission-house in London 400 qrs of linseed, the cost of which at Calcutta is 55s. per qrs free on board. Or that a New York merchant consigns in like manner 400 qrs of wheat, of which the current price is 64s. 6d. free on board. Then, before we can arrive at the „real value" or selling price of these articles in England, the following charges have to be added: [(61)]

Calcutta Trade.

400 qrs linseed, f.o.b. at Calcutta, at 55s. per qr =		£1100 0 0
Charges:		
freight at 45s. p. ton, say on 70 tons:	£157 10 0	
Insurance 35s. p.c.	19 5	
Lighterage, Landing, Metage etc 2%	22 0 0	
		198 15 0
		£1298 15 0
Brokerage on 1298£. 15s. 1%	12 19 9	
Commission on ditto, 5%	64 18 7	
		£77 18 4
		£1376 13 4.
Profit of Importing Merchant, 10% on £1100		£110.
Real Value or selling price in *England*		£1486 13 4.

New York Trade.

400 qrs wheat, f.o.b. at New York, at 64s. 6d. per qr £1290.

Charges:		
Freight at 4s. 6d. per qr.	£90	
Insurance 35s. %	22 11 6	
Lighterage, Landing, Metage etc	25 16	
Duty 1s. per qr.	20	
		£158 7 6
		[£1448 7 6]
Factorage, 1s. per qr.		20*l.*
Commission on £1468, 7s. 6d., 2½%		36*l*·14 0
		£1505 1 6.
Profit of importing Merchant, say 7½% on £1290		96 15
Real Value in England		£1601 16 6.

In first case, the difference between declared value or price of goods when shipped and their real value or selling price in the country, into which they are imported is £386 = addition of 35% on the declared value; im 2. case die difference = £311 od. 24¼%. Average of those different rates of charges, usual in trade with Calcutta u. New York = 30%. Diese 30% we must add to the declared value of the Board of Trade, u. dann erhalten wir:

	Exports.	*Imports.*		Excess of *Exports*	Excess of *Imports.*	
1861.	162	183	1861		21	
1862	161	183½	1862		22½	
1863	190	198½	1863		8½	68¾
1864	208	222¾	1864		14¾	
1865	216	218	1865		2	
1866	245	238¾	*1866*	6¼		(p. [62,] 63)|

|49| Ferner to consider the *Financial Balance:* while the investments of Brit. wealth abroad in any year proportionately swell the balance against us for that year ... the returns upon Brit. wealth *previously* invested abroad must be put on the other side of the account. ([64,] 65)

Also: *Average* annual commercial balance (nach de̤r Correction) gegen England (nach letzten 6 J.) of 10 Mill. £.St. Ferner: a prima facie adverse Financial balance, in addition to the usually adverse Commercial Balance, in Folge de̤s annual amount of investments of Brit. wealth abroad. (65)

Daß di̤e Bilanz nicht wirklich gegen England zeigt auch folgendes:

Gold. Excess of Imports over Exports.
1861: £.925,600. *1862:* £3,892,000. *1863:* 3,832,000.
1864: £3,618,000. *1865:* 6,820,000. *1866:* 10,767,000.

Nehmen wir Gold u. Silber zusammen, so zeigen die Board of Trade Returns *excess of imports* (mit exception *of 1860*):

1861: £2,065,000; *1862:* 2,330,000. *1863:* 3,427,000.
1864: £4,476,000. *1865:* £9,281,000. *1866:* £12,616,000. ([66,] 67)

30 Mill. £. added to Engl. stock of precious metals since 1860, obgleich simultaneously there has been a *real* Commercial balance against us of 63 Mill. St. And the yearly addition to our specie has of late years been largely increasing, having risen from 2 1/3 mill. in 1862 to upwards of 12 1/2 in 1866. (67)

The real cause of the ever increasing excess of our imports over our exports is the increase of our national wealth, which permits an augmented expenditure in the comforts and luxuries of life; while the adverse commercial balance thus occasioned is more than met by the revenue ever coming into this country from investments of Brit. wealth abroad ... This sum – this financial balance or annual return upon Brit. wealth invested abroad – it is which, being annually due to this country, more than redresses the Commercial balance, which is almost always against us. (67, 68)

Da seit den letzten 6 J. average of adverse Commercial balance = 10 Mill. a year, zugleich balance of specie movement in our favour = 5 mill. (average) a year, there must be an annual Financial balance in our favour = 15 mill. Aber what is the annual amount of the *new* investments of the Brit. wealth abroad? this must be added to these 15 mill. before we can arrive at the total yearly profit on our foreign investments. (68)

Nach Pereire (Emile) vor Bank Inquiry, the French capital invested in Foreign countries (in foreign loans, railways etc) zw. 1852 u. 1864 = 364 Mill. £. St., wovon 170 invested in loans, u. 190 in jointstock Cos. This gives an average for those 12 years of 30 Mill. annually invested abroad. The French capital invested during the same period in joint stock Cos at home amounted only to 200 Mill. £., little more than 1/2 of the amount contemporaneously invested abroad. Können wir nicht annehmen, daß Brit. wealth invested in foreign countries is at present nearly 3 × so large as that of France (den 364 Mill.), welch 1000 mill. St.? Daß es, at 5%, would yield 50 mill. a year. Nach Abzug v. 35 millions as probably neutralised by an equal amount of *new* investments, would leave the 15 mill. of Financial balance. Nach diesem estimate, the ‖50|

annual amount of *new* investments of Brit. wealth abroad is reckoned as little greater than the average foreign investments of France during the 12 years ending in 1864, which was 30 Millions. ([68,] 69)

Nöthig »the distinction between national capital and the capital of an individual. What is indubitably capital as regards an individual may not be an addition to the national capital.« (78)

In all works upon Monetary Science, it is *Individual Capital* only, or almost only, that ever comes under discussion. (82)

By means of roads, the price of goods is diminished in two ways: 1) by a reduction in the cost of production, and 2), by a reduction in the cost of conveying the produce to market. (99)

Ebenso mit dẹṃ *exchange of goods:* the cost of conveying these goods from one man to the other, and the time lost in the transfer, constitute an expense upon the transaction, – an obstacle to that exchange of goods ... Roads, by lessening the cost, and increasing the rapidity of conveyance, greatly facilitate such transactions ... as all commodities *in transit or in store* are *inactive* – wealth in a form temporarily unproductive – roads effect a great economy of capital: they enable a given amount of capital to support a larger amount of trade. (99, 100)

Negotiability ... the power of converting a commodity, or property of any kind, into money. (111)

Any process which increases the negotiability of a commodity, thereby increases its value. The intrinsic value of the commodity (the cost of its production) is not thereby augmented, but its exchangeable value is: and it is the exchangeable value of anything – i.e., the faculty of being converted into other commodities – which constitutes its actual value. (111, 112)

Commercial Currency: Bills ... value of goods converted into a negotiable form. (114) Although few persons would accept in payment a cargo of cotton or sugar, many persons will take a negotiable draft embodying the value of the cargo. (115) The negotiability of a bill depends, not upon the goods upon which it may be drawn, but upon the *guarantee* for its payment. (118) As long as a merchant has only to make the wholesale payments of his trade, this commercial currency is all that he requires. A Calcutta or Paris merchant who holds a bill payable in England, as long as he requires only to make the wholesale payments of trade, does not or need not take the bill to a bank at all. He sends the bill over to some Engl. creditor of his ... or sells the bill to merchant in his own country who has to make a payment in England. ([118,] 119)

Banking Currency: The conversion of Commercial into Banking currency is accomplished on the same principle as the conversion of the value of goods into commercial currency. Bills become a basis of banking currency, just as goods ... a basis of commercial currency. In either case there must be superimposed or added to this basis a *guarantee of value.* (119, 120) In the case of the Notes, even more than the Bills, the public do not (practically cannot) inquire as to the commodity whose value is represented: the essential point – whatever the value or commodity in exchange for which the bank has given its notes – is that payment of the notes on demand is secured by the guarantee of parties of established credit. (120)

Banking currency issued in exchange for commercial currency, and ... in loans upon the deposit with the bank of property of various kinds – the borrower's whole estate also being liable in repayment. (121, 122) *bankrate* – the charge which a bank makes for discounting bills, or making advances upon other negotiable securities – i.e., for converting these into general currency. (122, 123) It is only merchants who want merchandise; but almost any one will take in *payment the Value of the merchandise, in a form convertible into money.* (123) An iron-merchant would not accept a cargo of cotton in discharge of a sum due to him; because he does not deal in cotton goods, and has ‖51| no proper means of disposing of them; but he will accept *the Value of that cargo embodied in a negotiable and convertible form* – in a form convertible into money without any business operation on his part. It is the same with banks. They cannot legitimately make advances upon merchandise; they have no proper means of selling it in the event of their loan upon the merchandise not being repaid at the specified time. But they will willingly lend upon a bill or bond (in other words, the value of certain goods or property guaranteed by a person of good repute whose whole assets are liable in payments), which in a month or 3 months' time will be converted into money without any action upon their part. ([123,] 124)

Financial Currency: bonds of various kinds, bearing different names, issued by Companies instead of individuals. (124) Extra guarantee is requisite in consequence of the lesser natural negotiability of the property with which financial Cos deal, compared with ordinary merchandise. A bill drawn upon the value of so much cotton, corn, or other merchandise, is more negotiable than a bond issued upon houses or land, weil steadier demand for the former kind of property; in other words, the latter commodities are in ordinary circumstances less saleable at their intrinsic value than the former. Hence an extra guarantee is requisite before bonds upon land, houses etc, become readily negotiable securities, i.e. securities readily convertible into money – in other words, securities in exchange for which banks will allow a customer to draw upon them in money, or by cheques for the amount. Negotiability, in short, – i.e., the power of converting property into money – depends upon the readiness of banks to give their currency in exchange for the property in question. And the less negotiable any kind of property is naturally, or in itself, the more potent must be the extraneous guarantee for its value before banks will accept it in exchange for the power of drawing upon them for the amount in money or by cheques. It is the special object of Financial cos. to supply this extra guarantee, in order to bring within the sphere of Banking operations many kinds of property which otherwise would be excluded from it. (125)

The entire operations of Finance may be typified by the *Credit Foncier* and the *Credit Mobilier*, the former of these Cos. dealing with fixed property in the form of land and houses, and the latter with movable property, in the widest sense of the term. By means of such Cos., a man who suddenly requires to convert a portion of his property of any kind into money, can do so without selling his goods or property, and much more easily than by sale, by giving a bond over them to one of those Cos., and getting it endorsed by the Co. (paying a commission on the transaction), after which he takes the bond to a bank, which in exchange for it will allow him to draw for the amount in money. This is not the precise form of the transaction, but it is the principle. (126)|

|52| Laing. ([continuation] v. 44)

with the money received from subscribers to the loan, which then obviously simply changes hands in the lending country, passing from lenders to merchants or others who furnish the particular commodities desired by the foreign borrowers. Should the contractors or agents *remit* the proceeds, the nature of the operation is the same; they then give the money, for bills, which, as a rule, are claims drawn against *commodities* sent by our merchants to the foreign market. Remitting a loan creates a demand for bills and tends to make the exchanges adverse to the lending country. Loans are practically though not ostensibly granted to a foreign country by importing its securities in payment for English products exported. (234, 235)

Durch diese Auspumpereien, die England macht »she can, so to speak, retire from business, or carry it on upon a diminished scale, and still have a large foreign commerce in the shape of fleets conveying tribute to her shores.« (236)

Dividends on loans to the home government ... are a portion of the taxes, consisting in reality of products diverted from producers; and, on foreign loans, of products diverted from foreign producers. The dividends on loans to India, though nominally remitted as money, are actually discharged with Indian products; on those to Turkey, with goats' hair or tobacco, and to Portugal, with wine or lambs' wool. Foreign debtors remit dividends by purchasing from merchants in their own country bills on Britain drawn against foreign commodities sent hither. The foreign country then reverses the original operation of borrowing: it parts with a portion of its wealth ... Fluctuations in the exchanges influence the periodical remittances of interest. When dividends are payable in the *lending* country and in its own money, these fluctuations affect the indebted country only; but when they are payable in the borrowing country, and [in] its money the lender feels them. The *dividend warrant is then simply a bill on the foreign country*, rising or falling in price with other foreign bills. The proprietors of this description of stocks are benefited by an exchange called *adverse* to the country in which they live. They are then able to obtain a larger amount of sterling for their bills for foreign money. (239)

Dividend warrants sometimes termed *coupons*. (242) Members of the Stock Exchange … in *the process* of transferring it (capital), arrest a portion for themselves. (243, 244)

The Railway Dilemma.

Forbidden to issue shares at a discount (durch „*The Companies Clauses Act*, 1863" superseded by „*The Railway Act of 1867*", which does not hinder the issue of a stock at a discount) railways have surmounted this obstacle, by the contrivance of *preference* dividends. „Supply us with money", directors have in effect said to capitalists, „and we engage to give you your dividend before any reaches proprietors." (251) A second capital, on every line, intercepts earnings on their way to the original owners. (l.c.)

There had been from the outset one small capital in front of the original ordinary, called mortgage or *debenture capital*, limited however by statute to 1/3 of the share capital, and it still takes precedence of this new second (preference). Die dividends auf diese beiden absorb in many lines the greater part of the net earnings, in some the whole of them. (251)

Nach recent statement, the amounts of the 3 kinds of capital:

Ordinary	£219,598,196	
Preference	124,263,475	
Debenture	111,616,472	
Total	455,478,143.	(251)|

|53| Holders of ordinary stock, powerless individually, have not a specified sum to receive, and they thus never get notice of any shortcoming or act of extravagance on the part of their managers glaring enough to rouse the whole body to action. (252)

Preference proprietors until quite recently deemed beyond the reach of management. … 1844 Act passed, declaring that no Co. should issue any loan note or other instrument purporting to bind itself „for money" advanced beyond the 1/3 authorized by law. It was believed that this enactment effectually guarded the preferences. … preference holders were expressly excluded from participating in the management of the railway. (252)

Dieser holde Traum of security recently destroyed. *Lloyd's bonds*, not *„for money advanced"*, which is expressly forbidden by act of 1844, but for advances of things other than money, rails f.i. the holders of these securities can sue upon them. Success in any conflict for priority of claim between them and the holders even of *debentures* ... only a question of more or less diligence. The significance of this discovery forcibly carried home by the declared inability of the *Chatham Railway* to pay its *debenture* interest. This, in conjunction with Lord Cairns' decision as to the powerlessness of debenture holders to *enforce* payment, created a panic. The Great Eastern, paid its *debentures*, soon after failed to pay its *preference* dividends, then the *Great Western* followed. Dann *North British* u. *Brighton* Cos. dissipated notion of security of preference shareholders of various descriptions. (252, 253)

A proxy system places the virtually unchecked powers over the resources of railways in directors' hands. (253)

many directors ... join the boards of several jointstock Cos, a dozen etc ... bestow only a minute of their care on the affairs of any particular undertaking. (255) Sinister influences ... In any board composed of members lacking enthusiasm for the success of their Co. one or a few active spirits stand a fair chance of obtaining a good deal of their own way. What if such have interests countervailing those influencing them as directors and as shareholders? Some interested in having bridge constructed, stations erected, line made towards or through their own property or that of another, rather than in securing the paltry fees or petty dividends. *„Many railway Cos"*, Lord Redesdale has explicitly stated, *‚have suffered from having, among the most active members of their boards of directors, contractors' nominees.'* ([255,] 256)

Great Eastern – Prepreference stock. (260) (of 3 Mill. £. St.) (*Railway Act of 1867* gives *debentures* a privilege over securities like Lloyd's, when of subsequent creation.) Britain has $2^1/_2$ miles for every 5000 inhabitants, France nur $1^1/_4$. (261)

Pressure, Crisis, Panic: Diminish capital u. production stopped, paralysed etc. The *rate of interest or discount* however may give no indication of what has occurred. It will indeed do so only *if that portion of capital in the hands of bankers is trenched upon.* (265)|

|54| *Deposits at interest*, though of vast amount, *do not add materially to the stock of money in hand* u. are daher of little account in extending the ability of bankers to meet demand for currency. (269)

The system of deposits at interest has greatly extended the practice of trading on borrowed means. Deposit bankers pay interest from the moment that sums reach them, hence they are under pressure to lend, and ...

chiefly on bills of exchange, thereby stimulating commercial operations. (278, 279)

Having two names on bills, that is, the capitals of 2 firms between themselves and loss, deposit bankers can usually weather even a crisis scatheless. „I may say", said Salomons (Alderman), on the part of London and Westminster Bank, vor parliamentary committee of 1858, 'that we discounted 5,600,000*l.* of bills which were current through the most difficult times without any loss whatever to us." It would be instructive to learn how many firms after the crisis of 1857 were cleared out totally or partially to meet engagements to deposit bankers. (279) no improvement in the manner of dispensing credit ... need be expected completely to prevent industrial derangement, as the supply of commodities must of necessity be prepared before the exact demand for them can be known. (l.c.)

Patterson (contin. v. p. 51)

Banking Embarrassments: In Scotland, notecirculation on the average $^1/_{15}$ of the amount of each bank's deposits. (151)

Rate of interest is raised, not from any want of capital, or reserve wealth, but because that wealth is no longer convertible into a loanable form. (187) The Rate of Interest, speaking roundly, means the charge for loans of money. (190)

An increased demand for loanable capital is accompanied by an increased creation of capital, and especially of loanable capital, owing to the increase of trade and of profits. (194) (Note)

An Increase of monetary requirements may, and usually does, coexist with a decrease in the demand for Capital in general. Bes. during every commercial panic. Whenever, from any cause, large failures or suspensions take place, the demand for capital as a whole diminishes, – but the demand for money augments. Every failure or suspension necessarily diminishes the amount of business, and daher the *demand for the use of capital on loan.* The suspended firms ... entirely cease business; and the panic or distrust occasioned by the suspension of those firms induces other firms to contract their operations. Hence demand for capital as a whole lessened. But the *monetary requirements* of the commercial classes increase. An increased supply of banknotes required ⌊they are needed simply to fill the vacuum created by the temporary disrepute of commercial currency (bills)⌋, although the ordinary amount of business is diminished. Dasselbe as if increased demand for some particular commodity – say cotton or iron – for one kind of Capital, while the general demand for capital is greatly lessened. ([196,] 197 Note)

No drain in our time has exceeded the amount of 5 Mill. £.St. (156) (less than 5% of the amount of specie in the U. Kingd., and probably not

3% of the amount of specie in France.) (Nur $^1/_4$ of the amount of specie usually held by the Banks of the U. Kingd., and about $^1/_3$ of that held by the Bk. o. France.) [(156)] 1864 u. 1866 banking embarrassments of extraordinary severity, aber kein diminution of the stock of specie in this country; 1860 u. 1861, owing to our unusually large imports ‖55| of cotton from the U. St., our exports of specie exceeded the imports by $4^1/_2$ mill. – there was no crisis of any kind; whereas, in the subsequent years, 1862–66, when our stock of specie was increasing to an unprecedented degree (30 mill. in 6 years), our monetary difficulties have been incessant and almost unparalleled in severity. ([161,] 162)

In one case ... the merchant takes payment from the bank of the deposit which he has made (i.e. the amount of the bills which the bank has discounted for him) in banking-currency – cheques or notes; in the other he claims payment in specie. In either case the amount of banking-accommodation is the same; but in the latter case the process is much more costly, or embarrassing, to the bank than in the former ... the form in which payment of deposits is required may make a vast difference in the position of a bank. (163) Nimmt der Kerl sein Geld in specie heraus, the *monetary* position of the bank is pro tanto impaired. Although the bank's assets remain at the same ratio as before to its liabilities – its notes and its deposits being alike payable in specie on demand – are reduced ... Accordingly, when an unusual requirement for specie occurs, banks have recourse to the most stringent measures to lessen the drain which is made upon them. (164)

„*Sunk*" capital – wealth employed in labour that yields no return to its original possessor – is by no means lost to the community. It serves to maintain in efficiency, *as agents of production*, a portion of the population which, but for that expenditure, must either have emigrated, or else have taken refuge in the workhouse. ([505,] 506)

If ... war be carried on abroad, the expenditure, considered *per se*, is obviously more entirely lost than if the war were waged at home. (507)|

Randnoten zu Dührings „Kritischer Geschichte der Nationalökonomie“. Entwurf.

Veröffentlicht in: MEGA② I/27. S. 145–179.

Exzerpt aus:
Trade Accounts (Foreign Countries), 1868.

| Imports into Belgium for the years 1865, 1866, 1867. (year ended 31 Dec.)

Kilogs.	*Kilogs:*	1865	1866	1867
Iron, Ore and Filings	From Zollverein	161,496,808	155,584,195	213,049,319
	France	138,370,214	130,382,679	96,761,074
Pig and old Iron.	Total	24,864,110.	32,508,242	56,233,219
	From Un. Kingdom.	23,421,806.	28,450,976	50,722,330
Iron rails, sheet etc.	Total.	1,555,576	1,579,999	2,136,652
	Un. Kingdom.	668,140	698,984	1,008,674
	Holland.	312,984	237,241	403,468
Iron Wire	Total	501,380	710,335	1,108,038
	From Zollverein	32,631	226,993	472,714+
	U. Kingdom	442,107	445,265	350,064 –
	France	26,979	36,075	284,348
Steel, Bars, Sheets and Wire	Total		4,320,429	2,484,240
	From Un. Kingd.		3,468,280	1,453,007 –
	Zollverein		697,295	905,108+
Steel wrought	Total		1,257,973	914,633
	From Un. Kingd.		761,234	548,396
Metal Wares of Wrought iron	Total	940,763	993,581	1,307,407
	Zollverein	256,138	305,909	385,148+
	Un. Kingd.	283,164	285,001	331,732 –
Metal Wares of cast iron	Total	299,715	274,784	385,325
	Zollverein	18,931	13,901	26,145
	Un. Kingd.	37,853	45,239	59,946
Machines and Machinery	*Total.*	4,908,078	5,437,599	5,114,905
	U. Kingd.	3,081,942	3,888,891	2,859,729 –
	France	1,322,155	1,052,857	1,699,102+

Zu der Rubrik *Metalwares of Cast Iron noch Frankreich* zu setzen:

1865	*1866*	*1867*
238,905	205,964	247,527|

ZWEITER TEIL
EXZERPTE
VON
FRIEDRICH ENGELS

Exzerpt aus:
Deutsche Eisenbahn-Statistik
für das Betriebs-Jahr 1864

| Anschaffungskosten von Rolling Stock p. Meile (deutsche) Bahnlänge

	I *Badische Bahn.*	II *Preuß. Ostbahn.*	III *Oberschles. u. Breslau Posen Glogauer.*	
p. Meile	Th 33,906	Th 22,317	Th 34,485	Locomotiven u. Tender
" "	" 14,428	" 7,132	" 6,667	Personenwag.
" "	" 31,716	" 28,902	" 59,307	Gepäck u. Güterwagen
" "	*Th 80,050*	*Th 58,351*	*Th 100,459*	

Aus: Deutsche Eisenbahn Statistik für Betriebsjahr 1864, herausgegeb. von dem geschäftsführenden Ausschuß der Vereins Deutscher E. B. Directionen. Berlin 1866. p. 40. |

Exzerpte aus:
Moskovskija Vědomosti,
23. März 1867

|[1]| Die Schuja-Iwanowsche Eisenbahn (Moskovskyie Vědomosti N 66, 23 März 1867)

Seit einiger Zeit müssen wir hören wie viele laute Reden über die Unumgänglichkeit des Schutzes der vaterländischen Fabrikindustrie & Zeuge sein sehr lärmender Demonstrationen zum Zweck ihrer Beförderung; dazwischen aber beschäftigen Fragen, deren Lösung in der That weit vorwärts bringen kann den Fortschritt unserer Fabrikproduction, & zwar zum gemeinsamen Nutzen der Producenten wie der Consumenten selbst – beziehungsweise sehr wenig die Vorkämpfer der heimischen Industrie. Sie ziehen vor einen müssigen Kampf zu führen gegen Hirngespinste von der Art der Handelsfreiheit, statt Fragen zu ergründen, welche die wirklichen Bedürfnisse unserer Industrie in sich schließen, aber dafür auch allerdings Bekanntschaft mit ihnen fordern, und da ist es allerdings kürzer Gemeinplätze über Protektionismus zu machen. Über eine dieser Fragen wollen wir einige Worte sagen.

Die Vereinigung von Iwanowo (d.h. der Vorstadt v. Wosnessensk) & Schuja durch eine Eisenbahn mit der Moskau-Nižegorodschen Linie ist eine keineswegs lokale, sondern ganz allgemeine Frage für die Fortschritte unserer Manufacturindustrie. Der Schuja-Iwanowsche Manufacturdistrikt ist nichts mehr & nichts weniger als der ganze Umkreis unserer Baumwollenproduction welche eine so hervorragende Rolle in unserer Fabrikindustrie spielt, & jetzt, seit der Einführung der asiat. Baumwolle bei uns & der Eröffnung neuer Märkte in Asien, eine glänzende Zukunft hat. Der Rayon Schuja-Iwanow & der angrenzende Theil des Bezirks Kineschma, Gouvernement Kostroma, namentlich die Gegend von Wytschuga, versorgt mit Baumwoll-Geweben das ganze Europ. Rußland, den

Kaukasus, Sibirien, & alle mit uns in Handelsverbindung stehenden asiat. Länder; die Zitzfabriken anderer Lokalitäten, worunter die der Hauptstädte, arbeiten vorzüglich, wenn auch nicht ausschließlich, für die höheren Klassen, verbrauchen zum Zweck ihrer Production fremde & mehr ausgesuchte Gewerbe. Während dessen kleidet die Production von Schuja-Iwanowo & Wytschuga die Massen, an die zehn Millionen unseres Volks, welches keine anderen Gewerbefabriken kennt, ||[2]| & daher schließen die Bedingungen dieser Production ein Nationalinteresse in sich. Iwanowo ist das Hauptcentrum dieser Baumwollindustrie, die wesentl. Märkte dort, die Hauptbörse für Baumwolle in Rußland, beherrscht die Bewegung dieses Fabrikzweigs in ganz Rußland, dient als Thermometer für seine Lage für die ganze Handelswelt, soweit diese nur irgend mit Baumwolle im Zusammenhang steht, & wird daher beachtet von Kaufleuten vieler anderen & sehr entfernten Gegenden, selbst von Ausländern. Endlich, dieser Industriebezirk, dessen Centralpunkte Schuja & Iwanowo mit der Vorstadt Wosnessensk sind, muß anerkannt werden als der belebteste & thätigste Strich unsres ganzen Fabrikbezirks, welcher die Gouvernements Moskau-Wladimir, u. Theile von Twer, Jaroslav, Kostroma, Nižegorod u. Rjasan umfaßt. Dieser Strich befindet sich, auf der einen Seite, in dem engsten Handels- & Lebensverkehr & in ununterbrochenem gegenseitigem Waarenaustausch mit Moskau als dem Centrum des inländischen Absatzes von Manufacturproducten & damit dem Vermittlungspunkt zwischen dem Petersburger Hafen & den inneren Märkten; Moskau verkauft Schuja-Iwanowsche Waaren & versieht dagegen die Schuja-Iwanowsche Production mit den hinzugeführten Materialien (amerik. Baumwolle, Maschinen &c &c) Auf der anderen Seite hat dieser Strich ebenso enge Beziehungen mit der Wolga & der nižegorodschen Messe, vermittelst deren unsre verarbeiteten Producte nach Osten & Asien gehen, & unsre & asiatische Rohproducte dagegen in den Fabrikdistrikt. Die Nähe von Moskau einerseits, & der Wolga andererseits, (bedingte?) ... die ganze erstaunliche industrielle Entwicklung dieses Theils der Gouvernements Wladimir & Kostroma, in der Handelsbewegung von Moskau & auf der Wolga stellt die Gegend von Schuja Iwanow & Wytschuga ein untheilbares Ganze dar. Daher dehnen sich täglich, zu jeder Jahreszeit, rückwärts & vorwärts, in ununterbrochenem Zuge die Wagen mit Waaren zwischen Moskau, Schuja, Iwanowo & Wytschuga, einerseits & zwischen der Wolga & Schuja Iwanowo & Wytschuga andererseits; als Endpunkte dieser Bewegung in zwei entgegengesetzten Richtungen dienen hier die Stationen Kowrow & Nowkin auf der Moskau-Nižegorodschen Bahn, dort Kineschma, Pless & Sidorovskoe an der Wolga. Zwischen diesen Punkten verkehren Haufen von Reisenden, Kaufleute &

Arbeiter, denen nicht nur jeder verlorne ||[3]| Tag, nein, auch jede Stunde der Reise von Wichtigkeit ist; diese Bewegung von Reisenden ist nicht nur lokal, sondern es vereinigen sich mit ihr, beständig sie verstärkend, Reisen von Norden nach Moskau mit der Eisenbahn. Wir sagten die Waaren *drängen* sich täglich in den oben genannten Richtungen; richtiger wäre zu sagen, sie stocken dort täglich & verderben auf diesen Feldwegen welche kaum bei uns in Rußland Wege genannt werden können & welche einem Wege ebenso ähnlich sehen wie jedes andres (Stück) Oberfläche der Erde. Und solche Wege auf denen zuweilen alle Möglichkeit des Verkehrs aufhört, vereinigen eines der wichtigsten Centren unsrer Manufacturproduction mit den Märkten für den Absatz seiner Producte & den Einkauf seiner Rohstoffe. Man muß diesen Waarentransport mit Augen sehen, wie er, 80 Werst in seiner Ausdehnung, eine ganze Woche lang zum Stillstand gebracht wird, zu einer Zeit wo der Käufer nicht *eine* verlorene Stunde darauf warten kann; man muß diese Reisen kennen, wo die Verspätung einiger Stunden den Verlust der Arbeit & der Bestellungen für ein ganzes Jahr aufnöthigt; man muß das alles kennen, um in Erstaunen zu kommen, wie unter solchen Bedingungen eine Manufakturproduction bestehen kann, welche mit den Märkten der ganzen Welt Geschäfte macht, welche für den größten Theil Europas & Asiens arbeitet, ihre Materialien in allen Welttheilen kauft, die Preise der Baumwolle & ihrer Producte für alle inländischen Märkte des europ. & asiatischen Rußlands bestimmt, & in ihrem täglichen Geschäft von dem Auf- oder Abschlag *Eines* Penny auf den Baumwollbörsen Amerikas & Englands abhängt. Alle diese Märkte von denen die Existenz der Schuja-Iwanowschen Industrie & die der ganzen Umgegend abhängt, genießen jetzt die Dampfverbindung nicht nur in fremden Ländern sondern selbst in Rußland (die Eisenbahn nach Nikolaijewsk & die von Moskau nach Nižegorod, die Dampfschiffahrt auf der Wolga). Die Fernhaltung unseres Fabrikdistrikts von den Weltstrassen würde ihre ||[4]| Entwicklung aufhalten, auf die wir mit Recht stolz sein können. Demnach ist die Durchführung der Schuja-Iwanowschen Eisenbahn wichtig nicht bloß für lokale, sondern für allgemeine russische Interessen.

Über diese Bahn giebt es schon lange mancherlei Meinungen (?); sie erschien als die allervortheilhafteste Zweiglinie welche nur die Große Eisenbahngesellschaft unternehmen könnte, da die Bewegung auf der Moskau-Nižegorodschen Bahn mehr als alles bedingt wird durch den Fabrikdistrikt, in dessen Herz die Schuja-Iwanowsche Linie eindringen soll.

x) Um einen Begriff von dieser Bewegung zu geben, reicht es hin zu sagen daß mehrere Kaufleute aus jener Gegend regelmäßig jede Woche nach Moskau fahren.

Dem unglücklichen Geschick, das durch die Leichtfertigkeit der Großen Eisenbahngesellschaft, unsre ganze Eisenbahnsache betraf, unterlag auch diese Linie. Zum Glück fanden sich, bei dem allgemeinen Wiederaufleben der Eisenbahnsache, jetzt russische Stifter welche ihre ganze Bedeutung & Nützlichkeit begreifen.

Nach dem Project dieser Personen soll die Bahn von Iwanow & der Wosnessenskischen Vorstadt durch Schuja gehn & sich mit der Moskau-Nižegorodschen Bahn bei der Station Nowkinsk vereinigen. Nach den geschehenen Vorarbeiten wird sie den belebtesten Theil des Schujaschen Kreises durchschneiden, indem sie ihre Richtung über Kochma, Studenetz, Zagrudnaja & Jegoriewskoje nimmt. Die Station Nowkinsk wurde gewählt als der vortheilhaftere Vereinigungspunkt, gegenüber dem nahgelegenen Kowrow, weil die Bahnstrecke nach Nowkow geringer sein wird als die nach Kowrow, & außerdem bei Kowrow das Austreten der Kljasma ein bedeutendes Hinderniß für die Bahn sein würde. Die obige Richtung ist so glücklich gewählt, daß die Linie sich auf der Wasserscheide zwischen Uwodj & Teja bewegt u. daher auf allen 83 Wersten nur eine bedeutende Brücke bedarf (eine eiserne über den Uwodj bei Objedovo); die übrigen Brücken & Durchlässe, (im Ganzen 35, hölzerne & steinerne) sind ganz unbedeutend. Alle Bauwerke werden höchst einfach sein, sodaß die ganzen Kosten der Bahn eine ausserordentliche Wohlfeilheit aufweisen. 66,600 Rubel (Creditbillete) pro Werst, inklusive aller Auslagen zur Aufbringung des Actienkapitals. Auf diese Art wird die ganze Bahn 5,478,000 Rbl kosten. Die Stifter welche beabsichtigen für die Schuja-Iwanowsche Eisenbahn eine Actiengesellschaft zu errichten, behalten sich selbst durchaus keine besonderen Vortheile oder Vorrechte von den andern Actionären vor. Das ganze nöthige Kapital soll der Absicht nach zusammengebracht werden vermittelst Ausgabe von 1/3 Actien & 2/3 Obligationen. Die Conzession von der Regierung auf 83 Jahre mit 5% Garantie & entsprechender Amortisation in Metallgeld nachgesucht. Dieser Termin der Conzession ist so berechnet, daß die Schuja-Iwanowsche Zweigbahn gleichzeitig mit der Moskau-Nižegorodschen Linie in die Verwaltung der Regierung übergehn kann.

Nach allem was wir über die industrielle Bedeutung der Schuja-Iwanowschen Linie gesagt haben, scheint es unmöglich an ihrer Rentabilität zu ‖[5]| zweifeln. Nach eingezogenen Nachrichten über Abgang & Ankunft der Frachtwagen in einigen der wichtigsten Fabriken des Schuja-Iwanowschen Bezirks kann man auf annähernd 6,650,000 Pud zur Übersendung in beiden Richtungen rechnen. Diese Zahl ist keineswegs übertrieben, wie denn im Jahr 1866 auf den beiden Stationen Nowkinsk & Kowrow über welche beinah ausschließlich die Ladungen der Schuja-

Iwanowschen Gegend gehn, 1,800,000 Pud angekommen & versandt sind. Nun aber geht nach allgemeiner Annahme annähernd nicht mehr als 1/4 des gesammten Waarenverkehrs jener Gegend über die Moskau-Nižegorodsche Eisenbahn. Es ist gewiss, daß sogar nach der Nižegorodschen Messe eine bedeutende Menge Waaren von Schuja & Iwanowo grades Wegs, per Achse versandt wird. Ebenso gehn Waaren nach Moskau die die Eisenbahn nicht berühren. Eine Menge Waaren endlich werden verfahren zwischen Iwanow & der Wolga (Landungsplatz Sidorovskoe). Die nachtheilige zweimalige Umladung unvermeidlich bei dem Transport auf der Eisenbahn, erklärt vollkommen die bedeutende Bewegung von Frachtwagen welche jetzt in jener Gegend, vorbei an der Moskau-Nižegorodschen Eisenbahn, vor sich geht. Die allergeringste Anzahl Reisender in beiden Richtungen auf der Schuja-Iwanowschen Linie wird auf 240,000 veranschlagt. Diese Zahl ist gegründet auf Nachrichten über die jetzigen Durchreisenden auf den erwähnten beiden Stationen der Moskau-Nižegorodschen Bahn & auf die Pässe welche ausgegeben werden an die Arbeiterbevölkerung der folgenden Kreise: Juriew, Makarjew, Galitz, Čuchloma, Soligalic, Buj, Kologriwa, Nerechta & Kineschma, durch Nachforschungen an den Orten welche an die Schuja-Iwanowsche & die Moskau-Nižegorodsche anstoßen (an ihren beiden Endpunkten). Schon jetzt wächst täglich die Flucht von Arbeitern aus den erwähnten Kreisen zu der Moskau-Nižegorodschen Bahn, bis zu welcher sie sich zu Fuß durcharbeiten müssen. Die Berechnung der unbemeßlichen Einkünfte der Schuja-Iwanowschen Bahn ist gegründet, wie die Vorsicht erfordert, auf dem jetzigen thatsächlichen Verkehr von Waaren & Reisenden in jener Gegend; aber es ist unzweifelhaft, daß diese Bewegung mit Durchführung der Eisenbahn, in bedeutender Progression wachsen muß, die aber jetzt schwer festzustellen ist. Eine Eisenbahn nähert einander bisher getrennte Orte & in Wahrheit zerreibt die Grenzen des Rayons welcher jetzt für die Moskau-Nižegorodsche Bahn Fracht liefert & überhaupt von ihr angezogen wird. So wird die nächste Gegend welche durch die Schuja-Iwanowsche Bahn für die Moskau-Nižegorodsche aufgeschlossen wird, die von Wytschug sein, für welche jetzt als Hauptcommunikation die Wolga dient, die nur die Hälfte des Jahres schiffbar ist. Zudem schließt das ganze linke Wolgaufer (Kostromasche, Theil des Jaroslawschen & Nižegorodschen Gouvernements) ebenfalls an die Schuja-Iwanowsche Bahn an, nicht nur zur Zeit der unterbrochenen Schiffahrt, sondern auch das ganze Jahr durch wird diese Linie diesem ganzen Bezirk zur Verbindung mit Moskau dienen. Wenn ‖[6]‖ wir aber auch die zukünftige wahrscheinliche Entwicklung der Bewegung auf der Schuja-Iwanowschen Bahn nicht in Anrechnung bringen, so ist es doch unmöglich eine besonders glaubwürdige Quantität Frachten nicht in Rechnung zu bringen welche jetzt nicht in dieser Richtung versandt wird. Dieß ist das Brennholz. Die Fabriken des Schujaschen Kreises verbrauchen 500,000 Sazinen Brennholz. Der Preis der $^{1}/_{2}$ – 1 Arschin langen Holzsazine Brennholz kommt heute in Iwanowo auf 5 Rb, zur Zeit, wo in den Umgegenden der Station Nowkinsk das Brennholz verkauft wird zu 27 R. & 36 Werst von Nowsk jenseits Kowrow, in der Waldgegend, die die Eisenbahnlinie bei der Station Krestnikow umgibt, zu 1 R. 80 k. Es ist augenscheinlich daß ein solcher Unterschied der Holzpreise in 80 werstiger Entfernung nicht anders kann als den Bezug dieser Waaren in Schuja & Iwanowo auf der Eisenbahn nach sich ziehen, ohne welche es überhaupt heute gar nicht producirt würde; solche bedeutende Unterschiede der Holzpreise gibt es nicht einmal an der Moskau-Troickischen Linie welche jetzt, ausser Passagire, ausschließl. Brennholz führt & mehr als 7% Reingewinn gibt. Um aus der Berechnung auch die kleinste Übertreibung zu entfernen, kann man auf Glaubwürdigkeit den Verkehr von Brennholz auf der Schuja-I. Bahn kaum auf 100,000 Sazin beschränken. Nach Begründung aller angeführten Vergleiche kann die geringste Summe für Fracht von Gütern & Reisenden auf der Schuja-Iwanowschen Bahn auf Rb 8700. – per Werst veranschlagt werden. Angenommen daß die Betriebsausgaben 45% der Brutto-Einnahmen betragen, so bekommen wir als Nettogewinn auf den Werst annähernd über R. 4700. – während zur Deckung der Garantie nur 3200 R. erfordert werden. Dieser Nettogewinn macht auf die Gesammtkosten per Werst (66,000 R.) über $7^{1}/_{2}$% aus. Wenn $^{2}/_{7}$ des für die Ausführung der Bahn nöthigen Kapitals durch Obligationen gedeckt werden, wenn auf diese 5% garantirten Zinsen gezahlt werden, so gibt der übrige Theil des Reingewinns, auf die Actien vertheilt, mehr als 11% auf das Nominalkapital der Actien. |

Exzerpt aus:
The Saturday Review,
18. Januar 1868

| Sat. Rev. 18/1/68.
„German Literature."

18. Herr Marx is a polit. economist of the most advanced democratic School. In his eyes the capitalist is the enemy of the human species & the wealth of the individual involves the misery of the mass. These opinions are obtaining some currency in certain orders of society, &, as it is therefore desirable that they should be thoroughly studied & comprehended, Herr M's work may repay attention. The author's views may be as pernicious as we conceive them to be, but there can be no question as to the plausibility of his logic, the vigour of his rhetoric, & the charm with which he invests the driest problems of pol. ec. His facts & illustrations, moreover, are chiefly derived from the social circumstances of England where he appears to have resided for some years. – |

图书在版编目（CIP）数据

马克思/恩格斯 1864年2月至1868年10月，1869年11月，1870年3、4、6月，1872年12月的摘录和笔记 ：德文 /（德）马克思，（德）恩格斯著 ；国际马克思恩格斯基金会编. -- 北京 ：中央编译出版社，2024. 12
ISBN 978-7-5117-4653-5

Ⅰ. ①马… Ⅱ. ①马… ②恩… ③国… Ⅲ. ①马恩著作—德文 Ⅳ. ①A1

中国国家版本馆CIP数据核字(2024)第049813号

马克思 / 恩格斯 1864 年 2 月至 1868 年 10 月，1869 年 11 月，
1870 年 3、4、6 月，1872 年 12 月的摘录和笔记（德文）

出版发行 中央编译出版社
地　　址 北京市海淀区北四环西路 69 号（100080）
电　　话 （010）55627391（总编室）　（010）55627392（编辑室）
（010）55627320（发行部）　（010）55627377（新技术部）
经　　销 全国新华书店
印　　刷 廊坊市印艺阁数字科技有限公司
开　　本 787 毫米 ×1092 毫米　1/16
版　　次 2024 年 12 月第 1 版
印　　次 2024 年 12 月第 1 次印刷
定　　价 2200.00 元

网　　址： www.cctpcm.com
新浪微博： @ 中央编译出版社　　**微　　信：** 中央编译出版社（ID：cctphome）
淘宝店铺： 中央编译出版社直销店（http://shop108367160.taobao.com）（010）55627331

本社常年法律顾问：北京市吴栾赵阎律师事务所律师　闫军　梁勤
凡有印装质量问题，本社负责调换，电话：（010）55627320